Ringleb/Kremer/Lutter/v. Werder
Kommentar zum Deutschen Corporate Governance Kodex
Kodex-Kommentar

Kommentar zum Deutschen Corporate Governance Kodex

Kodex-Kommentar

von

Dr. Henrik-Michael Ringleb
Rechtsanwalt, Düsseldorf und Chefjustiziar i. R.

Dr. Thomas Kremer
Rechtsanwalt, Düsseldorf und Chefjustiziar

Prof. Dr. Dres. h.c. Marcus Lutter
Professor an der Universität Bonn
Rechtsanwalt, Berlin

Prof. Dr. Axel v. Werder
Professor an der Technischen Universität Berlin

3. Auflage

Verlag C. H. Beck München 2008

Verlag C. H. Beck im Internet:
beck.de

ISBN 978 3 406 55283 0

© 2008 Verlag C. H. Beck oHG
Wilhelmstraße 9, 80801 München
Druck: fgb · freiburger graphische betriebe
Bebelstr. 11, 79108 Freiburg

Satz: ottomedien, Darmstadt

Gedruckt auf säurefreiem, alterungsbeständigem Papier
(hergestellt aus chlorfrei gebleichtem Zellstoff)

Im Einzelnen haben bearbeitet

1. Teil. Vorbemerkung
Vorbemerkung I (Rn. 1–8) . . . . v. Werder
Vorbemerkung II–XIV (Rn. 9–65) . . . . Ringleb

2. Teil. Kommentierung zum Deutschen Corporate Governance Kodex
Präambel I–VIII (Rn. 81–111) . . . . v. Werder
Präambel IX (Rn. 112–118) . . . . Ringleb
Präambel X–XII (Rn. 119–136) . . . . v. Werder
Präambel XIII (Rn. 137–158) . . . . Ringleb

2. Aktionäre und Hauptversammlung (Rn. 201–332) . . . . . Kremer

3. Zusammenwirken von Vorstand und Aufsichtsrat
    I (Rn. 351–359) . . . . v. Werder
    II–IV (Rn. 360–386) . . . . Lutter
    V (Rn. 387–389) . . . . v. Werder
    VI (Rn. 390–402) . . . . Lutter
    VII (Rn. 403–414) . . . . v. Werder
    VIII–XII (Rn. 415–454) . . . . Ringleb
    XIII (Rn. 455, 456) . . . . v. Werder
    XIV (Rn. 457–507) . . . . Lutter
    XIV (Rn. 507a–507f) . . . . v. Werder
    XV (Rn. 508–526) . . . . Ringleb
    XVI (Rn. 527–533) . . . . Kremer
    XVII (Rn. 534–554) . . . . v. Werder

4. Vorstand
    I (Rn. 601–610) . . . . Ringleb
    II (Rn. 611–614) . . . . v. Werder
    III–XIII (Rn. 615–839) . . . . Ringleb

5. Aufsichtsrat
    I (Rn. 900–909) . . . . Kremer
    II (Rn. 910–931) . . . . Lutter
    III–XIX (Rn. 932–1151) . . . . Kremer
    XX (Rn. 1152–1161) . . . . v. Werder

6. Transparenz
    I, II (Rn. 1201–1219) . . . . Ringleb
    III–V (Rn. 1220–1234) . . . . v. Werder
    VI (Rn. 1235–1248) . . . . Ringleb
    VII, VIII (Rn. 1249–1258) . . . . v. Werder

7. Rechnungslegung und Abschlussprüfung
    I–V (Rn. 1301–1337) . . . . Ringleb
    VI–X (Rn. 1338–1374) . . . . Kremer

3. Teil. Die Umsetzung des Kodex in der Praxis
    I (Rn. 1501–1514) . . . . Ringleb
    II (Rn. 1515–1541) . . . . Lutter
    III–V (Rn. 1542–1614) . . . . Ringleb
    VI (Rn. 1615–1637) . . . . Lutter
    VII (Rn. 1638–1645) . . . . v. Werder

Bearbeiterverzeichnis

Anhang
    1. Anzahl und Abgrenzung der „Empfehlungen und Anregungen des Kodex" .... v. Werder
    2. Muster: Entsprechenserklärungen .... Kremer
    3. Muster: Gestraffter Leitfaden für den Versammlungsleiter (Hauptversammlung) .... Kremer
    4. Muster: Themenliste/Fragebogen zur Effizienzprüfung des Aufsichtsrats.................. Kremer
    5. Muster: Geschäftsordnung für den Vorstand....... Ringleb

Checklisten zum Kodex .... v. Werder

Vorwort

Seit mehr als fünf Jahren gibt es jetzt den „Deutschen Corporate Governance Kodex". Seine nach wie vor freiwillige Akzeptanz ist von Jahr zu Jahr gestiegen. Nach den Befunden des Kodex Report 2007 befolgen die vom Kodex angesprochenen börsennotierten deutschen Gesellschaften inzwischen durchschnittlich 82,9 % seiner Empfehlungen. Die entsprechende Befolgungsquote der Kodexanregungen beträgt 61,2 %. Bei den DAX-Gesellschaften liegen diese Werte noch höher. Diese Unternehmen wenden im Durchschnitt 95,7 % der Empfehlungen und 83,6 % der Anregungen des Kodex an.

Dennoch ergeben sich bei den nunmehr 80 Empfehlungen und 23 Anregungen zwangsläufig immer wieder vielfältige Fragen zum Inhalt und zum Verständnis der Kodex-Formulierungen sowie zur Auslegung von § 161 AktG. Die Fragen zum Kodex werden hier in der Form einer Kommentierung seiner einzelnen Aussagen erörtert, diejenigen zu § 161 AktG in einer eher systematischen Erörterung im 3. Teil.

Die hier vorgelegte 3. Auflage berücksichtigt vor allem die neuen Empfehlungen des Kodex vom Juni 2006 und Juni 2007, das Vorstandsvergütungs-Offenlegungsgesetz vom August 2005 sowie die wiederum reiche neuere Literatur. Das hat erneut zu einer Erweiterung des Umfangs dieses Buches geführt.

Rechtsprechung liegt nach wie vor nur in erstinstanzlichen Einzelfällen vor.

Das Buch entspricht in allen seinen Teilen dem Stand vom 1. Oktober 2007.

Viele Fragen sind uns auch nach Erscheinen der 2. Auflage zugegangen und haben diese Neuauflage bereichert. Wir freuen uns daher auch in Zukunft über jeden Brief und über jede Anfrage.

Berlin, Bonn und Düsseldorf, im Oktober 2007   *Ringleb / Kremer / Lutter / v. Werder*

Inhaltsverzeichnis

Abkürzungsverzeichnis XXIII
Schrifttumsverzeichnis XXVII

Deutscher Corporate Governance Kodex (idF vom 14. Juni 2007) 1

1. Teil. Vorbemerkung

	Rn.	Seite
I. Entstehungshintergrund des Kodex	1	13
1. Begriff und Aktualität der Corporate Governance	1	13
2. Internationale Kodex-Bewegung	3	14
3. Vorarbeiten in Deutschland	6	15
II. Einsetzung und Zusammensetzung der Kodexkommission	9	16
III. Der Auftrag an die Kodexkommission	17	19
IV. Der systematische Ansatz der Kodexkommission und die Grundprinzipien des Deutschen Corporate Governance Kodex	19	19
V. Die Arbeitsweise der Kodexkommission	23	24
VI. Anregungen und Vorbilder	29	26
VII. Behandlung der Empfehlung der Baums-Kommission	30	26
VIII. Die Verabschiedung des Kodex	34	27
IX. Die Veröffentlichung des Kodex	36	28
X. Die Kodexkommission als Standing Commission	39	28
XI. Die Rechtsnatur des Kodex und Legitimation der Kommissionsarbeit	41	29
1. Der rechtsbeschreibende Teil des Kodex	42	29
2. Der Empfehlungs- und der Anregungsteil des Kodex	43	30
XII. Die Entsprechenserklärung nach § 161 AktG	46	30
XIII. Die Begründung von Kodexabweichungen	50	31
XIV. Die Rechtsqualität des Kodex	51	31

2. Teil. Kommentierung zum Deutschen Corporate Governance Kodex
(in der Fassung vom 14. Juni 2007)

1. Präambel

I. Allgemeines zum Inhalt und Ziel des Kodex	81	38
1. Zweck des Kodex	81	38
2. Kommunikationsfunktion	83	38
3. Ordnungsfunktion	84	39
4. Anpassungsfähigkeit des Kodex	86	40
5. Transparenz und Flexibilität als Eckpunkte des Kodex	88	41
6. Ausdehnung auf die Europäische Gesellschaft (SE)	89a	42
II. Rechte der Aktionäre	90	42
III. Das duale Führungssystem der deutschen Aktiengesellschaft	91	43

Inhaltsverzeichnis

	Rn.	Seite
IV. Leitungsfunktion des Vorstands	94	43
V. Verantwortung des Vorstands	95	44
1. Organisation des Vorstands	95	44
2. Vorsitzender und Sprecher des Vorstands	97	45
VI. Der Aufsichtsrat	99	47
1. Bestellung des Vorstands	99	47
2. Überwachung des Vorstands	100	47
3. Beratung des Vorstands	102	48
4. Zustimmungspflichtige Geschäfte	103	48
5. Vorsitzender des Aufsichtsrats	104	49
VII. Wahl und Zusammensetzung des Aufsichtsrats	105	49
1. System der Mitbestimmung	105	49
2. Wahl der Mitglieder des Aufsichtsrats	106	50
3. Mitbestimmungssituationen	107	50
4. Zweitstimmrecht des Aufsichtsratsvorsitzenden	109	51
5. Verpflichtung auf das Unternehmensinteresse	110	52
VIII. Europäische Gesellschaft (SE) als neue Option	110a	53
IX. Andere Unternehmensführungssysteme	111	54
X. Rechnungslegung/True-and-Fair-View-Prinzip	112	55
XI. Verbindlichkeit der Kodexbestimmungen	119	57
1. System der Kodexbestimmungen	119	57
2. Comply or Explain bei Empfehlungen	121	58
3. Entsprechenserklärung	122	58
4. Anregungen	125	59
XII. Konzern	126	60
XIII. Adressaten des Kodex	128	61
1. Börsennotierte Gesellschaften	128	61
2. Mittelständische Gesellschaften	129	61
3. Nicht börsennotierte Gesellschaften	134	64
XIV. Jährliche Überprüfung des Kodex	137	66
1. „Standing Commission"	137	66
2. Änderung der Zusammensetzung der Kommission	139	66
3. Austritt aus der Kommission	142	66
4. Aktualisierung des Kodex	145	67
5. Die bisherigen Kodexanpassungen	148	68
6. Einbeziehung der Öffentlichkeit	156	72

2. Aktionäre und Hauptversammlung

	Rn.	Seite
I. Allgemeines	201	74
II. Ausübung der mitgliedschaftlichen Rechte der Aktionäre (Kodex 2.1.1)	205	75
1. Aktionärsrechte	206	75
2. In der Hauptversammlung	210	76
III. Das Stimmrecht (Kodex 2.1.2)	214	76
1. One share one vote	215	77
2. Stimmrechtslose Vorzugsaktien	217	77
3. Aktien mit Mehrstimmrechten	218	78
4. Aktien mit Vorzugsstimmrechten („golden shares")	222	78
5. Höchststimmrechte	223	79
IV. Allgemeines zur Hauptversammlung (Kodex 2.2)	224	80
1. Willensbildungsorgan der Aktionäre	226	80

Inhaltsverzeichnis

	Rn.	Seite
2. Zusammenkunft der Aktionäre	228	80
3. Corporate Governance und Hauptversammlungspraxis	230	81
V. Zuständigkeiten der Hauptversammlung (Kodex 2.2.1)	238	83
1. Ordentliche Hauptversammlung	239	83
2. Weitere Zuständigkeiten der Hauptversammlung	244	84
VI. Bezugsrecht (Kodex 2.2.2)	248	86
1. Das gesetzliche Bezugsrecht	249	86
2. Ausschluss des Bezugsrechts	250	86
VII. Teilnahme-, Rede-, Frage- und Antragsrecht (Kodex 2.2.3)	253	87
1. Teilnahmerecht	254	87
2. Rederecht	255	88
3. Fragerecht	259	89
4. Antragsrecht	265	90
VIII. Der Versammlungsleiter (Kodex 2.2.4)	270	91
1. Bestimmung und Aufgabe	272	91
2. Befugnisse	274	91
3. Herausforderungen in der Praxis	276	92
4. Beendigung einer ordentlichen Hauptversammlung spätestens nach 4–6 Stunden	278	92
5. Maßnahmen des Versammlungsleiters	281	93
IX. Einladung zur Hauptversammlung – Minderheitenrechte (Kodex 2.3.1)	298a	95
X. Einberufung der Hauptversammlung (Kodex 2.3.2)	304	97
1. Gesetzeslage	305	97
2. Verlangen nach elektronischer Übermittlung	307	97
3. Mitteilung auf elektronischem Wege	308	98
4. Finanzdienstleister, Aktionäre und Aktionärsvereinigungen	309	98
5. Umsetzung der Empfehlung	312	98
XI. Aktionärsfreundliches Verhalten (Kodex 2.3.3)	314	99
XII. Hauptversammlung im Internet (Kodex 2.3.4)	325	101
1. Teilübertragung im Internet	326	101
2. Vollübertragung der Hauptversammlung	327	101
3. Satzung und Geschäftsordnung	330	102
4. Geeignete Umsetzung der Kodexanregung	331	102
5. Keine virtuelle Hauptversammlung	332	103

3. Zusammenwirken von Vorstand und Aufsichtsrat

	Rn.	Seite
I. Zusammenarbeit zum Wohle des Unternehmens (Kodex 3.1)	351	106
1. Bedeutung der Zusammenarbeit	351	106
2. Wohl des Unternehmens	352	107
3. Shareholder- und Stakeholder-Ansatz	353	108
4. Kooperationsfelder	356	110
5. Enge Zusammenarbeit	359	111
II. Abstimmung der strategischen Ausrichtung (Kodex 3.2)	360	111
1. „Beratende Kontrolle"	361	111
2. „Strategische Ausrichtung"	363	112
3. Abstimmung	364	112
4. Regelmäßige Erörterung	365	112
5. Unternehmerische Grundentscheidung	366	112
6. Unabhängige Kontrolle	367	113

Inhaltsverzeichnis

	Rn.	Seite
III. Geschäfte von grundlegender Bedeutung (Kodex 3.3)	369	113
1. Begriff	369	113
2. Regelung durch Satzung oder Beschluss	370	113
3. Katalog zustimmungsbedürftiger Maßnahmen	372	113
4. Einrichtung der Kataloge	374	114
5. Auswirkungen	375	114
IV. Informationsversorgung (Kodex 3.4)	376	115
1. Mindeststandard	376	115
2. Mitverantwortlichkeit des Aufsichtsrats	378	115
3. Vorgaben zur Informationsversorgung	379	116
4. Informationsordnung	380	116
5. Schwerpunktaussagen	381	117
6. Textform	383	117
7. Zeitpunkt der Information	385	117
8. Information von Dritten	386	118
V. Diskussion und Vertraulichkeit (Kodex 3.5 Satz 1)	387	118
1. Bedeutung der Diskussionskultur	387	118
2. Barrieren offener Sachdiskussionen	388	119
3. Förderung der Diskussionskultur	389	119
VI. Verschwiegenheitspflicht, incl. eingeschalteter Mitarbeiter (Kodex 3.5 Satz 2)	390	120
1. Ziel	390	120
2. Geheimnis	391a	121
3. Vertraulichkeit	392	121
4. Vorstand und Aufsichtsrat	393	121
5. Bayer-Entscheidung des BGH	395	122
6. Vertraulichkeitsrichtlinie	396	123
7. Folgen der Verletzung der Verpflichtung zu Vertraulichkeit	397	123
8. Persönliche Haftung	399	123
9. Vertrauensbildende Maßnahmen	400	123
10. Mitarbeiter	402	124
VII. Vorbereitung der Sitzungen des Aufsichtsrats (Kodex 3.6)	403	124
1. Getrennte Vorbesprechungen	403	124
2. Beschränkung auf mitbestimmte Aufsichtsräte	407	126
3. Teilnahme von Vorstandsmitgliedern	408	126
4. Aufsichtsratssitzungen ohne Vorstand	410	127
5. Modalitäten von Klausursitzungen	411	127
VIII. Vorbemerkungen und Hintergrund der Kodexklausel zum Übernahmerecht (Kodex 3.7)	415	129
1. Die Beratungen zum WpÜG	415	129
2. Die Neutralitätspflicht des Vorstands	416	129
3. Gesetzliche Einschränkungen der Neutralitätspflicht des Vorstands	417	129
4. Abwehrmaßnahmen bei feindlicher Übernahme	420	130
5. Vorratsbeschlüsse und Kapitalmaßnahmen	421	130
6. Sonstige Abwehrmaßnahmen (Poison Pills)	426	131
7. Die Reaktion auf die Einschränkung der Neutralitätspflicht des Vorstands	427	132
8. Die Auswirkungen des WpÜG auf den Kodex	430	132
IX. Die Entwicklung in Europa (Übernahmerichtlinie) (Kodex 3.7)	433	133
X. Die Hochrangige Expertengruppe (Kodex 3.7)	435	133
XI. Die so genannte Durchbruchsregelung (Kodex 3.7)	436	134

Inhaltsverzeichnis

	Rn.	Seite
XII. Die Kodexregelungen zum Übernahmerecht im Einzelnen (Kodex 3.7)	448	137
1. Stellungnahme der Verwaltung zum Übernahmeangebot	448	137
2. Grenzen der Befugnisse des Vorstands	449	137
3. Außerordentliche Hauptversammlung in angezeigten Fällen	453	138
XIII. Bindung an die Regeln der ordnungsgemäßen Unternehmensführung (Kodex 3.8 Satz 1)	455	138
1. Bedeutung der Regeln	455	138
2. Konkrete Grundsätze ordnungsmäßiger Unternehmensleitung (GoU) und -überwachung (GoÜ)	456	139
XIV. Folgen von Pflichtverletzungen (Kodex 3.8 Satz 2)	457	140
1. Überblick	457	140
2. Vorstandspflichten	458	141
a) Besondere gesetzliche Pflichten des Vorstands	458	141
b) Besondere Pflichten aus der Satzung	462	141
c) Besondere Pflichten aus der Geschäftsordnung	463	141
d) Besondere Pflichten aus dem Anstellungsvertrag	465	142
e) Pflicht zur Verschwiegenheit	466	142
f) Allgemeine Sorgfalts- und Treuepflichten	469	142
aa) Organisationspflicht	470	142
bb) Finanzierung	472	143
cc) Organschaftliche Treuepflicht, Interessenkonflikte (Kodex 4.3)	473	143
g) Unternehmerische Entscheidungen und unternehmerisches Ermessen des Vorstands (business judgment rule)	474	143
3. Aufsichtsratspflichten	477	144
a) Pflicht zur Bestellung und Abberufung des Vorstands, § 84 AktG (Kodex 5.1.2)	478	144
b) Pflicht zum Abschluss des Anstellungsvertrages mit dem Vorstand und zur Durchsetzung von Ansprüchen der Gesellschaft gegen den Vorstand	480	144
c) Pflicht zur Überwachung des Vorstands, § 111 Abs. 1 AktG	481	144
d) Pflicht zur Beratung mit dem Vorstand (insbes. über Planung und Strategie)	484	145
e) Pflicht zur Mitentscheidung mit dem Vorstand	485	145
f) Pflicht zur Verschwiegenheit (§§ 93 Abs. 1 S. 2 und 116 AktG sowie Kodex 3.5)	487	145
g) Allgemeine Sorgfalts- und Treuepflicht	492	146
4. Kodex-Verstöße	495	146
5. Die Business Judgement Rule im Einzelnen	497a	147
6. Schaden	498	149
7. Kausalität	500	149
8. Verschulden	501	149
a) Jedes Vorstands- oder Aufsichtsratsmitglied haftet nach seinem eigenen persönlichen Verschulden	502	149
b) Ressortfragen, Delegation	503	149
9. Prozess	505	150
a) Verfahren gegen Vorstandsmitglieder	505	150
b) Beweislast	506	150
10. Vergleich, Verzicht	507	150
11. Die angemessene Information des Vorstands bei unternehmerischen Entscheidungen	507a	150

Inhaltsverzeichnis

	Rn.	Seite
XV. Die D&O-Versicherung (Kodex 3.8)	508	152
1. Ein aus den USA übernommener Versicherungstyp	509	152
2. Die D&O-Versicherung in Deutschland	512	153
3. Gegenstand der D&O-Versicherung	514	154
4. D&O: Versicherung im Unternehmensinteresse	516	155
5. Prämien für D&O-Versicherung sind nicht einkommensteuerpflichtig	518	155
6. Der Selbstbehalt in der D&O-Versicherung	519	156
7. Die Höhe des Selbstbehaltes	523	156
8. Reaktion auf die Kodexempfehlung	526	157
XVI. Gewährung von Krediten (Kodex 3.9)	527	158
1. Kredite des Unternehmens	528	158
2. Kreditgewährung an Vorstandsmitglieder	530	158
3. Kreditgewährung an Aufsichtsratsmitglieder	532	159
4. Zustimmung des Aufsichtsrats	533	159
XVII. Bericht über Corporate Governance	534	159
1. Corporate Governance-Publizität	534	159
2. Corporate Governance-Bericht im Geschäftsbericht	537	160
3. Jährlicher Bericht	540	161
4. Konzerndimensionalität	542	162
5. Erläuterung von Abweichungen	545	163
6. Stellungnahme zu den Kodexanregungen	548	164
7. Bericht von Vorstand und Aufsichtsrat	550	164
8. Vorhalten nicht mehr aktueller Entsprechenserklärungen	552	165

4. Vorstand

	Rn.	Seite
I. Leitung des Unternehmens (Kodex 4.1.1)	601	168
1. Unternehmensleitlinien, Compliance Programme	602	168
2. Das Unternehmensinteresse	605	169
3. Die Steigerung des nachhaltigen Unternehmenswertes	608	170
II. Entwicklung der strategischen Ausrichtung (Kodex 4.1.2)	611	171
1. Strategische Entscheidungen als Vorstandsaufgabe	611	171
2. Inhalt strategischer Entscheidungen	612	171
III. Einhaltung gesetzlicher Bestimmungen (Kodex 4.1.3)	615	173
1. Grenzen der Einwirkung im Konzern	616	173
2. Keine Detaillierung der Vorstandspflichten durch den Kodex	617	174
3. Keine Kodexempfehlung zur Einrichtung von Compliance Programmen	618	174
4. Die Federal Sentencing Guidelines und Stock Exchange Listing Standards als Motivation für Compliance Programme in den USA	619	174
5. Der Trend zu Compliance Programmen in Deutschland	622	175
6. Haftungszurechnung aus Organisationsverschulden als Motivation für Compliance Programme in Deutschland	625	176
7. Detaillierungsgrad von Compliance Systemen	628	177
8. Insbesondere Kartellrichtlinien	630	178
9. Für Compliance Programme ungeeignete Normen	635	179
IV. Risikomanagement und Risikocontrolling (Kodex 4.1.4)	637	179
1. Risikocontrolling	641	180
2. Die Entwicklung in Europa	650	182
3. Der Umgang mit unternehmerischem Risikomanagement	652	183

Inhaltsverzeichnis

	Rn.	Seite
4. Die Struktur eines Risikomanagementsystems.	657	184
5. Risikomanagement im Konzern	658	185
V. Zusammensetzung, Geschäftsordnung (Kodex 4.2.1)	662	186
1. Der Gesamtvorstand	662	186
2. Der Alleinvorstand	663	186
3. Der Arbeitsdirektor	667	187
4. Der Vorstandsvorsitzende	669	187
5. Abgrenzung des Sprechers zum Vorsitzenden des Vorstands	672	187
6. Keine Kodexempfehlung zu den Aufgaben des Vorstandsvorsitzenden	674	188
7. Vorstandsvorsitzender und CEO	675	188
8. Geschäftsordnung für den Vorstand	682	189
9. Inhalt der Geschäftsordnung.	686	190
VI. Vergütung (Kodex 4.2.2)	695	191
1. Vorbemerkung	695	191
2. Transparenz der Vergütungsstruktur im Aufsichtsrat	703	195
3. Die gesetzlichen Grundsätze der Vorstandsvergütung	706	196
a) Berücksichtigung von Konzernbezügen	707	196
b) Angemessenheit der Vergütung	708	197
c) Leistungsbeurteilung des Vorstands	711	198
d) Zeitpunkt der Leistungsbeurteilung	712	198
e) Durchführung der Leistungsbeurteilung	713	198
f) Beurteilungsgerechtigkeit	714	198
g) Zielvereinbarungen	716	199
h) Variables und Festgehalt	718	199
i) Keine Einschränkung der Entsprechenserklärung	719	199
VII. Zusammensetzung der Vergütung (Kodex 4.2.3)	720	200
1. Gesamtvergütung der Vorstände im VorstOG und im Kodex (4.2.3 Abs. 1)	720	200
2. Grundsätze der Vorstandsvergütung (4.2.3 Abs. 2)	722	201
3. Struktur der variablen Vergütung (4.2.3 Abs. 2 Satz 2)	725	202
4. Einmalige Vergütungskomponenten	727	203
5. Jährlich wiederkehrende Komponenten	729	204
6. Angemessenheit der Vergütungsanteile	731	204
7. Vergütungskomponenten mit langfristiger Anreizwirkung (4.2.3 Abs. 3)	732	205
8. Aktienoptionen und Wertzuwachsrechte	733	205
9. Die Ausgestaltung der Komponenten mit langfristiger Anreizwirkung und Risikocharakter	734	205
10. Vorher festgelegte Vergleichsparameter	737	206
11. Anspruchsvolle, relevante Vergleichsparameter	743	207
12. Die Wertentwicklung der Aktie als Erfolgsziel	745	207
13. Entwicklung in den USA	747	208
14. Langsame Abkehr von Aktienoptionen	751	209
15. Die Position des Kodex	752	210
16. Kein Repricing	753	210
17. Angemessenheit der Vorteile aus einem Aktienoptionsprogramm	754	210
18. Vereinbarte Begrenzungsmöglichkeiten der variablen Vergütung (CAP)	755	210
19. Vereinbarte Begrenzung bei Abfindungen (Anregung)	763a	212
20. Sonderregelung bei Change of Control (Anregung)	763e	213
21. Die erweiterten Transparenzregeln	764	214

Inhaltsverzeichnis

	Rn.	Seite
VIII. Offenlegung der Vergütung (Kodex 4.2.4 und 4.2.5)	767	215
1. Die gesetzliche Pflicht zur individualisierten Offenlegung der Vorstandsbezüge	767	215
2. Konkurrenz der gesetzlichen Offenlegungsregelungen mit höherwertigem Recht oder individualvertraglichen Pflichten	778	219
3. Die Art und Weise der Offenlegung	782	220
3.1. Der Vergütungsbericht (4.2.5 Abs. 1)	783	220
3.2. Die Darstellung von Aktienoptionsplänen (4.2.5 Abs. 2 S. 1)	787	222
3.3. Die Behandlung von Versorgungszusagen (4.2.5 Abs. 2 S. 2)	790	223
3.4. Die Behandlung von Zusagen bei Beendigung der Vorstandstätigkeit und von Nebenleistungen (4.2.5 Abs. 3)	795	223
IX. Umfassendes Wettbewerbsverbot (Kodex 4.3.1)	797	224
1. Wettbewerbsverbot	797	224
2. Dauer des Wettbewerbsverbots	799	224
3. Nachvertragliche Wettbewerbsverbote	801	225
X. Vermeidung von Korruption (Kodex 4.3.2)	803	225
1. Korruptionsrichtlinie	807	226
2. Passive Bestechung	809	226
3. Aktive Bestechung	813	227
XI. Verpflichtung auf das Unternehmensinteresse (Kodex 4.3.3)	819	228
XII. Interessenkonflikte (Kodex 4.3.4)	821	229
1. Offenlegung von Interessenkonflikten	821	229
2. Inzidentverpflichtung der Vorstandsmitglieder, Einschränkung der Entsprechenserklärung	823	229
3. Präventivwirkung der Offenlegung	825	230
4. Transparenz statt detaillierter Regelung	827	230
5. Geschäfte mit dem Unternehmen	828	230
6. Branchenübliche Standards	829	230
7. Geschäfte mit Konzernunternehmen	830	231
8. Nahestehende Personen und persönlich nahestehende Unternehmungen	831	231
9. Nahestehende Personen und Unternehmungen	832	231
10. Befassen des Aufsichtsrats bei wesentlichen Geschäften	836	232
XIII. Nebentätigkeiten (Kodex 4.3.5)	838	232

5. Aufsichtsrat

	Rn.	Seite
I. Vorbemerkung (Kodex 5)	900	235
II. Aufgaben des Aufsichtsrats (Kodex 5.1.1)	910	237
1. Überblick	910	237
2. Überwachung	911	237
3. Die zu überwachenden Personen	912	237
4. Gegenstände der Überwachung	913	237
a) Überwachung	913	237
b) Rechtmäßigkeit	914	238
c) Ordnungsmäßigkeit	915	238
d) Wirtschaftlichkeit	916	238
e) Zweckmäßigkeit	917	238
5. Maßstab der Überwachung	918	238
6. Eingriffsmittel der Überwachung	919	239

Inhaltsverzeichnis

	Rn.	Seite
7. Beratung	921	239
a) Überblick	921	239
b) Beratung im Überwachungsbereich	922	240
c) Beratung in anderen Bereichen	925	240
8. Überwachung und Beratung im Konzern	926	240
a) Konzernleitung durch die Obergesellschaft	926	240
b) Überwachungspflicht	927	241
c) Rechtmäßiges Verhalten	928	241
9. Einbindung des Aufsichtsrats in Entscheidungen des Vorstands von grundlegender Bedeutung	929	241
a) Pflichtbetonung	929	241
b) Pflicht zur Beratung mit dem Aufsichtsrat	931	241
III. Zuständigkeit für Vorstandsangelegenheiten (Kodex 5.1.2)	932	242
1. Personalkompetenz des Gesamtaufsichtsrats	933	242
2. Nachfolgeplanung	940	243
3. Befassung eines Ausschusses mit Vorstandspersonalien	941	244
4. Erstbestellungen	947	245
5. Vorzeitige Wiederbestellungen	950	245
6. Altersgrenze für Vorstandsmitglieder	951	245
IV. Geschäftsordnung (Kodex 5.1.3)	955	246
V. Der Aufsichtsratsvorsitzende (Kodex 5.2)	960	247
1. Bestellung	961	248
2. Aufgaben	964	248
3. Wahrnehmung der Belange des Aufsichtsrats nach außen	966	249
4. Vorsitz im Personalausschuss	967	249
5. Kein Vorsitz im Prüfungsausschuss	968	249
6. Meinungsaustausch mit dem Vorstand	970	250
VI. Bildung fachlich qualifizierter Ausschüsse (Kodex 5.3.1)	975	251
1. Größe des Aufsichtsrats und Ausschussbildung	976	251
2. Berücksichtigung spezifischer Gegebenheiten	979	252
3. Anzahl der Ausschüsse	980	252
4. Besetzung der Ausschüsse	982	252
5. Größe der Ausschüsse	983	252
6. Berichterstattung über die Ausschussarbeit	985	253
VII. Prüfungsausschuss (Kodex 5.3.2)	986	253
1. Zielsetzung	987	254
2. Abgrenzung zum „Audit Committee"	991	255
3. Aufgaben	992	255
4. Besetzung	995	256
5. Fachliche Qualifikation der Ausschussmitglieder	1002	257
6. Fachliche Qualifikation des Ausschussvorsitzenden	1005	258
VIII. Nominierungsausschuss	1005a	259
1. Aufgaben	1005a	259
2. Ausschussbildung und Besetzung	1005a	259
IX. Weitere Ausschüsse (Kodex 5.3.3)	1006	260
X. Aufgaben der Ausschüsse (Kodex 5.3.4)	1009	261
XI. Fachliche Qualifikation von Aufsichtsratsmitgliedern (Kodex 5.4.1)	1014	262
1. Gesetzliche (Mindest-)Regeln zur fachlichen Qualifikation	1015	262
2. Erforderliche Kenntnisse, Fähigkeiten und fachliche Erfahrungen	1017	263
3. Hinreichende Unabhängigkeit	1018	263

Inhaltsverzeichnis

	Rn.	Seite
4. Berücksichtigung der internationalen Tätigkeit	1021	264
5. Vermeidung von Interessenkonflikten	1022	264
6. Altersgrenze	1023	264
7. Wahlvorschlag	1026	265
XI. Unabhängigkeit des Aufsichtsrats (Kodex 5.4.2)	1029	265
1. Bedeutung der Unabhängigkeit	1030	266
2. Vorstellungen der EU-Kommission zur Unabhängigkeit	1031	266
3. Gesetzliche Unabhängigkeitsregeln	1034	267
4. Unabhängigkeitsregeln des Kodex	1035	268
5. Unabhängigkeitsdefinition des Kodex	1037	268
6. Ausreichende Anzahl unabhängiger Aufsichtsratsmitglieder	1041	269
7. Nicht mehr als zwei ehemalige Vorstandsmitglieder	1042	270
8. Mandate bei Wettbewerbsunternehmen	1046	271
9. Organfunktionen und Beratungsaufgaben	1050	271
10. Wettbewerber des Unternehmens	1051	271
11. Wesentlichkeit	1052	271
XII. Wahlen zum Aufsichtsrat (Kodex 5.4.3)	1053	272
XIII. Wechsel vom Vorstand in den Aufsichtsrat (Kodex 5.4.4)	1061	273
XIV. Zeitliches Engagement (Kodex 5.4.5)	1067	275
1. Der erforderliche Zeitaufwand	1068	275
2. Unterschiede zur gesetzlichen Regelung	1070	276
3. Konzernexterne börsennotierte Gesellschaften	1073	276
XV. Gestaltung der Bestellperioden (Kodex 5.4.6)	1074	276
XVI. Vergütung (Kodex 5.4.7)	1077	277
1. Vergütungskompetenz der Hauptversammlung	1078	277
2. Höhe der Aufsichtsratsvergütung	1083	279
3. Anknüpfungspunkte für die Vergütung	1084	279
4. Feste und erfolgsorientierte Bestandteile	1092	280
5. Insbesondere: Auf den langfristigen Unternehmenserfolg bezogene Komponente	1095	281
6. Individualisierte Offenlegung	1102	283
7. Steuerliche Behandlung	1108	284
XVII. Teilnahme an Aufsichtsratssitzungen (Kodex 5.4.8)	1109	284
XVIII. Unternehmensinteresse (Kodex 5.5.1)	1112	285
1. Interessenkonflikte	1114	285
2. Inhaltliche Bestimmung des Unternehmensinteresses	1116	286
3. Geltungsbereich	1117	286
4. Vorrang vor persönlichen Interessen	1119	286
5. Geschäftschancen	1121	287
XIX. Offenlegung von Interessenkonflikten (Kodex 5.5.2)	1122	287
1. Offenlegungspflichtige Interessenkonflikte	1126	288
2. Behandlung offen gelegter Konflikte im Aufsichtsrat	1129	288
3. Umsetzung der Kodexempfehlung	1132	289
XX. Information über Interessenkonflikte (Kodex 5.5.3)	1135	289
1. Hauptversammlungsbericht	1137	289
2. Ausscheiden aus dem Aufsichtsrat	1141	290
XXI. Beraterverträge (Kodex 5.5.4)	1143	290
1. Zustimmungsfähige Verträge	1144	291
2. Offenlegung und Zustimmungserteilung	1146	291
3. Konzerndimensionale Betrachtung	1150	292
4. Beraterverträge mit Tochtergesellschaften	1150a	292
5. Zurückhaltende Handhabung	1151	292

Inhaltsverzeichnis

	Rn.	Seite
XXII. Selbstevaluation (Kodex 5.6)	1152	293
1. Empfehlung zur Evaluation	1152	293
2. Kernfragen und Ablauf von Aufsichtsratsbeurteilungen	1154	294

6. Transparenz

	Rn.	Seite
I. Veröffentlichung von Insiderinformationen (Kodex 6.1)	1201	297
1. Transparenz – Grundüberzeugung des Kodex	1201	297
2. Ad-hoc-Publizität	1204	298
3. Die Gesetzesbeschreibung des Kodex im Lichte des AnSVG	1206	298
4. Unverzügliche Veröffentlichung	1216	301
II. Bekanntmachungspflichten (Kodex 6.2)	1217	301
III. Gleichbehandlung der Aktionäre (Kodex 6.3)	1219	302
1. Gleichmäßige Information des Kapitalmarkts	1219	302
2. Gleichbehandlung der Aktionäre	1220	303
3. Fair Disclosure	1221	303
4. Sämtliche neuen Tatsachen	1223	304
5. Finanzanalysten und andere Adressaten	1226	304
6. Unverzüglich zur Verfügung stellen	1227	305
IV. Kommunikationsmedien (Kodex 6.4)	1228	305
V. Informationelle Gleichbehandlung auf internationaler Ebene (Kodex 6.5)	1232	306
VI. Mitteilung des Kaufs oder Verkaufs von Aktien der Gesellschaft (Kodex 6.6)	1235	307
1. Die gesetzliche Entwicklung	1235	307
a) Die Ausnahme von der Mitteilungspflicht	1240	309
b) Die de-minimis-Regelung des § 15a Abs. 1 Satz 5 WpHG	1241	310
2. Zusätzliche Veröffentlichung	1242	310
a) Angabe von Einzelbesitz	1242	310
b) Zurechnung von Drittbesitz	1244	311
c) Angabe von Gesamtbesitz von Vorstand bzw. Aufsichtsrat	1245	311
3. Die Behandlung von Directors Dealings in Corporate Governance Bericht	1246	311
VII. „Finanzkalender" (Kodex 6.7)	1249	311
VIII. Internetseite (Kodex 6.8)	1252	312
1. Internetpublizität von Unternehmensinformationen	1252	312
2. Gliederung der Internetseiten	1255	313
3. Veröffentlichung in englischer Sprache	1257	314
4. Relevanz in der Praxis	1258	314

7. Rechnungslegung und Abschlussprüfung

	Rn.	Seite
I. Unternehmenspublizität (Kodex 7.1.1)	1301	316
1. Konzernabschluss/Einzelabschluss	1301	316
2. Halbjahres- und Quartalsfinanzberichte, Zwischenmitteilungen	1302	316
3. Anwendung international anerkannter Rechnungslegungsgrundsätze	1308	317
4. Der Einzelabschluss	1310	317
II. Aufstellung und Prüfung des Konzernabschlusses (Kodex 7.1.2)	1311	318
1. Enforcement	1312	318
2. Fast Close	1314	319

Inhaltsverzeichnis

	Rn.	Seite
3. Veröffentlichung von Konzernabschluss und Zwischenberichten	1318	319
4. Behandlung des Lageberichts	1319	320
III. Aktienoptionsprogramme (Kodex 7.1.3)	1320	320
IV. Liste bedeutsamer Beteiligungen, handelsrechtliches Anteilsverzeichnis (Kodex 7.1.4)	1322	321
1. Satz 1	1322	321
2. Handelsbestand	1326	321
3. Umfang der Angaben	1327	322
V. Nahestehende Personen (Kodex 7.1.5)	1330	322
VI. Vorbemerkungen zur Abschlussprüfung (Kodex 7.2)	1338	323
1. Zur Unabhängigkeit des Abschlussprüfers	1340	324
2. Gesetzgeberische Maßnahmen in Deutschland und Europa	1344	324
3. Die Kodexempfehlungen zur Abschlussprüfung	1348	326
VII. Sicherung der Unabhängigkeit des Abschlussprüfers (Kodex 7.2.1)	1349	326
1. Die gesetzlichen Unabhängigkeitsregeln	1351	327
2. Unabhängigkeitserklärung	1356	328
3. Informationsvereinbarung	1361	329
VIII. Prüfungsauftrag und Honorarvereinbarung (Kodex 7.2.2)	1364	330
IX. Offenlegungsvereinbarung/Redepflicht (Kodex 7.2.3)	1367	331
X. Teilnahmepflicht (Kodex 7.2.4)	1371	332

3. Teil. Die Umsetzung des Kodex in der Praxis

	Rn.	Seite
I. Grundsätzliches zur Umsetzung des Kodex	1501	334
1. Das Inkrafttreten des Kodex	1501	334
2. Die Einbindung des Kodex in das System des § 161 AktG	1503	334
3. Die Entsprechenserklärung	1504	335
4. Die Bezugsbasis der Entsprechenserklärung	1506	335
5. Das Inkrafttreten von Kodexänderungen	1508	336
6. Anpassung der Entsprechenserklärung bei Kodexabweichungen, keine unterjährige Anpassung bei Kodexänderungen	1509	336
7. Die Erklärungsverpflichteten	1512	337
II. Beschlussfassung in Vorstand und Aufsichtsrat über die Abgabe der Entsprechenserklärung	1515	338
1. Überblick	1515	338
2. Unabhängigkeit der Organe voneinander	1516	338
3. Erklärung des jeweiligen Organs und seiner Mitglieder	1517	339
4. Vorbereitung der Entscheidung des Vorstands	1519	339
a) Überblick	1519	339
b) Retrospektiver Teil der Erklärung	1522	339
c) Zukunftsorientierte Selbstverpflichtung	1524	339
5. Entscheidungsablauf	1527	340
a) Rangordnung	1527	340
b) Vorlage an den Aufsichtsrat	1528	340
c) Negativerklärung	1529	340
6. Entscheidung des Vorstands	1532	341
7. Entscheidungsvorbereitung im Aufsichtsrat	1534	342
8. Entscheidung im Aufsichtsrat	1536	342
9. Gemeinsame Beschlussfassung von Vorstand und Aufsichtsrat	1540	343

Inhaltsverzeichnis

	Rn.	Seite
III. Verankerung der Kodexempfehlungen in der Satzung, in der Geschäftsordnung für den Vorstand, Anpassung der Dienstverträge?	1542	343
1. Grundsätzliches	1542	343
2. Geschäftsordnung für den Vorstand	1544	344
3. Anpassung	1548	344
4. Satzung/Hauptversammlung	1550	344
5. Verstöße	1551	345
IV. Die Entsprechenserklärung im Einzelnen	1552	345
1. Arten der Entsprechenserklärung	1552	345
2. Die uneingeschränkte Positiverklärung	1553	345
3. Die eingeschränkte Positiverklärung	1555	346
4. Hauskodizes	1558	346
5. Die Negativerklärung	1560	347
6. Keine Begründungspflicht	1561	347
7. Inhalt der Entsprechenserklärung	1563	347
8. Änderung der Erklärung; interne und externe Bindung	1571	348
a) Retrospektiver Teil	1571	348
b) Zukunftsgerichteter Teil	1572	348
9. Veröffentlichung der Entsprechenserklärung	1575	349
10. Zeitpunkt der Abgabe und zeitliche Reichweite der Entsprechenserklärung	1578	350
11. Kalenderjahr oder Geschäftsjahr?	1582	351
12. Zuständigkeit für die Veröffentlichung	1587	352
13. Sachliche Voraussetzungen für die Abgabe der Entsprechenserklärungen	1589	353
a) Die vergangenheitsbezogene Erklärung	1589	353
b) Die zukunftsgerichtete Erklärung	1590	353
14. Angaben im Anhang	1594	353
V. Empfehlungen an einzelne Organmitglieder	1596	354
1. Namensnennung?	1598	354
2. Corporate Governance Beauftragte?	1602	354
3. Behandlung der Entsprechenserklärung im Jahresabschluss	1607	355
4. Entsprechenserklärung und Wertpapieranalyse	1613	356
VI. Haftungsfragen und Haftungsrisiken im Zusammenhang mit dem Kodex	1615	357
1. Überblick	1615	357
2. Interne und externe Haftung – Überblick	1616	358
a) Eigene Ansprüche der Gesellschaft	1617	358
b) Ansprüche Dritter	1619	358
3. Interne Haftung aus der Verletzung der Erklärungspflicht aus § 161 AktG	1620	358
4. Interne Haftung aus Kodex-Verstößen	1622	359
5. Interne Haftung aus falschen Entsprechenserklärungen	1626	359
a) Sachlich unrichtige Erklärung	1626	359
b) Die zukunftsgerichtete Erklärung	1627	360
6. Externe Haftung der Organmitglieder aus falscher Kodex-Erklärung	1632	361
VII. Resonanz des Kodex in der Praxis	1638	362
1. Überblick	1638	362
2. Akzeptanz der Empfehlungen	1639	362
3. Akzeptanz der Anregungen	1642	364
4. Ausblick	1645	365

Inhaltsverzeichnis

Anhang

	Rn. Seite
1. Anzahl und Abgrenzung der Empfehlungen und Anregungen des Kodex	367
2. Muster: Entsprechenserklärungen	374
3. Muster: Gestraffter Leitfaden für den Versammlungsleiter (Hauptversammlung)	376
4. Muster: Themenliste/Fragebogen zur Effizienzprüfung des Aufsichtsrats	386
5. Muster: Geschäftsordnung für den Vorstand	388
Checklisten zum Kodex	391
Sachverzeichnis	409

Abkürzungsverzeichnis

a.A.	anderer Ansicht
a.a.O.	am angegebenen Orte
Abs.	Absatz
Abschn.	Abschnitt
AcP	Archiv für die civilistische Praxis
a.E.	am Ende
a.F.	alte Fassung
AG	Aktiengesellschaft
AG	Die Aktiengesellschaft
AktG	Aktiengesetz
Anh.	Anhang
Anm.	Anmerkung
AR Hdb.	Arbeitshandbuch für Aufsichtsratsmitglieder
Art.	Artikel
Aufl.	Auflage
BAnz	Bundesanzeiger
BAWe	Bundesaufsichtsamt für den Wertpapierhandel
BB	Betriebsberater
Begr.	Begründung
BetrVG	Betriebsverfassungsgesetz
BFuP	Betriebswirtschaftliche Forschung und Praxis
BGB	Bürgerliches Gesetzbuch
BGBl.	Bundesgesetzblatt
BGH	Bundesgerichtshof
BGHSt	Entscheidungen des Bundesgerichtshofs in Strafsachen
BGHZ	Entscheidungen des Bundesgerichtshofs in Zivilsachen
BilKoG	Bilanzkontrollgesetz
BilReG	Bilanzrechtsreformgesetz
BiRiLiG	Bilanzrichtliniengesetz
BMJ	Bundesministerium der Justiz
BörsG	Börsengesetz
BR	Bundesrat
BR-Drucks.	Bundesratsdrucksache
BT	Bundestag
BT-Drucks.	Bundestagsdrucksache
BVerfG	Bundesverfassungsgericht
bzw.	beziehungsweise
ca.	circa
CEO	Chief Executive Officer
CG	Corporate Governance
DAV	Deutscher Anwaltverein
DAX	Deutscher Aktienindex
DB	Der Betrieb
DBW	Die Betriebswirtschaft
DCG-Kodex	Deutscher Corporate Governance Kodex
ders.	derselbe
d.h.	das heißt
D&O-Versicherung	Directors & Officers Liability (Insurance)
DSW	Deutsche Schutzvereinigung für Wertpapierbesitz e.V.
Dr.	Doktor
Drucks.	Drucksache

Abkürzungsverzeichnis

DRS	Deutsche Rechnungslegungs-Standards
DRSC	Deutsches Rechnungslegungs-Standards Committee e.V.
DSR	Deutscher Standardisierungsrat
DStZ	Deutsche Steuer-Zeitung
DVFA	Deutsche Vereinigung für Finanzanalyse und Asset Management
EBITDA	Earnings before Interest, Taxes, Depreciation and Amortization
EBT	Earnings before Taxes
EGAktG	Einführungsgesetz zum Aktiengesetz
EHUG	Gesetz über elektronische Handelsregister sowie der Unternehmensregister
einschl.	einschließlich
E-Mail	electronic mail
etc.	et cetera
EU	Europäische Union
EuGH	Europäischer Gerichtshof
EuZW	Europäische Zeitschrift für Wirtschaftsrecht
e.V.	eingetragener Verein
EWG	Europäische Wirtschaftsgemeinschaft
f., ff.	folgende
FAS	Financial Accounting Standards (USA)
FASB	Financial Accounting Standards Board (USA)
FAZ	Frankfurter Allgemeine Zeitung
FD	Fair Disclosure
Fn.	Fußnote
FS	Festschrift
FTD	Financial Times Deutschland
GCCG	German Code of Corporate Governance
GenG	Genossenschaftsgesetz
GesRZ	Der Gesellschafter, Zeitschrift für Gesellschafts- und Unternehmensrecht
ggf., Ggf.	gegebenenfalls
GmbH	Gesellschaft mit beschränkter Haftung
GmbHG	Gesetz betreffend die Gesellschaften mit beschränkter Haftung
GmbHR	GmbH-Rundschau
GoA	Grundsätze ordnungsgemäßer Abschlussprüfung
GoU	Grundsätze ordnungsmäßiger Unternehmensleitung
GoÜ	Grundsätze ordnungsgemäßer Überwachung
Großkomm.	Großkommentar
GWB	Gesetz gegen Wettbewerbsbeschränkungen
Hdb.	Handbuch
HGB	Handelsgesetzbuch
h.M.	herrschende Meinung
IAS	International Accounting Standards
IASB	International Accounting Standards Board
idF	in der Fassung
i.d.R.	in der Regel
IFRS	International Financing Reporting Standards
insb., insbes.	insbesondere
IPO	Initial Public Offering
IR	Investor Relations
i.S.	in Sachen
i.S., i.S.v.	im Sinne, im Sinne von
i.V.m.	in Verbindung mit

Abkürzungsverzeichnis

JW	Juristische Wochenschrift
JZ	Juristenzeitung
KGaA	Kommanditgesellschaft auf Aktien
Komm.	Kommentar
KonTraG	Gesetz zur Kontrolle und Transparenz im Unternehmensbereich
KWG	Kreditwesengesetz
LG	Landgericht
M&A	Mergers and Acquisitions
Mio	Million(en)
MitbestErgG	Mitbestimmungsergänzungsgesetz
MitbestG	Mitbestimmungsgesetz
m.N., m.Nachw., mit Nachw.	mit Nachweisen
MontanMitbestG	Montanmitbestimmungsgesetz
Münch. Hdb. GesR	Münchener Handbuch des Gesellschaftsrechts
m.w.N.	mit weiteren Nachweisen
m.z.N.	mit zahlreichen Nachweisen
Nachw.	Nachweis(e)
NaStraG	Gesetz zur Namensaktie und zur Erleichterung der Stimmrechtsausübung (Namensaktiengesetz – NaStraG)
n.F.	neue Fassung
NJW	Neue Juristische Wochenschrift
Nr.	Nummer
NYSE	New York Stock Exchange
NZG	Neue Zeitschrift für Gesellschaftsrecht
o.	oben
OECD	Organization for Economic Cooperation and Development
OLG	Oberlandesgericht
OWiG	Gesetz über Ordnungswidrigkeiten
PIN	Persönliche Identifikations-Nummer
RefE	Referentenentwurf
RegBegr	Regierungsbegründung
RegE	Regierungsentwurf
RG	Reichsgericht
RIW	Recht der internationalen Wirtschaft
Rn.	Randnummer
RWZ	Österreichische Zeitschrift für Rechnungswesen
Rz., RZ	Randziffer
S.	Satz, Seite, Siehe
s.	siehe
SE	Europäische Gesellschaft
SEC	Securities and Exchange Commission
SFAS	Statement of Financial Accounting Standards
SMS	Short Message Service
s.o.	siehe oben
sog.	so genannte(r,s)
Sp.	Spalte
StGB	Strafgesetzbuch
s.u.	siehe unten
SZ	Süddeutsche Zeitung

Abkürzungsverzeichnis

TransPuG	Gesetz zur weiteren Reform des Aktien- und Bilanzrechts, zu Transparenz und Publizität (Transparenz- und Publizitätsgesetz)
TransPuG-E	Entwurf eines Gesetzes zur weiteren Reform des Aktien- und Bilanzrechts, zu Transparenz und Publizität (Transparenz- und Publizitätsgesetz)
TUG	Transparenzrichtlinie-Umsetzungsgesetz
Tz.	Textziffer
u.	und, unten, unter
u.a.	unter anderem
UK	United Kingdom
UMAG	Gesetz zur Unternehmensintegrität und Modernisierung des Anfechtungsrechts
UmwG	Umwandlungsgesetz
unzutr.	unzutreffend
US	United States
USA	United States of America
US-GAAP	United States Generally Accepted Accounting Principles
USSG	United States Sentencing Commission, Guidelines Manual
v.	vom
vgl., Vgl.	vergleiche
Vorbem.	Vorbemerkung
WAP	Wireless Application Protocol
wistra	Zeitschrift für Wirtschaft, Steuern und Strafrecht
WM	Wertpapier-Mitteilungen
WP	Wirtschaftsprüfer, Wirtschaftsprüfung
WPO	Wirtschaftsprüferordnung
WpHG	Wertpapierhandelsgesetz
WpÜG	Wertpapiererwerbs- und Übernahmegesetz
ZaöRV	Zeitschrift für ausländisches öffentliches Recht und Völkerrecht
z.B.	zum Beispiel
ZfB	Zeitschrift für Betriebswirtschaft
ZfbF	Schmalenbachs Zeitschrift für betriebswirtschaftliche Forschung
ZfhF	Zeitschrift für handelswissenschaftliche Forschung
ZGR	Zeitschrift für Unternehmens- und Gesellschaftsrecht
z.Hd.	zu Händen
ZHR	Zeitschrift für das gesamte Handels- und Wirtschaftsrecht
Ziff.	Ziffer
ZIP	Zeitschrift für Wirtschaftsrecht
z.T.	zum Teil
zutr.	zutreffend

Schrifttumsverzeichnis

Abram, Nils	Ansprüche von Anlegern wegen Verstoßes gegen Publizitätspflichten oder den Deutschen Corporate Governance Kodex?, NZG 2003, 307
Adams, Michael	Höchststimmrechte, Mehrfachstimmrechte und sonstige wundersame Hindernisse auf dem Markt für Unternehmenskontrolle, AG 1990, 63
Albach, Horst	Shareholder Value und Unternehmenswert – Theoretische Anmerkungen zu einem aktuellen Thema, ZfB 2001, 643
Albach, Horst	Das neue Übernahmegesetz, ZfB 2002, 449
Altmeppen, Holger	Der Prüfungsausschuss – Arbeitsteilung im Aufsichtsrat, ZGR 2004, 390
Amason, Allen C.	Distinguishing the Effects of Functional and Dysfunctional Conflict on Strategic Decision Making: Resolving a Paradox for Top Management Teams, Academy of Management Journal 1996, 123
Amason, Allen C./ Sapienza, Harry J.	The Effects of Top Management Team Size and Interaction Norms on Cognitive and Affective Conflict, Journal of Management 1997, 495
Ansoff, H. Igor/McDonnell, Edward J.	Implanting Strategic Management, 2. Aufl. 1990, New York et al. (zitiert Ansoff/McDonnell, Management)
Arbeitskreis „Externe und interne Überwachung der Unternehmung" der Schmalenbach-Gesellschaft – Deutsche Gesellschaft für Betriebswirtschaft e.V.	Grundsätze ordnungsmäßiger Aufsichtsratstätigkeit, DB 1995, 1 (zitiert Arbeitskreis „Externe und Interne Überwachung der Unternehmung" der Schmalenbach-Gesellschaft – Deutsche Gesellschaft für Betriebswirtschaft e.V.)
Arbeitskreis „Externe und Interne Überwachung der Unternehmung" der Schmalenbach-Gesellschaft für Betriebswirtschaft e.V.	Auswirkungen des Sarbanes-Oxley Acts auf die Interne und Externe Unternehmensüberwachung, BB 2004, 2399 (zitiert AKEIÜ, BB 2004)
Arbeitskreis „Externe und Interne Überwachung der Unternehmung" der Schmalenbach-Gesellschaft für Betriebswirtschaft e.V.	Best Practice des Aufsichtsrats der AG – Empfehlungen zur Verbesserung der Effektivität und Effizienz der Aufsichtsratstätigkeit, DB 2006, 1625 (zitiert AKEIÜ, DB 2006)
Arbeitskreis „Finanzierung" der Schmalenbach-Gesellschaft – Deutsche Gesellschaft für Betriebswirtschaft e.V.	Wertorientierte Unternehmenssteuerung mit differenzierten Kapitalkosten, ZfbF 1996, 543 (zitiert Arbeitskreis „Finanzierung" der Schmalenbach-Gesellschaft – Deutsche Gesellschaft für Betriebswirtschaft e.V.)
Argandoña, Antonio	The Stakeholder Theory and the Common Good, Journal of Business Ethics 1998, 1093

Schrifttumsverzeichnis

Argyris, Chris	Strategy, Change and Defensive Routines, 1985, Boston u.a. (zitiert Argyris, Strategy)
Arlt, Marie-Agnes/Bervoets, Cécile/Grechenig, Kristoffel/Kalss, Susanne	Die europäische Corporate-Governance-Bewegung (Frankreich, Niederlande, Spanien, Italien), GesRZ 2002, 64 (zitiert Arlt et al.)
Arnold, Michael	Die Hauptversammlungssaison 2006 – insbesondere nach UMAG, AG 2005, R 527
Assmann, Heinz-Dieter	Rechtsanwendungsprobleme des Insiderrechts, AG 1997, 50
Assmann, Heinz-Dieter/Schneider, Uwe H. (Hrsg.)	Wertpapierhandelsgesetz, 1995 (zitiert Bearbeiter in Assmann/Schneider, WpHG, 1. Aufl.)
Assmann, Heinz-Dieter/Schneider, Uwe H.	Wertpapierhandelsgesetz, 3. Auflage, 2003 (zitiert Bearbeiter in Assmann/Schneider, WpHG, 3. Aufl.)
Assmann, Heinz-Dieter/Schneider, Uwe H. (Hrsg.)	Wertpapierhandelsgesetz, 4. Auflage, 2006 (zitiert Bearbeiter in Assmann/Schneider, WpHG, 4. Aufl.)
Augsberg, Steffen	Verfassungsrechtliche Aspekte einer gesetzlichen Offenlegungspflicht für Vorstandsbezüge, ZRP 2005, 105
Bachmann, Gregor	Der „Deutsche Corporate Governance Kodex": Rechtswirkungen und Haftungsrisiken, WM 2002, 2137
Bachmann, Gregor	Korruptionsprävention und Corporate Governance, ZRP 2005, 109
Backhaus, Jürgen	Ökonomik der partizipativen Unternehmung I, 1979 (zitiert Backhaus, Ökonomik)
Baetge, Jörg/Lutter, Marcus (Hrsg.)	Abschlussprüfung und Corporate Governance, 2003 (zitiert Baetge/Lutter, Abschlussprüfung und Corporate Governance)
Ballwieser, Wolfgang	Adolf Moxter und der Shareholder Value-Ansatz, FS Moxter, 1994, 1377 (zitiert Ballwieser, FS Moxter, 1994)
Balzer, Arno/Jakobs, Georg	Knete und arbeite, manager magazin 2002 Heft 5, 68
Bartl, Harald/Fichtelmann, Helmar/Schlarb, Eberhard/Schulze, Hans-Jürgen	GmbH-Recht, 5. Auflage 2002 (zitiert Bartl et al., GmbH-Recht)
Baumbach, Adolf/Hopt, Klaus J. (Hrsg.)	Handelsgesetzbuch, 29. Aufl. 1995, 30. Aufl. 2000 (zitiert Bearbeiter in Baumbach/Hopt, HGB)
Baumbach, Adolf/Hueck Alfred/Fastrich, Lorenz (Hrsg.)	GmbH-Gesetz, 18. Aufl. 2006 (zitiert Bearbeiter in Baumbach/Hueck/Fastrich, GmbHG)
Baumbach, Adolf/Hueck, Alfred/Hueck, Götz (Hrsg.)	Aktiengesetz, 13. Aufl. 1968 (zitiert Baumbach/Hueck, AktG)
Baums, Theodor	Höchststimmrechte, AG 1990, 221
Baums, Theodor	Der Aufsichtsrat – Aufgaben und Reformfragen, ZIP 1995, 11
Baums, Theodor	Bericht der Regierungskommission „Corporate Governance", 2001 (zitiert Baums, Bericht)
Baums, Theodor	Anlegerschutz und Neuer Markt, ZHR 166 (2002), 376
Baums, Theodor	Wünsche an den Gesetzgeber für eine zukunftsgerichtete Corporate Governance in Cromme (Hrsg.), Corporate Governance Report 2002, 33 (zitiert Baums in Cromme, Corporate Governance Report 2002)
Baums, Theodor	Vorschlag eines Gesetzes zur Verbesserung der Transparenz von Vorstandsvergütungen, ZIP 2004, 1877
Baums, Theodor	Zur Offenlegung von Vorstandsvergütungen, ZHR 169 (2005), 299

Schrifttumsverzeichnis

Baums, Theodor/Scott,
Kenneth E. . . . . Taking Shareholer Protection Seriously? Corporate Governance in the United States and Germany, Johann Wolfgang Goethe-Universität Frankfurt am Main; Institut für Bankrecht, 2003 (zitiert Baums/Scott, Taking Shareholder Protection Seriously)

Baums, Theodor/
Ulmer, Peter (Hrsg.) . . . . . . Unternehmens-Mitbestimmung der Arbeitnehmer im Recht der EU-Mitgliedstaaten, ZHR-Beiheft, Band 72, 2004 (zitiert Baums/Ulmer, Mitbestimmung)

BAWe . . . . Insiderhandelsverbot und Ad hoc-Publizität nach dem Wertpapierhandelsgesetz, 2. Aufl. 1998 (zitiert BAWe, Ad hoc Publizität)

Bea, Franz Xaver/Haas, Jürgen Strategisches Management, 4. Aufl. 2005 (zitiert Bea/Haas, Management)

Bea, Franz Xaver/
Scheurer, Steffen . . . . Die Kontrollfunktion des Aufsichtsrats, DB 1994, 2145

Beck, Heinz/Samm,
Carl-Theodor . . . . Gesetz über das Kreditwesen (zitiert Beck/Samm, Gesetz über das Kreditwesen)

Becker, Thorsten . . . . Die Haftung für den deutschen Corporate Governance Kodex, 2005 (zitiert Becker, Haftung)

Beninca, Jürgen . . . . Schadensersatzansprüche von Kunden eines Kartells? Besprechung der Entscheidung des OLG Karlsruhe vom 28. 1. 2004, WuW 2004, 604

Berenbeim, Ronald . . . . Corporate Boards Come of Age: The Push for Self Examination, Corporate Governance – An International Review 1996, 45

Berg, Cai . . . . Korruption in Unternehmen und Risikomanagement nach § 91 Abs. 2 AktG, AG 2007, 271

Berg, Stefan/Stöcker, Mathias . Anwendungs- und Haftungsfragen zum Deutschen Corporate Governance Kodex, WM 2002, 1569

Berliner Initiativkreis German
Code of Corporate Governance German Code of Corporate Governance, DB 2000, 1573 (zitiert Berliner Initiativkreis German Code of Corporate Governance)

Bernhardt, Wolfgang . . . . . . Keine Aufsicht und schlechter Rat? ZfB 1994, 1341

Bernhardt, Wolfgang . . . . . . Aufsichtsrat – die schönste Nebensache der Welt? Defizite für eine effiziente Aufsichtsratstätigkeit, ZHR 159 (1995), 310

Bernhardt, Wolfgang . . . . Qualitätsmessung für den Aufsichtsrat, FAZ vom 27.7.2000, 27

Bernhardt, Wolfgang . . . . . . Qualitätsmessung von Aufsichtsräten in Albach (Hrsg.), Konzernmanagement, 2001, 326 (zitiert Bernhardt in Albach, Konzernmanagement, 2001)

Bernhardt, Wolfgang . . . . . . Der Deutsche Corporate Governance Kodex: Zuwahl (comply) oder Abwahl (explain)? DB 2002, 1841

Bernhardt, Wolfgang/
v. Werder, Axel . . . . Der German Code of Corporate Governance (GCCG): Konzeption und Kernaussagen, ZfB 2000, 1269

Bernhardt, Wolfgang/
Witt, Peter . . . . Unternehmensleitung im Spannungsfeld zwischen Ressortverteilung und Gesamtverantwortung, ZfB 1999, 825

Bernhardt, Wolfgang/
Witt, Peter . . . . Die Beurteilung der Aufsichtsräte und ihrer Arbeit in Hommelhoff/Hopt/v. Werder (Hrsg.), Handbuch Corporate Governance, 2003, 323 (zitiert Bernhardt/Witt in Hommelhoff/Hopt/v. Werder, Handbuch CG)

Berrar, Carsten . . . . Die Entwicklung der Corporate Governance in Deutschland im internationalen Vergleich, 2001 (zitiert Berrar, Entwicklung)

Berrar, Carsten . . . . Die zustimmungspflichtigen Geschäfte nach § 111 Abs. 4 AktG im Lichte der Corporate Governance-Diskussion, DB 2001, 2181

Schrifttumsverzeichnis

Bertelsmann Stiftung/
Hans-Böckler-Stiftung .... Mitbestimmung und neue Unternehmenskulturen – Bilanz und Perspektiven, 2. Aufl. 1999 (zitiert Bertelsmann Stiftung/Hans-Böckler-Stiftung, Mitbestimmung)

Bertrams, Helge .... Die Haftung des Aufsichtsrats im Zusammenhang mit dem Deutschen Corporate Governance Kodex, 2004 (zitiert: Bertrams, Haftung)

Beysen, Erwin .... Corporate Governance im belgischen Gesellschaftsrecht, RIW 2006, 114

Bezzenberger, Tilman ..... Der Vorstandsvorsitzende der Aktiengesellschaft, ZGR 1996, 661

Bhagat, Sanjai/Black, Bernard The Relationship Between Board Composition and Firm Performance in Hopt et al. (Hrsg.), Comparative Corporate Governance, 1998, 281 (zitiert Bhagat/Black in Hopt et al., Corporate Governance)

Binz, Mark/Sorg, Martin .. Erfolgsabhängige Vergütungen von Vorstandsmitgliedern einer Aktiengesellschaft auf dem Prüfstand, BB 2002, 1273

Bischoff, Jörg .... Das Shareholder Value-Konzept, 1994 (zitiert Bischoff, Shareholder)

Blair, Margaret M. ...... For Whom Should Corporations Be Run? Long Range Planning 1998, 195 (zitiert Blair, Long Range Planning 1998)

Blair, Wilbur T. .... Appraising the Board of Directors, Harvard Business Review 1950 Heft 1, 101

Bleicher, Knut .... Geschäftsführung und Aufsicht im internationalen Vergleich – Einsichten und Empfehlungen, ZfbF 1988, 930

Bleicher, Knut/Leberl,
Diethard/Paul, Herbert .... Unternehmungsverfassung und Spitzenorganisation, 1989 (zitiert Bleicher/Leberl/Paul, Unternehmungsverfassung)

Bleicher, Knut/Paul, Herbert Das amerikanische Board-Modell im Vergleich zur deutschen Vorstands-/Aufsichtsratsverfassung – Stand und Entwicklungstendenzen, DBW 1986, 263

Bleicher, Knut/Wagner, Dieter Unternehmungsverfassung und Spitzenverfassung, FS Witte, 1993, 1 (zitiert Bleicher/Wagner, FS Witte)

Böckli, Peter .... Corporate Governance: Der Stand der Dinge nach den Berichten „Hampel", „Viénot" und „OECD" sowie nach dem deutschen „KonTraG", Schweizerische Zeitschrift für Wirtschaftsrecht/Revue suisse de droit des affaires, 1999, 1

Böckli, Peter .... Konvergenz: Annäherung des monistischen und des dualistischen Führungs- und Aufsichtssystems in Hommelhoff/Hopt/v. Werder (Hrsg.), Handbuch Corporate Governance, 2003, 201 (zitiert Böckli in Hommelhoff/Hopt/v. Werder, Handbuch CG)

Boettcher, Erik/Hax, Karl/
Kunze, Otto/v. Nell-Breuning,
Oswald/ Ortlieb, Heinz-
Dietrich/Preller, Ludwig ... Unternehmensverfassung als gesellschaftspolitische Forderung, 1968 (zitiert Boettcher et al., Unternehmensverfassung)

Bohr, Kurt/Drukarczyk, Jochen/
Drumm, Hans-Jürgen/
Scherrer, Gerhard .... Unternehmungsverfassung als Problem der Betriebswirtschaftslehre, 1981 (zitiert Bohr et al., Unternehmungsverfassung)

Borges, Georg .... Selbstregulierung im Gesellschaftsrecht – zur Bindung an Corporate Governance-Kodizes, ZGR 2003, 508

Boujong, Karlheinz ...... Rechtliche Mindestanforderungen an eine ordnungsgemäße Vorstandskontrolle und -beratung, AG 1995, 203

Bradley, Michael/Schipani,
Cindy A./Sundaram, Anant/
K./Walsh, James P. .... The Purpose and Accountability of the Corporation in Contemporary Society: Corporate Governance at the Crossroads, Law and Contemporary Problems 1999 Heft 3, 9 (zitiert Bradley et al., Law and Contemporary Problems 1999 Heft 3)

Schrifttumsverzeichnis

Branson	Cornell International Law Journal 2001, 321 (zitiert Branson, Cornell International Law Journal 2001, 321)
Brauer, Markus	Die aktienrechtliche Beurteilung von „appreciation awards" zu Gunsten des Vorstands, NZG 2004, 502
Breuer, Rolf-E.	The Role of Financial Intermediaries and Capital Markets in Hopt et al. (Hrsg.), Comparative Corporate Governance, 1998, Oxford, 537 (zitiert Breuer in Hopt et al., Corporate Governance)
Brinkmann, Tomas	Unternehmensinteresse und Unternehmensrechtsstruktur, 1983 (zitiert Brinkmann, Unternehmensinteresse)
BRT, The Business Round Table	Principles of Corporate Governance, 2002 (zitiert BRT, Principles)
Bühner, Rolf	Das Management-Wert-Konzept, 1990 (zitiert Bühner, Management-Wert-Konzept)
Bühner, Rolf	Der Shareholder-Value-Report, 1994 (Bühner, Shareholder-Value-Report)
Bühner, Rolf	Worauf es beim Shareholder Value ankommt, Technologie & Management 1997 Heft 2, 12 (zitiert Bühner, Technologie & Management 1997 Heft 2)
Bühner, Rolf/Tuschke, Anja	Zur Kritik am Shareholder Value – eine ökonomische Analyse, BFuP 1997, 499
Bundesanstalt für Finanzdienstleistungsaufsicht (BaFin)	Emittentenleitfaden, Stand 15. Juli 2005 (zitiert BaFin, Emittentenleitfaden)
Bürkle, Jürgen	Corporate Compliance – Pflicht oder Kür für den Vorstand der AG? BB 2005, 565
Busse von Colbe, Walther	Was ist und was bedeutet Shareholder Value aus betriebswirtschaftlicher Sicht? ZGR 1997, 271
Cadbury, Adrian	What are the trends in corporate governance? Long Range Planning 1999, 12
Charreaux, Gérard/ Desbrières, Philippe	Corporate Governance: Stakeholder Value Versus Shareholder Value, Journal of Management and Governance 2001, 107
Chmielewicz, Klaus	Unternehmensverfassung in Wittmann et al. (Hrsg.), Handwörterbuch der Betriebswirtschaft, Teilbd. 3, 5. Aufl. 1993, Sp. 4399 (zitiert Chmielewicz in Wittmann et al., Handwörterbuch)
Chmielewicz, Klaus/ Coenenberg, Adolf Gerhardt/ Köhler, Richard/Meffert, Heribert/Reber, Gerhardt/ Szyperski, Norbert	Unternehmungsverfassung, 1981 (zitiert Chmielewicz et al., Unternehmungsverfassung)
Clarke, Thomas	The Stakeholder Corporation: A Business Philosophy for the Information Age, Long Range Planning 1998, 182
Claussen, Carsten P.	Das neue Insiderrecht, DB 1994, 27
Claussen, Carsten P.	Aktienrechtsreform 1997, AG 1996, 481
Claussen, Carsten P.	Wie ändert das KonTraG das Aktiengesetz? DB 1998, 177
Claussen, Carsten P.	Hauptversammlung und Internet, AG 2001, 161
Claussen, Carsten P.	Gedanken zu Enforcement, DB 2007, 1421
Claussen, Carsten P.	Corporate Governance – eine Standortbeschreibung, Festschrift für Hans-Joachim Priester, 2007, 41 (zitiert Claussen in FS Priester)
Claussen, Carsten P./ Bröcker, Norbert	Corporate Governance-Grundsätze in Deutschland – nützliche Orientierungshilfe oder regulatorisches Übermaß? AG 2000, 481

Schrifttumsverzeichnis

Claussen, Carsten P./ Bröcker, Norbert	Der Corporate Governance-Kodex aus der Perspektive der kleinen und mittleren Börsen-AG, DB 2002, 1199
Cleland, Alan S./ Bruno, Albert V.	Building Customer and Shareholder Value, Strategy & Leadership 1997 Heft 3, 22 (zitiert Cleland/Bruno, Strategy & Leadership 1997 Heft 3)
Coenenberg, Adolf/Reinhart, Alexander/Schmitz, Jochen .	Audit Committees – Ein Instrument zur Unternehmensüberwachung? – Reformdiskussion im Spiegel einer Befragung der Vorstände deutscher Unternehmen, DB 1997, 989
Committee on Corporate Governance	Final Report, 1998 (zitiert Committee on Corporate Governance, Final Report)
Committee on Corporate Governance	The Combined Code, 2003 (zitiert Committee on Corporate Governance, Combined Code).
Committee on Corporate Governance Chaired by Mr. Marc Vienot	Recommendations of the Committee on Corporate Governance Chaired by Mr. Marc Vienot, 1999 (zitiert Committee on Corporate Governance Chaired by Mr. Marc Vienot, Recommendations)
Committee on the Financial Aspects of Corporate Governance	Report of the Committee on the Financial Aspects of Corporate Governance, 1992 (zitiert Committee on the Financial Aspects of Corporate Governance, Report)
Conger, Jay A./Lawler, Edward E., III/Finegold, David	Appraising Boardroom Performance, Harvard Business Review 1998 Heft 1, 136
Conger, Jay A./Lawler, Edward E., III/Finegold, David	Corporate Boards, 2001 (zitiert Conger/Lawler/Finegold, Boards)
Copeland, Tom/Koller, Tim/ Murrin, Jack	Valuation, Measuring and Managing the Value of Companies, 2. Aufl. 1994 (zitiert Copeland/Koller/Murrin, Valuation)
Cornell, Bradford/ Shapiro, Alan C.	Corporate Stakeholders and Corporate Finance, Financial Management 1987 Heft 1, 5
Coulson-Thomas, Colin . . .	Developing directors, 1993 (zitiert Coulson-Thomas, directors)
Cromme, Gerhard	Corporate Governance in Deutschland – Anspruch und Wirklichkeit in Cromme (Hrsg.), Corporate Governance Report 2002, 2002, 17 (zitiert Cromme in Cromme, Corporate Governance Report 2002)
Cromme, Gerhard	Die Bedeutung des Deutschen Corporate Governance Kodex für die Praxis, Kreditwesen 2002, 502
Cromme, Gerhard	Aktuelle Fragen der Corporate Governance; Rheinische Friedrich-Wilhelms-Universität Bonn, Zentrum für Europäisches Wirtschaftsrecht 2003, Nr. 133 (zitiert Cromme, Aktuelle Fragen der Corporate Governance)
Cromme, Gerhard	Corporate Governance Report 2002, Vorträge und Diskussionen der 1. Konferenz Deutscher Corporate Governance Kodex, 2002 (zitiert Bearbeiter in Cromme, Corporate Governance Report 2002)
Cromme, Gerhard	Corporate Governance Report 2003, Vorträge und Diskussionen der 2. Konferenz Deutscher Corporate Governance Kodex, 2003 (zitiert Bearbeiter in Cromme, Corporate Governance Report 2003)

Schrifttumsverzeichnis

Cromme, Gerhard	Corporate Governance Report 2004, Vorträge und Diskussionen der 3. Konferenz Deutscher Corporate Governance Kodex, 2004 (zitiert Bearbeiter in Cromme, Corporate Governance Report 2004)
Cromme, Gerhard	Corporate Governance Report 2005, Vorträge und Diskussionen der 4. Konferenz Deutscher Corporate Governance Kodex, 2005 (zitiert Bearbeiter in Cromme, Corporate Governance Report 2005)
Cromme, Gerhard	Corporate Governance Report 2006, Vorträge und Diskussionen der 5. Konferenz Deutscher Corporat Governance Kodex, 2006 (zitiert Bearbeiter in Cromme, Corporate Governance Report 2006)
Cromme, Gerhard	Corporate Governance Report 2007, Vorträge und Diskussionen der 6. Konferenz Deutscher Corporate Governance Kodex, erscheint demnächst (zitiert Bearbeiter in Cromme, Corporate Governance Report 2007)
Cuervo, Alvaro	Corporate Governance Mechanisms: A Plea for Less Code of Good Governance and More Market Control, Corporate Governance – An International Review 2002, 84 (zitiert Cuervo, Corporate Governance – An International Review 2002)
Daft, Richard L.	Management, 5. Aufl. 2000 (zitiert Daft, Management)
Daily, Catherine M./ Johnson, Jonathan L.	Sources of CEO Power and Firm Financial Performance: A Longitudinal Assessment, Journal of Management 1997, 97
Davies, Paul	Struktur der Unternehmensführung in Großbritannien und Deutschland: Konvergenz oder fortbestehende Divergenz? ZGR 2001, 268 (zitiert Davies, ZGR 2001)
Deloitte Touche Tomatsu	Haftungsrisiko Corporate Governance. Wie deutsche Unternehmen die aktuelle Situation beurteilen, Dez. 2004 (zitiert Deloitte Touche Tomatsu, Haftungsrisiko)
Demb, Ada/Neubauer, F.-Friedrich	The Corporate Board, 1992 (zitiert Demb/Neubauer, Board)
Deminor Rating	Trends & Ratings 2003. Corporate Governance Research and Ratings, 9. 2. 2004 (zitiert Deminor, Corporate Governance Research and Ratings)
Deutsche Schutzvereinigung für Wertpapierbesitz e. V.	DSW Guidelines, 1998 (zitiert Deutsche Schutzvereinigung für Wertpapierbesitz, Guidelines)
Deutsche Vereinigung für Finanzanalyse und Asset Management (DVFA)	Handbuch mit Kommentierung zum DVFA-Kodex für Finanzanalyse, 2003 (zitiert DVFA, Kodex)
Dolzer, Rudolf	Good Governance: neues transnationales Leitbild der Staatlichkeit? Zaö RV (64) 2004, 535 (zitiert Dolzer, Zaö RV 2004)
Dolzer/Vogel/Grashof (Hrsg.)	Bonner Kommentar zum Grundgesetz, 111. Lieferung 2004 (zitiert Dolzer/Vogel/Grashof (Hrsg.), BK)
Donald, David C.	US-amerikanisches Kapitalmarktrecht und Corporate Governance nach Enron; Johann Wolfgang Goethe-Universität Frankfurt am Main; Institut für Bankrecht (zitiert Arbeitspapiere Nr. 104)
Donaldson, Thomas/ Preston, Lee E.	The Stakeholder Theory of the Corporation: Concepts, Evidence, and Implications, Academy of Management Review 1995, 65
Dörner, Dietrich	Der Aufsichtsratsvorsitzende im Lichte verschärfter Corporate Governance-Vorschriften, Festschrift für Volker Röhricht, 2005, 809 (zitiert Dörner, FS Röhricht)
Dörner, Dietrich/Oser, Peter	Erfüllen Aufsichtsrat und Wirtschaftsprüfer ihre Aufgaben? DB 1995, 1085

Schrifttumsverzeichnis

Dörner, Dietrich/
Wader, Dominic . . . . Ausstrahlung des Kodex auf den Mittelstand in Pfitzer/Oser (Hrsg.), Deutscher Corporate Governance Kodex, 2003 (zitiert Dörner/Wader in Pfitzer/Oser, Dt. Corporate Governance Kodex)

Dose, Stefan . . . . Die Rechtsstellung der Vorstandsmitglieder einer Aktiengesellschaft, 3. Aufl. 1975 (zitiert Dose, Rechtsstellung)

Doty, D. Harold/Glick, William H./Huber, George P. Fit, Equifinality, and Organizational Effectiveness: A Test of Two Configurational Theories, Academy of Management Journal 1993, 1196

Dreher, Meinrad . . . . Interessenkonflikte bei Aufsichtsratsmitgliedern von Aktiengesellschaften, JZ 1990, 896

Dreher, Meinrad . . . . Unternehmen und Politik, ZHR 155 (1991), 349

Dreher, Meinrad . . . . Die Organisation des Aufsichtsrats in Feddersen/Hommelhoff/Schneider (Hrsg.), Corporate Governance, 1996, 33 (zitiert Dreher in Feddersen/Hommelhoff/Schneider, Corporate Governance)

Dreher, Meinrad/
Görner, Andrè . . . . Der angemessene Selbstbehalt in der D&O-Versicherung, ZIP 2003, 2321

Drobetz, Wolfgang/Schillhofer, Andreas/Zimmermann, Heinz Corporate Governance and Expected Stock Returns: Evidence from Germany, European Financial Management, 2004, 267 (zitiert Drobetz/Schillhofer/Zimmermann, European Financial Management 2004)

Druey, Jean Nicolas . . . . . . Corporate Governance – Einige allgemeine Überlegungen, GesRZ 2002, 32

Duve, Christian/Basak, Denis Welche Zukunft hat die Organaußenhaftung für Kapitalmarktinformationen? BB 2005, 2645

Eberhardt, Stefan . . . . Wertorientierte Unternehmungsführung, 1998 (zitiert Eberhardt, Unternehmungsführung)

Ebke, Werner F. . . . . Der Deutsche Standardisierungsrat und das Deutsche Rechnungslegungs Standards Committee: Aussichten für die professionelle Entwicklung von Rechnungslegungsgrundsätzen, ZIP 1999, 1193

Ehrhard, Olaf/Nowak, Eric . Die Durchsetzung von Corporate-Governance-Regeln, AG 2002, 336

Ek, Ralf . . . . Praxisleitfaden für die Hauptversammlung, 2006 (zitiert Ek, Praxisleitfaden HV)

Elschen, Rainer . . . . Shareholder Value und Agency Theory – Anreiz- und Kontrollsysteme für Zielsetzungen der Anteilseigner, BFuP 1991, 209

Emde, Raimond . . . . Das Sonderwissen des Aufsichtsratsmitglieds und die Pflicht zur Informationsweitergabe, DB 1999, 1486

Endres, Michael . . . . Organisation der Unternehmensleitung aus der Sicht der Praxis, ZHR 163 (1999), 441

Englert, Joachim/
Scholich, Martin . . . . Unternehmensführung auf der Basis eines umfassenden Shareholder Value-Management-Konzepts, BB 1998, 684

Ensch, Jürgen . . . . Institutionelle Mitbestimmung und Arbeitnehmereinfluß, 1989 (zitiert Ensch, Mitbestimmung)

Ernst & Young, FAZ Institut . Corporate Governance, Die deutsche Wirtschaft im Spannungsfeld der neuen regulatorischen Anforderungen – Gespräche mit führenden Persönlichkeiten aus Wirtschaft, Politik und Wissenschaft, August 2005

Ernst & Young, BDI . . . . . Wirtschaftskriminalität Risiko und Vorbeugung, August 2003 (zitiert Ernst & Young, Wirtschaftskriminalität)

Feddersen, Dieter/
Hommelhoff, Peter/
Schneider, Uwe H. (Hrsg.) . . Corporate Governance, 1996 (zitiert Bearbeiter in Feddersen/Hommelhoff/Schneider, Corporate Governance)

Schrifttumsverzeichnis

Ferlings, Josef/
Laufermann, Georg . . . . Unabhängigkeit von deutschen Abschlussprüfern nach Verabschiedung des Sarbanes-Oxley Acts, DB 2002, 2117

Feudner, Bernd W. . . . . Zur arbeitsrechtlichen Wertigkeit des „Shareholder Value", DB 1999, 742

Financial Reporting Council . The Combined Code on Corporate Governance, June 2006 (zitiert Financial Reporting Council, Combined Code)

Finkelstein, Sydney/
Mooney, Ann . . . . Not the usual suspects: How to use board process to make boards better, Academy of Management Executive, 101

Fischer, Roderich . . . . Entsprechenserklärung und Entsprechensentscheidung 2005/2006 – Vorschläge zur Haftungsminimierung der erklärungspflichtigen Unternehmen, BB 2006, 337

Fiss, Peer C./Zajac, Edward J. . The Diffusion of Ideas over Contested Terrain: The (Non)adoption of a Shareholder Value Orientation among German Firms, ASQ 2004, 501

Fitting, Karl/
Wlotzke, Otfried/
Wißmann, Hellmut . . . . Mitbestimmungsgesetz mit Wahlordnungen, 2. Aufl. 1978 (zitiert Fitting/Wlotzke/Wißmann, MitbestG)

Fleck, Hans-Joachim . . . . . . Eigengeschäfte eines Aufsichtsratsmitglieds in Kübler/Mertens/Werner (Hrsg.), FS Heinsius, 1991 (zitiert Fleck in FS Heinsius)

Fleischer, Holger . . . . Die „Business Judgment Rule" im Spiegel von Rechtsvergleichung und Rechtsökonomie in Wank/Hirte/Frey/Fleischer/Thüsing (Hrsg.), Festschrift für Herbert Wiedemann 2002, 827 (zitiert Fleischer in FS Wiedemann, 2002)

Fleischer, Holger . . . . Shareholders vs. Stakeholders: Aktien- und übernahmerechtliche Fragen in Hommelhoff/Hopt/v. Werder (Hrsg.), Handbuch Corporate Governance, 2003, 129 (zitiert Fleischer in Hommelhoff/Hopt/v. Werder, Handbuch CG)

Fleischer, Holger . . . . Vorstandsverantwortlichkeit und Fehlverhalten von Unternehmensangehörigen – Von der Einzelüberwachung zur Errichtung einer Compliance-Organisation, AG 2003, 291

Fleischer, Holger . . . . Das Gesetz zur Unternehmensintegrität und Modernisierung des Anfechtungsrechts, NJW 2005, 3525

Fleischer, Holger . . . . Das Vorstandsvergütungs-Offenlegungsgesetz, DB 2005, 1611

Fleischer, Holger . . . . Das Mannesmann-Urteil des Bundesgerichtshofs: Eine aktienrechtliche Nachlese, DB 2006, 542

Fleischhauer, Jens . . . . Hauptversammlung und Neue Medien, ZIP 2001, 1133

Fonk, Hans Joachim . . . . . . Die Zulässigkeit von Vorstandsbezügen dem Grunde nach, NZG 2005, 248

Förster, Christian . . . . Europäische Corporate Governance – Tatsächliche Konvergenz der neuen Kodizes? ZIP 2006, 162

Freeman, R. Edward . . . . . . Strategic Management, 1984, Boston u. a. (zitiert Freeman, Management)

Freeman, R. Edward/
Reed, David L. . . . . Stockholders and Stakeholders: A New Perspective on Corporate Governance, California Management Review 1983 Heft 3, 88

Freeman, R. Edward/
Wicks, Andrew C./
Parmar, Bidhan . . . . Stakeholder Theory and „The Corporate Objective Revisited", Organization Science 2004, 364

Frels, Harro . . . . Überweisung und Übertragung von Zuständigkeiten der Organe der Aktiengesellschaft, 1956 (zitiert Frels, Zuständigkeiten der Organe)

Frels, Harro . . . . Die Geschäftsverteilung im Vorstand der Aktiengesellschaft, ZHR 122 (1959), 8

Frerk, Peter . . . . Praktische Gedanken zur Optimierung der Kontrollfunktion des Aufsichtsrates, AG 1995, 212

Schrifttumsverzeichnis

Frese, Erich unter Mitarbeit
von Helmut Mensching
u. Axel v. Werder . . . . Unternehmungsführung, 1987 (zitiert Frese/Mensching/v. Werder, Unternehmungsführung)
Frühauf, Martin . . . . Geschäftsleitung in der Unternehmenspraxis, ZGR 1998, 407
Furubotn, Eirik G. . . . . . . Codetermination and the Modern Theory of the Firm: A Property-Rights Analysis, Journal of Business 1988, 165
Ganske, Matthias . . . . Corporate Governance in öffentlichen Unternehmen, 2005 (zitiert Ganske, Corporate Governance)
Gaugler, Eduard . . . . Shareholder Value und Personalmanagement, Personal 1997, 168
Gebhardt, Denis . . . . Ausgewählte EU-Initiativen auf den Gebieten der Corporate Governance und des Aktienrechts, ZCG 2006, 13
Gedajlovic, Eric R./
Shapiro, Daniel M. . . . . . . Management and Ownership Effects: Evidence from Five Countries, Strategic Management Journal 1998, 533
Gehling, Christian . . . . . . Erfolgsorientierte Vergütung des Aufsichtsrats, ZIP 2005, 549
Geibel, Stefan/
Süßmann, Rainer (Hrsg.) . . Wertpapiererwerbs- und Übernahmegesetz, Kommentar, 2002 (zitiert Bearbeiter in Geibel/Süßmann)
Gelhausen, Hans-Friedrich/
Hönsch, Henning . . . . Deutscher Corporate Governance Kodex und Abschlussprüfung, AG 2002, 529
Gelhausen, Hans-Friedrich/
Hönsch, Henning . . . . Das neue Enforcement-Verfahren für Jahres- und Konzernabschlüsse, AG 2005, 511
Gerum, Elmar . . . . Unternehmungsverfassung in Frese (Hrsg.), Handwörterbuch der Organisation, 3. Aufl. 1992, Sp. 2480 (zitiert Gerum in Frese, Handwörterbuch)
Gerum, Elmar . . . . Corporate Governance in Europa: Konvergenz trotz Varianz in Berger/Steger (Hrsg.), Auf dem Weg zur Europäischen Unternehmensführung, 1998, 87 (zitiert Gerum in Berger/Steger, Unternehmensführung)
Gerum, Elmar . . . . Das Deutsche Corporate Governance-System, Eine empirische Untersuchung, 2007 (zitiert Gerum, das Deutsche Corporate Governance-System)
Gerum, Elmar/
Wagner, Helmut . . . . Economics of Labor Co-Determination in View of Corporate Governance in Hopt et al. (Hrsg.), Comparative Corporate Governance, 1998, Oxford, 341 (zitiert Gerum/Wagner in Hopt et al., Corporate Governance)
Geßler, Ernst/Hefermehl,
Wolfgang/Eckardt, Ulrich/
Kropff, Bruno (Hrsg.) . . . . Aktiengesetz, Kommentar, 1973 ff. (zitiert Bearbeiter in Geßler et al., AktG)
Global Counsel Handbooks . Corporate Governance and Directors' Duties, 2003 (zitiert Global Counsel Handbook 2003: www.practicallaw.com/global)
Godin, Reinhard von/
Wilhelmi, Hans (Hrsg.) . . . . Aktiengesetz vom 6. September 1965: Kommentar, 3. Aufl. 1967 (zitiert Bearbeiter in v. Godin/Wilhelmi)
Goette, Wulf . . . . Zur Verteilung der Darlegungs- und Beweislast der objektiven Pflichtwidrigkeit bei der Organhaftung, ZGR 1995, 645
Goette, Wulf . . . . Leitung, Aufsicht, Haftung – zur Rolle der Rechtsprechung bei der Sicherung einer modernen Unternehmensführung, Festschrift aus Anlass des fünfzigjährigen Bestehens von Bundesgerichtshof, Bundesanwaltschaft und Rechtsanwaltschaft beim Bundesgerichtshof, 2000 (zitiert Goette, Leitung)
Gompers, Paul A./Ishii, Joy L./
Metrick, Andrew . . . . Corporate Governance and Equity Prices, Quarterly Journal of Economics, 2003, 107

Schrifttumsverzeichnis

Gordon, Jeffrey N.	Das neue deutsche „Anti"-Übernahmegesetz aus amerikanischer Perspektive, AG 2002, 670
Götz, Heinrich	Zustimmungsvorbehalte des Aufsichtsrates der Aktiengesellschaft, ZGR 1990, 633
Götz, Heinrich	Die Überwachung der Aktiengesellschaft im Lichte jüngerer Unternehmenskrisen, AG 1995, 337
Götz, Heinrich	Die vorzeitige Wiederwahl von Vorständen, AG 2002, 305
Götz, Jürgen	Corporate Governance multinationaler Konzerne und deutsches Unternehmensrecht, ZGR 2003, 1
Gottschalk, Eckart	Die persönliche Haftung der Organmitglieder für fehlerhafte Kapitalmarktinformationen de lege lata und de lege ferenda, Der Konzern 2005, 274
Goulding, Simon/Miles, Lilian/Schall, Alexander	Judicial Enforcement of Extralegal Codes in UK and German Company Law, ECFR 2005, 20
Gregory, Holly J./Simmelkjaer, Robert T., II	Comparative Study of the Corporate Governance Codes Relevant to the European Union And Its Member States, 2002 (zitiert Gregory/Simmelkjaer, Study)
Gresov, Christopher/Drazin, Robert	Equifinality: Functional Equivalence in Organization Design, Academy of Management Review 1997, 403
Groh, Manfred	Shareholder Value und Aktienrecht, DB 2000, 2153
Großkommentar zum Aktiengesetz (Großkommentar AktG)	siehe Hopt, Klaus J./Wiedemann, Herbert (Hrsg.)
Großmann, Adolf	Unternehmensziele im Aktienrecht, 1980 (zitiert Großmann, Unternehmensziele)
Grundmann, Stefan/Winkler, Nina	Das Aktionärsstimmrecht in Europa und der Kommissionsvorschlag zur Stimmrechtsausübung in börsennotierten Gesellschaften, ZIP 2006, 1421
Grundei, Jens/v. Werder, Axel	Evaluation der Unternehmensführung, in Schreyögg/v. Werder (Hrsg.), Handwörterbuch Unternehmensführung und Organisation (HWO), 4. Aufl. 2004, 247 (zitiert Grundei/v. Werder in Schreyögg/v. Werder, Handwörterbuch)
Grundei, Jens/v. Werder, Axel	Die Angemessenheit der Informationsgrundlage als Anwendungsvoraussetzung der Business Judgment Rule – Anforderungen an die Fundierung strategischer Entscheidungen aus betriebswirtschaftlicher Sicht, AG 2005, 825
Grundmann, Stefan/Mülbert, Peter O.	Corporate Governance – Europäische Perspektiven, ZGR 2001, 218
Grundmann, Stefan/Möslein, Florian	Die Goldene Aktie, ZGR 2003, 317
Gutenberg, Erich	Funktionswandel des Aufsichtsrats, ZfB-Ergänzungsheft 1970, 1 (zitiert Gutenberg, ZfB-Ergänzungsheft 1970)
Habersack, Mathias	„Holzmüller" und die schönen Töchter – Zur Frage des Vorerwerbsrechts der Aktionäre beim Verkauf von Tochtergesellschaften, WM 2001, 545
Habersack, Mathias	Aktienrecht und Internet, ZHR 165 (2001), 172
Hanau, Peter	Sicherung unternehmerischer Mitbestimmung, insbesondere durch Vereinbarung, ZGR 2001, 175
Hauschka, Christoph E.	Compliance am Beispiel der Korruptionsbekämpfung, ZIP 2004, 877
Hauschka, Christoph E.	Grundsätze pflichtgemäßer Unternehmensführung, ZRP 2004, 65
Hauschka, Christoph E.	Corporate Compliance – Handbuch der Haftungsvermeidung im Unternehmen, 2007 (zitiert Hauschka, Corporate Compliance)

Schrifttumsverzeichnis

Heermann, Peter W. . . . . . . Unternehmerisches Ermessen, Organhaftung und Beweislastumkehr, ZIP 1998, 761

Hefendehl, Roland . . . . . . Corporate Governance und Business Ethics: Scheinberuhigung oder Alternativen bei der Bekämpfung der Wirtschaftskriminalität, JZ 2006, 119

Heidel, Thomas (Hrsg.) . . . . Aktienrecht – Kommentar, 2. Aufl. 2006 (Bearbeiter in Heidel, AktR)

Heine, Günter . . . . Strafgesetzbuch: Kommentar, 26. Aufl. 2001 (zitiert Heine, Strafgesetzbuch)

Heintzen, Markus . . . . . . Der Deutsche Corporate Governance Kodex aus der Sicht des deutschen Verfassungsrechts, ZIP 2004, 1933

Hellwig, Hans-Jürgen . . . . Beratungsverträge des Abschlussprüfers – Genehmigungspflicht analog § 114 AktG und Publizitätspflicht analog § 125 Abs. 1 Satz 3 AktG, ZIP, 1999, 2117

Hellwig, Hans-Jürgen . . . . Stellung und Risiken der Leiter von Unternehmen, 6. Deutsch-französisches Seminar 31. Mai/1. Juni 2002 in Annecy; Referat über „aktuelle Entwicklungen in Deutschland" (zitiert Hellwig, Deutsch-französisches Seminar 2002)

Hemeling, Peter . . . . Die Durchführung der Hauptversammlung – die Chance des UMAG nutzen, AG 2004, 262

Hemeling, Peter . . . . Aktionärsrechte und Intermediärspflichten, Börsenzeitung v. 1. 8. 2007

Henn, Günter . . . . Handbuch des Aktienrechts, 7. Aufl. 2002 (zitiert Henn, Handbuch)

Hennke, Peter/Fett, Torsten . Vorstandsvergütungs- und Offenlegungsgesetz: erste Praxiserfahrungen und Stellungnahme zu E-DRS 22, BB 2007, 1267

Henze, Hartwig . . . . Leitungsverantwortung des Vorstands – Überwachungspflicht des Aufsichtsrats, BB 2000, 209

Henze, Hartwig . . . . Aktienrecht, 5. Aufl. 2002 (zitiert Henze, Aktienrecht)

Henze, Hartwig/Hoffmann-Becking, Michael (Hrsg.) . . . Gesellschaftsrecht, 2001 (zitiert Bearbeiter in Henze/Hoffmann-Becking, Gesellschaftsrecht)

Herdt, Hans K. . . . . Der deutsche Weg der langen Hauptversammlung, Börsen-Zeitung vom 10. 8. 2002

Heymann, Helmut/Seiwert, Lothar J./Theisen, Manuel R. Mitbestimmungsmanagement, 1983 (zitiert Heymann/Seiwert/Theisen, Mitbestimmungsmanagement)

Higgs, Derek . . . . Review of the role and effectiveness of non-executive directors, 2003 (zitiert Review of the role and effectiveness of non-executive directors by Derek Higgs)

Hilf, Meinhard . . . . Die Charta der Grundrechte der Europäischen Union, NJW 2000 Heft 29 Sonderbeilage, 5

Hill, Charles W./Snell, Scott A. Effects of Ownership Structure and Control on Corporate Productivity, Academy of Management Journal 1989, 25

Hill, Wilhelm . . . . Der Shareholder Value und die Stakeholder, Die Unternehmung 1996, 411 (zitiert Hill, Die Unternehmung 1996)

Hinterhuber, Hans H. . . . . . Strategische Unternehmungsführung I: Strategisches Denken, 5. Aufl. 1996 (zitiert Hinterhuber, Unternehmungsführung)

Hirte, Heribert . . . . Das Transparenz- und Publizitätsgesetz. Einführende Gesamtdarstellung, 2003 (zitiert Hirte, TransPuG)

Hoffmann, Dietrich/Lehmann, Jürgen/Weinmann, Heinz . . Mitbestimmungsgesetz, 1978 (zitiert Hoffmann/Lehmann/Weinmann, Mitbestimmungsgesetz)

Hoffmann, Dietrich/Preu, Peter . . . . Der Aufsichtsrat, 5. Aufl. 2003 (zitiert Hoffmann/Preu, Aufsichtsrat)

Hoffmann-Becking, Michael Rechtliche Möglichkeiten und Grenzen einer Verbesserung der Arbeit des Aufsichtsrats, FS Havermann, 1995, 229 (zitiert Hoffmann-Becking in FS Havermann, 1995)

Schrifttumsverzeichnis

Hoffmann-Becking, Michael . Zur rechtlichen Organisation der Zusammenarbeit im Vorstand der AG, ZGR 1998, 497
Hoffmann-Becking, Michael . Vorstandsvorsitzender oder CEO? NZG 2003, 745
Hoffmann-Becking, Michael
(Hrsg.) . . . . Münchener Handbuch des Gesellschaftsrechts, Bd. 4, Aktiengesellschaft, 2. Aufl. 1999 (zitiert Bearbeiter in Hoffmann-Becking, Münch. Hdb. GesR IV)
Hoffmann-Becking, Michael . Rechtliche Anmerkungen zur Vorstands- und Aufsichtsratsvergütung, ZHR 169 (2005), 155
Hoffmann-Becking, Michael . EDITORIAL Wider die Entmachtung der Räte, ZHR (170) 2006, 2
Hoffmann-Becking, Michael . Vorstandsvergütung nach Mannesmann, NZG 2006, 127
Hölters, Wolfgang . . . . Die zustimmungspflichtigen Geschäftsführungsmaßnahmen im Spannungsfeld zwischen Satzungs- und Aufsichtsratsautonomie, BB 1978, 640
Hommelhoff, Peter . . . . Die Konzernleitungspflicht, 1982 (zitiert Hommelhoff, Konzernleitungspflicht)
Hommelhoff, Peter . . . . Vereinbarte Mitbestimmung, ZHR 148 (1984), 118
Hommelhoff, Peter . . . . Abschlussprüfung und Abschlussberatung, ZGR 1997, 550
Hommelhoff, Peter . . . . Corporate Governance: Vertragen sich die deutsche Unternehmensverfassung und das Shareholder Value-Prinzip? ZfB 1997 Ergänzungsheft 4, 17
Hommelhoff, Peter . . . . Die neue Position des Abschlussprüfers im Kraftfeld der aktienrechtlichen Organisationsverfassung (Teil I), BB 1998, 2567
Hommelhoff, Peter . . . . Die OECD-Principles on Corporate Governance – ihre Chancen und Risiken aus dem Blickwinkel der deutschen corporate governance-Bewegung, ZGR 2001, 238
Hommelhoff, Peter . . . . Bloß keine deutsche Enronitis, BB 2002, I
Hommelhoff, Peter/Hopt, Klaus/v. Werder, Axel
(Hrsg.) . . . . Handbuch Corporate Governance 2003 (zitiert Hommelhoff et al. (Hrsg.), Handbuch)
Hommelhoff, Peter/
Mattheus, Daniela . . . . Corporate Governance nach dem KonTraG, AG 1998, 249
Hommelhoff, Peter/
Schwab, Martin . . . . Zum Stellenwert betriebswirtschaftlicher Grundsätze ordnungsmäßiger Unternehmensleitung und -überwachung im Vorgang der Rechtserkenntnis, ZfbF 1996 Sonderheft 36, 149
Hommelhoff, Peter/
Schwab, Martin . . . . Staats-ersetzende Privatgremien im Unternehmensrecht, FS Kruse, 2001, 693 (zitiert Hommelhoff/Schwab, FS Kruse, 2001)
Hommelhoff, Peter/
Schwab, Martin . . . . Regelungsquellen und Regelungsebenen der Corporate Governance: Gesetz, Satzung, Codices, unternehmensinterne Grundsätze in Hommelhoff/Hopt/v. Werder (Hrsg.), Handbuch Corporate Governance, 2003, 51 (zitiert Hommelhoff/Schwab in Hommelhoff/Hopt/v. Werder, Handbuch CG)
Hopt, Klaus J. . . . . New Ways in Corporate Governance: European Experiments with Labor Representation on Corporate Boards, Michigan Law Review 1984, 1338
Hopt, Klaus J. . . . . Aktionärskreis und Vorstandsneutralität, ZGR 1993, 534
Hopt, Klaus J. . . . . Grundsatz- und Praxisprobleme nach dem Wertpapierhandelsgesetz, ZHR 159 (1995), 135
Hopt, Klaus J. . . . . Corporate Governance: Aufsichtsrat oder Markt? Max Hachenburg, Dritte Gedächtnisvorlesung, 2000, 9 (zitiert Hopt, Dritte Max Hachenburg Gedächtnisvorlesung)
Hopt, Klaus J. . . . . Gemeinsame Grundsätze der Corporate Governance in Europa? ZGR 2000, 779

Schrifttumsverzeichnis

Hopt, Klaus J.	Unternehmenskontrolle (Corporate Governance). Berichte aus den Sitzungen der Joachim Jungius-Gesellschaft der Wissenschaften e.V., 2000 (zitiert Hopt, Jungius-Gesellschaft)
Hopt, Klaus J.	Unternehmensführung, Unternehmenskontrolle, Modernisierung des Aktienrechts, ZHR 166 (2002) Beiheft 71, 27
Hopt, Klaus J.	Die rechtlichen Rahmenbedingungen der Corporate Governance in Hommelhoff/Hopt/v. Werder (Hrsg.), Handbuch Corporate Governance 2003, 29 (zitiert Hopt in Hommelhoff/Hopt/v. Werder, Handbuch CG)
Hopt, Klaus J.	ECLR Interessenwahrung und Interessenkonflikte im Aktien-, Bank- und Berufsrecht; Zur Dogmatik des modernen Geschäftsbesorgungsrechts, ZGR 2004, 1
Hopt, Klaus J.	Globalisierung und Corporate Governance in Homann/Koslowski/Lütje (Hrsg.), Wirtschaftsethik und Globalisierung, 2005 (zitiert Hopt, Globalisierung und Corporate Governance)
Hopt, Klaus J.	Feindliche Übernahmen, Protektionismus, One share one vote?, EuZW 2007, 257
Hopt, Klaus J./Prigge, Stefan	Preface in Hopt et al. (Hrsg.), Comparative Corporate Governance, 1998, V (zitiert Hopt/Prigge in Hopt et al., Corporate Governance)
Hopt, Klaus J./ José Garrido Garcia/Jonathan Rickfard/ Guido Rossi/Jan Schans Christensen/ Joëlle Simon/ Jaap Winter	European Corporate Governance in Company Law and Codes prepared for the European Corporate Governance Conference of 18. October 2004, The Hague, Netherlands (zitiert Hopt et al. European Corporate Governance)
Hopt, Klaus J./Wiedemann, Herbert (Hrsg.)	Großkommentar zum Aktiengesetz, 4. Aufl. 1992 ff. (zitiert Bearbeiter in GroßKomm. AktG)
Hövermann, Julia	Corporate Governance im französischen Gesellschaftsrecht, RIW 2006, 277
Hüffer, Uwe	Aktiengesetz, 7. Aufl. 2006 (zitiert Hüffer, AktG)
Hüffer, Uwe	Die Unabhängigkeit von Aufsichtsratsmitgliedern nach Ziffer 5.4.2 DCGK, ZIP 2006, 637
Hucke Anja/Amman, Helmut	Der Deutsche Corporate Governance Kodex, 2003 (zitiert Hucke/Amman, Corporate Governance Kodex)
Huppertz, Walter	Prüfung der „Ordnungsmäßigkeit der Geschäftsführung" von Gesellschaften oder Betrieben der öffentlichen Hand im Rahmen der Abschlußprüfung, DB 1981, 150
Hütten, Christoph	Der Geschäftsbericht als Informationsinstrument, 2000 (zitiert Hütten, Geschäftsbericht)
Ihrig, Hans-Christoph/ Wagner, Jens	Die Reform geht weiter: Das Transparenz- und Publizitätsgesetz kommt, BB 2002, 789
Ihrig, Hans-Christoph/ Wagner, Jens	Corporate Governance: Kodex-Erklärung und ihre unterjährige Korrektur, BB 2002, 2509
Immenga, Ulrich	Zuständigkeiten des mitbestimmten Aufsichtsrats, ZGR 1977, 249
Janis, Irving L.	Victims of Groupthink, 1972 (zitiert Janis, Victims)
Janisch, Monika	Das strategische Anspruchsgruppenmanagement, 1993 (zitiert Janisch, Anspruchsgruppenmanagement)
Jatzkowski, Astrid	Vorbeugen statt haften, Compliance oder wie man seinem Vorstand den Knast erspart, Juve Rechtsmarkt 2006, 13 (zitiert Jatzkowski, Juve Rechtsmarkt)
Johnson, Jonathan L./Daily, Catherine M./Ellstrand, Alan E.	Board of Directors: A Review and Research Agenda, Journal of Management 1996, 409

Schrifttumsverzeichnis

Joussen, Peter .... Der Auskunftsanspruch des Aktionärs, AG 2000, 241
Junge, Werner .... Das Unternehmensinteresse, FS von Caemmerer, 1978, 547 (zitiert Junge, FS von Caemmerer, 1978)
Jürgenmeyer, Michael ..... Das Unternehmensinteresse, 1984 (zitiert Jürgenmeyer, Unternehmensinteresse)
Kamann, Hans-Georg/
Simpkins, Martina .... Sarbanes-Oxley Act – Anlass zu verstärkter internationaler Kooperation im Bereich der Corporate Governance?, RIW 2003, 183
Kallmeyer, Harald .... Pflichten des Vorstands der Aktiengesellschaft zur Unternehmensplanung, ZGR 1993, 104
Kallmeyer, Harald .... Kapitalmarktrechtliche Corporate Governance-Regeln, FS Peltzer, 2001, 205 (zitiert Kallmeyer, FS Peltzer, 2001)
Kästner, Karin .... Aktienrechtliche Probleme der D&O Versicherung, AG 2000, 113
Keul, Thomas .... Gesellschaftsrechtliche Pflichtwidrigkeit und Untreue, DB 2007, 728
Kiethe, Kurt .... Persönliche Haftung von Organen der AG und der GmbH – Risikovermeidung durch D&O-Versicherung? BB 2003, 537
Kisters, Carmen/
Hoffmann, Jörg .... Regulation FD – Regelungen der SEC zur Vermeidung von Selective Disclosure und Maßnahmen der Praxis am Beispiel der Celanese AG, BFuP 2001, 27
Kirchner, Christian .... Grundstruktur eines neuen institutionellen Designs für die Arbeitnehmermitbestimmung auf der Unternehmensebene, AG 2004, 197
Kirschbaum, Tom .... Deutscher Corporate Governance Kodex überarbeitet – Welche (Erklärungs-)Pflichten ergeben sich für Vorstand und Aufsichtsrat börsennotierter Aktiengesellschaften?, DB 2005, 1473
Kirschbaum, Tom .... Corporate Governance – Hintergrund, Entwicklungen und Perspektiven, Energiewirtschaftliche Tagesfragen (et) 2005, 918 (zitiert Kirschbaum, Corporate Governance)
Kirschbaum, Tom .... Die Entwicklung eines Public Corporate Governance Kodex für öffentliche Banken, BKR 2006, 139
Kirschbaum, Tom .... Entsprechenserklärungen zum englischen Combined Code und zum Deutschen Corporate Governance Kodex, 2006 (zitiert Kirschbaum, Entsprechenserklärungen)
Kirschbaum, Tom/
Wittmann, Martin .... Zum Wechsel vom Vorstand in den Aufsichtsrat, AR 2005, 3
Kirschbaum, Tom/
Wittmann, Martin .... Selbstregulierung im Gesellschaftsrecht: Der Deutsche Corporate Governance Kodex, JuS 2005, 1062
Kirschbaum, Tom/
Wittmann, Martin .... Die Auswirkungen des Deutschen Corporate Governance Kodex auf Unternehmen und Kapitalmarkt, AG 2005, 174
Kittner, Michael/Köstler,
Roland/Zachert, Ulrich .... Aufsichtsratspraxis, 7. Aufl. 2002 (zitiert Kittner/Köstler/Zachert, Aufsichtsratspraxis)
Klahold, Christoph .... Aktienoptionen als Vergütungselement, 1999 (zitiert Klahold, Aktienoptionen)
Klühs, Hannes .... Präsenzbonus für die Teilnahme an der Hauptversammlung, ZIP 2006, 107
Knolmayer, Gerhard ...... Die Beurteilung von Leistungen des dispositiven Faktors durch Prüfungen höherer Ordnung, FS Loitlsberger, 1981, 365 (zitiert Knolmayer, FS Loitlsberger, 1981)
Koch, Robert .... Die Rechtsstellung der Gesellschaft und des Organmitglieds in der D&O-Versicherung, GmbHR 2004, 18
Kole, Stacey R./Lehn,
Kenneth M. .... Deregulation and the Adaptation of Governance Structure: the Case of the U.S. Airline Industry, Journal of Financial Economics 1999, 79

Schrifttumsverzeichnis

Kollmann, Katharina	Aktuelle Corporate Governance-Diskussion in Deutschland, WM Sonderbeilage Nr. 1/2003
Kölner Kommentar zum Aktiengesetz (Kölner Komm.)	siehe Zöllner, Wolfgang (Hrsg.)
Kort, Michael	Bekanntmachungs-, Berichts- und Informationspflichten bei „Holzmüller"-Beschlüssen der Mutter im Falle von Tochter-Kapitalerhöhungen zu Sanierungszwecken, ZIP 2002, 685
Kort, Michael	Die Außenhaftung des Vorstands bei der Abgabe von Erklärungen nach § 161 AktG, FS Raiser, 2005, 203 (zitiert Kort in FS Raiser, 2005)
Kort, Michael	Das „Mannesmann"-Urteil im Lichte von § 87 AktG, NJW 2005, 333
Kort, Michael	Voraussetzungen der Zulässigkeit einer D&O-Versicherung von Organmitgliedern, DStR 2006, 799
Kraft, Alfons/Wiese, Günther/ Kreutz, Peter/Oetker, Hartmut/ Raab, Thomas/Weber, Christoph/Thiele, Wolfgang/ Fabricius, Fritz	Betriebsverfassungsgesetz, 7. Aufl. 2002 (zitiert Bearbeiter in Kraft et al., Betriebsverfassungsgesetz)
Kramarsch, Michael H.	Organvergütung, ZHR 169 (2005), 112
Krause, Hartmut	Prophylaxe gegen feindliche Übernahmeangebote, AG 2002, 133
Krause, Hartmut	Von „goldenen Aktien", dem VW-Gesetz und der Übernahmerichtlinie, NJW 2002, 2747
Kreikebaum, Hartmut	Strategische Unternehmensplanung, 6. Aufl. 1997 (zitiert Kreikebaum, Unternehmensplanung)
Krieger, Gerd	Personalentscheidungen des Aufsichtsrats, 1981 (zitiert Krieger, Personalentscheidungen)
Krieger, Gerd	Interne Voraussetzungen der Kodex-Anerkennung in Verlag Dr. Otto Schmidt, Corporate Governance, Arbeitsunterlage Kölner Tage, 2002, 21 (zitiert Krieger, Corporate Governance)
Krieger, Gerd	Gewinnabhängige Aufsichtsratsvergütungen, Festschrift für Volker Röhricht, 2005, 349 (zitiert Krieger, FS Röhricht)
Krieger, Gerd/ Schneider, Uwe H.	Handbuch Managerhaftung, Köln 2007
Kropff, Bruno	Aktiengesetz, 1965 (zitiert Kropff, AktG)
Kropff, Bruno	Mitwirkung des Aufsichtsrats bei einzelnen Maßnahmen der Geschäftsführung in Semler/v. Schenck, Arbeitshandbuch für Aufsichtsratsmitglieder, 2. Aufl. 2004, 379 (zitiert Kropff in Semler/ v. Schenck, AR Hdb.)
Kropff, Bruno/ Semler, Johannes (Hrsg.)	Münchener Kommentar zum Aktiengesetz, 2. Aufl. 2000 ff. (zitiert Bearbeiter in MünchKommAktG)
Kübler, Friedrich	Aktienrechtsreform und Unternehmensverfassung in Gebauer/ Rudolph (Hrsg.), Aktienmärkte im Finanzsystem, 1994, 113 (zitiert Kübler in Gebauer/Rudolph Aktienmärkte)
Kübler, Friedrich/ Assmann, Heinz-Dieter	Gesellschaftsrecht, 6. Aufl. 2006 (zitiert Kübler/Assmann, Gesellschaftsrecht)
Kuhner, Christoph	Unternehmensinteresse vs. Shareholder Value als Leitmaxime kapitalorientierter Aktiengesellschaften, ZGR 2004, 244
Küller, Hans-Detlev	Das Shareholder-Value-Konzept aus Gewerkschaftssicht, BFuP 1997, 517
Kümpel, Siegfried	Wertpapierhandelsgesetz, 1996 (zitiert Kümpel, WpHG)
Kümpel, Siegfried/ Veil, Rüdiger	Wertpapierhandelsgesetz, 2. Auflage 2006 (zitiert Kümpel/Veil, WpHG)
Kümpel, Siegfried	Aktuelle Fragen der Ad hoc-Publizität, AG 1997, 66

Schrifttumsverzeichnis

Lambsdorff, Otto Graf	Die Überwachungstätigkeit des Aufsichtsrats. Verbesserungsmöglichkeiten de lege lata und de lege ferenda in Feddersen/Hommelhoff/Schneider (Hrsg.), Corporate Governance, 1996, 217 (zitiert Lambsdorff in Feddersen/Hommelhoff/Schneider, Corporate Governance)
Laske, Stephan	Unternehmensinteresse und Mitbestimmung, ZGR 1979, 173
Lawler, Edward E., III/Finegold, David/Benson, George/Conger, Jay	Adding Value in the Boardroom, Sloan Management Review 2002 Heft 2, 92 (zitiert Lawler et al.)
Leuering, Dieter/Simon, Stefan	Offene Fragen zur Offenlegung der Vorstandsvergütung, NZG 2005, 945
Lieder, Jan	Zustimmungsvorbehalte des Aufsichtsrats nach neuer Rechtslage, DB 2004, 2251
Lieder, Jan	Das unabhängige Aufsichtsratsmitglied, NZG 2005, 569
Link, J.	Organisation der strategischen Unternehmungsplanung in Hahn/Taylor (Hrsg.), Strategische Unternehmungsplanung – Strategische Unternehmungsführung, 8. Aufl. 1999, 804 (zitiert Link in Hahn/Taylor, Unternehmungsplanung)
Lipton, Martin/Lorsch, Jay W.	A Modest Proposal for Improved Corporate Governance, The Business Lawyer 1992, 59
Littger, Michael	Deutscher Corporate Governance Kodex – Funktion und Verwendungschancen, 2006 (zitiert Littger, Kodex)
Löhr, Albert	Die Marktwirtschaft braucht Unternehmensethik in Becker/Bol/Christ/Wallacher (Hrsg.), Ethik in der Wirtschaft, 1996, 48 (zitiert Löhr in Becker et al., Ethik)
Lohse, Andrea	Unternehmerisches Ermessen, 2005 (zitieret Lohse, Ermessen)
Lorsch, Jay W.	Empowering the Board, Harvard Business Review 1995, 107
Lorsch, Jay W.	German Corporate Governance and Management: An American's Perspective, ZfbF 1996 Sonderheft 36, 199
Lorsch, Jay W./MacIver, Elizabeth	Pawns or Potentates, 1989 (zitiert Lorsch/MacIver, Pawns)
Lück, Wolfgang	Der Umgang mit unternehmerischen Risiken durch ein Risikomanagementsystem und durch ein Überwachungssystem, 2. Aufl. 2001 (zitiert Lück, Umgang)
Ludewig, Rainer	Das Angemessenheitsprinzip und seine Wirkung auf die Bilanzierung, insbesondere die Bilanzierung von Rückstellungen, FS Moxter, 1994, 299 (zitiert Ludewig, FS Moxter, 1994)
Lutter, Marcus	Zur Wirkung von Zustimmungsvorbehalten nach § 111 Abs. 4 Satz 2 AktG auf nahestehende Gesellschaften, FS Fischer, 1979, 419 (zitiert Lutter, FS Fischer, 1979)
Lutter, Marcus	Information und Vertraulichkeit im Aufsichtsrat, 1. Aufl. 1979, 2. Aufl. 1984, 3. Aufl. 2006 (zitiert Lutter, Information und Vertraulichkeit)
Lutter, Marcus	Organzuständigkeiten im Konzern in Lutter/Mertens/Ulmer (Hrsg.), FS Stimpel, 1985 (zitiert Lutter, FS Stimpel, 1985)
Lutter, Marcus	Unternehmensplanung und Aufsichtsrat, FS Albach, 1991, 345 (= AG 1991, 249) (zitiert Lutter, FS Albach, 1991)
Lutter, Marcus	Der Aufsichtsrat: Konstruktionsfehler, Inkompetenz seiner Mitglieder oder normales Risiko? AG 1994, 176
Lutter, Marcus	Das dualistische System der Unternehmensverwaltung in Scheffler (Hrsg.), Corporate Governance, 1995, 5 (zitiert Lutter in Scheffler, Governance)
Lutter, Marcus	Defizite für eine effiziente Aufsichtsratstätigkeit und gesetzliche Möglichkeiten der Verbesserung, ZHR 159 (1995), 287
Lutter, Marcus	Haftung und Haftungsfreiräume des GmbH-Geschäftsführers in Gesellschaftsrechtliche Vereinigung (Hrsg.), Gesellschaftsrecht in der Diskussion, 1999, 87 (zitiert Lutter in Gesellschaftsrechtliche Vereinigung, Gesellschaftsrecht)

Schrifttumsverzeichnis

Lutter, Marcus	Das Vor-Erwerbsrecht/Bezugsrecht der Aktionäre beim Verkauf von Tochtergesellschaften über die Börse, AG 2000, 342
Lutter, Marcus	Haftung und Haftungsfreiräume des GmbH-Geschäftsführers, GmbHR 2000, 301
Lutter, Marcus	Noch einmal: Zum Vorerwerbsrecht der Aktionäre beim Verkauf von Tochtergesellschaften über die Börse, AG 2001, 349
Lutter, Marcus	Vergleichende Corporate Governance – Die deutsche Sicht, ZGR 2001, 224
Lutter, Marcus	Der Aufsichtsrat: Kontrolleur oder Mit-Unternehmer? FS Albach, 2001, 225 (zitiert Lutter, FS Albach, 2001)
Lutter, Marcus	Der Deutsche Corporate Governance Kodex, GesRZ 2002 Sonderheft, 19
Lutter, Marcus	Die Erklärung zum Corporate Governance Kodex gemäß § 161 AktG – Pflichtverstöße und Binnenhaftung von Vorstands- und Aufsichtsratsmitgliedern, ZHR 166 (2002), 523
Lutter, Marcus	Die Kontrolle der gesellschaftsrechtlichen Organe: Corporate Governance – ein internationales Thema, Jura 2002, 83
Lutter, Marcus	Kodex guter Unternehmensführung und Vertrauenshaftung, FS Druey, 2002, 463 (zitiert Lutter, FS Druey, 2002)
Lutter, Marcus	Corporate Governance und ihre aktuellen Probleme, vor allem: Vorstandsvergütung und ihre Schranken, ZIP 2003, 737
Lutter, Marcus	Der Deutsche Corporate Governance Kodex. „Neuere Tendenzen im Gesellschaftsrecht" in Hans Caspar von der Crone/Rolf H. Weber/Roger Zäch/Dieter Zobl (Hrsg.), FS Forstmoser, 2003 (zitiert Lutter in FS Forstmoser, 2003)
Lutter, Marcus	Deutscher Corporate Governance Kodex, in Hommelhoff/Hopt/v. Werder (Hrsg.), Handbuch Corporate Governance, 2003, 737 (zitiert Lutter in Hommelhoff/Hopt/v. Werder (Hrsg.), Handbuch CG)
Lutter, Marcus	Corporate Governance in Österreich und Deutschland, in: Kalss/Nowotny/Schauer (Hrsg.), FS Doralt, 2004, 377 (zitiert Lutter in FS Doralt, 2004)
Lutter, Marcus	Aktienrechtliche Aspekte der angemessenen Vorstandsvergütung, ZIP 2006, 733
Lutter, Marcus	Der Aufsichtsrat im Konzern, AG 2006, 517
Lutter, Marcus	Deutscher Corporate Governance Kodex und die Erklärungen nach § 161 AktG, in: Baums/Lutter/K.Schmidt/Wertenbruch (Hrsg.), FS Huber, 2006, 871 (zitiert Lutter in FS Huber 2006)
Lutter, Marcus	Kölner Kommentar zum Aktiengesetz, 3. Aufl. 2006, Band 3, 1. Teillieferung, § 161 AktG, Erklärung zum Corporate Governance Kodex (zitiert Lutter, KölnKomm AktG)
Lutter, Marcus	Anwendbarkeit der Altersbestimmungen des AGG auf Organpersonen, BB 2007, 725
Lutter, Marcus	Die Business Judgment Rule und ihre praktische Anwendung, ZIP 2007, 841
Lutter, Marcus/ Hommelhoff, Peter	GmbH-Gesetz, 16. Aufl. 2004 (zitiert Lutter/Hommelhoff, GmbHG)
Lutter, Marcus/ Kirschbaum, Tom	Zum Wettbewerber im Aufsichtsrat, ZIP 2005, 103
Lutter, Marcus/ Kremer, Thomas	Die Beratung der Gesellschaft durch Aufsichtsratsmitglieder, ZGR 1992, 87
Lutter, Marcus/Drygala, Tim	Die besondere Sachverständige Beratung des Aufsichtsrats durch seine Mitglieder, FS Ulmer, 2003, 381 (zitiert Lutter/Drygala in FS Ulmer 2003)
Lutter, Marcus/Krieger Gerd	Rechte und Pflichten des Aufsichtsrats, 4. Aufl. 2002 (zitiert Lutter/Krieger, Rechte und Pflichten)

Schrifttumsverzeichnis

Macharzina, Klaus .... Unternehmensführung, 5. Aufl. 2005 (zitiert Macharzina, Unternehmensführung)
Mäger, Stefan .... Vergütung des Aufsichtsrats – welchen Spielraum gibt das Aktienrecht? BB 1999, 1390
Malik, Fredmund .... Wirksame Unternehmensaufsicht: Corporate Governance in Umbruchzeiten, 2. Aufl. 1999 (zitiert Malik, Unternehmensaufsicht)
Marsch-Barner, Reinhard ... Aktuelle Rechtsfragen zur Vergütung von Vorstands- und Aufsichtsratsmitgliedern einer AG, Festschrift für Volker Röhricht 2005, 401 (zitiert Marsch-Barner, FS Röhricht 2005)
Marsch-Barner, Reinhard ... Die Abschaffung von Mehrstimmrechten und Stimmrechtsbeschränkungen in Dörner/Menold/Pfitzer (Hrsg.), Reform des Aktienrechts, der Rechnungslegung und Prüfung, 1999, 283 (zitiert Marsch-Barner in Dörner/Menold/Pfitzer, Reform des Aktienrechts)
Marsch-Barner, Reinhard ... Schutz der Gesellschaft und der Anteilseigner. Die Kompetenzen des Aufsichtsrats in Semler/v. Schenck, Arbeitshandbuch für Aufsichtsratsmitglieder, 2. Aufl. 2004, 705 (zitiert Marsch-Barner in Semler/v. Schenck, AR Hdb.)
Marsch-Barner, Reinhard/
Schäfer, Frank A. (Hrsg.) .... Handbuch börsennotierte AG: Aktien- und Kapitalmarktrecht, 2005 (zitiert Bearbeiter in Marsch-Barner/Schäfer, Handbuch)
Martens, Klaus-Peter ...... Der Aufsichtsrat im Konzern, ZHR 159 (1995), 567
Martens, Klaus-Peter ...... Leitfaden für die Leitung der Hauptversammlung einer Aktiengesellschaft, 2. Aufl. 2000 (zitiert Martens, Leitfaden für die Hauptversammlung)
Martens, Klaus-Peter ...... Die Reform der aktienrechtlichen Hauptversammlung, AG 2004, 238
Martens, Klaus-Peter ...... Die Vorstandsvergütung auf dem Prüfstand, ZHR 169 (2005), 124
Marx, Susanne .... Die Unabhängigkeit des Abschlussprüfers, ZGR 2002, 292
Maul Silja/
Muffat-Jeandet, Danièle .... Die EU-Übernahmerichtlinie – Inhalt und Umsetzung in nationales Recht (Teil I und II), AG 2004, 221
Merkt, Hanno .... US-amerikanisches Gesellschaftsrecht, 1999 (zitiert Merkt, US-amerikanisches Gesellschaftsrecht)
Merkt, Hanno/
Binder, Jens-Hinrich ...... Änderungen im Übernahmerecht nach Umsetzung der EG-Übernahmerichtlinie: Das deutsche Umsetzungsgesetz und verbleibende Problemfelder, BB 2006, 1285
Mertens, Hans-Joachim .... Bedarf der Abschluss einer D&O Versicherung durch die Aktiengesellschaft der Zustimmung der Hauptversammlung? AG 2002, 447
Messmer, Daniel .... Corporate Governance und D&O Versicherung, Versicherungswirtschaft 2002, 1384
Micklitz, Hans-W./
Stadler, Astrid .... Die Notwendigkeit eines Verbandsklagegesetzes in: Das Verbandsklagegesetz in der Informations- und Dienstleistungsgesellschaft, 2005, Reihe: Angewandte Wissenschaft Heft 507 – Studie im Auftrag des Bundesministeriums für Verbraucherschutz, Ernährung und Landwirtschaft (zitiert Micklitz/Stadler, Verbandsklagerecht)
Middelmann, Ulrich ...... Corporate Governance – Wertmanagement und Controlling, DBW 2004, 101
Mildner, Thomas .... Informationsbedarf des Aufsichtsrats: Vorgabe für die Berichtspflicht, AR 7-8/2006, 11
Millstein, Ira M./Albert, Michel/
Cadbury, Sir Adrian/Denham,
Robert E./Feddersen, Dieter/
Tateisi, Nobuo .... Corporate Governance, 1998 (zitiert Millstein et al., Corporate Governance)

XLV

Schrifttumsverzeichnis

Mueller, Robert K. . . . . . . Criteria for the Appraisal of Directors, Harvard Business Review 1979 Heft 3, 48

Mülbert, Peter O. . . . . Shareholder Value aus rechtlicher Sicht, ZGR 1997, 129

Münchener Handbuch des Gesellschaftsrechts (Münchener Hdb. AG) . . . . siehe Hoffmann-Becking, Michael (Hrsg.)

Nadler, David A./ Heilpern, Jeffrey . . . . The CEO in the Context of Discontinous Change in Hambrick/Nadler/Tushman (Hrsg.), Navigating Change: How CEOs, Top Teams, and Boards Steer Transformation, 1998, 3 (zitiert Nadler/Heilpern in Hambrick/Nadler/Tushman, CEO)

Neubauer, Fred . . . . A Formal Evaluation of the Chairman of the Board, Corporate Governance – An International Review 1997, 160

Neubürger, Heinz-Joachim . Die deutsche Mitbestimmung aus Sicht eines international operierenden Unternehmens in Hommelhoff/Hopt/v. Werder (Hrsg.), Handbuch Corporate Governance, 2003, 177 (zitiert Neubürger in Hommelhoff/Hopt/v.Werder, Handbuch CG)

Niehues, Michael . . . . Unabhängigkeit der Wirtschaftsprüfer – Regulierungs- oder Vertrauensfrage?!, BB 2002, I

Niehus, R. J. . . . . „True and Fair View" – in Zukunft auch ein Bestandteil der deutschen Rechnungslegung?, DB 1979, 221

Niemeier, Wilhelm . . . . . . Die Steigerung der Aussagekraft des handelsrechtlichen Jahresabschlusses durch die Änderungen der 4. und 7. Richtlinie, WPg 2006, 173

Noack, Ulrich . . . . Hauptversammlung und Neue Medien, BB 1998, 2533

Noack, Ulrich . . . . Online-Hauptversammlung, Stand der Dinge und wichtige Reformvorschläge, NZG 2001, 1057

Noack, Ulrich . . . . Neuerungen im Recht der Hauptversammlung durch das Transparenz- und Publizitätsgesetz und den Deutschen Corporate Governance Kodex, DB 2002, 620

Noack, Ulrich . . . . Der Vorschlag für eine Richtlinie über Rechte von Aktionären börsennotierter Gesellschaften, NZG 2006, 321

Noack, Ulrich/Zetzsche, Dirk Die Informationsanfechtung nach der Neufassung des § 243 Abs. 4 AktG, ZHR 170 (2006), 213

Nolte, Wolfram . . . . Aufsichtsrats-Information: Bring- oder Holschuld?, AR 3/2006, 7

Nowak, Eric/Rott, Roland/ Mahr, Till G. . . . . Wer den Kodex nicht einhält, den bestraft der Kapitalmarkt? Eine empirische Analyse der Selbstregulierung und Kapitalmarktrelevanz des Deutschen Corporate Governance Kodex, ZGR 2005, 252

OECD Steering Group on Corporate Governance . . . . Principles of Corporate Governance, 2004 (zitiert OECD Steering Group on Corporate Governance, Principles of Corporate Governance)

Oltmanns, Martin . . . . Geschäftsleiterhaftung und unternehmerisches Ermessen, 2001 (zitiert Oltmanns, Geschäftsleiterhaftung)

O'Neil, Don/ Thomas, Howard . . . . Evaluating Board Performance in Hamel et al. (Hrsg.), Strategic Flexibility, 1998, 219 (zitiert O'Neil/Thomas in Hamel et al., Flexibility)

Österreichischer Arbeitskreis für Corporate Governance . . Austrian Code of Corporate Governance, 2006, Wien (zitiert Österreichischer Arbeitskreis für Corporate Governance, Austrian Code)

Oser, Peter/Orth, Christian/ Wader, Dominic . . . . Die Umsetzung des Deutschen Corporate Governance Kodex in der Praxis. Empirische Untersuchung zur Entsprechenserklärung börsennotierter Unternehmen, DB 2003, 1337

Schrifttumsverzeichnis

Oser, Peter/Orth, Christian/
Wader, Dominic . . . . Beachtung der Empfehlungen des Deutschen Corporate Governance Kodex. Erste Ergebnisse einer empirischen Folgeuntersuchung der Entsprechenserklärungen börsennotierter Unternehmen, BB 2004, 1121

Paefgen, Walter . . . . Unternehmerische Entscheidungen und Rechtsbindung der Organe in der AG, 2002 (zitiert Paefgen, Rechtsbindung)

Panel of Experts on Corporate
Governance . . . . Corporate Governance – Swiss Code of Best Practice, 2002 (zitiert Panel of Experts on Corporate Governance, Swiss Code)

Pape, Ulrich . . . . Theoretische Grundlagen und praktische Umsetzung wertorientierter Unternehmensführung, BB 2000, 711

Peemöller, Volker/
Warnecke, Markus . . . . Prüfungsausschüsse deutscher Aktiengesellschaften, DB 2005, 401

Pellens, Bernhard/
Hillebrandt, Franca . . . . Vorzugsaktien vor dem Hintergrund der Corporate Governance-Diskussion, AG 2001, 57

Peltzer, Martin . . . . Haftungsgeneigte Personalentscheidungen des Aufsichtsrates, FS Semler, 1993, 261 (zitiert Peltzer, FS Semler, 1993)

Peltzer, Martin . . . . Wider den „greed" – Betrachtungen zu §§ 86 und 87 AktG, FS Lutter, 2000, 571 (zitiert Peltzer, FS Lutter, 2000)

Peltzer, Martin . . . . Corporate Governance aus der Sicht der deutschen Reformdiskussion, Max Hachenburg, Dritte Gedächtnisvorlesung, 2000, 49 (Peltzer, Dritte Max Hachenburg Gedächtnisvorlesung)

Peltzer, Martin . . . . Inwieweit geht der German Code of Corporate Governance über den Gesetzestext hinaus? in v. Werder (Hrsg.), German Code of Corporate Governance (GCCG), 2. Aufl. 2001, 35 (zitiert Peltzer in v. Werder, GCCG)

Peltzer, Martin . . . . Corporate Governance Codices als zusätzliche Pflichtenbestimmung für den Aufsichtsrat, NZG 2002, 10

Peltzer, Martin . . . . Handlungsbedarf in Sachen Corporate Governance, NZG 2002, 593

Peltzer, Martin . . . . Deutsche Corporate Governance – Ein Leitfaden, 2. Aufl. 2004 (zitiert Peltzer, Leitfaden)

Peltzer, Martin . . . . Reparaturbedarf des Kodex – Kritische Anmerkungen zu kontraproduktiven und änderungsbedürftigen Aussagen des DCGK, Festschrift für Hans-Joachim Priester 2007, 573 (zitiert Peltzer in FS Priester)

Peltzer, Martin/v. Werder, Axel Der „German Code of Corporate Governance (GCCG)" des Berliner Initiativkreises, AG 2001, 1

Pfannschmidt, Arno . . . . . . Personelle Verflechtungen über Aufsichtsräte, 1993 (zitiert Pfannschmidt, Verflechtungen)

Pfitzer, Norbert/Orth,
Christian/Wader, Dominik . . Die Unabhängigkeitserklärung des Abschlussprüfers gegenüber dem Aufsichtsrat im Sinne des Deutschen Corporate Governance Kodex, DB 2002, 753

Pfitzer, Norbert/Oser, Peter/
Orth, Christian (Hrsg.) . . . . . Deutscher Corporate Governance Kodex – Ein Handbuch für Entscheidungsträger, 2. Aufl. 2005 (zitiert Bearbeiter in Pfitzer/Oser/Orth (Hrsg.), Handbuch)

Pfitzer, Norbert/Oser, Peter/
Wader, Dominic . . . . Die Entsprechens-Erklärung nach § 161 AktG, DB 2002, 1120

Pohle, Klaus/v. Werder, Axel . Corporate Governance – Generelle Kodizes und unternehmensindividuelle Leitlinien in Ruffner (Hrsg.), Meilensteine im Management, Bd. IX, 2002, 735 (zitiert Pohle/v. Werder in Ruffner (Hrsg.), Meilensteine)

Pohle, Klaus/v. Werder, Axel . Leitfaden „Best Practice" von Bilanzprüfungsausschüssen (Audit Committees), DB 2005, 237

Schrifttumsverzeichnis

Porter, Michael E.	Wettbewerbsstrategie, 10. Aufl. 1999 (zitiert Porter, Wettbewerbsstrategie)
Potthoff, Erich	Die Leitungsorganisation deutscher Großunternehmungen im Vergleich zum westlichen Ausland, ZfhF 1956, 407
Potthoff, Erich	Prüfung und Überwachung der Geschäftsführung, ZfhF 1961, 563
Potthoff, Erich	Board-System versus duales System der Unternehmensverwaltung – Vor- und Nachteile, BFuP 1996, 253
Potthoff, Erich	Shareholder Value auf dem Prüfstand, DB 1998, I
Potthoff, Erich	Wandlungen der Aufsichtsratstätigkeit im Wandel der Weltwirtschaft in Glaser/Schröder/v. Werder (Hrsg.), Organisation im Wandel der Märkte, 1998, 317 (zitiert Potthoff in Glaser/Schröder/v. Werder, Organisation)
Potthoff, Erich/Trescher, Karl/Theisen, Manuel Rene	Das Aufsichtsratsmitglied, 6. Aufl. 2003 (zitiert Potthoff/Trescher/Theisen, Aufsichtsratsmitglied)
Prahalad, C. K.	Corporate Governance or Corporate Value Added? in Chew (Hrsg.), Studies in International Corporate Finance and Governance Systems, 1997, 46 (zitiert Prahalad in Chew (Hrsg.), Studies)
Pratique, Memento/Lefebvre, Francois	Droit des Affaires, Sociétés Commerciales, 2000
Preissler, Tino	Wahrnehmung der Aktionärsrechte in der Hauptversammlung einer deutschen Aktiengesellschaft mit globalen Namensaktien durch in den USA ansässige Aktionäre, WM 2001, 113
Preußner, Joachim	Deutscher Corporate Governance Kodex und Risikomanagement, NZG 2004, 303
Preußner, Joachim	Corporate Governance in öffentlichen Unternehmen, NZG 2005, 575
Preußner, Joachim/Zimmermann, Dörte	Risikomanagement als Gesamtaufgabe des Vorstandes; Zugleich Besprechung des Urteils des LG Berlin vom 3. 7. 2002 – 2 O 358/01, AG 2002, 657
PriceWaterhouse Coopers/Bundesverband der Deutschen Industrie	Corporate Governance in Deutschland; Entwicklungen und Trends vor internationalem Hintergrund (zitiert Price Waterhouse Coopers, Entwicklungen und Trends)
Priester, Hans-Joachim	Stichentscheid bei zweiköpfigem Vorstand, AG 1984, 253
Raisch, Peter	Zum Begriff und zur Bedeutung des Unternehmensinteresses als Verhaltensmaxime von Vorstands- und Aufsichtsratsmitgliedern, FS Hefermehl, 1976, 347 (zitiert Raisch, FS Hefermehl, 1976)
Raiser, Thomas	Unternehmensziele und Unternehmensbegriff, ZHR 144 (1980), 206
Raiser, Thomas	Mitbestimmungsgesetz, 4. Aufl. 2002 (zitiert Raiser, MitbestG)
Raiser, Thomas/Veil, Rüdiger	Recht der Kapitalgesellschaften, 4. Aufl. 2006 (zitiert Raiser/Veil, Kapitalgesellschaften)
Rappaport, Alfred	Creating Shareholder Value, 1986 (zitiert Rappaport, Creating)
Rappaport, Alfred	Shareholder Value, 2. Aufl. 1999 (zitiert Rappaport, Shareholder)
Rellermeyer, Klaus	Der Aufsichtsrat, ZGR 1993, 77
Riegger, Bodo	Hauptversammlung und Internet, ZHR 165 (2001), 204
Ringleb, Henrik-Michael/Kremer, Thomas/Lutter, Marcus/v. Werder, Axel	Kommentar zum Deutschen Corporate Goernance Kodex, 1. Auflage, 2003 (zitiert Bearbeiter in Ringleb et al., Kodex-Kommentar, 2003)
Ringleb, Henrik-Michael/Kremer, Thomas/Lutter, Marcus/v. Werder, Axel	Kommentar zum Deutschen Corporate Goernance Kodex, 2. Auflage, 2005 (zitiert Bearbeiter in Ringleb et al., Kodex-Kommentar, 2005)

Schrifttumsverzeichnis

Rittner, Fritz . . . . Zur Verantwortung des Vorstandes nach § 76 Abs. 1 AktG 1965, FS Geßler, 1971, 139 (zitiert Rittner, FS Geßler, 1971)
Rittner, Fritz . . . . Zur Verantwortung des Vorstandes nach § 76 Abs. 1 AktG 1965, AG 1973, 113
Rode, Oliver . . . . Der Wechsel eines Vorstandsmitglieds in den Aufsichtsrat – eine gute Corporate Governance? BB 2006, 341
Rodewald, Jörg/Unger, Ulrike Corporate Compliance – organisatorische Vorkehrungen zur Vermeidung von Haftungsfällen der Geschäftsleitung, BB 2006, 113
Roe, Mark J. . . . . Some Differences in Corporate Structure in Germany, Japan, and the United States, Yale Law Journal 1993, 1927
Rowedder, Heinz/Schmidt-Leithoff, Christian (Hrsg.) . . . Gesetz betreffend die Gesellschaften mit beschränkter Haftung, 4. Aufl. 2002 (zitiert Bearbeiter in Rowedder/Schmidt-Leithoff)
v. Rosen, Rüdiger . . . . Zögerliche Bewegung in der EU-Übernahmediskussion, Börsen-Zeitung vom 18. 1. 2002, 8
v. Ruckteschell, Nicolai . . . . Die Hauptversammlung 2002 – Zwischen NaStraG und TransPuG, BB 2002, 1
Rückle, Dieter . . . . Grundsätze ordnungsmäßiger Abschlußprüfung (GoA), ZfbF 1996 Sonderheft 36, 107
Rühli, Edwin . . . . Unternehmungsführung und Unternehmungspolitik, 2. Aufl. 1988 (zitiert Rühli, Unternehmungsführung)
Säcker, Franz Jürgen . . . . . . Die Geschäftsordnung für das zur gesetzlichen Vertretung eines mitbestimmten Unternehmens befugte Organ, DB 1977, 1993
Säcker, Franz Jürgen . . . . . . Aktuelle Probleme der Verschwiegenheitspflicht der Aufsichtsratsmitglieder, NJW 1986, 803
Säcker, Franz Jürgen . . . . . . Rechtliche Anforderungen an die Qualifikation und Unabhängigkeit von Aufsichtsratsmitgliedern, AG 2004, 180
Säcker, Franz-Jürgen . . . . . . Streitfragen zur D&O Versicherung, Vers.R 2005, 10
Säcker, Franz-Jürgen . . . . . . Die Einordnung der Verbandsklage in das System des Privatrechts, 2005 (zitiert Säcker, Verbandsklage)
Salzberger, Wolfgang . . . . . . Institutionelle Investoren und Corporate Governance in den USA, ZfB 1999 Ergänzungsheft 3, 87
Schaaf, Andreas . . . . Die Praxis der Hauptversammlung, 2. Aufl. 1999 (zitiert Schaaf, Die Praxis der Hauptversammlung)
Schäfer, Albrecht . . . . Der Prüfungsausschuss – Arbeitsteilung im Aufsichtsrat, ZGR 2004, 416
Schaub, Günter . . . . Arbeitsrechts-Handbuch, 10. Aufl. 2002 (zitiert Schaub, Arbeitsrechts-Handbuch)
Schaefer, Franz W./
Eichner, Christian . . . . Abwehrmöglichkeiten des Vorstands von börsennotierten Aktiengesellschaften bei feindlichen Übernahmeversuchen – ein Rechtsvergleich zwischen Deutschland und den USA, NZG 2003, 150
Schedlbauer, Hans . . . . Die Ordnungsmäßigkeit der Geschäftsführung als Gegenstand von periodischen Routine- und Sonderprüfungen, DBW 1981, 537
Scheffler, Eberhard . . . . Der Aufsichtsrat – nützlich oder überflüssig? ZGR 1993, 63
Scheffler, Eberhard . . . . Betriebswirtschaftliche Überlegungen zur Entwicklung von Grundsätzen ordnungsmäßiger Überwachung der Geschäftsführung durch den Aufsichtsrat, AG 1995, 207
Scheffler, Eberhard . . . . Zum Rollenverständnis der Aufsichtsräte, DB 2000, 433
v. Schenck, Kersten . . . . Die Überwachung der Geschäftsführung in Semler/v. Schenck, Arbeitshandbuch für Aufsichtsratsmitglieder, 2. Aufl. 2004, 303 (zitiert v. Schenck in Semler/v. Schenck, AR Hdb.)
Schiessl, Maximilian . . . . . . Deutsche Corporate Governance post Enron, AG 2002, 593
Schilling, Florian . . . . Corporate Governance in Germany: The Move to Shareholder Value, Corporate Governance – An International Review 2001, 148
Schilling, Wolf Ulrich . . . . . Shareholder Value und Aktiengesetz, BB 1997, 373

Schrifttumsverzeichnis

Schilling, Wolf Ulrich	Takeover, Treuepflicht & Shareholder Value, BB 1997, 1909
Schilling, Wolfgang	Macht und Verantwortung in der Aktiengesellschaft (oder das Prinzip der Interesseneinheit), FS Geßler, 1971, 159 (zitiert Schilling, FS Geßler, 1971)
Schlitt, Christian	Der aktive Aufsichtsratsvorsitzende, DB 2005, 2007
Schmalenbach, Eugen	Die Überwachungspflicht des Aufsichtsrats, ZfhF 1911, 271
Schmidt, Karsten	Gesellschaftsrecht, 4. Aufl. 2002 (zitiert Schmidt, Gesellschaftsrecht)
Schmidt, Reinhard H./ Maßmann, Jens	Drei Mißverständnisse zum Thema „Shareholder Value", FS Steinmann, 1999, 125 (zitiert Schmidt/Maßmann, FS Steinmann, 1999)
Schmidt, Reinhard H./ Weiß, Marco	Shareholder vs. Stakeholder: Ökonomische Fragestellungen in Hommelhoff/Hopt/v. Werder (Hrsg.), Handbuch Corporate Governance, 2003, 107 (zitiert Schmidt/Weiß in Hommelhoff/Hopt/v. Werder, Handbuch CG)
Schmidt, Stefan M.	Corporate Governance in deutschen und amerikanischen Aktiengesellschaften, 2001 (zitiert Schmidt, Governance)
Schmidt-Leithoff, Christian	Die Verantwortung der Unternehmensleitung, 1989 (zitiert Schmidt-Leithoff, Verantwortung)
Schmitz, Ronaldo H.	Praktische Ausgestaltung der Überwachungstätigkeit des Aufsichtsrats in Deutschland in Feddersen/Hommelhoff/Schneider (Hrsg.), Corporate Governance, 1996, 234 (zitiert Schmitz in Feddersen/Hommelhoff/Schneider, Corporate Governance)
Schneider, Sven H.	Informationspflichten und Informationssystemeinrichtungspflichten im Aktienkonzern. Überlegungen zu einem Unternehmensinformationsgesetzbuch, 2006 (zitiert Schneider, Informationspflichten)
Schneider, Uwe H.	Haftungsmilderung für Vorstandsmitglieder und Geschäftsführer bei fehlerhafter Unternehmensleitung? FS Werner, 1984, 795 (zitiert Schneider, FS Werner, 1984)
Schneider, Uwe H.	Gesellschaftsrechtliche und öffentlich-rechtliche Anforderungen an eine ordnungsgemäße Unternehmensorganisation – Zur Überlagerung des Gesellschaftsrechts durch öffentlich-rechtliche Verhaltenspflichten und öffentlich-rechtliche Strukturnormen, DB 1993, 1909
Schneider, Uwe H.	Kapitalmarktorientierte Corporate Governance, DB 2000, 2413
Schneider, Uwe H.	Die Teilnahme von Vorstandsmitgliedern an Aufsichtsratssitzungen, ZIP 2002, 873
Schneider, Uwe H.	Meldepflichtige Wertpapiergeschäfte von Organmitgliedern („Directors' Dealings") im Konzern, AG 2002, 473
Schneider, Uwe H.	Compliance als Aufgabe der Unternehmensleitung, ZIP 2003, 645
Schneider, Uwe H.	Gute Corporate Governance für Staatsunternehmen, AG 2005, 493
Schneider, Uwe H.	Konzern-Corporate Governance, Festschrift für Nobel, Bern 2005
(zitiert Schneider, Konzern-Corporate Governance)	
Schneider-Lenné, Ellen R.	Das anglo-amerikanische Board-System in Scheffler (Hrsg.), Corporate Governance, 1995, 27 (zitiert Schneider-Lenné in Scheffler, Governance)
Schnitker, Elmar/ Grau, Timon	Übergang und Anpassung von Rechten aus Aktienoptionsplänen bei Betriebsübergang nach § 613 a BGB, BB 2002, 2497
Scholz, Franz (Hrsg.)	Kommentar zum GmbH-Gesetz, I. Band, 9. Aufl. 2000 und II. Band, 9. Aufl. 2002 (zitiert Bearbeiter in Scholz, Kommentar zum GmbH-Gesetz)

Schrifttumsverzeichnis

Schubert, Werner/
Hommelhoff, Peter . . . . Hundert Jahre modernes Aktienrecht, 1985 (zitiert Schubert/ Hommelhoff, Aktienrecht)
Schüppen, Matthias . . . . Der Kodex – Chancen für den Deutschen Kapitalmarkt! DB 2002, 1117
Schüppen, Matthias . . . . To comply or not to comply – that's the question! ZIP 2002, 1269
Schüppen, Matthias/
Sanna, Thomas . . . . D&O-Versicherungen: Gute und schlechte Nachrichten! ZIP 2002, 550
Schwalbach, Joachim . . . . . . Effizienz des Aufsichtsrats, AG 2004, 186
Schwark, Eberhard . . . . Globalisierung, Europarecht und Unternehmensmitbestimmung im Konflikt
Schwarz, Günter Christian/
Holland, Björn . . . . Enron, Worldcom .... und die Corporate Governance-Diskussion, ZIP 2002, 1661
SEC . . . . Final Rule: Selective Disclosure and Insider Trading. Release Nos. 33-7881, 34-43154; http://www.sec.gov/rules/final/33-7881.htm; Stand: 9. 9. 2002 (zitiert SEC, Final Rule)
SEC . . . . Proposed Rule: Selective Disclosure and Insider Trading. Release Nos. 33-7787, 34-42259; http://www.sec.gov/rules/proposed/34-42259.htm; Stand: 9. 9. 2002 (zitiert SEC, Proposed Rule)
Seibert, Ulrich . . . . OECD Principles of Corporate Governance, AG 1999, 337
Seibert, Ulrich . . . . Transparenz- und Publizitätsgesetz, ZIP 2001, 2192
Seibert, Ulrich . . . . Aktienrechtsreform in Permanenz? AG 2002, 419
Seibert, Ulrich . . . . Der Referentenentwurf des UMAG, Aufsichtsrat 04/2004, 2
Seibert, Ulrich . . . . Das „TransPuG", NZG 2002, 608
Seibert, Ulrich . . . . Im Blickpunkt: Der Deutsche Corporate Governance Kodex, BB 2002, 581
Seibt, Christoph H. . . . . Deutscher Corporate Governance Kodex und Entsprechens-Erklärung (§ 161 AktG-E), AG 2002, 249
Seibt, Christoph H. . . . . Effizienzprüfung der Aufsichtsratstätigkeit – Hinweise zur Anwendung von Ziff. 5.6 Deutscher Corporate Governance Kodex, DB 2003, 2107
Seibt, Christop H./
Heiser, Kristian J. . . . . Analyse des Übernahmerichtlinienumsetzungsgesetzes (Regierungsentwurf) AG 2006, 301
Seidel, Wolfgang . . . . Der Deutsche Corporate Governance Kodex – eine private oder doch eine staatliche Regelung? ZIP 2004, 285
Seidel, Wolfgang . . . . Kodex ohne Rechtsgrundlage, NZG 2004, 1095
Semler, Johannes . . . . Die Überwachungsaufgabe des Aufsichtsrats, 1980 (zitiert Semler, Überwachungsaufgabe)
Semler, Johannes . . . . Leitung und Überwachung der Aktiengesellschaft, 2. Aufl. 1996 (zitiert Semler, Leitung)
Semler, Johannes . . . . Die Kompetenzen des Aufsichtsrats in Semler/v. Schenck, Arbeitshandbuch für Aufsichtsratsmitglieder, 2. Aufl. 2004, 1 (zitiert Semler in Semler/v. Schenck, AR Hdb.)
Semler, Johannes . . . . Vergütung der Aufsichtsratstätigkeit in Semler/v. Schenck, Arbeitshandbuch für Aufsichtsratsmitglieder, 2. Aufl. 2004, 657 (zitiert Semler in Semler/v. Schenck, AR Hdb.)
Semler, Johannes . . . . Vorschlags- und Wahlverfahren, Entsendung, Ausscheiden in Semler/v. Schenck, Arbeitshandbuch für Aufsichtsratsmitglieder, 2. Aufl. 2004, 75 (zitiert Semler in Semler/v. Schenck, AR Hdb.)
Semler, Johannes . . . . Die Rechte und Pflichten des Vorstands einer Holdinggesellschaft im Lichte der Corporate Governance Diskussion, ZGR 2004, 631
Semler, Johannes . . . . „Vom ehrbaren Kaufmann zum Kodex – so etwas tut man nicht" 40 Jahre Aktiengesetz, Festsymposium zu Ehren Bruno Kropff aus Anlass seines 80. Geburtstags Vorträge und Berichte des Zen-

Schrifttumsverzeichnis

	trum für Europäisches Wirtschaftsrecht Bonn, Nr. 154 (zitiert Semler, Festsymposium für Kropff)
Semler, Johannes/ v. Schenck, Kerstin (Hrsg.)	Arbeitshandbuch für Aufsichtsratsmitglieder, 2. Aufl. 2004 (zitiert Bearbeiter in Semler/v. Schenck, AR Hdb.)
Semler, Johannes/ Volhard, Rüdiger (Hrsg.)	Arbeitshandbuch für die Hauptversammlung, 2. Aufl. 2003 (zitiert Bearbeiter in Semler/Volhard, HV Hdb.)
Siebel, Ulf	Vorbereitung und Durchführung von Aufsichtsratssitzungen in Semler/v. Schenck, Arbeitshandbuch für Aufsichtsratsmitglieder, 2. Aufl. 2004, 177 (zitiert Siebel in Semler/v. Schenck, AR Hdb.)
Sieben, Günter	Formelstaat oder materielle Prüfung in Busse v. Colbe/Lutter (Hrsg.), Wirtschaftsprüfung heute, 1977, 55 (zitiert Sieben in Busse v. Colbe/Lutter, Wirtschaftsprüfung, 1977)
Siegert, Theo	Shareholder-Value als Lenkungsinstrument, ZfbF 1995, 580
Siegert, Theo/Böhme, Markus/ Pfingsten, Florian/ Picot, Arnold	Marktwertorientierte Unternehmensführung im Lebenszyklus, ZfbF 1997, 471 (zitiert Siegert et al.)
Sihler, Helmut	Shareholder Value versus Stakeholder Value, FS Trippen, 1997, 84 (zitiert Sihler in FS Trippen, 1997)
Simons, Tony/Pelled, Lisa Hope/Smith, Ken A.	Making Use of Difference: Diversity, Debate, and Decision Comprehensiveness in Top Management Teams, Academy of Management Journal 1999, 662
Sommer, Ulf	Aufsichtsräte gehen mit 67 noch nicht in Rente, Handelsblatt vom 20.3.2006
Speckbacher, Gerhard	Shareholder Value und Stakeholder Ansatz, DBW 1997, 630
Speckbacher, Gerhard	Shareholder- und Stakeholder-Ansatz in Schreyögg/v. Werder (Hrsg.), Handwörterbuch Unternehmensführung und Organisation (HWO), 4. Aufl. 2004, 1319 (zitiert Speckbacher in Schreyögg/v. Werder, Handwörterbuch)
Spindler, Gerald	Internet und Corporate Governance – ein neuer virtueller (T)Raum? ZGR 2000, 420
Spindler, Gerald	Die Empfehlungen der EU für den Aufsichtsrat und ihre deutsche Umsetzung im Corporate Governance Kodex, ZIP 2005, 2033
Spindler, Gerald/ Hüther, Mario	Das Internet als Medium der Aktionärsbeteiligung in den USA, RIW 2000, 329
Staub, Hermann (Hrsg.)	Großkommentar zum HGB, 4. Aufl. 1995 (zitiert Bearbeiter in Staub, HGB)
v. Stebut, Dietrich	Geheimnisschutz und Verschwiegenheitspflicht im Aktienrecht, 1972 (zitiert v. Stebut, Geheimnisschutz)
Steinmann, Horst/ Gerum, Elmar	Reform der Unternehmensverfassung, 1978 (zitiert Steinmann/Gerum, Reform)
Steinmann, Horst/Löhr, Albert	Grundlagen der Unternehmensethik, 2. Aufl. 1994 (zitiert Steinmann/Löhr, Grundlagen)
Stiles, Philip/Taylor, Bernard	Boards at Work, 2001 (zitiert Stiles/Taylor, Boards)
Strieder, Thomas	DCGK Deutscher Corporate Governance Kodex, Praxiskommentar, 2005 (zitiert Strieder, DCGK)
Stubenrath, Michael/ Löbig, Michael	Zur Notwendigkeit von Rechnungslegungsstandards für die Internet-Berichterstattung, DB 2002, 1333
Sundaram, Anant K./ Inkpen, Andrew C.	The Corporate Objective Revisited, Organization Science 2004, 350

Schrifttumsverzeichnis

Sünner, Eckart	Effizienz von Unternehmensorganen als Grundsatz der Corporate Governance, AG 2000, 492
Sünner, Eckart	Auswahlpflichten und Auswahlverschulden bei der Wahl von Aufsichtsratsmitgliedern, ZIP 2003, 834
Teichmann, Christoph	Corporate Governance in Europa, ZGR 2001, 645
Teubner, Gunther	Unternehmensinteresse – das gesellschaftliche Interesse des Unternehmens „an sich"? ZHR 148 (1984), 470
The Conference Board	Commission on Public Trust and Private Enterprise, 2002 (zitiert The Conference Board, Trust)
Theisen, Manuel René	Die Überwachung der Unternehmungsführung, 1987 (zitiert Theisen, Überwachung)
Theisen, Manuel René	Die Rechtsprechung zum Mitbestimmungsgesetz 1976 – eine dritte Zwischenbilanz, AG 1993, 49
Theisen, Manuel René	Grundsätze ordnungsgemäßer Kontrolle und Beratung der Geschäftsführung durch den Aufsichtsrat, AG 1995, 193
Theisen, Manuel René	Grundsätze ordnungsmäßiger Überwachung (GoÜ), ZfbF 1996 Sonderheft 36, 75
Theisen, Manuel René	Empirical Evidence and Economic Comments on Board Structure in Germany in Hopt et al. (Hrsg.), Comparative Corporate Governance, 1998, 259 (zitiert Theisen in Hopt et al., Corporate Governance)
Theisen, Manuel René	Zur Reform des Aufsichtsrats – Eine betriebswirtschaftliche Bestandsanalyse und Perspektive in Dörner/Menold/Pfitzer (Hrsg.), Reform des Aktienrechts, der Rechnungslegung und Prüfung, 2. Aufl. 2003, 203 (zitiert Theisen in Dörner/Menold/Pfitzer, Reform)
Theisen, Manuel René	Der Konzern, 2. Aufl. 2000 (zitiert Theisen, Konzern)
Theisen, Manuel René	Corporate Governance, RWZ 2001, 157
Theisen, Manuel René	Angelsächsische Leidkultur, DBW 2002, 513
Theisen, Manuel René	Grundsätze einer ordnungsmäßigen Information des Aufsichtsrats, 3. Aufl. 2002 (zitiert Theisen, Information)
Theisen, René/v. Werder, Axel	Grundsätze ordnungsmäßiger Unternehmensführung in Schreyögg/v. Werder (Hrsg.), Handwörterbuch Unternehmensführung und Organisation (HWO), 4. Aufl. 2004, 369 (zitiert Theisen/v. Werder in Schreyögg/v. Werder, Handwörterbuch)
Thümmel, Roderich C.	Manager- und Aufsichtsratshaftung nach dem Referentenentwurf zur Änderung des AktG und des HGB, DB 1997, 261
Thüsing, Gregor	Auf der Suche nach dem iustum pretium der Vorstandstätigkeit – Überlegungen zur Angemessenheit im Sinne des § 87 Abs. 1 Satz 1 AktG, ZGR 2003, 457
Thüsing, Gregor	Das Gesetz über die Offenlegung von Vorstandsvergütungen, ZIP 2005, 1389
Titzrath, Alfons	Corporate Governance: Vertragen sich die deutsche Unternehmensverfassung und das Shareholder Value-Prinzip? ZfB 1997 Ergänzungsheft 4, 31
Ulmer, Peter	Der Einfluß des Mitbestimmungsgesetzes auf die Struktur von AG und GmbH, 1979 (zitiert Ulmer, Einfluß)
Ulmer, Peter	Aufsichtsratsmitglied und Interessenkollision, NJW 1980, 1603
Ulmer, Peter	Aktienrecht im Wandel – Entwicklungslinien und Diskussionsschwerpunkte, AcP 202 (2002), 143
Ulmer, Peter	Der Deutsche Corporate Governance Kodex – ein neues Regulierungsinstrument für börsennotierte Aktiengesellschaften, ZHR 166 (2002), 150
Ulmer, Peter	Haftungsfreistellung bis zur Grenze grober Fahrlässigkeit bei unternehmerischen Fehlentscheidungen von Vorstand und Aufsichtsrat? DB 2004, 859
Ulmer, Peter	Buchbesprechung – Sebastian Pammler, Die gesellschaftsfinanzierte D&O- Versicherung im Spannungsfeld des Aktienrechts. Eine Arbeit über den Einfluss der D&O- Versicherung auf die

Schrifttumsverzeichnis

	Organisationsverfassung der Aktiengesellschaft und die daraus zu ziehenden rechtlichen Konsequenzen, 2006, ZHR 171 (2007), 119
Ulmer, Peter/Habersack, Mathias/Henssler, Martin . .	Mitbestimmungsrecht, 2. Auflage 2006 (zitiert Bearbeiter in Ulmer/Habersack/Henssler, Mitbestimmungsrecht)
Ulrich, Peter	Transformation der ökonomischen Vernunft, 3. Aufl. 1993 (zitiert Ulrich, Transformation)
Ulrich, Peter	Integrative Wirtschaftsethik, 3. Aufl. 2001 (zitiert Ulrich, Wirtschaftsethik)
Vagts, Detlef F.	Reforming the „Modern" Corporation: Perspectives from the German, Harvard Law Review 1966, 23
Van den Berghe, Lutgart/ De Ridder, Liesbeth	International Standardisation of Good Corporate Governance, 1999 (zitiert Van den Berghe/De Ridder, Standardisation)
Vetter, Eberhard	Die Teilnahme des Vorstands an den Sitzungen des Aufsichtsrats und die Corporate Governance, VersR 2002, 951
Vetter, Eberhardt	Deutscher Corporate Governance Kodex, DNotZ 2003, 748
Vetter, Eberhard	Stock Options für Aufsichtsräte – ein Widerspruch, AG 2004, 234
Vetter, Eberhard	Update des Deutschen Corporate Governance Kodex, BB 2005, 1689
Vetter, Eberhard	Beratungsverträge mit Aufsichtsratsmitgliedern, AG 2006, 179
Vogel, C. Wolfgang	Aktienrecht und Aktienwirklichkeit, 1980 (zitiert Vogel, Aktienrecht)
Wackerbarth, Ulrich	Von golden shares und poison pills: Waffengleichheit bei internationalen Übernahmeangeboten, WM 2001, 1741
Wackerbarth, Ulrich	Investorvertrauen und Corporate Governance, ZGR 2005, 686
Wagner, Franz W.	Shareholder Value: Eine neue Runde im Konflikt zwischen Kapitalmarkt und Unternehmensinteresse, BFuP 1997, 473
Wagner, Jürgen	Aufsichtsgremien im Gesellschaftsrecht: unter Einbeziehung des Rechts in der Schweiz und in Liechtenstein und unter besonderer Berücksichtigung des Gesetzes zur Kontrolle und Transparenz im Unternehmensbereich (KonTraG), 1998 (zitiert Wagner, Aufsichtsgremien)
Walter, Tonio	Angestelltenbestechung, internationales Strafrecht und Steuerstrafrecht, wistra 2001, 321
Ward, Ralph D.	Improving Corporate Boards. The Boardroom Insider Guidebook, 2000 (zitiert Ward, Boards)
Warncke, Markus	Informationsversorgung des Aufsichtsrats, AR 7–8/2006, 11
Weideman, Jürgen	Zum Abzugsverbot des § 4 V Satz 1 Nr. 10 EStG: Erfasst § 299 II StGB auch „Auslandssachverhalte", DStZ 2002, 329
Weiß, Daniel	Aktienoptionsprogramme nach dem KonTraG, WM 1999, 353
Welge, Martin K./ Al-Laham, Andreas	Strategisches Management, 4. Aufl. 2003 (zitiert Welge/Al-Laham, Management)
v. Werder, Axel	Organisationsstruktur und Rechtsnorm, 1986 (zitiert v. Werder, Organisationsstruktur und Rechtsnorm)
v. Werder, Axel	Organisation der Unternehmungsleitung und Haftung des Top-Managements, DB 1987, 2265
v. Werder, Axel	Die Führungsorganisation der GmbH, DB 1987, 151
v. Werder, Axel	Unternehmungsführung und Argumentationsrationalität, 1994 (zitiert v. Werder, Unternehmungsführung)
v. Werder, Axel	Management: Mythos oder regelgeleitete Kunst des Möglichen? – Plädoyer für die Formulierung von Grundsätzen ordnungsmäßiger Unternehmensführung (GoU), DB 1995, 2177
v. Werder, Axel	Grundsätze ordnungsmäßiger Unternehmungsführung (GoF), ZfbF 1996 Sonderheft 36, 1

Schrifttumsverzeichnis

v. Werder, Axel . . . . Grundsätze ordnungsmäßiger Unternehmungsleitung (GoU), ZfbF 1996 Sonderheft 36, 27

v. Werder, Axel . . . . Vorstandsentscheidungen auf der Grundlage „sämtlicher relevanter Informationen"? ZfB 1997, 901

v. Werder, Axel . . . . Corporate Governance: Vertragen sich die deutsche Unternehmensverfassung und das Shareholder Value-Prinzip? ZfB 1997 Ergänzungsheft 4, 9

v. Werder, Axel . . . . Shareholder Value-Ansatz als (einzige) Richtschnur des Vorstandshandelns? ZGR 1998, 69

v. Werder, Axel . . . . Der German Code of Corporate Governance im Kontext der internationalen Governance-Debatte: Umfeld, Funktionen und inhaltliche Ausrichtung des GCCG in v. Werder, Axel (Hrsg.), German Code of Corporate Governance (GCCG), 2. Aufl. 2001, 1 (zitiert v. Werder in v. Werder, GCCG)

v. Werder, Axel (Hrsg.) . . . . . German Code of Corporate Governance (GCCG), 2. Aufl. 2001 (zitiert v. Werder, GCCG)

v. Werder, Axel . . . . Grundsätze ordnungsmäßiger Unternehmungsleitung im Konzern in Albach (Hrsg.), Konzernmanagement, 2001, 145 (zitiert v. Werder in Albach, Konzernmanagement)

v. Werder, Axel . . . . Der Deutsche Corporate Governance Kodex – Grundlagen und Einzelbestimmungen, DB 2002, 801

v. Werder, Axel . . . . Modernisierung der Mitbestimmung, DBW 2004, 229

v. Werder, Axel . . . . Überwachungseffizienz und Unternehmensmitbestimmung, AG 2004, 166

v. Werder, Axel . . . . Corporate Governance (Unternehmensverfassung) in Schreyögg/v. Werder (Hrsg.), Handwörterbuch Unternehmensführung und Organisation (HWO), 4. Aufl. 2004, 160 (zitiert v. Werder in Schreyögg/v. Werder, Handwörterbuch)

v. Werder, Axel . . . . Ökonomische Grundfragen der Corporate Governance in Hommelhoff/Hopt/v. Werder (Hrsg.), Handbuch Corporate Governance, 2003, 3 (zitiert v. Werder in Hommelhoff/Hopt/v. Werder, Handbuch CG)

v. Werder, Axel . . . . Umsetzung der Empfehlungen und Anregungen des Deutschen Corporate Governance Kodex. Eine empirische Erhebung der DAX 30-, MDAX 50- und SDAX 50-Gesellschaften. Executive Summary in Cromme, Gerhardt (Hrsg.), Corporate Governance Report 2004, 157 (zitiert v. Werder in Cromme, Corporate Governance Report)

v. Werder, Axel . . . . Ist die Mitbestimmung ein Hemmschuh für deutsche Unternehmen im internationalen Wettbewerb? in: Werner Brandt/Arnold Picot (Hrsg.), Unternehmenserfolg im internationalen Wettbewerb, 2005, 275 (zitiert v. Werder in Brandt/Picot, Unternehmenserfolg)

v. Werder, Axel . . . . Führungsorganisation. Grundlagen der Spitzen- und Leitungsorganisation von Unternehmen, 2005 (zitiert v. Werder, Führungsorganisation)

v. Werder, Axel/Maly, Werner/ Pohle, Klaus/Wolff, Gerhardt . Grundsätze ordnungsmäßiger Unternehmensleitung (GoU) im Urteil der Praxis, DB 1998, 1193 (zitiert v. Werder et al.)

v. Werder, Axel / Minuth, Thorsten . . . . Internationale Kodizes der Corporate Governance – Bestandsaufnahme und Vergleich mit dem Aktiengesetz, Diskussionspapier 2000/05 der Wirtschaftswissenschaftlichen Dokumentation der TU Berlin (zitiert v. Werder/Minuth, Internationale Kodizes)

v. Werder, Axel/Grundei, Jens . Evaluation der Corporate Governance in Hommelhoff/Hopt/v. Werder (Hrsg.), Handbuch Corporate Governance, 2003, 675 (zitiert v. Werder/Grundei in Hommelhoff/Hopt/v. Werder, Handbuch CG)

Schrifttumsverzeichnis

v. Werder, Axel/Talaulicar, Till	Der Deutsche Corporate Governance Kodex: Konzeption und Konsequenzprognosen, ZfbF 2003 Sonderheft 50, 15
v. Werder, Axel/Talaulicar, Till/Kolat, Georg L.	Kodex Report 2003: Die Akzeptanz der Empfehlungen des Deutschen Corporate Governance Kodex, DB 2003, 1857
v. Werder, Axel/Talaulicar, Till/Kolat, Georg L.	Kodex Report 2004 – Die Akzeptanz der Empfehlungen und Anregungen des Deutschen Corporate Governance Kodex, DB 2004, 1377
v. Werder, Axel/Talaulicar, Till	Kodex Report 2005: Die Akzeptanz der Empfehlungen und Anregungen des Deutschen Corporate Governance Kodex, DB 2005, 841
v. Werder, Axel/Talaulicar, Till	Kodex Report 2006: Die Akzeptanz der Empfehlungen und Anregungen des Deutschen Corporate Governance Kodex, DB 2006, 849
v. Werder, Axel/Wieczorek, Bernd	Anforderungen an Aufsichtsratsmitglieder und ihre Nominierung, DB 2007, 297
v. Werder, Axel/Talaulicar, Till	Kodex Report 2007: Die Akzeptanz der Empfehlungen und Anregungen des Deutschen Corporate Governance Kodex, DB 2007, 869
Westermann, Harm Peter	Anmerkung zu LG Bielefeld, ZIP 2000, 20
Wiedemann, Herbert	Grundfragen der Unternehmensverfassung, ZGR 1975, 385
Wiedemann, Herbert	Gesellschaftsrecht, 1980 (zitiert Wiedemann, Gesellschaftsrecht)
Wiedmann, Harald	Bilanzrecht, 1999 (zitiert Wiedmann, Bilanzrecht)
Wiese, Tobias	Verantwortlichkeit des Aufsichtsrats – Aktuelle Entwicklungen im Bereich der Corporate Governance, DB 2000, 1901
Wiesner, Peter M.	Corporate Governance und kein Ende, ZIP 2003, 977
Wiesner, Peter M.	Die neue Übernahmerichtlinie und die Folgen, ZIP 2004, 343
Will, Markus	Börsenzeitung Nr. 232 vom 2. 12. 2003, S. 12
Windbichler, Christine	Arbeitnehmerinteressen im Unternehmen und gegenüber dem Unternehmen – Eine Zwischenbilanz, AG 2004, 190
Winter, Stefan	Management- und Aufsichtsratsvergütung unter besonderer Berücksichtigung von Stock Options – Lösung eines Problems oder zu lösendes Problem? in Hommelhoff/Hopt/v. Werder (Hrsg.), Handbuch Corporate Governance, 2003, 335 (zitiert Winter in Hommelhoff/Hopt/v. Werder, Handbuch CG)
Wirth, Gerhard	Anforderungsprofil und Inkompatibilitäten für Aufsichtsratsmitglieder, ZGR 2005, 327
Wirtz, Markus M.	Die Aufsichtspflichten des Vorstands nach OWIG und KonTraG, WuW 2001, 342
Witt, Peter	Vorstand/Board: Aufgaben, Organisation, Entscheidungsfindung und Willensbildung – Betriebswirtschaftliche Ausfüllung in Hommelhoff/Hopt/v. Werder (Hrsg.), Handbuch Corporate Governance, 2003, (zitiert Witt in Hommelhoff/Hopt/v. Werder, Handbuch CG)
Witte, Eberhardt	Die Verfassung des Unternehmens als Gegenstand betriebswirtschaftlicher Forschung, DBW 1978, 331
Wolf, Joachim	Der Gestaltansatz in der Management- und Organisationslehre, 2000 (zitiert Wolf, Gestaltansatz)
Wolff, Alexander	Wahl der Arbeitnehmervertreter in den Aufsichtsrat, DB 2002, 790
Wölk, Armin	Ad hoc-Publizität – Erfahrungen aus der Sicht des Bundesaufsichtsamts für den Wertpapierhandel, AG 1997, 73
Wymeersch, Eddy	A Status Report on Corporate Governance Rules and Practices in Some Continental European States in Hopt et al. (Hrsg.), Comparative Corporate Governance, 1998, 1045 (zitiert Wymeersch in Hopt et al., Corporate Governance)

Schrifttumsverzeichnis

Wymeersch, Eddy	Gesellschaftsrecht im Wandel: Ursachen und Entwicklungslinien, ZGR 2001, 321
Wymeersch, Eddy	Enforcement of Corporate Governance Codes, Law Working Paper no. 46/2005, June 2005, erhältlich unter www.ssrn.com
Wymeersch, Eddy	Les codes de gouvernance d'entreprise et leur mise en œuvre, Liber Amicorum Jacques Malherbe, Brüssel 2006
Zetzsche, Dirk	NaStraG – ein erster Schritt in Richtung Virtuelle Hauptversammlung für Namens- und Inhaberaktien, ZIP 2001, 682
Zetzsche, Dirk (Hrsg.)	Die virtuelle Hauptversammlung, 2002 (zitiert Bearbeiter in Zetzsche, Virtuelle Hauptversammlung)
Zetzsche, Dirk	Aktionärsinformation in der börsennotierten Aktiengesellschaft, 2006 (zitiert Zetzsche, Aktionärsinformation)
Zöllner, Wolfgang (Hrsg.)	Kölner Kommentar zum Aktiengesetz, 2. Aufl. 1986 ff. (zitiert Bearbeiter in Zöllner, Kölner Kommentar)
Zöllner, Wolfgang	Zur Problematik der aktienrechtlichen Anfechtungsklage, AG 2000, 145
Zöllner, Wolfgang/ Noack, Ulrich	One share – one vote? Stimmrecht und Kapitalbeteiligung bei der Aktiengesellschaft, AG 1991, 117
Zöllner, Wolfgang/ Noack, Ulrich (Hrsg.)	Kölner Kommentar zum Aktiengesetz, 3. Aufl. 2004 ff. (zitiert Bearbeiter in Zöllner/Noack, Kölner Kommentar)

Deutscher Corporate Governance Kodex

in der Fassung vom 14. Juni 2007

1. Präambel

Der vorliegende Deutsche Corporate Governance Kodex (der „Kodex") stellt wesentliche gesetzliche Vorschriften zur Leitung und Überwachung deutscher börsennotierter Gesellschaften (Unternehmensführung) dar und enthält international und national anerkannte Standards guter und verantwortungsvoller Unternehmensführung. Der Kodex soll das deutsche Corporate Governance System transparent und nachvollziehbar machen. Er will das Vertrauen der internationalen und nationalen Anleger, der Kunden, der Mitarbeiter und der Öffentlichkeit in die Leitung und Überwachung deutscher börsennotierter Gesellschaften fördern.

Der Kodex verdeutlicht die Rechte der Aktionäre, die der Gesellschaft das erforderliche Eigenkapital zur Verfügung stellen und das unternehmerische Risiko tragen.

Deutschen Aktiengesellschaften ist ein duales Führungssystem gesetzlich vorgegeben:

> Der Vorstand leitet das Unternehmen in eigener Verantwortung. Die Mitglieder des Vorstands tragen gemeinsam die Verantwortung für die Unternehmensleitung. Der Vorstandsvorsitzende koordiniert die Arbeit der Vorstandsmitglieder.

> Der Aufsichtsrat bestellt, überwacht und berät den Vorstand und ist in Entscheidungen, die von grundlegender Bedeutung für das Unternehmen sind, unmittelbar eingebunden. Der Aufsichtsratsvorsitzende koordiniert die Arbeit im Aufsichtsrat.

> Die Mitglieder des Aufsichtsrats werden von den Aktionären in der Hauptversammlung gewählt. Bei Unternehmen mit mehr als 500 bzw. 2000 Arbeitnehmern im Inland sind auch die Arbeitnehmer im Aufsichtsrat vertreten, der sich dann zu einem Drittel bzw. zur Hälfte aus von den Arbeitnehmern gewählten Vertretern zusammensetzt. Bei Unternehmen mit mehr als 2000 Arbeitnehmern hat der Aufsichtsratsvorsitzende, der praktisch immer ein Vertreter der Anteilseigner ist, ein die Beschlussfassung entscheidendes Zweitstimmrecht. Die von den Aktionären gewählten Anteilseignervertreter und die Arbeitnehmervertreter sind gleichermaßen dem Unternehmensinteresse verpflichtet.

Alternativ eröffnet die Europäische Gesellschaft (SE) die Möglichkeit, sich auch in Deutschland für das international verbreitete System der Führung durch ein einheitliches Leitungsorgan (Verwaltungsrat) zu entscheiden.

Die Ausgestaltung der unternehmerischen Mitbestimmung in der SE wird grundsätzlich durch eine Vereinbarung zwischen der Unternehmensleitung und der Arbeitnehmerseite festgelegt. Die Arbeitnehmer in den EU-Mitgliedstaaten sind einbezogen.

Das auch in anderen kontinentaleuropäischen Ländern etablierte duale Führungssystem und das monistische Verwaltungsratssystem bewegen sich wegen des intensiven Zusammenwirkens von Vorstand und Aufsichtsrat im dualen Führungssystem in der Praxis aufeinander zu und sind gleichermaßen erfolgreich.

Die Rechnungslegung deutscher Unternehmen ist am True-and-fair-view-Prinzip orientiert und vermittelt ein den tatsächlichen Verhältnissen entsprechendes Bild der Vermögens-, Finanz- und Ertragslage des Unternehmens.

Empfehlungen des Kodex sind im Text durch die Verwendung des Wortes „*soll*" gekennzeichnet. Die Gesellschaften können hiervon abweichen, sind dann aber verpflichtet, dies jährlich offenzulegen. Dies ermöglicht den Gesellschaften die Berücksichtigung branchen- oder unternehmensspezifischer Bedürfnisse. So trägt der Kodex zur Flexibilisierung und Selbstregulierung der deutschen Unternehmensverfassung bei. Ferner enthält der Kodex *Anregungen,* von denen ohne Offenlegung abgewichen werden kann; hierfür verwendet der Kodex Begriffe wie „*sollte*" oder „*kann*". Die übrigen sprachlich nicht so gekennzeichneten Teile des Kodex betreffen Bestimmungen, die als geltendes Gesetzesrecht von den Unternehmen zu beachten sind.

In Regelungen des Kodex, die nicht nur die Gesellschaft selbst, sondern auch ihre Konzernunternehmen betreffen, wird der Begriff „Unternehmen" statt „Gesellschaft" verwendet.

Der Kodex richtet sich in erster Linie an börsennotierte Gesellschaften. Auch nicht börsennotierten Gesellschaften wird die Beachtung des Kodex empfohlen.

Der Kodex wird in der Regel einmal jährlich vor dem Hintergrund nationaler und internationaler Entwicklungen überprüft und bei Bedarf angepasst.

2.   Aktionäre und Hauptversammlung

2.1   Aktionäre

2.1.1 Die Aktionäre nehmen ihre Rechte in der Hauptversammlung wahr und üben dort ihr Stimmrecht aus.

2.1.2 Jede Aktie gewährt grundsätzlich eine Stimme. Aktien mit Mehrstimmrechten oder Vorzugsstimmrechten („golden shares") sowie Höchststimmrechte bestehen nicht.

2.2   Hauptversammlung

2.2.1 Der Vorstand legt der Hauptversammlung den Jahresabschluss und den Konzernabschluss vor. Sie entscheidet über die Gewinnverwendung sowie die Entlastung von Vorstand und Aufsichtsrat, wählt die Anteilseignervertreter im Aufsichtsrat und in der Regel den Abschlussprüfer.
Darüber hinaus entscheidet die Hauptversammlung über die Satzung und den Gegenstand der Gesellschaft, über Satzungsänderungen und über wesentliche unternehmerische Maßnahmen wie insbesondere Unternehmensverträge und Umwandlungen, über die Ausgabe von neuen Aktien und von Wandel- und Optionsschuldverschreibungen sowie über die Ermächtigung zum Erwerb eigener Aktien.

2.2.2 Bei der Ausgabe neuer Aktien haben die Aktionäre grundsätzlich ein ihrem Anteil am Grundkapital entsprechendes Bezugsrecht.

2.2.3 Jeder Aktionär ist berechtigt, an der Hauptversammlung teilzunehmen, dort das Wort zu Gegenständen der Tagesordnung zu ergreifen und sachbezogene Fragen und Anträge zu stellen.

2.2.4 Der Versammlungsleiter sorgt für eine zügige Abwicklung der Hauptversammlung. Dabei sollte er sich davon leiten lassen, dass eine ordentliche Hauptversammlung spätestens nach 4 bis 6 Stunden beendet ist.

2.3 Einladung zur Hauptversammlung, Stimmrechtsvertreter

2.3.1 Die Hauptversammlung der Aktionäre ist vom Vorstand mindestens einmal jährlich unter Angabe der Tagesordnung einzuberufen. Aktionärsminderheiten sind berechtigt, die Einberufung einer Hauptversammlung und die Erweiterung der Tagesordnung zu verlangen. Der Vorstand soll die vom Gesetz für die Hauptversammlung verlangten Berichte und Unterlagen einschließlich des Geschäftsberichts leicht zugänglich auf der Internet-Seite der Gesellschaft zusammen mit der Tagesordnung veröffentlichen.

2.3.2 Die Gesellschaft soll allen in- und ausländischen Finanzdienstleistern, Aktionären und Aktionärsvereinigungen die Einberufung der Hauptversammlung mitsamt den Einberufungsunterlagen auf elektronischem Wege übermitteln, wenn die Zustimmungserfordernisse erfüllt sind.

2.3.3 Die Gesellschaft soll den Aktionären die persönliche Wahrnehmung ihrer Rechte erleichtern. Auch bei der Stimmrechtsvertretung soll die Gesellschaft die Aktionäre unterstützen. Der Vorstand soll für die Bestellung eines Vertreters für die weisungsgebundene Ausübung des Stimmrechts der Aktionäre sorgen; dieser sollte auch während der Hauptversammlung erreichbar sein.

2.3.4 Die Gesellschaft sollte den Aktionären die Verfolgung der Hauptversammlung über moderne Kommunikationsmedien (z.B. Internet) ermöglichen.

3. Zusammenwirken von Vorstand und Aufsichtsrat

3.1 Vorstand und Aufsichtsrat arbeiten zum Wohle des Unternehmens eng zusammen.

3.2 Der Vorstand stimmt die strategische Ausrichtung des Unternehmens mit dem Aufsichtsrat ab und erörtert mit ihm in regelmäßigen Abständen den Stand der Strategieumsetzung.

3.3 Für Geschäfte von grundlegender Bedeutung legen die Satzung oder der Aufsichtsrat Zustimmungsvorbehalte zugunsten des Aufsichtsrats fest. Hierzu gehören Entscheidungen oder Maßnahmen, die die Vermögens-, Finanz- oder Ertragslage des Unternehmens grundlegend verändern.

3.4 Die ausreichende Informationsversorgung des Aufsichtsrats ist gemeinsame Aufgabe von Vorstand und Aufsichtsrat.
Der Vorstand informiert den Aufsichtsrat regelmäßig, zeitnah und umfassend über alle für das Unternehmen relevanten Fragen der Planung, der Geschäftsentwicklung, der Risikolage, des Risikomanagements und der Compliance. Er geht auf Abweichungen des Geschäftsverlaufs von den aufgestellten Plänen und Zielen unter Angabe von Gründen ein.
Der Aufsichtsrat soll die Informations- und Berichtspflichten des Vorstands näher festlegen. Berichte des Vorstands an den Aufsichtsrat sind in der Regel in Textform zu erstatten. Entscheidungsnotwendige Unterlagen, insbesondere der Jahresabschluss, der Konzernabschluss und der Prüfungsbericht, werden den Mitgliedern des Aufsichtsrats möglichst rechtzeitig vor der Sitzung zugeleitet.

3.5 Gute Unternehmensführung setzt eine offene Diskussion zwischen Vorstand und Aufsichtsrat sowie in Vorstand und Aufsichtsrat voraus. Die

umfassende Wahrung der Vertraulichkeit ist dafür von entscheidender Bedeutung.
Alle Organmitglieder stellen sicher, dass die von ihnen eingeschalteten Mitarbeiter die Verschwiegenheitspflicht in gleicher Weise einhalten.

3.6 In mitbestimmten Aufsichtsräten sollten die Vertreter der Aktionäre und der Arbeitnehmer die Sitzungen des Aufsichtsrats jeweils gesondert, gegebenenfalls mit Mitgliedern des Vorstands, vorbereiten.
Der Aufsichtsrat sollte bei Bedarf ohne den Vorstand tagen.

3.7 Bei einem Übernahmeangebot müssen Vorstand und Aufsichtsrat der Zielgesellschaft eine begründete Stellungnahme zu dem Angebot abgeben, damit die Aktionäre in Kenntnis der Sachlage über das Angebot entscheiden können.
Der Vorstand darf nach Bekanntgabe eines Übernahmeangebots keine Handlungen außerhalb des gewöhnlichen Geschäftsverkehrs vornehmen, durch die der Erfolg des Angebots verhindert werden könnte, wenn er dazu nicht von der Hauptversammlung ermächtigt ist oder der Aufsichtsrat dem zugestimmt hat. Bei ihren Entscheidungen sind Vorstand und Aufsichtsrat an das beste Interesse der Aktionäre und des Unternehmens gebunden.
In angezeigten Fällen sollte der Vorstand eine außerordentliche Hauptversammlung einberufen, in der die Aktionäre über das Übernahmeangebot beraten und gegebenenfalls über gesellschaftsrechtliche Maßnahmen beschließen.

3.8 Vorstand und Aufsichtsrat beachten die Regeln ordnungsgemäßer Unternehmensführung. Verletzen sie die Sorgfalt eines ordentlichen und gewissenhaften Geschäftsleiters bzw. Aufsichtsratsmitglieds schuldhaft, so haften sie der Gesellschaft gegenüber auf Schadensersatz. Bei unternehmerischen Entscheidungen liegt keine Pflichtverletzung vor, wenn das Mitglied von Vorstand oder Aufsichtsrat vernünftigerweise annehmen durfte, auf der Grundlage angemessener Information zum Wohle der Gesellschaft zu handeln (Business Judgement Rule).
Schließt die Gesellschaft für Vorstand und Aufsichtsrat eine D&O-Versicherung ab, so soll ein angemessener Selbstbehalt vereinbart werden.

3.9 Die Gewährung von Krediten des Unternehmens an Mitglieder des Vorstands und des Aufsichtsrats sowie ihre Angehörigen bedarf der Zustimmung des Aufsichtsrats.

3.10 Vorstand und Aufsichtsrat sollen jährlich im Geschäftsbericht über die Corporate Governance des Unternehmens berichten (Corporate Governance Bericht). Hierzu gehört auch die Erläuterung eventueller Abweichungen von den Empfehlungen dieses Kodex. Dabei kann auch zu den Kodexanregungen Stellung genommen werden. Die Gesellschaft soll nicht mehr aktuelle Entsprechenserklärungen zum Kodex fünf Jahre lang auf ihrer Internetseite zugänglich halten.

4. Vorstand

4.1 Aufgaben und Zuständigkeiten

4.1.1 Der Vorstand leitet das Unternehmen in eigener Verantwortung. Er ist dabei an das Unternehmensinteresse gebunden und der Steigerung des nachhaltigen Unternehmenswertes verpflichtet.

4.1.2 Der Vorstand entwickelt die strategische Ausrichtung des Unternehmens, stimmt sie mit dem Aufsichtsrat ab und sorgt für ihre Umsetzung.

4.1.3 Der Vorstand hat für die Einhaltung der gesetzlichen Bestimmungen und der unternehmensinternen Richtlinien zu sorgen und wirkt auf deren Beachtung durch die Konzernunternehmen hin (Compliance).

4.1.4 Der Vorstand sorgt für ein angemessenes Risikomanagement und Risikocontrolling im Unternehmen.

4.2 Zusammensetzung und Vergütung

4.2.1 Der Vorstand soll aus mehreren Personen bestehen und einen Vorsitzenden oder Sprecher haben. Eine Geschäftsordnung soll die Arbeit des Vorstands, insbesondere die Ressortzuständigkeiten einzelner Vorstandsmitglieder, die dem Gesamtvorstand vorbehaltenen Angelegenheiten sowie die erforderliche Beschlussmehrheit bei Vorstandsbeschlüssen (Einstimmigkeit oder Mehrheitsbeschluss) regeln.

4.2.2 Das Aufsichtsratsplenum soll auf Vorschlag des Gremiums, das die Vorstandsverträge behandelt, über die Struktur des Vergütungssystems für den Vorstand beraten und soll sie regelmäßig überprüfen.
Die Vergütung der Vorstandsmitglieder wird vom Aufsichtsrat unter Einbeziehung von etwaigen Konzernbezügen in angemessener Höhe auf der Grundlage einer Leistungsbeurteilung festgelegt. Kriterien für die Angemessenheit der Vergütung bilden insbesondere die Aufgaben des jeweiligen Vorstandsmitglieds, seine persönliche Leistung, die Leistung des Vorstands sowie die wirtschaftliche Lage, der Erfolg und die Zukunftsaussichten des Unternehmens unter Berücksichtigung seines Vergleichsumfelds.

4.2.3 Die Gesamtvergütung der Vorstandsmitglieder umfasst die monetären Vergütungsteile, die Versorgungszusagen, die sonstigen Zusagen, insbesondere für den Fall der Beendigung der Tätigkeit, Nebenleistungen jeder Art und Leistungen von Dritten, die im Hinblick auf die Vorstandstätigkeit zugesagt oder im Geschäftsjahr gewährt wurden.
Die monetären Vergütungsteile sollen fixe und variable Bestandteile umfassen. Die variablen Vergütungsteile sollten einmalige sowie jährlich wiederkehrende, an den geschäftlichen Erfolg gebundene Komponenten und auch Komponenten mit langfristiger Anreizwirkung und Risikocharakter enthalten. Sämtliche Vergütungsbestandteile müssen für sich und insgesamt angemessen sein.
Als variable Vergütungskomponenten mit langfristiger Anreizwirkung und Risikocharakter dienen insbesondere Aktien der Gesellschaft mit mehrjähriger Veräußerungssperre, Aktienoptionen oder vergleichbare Gestaltungen (z.B. Phantom Stocks). Aktienoptionen und vergleichbare Gestaltungen sollen auf anspruchsvolle, relevante Vergleichsparameter bezogen sein. Eine nachträgliche Änderung der Erfolgsziele oder der Vergleichsparameter soll ausgeschlossen sein. Für außerordentliche, nicht vorhergesehene Entwicklungen soll der Aufsichtsrat eine Begrenzungsmöglichkeit (Cap) vereinbaren.
Bei Abschluss von Vorstandsverträgen sollte darauf geachtet werden, dass Zahlungen an ein Vorstandsmitglied bei vorzeitiger Beendigung der Vorstandstätigkeit ohne wichtigen Grund einschließlich Nebenleistungen den Wert von zwei Jahresvergütungen nicht überschreiten (Ab-

findungs-Cap) und nicht mehr als die Restlaufzeit des Anstellungsvertrages vergüten. Für die Berechnung des Abfindungs-Caps sollte auf die Gesamtvergütung des abgelaufenen Geschäftsjahres und gegebenenfalls auch auf die voraussichtliche Gesamtvergütung für das laufende Geschäftsjahr abgestellt werden.

Eine Zusage für Leistungen aus Anlass der vorzeitigen Beendigung der Vorstandstätigkeit infolge eines Kontrollwechsels (Change of Control) sollte 150 % des Abfindungs-Caps nicht übersteigen.

Der Vorsitzende des Aufsichtsrats soll die Hauptversammlung über die Grundzüge des Vergütungssystems und deren Veränderung informieren.

4.2.4 Die Gesamtvergütung jedes Vorstandsmitglieds wird, aufgeteilt nach erfolgsunabhängigen, erfolgsbezogenen und Komponenten mit langfristiger Anreizwirkung, unter Namensnennung offengelegt, soweit nicht die Hauptversammlung mit Dreiviertelmehrheit anderweitig beschlossen hat.

4.2.5 Die Offenlegung soll in einem Vergütungsbericht erfolgen, der als Teil des Corporate Governance Berichts auch das Vergütungssystem für die Vorstandsmitglieder in allgemein verständlicher Form erläutert.

Die Darstellung der konkreten Ausgestaltung eines Aktienoptionsplans oder vergleichbarer Gestaltungen für Komponenten mit langfristiger Anreizwirkung und Risikocharakter soll deren Wert umfassen. Bei Versorgungszusagen soll jährlich die Zuführung zu den Pensionsrückstellungen oder Pensionsfonds angegeben werden.

Der wesentliche Inhalt von Zusagen für den Fall der Beendigung der Tätigkeit als Vorstandsmitglied ist anzugeben, wenn die Zusagen in ihrer rechtlichen Ausgestaltung von den den Arbeitnehmern erteilten Zusagen nicht unerheblich abweichen. Der Vergütungsbericht soll auch Angaben zur Art der von der Gesellschaft erbrachten Nebenleistungen enthalten.

4.3 Interessenkonflikte

4.3.1 Vorstandsmitglieder unterliegen während ihrer Tätigkeit für das Unternehmen einem umfassenden Wettbewerbsverbot.

4.3.2 Vorstandsmitglieder und Mitarbeiter dürfen im Zusammenhang mit ihrer Tätigkeit weder für sich noch für andere Personen von Dritten Zuwendungen oder sonstige Vorteile fordern oder annehmen oder Dritten ungerechtfertigte Vorteile gewähren.

4.3.3 Die Vorstandsmitglieder sind dem Unternehmensinteresse verpflichtet. Kein Mitglied des Vorstands darf bei seinen Entscheidungen persönliche Interessen verfolgen und Geschäftschancen, die dem Unternehmen zustehen, für sich nutzen.

4.3.4 Jedes Vorstandsmitglied soll Interessenkonflikte dem Aufsichtsrat gegenüber unverzüglich offenlegen und die anderen Vorstandsmitglieder hierüber informieren. Alle Geschäfte zwischen dem Unternehmen einerseits und den Vorstandsmitgliedern sowie ihnen nahestehenden Personen oder ihnen persönlich nahestehenden Unternehmungen andererseits haben branchenüblichen Standards zu entsprechen. Wesentliche Geschäfte sollen der Zustimmung des Aufsichtsrats bedürfen.

4.3.5 Vorstandsmitglieder sollen Nebentätigkeiten, insbesondere Aufsichtsratsmandate außerhalb des Unternehmens, nur mit Zustimmung des Aufsichtsrats übernehmen.

5. Aufsichtsrat

5.1 Aufgaben und Zuständigkeiten

5.1.1 Aufgabe des Aufsichtsrats ist es, den Vorstand bei der Leitung des Unternehmens regelmäßig zu beraten und zu überwachen. Er ist in Entscheidungen von grundlegender Bedeutung für das Unternehmen einzubinden.

5.1.2 Der Aufsichtsrat bestellt und entlässt die Mitglieder des Vorstands. Er soll gemeinsam mit dem Vorstand für eine langfristige Nachfolgeplanung sorgen. Der Aufsichtsrat kann die Vorbereitung der Bestellung von Vorstandsmitgliedern einem Ausschuss übertragen, der auch die Bedingungen des Anstellungsvertrages einschließlich der Vergütung festlegt. Bei Erstbestellungen sollte die maximal mögliche Bestelldauer von fünf Jahren nicht die Regel sein. Eine Wiederbestellung vor Ablauf eines Jahres vor dem Ende der Bestelldauer bei gleichzeitiger Aufhebung der laufenden Bestellung soll nur bei Vorliegen besonderer Umstände erfolgen. Eine Altersgrenze für Vorstandsmitglieder soll festgelegt werden.

5.1.3 Der Aufsichtsrat soll sich eine Geschäftsordnung geben.

5.2 Aufgaben und Befugnisse des Aufsichtsratsvorsitzenden

Der Aufsichtsratsvorsitzende koordiniert die Arbeit im Aufsichtsrat, leitet dessen Sitzungen und nimmt die Belange des Aufsichtsrats nach außen wahr.

Der Aufsichtsratsvorsitzende soll zugleich Vorsitzender der Ausschüsse sein, die die Vorstandsverträge behandeln und die Aufsichtsratssitzungen vorbereiten. Den Vorsitz im Prüfungsausschuss (Audit Committee) sollte er nicht innehaben.

Der Aufsichtsratsvorsitzende soll mit dem Vorstand, insbesondere mit dem Vorsitzenden bzw. Sprecher des Vorstands, regelmäßig Kontakt halten und mit ihm die Strategie, die Geschäftsentwicklung und das Risikomanagement des Unternehmens beraten. Der Aufsichtsratsvorsitzende wird über wichtige Ereignisse, die für die Beurteilung der Lage und Entwicklung sowie für die Leitung des Unternehmens von wesentlicher Bedeutung sind, unverzüglich durch den Vorsitzenden bzw. Sprecher des Vorstands informiert. Der Aufsichtsratsvorsitzende soll sodann den Aufsichtsrat unterrichten und erforderlichenfalls eine außerordentliche Aufsichtsratssitzung einberufen.

5.3 Bildung von Ausschüssen

5.3.1 Der Aufsichtsrat soll abhängig von den spezifischen Gegebenheiten des Unternehmens und der Anzahl seiner Mitglieder fachlich qualifizierte Ausschüsse bilden. Diese dienen der Steigerung der Effizienz der Aufsichtsratsarbeit und der Behandlung komplexer Sachverhalte. Die jeweiligen Ausschussvorsitzenden berichten regelmäßig an den Aufsichtsrat über die Arbeit der Ausschüsse.

5.3.2 Der Aufsichtsrat soll einen Prüfungsausschuss (Audit Committee) einrichten, der sich insbesondere mit Fragen der Rechnungslegung, des Risikomanagements und der Compliance, der erforderlichen Unabhängigkeit des Abschlussprüfers, der Erteilung des Prüfungsauftrags an den Abschlussprüfer, der Bestimmung von Prüfungsschwerpunkten und der Honorarvereinbarung befasst. Der Vorsitzende des Prüfungsausschusses soll über besondere Kenntnisse und Erfahrungen in der Anwendung von Rechnungslegungsgrundsätzen und internen Kontrollverfahren verfügen. Er sollte kein ehemaliges Vorstandsmitglied der Gesellschaft sein.

5.3.3 Der Aufsichtsrat soll einen Nominierungsausschuss bilden, der ausschließlich mit Vertretern der Anteilseigner besetzt ist und dem Aufsichtsrat für dessen Wahlvorschläge an die Hauptversammlung geeignete Kandidaten vorschlägt.

5.3.4. Der Aufsichtsrat kann weitere Sachthemen zur Behandlung in einen oder mehrere Ausschüsse verweisen. Hierzu gehören u. a. die Strategie des Unternehmens, die Vergütung der Vorstandsmitglieder, Investitionen und Finanzierungen.

5.3.5 Der Aufsichtsrat kann vorsehen, dass Ausschüsse die Sitzungen des Aufsichtsrats vorbereiten und darüber hinaus auch anstelle des Aufsichtsrats entscheiden.

5.4 Zusammensetzung und Vergütung

5.4.1 Bei Vorschlägen zur Wahl von Aufsichtsratsmitgliedern soll darauf geachtet werden, dass dem Aufsichtsrat jederzeit Mitglieder angehören, die über die zur ordnungsgemäßen Wahrnehmung der Aufgaben erforderlichen Kenntnisse, Fähigkeiten und fachlichen Erfahrungen verfügen. Dabei sollen die internationale Tätigkeit des Unternehmens, potenzielle Interessenkonflikte und eine festzulegende Altersgrenze für Aufsichtsratsmitglieder berücksichtigt werden.

5.4.2 Um eine unabhängige Beratung und Überwachung des Vorstands durch den Aufsichtsrat zu ermöglichen, soll dem Aufsichtsrat eine nach seiner Einschätzung ausreichende Anzahl unabhängiger Mitglieder angehören. Ein Aufsichtsratsmitglied ist als unabhängig anzusehen, wenn es in keiner geschäftlichen oder persönlichen Beziehung zu der Gesellschaft oder deren Vorstand steht, die einen Interessenkonflikt begründet. Dem Aufsichtsrat sollen nicht mehr als zwei ehemalige Mitglieder des Vorstands angehören. Aufsichtsratsmitglieder sollen keine Organfunktion oder Beratungsaufgaben bei wesentlichen Wettbewerbern des Unternehmens ausüben.

5.4.3 Wahlen zum Aufsichtsrat sollen als Einzelwahl durchgeführt werden. Ein Antrag auf gerichtliche Bestellung eines Aufsichtsratsmitglieds soll bis zur nächsten Hauptversammlung befristet sein. Kandidatenvorschläge für den Aufsichtsratsvorsitz sollen den Aktionären bekannt gegeben werden.

5.4.4 Der Wechsel des bisherigen Vorstandsvorsitzenden oder eines Vorstandsmitglieds in den Aufsichtsratsvorsitz oder den Vorsitz eines Aufsichtsratsausschusses soll nicht die Regel sein. Eine entsprechende Absicht soll der Hauptversammlung besonders begründet werden.

5.4.5 Jedes Aufsichtsratsmitglied achtet darauf, dass ihm für die Wahrnehmung seiner Mandate genügend Zeit zur Verfügung steht. Wer dem Vorstand einer börsennotierten Gesellschaft angehört, soll insgesamt nicht mehr als fünf Aufsichtsratsmandate in konzernexternen börsennotierten Gesellschaften wahrnehmen.

5.4.6 Durch die Wahl bzw. Neuwahl von Aufsichtsratsmitgliedern zu unterschiedlichen Terminen und für unterschiedliche Amtsperioden kann Veränderungserfordernissen Rechnung getragen werden.

5.4.7 Die Vergütung der Aufsichtsratsmitglieder wird durch Beschluss der Hauptversammlung oder in der Satzung festgelegt. Sie trägt der Verantwortung und dem Tätigkeitsumfang der Aufsichtsratsmitglieder sowie der wirtschaftlichen Lage und dem Erfolg des Unternehmens Rechnung. Dabei sollen der Vorsitz und der stellvertretende Vorsitz im Aufsichtsrat sowie der Vorsitz und die Mitgliedschaft in den Ausschüssen berücksichtigt werden.
Die Mitglieder des Aufsichtsrats sollen neben einer festen eine erfolgsorientierte Vergütung erhalten. Die erfolgsorientierte Vergütung sollte auch auf den langfristigen Unternehmenserfolg bezogene Bestandteile enthalten.
Die Vergütung der Aufsichtsratsmitglieder soll im Corporate Governance Bericht individualisiert, aufgegliedert nach Bestandteilen ausgewiesen werden. Auch die vom Unternehmen an die Mitglieder des Aufsichtsrats gezahlten Vergütungen oder gewährten Vorteile für persönlich erbrachte Leistungen, insbesondere Beratungs- und Vermittlungsleistungen, sollen individualisiert im Corporate Governance Bericht gesondert angegeben werden.

5.4.8 Falls ein Mitglied des Aufsichtsrats in einem Geschäftsjahr an weniger als der Hälfte der Sitzungen des Aufsichtsrats teilgenommen hat, soll dies im Bericht des Aufsichtsrats vermerkt werden.

5.5 Interessenkonflikte

5.5.1 Jedes Mitglied des Aufsichtsrats ist dem Unternehmensinteresse verpflichtet. Es darf bei seinen Entscheidungen weder persönliche Interessen verfolgen noch Geschäftschancen, die dem Unternehmen zustehen, für sich nutzen.

5.5.2 Jedes Aufsichtsratsmitglied soll Interessenkonflikte, insbesondere solche, die auf Grund einer Beratung oder Organfunktion bei Kunden, Lieferanten, Kreditgebern oder sonstigen Geschäftspartnern entstehen können, dem Aufsichtsrat gegenüber offenlegen.

5.5.3 Der Aufsichtsrat soll in seinem Bericht an die Hauptversammlung über aufgetretene Interessenkonflikte und deren Behandlung informieren. Wesentliche und nicht nur vorübergehende Interessenkonflikte in der Person eines Aufsichtsratsmitglieds sollen zur Beendigung des Mandats führen.

5.5.4 Berater- und sonstige Dienstleistungs- und Werkverträge eines Aufsichtsratsmitglieds mit der Gesellschaft bedürfen der Zustimmung des Aufsichtsrats.

5.6 Effizienzprüfung
Der Aufsichtsrat soll regelmäßig die Effizienz seiner Tätigkeit überprüfen.

6. Transparenz

6.1 Der Vorstand wird Insiderinformationen, die die Gesellschaft unmittelbar betreffen, unverzüglich veröffentlichen, soweit er nicht im Einzelfall von der Veröffentlichungspflicht befreit ist.

6.2 Sobald der Gesellschaft bekannt wird, dass jemand durch Erwerb, Veräußerung oder auf sonstige Weise 3, 5, 10, 15, 20, 25, 30, 50 oder 75 % der Stimmrechte an der Gesellschaft erreicht, über- oder unterschreitet, wird dies vom Vorstand unverzüglich veröffentlicht.

6.3 Die Gesellschaft wird die Aktionäre bei Informationen gleich behandeln. Sie soll ihnen unverzüglich sämtliche neuen Tatsachen, die Finanzanalysten und vergleichbaren Adressaten mitgeteilt worden sind, zur Verfügung stellen.

6.4 Zur zeitnahen und gleichmäßigen Information der Aktionäre und Anleger soll die Gesellschaft geeignete Kommunikationsmedien, wie etwa das Internet, nutzen.

6.5 Informationen, die die Gesellschaft im Ausland aufgrund der jeweiligen kapitalmarktrechtlichen Vorschriften veröffentlicht, sollen auch im Inland unverzüglich bekannt gegeben werden.

6.6 Über die gesetzliche Pflicht zur unverzüglichen Mitteilung und Veröffentlichung von Geschäften in Aktien der Gesellschaft hinaus, soll der Besitz von Aktien der Gesellschaft oder sich darauf beziehender Finanzinstrumente von Vorstands- und Aufsichtsratsmitgliedern angegeben werden, wenn er direkt oder indirekt größer als 1% der von der Gesellschaft ausgegebenen Aktien ist. Übersteigt der Gesamtbesitz aller Vorstands- und Aufsichtsratsmitglieder 1% der von der Gesellschaft ausgegebenen Aktien, soll der Gesamtbesitz getrennt nach Vorstand und Aufsichtsrat angegeben werden.
Die vorgenannten Angaben sollen im Corporate Governance Bericht enthalten sein.

6.7 Im Rahmen der laufenden Öffentlichkeitsarbeit sollen die Termine der wesentlichen wiederkehrenden Veröffentlichungen (u. a. Geschäftsbericht, Zwischenfinanzberichte) und der Termin der Hauptversammlung in einem „Finanzkalender" mit ausreichendem Zeitvorlauf publiziert werden.

6.8 Von der Gesellschaft veröffentlichte Informationen über das Unternehmen sollen auch über die Internetseite der Gesellschaft zugänglich sein. Die Internetseite soll übersichtlich gegliedert sein. Veröffentlichungen sollten auch in englischer Sprache erfolgen.

7. Rechnungslegung und Abschlussprüfung

7.1 Rechnungslegung

7.1.1 Anteilseigner und Dritte werden vor allem durch den Konzernabschluss informiert. Während des Geschäftsjahres werden sie zusätzlich durch den Halbjahresfinanzbericht sowie im ersten und zweiten Halbjahr durch Zwischenmitteilungen oder Quartalsfinanzberichte unterrichtet. Der Konzernabschluss und der verkürzte Konzernabschluss des Halbjahresfinanzberichts und des Quartalsfinanzberichts werden unter Beachtung der einschlägigen internationalen Rechnungslegungsgrundsätze aufgestellt.

7.1.2 Der Konzernabschluss wird vom Vorstand aufgestellt und vom Abschlussprüfer sowie vom Aufsichtsrat geprüft. Zusätzlich sind die Prüfstelle für Rechnungslegung bzw. die Bundesanstalt für Finanzdienstleistungsaufsicht befugt, die Übereinstimmung des Konzernabschlusses mit den maßgeblichen Rechnungslegungsvorschriften zu überprüfen (Enforcement). Der Konzernabschluss soll binnen 90 Tagen nach Geschäftsjahresende, die Zwischenberichte sollen binnen 45 Tagen nach Ende des Berichtszeitraums öffentlich zugänglich sein.

7.1.3 Der Corporate Governance Bericht soll konkrete Angaben über Aktienoptionsprogramme und ähnliche wertpapierorientierte Anreizsysteme der Gesellschaft enthalten.

7.1.4 Die Gesellschaft soll eine Liste von Drittunternehmen veröffentlichen, an denen sie eine Beteiligung von für das Unternehmen nicht untergeordneter Bedeutung hält. Handelsbestände von Kredit- und Finanzdienstleistungsinstituten, aus denen keine Stimmrechte ausgeübt werden, bleiben hierbei unberücksichtigt. Es sollen angegeben werden: Name und Sitz der Gesellschaft, Höhe des Anteils, Höhe des Eigenkapitals und Ergebnis des letzten Geschäftsjahres.

7.1.5 Im Konzernabschluss sollen Beziehungen zu Aktionären erläutert werden, die im Sinne der anwendbaren Rechnungslegungsvorschriften als nahestehende Personen zu qualifizieren sind.

7.2 Abschlussprüfung

7.2.1 Vor Unterbreitung des Wahlvorschlags soll der Aufsichtsrat bzw. der Prüfungsausschuss eine Erklärung des vorgesehenen Prüfers einholen, ob und ggf. welche geschäftlichen, finanziellen, persönlichen oder sonstigen Beziehungen zwischen dem Prüfer und seinen Organen und Prüfungsleitern einerseits und dem Unternehmen und seinen Organmitgliedern andererseits bestehen, die Zweifel an seiner Unabhängigkeit begründen können. Die Erklärung soll sich auch darauf erstrecken, in welchem Umfang im vorausgegangenen Geschäftsjahr andere Leistungen für das Unternehmen, insbesondere auf dem Beratungssektor, erbracht wurden bzw. für das folgende Jahr vertraglich vereinbart sind.
Der Aufsichtsrat soll mit dem Abschlussprüfer vereinbaren, dass der Vorsitzende des Aufsichtsrats bzw. des Prüfungsausschusses über während der Prüfung auftretende mögliche Ausschluss- oder Befangenheitsgründe unverzüglich unterrichtet wird, soweit diese nicht unverzüglich beseitigt werden.

7.2.2 Der Aufsichtsrat erteilt dem Abschlussprüfer den Prüfungsauftrag und trifft mit ihm die Honorarvereinbarung.

7.2.3 Der Aufsichtsrat soll vereinbaren, dass der Abschlussprüfer über alle für die Aufgaben des Aufsichtsrats wesentlichen Feststellungen und Vorkommnisse unverzüglich berichtet, die sich bei der Durchführung der Abschlussprüfung ergeben.
Der Aufsichtsrat soll vereinbaren, dass der Abschlussprüfer ihn informiert bzw. im Prüfungsbericht vermerkt, wenn er bei Durchführung der Abschlussprüfung Tatsachen feststellt, die eine Unrichtigkeit der von Vorstand und Aufsichtsrat abgegebenen Erklärung zum Kodex ergeben.

7.2.4 Der Abschlussprüfer nimmt an den Beratungen des Aufsichtsrats über den Jahres- und Konzernabschluss teil und berichtet über die wesentlichen Ergebnisse seiner Prüfung.

1. Teil. Vorbemerkung

Übersicht

	Rn.
I. Entstehungshintergrund des Kodex	1
1. Begriff und Aktualität der Corporate Governance	1
2. Internationale Kodex-Bewegung	3
3. Vorarbeiten in Deutschland	6
II. Einsetzung und Zusammensetzung der Kodexkommission	9
III. Der Auftrag an die Kodexkommission	17
IV. Der systematische Ansatz der Kodexkommission und die Grundprinzipien des Deutschen Corporate Governance Kodex	19
V. Die Arbeitsweise der Kodexkommission	23
VI. Anregungen und Vorbilder	29
VII. Behandlung der Empfehlung der Baums-Kommission	30
VIII. Die Verabschiedung des Kodex	34
IX. Die Veröffentlichung des Kodex	36
X. Die Kodexkommission als Standing Commission	39
XI. Die Rechtsnatur des Kodex und Legitimation der Kommissionsarbeit	41
1. Der rechtsbeschreibende Teil des Kodex	42
2. Der Empfehlungs- und der Anregungsteil des Kodex	43
XII. Die Entsprechenserklärung nach § 161 AktG	46
XIII. Die Begründung von Kodexabweichungen	50
XIV. Die Rechtsqualität des Kodex	51

I. Entstehungshintergrund des Kodex

1. Begriff und Aktualität der Corporate Governance

Der angelsächsische Terminus Corporate Governance lässt sich nicht ohne weiteres wörtlich übersetzen,[1] kommt allerdings im Kern dem deutschen Begriff Unternehmensverfassung recht nahe.[2] Corporate Governance bezeichnet den rechtlichen und faktischen Ordnungsrahmen für die Leitung und Überwachung eines Unternehmens.[3] Dabei kann zwischen einer internen und einer externen Governanceperspektive differenziert werden.[4] Bei der Innensicht der Corporate Governance geht es um die jeweiligen Rollen, Kompetenzen und Funktionsweisen sowie das Zusammenwirken der Unternehmensorgane wie Vorstand und Aufsichtsrat. Die Außensicht der Corporate Governance hingegen bezieht sich auf das Verhältnis der Träger der Unternehmensführung zu den wesentlichen Bezugsgruppen des Unternehmens (Stakeholder),

1

---

[1] So auch *Böckli*, Schweizerische Zeitschrift für Wirtschaftsrecht 1999, 2.
[2] Vgl. ähnlich *Kübler* in Gebauer/Rudolph, Aktienmärkte, 115; sowie allgemein zur Unternehmensverfassung *Bleicher/Wagner* in FS Witte, 3f.; *Chmielewicz* in Wittmann, Handwörterbuch, Sp. 4399 ff.; *v. Werder* in Schreyögg/v. Werder, Handwörterbuch, Sp. 160.
[3] Vgl. zu dieser und weiteren Definitionen *Hopt/Prigge* in Hopt, Corporate Governance, v; *v. Werder* in v. Werder, GCCG, 2; *Böckli*, Schweizerische Zeitschrift für Wirtschaftsrecht 1999, 2f.; *v. Werder* in Hommelhoff/Hopt/v. Werder, Handbuch CG, 4.
[4] S. zu dieser Unterscheidung auch *Kole/Lehn*, Journal of Financial Economics 1999, 109; *Hopt*, Dritte Max Hachenburg Gedächtnisvorlesung, 2000, 13; *Hopt*, ZGR 2000, 782; *Hopt*, Jungius-Gesellschaft, 2000, 8f.; *Teichmann*, ZGR 2001, 646; *Cuervo*, Corporate Governance – An International Review 2002, 84; *v. Werder* in Hommelhoff/Hopt/v. Werder, Handbuch CG, 12f.

wobei den Anteilseignern (Shareholdern) im Kreis der Stakeholder besondere Bedeutung zukommt.

2   Die Diskussion um die Ausgestaltung der Unternehmensverfassung hat gerade in Deutschland eine lange Tradition.[5] Dies gilt nicht zuletzt auch für die Auseinandersetzung mit der (mangelnden) Effizienz des Aufsichtsrats.[6] Gleichwohl zeichnet sich dieses Thema gegenwärtig unter dem Stichwort Corporate Governance sowohl national als auch international durch eine besondere Aktualität aus. Treiber dieser Entwicklung sind zum einen zahlreiche Fälle von Missmanagement und Unternehmensschieflagen im In- und Ausland. Zum anderen verleiht die Globalisierung der Wirtschaft und die Liberalisierung der Kapitalmärkte der Diskussion um zweckmäßige und transparente Formen der Unternehmensführung zusätzliche Schubkraft, da die global operierenden Kapitalmarktakteure wie namentlich die großen institutionellen Investoren (z. B. Pensionsfonds) und die Analysten den Governancemodalitäten der Unternehmen zunehmend Beachtung schenken. Diese Impulse gewinnen gerade für deutsche Unternehmen aufgrund ihrer geänderten Finanzierungsstrategien immer größere Bedeutung. Bis noch vor rund 15 Jahren haben sich deutsche Unternehmen primär nur aus zwei Quellen finanziert, aus einbehaltenen Gewinnen und aus Krediten. Erst ab etwa 1990 haben sie in nennenswertem Maße auch die internationalen Finanzierungsmärkte als Finanzierungsquelle genutzt mit der Folge, dass sie sich im Wettbewerb um Kapital (sei es Eigen- oder Fremdkapital) nun an internationalen Maßstäben messen lassen müssen. Zu diesen Maßstäben zählen neben international anerkannten Regeln für die Rechnungslegung nicht zuletzt auch solche zur Corporate Governance.

2. Internationale Kodex-Bewegung

3   Die Anfang der 1990er Jahre des letzten Jahrhunderts einsetzende aktuelle „Corporate Governance-Bewegung"[7] kommt international besonders augenfällig zum Ausdruck in dem sprunghaften Aufkommen vielfältiger Codes, Guidelines, Principles, Reports und Statements zur Corporate Governance, die – im Detail recht heterogene – Standards guter Unternehmensführung beinhalten.

4   Solche Regelwerke finden sich mittlerweile in zahlreichen Ländern auf allen Kontinenten. So enthält z. B. bereits die keinen Anspruch auf Vollständigkeit erhebende Liste von Leitlinien zur Corporate Governance im OECD-Report einschlägige Regelungen aus Australien, Belgien, Brasilien, Kanada, Südafrika, Großbritannien, den USA, Frankreich, Hongkong, Indien, Irland, Japan, der Kirgisischen Republik und den Niederlanden.[8] Die Governanceregeln beruhen auf Initiativen ganz verschiedener Einrichtungen wie supranationalen Organisationen,[9] Zusammenschlüssen von Top-Managern,[10] In-

---

[5] Vgl. z. B. *Boetcher*, Unternehmensverfassung; *Steinmann/Gerum*, Reform; *Witte*, DBW 1978, 331 ff.; *Chmielewicz*, Unternehmungsverfassung; *Bohr*, Unternehmungsverfassung, sowie auch den historischen Rückblick von *Potthoff* in Glaser/Schröder/v. Werder, Organisation, 318 ff. S. zu Folgendem auch *v. Werder* in v. Werder, GCCG, 2 ff.; *v. Werder*, DB 2002, 801; *Hopt* in Hommelhoff/Hopt/v. Werder, Handbuch CG, 30 ff.

[6] S. exemplarisch schon *Schmalenbach*, ZfhF 1911, mit teils drastischer Kritik.

[7] Vgl. *Hommelhoff*, ZGR 2001, 238; *Arlt*, GesRZ 2002, 64; *Hopt* in Hommelhoff/Hopt/v. Werder, Handbuch CG, 32 ff.

[8] S. *Millstein*, Corporate Governance, 120 ff. Vgl. ferner die Zusammenstellungen von Codes of Corporate Governance bei *Van den Berghe/De Ridder*, Standardisation, 51 ff.; *Gregory/Simmelkjaer*, Study, 14 ff. sowie auch *European Corporate Governance Institute*, Index of Codex, abrufbar unter http://www.ecgi.org/codes/all_codes.php (Stand: 24. 4. 2007).

[9] S. die *OECD Steering Group on Corporate Governance*, OECD Principles of Corporate Governance.

[10] So z. B. *The Business Roundtable*, Principles of Corporate Governance.

I. Entstehungshintergrund des Kodex   5, 6 **Vorbem.**

vestmentfonds,[11] Expertenkreisen[12] und einzelnen Unternehmen.[13] Besonders prominent sind vor allem die OECD-Richtlinien zur Corporate Governance, der britische Combined Code und der französische Vienot-Bericht sowie die Governance-Leitlinien von General Motors und Calpers.

Die genannten Regelwerke zur Corporate Governance haben nicht den Status formeller Gesetze. Bisweilen als „Soft Law"[14] bezeichnet, sollen sie vielmehr die jeweils geltenden gesetzlichen Vorschriften ausfüllen und qua (mehr oder weniger freiwilliger) Selbstbindung der betroffenen Unternehmen wirksam werden. Dabei lassen sich unternehmensindividuelle Governanceleitlinien von solchen Regelwerken unterscheiden, die als genereller Kodex für eine bestimmte Gruppe von Unternehmen Geltung erlangen (sollen). Während die Formulierung individueller Leitlinien – innerhalb der gesetzlichen sowie durch eventuelle Kodizes gezogenen Grenzen – im jeweiligen Ermessen des einzelnen Unternehmens liegt,[15] stellt ein Kodex einheitliche Regeln für eine größere Zahl von Unternehmen auf. Die Abgrenzung der erfassten Unternehmen hängt im Einzelnen ebenso von der jeweiligen Ausgestaltung eines Kodex ab wie der Grad der Verbindlichkeit der Kodexregelungen. Die heute gängigen Kodizes stellen – mit Differenzierungen im Detail – vornehmlich auf das Merkmal der Börsennotierung (s. Rn. 128 ff.) ab und richten sich z. B. an alle Gesellschaften, die an einem bestimmten Börsenplatz[16] oder an den Börsen eines bestimmten Landes gelistet sind. Die Verbindlichkeit der Standards eines Kodex kann von der völligen Freiwilligkeit der Kodexbefolgung über die Philosophie des „Comply or Explain" (s. Rn. 121) bis zu dem faktischen Zwang reichen, die (meisten) Regeln eines Kodex als Voraussetzung etwa einer Börsenzulassung[17] zu akzeptieren.

3. Vorarbeiten in Deutschland

Im Unterschied zur internationalen Entwicklung ist die Kodex-Idee in Deutschland bemerkenswerterweise erst vergleichsweise spät aufgegriffen worden. Abgesehen von

---

[11] Bekannte Investmentfonds, die eigene Guidelines entwickelt haben, sind u. a. Hermes Pension Management Ltd. (Hermes, http://www.hermes.co.uk, Stand: 24. 4. 2007) und California Public Employees' Retirement System (Calpers, http://www.calpers-governance.org, Stand: 24. 4. 2007).

[12] Hierzu gehören beispielsweise das Cadbury-Committee (*Committee on the Financial Aspects of Corporate Governance*, Report of the Committee on the Financial Aspects of Corporate Governance), das Hampel-Committee (*Committee on Corporate Governance*, Final Report) und das Vienot-Committee (*Committee on corporate governance chaired by Mr. Marc Vienot*, Recommendations of the Committee on corporate governance chaired by Mr. Marc Vienot).

[13] Z. B. die Leitlinien von General Motors (abgedruckt bei *Lorsch*, ZfbF 1996, Sonderheft 36, 219 ff.) und Intel (http://www.intel.com/intel/finance/docs/Corp_Governance_Guidelines.pdf, Stand: 24. 4. 2007).

[14] *Lutter*, ZGR 2001, 225.

[15] S. zum Nutzen solcher unternehmensindividueller Leitlinien näher *Pohle/v. Werder* in Ruffner, Meilensteine, 2002, sowie als konkrete Beispiele aus Deutschland die Governance-Leitsätze der Douglas Holding AG (http://www.douglas-holding.de/fileadmin/PDF/CGG.12.2005.pdf, Stand: 24. 4. 2007), der Metro AG (http://www.metrogroup.de/servlet/PB/show/1027220.11/Unt-CG-CGC-de.pdf, Stand: 24. 4. 2007) und der SAP AG (http://www11.sap.com/germany/company/governance/pdf/Corp.Gov.Grundsaetze.pdf, Stand: 24. 4. 2007).

[16] So gilt z. B. der Combined Code für alle an der London Stock Exchange notierten inländischen Gesellschaften (s. die Regelungen 2 und 4 in der Präambel des Combined Code, und § 9.8.6 (5)-(7) der Listing Rules die durch die UK Listing Authority überwacht werden) und der Corporate Governance Code der Borsa Italiana S.p.A. (1st edition March 2006) für sämtliche an der Mailänder Börse gelisteten Unternehmen.

[17] So z. B. beim Combined Code (Entsprechenserklärung gem. § 9.8.6 (5)-(7) 12 Listing Rules) und beim indischen Report of the Committee Appointed by the SEBI on Corporate Governance, im Internet abrufbar unter: http://web.sebi.gov.in/commreport/corpgov.html, Stand: 24. 4. 2007.

den ersten – separaten – Vorschlägen für Leitlinien zur Leitung[18] und zur Überwachung[19] von Unternehmen sowie für die Abschlussprüfung[20] und den 1998 vorgelegten, allerdings noch recht rudimentären Governance-Empfehlungen der Deutschen Schutzvereinigung für Wertpapierbesitz e. V. (DSW)[21] ist das Kodexthema hierzulande im Grunde erst im Jahre 2000 mit zwei Entwürfen privater Initiativen angestoßen worden. Es handelt sich zum einen um die von der Grundsatzkommission Corporate Governance aufgestellten „Corporate Governance-Grundsätze ('Code of Best Practice') für börsennotierte Gesellschaften"[22] (sog. Frankfurter Grundsätze) und zum anderen um den vom Berliner Initiativkreis German Code of Corporate Governance (GCCG) vorgelegten Kodexentwurf.[23] Der Frankfurter und der Berliner Vorschlag für einen deutschen Kodex unterscheiden sich sowohl bezüglich ihrer Konzeption als auch in Hinblick auf den Umfang und Inhalt der Einzelregelungen. Während die Frankfurter Grundsätze eher einen juristischen Ansatz verfolgen, ist der umfassendere Berliner GCCG stärker betriebswirtschaftlich geprägt.

7 Die durch die Frankfurter und die Berliner Initiativen erfolgte Anregung zur Schaffung eines deutschen Corporate Governance-Kodex nach internationalem Vorbild ist im Grundsatz auf eine breite positive Resonanz gestoßen.[24] Allerdings wurde es weithin als problematisch angesehen, wenn auf Dauer zwei unterschiedliche Kodizes in Deutschland existieren.[25] Vor diesem Hintergrund hat die ebenfalls im Jahr 2000 von der Bundesregierung berufene Regierungskommission Corporate Governance unter Leitung des Rechtswissenschaftlers Baums (sog. Baums-Kommission) in ihrem Abschlussbericht (u. a.) die Einsetzung einer weiteren Kommission zur Ausarbeitung eines einheitlichen Deutschen Corporate Governance Kodex empfohlen.[26]

8 Neben dieser Grundsatzempfehlung hat die Baums-Kommission auch eine Reihe von Anregungen und Prüfungsempfehlungen für den Kodexinhalt gegeben. Diese Anregungen waren für die nachfolgende Kodexkommission zwar nicht verbindlich, wurden aber naturgemäß im Rahmen der Kommissionsarbeit in die Überlegungen einbezogen (s. näher Rn. 17 zum Regierungsauftrag an die Kodexkommission).

II. Einsetzung und Zusammensetzung der Kodexkommission

9 Das BMJ schloss sich der Empfehlung der Baums-Kommission ohne Zögern an und wählte noch im August 2001 zwölf (Anfang September eine dreizehnte) herausragende Persönlichkeiten der Wirtschaft, Wissenschaft und des öffentlichen Lebens aus, die unter der **Leitung** des Aufsichtsratsvorsitzenden der ThyssenKrupp AG, Dr. Gerhard

---

[18] S. zu diesen Grundsätzen ordnungsmäßiger Unternehmensleitung (GoU) hier nur *v. Werder*, ZfbF 1996, Sonderheft 36, 27 und eingehender unten Rn. 94ff., 456.

[19] Zu den Grundsätzen ordnungsmäßiger Überwachung (GoÜ) *Theisen*, ZfbF 1996, Sonderheft 36 und näher unten Rn. 100ff.

[20] Zu den Grundsätzen ordnungsmäßiger Abschlussprüfung (GoA) *Rückle*, ZfbF 1996, Sonderheft 36 und näher unten Rn. 1301ff.

[21] S. Deutsche Schutzvereinigung für Wertpapierbesitz, Guidelines.

[22] S. *Grundsatzkommission Corporate Governance*, DB 2000, 238, im Internet http://www.dai.de/internet/dai/dai-2-0.nsf/LookupDL/9F31DEOAC7378FFDC1256B29005EAA3B/$File/code-0700d.pdf, Stand: 2. 4. 2007; sowie *Schneider*, DB 2000, 2414; *Schneider/Strenger*, AG 2000, 106.

[23] S. *Berliner Initiativkreis German Code of Corporate Governance*, DB 2000, 1573; sowie *Bernhardt/v. Werder*, ZfB 2000, 1269; *Peltzer/v. Werder*, AG 2001, 1; *Pohle/v. Werder*, DB 2001, 1101; *v. Werder*, GCCG.

[24] Vgl. auch *Baums*, Bericht, Rn. 7.

[25] Vgl. auch *Hopt*, ZHR 2002 Beiheft 71, 29. Gegen einen Einheitskodex *Bernhardt*, DB 2002, 1841ff.

[26] S. *Baums*, Bericht, Rn. 17.

II. Einsetzung und Zusammensetzung der Kodexkommission 10–12 Vorbem.

Cromme, als so genannte **Kodexkommission** einen Deutschen Corporate Governance Kodex erarbeiten sollten. Zu **Mitgliedern der Kodexkommission** berief die Bundesministerin der Justiz Dr. Paul Achleitner, Mitglied des Vorstands der Allianz AG, Dr. Rolf E. Breuer, Vorsitzender des Aufsichtsrats der Deutsche Bank AG, Dr. Hans-Friedrich Gehlhausen, Mitglied des Vorstands der PwC Deutsche Revision AG, Ulrich Hocker, Hauptgeschäftsführer der DSW (Deutsche Schutzvereinigung für Wertpapierbesitz e.V.), Max-Dietrich Kley, Vorsitzender des Aufsichtsrats der Infineon AG, Professor Dr. Dr. Marcus Lutter, Universität Bonn, Volker Potthoff, Mitglied des Vorstands der Deutsche Börse AG, Heinz Putzhammer, Mitglied des geschäftsführenden Bundesvorstandes des Deutschen Gewerkschaftsbundes, Christian Strenger, Mitglied des Aufsichtsrates DWS Investment GmbH, Peer M. Schatz, Vorsitzender des Vorstands der Qiagen GmbH, Dr. Wendelin Wiedeking, Vorsitzender des Vorstands der Porsche AG, Professor Dr. Axel v. Werder, Technische Universität, Berlin. Erst im Juni 2006 trat die erste personelle Änderung der Kodexkommission ein. Nach seinem Ausscheiden aus den Diensten der Deutsche Börse AG, legte Herr Volker Potthoff mit Ablauf der 11. Plenarsitzung der Kodexkommission am 12. Juni 2006 sein Mandat in der Kommission nieder. An seiner Stelle berief die Bundesministerin der Justiz Herrn Dr. Manfred Gentz, Mitglied des Aufsichtsrats der Deutsche Börse AG und langjähriges Vorstandsmitglied der DaimlerChrysler AG in die Kodexkommission. Schon vorher, am 29. Mai 2005 hatte Herr Heinz Putzhammer sein Mandat in der Kodexkommission aus gesundheitlichen Gründen niedergelegt. Ihm folgte Herr Dietmar Hexel, Mitglied des geschäftsführenden Bundesvorstands des Deutschen Gewerkschaftsbundes und dort zuständig für Mitbestimmung und Rechtspolitik.

Die Zusammensetzung der Kodexkommission zeigt das Bestreben des BMJ, alle **10** interessierten und von dem Kodex später angesprochenen gesellschaftlichen Gruppierungen in die Kodexarbeit einzubeziehen. Die klassische Großindustrie ist ebenso vertreten wie die mittelständische Industrie, Dax-Unternehmen ebenso wie mittelständische Unternehmen, Banken ebenso wie Finanzdienstleister. Vertreter der Anleger und der Kleinaktionäre reichern die Kodexkommission an. Abgerundet wird die Zusammensetzung durch herausragende Vertreter der juristischen und der betriebswirtschaftlichen Lehre sowie der Praxis der Rechnungslegung.[27]

Das breite Spektrum der Kommissionsmitglieder stellt sicher, dass alle relevanten **11** Interessen in die Arbeit der Kodexkommission einfließen. Nach wie vor ist allen Interessengruppen die Möglichkeit eröffnet, über einzelne Kommissionsmitglieder oder durch unmittelbare Ansprache der Kodexkommission ihre Überlegungen und Wünsche in die Kodexarbeit einfließen zu lassen.[28] Auf diese Weise ist ein Kodex entstanden, der die breite Akzeptanz aller interessierten und angesprochenen Kreise erlangt hat, wie die Erhebungen des Berlin Center of Corporate Governance zeigen.[29]

Anders als bei dem privaten Rechnungslegungsgremium nach § 342 HGB, das auf- **12** grund seiner Satzung gewährleisten muss, dass die Empfehlungen unabhängig und ausschließlich von Rechnungslegern in einem Verfahren entwickelt und beschlossen werden, das die fachlich interessierte Öffentlichkeit einbezieht, oder bei der Prüfstelle

---

[27] So dass Vorschläge, der Kodexkommission einen wissenschaftlichen Beirat zur Seite zu stellen, wie sie jüngst in der Presse erhoben wurden, sich nicht ohne weiteres erschließen; „Der Cromme-Kommission mangelt es an Transparenz", BörsenZ vom 7. 4. 2006.

[28] Anregungen zur Weiterentwicklung des Kodex nimmt die Kodexkommission gern über ihre Geschäftsstelle entgegen, www.geschaeftsstelle.corp.gov.kodex@thyssenkrupp.com.

[29] S. die jüngste empirische Erhebung der DAX 30, MDAX 50 und SDAX 50 Gesellschaften des Berlin Center of Corporate Governance, Kodex Report 2006 DB, 849 ff.; Die Welt vom 22. 4. 2006 „Konzerne befolgen Verhaltenskodex", SZ vom 22. 4. 2006 „Folgsame Unternehmer", BörsenZ vom 7. 1. 2006. „Neue Kodexregeln finden breite Akzeptanz bei großen Konzernen"; a. A. Handelsblatt vom 3. 1. 2006 „Konzerne umgehen Cromme Kodex", Wirtschaftswoche vom 19. 6. 2006 „Kodex ohne Wirkung".

für Rechnungslegung,[30] die aufgrund ihrer Satzung, ihrer personellen Zusammensetzung und ihrer Verfahrensordnung eine unabhängige, sachverständige und vertrauliche Prüfung in einem festliegenden Verfahren gewährleisten muss, setzt sich die Kodexkommission überwiegend aus Repräsentanten der künftigen Anwender und Nutzer des Kodex zusammen. Dieser Ansatz des Kodex wird Ziel und Aufgabe des Kodex in vollem Umfang gerecht. Er hat sich als eine besondere Stärke des Kodex erwiesen. In ihrem Grußwort zur 5. Deutschen Corporate Governance Kodex-Konferenz am 23. 6. 2006 in Berlin hat die Bundesministerin der Justiz die Arbeitsweise der Kodexkommission als transparent, effizient und wünschenswert bezeichnet und Forderungen nach einer Anhörung interessierter öffentlicher Kreise im Vorfeld von Kodexänderungen[31] eine Absage erteilt.

13 Vergleicht man die Zusammensetzung der Kodexkommission mit der ihrer Vorgängerin, der Regierungskommission „Corporate Governance, Unternehmensführung, Unternehmenskontrolle, Modernisierung des Aktienrechts" unter der Leitung des Frankfurter Rechtswissenschaftlers T. Baums **(Baums-Kommission)**, so fällt neben der Tatsache, dass einige Kommissionsmitglieder auch Mitglied der Baums-Kommission waren, insbesondere auf, dass sich in der Kodexkommission **kein Vertreter von Bundesregierung, Bundestag oder der öffentlichen Hand** findet. In der Baums-Kommission waren noch gut ein Viertel aller Mitglieder von der Bundesregierung oder dem Parlament entsandt.

14 Auch das BMJ ist in der Kodexkommission nicht vertreten. Es stellt lediglich eine Verbindungsperson, die Gastrecht bei den Beratungen der Kodexkommission genießt und bei der Erarbeitung des Kodex die fachliche Kommunikation zu den parallel laufenden Beratungen anhängiger Gesetzgebungsvorhaben in Berlin und in Brüssel mit möglicher Auswirkung auf den Kodex wahrnimmt. Einfluss auf die Beratungen der Kodexkommission hat das BMJ nie genommen, sondern stets den Selbstregulierungscharakter der Kodexkommission betont. Dass die Kodexkommission bei ihrer Arbeit nicht im luftleeren Raum schwebt, sondern sich an den aktuellen gesetzgeberischen Vorhaben in Europa und in der Bundesrepublik orientiert, ist leicht einsichtig. Daraus den Schluss zu ziehen, dass die Kodexkommission unter dem Einfluss des BMJ stehe und von ihm unter Druck gesetzt werde, ist hingegen verfehlt.[32] Dies hat die Bundesministerin der Justiz bereits in ihrem Grußwort an die Teilnehmer der 2. Deutschen Corporate Governance Kodex Konferenz in Berlin unmissverständlich klargestellt.[33] Daran hat sich auch in der Folgezeit nichts geändert.

15 Die Zusammensetzung der Kodexkommission ist nicht zufällig. Das BMJ hat auf diese Weise bewusst der **deutschen Wirtschaft** die Möglichkeit eröffnet, in einem Akt der **Selbstorganisation** einen Kodex zu entwickeln, der die Best Practice Verhaltensmaßstäbe für Unternehmensleitung und Unternehmensüberwachung in einer auch für ausländische Investoren geeigneten Form darstellt.

16 In der konstituierenden Sitzung der Kodexkommission am 6. September 2001 in Berlin hob die Bundesministerin der Justiz dies ausdrücklich hervor.

---

[30] S. § 342 b) HGB.
[31] *Hoffmann-Becking*, ZHR 170 (2006), 2 ff., 6; BörsenZ vom 23. 6. 2006.
[32] So aber *Seidel*, ZIP 2004, 285, 287.
[33] *Zypries*, Rückblick und Ausblick auf die Diskussion um Corporate Governance in Deutschland, Corporate Governance Report 2003, 10; s. auch „Bundesjustizministerin Zypries unterstreicht die Unabhängigkeit der Kodex Kommission Corporate Governance", BörsenZ vom 26. 6. 2003.

III. Der Auftrag an die Kodexkommission

Der Auftrag der Bundesministerin der Justiz an die Kodexkommission am 6. September 2001 war kurz und klar: Die Kommission sollte auf der Basis des geltenden Rechts[34] einen **Deutschen Corporate Governance Kodex** entwickeln und ihn in regelmäßigen Abständen überprüfen und gegebenenfalls anpassen. Einerseits hat sich die Bundesministerin der Justiz auf die **Vorgabe des rechtlichen Rahmens** beschränkt, andererseits damit aber gleichzeitig deutlich gemacht, dass es nicht Aufgabe der Kodexkommission ist, Änderungen der geltenden Gesetze vorzuschlagen, um dem Kodex noch größere Überzeugungskraft zu verleihen. Kodexempfehlungen und Anregungen, die eine Änderung der derzeit geltenden Gesetze erfordern,[35] liegen außerhalb des Auftrages der Kodexkommission. Sie können im Kodex nicht berücksichtigt werden, auch wenn sie nach Einschätzung der Kodexkommission der Corporate Governance förderlich sind. Aus diesem Auftrag resultiert auch die Selbstbeschränkung, die sich die Kodexkommission mit dem Beschluss auferlegte, streitige Rechtsfragen nicht durch den Kodex zu lösen zu versuchen.[36]

Weitere Vorgaben hat die Bundesministerin der Justiz der Kodexkommission nicht gemacht. Insbesondere wurde die Kodexkommission nicht verpflichtet, Empfehlungen oder Anregungen der Baums-Kommission zu berücksichtigen.[37]

IV. Der systematische Ansatz der Kodexkommission und die Grundprinzipien des Deutschen Corporate Governance Kodex

Die Kommission hat ihre Arbeit am 6. September 2001 begonnen und sich vorgenommen, einen Deutschen Corporate Governance Kodex vorzulegen, der kurz und prägnant, aber dennoch konkret und in sich verständlich ist und von den Unternehmen lebbare Grundsätze guter Unternehmensführung enthält. **Ziel** war, breite Akzeptanz in der deutschen Wirtschaft zu finden[38] und gleichzeitig der nationalen und internationa-

---

[34] S. hierzu Rn. 20.

[35] Im Rahmen der Beratungen und der öffentlichen Anhörungen erreichten die Kommission eine Reihe derartiger Anregungen. Der Vorsitzende hat am 26. 2. 2002 bei Übergabe des Kodex darauf hingewiesen, dass so interessante Vorschläge nicht berücksichtigt wurden. Nach Meinung der Kommission zeigt dies die fortbestehende Notwendigkeit, den Finanzplatz Deutschland noch mehr an den Anforderungen der internationalen Kapitalmärkte auszurichten und ihn durch Flexibilisierung und Weiterentwicklung der geltenden Vorschriften attraktiver zu gestalten; s. Vorwort des Kommissionsvorsitzenden zum Kodex vom 26. 2. 2002, http://www.corporate-governance-code.de.

[36] So findet sich im Kodex beispielsweise keine Empfehlung betreffend Bezugsrechten (oder einen Ausschluss derselben) beim Börsengang von Tochtergesellschaften börsennotierter Aktiengesellschaften.

[37] Näheres zur Berücksichtigung der Empfehlungen der Baums-Kommission im Kodex s. Rn. 30 ff.

[38] Dass dies überwiegend gelungen ist, zeigt die neuste empirische Erhebung der DAX 30, MDAX 50 und SDAX 50 Gesellschaften des Berlin Center of Corporate Governance vom 21. 4. 2006; www.bcg.tu-berlin.de. S. auch *v. Werder/Talaulicar*, Kodex Report 2006, DB 2006, 849 ff. und neuerdings dieselben Kodex Report 2007, DB 2007, 869 ff. Vom Umfang der Akzeptanz des Kodex durch die angesprochenen Unternehmen zu unterscheiden ist die Frage, ob diese Kodexakzeptanz, wie von dem einen oder anderen Autor vermutet (z. B. BörsenZ vom 15. 5. 2004, Sonderbeilage B 10, „Corporate Governance als Entscheidungshilfe bei Investitionen"), von der Kodexkommission aber nie postuliert, in der Tat zu einer mehr oder minder deutlichen Steigerung des Börsenkurses bei den den Kodex akzeptierenden Unternehmen (im Vergleich zu den Unterneh-

Vorbem. 19

len Business Community zu zeigen, dass in Deutschland gute Unternehmensleitung und -überwachung betrieben wird, die den internationalen Vergleich nicht zu scheuen braucht. Diesem Ziel sind nicht nur der Inhalt des Kodex, sondern auch seine Gliederung verpflichtet. Die Behandlung der Aktionäre und der Hauptversammlung an prominenter, erster Stelle und insbesondere das Bestreben, den Aktionären die Ausübung ihrer Rechte zu erleichtern, gefolgt von dem Kapitel „Zusammenarbeit von Vorstand und Aufsichtsrat" drückt die Wertigkeit aus, die der Kodex gerade diesen beiden Bereichen zumisst. Die Positionierung des Kapitels „Zusammenarbeit von Vorstand und Aufsichtsrat" an zweiter Stelle im Kodex soll darüber hinaus darauf hinweisen, dass sich in der gelebten Unternehmenspraxis das monistische Board System, das nunmehr über die Europäische Gesellschaft (SE) auch in Deutschland Verwendung finden kann, und das duale Verwaltungssystem von Vorstand und Aufsichtsrat aufeinander zu bewegen,[39] qualitativ ebenbürtig sind,[40] obwohl eine rechtliche Konvergenz der Systeme nicht zu verzeichnen ist.[41] Die **faktische Konvergenz** der Corporate Governance Systeme in der Europäischen Union und die Rolle, die Corporate Governance Kodizes spielen, fasst eine ursprünglich von der Kommission der Europäischen Gemeinschaften im Jahr 2001 in Auftrag gegebene und in 2003 (wohl ohne neuerlichen Auftrag der EU) auf mehrere Kontinente erweiterte und auf den letzten Stand gebrachte, rechtsvergleichende Studie ansehnlich zusammen.[42] Die Podiumsdiskussion auf der 5. Konferenz Deutscher Corporate Governance Kodex am 23. 6. 2006 in Berlin unter dem Titel „Gemeinsame Ziele – unterschiedliche Wege, die Zusammenarbeit in monistischen und im dualen Verwaltungssystem" zeigte eindringlich die faktische Konvergenz gelebter Corporate Governance in Europa.[43] Der aktuelle Stand der Corporate Governance in

---

men, die den Kodex ablehnen) geführt hat. Abgesehen von den offensichtlichen Unsicherheiten, die modellbasierten Rechnungen dieser Art immanent sind, erscheint die rein kursbezogene Betrachtung deutlich zu eng. Bereits im ersten Absatz der Präambel werden die Ziele des Kodex dahingehend beschrieben, das deutsche Corporate Governance System transparent und nachvollziehbar zu machen und das Vertrauen der internationalen und nationalen Anleger, der Kunden, der Mitarbeiter und der Öffentlichkeit in die Leitung und Überwachung deutscher börsennotierter Aktiengesellschaften zu fördern. Im Übrigen zeigt ein Projekt der Universität Basel, dass **materiell** gute Corporate Governance vom Kapitalmarkt durchaus belohnt wird, s. NZZ vom 29. 9. 2003: Corporate Governance und Firmenbewertung. Die vollständige Studie kann u. a. von stefan.beiner@unibas.ch angefordert werden. S. hierzu auch Handelsblatt vom 29. 6. 2002 „Transparente Führung zahlt sich aus", Handelsblatt vom 26. 8. 2005 „Transparent geführte Konzerne bieten bessere Kurschancen". Andererseits kommt eine über einen Dreijahreszeitraum (2002–2005) durchgeführte Studie der Universität Lugano i.V. m. der Universität Frankfurt/Main zu dem Ergebnis, dass weder ein höheres Niveau der Kodexbefolgung noch jährliche Verbesserung der Corporate Governance positive Auswirkungen auf den Börsenkurs haben; Nowak, Rutt, Mahr, http://ssrn.com/abstract=891106; Kritisch hierzu *Kirschbaum/Wittmann*, AG 2005, R 174, 176.

[39] Eher zweifelnd *Davies*, ZGR 2001, 268, 292 f.

[40] *Kley*, Ausführungen auf der Pressekonferenz des Deutschen Aktieninstituts e.V. am 25. 4. 2002 in Frankfurt am Main, *H. J. Neubürger*, Capital vom 11. 7. 2002.

[41] *Branson*, Cornell International Law Journal 2001, 321, 336 ff.

[42] Comparative Study of Corporate Governance Codes Relevant to the European Union and its Member States, January 2002, prepared by Weil, Gotshal & Manges LLP, Final Report, Executive Summary, 3: „Notwithstanding legal differences among EU Member States, the trends towards convergence in Corporate Governance practices in EU Member States appear to be both more numerous and more powerful than any trends towards differentiation. In this regard the codes – together with market pressures – appear to serve as a converging force by focussing attention and discussion on government issues, articulating best practice recommendations and encouraging companies to adopt them. Der Titel der überarbeiteten Studie lautet: „International Companson of Corporate Governance Guidelines and Codes of Best Practice: The Americas-Europe-Asia-Africa (2003)". Sie ist auf der Website der Firma (www.weil.com) veröffentlicht. Zur Konvergenz der Corporate Governance Kodizes in Europa s. *Förster*, ZIP 2006, 162, 168.

[43] S. Corporate Governance Report 2006, Podiumsdiskussion, S. 39 ff.

IV. Der systematische Ansatz der Kodexkommission

Europa war auch Thema der Corporate Governance Konferenzen im Oktober 2004 in Den Haag, im Juni 2005 in Luxemburg und im November 2005 in London.

In den USA ergeben sich infolge der recht allgemein gehaltenen und in der Regel **abdingbaren** gesetzlichen Grundlagen Erkenntnisse über die auf ein Unternehmen zutreffenden Grundsätze der Unternehmensführung regelmäßig erst aus dem gesellschaftlichen Regelwerk des jeweiligen Emittenten.[44] Die Regelungsdichte und der weitgehend **zwingende** Charakter des deutschen Aktienrechts hingegen eröffnen den Emittenten nur begrenzte Gestaltungsspielräume. Vor diesem Hintergrund ist, wie dargestellt,[45] der Auftrag an die Kodexkommission zu sehen, auf der Basis **geltenden Rechts** Grundsätze guter und verantwortungsvoller Unternehmensführung zu formulieren und so das Vertrauen der nationalen und internationalen Anleger in die Leitung und Überwachung börsennotierter deutscher Gesellschaften[45a] zu fördern. Aufgabe der Kodexkommission war und ist es **nicht**, Recht zu setzen oder geltendes Gesetzesrecht weiterzuentwickeln.[46] Ihre Aufgabe ist vielmehr, im **Rahmen des geltenden Rechts** gesetzlich eröffnete **Handlungsspielräume** zu konkretisieren und Vorschläge zu ihrer Ausführung zu machen. Es ist ausschließlich Sache der betroffenen Gesellschaften und ihrer Organe zu entscheiden, ob diese Vorschläge angenommen werden oder nicht. Nach § 161 AktG müssen Vorstand und Aufsichtsrat der Gesellschaft lediglich durch die Abgabe der so genannten Entsprechenserklärung[47] offenlegen, dass und wo – nicht aber warum[48] – von den Empfehlungen des Kodex abgewichen wird. Eine Pflicht, den Empfehlungen des Kodex zu folgen[49] oder nur bei Vorliegen von guten Gründen von den Kodexempfehlungen abzuweichen,[50] lässt sich aus dem Gesetzeswortlaut und seiner Intention[51] nicht entnehmen. Das dem Kodex somit immanente Prinzip der Freiwilligkeit, der **Flexibilität**, das Unternehmen die Möglichkeit zur Abweichung bietet, wird durch das Prinzip der **Transparenz**, z. B. der Offenlegung der Abweichungen vom Kodex, ergänzt. Dabei kommt der Transparenz die entscheidende Rolle zu,[52] weil sie eine effiziente Kontrolle durch die Teilneh-

---

[44] Diese gesetzliche Situation hat – verbunden mit dem verständlichen Wunsch der Anleger nach Transparenz und Vergleichbarkeit, der auf ein Unternehmen anwendbaren Grundsätze der Unternehmensführung – in der USA schon bald den Ruf nach Offenlegung der Governance Rules der Emittenten laut werden lassen. Um Maßstäbe für einen Vergleich der von den Emittenten praktizierten Corporate Governance zu schaffen, haben die **Anleger**, allen voran die großen Pensionsfonds, eigene Corporate Governance Prinzipien geschaffen, an denen sich die Unternehmen auszurichten haben, wollen sie ein attraktives Engagement für Investoren darstellen.

[45] S. Rn. 17 ff.

[45a] Wegen des Einbezugs der SE stellt der Kodex nunmehr auf börsennotierte „Gesellschaften" und nicht nur auf „Aktiengesellschaften" ab.

[46] So statt vieler *Lutter* in FS Forstmoser, 287 ff., 295; *Schulthess*, 2003.

[47] S. Rn. 1504 ff.

[48] Dies wird sich mit der Umsetzung der Richtlinie 2006/46/EG des Europäischen Parlaments und des Rates vom 14. 6. 2006 zur Änderung der 4. und 7. gesellschaftsrechtlichen Richtlinie (ABl. EG Nr. L 224/1) ändern, weil hier eine Rechtspflicht zur Begründung von Kodexabweichungen vorgeschrieben wird: „Änderung der Richtlinie 78/660/EWG ... 7. der folgende Artikel wird eingefügt: Art. 46 a (1) b) soweit eine Gesellschaft im Einklang mit nationalem Recht von einem Unternehmensführungskodex im Sinne von Buchstabe a Ziffer i oder ic abweicht, eine Erklärung, in welchen Punkten **und aus welchen Gründen** sie von dem Kodex abweicht" (Hervorhebungen vom Verfasser).

[49] H. M., *Semler* in MünchKommAktG, § 161 Rn. 29; *Lutter* in FS Druey, 468, u. v. a.

[50] So von *Baums* gefordert, BörsZ vom 28. 2. 2004 „Baums mahnt zur Kodexdisziplin"; anders die ganz h. M., s. statt aller *Borges*, ZGR 2003, 508, 514 ff. m. w. N.; *Hopt* in Hommelhoff/Lutter/Schön/Ulmer (Hrsg.), Corporate Governance, ZHR Beiheft 71 (2002), 27, 51 f.

[51] S. RegE S. 52.

[52] Dies ist nicht auf börsennotierte Gesellschaften beschränkt, sondern gilt gleichermaßen für das Handeln öffentlicher Institutionen; Transparenz wird hier ausschlaggebende Bedeutung beigemessen, *Dolzer*, ZaöRV 64 (2004), 535, 536, 538.

mer am Kapitalmarkt eröffnet und allein dadurch bereits präventiv wirkt. Eine offene Begründung von Management-Entscheidungen stärkt die Glaubwürdigkeit unternehmerischen Handelns oder, wie der Vorsitzende der Kodexkommission sagt:[53] „Was man nicht mit gutem Gewissen und mit guten Gründen der Öffentlichkeit mitteilen kann, das soll man auch gar nicht erst tun." Nach der Überzeugung der Kodexkommission stärkt das Zusammenspiel der vorgenannten Prinzipien die unternehmerische **Eigenverantwortung**[54] und trägt so zur Flexibilisierung und Selbstregulierung der deutschen Unternehmensverfassung bei.[55] So gesehen wirkt der Kodex eher **deregulierend**, weil er den Erlass zusätzlicher gesetzlicher Regeln überflüssig macht. An der grundsätzlichen Richtigkeit dieser Einschätzung hat auch der Erlass des Vorstandsvergütungsoffenlegungsgesetzes (VorstOG), das nach erheblichem parteiübergreifenden und von den Medien lautstark begleitetem politischem Druck zu Stande kam, nichts geändert. Die Hoffnung, die die Kodex-Kommission mit der in ihrer Plenarsitzung am 21. Mai 2003 beschlossenen Umqualifizierung der Kodexanregung in Abschnitt 4.2.4, Vorstandsbezüge individualisiert zu veröffentlichen, in eine Empfehlung verband, nämlich doch noch eine gesetzliche Regelung vermeiden zu können,[56] realisierte sich nicht. Obwohl nach anfänglich nur 9 letztlich über 20, der DAX 30 Unternehmen erklärten, die Bezüge ihrer Vorstände wie vom Kodex empfohlen, individualisiert und aufgegliedert veröffentlichen zu wollen, war der politische Druck auf die Bundesministerin der Justiz seinerzeit so gewachsen, dass keine realistische Aussicht mehr auf eine freiwillige Lösung bestand. Eine Chance zur Selbstregulierung wurde vertan.

21   **Methodisch** folgt der Kodex kontinentaleuropäischer Rechtstradition und hat sich davon leiten lassen, **Grundsätze** guter Unternehmensführung aufzustellen. Er ist, will man gebräuchliche Anglizismen benutzen, **principles based**.[57] Die vom Kodex verwandten unbestimmten Rechtsbegriffe und Verfahrensempfehlungen sollten sich an ihrer generellen Beschreibung und Auslegungsbedürftigkeit dem Anwender leicht erschließen. Interpretationshilfe geben rechtstatsächliche Erhebungen[58] zur Anwendungspraxis des Kodex oder, im Rahmen ihrer personellen Möglichkeiten, die Geschäftsstelle der Kodexkommission.[59] Das von dem Kodex verfolgte Prinzip, generelle Leitlinien statt starrer Einzelregelungen zu formulieren, wurde in der öffentlichen Diskussion, soweit ersichtlich, nicht in Frage gestellt. Es gestattet in der Weiterentwicklung der Corporate Governance eine flexible Anpassung und stärkt die Eigen-

---

[53] *Cromme*, Aktuelle Fragen der Corporate Governance, Zentrum für Europäisches Wirtschaftsrecht, Vorträge und Berichte, Heft 133, S. 5; ähnlich *Semler* in Festsymposium Kropff, 49 ff.; *Claussen*, Festschrift f. Priester, S. 41, 42.

[54] So auch der Aufsichtsratsvorsitzende der Deutsche Bank AG *Börsig* auf der 5. Konferenz Deutscher Corporate Governance Kodex in Berlin am 22. 6. 2006 in Berlin: „Zum Primat des Geistes gehört auch der Mut, von Richtlinien abzuweichen, wenn eine andere Vorgehensweise sachgerechter ist. Wir müssen also auch eine gewisse Abweichungskultur entwickeln."

[55] S. Präambel Abs. 5.

[56] FTD vom 24. 4. 2003 „Zypries will gläserne Vorstandsbezüge": „. . . möglicherweise nimmt H. Cromme die individuelle Offenlegung in dem Kodex auf oder der Gesetzgeber nimmt sich der Frage an", s. auch *v. Rosen*, „Die Überregulierung behindert den Kapitalmarkt", FAZ vom 14. 8. 2003. Weiteres zur Genesis des VorstOG s. Rn. 771 ff.

[57] In den USA entspricht es der Rechtstradition, immer weitere Einzelfälle aneinanderzureihen und auf diese Weise ein kasuistisches – rules based – Regelwerk dessen entstehen zu lassen, was getan werden soll und was nicht getan werden darf. Wird eine Lücke erkennbar, wird versucht, sie durch eine weitere Einzelregelung zu schließen. Allerdings werden auch – wie insbesondere die Veröffentlichungen zur Sorbones Oxley Act zeigen – in den USA Ansätze einer „principles based" Gesetzgebung erkennbar, was auch auf eine gewisse Konvergenz der Rechtstraditionen schließen lässt.

[58] Beispielsweise des Berlin Center of Corporate Governance, www.bccg.tu-berlin.de.

[59] www.geschaeftsstelle.corp.gov.kodex@thyssenkrupp.com.

IV. Der systematische Ansatz der Kodexkommission   **22 Vorbem.**

verantwortung der Unternehmen bei der Anwendung des Kodex. Auch der niederländische Kodex und der Entwurf eines spanischen Kodex favorisieren das Prinzip, flexible Grundsätze guter Unternehmensführung statt starrer Detailregelungen aufzustellen;[60] vergleichbare Forderungen hatte schon der Chairman der London Stock Exchange, Don Cruickshank, bei der Veröffentlichung des so genannten „Higgs Berichts"[61] aufgestellt.[62]

Allgemeine Grundsätze guter Unternehmensführung, wie sie der Kodex enthält, legen bereits sprachlich einen Verzicht auf aus dem Kodex abgeleitete Hauskodizes nahe.[63] Vereinzelt haben vor einigen Jahren einzelne Unternehmen[64] auf die Belange des Unternehmens zugeschnittene Kodizes verabschiedet. Die aus Hauskodizes notwendigerweise resultierende Beeinträchtigung der Vergleichbarkeit und mithin der Transparenz sollte nur in Kauf genommen werden, wenn – wie es beispielsweise in stärker regulierten Sektoren (Banken, Versicherungen) der Fall ist – spezifische Ausprägungen der Corporate Governance ansonsten nicht überzeugend beschrieben werden können. Grundsätzlich steht den Unternehmen für die Darstellung unternehmensspezifischer aber auch sektorspezifischer Besonderheiten der Corporate Governance Bericht nach Abschnitt 3.10 des Kodex zur Verfügung.[65] Die Grenzen sind indes durchaus fließend. Dort wo die sektorspezifischen Besonderheiten erheblich sind wie z. B. bei Private Equity und Venture Capital Gesellschaften, Rating Agenturen oder Asset Management Gesellschaften kann ein gesonderter Corporate Governance Kodex durchaus sinnvoll sein,[66] ist aber nicht umstritten.[67] Wird mit einem Kodex (nur) die Änderung bestehender sektorspezifischer Besonderheiten angestrebt oder soll das Regelwerk der Imageverbesserung eines Sektors dienen,[68] bietet sich statt eines Corporate Governance Kodex eher die Verabschiedung einer Ethik/Compliance Empfehlung an.

Eine vom Kodex klar unterschiedliche Zielrichtung verfolgt auch der Anfang Oktober 2004 veröffentlichte Kodex für Familiengesellschaften.[69] Dieser Kodex formu-

22

---

[60] So auch: The Dutch Corporate Governance Code, Annex 2 „Terms of Reference of the new Corporate Governance Comittee", 2 „Parameters for a renewed code of best practice for Corporate Governance": "a new code should be principles-based and not rules-based: it is a spirit and not the letter of a code which is important"; oder der Entwurf des spanischen Unified Code of Good Corporate Governance vom 16. 1. 2006: "Generality: The Code sets out General rules, and does not list all the possible cases where recommendations could accommodate legitimate exceptions" (s. Core principles, 2nd Bullet point).

[61] Review of the role and effectiveness of non-executive directors by *Derek Higgs*, January 2003.

[62] FTD vom 11. 4. 2003.

[63] Zu Hauskodizes s. auch Rn. 1558 ff.

[64] Z. B. Metro AG, Commerzbank AG, Deutsche Bank AG, Letztere hat zwischenzeitlich ihren Hauskodex nicht erneuert. Auch die Deutsche Bundesbank gab sich einen Verhaltenskodex. S. Handelsblatt vom 21. 7. 2004 „Bundesbankvorstand gibt sich neuen Verhaltenskodex".

[65] S. Rn. 534 ff.

[66] S. die Corporate Governance Guidelines der European Private Equity & Venture Capital Associations von Juni 2005 (www.evca.com), den Corporate Governance Kodex für Asset Managementgesellschaften vom 27. 4. 2005, „Corporate Governance für Asset Manager", BörsenZ vom 22. 4. 2005, „Neuer Kodex für Vermögensverwalter" FAZ vom 28. 4. 2005, oder Rating Agenturen, „geplanter Kodex für Rating Agenturen stößt in der Branche auf Zustimmung", Die Welt vom 10. 11. 2004, Code of Conduct Fundamentals for Credit Rating Agencies, herausgegeben vom Technical Committee of the International Organization of Securities Commissions, Dezember 2004, oder die Standards des International Corporate Governance Network (ICGN), BörsenZ vom 18. 4. 2007.

[67] „Fondsbranche lehnt neuen Transparenz Kodex ab", Die Welt vom 28. 4. 2005.

[68] Z. B. die Immobilienwirtschaft, www.immobilieninitiative.de, „Eine Branche kämpft gegen die Korruption", Die Welt vom 22. 2. 2005.

[69] www.intes-online.de/Kodex/Governance_Kodex.pdf.

liert Regeln für die erfolgreiche Führung von nicht börsennotierten, sich in Familienbesitz befindlichen Gesellschaften und konzentriert sich mithin auf die Auswirkungen der Basel II Regeln auf die Finanzierung, auf die Rolle der unterschiedlichen Familienstämme und auf die Voraussetzungen für die Tätigkeit als geschäftsführender Gesellschafter. Schließlich hat sich in letzter Zeit eine intensivere Diskussion über die Frage entwickelt, ob sich die Entwicklung eines Public Corporate Governance Kodex für öffentliche, im Bereich der Daseinsvorsorge tätige Unternehmen empfiehlt.[70] Angestoßen wurde diese Diskussion nicht zuletzt durch die „Grundsätze der Corporate Governance für Staatsunternehmen" der OECD[71] und die Erkenntnis, dass mangels Rechtsformidentität der Deutsche Corporate Governance Kodex auf öffentliche Unternehmen häufig nicht unmittelbar anwendbar ist. Auf dem Symposium der Gesellschaft für öffentliche Wirtschaft am 26. November 2006 hat sich die Bundesministerin der Justiz klar für die Schaffung eines Corporate Governance Kodex für öffentliche Unternehmen ausgesprochen und darauf hingewiesen, dass ein derartiger Kodex von BMJ und BMF bereits gemeinsam erarbeitet wird. Auch dieser Kodex soll – nach dem Vorbild des Deutschen Corporate Governance Kodex – Transparenz herstellen (diesmal aber nicht für den Kapitalmarkt, sondern für den Bürger als Steuerzahler) und die Professionalisierung des Verwaltungshandelns in den Bereichen fördern, in denen die öffentliche Hand privatwirtschaftlich tätig wird. Dabei werden Spannungsfelder zwischen Gesellschaftsrecht und öffentlich rechtlichen Normen, wie sie sich beispielsweise aus der Weisungsgebundenheit und Berichtspflicht kommunaler Vertreter in den Gremien privatwirtschaftlich organisierter öffentlicher Unternehmen ergeben, zu lösen sein. Die Bundesjustizministerin ließ anklingen, dass sie sich eine Lösung zugunsten des Gesellschaftsrechts vorstellen kann: „Denn es ist klar, dass Unternehmensgeheimnisse nicht auf dem politischen Marktplatz ausgebreitet werden können."

V. Die Arbeitsweise der Kodexkommission

23 Der Umfang der Aufgabe und der Wunsch der Kodexkommission, den Kodex in möglichst kurzer Zeit fertig zu stellen, bedingte eine stringente Organisation der Kommissionsarbeit: Die zu regelnden Bereiche Hauptversammlung, Vorstand, Aufsichtsrat sowie Rechnungslegung und Prüfung wurden in Anlehnung an die Gliederung des Abschlussberichts der Baums-Kommission[72] aus Kommissionsmitgliedern bestehenden Arbeitsgruppen zugewiesen, die zeitlich im Wesentlichen parallel tagten und Vorschläge für die Plenarsitzungen der Kodexkommission erarbeiteten. Unterstützt wurden die Arbeitsgruppen und die Plenarsitzungen von einer Geschäftsstelle, die Materialien zusammentrug, Zeitplan und Ablauf der Sitzungen koordinierte und die Sitzungen vorbereitete.

24 In ihrem Bestreben, ein möglichst breites Spektrum von Ansichten und Vorschlägen zu erhalten und den Sachverstand aller betroffenen und interessierten Kreise, insbesondere den der Anwender des Kodex und den der Wissenschaft einzubinden, hat die Kodexkommission zum ersten Entwurf des Kodex zwei **schriftliche Anhörungen** durchgeführt und deren Ergebnisse in ihre Überlegungen einbezogen, dies indes in der Folgezeit nicht fortgeführt.[73]

---

[70] *Schneider*, AG 2005, 493 ff.; *Preussner*, NZG 2005, 575 ff.; *Kirschbaum*, BKR 2006, 139 ff.
[71] www.oecd.org/dataoecd/46/51/34803211.pdf.
[72] Die endgültige Gliederung des Kodex weicht hiervon ab.
[73] Regelmäßige öffentliche Anhörungen, wie sie zuweilen gefordert wurden (s. *Hoffmann-Becking*, a. a. O.), hätten leicht den Eindruck fördern können, die Kodexkommission wolle den Kodex und damit mittelbar auch ihre Funktion in die Nähe gesetzgeberischer Tätigkeit rücken, obwohl dem Kodex Normqualität nicht zukommt; s. Rn. 51 ff., 63.

V. Die Arbeitsweise der Kodexkommission   25–28 Vorbem.

Gleich zu Beginn der Kommissionsarbeit wurden wesentliche Meinungsträger, **25** unter ihnen die Spitzenverbände der Wirtschaft, Berufsverbände und herausragende Persönlichkeiten um Stellungnahme gebeten. Diese Meinungsträger hatten sich bereits im Rahmen der Corporate Governance Diskussion, die in der Baums-Kommission geführt wurde, geäußert. Ihre Positionen sind in dem Abschlussbericht der Baums-Kommission berücksichtigt.

Als nach nur dreimonatigen intensiven Diskussionen und sachbezogenen Beratungen **26** die Kodexkommission in ihrer fünften Plenarsitzung am 17. Dezember 2001 den **Entwurf des Deutschen Corporate Governance Kodex** verabschiedete, wurde er am Folgetag auf der Website der Kodexkommission[74] mit der Aufforderung veröffentlicht, der Kommission Stellungnahmen und Anregungen zukommen zu lassen. Daraufhin gingen bei der Kodexkommission über dreißig schriftliche Stellungnahmen aus Praxis und Wissenschaft ein. Diese Stellungnahmen lagen der Kodexkommission in ihrer Plenarsitzung im Januar 2002 vor und wurden sorgsam gewürdigt.

Ihre erfolgreiche Organisations- und Arbeitsweise hat die Kodexkommission auch **27** nach Fertigstellung und Veröffentlichung des Kodex beibehalten. Die Geschäftsstelle trägt für die Mitglieder der Kodexkommission Materialien zur nationalen und internationalen Entwicklung der Corporate Governance, deren Auswirkungen auf den Kodex die Kodexkommission in regelmäßigen Abständen prüfen soll,[75] zusammen, bereitet die Kommissionssitzungen vor und koordiniert Zeitplan und Ablauf. Die Geschäftsstelle[76] beantwortet ferner im Rahmen ihrer personellen Kapazitäten Anfragen von Emittenten und interessierten Dritten zur Handhabung und Auslegung des Kodex und nimmt Vorschläge zu Kodexänderungen oder -anpassungen entgegen. Sie leitet diese Vorschläge aufbereitet an die Mitglieder der Kommission weiter. Sie aktualisiert und pflegt die Website der Kodexkommission,[77] gibt aber keinen eigenständigen Newsletter zur Corporate Governance in Deutschland heraus und verfügt auch nicht etwa über eine vollständige bibliographische Dokumentation der Veröffentlichungen zur Corporate Governance weltweit.

Die Kodexkommission befasst sich **nicht** mit der Stellungnahme zu oder gar der **28** Lösung von aktuellen, **unternehmensbezogenen** Corporate Governance Problemen. Zu Fragen, ob ein Unternehmen im Einzelfall „gute" Corporate Governance praktiziert oder nicht, ob Entsprechenserklärungen nach § 161 AktG inhaltlich richtig sind oder nicht, ob die Handhabung konkreter Vorfälle oder Ereignisse durch die Organe einer börsennotierten Gesellschaft mit dem Kodex vereinbar sind etc., nehmen weder die Kodexkommission noch ihr Vorsitzender oder auch nur die Geschäftsstelle Stellung.[78] Auftrag der Kodexkommission ist es, den Kodex zu entwickeln und in regelmäßigen Abständen zu überprüfen,[79] nicht aber die Anwendung des Kodex zu überwachen oder bei Meinungsverschiedenheiten über die angemessene Kodexanwendung vermittelnd zu wirken oder gar verbindlich zu entscheiden.

---

[74] http://www.corporate-governance-code.de.
[75] S. Präambel, letzter Abs.
[76] Regierungskommission Deutscher Corporate Governance Kodex, c/o ThyssenKrupp AG, August-Thyssen-Str. 1, 40211 Düsseldorf, www.geschaeftsstelle.corp.gov.kodex@thyssenkrupp.com.
[77] www.corporate-governance-code.de. Auf die Website der Kommission wird monatlich im Durchschnitt ca. 10.000-mal mit steigender Tendenz zugegriffen. Die meisten Zugriffe (ca. 50%) kommen aus Deutschland, gefolgt von den USA (ca. 20%), Großbritannien, der Schweiz, Österreich und Frankreich.
[78] So explizit der Vorsitzende der Kodexkommission in seinem Begrüßungswort anlässlich der 3. Deutschen Corporate Governance Kodex Konferenz am 23./24. 6. 2004 in Berlin.
[79] S. Rn. 17 ff.

VI. Anregungen und Vorbilder

29 Bei der Erstellung des Kodex hilfreich war für die Kodexkommission insbesondere, dass sie auf wesentlichen Vorarbeiten aufsetzen konnte. Es waren dies insbesondere die Corporate Governance Grundsätze der Frankfurter Grundsatzkommission Corporate Governance vom Juli 2000 und die Vorschläge des Berliner Initiativkreises German Code of Corporate Governance,[80] die in anderen europäischen Ländern bereits existierenden Corporate Governance Kodizes,[81] Corporate Governance Empfehlungen von Anwendern,[82] die inzwischen überarbeiteten[83] OECD Principles of Corporate Governance aus dem Jahr 1998[84] und die Anregungen und Empfehlungen der Baums-Kommission.[85]

VII. Behandlung der Empfehlung der Baums-Kommission

30 Die Kodexkommission hat die Empfehlungen der Baums-Kommission detailliert geprüft und zu einem großen Teil übernommen.

Nicht übernommen wurden die Vorschläge zu den Bezugsrechten der Aktionäre der Obergesellschaft beim Börsengang von Konzerntöchtern,[86] zur Publizierung von Spenden,[87] zu Vorableseexemplaren von Jahresabschluss, Lagebericht und Geschäftsbericht[88] und zu einem konzerneinheitlichen Abschlussprüfer.[89]

---

[80] Grundsatzkommission Corporate Governance, Corporate Governance Grundsätze (Code of Best Practice) für börsennotierte Gesellschaften, Juli 2000, German Code of Corporate Governance, vorgelegt vom Berliner Initiativkreis vom 6.6.2000.

[81] Hier sind beispielhaft zu nennen: The Combined Code, Principles of Good Governance and Code of Best Practice, Derived by the Committee on Corporate Governance from the Committee's Final Report and from the Cadbury and Greenbury Reports, April 2002 (http://www.fsa.gov.uk/pubs/ukla/lr_comcode3.pdf); The Swedish Shareholder Association, Corporate Governance Policy, http://www.aktiespararna.se; Association Française Des Entreprises Privées AFEP, Mouvement Des Entreprises De France MEDEF, Recommendations of the Committee on corporate governance, chaired by Marc Vienot; der Bericht von Professor Hofstetter der Expertengruppe Corporate Governance unter Leitung des Baseler Rechtswissenschaftlers Böckli zu dem Swiss Code of Best Practice for Corporate Governance (http://www2.economiesuisse.ch), der Bericht des Dänischen Norby Committees vom Dezember 2001, http://www.corporate governance.dk; Austrian Code of Corporate Governance, http://www.wienerboerse.at/mmdb/913/991.pdf.

[82] Z. B. Calpers Global Governance Principles (http://www.calpers-governance.org/principles); Principles for good governance in Germany, 1999; European Association of Security Dealers, Corporate Governance Committee, Corporate Governance Principles and Recommendations, Draft vom 21.10.1999.

[83] www.oecd.org/dataoecd/32/18/31557724.pdf.

[84] AG 1999, 340 ff.

[85] Zur internationalen Entwicklung der Corporate Governance seit Erstellung des Kodex s. Rn. 145 ff. (Aktualisierung des Kodex).

[86] *Baums*, Bericht, Rn. 165; weil die Kodexkommission keine streitigen Rechtsfragen präjudizieren wollte, s. Rn. 17.

[87] *Baums*, Bericht, Rn. 263; eine ausdrückliche Kodexempfehlung erschien wegen der begrenzten Bedeutung, die Spenden heute in Unternehmen spielen, und wegen der erheblichen Abgrenzungsprobleme zu Marketingausgaben, wie Bandenwerbung und Sponsoring von Sport- und Kulturveranstaltungen etc., verzichtbar.

[88] *Baums*, Bericht, Rn. 318; hier wird ein Interessenkonflikt zu dem Ziel des Kodex, eine schnelle Informationsversorgung der Anleger über die Rechnungslegung (Fast Close) zu fördern (s. Rn. 7.1.2), sichtbar. Die Kommission hat sich, wie aus der Kodexregelung in 7.1.2 erkennbar wird, zugunsten der schnellen Informationsversorgung der Anleger entschieden.

VII. Behandlung der Empfehlung der Baums-Kommission

Ferner fanden im Kodex die **folgenden Prüfungsempfehlungen** der Baums-Kommission **keinen Niederschlag**, weil die Kodexkommission nach Diskussionen zu dem Ergebnis kam, entsprechende Empfehlungen nicht vorschlagen zu wollen: Vorlage des Revisionsberichts an den Prüfungsausschuss,[90] Teilnahmepflicht des Abschlussprüfers an der Hauptversammlung,[91] Verbot einzelner Nichtprüfungsleistungen,[92] Teilnahme von Aufsichtsratsmitgliedern an der Abschlussbesprechung zwischen Abschlussprüfer und Vorstand[93] sowie Vorlage des Management Letters an den Aufsichtsrat.[94]

Die übrigen Empfehlungen der Baums-Kommission wurden im Wesentlichen im Kodex berücksichtigt. Dies geschah allerdings nicht immer in der von der Baums-Kommission angeregten Weise. Beispielsweise spricht sich die Baums-Kommission in Rn. 52 für die Aufnahme einer Empfehlung in den Kodex aus, wonach Aufsichtsratsmitglied einer börsennotierten Gesellschaft nicht sein soll, wer in fünf anderen Aufsichtsräten von konzernexternen Gesellschaften tätig ist. Dabei sollen Mandate in Organen von ausländischen Unternehmen nicht eingerechnet werden.[95] Der Kodex sieht hingegen in Ziffer 5.4.3 vor, dass **aktive Vorstände** einer börsennotierten Gesellschaft insgesamt **nicht mehr** als **fünf Aufsichtsratsmandate** in konzernexternen, börsennotierten Gesellschaften wahrnehmen. Nach dem Verständnis des Kodex ist es dabei irrelevant, ob es sich um Aufsichtsrats- oder vergleichbare Mandate in inländischen oder ausländischen börsennotierten Gesellschaften handelt.[96]

Vergleichbares gilt für Mandate in Konkurrenzunternehmen. Die Baums-Kommission empfiehlt, im Kodex vorzusehen, dass Aufsichtsratsmitglieder keine Mandate in Unternehmen wahrnehmen dürfen, die zur Gesellschaft im Wettbewerb stehen. Demgegenüber stellt der Kodex in Ziffer 5.4.2 darauf ab, dass Aufsichtsratsmitglieder keine Organfunktionen oder **Beratungsaufgaben** bei **wesentlichen** Wettbewerbern des Unternehmens ausüben sollen. Auch insoweit wird wegen der detaillierten Begründung und dem aktuellen Stand der Diskussion zur Frage der Unabhängigkeit auf die Anm. zu Ziffer 5.4.2 verwiesen.

VIII. Die Verabschiedung des Kodex

Nach intensiver Beratung und Diskussion in insgesamt sechs Plenarsitzungen, denen eine Reihe von Arbeitsgruppensitzungen vorausging, verabschiedete die Kommission den Deutschen Corporate Governance Kodex in ihrer Sitzung am 23. Januar 2002 im Konventverfahren[97] einstimmig, mit dem Verständnis, dass jedes Kommissionsmitglied den Kodex in seiner Gesamtheit trägt und bejaht, auch wenn es nicht notwendigerweise mit jeder einzelnen Kodexregelung in vollem Umfang übereinstimmt.

Anlässlich der Plenarsitzung der Kodexkommission am 26. Februar 2002 überreichte der Kommissionsvorsitzende der Bundesministerin der Justiz den Deutschen Corporate Governance Kodex.

---

[89] *Baums*, Bericht, Rn. 262; gerade weltweit tätige Unternehmen machen zusehends die Erfahrung, dass die weltumspannende Organisation ihres Abschlussprüfers nicht in allen Ländern gleiche Qualitätsstandards aufweist. Der hinter der Empfehlung der Baums-Kommission stehenden Erwägung, einheitliche Prüfungsgrundsätze und qualität weltweit sicherzustellen, kann auch bei Einschaltung unterschiedlicher Prüfer angemessen Rechnung getragen werden.
[90] *Baums*, Bericht, Rn. 58.
[91] *Baums*, Bericht, Rn. 293.
[92] *Baums*, Bericht, Rn. 304.
[93] *Baums*, Bericht, Rn. 20.
[94] *Baums*, Bericht, Rn. 321.
[95] *Baums*, Bericht, Rn. 53.
[96] Näheres hierzu s. Anm. zu Ziffer 5.4.3.
[97] Zum „Konventverfahren" s. *Hilf*, Sonderbeilage zu NJW 2000, Heft 39.

IX. Die Veröffentlichung des Kodex

36 Der Kodex wurde am 26. Februar 2002 auf der Website der Kodexkommission veröffentlicht.[98] Er ist seinem Ziel entsprechend, das Deutsche Corporate Governance System insbesondere für ausländische Investoren verständlich zu machen, in die englische, die französische, die spanische und die italienische Sprache übersetzt worden.[99] Bei Aktualisierung des Kodex[100] werden auch die Übersetzungen jeweils angepasst.

37 Das BMJ hat den Deutschen Corporate Governance Kodex in unmittelbarem zeitlichen Zusammenhang auf der Homepage des BMJ und am 30. September im elektronischen Bundesanzeiger[101] veröffentlicht und damit nach Rechtmäßigkeitsprüfung[102] seine Zustimmung zum Inhalt des Kodex und der Art und Weise seines Zustandekommens dokumentiert. Als Teil der Bundesregierung ist das BMJ dem Legalitätsprinzip unterworfen. Mit der Veröffentlichung von Dokumenten auf der Website des Ministeriums macht sich das Ministerium mangels ausdrücklicher, anders lautender Hinweise das Dokument sowohl dem Inhalt als auch der Art und Weise seines Zustandekommens nach zu eigen. Das BMJ prüft daher[103] die Vereinbarkeit solcher Veröffentlichungen auf materielle und formelle Rechtmäßigkeit.[104] Daraus aber den Schluss zu ziehen, die Kodexkommission handele quasi mit Gesetzgebungsbefugnis beziehungsweise im Auftrag von und für die Bundesregierung,[105] wird weder im Tatsächlichen von den zugrunde liegenden Tatsachen und Umständen gestützt, noch ist es bisher rechtlich überzeugend begründet.[106]

38 Das Echo der Öffentlichkeit auf den Kodex war groß und weitgehend positiv.[107] Es fanden sich aber auch kritische Stimmen wie beispielsweise „Der große Bruder aus Amerika lässt grüßen"[108] oder „Kodex mit Weichspüler".[109]

X. Die Kodexkommission als Standing Commission

39 Die Arbeit der Kommission war mit der Vorlage des Deutschen Corporate Governance Kodex nicht beendet. Dem Auftrag der Bundesministerin der Justiz entsprechend[110] besteht die Kommission ohne ausdrückliche zeitliche Begrenzung fort. Sie ist also, will man einen neudeutschen Anglizismus verwenden, eine „Standing Commission". Allerdings tagt sie nicht in Permanenz, sondern tritt nach zwischenzeitlich etablierter Übung einmal jährlich, in der Regel im Frühsommer, zusammen, um zu prüfen, ob der Kodex vor dem Hintergrund nationaler und internationaler Entwick-

---

[98] www.corporate-governance-code.de.
[99] Die englische, die französische, die spanische und die italienische Version können von der Website der Kommission heruntergeladen werden. www.corporate-governance-code.de.
[100] S. hierzu Rn. 145 ff.
[101] www.bmj.de bzw. www.bundesanzeiger.de/banz/amtlicherteil.
[102] *Seibert*, BB 2002, 581, 582.
[103] *Seibert*, BB 2002, 581, 582.
[104] S. auch *Semler* in MünchKommAktG, § 161 Rn. 29.
[105] So *Seidel*, ZIP 2004, 285 ff.; anders die h. M., Nachweise bei *Seidel* a. a. O.
[106] Hierzu statt vieler *Semler* in MünchKommAktG, § 161 Rn. 44 f.
[107] S. FAZ vom 27. 2. 2002, Die Welt vom 27. 2. 2002 (Kodex stärkt Rechte der Aktionäre), Handelsblatt vom 27. 2. 2002 (Kodex soll Aktionärsrechte stärken) usw.
[108] *Theissen* im Handelsblatt vom 27. 2. 2002.
[109] BörsenZ vom 27. 2. 2002, *Claussen/Bröcker*, DB 2002, 1199, 1200 m. w. N.
[110] S. Rn. 17 ff.

lungen angepasst werden soll.¹¹¹ Bei Bedarf können zusätzliche Sitzungen einberufen werden.

So tagte die Kommission bereits am 7. November 2002 zu ihrer ersten Überprüfungssitzung und beschloss allfällige aus der Endfassung des am 1. Juli 2002 in Kraft getretenen 4. Finanzmarktförderungsgesetzes¹¹² erforderliche Anpassungen der Ziffer 6.6 des Kodex (directors' dealings). Diese Kodexanpassung an die geltende Gesetzeslage wurde im Januar 2003 im elektronischen Bundesanzeiger veröffentlicht. Die Kodexanpassung bezog sich nur auf die Beschreibung der – geänderten – Gesetzeslage. Mithin hatte sie keine Auswirkung auf die Entsprechenserklärung der Unternehmen, insbesondere die erste Entsprechenserklärung nach Art. 3 Abs. 3 TransPuG. Auch in der Folgezeit ist die Kodexkommission, ihrem Auftrag entsprechend, zu weiteren Sitzungen zusammen getroffen, nämlich am 21. Mai 2003, am 8. Juni 2004, am 2. Juni 2005, am 12. Juni 2006 und am 14. Juni 2007.¹¹³   **40**

XI. Die Rechtsnatur des Kodex und Legitimation der Kommissionsarbeit

Spätestens an dieser Stelle stellt sich die Frage nach der Rechtsnatur des Kodex und der Legitimation der Kommissionsarbeit. Beide Fragen gehören zusammen und sollen daher nachstehend auch gemeinsam diskutiert werden. Der Deutsche Corporate Governance Kodex besteht aus drei, teilweise ineinander verwobenen, aber dennoch rechtlich klar unterscheidbaren und auch in ihrer rechtlichen Bedeutung durchaus unterschiedlichen Teilen.¹¹⁴   **41**

1. Der rechtsbeschreibende Teil des Kodex

Der das **geltende Recht beschreibende Teil** ist für die hier interessierende Frage nach der Rechtsnatur des Kodex unergiebig. Dass dieser Teil des Kodex keine das Gesetzesrecht über- oder gar unterschreitende Wirkung entfalten kann, bedarf keiner näheren Begründung. Der Kodex hat keine Normqualität, wie sie einem im ordnungsgemäßen parlamentarischen Verfahren entstandenen Gesetz zukommt. Dies anerkennen die Verfasser des Kodex ausdrücklich. Sie hatten bei der Abfassung des Kodex abzuwägen zwischen kurzen, prägnanten und für die Adressaten des Kodex leicht verständlichen Formulierungen und der möglichst objektiven und umfassenden Darstellung des geltenden Rechts. Deshalb betonte der Vorsitzende der Kommission in seinem Vorwort zum deutschen Kodex ausdrücklich: „Auch dort, wo der Kodex geltendes Recht beschreibt, gibt er dem Ziel leichter Verständlichkeit den Vorrang vor juristischer Präzision. Er erhebt nicht den Anspruch, die geltenden Gesetze umfassend und in allen relevanten Facetten darzustellen."¹¹⁵   **42**

---

¹¹¹ Präambel letzter Absatz; entsprechende Empfehlungen gibt auch der niederländische Corporate Governance Kodex (The Dutch Corporate Governance Code, Preamble Ziffer 7: „The Corporate Governance Committee therefore recommends to the responsible Ministers that a small panel be established to examine, on an ongoing basis, whether certain principles or best practice provisions should be modified or interpreted more closely. Where necessary, this panel could also request one or more experts to prepare new provisions in respect of certain aspects. Finally, a new committee should be established, on the recommendation of this panel, at least every three years to evaluate and, where necessary, update the code. Public consultation should form of the part of the procedure in all cases."
¹¹² BGBl. I S. 2009 ff.
¹¹³ Näheres zu den weiteren Sitzungen der Kodexkommission s. Rn. 148 ff.
¹¹⁴ S. Präambel, Abs. 6.
¹¹⁵ S. Deutscher Corporate Governance Kodex, Vorwort des Kommissionsvorsitzenden vom 26. 2. 2002, www.corporate-governance-code.de.

2. Der Empfehlungs- und der Anregungsteil des Kodex

43   In seinem hier allein interessierenden **Empfehlungs- und Anregungsteil** enthält der Kodex eine, von der Kommission systematisch aufbereitete Zusammenstellung von Verfahrensempfehlungen für die Leitung und Überwachung deutscher börsennotierter Gesellschaften. Diese Empfehlungen und erst recht die Anregungen bezeichnet der Kodex selbst als nicht verbindlich. Wollen die Gesellschaften von den Empfehlungen oder Anregungen abweichen, können sie dies ohne weiteres tun. Eine Verpflichtung, den Empfehlungen des Kodex zu folgen bzw. nur mit guten Gründen von Kodexempfehlungen abzuweichen,[116] mag rechtspolitisch wünschenswert sein, lässt sich aus dem Wortlaut des Gesetzes indes nicht herleiten und entspricht nicht dem dokumentierten Willen des Gesetzgebers.[117] Mit der Umsetzung der durch Richtlinie 2006/46/EG vom 14. Juni 2006[118] erfolgten Änderung der 4. und 7. Gesellschaftsrechtlichen Richtlinien der EU in das deutsche Recht wird sich dies ändern. Die Änderungsrichtlinie sieht vor, dass die Gesellschaften Abweichungen von anwendbaren Corporate Governance Kodizes in einem dann zwingend zu erstellenden Corporate Governance Bericht zu begründen haben.[119]

44   **Heute** verpflichtet das Gesetz bei **Abweichungen von Kodexempfehlungen** die Unternehmen nur, diese Abweichung **offenzulegen**.[120] Allerdings empfiehlt Abschnitt 3.10 den Unternehmen bereits heute, die Abweichungen von einer Kodexempfehlung zu begründen. Die künftige Rechtslage macht daraus eine gesetzliche Pflicht.[121]

45   Weicht die Gesellschaft lediglich von einer Anregung des Kodex ab, dann sind eine Mitteilung und erst recht eine Begründung entbehrlich.

XII. Die Entsprechenserklärung nach § 161 AktG[122]

46   Die Verpflichtung von Vorstand und Aufsichtsrat[123] zu erklären, ob der Kodex überhaupt angewandt wird bzw. auch Abweichungen von Kodexempfehlungen kundzutun, folgt aus der Vorschrift des § 161 AktG. Hiernach haben „Vorstand und Aufsichtsrat jährlich zu erklären, dass den vom BMJ im amtlichen Teil des elektronischen Bundesanzeigers bekannt gemachten Empfehlungen der Regierungskommission Deutscher Corporate Governance Kodex entsprochen wurde und wird, oder welche Empfehlungen nicht angewendet wurden oder werden. Die Erklärung ist den Aktionären dauerhaft zugänglich zu machen."

47   Der Gesetzgeber beschränkt sich mithin darauf, Vorstand und Aufsichtsrat aufzugeben zu erklären, dass der Kodex berücksichtigt bzw. nicht oder nur teilweise berücksichtigt wird. Eine Verpflichtung, Kodexabweichungen zu begründen, besteht mithin nicht.[124] Insoweit ist die häufig verwandte Beschreibung dieses Kodexprinzips als „comply or explain" heute noch zumindest missverständlich. Klarer wäre, wenn man es als „comply or disclose" bezeichnet hätte.

---

[116] So offensichtlich *Baums*, BörsenZ vom 28. 2. 2004: „Baums mahnt zur Kodexdisziplin".
[117] RegE S. 51 f.
[118] ABl. EG vom 16. 8. 2006, Nr. L 224/1.
[119] S. Rn. 20, Fn. 22.
[120] § 161 AktG.
[121] S. auch *Niemeier*, WPg 2006, 173 ff.
[122] Wegen der Einzelheiten s. 3. Teil: Die Umsetzung des Kodex in der Praxis.
[123] Die Pflicht zur Abgabe der Entsprechenserklärung legt das Gesetz Vorstand und Aufsichtsrat auf. Es handelt sich mithin **nicht** um eine Pflicht der Gesellschaft, die lediglich von deren Organen erfüllt wird, s. auch *Seibt*, AG 2002, 249, 252.
[124] Zur zukünftigen Rechtslage s. Rn. 44, Rn. 20, Fn. 22.

XIV. Die Rechtsqualität des Kodex 48–51 **Vorbem.**

Ob die gesetzliche Entsprechenserklärung nach § 161 AktG von Vorstand und Aufsichtsrat abgegeben wurde, prüft der Abschlussprüfer der Gesellschaft. Nach § 285 Nr. 16 HGB ist im Anhang zum Jahresabschluss anzugeben, dass die Entsprechenserklärung nach § 161 AktG abgegeben und den Aktionären zugänglich gemacht worden ist.[125] **48**

Ob die Erklärung richtig ist, ob also in der Tat den Empfehlungen des Deutschen Corporate Governance Kodex gefolgt wurde, ist nicht Gegenstand der Prüfung und wird auch von der Neufassung der 7. gesellschaftsrechtlichen Richtlinie nicht gefordert.[126] Der Abschlussprüfer hat vielmehr im Rahmen seiner Prüfung nur festzustellen, ob Vorstand und Aufsichtsrat die Erklärung, die auch darin bestehen kann, dass der Kodex überhaupt nicht angewandt wird, abgegeben haben.[127] Wird überhaupt keine Entsprechenserklärung abgegeben, ist das Testat nach § 322 Abs. 4 HGB einzuschränken. **49**

XIII. Die Begründung von Kodexabweichungen

In seiner Ziffer 3.10 empfiehlt der Kodex Vorstand und Aufsichtsrat schon heute, eine Abweichung auch zu begründen,[128] was eigentlich, wovon der Gesetzgeber selbst ausgeht,[129] und was in Zukunft auch in Deutschland geltendes Recht sein wird[130] im wohlverstandenen Interesse der Organe und der Gesellschaft selbst liegt. **50**

XIV. Die Rechtsqualität des Kodex

Erhält nun der Kodex durch die Art seines Zustandekommens,[131] die gesetzliche Erklärungspflicht und die Pflicht der Abschlussprüfer zu prüfen, ob überhaupt eine Entsprechenserklärung nach § 161 AktG abgegeben wurde, eine Rechtsqualität, die Zweifel an seiner staatsrechtlichen Legitimation rechtfertigt? Dies könnte deshalb der Fall sein, weil der Kodex nicht vom parlamentarischen Gesetzgeber erlassen wurde und auch nicht von der Regierung auf der Grundlage einer ausreichend klaren, gesetzlichen Ermächtigung, sondern von einer vom BMJ eingesetzten Kommission von Privatleuten, der noch nicht einmal inhaltliche Vorgaben gemacht worden sind. Es wird die Frage gestellt, ob dies nicht einen **Verstoß** gegen das **verfassungsrechtliche Demokratieprinzip** und den **Gesetzesvorbehalt** darstellt, der den Erlass normativen Rechts inhaltlich letztlich dem Parlament vorbehält.[132] *Heintzen*[133] hat demgegen- **51**

---

[125] Entsprechendes gilt nach § 325 Abs. 1 HGB für den Konzernanhang.
[126] Ob sich der deutsche Gesetzgeber bei der Umsetzung der Richtlinie eine entsprechende Zurückhaltung auferlegt, ist nicht gewiss, bleibt aber im Interesse des Finanzplatzes zu hoffen.
[127] So auch RegE S. 63.
[128] Zu Ziffer 3.10 s. Rn. 534 ff., s. auch Abschnitt 7.2.3 Abs. 2.
[129] RegE S. 52.
[130] S. Rn. 44.
[131] S. Fn. 9 ff., 17 ff.; die Berufung der Kodexkommission durch die Bundesministerin der Justiz sowie die Veröffentlichung des Kodex im e-Bundesanzeiger wertet *Seidel* offensichtlich bereits als ausreichend für eine staatsrechtliche Zurechnung des Kodex an das BMJ, s. *Seidel*, ZIP 2004, 285 ff., 286; s. hierzu richtig *Heintzen*, ZIP 2004, 1933, 1934; *Seidel* unterstellt ferner sachlich unzutreffend eine inhaltliche Einflussnahme des BMJ auf die Arbeit der Kodexkommission, s. *Seidel*, a. a. O. 287 f., s. jedoch Rn. 13 f.
[132] So z. B. *Ulmer*, ZHR 166 (2002), 150, 160 ff.; *Hellwig*, Stellung und Risiken der Leiter von Unternehmen, 6. Deutsch-Französisches Seminar in Annecy, Mai/Juni 2002.
[133] *Heintzen*, ZIP 2004, 1933 ff.; a. A. *Seidel*, NZG 2004, 1095 f.; *Seidel* hält sogar den gesetzesbeschreibenden Teil des Kodex für verfassungswidrig, weil er gekürzt und mithin nicht in allen Details das geltende Recht beschreibe, mithin unzutreffend sei. Nur zutreffende Regierungsin-

über dargelegt, dass § 161 AktG als gesetzliche Grundlage für die dem Kodex zugemessene Informationsaufgabe verfassungsrechtlich ausreicht und dass die Bundesregierung in Ausübung ihre staatsleitenden und Informationsfunktion nach Art. 65 GG berechtigt ist, Dritte mit der Ausübung dieser Funktion zu betrauen.

52 Vereinzelt wird die These vertreten,[134] der Kodex sei wegen der behaupteten Einwirkungen des BMJ auf seinen Inhalt und sein Zustandekommen eine dem Staat zuzurechnende Regelung und mitnichten ein Akt der Selbstorganisation der Wirtschaft. Auf der Grundlage dieser Wertung beinhalteten die Empfehlungen und sogar die Anregungen des Kodex für die Organe börsennotierter Gesellschaften Beeinträchtigungen des Grundrechts aus Art. 12 GG mit der Folge der Nichtigkeit aller Kodexregeln wegen Verfassungsverstoßes. Vorstehend wurde dargelegt,[135] dass es die behaupteten Einwirkungen des Justizministeriums weder gab noch gibt. Die weitere Behauptung, mit der die These von der Verfassungswidrigkeit des Kodex gestützt werden soll, lautet, dass die Kodexempfehlungen **über** die gesetzlichen Anforderungen hinausgehende Regelungen beinhalten.[136] Ein Nachweis hierfür wird indes nicht erbracht. Die Begründung des Verstoßes gegen Art. 12 GG spricht vielmehr für sich: Die Kodexempfehlungen bedeuten zudem einen Eingriff in die Grundrechte der einzelnen Organmitglieder börsennotierter Aktiengesellschaften aus Art. 12 Abs. 1 Satz 2 GG, da sie zu einer **Erhöhung der Sorgfaltsanforderungen** und Haftungsrisiken führen. Als Konsequenz der Offenlegung des Vergütungssytems und der Beschränkung der Zahl von Aufsichtsratsmandaten ist des Weiteren eine **Einschränkung der Verdienstmöglichkeiten** festzustellen.[137]

53 Im Rahmen der Fragestellung wird immer wieder auch der Vergleich mit dem so genannten privaten Rechnungslegungsgremium nach § 342 HGB und den von ihm erarbeiteten Standards im Rahmen ordnungsgemäßer Buchführung gesucht.[138] Dem liegt die Überlegung zugrunde, dass § 161 AktG de facto eine Pflicht der Unternehmen zur Befolgung der Empfehlungen des Kodex begründe, so dass den Kodexempfehlungen folglich mittelbar Normcharakter zuwachse. Dabei wird stillschweigend unterstellt,[139] dass möglicherweise nicht in allen Fällen ausreichend von der Möglichkeit zur Kodexabweichung (mithin zur Flexibilität, der zweiten Grundüberzeugung des Kodex) Gebrauch gemacht wird, weil nur wenige Unternehmen gerne eigene Erläuterungen abgeben und ein „Entsprechen" daher vorziehen.[140] Diese Überlegungen werden der tatsächlichen Handhabung des Kodex durch die Unternehmen nicht gerecht. Die empirischen Untersuchungen, die das Berlin Center of Corporate Governance im Auftrag der Kodexkommission vorgenommen hat, belegen eindrucksvoll, dass die Unternehmen beileibe nicht blind den Kodexempfehlungen folgen, sondern sehr genau differenzieren und ihre Entsprechenserklärungen einschränken.[141] Beredte Beispiele sind die Empfehlungen zur individualisierten Behandlung der Veröffentlichung von Organbezügen, der Selbstbehalt bei der D&O-Versicherung sowie bei kleineren Gesellschaften die Empfehlung zur Ausschussbildung. Die vorstehenden Überlegungen unterstellen mithin den Unternehmen Erwägungen, die von den Er-

---

formationen – und darum handele es sich bei diesem Teil des Kodex – seien von der Kompetenz der Bundesregierung zur Staatsleitung gedeckt; a. a. O. 1096.

[134] *Seidel*, ZIP 2004, 285, 289.
[135] S. Rn. 13 f.
[136] *Seidel*, ZIP 2004, 285, 289.
[137] *Seidel*, ZIP 2004, 285, 289
[138] So auch *Ulmer, Hellwig*, a. a. O.
[139] S. *Seidel*, ZIP 2004, 285, 290 m. w. N.
[140] Hierzu *Druey*, GesRZ 2002, 32, 35.
[141] S. die empirische Erhebung der DAX 30, MDAX 50 und SDAX 50 Gesellschaften des Berlin Center of Corporate Governance vom 21. 5. 2004, www.bcg.tu-berlin.de, *v. Werder/Talaulicar*, Kodex Report 2006, DB 2006, 849 ff., Kodex Report 2007, DB 2007, 869 ff.

XIV. Die Rechtsqualität des Kodex   54–59 **Vorbem.**

hebungen so nicht bestätigt werden und aus Sicht des Verfassers nicht hinreichend gewichten, dass der Kodex lediglich Verfahrensempfehlungen für unternehmerische Entscheidungen vorgibt, die Entscheidung im Einzelfall jedoch uneingeschränkt in der Kompetenz der Gesellschaftsorgane belässt.

Nur wenn man den Kodexempfehlungen **mittelbaren Normcharakter** zumisst, eröffnet sich die vorbeschriebene verfassungsrechtliche Problematik. Die Möglichkeit des opting-out, das heißt die vom Gesetz ausdrücklich eingeräumte, **begründungsfreie Abweichung** vom oder gar der vollständige Anwendungsausschluss des Kodex wird wie vorstehend dargestellt nicht hinreichend berücksichtigt. Gerade hier liegt aber der grundlegende Unterschied der Empfehlungen des Deutschen Corporate Governance Kodex zu den vom DRSC[142] erarbeiteten Standards. **54**

Wer die vom BMJ bekannt gemachten Empfehlungen (= Standards) des DRSC im Rahmen seiner Konzernrechnungslegung berücksichtigt, der hat die Rechtsvermutung für sich, in Übereinstimmung mit den Grundsätzen ordnungsgemäßer Buchführung Rechnung zu legen.[143] **55**

Bei der Vermutung des § 342 Abs. 2 HGB handelt es sich nicht um eine prozessuale Beweislastregelung,[144] sondern um eine Rechtsvermutung des Inhaltes, dass, wenn die gesetzlich aufgestellten Vermutungsgrundlagen (= Beachtung der vom BMJ bekannt gemachten Empfehlungen des DRSC) gegeben sind, auf den Inhalt der Vermutung, nämlich die Beachtung der die Konzernrechnungslegung betreffenden Grundsätze ordnungsgemäßer Buchführung zu schließen ist. Mit anderen Worten: die gemäß § 342 Abs. 1 HGB erarbeiteten und vom BMJ bekannt gemachten Standards haben nach dem Gesetz die Vermutung für sich, Grundsätze ordnungsgemäßer Buchführung im Rahmen der Konzernrechnungslegung zu sein. **56**

Wer die **Empfehlungen des Kodex berücksichtigt**, dem steht hingegen **keine gesetzliche Vermutung** zur Seite, im Rahmen der §§ 93, 116 AktG ordnungsgemäß gehandelt zu haben. **57**

Zunächst einmal ist festzuhalten, dass § 161 AktG anders als § 342 HGB keine entsprechende ausdrückliche Vermutungsregelung enthält. Darüber hinaus lässt sich aus dem Wortlaut des § 161 AktG auch keine implizite Vermutung herauslesen. Die Formulierung des § 161 AktG ist insoweit neutral. Die Vorschrift verlangt lediglich, dass Vorstand und Aufsichtsrat der börsennotierten Gesellschaft jährlich erklären, dass den „... Empfehlungen der Regierungskommission Deutscher Corporate Governance Kodex entsprochen wurde und wird, oder welche Empfehlungen nicht angewendet wurden oder werden ...". Der Gesetzeswortlaut lässt mithin weder eine Wertung im positiven Sinne („wer entspricht, der verhält sich ordnungsgemäß") noch im negativen Sinne („wer nicht entspricht oder abweicht, der verhält sich nicht ordnungsgemäß") zu. Ganz im Gegenteil, aus der gesetzlichen Begründung zu § 161 AktG[145] ergibt sich, dass der Kodex nur unverbindliche Verhaltensempfehlungen enthält, von denen die Gesellschaft ohne weiteres abweichen kann. **58**

Auch aus dem Zweck des Kodex, wie er sich aus Abs. 1 der Präambel erschließt, kann ebenso wenig geschlossen werden, dass derjenige, der die Empfehlungen des Kodex beachtet, auch die Sorgfalt eines ordentlichen Geschäftsleiters/Aufsichtsrats im Sinne der §§ 93, 116 AktG anwendet, wie, dass derjenige, der von den Empfehlungen **59**

---

[142] Deutsches Rechnungslegungs Standards Committee e.V., Berlin.
[143] § 342 Abs. 2 HGB; so ausdrücklich das BMJ in den Bekanntmachungen der DRSC Standards im Bundesanzeiger, s. z. B. BAnz. vom 10. 4. 2002 Nr. 67a betr. Bekanntmachung DRS 11 vom 13. 3. 2002: „... Soweit die nachstehend bekannt gemachte Empfehlung bei der Aufstellung eines Konzernabschlusses beachtet worden ist, wird insoweit die Beachtung der die Konzernrechnungslegung betreffenden Grundsätze ordnungsgemäßer Buchführung vermutet." S. *Baumbach/Hopt*, HGB, § 342 Rn. 2; *Ebke*, ZIP 1999, 1193, 1201 m. N. zum Stand der Diskussion.
[144] S. *Ebke*, ZIP 1999, 1193, 1202 m. w. N.
[145] RegE S. 49 ff.

des Kodex abweicht, eine Pflichtverletzung im Sinne der genannten Vorschriften begeht oder jedenfalls in Kauf nimmt. Letzteres ist schon deshalb ausgeschlossen, weil der Kodex in Abs. 6 der Präambel den Gesellschaften ausdrücklich die Möglichkeit eröffnet, von den Empfehlungen des Kodex abzuweichen und ihnen so die Berücksichtigung branchen- oder unternehmensspezifischer Bedürfnisse nahelegt. Eine relevante Pflichtverletzung kann jedoch in der Missachtung der von § 161 AktG statuierten Pflicht zur Offenlegung von Kodexabweichungen liegen.

60 Der Kodex enthält international und national anerkannte Standards guter und verantwortungsvoller Unternehmensführung.[146] Dennoch sind auch bei vollumfänglicher Beachtung des Kodex **konkrete Situationen** denkbar, in denen Vorstand und Aufsichtsrat im Rahmen ihrer aktienrechtlichen Sorgfaltspflichten über Empfehlungen des Kodex hinausgehen müssen, wenn sie pflichtgemäß handeln wollen. Genauso sind aber auch Situationen denkbar, in denen Vorstand und/oder Aufsichtsrat trotz abgegebener, uneingeschränkter Entsprechenserklärung unter Berücksichtigung der konkreten Umstände eines Einzelfalles die Empfehlungen des Kodex unterschreiten, weil dies nach pflichtgemäßem Ermessen im Interesse der Gesellschaft liegt.[147]

61 Somit kann weder aus der der Öffentlichkeit im Umfang des § 161 AktG mitgeteilten Beachtung noch aus der Nichtbeachtung des Kodex die Schlussfolgerung gezogen werden, dass die Gesellschaftsorgane ihren Sorgfaltspflichten entsprochen haben (wenn sie den Kodex anerkennen) oder dass sie ihren Pflichten nicht entsprochen haben (wenn vom Kodex abgewichen wird[148]). Zur Frage, inwieweit eine Nichtbeachtung von Kodexempfehlungen berechtigt zu Zweifeln an der Beachtung der Sorgfalt eines ordentlichen und gewissenhaften Geschäftsleiters führt, s. 3. Teil, VI: Haftungsfragen und Haftungsrisiken im Zusammenhang mit dem Kodex.

62 Mit Vorstehendem nicht zu verwechseln ist die Situation, dass Vorstand und/oder Aufsichtsrat überhaupt keine Entsprechenserklärung abgeben oder trotz Entsprechenserklärung vom Kodex abweichen und dies **nicht** unverzüglich **bekannt** machen. Dann kann hierin, das heißt in der fehlenden Abgabe oder der nicht rechtzeitigen Bekanntgabe der eingeschränkten Entsprechenserklärung, eine Pflichtverletzung liegen. Das hat aber mit der Beachtung der oder dem Abweichen von Kodexregeln nichts zu tun.

63 Werden die Empfehlungen (und insbesondere die Anregungen) des Kodex so, wie die Baums-Kommission[149] und der Gesetzgeber[150] es gesehen haben, als Empfehlung verstanden, die zur kritischen Analyse ihrer Anwendbarkeit auf die spezifische Situation des betroffenen Unternehmens anregen sollen und Raum für unternehmensindividuelle Anpassungen lassen, und nicht als als Empfehlung getarnte normative Anordnung, der die Unternehmensorgane besser folgen sollten, dann stellt sich die vorbeschriebene, verfassungsrechtliche Frage in der Tat nicht. Insoweit bleiben die Empfehlungen des Deutschen Corporate Governance Kodex deutlich hinter der Normhöhe der Deutschen Rechnungslegungs Standards zurück, denen die gesetzliche Vermutung des § 342 Abs. 2 HGB zukommt.

64 Gegen einen Normcharakter der Kodexempfehlungen spricht ferner, dass der Kodex selbst im Wettbewerb zu anderen Regelwerken steht und regelmäßig an die Notwendigkeiten und Entwicklungen internationaler und nationaler Corporate Governance angepasst wird.

---

[146] S. Präambel, Abs. 1.
[147] Sie müssen dies allerdings unverzüglich erklären und diese Erklärung in der gleichen Weise wie die bisherige Erklärung bekannt machen; s. 3. Teil: Die Umsetzung des Kodex in der Praxis.
[148] A. A. *Ulmer*, ZHR 2002, 151, 164 m. w. N.
[149] *Baums*, Bericht, Rn. 8 ff.
[150] RegE S. 49, 50.

XIV. Die Rechtsqualität des Kodex

In die gleiche Richtung scheint auch der Richter des Bundesverfassungsgerichts *Di Fabio* zu denken, der im Rahmen einer öffentlichen Diskussion der vorgenannten verfassungsrechtlichen Problematik darauf hinwies, dass „im Verfassungsstaat unserer Tage neue Formen der (Selbst-)Regulierung wie sie der Kodex enthält, weniger aus staatlicher Schwäche (zur Regulierung) als aus staatlicher Stärke geboren werden".[151] Die Kodexregelung als solche hielt di Fabio ebenso wie ihr Zusammenspiel mit § 161 AktG für verfassungsrechtlich eher unbedenklich. Seine Bedenken bestanden vielmehr im Bereich einer infolge der Rezeption (Veröffentlichung) des Kodex durch das BMJ möglicherweise von demselben übernommenen „staatlichen" Letztverantwortung für die Rechtmäßigkeit des Kodex.[152]

65

---

[151] „Der CEO kommt – der Gesetzgeber geht? Der Corporate Governance Kodex in der Unternehmenspraxis" – Vortragsveranstaltung an der Humboldt-Universität, Berlin, 6. 5. 2002.
[152] S. hierzu auch *Hommelhoff/Schwab* in FS Kruse, 693, 712 ff.

2. Teil. Kommentierung zum Deutschen Corporate Governance Kodex in der Fassung vom 14. Juni 2007

1. Präambel

Übersicht

	Rn.
I. Allgemeines zum Inhalt und Ziel des Kodex	81
1. Zweck des Kodex	81
2. Kommunikationsfunktion	83
3. Ordnungsfunktion	84
4. Anpassungsfähigkeit des Kodex	86
5. Transparenz und Flexibilität als Eckpunkte des Kodex	88
6. Ausdehnung auf die Europäische Gesellschaft (SE)	89a
II. Rechte der Aktionäre	90
III. Das duale Führungssystem der deutschen Aktiengesellschaft	91
IV. Leitungsfunktion des Vorstands	94
V. Verantwortung des Vorstands	95
1. Organisation des Vorstands	95
2. Vorsitzender und Sprecher des Vorstands	97
VI. Der Aufsichtsrat	99
1. Bestellung des Vorstands	99
2. Überwachung des Vorstands	100
3. Beratung des Vorstands	102
4. Zustimmungspflichtige Geschäfte	103
5. Vorsitzender des Aufsichtsrats	104
VII. Wahl und Zusammensetzung des Aufsichtsrats	105
1. System der Mitbestimmung	105
2. Wahl der Mitglieder des Aufsichtsrats	106
3. Mitbestimmungssituationen	107
4. Zweitstimmrecht des Aufsichtsratsvorsitzenden	109
5. Verpflichtung auf das Unternehmensinteresse	110
VIII. Europäische Gesellschaft (SE) als neue Option	110a
IX. Andere Unternehmensführungssysteme	111
X. Rechnungslegung / True-and-Fair-View-Prinzip	112
XI. Verbindlichkeit der Kodexbestimmungen	119
1. System der Kodexbestimmungen	119
2. Comply or Explain bei Empfehlungen	121
3. Entsprechenserklärung	122
4. Anregungen	125
XII. Konzern	126
XIII. Adressaten des Kodex	128
1. Börsennotierte Gesellschaften	128
2. Mittelständische Gesellschaften	129
3. Nicht börsennotierte Gesellschaften	134
XIV. Jährliche Überprüfung des Kodex	137
1. „Standing Commission"	137
2. Änderung der Zusammensetzung der Kommission	139
3. Austritt aus der Kommission	142
4. Aktualisierung des Kodex	145
5. Die bisherigen Kodexanpassungen	148
6. Einbeziehung der Öffentlichkeit	156

1. Präambel

Der vorliegende Deutsche Corporate Governance Kodex (der „Kodex") stellt wesentliche gesetzliche Vorschriften zur Leitung und Überwachung deutscher börsennotierter Gesellschaften (Unternehmensführung) dar und enthält international und national anerkannte Standards guter und verantwortungsvoller Unternehmensführung. Der Kodex soll das deutsche Corporate Governance System transparent und nachvollziehbar machen. Er will das Vertrauen der internationalen und nationalen Anleger, der Kunden, der Mitarbeiter und der Öffentlichkeit in die Leitung und Überwachung deutscher börsennotierter Gesellschaften fördern.

I. Allgemeines zum Inhalt und Ziel des Kodex

1. Zweck des Kodex

81 Fragen der Corporate Governance werden in Deutschland seit jeher durch zahlreiche gesetzliche Vorschriften geregelt. Zu den wesentlichen Rechtsquellen gehören vor allem das Gesellschafts-, das Handels-, das Mitbestimmungs- und das Kapitalmarktrecht. Vergleicht man die einschlägigen Normen dieser Rechtsquellen mit dem Inhalt der Bestimmungen der international üblichen Kodizes,[1] so zeigt sich, dass das deutsche Governancerecht die in den Codes angesprochenen Verfassungsaspekte weitgehend abdeckt.[2] Gravierende Unterschiede zwischen den Themen, welche die Kodizes bzw. die deutschen Rechtsvorschriften regeln, existieren somit nicht. Insbesondere kann das Unternehmensrecht in Deutschland nicht als grundsätzlich unterentwickelt in dem Sinne gelten, dass es bedeutsame Fragen ausklammert, die international in Kodexform normiert werden.[3] Vielmehr könnte das Aufkommen der zahlreichen Codes in anderen Ländern auch geradezu als Indiz dafür gewertet werden, dass sich dort nur wenige gesetzliche Bestimmungen für Governance-Fragen finden.

82 Angesichts der schon gegebenen Dichte gesetzlicher Vorschriften und der weitgehenden Übereinstimmung zwischen internationalen Kodizes und deutschem Recht kann die Schaffung eines zusätzlichen Regelwerkes in Form eines Deutschen Corporate Governance Kodex auf den ersten Blick entbehrlich erscheinen. Bei näherem Hinsehen zeigt sich jedoch, dass ein gesonderter Kodex wichtige Funktionen und damit einen erheblichen Eigenwert haben kann. Diese Kodexzwecke werden im ersten Absatz der Präambel dargelegt.

2. Kommunikationsfunktion

83 Mit dem Kodex wird letztlich das Ziel verfolgt, den Standort Deutschland für internationale und nationale Investoren attraktiver zu machen.[4] Zu diesem Zweck soll der Kodex im Kern zwei Aufgaben erfüllen, die als seine Kommunikationsfunktion und als Ordnungsfunktion bezeichnet werden können.[5] Der Kodex soll danach zum einen

---

[1] S. Rn. 3.
[2] S. eingehender *v. Werder/Minuth*, Internationale Kodizes. In diesem Sinne auch die Baums-Kommission, s. *Baums*, Bericht, Rn. 5.
[3] Vgl. zu dieser Einschätzung auch *Seibert*, AG 1999, 339.
[4] So der Kommissionsvorsitzende *Cromme* bei der öffentlichen Vorstellung des ersten Kodexentwurfs am 18.12.2001.
[5] S. zu diesen Kodexfunktionen *v. Werder*, DB 2002, 801 f.; *Schüppen*, DB 2002, 1117, sowie allgemein auch *Bernhardt/v. Werder*, ZfB 2000, 1271; *v. Werder* in v. Werder, GCCG, 2001, 5 ff. Die vor allem von *Theisen* geäußerte Kritik einer mangelnden Klarheit der Kodexzwecke (s. *Theisen*, DBW 2002, 513; *ders.*, RWZ 2001, 157) lässt sich folglich so nicht aufrechterhalten.

I. Allgemeines zum Inhalt und Ziel des Kodex

die Grundzüge des deutschen CG-Modells in kompakter Form darstellen und so – vor allem für ausländische Interessenten – verständlich machen. Diese Kommunikationsfunktion ist vor allem deshalb von Bedeutung, weil das deutsche Governancesystem mit dem Two-Tier-Modell der institutionellen Trennung von Leitung (Vorstand) und Überwachung (Aufsichtsrat), dem Kollegialprinzip für den Vorstand und der unternehmerischen Mitbestimmung im internationalen Vergleich Besonderheiten aufweist. Zudem sind die einschlägigen Vorschriften des Governancerechts in Deutschland über mehrere Gesetze verstreut und daher nur recht schwer zugänglich. Infolgedessen erscheint die deutsche Unternehmensverfassung im Ausland häufig nicht ausreichend transparent. So forderte etwa der gewichtige kalifornische Pensionsfonds Calpers (selbst noch bis Mitte des Jahres 2006 nach Einführung des Deutschen Corporate Governance Kodex) im Internet: „A Code Of Best Corporate Governance Practice Should Be Developed For The German Market With The Participation Of Investors From Outside Germany". Zur Begründung führt Calpers u. a. an: „A Code would place Germany in the company of most other European markets. A Code would make the German policy easily comparable to systems in other countries and would assist investors and German companies in striving toward a common goal."[6] Gelegentlich finden sich auch selbst in Fachzeitschriften erstaunliche Missverständnisse.[7] Solche Vermittlungsschwierigkeiten der hiesigen Corporate Governance sind durchaus ernst zu nehmen. Sie können die Attraktivität finanzieller Engagements in Deutschland senken und damit letztlich die Kapitalkosten deutscher Unternehmen erhöhen.

3. Ordnungsfunktion

Neben seiner Kommunikationsfunktion hat der Kodex ferner die nicht weniger wichtige Aufgabe, zusätzlich zum (jeweils) geltenden Recht Standards guter und verantwortungsvoller Unternehmensführung zu setzen. Diese Ordnungsfunktion des Kodex zielt darauf ab, durch Aufnahme national und international bewährter Best Practices in das Regelwerk die Qualität der Corporate Governance deutscher Unternehmen (weiter) zu verbessern. Dabei lassen sich im Einzelnen hinsichtlich ihres Verhältnisses zu den gesetzlichen Vorschriften zwei Arten zusätzlicher Governancestandards unterscheiden. Die gesetzesausfüllenden Bestimmungen geben Empfehlungen oder Anregungen zur zweckmäßigen Ausübung von Optionen, die das Gesetz eröffnet. Ein Beispiel bildet die personelle Ausformung des Vorstands. Sofern nicht nach mitbestimmungsrechtlichen Vorschriften ein Arbeitsdirektor zu bestellen ist, besteht (gem. § 23 Abs. 2 Nr. 6 AktG für den Satzungsgeber) die Wahlmöglichkeit, einen Einmannvorstand oder aber einen mehrköpfigen Vorstand zu etablieren.[8] Mit Blick auf die typischerweise komplexen Anforderungen der Unternehmensleitung spricht der Kodex allerdings die Empfehlung aus, einen Vorstand zu bilden, der

---

[6] S. http://www.calpers-governance.org/principles/international/germany/page01.asp, Stand: 19.6. 2006, und http://www.calpers-governance.org/principles/international/germany/page04.asp, Stand: 19.6. 2006.

[7] Beispielsweise zitieren *Bradley* et al. noch 1999 in der angesehenen Zeitschrift Law and Contemporary Problems zur Zwecksetzung der AG trotz eigenen Hinweises auf die Aktienrechtsnovelle 1965 unter Berufung auf *Vagts*, Harvard Law Review 1966, das AktG 1937: „The managing board is, on its own responsibility, to manage the corporation for the good of the enterprise and its retinue (*Gefolgschaft*), the common weal of the folk (*Volk*) and realm demand (*Reich*)" (*Bradley* et al., Law and Contemporary Problems 1999, 52, Kursivierung im Original). Ganz ähnlich ferner z. B. auch *Fiss/Zajac*, ASQ 2004, 501ff.

[8] S. § 76 Abs. 2 AktG und zum Ausschluss dieser Option im Fall der qualifizierten Mitbestimmung *Hoffmann/Lehmann/Weinmann*, Mitbestimmungsgesetz, § 33 Rn. 22; *Fitting/Wlotzke/Wißmann*, MitbestG, § 30 Rn. 3; *Henssler* in Ulmer/Habersack/Henssler, Mitbestimmungsrecht, § 33 Rn. 2; *Raiser*, MitbestG, § 33 Rn. 6, sowie *Hüffer*, AktG, § 76 Rn. 24.

85 Im Unterschied zu den gesetzesausfüllenden Bestimmungen erstrecken sich die gesetzesergänzenden bzw. -konkretisierenden Standards guter Corporate Governance auf Gestaltungsfelder, für die das Recht keine (hinreichenden) Vorgaben macht. So enthält das Gesetz beispielsweise zahlreiche Vorschriften über die Rechte und Pflichten sowie die innere Ordnung des Aufsichtsrats. Ausgespart ist insoweit allerdings u. a. die (eigentlich nahe liegende) selbstorganisatorische Aufgabe des Überwachungsorgans, im Sinne eines Aufsichts-Controllings auch seine eigene Funktionsfähigkeit in bestimmten Abständen systematisch zu kontrollieren. Der Kodex nimmt daher eine Ergänzung des Rechts vor und empfiehlt dem Aufsichtsrat, die Effizienz seiner Tätigkeit regelmäßig zu überprüfen.[10]

4. Anpassungsfähigkeit des Kodex

86 Eine „Qualitätssicherung" der Corporate Governance durch Formulierung gesetzesausfüllender und gesetzesergänzender Standards guter Unternehmensführung im Rahmen eines Kodex bietet im Vergleich zur gesetzlichen Normierung entsprechender Führungsleitlinien den Vorteil einer beachtlichen Regelungsflexibilität. Zwar können durchaus auch gesetzliche Vorschriften – als dispositives Recht – den Unternehmen Wahlmöglichkeiten einräumen.[11] Der einem Kodex als Regelungsinstrument nicht selten bescheinigte Vorzug, Raum für unternehmensindividuell sachgerechte Lösungen zu geben,[12] lässt sich somit bei Lichte besehen durchaus auch mit rechtlichen Vorschriften verwirklichen, wenn und soweit diese vom Rechtsanwender abdingbar sind. Der spezifische Regulierungsnutzen eines Kodex liegt vielmehr in der ungleich flexibleren Anpassungsmöglichkeit an neue Erkenntnisse über Formen guter Corporate Governance. Verglichen mit der Schwerfälligkeit parlamentarischer Gesetzesänderungen erlaubt ein Kodex im Prinzip eine gleichsam kontinuierliche Weiterentwicklung seiner Standards.[13] Kodexbestimmungen können folglich deutlich besser mit der Dynamik globaler Governancetrends Schritt halten als gesetzlich verankerte Maximen der Unternehmensführung. Sie eignen sich damit auch besonders gut zur Feinsteuerung der Corporate Governance. Mit Hilfe von Kodexregeln lassen sich detailliertere Aspekte der Leitung und Überwachung adressieren, die – angesichts der relativen Starrheit von Rechtssätzen aus gutem Grund – im Gesetz keine Normierung erfahren haben und erfahren sollten. In diesem Sinne trägt ein Kodex zur Deregulierung bei, da und soweit auf weitere Gesetzesregelungen verzichtet werden kann. Inwiefern dieser (De-)Regulierungsweg allerdings auch tatsächlich erfolgreich ist und eine effektive Verbesserung der Führungsqualität bewirkt, hängt letztlich davon ab, dass die Kodexregeln von der Unternehmenspraxis angenommen und nur in wohlbegründeten Fällen durch (dann zweckmäßigere) unternehmensindividuelle Verfahrensweisen ersetzt werden.[14]

---

[9] S. Ziffer 4.2.1 Satz 1 und hierzu näher Rn. 662 ff.
[10] S. Ziffer 5.6 und hierzu näher Rn. 1152 ff.
[11] Vgl. exemplarisch nur die großen führungsorganisatorischen Gestaltungsspielräume bei der GmbH (s. § 45 GmbHG und hierzu *Schmidt* in Scholz, Kommentar zum GmbH-Gesetz, § 45; *Koppensteiner* in Rowedder/Schmidt-Leithoff, GmbHG, § 45; *Zöllner* in Baumbach/Hueck/Fastrich, GmbHG, § 45, sowie aus betriebswirtschaftlicher Sicht *v. Werder*, DBW 1987, 153 ff.).
[12] S. z. B. *Schneider*, DB 2000, 2416; *Hommelhoff*, ZGR 2001, 243; *Kallmeyer* in FS Peltzer, 2001, 211; *Baums*, Bericht, Rn. 7; *Seibert*, BB 2002, 581.
[13] Allerdings darf die Änderungsgeschwindigkeit der Kodexbestimmungen auch nicht zu groß sein. S. hierzu und zur vorgesehenen Kodexanpassung allgemein Rn. 1508.
[14] S. zur Abweichung von den fakultativen bzw. optionalen Kodexbestimmungen näher Rn. 545 ff., sowie zur bisherigen Akzeptanz des Kodex in der Praxis Rn. 1638 ff. Grundlagen zum Regulierungsgedanken *Littger*, Kodex.

I. Allgemeines zum Inhalt und Ziel des Kodex   87–89   **Präambel**

Die über die rechtlichen Vorschriften zur Leitung und Überwachung börsennotierter Gesellschaften hinausgehenden (gesetzesausfüllenden und gesetzesergänzenden) Governancestandards des Kodex bewegen sich auf der Grundlage der derzeit geltenden Gesetze. Nach dem Auftrag der Bundesjustizministerin war es nicht Aufgabe der Kodexkommission, den gegenwärtig geltenden Rechtsrahmen der Corporate Governance zu problematisieren und Reformvorschläge zu unterbreiten.[15] Infolgedessen enthält der Kodex keine Empfehlungen und Anregungen, die der derzeitigen Rechtslage zuwiderlaufen. Dies bedeutet nicht, dass die Kodexkommission insgesamt oder in Teilen nicht bestimmte Elemente des heute gültigen Rechtsrahmens für verbesserungswürdig hält.[16] Entsprechende Änderungen der gesetzlichen Rahmenbedingungen könnten somit durchaus – und gegebenenfalls im Verein mit diesbezüglichen zusätzlichen Kodexstandards – noch weiter zur Effizienzsteigerung der Unternehmensführung beitragen.

87

5. Transparenz und Flexibilität als Eckpunkte des Kodex

In konzeptioneller Hinsicht zeichnet sich der Kodex durch die beiden Grundkonstanten Transparenz und Flexibilität aus. Der Kodex sieht es danach als ein zentrales Element guter Corporate Governance an, die Aktivitäten des Unternehmens und namentlich die Modalitäten seiner Leitung und Überwachung für die Stakeholder so weit wie möglich transparent zu machen. Hintergrund der Betonung des Transparenzgedankens ist die Überlegung, dass nur durch eine offene Kommunikation mit den verschiedenen Bezugsgruppen das notwendige Vertrauen der Stakeholder hergestellt und gefestigt werden kann. Infolgedessen widmet der Kodex diesem Governanceaspekt einen eigenständigen Abschnitt,[17] dessen Bestimmungen von weiteren transparenzbezogenen Regelungen ergänzt werden.[18]

88

Die Flexibilität als zweiter Leitgedanke des Kodex soll verhindern, dass die betroffenen Gesellschaften in ein Korsett zu starrer Regelungen gezwungen werden. Die Gesellschaften sollen vielmehr die Möglichkeit erhalten, die Modalitäten der Corporate Governance auf ihre individuelle Situation hin zuzuschneiden und so unter Effizienzgesichtspunkten zu optimieren. Dieses Flexibilitätsziel wird schon dadurch erreicht, dass alle Empfehlungen und Anregungen des Kodex von den Gesellschaften – teils mit Erklärung (Empfehlungen), teils ohne Erklärung (Anregungen) – abgewählt werden können.[19] Lediglich diejenigen Kodexbestimmungen, die geltende Rechtsvorschriften rekapitulieren, sind für die Gesellschaften zwingend. Darüber hinaus enthält sich der Kodex in vielen Fällen auch detaillierterer Vorgaben, um die unternehmerischen Gestaltungsspielräume nicht zu stark einzuschränken. Um die Ordnungsfunktion des Kodex[20] zu erfüllen, muss diese Gestaltungsfreiheit allerdings

89

---

[15] S. zum Kommissionsauftrag näher Rn. 17 f.
[16] Ein Beispiel ist das Problem der gesetzlich vorgegebenen Größe vieler Aufsichtsräte, das durch Kodexbestimmungen – z. B. zur Ausschussbildung (s. Ziffer 5.3 und hierzu Rn. 975 ff.) und zu getrennten Vorbesprechungen der Anteilseigner- und der Arbeitnehmervertreter (s. Ziffer 3.6 und hierzu Rn. 403) – nur bedingt gelöst werden kann. Zu nennen ist ferner das gegenwärtige Regime der paritätischen Unternehmensmitbestimmung, das aufgrund erheblicher Governancefriktionen modernisiert werden sollte. S. hierzu näher *v. Werder* in Brandt/Picot, Unternehmenserfolg, 275 ff.; *v. Werder*, DBW 2004, 229; *v. Werder*, AG 2004, 166; sowie *Kirchner*, AG 2004, 197; *Säcker*, AG 2004, 180; *Schwalbach*, AG 2004, 186; *Schwark*, AG 2004, 173; *Windbichler*, AG 2004, 190, jeweils m. w. N.; *Neubürger* in Hommelhoff/Hopt/v. Werder, Handbuch CG, 177 ff.
[17] S. näher Rn. 1201 ff. zu Ziffer 6.
[18] Vgl. als Beispiel die gesetzliche Bestimmung zur Veröffentlichung der Vergütungen der Mitglieder von Vorstand (Ziffer 4.2.4, hierzu Rn. 767 ff.) und Aufsichtsrat (Ziffer 5.4.7 Abs. 3, hierzu Rn. 1102 ff.).
[19] S. zum Charakter der Empfehlungen und Anregungen näher Rn. 51 ff. und Rn. 1501 ff.
[20] S. hierzu Rn. 84.

von den Unternehmen im Sinne guter Corporate Governance genutzt werden. Erst die zukünftigen Erfahrungen mit der Anwendung des Kodex werden zeigen können, inwieweit die eingeräumte Flexibilität (z. B. aufgrund des Kapitalmarktdrucks[21]) die Governancequalität fördern bzw. an welchen Stellen eine Nachjustierung angebracht erscheint.[22]

6. Ausdehnung auf die Europäische Gesellschaft (SE)

89a   Seit Erlass des SE-Ausführungsgesetzes (SEAG) vom 22. Dezember 2004 kann in Deutschland als Rechtsform eines börsennotierten Unternehmens auch die Europäische Gesellschaft (SE) gewählt werden. Da der Kodex für alle börsennotierten deutschen Gesellschaften gilt, unterliegen somit auch börsennotierte SE seinen Bestimmungen. Nachdem die SE in Deutschland zunehmende praktische Verbreitung findet, hat die Regierungskommission auf ihrer Sitzung am 14. Juni 2007 den Text der Präambel entsprechend angepasst und im letzten Satz von Absatz 1 den Terminus *Aktiengesellschaft* durch *Gesellschaft* ersetzt. Ferner werden in den neu eingefügten Absätzen 4 und 5 der Präambel die Grundzüge des Führungssystems und der Mitbestimmung einer Europäischen Gesellschaft beschrieben.[23]

Der Kodex verdeutlicht die Rechte der Aktionäre, die der Gesellschaft das erforderliche Eigenkapital zur Verfügung stellen und das unternehmerische Risiko tragen.

II. Rechte der Aktionäre

90   Den Aktionären kommt in Fragen der Unternehmensverfassung eine besondere Bedeutung zu, da sie das notwendige Eigenkapital einbringen und Träger des unternehmerischen Risikos sind. Zwar leisten auch die übrigen Stakeholder wie Arbeitnehmer und Gläubiger wesentliche Beiträge zur Funktionsfähigkeit und Prosperität eines Unternehmens. Sie gehen zudem durch ihr Engagement gleichfalls Risiken ein wie Arbeitsplatzverlust und Forderungsausfall.[24] Gleichwohl haben die Anteilseigner als Eigentümer der Gesellschaft eine herausgehobene Stellung.[25] Infolgedessen ist die Verdeutlichung der wesentlichen gesetzlichen Rechte der Aktionäre und die Stärkung ihrer Position durch zusätzliche Leitlinien für den Umgang mit den Anteilseignern ein zentrales Anliegen des Kodex. Es kommt darin zum Ausdruck, dass die Aktionärsrechte an prominenter Stelle – direkt nach der Präambel – erläutert und durch eine Reihe eigenständiger Kodexregeln ergänzt werden.[26]

Deutschen Aktiengesellschaften ist ein duales Führungssystem gesetzlich vorgegeben.

---

[21] S. hierzu Rn. 84.
[22] S. hierzu Rn. 86.
[23] Siehe hierzu Rn. 110a f.
[24] S. z. B. *Cornell/Shapiro*, Financial Management 1987 Heft 1, 6 f.; *Furubotn*, Journal of Business 1988, 167; *Speckbacher*, DBW 1997, 633 f.; *Blair*, Long Range Planning 1998, 196; *Lawler* et al., Sloan Management Review 2002, Heft 2, 93; *v. Werder* in Hommelhoff/Hopt/v. Werder, Handbuch CG, 9 f.
[25] S. hierzu auch Rn. 202 ff.
[26] S. näher Rn. 202 ff.

III. Das duale Führungssystem der deutschen Aktiengesellschaft

Das Deutsche System der Corporate Governance weist im internationalen Vergleich gewisse Besonderheiten auf und wird daher in der Präambel in seinen Grundzügen vorgestellt. Im Mittelpunkt stehen dabei die Grundstruktur der Führungsorganisation, die prinzipiellen Rollen von Vorstand und Aufsichtsrat sowie die Kernbestimmungen der unternehmerischen Mitbestimmung.

Die aktienrechtliche Unternehmensverfassung sieht mit dem Vorstand und dem Aufsichtsrat zwei Organe für die Unternehmensführung vor. Dieses dualistische Modell (Two-Tier-System) folgt dem Gedanken der organisatorischen Trennung von Leitung und Überwachung und entspricht damit dem Konzept der Fremdkontrolle. Das Trennungsprinzip wird noch dadurch unterstrichen, dass Mitglieder des Aufsichtsrats (außer vorübergehend in den Fällen des § 105 Abs. 2 AktG) nicht zugleich Vorstandsmitglieder der Gesellschaft sein dürfen (§ 105 Abs. 1 AktG). Es lässt sich somit auch nicht faktisch durch eine partielle oder gar vollständige Personalunion zwischen Leitungs- und Überwachungsorgan aufheben.

Die Führungsorganisation der AG unterscheidet sich durch ihre strukturelle Ausdifferenzierung vom Board-System, das vor allem für die Verfassung angelsächsischer Unternehmen charakteristisch ist. Bei dieser monistischen Lösung ist ein einziges Organ – der Board of Directors – sowohl für die Leitung als auch für die Überwachung der Gesellschaft zuständig. Sofern organintern keine Aufteilung dieser beiden Führungsfunktionen erfolgt, findet somit das Prinzip der Selbstkontrolle Anwendung. Der Gedanke der Gewaltenteilung ist dann nur schwach ausgeprägt.[27] In der Praxis setzt sich allerdings – durch die Unterscheidung von Inside Directors und Outside Directors (Non-Executives) – zunehmend auch beim monistischen Modell eine gewisse institutionelle Trennung von Leitungs- und Überwachungsaufgaben im Board durch.[28] Die strukturell vorgezeichneten Gegensätze zwischen der deutschen dualistischen Lösung und der Board-Verfassung nehmen hierdurch de facto ab.[29]

Der Vorstand leitet das Unternehmen in eigener Verantwortung.

IV. Leitungsfunktion des Vorstands

Diese Bestimmung entspricht nahezu wörtlich der „Stellenbeschreibung" des Vorstands in § 76 Abs. 1 AktG. Der Vorstand ist danach als Leitungsorgan das unternehmerische Initiativzentrum der Gesellschaft, das – im Rahmen der Grundlagenentscheidungen der Aktionäre[30] sowie der Abstimmung mit dem Aufsichtsrat[31] – weisungsfrei den Kurs der Unternehmensaktivitäten bestimmt und für die Umsetzung seiner Richtungsvorgaben Sorge zu tragen hat. Im Einzelnen zählen zu den wesentlichen Aufgaben des Vorstands die Konkretisierung der Unternehmensziele und die Festlegung der Strategien, mit denen diese Ziele erreicht werden sollen. Darüber hinaus muss der Vorstand durch die Etablierung einer zweckmäßigen Infrastruktur aus Management-

---

[27] S. zum Effizienzvergleich zwischen dem dualistischen und dem monistischen Verfassungssystem näher Rn. 111 ff.
[28] S. m. N. eingehender Rn. 111.
[29] Zu den faktischen Konvergenztendenzen zwischen der dualistischen und der monistischen Verfassung ausführlich Rn. 111.
[30] Hierzu näher Rn. 605.
[31] S. eingehend Rn. 611 ff.

instrumenten wie Organisations-, Planungs- und Kontrollsystemen dafür sorgen, dass die Entwicklung und Implementierung seiner unternehmenspolitischen Vorstellungen unterstützt werden. Nicht zuletzt gehört es auch zu den Kernaufgaben des Vorstands als Spitzeneinheit der Unternehmenshierarchie, diejenigen Einzelentscheidungen zu treffen, die aufgrund ihrer Tragweite nicht delegiert werden können, die nachgelagerte Führungsebene zu überwachen und das Unternehmen nach außen zu repräsentieren.[32]

Die Mitglieder des Vorstands tragen gemeinsam die Verantwortung für die Unternehmensleitung. Der Vorstandsvorsitzende koordiniert die Arbeit der Vorstandsmitglieder.

V. Verantwortung des Vorstands

1. Organisation des Vorstands

95   Mit dieser Kodexpassage werden die grundlegenden gesetzlichen Organisationsprinzipien für einen mehrköpfigen Vorstand angesprochen. Sie zählen zu den charakteristischen Merkmalen des deutschen Corporate Governance-Systems. Sofern der Vorstand – wie vom Kodex in Ziffer 4.2.1 Satz 1 empfohlen – aus mehreren Personen besteht, gilt nach § 77 Abs. 1 AktG das Kollegialprinzip.[33] Dieses Prinzip existiert in einer strengen und einer abgemilderten Variante. Falls die Satzung oder die Geschäftsordnung des Vorstands nichts Abweichendes bestimmen, greift der Grundsatz der Gesamtgeschäftsführung ein (§ 77 Abs. 1 Satz 1 AktG), der die strenge Variante des Kollegialprinzips repräsentiert. Danach sind sämtliche Mitglieder eines multipersonalen Vorstands nur gemeinschaftlich zur Geschäftsführung befugt. In der Satzung oder der Vorstandsgeschäftsordnung kann von diesem Grundsatz allerdings abgewichen werden, wobei vielfältige Gestaltungsoptionen offenstehen.[34] Hierzu zählt u. a. auch die Einräumung von Einzelgeschäftsführungsbefugnissen, die es den einzelnen Vorstandsmitgliedern erlauben, jeweils allein Geschäftsführungsmaßnahmen vorzunehmen. Bei der Festlegung solcher Kompetenzen sind allerdings bestimmte Grenzen der individuellen Handlungsautonomie der Vorstandsmitglieder einzuhalten, in denen sich das abgemilderte Kollegialprinzip niederschlägt. Zum einen darf nach § 77 Abs. 1 Satz 2 2. Halbsatz AktG nicht bestimmt werden, dass ein oder mehrere Vorstandsmitglieder Meinungsverschiedenheiten im Vorstand gegen die Mehrheit seiner Mitglieder entscheiden. Mit dieser Formulierung wird insbesondere eine direktoriale Leitung der AG durch eines der Vorstandsmitglieder (namentlich den Vorstandsvorsitzenden) nach dem Modell des Chief Executive Officer (CEO) angelsächsischer Prägung ausgeschlossen (s. auch die sogleich folgende Rn. 96). Zum anderen ist zu beachten, dass die sog. organschaftlichen Mindestzuständigkeiten nicht auf einzelne Vorstandsmitglieder übertragen werden dürfen, sondern zwingend dem Gesamtvorstand vorbehalten sind.[35] Diese

---

[32] S. zu den Kernaufgaben des Vorstands näher Rn. 601 ff. sowie auch *v. Werder*, ZfbF 1996, Sonderheft 36, 43 ff. m. w. N.

[33] S. hierzu und zum Folgenden *Hefermehl/Spindler* in MünchKommAktG, § 77 Rn. 2; *Mertens* in Kölner Kommentar, § 77 Rn. 7; *Bezzenberger*, ZGR 1996, 666; *Henn*, Handbuch, § 18 Rn. 574; *Hoffmann-Becking*, ZGR 1998, 506 ff.; *Wiesner* in Hoffmann-Becking, Münch. Hdb. GesR IV, 1999, § 22 Rn. 3; *Hüffer*, AktG, § 77 Rn. 6, sowie auch *v. Werder*, DB 1987, 2268.

[34] S. § 77 Abs. 1 Satz 2 AktG und zu Einzelheiten *Hüffer*, AktG, § 77 Rn. 9 ff.; *Wiesner* in Hoffmann-Becking, Münch. Hdb. GesR IV, 1999, § 22 Rn. 5.

[35] S. *Frels*, Zuständigkeit der Organe, 192; *Frels*, ZHR 1959, 24 ff.; *Hefermehl/Spindler* in MünchKommAktG, § 77 Rn. 22, sowie *Hüffer*, AktG, § 77 Rn. 17.

V. Verantwortung des Vorstands

Mindestzuständigkeiten umfassen u. a. auch die Aufgaben der Unternehmensleitung, wie sie in Rn. 94 umrissen worden sind.[36]

Die gemeinsame Verantwortung aller Mitglieder des Vorstands für die Leitung des Unternehmens bedeutet damit einerseits, dass der Gesamtvorstand die Geschicke der Gesellschaft prägen muss und einzelne Vorstandsmitglieder z. B. nicht von strategischen Entscheidungen ausgeschlossen werden dürfen. Auf der anderen Seite ist allerdings – bei Wahrung der Mindestzuständigkeiten des Gesamtvorstands – durchaus auch unter Geltung des aktienrechtlichen Kollegialprinzips eine sinnvolle Arbeitsteilung im Vorstand möglich und zulässig. Zu denken ist insbesondere an die Übertragung der Leitung der verschiedenen Unternehmensbereiche auf die einzelnen Vorstände nach dem Ressort-Modell der Vorstandsorganisation.[37] Bei dieser Organisationslösung führen die einzelnen Vorstandsmitglieder ihre Ressorts – in den durch die Vorgaben des Gesamtvorstands gezogenen Grenzen – im Prinzip unabhängig voneinander. Solche Formen der Geschäftsverteilung haben bei entsprechender Verankerung in der Satzung, in der Geschäftsordnung des Vorstands oder in den Anstellungsverträgen der Vorstandsmitglieder nicht zuletzt auch Veränderungen der Haftungssituation der Vorstände zur Folge. Während jeweils das ressortleitende Vorstandsmitglied für seine Führungsmaßnahme die volle Entscheidungsverantwortung trägt, trifft die übrigen Mitglieder des Vorstands insoweit nur noch eine abgeschwächtere Überwachungsverantwortung.[38] Das Kollegialprinzip bedeutet somit bei entsprechenden Kompetenzabgrenzungen – was in der aktuellen Diskussion gelegentlich übersehen wird – keineswegs, dass alle Vorstandsmitglieder alles (in gleicher Intensität) verantworten, was im Vorstand geschieht.

2. Vorsitzender und Sprecher des Vorstands

Falls der Vorstand aus mehreren Personen besteht, ist die Berufung eines Vorsitzenden oder Sprechers des Vorstands empfehlenswert.[39] Während ein Vorstandsvorsitzender vom Aufsichtsrat ernannt werden muss,[40] erfolgt die Berufung zum Sprecher (faktisch zumeist) durch den Vorstand selbst, indem die Vorstandsmitglieder aus ihrem Kreis einen Sprecher wählen.[41] Die Entscheidung für einen Vorsitzenden oder einen Sprecher wird oft von Branchengepflogenheiten[42] und Unternehmenstraditionen bestimmt, hat allerdings auch Konsequenzen für die Befugnisse der betreffenden Personen. Während der Vorstandssprecher aus rechtlicher Sicht eher administrative Funktionen wie etwa die Sit-

---

[36] S. *Hüffer*, AktG, § 77 Rn. 17; *Dose*, Rechtsstellung, 62 f.; *Hefermehl/Spindler* in MünchKommAktG, § 77 Rn. 2. Vgl. zum Ganzen die in Fn. 34 Genannten sowie *Mertens* in Kölner Kommentar, § 77 Rn. 13; *Dose*, Rechtsstellung, 61 ff.; *v. Werder*, Organisationsstruktur und Rechtsnorm, 215 ff. Die entscheidungsvorbereitenden Aufgaben können allerdings auf einzelne Vorstandsmitglieder übertragen werden, vgl. nur *Hefermehl/Spindler* in MünchKommAktG, § 77 Rn. 22, und *Semler*, Überwachungsaufgabe, 16.

[37] Vgl. *Hefermehl/Spindler* in MünchKommAktG, § 77 Rn. 16; *Mertens* in Kölner Kommentar, § 77 Rn. 15 ff.; *Hoffmann-Becking*, ZGR 1998, 499 u. 509; *Wiesner* in Hoffmann-Becking, Münch. Hdb. GesR IV, 1999, § 22 Rn. 12 ff.; *Hüffer*, AktG, § 77 Rn. 10; *v. Werder*, Führungsorganisation, 169 ff.; sowie *v. Werder*, DB 1987, 2267.

[38] Vgl. näher *Hefermehl/Spindler* in MünchKommAktG, § 93 Rn. 26; *Mertens* in Kölner Kommentar, § 93 Rn. 20, sowie *v. Werder*, DB 1987, 2271.

[39] S. Ziffer 4.2.1 des Kodex und hierzu Rn. 662 ff.

[40] Nach § 84 Abs. 2 AktG „kann" der Aufsichtsrat bei mehreren Vorstandsmitgliedern einen Vorsitzenden des Vorstands ernennen. Nach Ziffer 4.2.1 des Kodex ist es Ausdruck guter Corporate Governance, wenn der Aufsichtsrat von dieser gesetzlichen Option Gebrauch macht.

[41] Vgl. *Mertens* in Kölner Kommentar, § 84 Rn. 45 und 89; *Hoffmann-Becking*, ZGR 1998, 517; *Wiesner* in Hoffmann-Becking, Münch. Hdb. GesR IV, 1999, § 24 Rn. 4; *Hüffer*, AktG, § 84 Rn. 22.

[42] So ist in manchen Branchen eher eine Berufung zum Vorstandssprecher üblich (z. B. bei den Banken, vgl. *Henn*, Handbuch, § 18 Rn. 532), während in anderen Wirtschaftszweigen der Vorstandsvorsitzende bevorzugt wird (z. B. in der Automobil- und in der Chemieindustrie).

zungsleitung wahrnimmt und darüber hinaus auch durchaus die Federführung bei der Interaktion mit dem Aufsichtsrat und der Repräsentation übernehmen kann, ist der Vorstandsvorsitzende zusätzlich vor allem für die Koordination der Vorstandsressorts und in verstärktem Maße für die vorstandsinterne Überwachung zuständig.[43] Im Folgenden wird zur Vereinfachung nur noch vom Vorsitzenden gesprochen.

98 Der Vorstandsvorsitzende hat im Kreis aller Mitglieder des Vorstands ohne Zweifel eine herausgehobene Stellung, die weit über die (für sich schon nicht unwichtige) Funktion der Vorbereitung und Leitung der Vorstandssitzungen hinausgeht.[44] Er darf – und wird in der Praxis häufig – die strategische Initiative im Unternehmen ergreifen, die Abstimmung zwischen den verschiedenen Vorstandsressorts moderieren und die Gesellschaft gegenüber ihren Bezugsgruppen (einschließlich der Öffentlichkeit) als oberster Repräsentant vertreten. Aufgrund des aktienrechtlichen Kollegialprinzips kommt dem Vorsitzenden des Vorstands allerdings aus Rechtsgründen nicht die starke Position zu, wie sie der nach AktG 1937 noch zulässige Generaldirektor einnahm[45] und der CEO angelsächsischer Unternehmen heute innehat.[46] Die nicht seltene Umschreibung seiner Rolle als „Primus inter Pares"[47] mag zwar etwas zurückhaltend sein und den (rechtlich noch zulässigen) tatsächlichen Einfluss gerade starker Persönlichkeiten im Amt des Vorstandsvorsitzenden nicht vollumfänglich treffen. Eindeutig lässt sich aber mit Blick auf § 77 Abs. 1 Satz 2 2. Halbsatz AktG zumindest festhalten, dass der Vorsitzende weder mit anderen Vorstandskollegen noch gar allein gegen die Mehrheit im Vorstand entscheiden darf [48] und auch kein Weisungsrecht gegenüber den einzelnen Vorstandsmitgliedern hat.[49] Der Machtfülle des Vorstandsvorsitzenden sind somit in der korrekt geführten Gesellschaft durchaus „handfeste" gesetzliche Grenzen gesetzt, die ihre Begründung letztlich wiederum im Gedanken der Checks and Balances finden.[50]

Der Aufsichtsrat bestellt, überwacht und berät den Vorstand und ist in Entscheidungen, die von grundlegender Bedeutung für das Unternehmen sind, unmittelbar eingebunden. Der Aufsichtsratsvorsitzende koordiniert die Arbeit im Aufsichtsrat.

---

[43] Vgl. z. B. *Henn*, Handbuch, § 18 Rn. 532 u. 543; *Hoffmann-Becking*, ZGR 1998, 517; *Wiesner* in Hoffmann-Becking, Münch. Hdb. GesR IV, 1999, § 24 Rn. 4; *Hüffer*, AktG, § 84 Rn. 22.

[44] S. zum Vorstandsvorsitzenden näher *Vogel*, Aktienrecht, 99 ff.; *Krieger*, Personalentscheidungen, 243 ff.; *Bezzenberger*, ZGR 1996, 661; *Hoffmann-Becking*, ZGR 1998, 517 f.; *Hoffmann-Becking*, NZG 2003, 745 ff.; *Bernhardt/Witt*, ZfB 1999, 830 f.; *Wiesner* in Hoffmann-Becking, Münch. Hdb. GesR IV, 1999, § 24 Rn. 1 ff.

[45] Vgl. hierzu *Krieger*, Personalentscheidungen, 244, 246 f.; *Bezzenberger*, ZGR 1996, 661; *Henn*, Handbuch, § 18 Rn. 537 u. 574.

[46] *Frühauf*, ZGR 1998, 410. Zum CEO *Daily/Johnson*, Journal of Management 1997, 97; *Nadler/Heilpern* in Hambrick/Nadler/Tushman, CEO, 1998, 3.

[47] So z. B. *Krieger*, Personalentscheidungen, 247 f.; *Mertens* in Kölner Kommentar, § 77 Rn. 17; *Berliner Initiativkreis German Code of Corporate Governance*, DB 2000, 1576; *Peltzer/v. Werder*, AG 2001, 3.

[48] Der Vorstandsvorsitzende darf allenfalls ein Zweitstimmrecht haben, um Pattsituationen aufzulösen (s. *Hefermehl/Spindler* in MünchKommAktG, § 77 Rn. 8; *Säcker*, DB 1977, 1999 Fn. 52; *Mertens* in Kölner Kommentar, § 77 Rn. 9 und § 84 Rn. 90; *Bezzenberger*, ZGR 1996, 669 f.; *Henn*, Handbuch, § 18 Rn. 574; *Hoffmann-Becking*, ZGR 1998, 518; *Wiesner* in Hoffmann-Becking, Münch. Hdb. GesR IV, 1999, § 22 Rn. 9; *Hüffer*, AktG, § 77 Rn. 11 und § 84 Rn. 21). Dies gilt allerdings nach ganz h. M. nicht im Fall des zweiköpfigen Vorstands, s. *Säcker*, DB 1977, 1999 Fn. 52; *Hefermehl/Spindler* in MünchKommAktG, § 77 Rn. 8; OLG Hamburg, AG 1985, 251 f.; *Mertens* in Kölner Kommentar, § 77 Rn. 9; *Bezzenberger*, ZGR 1996, 670 Fn. 38; *Henn*, Handbuch, § 18 Rn. 574; *Wiesner* in Hoffmann-Becking, Münch. Hdb. GesR IV, 1999, § 22 Rn. 9; *Hüffer*, AktG, § 77 Rn. 11. A. A. *Priester*, AG 1984, 253 ff.

[49] S. speziell zur fehlenden Weisungsbefugnis *v. Werder*, DB 1987, 2266; *Mertens* in Kölner Kommentar, § 77 Rn. 17; *Bezzenberger*, ZGR 1996, 662 f.; *Hoffmann-Becking*, ZGR 1998, 514 f.; *Bernhardt/v. Werder*, ZfB 2000, 1273.

[50] S. hierzu auch noch Rn. 100 f.

VI. Der Aufsichtsrat

1. Bestellung des Vorstands

Der Aufsichtsrat als zweites Organ der Unternehmensführung hat drei wesentliche Funktionen.[51] Zu seinen vornehmsten Aufgaben gehört die personelle Besetzung des Vorstands durch Bestellung neuer Mitglieder (§ 84 Abs. 1 Satz 1 AktG), durch Vertragsverlängerungen (§ 84 Abs. 1 Sätze 2–5 AktG) und auch durch eventuelle Abberufungen leistungsschwacher Vorstandsmitglieder (§ 84 Abs. 3 AktG). In Anbetracht des großen Einflusses des Vorstands auf die Geschicke des Unternehmens[52] kann die Bedeutung einer optimalen Qualifikation der Vorstandsmitglieder kaum überschätzt werden. Eine exzellente Leitung der AG lässt sich letztlich nicht vom Überwachungsorgan in das Unternehmen „hineinprüfen",[53] so dass in den Entscheidungen zur Vorstandsbesetzung ein zentraler Schlüssel des Unternehmenserfolgs liegt. Der Aufsichtsrat muss daher seiner Personalkompetenz besondere Aufmerksamkeit widmen und aktiv für eine systematische (Vorstands-)Personalentwicklung sorgen. Dabei kann (und soll) er durchaus den Vorstand einbinden, muss aber zu jeder Zeit Herr des Verfahrens bleiben.[54] Eine faktische Kooptation neuer Mitglieder durch den Vorstand oder gar allein durch dessen Vorsitzenden entspricht weder dem Gesetz noch guter Corporate Governance.

2. Überwachung des Vorstands

Während Maßnahmen zur Vorstandsbesetzung – von der Personalplanung abgesehen – eher diskontinuierlich zu treffen sind, markiert die Überwachungsaufgabe (§ 111 Abs. 1 AktG) die laufende Grundfunktion des Aufsichtsrats. Ihre wirkungsvolle Erfüllung erfordert auf der einen Seite eine ausreichende Informationsversorgung, deren Sicherstellung – wie der Kodex zu Recht in Ziffer 3.4 Abs. 1 hervorhebt – gemeinsame Aufgabe von Vorstand und Aufsichtsrat ist. Andererseits ist eine intensive Auseinandersetzung jedes einzelnen Organmitglieds mit den erhaltenen und gegebenenfalls zusätzlich eingeholten Informationen notwendig.

Die Aufsicht über den Vorstand ist aktienrechtlich sowohl vergangenheits- als auch zukunftsorientiert konzipiert.[55] Im Zuge der (vergangenheitsbezogenen) ex post-Kontrolle wird die tatsächliche Entwicklung der Unternehmensaktivitäten periodisch anhand der wesentlichen betriebswirtschaftlichen Kenngrößen analysiert und den entsprechenden (früheren) Plänen gegenübergestellt, um eventuelle Soll-Ist-Abweichungen zu erkennen[56] und gegebenenfalls Gegenmaßnahmen zu veranlassen. Die (zukunftsbezogene) ex ante-Kontrolle hingegen dient der (ebenfalls periodischen)

---

[51] S. im Einzelnen Kodexabschnitt 5 und hierzu Rn. 900 ff.
[52] S. Rn. 94.
[53] *v. Werder* in v. Werder, GCCG, 2001, 15.
[54] S. auch Ziffer 5.1.2 Abs. 1 Satz 2 und 3 des Kodex (hierzu Rn. 932 ff.) sowie auch die ausführlicheren diesbezüglichen Verfahrensvorschläge des Berliner Entwurfs (Abschn. II.1.1.–1.11. GCCG).
[55] Vgl. hierzu auch *Frerk*, AG 1995, 212; *Götz*, AG 1995, 350; *Theisen*, Information, 154; *Malik*, Unternehmensaufsicht, 155 f.; *Wagner*, Aufsichtsgremien, 71; *Hoffmann/Preu*, Aufsichtsrat, 2; *Hoffmann-Becking* in Hoffmann-Becking, Münch. Hdb. GesR IV, 1999, 321; *v. Schenck* in Semler/v. Schenck, AR Hdb., 2004, 333; *Henze*, BB 2000, 213 f.; *Scheffler*, DB 2000, 435; *Berrar*, DB 2001, 2181; *Raiser/Veil*, Kapitalgesellschaften, 177 f.; *Hüffer*, AktG, § 111 Rn. 5.
[56] Ganz in diesem Sinne hat das TransPuG auch die explizite Berichtspflichten des Vorstands erweitert durch § 90 Abs. 1 Satz 1 Nr. 1 AktG, „wobei auf Abweichungen der tatsächlichen Entwicklungen von früher berichteten Zielen unter Angabe von Gründen einzugehen ist" (s. Art. 1 Nr. 5 a aa TransPuG).

Überprüfung der Tragfähigkeit der gegenwärtigen Pläne des Vorstands. Sie stellt damit konzeptionell den Übergang zur Beratungsfunktion als dritter Kernaufgabe des Aufsichtsrats her.[57]

3. Beratung des Vorstands

102 Die Beratung des Vorstands durch den Aufsichtsrat wird in der Literatur seit jeher besonders intensiv diskutiert, da sie eine gewisse Ambivalenz beinhaltet.[58] Einerseits droht die Gefahr einer Rollenverwischung zwischen Leitungs- und Überwachungsorgan. Je intensiver die Beratung erfolgt, desto stärker nimmt der Aufsichtsrat de facto an der unternehmerischen Führung der Gesellschaft teil. Hinzu kommt, dass die im Rahmen der ex post-Kontrolle erforderliche kritische Distanz des Aufsichtsrats gegenüber (dem tatsächlich eingetretenen Erfolg von) Maßnahmen verloren gehen kann, die er einst mitgetragen hat. Diesen Friktionen mit dem Trennungsprinzip steht auf der anderen Seite die Chance gegenüber, den im Aufsichtsrat versammelten Sachverstand im Interesse des Unternehmenserfolgs auch für die (Beurteilung der) geplanten Aktionen des Vorstands auszuschöpfen. Dieser Vorteil für die fundierte Vorbereitung von Leitungsmaßnahmen hat erhebliches Gewicht und lässt sich ohne zu große Beeinträchtigungen des Prinzips der Gewaltenteilung nutzen, wenn der Aufsichtsrat sich strikt auf die Rolle eines Diskussionspartners beschränkt, der die Plausibilität der Planungen sowie die Chancen und Risiken konkreter Vorhaben des Vorstands kritisch hinterfragt, aber keine eigenen unternehmerischen Initiativen entwickelt. Vor diesem Hintergrund wird heute ganz überwiegend dafür plädiert, dass der Aufsichtsrat im Sinne eines „Sounding Board"[59] seine Beratungsfunktion intensiver als bisher wahrnehmen soll.[60]

4. Zustimmungspflichtige Geschäfte

103 Die Einbindung des Aufsichtsrats in den Meinungsbildungsprozess über geplante unternehmerische Maßnahmen geht über die „unverbindliche" Beratung hinaus, wenn es sich um Vorhaben handelt, die von grundlegender Bedeutung für das Unternehmen sind. Nach dem durch das TransPuG geänderten § 111 Abs. 4 Satz 2 AktG haben die Satzung oder der Aufsichtsrat für solche grundlegenden Geschäfte einen Zustimmungsvorbehalt des Überwachungsorgans festzulegen.[61] Eine Legaldefinition des Katalogs zustimmungspflichtiger Geschäfte gibt es allerdings auch in Zukunft nicht.[62] Nach den Vorstellungen des Kodex gehören hierzu Entscheidungen oder Maßnahmen, welche die Vermögens-, Finanz- oder Ertragslage des Unternehmens grundlegend verändern.[63]

---

[57] Vgl. zur Deutung der Beratung als ex ante-Kontrolle auch *Lutter/Krieger*, Rechte und Pflichten, 36 ff.; *Pfannschmidt*, Verflechtungen, 33; *Boujong*, AG 1995, 203 f.; *Frerk*, AG 1995, 212; *Lutter*, ZHR 1995, 291 f.; *Scheffler*, AG 1995, 208; *Mertens* in Kölner Kommentar, § 111 Rn. 11, 34; *Henn*, Handbuch, 328; *Hoffmann/Preu*, Aufsichtsrat, 9; v. *Schenck* in Semler/v. Schenck, AR Hdb., 333; *Semler* in Semler/v. Schenck, AR Hdb., 48; *Siebel* in Semler/v. Schenck, AR Hdb., 185; *Scheffler*, DB 2000, 435; *Berrar*, DB 2001, 2182, sowie aus betriebswirtschaftlicher Sicht auch schon *Gutenberg*, ZfB 1970, Ergänzungsheft, 1 ff.

[58] Vgl. aus der Diskussion bereits *Gutenberg*, ZfB 1970 Ergänzungsheft sowie *Semler* in MünchKommAktG, § 111 Rn. 246 ff.; *Theisen*, Überwachung, 20 f.; *Lutter/Krieger*, Rechte, 36 ff.; *Pfannschmidt*, Verflechtungen, 34; *Rellermeyer*, ZGR 1993, 85; *Theisen*, AG 1995, 199 f.; *Theisen*, Information, 150 ff.; *Siebel* in Semler/v. Schenck, AR Hdb., 185 f.; *Berrar*, DB 2001, 2182; *Hüffer*, AktG, § 111 Rn. 5.

[59] Hierzu *Bleicher*, ZfbF 1988, 935; *Bernhardt/v. Werder*, ZfB 2000, 1274; v. *Werder* in v. Werder, GCCG, 2001, 17.

[60] Vgl. z. B. *Hommelhoff/Mattheus*, AG 1998, 253; *Scheffler*, DB 2000, 435; *Schneider*, ZIP 2002, 875.

[61] S. Art. 1 Nr. 9 TransPuG.

[62] Zu den Gründen RegBegr zu Art. 1 Nr. 9 TransPuG.

[63] S. Ziffer 3.3 Satz 2 und hierzu Rn. 369 ff. sowie zu konkreten Beispielen auch Abschnitt II.3.4. GCCG.

Mit Blick auf die Kompetenzordnung zwischen Vorstand und Aufsichtsrat ist zu beachten, dass auch die Zustimmungspflicht letztlich nur der ex ante-Kontrolle dient.[64] Der Aufsichtsrat hat demzufolge lediglich ein Vetorecht und darf abgelehnte Vorschläge des Vorstands nicht durch eigene Maßnahmenpläne ersetzen.[65] Das Überwachungsorgan wird somit auch durch seine Einbindung in die grundlegenden Entscheidungen nicht zu einer Art „Ober-Vorstand".[66]

5. Vorsitzender des Aufsichtsrats

104 Der Aufsichtsrat muss gem. § 107 Abs. 1 Satz 1 AktG nach näherer Bestimmung der Satzung aus seiner Mitte einen Vorsitzenden (sowie mindestens einen Stellvertreter) wählen.[67] Der Aufsichtsratsvorsitzende hat zunächst die üblichen Befugnisse des Leiters eines Gremiums. Neben der Vorbereitung und Leitung der Sitzungen des Gesamtaufsichtsrats gehört hierzu beispielsweise auch die Koordination der Arbeit der Aufsichtsratsausschüsse.[68] Darüber hinaus hat der Vorsitzende des Aufsichtsrats in zweierlei Hinsicht besondere Bedeutung. Zum einen personifiziert er die (primäre) Schnittstelle zwischen dem Überwachungs- und dem Leitungsorgan. Der Aufsichtsratsvorsitzende soll mit dem Vorstand, insbesondere mit dessen Vorsitzenden bzw. Sprecher, regelmäßig Kontakt halten und mit ihm die Strategie, die Geschäftsentwicklung und das Risikomanagement des Unternehmens beraten.[69] Zum anderen hat der Vorsitzende des Aufsichtsrats – wie in Rn. 107 ff. näher ausgeführt wird – eine wichtige Position im Rahmen der Mitbestimmung. In paritätisch mitbestimmten Aufsichtsräten verfügt er über ein Zweitstimmrecht, mit dem eventuelle Pattsituationen zwischen den Vertretern der Anteilseigner und der Arbeitnehmer aufgelöst werden können.

Die Mitglieder des Aufsichtsrats werden von den Aktionären in der Hauptversammlung gewählt. Bei Unternehmen mit mehr als 500 bzw. 2000 Arbeitnehmern im Inland sind auch die Arbeitnehmer im Aufsichtsrat vertreten, der sich dann zu einem Drittel bzw. zur Hälfte aus von den Arbeitnehmern gewählten Vertretern zusammensetzt. Bei Unternehmen mit mehr als 2000 Arbeitnehmern hat der Aufsichtsratsvorsitzende, der praktisch immer ein Vertreter der Anteilseigner ist, ein die Beschlussfassung entscheidendes Zweitstimmrecht. Die von den Aktionären gewählten Anteilseignervertreter und die Arbeitnehmervertreter sind gleichermaßen dem Unternehmensinteresse verpflichtet.

VII. Wahl und Zusammensetzung des Aufsichtsrats

1. System der Mitbestimmung

105 Die Mitbestimmung der Arbeitnehmer ist ein charakteristisches Merkmal der deutschen Unternehmensverfassung, das in ausländischen Governancesystemen oft keine

---

[64] So auch *Geßler* in Geßler et al., AktG, § 111 Rn. 62; *Hüffer*, AktG, § 111 Rn. 16; *Mertens* in Kölner Kommentar, § 111 Rn. 66; *Kropff* in Semler/v. Schenck, AR Hdb., 356.
[65] Vgl. *Hoffmann-Becking* in Hoffmann-Becking, Münch. Hdb. GesR IV, 1999, § 29 Rn. 37 ff.; *Kropff* in Semler/v. Schenck, AR Hdb., 356.
[66] S. ferner auch Rn. 351.
[67] S. zum Aufsichtsratsvorsitzenden eingehender Rn. 960 ff.
[68] Vgl. auch *Hoffmann-Becking* in Hoffmann-Becking, Münch. Hdb. GesR IV, 1999, § 31 Rn. 15; *Mertens* in Kölner Kommentar, § 107 Rn. 35; *Potthoff/Trescher/Theisen*, Aufsichtsratsmitglied, 263; anders *Siebel* in Semler/v. Schenck, AR Hdb., 80.
[69] So eine der Empfehlungen des Kodex zum Aufsichtsratsvorsitzenden, s. Ziffer 5.2 Abs. 3 Satz 1 und hierzu Rn. 960 ff.

Entsprechung findet.[70] Die Vermittlung der Grundzüge der deutschen Mitbestimmung ist daher unter dem Aspekt der Kommunikationsfunktion (Rn. 83) eine wichtige Aufgabe des Kodex. Infolgedessen werden zunächst in der Präambel die gesetzlichen Eckpunkte der unternehmerischen Mitbestimmung skizziert, bei der (auch) die Arbeitnehmer im Aufsichtsrat vertreten sind und damit an allen Kompetenzen dieses Organs teilhaben. Daneben findet sich im Kodexabschnitt zum Zusammenwirken von Vorstand und Aufsichtsrat noch eine weitere Bestimmung, die speziell für (unternehmerisch) mitbestimmte Gesellschaften gilt und zur Förderung offener Diskussionen getrennte Vorbesprechungen der Anteilseigner- und der Arbeitnehmervertreter im Aufsichtsrat empfiehlt.[71] Hingegen enthält der Kodex keine Ausführungen zur betrieblichen Mitbestimmung qua Betriebsrat. Die betriebliche Mitbestimmung ist zwar ebenfalls relevant für die Corporate Governance, setzt aber nicht unmittelbar an den Gesellschaftsorganen (Vorstand; Aufsichtsrat; Hauptversammlung) an.

2. Wahl der Mitglieder des Aufsichtsrats

106 Nach § 101 Abs. 1 AktG werden die Mitglieder des Aufsichtsrats von der Hauptversammlung gewählt, soweit sie nicht in den Aufsichtsrat zu entsenden oder als Aufsichtsratsmitglieder der Arbeitnehmer nach dem Mitbestimmungsgesetz, dem Mitbestimmungsergänzungsgesetz oder dem Gesetz über die Drittelbeteiligung der Arbeitnehmer im Aufsichtsrat (DrittelbG), das zum 1. 7. 2004 das Betriebsverfassungsgesetz 1952 abgelöst hat, zu wählen sind. An Wahlvorschläge ist die Hauptversammlung nur gemäß §§ 6 und 8 des Montan-Mitbestimmungsgesetzes gebunden. Die Zuständigkeiten und Verfahren für die Wahl der Aufsichtsratsmitglieder hängen somit von der Mitbestimmungssituation der Gesellschaft sowie davon ab, ob Entsendungsrechte existieren. Ein Recht, Mitglieder in den Aufsichtsrat zu entsenden, kann nur durch die Satzung und nur für bestimmte Aktionäre oder die Inhaber bestimmter Aktien begründet werden (§ 101 Abs. 2 Satz 1 AktG).[72] Entsendungsrechte dürfen – außer im Fall der Volkswagen AG[73] – insgesamt höchstens für ein Drittel der Zahl der Aufsichtsratsmitglieder der Aktionäre eingeräumt werden (§ 101 Abs. 2 Satz 4 AktG) und sind in Deutschland relativ selten.[74]

3. Mitbestimmungssituationen

107 Die möglichen Mitbestimmungssituationen einer Aktiengesellschaft richten sich nach ihrer Branche, nach der Zahl ihrer (inländischen[75]) Arbeitnehmer und unter Um-

---

[70] S. zum Überblick über Mitbestimmungsregelungen im Ausland *Hoffmann/Lehmann/Weinmann*, Mitbestimmungsgesetz, 47 ff.; *Hopt*, Michigan Law Review 1984, 1350; *Gerum* in Berger/Steger, Unternehmensführung, 1998, 90 f.; *Gerum/Wagner* in Hopt et al., Corporate Governance, 1998, 352 ff.; *Wymeersch* in Hopt et al., Corporate Governance, 1998, 1140 ff.; *Raiser/Veil*, Kapitalgesellschaften, 27 f.; *Gregory/Simmelkjaer*, Study, 44, 75; *Baums/Ulmer*, Mitbestimmung.

[71] S. Ziffer 3.6 Abs. 1 des Kodex und hierzu näher Rn. 403 ff.

[72] Zum Entsendungsrecht eingehend *Semler* in MünchKommAktG, § 101 Rn. 62 ff.; *Mertens* in Kölner Kommentar, § 101 Rn. 38 ff.; *Henn*, Handbuch, 338; *Hoffmann-Becking* in Hoffmann-Becking, Münch. Hdb. GesR IV, 1999, 339; *Semler* in Semler/v. Schenck, AR Hdb., 83; *Raiser/Veil*, Kapitalgesellschaften, 187 f.; *Hüffer*, AktG, § 101 Rn. 8 ff.

[73] S. § 101 Abs. 2 Satz 5 AktG.

[74] Vgl. *Semler* in MünchKommAktG, § 101 Rn. 111 ff.; *Fitting/Wlotzke/Wißmann*, MitbestG, § 8 Rn. 3; *Hoffmann/Lehmann/Weinmann*, Mitbestimmungsgesetz, § 8 Rn. 10; *Pfannschmidt*, Verflechtungen, 23; *Mertens* in Kölner Kommentar, § 101 Rn. 48; *Schmidt*, Gesellschaftsrecht, 839; *Henn*, Handbuch, 338; *Raiser*, MitbestG, § 8 Rn. 6; *Hoffmann-Becking* in Hoffmann-Becking, Münch. Hdb. GesR IV, 1999, 303, 339; *Semler* in Semler/v. Schenck, AR Hdb., 83.

[75] Bei der Ermittlung der mitbestimmungsrelevanten Arbeitnehmerzahlen eines Unternehmens sind nur inländisch Beschäftigte anzusetzen, s. *Fitting/Wlotzke/Wißmann*, MitbestG, § 3 Rn. 14 ff.; *Hoffmann/Lehmann/Weinmann*, Mitbestimmungsgesetz, § 1 Rn. 39; *Schaub*, Arbeitsrechts-Handbuch, 2590.

VII. Wahl und Zusammensetzung des Aufsichtsrats

ständen ihrer Eigentümerstruktur. Je nach Ausprägung dieser Faktoren kann eine Gesellschaft entweder mitbestimmungsfrei[76] sein oder aber einem von mehreren Gesetzen zur unternehmerischen Mitbestimmung unterliegen. Mit Blick auf die Branche ist zwischen den Unternehmen der Montanindustrie und den übrigen Unternehmen zu unterscheiden. Für Montanunternehmen kommen unter bestimmten Voraussetzungen entweder das Montan-Mitbestimmungsgesetz oder das Mitbestimmungsergänzungsgesetz in Betracht. Die Zahl der von diesen beiden Gesetzen erfassten Unternehmen ist allerdings mittlerweile so gering,[77] dass die Spezialregelungen der unternehmerischen Mitbestimmung im Montanbereich im Weiteren ausgeklammert werden können. Dies gilt nicht zuletzt auch für die nur bei Geltung des Montan-Mitbestimmungsgesetzes eingreifende Regelung, dass alle Mitglieder des Aufsichtsrats zwar (formal) von der Hauptversammlung gewählt werden, die Hauptversammlung hinsichtlich der Arbeitnehmer-Vertreter allerdings an die diesbezüglichen Wahlvorschläge der Arbeitnehmer gebunden ist.[78]

Aktiengesellschaften unterliegen keiner unternehmerischen Mitbestimmung, sofern sie weniger als 500 Arbeitnehmer beschäftigen und entweder nach dem 10. August 1994 ins Handelsregister eingetragen wurden oder aber – bei früherer Eintragung – als Familiengesellschaften zu qualifizieren sind (§ 1 Abs. 1 Nr. 1 Satz 1 DrittelbG). Als Familiengesellschaften gelten solche Aktiengesellschaften, deren Aktionär eine einzelne natürliche Person ist oder deren Aktionäre untereinander im Sinne von § 15 Abs. 1 Nr. 2 bis 8, Abs. 2 der Abgabenordnung verwandt oder verschwägert sind (§ 1 Abs. 1 Nr. 1 Satz 2 DrittelbG). Bei solchen mitbestimmungsfreien Gesellschaften werden alle Mitglieder des Aufsichtsrats von den Aktionären in der Hauptversammlung gewählt. Ansonsten erfolgt die Wahl der Aufsichtsratsmitglieder teils durch die Hauptversammlung und teils durch die Arbeitnehmer bzw. durch deren Delegierte.[79] Dabei richtet sich die Relation zwischen Aufsichtsratsmitgliedern der Anteilseigner- und der Arbeitnehmerseite nach der Zahl der Beschäftigten und dem somit eingreifenden Gesetz. In Unternehmen, die zwischen 500 und 2000 Arbeitnehmer beschäftigen, gilt die drittelparitätische Mitbestimmung nach DrittelbG, so dass zwei Drittel der Aufsichtsratsmitglieder von den Aktionären und ein Drittel von den Arbeitnehmern zu wählen sind. Unternehmen mit in der Regel mehr als 2000 Arbeitnehmern hingegen unterliegen nach dem MitbestG 1976 der paritätischen Mitbestimmung, wonach sich der Aufsichtsrat je zur Hälfte aus Repräsentanten der Anteilseigner und der Arbeitnehmer zusammensetzt.

4. Zweitstimmrecht des Aufsichtsratsvorsitzenden

Während die Vertreter der Aktionäre in drittelparitätisch mitbestimmten Aufsichtsräten ein klares zahlenmäßiges Übergewicht haben, kann es bei paritätischer Mitbestimmung im Konfliktfall zu einem Patt zwischen den beiden „Bänken" kommen.

---

[76] Die weiteren Ausführungen beschränken sich ausschließlich auf die unternehmerische Mitbestimmung und lassen die betriebliche Mitbestimmung unberührt.

[77] S. Bertelsmann Stiftung/Hans-Böckler-Stiftung, Mitbestimmung, Kapitel 4, Tz. 1.

[78] S. § 101 Abs. 1 Satz 2 AktG i.V. m. §§ 6, 8 Montan-Mitbestimmungsgesetz und hierzu näher *Heymann/Seiwert/Theisen*, Mitbestimmungsmanagement, 107 f.; *Mertens* in Kölner Kommentar, § 101 Rn. 36; *Henn*, Handbuch, 335 f., 342; *Hoffmann/Preu*, Aufsichtsrat, 193; *Hoffmann-Becking* in Hoffmann-Becking, Münch. Hdb. GesR IV, 1999, 305; *Semler* in Semler/v. Schenck, AR Hdb., 82; *Potthoff/Trescher/Theisen*, Aufsichtsratsmitglied, 83.

[79] S. auch *Fitting/Wlotzke/Wißmann*, MitbestG, §§ 8 ff.; *Hoffmann/Lehmann/Weinmann*, Mitbestimmungsgesetz, § 8 Rn. 3 ff.; *Kraft* in Kraft et al., Betriebsverfassungsgesetz, § 76 BetrVG 1952 Rn. 44 ff.; *Mertens* in Kölner Kommentar, § 101 Rn. 11 ff., 33 ff.; *Raiser*, MitbestG, §§ 8 ff.; *Hoffmann/Preu*, Aufsichtsrat, 190 ff.; *Hoffmann-Becking* in Hoffmann-Becking, Münch. Hdb. GesR IV, 1999, 299 f., 336 ff.; *Semler* in Semler/v. Schenck, AR Hdb., 80 ff.; *Potthoff/Trescher/Theisen*, Aufsichtsratsmitglied, 79 ff.; *Wolff*, DB 2002, 790 ff.

Zur Auflösung solcher Pattsituationen sieht das MitbestG 1976 ein Zweitstimmrecht des Aufsichtsratsvorsitzenden vor, das eingesetzt werden kann, wenn eine erneute Abstimmung ebenfalls Stimmengleichheit ergibt (§ 29 Abs. 2 Satz 1 MitbestG 1976). Dem stellvertretenden Vorsitzenden des Aufsichtsrats steht die Zweitstimme nicht zu (§ 29 Abs. 2 Satz 3 MitbestG 1976). Diese Vorschrift ist von besonderer Bedeutung, da der Aufsichtsratsvorsitzende aufgrund der mitbestimmungsrechtlichen Wahlbestimmungen bei fehlendem Konsens allein von den Aufsichtsratsmitgliedern der Anteilseigner gewählt wird[80] und folglich ein Vertreter der Aktionäre ist. Die Anteilseignerseite kann sich damit letztlich auch in (vorübergehenden) Pattsituationen durchsetzen. Der Rückgriff auf das Zweitstimmrecht ist in der Praxis gelegentlich durchaus zu beobachten, allerdings auch nicht weit verbreitet.[81] Dieser empirische Befund deutet darauf hin, dass (potenzielle) Konflikte zumeist im Vorfeld der Aufsichtsratssitzungen entschärft werden und es somit nur relativ selten zu Kampfabstimmungen im Überwachungsorgan kommt.[82]

5. Verpflichtung auf das Unternehmensinteresse

110 Der rechtstatsächlich vorherrschende Konsens im Aufsichtsrat mag nicht zuletzt auch in der aktienrechtlichen Verpflichtung aller Aufsichtsratsmitglieder auf das Unternehmensinteresse[83] begründet sein. Weder die Vertreter der Aktionäre noch die Arbeitnehmervertreter dürfen danach primär die Partikularinteressen ihrer jeweiligen Stakeholdergruppe verfolgen und bei Interessenkonflikten konsequent auf Konfrontationskurs gehen. Sie müssen vielmehr aus Rechtsgründen gleichermaßen das übergeordnete Interesse des Unternehmens verfolgen und – wie es der Kodex analog für die Kooperation von Vorstand und Aufsichtsrat formuliert – „zum Wohle des Unternehmens" (Ziffer 3.1) nach konsensfähigen Kompromissen suchen. Der Begriff des Unternehmensinteresses ist im Schrifttum vielfach ausgedeutet worden.[84] Er belässt allerdings auch heute noch im Detail einen beträchtlichen Interpretationsspielraum und ist wohl auch nicht endgültig präzisierbar. In der Formulierung von Marsch-Barner etwa bezeichnet das Unternehmensinteresse die allgemeine Maxime, „die Selbsterhaltung, innere Stabilität und den Erfolg des Unternehmens am Markt zu sichern".[85] Die Zugrundelegung des Unternehmensinteresses als Leitidee des Organhandelns liegt damit auf der Linie eines (richtig verstandenen) Stakeholder-Ansatzes der Unterneh-

---

[80] § 27 Abs. 1 und 2 MitbestG 1976.

[81] Vgl. *Backhaus*, Ökonomik, 128 f.; *Hopt*, Michigan Law Review 1984, 1355; *Bernhardt*, ZfB 1994, 1347; Bertelsmann Stiftung/Hans-Böckler-Stiftung, Mitbestimmung, Kapitel 8, Tz. 2 und Tz. 28.

[82] Vgl. auch *Backhaus*, Ökonomik, 129; *Vogel*, Aktienrecht, 260; *Bleicher/Paul*, DBW 1986, 270; *Pfannschmidt*, Verflechtungen, 26 f.; *Siebel* in Semler/v. Schenck, AR Hdb., 125; *v. Werder*, DBW 2004, 229, sowie Rn. 403 ff. zu Ziffer 3.6.

[83] Zum Unternehmensinteresse als aktienrechtlichem Verhaltensmaßstab für die Anteilseigner- und die Arbeitnehmervertreter im Aufsichtsrat *Geßler* in Geßler et al., AktG, § 96 Rn. 61; *Wiedemann*, ZGR 1975, 390; *Immenga*, ZGR 1977, 265; *Fitting/Wlotzke/Wißmann*, MitbestG, § 25 Rn. 94; *Hoffmann/Lehmann/Weinmann*, Mitbestimmungsgesetz, § 25 Rn. 134; *Junge* in FS v. Caemmerer, 1978, 556; *Dreher*, JZ 1990, 897; *Kraft* in Kraft et al., Betriebsverfassungsgesetz, § 76 BetrVG 1952 Rn. 135; *Semler*, Leitung, 40; *Henn*, Handbuch, 330; *Raiser*, MitbestG, § 25 Rn. 109 ff.; *Wagner*, Aufsichtsgremien, 71; *Hoffmann/Preu*, Aufsichtsrat, 14 f.; *Hoffmann-Becking* in Hoffmann-Becking, Münch. Hdb. GesR IV, 1999, 322; *Marsch-Barner* in Semler/v. Schenck, AR Hdb., 734 ff.; *Semler* in Semler/v. Schenck, AR Hdb., 49; *Siebel* in Semler/v. Schenck, AR Hdb., 183; *Scheffler*, DB 2000, 433; *Potthoff/Trescher/Theisen*, Aufsichtsratsmitglied, 234; *Raiser/Veil*, Kapitalgesellschaften, 216.

[84] S. im Einzelnen m. z. N. Rn. 352.

[85] *Marsch-Barner* in Semler/v. Schenck, AR Hdb., 735 mit Hinweis auf *Raiser*, MitbestG, § 25 Rn. 110.

mensführung.⁸⁶ Im Grunde geht es somit darum, die Interessen der verschiedenen Bezugsgruppen zu eruieren und im Einzelfall so zum Ausgleich zu bringen, dass das Unternehmen für alle Stakeholder, die notwendige Beiträge zur Unternehmensprosperität leisten, soweit wie möglich und auf Dauer attraktiv ist.⁸⁷

Alternativ eröffnet die Europäische Gesellschaft (SE) die Möglichkeit, sich auch in Deutschland für das international verbreitete System der Führung durch ein einheitliches Leitungsorgan (Verwaltungsrat) zu entscheiden.
Die Ausgestaltung der unternehmerischen Mitbestimmung in der SE wird grundsätzlich durch eine Vereinbarung zwischen der Unternehmensleitung und der Arbeitnehmerseite festgelegt. Die Arbeitnehmer in den EU-Mitgliedstaaten sind einbezogen.

VIII. Europäische Gesellschaft (SE) als neue Option

Europäische Gesellschaften (SE) finden in Deutschland als Rechtsform börsennotierter Unternehmen zunehmende Verbreitung. Die Regierungskommission hat diesem Tatbestand Rechnung getragen und auf ihrer Sitzung am 14. Juni 2007 zwei neue Absätze in die Präambel des Kodex aufgenommen, in denen die Governancebesonderheiten der SE dargelegt werden. Zum einen bietet die SE deutschen börsennotierten Unternehmen erstmals die Option, zwischen dem herkömmlichen dualen Modell der Trennung von Leitung (durch den Vorstand) und Überwachung (durch den Aufsichtsrat) und dem monistischen System der Führung durch ein einheitliches Leitungsorgan (Verwaltungsrat) zu wählen.⁸⁸ Zum anderen sind die Mitbestimmungsregelungen für eine SE insofern flexibler gestaltet worden, als die Ausformung der Mitbestimmung zunächst Verhandlungssache von Unternehmensleitung und Arbeitnehmerseite ist und nur bei mangelnder Einigung gesetzliche Auffanglösungen eingreifen.⁸⁹ Ferner wird der Geltungsbereich der Mitbestimmung weiter gefasst als bei einer deutschen Aktiengesellschaft, da er sich auf alle Arbeitnehmer in den Mitgliedstaaten der Europäischen Union erstreckt.

Die Bestimmungen des Kodex sind ursprünglich vor dem Hintergrund der dualistisch verfassten Aktiengesellschaft entwickelt worden. Sie gelten grundsätzlich aber auch für börsennotierte Europäische Gesellschaften.⁹⁰ Während ihre Anwendung in einer SE mit dualem Führungssystem keine prinzipiellen Fragen aufwirft, können bei der Wahl eines monistischen Systems die für Vorstand und Aufsichtsrat geltenden Bestimmungen mitunter nur analog auf den Verwaltungsrat übertragen werden. Da bislang noch unklar ist, welche Bedeutung die monistisch strukturierte SE in Deutschland als Rechtsform börsennotierter Unternehmen erlangen wird und welche Lösungen die Praxis dann für die Mitbestimmung findet, hat die Regierungskommission von einer detaillierteren Behandlung der SE im Kodex zum jetzigen Zeitpunkt Abstand genommen. Sie wird vielmehr die weitere Entwicklung beobachten und den Kodex entsprechend ergänzen, wenn sich monistisch geführte Europäische Gesellschaften in der Unternehmenspraxis weiter etabliert haben.⁹¹

---

[86] S. zu den alternativen Konzepten des Shareholder- und des Stakeholder-Ansatzes ausführlich Rn. 353 ff. m. z. N.
[87] Vgl. zur Bestimmung des Unternehmensinteresses und zur betriebswirtschaftlichen Begründung des Stakeholder-Konzepts näher Rn. 353 ff. m. w. N.
[88] S. zu diesen Systemalternativen näher Abschnitt IX, Rn. 111 ff.
[89] S. §§ 22 ff. SE-Beteiligungsgesetz (SEBG).
[90] S. Rn. 89a.
[91] Vgl. die Pressemitteilung der Regierungskommission vom 14. 6. 2007, S. 1, abrufbar unter http://www.corporate-governance-code.de/ger/news/presse-20070614.html (Stand: 14. 8. 2007).

Das auch in anderen kontinentaleuropäischen Ländern etablierte duale Führungssystem und das monistische Verwaltungsratssystem bewegen sich wegen des intensiven Zusammenwirkens von Vorstand und Aufsichtsrat im dualen Führungssystem in der Praxis aufeinander zu und sind gleichermaßen erfolgreich.

IX. Andere Unternehmensführungssysteme

111   Für die Verfassung privatwirtschaftlicher Unternehmen gibt es weltweit zwei Grundtypen, das dualistische und das monistische Governancesystem.[92] Während sich das dualistische System in Deutschland sowie in einigen anderen kontinentaleuropäischen Staaten wie Österreich und den Niederlanden findet, ist die monistische Lösung vor allem in den angelsächsischen und angelsächsisch geprägten Ländern verbreitet.[93] Die beiden Verfassungsalternativen erscheinen auf den ersten Blick sehr unterschiedlich, da sie für die Unternehmensführung strukturell verschiedenartige Organisationsformen vorsehen. Infolgedessen liegt die Frage nahe, ob das dualistische Two-Tier-System der Trennung von Leitung (Vorstand) und Überwachung (Aufsichtsrat) oder aber das monistische Vereinigungsmodell, bei dem ein einziges Organ (Verwaltungsrat bzw. Board) sowohl die Leitungs- als auch die Überwachungsfunktion wahrnimmt, die effizientere Unternehmensführung erlaubt. So könnte sich insbesondere das gesetzlich für deutsche Aktiengesellschaften vorgeschriebene Trennungsmodell als Standortnachteil erweisen, wenn die Boardlösung dem dualistischen System überlegen wäre. Bei näherem Hinsehen fallen die Strukturunterschiede der beiden Verfassungsmodelle allerdings weniger stark ins Gewicht. Zunächst lassen sich in der faktischen Handhabung der beiden Führungssysteme deutliche Konvergenztendenzen beobachten, die eine merkliche Einebnung der Gegensätze bewirken.[94] Dabei bewegen sich sowohl das angelsächsische Modell als auch das kontinentaleuropäische System von ihren unterschiedlichen Ausgangspositionen her auf eine – überspitzt formuliert – „globale Einheitslösung" zu. Auf der einen Seite wird der Trennungsgedanke einer Gewaltenteilung zwischen Leitung und Überwachung zumindest innerhalb des Board nachvollzogen, da und soweit zunehmend auf die Mitgliedschaft unabhängiger „Outside Directors" im Organ Wert gelegt wird, die als „Non Executive Members" eher Überwachungs- denn Leitungsfunktionen wahrnehmen.[95] Ferner wird zunehmend

---

[92] S. zur Charakterisierung dieser beiden Verfassungsmodelle Rn. 91 ff.

[93] S. *Theisen*, Überwachung, 106 ff.; *Lutter* in Scheffler, Governance, 1995, 11 ff.; *Schneider-Lenné* in Scheffler, Governance, 1995, 28; *Gerum* in Berger/Steger, Unternehmensführung, 1998, 89; *Potthoff/Trescher/Theisen*, Aufsichtsratsmitglied, 21 ff.; *Schmidt*, Governance, 48; *Gregory/Simmelkjaer*, Study, 43 f. In Frankreich z. B. besteht ein Wahlrecht zwischen beiden Modellen (s. *Lutter* in Scheffler, Governance, 1995, 12; *Teichmann*, ZGR 2001, 663).

[94] Hierzu und zum Folgenden namentlich *Bleicher/Paul*, DBW 1986, 274 ff.; *Bleicher/Leberl/Paul*, Unternehmungsverfassung, 259 ff., sowie auch *Schneider-Lenné* in Scheffler, Governance, 1995, 49 f.; *Gerum* in Berger/Steger, Unternehmensführung, 1998, 90 f.; *Cadbury*, Long Range Planning 1999, 18; *Wiesner* in Hoffmann-Becking, Münch. Hdb. GesR IV, 1999, 160 f.; *Hopt*, ZGR 2000, 784 ff.; *Theisen*, Konzern, 332; *Gregory/Simmelkjaer*, Study, 74; *Böckli* in Hommelhoff/Hopt/v. Werder, Handbuch CG, 214 ff.

[95] S. hierzu bereits *Bleicher/Paul*, DBW 1986, 279; *Bleicher/Leberl/Paul*, Unternehmungsverfassung, 261; *Lorsch/MacIver*, Pawns, 17 ff.; *Lipton/Lorsch*, The Business Lawyer 1992, 67; *Bleicher/Wagner* in FS Witte, 1993, 10; *Scheffler*, ZGR 1993, 64; *Baums*, ZIP 1995, 15; *Johnson/Daily/Ellstrand*, Journal of Management 1996, 416 ff.; *Potthoff*, BFuP 1996, 259; *Bhagat/Black* in Hopt et al., Corporate Governance, 1998, 281; *Gerum* in Berger/Steger, Unternehmensführung, 1998, 90 f.; *Hopt*, ZGR 2000, 784; *Peltzer*, Dritte Max Hachenburg Gedächtnisvorlesung, 2000, 52; *Davies*, ZGR 2001, 275; *Raiser/Veil*, Kapitalgesellschaften, 26 f. Bemerkenswert ist in diesem Zusammenhang auch die Forcierung der Unabhängigkeit durch den im Jahre 2002 erlassenen Sarbanes-Oxley Act in den USA (s. insbesondere Section 301).

diskutiert, die Funktionen des Chairman of the Board und des Chief Executive Officer (CEO) verschiedenen Personen zu übertragen.[96] Die früher verbreitete streng direktoriale Unternehmensführung durch eine Führungskraft, die in Personalunion beide Ämter innehat,[97] würde damit deutlich abgeschwächt. Andererseits trägt die Intensivierung des Zusammenwirkens von Vorstand und Aufsichtsrat bei der Unternehmensführung, für die der Kodex (an dieser Stelle sowie namentlich mit den Empfehlungen im 3. Abschnitt) plädiert und die von den Unternehmen in der jüngeren Vergangenheit verstärkt praktiziert wird,[98] dazu bei, eine übergroße und damit effizienz-hinderliche Distanz zwischen den (Mitgliedern der) beiden Organe zu überwinden. Im Übrigen – und möglicherweise durch die Systemkonvergenz bedingt – haben sich bislang (auch in größer angelegten Studien[99]) noch keine belastbaren Belege dafür gefunden, dass eines der beiden Verfassungsmodelle tatsächlich nennenswerte Effizienzvorteile mit sich bringt.[100] Vielmehr darf beim gegenwärtigen Stand der Forschung davon ausgegangen werden, dass das Trennungs- wie das Vereinigungsmodell – im Sinne des Konzepts der Äquifinalität alternativer Gestaltungsformen[101] – zumindest in ihren speziellen wirtschaftlichen und sozio-kulturellen Kontexten jeweils eine erfolgreiche Unternehmensführung ermöglichen (und Schieflagen einzelner Unternehmen auch nicht verhindern) können.

111a Im Rahmen der redaktionellen Überarbeitung des Kodex hat die Regierungskommission am 14. Juni 2007 den (vormals 5. und jetzt) 6. Absatz der Präambel sprachlich leicht modifiziert und terminologisch mit den beiden Führungsalternativen der SE abgestimmt.

Die Rechnungslegung deutscher Unternehmen ist am True-and-Fair-View-Prinzip orientiert und vermittelt ein den tatsächlichen Verhältnissen entsprechendes Bild der Vermögens-, Finanz- und Ertragslage des Unternehmens.

X. Rechnungslegung/True-and-Fair-View-Prinzip

112 Der Intention des Kodex folgend, das Deutsche Corporate Governance System insbesondere für ausländische Investoren transparent und nachvollziehbar zu machen, weist der Kodex in dieser Regelung auf die Grundprinzipien der Rechnungslegung deutscher börsennotierter Gesellschaften und Unternehmensgruppen hin.

---

[96] S. *Baums*, ZIP 1995, 15; *Hopt*, ZGR 2000, 784; *Stiles/Taylor*, Boards, vi., sowie auch die entsprechende Empfehlung des US-amerikanischen Conference Board (s. *The Conference Board, Trust*, 6 ff.).

[97] Nach der empirischen Studie von *Bleicher/Paul* Mitte der 80er Jahre noch in 75 % der 105 befragten Unternehmen der Fall (*Bleicher/Paul*, DBW 1986, 272). Nach den Befunden von *Finkelstein/Mooney*, Academy of Management Executive 2003, Heft 2, 101, liegt die Quote im Kreis der Standard & Poor's 500-Unternehmen bei 78 %.

[98] Vgl. *Bleicher/Paul*, DBW 1986, 271; *Bleicher/Leberl/Paul*, Unternehmungsverfassung, 112, 261; *Bernhardt*, ZfB 1994, 1347; *Endres*, ZHR 1999, 456; *Potthoff/Trescher/Theisen*, Aufsichtsratsmitglied, 264; *Raiser/Veil*, Kapitalgesellschaften, 193.

[99] S. insbesondere *Bleicher/Paul*, DBW 1986, 264 ff.; *Bleicher/Leberl/Paul*, Unternehmungsverfassung, 24 ff.

[100] Vgl. *Bleicher/Paul*, DBW 1986, 264 ff.; *Bleicher/Leberl/Paul*, Unternehmungsverfassung, 24 ff., sowie auch *Lutter*, ZHR 1995, 297; *Lutter* in Scheffler, Governance, 1995, 22; *Potthoff*, BFuP 1996; *Küller*, BFuP 1997, 521; *Hommelhoff/Mattheus*, AG 1998, 251; *Endres*, ZHR 1999, 453; *Hopt*, Jungius-Gesellschaft, 2000, 9 f.

[101] Hierzu *Doty/Glick/Huber*, Academy of Management Journal 1993, 1201 ff.; *Gresov/Drazin*, Academy of Management Review 1997, 403 ff.; *Wolf*, Gestaltansatz, 53 ff.

113 Ziffer 7.1.1¹⁰² stellt ausdrücklich, der Realität der meisten börsennotierten deutschen Gesellschaften entsprechend und in der Überzeugung, dass der Informationsgehalt des Konzernabschlusses für die Anleger interessanter, weil umfassender, ist als der Einzelabschluss, auf die **Konzernrechnungslegung** ab. Nur in Einzelfällen wird eine börsennotierte Gesellschaft nicht verpflichtet sein, einen Konzernabschluss nach § 290 Abs. 2 HGB aufzustellen.

114 Mit dem ausdrücklichen Hinweis auf den Konzernabschluss, der sich aus der Verwendung des Wortes „Unternehmen" statt „Gesellschaft" ergibt,¹⁰³ soll aber nicht etwa gleichzeitig zum Ausdruck gebracht werden, dass die in dieser Kodexregelung beschriebenen Grundsätze der Rechnungslegung für den Einzelabschluss der Gesellschaft keine Geltung hätten. Dies widerspräche zwingendem Handelsrecht.

115 Entsprechend § 264 Abs. 2 Satz 1 HGB stellt der Kodex fest, dass der Jahresabschluss der börsennotierten Gesellschaft ein den tatsächlichen Verhältnissen entsprechendes Bild der Vermögens-, Finanz- und Ertragslage der Gesellschaft¹⁰⁴ zu vermitteln habe. Dass der Jahresabschluss unter Beachtung der Grundsätze ordnungsgemäßer Buchführung aufzustellen ist,¹⁰⁵ hat der Kodex als selbstverständlich und nicht gesondert hervorzuheben angesehen. Auch insoweit gibt der Kodex dem Ziel leichter Verständlichkeit den Vorrang vor juristischer Präzision.¹⁰⁶

116 Statt ausdrücklich die gesetzliche Verpflichtung, den Jahresabschluss unter Beachtung der Grundsätze ordnungsgemäßer Buchführung aufzustellen, zu nennen, stellt der Kodex die **Orientierung** der Rechnungslegung deutscher Unternehmen am True-and-Fair-View-Prinzip in den Vordergrund. Dies erfolgte primär im Hinblick auf ausländische Investoren. Insbesondere solchen aus dem angelsächsischen Raum ist das True-and-Fair-View-Prinzip als ein Grundpfeiler der Rechnungslegung seit langen Jahren vertraut.¹⁰⁷ Es hat inzwischen auch Eingang in das deutsche Handelsrecht gefunden. Letzteres geschah mit der Umsetzung der 4. (gesellschaftsrechtlichen) EG-Richtlinie.¹⁰⁸ Sedes materiae ist Art. 2 Abs. 2 bis 5 der Richtlinie, der das traditionelle deutsche Legalitätsprinzip mit dem angelsächsischen True-and-Fair-View-Prinzip zu verbinden sucht. Abs. 2 schreibt vor, dass der Jahresabschluss klar und übersichtlich aufzustellen sei und der Richtlinie entsprechen muss. Damit nimmt er das deutsche Legalitätsprinzip, wie es in dem inzwischen aufgehobenen § 149 AktG¹⁰⁹ verankert war, auf. Gleichzeitig aber muss nach dem folgenden Abs. 3 der Jahresabschluss ein den tatsächlichen Verhältnissen entsprechendes Bild der Vermögens-, Finanz- und Ertragslage der Gesellschaft vermitteln. Das ist ein Ausdruck des auf Wunsch Großbritanniens aufgenommenen True-and-Fair-View-Prinzips.¹¹⁰ Die folgenden Abs. 4 und 5 regeln dann den Vorrang des True-and-Fair-View-Prinzips

---

¹⁰² S. Rn. 1301 ff.

¹⁰³ S. Rn. 126.

¹⁰⁴ § 264 Abs. 2 Satz 1 zweiter Halbsatz HGB.

¹⁰⁵ § 264 Abs. 2 Satz 1 erster Halbsatz HGB.

¹⁰⁶ S. Vorwort des Vorsitzenden der Kodexkommission vom 26. 2. 2002, Abs. 4; www.corporate-governance-code.de.

¹⁰⁷ S. hierzu *Niehus*, DB 1979, 221, 222 m. w. N.

¹⁰⁸ 4. Richtlinie des Rates vom 25. 7. 1978 aufgrund von Art. 54 Abs. 3 Buchstabe g des Vertrages über den Jahresabschluss von Gesellschaften bestimmter Rechtsformen (78/660/EWG).

¹⁰⁹ § 149 AktG lautete: (1) Der Jahresabschluß hat den Grundsätzen ordnungsgemäßer Buchführung zu entsprechen. Er ist klar und übersichtlich aufzustellen und muß im Rahmen der Bewertungsvorschriften einen sicheren Einblick in die Vermögens- und Ertragslage der Gesellschaft geben. (Zitiert nach *v. Godin/Wilhelmi*, AktG vom 6. 9. 1965).

¹¹⁰ In der englischen Fassung der Richtlinie wird der Begriff „True-and-Fair-View" verwandt. So wird den unterschiedlichen Rechnungslegungstraditionen im angelsächsischen und kontinentalen Rechtskreis Rechnung getragen.

vor den Einzelvorschriften der Richtlinie, beschränken dies aber gleichzeitig auf Ausnahmefälle.[111]

Die materiellen Unterschiede zwischen dem True-and-Fair-View-Prinzip angelsächsischer Prägung und der Regelung des § 264 Abs. 2 HGB (der Vermittlung eines den tatsächlichen Verhältnissen entsprechenden Bildes der Vermögens-, Finanz- und Ertragslage der Gesellschaft) sind nicht bedeutsam. *Niehus*[112] weist nach, dass es sich hier im Grunde genommen um eine Tautologie handelt, weil beide Begriffe nahezu deckungsgleich sind. **117**

Um allerdings die Priorität des geltenden Rechtes zu betonen, differenziert der Kodex ausdrücklich zwischen einer Orientierung der Rechnungslegung am True-and-Fair-View-Prinzip (als Hinweis für angelsächsische Investoren) und der Vermittlung des den tatsächlichen Verhältnissen entsprechenden Bildes der Vermögens-, Finanz- und Ertragslage als Bindung an das geltende (Handels-)Recht. **118**

Empfehlungen des Kodex sind im Text durch die Verwendung des Wortes „soll" gekennzeichnet. Die Gesellschaften können hiervon abweichen, sind dann aber verpflichtet, dies jährlich offenzulegen. Dies ermöglicht den Gesellschaften die Berücksichtigung branchen- oder unternehmensspezifischer Bedürfnisse. So trägt der Kodex zur Flexibilisierung und Selbstregulierung der deutschen Unternehmensverfassung bei. Ferner enthält der Kodex Anregungen, von denen ohne Offenlegung abgewichen werden kann; hierfür verwendet der Kodex Begriffe wie „sollte" oder „kann". Die übrigen sprachlich nicht so gekennzeichneten Teile des Kodex betreffen Bestimmungen, die als geltendes Gesetzesrecht von den Unternehmen zu beachten sind.

XI. Verbindlichkeit der Kodexbestimmungen

1. System der Kodexbestimmungen

Der Kodex enthält drei verschiedene Kategorien von Regelungen, die sich in Hinblick auf ihre Verbindlichkeit unterscheiden. Sie lassen sich kurz als Muss-Vorschriften, als Soll-Empfehlungen und als Sollte- bzw. Kann-Anregungen umschreiben. Die Muss-Vorschriften spiegeln gesetzlich zwingende Regelungen wider, die im Kodex „lediglich" (aus Kommunikationsgründen) kompakt wiedergegeben werden. Sie sind daher (auch ohne Kodex) obligatorischer Natur und für alle Unternehmen verbindlich, die den betreffenden Vorschriften unterliegen. Ein Beispiel für eine Muss-Vorschrift des Kodex ist die nach § 84 AktG geltende Regelung, dass der Aufsichtsrat die Mitglieder des Vorstands bestellt und entlässt (Ziffer 5.1.2 Satz 1). **119**

---

[111] Art. 2 Abs. 4 lautet: „Reicht die Anwendung dieser Richtlinie nicht aus, um ein den tatsächlichen Verhältnissen entsprechendes Bild im Sinne des Abs. 3 zu vermitteln, so sind zusätzliche Angaben zu machen."
Art. 2 Abs. 5 lautet: „Ist in Ausnahmefällen die Anwendung einer Vorschrift dieser Richtlinie mit der in Abs. 3 vorgesehenen Verpflichtung unvereinbar, so muss von der betreffenden Vorschrift abgewichen werden, um sicherzustellen, dass ein den tatsächlichen Verhältnissen entsprechendes Bild im Sinne des Abs. 3 vermittelt wird..."
In dem Protokoll zur Ratserklärung zu Abs. 4 heißt es darüber hinaus: „Der Rat und die Kommission stellen fest, dass es normalerweise ausreicht, die Richtlinie anzuwenden, damit das gewünschte den tatsächlichen Verhältnissen entsprechende Bild entsteht." S. *Hüttemann* in Staub, HGB, § 264 Rn. 14.
[112] DB 1979, 221, 223.

120 Den obligatorischen (Muss-)Vorschriften des Kodex steht die Gruppe der optionalen Bestimmungen gegenüber, die über das Gesetz hinausgehen und die Empfehlungen sowie die Anregungen umfassen. Während die Empfehlungen durch die Verwendung des Terminus „soll" erkennbar sind, werden die Anregungen durch die Worte „sollte" und „kann" gekennzeichnet. Beispiele bilden etwa die Empfehlung, dass, die Vergütung der Aufsichtsratsmitglieder im Corporate Governance Bericht individualisiert, aufgegliedert nach Bestandteilen ausgewiesen werden soll (Ziffer 5.4.7 Abs. 3 Satz 1), sowie die Anregung, dass der Aufsichtsrat bei Bedarf ohne den Vorstand tagen sollte (Ziffer 3.6 Abs. 2).

2. Comply or Explain bei Empfehlungen

121 Die 80 (Soll-)Empfehlungen des Kodex[113] bilden diejenigen gesetzesergänzenden Regelungen, für die das von der Baums-Kommission vorgeschlagene Prinzip des „Comply or Explain" gilt.[114] Danach steht den Unternehmen die Einhaltung der Empfehlungen des Kodex zwar grundsätzlich frei. Die Vorstände und Aufsichtsräte börsennotierter Gesellschaften sind jedoch nach dem durch das TransPuG neu formulierten § 161 AktG verpflichtet, jährlich zu erklären, dass den im amtlichen Teil des elektronischen Bundesanzeigers bekannt gemachten Empfehlungen der Kodex-Kommission zur Unternehmensleitung und -überwachung entsprochen wurde und wird oder welche Empfehlungen nicht angewendet wurden oder werden. Die Erklärung ist den Aktionären dauerhaft zugänglich zu machen. Mit dieser Kombination aus Optionsrecht in der Sache und verbindlicher Informationspflicht eröffnet der Kodex den Unternehmen auf der einen Seite den notwendigen Spielraum, um Governancemodalitäten auf ihre individuellen Gegebenheiten hin zuzuschneiden. Die jeweilige Art der Ausschöpfung dieses Spielraums ist anderseits aber auch nicht in das freie Belieben der Unternehmen gestellt, da sie offengelegt werden muss.[115] Die Stakeholder und namentlich der Kapitalmarkt erhalten damit eine Grundlage, um die Governancegepflogenheiten der betreffenden Gesellschaft zu beurteilen und gegebenenfalls – sofern Abweichungen vom Kodex nicht überzeugen – zu sanktionieren. Zu denken ist insbesondere an einen Bewertungsabschlag für die Aktien von Gesellschaften, die den Governanceerwartungen der Kapitalmarktteilnehmer nicht entsprechen.[116] Grenzen des Ermessens der Verwaltung bei der Ausübung der Option „Comply or Explain" resultieren ferner naturgemäß daraus, dass Abweichungen von den Kodexempfehlungen mit der Sorgfalt eines ordentlichen und gewissenhaften Geschäftsleiters vereinbar sein müssen, die gemäß §§ 93 Abs. 1 Satz 1; 116 AktG bei allen Handlungen von Vorstand und Aufsichtsrat geboten ist.[117]

3. Entsprechenserklärung

122 Die Erklärung zum Corporate Governance Kodex nach § 161 AktG ist nicht zu verwechseln mit der (weitergehenden) Empfehlung des Kodex an Vorstand und Aufsichtsrat, jährlich im Geschäftsbericht über die Corporate Governance des Unternehmens zu berichten und dabei auch eventuelle Abweichungen von den Kodexempfehlungen und Anregungen zu erläutern.[118] Die gesetzliche Entsprechenserklärung kann (und wird praktisch) zwar in den empfohlenen Corporate Governance Bericht ein-

---

[113] S. im Einzelnen die Checklisten im Anhang.
[114] S. *Baums*, Bericht, Rn. 8.
[115] Vgl. auch *Hommelhoff/Schwab* in Hommelhoff/Hopt/v. Werder, Handbuch CG, 58 f.
[116] Vgl. hierzu *Drobetz/Schillhofer/Zimmermann*, European Financial Management 2004; *Gompers/Ishii/Metrick*, Quarterly Journal of Economics 2003.
[117] Vgl. hierzu auch *Seibt*, AG 2002, 250 ff.; *Peltzer*, NZG 2002, 11; *Ulmer*, ZHR 2002, 166 f.; *Schüppen*, ZIP 2002, 1271; *Lutter*, ZHR 2002, 542.
[118] S. Ziffer 3.10 und hierzu Rn. 534.

XI. Verbindlichkeit der Kodexbestimmungen 123–125 **Präambel**

gehen (und geht – nach einer Durchsicht der Geschäftsberichte der DAX 30-Gesellschaften – faktisch auch häufig ein), ist jedoch den Aktionären hiervon unabhängig gemäß § 161 AktG dauerhaft „zugänglich zu machen". Zugänglich-Machen meint nach der RegBegr zum TransPuG wie an anderen Stellen im Aktiengesetz, dass bereits eine Veröffentlichung auf der Website der Gesellschaft ausreicht. Die Erklärung ist dort nicht nur einmalig zu veröffentlichen, sondern in ihrer jeweiligen Fassung dauerhaft zugänglich zu machen und jährlich zu erneuern. Um bei gleich bleibendem Inhalt der Entsprechenserklärung die jährliche Erneuerung zu dokumentieren, wird die Erklärung jedes Jahr mit einem neuen Datum zu versehen sein. Im Übrigen müssen die Unternehmen durch geeignete Maßnahmen sicherstellen, dass die betreffende Website stets als aktuell gültig erkennbar ist. Zu denken ist etwa an die Angabe des letzten Aktualisierungsdatums und den Vermerk, dass die Seite bis zur nächsten Aktualisierung gültig ist.

Neben der Veröffentlichung im Internet sieht das TransPuG zwei weitere Publizitätsformen für die Entsprechenserklärung vor. Zum einen ist im Anhang zum Jahresabschluss nach § 285 Nr. 16 HGB anzugeben, dass die nach § 161 AktG vorgeschriebene Erklärung abgegeben und den Aktionären zugänglich gemacht worden ist. Die Entsprechenserklärung selbst ist allerdings nicht Pflichtbestandteil des Anhangs.[119] Zum anderen muss die Entsprechenserklärung nach § 325 Abs. 1 Satz 1 HGB mit den übrigen dort genannten Unterlagen zum Handelsregister eingereicht werden. Gemäß § 325 Abs. 1 Satz 2 HGB hat der Vorstand dann unverzüglich nach der Einreichung im Bundesanzeiger bekannt zu machen, bei welchem Handelsregister und unter welcher Nummer die Erklärung eingereicht worden ist.[120] 123

Die Erklärung zum Corporate Governance Kodex ist vom Vorstand und Aufsichtsrat gemeinsam zu veröffentlichen.[121] Sie erstreckt sich nur auf die im Bundesanzeiger elektronisch bekannt gemachten Empfehlungen der Kodexkommission. Zu Einzelheiten bezüglich der Form, den Entscheidungszuständigkeiten, dem Zeitpunkt und dem Berichtszeitraum der Entsprechenserklärung Rn. 534 ff. 124

4. Anregungen

Die 23 (Sollte- bzw. Kann-)Anregungen[122] markieren Regelungen, die (nach Auffassung der Kodexkommission) ebenfalls Ausdruck guter Unternehmensführung sind, sich bislang allerdings noch nicht auf breiter Front in der Praxis durchgesetzt haben. Mit den Anregungen sollen proaktive Anstöße für die weitere Entwicklung der Corporate Governance in Deutschland gegeben werden, ohne die Unternehmen bereits heute zu sehr zu binden. Auch die dem Kodex unterliegenden Gesellschaften dürfen daher von den Anregungen abweichen, ohne dies in der offiziellen Entsprechenserklärung nach § 161 AktG offenzulegen. Allerdings sind auch die Anregungen des Kodex für die Verwaltung nicht von vornherein völlig vernachlässigbar. Ähnliche, wenn auch in deutlich abgeschwächter Form wirkende Mechanismen wie bei den Empfehlungen werden (bzw. „sollten") Vorstand und Aufsichtsrat wenigstens zu einer sorgfältigen Auseinandersetzung auch mit diesem Teil der Kodexbestimmungen anhalten, um auf dieser Basis eine Entscheidung für oder gegen ihre Befolgung zu treffen. Zum einen dürfen zumindest die Aktionäre über ihr Auskunftsrecht nach § 131 AktG Informationen über die Handhabung der Anregungen erfragen und auf diese Weise eine gewisse (kapitalmarktrelevante) Transparenz herstellen. Zum anderen kann sich durchaus auch 125

---

[119] *Seibert*, BB 2002, 583 f.
[120] S. hierzu auch RegBegr zu Art. 1 Nr. 16 TransPuG, im Internet abrufbar unter: http://www.bmj.bund.de/files/-/1383/regierungsentwurf.pdf, Stand: 24. 4. 2007.
[121] *Seibert*, BB 2002, 583; *Ihrig/Wagner*, BB 2002, 2511; *Seibt*, AG 2002, 252, sowie näher Rn. 46 ff.
[122] S. im Einzelnen die Checklisten im Anhang.

für (wenigstens einige) Anregungen die Frage stellen, ob ihre Befolgung in der spezifischen Situation der einzelnen Gesellschaft Ausdruck guter Corporate Governance ist und die Sorgfalt des ordentlichen und gewissenhaften Geschäftsleiters (§ 93 Abs. 1 Satz 1 AktG) konturiert. Dies gilt umso mehr, als und soweit Anregungen bei entsprechender Akzeptanz und Bewährung in der Praxis Kandidaten werden, die im Zuge von Revisionen des Kodex[123] in Empfehlungen umgewidmet werden.

In Regelungen des Kodex, die nicht nur die Gesellschaft selbst, sondern auch ihre Konzernunternehmen betreffen, wird der Begriff „Unternehmen" statt „Gesellschaft" verwendet.

XII. Konzern

126   Viele der rund 1000 börsennotierten Gesellschaften, an die sich der Kodex richtet,[124] sind Teil einer Unternehmensgruppe. Sie fungieren in der überwiegenden Zahl der Fälle als Muttergesellschaft eines Konzerns. Gelegentlich sind jedoch auch Tochtergesellschaften – teils neben der Muttergesellschaft und teils allein – börsennotiert.[125] Vor diesem Hintergrund muss der Kodex jeweils festlegen, welche seiner Bestimmungen nur für die betreffende Gesellschaft gelten und welche Regelungen sich auf den gesamten Konzern beziehen. Sofern Bestimmungen konzerndimensional angelegt sind, spricht der Kodex vom „Unternehmen", anderenfalls von der „Gesellschaft". Der Begriff „Unternehmen" meint im Kodex somit den Konzern im Sinne von § 18 Abs. 1 AktG, bei dem ein herrschendes und ein oder mehrere abhängige Unternehmen unter der einheitlichen Leitung des herrschenden Unternehmens zusammengefasst sind. Beispielsweise sollen Vorstand und Aufsichtsrat nach Ziffer 3.10 des Kodex jährlich über die Corporate Governance des Unternehmens berichten. Dies bedeutet, dass über die Governancesituation des Konzerns und nicht nur der fraglichen Gesellschaft zu berichten ist.[126] Hingegen richtet sich die Empfehlung, zur Verbesserung der Transparenz geeignete Kommunikationsmedien wie etwa das Internet zu nutzen (Ziffer 6.4), an die einzelne börsennotierte Gesellschaft.

127   Mit Blick auf die möglichen Kombinationen börsennotierter Gesellschaften in einem Konzern lassen sich im Einzelnen vier praktisch relevante Konstellationen der Geltungsreichweite von Bestimmungen des Kodex unterscheiden. Kodexregeln können sich danach (1) nur auf die Muttergesellschaft, (2) nur auf eine börsennotierte Tochtergesellschaft, (3) parallel auf mehrere Gesellschaften oder (4) auf den Konzern insgesamt erstrecken. Die Fälle (1) bzw. (2) liegen vor, wenn entweder nur die Muttergesellschaft oder aber eine Tochtergesellschaft börsennotiert ist und eine Kodexregelung die „Gesellschaft" anspricht. Bei Situation (3) gelten gesellschaftsbezogene Bestimmungen des Kodex an mehreren Stellen im Konzern, da und soweit (meist) neben der Konzernmutter auch Tochtergesellschaften börsennotiert sind. Konstellation (4) schließlich markiert den Fall echter konzerndimensionaler Kodexregeln, die zwar an die (Organe der) Muttergesellschaft adressiert sind, jedoch die Verhältnisse des Gesamtkonzerns im Blick haben. Hierzu zählen neben den Bestimmungen, die explizit das Wort „Unternehmen" verwenden, auch die (wenigen) Regelungen, die an (den Organen) der Muttergesellschaft ansetzen, jedoch auch auf die abhängigen Konzerngesellschaften ausstrahlen. Ein Beispiel hierfür bildet die Feststellung des Kodex in

---

[123] S. hierzu Rn. 137 ff.
[124] S. Rn. 128.
[125] Beispiele sind etwa Volkswagen AG und Audi AG einerseits sowie Axa Konzern AG andererseits.
[126] S. zum konzernbezogenen Berichtsinhalt näher Rn. 542 ff.

Ziffer 4.1.3, dass der Vorstand für die Einhaltung der gesetzlichen Bestimmungen zu sorgen hat und auf deren Beachtung durch die Konzernunternehmen hinwirkt.[127]

Der Kodex richtet sich in erster Linie an börsennotierte Gesellschaften. Auch nicht börsennotierten Gesellschaften wird die Beachtung des Kodex empfohlen.

XIII. Adressaten des Kodex

1. Börsennotierte Gesellschaften

In Übereinstimmung mit einer international verbreiteten Übung[128] sowie den Empfehlungen der Baums-Kommission[129] ist der Kodex in erster Linie an börsennotierte Gesellschaften adressiert. Dementsprechend sind nach § 161 AktG auch nur die Vorstände und Aufsichtsräte solcher Gesellschaften zur Erklärung verpflichtet, inwieweit sie den Kodexempfehlungen folgen. Als börsennotiert im Sinne des DCG-Kodex gelten – wie allgemein nach Aktien- und Kapitalmarktrecht[130] – Gesellschaften, deren Aktien zu einem organisierten Markt zugelassen sind. Dabei ist ein Markt als organisiert anzusehen, wenn er von staatlich anerkannten Stellen geregelt und überwacht wird, regelmäßig stattfindet und für das Publikum unmittelbar oder mittelbar zugänglich ist. Mit dieser Definition werden Aktiennotierungen im amtlichen Handel und im geregelten Markt, nicht aber im Freiverkehr erfasst.[131] Angesprochen sind dabei nur „deutsche" börsennotierte Gesellschaften, die ihren gesellschaftsrechtlichen Sitz in Deutschland haben. Der DCG-Kodex liegt insoweit folglich ganz auf der Linie wesentlicher ausländischer Kodizes, die – wie etwa der britische Combined Code, der Swiss Code und der Austrian Code – ebenfalls auf den gesellschaftsrechtlichen Sitz der Gesellschaft und nicht den Ort der Börsenzulassung abstellen.[132] Gesellschaften, die ihren Sitz im Ausland haben, aber – auch oder ausschließlich – an einer deutschen Börse notiert sind, unterliegen dagegen nicht dem Kodex im Sinne von Satz 1 dieses Präambelabsatzes. Gesellschaften mit Sitz in Deutschland, die lediglich an einer ausländischen Börse zugelassen sind, werden hingegen vom Kodex erfasst.[133] Börsennotiert können in Deutschland Aktiengesellschaften, Kommanditgesellschaften auf Aktien und Europäische Gesellschaften (SE) sein. Im Juli 2007 waren (laut Hoppenstedt) 929 deutsche Gesellschaften an deutschen Börsen gelistet. Der Kodex richtet sich somit in erster Linie an diese Gesellschaften.

2. Mittelständische Gesellschaften

Neben der Börsennotierung spielt auch die (an Umsatz, Arbeitnehmerzahl, Marktkapitalisierung etc. gemessene) Größe eines Unternehmens eine wichtige Rolle bei der Frage, inwieweit die einzelnen Empfehlungen und Anregungen des Kodex sinn-

---

[127] Hierzu im Einzelnen Rn. 615 ff.
[128] Vgl. *Böckli*, Schweizerische Zeitschrift für Wirtschaftsrecht, 1999, 3 ff.; *v. Werder/Minuth*, Internationale Kodizes, 2.
[129] S. *Baums*, Bericht, Rn. 13.
[130] S. zum inzwischen in § 3 Abs. 2 AktG und § 21 Abs. 2 WpHG übereinstimmend gefassten Begriff der Börsennotierung *Hüffer*, AktG, § 3 Rn. 6, Anh. §§ 22, 21 WpHG Rn. 13.
[131] *Hoffmann-Becking* in Hoffmann-Becking, Münch. Hdb. GesR IV, 1999, 9; *Hüffer*, AktG, § 3 Rn. 6.
[132] S. *Financial Reporting Council*, Combined Code und § 9.8.6 der Listing Rules; *Panel of Experts on Corporate Governance*, Swiss Code, 4; *Österreichischer Arbeitskreis für Corporate Governance*, Austrian Code, 11.
[133] Vgl. auch § 3 Abs. 2 AktG und hierzu *Hüffer*, AktG, § 3 Rn. 6.

voll angewendet werden können.¹³⁴ Der DCGK hat zwar primär große (börsennotierte) Gesellschaften im Blick, wie sie namentlich durch die im DAX 30 notierten Unternehmen repräsentiert werden. Gleichwohl lassen sich die (meisten der) Kodexregelungen im Grundsatz auch in mittelständischen Gesellschaften anwenden, wenn die Besonderheiten dieser Unternehmen berücksichtigt werden. In einzelnen Kodexregelungen ist dieser Situationsbezug auch bereits explizit angelegt. Ein wichtiges Beispiel hierfür bildet die Empfehlung zur Bildung von Aufsichtsratsausschüssen in Ziffer 5.3.1 DCGK. Der Aufsichtsrat soll danach „... abhängig von den spezifischen Gegebenheiten des Unternehmens und der Anzahl seiner Mitglieder ..." (Ziffer 5.3.1 Satz 1 DCGK) fachlich qualifizierte Ausschüsse bilden. Sofern mittelständische Gesellschaften nur einen kleinen Aufsichtsrat haben mit im Extremfall drei oder auch sechs Mitgliedern, ist eine Ausschussbildung offensichtlich regelmäßig entbehrlich und dann auch nicht Ausdruck guter Corporate Governance. Verzichten mittelständische Gesellschaften in solchen Fällen auf Aufsichtsratsausschüsse, befinden sie sich folglich durchaus in Übereinstimmung mit der betreffenden Kodexempfehlung, so dass insoweit auch keine Einschränkung der Entsprechenserklärung erforderlich ist.¹³⁵

130 Die kodexrelevanten Besonderheiten mittelständischer Gesellschaften im Vergleich zu Großunternehmen liegen u. a. darin, dass die verfügbaren Personal- und Sachressourcen tendenziell (noch) knapper sind, dass die Leitungs- und Überwachungsaufgaben und damit die organisatorischen Infrastrukturen der Unternehmensführung überschaubarer ausfallen und dass die Aktionärsstrukturen eher durch Anteilskonzentrationen gekennzeichnet sind, in dem z. B. Gründer oder Familien große Aktienpakete und eventuell sogar die Mehrheit der Aktien halten. In Anbetracht dieser Besonderheiten ist im Einzelfall (mit der Sorgfalt eines ordentlichen und gewissenhaften Geschäftsleiters)¹³⁶ jeweils zu entscheiden, ob und inwieweit die Umsetzung der Empfehlungen und Anregungen des DCGK im Unternehmensinteresse liegt. So verursacht beispielsweise die Befolgung der Kodexanregung in Ziffer 2.3.4, wonach die Gesellschaft den Aktionären die Verfolgung der Hauptversammlung über moderne Kommunikationsmedien (z. B. Internet) ermöglichen sollte, (heute noch) einen Aufwand, der bei kleineren Gesellschaften durchaus ins Gewicht fallen kann.¹³⁷

131 Einfachere Leitungs- und Überwachungsstrukturen, die z. B. in kleinen Aufsichtsräten ohne Ausschussbildung zum Ausdruck kommen, haben naturgemäß zur Konsequenz, dass manche (im Beispiel: alle ausschussbezogenen) Kodexregelungen für die betreffenden Gesellschaften ohne Relevanz sind. Soweit es sich dabei um Empfehlungen handelt (Beispiel Ziffer 5.2 Abs. 2 Satz 1: „Der Aufsichtsratsvorsitzende soll zugleich Vorsitzender der Ausschüsse sein, die die Vorstandsverträge behandeln und die Aufsichtsratssitzungen vorbereiten."), ist insoweit auch eine Einschränkung der Entsprechenserklärung erforderlich.¹³⁸ Aus Gründen der Klarheit und Transparenz sollte dabei in der Entsprechenserklärung darauf hingewiesen werden, dass und welche „Folgeempfehlungen" (naturgemäß) nicht umgesetzt werden, weil bestimmte „Ausgangsempfehlungen" (im Beispiel: Ausschussbildung) nicht befolgt werden. Gleiches gilt

---

134 Vgl. auch *Claussen/Bröcker*, DB 2002; *Dörner/Wader* in Pfitzer/Oser, Dt. Corporate Governance Kodex; *v. Werder/Talaulicar*, ZfbF 2003 Sonderheft 50, 26 ff.
135 S. auch Rn. 978 und 989.
136 S. allgemein zur Entscheidung über die Kodexbefolgung Rn. 121.
137 Dementsprechend ist es auch nicht sonderlich überraschend, dass diese Anregung nach den Befunden des Kodex Report 2007 heute von gut drei Mal so vielen DAX-Unternehmen (71,4 %) als SDAX-Gesellschaften (23,3 %) aufgegriffen wird, s. *v. Werder/Talaulicar*, DB 2007, 874, und zum Kodex Report 2007 näher Rn. 1638 ff.
138 S. allgemein zum Problem der „Entsprechensinterdependenzen" *v. Werder/Talaulicar/Kolat*, DB 2003, 1858.

XIII. Adressaten des Kodex   **132, 133 Präambel**

analog für die entsprechenden (Folge-)Anregungen, deren Handhabung nach den Vorstellungen des Kodex im Corporate Governance Bericht dargelegt werden sollte.[139] Im Übrigen können einfachere Führungsstrukturen bei bestimmten Kodexregelungen die volle Ausschöpfung der eröffneten Handlungsspielräume auch verbieten, wenn man der Intention der betreffenden Regelung entsprechen möchte. So empfiehlt beispielsweise Ziffer 5.4.2 Satz 3 DCGK mit Blick auf die erforderliche Unabhängigkeit der Überwachung, dass dem Aufsichtsrat nicht mehr als zwei ehemalige Mitglieder des Vorstands angehören sollen. Liegt im Extremfall ein dreiköpfiger Aufsichtsrat vor, der sich aus zwei ehemaligen Vorstandsmitgliedern und einer weiteren Person zusammensetzt, so wird der Empfehlung zwar formal, aber nicht inhaltlich Genüge getan.

Die Aktionärsstruktur einer Gesellschaft kann sich u. a. wesentlich auf die Zusammensetzung der Gesellschaftsorgane und deren Beziehungen zu den Anteilseignern auswirken. Hieraus können Konstellationen resultieren, die gewisse Kodexbestimmungen nicht weniger bedeutsam, sondern umso wichtiger erscheinen und zu kritischen Prüfsteinen der Corporate Governance der betreffenden Unternehmen werden lassen. Zu denken ist namentlich an diejenigen Kodexbestimmungen, die einer ungerechtfertigten Benachteiligung von Minderheits- bzw. Kleinaktionären zugunsten eines Mehrheitsaktionärs entgegenwirken sollen. Konkrete Beispiele resultieren etwa aus den Empfehlungen zur personellen Besetzung des Aufsichtsrats, die u. a. eine ausreichende Anzahl hinreichend unabhängiger Aufsichtsratsmitglieder[140] und die Berücksichtigung einer festzulegenden Altersgrenze vorsehen. Sofern etwa ein Familienmehrheitsaktionär sämtliche Sitze der Anteilseignerseite im Aufsichtsrat ausschließlich nach seinen persönlichen Vorstellungen besetzt und auch jenseits einer angemessenen Altersgrenze noch den Aufsichtsratsvorsitz innehat, wäre die Corporate Governance dieser Gesellschaft im Licht der zitierten Kodexempfehlungen im Normalfall als nicht unproblematisch anzusehen.   **132**

Welche der insgesamt 80 Empfehlungen und 23 Anregungen in mittelständischen Gesellschaften angesichts der angesprochenen und weiteren Besonderheiten dieser – im Einzelnen in sich sehr heterogenen – Gruppe von Unternehmen mit guten Gründen abgewählt werden können (oder aber auch besonders bedeutsam erscheinen), lässt sich letztlich nur bei Kenntnis der Umstände des individuellen Falls entscheiden. Generell kann aber immerhin mit Blick auf die bisherige Umsetzung des Kodex in der Unternehmenspraxis bemerkenswerterweise festgestellt werden, dass die Akzeptanz der Empfehlungen und Anregungen nur der Tendenz nach, aber keineswegs starr mit der Unternehmensgröße steigt. Geht man vereinfachend davon aus, dass die Gesellschaften des MDAX eher „größer" als die SDAX-Gesellschaften sind, so weist der Kodex-Report 2007 aus, dass eine Reihe von Empfehlungen und Anregungen von den Unternehmen des SDAX merklich häufiger akzeptiert werden als von den MDAX-Gesellschaften (s. Tab. 1). Bei aller Vorsicht, mit der diese Befunde zu interpretieren sind, deuten sie doch gleichwohl darauf hin, dass mitunter andere Faktoren wie etwa das Grundverständnis des jeweiligen Managements von Corporate Governance und die Orientierung an den Verhaltensweisen der Referenzgruppen (Unternehmen gleicher Branchen, gleicher Börsensegmente etc.)[141] ausschlaggebender für die Befolgung von Kodexbestimmungen sein können als allein die Unternehmensgröße.   **133**

---

[139] S. Ziffer 3.10 Satz 3 und hierzu Rn. 534 ff.
[140] S. auch Rn. 1020.
[141] v. Werder/Talaulicar, ZfbF 2003, Sonderheft 50, 30 f.

Tabelle 1:
Neuralgische Empfehlungen und Anregungen, deren zukünftige Akzeptanz im SDAX größer ist als im MDAX[142]

Rang	Empfehlung (Ziffer)	Zukünftige Akzeptanz im SDAX	Zukünftige Akzeptanz im MDAX	Differenz
1	Vereinbarung einer Begrenzungsmöglichkeit (Cap) für außerordentliche, nicht vorhergesehene Entwicklungen durch den Aufsichtsrat (Ziffer 4.2.3 Abs. 3 S.3)	93,3 %	88,0 %	5,3 %
2	Angaben zur Art der von der Gesellschaft erbrachten Nebenleistungen im Vergütungsbericht (Ziffer 4.2.5 Abs. 3)	80,0 %	78,6 %	1,4 %
3	Bekanntgabe der Kandidatenvorschläge für den Aufsichtsratsvorsitz an die Aktionäre (Ziffer 5.4.3 S. 3)	89,7 %	88,5 %	1,2 %
Rang	Anregung (Ziffer)	Zukünftige Akzeptanz im SDAX	Zukünftige Akzeptanz im MDAX	Differenz
1	Erreichbarkeit des Stimmrechtsvertreters während der Hauptversammlung (Ziffer 2.3.3 S. 3 2. HS)	86,7 %	78,6 %	8,1 %
2	Einberufung einer außerordentlichen Hauptversammlung bei Übernahmeangeboten (Ziffer 3.7)	79,2 %	72,7 %	6,5 %
3	Flexibilisierung der Bestellperioden von Aufsichtsratsmitglieder (Ziffer 5.4.6)	66,7 %	61,5 %	5,2 %

3. Nicht börsennotierte Gesellschaften

134 Der Kodex enthält in weiten Passagen allgemein gültige Standards guter Unternehmensführung. Infolgedessen wird auch nicht börsennotierten Gesellschaften die Beachtung des Kodex empfohlen, sofern seine Bestimmungen für den jeweiligen Gesellschaftstyp geeignet (sowie nicht entweder ohnehin aus Rechtsgründen verpflichtend oder aber unzulässig) sind. Zu denken ist vor allem an alle nicht börsennotierte Gesellschaften, die börsennotierte Wertpapiere emittiert haben, sowie an nicht börsennotierte, sog. geschlossene Aktiengesellschaften und KGaA, an GmbHs mit freiwillig eingerichtetem[143] oder obligatorischem[144] Aufsichtsrat sowie an andere Rechtsformen (wie die eingetragene Genossenschaft[145]) mit mehrgliedriger Organstruktur der Unternehmensführung. Die „Empfehlung" des Kodex an solche Gesellschaften, die „passenden" Regelungen ebenfalls zu übernehmen, steht allerdings gewissermaßen vor der Klammer der nach § 161 AktG erklärungsrelevanten Kodexempfehlungen. Ein mehr oder weniger sanfter Druck, sich mit dem Kodexinhalt auseinanderzusetzen und einen bestimmten Teil seiner Standards anzuwenden, kann daher allenfalls zum einen von Seiten der unmittelbaren Stakeholder wie etwa kredit-

---

[142] Quelle: *v. Werder/Talaulicar*, DB 2007, 871 Tab. 3, 874 Tab. 7.
[143] § 52 Abs. 1 GmbHG (Einrichtung durch Gesellschaftsvertrag).
[144] Nach mitbestimmungsrechtlichen Vorschriften, s. § 1 Abs. 1 Nr. 3 DrittelbG, § 1 Abs. 1 MitbestG.
[145] S. § 9 GenG.

XIII. Adressaten des Kodex **135, 136 Präambel**

gebenden Banken ausgehen. Zum anderen kann der Kodex für die Führungsorgane nicht börsennotierter Gesellschaften auch insofern von Interesse sein, als und soweit seine Bestimmungen in Zukunft herangezogen werden sollten, um die bei der jeweiligen Gesellschaftsform geltenden Rechtsvorschriften über die Organpflichten zu konkretisieren.

Mit Blick auf ihre Eignung für nicht börsennotierte Gesellschaften lassen sich die Empfehlungen und Anregungen des Kodex zunächst in zwei Gruppen einteilen. Die eine Gruppe umfasst diejenigen Governancestandards, die ihre Begründung speziell in der Börsennotierung und somit darin finden, dass die betreffenden Gesellschaften in besonderem Maße „in der Öffentlichkeit stehen". Da die Anteile börsennotierter Gesellschaften im Prinzip von jedermann erworben werden können (und aus Unternehmenssicht auch erworben werden sollten), sind solche Unternehmen im Grunde genommen auf dem gesamten globalen Kapitalmarkt präsent, um Kontakt zu aktuellen und potenziellen Aktionären zu halten. Die Außensicht der Corporate Governance[146] hat daher für börsennotierte Gesellschaften eine besondere Bedeutung und schlägt sich in zahlreichen Kodexbestimmungen nieder. Hierzu zählen namentlich die Empfehlungen und Anregungen zur Förderung der Transparenz (6. Abschnitt des Kodex) und zur Verbesserung der Aussagefähigkeit der Rechnungslegung (Abschnitt 7.1 des Kodex).[147] Die Übernahme der hiermit gesetzten Governancestandards wird für nicht börsennotierte Gesellschaften mit mehr oder weniger geschlossenem Gesellschafterkreis eher selten in Betracht kommen. **135**

Zur zweiten Gruppe der Kodexbestimmungen zählen diejenigen Regelungen, die keinen spezifischen Bezug zur Börsenzulassung haben. Diese Empfehlungen und Anregungen betreffen vornehmlich die Innensicht der Corporate Governance und finden sich vor allem im Kodextext über das Zusammenwirken von Vorstand und Aufsichtsrat (3. Abschnitt) sowie in den Abschnitten zum Vorstand (4. Abschnitt) und Aufsichtsrat (5. Abschnitt) sowie auch zur Abschlussprüfung (Abschnitt 7.2). Unter den Kodexbestimmungen dieser zweiten Gruppe gibt es einerseits Regeln, die für nahezu jede Gesellschaft (mit einem Leitungs- und einem Überwachungsorgan) als Ausdruck guter Corporate Governance gelten dürfen. Beispiele bilden etwa die Empfehlungen, dass der Aufsichtsrat die Informations- und Berichtspflichten des Vorstands näher festlegen[148] und (gemeinsam mit dem Vorstand) für eine langfristige Planung der Vorstandsnachfolge sorgen soll.[149] Auf der anderen Seite stehen (auch) in dieser Gruppe Bestimmungen, deren Übertragbarkeit auf nicht börsennotierte Gesellschaften von den individuellen Gegebenheiten der jeweiligen Gesellschaft abhängt. Hier ist – wie im Übrigen streng genommen auch bei Gesellschaften mit Börsenzulassung[150] – im Einzelfall zu prüfen, welche Regelungen zweckmäßig erscheinen und welche nicht. Als maßgeblicher Situationsfaktor wird dabei vor allem die Größe der Gesellschaft[151] eine Rolle spielen. Sie entscheidet beispielsweise tendenziell über die Zahl der zu wählenden Aufsichtsratsmitglieder und damit über die Notwendigkeit einer Ausschussbildung im Überwachungsorgan.[152] Ferner ist die mitbestimmungsbezogene Empfehlung getrennter Vorbesprechungen der Anteilseigner- und der Arbeitnehmervertreter **136**

---

[146] S. zur Unterscheidung zwischen der Innen- und der Außensicht der Corporate Governance Rn. 1.
[147] Dies schließt nicht aus, dass einzelne Bestimmungen aus den Abschnitten zur Transparenz und Rechnungslegung auch für nicht börsennotierte Gesellschaften relevant sind. Ein Beispiel bildet die Empfehlung zum Fast Close in Ziffer 7.1.2 des Kodex.
[148] Ziffer 3.4 Abs. 3 Satz 1.
[149] Ziffer 5.1.2 Satz 2.
[150] S. zur Entscheidung über die Befolgung der Kodexempfehlungen ausführlich Rn. 1515 ff.
[151] S. in diesem Zusammenhang auch Rn. 134 f.
[152] So macht denn auch der Kodex die Empfehlung zur Ausschussbildung im Aufsichtsrat explizit von „... der Anzahl seiner Mitglieder..." abhängig (Ziffer 5.3.1 Satz 1).

im Aufsichtsrat[153] von vornherein nur für diejenigen (nicht börsennotierten wie börsenzugelassenen) Gesellschaften relevant, die mehr als 500 Arbeitnehmer beschäftigen und damit (bei entsprechender Rechtsform) zumindest drittelparitätisch mitbestimmt sind.

Der Kodex wird in der Regel einmal jährlich vor dem Hintergrund nationaler und internationaler Entwicklungen überprüft und bei Bedarf angepasst.

XIV. Jährliche Überprüfung des Kodex

1. „Standing Commission"

137   Dem Auftrag entsprechend, den die Kodexkommission in ihrer konstituierenden Sitzung am 6. September 2001 von der Bundesministerin der Justiz erhielt, endet die Aufgabe der Kodexkommission nicht mit der Erarbeitung des Deutschen Corporate Governance Kodex, sondern setzt sich auch danach fort. Die Bundesministerin der Justiz hat die Kommission damit betraut, die nationalen und internationalen Entwicklungen der Corporate Governance zu beobachten, die Regelungen des Kodex daran zu spiegeln und den Kodex bei Bedarf anzupassen.

138   Jede Revision des Kodex wird nach Verabschiedung durch die Kommission dem BMJ übergeben. Dieses veröffentlicht den Kodex, nach Rechtmäßigkeitsprüfung, im amtlichen Teil des elektronischen Bundesanzeigers.[154] Der so veröffentlichte, revidierte Kodex ist dann der Deutsche Corporate Governance Kodex, auf den sich die Entsprechenserklärung des § 161 AktG bezieht.[155]

2. Änderung der Zusammensetzung der Kommission

139   Der vorgenannte Auftrag an die Kommission ist, wie oben dargestellt, zeitlich nicht begrenzt. Alle ursprünglichen Mitglieder der Kodexkommission haben den Auftrag ohne Einschränkungen angenommen, so dass für die absehbare Zukunft auch die personelle Kontinuität in der Kodexkommission gesichert erscheint.

140   Es wäre verfehlt anzunehmen, dass damit aber die personelle Zusammensetzung der Kommission auch für die weitere Zukunft unverändert festgeschrieben ist.

141   Als Auftraggeber bleibt das BMJ Herr des Verfahrens. Es kann jederzeit die Kommission auflösen, vergrößern, verkleinern oder einzelne Mitglieder abberufen. Will es das Ansehen, das sich die Kodexkommission in ihrer bisherigen Zusammensetzung erworben hat, nicht aufs Spiel setzen, sondern in der Kontinuität guter Corporate Governance auch dafür Sorge tragen, dass eine gewisse Beständigkeit der Kommissionsarbeit eintritt, ist das BMJ allerdings gut beraten, bei Abberufungen aus der und Neuberufungen in die Kommission eben diesen Gesichtspunkt der Kontinuität und der Ausgewogenheit der Zusammensetzung[156] angemessen zu berücksichtigen.

3. Austritt aus der Kommission

142   So wie das BMJ Kommissionsmitglieder abberufen oder in die Kommission berufen oder die Kommission ganz auflösen kann, steht auch jedem einzelnen Kommissionsmitglied die Möglichkeit offen, seine Tätigkeit in der Kodexkommission zu beenden.

---

[153] S. Ziffer 3.6 Abs. 1 und näher Rn. 403 ff.
[154] *Seibert*, BB 2002, 581, 582; der Kodex in der Fassung vom 12. 6. 2006 wurde am 24. 7. 2006 im elektronischen Bundesanzeiger veröffentlicht.
[155] S. 3. Teil: Die Umsetzung des Kodex in der Praxis.
[156] S. Rn. 10.

XIV. Jährliche Überprüfung des Kodex   143–146 **Präambel**

Rechtlich vorgeschriebene Regeln oder zu beachtende Formalitäten existieren nicht, wie ja die Kommission selbst kein Gremium ist, dessen Auftrag, Zusammensetzung und Existenz sich von bestimmten Rechtsnormen ableiten lässt.[157]

Aufgabe, Bedeutung und Zusammensetzung der Kommission sowohl in fachlicher Hinsicht als auch im Hinblick auf die ausgewogene Repräsentanz aller Anwender und Betroffenen gebieten es allerdings, dass ein Kommissionsmitglied, das aus der Kommission auszuscheiden gedenkt (beispielsweise aus Alters- oder Gesundheitsgründen,[158] wegen anderweitiger beruflicher Inanspruchnahme oder Übernahme neuer beruflicher Aufgaben)[159] seinen Ausscheidenswunsch dem BMJ mit so viel zeitlichem Vorlauf mitteilen wird, dass dem Ministerium die Gelegenheit verbleibt, einen/eine Nachfolger(in) schon zu dem Zeitpunkt zu bestellen, zu dem das betreffende Kommissionsmitglied auszuscheiden gedenkt. Auf diese Weise ist jedenfalls die qualitative und fachliche Kontinuität der Kommission sichergestellt. 143

Sind Ereignisse eingetreten oder liegen Gründe vor, die es einem Kommissionsmitglied nicht zumutbar erscheinen lassen, weiterhin in der Kommission mitzuwirken (**wichtiger Grund**), ist natürlich auch ein sofortiges Ausscheiden aus der Kommission möglich. Wie bei anderen Fällen eines wichtigen Grundes (beispielsweise bei der Beendigung eines Vertrages oder der Kündigung einer Mitgliedschaft) ist abzuwägen zwischen dem Interesse des Mitglieds an möglichst kurzfristigem Ausscheiden auf der einen Seite und dem Interesse des Gremiums an der ordnungsgemäßen Erfüllung der ihm obliegenden Aufgaben auf der anderen Seite. 144

4. Aktualisierung des Kodex

Der Kodex soll einmal jährlich überprüft und gegebenenfalls angepasst werden.[160] Die Unternehmen werden die angepassten Regeln dann prüfen und entweder umsetzen/befolgen oder aber ihre Entsprechenserklärung nach § 161 AktG einschränken. Dies bedingt eine Befassung der Organe der Gesellschaft (einschließlich ggf. sogar der Hauptversammlung). 145

Um den Unternehmen die Umsetzung neuer oder revidierter Kodexempfehlungen einfach zu machen und eine Einschränkung der Entsprechenserklärung nach § 161 AktG auf die Fälle zu beschränken, in denen das Unternehmen sich in zulässiger Weise entscheidet, eine Kodexempfehlung nicht umzusetzen, beabsichtigt die Kodexkommission, allfällige Änderungen und Ergänzungen des Kodex zu einem Zeitpunkt zu beschließen, dass sie nach Veröffentlichung im elektronischen Bundesanzeiger von den Unternehmen 146

---

[157] S. Rn. 12.
[158] So beispielsweise das Kommissionsmitglied H. Putzhammer, für den D. Hexel vom Deutschen Gewerkschafts- Bund in die Kommission berufen wurde.
[159] So beispielsweise das Kommissionsmitglied V. Potthoff, für den nach seinem Ausscheiden aus den Diensten der Deutschen Börse AG Dr. M. Gentz, Mitglied des Aufsichtsrats der Deutsche Börse AG, in die Kommission eintrat.
[160] Dabei berücksichtigte die Kommission die nationale wie die internationale Entwicklung der Corporate Governance, z. B. die Vorschläge des mit Entscheidung der EU-Kommission vom 15. 10. 2004 ins Leben gerufenen European Governance Forum (ABl. EG Nr. L 321/53), dessen Verhandlungen und Empfehlungen auf der Website der GD Binnenmarkt veröffentlicht werden (http://europa.eu.int/comm/internal_market/), neue Corporate Governance Kodizes, wie z. B. den Entwurf des spanischen Kodex (Unifield Code on Good Governance vom 16. 1. 2006 der am 22. 7. 2005 von der spanischen Regierung eingesetzten Arbeitsgruppe bei der Comisión Nacional del Mercado de Volares, die im November 2004 von der Regierung Estlands initiierten Corporate Governance Recommendations des Talin Stock Exchange oder die Berichte über die Entwicklung der Corporate Governance in der Türkei (ICC Round Table of Corporate Governance, 24. 4. 2005 in Istanbul; zur Corporate Governance in französischen (RIW 2006, 277 ff.), belgischen (RIW 2006, 114 ff.) Gesellschaftsrecht, der Schweiz (NZZ vom 1. 12. 2005) in Deutschland (Corporate Governance in Deutschland, Trends und Entwicklungen).

im Rahmen von Regelzusammenkünften von Vorstand und Aufsichtsrat und gegebenenfalls der ordentlichen Hauptversammlung berücksichtigt werden können. Entsprechend werden bisher Kodexänderungen oder -anpassungen jeweils im dritten Quartal eines Kalenderjahres veröffentlicht,[161] damit den Unternehmen ausreichend Zeit verbleibt, die erforderlichen Umsetzungsmaßnahmen einzuleiten und durchzuführen.

147   Bei Kodexänderungen und Anpassungen ist die Kommission bisher behutsam vorgegangen, um die Stabilität der Governance-Standards zu wahren. Sie sieht die Konstanz der Empfehlungen als ein hohes Gut, das durch zu häufige Änderungen nicht gefährdet werden sollte.[162] Vielmehr sollten die Unternehmen die Möglichkeit erhalten, sich an die Empfehlungen des Kodex zu gewöhnen und gute Corporate Governance leben zu lernen. Dies wird unnötig erschwert, sollten sich die Kodexempfehlungen zu oft ändern.

5. Die bisherigen Kodexanpassungen

148   In ihrer **Plenarsitzung am 7. November 2002** hat die Kommission von der durch § 15 a WpHG[163] erforderlich gewordenen Anpassung der Ziffer 6.6 des Kodex an die Gesetzeslage abgesehen keine weiteren Änderungen des Kodex beschlossen.

149   Die Ereignisse im Frühsommer des Jahres 2002 in den USA und auch in Deutschland gaben jedoch Anlass zu einer intensiven Diskussion über Umfang und Ausübungsbedingungen von Aktienoptionen als Vergütungsbestandteil und über die Ausgestaltung von sonstigen langfristigen Anreizanteilen für Organmitglieder.[164] Bereits zu diesem Zeitpunkt war absehbar, dass der Schwerpunkt ihrer bevorstehenden Arbeit auf der Diskusion von Vergütungsmodellen und ihren Auswirkungen auf die Empfehlungen des Kodex liegen würde.[165] Die Kodexkommission beauftragte Arbeitsgruppen mit der Prüfung, ob und in welchem Umfang sich Anpassungen des Kodex empfehlen.

150   Die Verhandlungen der Kommission und ihre Beschlüsse aus der **Plenarsitzung vom 21. Mai 2003** konzentrierten sich in der Tat auf die Organvergütung und dabei insbesondere auf die im Vorfeld der Sitzung, wie auch danach in der Öffentlichkeit äußerst kontrovers diskutierte „Hochstufung" der individualisierten Veröffentlichung der Vorstandsgehälter von einer nicht erklärungspflichtigen Anregung zu einer von § 161 AktG erfassten Empfehlung.[166]

151   Auch in der **Folge der Sitzung** vom 21. Mai 2003 beschäftigte die vom Kodex empfohlene individualisierte Offenlegung der Vorstandsvergütung die veröffentlichte Meinung weiter intensiv. Die Emittenten folgten der neuen Kodexempfehlung nur

---

[161] Ausnahme hiervon ist lediglich die Anpassung des Kodexwortlautes im Abschnitt 6.6 an das 4. Finanzmarktförderungsgesetz vom 21.6. 2002 (BGBl. I, S. 2010).

[162] Binnenmarktkommissar McCreevy zieht – anders als noch sein Vorgänger – ebenfalls eine eher behutsame Weiterentwicklung der Corporate Governance Standards auf Europäischer Ebene vor. Bezogen auf die EU-Empfehlungen zur individualisierten Veröffentlichung der Direktorenvergütung und zu den Aufgaben der Aufsichtsräte (s. Rn. 715, Fn. 172) erklärte er entgegen der ursprünglichen Aussage der EU-Kommission auf der 2. Europäischen Corporate Goverance Konferenz, am 28.6. 2005 wörtlich: „The Commission will not follow-up with legislation ... I see no need to go further at this stage."

[163] Der durch das 4. Finanzmarktförderungsgesetz 2002 eingefügte § 15 a WpHG sieht de-minimis-Regelungen bei den so genannten Directors' Dealings vor, die zur Zeit der Beratungen des Kodex noch nicht bekannt waren und deshalb auch nicht berücksichtigt wurden. Zu der Plenarsitzung vom 14. Juni 2007 wurde die infolge mehrfacher Gesetzesänderungen sehr kompliziert gewordene Regelung gestrichen, s. Rn. 155a (Beschreibung der Beschlüsse der Plenarsitzung vom 14. Juni 2007) und Rn. 1235 ff.

[164] Der Kodex selbst hat in diesem Bereich allgemeine Empfehlungen getroffen, die auch den aktuellen Ereignissen und Diskussionen standhalten.

[165] S. hierzu insbesondere die Anmerkungen zu Ziffer 4.2.3, Rn. 717 ff., insbesondere Rn. 748.

[166] S. Presseerklärung der Kommission vom 21.5. 2003 sowie wegen der Einzelheiten die Erläuterungen zu Ziffer 4.2.2 ff.

XIV. Jährliche Überprüfung des Kodex　　　　　　　　　　152　**Präambel**

zögerlich; allerdings war ein Abbröckeln der Ablehnungsfront zu verzeichnen. Befriedigend war die Annahme der Empfehlung durch die Emittenten nach wie vor nicht[167] und so wurde der Ruf nach dem Gesetzgeber immer lauter.[168] Befördert wurde die Diskussion dadurch, dass die EU-Kommission Anfang Oktober 2004 den Entwurf einer detaillierten Empfehlung zur Veröffentlichung von Direktorenvergütungen beschloss,[169] die am 14. Dezember 2004 im Amtsblatt veröffentlicht wurde. Zwar folgten immer mehr Unternehmen der Empfehlung des Kodex zur individualisierten Veröffentlichung der Vorstandsbezüge.[170] Es gab aber auch so genannte DAX-Schwergewichte, die sich beharrlich weigerten, die Kodexempfehlung umzusetzen. Trotz der vom Kodex postulierten Freiwilligkeit[171] wuchs der Druck der veröffentlichten Meinung[172] und auch der Druck aus der Politik auf die Bundesregierung ständig. Der Frankfurter Rechtswissenschaftler T. Baums legte sogar einen ausformulierten Gesetzesvorschlag vor,[173] den sich Teile der SPD-Fraktion im Deutschen Bundestag zu Eigen machten;[174] die bayrische Staatsregierung kündigte ein eigenes Gesetzesvorhaben[175] an und die FDP-Fraktion im Deutschen Bundestag legte einen Gesetzesvorschlag vor.[176] Die Bundesministerin der Justiz hatte lange dem Weg über die (freiwillige) Kodexempfehlung den Vorzug eingeräumt.[177] Angesichts des erheblichen politischen Drucks präsentierte sie am 11. März 2005 der Öffentlichkeit die Eckpunkte eines Vorstandsvergütungsoffenlegungsgesetzes und legte am 4. April 2005 den Referentenentwurf für ein solches Gesetz vor.[178] Das Gesetz passierte die parlamentarischen Gremien noch in der 15. Legislaturperiode. Es wurde am 10. August 2005 im Bundesgesetzblatt veröffentlicht[179] und trat am 11. August 2005 in Kraft. Damit war, wie es der Vorsitzende der Kodexkommission bereits am 11. März 2005 formulierte, eine Chance zur Deregulierung vertan.[180]

Nicht zuletzt angeregt durch den Aktionsplan der EU vom 21. Mai 2003[181] und die **152** zu seiner Umsetzung eingeleiteten legislativen Maßnahmen der EU[182] sowie die Maßnahmen des deutschen Gesetzgebers zur Umsetzung des so genannten 10-Punkte-Pa-

---

[167] Zu Einzelheiten s. Erläuterungen zu Ziffer 4.2.4, s. auch Pressemitteilung der Kodexkommission vom 8. 5. 2004.
[168] S. z. B. *Baums*, Wertpapier vom 7. 10. 2004 „Wir brauchen auf jeden Fall ein Gesetz".
[169] Empfehlung der Kommission vom 14. 12. 2004 zur Einführung einer angemessenen Regelung für die Vergütung von Mitgliedern der Unternehmensleitung börsennotierter Gesellschaften, ABl. EG Nr. L 385/55.
[170] Mitte 2005 waren es bereits mehr als zwei Drittel der DAX 30 Unternehmen.
[171] S. Rn. 43 (zur Rechtsnatur des Kodex).
[172] S. Rn. 769 ff., insbesondere dort Fn. 265.
[173] *Baums*, ZIP 2004, 1877 ff.
[174] „Manager lehnen Zwang zur Offenlegung von Gehältern ab", Handelsblatt vom 4. 2. 2005.
[175] „Bayern prescht bei Managergehältern mit Gesetz vor", FTD vom 16. 11. 2004.
[176] Letztlich: Entwurf eines Ersten Eigentümerrechte-Stärkungsgesetz, BT-Drucks. 15/5582.
[177] „Regierung stoppt Gesetzesvorstoß zu Managergehältern", FTD vom 19. 11. 2004; „Berlin will bei Gehältern auf Zwang verzichten", Handelsblatt vom 19. 11. 2004; „Manager lehnen Zwang zur Offenlegung von Gehältern ab", Handelsblatt vom 4. 2. 2005.
[178] Pressemitteilung des BMJ vom 4. 4. 2005.
[179] BGBl. I 2005, S. 2267 ff.
[180] Ausführungen des Vorsitzenden der Kodexkommission auf der Pressekonferenz zur Vorstellung des Kodex Report 2005 am 11. 3. 2005 in Berlin.
[181] Mitteilung der Kommission an den Rat und das Europäische Parlament, Modernisierung des Gesellschaftsrechts und Verbesserung der Corporate Governance in der Europäischen Union – Aktionsplan – KOM 2003/284.
[182] Entwurf einer Empfehlung zur Stellung (unabhängiger) nicht geschäftsführender Direktoren und Aufsichtsräte, Markt/Cleg/05/2004-DE; Empfehlung betreffend die Förderung eines angemessenen Systems für die Vergütung von Direktoren, Diskussionspapier, Markt/Cleg/03/2004-DE, die in abgewandelter Form von der EU-Kommission beschlossen wurden; s. ABl. EG Nr. L 385 S. 55 vom 14. 12. 2004.

Präambel 153, 154

piers[183] nahmen weitere Themen unter ihnen besonders Fragen der **Unabhängigkeit der Aufsichtsratsmitglieder** und Vorschläge zur Wiederherstellung des Vertrauens in die **Qualität der Rechnungslegung** deutscher börsennotierter Unternehmen und in die Qualität und **Integrität der Abschlussprüfer** breiten Raum ein.[184]

153 In ihrer **Plenarsitzung vom 8. Juni 2004** setzte die Kodexkommission die Diskussion der vorstehend genannten Themen fort. Sie beriet ferner die seit der letzten Plenarsitzung aus der Öffentlichkeit an sie herangetragenen Vorschläge zur Klarstellung und Änderung des Kodex. Wie die nach der Plenarsitzung veröffentlichte Presseerklärung der Kodexkommission zeigt, sah die Kodexkommission keine Notwendigkeit, Änderungen oder Klarstellungen am Wortlaut des Kodex zu beschließen.[185] Angesichts der Vielzahl von Gesetzesvorhaben und sonstigen gesetzgeberischen Maßnahmen in Deutschland und auf der Ebene der EU erschien es vielmehr zielführend, zunächst die Umsetzung der gesetzlichen Regeln abzuwarten, um dann – entsprechend dem Auftrag der Kommission – auf der Basis geltenden Rechts aufzusetzen und gegebenenfalls erforderliche oder zweckmäßige Anpassungen des Kodex zu beschließen.

154 In der **Plenarsitzung vom 2. Juni 2005** beschloss die Kommission eine Reihe von Änderungen des Kodex,[186] die im Wesentlichen auf eine Verbesserung der Arbeitsweise des Aufsichtsrats abzielten, um den internationalen Entwicklungen[187] insbesondere auf europäischer Ebene Rechnung zu tragen. Dabei wurden besonders die „Empfehlung der EU-Kommission vom 15. Februar 2005 zu den Aufgaben nicht geschäftsführender Direktoren/Aufsichtsratsmitglieder börsennotierter Gesellschaften" sowie zu den Ausschüssen des Verwaltungs-/Aufsichtsrats[188] berücksichtigt. Das Vorstandsvergütungsoffenlegungsgesetz befand sich im Zeitpunkt der Plenarsitzung vom 2. Juni

---

[183] Maßnahmenkatalog der Bundesregierung zur Stärkung der Unternehmensintegrität und des Anlegerschutzes vom 25. 2. 2003, bisweilen auch Zypries/Eichel-Papier genannt.

[184] S. hierzu und insbesondere zu der Frage, wie die Kodexkommission ihren Auftrag angesichts weitgehender gesetzgeberischer Maßnahmen, die eine Vielzahl von Auswirkungen auf den Kodex haben können, versteht und sich bemüht, zur **Deregulierung** beizutragen statt weitere Regulierung zu schaffen, Rn. 19 ff.

[185] Presseerklärung der Kodexkommission vom 8. 6. 2004, veröffentlicht auf der Website der Kodexkommission www.corporate-governance-code.de.

[186] Geändert wurden die folgenden Kodexpassagen: Ziffer 3.10 sieht nunmehr vor, dass die Gesellschaft nicht mehr aktuelle Entsprechenserklärungen fünf Jahre lang auf ihrer Internet-Seite zugänglich hält; zur Verbesserung der Arbeit in den Prüfungsausschüssen empfiehlt die Kommission in Ziffer 5.3, dass der Vorsitzende des Prüfungsausschusses über besondere Kenntnisse und Erfahrung in der Anwendung von Rechnungslegungsgrundsätzen und interner Kontrollverfahren verfügen soll. Ferner soll dem Aufsichtsrat eine nach seiner Einschätzung ausreichende Zahl unabhängiger Mitglieder angehören (Ziffer 5.4.2), wobei ein Aufsichtsratsmitglied dann als unabhängig anzusehen ist, wenn es in keiner geschäftlichen oder persönlichen Beziehung zu der Gesellschaft oder deren Vorstand steht, die einen Interessenkonflikt begründet. Damit wird die EU-Empfehlung zu den Aufgaben nicht geschäftsführender Direktoren/Aufsichtsratsmitglieder (Fn. 177) weitgehend übernommen. – Neu sind auch die Empfehlungen in Ziffer 5.4.3, nach der die Wahlen zum Aufsichtsrat als Einzelwahl durchgeführt werden sollen, ein Antrag auf gerichtliche Bestellung eines Aufsichtsratsmitglieds nach § 104 AktG bis zur nächsten Hauptversammlung befristet sein soll und Kandidatenvorschläge für den Aufsichtsrat den Aktionären bekannt gegeben werden sollen. Schließlich sieht Ziffer 5.4.4 nunmehr vor, dass der Wechsel des bisherigen Vorstandsvorsitzenden oder eines Vorstandsmitglieds in herausgehobene Positionen im Aufsichtsrat nicht die Regel sein sollen und dass eine entsprechende Absicht der Hauptversammlung besonders begründet wird.
Insbesondere die Empfehlung zu Ziffer 5.4.3 S. 3, dass Kandidatenvorschläge für den Aufsichtsratsvorsitz den Aktionären bekannt gegeben werden sollen, fand kritischen Widerhall in der Literatur; s. vor allem *Hoffmann-Becking*, ZHR 170 (2006), 2 ff., s. hierzu auch Kommentierung zu Ziffer 5.4.3.

[187] S. Präambel, letzter Abs.

[188] ABl. EG Nr. L 52/51 vom 25. 2. 2005.

XIV. Jährliche Überprüfung des Kodex   155, 155a **Präambel**

2005 noch in der parlamentarischen Beratung. Somit konnte die Kommission die voraussichtlich betroffenen Passagen in Abschnitt 4.2 des Kodex nicht anpassen.

Die Gelegenheit hierzu bot die folgende **Plenarsitzung** der Kommission **am 12. Juni 2006**. In dieser Sitzung beschloss die Kommission im Wesentlichen die Anpassung des Wortlautes des Abschnitts 4.2 des Kodex an das Vorstandsvergütungsoffenlegungsgesetz, die nachstehend[189] im Einzelnen besprochen wird. In diesem Zusammenhang empfiehlt der Kodex nunmehr die Erstellung eines Vergütungsberichts als Teil des Corporate Governance Berichts (Ziffer 4.2.5, S. 1) und setzt sich damit bewusst in Widerspruch zu der in § 288 Abs. 2 Nr. 5 bzw. § 315 Abs. 2 Nr. 4 HGB (in der durch das VorstOG geänderten Form) enthaltenen Wertung des Gesetzgebers.[190] Der Kodex empfiehlt ferner, die jährliche Zuführung zu Pensionsrückstellungen oder Pensionsfonds (individualisiert) anzugeben,[191] sowie Angaben zu der Art der von der Gesellschaft erbrachten Nebenleistungen zu machen.[192] Die Rechte des Hauptversammlungsleiters stärkt der Kodex durch die Anregung in Abschnitt 2.2.4, dass eine ordentliche Hauptversammlung spätestens nach 4–6 Stunden beendet sein soll.[193] 155

Die in der Plenarsitzung vom **14. Juni 2007** beschlossenen Kodexänderungen betreffen im Wesentlichen eine Anregung zur **Begrenzung von Abfindungen** für ausscheidende Vorstandsmitglieder (Ziff. 4.2.3 Abs. 4) und die Empfehlung zur **Einrichtung eines Nominierungsausschusses** des Aufsichtsrats (Ziff. 5.3.3), was zu einer Verbesserung der Qualifikation der Kandidaten und der Transparenz des Auswahlverfahrens beitragen soll. 155a

Darüber hinaus hat die Kommission die Themen „**Europäische Gesellschaft**" (in der Präambel) und „Compliance" (Ziff. 3.4; 4.1.3; und 5.3.2) aufgegriffen. Damit ist der Kodex nunmehr grundsätzlich auch auf die in Deutschland börsennotierte Europäische Gesellschaft anzuwenden, jedenfalls soweit diese nach dem dualen System organisiert ist.[194] Die Anpassungen des Kodex, die sich mit „**Compliance**" befassen, sind weitgehend definitorischer Art (ausgenommen Ziff. 5.3.2). Sie verfolgen das Ziel, die durch Vorfälle der jüngeren Vergangenheit in besonderem Maße in den Blickpunkt gerückte Verpflichtung der Unternehmen zur strikten Befolgung der Gesetze und unternehmensinternen Regeln durch Verwendung des Begriffs „Compliance" prägnanter zu gestalten.

Dem gleichen Zweck dienen die Empfehlungen in Ziff. 4.2.1 Satz 2, in der **Geschäftsordnung für den Vorstand** Ressortzuständigkeiten und Beschlussmehrheiten ausdrücklich zu regeln.

Das Inkrafttreten von TUG und EHUG machte Anpassungen des Kodexwortlauts an die geltende Gesetzeslage erforderlich und gab sowohl Anlass zu neuen Kodexempfehlungen (z. B. Ziff. 2.3.1 Satz 2; 2.3.2) als auch Streichungen (z. B. Ziff. 6.6 Abs.1).

Schließlich fand auch die in § 93 Abs. 1 Satz 2 AktG verankerte **Business Judgement Rule** ausdrücklich Aufnahme in den Kodexwortlaut (Ziff. 3.8).

---

[189] S. Kommentierung zu 4.2.2 ff.
[190] Zu den Gründen der Kommission und sonstigen Einzelheiten s. Rn. 783.
[191] Abschnitt 4.2.5, Abs. 2 S. 2.
[192] Abschnitt 4.2.5, Abs. 3 S. 3.
[193] Eine vergleichbare Wertung des Gesetzgebers findet sich in der Begründung zum UMAG vom 27. 9. 2005, BGBl. I, S. 2802 ff.
[194] Derzeit sind keine der Mitbestimmung der Arbeitnehmer unterfallenden, börsennotierten Europäischen Gesellschaften bekannt geworden, die nach dem (einstufigen) Verwaltungsratssystem organisiert sind. Auf derartige Europäische Gesellschaften kann der Kodex in der derzeitigen Fassung nicht ohne substantielle Anpassung angewandt werden, weil der Kodex eine Organisation der Gesellschaft nach dem dualen System voraussetzt. Die Kodexkommission dürfte die Akzeptanz des Verwaltungsratssystems bei in Deutschland börsennotierten Europäischen Gesellschaften genau beobachten und wird – soweit ein Bedarf erkennbar wird – den Kodex sicherlich entsprechend anpassen.

6. Einbeziehung der Öffentlichkeit

156   Natürlich ist die Kodexkommission, auch weiterhin, für Anregungen und Hinweise der interessierten Öffentlichkeit dankbar. Im Sinne der bisher von der Kommission geübten Einbeziehung der Anregungen von Meinungsträgern lädt die Kommission die Öffentlichkeit auch weiterhin ein, sich an der Diskussion über eine Anpassung des Kodex zu beteiligen.[195] Aus den dargestellten[196] Gründen nimmt die Kommission indes von einem formalisierten Verfahren zur Anhörung der interessierten Öffentlichkeit bei Vorschlägen zu Kodexänderungen Abstand.

157   Anregungen für die Kommissionsarbeit müssen sich naturgemäß im Rahmen des Kommissionsauftrages halten. Es können also nur solche Anregungen und Vorschläge in der Kommissionsarbeit berücksichtigt werden, die auf der Basis des geltenden Rechtes stehen. Vorschläge, die Gesetzesänderungen bedingen, sollten vorzugsweise an das BMJ oder auf anderen etablierten Kanälen eingebracht werden.

158   Im Rahmen des vorbeschriebenen Zeitablaufs erscheint es sinnvoll, der Geschäftsstelle der Kommission Anmerkungen, Änderungen und Vorschläge bis spätestens Frühjahr eines jeden Jahres zuzuleiten.

---

[195] S. die entsprechende Aufforderung auf der Website der Kodexkommission www.corporate-governance-code.de.
[196] S. Rn. 24.

2. Aktionäre und Hauptversammlung

Kommentierung

Übersicht

	Rn.
I. Allgemeines	201
II. Ausübung der mitgliedschaftlichen Rechte der Aktionäre (Kodex 2.1.1)	205
1. Aktionärsrechte	206
2. In der Hauptversammlung	210
III. Das Stimmrecht (Kodex 2.1.2)	214
1. One share one vote	215
2. Stimmrechtslose Vorzugsaktien	217
3. Aktien mit Mehrstimmrechten	218
4. Aktien mit Vorzugsstimmrechten („golden shares")	222
5. Höchststimmrechte	223
IV. Allgemeines zur Hauptversammlung (Kodex 2.2)	224
1. Willensbildungsorgan der Aktionäre	226
2. Zusammenkunft der Aktionäre	228
3. Corporate Governance und Hauptversammlungspraxis	230
V. Zuständigkeiten der Hauptversammlung (Kodex 2.2.1)	238
1. Ordentliche Hauptversammlung	239
2. Weitere Zuständigkeiten der Hauptversammlung	244
VI. Bezugsrecht (Kodex 2.2.2)	248
1. Das gesetzliche Bezugsrecht	249
2. Ausschluss des Bezugsrechts	250
VII. Teilnahme-, Rede-, Frage- und Antragsrecht (Kodex 2.2.3)	253
1. Teilnahmerecht	254
2. Rederecht	255
3. Fragerecht	259
4. Antragsrecht	265
VIII. Der Versammlungsleiter (Kodex 2.2.4)	270
1. Bestimmung und Aufgabe	272
2. Befugnisse	274
3. Herausforderungen in der Praxis	276
4. Beendigung einer ordentlichen Hauptversammlung spätestens nach 4–6 Stunden	278
5. Maßnahmen des Versammlungsleiters	281
IX. Einladung zur Hauptversammlung – Minderheitenrechte (Kodex 2.3.1)	298a
X. Einberufung der Hauptversammlung (Kodex 2.3.2)	304
1. Gesetzeslage	305
2. Insbesondere Vorliegen der Zustimmungserfordernisse	307
3. Mitteilung auf elektronischem Wege	308
4. Finanzdienstleister, Aktionäre und Aktionärsvereinigungen	309
5. Umsetzung der Empfehlung	312
XI. Aktionärsfreundliches Verhalten (Kodex 2.3.3)	314
XII. Hauptversammlung im Internet (Kodex 2.3.4)	325
1. Teilübertragung im Internet	326
2. Vollübertragung der Hauptversammlung	327
3. Satzung und Geschäftsordnung	330
4. Geeignete Umsetzung der Kodexanregung	331
5. Keine virtuelle Hauptversammlung	332

2. Aktionäre und Hauptversammlung

I. Allgemeines

201 Der Kodex widmet bereits sein **erstes Kapitel** den Aktionären, die die Eigentümer der Gesellschaft sind. Erläutert werden die Rechte der Aktionäre sowie Zuständigkeiten und Durchführung einer Hauptversammlung, wie sie zuletzt durch das Gesetz zur Unternehmensintegrität und Modernisierung des Aktienrechts (UMAG) vom 22. September 2005 wesentlich ergänzt worden sind.[1]

202 Mit der systematischen Gewichtung des Themas „Aktionäre und Hauptversammlung" im Kodex setzt die Kommission einen deutlich anderen Schwerpunkt als der Gesetzgeber des Aktiengesetzes. Das Aktiengesetz befasst sich zunächst mit Vorstand (§§ 76 bis 94 AktG) und Aufsichtsrat (§§ 95 bis 116 AktG) und dann erst mit dem Thema „Aktionäre und Hauptversammlung" (§§ 118 bis 147 AktG). Die Gewichtung des Kodex lässt die Auffassung der Kommission erkennen, dass den Aktionären und ihren Rechten in der Praxis eine größere Bedeutung zukommen soll.[2] Der Kodex folgt damit internationalen Vorbildern wie z. B. dem Schweizer Corporate Governance Kodex.[3] Auch der Aktionsplan der EU-Kommission vom 21. Mai 2003[4] hat sich das Ziel gesetzt, die rechtliche Position des Aktionärs zu stärken.[5] In der 2. Hälfte des Jahres 2004 und Mitte 2005 hat die EU-Kommission daraufhin zwei öffentliche Konsultationen zur Stärkung der Aktionärsrechte insbesondere bei grenzüberschreitenden Sachverhalten durchgeführt. Als Ergebnis der Konsultationen hat sie dann am 5. Januar 2006 den Entwurf der so genannten Aktionärsrichtlinie vorgelegt.[6] Die Aktionärsrichtlinie soll insbesondere dafür sorgen, dass Aktionäre, unabhängig davon in welchem EU-Mitgliedstaat sie ansässig sind, rechtzeitig Zugang zu vollständigen Informationen über die Gesellschaft erhalten. Ihre Rechte, insbesondere ihr Stimmrecht, sollen die Aktionäre problemlos auch aus der Ferne ausüben können. Die Aktionärsrichtlinie ist am 12. Juni 2007 offiziell verabschiedet worden.[7] Die Mitgliedstaaten haben zwei Jahre Zeit, um die Richtlinie umzusetzen. Den Zielen der Richtlinie dienen bereits die Empfehlungen des DCG-Kodex im Kapitel „Aktionäre und Hauptversammlung". Des Weiteren hat die EU-Kommission in Zusammenarbeit mit dem Europäischen Corporate Governance Forum eine externe Studie zum „Verhältnis von Eigentum und Kontrolle von in der EU verzeichneten Unternehmen" in Auftrag gegeben.[8] Die Studie untersucht börsennotierte Gesellschaften in den Mitgliedstaaten der EU auf mögliche Abweichungen vom Grundsatz der Proportionalität zwischen Kapitalbeteiligung und Kontrolle („one share one vote"). Sie analysiert, wie wesentlich Abweichungen in wirtschaftlicher Hinsicht sind und wie sich Abweichungen auf die

---

[1] BGBl. I S. 2802 ff., dazu *Fleischer*, NJW 2005, 3525 ff.
[2] Vgl. *Cromme*, Kreditwesen, 2002, 502, 503.
[3] S. http://www.economiesuisse.ch/d/webexplorer.cfm.5id=22&ttid=1.
[4] Modernisierung des Gesellschaftsrechts und Verbesserung der Corporate Governance in der Europäischen Union – Aktionsplan – vom 21. 5. 2003, www.eu-kommission.de/pdf/dokumente/cin2003.0284de01.pdf.
[5] EU-Aktionsplan Ziffer 3.2.1 und dazu näher *Noack*, NZG 2004, 297 f.
[6] Richtlinie des Europäischen Parlaments und des Rates über die Ausübung der Stimmrechte durch Aktionäre von Gesellschaften, die ihren eingetragenen Sitz in einem Mitgliedstaat haben und deren Aktien zum Handel auf einem geregelten Markt zugelassen sind, sowie zur Änderung der Richtlinie 2004/109/EG (s. http://ec.europa.eu/internal market/company/shareholders/index.de.htm.
[7] S. Pressemitteilung der EU-Kommission vom 12. 6. 2007: „Corporate Governance; Richtlinie über Aktionärsrechte offiziell verabschiedet", www.europa.eu/rapid/pressReleasesAction.do
[8] S. dazu www.ecgi.org/ „ECGI is winning consortium for EU study contract".

Finanzmärkte der EU auswirken. Im Rahmen der Studie wurden die Rechtsvorschriften von 19 Ländern und die Situation von 464 börsenotierten Gesellschaften geprüft. Die EU-Kommission hat die Studie am 4. Juni 2007 veröffentlicht.[9] Die Ergebnisse der Studie werden in eine Folgenabschätzung der EU-Kommission einfließen, die bis Herbst 2007 vorliegen soll.

Der Kodex enthält in seinem Kapitel „Aktionäre und Hauptversammlung" insgesamt **fünf Empfehlungen** und **drei Anregungen**, die alle die Durchführung der Hauptversammlung betreffen.

Die Kodexempfehlungen des Kapitels „Aktionäre und Hauptversammlung" werden von den börsennotierten Gesellschaften fast durchgehend beachtet. Das hat zuletzt die vom Berlin Center of Corporate Governance durchgeführte Bestandsaufnahme zur Akzeptanz des Kodex in der Unternehmenspraxis für das Jahr 2007 bestätigt.[10] Dies ist ein erfreuliches Ergebnis. Nicht ganz so erfreulich ist die Umsetzungsquote bei den Kodexanregungen des Kapitels. Die Anregung, den Aktionären die Verfolgung der Hauptversammlung über moderne Kommunikationsmedien zu ermöglichen (Ziffer 2.3.4) wird z. B. von der Mehrheit aller börsennotierten Gesellschaften (noch) nicht umgesetzt.[11] Die Mehrheit der DAX-Unternehmen setzt die Kodexanregungen allerdings um.[12]

2.1 Aktionäre

2.1.1 Die Aktionäre nehmen ihre Rechte in der Hauptversammlung wahr und üben dort ihr Stimmrecht aus.

II. Ausübung der mitgliedschaftlichen Rechte der Aktionäre

Die Kodexbestimmung beschreibt in sprachlich vereinfachter Form den Regelungsinhalt des § 118 Abs. 1 AktG. Danach ist die Ausübung der **mitgliedschaftlichen Verwaltungsrechte der Aktionäre** auf die Hauptversammlung konzentriert. Das **Stimmrecht** des Aktionärs wird wegen seiner besonderen Bedeutung im zweiten Halbsatz ausdrücklich genannt.

1. Aktionärsrechte

Die Mitgliedschaftsrechte der Aktionäre[13] sind durch das Aktiengesetz vorgegeben und können nur in begrenztem Umfang durch die Satzung erweitert werden (§ 23 Abs. 5 Satz 1 AktG). So ist es den Aktionären trotz ihrer besonderen Stellung als Eigentümer der Gesellschaft grundsätzlich nicht gestattet, an der Unternehmensleitung mitzuwirken.[14]

Die zentralen Aktionärsrechte werden **in der Hauptversammlung** ausgeübt. Hierzu gehören das Recht auf Teilnahme an der Hauptversammlung (§ 118 Abs. 1 AktG), das Rederecht, das Antragsrecht und das Fragerecht (§ 131 AktG).[15]

Daneben gibt es noch einige mitgliedschaftliche Verwaltungsrechte der Aktionäre, die nicht hauptversammlungsgebunden sind.[16] Hierzu gehören das Recht auf Fest-

---

[9] Abrufbar unter www.ec.europa.eu/internal-market/company/shareholders.
[10] *v. Werder/Talaulicar*, DB 2007, 869, 870 f.
[11] *v. Werder/Talaulicar*, DB 2007, 869, 875.
[12] *v. Werder/Talaulicar*, DB 2007, 869, 874.
[13] Vgl. die sehr ausführliche Zusammenstellung bei *Mülbert* in GroßKomm. AktG, Vor §§ 118–147 Rn. 205 ff.
[14] Vgl. etwa *Strieder*, DCGK, 63.
[15] S. dazu die Kommentierung zu Ziffer 2.2.3.
[16] S. die Zusammenstellung bei *Mülbert* in GroßKomm. AktG, § 118 Rn. 20.

stellung der Nichtigkeit von Hauptversammlungsbeschlüssen bei gravierenden Gesetzesverstößen sowie die Anfechtung von Hauptversammlungsbeschlüssen, die Erzwingung von Sonderprüfungen (§ 142 Abs. 2 und 4 AktG) und das Recht, unter bestimmten Voraussetzungen Ersatzansprüche der Gesellschaft gegen die Mitglieder von Vorstand und Aufsichtsrat geltend zu machen (§ 147 Abs. 2 AktG). Durch diese Verwaltungsrechte haben einzelne Aktionäre oder qualifizierte Aktionärsgruppen die Möglichkeit, die gerichtliche Kontrolle von Hauptversammlungsentscheidungen oder die Überprüfung von Maßnahmen der Verwaltung herbeizuführen. Durch das UMAG sind die Durchführung von Sonderprüfungen und die Durchsetzung von Schadensersatzansprüchen der Gesellschaft gegen Mitglieder des Vorstands und des Aufsichtsrats erleichtert worden.[17]

209   Als Folge einer Beschlussfassung der Hauptversammlung können aus den Aktionärsrechten sog. **Gläubigerrechte** entstehen, die unabhängig von der Aktionärseigenschaft geltend gemacht werden können. Hierzu gehören z. B. das Recht auf Auszahlung der von der Hauptversammlung beschlossenen Dividende und das Bezugsrecht auf neue Aktien aus einer beschlossenen Kapitalerhöhung.

2. In der Hauptversammlung

210   Der Kodex verdeutlicht mit der gewählten Formulierung, dass die Hauptversammlung nach dem Konzept des deutschen Aktiengesetzes die physische Zusammenkunft der Aktionäre an einem bestimmten Ort und zu einer bestimmten Zeit ist (Präsenz-Hauptversammlung).[18] In dieser Versammlung und solange sie andauert können die Aktionäre ihre Rechte, insbesondere das Stimmrecht, ausüben. Teilnahmeberechtigt ist jeder Aktionär. Eine reine Internet-Hauptversammlung ist nach geltendem Recht nicht möglich.[19]

211   Unter den Gesichtspunkten guter Corporate Governance ist die traditionelle Form der Hauptversammlung Gegenstand wachsender Kritik. Sie sei zu teuer, ineffizient und nicht auf das Notwendige konzentriert. Dies sind nur einige der vorgebrachten Kritikpunkte.[20]

212   Weitere hauptversammlungsbezogene Aktionärsrechte sind in Abschnitt 2. „Hauptversammlung" des Kodex dargestellt. Auf die dortige Kommentierung wird verwiesen.

213   Der Kodex fordert die Gesellschaften insbesondere auf, den Aktionären die persönliche Wahrnehmung ihrer Rechte zu erleichtern, und leitet aus diesem Grundsatz mehrere Empfehlungen und Anregungen ab, die in Kodex Ziffer 2.3.3 und Ziffer 2.3.4 niedergelegt sind.

2.1.2 Jede Aktie gewährt grundsätzlich eine Stimme. Aktien mit Mehrstimmrechten oder Vorzugsstimmrechten („golden shares") sowie Höchststimmrechte bestehen nicht.

III. Das Stimmrecht

214   Die zunehmende Internationalisierung des Aktionärskreises deutscher Aktiengesellschaften lässt es zweckmäßig erscheinen, im Kodex das Thema „Stimmrecht der Aktionäre" aufzugreifen und insbesondere die Umsetzung des gerade für ausländische Investoren wesentlichen Prinzips „one share one vote" in deutschen Aktiengesellschaf-

---

[17] Dazu *Fleischer*, NJW 2005, 3525, 3526 f.
[18] *Mülbert* in GroßKomm. AktG, Vor §§ 118–147 Rn. 44 ff.
[19] *Mülbert* in GroßKomm. AktG, Vor §§ 118–147 Rn. 61; *Noack*, NZG 2001, 1057, 1058 ff.
[20] Näher bei Rn. 230 ff.

Aktionäre

ten zu beschreiben. Satz 1 fasst in einer plakativen Formulierung die gesetzlichen Regelungen des § 12 AktG zusammen.

1. One share one vote

Der Kodex verknüpft in Ziffer 2.1.2 den Grundsatz des § 12 Abs. 1 Satz 1 AktG, **215** wonach das Stimmrecht des Aktionärs notwendig mit der Mitgliedschaft („Aktie") verbunden ist, mit dem Verbot der Mehrstimmrechte in § 12 Abs. 2 AktG. Der Hinweis, dass die im Kodex formulierte allgemeine Aussage lediglich „grundsätzlich" gilt, macht deutlich, dass es auch hier Ausnahmen gibt. Damit sind insbesondere die in § 12 Abs. 1 Satz 2 AktG genannten stimmrechtslosen Vorzugsaktien (mittelbar) angesprochen.

Die Formulierung in Satz 1 ist an den angloamerikanischen Grundsatz „one share **216** one vote" sprachlich angelehnt, dessen Umsetzung eine der Zielsetzungen des KonTraG war[21] und dessen Implementierung auch auf europäischer Ebene geprüft wird. Abweichungen von diesem Grundsatz entsprechen nicht den Erwartungen des Kapitalmarkts und können die Eigentümerkontrolle schwächen.[22] Den Kapitalmarktteilnehmern soll durch die Kodexbestimmung signalisiert werden, dass – jedenfalls in der Regel – mitgliedschaftliche Kapitalbeteiligung und Stimmrecht einander entsprechen. Das ist eine wichtige Botschaft gerade für ausländische Kapitalmarktteilnehmer, da z. B. nur 28 % der französischen börsennotierten Gesellschaften den Grundsatz „one share one vote" verwirklichen.[23] Der Kodex macht zudem deutlich, dass das Stimmrecht dem Aktionär nicht gegen seinen Willen entzogen werden kann. Zu den technischen Einzelheiten der Stimmrechtsausübung (Abstimmungsverfahren) nimmt der Kodex entsprechend seiner Zielsetzung nicht Stellung.[24]

2. Stimmrechtslose Vorzugsaktien

Die praktisch bedeutsamste Ausnahme vom Grundsatz „one share one vote" bilden **217** für deutsche Unternehmen die Vorzugsaktien ohne Stimmrecht (§§ 139 ff. AktG). Das deutsche Aktiengesetz gibt seit der Aktienrechtsreform von 1937 den Gesellschaften die Möglichkeit, aufgrund einer Satzungsermächtigung Aktien ohne Stimmrecht, aber mit einem nachzuzahlenden Vorzug bei der Dividende auszugeben. Die stimmrechtslosen Vorzugsaktien dienten in erster Linie der Sicherung des Einflusses von Großaktionären, insbesondere Familienaktionären aber auch als Übernahmehindernis.[25] Auch börsennotierte Gesellschaften haben stimmrechtslose Vorzugsaktien ausgegeben.[26] Der Gesetzesbegründung zum KonTraG lässt sich entnehmen, dass der Gesetzgeber über die Abschaffung der stimmrechtslosen Vorzugsaktien zumindest nachgedacht hat.[27] Als rechtspolitisches Argument für die Beibehaltung der stimmrechtslosen Vorzugsaktien wird angeführt, dass der Kapitalmarkt längst ein Bedürfnis für eine Art von Aktien entwickelt habe, die lediglich als Finanzanlage dient, da sie für den Regelfall zwar kein Stimmrecht, dafür aber einen Vorzug bei der Gewinnverteilung und darüber hinaus zumeist eine Mehrdividende gewähren.[28] An der Börse werden stimmrechtslose Vorzugsaktien gegenüber den Stammaktien in der Regel mit

---

[21] Vgl. BT-Drucks. 13/9712, S. 1.
[22] Vgl. BT-Drucks. 13/9712, S. 12 und 20.
[23] Zur europaweiten Verbreitung von Abweichungen siehe die am 6.6.2007 veröffentlichte Studie „Report on the Proportionality Principle in the European Union"; Fundstelle bei Fn. 9; zum Aktionärsstimmrecht in Europa s. *Grundmann/Winkler*, ZIP 2006, 1421.
[24] Zu den Abstimmungsverfahren vgl. etwa *Richter* in Semler/Volhard, HV Hdb., § 11 Rn. 194 ff.
[25] *Pellens/Hillebrandt*, AG 2001, 57, 58.
[26] Als Beispiele seien die Unternehmen Henkel, Porsche und Volkswagen genannt.
[27] Vgl. BT-Drucks. 13/9712, S. 12.
[28] S. *Marsch-Barner* in Dörner/Menold/Pfitzer, Reform des Aktienrechts, 283, 285 f.

einem Abschlag gehandelt, der in der Größenordnung von ca. 25 % liegt.[29] In jüngerer Zeit haben die stimmrechtslosen Vorzugsaktien aber an Bedeutung verloren. Dies wird mit dem Wandel des Kapitalmarktumfelds, insbesondere mit größerer Risikobereitschaft der Anleger und mit dem Bedeutungsverlust von Dividendenzahlungen als Anreiz erklärt.[30]

3. Aktien mit Mehrstimmrechten

218 Der Kodex betont zu Beginn von Satz 2, dass Mehrstimmrechte nicht bestehen und wiederholt damit die sich aus § 12 Abs. 2 AktG ergebende Rechtslage, wonach Mehrstimmrechtsaktien unzulässig sind.

219 Die Abschaffung der Mehrstimmrechte erfolgte durch das **KonTraG**. Die bis dahin geltende, schon sehr restriktive Regelung in § 12 Abs. 2 Satz 2 AktG wurde ganz gestrichen.[31] Hierdurch ist die Schaffung neuer Mehrstimmrechtsaktien seit dem 1. Mai 1998 ausgeschlossen. Die Regelung wird ergänzt durch § 5 Abs. 1 Satz 1 EGAktG, nach der bestehende Mehrstimmrechte grundsätzlich am 1. Juni 2003 erloschen sind, wenn nicht die Hauptversammlung zuvor mit qualifizierter Mehrheit das Fortbestehen der Mehrstimmrechte beschlossen hat. Anderenfalls bestehen seit dem 1. Juni 2003 die bisherigen Mehrstimmrechtsaktien als normale Stammaktien fort. Der Wegfall der Mehrstimmrechte ist von der Gesellschaft angemessen zu entschädigen.

220 Bei börsennotierten Gesellschaften ist das Bestehen von Mehrstimmrechten daher theoretisch noch heute möglich. In der Praxis ist aber keine börsennotierte Gesellschaft bekannt, die über Mehrstimmrechtsaktien verfügt.[32]

221 Vor diesem faktischen – nicht rechtlichen – Hintergrund rechtfertigt sich die Aussage des Kodex, dass Aktien mit Mehrstimmrechten (heute) nicht mehr bestehen.

4. Aktien mit Vorzugsstimmrechten („golden shares")

222 Der Kodex führt in Satz 2 aus, dass Vorzugsstimmrechte („golden shares") bei deutschen börsennotierten Gesellschaften nicht bestehen. Auch das ist eine wesentliche Information gerade für ausländische Investoren, denen solche Vorzugsstimmrechte noch auf internationalen Kapitalmärkten begegnen.[33] So bestand z. B. bei der französischen **„Société nationale Elf-Aquitaine"** eine Sonderaktie des französischen Staates. Die „golden share" war mit dem Sonderrecht verbunden, wonach jedes Überschreiten der Schwellenwerte für eine direkte oder indirekte Beteiligung an Elf-Aquitaine in Höhe von $1/10$, $1/5$ oder $1/3$ des Kapitals oder der Stimmrechte der vorherigen Zustimmung des französischen Wirtschaftsministers bedurfte. Damit konnte der französische Staat jede ihm nicht genehme Bildung von größeren Stimmrechtspaketen und natürlich jeden Übernahmeversuch bei Elf-Aquitaine unterbinden. Mit dieser Sonderaktie waren darüber hinaus noch weitere Rechte verbunden.[34] Der EuGH[35] hat in seinem Urteil

---

[29] *Pellens/Hillebrandt*, AG 2001, 57, 58 haben einen durchschnittlichen Kursabschlag der Vorzugs- gegenüber den Stammaktien in Höhe von 26 % ermittelt.

[30] S. *Pellens/Hillebrandt*, AG 2001, 57, 58.

[31] Der § 12 Abs. 2 Satz 2 AktG hatte folgenden Wortlaut: „Die für Wirtschaft zuständige oberste Behörde des Landes, in dem die Gesellschaft ihren Sitz hat, kann Ausnahmen zulassen, soweit es zur Wahrung überwiegender gesamtwirtschaftlicher Belange erforderlich ist."

[32] Vgl. *v. Rosen*, Börsenzeitung vom 18. 1. 2002.

[33] Die „golden shares" auf den europäischen Kapitalmärkten waren auch ein zentrales Thema im Rahmen der Diskussion um ein einheitliches Übernahmerecht (13. Richtlinie). Unter dem Gesichtspunkt „level playing field" wurde die vollständige Abschaffung oder wesentliche Beschränkung der in verschiedenen nationalen Rechtsordnungen bestehenden „golden shares" gefordert, vgl. *Wackerbarth*, WM 2001, 1741 ff.

[34] Vgl. zum Sachverhalt das Urteil des EuGH vom 4. 6. 2002, Kommission gegen Frankreich, BB 2002, 1284 f.

[35] BB 2002, 1283, 1285 f.

vom 4. Juni 2002 diese „goldene Aktie" für europarechtswidrig erklärt. Die französische Regelung verstoße gegen den Grundsatz des freien Kapitalverkehrs. Der EuGH führt in seiner Begründung u. a. aus, dass die fragliche Regelung den Erwerb von Anteilen an dem betreffenden Unternehmen verhindere und Anleger aus anderen Mitgliedstaaten davon abhalte, in dieses Unternehmen zu investieren.[36]

5. Höchststimmrechte

Höchststimmrechte waren vor Inkrafttreten des KonTraG bei einer Reihe von börsennotierten Gesellschaften anzutreffen.[37] Sie sollten im Wesentlichen dem Schutz vor „Überfremdung" und zur Erschwerung von unerwünschten „feindlichen" Übernahmen dienen. Soweit Satzungen börsennotierter Gesellschaften Höchststimmrechte enthielten, war das Stimmrecht zumeist auf 5 % oder 10 % des Grundkapitals begrenzt.[38] Aus **Sicht des Kapitalmarkts** werden Höchststimmrechte kritisch beurteilt, da sie den Einfluss der Aktionäre begrenzen und dadurch eine effektive Kontrolle der Verwaltung behindern. Das wirkt sich negativ auf die Kursentwicklung und die Kursphantasie aus.[39] Die Kritik an den Höchststimmrechten fand mit der zunehmenden Bedeutung der Aktienmärkte für die Unternehmensfinanzierung mehr und mehr Gehör. Das KonTraG führte dann zu einer Änderung des § 134 Abs. 1 AktG. Seit dem 1. Mai 1998 können bei börsennotierten Gesellschaften keine neuen Höchststimmrechte mehr eingeführt werden. Vor diesem Zeitpunkt begründete Höchststimmrechte sind gemäß § 5 Abs. 7 EGAktG am 1. Juni 2000 erloschen, falls sie nicht bereits vorher im Wege der Satzungsänderung abgeschafft worden sind.[40] Eine Perpetuierung von Höchststimmrechten durch Hauptversammlungsbeschluss ist nicht möglich. Das KonTraG lässt jedoch die besondere durch das **VW-Gesetz**[41] begründete Stimmrechtsbeschränkung der VW-Aktionäre auf 20 % des Grundkapitals unberührt. Dies dient der Absicherung des Einflusses des Landes Niedersachsen auf die Volkswagen AG. Die Rechtmäßigkeit des VW-Gesetzes wird insbesondere von der EU-Kommission angezweifelt. Sie sieht darin einen Verstoß gegen die Kapitalverkehrsfreiheit (Art. 56 EG-Vertrag) und die Niederlassungsfreiheit (Art. 43 EG-Vertrag). Deshalb hat sie ein Vertragsverletzungsverfahren gegen die Bundesrepublik Deutschland eingeleitet und hat im März 2005 die Klage gegen die Bundesrepublik Deutschland beim Europäischen Gerichtshof eingereicht. In dem Klageverfahren hat sich der Generalanwalt in den Schlussanträgen vom 13. 2. 2007 für eine Verurteilung der Bundesrepublik Deutschland ausgesprochen.[41a]

---

[36] Zu den Entscheidungen des EuGH weiterführend *Grundmann/Möslein*, ZGR 2003, 317 ff.; der EuGH hat seine harte Linie gegen „goldene Aktien" jüngst in seinem Urteil vom 28. 9. 2006 zu den niederländischen Gesellschaften KPN und TPG fortgesetzt – Rs. C-282/04 und 283/04; ZIP 2007, 221 ff.

[37] Ende 1989 hatten 23 börsennotierte Gesellschaften in ihren Satzungen Höchststimmrechte; s. *Baums*, AG 1990, 221.

[38] *Marsch-Barner* in Dörner/Menold/Pfitzer, Reform des Aktienrechts, 283, 295.

[39] *Marsch-Barner* in Dörner/Menold/Pfitzer, Reform des Aktienrechts, 283, 295; vgl. auch *Adams*, AG 1990, 93, 70 ff.; kritisch zu dieser Argumentation *Zöllner/Noack*, AG 1991, 117, 121 ff.

[40] Anders bei nicht börsennotierten Gesellschaften, die nach wie vor Höchststimmrechte durch eine statuarische Regelung (neu) einführen können (§ 134 Abs. 1 Satz 2 AktG).

[41] Gesetz über die Überführung der Anteilsrechte an der Volkswagen Werk Gesellschaft mit beschränkter Haftung in private Hand vom 21. 7. 1960 (BGBl. I S. 585; BGBl. III 641-1-1) und § 24 der Satzung der Volkswagen AG und dazu *Hopt/Roth* in GroßKomm. AktG, § 101 Rn. 171 ff.

[41a] Die Schlussanträge des Generalanwalts Ruiz-Jarabo Colomer sind in WM 2007, 399 ff. veröffentlicht.

2.2 Hauptversammlung

IV. Allgemeines zur Hauptversammlung

224 Der Kodex behandelt in seinem Abschnitt 2.2 zusammenfassend die Zuständigkeiten der Hauptversammlung (Ziffer 2.2.1), wesentliche hauptversammlungsbezogene Aktionärsrechte (Ziffer 2.2.2 und Ziffer 2.2.3) und die praktische Abwicklung der Hauptversammlung (Ziffer 2.2.4). Mit Ausnahme der am 12. Juni 2006 von der Kodexkommission neu beschlossenen Anregung in Ziffer 2.2.4 Satz 2 begnügt sich der Kodex damit, die gesetzliche Lage zu beschreiben. Vorschläge an den Gesetzgeber gehören nicht zum Auftrag der Kodexkommission.

225 Das Aktiengesetz enthält in den §§ 118 ff. die wesentlichen Bestimmungen zur Hauptversammlung. Aus diesen Regelungen wird deutlich, dass der Gesetzgeber mit dem Begriff Hauptversammlung zwei verschiedene Aspekte verbindet: Zum einen wird der Begriff der Hauptversammlung in einem funktionalen Sinne gebraucht als Bezeichnung für das Willensbildungs- und Entscheidungsorgan der Aktionäre, auf der anderen Seite bezeichnet Hauptversammlung aber auch die physische Zusammenkunft der Aktionäre an einem Ort und zu einer bestimmten Zeit.[42]

1. Willensbildungsorgan der Aktionäre

226 Die funktionalen Aspekte der Hauptversammlung ergeben sich insbesondere aus § 119 Abs. 1 AktG. Danach beschließt die Hauptversammlung nur in den im Gesetz und in der Satzung ausdrücklich bestimmten Fällen.[43] Aus dem gesetzlichen Zuständigkeitskatalog ergibt sich, dass der Hauptversammlung die grundlegenden Entscheidungen vorbehalten sind, die sich einerseits auf die Kontrolle der Verwaltungsorgane Vorstand und Aufsichtsrat beziehen (Wahl des Abschlussprüfers, Entlastung, Bestellung von Sonderprüfern) und zum anderen auf alle Entscheidungen, die die Grundlagen der Gesellschaft verändern und damit einen nachhaltigen Einfluss auf das Investment von Eigenkapitalgebern haben (z. B. Satzungsänderungen, strukturändernde Beschlüsse wie Verschmelzungen und Kapitalerhöhungen sowie die Auflösung der Gesellschaft).[44] Die gesetzlichen Befugnisse der Hauptversammlung können ihr nicht entzogen und auf Vorstand, Aufsichtsrat, Abschlussprüfer oder sonstige Dritte übertragen werden.

227 Aufgrund ihrer Kompetenzen gerade bei Grundlagenentscheidungen wird die Hauptversammlung oft als **„oberstes Organ der Aktiengesellschaft"** bezeichnet.[45] Das stellt eine gewisse Überbewertung dar, da die Aktiengesellschaft gerade keine hierarchische Organisationsfassung hat. Hauptversammlung, Vorstand, Aufsichtsrat und Abschlussprüfer haben nach der Konzeption des Gesetzes jeder für sich einen eigenen autonomen Zuständigkeitsbereich.[46]

2. Zusammenkunft der Aktionäre

228 Die Hauptversammlung als physische Zusammenkunft der Aktionäre soll nach dem Konzept des Gesetzgebers an einem einzigen Tag abgewickelt werden.[47] Nur in Aus-

---

[42] Zu Zweck und Aufgabe der Hauptversammlung *Semler* in Hoffmann-Becking, Münch. Hdb. GesR IV, § 34 Rn. 1–3.
[43] S. *Semler* in Hoffmann-Becking, Münch. Hdb. GesR IV, § 34 Rn. 9.
[44] Vgl. *Baums*, Bericht, Rn. 78; näher bei Ziffer 2.2.1.
[45] *Semler* in Hoffmann-Becking, Münch. Hdb. GesR IV, § 34 Rn. 4.
[46] Kennzeichnend für dieses Kompetenzgefüge ist die vom Gesetz in § 23 Abs. 5 AktG zwingend vorgegebene Machtbalance – vgl. *Hüffer*, AktG, § 118 Rn. 4; *Schaaf*, Die Praxis der Hauptversammlung, Rn. 9.
[47] *Reichert/Schlitt* in Semler/Volhard, HV Hdb., § 4 Rn. 102.

nahmefällen darf sie für zwei Tage einberufen werden.[48] In den vergangenen Jahren ließ sich feststellen, dass die durchschnittliche Dauer von Hauptversammlungen nach wie vor eher zunahm. Eine große Hauptversammlung dauert heute mindestens 4–6 Stunden, die Höchstdauer liegt bei über 13 Stunden.

Vor diesem Hintergrund stellt sich insbesondere bei den DAX-Unternehmen die Frage, ob die Hauptversammlung ihre Zielsetzung als Aktionärsversammlung noch erfüllt. Weitreichende Folgen hat die **Internationalisierung der Aktionäre** und das Engagement institutioneller Anleger (Pensionsfonds, Versicherungen), die in erster Linie an verbesserten Informationen über das Unternehmen interessiert sind. Viele institutionelle Anleger sind heute in den Hauptversammlungen nicht vertreten. Das hat zu weiter sinkenden Präsenzzahlen beigetragen. Während in den 70er Jahren noch Hauptversammlungspräsenzen von oftmals über 70 % zu verzeichnen waren, sind es heute oft nur noch 30 % bis 40 %. Gerade bei Publikumsgesellschaften kann dadurch die Gefahr von Zufallsmehrheiten erstehen. Hier besteht die Aufgabe im Sinne guter Corporate Governance darin, auch diesen Aktionärskreis für die Hauptversammlung zu interessieren und ihnen die Teilnahme an der Hauptversammlung zu erleichtern. Hierzu hat der deutsche Gesetzgeber mit dem UMAG[49] schon einen bedeutenden Schritt getan, in dem er die Hinterlegung der Aktie als gesetzliches Legitimationsverfahren für die Teilnahme an der Hauptversammlung abgeschafft und einen „record date" eingeführt hat.[50] Auch der Kodex enthält eine ganze Reihe von Vorschlägen zur erleichternden Wahrnehmung von Aktionärsrechten, die sich insbesondere auf den Einsatz des Internets beziehen.[51] Ob diese Maßnahmen ausreichen, um in Zukunft wieder höhere Hauptversammlungspräsenzen zu erreichen, bleibt fraglich. In der rechtspolitischen Diskussion sind insbesondere eine Wiederbelebung des Depotstimmrechts der Banken und Sparkassen sowie ein Präsenzbonus für die Teilnahme (einschließlich Stimmrechtsausübung) an der Hauptversammlung.[52]

3. Corporate Governance und Hauptversammlungspraxis

Mit Blick auf die Hauptversammlungspraxis lässt sich durchaus die Frage stellen, ob der derzeitige Ablauf einer Publikumshauptversammlung mit dem Gedanken einer effektiven Corporate Governance noch zu vereinbaren ist.[53] Dies gilt insbesondere für die Hauptversammlungen, in denen über wesentliche Strukturmaßnahmen wie z. B. Verschmelzung und Spaltung zu entscheiden ist.

Die Hauptversammlung ist durch gesetzlich vorgeschriebene Formalien belastet. Berichte an die Hauptversammlung, die bereits in Schriftform vorliegen, müssen in der Hauptversammlung nochmals mündlich erläutert werden. Dies gilt zum Beispiel für den Bericht des Aufsichtsrats an die Hauptversammlung[54] und für die Erläuterung des Jahresabschlusses,[55] aber auch für die mündlichen Erläuterungen des Vorstands etwa zu einer Verschmelzung oder zum Abschluss eines Unternehmensvertrags.[56] Dar-

---

[48] *Reichert/Schlitt* in Semler/Volhard, HV Hdb., § 4 Rn. 104 f.
[49] Gesetz zur Unternehmensintegrität und Modernisierung des Anfechtungsrechts vom 22. 9. 2005, BGBl. I S. 2802 ff.
[50] § 123 Abs. 3 AktG und dazu *Hüffer*, AktG, § 123 Rn. 12.
[51] Ziffer 2.3.2, 2.3.3, 2.3.4.
[52] S. dazu *Kühs*, ZIP 2006, 107 ff. sowie *Hemeling*, Börsenzeitung vom 1. 8. 2007.
[53] S. dazu auch unter Rn. 277; zu den Kritikpunkten *Breuer* in Cromme, Corporate Governance Report 2003, 78 ff.; *Martens*, AG 2004, 238, 239 f.
[54] Der Umfang der Berichtspflicht in § 171 Abs. 2 Satz 2 AktG wurde gerade erst durch das Übernahmerichtlinienumsetzungsgesetz vom 8. 7. 2006 erweitert.
[55] S. § 176 Abs. 1 AktG.
[56] § 64 Abs. 1 UmwG; § 293 g Abs. 2 AktG.

über hinaus ist der Versammlungsleiter gehalten, in gewissem Umfang die Formalien und das Abstimmungsverfahren den Aktionären auch mündlich zu erläutern. Zwischen dem Beginn der Hauptversammlung und der ersten Worterteilung an Aktionäre vergeht deshalb nicht selten mehr als eine Stunde. Dies ist für eine normale Hauptversammlung deutlich zu lange. Ein Corporate Governance Kodex hat aber nur geringe Möglichkeiten,[57] hier für eine Steigerung der Effizienz zu sorgen, da die Berichtspflichten unmittelbar aus dem Gesetz folgen und zum Teil auf europarechtlichen Vorgaben beruhen. Änderungen in diesem Bereich bedürfen daher der Unterstützung durch den Gesetzgeber.[58]

232 Zum anderen entspricht auch der Verlauf einer **Aktionärsdebatte** in der Rechtswirklichkeit vielfach nicht mehr den Zielvorstellungen des Gesetzgebers, wonach die Hauptversammlung ein Forum für eine inhaltliche Auseinandersetzung über die Geschäftspolitik, die Arbeit der Verwaltung (Rechenschaftslegung) und über die in der Verantwortung der Hauptversammlung liegenden unternehmensstrukturellen Maßnahmen darstellt.[59]

233 Ein weiteres Problem besteht in der exzessiven zum Teil die Missbrauchsgrenze überschreitenden **Ausübung des Rede- und Fragerechts.** Professionelle Aktionärsopponenten versuchen zum Teil über aggressiv bis beschimpfend vorgetragene Redebeiträge und mit einer Unzahl von Fragen[60] den Versammlungsleiter zu Formfehlern zu veranlassen oder den Vorstand zu einer Antwortverweigerung oder zu einer unzutreffenden Beantwortung von Fragen zu provozieren.[61]

234 Diese Gruppe von Aktionären nimmt vielfach mehr als 50 % der Aussprachezeit für sich in Anspruch. Dadurch entsteht in der Öffentlichkeit der Eindruck eines Hauptversammlungswesen, das nicht attraktiv ist.[62] Gerade bei ausländischen Beobachtern entsteht ein negatives Bild von der deutschen Hauptversammlung, von einer Teilnahme wird eher abgeschreckt. Der Anreiz für ausländische Manager, sich in deutschen Aufsichtsräten zu engagieren, wird durch dieses Erscheinungsbild der Hauptversammlung deutlich gemindert.

235 Auch an dem **Verhalten der Verwaltungen** in den Hauptversammlungen ist zum Teil berechtigte Kritik geübt worden.[63] Der Vorstandsvorsitzende lege in seinen Ausführungen zu viel Gewicht auf das abgelaufene Jahr, anstatt strategische Fragen und den Ausblick auf das laufende Geschäftsjahr intensiver zu behandeln. Der Versammlungsleiter trage in vielen Fällen selbst durch ausufernde Erläuterungen der Formalien zur Verzögerung des Versammlungsablaufs bei. Der Vorstand könnte die ihm gestellten Fragen fokussieren und in gestraffter Form beantworten.

236 Die abgelaufenen **Hauptversammlungssaisonen 2004-2006** haben gezeigt, dass sich eine ganze Reihe von Gesellschaften, insbesondere im DAX, dieser Kritik gestellt und deutliche Verbesserungen erreicht haben. Neben Maßnahmen zur weiteren Straffung der Versammlungsleitung[64] standen insbesondere eine angestrebte Verkürzung der Rede des Vorstandsvorsitzenden auf längstens 30 Minuten[65] und die Begrenzung der Erläuterungen des Aufsichtsratsvorsitzenden zur Tätigkeit des Aufsichtsrats auf

---

[57] S. Ziffer 2.2.4.
[58] S dazu unter Rn. 236 f.
[59] S. Begründung des RegE, KonTraG zu § 129 Abs. 1 AktG, BT-Drucks. 13/9712, S. 19.
[60] S. dazu nur beispielhaft *Joussen*, AG 2000, 241, 248 f. zur Verschmelzungshauptversammlung der Thyssen AG vom 3./4. 12. 1998.
[61] Eingehend zu diesem Problem *Sünner*, AG 2000, 492, 494 f. und unter Rn. 276 ff.
[62] Vgl. *Zöllner*, AG 2000, 145, 147.
[63] S. etwa *Döring* in Cromme, Corporate Governance Report 2003, 88 ff.
[64] S. hierzu die Kommentierung zu Ziffer 2.2.4.
[65] Längere Ausführungen können in Sondersituationen wie z. B. Verschmelzungen angezeigt sein.

höchstens 10 Minuten.⁶⁶ Weitere Zeitersparnis erbrachte die Konzentration der Fragenbeantwortung auf den Vorstandsvorsitzenden und – bei fachspezifischen Sonderthemen – auf den Finanzvorstand unter Ausschluss der übrigen ressortzuständigen Vorstandsmitglieder. Die Antworten wurden inhaltlich gestrafft und – soweit praktikabel – geordnet nach Sachthemen und nicht nach fragenden Aktionären gegeben. So konnten Redundanzen weitgehend vermieden werden. Diese Maßnahmen und eine weiter gestraffte Versammlungsleitung ermöglichten es bereits, im Jahre 2004 bei einer größeren Zahl von Publikumshauptversammlungen die Aktionärsdebatte schon in der ersten Stunde nach Eröffnung der Hauptversammlung zu beginnen.

Die genannten Fortschritte sind sehr zu begrüßen, sie allein dürften aber nicht ausreichen, um die offen zutage liegenden Mängel der Hauptversammlung zu beseitigen. Der Kodex kann zur Lösung nur begrenzt beitragen. Im Wesentlichen ist der Gesetzgeber gefordert, der einige Probleme mit dem UMAG bereits angegangen hat. Hier ist insbesondere eine Ergänzung von § 131 Abs. 2 AktG zu erwähnen, wonach die Satzung oder die Geschäftsordnung der Hauptversammlung den Versammlungsleiter ermächtigen kann, das Frage- und Rederecht des Aktionärs zeitlich angemessen zu beschränken.

2.2.1 Der Vorstand legt der Hauptversammlung den Jahresabschluss und den Konzernabschluss vor. Sie entscheidet über die Gewinnverwendung sowie die Entlastung von Vorstand und Aufsichtsrat, wählt die Anteilseignervertreter im Aufsichtsrat und in der Regel den Abschlussprüfer.

Darüber hinaus entscheidet die Hauptversammlung über die Satzung und den Gegenstand der Gesellschaft, über Satzungsänderungen und über wesentliche unternehmerische Maßnahmen wie insbesondere Unternehmensverträge und Umwandlungen, über die Ausgabe von neuen Aktien und von Wandel- und Optionsschuldverschreibungen sowie über die Ermächtigung zum Erwerb eigener Aktien.

V. Zuständigkeiten der Hauptversammlung

Der Kodex beschreibt die wesentlichen Zuständigkeiten der Hauptversammlung, wie sie sich nach der bestehenden Gesetzeslage ergeben. Diese Zuständigkeiten sind insbesondere für internationale Investoren, deren Kenntnisse des deutschen Aktienrechts oft unvollkommen sind, von erheblicher Bedeutung. Empfehlungen oder Anregungen werden nicht ausgesprochen.

1. Ordentliche Hauptversammlung

Absatz 1 gibt die üblichen Tagesordnungspunkte einer ordentlichen Hauptversammlung wieder. Insbesondere wird die Zuständigkeit zur Entgegennahme des Jahresabschlusses und des Konzernabschlusses beschrieben. Nur in Ausnahmefällen entscheidet die Hauptversammlung selbst über den Jahresabschluss und den Konzernabschluss.⁶⁷

In **Satz 2** der Kodexbestimmung werden die **Entscheidungszuständigkeiten** der ordentlichen Hauptversammlung beschrieben. Sie umfassen nach § 119 Abs. 1 AktG
– die Verwendung des Bilanzgewinns (§ 119 Abs. 1 Nr. 2, § 174 Abs. 1 AktG);

---

⁶⁶ Längere Ausführungen können z. B. dann geboten sein, wenn der Aufsichtsratsvorsitzende die Hauptversammlung über die Grundzüge des Vergütungssystems für den Vorstand und deren Veränderung informiert, näher dazu bei Ziffer 4.2.3.

⁶⁷ Vgl. § 173 AktG, der zuletzt durch das TransPuG erweitert worden ist.

- die Entlastung der Mitglieder des Vorstands und des Aufsichtsrats für das abgelaufene Geschäftsjahr (§ 119 Abs. 1 Nr. 3, § 120 Abs. 1 AktG);
- die Wahl der Aufsichtsratsmitglieder, soweit sie nicht als Aufsichtsratsmitglieder der Arbeitnehmer nach dem Mitbestimmungsgesetz (§§ 9 ff.), dem Mitbestimmungsergänzungsgesetz (§ 5) oder dem Drittelbeteiligungsgesetz (§§ 4,5) zu wählen sind und
- die Wahl des Abschlussprüfers (§ 119 Abs. 1 Nr. 4 AktG, § 318 HGB).

241 Bei der **Wahl des Abschlussprüfers** formuliert der Kodex abweichend vom Wortlaut des Aktiengesetzes, dass die Zuständigkeit nur „in der Regel" bestehe. Damit macht der Kodex deutlich, dass es auch Ausnahmefälle geben kann. Dies ist z. B. bei den Versicherungsunternehmen der Fall. Nach § 341 k Abs. 2 Satz 1 HGB wird bei Versicherungsunternehmen der Abschlussprüfer vom Aufsichtsrat bestimmt. Die Erteilung des Prüfungsauftrags an den gewählten Abschlussprüfer obliegt aber stets dem Aufsichtsrat.[68]

242 Zu jedem der vorbezeichneten Tagesordnungspunkte unterbreiten Vorstand und Aufsichtsrat einen **Beschlussvorschlag**, soweit es sich nicht um die Wahl von Aufsichtsratsmitgliedern der Aktionäre oder des Abschlussprüfers handelt.[69] In diesen Fällen unterbreitet allein der Aufsichtsrat den Beschlussvorschlag. Die Begrenzung des Vorschlagsrechts auf den Aufsichtsrat beruht auf dem Gedanken, dass der Vorstand daran gehindert werden soll, die Wahl desjenigen, der seine Tätigkeit überwacht (Aufsichtsrat) oder prüft (Abschlussprüfer), zu beeinflussen.[70] Die Beschlussvorschläge werden mit der Tagesordnung der Hauptversammlung bekannt gemacht, so dass die Aktionäre nicht erst in der Hauptversammlung von den Vorschlägen der Verwaltung Kenntnis nehmen müssen.

243 Zu den Tagesordnungspunkten entscheidet die Hauptversammlung durch **Beschluss**. Die Gegenstände der ordentlichen Hauptversammlung werden in der Regel mit einfacher Mehrheit der abgegebenen Stimmen gefasst.[71]

2. Weitere Zuständigkeiten der Hauptversammlung

244 Absatz 2 der Kodexbestimmung fasst Grundlagenentscheidungen zusammen, die in den Zuständigkeitsbereich der Hauptversammlung fallen. Diese **Grundlagenzuständigkeiten** betreffen

- die Feststellung der Satzung durch die Gründer (§§ 23 Abs. 1, 28 AktG) mit der (konkreten) Bestimmung des Unternehmensgegenstandes (§ 23 Abs. 3 Nr. 2 AktG);
- Änderungen der Satzung (§ 179 Abs. 1 AktG);
- Zustimmung zum Abschluss und zur Änderung eines Unternehmensvertrages (§§ 293 Abs. 1, 295 Abs. 1 AktG), Eingliederung der Gesellschaft (§§ 319, 320 AktG);
- Zustimmung zu Umwandlungsvorgängen wie Verschmelzung (§§ 65, 73 UmwG), Spaltung oder Ausgliederung (§ 125 i.V.m. §§ 65, 73 UmwG), Vermögensübertragungen nach dem Umwandlungsgesetz (§ 176 i.V.m. §§ 65, 73 UmwG) und Formwechsel (§§ 226 ff. UmwG);
- Maßnahmen der Kapitalbeschaffung, wozu neben der Ausgabe von neuen Aktien auch die Ausgabe von Wandel- und Gewinnschuldverschreibungen gehören, sowie die Einräumung von Genussrechten (§§ 182, 192, 202, 207, 221 AktG);
- Ermächtigung zum Rückkauf eigener Aktien (§ 71 Abs. 1 Nr. 7 und 8).

---

[68] § 111 Abs. 2 Satz 3 AktG und Ziffer 7.2.2.
[69] S. § 124 Abs. 3 AktG und Ziffer 5.4.1 (Aufsichtsratsmitglieder der Aktionäre) bzw. Ziffer 7.2.1 (Abschlussprüfer).
[70] *Kropff*, AktG, S. 174 zur Begründung des RegE AktG 1965.
[71] § 133 Abs. 1 AktG.

V. Zuständigkeiten der Hauptversammlung

245 Neben diesen im Kodex erwähnten Entscheidungszuständigkeiten gibt es noch weitere Entscheidungskompetenzen und Zuständigkeiten der Hauptversammlung, die über das Aktiengesetz verstreut und auch im HGB geregelt sind.[72]

246 Mit dem Wertpapiererwerbs- und Übernahmegesetz vom 20.12.2001 (WpÜG) kam die Befugnis zur Übertragung der Aktien von Minderheitsaktionären auf den Hauptaktionär (§ 327a AktG) hinzu.[73] Das TransPuG eröffnete der Hauptversammlung neue Möglichkeiten zur Sachausschüttung[74] und erweitert damit die Entscheidungsmöglichkeiten der Aktionäre. Durch das Übernahmerichtlinie-Umsetzungsgesetz[75] haben die Aktionäre die Befugnis, durch Satzungsregelung die strengen Regeln der EU-Übernahmerichtlinie[76] zum so genannten Verhinderungsverbot und zur Durchbrechungsregel für die Gesellschaft verbindlich festzulegen.

247 Neben diesen originären Hauptversammlungszuständigkeiten entscheidet die Hauptversammlung nach § 119 Abs. 2 AktG auf Verlangen des Vorstands auch über Fragen der Geschäftsführung. In diesem Zusammenhang hat der Bundesgerichtshof entschieden, dass **grundlegende Geschäftsführungsmaßnahmen**, die so tief in die Mitgliedschaftsrechte der Aktionäre und deren im Anteilseigentum verkörpertes Vermögensinteresse eingreifen, dass der Vorstand vernünftigerweise nicht annehmen kann, er dürfe sie ausschließlich in eigener Verantwortung ohne Beteiligung der Hauptversammlung treffen, den Aktionären zur Entscheidung vorgelegt werden müssen (**„Holzmüller"**).[77] Hier ist noch vieles umstritten.[78] Jedenfalls in wesentlichen Teilbereichen hat der BGH in seinen beiden **„Gelatine"**-Entscheidungen vom 26. April 2004[79] größere Klarheit geschaffen, indem er die Kriterien für eine hauptversammlungspflichtige Geschäftsführungsmaßnahme konkretisiert hat. Eine Zustimmungspflicht der Hauptversammlung kommt danach nur ausnahmsweise und in engen Grenzen in Betracht. Nach dem Leitsatz der Entscheidungen ist erforderlich, dass eine vom Vorstand in Aussicht genommene Umstrukturierung der Gesellschaft an die Kernkompetenz der Hauptversammlung, über die Verfassung der Gesellschaft zu beschließen, rührt, weil sie Veränderungen nach sich zieht, die denjenigen zumindest nahe kommen, welche allein durch eine Satzungsänderung herbeigeführt werden können. Demnach setzt eine Hauptversammlungspflicht von Umstrukturierungsmaßnahmen des Unternehmens voraus, dass der Kernbereich des Unternehmens betroffen ist (qualitative Abgrenzung), der bei einer Größenordnung von 75% bis 80% des Unternehmensvermögens vorliegen wird.[80] Die Hauptversammlung entscheidet dann mit einer Mehrheit von $3/4$ des bei der Beschlussfassung vertretenen Kapitals. Auch nach den „Gelatine"-Entscheidungen des BGH bleibt offen, ob Beteiligungsveräußerungen oder -erwerbe hauptversammlungspflichtig sein können.[81] Hier bleibt die Lösung der mit Holzmüller verbundenen Fragen nach wie vor der wissenschaftlichen Literatur und der Rechtsprechung überlassen.[82]

---

[72] S. die Aufstellung *Semler* in Hoffmann-Becking, Münch. Hdb. GesR IV, § 34 Rn. 11.
[73] Zu Hauptversammlungsentscheidungen im Zusammenhang mit einer Übernahme der Gesellschaft s. Rn. 420 ff.
[74] § 58 Abs. 5 AktG, dazu *Ihrig/Wagner*, BB 2002, 789, 796.
[75] Übernahmerichtlinie-Umsetzungsgesetz vom 8.7.2006, BGBl. I, S. 1426 ff.
[76] Richtlinie 2004/25/EG vom 21.4.2004, ABl. EU Nr. L 142/12.
[77] BGHZ 83, 122, 131; dazu *Hüffer*, AktG, § 119 Rn. 16 ff.
[78] Auch hierzu *Hüffer*, AktG, § 119 Rn. 16 ff.
[79] BB 2004, 1182 ff.
[80] S. dazu auch *Krieger*, Holding-Handbuch, § 6 Rn. 53; *Bungert*, BB 2004, 1345, 1347 ff.; weitestgehend OLG Stuttgart, AG 2005, 693 (73% des Umsatzes, 30% des Jahresüberschusses, 30% des Aktivvermögens).
[81] Dazu etwa *Bungert*, BB 2004, 1345, 1349 ff.
[82] Vgl. etwa aus jüngerer Zeit OLG Karlsruhe, DB 2002, 1094 und BGH, ZIP 2001, 416; *Kort*, ZIP 2002, 685 und aus älterer Zeit *Lutter* in FS Stimpel, 1985, 825 ff.

2.2.2 Bei der Ausgabe neuer Aktien haben die Aktionäre grundsätzlich ein ihrem Anteil am Grundkapital entsprechendes Bezugsrecht.

VI. Bezugsrecht

248 Der Kodex beschreibt in einer klaren und schnörkellosen Formulierung das mitgliedschaftliche Bezugsrecht des Aktionärs, wie es sich aus den gesetzlichen Regeln insbesondere für die Kapitalerhöhung gegen Einlagen oder für das genehmigte Kapital ergibt.[83] Empfehlungen oder Anregungen zum Bezugsrecht enthält der Kodex nicht.

1. Das gesetzliche Bezugsrecht

249 Nach § 186 Abs. 1 AktG hat jeder Aktionär **grundsätzlich** das Recht, bei einer Kapitalerhöhung junge Aktien in einem Umfang zu zeichnen, der seiner bisherigen Beteiligung am Grundkapital entspricht. Der Kodex widmet diesem Grundsatz eine eigene Kodexziffer und betont damit, wie wesentlich das Bezugsrecht für den Aktionär ist. Dies entspricht auch der Sichtweise vieler institutioneller Investoren.[84] Ohne gesetzliches Bezugsrecht würde der Anteil des einzelnen Aktionärs am Grundkapital im Rahmen einer Kapitalerhöhung prozentual sinken und seine Stimmkraft entsprechend reduziert werden, ohne dass er dafür eine Kompensation erhielte (Verwässerungseffekt). Darüber hinaus führen Kapitalerhöhungen in der Regel zur Verwässerung des Aktienkurses.[85] Durch die Verwendung des Wortes „grundsätzlich" weist der Kodex aber auch auf Ausnahmetatbestände hin, die den Ausschluss des Bezugsrechts rechtfertigen können.

2. Ausschluss des Bezugsrechts

250 Das Aktienrecht ermöglicht aber auch den Ausschluss des Bezugsrechts[86] durch Hauptversammlungsbeschluss mit qualifizierter Kapitalmehrheit (§ 186 Abs. 3 AktG). Die Unternehmenspraxis macht hiervon weitgehend Gebrauch. Dies gilt insbesondere für die in § 186 Abs. 3 AktG zugelassene Form des Bezugsrechtsausschlusses, wenn die Kapitalerhöhung 10 % des Grundkapitals nicht übersteigt und der Ausgabebetrag den Börsenpreis nicht wesentlich unterschreitet.[87] Vor diesem Hintergrund wird die Auffassung vertreten, die Kodexregelung sei missglückt, da sie diese abweichende Praxis nicht erwähne und daher gerade den ausländischen Investoren ein falsches Bild der deutschen Aktienwirklichkeit vermittle.[88] Diese Kritik überzeugt nicht. Durch den Hinweis, das Bezugsrecht bestehe „grundsätzlich", wird deutlich gemacht, dass es in der Praxis Ausnahmen gibt. Es ist ein besonderes Anliegen des Kodex, auf die gesetzlichen Rechte der Aktionäre hinzuweisen und ihr Interesse in den Vordergrund zu stellen. Das gilt umso mehr, als das TransPuG mit der Neufassung des § 186 Abs. 2 AktG wesentliche Erleichterungen für die Kapitalerhöhung mit Bezugsrecht geschaffen hat. Die marktnähere Festsetzung von Ausübungspreisen wird ermöglicht.[89] Dadurch soll

---

[83] Dazu etwa *Wiedemann* in GroßKomm. AktG, § 186 Rn. 44 ff.; *Lutter* in Kölner Kommentar, § 186 Rn. 4 ff.; *Hüffer*, AktG, § 186 Rn. 4 ff.
[84] *Strenger*, Handbuch Corporate Governance, 697, 704 f.
[85] Zu weiteren Folgen s. *Hüffer*, AktG, § 186 Rn. 2.
[86] Dazu die Übersicht bei *Wiedemann* in GroßKomm. AktG, § 186 Rn. 104 ff. und bei *Lutter* in Kölner Kommentar, § 186 Rn. 50 ff.; *Hüffer*, AktG, § 186 Rn. 20 ff; zuletzt *Goette*, AG 2006, 522.
[87] Dazu *Hüffer*, AktG, § 186 Rn. 39 a ff.
[88] Stellungnahme des DAV Handelsrechtsausschusses zum Kodexentwurf, Januar 2002.
[89] Vgl. *Ihrig/Wagner*, BB 2002, 789, 795.

die Kapitalerhöhung mit Bezugsrecht wieder attraktiver werden. Da es aus Sicht der Unternehmen gute Gründe geben kann, im Einzelfall einen Bezugsrechtsausschluss vorzusehen, enthält der Kodex weder die Empfehlung noch die Anregung, von einem Bezugsrechtsausschluss abzusehen.

Auch die Baums-Kommission hatte sich mit dem Bezugsrecht befasst. Dabei ging es um die Spezialfrage, ob es in bestimmten Ausnahmefällen auch ein **Bezugsrecht der Aktionäre der Muttergesellschaft beim Börsengang einer Tochtergesellschaft** gibt. So sollte der Gefahr einer Benachteiligung der Muttergesellschaft und der Gefahr einer Wertbeeinträchtigung (Verwässerung) der Aktien der Muttergesellschaft beim Verkauf der Tochtergesellschaft über die Börse zu nicht marktgerechten Preisen vorgebeugt werden.[90] Die Baums-Kommission erzielte Einvernehmen darüber, dass sich angesichts der laufenden Entwicklung von rechtlicher Diskussion und Praxis eine gesetzliche Regelung nicht empfiehlt.[91] Überlegenswert erschien der Gedanke, im Kodex deutlich auf die Gefahren für die Aktionäre der Muttergesellschaft aus dem Börsengang von Tochtergesellschaften hinzuweisen und klarzustellen, dass der Vorstand dieser Gefahr wegen seiner Sorgfaltspflichten und seiner persönlichen Verantwortung entweder durch die Beteiligung seiner Aktionäre am Börsengang in Form eines Vorerwerbsrechts begegnen kann oder dass eine angemessene und marktnahe Preisfindung herbeigeführt wird.[92]

Die Kodex-Kommission ist dieser Empfehlung nicht gefolgt. Ein durchaus nahe liegender Grund für diese Haltung mag darin liegen, dass sich bei streitigen Rechtsfragen nur selten eine Best Practice Regel feststellen lässt. Auch eine Anregung bietet sich vor Klärung der relevanten rechtlichen Fragen kaum an.

2.2.3 Jeder Aktionär ist berechtigt, an der Hauptversammlung teilzunehmen, dort das Wort zu Gegenständen der Tagesordnung zu ergreifen und sachbezogene Fragen und Anträge zu stellen.

VII. Teilnahme-, Rede-, Frage- und Antragsrecht

Mit dieser Bestimmung fasst der Kodex wesentliche auf die Hauptversammlung bezogene Aktionärsrechte zusammen: Das Teilnahmerecht, das Rederecht, das Fragerecht und das Antragsrecht. Jedes dieser Rechte steht dem Aktionär individuell und unabhängig von seiner Beteiligungsquote zu.

1. Teilnahmerecht

Das Teilnahmerecht des Aktionärs an der Hauptversammlung kommt (mittelbar) in § 118 AktG zum Ausdruck.[93] Die Satzung kann die Teilnahme an die Erfüllung weiterer Voraussetzungen anknüpfen.[94] Hierzu gehörte früher die Hinterlegung der Aktien bis zum Ende der Hauptversammlung. Die Hinterlegung hatte sich in der Praxis vielfach als ausgesprochenes Hindernis für die Teilnahme von ausländischen Aktionären und institutionellen Anlegern an der Hauptversammlung erwiesen. Durch das

---

[90] Zu diesem Thema näher *Lutter*, AG 2000, 342 ff., *ders.*, AG 2001, 349 ff.; gegen die von *Lutter* entwickelten Grundsätze: *Habersack*, WM 2001, 545 ff.; *Hüffer*, AktG, § 186 Rn. 5 a.
[91] *Baums*, Bericht, Rn. 165.
[92] *Baums*, Bericht, Rn. 165.
[93] Vgl. zum Teilnahmerecht im Allgemeinen *Bärwaldt* in Semler/Volhard, HV Hdb., § 10 Rn. 11 f.; *Mülbert* in GroßKomm. AktG, § 118 Rn. 26 ff.
[94] S. *Hüffer*, AktG, § 123 Rn. 6.

UMAG[95] ist dieses zwingende Erfordernis beseitigt worden. Satzungsregelungen, die die Teilnahme an der Hauptversammlung von der vorherigen Anmeldung abhängig machen, sind bei börsennotierten Gesellschaften weitgehend üblich. Die Satzung kann darüber hinaus die Art und Weise der Legitimation der Aktionäre regeln. Hat die börsennotierte Gesellschaft Inhaberaktien ausgegeben, erfolgt der Nachweise der Aktionärseigenschaft zum so genannten record date (Beginn des 21. Tages vor der Hauptversammlung).[96]

2. Rederecht

255 Das Rederecht des Aktionärs in der Hauptversammlung ist ein ganz selbstverständliches Aktionärsrecht, obwohl es im Aktiengesetz nicht ausdrücklich geregelt ist. Wie schon beim Teilnahmerecht wird man auch für das Rederecht die gesetzlichen Grundlagen in § 118 AktG sehen müssen.

256 Aus § 118 AktG und aus dem Zweck einer Hauptversammlung ergeben sich die **gesetzlichen Schranken des Rederechts**: Die Ausführungen des Aktionärs müssen sich auf Angelegenheiten der Gesellschaft beziehen, allgemein politische Ausführungen sind deshalb vom Rederecht nicht abgedeckt. Die Redebeiträge müssen zu den Gegenständen der Tagesordnung erfolgen. Mit Blick auf die Tagesordnungspunkte „Entlastung von Vorstand und Aufsichtsrat für das abgelaufene Geschäftsjahr" hat diese Einschränkung in der Praxis keine große Bedeutung bei der Konkretisierung der Schranken des Rederechts. Hinzuweisen ist nur darauf, dass selbst von diesem Tagesordnungspunkt weitschweifige Ausführungen zu abgeschlossenen Sachverhalten aus zurückliegenden Geschäftsjahren nicht mehr gedeckt sind. Die Ausführungen des Aktionärs müssen auch in einem nicht zu eng verstandenen Sinne zur Behandlung der Tagesordnung erforderlich sein. Ein Redner mit nachhaltigen Wiederholungen seiner Ausführungen überschreitet diese Grenze.

257 Durch das UMAG[97] ist die Möglichkeit geschaffen worden, den Versammlungsleiter durch die Satzung oder durch eine Geschäftsordnung für die Hauptversammlung zu ermächtigen, das Rede- und das Fragerecht des Aktionärs zeitlich angemessen zu beschränken. Mit dieser Regelung wollte der Gesetzgeber dem Versammlungsleiter die Möglichkeit geben, die Hauptversammlung von typischen Standardfragen und von Fragen nach Statistiken, Listen u.ä. zu entlasten und die konzentrierte inhaltliche Diskussion auf der Hauptversammlung zu fördern.[98] Eine entsprechende Satzungsregelung könnte etwa lauten: „Der Versammlungsleiter kann das Frage- und das Rederecht des Aktionärs zeitlich angemessen beschränken. Er ist insbesondere berechtigt, zu Beginn der Hauptversammlung oder während ihres Verlaufs einen zeitlich angemessenen Rahmen für den ganzen Hauptversammlungsverlauf, für den einzelnen Tagesordnungspunkt oder einzelne Rede- und Fragebeiträge zu setzen."[99]

258 Hält sich der Aktionär nicht an die Grenzen seines Rederechts, hat ihn der Versammlungsleiter zu ermahnen, gegebenenfalls eine individuelle **Redezeitbeschränkung** auszusprechen und ihm notfalls das Wort zu entziehen.[100] Besteht die Gefahr, dass wegen der Vielzahl der Wortmeldungen die Hauptversammlung nicht mehr am Einberufungstage abgeschlossen werden kann, ist eine generelle Rede-

---

[95] Gesetz zur Unternehmensintegrität und Modernisierung des Anfechtungsrechts (UMAG) vom 22.9.2005, BGBl. I S. 2802 ff.
[96] § 123 Abs. 3 AktG in der Fassung durch das UMAG.
[97] S. Fn. 93.
[98] S. Begr. RegE zum UMAG, BT-Drucks. 15/5092, S. 17 f.
[99] Regelungsbeispiel nach *Arnold*, AG 2005, R 527, R 530
[100] Zu den Maßnahmen Abmahnung, individuelle Zeitbeschränkung und Wortentzug s. insbesondere *Schaaf*, Die Praxis der Hauptversammlung, 1999, Rn. 583 ff.

3. Fragerecht

Nach § 131 Abs. 1 Satz 1 AktG hat jeder Aktionär in der Hauptversammlung ein **259**
Fragerecht zu Angelegenheiten der Gesellschaft, soweit die Fragen zur sachgemäßen Beurteilung des Gegenstands der Tagesordnung erforderlich sind.

Die Fragen sind durch den Vorstand in der Hauptversammlung mündlich zu beant- **260**
worten. Es besteht kein Anspruch auf Vorlage von Unterlagen. Auskunftsverpflichtet ist nur der Vorstand, nicht auch der Aufsichtsrat oder der Aufsichtsratsvorsitzende oder einzelne Aufsichtsratsmitglieder. In der Praxis hat sich aber die Übung herausgebildet, dass der Aufsichtsratsvorsitzende zu den Fragen der Aktionäre Stellung nimmt, die den Aufsichtsrat betreffen. Das ist nicht zu beanstanden, da der Aufsichtsratsvorsitzende in Bezug auf Aufsichtsratsangelegenheiten im Vergleich zum Vorstand über die bessere Kenntnis verfügt und sich im Zweifel annehmen lässt, dass sich der Vorstand die Antwort des Aufsichtsrats zu Eigen macht.

Auch aus dem Kriterium der **Erforderlichkeit der Auskunft** zur sachgemäßen **261**
Beurteilung eines Gegenstands der Tagesordnung lassen sich im Zusammenhang mit der Entlastung von Vorstand und Aufsichtsrat nur in seltenen Fällen Grenzen der Fragestellung ermitteln. Maßstab für die Beurteilung der Erforderlichkeit ist der Typus eines vernünftigen Aktionärs, der zur Beurteilung der Tagesordnungspunkte nur über die von der Gesellschaft veröffentlichten Informationen verfügt.[102] Eine generelle Begrenzung des Fragerechts ist im Gegensatz zum Rederecht nach geltender Rechtslage nicht zulässig. Erst wenn der Versammlungsleiter den Schluss der Debatte verkündet und die Rednerliste schließt, sind nach der gesetzlichen Regelung weitere Fragen ausgeschlossen.

Durch die Neufassung des § 131 Abs. 2 AktG im Rahmen des UMAG besteht nun- **262**
mehr die Möglichkeit, im Rahmen einer Satzungsregelung auch das Fragerecht des Aktionärs zeitlich angemessen zu beschränken.[103] Auch dies trägt zur Verbesserung der inhaltlichen Qualität der Hauptversammlung bei, stellt aber auch den Versammlungsleiter vor neue Herausforderungen. Er muss ggf. in der Hauptversammlung kurzfristig entscheiden, was zeitlich angemessen im Sinne der Satzungsregelung ist.

Durch das UMAG hat der Gesetzgeber zudem die Beantwortungspflicht des Vor- **263**
stands über weitere Aktionärsfragen eingeschränkt. Nach dem neuen § 131 Abs. 3 Nr. 7 AktG ist der Vorstand nicht mehr zur Antwort in der Hauptversammlung verpflichtet, wenn die geforderte Auskunft auf der Internetseite der Gesellschaft über mindestens sieben Tage vor Beginn und in der Hauptversammlung durchgängig zugänglich ist. Die Hauptversammlungspraxis 2006 hat gezeigt, dass die Verwaltungen insbesondere Standarddokumente, wie FAQ oder Hinweise zur Teilnahme an der Hauptversammlung u.ä. allgemeine Dokumente in das Internet einstellen. Das sind Standarddokumente, deren Wiederholung die Hauptversammlung nur unnötig belasten würde. Weiter ist vorstellbar, dass vor der Hauptversammlung schriftlich eingereichte Fragen vom Vorstand bereits vor der Hauptversammlung über das Internet verantwortet werden. Dies ist in der Hauptversammlung 2006 aber allenfalls in Einzelfällen geschehen.

Wegen der **Anfechtungsrelevanz von Auskunftsrechtsverletzungen** hat der **264**
Gesetzgeber des UMAG die Anfechtungsmöglichkeiten insoweit limitieren. In einer

---

[101] *Schaaf*, Die Praxis der Hauptversammlung, 1999, Rn. 546 ff. und BVerfG, ZIP 1999, 1798 ff.
[102] S. *Semler* in Hoffmann-Becking, Münch. Hdb. GesR IV, § 37 Rn. 8.
[103] Ein Beispiel für eine entsprechende Satzungsregelung ist in Rn. 257 wiedergegeben.

Neufassung des § 243 AktG ist die Anfechtungsbefugnis auf wesentliche Informationspflichtverletzungen beschränkt worden. Bei unzureichender Fragenbeantwortung besteht eine Anfechtungsbefugnis des Aktionärs nur dann, wenn auch ein objektiv urteilender Aktionär sein Stimmrecht von der Erteilung der Informationen abhängig gemacht hätte. Damit wird im Wesentlichen die vom BGH entwickelte Relevanztheorie in das Gesetz übernommen.[104] Darüber hinaus ist ein Aktionär nur dann zur Anfechtung berechtigt, wenn er seine Aktien vor Bekanntmachung der Tagesordnung für die Hauptversammlung erworben hat.[105] Das Anfechtungsrecht wegen Informationspflichtverletzung im Zusammenhang mit Bewertungsfragen, für die gesetzlich das Spruchverfahren vorgesehen ist, wird ganz ausgeschlossen.[106] Für Kapitalmaßnahmen und Unternehmensverträge ist ein Freigabeverfahren eingeführt worden, das die konstitutive Handelsregistereintragung beschleunigt.[107]

4. Antragsrecht

265 Unabhängig von der Höhe seiner Beteiligung ist jeder Aktionär berechtigt, in der Hauptversammlung **Beschlussanträge** zu den einzelnen Gegenständen der Tagesordnung zu stellen. Es handelt sich in der Regel um Gegenanträge, da die Verwaltung bereits zu den einzelnen Tagesordnungspunkten ihrerseits Vorschläge zur inhaltlichen Beschlussfassung den Aktionären unterbreitet hat.

266 Aber auch neue Sachanträge sind möglich, so z. B. der Antrag auf Beschlussfassung über eine Sonderprüfung z. B. zu den Tagesordnungspunkten Entlastung von Vorstand und Aufsichtsrat.

267 Um eine möglichst frühzeitige Information der Aktionäre über einen beabsichtigten Gegenantrag zu erreichen, können **Gegenanträge** gegenüber der Verwaltung angekündigt und im Vorfeld der Hauptversammlung veröffentlicht werden.[108] Hier hat die Neufassung des § 126 Abs. 1 AktG durch das TransPuG eine Reihe von Änderungen mit sich gebracht.[109] So müssen die Gegenanträge nicht mehr gemäß § 125 AktG in gedruckter Form an alle Aktionäre versandt werden, sie sind den Aktionären lediglich „zugänglich zu machen". Eine Veröffentlichung (ausschließlich) auf der Internetseite der Gesellschaft reicht aus. Die Gegenanträge sind an eine von der Gesellschaft mitgeteilte Adresse zu senden, die auch eine E-Mail Adresse sein kann. Die bisherige gesetzliche Regelung zur Veröffentlichung angekündigter Gegenanträge hatte in der Praxis zu einer Reihe von Problemen geführt.

268 Aktionäre, die in der Hauptversammlung einen Gegenantrag stellen wollen, können für ihren Gegenantrag auch im „Aktionärsforum" des elektronischen Bundesanzeigers werben.[110]

269 Jeder Aktionär ist auch berechtigt, in der Hauptversammlung Anträge zur Geschäftsordnung zu stellen. **Geschäftsordnungsanträge** betreffen z. B. die Abwahl des Versammlungsleiters, die Reihenfolge der Redner in der Hauptversammlung oder die Absetzung von einzelnen Tagesordnungspunkten. Über die Geschäftsordnungsanträge entscheidet zumeist der Versammlungsleiter.[111]

---

[104] § 243 Abs. 4 AktG.
[105] § 245 Nr. 1 und 3 AktG.
[106] Eingehend dazu *Noack/Zetzsche*, ZHR 2006, 218 ff.
[107] Näher *Fleischer*, NJW 2005, 3525, 3529.
[108] § 126 AktG und dazu *Schaaf*, Die Praxis der Hauptversammlung, 1999, Rn. 144 ff.
[109] S. *Ihrig/Wagner*, BB 2002, 789, 794.
[110] S. § 127 a AktG, neu eingefügt durch das UMAG.
[111] S. dazu *Semler* in Semler/Volhard, HV Hdb., § 11 Rn. 105.

2.2.4 Der Versammlungsleiter sorgt für eine zügige Abwicklung der Hauptversammlung. Dabei soll er sich davon leiten lassen, dass eine ordentliche Hauptversammlung spätestens nach 4 bis 6 Stunden beendet ist.

VIII. Der Versammlungsleiter

Die Kodexziffer enthält in Satz 1 eine gesetzesbeschreibende Regelung und in Satz 2 eine Anregung, die die Regierungskommission am 12. Juni 2006 beschlossen hat.

Das Aktiengesetz enthält keine umfassende Beschreibung der Aufgaben und Befugnisse des Versammlungsleiters einer Hauptversammlung.[112] Daher war es außerordentlich wichtig, dass der Kodex dieses Thema aufgreift und den Kern der Aufgaben des Versammlungsleiters deutlich macht: Er hat für eine zügige Abwicklung der Hauptversammlung Sorge zu tragen.[113] Durch das UMAG[114] hat der Gesetzgeber jüngst die Befugnisse des Versammlungsleiters gestärkt. Die Satzung oder eine Geschäftsordnung für die Hauptversammlung können den Versammlungsleiter ermächtigen, das Frage- und Rederecht des Aktionärs zeitlich angemessen zu beschränken und Näheres dazu bestimmen.[115]

1. Bestimmung und Aufgabe

Die Satzungen börsennotierter Gesellschaften enthalten in aller Regel die Bestimmung, dass der **Aufsichtsratsvorsitzende** den Vorsitz in der Hauptversammlung führt, und regeln auch den Fall seiner Vertretung.[116] Trifft die Satzung keine Regelung, wird der Versammlungsleiter durch die Hauptversammlung gewählt.

Aufgabe des Versammlungsleiters ist es u. a., für die sachgerechte Erledigung der Tagesordnung in einer angemessenen und zumutbaren Zeit Sorge zu tragen.[117] Äußerste Grenze ist jedenfalls der Ablauf des Tages (24:00 Uhr), zu dem die Hauptversammlung einberufen worden ist. Danach dürfen keine Beschlüsse mehr gefasst werden. Daher hat der Versammlungsleiter insbesondere dafür zu sorgen, dass die zur Verfügung stehende Redezeit möglichst gerecht verteilt und nicht durch übermäßig lange oder erkennbar vom Thema abweichende Beiträge zu Lasten anderer Hauptversammlungsteilnehmer verbraucht wird.[118]

2. Befugnisse

Die dem Versammlungsleiter zur Erfüllung seiner Aufgabe zur Verfügung stehenden **Mittel** sind im Aktiengesetz nicht ausdrücklich geregelt. Der Bundesgerichtshof hat schon früh entschieden, dass der Versammlungsleiter alle Rechte hat, um einen ordnungsgemäßen Ablauf der Hauptversammlung zu gewährleisten.[119] Zu diesen Rechten gehören die Eröffnung der Hauptversammlung, die Festlegung der Reihenfolge der Redner, Worterteilung und Wortentziehung, die Festlegung des Abstimmungsverfahrens und die Feststellung des Abstimmungsergebnisses.[120] Selbst

---

[112] S. *Hüffer*, AktG, § 129 Rn. 17.
[113] BGHZ 44, 245, 248.
[114] S. Fn. 93.
[115] § 131 Abs. 2 Satz 2 AktG.
[116] S. z. B. § 18 der Satzung der ThyssenKrupp AG, http://www.thyssenkrupp.com/documents.
[117] S. *Hüffer*, AktG, § 129 Rn. 19; BVerfG, ZIP 1999, 1798, 1800.
[118] BVerfG, ZIP 1999, 1798, 180.
[119] BGHZ 44, 245, 248.
[120] Überblick über die Befugnisse des Versammlungsleiters z. B. bei *Hüffer*, AktG, § 129 Rn. 19 ff.; *v. Hülsen* in Semler/Volhard, HV Hdb., § 11 Rn. 66 f.

Maßnahmen wie die allgemeine Redezeitbeschränkung,[121] Wortentzug und Saalverweisung sind, wenn sie im Dienst einer ordnungsgemäßen Versammlungsdurchführung stehen, auch verfassungsrechtlich nicht zu beanstanden.[122]

275 Das Aktiengesetz sieht in § 129 Abs. 1 die Möglichkeit vor, die Regeln für die Vorbereitung und Durchführung der Hauptversammlung in einer mit qualifizierter Kapitalmehrheit beschlossenen **Geschäftsordnung für die Hauptversammlung** festzulegen. In der Praxis machen die Unternehmen von dieser Möglichkeit nur sehr selten Gebrauch. Nach der Gesetzeslage ist nicht klar, ob auch inhaltliche Weiterungen der Befugnisse des Versammlungsleiters, die notwendigerweise die Ausübung von Aktionärsrechten begrenzen, durch eine Geschäftsordnung legitimierbar sind. Hieran bestehen deutliche Zweifel. Die Aktionärsrechte sind gesetzlich geregelt. Sie in ihrer Ausübung durch eine (mehrheitliche beschlossene) Geschäftsordnung zu beschränken, widerspricht grundsätzlich der Normenhierarchie. Die gerade für die Praxis wichtige angemessene Eingrenzung des Auskunftsrechts der Aktionäre dürfte nach dem durch das UMAG neu eingefügten § 131 Abs. 2 Satz 2 AktG durch eine Geschäftsordnung möglich sein.[123]

3. Herausforderungen in der Praxis

276 Der Ablauf einer deutschen Publikumshauptversammlung ist gerade im Vergleich zu ausländischen Hauptversammlungen vielfach kritisiert worden.[124] Kritische Betrachter bemerken immer wieder, dass Publikumshauptversammlungen in Deutschland zu lang und zu ineffizient sind, dass sie sich nicht konzentriert mit gesellschaftsbezogenen Themen befassen, sondern mit Nebensächlichkeiten und mit für die Gesellschaft irrelevanten allgemeinpolitischen Themen, dass die Hauptversammlungen die Selbstdarstellungsbedürfnisse von einzelnen Aktionären befriedigen und aggressiven kritischen Aktionären eine Plattform für ihre pressewirksamen Angriffe gegen Vorstand und Aufsichtsrat geben. Damit trete das eigentliche Ziel der Aktionärsversammlung, nämlich die Diskussion der Rechenschaftslegung von Vorstand und Aufsichtsrat, in den Hintergrund.

277 Vor diesem Hintergrund hätte man annehmen können, dass die Kommission im Kodex weitreichende Empfehlungen und Anregungen an den Versammlungsleiter unterbreitet. Dies ist aber zu Recht nicht geschehen, da jede Ausweitung der Befugnisse des Versammlungsleiters fast zwangsläufig Auswirkungen auf die Rechte der Aktionäre hat.

4. Beendigung einer ordentlichen Hauptversammlung spätestens nach 4–6 Stunden

278 Diese durch die Regierungskommission am 12. Juni 2006 neu beschlossene Anregung befasst sich mit den Auswirkungen des UMAG. In der Gesetzesbegründung zum neuen § 131 Abs. 2 Satz 2 AktG hatte der Gesetzgeber seine Vorstellung zum Ausdruck gebracht, dass eine normal verlaufende Hauptversammlung nicht länger als 4–6 Stunden dauern und der Versammlungsleiter die Einhaltung dieses Zeitrahmens durch geeignete Maßnahmen sicherstellen solle.[125] Durch die Bestimmung eines Leitbildes von 4–6 Stunden für die Dauer einer Hauptversammlung soll dem Versammlungsleiter eine Hilfestellung gegeben werden, damit er die vom Kodex eingeforderte zügige Abwicklung der Hauptversammlung umsetzen kann.

---

[121] BGHZ 49, 245, 247 f.
[122] BVerfG, ZIP 1999, 1798, 1801.
[123] Dazu *Hüffer*, AktG, § 129 Rn. 22 a f.; *Hemeling*, AG 2004, 262 f.
[124] S. Rn. 150 ff. sowie *Breuer* in Cromme, Corporate Governance Report 2003, 78 ff.
[125] S. BT-Drucks. 15/5092, S. 17 f.

279 Die Anregung bezieht sich nur auf die **„ordentliche"** Hauptversammlung mit den üblichen Tagesordnungspunkten, wie Vorlage des Jahresabschlusses und Verwendung des Bilanzgewinns.[126] Außerordentliche Hauptversammlung, in denen z. B. größere Umstrukturierungen des Unternehmens über eine Verschmelzung oder Spaltung beraten und beschlossen werden, können eine längere Ansprache erforderlich machen. Deshalb sind sie von der Anregung nicht erfasst.

280 Mit der Formulierung, die Hauptversammlung soll **spätestens nach 4–6 Stunden** beendet sein, bringt der Kodex zum Ausdruck, dass selbstverständlich auch kürzere Hauptversammlungen mit den Intensionen des Kodex übereinstimmen. Viele Hauptversammlungen mittelständischer börsennotierter Unternehmen sind traditionell nach kürzerer Dauer beendet. Auch eine Hauptversammlungsdauer von nur 2 oder 3 Stunden erfüllt die Anregung. Die Kodexbestimmung kann nicht dahin verstanden werden, dass sie eine Mindestdauer der Hauptversammlung von 3–4 Stunden vorsieht. Die Hauptversammlungen der DAX-Unternehmen haben in der Vergangenheit einen Zeitrahmen von mehr als 3–4 Stunden in Anspruch genommen. Hier können Satzungsregelungen, die eine angemessene zeitliche Beschränkung des Frage- und Rederechts der Aktionäre ermöglichen, helfen.[127] Bei der Umsetzung der Kodexanregung muss nicht notwendigerweise eine Satzungs- oder Geschäftsordnungsregelung zur angemessenen zeitlichen Beschränkung des Frage- und Rederechts eingeführt werden. Sollte schon in der Vergangenheit die Hauptversammlung der Gesellschaft weniger als 3–4 Stunden gedauert haben, reicht dies für eine Entsprechenserklärung in der Regel aus.

5. Maßnahmen des Versammlungsleiters

281 Selbst erfahrene Versammlungsleiter[128] haben mit der Durchsetzung einer zügigen Verhandlungsführung vielfach ihre Mühe. Eine zu straffe Verhandlungsleitung begründet die Gefahr, dass das Rede-, Frage- oder Antragsrecht eines Aktionärs beeinträchtigt wird. Dadurch können erhebliche **Anfechtungsrisiken** entstehen, die der Versammlungsleiter im Interesse der Gesellschaft gerade bei der Beschlussfassung über Strukturmaßnahmen[129] nicht eingehen will.

282 Dennoch hat der Versammlungsleiter eine Reihe von Möglichkeiten, um auf einen zügigen Ablauf der Hauptversammlung hinzuwirken. Schon im Vorfeld der Hauptversammlung kann sich der Versammlungsleiter z. B. Gedanken über die möglichen Redner- und Fragesteller aus dem Aktionärskreis machen und daraus ein Konzept für die von ihm in der Hauptversammlung festzulegende **Reihenfolge der Redner** entwickeln. Dabei sollte er sich von dem Grundsatz leiten lassen, zunächst denjenigen Aktionären das Wort zu erteilen, die für eine größere Zahl von Aktionären sprechen. Von diesen Aktionären (insbesondere Aktionärsvereinigungen) kann erwartet werden, dass sie durch ihre umfassenden Rede- und Fragebeiträge eine Vielzahl von Fragestellungen anderer Aktionäre obsolet machen.[130]

283 Demgegenüber sollten Kriterien wie Zeitpunkt der Wortmeldungen am Versammlungstag oder der Umstand, dass ein Aktionär einen veröffentlichten Gegenantrag nach § 129 AktG gestellt hat, zurücktreten.

284 Weiter kann es sich empfehlen, dass der Versammlungsleiter mit dem Vorstand die **Organisation der Fragenbeantwortung** (einschließlich back office) bespricht und darauf hinwirkt, dass Aktionärsfragen in der Hauptversammlung zeitnah und zügig vom Vorstand beantwortet werden können.

---

[126] *Orth*, DCGK, 58.
[127] S. § 18 Abs. 4 der Satzung der ThyssenKrupp AG, www.thyssenkrupp.com/documents.
[128] Und selbstverständlich auch deren Berater.
[129] Zu den Strukturmaßnahmen s. Ziffer 2.2.1 Abs. 2.
[130] *Ek*, Praxisleitfaden HV, Rn. 400. *v. Hülsen* in Semler/Volhard, HV Hdb., § 11 Rn. 95.

285 Hierauf aufbauend sollte der Versammlungsleiter dann erste Überlegungen zur **Blockbildung** bei den Aktionärsfragen und Vorstandsantworten anstellen. In der Praxis hat es sich sehr bewährt, zunächst eine im Einzelfall festzulegende Anzahl von Aktionären sprechen und fragen zu lassen und erst dann dem Vorstand Gelegenheit zu geben, die bis dahin gestellten Fragen insgesamt zu beantworten.

286 Zur Strukturierung der Maßnahmen des Versammlungsleiters während der Hauptversammlung empfiehlt es sich, einen **Leitfaden für den Versammlungsleiter** vorzubereiten, der die wesentlichen Hinweise des Versammlungsleiters zum Ablauf der Hauptversammlung und Vorschläge zur Reaktion auf Aktionärsanträge enthält.[131] Ein Grundexemplar für einen gestrafften Leitfaden für den Versammlungsleiter ist unter Ziffer 3 des Anhangs wiedergegeben. Im Rahmen der Versammlungsleitung sind insbesondere die nachfolgend aufgeführten Themen zu berücksichtigen:

287 Der Versammlungsleiter sollte auf einen pünktlichen **Beginn der Hauptversammlung** Wert legen, selbst wenn noch Aktionäre vor den Eingangsschleusen warten.[132] Dadurch wird frühzeitig eintretenden Verzögerungen vorgebeugt.

288 Zu Beginn der Hauptversammlung sollte der Versammlungsleiter an alle Redner appellieren, ihre Ausführungen im Interesse eines zügigen Ablaufs der Hauptversammlung gestrafft vorzutragen und sich vor allem auf konkrete Fragen zu konzentrieren.

289 In den letzten Jahren hat sich in diesem Zusammenhang die Praxis herausgebildet, dass der Versammlungsleiter den Aktionären den (unverbindlichen) Vorschlag unterbreitet, nicht mehr als 10 oder 15 Minuten zu sprechen. Dies gibt den Aktionären eine Verhaltensrichtlinie wie sie zu einer effizient ablaufenden Hauptversammlung beitragen können. Die Verhaltensrichtlinie beinhaltet mangels verbindlicher Anordnung der vorgeschlagenen Redezeit (noch) keine Redezeitbeschränkung. Die Einhaltung der Richtlinie kann dem Aktionär über ein am Rednerpult befindliches Blinklicht deutlich gemacht werden.[133]

290 Die **Erläuterung der Formalien** einer Hauptversammlung und die Informationen zum organisatorischen Ablauf sollten unter Hinweis auf die schriftlich vorliegenden Informationen deutlich gestrafft werden.[134] Alternativ kommt auch ein Hinweis auf entsprechende Abschnitte in einer Geschäftsordnung für die Hauptversammlung in Betracht.

291 Feststellungen des Versammlungsleiters zur **Anwesenheit der Mitglieder des Vorstands- und des Aufsichtsrats** sowie zur ordnungsgemäßen Einberufung der Hauptversammlung sind rechtlich nicht erforderlich und deshalb entbehrlich.[135]

292 Eine **Aufzeichnung der Hauptversammlung** in Bild und/oder Ton durch die Verwaltung ist mitzuteilen, um den Aktionären den Widerspruch zu ermöglich. Sofern die Satzung der Gesellschaft eine Übertragung der Hauptversammlung im Internet und/oder im Fernsehen zulässt und die Übertragung auch tatsächlich erfolgt, ist auf die konkrete Form der Übertragung hinzuweisen.[136] Gleiches gilt, wenn die Gesellschaft in Übereinstimmung mit Ziffer 2.3.3 des Kodex ein internetgestütztes Vollmachts- und Weisungssystem anbietet.

---

[131] Beispiele für ausführliche Leitfäden finden sich u. a. bei *Schaaf*, Die Praxis der Hauptversammlung, 1999, 319 ff. (Anlage 2) und *Ek*, Praxisleitfaden HV, Rn. 784 ff.

[132] Das Einlassverfahren ist ggf. zu optimieren, insbesondere durch eine geeignete Zahl von Empfangsschaltern und Sicherheitsschleusen.

[133] Dazu *v. Hülsen* in Semler/Volhard, HV Hdb., § 11 Rn. 124.

[134] S. 336 des Leitfadens (Ziffer 3 des Anhangs).

[135] So *Kubis* in MünchKommAktG, § 119 Rn. 126.

[136] Vgl. *Kubis* in MünchKommAktG, § 119 Rn. 126, s. auch S. 336 des Musterleitfadens unter Ziffer 3 des Anhangs.

Der Versammlungsleiter sollte im Regelfall[137] die Punkte der **Tagesordnung und** 293
die Beschlussvorschläge der Verwaltung nur kurz referieren und im Übrigen auf die
ausliegenden schriftlichen Unterlagen verweisen.

Das **Abstimmungsverfahren** sollte erst unmittelbar vor Beginn der Abstim- 294
mungsvorgänge erläutert werden. Sofern Blockabstimmungen vorgesehen sind, gebietet sich ein Hinweis, wie sich ein Aktionär verhalten soll, der nur gegen einen Teil
der en bloc zur Abstimmung gestellten Punkte stimmen will.[138]

Im Verlauf der Hauptversammlung sollte der Versammlungsleiter alle Aktionäre, die 295
nicht zur Tagesordnung sprechen oder die weitschweifige, sich wiederholende Ausführungen machen, **ermahnen**. Bleiben mehrere Ermahnungen fruchtlos, sollte ein
Wortentzug ausgesprochen werden.

Neben individuellen Maßnahmen wird der Versammlungsleiter auch eine **allge-** 296
meine Redezeitbeschränkung[139] in Betracht ziehen müssen, wenn ansonsten die
ordnungsgemäße Abwicklung der Hauptversammlung am Tag ihrer Einberufung
nicht mehr gewährleistet werden kann. Bei großen Publikums-Hauptversammlungen
kann diese Situation häufiger auftreten.

Dennoch sind insgesamt die Befugnisse und Möglichkeiten des Versammlungs- 297
leiters gerade unter dem Blickwinkel der Vermeidung von Anfechtungsrisiken eher
begrenzt.

Er ist z. B. nicht befugt, einen festen Beendigungszeitpunkt der Hauptversamm- 298
lung festzusetzen. Auch die Zurückweisung erneuter Wortmeldungen von Aktionären
bei noch laufender Hauptversammlung sind dem Versammlungsleiter nicht generell
gestattet. Der Gesetzgeber des UMAG hat die Anfechtungsrisiken aus einer unzureichenden Informationserteilung beschränkt.[140]

2.3 Einladung zur Hauptversammlung, Stimmrechtsvertreter

2.3.1 Die Hauptversammlung der Aktionäre ist vom Vorstand mindestens einmal jährlich unter Angabe der Tagesordnung einzuberufen. Aktionärsminderheiten sind berechtigt, die Einberufung einer Hauptversammlung und die Erweiterung der Tagesordnung zu verlangen. Der Vorstand soll die vom Gesetz für die Hauptversammlung verlangten Berichte und Unterlagen einschließlich des Geschäftsberichts leicht zugänglich auf der Internet-Seite der Gesellschaft zusammen mit der Tagesordnung veröffentlichen.

IX. Einladung zur Hauptversammlung – Minderheitenrechte

Die Kodexregelung zur Einberufung der Hauptversammlung in Ziffer 2.3.1 ist 298a
durch die Regierungskommission am 4. 6. 2007 modifiziert worden. Die Empfehlung
in Satz 3 wurde durch den Hinweis ergänzt, dass die Hauptversammlungsunterlagen
„leicht zugänglich" auf der Internetseite der Gesellschaft veröffentlicht werden sollen. Im
Übrigen wurde der Text an die Neufassung des § 175 Abs. 2 AktG durch das EHUG
angepasst.

---

[137] Anders dann, wenn gesetzliche Sondervorschriften dagegen sprechen wie z. B. ein Abschluss von Unternehmensverträgen.
[138] BGH, AG 2003, 625.
[139] Zu den Voraussetzungen einer allgemeinen Redezeitbeschränkung *Hüffer*, AktG, § 129 Rn. 20; *v. Hülsen* in Semler/Volhard, HV Hdb., § 11 Rn. 125 ff.; *Mülbert* in GroßKomm. AktG, Vor §§ 118–147 Rn. 152.
[140] Näher unter Rn. 264.

299 Satz 1 gibt die wesentlichen gesetzlichen Einberufungsbestimmungen für die ordentliche Hauptversammlung aus §§ 175 Abs. 1, 124 Abs. 1 Satz 1 AktG inhaltlich wieder und erfüllt damit ein Informationsbedürfnis gerade der ausländischen Aktionäre.

300 Satz 2 verdeutlicht zwei wesentliche gesetzliche Minderheitenrechte. Aktionäre oder Aktionärsgruppen mit einer Beteiligungsquote von 5 % des Grundkapitals können die Einberufung einer Hauptversammlung vom Vorstand verlangen (§ 122 Abs. 1 AktG). Das Minderheitenrecht zur Erweiterung der Tagesordnung ist an ein Quorum von 5 % des Grundkapitals oder an einen anteiligen Betrag von 500 000 Euro geknüpft (§ 122 Abs. 2 AktG). Der Schwellenwert kann auch dadurch erreicht werden, dass sich mehrere Aktionäre z. B. über das Aktionärsforum[141] zusammenschließen. Auch hierzu enthält der Kodex keine über das Gesetz hinausgehende Empfehlung oder Anregung.

301 Satz 3 betrifft die **Internetveröffentlichungen** von Hauptversammlungsunterlagen und wird durch die Empfehlung unter Kodex Ziffer 2.3.2 ergänzt. Nach den gesetzlichen Bestimmungen wird die Einberufung der Hauptversammlung im elektronischen Bundesanzeiger bekannt gemacht. Mit der Einberufung der Hauptversammlung sind dann die wesentlichen Unterlagen wie z. B. der festgestellte Jahresabschluss und der Geschäftsbericht in den Geschäftsräumen der Gesellschaft zur Einsicht der Aktionäre auszulegen. Die Auslegungspflicht für Abschlussunterlagen[142] entfällt, wenn diese Unterlagen im Internet auf der Web-Seite der Gesellschaft veröffentlicht werden. Andere Hauptversammlungsunterlagen, wie z. B. die Unterlagen zu Unternehmensverträgen[143] und zu Umwandlungsvorgängen, sind nach wie vor in den Geschäftsräumen der Gesellschaft zur Einsicht der Aktionäre auszulegen.[144] Mit **Geschäftsbericht** ist die jährlich erscheinende Unternehmensdarstellung unter Einschluss (zumindest) einer Kurzfassung von Jahresabschluss, Konzernabschluss und Lageberichte gemeint. Die Bezeichnung Geschäftsbericht hat sich für diese Unternehmensdarstellung in der Praxis durchgesetzt. Es handelt sich nicht um ein rechtlich vorgeschriebenes Dokument.[145]

302 Die Bekanntmachungsregeln haben sich in der Praxis vielfach als unzureichend erwiesen, da der elektronische Bundesanzeiger nicht regelmäßig von den Anlegern eingesehen wird. Gerade die institutionellen ausländischen Investoren beklagen sich über die für ihre Zwecke sehr späte Information über die Hauptversammlungseinberufung. Informationen im Zusammenhang mit der Einwerbung von Stimmrechtsvollmachten müssen erst überprüft und nachfolgend übersetzt werden, damit eine Teilnahme sinnvoll ist. Die Tagesordnung für die Hauptversammlung steht nicht rechtzeitig zur Verfügung und muss zunächst übersetzt werden.[146]

303 Hier schafft die Kodexempfehlung zur Veröffentlichung aller Hauptversammlungsunterlagen auf der Internetseite der Gesellschaft gerade für ausländische Investoren eine wesentliche Erleichterung, zumal der Kodex auch anregt, die Unterlagen zusätzlich in englischer Sprache zur Verfügung zu stellen.[147] Die Internetveröffentlichung kann auch in der Weise erfolgen, dass ein Link auf die Seite des elektronischen Bundesanzeigers gelegt wird.[148] Mindestvoraussetzung ist aber, dass die Veröffentlichung **leicht zugänglich** ist, also von einem durchschnittlichen Aktionär ohne hohen Suchaufwand sicher auf der Internetseite gefunden werden kann.

---

[141] www.ebundesanzeiger.de – Aktionärsforum –.
[142] S. § 175 Abs. 2 AktG, Art. 9 Nr. 8a) EHUG.
[143] S. § 293 f) AktG.
[144] S. z. B. § 175 Abs. 2 AktG.
[145] S. *Noack*, DB 2002, 620, 622.
[146] *Wymeersch*, ZGR 2001, 321 f.
[147] S. Ziffer 6.8.
[148] *Noack*, NZG 2004, 241, 243.

2.3.2 Die Gesellschaft soll allen in- und ausländischen Finanzdienstleistern, Aktionären und Aktionärsvereinigungen die Einberufung der Hauptversammlung mitsamt den Einberufungsunterlagen auf elektronischem Wege übermitteln, wenn die Zustimmungserfordernisse erfüllt sind.

X. Einberufung der Hauptversammlung

Mit dieser Kodexempfehlung wurde ein entsprechender Vorschlag der Baums-Kommission übernommen.[149] Die Regierungskommission hat in ihrer Sitzung am 14.6.2007 an das TUG angepasst.

1. Gesetzeslage

Nach der gesetzlichen Regelung wird die **Einberufung der Hauptversammlung** den Aktionären über die Veröffentlichung im elektronischen Bundesanzeiger und über die Mitteilungen nach § 125 AktG insbesondere an die Depotbanken zur Weiterleitung an ihre Kunden bekannt gegeben. Die Einberufungsunterlagen werden den Aktionären dadurch zur Verfügung gestellt, dass sie von der Einberufung der Hauptversammlung an in den Geschäftsräumen der Gesellschaft zur Einsicht der Aktionäre ausgelegt oder auf der Internetseite der Gesellschaft veröffentlicht werden (Abschlussunterlagen) werden. Auf Verlangen werden jedem Aktionär unverzüglich Abschriften der Vorlagen erteilt.[150]

Für die ausländischen Aktionäre ist es vielfach schwer, von der Einberufung der Hauptversammlung Kenntnis zu nehmen. Wenn sie ihre Aktienbestände in ausländischen Depots verwahrt halten, werden sie von den Mitteilungen nach § 125 AktG oftmals nicht erreicht. Die Einsichtnahmen in Einberufungsunterlagen, die nach den gesetzlichen Regeln in den Geschäftsräumen der Gesellschaft stattzufinden hat, ist gerade für ausländische Aktionäre wegen der erforderlichen Anreise aufwendig und daher unpraktikabel. Die Zusendung der Hauptversammlungsunterlagen ins Ausland benötigt in der Regel einige Zeit, die dann den betreffenden Aktionären für die Hauptversammlungsvorbereitung nicht mehr zur Verfügung steht. Die EU-Kommission beabsichtigt, Abhilfe über die so genannte Aktionärsrichtlinie zu schaffen.[151]

2. Insbesondere Vorliegen der Zustimmungserfordernisse

In Anpassung an die Neuregelungen in § 30 b) ff. WpHG durch das TUG sieht Ziffer 2.3.2 in der Fassung vom 14.6.2007 nicht mehr vor, dass die Übersendung der Einberufungsunterlagen auf elektronischem Wege vor nicht länger als 1 Jahr verlangt worden ist. Voraussetzung für die elektronische Übermittlung der Information ist nunmehr – neben dem Einverständnis des Empfängers – insbesondere ein Zustimmungsbeschluss der Hauptversammlung,[152] den viele börsennotierte Gesellschaften in der Hauptversammlungssaison 2007 gefasst haben.[153] Unternehmen, die keine Beschlussfassung der Hauptversammlung herbeigeführt haben, werden daher für die Zeit ab dem 1.1.2008

---

[149] S. *Baums*, Bericht, Rn. 86.
[150] S. z. B. §§ 293 f. AktG, § 319 Abs. 3 AktG, § 320 Abs. 4 AktG, § 327 c Abs. 3 AktG, § 337 Abs. 3 AktG, § 63 Abs. 1 und Abs. 3 UmwG; bei Abschlussunterlagen nur, wenn keine Internetveröffentlichung erfolgt ist – § 175 Abs. 2 AktG.
[151] Näher unter Rn. 202.
[152] S. § 30 b) Abs. 3 Ziff. 1.
[153] Z. B. die ThyssenKrupp AG in ihrer Hauptversammlung am 19.1.2007 im Wege der Satzungsergänzung, aber auch ein einfacher Hauptversammlungsbeschluss ist ausreichend.

die Nichtanwendung der Empfehlung in der Entsprechenserklärung angeben und im Corporate Governance Bericht erläutern müssen.

3. Mitteilung auf elektronischem Wege

308   Der Aktionär kann die Übersendung der Einberufung und der Einberufungsunterlagen auf elektronischem Wege (E-Mail) verlangen. Die mit einer E-Mail-Übersendung der Einberufungsunterlagen dem Aktionär entstehenden Kosten sind von diesem selbst zu tragen. Das gilt insbesondere für die nicht unerheblichen Kosten des Ausdrucks von Hauptversammlungsunterlagen, da insbesondere der Konzerngeschäftsbericht sowie die Vorstandsberichte bei Strukturmaßnahmen (Verschmelzungsberichte etc.) sehr umfangreich sind. Obwohl der Wortlaut der Kodexempfehlung nicht ausdrücklich regelt, wann die elektronische Unterrichtung erfolgen soll, liegt es doch nahe, in Anlehnung an die gesetzliche Lage eine unverzügliche Unterrichtung der Aktionäre nach Veröffentlichung der Einberufung vorzunehmen. Der E-Mail-Versendung steht es gleich, wenn das E-Mail den Empfänger darauf hinweist, dass die Unterlagen **per Link** zur Internetseite der Gesellschaft beschafft werden können, wo sie als Download zur Verfügung stehen.

4. Finanzdienstleister, Aktionäre und Aktionärsvereinigungen

309   Begünstigte der Kodexempfehlung sind Finanzdienstleister, Aktionäre und Aktionärsvereinigungen.

310   Die Definition des **Finanzdienstleisters** ergibt sich aus § 1 Abs. 1a KWG und bezeichnet die Anbieter der dort aufgeführten Finanzdienstleistungen wie insbesondere die Vermittlung von Geschäften über die Anschaffung und die Veräußerung von Finanzinstrumenten, über die Anschaffung und Veräußerung von Finanzinstrumenten über deren Nachweis, die Anschaffung und Veräußerung von Finanzinstrumenten in fremdem Namen für fremde Rechnung. Damit umfasst der Begriff des Finanzdienstleister insbesondere die Banken und Kreditinstitute, nicht aber Wirtschaftsinformationsdienste und sonstige Presseorgane.[154]

311   Neben den Aktionären sind auch die Aktionärsvereinigungen ausdrücklich als Berechtigte aufgeführt. Damit geht der Kodex über die Empfehlungen der Baums-Kommission hinaus.

5. Umsetzung der Empfehlung

312   Die Kodexempfehlung entspricht bereits heute der gelebten Praxis in vielen börsennotierten Gesellschaften. Die **Umsetzung** der Empfehlungen in den Unternehmen dürfte deshalb grundsätzlich keine Schwierigkeiten bereiten; die Regelungen des TUG sind zu beachten.

313   Haben sich Vorstand und Aufsichtsrat in ihrer **Entsprechenserklärung** nach § 161 AktG zur Einhaltung dieser Kodexempfehlungen bekannt, kommt es aber dennoch zu Fehlern bei der Ausführung der Empfehlung (z. B. die Hauptversammlungsunterlagen werden nicht vollständig im Internet veröffentlicht oder kommt es zu Übertragungsfehlern bei der E-Mail-Versendung), begründet der Verstoß keine Gesetzesverletzung gemäß § 243 Abs. 1 AktG. Die Empfehlungen haben keinen Gesetzescharakter[155] und können deshalb nicht Basis einer Anfechtungsklage sein.[156]

---

[154] S. näher bei *Beck/Samm*, Gesetz über das Kreditwesen, § 1 Rn. 248 ff.
[155] S. dazu schon Rn. 51 ff.
[156] Anders liegt der Fall dann, wenn die Internetveröffentlichung und die E-Mail-Versendung der Hauptversammlungsunterlagen in der Satzung der Gesellschaft verankert sind; dazu DAV-Handelsrechtsausschuss, NZG 2000, 443; *Hüffer*, AktG, § 25 Rn. 3.

2.3.3 Die Gesellschaft soll den Aktionären die persönliche Wahrnehmung ihrer Rechte erleichtern. Auch bei der Stimmrechtsvertretung soll die Gesellschaft die Aktionäre unterstützen. Der Vorstand soll für die Bestellung eines Vertreters für die weisungsgebundene Ausübung des Stimmrechts der Aktionäre sorgen; dieser sollte auch während der Hauptversammlung erreichbar sein.

XI. Aktionärsfreundliches Verhalten

Die Kodexziffer beinhaltet drei Empfehlungen und eine Anregung. **Satz 1** enthält eine generelle **Empfehlung zu aktionärsfreundlichem Verhalten.** Der Kodex schreibt insoweit keine bestimmten Maßnahmen vor, sondern überlässt es der Gesellschaft, die Empfehlung durch von ihr selbst bestimmte Maßnahmen umzusetzen. 314

Die Empfehlung erfüllt nur diejenige Gesellschaft, die ihre Aktionäre über das gesetzliche Mindestmaß und über die Kodexempfehlungen hinaus spürbar unterstützt. Dies wird im Rahmen einer Gesamtbetrachtung festgestellt. Als Maßnahmen, die geeignet sind die Aktionäre bei der persönlichen Wahrnehmung ihrer Rechte zu unterstützen, seien hier beispielhaft genannt: Die Abhaltung der Hauptversammlung an Orten[157] und zu Zeiten, an denen den Aktionären eine Teilnahme an der Hauptversammlung gut möglich ist. Auch die aktive Investor-Relations einschließlich der Bereitstellung von Vorabauskünften zur Hauptversammlung auf der Internetseite der Gesellschaft, die Einrichtung von Hotlines für Fragen der Investoren und Anleger (auch) auf elektronischem Wege und die jederzeitige Verfügbarkeit der Gesellschaftssatzung auf der Internet-Seite der Gesellschaft[158] sind als Möglichkeiten zu erwägen. 315

Satz 2 empfiehlt die **Unterstützung der Aktionäre bei der Stimmrechtsvertretung.**[159] 316

Auch hier ist der Gesellschaft ein weiterer Ermessensspielraum zur Umsetzung der Empfehlung eingeräumt. 317

Sie kann z. B. bereits vor der Hauptversammlung den Aktionären einen weisungsgebundenen Stimmrechtsvertreter zur Verfügung stellen, der per Brief, per Telefax **und** elektronisch erreichbar ist. Der gerade mit dem **schriftlichen „proxy voting"** verbundene Aufwand ist bei einer Publikumsgesellschaft erfahrungsgemäß sehr hoch. Die Präsenz in der Hauptversammlung dürfte mit dieser Maßnahme nur geringfügig gesteigert werden können. Andererseits wird gerade durch die schriftliche Erreichbarkeit des Stimmrechtsvertreters den privaten Kleinanlegern, die noch nicht alle über ein E-Mail-System verfügen, die Stimmrechtsvertretung erleichtert. Die Einrichtung des schriftlichen **und** elektronischen proxy votings geht über die Empfehlungen nach Satz 3 hinaus, da bereits die Einrichtung eines dieser beiden Vollmachtsysteme ausreicht, um der Empfehlung nach Satz 3 zu genügen. 318

Die Gesellschaft kann ihren Ermessensspielraum auch dadurch konkretisieren, dass sie in der **Gesellschaftssatzung** vorgesehene Erleichterungen der Stimmrechtsausübung, deren Anwendung im Ermessen des Vorstands oder Aufsichtsrats steht, zugunsten der Aktionäre weitestgehend anwendet. 319

Weiter kann die Gesellschaft die Empfehlung auch dadurch erfüllen, dass sie entsprechend den Empfehlungen der Baums-Kommission[160] auf ihrer Internetseite 320

---

[157] Bei entsprechender Satzungsermächtigung – vgl. § 121 Abs. 5 AktG.
[158] S. Swiss Code of Best Practice, Ziffer I.2.
[159] Die Kodexformulierung ähnelt der gesetzlichen Regelung in § 16 Abs. 4 Satz 4 WpÜG, wonach die Gesellschaft ihren Aktionären die Erteilung von Stimmrechtsvollmachten so weit nach Gesetz und Satzung möglich zu erleichtern hat, wenn nach Vorliegen des Übernahmeangebots eine Hauptversammlung einberufen wird.
[160] *Baums*, Bericht, Rn. 123.

elektronische Verknüpfungen (**Links**) zum Aktionärsforum des elektronischen Bundesanzeigers oder **zu Stimmrechtsvertretern** anbringt, die auf der letzten Hauptversammlung Stimmrechte für Aktionäre ausgeübt haben, oder dass die Gesellschaft Stimmrechtsvorschläge dieser Stimmrechtsvertreter unmittelbar im Bildschirmformular bzw. schriftlichen Weisungsformular der Gesellschaft integriert. Bei den Aktionärsvereinigungen ist insbesondere an die Deutsche Schutzvereinigung für Wertpapierbesitz oder an die Schutzgemeinschaft der Kleinaktionäre zu denken. Auch die ISS „Institutional Shareholder Services" kommt hier in Betracht. Die elektronische Verknüpfung kann z. B. zu einem für die Aktionäre attraktiven Wettbewerb um Stimmrechtsvertretungen unter den einzelnen Aktionärsvereinigungen führen.[161] In günstigen Fällen könnte dadurch auch die Präsenz in der Hauptversammlung erhöht werden.

321 Der Kodex lässt die **Person des von der Gesellschaft gestellten Vertreters** offen. Es kann sich sowohl um Mitarbeiter der Gesellschaft handeln als auch um vom Vorstand beauftragte Rechtsanwälte oder Wirtschaftsprüfungsgesellschaften. Die Gesellschaft hält sich aber nur dann im Rahmen der Empfehlung, wenn auch die von ihr beauftragten Rechtsanwälte und Wirtschaftsprüfungsgesellschaften nur zur weisungsgebundenen Entgegennahme von Stimmrechtsvollmachten ermächtigt werden.[162]

322 Nach **Satz 3** wird der Gesellschaft empfohlen, bereits **im Vorfeld** einer Hauptversammlung Stimmrechtsvertreter zur weisungsgebundenen Ausübung des Stimmrechts den Aktionären zur Verfügung zu stellen (**„Proxy Voting"**). Die Bereitstellung von weisungsgebundenen Stimmrechtsvertretern entspricht heute der gelebten Praxis bei Gesellschaften, die über Namensaktien verfügen und daher ihre Aktionäre kennen. Bei Gesellschaften mit Inhaberaktien ist diese Art der Stimmrechtsvertretung noch nicht durchgängige Praxis, da die Identifizierung des Aktionärs erst relativ spät bei seiner Anmeldung erfolgt und vor diesem Hintergrund derzeit noch gewisse praktische Schwierigkeiten bei der Umsetzung der Kodexempfehlungen bestehen können.

323 Die in Satz 3 auch angeregte **Erreichbarkeit des Stimmrechtsvertreters während der Hauptversammlung** greift nochmals weiter. Gedanklich vorausgesetzt ist die Internetübertragung der Hauptversammlung und die dadurch geschaffene Möglichkeit für den Aktionär, dem Hauptversammlungsgeschehen unmittelbar zu folgen und je nach Verlauf der Hauptversammlung seine Stimmrechtsvollmacht nochmals zu ändern. Eine Reihe von Gesellschaften praktizieren bereits diese Verfahren[163] und lassen Änderungen der Weisungen zur Stimmrechtsausübung noch bis unmittelbar vor der Abstimmung zu. Eine Reihe weiterer Gesellschaften verhalten sich deutlich restriktiver. Sie lassen zwar Änderungen erteilter Weisungen grundsätzlich zu, befristen die Änderungsmöglichkeit aber bis zu einem Zeitpunkt, der wenige Tage vor der Hauptversammlung liegt. Der Grund für diese Zurückhaltung liegt in der Sorge, sich häufende Änderungen von Weisungen während der Hauptversammlung nicht technisch sicher erfassen zu können und daher Anfechtungsrisiken zu erzeugen.[164]

324 Doch auch diese Gruppe von Gesellschaften gehört heute noch zu den Vorreitern. Derzeit entspricht die Möglichkeit zur Weisungserteilung an einen Stimmrechtsvertreter mit Änderungsmöglichkeiten noch vor der Hauptversammlung nicht der gängigen Praxis.[165]

---

[161] *Strieder*, DCGK, 72.
[162] *Baums*, Bericht, Rn. 122.
[163] Hierzu gehören z. B. die Celanese AG und die ThyssenKrupp AG.
[164] S. dazu etwa *Fuhrmann/Göckeler/Erkens* in Zetzsche, Virtuelle Hauptversammlung, 118 ff.
[165] Ein Grund hierfür mögen die Kosten der Umsetzung sein, so jedenfalls *Strieder*, DCGK, 72.

2.3.4 Die Gesellschaft sollte den Aktionären die Verfolgung der Hauptversammlung über moderne Kommunikationsmedien (z. B. Internet) ermöglichen.

XII. Hauptversammlung im Internet

Der Kodex gibt die Anregung, die gesamte Hauptversammlung über **moderne Kommunikationsmedien** den Aktionären zu übertragen. Moderne Kommunikationsmedien sind neben dem Internet natürlich auch das Fernsehen einschließlich Firmen-TV und Spartenkanäle.[166] Ein Anspruch des Aktionärs auf Übertragung der Hauptversammlung besteht nicht. Auch die Neufassung von § 118 Abs. 3 AktG durch das Transparenz- und Publizitätsgesetz hat daran nichts geändert.

1. Teilübertragung im Internet

Schon deutlich vor dem Inkrafttreten des Transparenz- und Publizitätsgesetzes hat sich eine verbreite Praxis entwickelt, die Ausführungen des Versammlungsleiters (Aufsichtsratsvorsitzender) zur Eröffnung der Hauptversammlung einschließlich des Berichts des Aufsichtsrats nach § 176 Abs. 1 Satz 2 AktG sowie die Rede des Vorstandsvorsitzenden zum abgelaufenen und zum Ausblick auf das laufende Geschäftsjahr in elektronischen Medien (Internet) zu übertragen.[167] Wesentliche rechtliche Probleme waren mit dieser Form der Übertragung nicht verbunden, besondere Aufmerksamkeit bedurfte die Einhaltung der Regeln zur Ad-hoc-Publizität (§ 15 WpHG).[168]

2. Vollübertragung der Hauptversammlung

Große Probleme macht bisher die Vollübertragung der Hauptversammlung. Die Hauptversammlung ist keine öffentliche Veranstaltung, so dass Nichtaktionäre kein Teilnahmerecht haben.[169] Dies muss auch bei der Internetübertragung berücksichtigt werden. Zur Identifizierung und Legitimierung von Aktionären stehen die bekannten PIN- und Passwort-Systeme zur Verfügung. Ist der Aktionär der Gesellschaft bekannt, weil sie z. B. über **Namensaktien** verfügt, ergeben sich keine größeren praktischen Probleme. Schwieriger ist die Situation für Gesellschaften, die über **Inhaberaktien** verfügen. Hier können die Aktionäre erst mit der Anmeldung zur Hauptversammlung identifiziert werden. Erst danach ist die Vergabe der Identifizierungsmerkmale für den Internet-Zugang des einzelnen Aktionärs möglich. Dies eröffnet der Gesellschaft nur einen engen Zeitrahmen für die Vergabe dieser Codes und gleichzeitig zur Beherrschung des Problems der Weitergabe von Zugangscodes an Unberechtigte.[170] Auch die Neufassung des § 118 Abs. 3 AktG durch das Transparenz- und Publizitätsgesetz hat an diesem Problem nichts geändert.

Das Problem des Widerspruchsrechts dürfte auch nicht dadurch gelöst werden können, dass die Internetübertragung nur im Aktionärskreis erfolgt. Nach Auffassung der Rechtsprechung dient das Widerspruchsrecht dazu, heimliche bzw. unkontrollierbare Aufzeichnungen zu verhindern, und dann kann es aber nicht darauf ankommen, ob es sich um einen geschlossenen oder offenen Kreis der Empfänger der Übertragung handelt. Auch bei der Internetübertragung ausschließlich an Aktionäre besteht keine Kon-

---

[166] Begr. RegE zu § 118 Abs. 3 AktG, BR-Drucks. 109/02, S. 45.
[167] Die Hauptversammlung der Deutschen Telekom im Jahre 1997 hat hier eine Vorreiterrolle übernommen. Im Jahre 1998 folgten bereits Daimler-Benz, Pro7 und RWE, dazu *Noack*, BB 1998, 2533, 2534.
[168] S. z. B. *Spindler*, ZGR 2000, 420, 433 und *Noack*, BB 1998, 2533, 2534.
[169] S. *Mülbert* in GroßKomm. AktG, § 118 Rn. 63 sowie oben Rn. 225.
[170] Vgl. *Fleischhauer*, ZIP 2001, 1133, 1137.

trolle darüber, wer Aktionärsbeiträge aufzeichnet.[171] Nach dem derzeitigen Stand der Technik kann ein wirklicher Aufzeichnungsschutz auch nicht bereitgestellt werden.

329   Zur Wahrung seines Persönlichkeitsrechts hat die Rechtsprechung[172] dem einzelnen Aktionär ein **Widerspruchsrecht** zur Übertragung des eigenen Redebeitrags zugestanden. Ist die Internetübertragung mit einer Möglichkeit zur (mittelbaren) **Stimmrechtsausübung** verbunden,[173] führt die Ausblendung von Redebeiträge und Fragen einzelner Aktionäre zu dem Risiko, dass die per Internet zugeschalteten Aktionäre bei den abschließenden Abstimmungen nicht über denselben Informationsstand verfügen wie die in der Hauptversammlung physisch anwesenden Aktionäre.[174] Darüber hinaus führt die Ausblendung einzelner Aktionärsbeiträge dazu, dass die Internetübertragung insgesamt weniger interessant ist und daher nur eine begrenzte Akzeptanz bei den Aktionären finden wird.

3. Satzung und Geschäftsordnung

330   § 118 Abs. 3 AktG gibt die Möglichkeit, die vollständige Übertragung der Hauptversammlung in Ton und Bild durch die Satzung oder durch eine Geschäftsordnung für die Hauptversammlung zu gestatten. Wählt die Gesellschaft den Weg über die Satzungsermächtigung, entfällt damit das Widerspruchsrecht der Aktionäre.[175] Das gilt selbst dann, wenn die Übertragung aufgrund der Satzungsermächtigung an eine breite Öffentlichkeit (z. B. über Business-TV) erfolgt.[176] Bei der Formulierung der statutarischen Ermächtigung sollte darauf geachtet werden, dass auch die Entscheidungsbefugnis für die Frage des „Ob" der Internetübertragung und der Art und Weise geregelt ist.[177] Denkbar ist, diese Zuständigkeit Vorstand und Aufsichtsrat gemeinsam zuzuweisen. Praktisch vorzugswürdiger dürfte es sein, die Entscheidung allein dem Versammlungsleiter oder dem Vorstand zu übertragen.

4. Geeignete Umsetzung der Kodexanregung

331   Die jüngste Bestandsaufnahme des Berlin Center of Corporate Governance zur Kodexumsetzung hat ergeben, dass sich nach wie vor eine Mehrheit der börsennotierten Gesellschaften noch scheut, die Kodexanregung umzusetzen.[178] Hierfür scheinen mehrere Gründe maßgebend zu sein. Der erforderliche technische Aufwand für die Vollübertragung einer Hauptversammlung wirkt eher abschreckend. Zudem halten eine Reihe von Gesellschaften mit nationalem und eher überschaubarem Aktionärskreis die Kodexanregungen als für die eigene Situation nicht passend.[179] Bei anderen Gesellschaften steht die Befürchtung im Vordergrund, die Vollübertragung der Hauptversammlung könnte einen Anreiz für Selbstdarsteller unter den Aktionären schaffen, die Hauptversammlung als Bühne für ihre Auftritte und sachfremde Beiträge zu nutzen und dadurch den Ablauf der Hauptversammlung zu verzögern. Mit diesem Argument wird sich die Unternehmenspraxis weiter auseinandersetzen müssen. Viele Hauptversammlungen in diesem und im vergangenen Jahr haben gezeigt, dass die technischen Probleme lösbar sind, die Vollübertragung bei den meisten Aktionären

---

[171] *Spindler*, ZGR 2000, 420, 435, a. A. *Fleischhauer*, ZIP 2001, 1133, 1137.
[172] BGHZ 127, 107, 109.
[173] S. dazu Ziffer 2.3.3.
[174] Begr. RegE zum TransPuG, BR-Drucks. 109/02, S. 46.
[175] S. Begr. RegE zum TransPuG, BR-Drucks. 109/02, S. 46 – ob die gleiche Rechtsfolge auch bei einer Ermächtigung in der Geschäftsordnung für die Hauptversammlung eintritt, dürfte zweifelhaft sein.
[176] S. *Noack*, DB 2002, 620, 623.
[177] Vgl. z. B. § 18 Abs. 3 der Satzung ThyssenKrupp AG.
[178] *v. Werder/Talaulicar*, DB 2007, 869, 875.
[179] S. *v. Werder/Talaulicar/Kolat*, DB 2004, 1377, 1382.

5. Keine virtuelle Hauptversammlung

Auch nach der Neufassung des § 118 Abs. 3 AktG bleibt die reine Internet-Hauptversammlung unzulässig. Nach dem Konzept des Aktiengesetzes ist die Hauptversammlung eine Zusammenkunft der Aktionäre[180] zu einem bestimmten Zeitpunkt an einem bestimmten Ort. Nicht zulässig sind deshalb rein virtuelle Hauptversammlungen, in denen überhaupt keine physische Zusammenkunft mehr stattfindet, sondern die Aktionäre über das Internet den Vorstand bzw. Vorstand und Aufsichtsrat befragen und ihre Beschlüsse per Internetabstimmung fassen.[181] De lege lata unzulässig ist auch die Gestaltung, dass zwar eine physische Hauptversammlung stattfindet, Aktionäre aber das Recht erhalten, ohne Einschaltung eines in der Hauptversammlung anwesenden Vertreters unmittelbar über Videoübertragung oder E-Mail-Systeme das Wort zu ergreifen, zu fragen oder abzustimmen.[182]

---

[180] S. z. B. § 123 Abs. 3 Satz 2 AktG.
[181] S. dazu *Noack* in Zetzsche, Virtuelle Hauptversammlung, 13, 17 f.
[182] *Noack*, BB 1998, 2533, 2535; *Mülbert* in GroßKomm. AktG, Vor § 118 Rn. 59 ff.; vgl. auch *Baums*, Bericht, Rn. 111 und 115.

3. Zusammenwirken von Vorstand und Aufsichtsrat

Kommentierung

Übersicht

	Rn.
I. Zusammenarbeit zum Wohle des Unternehmens (Kodex 3.1)	351
1. Bedeutung der Zusammenarbeit	351
2. Wohl des Unternehmens	352
3. Shareholder- und Stakeholder-Ansatz	353
4. Kooperationsfelder	356
5. Enge Zusammenarbeit	359
II. Abstimmung der strategischen Ausrichtung (Kodex 3.2)	360
1. „Beratende Kontrolle"	361
2. „Strategische Ausrichtung"	363
3. Abstimmung	364
4. Regelmäßige Erörterung	365
5. Unternehmerische Grundentscheidung	366
6. Unabhängige Kontrolle	367
III. Geschäfte von grundlegender Bedeutung (Kodex 3.3)	369
1. Begriff	369
2. Regelung durch Satzung oder Beschluss	370
3. Katalog zustimmungsbedürftiger Maßnahmen	372
4. Einrichtung der Kataloge	374
5. Auswirkungen	375
IV. Informationsversorgung (Kodex 3.4)	376
1. Mindeststandard	376
2. Mitverantwortlichkeit des Aufsichtsrats	378
3. Vorgaben zur Informationsversorgung	379
4. Informationsordnung	380
5. Schwerpunktaussagen	381
6. Textform	383
7. Zeitpunkt der Information	385
8. Information von Dritten	386
V. Diskussion und Vertraulichkeit (Kodex 3.5 Satz 1)	387
1. Bedeutung der Diskussionskultur	387
2. Barrieren offener Sachdiskussionen	388
3. Förderung der Diskussionskultur	389
VI. Verschwiegenheitspflicht, inklusive eingeschalteter Mitarbeiter (Kodex 3.5 Satz 2)	390
1. Ziel	390
2. Geheimnis	391a
3. Vertraulichkeit	392
4. Vorstand und Aufsichtsrat	393
5. Bayer-Entscheidung des BGH	395
6. Vertraulichkeitsrichtlinie	396
7. Folgen der Verletzung der Verpflichtung zu Vertraulichkeit	397
8. Persönliche Haftung	399
9. Vertrauensbildende Maßnahmen	400
10. Mitarbeiter	402
VII. Vorbereitung der Sitzungen des Aufsichtsrats (Kodex 3.6)	403
1. Getrennte Vorbesprechungen	403
2. Beschränkung auf mitbestimmte Aufsichtsräte	407
3. Teilnahme von Vorstandsmitgliedern	408

	Rn.

    4. Aufsichtsratssitzungen ohne Vorstand 410
    5. Modalitäten von Klausursitzungen 411
VIII. Vorbemerkungen und Hintergrund der Kodexklausel zum
      Übernahmerecht (Kodex 3.7) 415
    1. Die Beratungen zum WpÜG 415
    2. Die Neutralitätspflicht des Vorstands 416
    3. Gesetzliche Einschränkungen der Neutralitätspflicht des Vorstands . 417
    4. Abwehrmaßnahmen bei feindlicher Übernahme 420
    5. Vorratsbeschlüsse und Kapitalmaßnahmen 421
    6. Sonstige Abwehrmaßnahmen (Poison Pills) 426
    7. Die Reaktion auf die Einschränkung der Neutralitätspflicht des
       Vorstands 427
    8. Die Auswirkungen des WpÜG auf den Kodex 430
IX. Die Entwicklung in Europa (Übernahmerichtlinie) 433
X. Hochrangige Expertengruppe (Kodex 3.7) 435
XI. Die so genannte Durchbruchsregelung (Kodex 3.7) 436
XII. Die Kodexregelungen zum Übernahmerecht im Einzelnen (Kodex 3.7) 448
    1. Stellungnahme der Verwaltung zum Übernahmeangebot 448
    2 Grenzen der Befugnisse des Vorstands 449
    3. Außerordentliche Hauptversammlung in angezeigten Fällen 453
XIII. Bindung an die Regeln der ordnungsgemäßen Unternehmens-
       führung (Kodex 3.8 Satz 1) 455
    1. Bedeutung der Regeln 455
    2. Konkrete Grundsätze ordnungsmäßiger Unternehmensleitung
       (GoU) und -überwachung (GoÜ) 456
XIV. Folgen von Pflichtverletzungen (Kodex 3.8 Satz 2) 457
    1. Überblick 457
    2. Vorstandspflichten 458
      a) Besondere gesetzliche Pflichten des Vorstands 458
      b) Besondere Pflichten aus der Satzung 462
      c) Besondere Pflichten aus der Geschäftsordnung 463
      d) Besondere Pflichten aus dem Anstellungsvertrag 465
      e) Pflicht zur Verschwiegenheit 466
      f) Allgemeine Sorgfalts- und Treuepflichten 469
        aa) Organisationspflicht 470
        bb) Finanzierung 472
        cc) Organschaftliche Treuepflicht, Interessenkonflikte (Kodex 4.3) 473
      g) Unternehmerische Entscheidungen und unternehmerisches
         Ermessen des Vorstands (business judgment rule) 474
    3. Aufsichtsratspflichten 477
      a) Pflicht zur Bestellung und Abberufung des Vorstands,
        § 84 AktG (Kodex 5.1.2) 478
      b) Pflicht zum Abschluss des Anstellungsvertrages mit dem
        Vorstand und zur Durchsetzung von Ansprüchen der Gesell-
        schaft gegen den Vorstand 480
      c) Pflicht zur Überwachung des Vorstands, § 111 Abs. 1 AktG 481
      d) Pflicht zur Beratung mit dem Vorstand (insbesondere über
        Planung und Strategie) 484
      e) Pflicht zur Mitentscheidung mit dem Vorstand 485
      f) Pflicht zur Verschwiegenheit (§§ 93 Abs. 1 Satz 2 und 116 AktG
        sowie Kodex 3.5) 487
      g) Allgemeine Sorgfalts- und Treuepflicht 492
    4. Kodex-Verstöße 495
    5. Die Business Judgement Rule im Einzelnen 497a
    6. Schaden 498
    7. Kausalität 500
    8. Verschulden 501

		Rn.
a)	Jedes Vorstands- oder Aufsichtsratsmitglied haftet nach seinem eigenen persönlichen Verschulden	502
b)	Ressortfragen, Delegation	503
9. Prozess		505
a)	Verfahren gegen Vorstandsmitglieder	505
b)	Beweislast	506
10. Vergleich, Verzicht		507
11. Die angemessene Information des Vorstands bei unternehmerischen Entscheidungen		507a
XV. Die D&O-Versicherung (Kodex 3.8)		508
1. Ein aus den USA übernommener Versicherungstyp		509
2. Die D&O-Versicherung in Deutschland		512
3. Gegenstand der D&O-Versicherung		514
4. D&O: Versicherung im Unternehmensinteresse		516
5. Prämien für D&O-Versicherung sind nicht einkommensteuerpflichtig		518
6. Der Selbstbehalt in der D&O-Versicherung		519
7. Die Höhe des Selbstbehaltes		523
8. Reaktion auf die Kodexempfehlung		526
XVI. Gewährung von Krediten (Kodex 3.9)		527
1. Kredite des Unternehmens		528
2. Kreditgewährung an Vorstandsmitglieder		530
3. Kreditgewährung an Aufsichtsratsmitglieder		532
4. Zustimmung des Aufsichtsrats		533
XVII. Bericht über Corporate Governance (Kodex 3.10)		534
1. Corporate Governance-Publizität		534
2. Corporate Governance Bericht im Geschäftsbericht		537
3. Jährlicher Bericht		540
4. Konzerndimensionalität		542
5. Erläuterung von Abweichungen		545
6. Stellungnahme zu den Kodexanregungen		548
7. Bericht von Vorstand und Aufsichtsrat		550
8. Vorhalten nicht mehr aktueller Entsprechenserklärungen		552

3.1 Vorstand und Aufsichtsrat arbeiten zum Wohle des Unternehmens eng zusammen.

I. Zusammenarbeit zum Wohle des Unternehmens

1. Bedeutung der Zusammenarbeit

351 Die Kompetenzen zur Unternehmensführung der AG sind nach Aktienrecht im Grundsatz klar verteilt. Der Vorstand bildet als Leitungsorgan das aktive Top Management, das in eigener Verantwortung die unternehmerischen Initiativen der Gesellschaft entwickelt und für deren Umsetzung im operativen Geschäft Sorge trägt. Der Aufsichtsrat fungiert demgegenüber als Überwachungsorgan, das die Aktivitäten des Vorstands kontrolliert und als „Sparringspartner" kritisch begleitet.[1] Mit dieser Grundstruktur der Führungsorganisation ist allerdings nur ein grober Rahmen der Corporate Governance abgesteckt. Er liefert ein Kompetenzraster für die konkreten Leitungs- und Überwachungsaktivitäten, durch die Corporate Governance gewissermaßen „lebt". Dabei sind neben Handlungsabläufen, die jeweils lediglich eines der beiden Organe betreffen, in der dualistischen Organisationsform der AG auch organübergreifende Governanceprozesse angelegt, die nur durch eine Kooperation von

---

[1] S. zur Führungsorganisation der AG auch Rn. 91 ff.

Vorstand und Aufsichtsrat sachgerecht verlaufen können.² Der Kodex weist daher zu Recht den Fragen des Zusammenwirkens von Vorstand und Aufsichtsrat einen prominenten Platz zu, indem er sie bereits im dritten Abschnitt behandelt. Es ist ein besonderes Verdienst des Kodex, als erstes „offizielles" Regelwerk die Bedeutung einer sachgerechten Zusammenarbeit beider Organe für die Qualität der Unternehmensführung in einem Two-Tier-System so nachdrücklich hervorzuheben. Zugleich adressiert dieser Abschnitt – ganz im Sinne der Konvergenzthese der Präambel – einen der wesentlichen Faktoren der praktischen Annäherung zwischen monistischen und dualistischen Governancemodellen.³ Der Kodex geht damit einen deutlichen (Fort-)Schritt über den eher organbezogenen Fokus der geltenden Rechtsvorschriften wie auch der bisherigen Diskussion zur Corporate Governance, wie sie etwa im Bericht der Baums-Kommission dokumentiert ist, hinaus.

2. Wohl des Unternehmens

Die Zusammenarbeit von Vorstand und Aufsichtsrat ist darauf ausgerichtet, das Wohl des Unternehmens zu fördern. Das „Wohl des Unternehmens" deckt sich mit dem geläufigeren Begriff des „Unternehmensinteresses", der bereits seit längerem in die (vor allem rechtswissenschaftliche) Diskussion eingeführt ist und auch im Kodex vornehmlich zur Bezeichnung der obersten Maxime des Organhandelns verwendet wird.⁴ Der Inhalt dieses Begriffs ist allerdings bislang trotz seiner intensiven Erörterung im Schrifttum erst in seinen Umrissen näher konturiert worden.⁵ In der Formulierung von Marsch-Barner etwa bezeichnet das Unternehmensinteresse die allgemeine Maxime, „die Selbsterhaltung, innere Stabilität und den Erfolg des Unternehmens am Markt zu sichern."⁶ Eine ausreichende Operationalisierung mit der Folge, dass im Einzelfall die jeweils (unternehmens-)interessengerechte Alternative aus dem Kreis mehrerer Handlungsmöglichkeiten problemlos bestimmt werden könnte, ist hingegen noch nicht gelungen (und möglicherweise auch nicht leistbar). Immerhin kann der Begriff des Unternehmensinteresses jedoch die Funktion einer regulativen Leitidee⁷ erfüllen.

---

² S. hierzu auch *Bernhardt/v. Werder*, ZfB 2000, 1273 f.; *v. Werder* in v. Werder, GCCG, 2001, 15 f.

³ S. näher Rn. 92 f.

⁴ Vgl. schon die Präambel (hierzu Rn. 110) sowie für den Vorstand Ziffer 4.1.1 Satz 2 (hierzu Rn. 604 ff.) und für den Aufsichtsrat Ziffer 5.5.1 Satz 1 (hierzu Rn. 1112 ff.). Daneben stellt der Kodex – im Zusammenhang mit Übernahmeangeboten – auf die „Interessen der Aktionäre" (Ziffer 3.7 Abs. 2 Satz 2, hierzu Rn. 436) sowie auf die „Steigerung des nachhaltigen Unternehmenswerts" (Ziffer 4.1.1, s. Rn. 601 ff.) ab.

⁵ S. z. B. *Schilling* in FS Geßler, 1971, 168 f.; *Wiedemann*, ZGR 1975, 391; *Raisch* in FS Hefermehl, 1976, 354; *Fitting/Wlotzke/Wißmann*, Mitbestimmungsgesetz, § 25 Rn. 95 ff.; *Hoffmann/Lehmann/Weinmann*, Mitbestimmungsgesetz, § 25 Rn. 125; *Junge* in FS v. Caemmerer, 1978, 547 ff.; *Laske*, ZGR 1979, 175 ff.; *Ulmer*, Einfluß, 30 ff.; *Großmann*, Unternehmensziele, 87 ff.; *Wiedemann*, Gesellschaftsrecht, 626; *Raiser*, ZHR 1980, 225; *Brinkmann*, Unternehmensinteresse; *Hopt*, Michigan Law Review 1984, 1360; *Jürgenmeyer*, Unternehmensinteresse, 206 ff.; *Teubner*, ZHR 1984, 470 ff.; *Ensch*, Mitbestimmung, 34 ff.; *Schmidt-Leithoff*, Verantwortung, 45 ff.; *Dreher*, JZ 1990, 897; *Dreher*, ZHR 1991, 363; *Kübler/Assmann*, Gesellschaftsrecht, 177 ff.; *Semler*, Leitung, 33 ff.; *Mülbert*, ZGR 1997, 147 ff.; *Wagner*, BFuP 1997, 491 ff.; *Schmidt*, Gesellschaftsrecht, 814; *Raiser*, MitbestG, § 25 Rn. 110; *Hoffmann-Becking* in Hoffmann-Becking, Münch. Hdb. GesR IV, 1999, 322; *Marsch-Barner* in Semler/v. Schenck, AR Hdb., 734; *Raiser/Veil*, Kapitalgesellschaften, 216 f.

⁶ *Marsch-Barner* in Semler/v. Schenck, AR Hdb., 735 mit Hinweis auf *Raiser*, MitbestG, § 25 Rn. 110.

⁷ Zum (philosophischen) Konzept der regulativen Leitidee *Ulrich*, Transformation, 292; *Steinmann/Löhr*, Grundlagen, 10; *Löhr* in Becker et al., Ethik, 1996, 54; *Ulrich*, Wirtschaftsethik, 100.

3. Shareholder- und Stakeholder-Ansatz

353 Die Bindung von Vorstand und Aufsichtsrat an das Unternehmensinteresse legt die Führungsorgane auf einen sinnvollen Mittelweg zwischen den heute – namentlich in der Unternehmens- und der Managementtheorie – diskutierten Konzepten des Shareholder- und des Stakeholder-Ansatzes[8] fest.[9] Während der Shareholder-Ansatz die Interessen der Aktionäre in den Vordergrund stellt, bezieht das Stakeholder-Konzept auch die Ziele der anderen Bezugsgruppen des Unternehmens wie Arbeitnehmer, Manager, Kunden, Lieferanten und der Allgemeinheit explizit in die Betrachtung ein. Gelegentlich wird zwar in Abrede gestellt, dass diese beiden Konzeptionen überhaupt konfliktär sein und unterschiedliche Implikationen für die Ausrichtung der Unternehmensführung haben können. Auf lange Sicht bestehe vielmehr ein Gleichlauf der Interessen von Anteilseignern und anderen Bezugsgruppen an einem prosperierendem Unternehmen.[10] Bei Lichte besehen kann aber kein ernsthafter Zweifel bestehen, dass die Zielvorstellungen der verschiedenen Stakeholder unter Umständen durchaus konträr zueinander liegen können und dann eine unternehmenspolitische Entscheidung zur Gewichtung der diversen Interessen getroffen werden muss.[11]

354 Im Fall einer strikten Orientierung am Shareholder Value wird den Interessen der Aktionäre das eindeutige Übergewicht beigemessen.[12] Die Ziele der übrigen Bezugsgruppen werden dagegen im Zweifel – d. h. bei Existenz von Interessenkonflikten – nur im Rahmen der gesetzlichen und vertraglichen Notwendigkeiten in Rechnung gestellt. Ein strenger Stakeholder-Ansatz hingegen sieht die Interessen der verschiedenen Bezugsgruppen als prinzipiell gleichwertig an. Die vermittelnde Position geht demgegenüber von einem Oberziel des Unternehmens aus, das den Einzelinteressen der diversen Bezugsgruppen übergeordnet ist und die verschiedenen Partikularinteressen zu einem sachgerechten Ausgleich bringt. Hier genießen die Ziele der risikokapitalgebenden Anteilseigner zwar eine besondere Aufmerksamkeit bei der Eruierung des Unternehmensinteresses, allerdings nicht mehr die ausschließliche Priorität wie bei extremer Verfolgung des Shareholder-Ansatzes. Vielmehr erfahren die Belange der übri-

---

[8] Vgl. zu diesen Ansätzen *Freeman/Reed*, California Management Review 1983 Heft 3, 88 ff.; *Freeman*, Management; *Rappaport*, Creating; *Bühner*, Management-Wert-Konzept; *Elschen*, BFuP 1991, 213 ff.; *Janisch*, Anspruchsgruppenmanagement; *Ballwieser* in FS Moxter, 1994, insbesondere 1389 f.; *Bischoff*, Shareholder; *Bühner*, Shareholder-Value-Report; *Copeland/Koller/Murrin*, Valuation; *Donaldson/Preston*, Academy of Management Review 1995; *Siegert*, ZfbF 1995; *Hill*, Die Unternehmung 1996, 413 ff.; *Bühner/Tuschke*, BFuP 1997, 500 ff.; *Busse v. Colbe*, ZGR 1997, 271 ff.; *Siegert et al.*, ZfbF 1997; *Speckbacher*, DBW 1997, 630 ff.; *Wagner*, BFuP 1997, 475 ff.; *v. Werder*, ZfB 1997, Ergänzungsheft 4, 10 ff.; *Clarke*, Long Range Planning 1998, 185 ff.; *Eberhardt*, Unternehmungsführung, 109 ff.; *Englert/Scholich*, BB 1998, 685 ff.; *v. Werder*, ZGR 1998, 71 ff.; *Rappaport*, Shareholder; *Pape*, BB 2000, 711; *Albach*, ZfB 2001, 644 ff.; *Charreaux/Desbrières*, Journal of Management and Governance 2001, 109 ff.; *Kuhner*, ZGR 2004, 244; *Speckbacher* in Schreyögg/v. Werder, Handwörterbuch, 2004; *Schmidt/Weiß* in Hommelhoff/Hopt/v. Werder, Handbuch CG, 107 ff.; *Fleischer* in Hommelhoff/Hopt/v. Werder, Handbuch CG, 129 ff.; *Sundaram/Inkpen*, Organization Science 2004, 350 ff.; *Freeman/Wicks/Parmar*, Organization Science 2004, 364 ff.

[9] Ganz in diesem Sinne auch *Henze*, BB 2000, 212.

[10] So etwa *Bühner*, Management-Wert-Konzept, 10 f.; *Arbeitskreis „Finanzierung" der Schmalenbach-Gesellschaft – Deutsche Gesellschaft für Betriebswirtschaft e. V.*, ZfBF 1996, 545; *Bühner*, Technologie & Management 1997 Heft 2, 12, 13; *Busse v. Colbe*, ZGR 1997, 289; *Schilling*, BB 1997, 374, 379; *Pape*, BB 2000, 712; *Albach*, ZfB 2002, 451.

[11] S. *Raisch* in FS Hefermehl, 1976, 348 ff.; *Hill*, Die Unternehmung, 1996, 416 f.; *Sihler* in FS Trippen, 1997, 86 f.; *v. Werder*, ZfB 1997, Ergänzungsheft 4, 11 ff.; *v. Werder*, ZGR 1998, 84 ff.; *Feudner*, DB 1999, 743.

[12] S. zum Folgenden näher *v. Werder*, ZfB 1997, Ergänzungsheft 4, 11 ff.; *v. Werder*, ZGR 1998, 74 ff., sowie auch *Hommelhoff*, ZfB 1997, Ergänzungsheft 4, 19; *Titzrath*, ZfB 1997, Ergänzungsheft 4, 36.

gen Stakeholder nach dieser Zielkonzeption eine „angemessene" Berücksichtigung, die nicht selten über das (durch rechtliche Vorschriften, vertragliche Bindungen oder marktliche Machtverhältnisse bestimmte) unabdingbare Maß hinausgeht. Eine solche weitergehende Einbeziehung der Stakeholderinteressen darf so lange als angemessen gelten, als sie den Unternehmenswert nachhaltig steigert. Dabei bemisst sich der Wert eines Unternehmens nach dem Ausmaß seiner Fähigkeit, die Ansprüche der verschiedenen Stakeholder auf Dauer zu erfüllen und so die existenznotwendige Unterstützung dieser Bezugsgruppen langfristig zu sichern.[13]

Das zuletzt beschriebene Zielkonzept einer angemessenen Berücksichtigung der Stakeholderbelange entspricht im Kern der Vorstellung von einem Unternehmensinteresse, das nach ganz herrschender Meinung im juristischen Schrifttum den verbindlichen Handlungsmaßstab für Vorstand und Aufsichtsrat definiert.[14] Die Verpflichtung der Verwaltung der AG auf diese unternehmenspolitische Leitlinie ist folglich schon von Rechts wegen geboten.[15] Abgesehen von weiteren Gründen wie etwa der sozialen Verantwortung von Unternehmen[16] sprechen aber auch und insbesondere betriebswirtschaftliche Erwägungen dafür, die Einzelziele der verschiedenen Anspruchsgruppen im Gesamtinteresse des Unternehmens ausgewogen zu berücksichtigen und nicht einer einzigen Gruppe den größtmöglichen Vorrang einzuräumen.[17] Zu denken ist beispielsweise an die mutmaßlichen (De-)Motivationswirkungen einer Unternehmenspolitik, die darauf abzielt, zugunsten einer konsequenten Steigerung des Shareholder Value die Bedienung der Arbeitnehmerziele auf das gerade noch zumutbare Minimum zu begrenzen. Ein solches eindimensionales Verständnis vom Unternehmensziel erscheint nicht zuletzt auch deshalb verfehlt, weil die hiermit verbundene, letztlich mathematische Vorstellung von der Maximierung einer Zielgröße unter Nebenbedingungen an der Realität der Unternehmensführung mit ihrer Fülle von Einflussfaktoren und Unwägbarkeiten ohnehin vorbeigeht. Infolgedessen kann eine (durchaus im positiven Sinne konsensstiftende Rhetorik der) Orientierung am Unternehmensinteresse als Ausdruck guter Corporate Governance gelten.[18] Im Übri-

---

[13] S. zum Begriff des Unternehmenswertes mit zahlreichen Nuancen im Detail *Cleland/Bruno*, Strategy & Leadership 1997, Heft 3, 24 ff.; *Gaugler*, Personal 1997, 172; *Prahalad* in Chew, Studies, 1997, 54 ff.; *Blair*, Long Range Planning 1998, 200; *Eberhardt*, Unternehmungsführung, 278 ff.; *Potthoff*, DB 1998, Heft 16, I; *v. Werder*, ZGR 1998, 90; *Schmidt/Maßmann* in FS Steinmann, 1999, 149 f.; *Charreaux/Desbrières*, Journal of Management and Governance 2001, 109 ff., sowie auch Abschnitt I.2. GCCG.

[14] S. z. B. *Hefermehl/Spindler* in MünchKommAktG, § 76 Rn. 18 ff.; *Raisch* in FS Hefermehl, 1976, 362; *Immenga*, ZGR 1977, 265; *Fitting/Wlotzke/Wißmann*, Mitbestimmungsgesetz, § 25 Rn. 94; *Junge* in FS v. Caemmerer, 1978, 556; *Dreher*, ZHR 1991, 362; *Semler*, Leitung, 40; *Schilling*, BB 1997, 1912; *Henn*, Gesellschaftsrecht, 813 f.; *Henn*, Handbuch, 319, 330; *Feudner*, DB 1999, 743; *Hoffmann/Preu*, Aufsichtsrat, 14 f.; *Hoffmann-Becking* in Hoffmann-Becking, Münch. Hdb. GesR IV, 1999, 322; *Marsch-Barner* in Semler/v. Schenck, AR Hdb., 734 ff.; *Henze*, BB 2000, 212; *Scheffler*, DB 2000, 433; *Potthoff/Trescher/Theisen*, Aufsichtsratsmitglied, 234; *Hüffer*, AktG, § 76 Rn. 12. A. A. *Großmann*, Unternehmensziele, 124; *Mülbert*, ZGR 1997, 156; *Groh*, DB 2000, 2158.

[15] Vgl. in diesem Zusammenhang auch *Hommelhoff*, ZfB 1997, Ergänzungsheft 4, 17 ff.

[16] Hingewiesen sei an dieser Stelle nur auf die Sozialpflichtigkeit des Eigentums nach Art. 14 Abs. 2 GG. Vgl. eingehender *Rittner* in FS Geßler, 1971, 146; *Rittner*, AG 1973, 116; *Hefermehl/Spindler* in MünchKommAktG, § 76 Rn. 21; *Raisch* in FS Hefermehl, 1976, 353; *Großmann*, Unternehmensziele, 161 f.; *Wiedemann*, Gesellschaftsrecht, 339; *Ensch*, Mitbestimmung, 25 ff.; *Schmidt-Leithoff*, Verantwortung, 155 ff.; *Kübler/Assmann*, Gesellschaftsrecht, 182 f.; *Mertens* in Kölner Kommentar, § 76 Rn. 32; *Schilling*, BB 1997, 380; *Gaugler*, Personal 1997, 170; *Hommelhoff*, ZfB 1997, Ergänzungsheft 4, 19; *Henn*, Handbuch, 779; *Raiser/Veil*, Kapitalgesellschaften, 143 f.

[17] Vgl. auch *Titzrath*, ZfB 1997, Ergänzungsheft 4, 36.

[18] Vgl. zum Ganzen ausführlicher *v. Werder*, ZfB 1997, Ergänzungsheft 4, 15; *ders.*, ZGR 1998, 91, sowie auch aus dem angelsächsischen Bereich (für die Stakeholder-Perspektive) *Freeman/Reed*,

gen wird mit der Rückbindung des Zusammenwirkens von Vorstand und Aufsichtsrat an das Gesamtinteresse des Unternehmens im Kodex auch klargestellt, dass bei der Kooperation der beiden Organe die Individualinteressen der Organmitglieder nur insoweit Beachtung finden dürfen, als dies mit dem übergeordneten Unternehmensziel vereinbar ist.[19]

4. Kooperationsfelder

356 Die Bestimmungen des Kodex zur Zusammenarbeit von Vorstand und Aufsichtsrat beziehen sich im Kern auf zwei Kooperationsfelder, die zwar miteinander verwoben, aber auch hinreichend unterscheidbar sind. Es handelt sich hierbei zum einen um die organübergreifenden Abstimmungsprozesse zur Entscheidungsfindung bei bedeutsamen Weichenstellungen für das Unternehmen. Zum anderen geht es um den Informationsaustausch zwischen Vorstand und Aufsichtsrat, der sowohl notwendige Grundlage fundierter Entscheidungen als auch unabdingbar für die sachgerechte Erfüllung der Überwachungsaufgabe des Aufsichtsrats ist.

357 Das erste Kooperationsfeld sieht unterschiedliche Abstufungen der Einbindung von Vorstand und Aufsichtsrat in die organübergreifenden Entscheidungsprozesse vor. Diese reichen von gemeinsamen Erörterungen, bei denen die Letztentscheidung aber bei einem der beiden Organe liegt, über Vetorechte des Aufsichtsrats bis hin zu gemeinschaftlichen Aktivitäten. Inhaltlich erstreckt sich dieses Kooperationsfeld auf die Abstimmung der strategischen Ausrichtung des Unternehmens,[20] auf die allgemeinen zustimmungspflichtigen Geschäfte,[21] auf die Abwehrmaßnahmen bei Übernahmeangeboten[22] und auf die Gewährung von Krediten des Unternehmens an Mitglieder des Vorstands und des Aufsichtsrats sowie ihre Angehörigen.[23] Ferner gehören der vom Kodex empfohlene jährliche Bericht von Vorstand und Aufsichtsrat über die Corporate Governance des Unternehmens (Corporate Governance Bericht)[24] ebenso hierher wie die langfristige Nachfolgeplanung für den Vorstand, für die der Aufsichtsrat gemeinsam mit dem Leitungsorgan Sorge tragen soll.[25]

358 Die Kodexbestimmungen zum Informationsaustausch als zweitem zentralen Feld der Kooperation von Vorstand und Aufsichtsrat lassen sich zwei Gruppen zuordnen. Die erste Gruppe umfasst Regelungen, die eine rechtzeitige und ausreichende Versorgung des Überwachungsorgans mit aussagekräftigen Informationen gewährleisten sollen.[26] Die Bestimmungen der zweiten Gruppe zielen auf eine Verbesserung der Diskussionskultur in und zwischen den Organen.[27] Die mangelnde Intensität und Offenheit der Sachdiskussion markiert ein besonderes Defizit in der bisherigen Governancerealität deutscher Aktiengesellschaften.[28] Sie bietet damit einen zentralen Ansatzpunkt für Maßnahmen zur Sicherstellung guter Corporate Governance.

California Management Review 1983, Heft 3, 97 ff.; *Argandoña*, Journal of Business Ethics 1998, 1097 ff.; *Blair*, Long Range Planning 1998; *Clarke*, Long Range Planning 1998, 186 ff.

[19] Vgl. in diesem Zusammenhang auch die Anmerkungen in Rn. 819 und 1112 zu den Standards für das persönliche Verhalten der Vorstands- und der Aufsichtsratsmitglieder.
[20] S. Ziffer 3.2 und hierzu Rn. 360 ff.
[21] S. Ziffer 3.3 und näher Rn. 369 ff.
[22] S. Ziffer 3.7 und zu Einzelheiten Rn. 435 ff.
[23] S. Ziffer 3.9 und hierzu Rn. 527 ff.
[24] S. Ziffer 3.10 und näher Rn. 534 ff.
[25] S. Ziffer 5.1.2 Satz 2 und eingehender Rn. 940.
[26] S. Ziffer 3.4 und zu Einzelheiten Rn. 376 ff.
[27] S. Ziffer 3.5 sowie Ziffer 3.6 und hierzu Rn. 387 ff. und 403.
[28] Vgl. *Cromme*, Kreditwesen 2002, 503.

5. Enge Zusammenarbeit

Der Kodex plädiert für eine „enge" Zusammenarbeit von Vorstand und Aufsichtsrat. **359** Hiermit ist gemeint, dass die beiden Organe auf den genannten Kooperationsfeldern[29] intensiv und vertrauensvoll zusammenwirken. Dabei kommt den Vorsitzenden von Vorstand und Aufsichtsrat – wie der Kodex an anderer Stelle hervorhebt[30] – eine besondere Schnittstellenfunktion zu. Welche Kooperationsformen im Detail effizient sind und welche Implikationen sich aus der geforderten engen Zusammenarbeit für konkrete Governancefragen wie etwa die Zahl der Sitzungen des Aufsichtsrats und seiner Ausschüsse ergeben, wird sich nur im jeweiligen Einzelfall beurteilen lassen. Zu beachten ist allerdings generell, dass das Zusammenwirken von Vorstand und Aufsichtsrat im Sinne des dritten Kodexabschnitts die Gewichte der beiden Organe bei der Unternehmensführung, wie sie vom Aktiengesetz festgelegt sind, nicht (grundlegend) verschieben soll und darf.[31] Der Aufsichtsrat ist vielmehr nach wie vor als kompetentes Überwachungsorgan zu verstehen, das zur Besetzung, Beratung und Kontrolle des Vorstands berufen, gemäß § 111 Abs. 4 Satz 1 AktG von der aktiven Geschäftsführung aber eindeutig ausgeschlossen ist.

3.2 Der Vorstand stimmt die strategische Ausrichtung des Unternehmens mit dem Aufsichtsrat ab und erörtert mit ihm in regelmäßigen Abständen den Stand der Strategieumsetzung.

II. Abstimmung der strategischen Ausrichtung

Vgl. auch Ziffer 4.1.2 mit weitgehend gleichem Wortlaut und gleicher Zielsetzung. **360**

1. „Beratende Kontrolle"

Der Aufsichtsrat hat sich über mehr als ein Jahrhundert hin nur als der retrospektive **361** Kontrolleur des Vorstandshandelns verstanden. Weder war er Berater noch gar Partner des Vorstands in unternehmerischen Grundfragen. Das hat sich in nur zwei Jahrzehnten geändert, weil der Aufsichtsrat bei ernsten Problemen, Krisen und Wirtschaftsunglücken immer zu spät kam; die Vorwürfe an ihn waren zwar in klassischer Betrachtung nicht berechtigt. Aber diese Feststellung war wenig hilfreich, zeigte sie doch nur, dass die Vorstellung von deutscher Corporate Governance den modernen Wirtschaftsbedürfnissen nicht mehr ausreichend Rechnung getragen hat. Daher rückten Gesetz,[32] Rechtsprechung[33] und Literatur[34] den Aufsichtsrat immer näher an den Vorstand bei seinen unternehmerischen Entscheidungen heran, die Rechtsprechung unter dem Stichwort der „Beratung" und der „begleitenden Kontrolle",[35] die Literatur bis hin zur mitunternehmerischen Position des Aufsichtsrats,[36] die Gesetzgebung mit der Einbe-

---

[29] S. Rn. 356.
[30] Vgl. Ziffer 5.2 Abs. 3 Satz 1 und näher Rn. 960 ff.
[31] Vgl. die Sorge einer Einebnung der Rollenunterschiede zwischen Vorstand und Aufsichtsrat bei *Theisen*, DBW 2002, 514.
[32] KonTraG von 1998, BGBl. I S. 786 und TransPuG von 2002, BGBl. I S. 2681.
[33] BGHZ 114, 127 = NJW 1991, 1830 = AG 1991, 312; BGHZ 126, 340 = ZIP 1994, 1216.
[34] So bereits *Lutter*, Information und Vertraulichkeit, 2. Aufl. 1984, S. 13 sowie *Semler*, Leitung und Überwachung, Rn. 249 ff.; vgl. auch *Lutter/Krieger*, Rechte und Pflichten, Rn. 94 ff., je m. allen N.; a. A. *Theisen*, AG 1993, 49, 64 und *ders.*, AG 1995, 193, 199.
[35] BGHZ 114, 127, 130; dazu *Lutter/Kremer*, ZGR 1992, 87.
[36] *Lutter* in FS Albach, 2001, S. 225 ff. sowie *Lutter/Krieger*, Rechte und Pflichten, Rn. 56 ff.

ziehung des Aufsichtsrats in die Unternehmensplanung.[37] Die Praxis ist dieser Bewegung hin auf eine unternehmerische Kooperation zwischen Vorstand und Aufsichtsrat bislang nur eher zögernd gefolgt.

362 Der Kodex will diese Richtung fördern und den Aufsichtsrat ermutigen, Partner des Vorstands bei unternehmerischen Grundentscheidungen zu sein (Ziffer 3.2 und 3.3).

2. „Strategische Ausrichtung"

363 „Strategische Ausrichtung" grenzt zunächst einmal negativ das tägliche Geschäft des Vorstands aus. Positiv sind mit der Formulierung „strategische Ausrichtung" die Eröffnung neuer Geschäftsfelder, der Erwerb von Unternehmen, die Konzentration auf das Kerngeschäft und mithin die Aufgabe bisheriger Geschäftsfelder oder, umgekehrt, gerade die Diversifikation sowie Investitionsschwerpunkte und deren Finanzierung gemeint. Man könnte stattdessen auch von unternehmerischen Grundentscheidungen oder im Sinne von § 90 Abs. 1 Nr. 1 AktG von der „beabsichtigten Geschäftspolitik" sprechen. Wesentliche Unterschiede bestehen unter diesen unterschiedlichen Formulierungen nicht.

3. Abstimmung

364 „Abstimmen" bedeutet, dass die Initiative allein beim Vorstand liegt,[38] dieser aber sowohl bei der Planung[39] (§ 90 Abs. 1 Nr. 1 AktG) wie bei der Realisation im Einzelnen den Aufsichtsrat zeitnah zu unterrichten und sich mit ihm darüber zu beraten hat mit dem Ziel des Konsenses: Der Aufsichtsrat soll nicht nur über die strategische Planung informiert sein, sondern diese auch mittragen; was durchaus der Sicht der Rechtsprechung[40] entspricht.

4. Regelmäßige Erörterung

365 Das Gesetz verlangt die Vorlage der Planung an den Aufsichtsrat und die Erörterung darüber mit ihm mindestens einmal jährlich. Der Kodex interpretiert das im Sinne von „regelmäßig" im Soll-Ist-Vergleich des Erreichten und meint damit je nach Situation der Gesellschaft im Grunde das Gleiche: Ist die Gesellschaft im organisatorischen Umbruch, ist eine vierteljährliche Berichterstattung und Erörterung mit dem Aufsichtsrat erforderlich; verhält sich die Gesellschaft und der Konzern im Wesentlichen stabil, genügt eine halbjährliche oder gar nur jährliche Erörterung.[41]

5. Unternehmerische Grundentscheidung

366 Geschieht diese Einbeziehung des Aufsichtsrats in die strategischen unternehmerischen Grundentscheidungen, so rücken Aufsichtsrat und Vorstand in eine ähnliche Situation wie beim anglo-amerikanischen board mit seinen inside-members (Vorstand) und seinen outside-members (Anteilseignervertreter im Aufsichtsrat). Damit wird die unternehmerische und professionelle Erfahrung der Aufsichtsratsmitglieder

---

[37] § 90 Abs. 1 Nr. 1 AktG (seit KonTraG, erweitert durch das TransPuG): danach ist in den Vierteljahres-Berichten des Vorstands an den Aufsichtsrat auch auf die *Abweichungen* von den Planungen mit Gründen einzugehen.

[38] So für die h. M. bereits *Mertens* in Kölner Kommentar, § 111 Rn. 26 ff., insbesondere Rn. 29; *Hüffer*, AktG, § 111 Rn. 18; vgl. auch *Lutter/Krieger*, Rechte und Pflichten, Rn. 94 ff. m. w. N. auch zur Mindermeinung.

[39] *Lutter/Krieger*, aaO, Rn. 75 ff.

[40] BGHZ 114, 127.

[41] Dazu bereits *Lutter* in FS Albach, 1991, S. 345 ff. = AG 1991, 249; *Bea/Scheurer*, DB 1994, 2149; vgl. auch *Lutter/Krieger*, Rechte und Pflichten, Rn. 86 ff. m. allen N.

für die strategische Ausrichtung des Unternehmens fruchtbar gemacht, ohne die Autonomie des Vorstands (§ 76 AktG) im Übrigen in Frage zu stellen.

6. Unabhängige Kontrolle

Davon unabhängig bleibt der Aufsichtsrat zur Kontrolle des Vorstands und dessen Tätigkeit verpflichtet, § 111 Abs. 1 AktG und Ziffer 5.1.1 des Kodex.

Auf diese Weise werden die Vorzüge beider Leitungssysteme (board-System und Aufsichtsrats-System) kombiniert.[42]

3.3 Für Geschäfte von grundlegender Bedeutung legen die Satzung oder der Aufsichtsrat Zustimmungsvorbehalte zugunsten des Aufsichtsrats fest. Hierzu gehören Entscheidungen oder Maßnahmen, die die Vermögens-, Finanz- oder Ertragslage des Unternehmens grundlegend verändern.

III. Geschäfte von grundlegender Bedeutung

1. Begriff

Die Regelung beruht auf einer Anregung der Baums-Kommission[43] und wurde vom Gesetzgeber im TransPuG in Form einer kleinen sprachlichen Änderung (statt „kann" jetzt „hat") in § 111 Abs. 4 Satz 2 AktG übernommen. Die Formulierung des Kodex entspricht daher in ihrem Satz 1 weitgehend dem Gesetz und gibt in Satz 2 Beispiele für die Ausfüllung des Begriffs der „Geschäfte von grundlegender Bedeutung": Das Gesetz spricht nur von „bestimmten Arten von Geschäften", doch besteht Einigkeit in der Literatur, dass damit nur wesentliche Geschäfte gemeint sind.[44]

2. Regelung durch Satzung oder Beschluss

Jede Aktiengesellschaft, gleich ob börsennotiert oder nicht, hat sich also durch ihre Satzung oder durch Beschluss ihres Aufsichtsrats einen Katalog zustimmungsbedürftiger Geschäfte zu geben, ist dabei aber hinsichtlich der Art und des Umfangs des Katalogs frei – soweit dabei jedenfalls die „Geschäfte von grundlegender Bedeutung" erfasst sind.

Diese Vorgaben näher einzugrenzen, ist nicht ganz einfach:
(1) Die **Vermögenslage** wird vor allem durch den Erwerb und die Veräußerung von Vermögensteilen sowie die Übernahme hoher Schulden in diesem Zusammenhang betroffen.
(2) Die **Finanzlage** wird vor allem durch eine wesentliche Neuverschuldung angesprochen,
(3) während die **Ertragslage** durch die Abgabe hochprofitabler Unternehmensteile sowie eine hohe Neuverschuldung verändert wird.

3. Katalog zustimmungsbedürftiger Maßnahmen

Unter Berücksichtigung dieser und anderer Aspekte könnte ein Katalog zustimmungspflichtiger Maßnahmen wie folgt aussehen:

---

[42] *Lutter*, GesRZ 2002, Sonderheft, 19, 22.
[43] *Baums*, Bericht, Rn. 34; s. auch *Berrar*, DB 2001, 2181, 2183 ff.
[44] *Hüffer*, AktG, § 111 Rn. 18; *Mertens* in Kölner Kommentar, § 111 Rn. 66; *Lutter/Krieger*, Rechte und Pflichten, Rn. 109 ff.; *Peltzer*, Leitfaden, Rn. 200 ff.; *Lieder*, DB 2004, 2251 ff.

(1) Die Jahresplanung (Budget) und die Investitionsplanung sowie deren Änderungen und Überschreitungen;
(2) Gründung von Tochtergesellschaften und Niederlassungen im In- und Ausland, soweit diese nicht nur reine Vertriebsaufgaben haben, sowie deren Auflösung oder Veräußerung;
(3) Erwerb und Veräußerung von Unternehmen und Unternehmensteilen über x Euro hinaus;
(4) Erwerb und Veräußerung von Grundbesitz über x Euro hinaus;
(5) Aufnahme von Krediten über x Euro hinaus;
(6) Gewährung von Krediten über x Euro hinaus;
(7) Einführung und Änderung von Optionsplänen gleich welcher Ausgestaltung für Mitarbeiter;
(8) Aufnahme neuer Produkte und Dienstleistungen sowie deren Aufgabe;
(9) Bestellung und Abberufung von Vorständen und Geschäftsführern in wesentlichen Tochtergesellschaften;
(10) Erteilung von Beratungsaufträgen an den Abschlussprüfer oder Konzernabschlussprüfer.

373 Im Übrigen nützen solche Vorbehalte dann wenig, wenn die Gesellschaft als Holding organisiert ist oder wesentliche Teile ihrer unternehmerischen Tätigkeit über Tochtergesellschaften abwickelt. Daher muss der Vorstand vom Aufsichtsrat durch die Geschäftsordnung oder den Anstellungsvertrag verpflichtet werden, für gleiche Zustimmungsvorbehalte in diesen Tochtergesellschaften zu sorgen und seine Zustimmung dort erst nach Zustimmung des Aufsichtsrats der (Ober-)Gesellschaft zu erteilen.[45]

4. Einrichtung der Kataloge

374 Die Einrichtung solcher Kataloge geschieht durch die Satzung oder durch Beschluss des Aufsichtsrats. Die Satzung kann dem Aufsichtsrat diese Kompetenz nicht entziehen.[46] Aber auch, wenn die Satzung selbst einen solchen Katalog schafft, kann sie die Kompetenz des Aufsichtsrats zu etwaigen Ergänzungen weder ausdrücklich noch implizit beseitigen.[47]

5. Auswirkungen

375 Plant der Vorstand eine Maßnahme, die dem Katalog zustimmungspflichtiger Maßnahmen seiner Gesellschaft oder des Konzerns entspricht, so hat er die entsprechende Vorlage an den Aufsichtsrat mit seiner Begründung so rechtzeitig zu übergeben, dass der Aufsichtsrat darüber in seiner nächsten Sitzung beraten und beschließen kann. Noch so hoher Zeitdruck berechtigen den Vorstand nicht, zu handeln und später um (nachträgliche) Genehmigung nachzusuchen.[48] Auf jeden Fall ist der Aufsichtsratsvor-

---

[45] Näher dazu *Lutter* in FS Robert Fischer, 1979, S. 419 ff.; ebenso *Semler*, Leitung, Rn. 431 ff.; *Schneider* in Scholz, Kommentar zum GmbH-Gesetz, § 52 Rn. 115 f.; *Lutter/Krieger*, Rechte und Pflichten, Rn. 148 ff.; *Götz*, ZGR 1990, 646; *Boujong*, AG 1995, 203, 205; *Martens*, ZHR 159 (1995), 580.

[46] H. M., ausführlich *Immenga*, ZGR 1977, 249, 261 ff.; *Götz*, ZGR 1990, 633, 634 ff.; *Kropff* in Semler/v. Schenck, AR Hdb., § 8 Rn. 19; vgl. auch *Hüffer*, AktG, § 111 Rn. 17 a; *Semler* in MünchKommAktG, § 111 Rn. 403 sowie *Lutter/Krieger*, Rechte und Pflichten, Rn. 105, je m. w. N.; a. A. z. B. *Baumbach/Hueck*, AktG § 111 Rn. 10; *Hölters*, BB 1978, 640 ff. sowie *Wiedemann*, ZGR 1975, 385, 426 und BB 1978, 1, 8.

[47] *Lutter/Krieger*, Rechte und Pflichten, Rn. 105 m. w. N.

[48] *Lutter/Krieger*, Rechte und Pflichten, Rn. 115; die h. M. erlaubt das in „dringenden Fällen", vgl. *Mertens* in Kölner Kommentar, § 111 Rn. 65; *Hoffmann-Becking*, Münch. Hdb. GesR IV, § 29 Rn. 41.

3.4 Die ausreichende Informationsversorgung des Aufsichtsrats ist gemeinsame Aufgabe von Vorstand und Aufsichtsrat.
Der Vorstand informiert den Aufsichtsrat regelmäßig, zeitnah und umfassend über alle für das Unternehmen relevanten Fragen der Planung, der Geschäftsentwicklung, der Risikolage, des Risikomanagements und der Compliance. Er geht auf Abweichungen des Geschäftsverlaufs von den aufgestellten Plänen und Zielen unter Angabe von Gründen ein.
Der Aufsichtsrat soll die Informations- und Berichtspflichten des Vorstands näher festlegen. Berichte des Vorstands an den Aufsichtsrat sind in der Regel in Textform zu erstatten. Entscheidungsnotwendige Unterlagen, insbesondere der Jahresabschluss, der Konzernabschluss und der Prüfungsbericht, werden den Mitgliedern des Aufsichtsrats möglichst rechtzeitig vor der Sitzung zugeleitet.

IV. Informationsversorgung

1. Mindeststandard

Das Gesetz trifft in § 90 AktG außerordentlich eingehende Regelungen zur Information des Aufsichtsrats durch den Vorstand, zu den einzelnen Gegenständen der Information und ihrer zeitlichen Abstände. Diese Regelungen zur gesetzlichen Pflicht des Vorstands zur Information des Aufsichtsrats sind durch das KonTraG[50] und das TransPuG[51] erneut erweitert worden. Das zu erörtern ist hier nicht der Ort; insoweit kann auf eingehende Darstellungen verwiesen werden.[52]

Diese gesetzlichen Regelungen legen den **Mindeststandard** der Information des Aufsichtsrats fest, der nicht unterschritten, wohl aber ausgeweitet werden kann.

2. Mitverantwortlichkeit des Aufsichtsrats

Die Besonderheit der Kodex-Aussage besteht mithin nicht in der Wiederholung der gesetzlichen Informationspflicht des Vorstands gegenüber dem Aufsichtsrat, sondern in der Erkenntnis, dass auch der Aufsichtsrat selbst für seine Information mitverantwortlich ist. Das ergibt sich aus der Pflicht des Aufsichtsrats zur Mitwirkung an unternehmerischen Entscheidungen[53] und zur Überwachung des Vorstands, § 111 Abs. 1 AktG; denn diese Pflichten kann der Aufsichtsrat nur auf der Basis eingehender Information erfüllen. Die Erfüllung dieser gesetzlichen Pflichten aber kann und darf der Aufsichtsrat nicht von der Bereitschaft des Vorstands zu rechtzeitiger und ausreichender Information abhängig machen, sondern muss selbst entsprechend aktiv werden. Die Mittel dazu werden ihm vom Gesetz in § 90 Abs. 3 AktG (Zusatzberichte) und in § 111 Abs. 2 AktG (Einsichts- und Untersuchungsrechte) zur Verfügung gestellt: Jedes

---

[49] *Lutter/Krieger*, Rechte und Pflichten, Rn. 115.
[50] Gesetz zur Kontrolle und Transparenz im Unternehmensbereich (KonTraG) vom 27. 4. 1998, BGBl. I S. 786.
[51] Gesetz zur weiteren Reform des Aktien- und Bilanzrechts, zu Transparenz und Publizität (TransPuG) vom 25. 7. 2002, BGBl. I S. 2681.
[52] *Lutter*, Information und Vertraulichkeit, passim; *Lutter/Krieger*, Rechte und Pflichten, Rn. 191 ff.; *Hüffer*, AktG, § 90 Rn. 2 ff., je m. allen N.
[53] S. Rn. 366.

Aufsichtsratsmitglied[54] und mithin erst recht der Aufsichtsrat insgesamt kann jederzeit zusätzliche Informationen (Berichte) vom Vorstand verlangen.[55] Genügt ihm das nicht, so kann er eine direkte Einsicht in die Unterlagen der Gesellschaft durch beauftragte Aufsichtsratsmitglieder oder außenstehende Sachverständige einleiten.[56] Im Ergebnis handelt es sich bei der ausreichenden Informationsversorgung des Aufsichtsrats also sowohl um eine Bringschuld des Vorstand als auch um eine Holschuld des Aufsichtsrats.[57]

3. Vorgaben zur Informationsversorgung

379   Um dieses im Gesetz angelegte Hin und Her von Regularberichten und Zusatzberichten zu vermeiden, aber auch um die Art und Weise der Darstellung und ihre zeitliche Abfolge bei den regulären Berichterstattungen über die Gesellschaft und den Konzern (§ 90 Abs. 1 Satz 2 AktG idF des TransPuG) festzulegen, empfiehlt der Kodex dem Aufsichtsrat in Abs. 3 entsprechende Festlegungen (Vorgaben, Informationsordnung[58]). Dabei sind die gesetzlichen Informationsregeln als Untergrenze zu beachten. Jedes Mehr und jedes Häufiger sind (bis zur Grenze des Missbrauchs[59]) zulässig und für den Vorstand verbindlich.

4. Informationsordnung

380   „Gemeinsame Aufgabe" in Abs. 1 und „Festlegung" in Abs. 3 bedeuten mithin, dass Vorstand und Aufsichtsrat unter Beachtung der gesetzlichen Vorgaben und der Besonderheiten der Gesellschaft und des Konzerns gemeinsam eine **Informationsordnung** erarbeiten sollen, die sich im Soll-Ist-Vergleich an den Planungsvorgaben und im Periodenvergleich für das reguläre Geschäft, der Entwicklung von Liquidität, Verschuldung und Ertragskraft (Rentabilität nach betriebswirtschaftlichen Kennzahlen) ebenfalls im Periodenvergleich sowie an Sonderfaktoren orientiert.[60]

---

[54] Seit der Änderung des § 90 Abs. 3 Satz 2 AktG durch das TransPuG. Bisher war ein solches Verlangen gegen den Willen des Vorstandes nur mit Unterstützung mindestens eines weiteren Aufsichtsratsmitglieds durchsetzbar. Grund hierfür war die Missbrauchsgefahr bei Ausgestaltung als Einzelrecht (Ausplaudern von Interna und Geschäftsgeheimnissen, Schikanefälle). Dies führte aber zur Schwächung der Stellung des einzelnen Aufsichtsratsmitglieds und konnte daher der gleichen Verantwortung und Verantwortlichkeit aller Aufsichtsratsmitglieder nicht gerecht werden. Schutz kann zudem auf andere Weise erreicht werden, etwa durch eine Verweigerungsmöglichkeit des Vorstandes im Einzelfall, Straf- und Haftungsvorschriften oder den Einwand des Rechtsmissbrauchs (§ 242 BGB); vgl. *Baums*, Bericht, Rn. 30 sowie die hervorgehobene Verschwiegenheitspflicht in § 116 Satz 2 AktG und die Erhöhung des Strafmaßes für Verletzung der Geheimhaltungspflicht. Zur Missbrauchsgrenze s. *Hopt* in GroßKomm. AktG, § 93 Rn. 204 f. – zur Geltendmachung des Schadensersatzanspruches vgl. BGHZ 135, 244 = NJW 1997, 1926; die Grundsätze der ARAG-Entscheidung des BGH dürften entsprechend anwendbar sein. So auch *Wiese*, DB 2000, 1902.

[55] Dazu *Lutter/Krieger*, Rechte und Pflichten, Rn. 212 ff.; *Hüffer*, AktG, § 90 Rn. 2, 11 ff.; *Semler* in MünchKommAktG, § 161 Rn. 325.

[56] Näher zu dieser äußersten Maßnahme des Aufsichtsrats bei *Lutter/Krieger*, Rechte und Pflichten, Rn. 240 ff.

[57] Vgl. *Nolte*, Der AR 3/2006, 7; *Lutter*, Information und Vertraulichkeit, Rn. 383.

[58] Zu ihr schon *Lutter*, ZHR 159 (1995), 287, 308; *ders.*, ZGR 2001, 224, 232; *Lutter/Krieger*, Rechte und Pflichten, Rn. 104 ff.; *Theisen*, DB 2007, 1317.

[59] Dazu *Hüffer*, AktG, § 90 Rn. 12 a.

[60] Zu praktischen Gestaltungsmöglichkeiten s. *Mildner*, Der AR 07-08/2006, 11; *Warncke*, Der AR 07-08/2006, 7; grundlegend *Schneider*, Informationspflichten, 2006, passim.

5. Schwerpunktaussagen

Im Einzelnen wiederholt Abs. 2 das Gesetz mit einigen Schwerpunktaussagen, ohne dabei doch über das Gesetz hinauszugehen: 381
- „regelmäßig" und „zeitnah" ist in § 90 Abs. 2 AktG mit längsten zeitlichen Abständen angesprochen, die die Informationsordnung verkürzen können;
- die Information zur Planung ist in § 90 Abs. 1 Nr. 1 AktG geregelt;
- die Information über die „Geschäftsentwicklung" ist in § 90 Abs. 1 Nr. 3 AktG,
- die Risikolage und das Risikomanagement in § 91 Abs. 2 AktG und
- der stets notwendige Vergleich zwischen dem Soll der Planung und dem Ist des Erreichten in § 90 Abs. 1 Nr. 1 AktG in der Neufassung durch das TransPuG behandelt.

Bisher nicht im Gesetz besonders aufgeführt ist die sog. **Compliance**.[61] Ihre praktische Bedeutung ist nach den Ereignissen bei Siemens gar nicht hoch genug einzuschätzen. Definiert ist der Begriff Compliance in Ziff. 4.1.3; auf die dortigen Erläuterungen wird verwiesen.

Dass etwaige und vor allem negative Abweichungen zu begründen sind, versteht sich nahezu von selbst, ist jetzt aber auch in § 90 Abs. 1 Nr. 1 AktG ausdrücklich gesagt.[62] 382

6. Textform

Schließlich wird die Neuregelung des Gesetzes im TransPuG aufgenommen und § 90 Abs. 4 und 5 AktG wird wiederholt, wonach alle Berichte in der Regel in Textform, also – unförmlich gesprochen – schriftlich (E-Mail, Fax) zu erstatten sind.[63] Die Regel gilt nur dann nicht, wenn bestimmte Entwicklungen so zeitnah bei der betreffenden Aufsichtsratssitzung liegen, dass eine Information in Textform praktisch nicht mehr möglich ist. 383

Die Regel kann auch dann zugunsten einer nur mündlichen Information in der Sitzung durchbrochen werden, wenn die Vertraulichkeit der Information ungewöhnlich stark gesichert werden muss. 384

7. Zeitpunkt der Information

Information ist nur sinnvoll, wenn sie auch bedacht, verarbeitet und analysiert werden kann. Abs. 3 wiederholt daher auch nur eine – leider oft missachtete – Selbstverständlichkeit, dass nämlich die Berichte und Unterlagen den Aufsichtsratsmitgliedern in der Regel[64] rechtzeitig vor der Sitzung vorliegen müssen.[65] Geschieht das nicht und 385

---

[61] Vgl. dazu vor allem *Hauschka* (Hrsg.), Corporate Compliance, 2007 sowie *Kremer/Klahold*, 495 ff. in: *Krieger/Schneider* (Hrsg.), Handbuch Managerhaftung, 2007.

[62] Ein solches „Follow-up" (Soll-Ist-Vergleich) betrifft nur grundsätzliche Fragen der Geschäftspolitik und wesentliche Zielprojektionen, nicht alle jemals in Aufsichtsratsvorlagen oder mündlichen Erklärungen vorgestellten Planungen; vgl. *Baums*, Bericht, Rn. 24. Eine gesetzliche Regelung ist gegenüber einer Empfehlung im Code of Best Practice vorzugswürdig, da Flexibilität in diesem Punkt nicht erforderlich ist. Zudem muss eine solche „Follow-up"-Berichterstattung auch in nichtbörsennotierten Gesellschaften erfolgen. Der Handelsrechtsausschuss des Deutschen Anwaltvereins kritisierte die gesetzliche Regelung dagegen als „Überregulierung".

[63] „Aushändigung" wurde durch „Übermittlung" ersetzt, um moderne Kommunikationstechnologien nicht auszuschließen. Die Übermittlung soll gewährleisten, dass sich Aufsichtsratsmitglieder anhand der Berichte auf die Sitzungen vorbereiten können. Des Weiteren stellen die Berichte eine wichtige Informationsquelle für den Abschlussprüfer dar. Vgl. *Baums*, Bericht, Rn. 26.

[64] In Ausnahmefällen müssen Beschlüsse gefasst werden können, deren Notwendigkeit sich erst in oder so spät vor der Sitzung herausstellt, dass sie nicht mehr angekündigt werden können, die aber im Unternehmensinteresse auch nicht mehr verschiebbar sind; vgl. *Baums*, Bericht, Rn. 28.

[65] Bedenken hiergegen, dass die gebotene Vertraulichkeit nicht gewahrt werden könne, sind aufgrund der strafrechtlich und durch Schadensersatzansprüche sanktionierten Verschwiegen-

ist auch kein zwingender Grund vorhanden, so kann jedes Aufsichtsratsmitglied Vertagung in der Sitzung verlangen!

8. Information von Dritten

386 Im System der §§ 90, 111 AktG nicht angesprochen ist der Fall, dass ein **Aufsichtsratsmitglied informell vom Vorstand** oder **von dritter Seite** Informationen erhält, die den Überwachungsbereich (Legalität, Ordnungsmäßigkeit, Wirtschaftlichkeit) betreffen. Hier hat das Landgericht Bielefeld im Balsam-Fall[66] deutlich und zutreffend gesagt, dass solche Informationen mindestens an den Aufsichtsratsvorsitzenden weitergegeben und von dem betreffenden Aufsichtsratsmitglied im Auge behalten werden müssen, also mit in seiner Verantwortung bleiben. Eine Unterscheidung in „offiziell" erlangtes und „sonstiges" Wissen gibt es also nicht.[67] Entscheidend ist allein die Frage, ob die Information den Überwachungsbereich des Aufsichtsrats betrifft oder nicht.

> **3.5** Gute Unternehmensführung setzt eine offene Diskussion zwischen Vorstand und Aufsichtsrat sowie in Vorstand und Aufsichtsrat voraus. Die umfassende Wahrung der Vertraulichkeit ist dafür von entscheidender Bedeutung.
> Alle Organmitglieder stellen sicher, dass die von ihnen eingeschalteten Mitarbeiter die Verschwiegenheitspflicht in gleicher Weise einhalten.

V. Diskussion und Vertraulichkeit

1. Bedeutung der Diskussionskultur

387 Mit der Diskussionskultur in und zwischen den Führungsorganen spricht der Kodex einen Governanceaspekt an, der weder gesetzlich geregelt noch von der Baums-Kommission eingehender[68] erörtert worden ist. Offene Sachdiskussionen im Vorstand und Aufsichtsrat sowie zwischen beiden Gremien stellen gleichwohl einen der entscheidenden Faktoren guter Corporate Governance dar. Ihre überragende Bedeutung für die Führungseffizienz liegt darin begründet, dass die Aufgaben von Vorstand und Aufsichtsrat nur dann wohlfundiert erfüllt werden können, wenn sich die Organmitglieder engagiert mit den jeweils anstehenden Leitungs- und Überwachungsfragen auseinandersetzen. Die aktive Teilnahme aller Führungspersonen an den vorgesehenen Informations- und Entscheidungsprozessen in und zwischen den Organen ist daher essentiell für das Funktionieren der Corporate Governance. Nur durch offene und unvoreingenommene Sachdiskussionen, in denen die zu lösenden Managementprobleme ausführlich und ausgewogen erörtert werden, kann die vorhandene Expertise der Vorstands- und Aufsichtsratsmitglieder auch tatsächlich ausgeschöpft werden.[69] Die Güte der Diskussionskultur im Sinne eines konstruktiven Ringens um die jeweils beste Problemlösung durch Austausch von Argument und Gegenargument entscheidet somit letztlich darüber, inwieweit formale Governance-

---

heitspflicht der Aufsichtsratsmitglieder zurückzuweisen; vgl. dazu insbesondere § 116 Satz 2 AktG und Ziffer 3.5.

[66] LG Bielefeld, BB 1999, 2630 = ZIP 2000, 20 m. Anm. *Westermann*.
[67] Insofern unzutreffend *Emde*, DB 1999, 1487.
[68] Vgl. *Baums*, Bericht, Rn. 49.
[69] Vgl. hierzu auch *Bernhardt/v. Werder*, ZfB 2000, 1275, und *Peltzer/v. Werder*, AG 2001, 5f., sowie ferner auch *Frerk*, AG 1995, 213f.; *Amason*, Academy of Management Journal 1996, 124; *Amason/Sapienza*, Journal of Management 1997, 511f.; *Simons/Pelled/Smith*, Academy of Management Journal 1999, 663f., 670.

2. Barrieren offener Sachdiskussionen

Die unzureichende Offenheit der Diskussionen vor allem im Aufsichtsrat sowie zwischen Aufsichtsrat und Vorstand wird heute vielfach als ein wesentliches Defizit der praktizierten Corporate Governance in Deutschland angesehen.[70] Dieses Manko ist zum Teil auf allgemeine gruppenpsychologische Mechanismen zurückzuführen, die in Gremien das Aufwerfen kritischer Fragen erschweren oder gar verhindern können. Zu denken ist beispielsweise an die bekannten Phänomene des „Groupthink"[71] und der „Undiscussability".[72] Sie können – u. a. aus Interessen- oder auch aus Loyalitätserwägungen – leicht die (vor-)schnelle Herausbildung einer (oft vom Vorsitzenden des Gremiums geprägten) Gruppenmeinung bewirken und die Artikulation diesbezüglicher Bedenken einzelner Gremiumsmitglieder tabuisieren. Schon aus diesen Gründen bedarf die Etablierung und Pflege einer offenen Diskussionskultur im Vorstand und Aufsichtsrat sowie zwischen beiden Organen besonderer Anstrengungen. Hinzu kommen strukturell bedingte Diskussionsbarrieren, die in der geltenden deutschen Unternehmensverfassung angelegt sind. Zu nennen ist in diesem Zusammenhang namentlich zum einen die übliche Größe der Aufsichtsräte. Da mit wachsender Zahl der Gruppenmitglieder die Möglichkeiten eines intensiven Meinungsaustausches sinken und zugleich die Wahrung der Vertraulichkeit der Diskussion problematischer wird, verhindern Sitzungen mit 30 und mehr Personen[73] nahezu zwangsläufig eine tiefer gehende Auseinandersetzung mit den anstehenden Sachfragen.[74] Zum anderen wird häufig die unternehmerische Mitbestimmung im Aufsichtsrat als Hemmnis offener Diskussionen angeführt.[75] Sie erschwert der Anteilseigner-Seite im Aufsichtsrat die konsequente konstruktiv-kritische Hinterfragung des Vorstandshandelns, da und soweit sie hierdurch eine Untergrabung der Autorität des Vorstands vor den Augen der Arbeitnehmer-Vertreter befürchtet.[76]

3. Förderung der Diskussionskultur

In Anbetracht der großen Bedeutung und Barrieren offener Sachdiskussionen beschränkt sich der Kodex nicht nur darauf, mit Satz 1 der Ziffer 3.5 die Wichtigkeit dieses kritischen Erfolgsfaktors guter Unternehmensführung zu unterstreichen. Vielmehr

---

[70] So etwa der Vorsitzende der Kodexkommission, *Cromme*, Kreditwesen, 2002, 503. Vgl. ferner auch *Scheffler*, ZGR 1993, 72; *Bernhardt*, ZfB 1994, 1347; *ders.*, ZHR 1995, 312; *Hoffmann-Becking* in FS Havermann, 1995, 241; *Lambsdorff* in Feddersen/Hommelhoff/Schneider, Corporate Governance, 1996, 227; *Breuer* in Hopt, Corporate Governance, 1998, 539; *Theisen* in Hopt, Corporate Governance, 1998, 261; *Theisen* in Dörner/Menold/Pfitzer, Reform, 2003, 206f.; *Schilling*, Corporate Governance – An International Review 2001, 149.
[71] *Janis*, Victims.
[72] *Argyris*, Strategy; *Lorsch*, ZfbF 1996 Sonderheft 36, 210f.
[73] Bei 20-köpfigem Aufsichtsrat, anwesendem 10-köpfigem Vorstand und eventuellen weiteren hinzugezogenen Experten.
[74] So auch *Lutter*, AG 1994, 176; *Lutter*, ZHR 1995, 297; *Dörner/Oser*, DB 1995, 1087; *Claussen*, AG 1996, 485 f.; *Claussen*, DB 1998, 182 f.; *Dreher* in Feddersen/Hommelhoff/Schneider, Corporate Governance, 1996, 44; *Lambsdorff* in Feddersen/Hommelhoff/Schneider, Corporate Governance, 1996, 226; *Breuer* in Hopt, Corporate Governance, 1998, 539; *Theisen* in Hopt, Corporate Governance, 1998, 261; *Theisen* in Dörner/Menold/Pfitzer, Reform, 1999, 207; *Sünner*, AG 2000, 496.
[75] Vgl. z. B. *Lutter*, AG 1994, 176f.; *Baums*, ZIP 1995, 14; *Lutter*, ZHR 1995, 297; *Lambsdorff* in Feddersen/Hommelhoff/Schneider, Corporate Governance, 1996, 227; *Coenenberg/Reinhart/Schmitz*, DB 1997, 992; *Schilling*, Corporate Governance – An International Review 2001, 149f.
[76] So *Scheffler*, ZGR 1993, 72; *Lutter*, AG 1994, 176f.; *Hoffmann-Becking* in FS Havermann, 1995, 241; *Lambsdorff* in Feddersen/Hommelhoff/Schneider, Corporate Governance, 1996, 226f.

finden sich an verschiedenen Stellen des Kodex weitere Aussagen, welche die Verbesserung der Diskussionskultur zum Ziel haben. Hierzu zählt zunächst der Hinweis auf die Wahrung der Vertraulichkeit als unabdingbare Voraussetzung offener Diskussionen. Das Vertraulichkeitsgebot ist ganz bewusst direkt im Folgesatz der Ziffer 3.5 platziert worden, um den unauflöslichen Zusammenhang von Offenheit und Vertraulichkeit der Verhandlungen in und zwischen den Gremien zum Ausdruck zu bringen.[77] Der Förderung der Diskussion sollen ferner institutionelle Vorschläge dienen. So wird dem Aufsichtsrat die Bildung von Ausschüssen empfohlen, die schon aufgrund ihrer geringen Größe im Vergleich zum Gesamtorgan intensivere Auseinandersetzungen mit komplexen Themen erlauben.[78] Daneben findet sich die Anregung, dass in mitbestimmten Aufsichtsräten die Vertreter der Aktionäre und der Arbeitnehmer die Aufsichtsratssitzungen jeweils gesondert (und gegebenenfalls mit Mitgliedern des Vorstands) vorbereiten.[79] Mit Hilfe dieser sog. getrennten Vorbesprechungen soll den Diskussionsbarrieren begegnet werden, die aus möglichen Frontstellungen im paritätisch besetzten Gesamtorgan resultieren können.[80] Auf eine Belebung der Diskussionen im (Gesamt-)Aufsichtsrat zielt ferner die Anregung ab, dass das Überwachungsorgan bei Bedarf ohne den Vorstand tagen sollte.[81] Solche Klausursitzungen des Aufsichtsrats können die diskussionshinderlichen Effekte des „Groupthink" und der „Undiscussability"[82] abmildern, da und soweit über Leitungsmaßnahmen ohne Gegenwart des Vorstands freier gesprochen werden kann. Nicht zuletzt ist schließlich auch die Kodexempfehlung an den Aufsichtsrat zu nennen, die Effizienz seiner Tätigkeit regelmäßig zu überprüfen.[83] Angesichts der großen Bedeutung einer engagierten Teilnahme aller Aufsichtsratsmitglieder an den organinternen wie organübergreifenden Erörterungen für die Überwachungseffizienz[84] bildet der jeweilige Stand der Diskussionskultur einen wichtigen Prüfpunkt dieser Evaluation. Sofern die diesbezüglichen Evaluationsergebnisse unbefriedigend ausfallen, ergibt sich für den Aufsichtsrat und namentlich seinen Vorsitzenden ein entsprechender Handlungsbedarf.

VI. Verschwiegenheitspflicht, inklusive eingeschalteter Mitarbeiter

1. Ziel

390 Die Kodex-Regelung ist ungewöhnlich wortkarg und gibt in ihrem Abs. 1 im Grunde nur eine Teilbegründung für die sehr strenge Regelung des Gesetzes wieder, die lautet:

§ 93 Abs. 1 S. 3 AktG für den Vorstand:
„Über vertrauliche Angaben und Geheimnisse der Gesellschaft, namentlich Betriebs- oder Geschäftsgeheimnisse, die ihnen durch ihre Tätigkeit im Vorstand bekannt geworden sind, haben sie Stillschweigen zu bewahren."

§ 116 AktG für den Aufsichtsrat:
„Für die Sorgfaltspflicht und Verantwortlichkeit der Aufsichtsratsmitglieder gilt § 93 über die Sorgfaltspflicht und Verantwortlichkeit der Vorstandsmitglieder sinngemäß. Die Aufsichtsratsmitglieder sind insbesondere zur Verschwiegenheit über erhaltene vertrauliche Berichte und vertrauliche Beratungen verpflichtet."

---

[77] S. zum Vertraulichkeitsgebot näher Rn. 387, 390 ff.
[78] S. Ziffer 5.3 und hierzu Rn. 975 ff.
[79] S. Ziffer 3.6 Abs. 1 und eingehender Rn. 403 ff.
[80] S. Rn. 388, 406.
[81] S. Ziffer 3.6 Abs. 2 und zu Einzelheiten Rn. 410 ff.
[82] S. Rn. 388 m. N.
[83] S. Ziffer 5.6 und hierzu Rn. 1152 ff.
[84] S. Rn. 387, 405.

In Wirklichkeit geht es hier bei Geheimhaltung und Vertraulichkeit um ein zentrales Kapitel deutscher Corporate Governance, nämlich um die **Wahrung und Sicherung der Interessen der Gesellschaft und des Konzerns** vor allen Partikularinteressen einzelner Organmitglieder – von schlicht krimineller Verwertung ihrer Betriebsgeheimnisse ganz zu schweigen.

2. Geheimnis

Das Geheimnis setzt zweierlei voraus:
(1) eine relativ unbekannte Tatsache
(2) deren Geheimhaltung im objektiven Interesse der Gesellschaft liegt.

Völlig unbekannt kann die Tatsache nicht sein, sonst wüsste niemand von ihr; es genügt also die relative, auf wenige Menschen beschränkte Unbekanntheit. Andererseits darf die Tatsache weder allgemein bekannt, noch durch Recherche leicht zu erfahren sein. Das objektive Interesse der Gesellschaft manifestiert sich am ehesten in der Gefahr eines anderweitig drohenden Schadens, wobei dieser auch immateriellen Charakter haben kann, also etwa bei einem Ansehensverlust vorliegt. Andererseits: da es um ein Gebot zum Schutz der Gesellschaft geht, entfällt es naturgemäß, wenn diese – objektiv betrachtet – an der Geheimhaltung kein Interesse (mehr) hat.[85]

3. Vertraulichkeit

Es ist evident, dass eine vertrauensvolle Zusammenarbeit zwischen Vorstand und Aufsichtsrat und im Aufsichtsrat selbst ausgeschlossen ist, wenn die Mitglieder ihre Anträge, Begründungen, Diskussionsbeiträge und ihr Abstimmungsverhalten am nächsten Tag in der Zeitung wiederfinden.[86] Das Gelingen einer verbesserten deutschen Corporate Governance hängt also ganz maßgeblich davon ab, dass die Vertraulichkeit und vor allem der wechselseitige Verlass auf sie wieder hergestellt werden.[87] Gelingt das nicht, sind wesentliche Ziele einer Verbesserung der deutschen Corporate Governance a priori gescheitert.

4. Vorstand und Aufsichtsrat

Das Gebot zur Verschwiegenheit gilt für die Mitglieder des Vorstands ebenso wie für die des Aufsichtsrats.[88] Das wird in Bezug auf den Vorstand als problemlos und selbstverständlich angesehen, ist es aber keineswegs, wie man seit dem Wechsel eines Vorstandsmitglieds von Opel zu VW weiß. Auch für den Vorstand gilt allgemein und speziell: Die Interessen und der Schutz der Gesellschaft und des Konzerns haben unabdingbar Vorrang vor allen persönlichen Ambitionen.[89] Für die Mitglieder des Auf-

---

[85] Zum Ganzen *Lutter*, Information und Vertraulichkeit, Rn. 408 ff.
[86] Wer freiwillig ein Amt übernimmt, kann sich gegenüber dem Gebot der Amtsverschwiegenheit nicht auf die subjektiv-eigene Meinungsfreiheit berufen, *Lutter/Krieger*, Rechte und Pflichten, Rn. 251. Vgl. auch *Säcker*, NJW 1986, 804: § 93 Abs. 1 Satz 2 AktG ist ein einschränkendes Gesetz im Sinne von Art. 5 Abs. 2 GG.
[87] *Oetker* in Hommelhoff (Hrsg.), Handbuch, S. 280 f.
[88] Zur geschichtlichen Entwicklung des Schutzes von Geheimnissen und vertraulichen Angaben im Aktienrecht s. *v. Stebut*, Geheimnisschutz, S. 81 ff.
[89] BGH, NJW 1980, 1629; *Ulmer*, NJW 1980, 1603 ff.; *Henze*, Aktienrecht, Rn. 664. Vgl. auch *Hopt* in GroßKomm. AktG, § 93 Rn. 215 sowie *v. Stebut*, Geheimnisschutz, S. 81 ff., die ausnahmsweise eine Durchbrechung der Verschwiegenheitspflicht annehmen, wenn der Verpflichtete nur durch Offenlegung des Geheimnisses eigene Interessen gegenüber dem Anvertrauenden durchsetzen kann. Dies sei etwa der Fall, wenn bei einer anstehenden Abberufung eines Vorstandsmitglieds durch Offenlegung eines Geheimnisses der Pflichtwidrigkeitsvorwurf entkräftet

sichtsrats liegen die Dinge persönlich schwieriger, weil die Aufsichtsratsmitglieder gewählt werden und damit häufig in Abhängigkeits- und Loyalitätskonflikte zu ihren Wählern geraten. Das Gesetz macht mit § 394 AktG deutlich, dass mit Ausnahme der Aufsichtsräte der öffentlichen Hand dieser Konflikt kompromisslos zugunsten der Gesellschaft und ihres Unternehmens gelöst werden muss.[90] Das bestätigt auch ebenso nachdrücklich die Rechtsprechung.[91]

394   Aufsichtsräte sind also nicht berechtigt, ihre „Auftraggeber" (Großaktionär, institutionelle Anleger, Gewerkschaft, Betriebsrat) über die Beratung des Aufsichtsrats und ihrer Ergebnisse zu informieren. Das gilt erst recht für Informationen, die gezielt zur „Stimmungsmache" etwa vor einer Betriebsversammlung oder der Presse gegenüber gemacht werden.[92] All das ist im Sinne der §§ 93, 116 AktG **pflichtwidrig** und führt zu **persönlichen Schadenersatzpflichten**.

5. Bayer-Entscheidung des BGH

395   Der Bundesgerichtshof hat in der unglücklichen Bayer-Entscheidung von 1975[93] befunden, jedes Aufsichtsratsmitglied müsse autonom und selbstverantwortlich, d. h. **mit vollem persönlichen Risiko (!)** entscheiden, ob ein Geheimnis oder eine vertrauliche Angelegenheit vorliegt. Daher sind insoweit gewisse Fixpunkte von Bedeutung:

(1) Zum Schutze der Betroffenen unterliegen alle Personalsachen einer **strikten Vertraulichkeit**, soweit sie im Aufsichtsrat erörtert werden.[94]

(2) Zur Sicherung einer „offenen Diskussion", aber schon ganz einfach zur Sicherung der Funktionsfähigkeit des Aufsichtsrats überhaupt unterliegen alle Stellungnahmen und alle Wortbeiträge von Aufsichtsratsmitgliedern ebenfalls der **strikten Vertraulichkeit.** Das gilt auch für das Abstimmungsverhalten der anderen Aufsichtsratsmitglieder (nicht für das eigene Abstimmungsverhalten).[95]

(3) Im Zweifel vertraulich zu behandeln sind alle Gegenstände, die der Vorstand als vertraulich bezeichnet hat.[96] Das ist, wie der Bundesgerichtshof festgestellt hat, nicht verbindlich, hat aber eine hohe Wahrscheinlichkeit für sich.[97]

(4) Im Zweifel vertraulich sind aber auch **bestimmte Kenndaten** der Gesellschaft und des Konzerns, wie z. B. der Umsatz pro Verkaufsfläche, der Cashflow oder der Return on Investment.[98]

---

werden soll. Es entspreche dem allgemeinen strafrechtlichen Grundsatz, dass die Wahrnehmung berechtigter eigener Interessen als Rechtfertigungsgrund anzuerkennen ist.

[90] BGH, NJW 1980, 1629; *Lutter/Krieger*, Rechte und Pflichten, Rn. 252; *Lutter*, Information und Vertraulichkeit, Rn. 582 ff.

[91] BGH, NJW 1980, 1629; OLG Hamburg, AG 1990, 218.

[92] Dazu *Lutter/Krieger*, Rechte und Pflichten, Rn. 249 ff.

[93] BGHZ 64, 325, 331.

[94] *Hopt* in GroßKomm. AktG, § 93 Rn. 191.

[95] *Lutter/Krieger*, Rechte und Pflichten, Rn. 260 u. 261; *Hopt* in GroßKomm. AktG, § 93 Rn. 191; *Säcker*, NJW 1986, 806 ff. m. w. N.: Grundsatz der vertrauensvollen Zusammenarbeit ist als „Magna Charta" der Aufsichtsratstätigkeit anzusehen; eine unbefangene Meinungsäußerung und -bildung sind für eine sachgerechte Tätigkeit des Aufsichtsrates unerlässlich.

[96] S. auch *Lutter/Krieger*, Rechte und Pflichten, Rn. 256 ff.

[97] Das deutet auch die Begründung zum Regierungsentwurf des TransPuG an: „Das Gesetz ändert nichts daran, daß die Geheimhaltungsbedürftigkeit einer Tatsache keiner subjektiven Einstufung unterliegt, sondern objektiv zu bewerten ist. Wenn allerdings die Quelle der Information (sei es der Vorstand oder der Aufsichtsrat selbst) diese ausdrücklich als vertraulich bezeichnet, so besteht jedenfalls eine Vermutung, daß ein objektives Geheimhaltungsinteresse besteht."

[98] Näher *Lutter/Krieger*, Rechte und Pflichten, Rn. 263 ff.; *Hopt* in GroßKomm. AktG, § 93 Rn. 191. Vgl. auch *Hopt*, HGB, § 93 Rn. 193: Die Geheimhaltungspflicht erstreckt sich auch auf Tatsachen, deren Offenbarung nur immaterielle Schäden der Gesellschaft, etwa Ansehensverlust

6. Vertraulichkeitsrichtlinie

Will ein Aufsichtsratsmitglied sich an die Vertraulichkeit nicht halten oder hält es diese für nicht gegeben, so geht es ein hohes persönliches Risiko der Pflichtwidrigkeit und der Schadensersatzpflicht ein, wenn es nicht zuvor Rat beim Aufsichtsratsvorsitzenden, beim Gesamtaufsichtsrat oder schließlich bei einem außenstehenden Sachverständigen sucht.[99] 396

Schon aus diesen Gründen empfiehlt sich eine **Vertraulichkeitsrichtlinie** in der Gesellschaft, die das Procedere in solchen Fällen festlegt.[100]

7. Folgen der Verletzung der Verpflichtung zu Vertraulichkeit

Verletzt ein Vorstandsmitglied seine Pflicht zu Geheimhaltung und Vertraulichkeit in einer Weise, die eine vertrauensvolle Zusammenarbeit mit ihm in der Zukunft ausschließt, so ist das ein wichtiger Grund zu seiner Abberufung[101] und zur fristlosen Kündigung seines Anstellungsvertrages.[102] 397

Verletzt ein Aufsichtsratsmitglied diese Pflicht, kann es auf Antrag des Aufsichtsrats (wobei er nicht stimmberechtigt ist) mit einfacher Mehrheit vom Gericht abberufen werden.[103] Das ist in der Vergangenheit durchaus geschehen[104] und könnte in der Zukunft vermehrt geschehen. 398

8. Persönliche Haftung

Entsteht der Gesellschaft aus solchen Pflichtverletzungen ein Schaden, so haftet das pflichtwidrig handelnde Vorstands- oder Aufsichtsratsmitglied fraglos persönlich auf den Ersatz dieses Schadens, §§ 93, 116 AktG. 399

9. Vertrauensbildende Maßnahmen

Die durchaus realistische Gefahr des Bruches der Vertraulichkeit hat den Vorstand deutscher Aktiengesellschaften in der Vergangenheit dazu veranlasst, sensible Probleme im Aufsichtsrat entweder überhaupt nicht anzusprechen oder die erforderliche Information erst so spät wie nur irgend möglich zu geben. Das hat eine wirkliche Beratung mit dem Aufsichtsrat über gerade besonders wesentliche Aspekte der Unternehmensführung verhindert. 400

Der Vorstand muss also durch vertrauensbildende Maßnahmen des Aufsichtsrats zur Überzeugung gebracht werden, dass hier allseits eine Änderung gewollt ist. Dazu gehört, dass sich gerade die „Freunde" eines Verletzers dieser Regeln für dessen Abberu- 401

---

oder Minderung des Goodwill, zur Folge haben kann. A. A. *v. Stebut*, Geheimnisschutz, S. 52, der bei Betriebs- und Geschäftsgeheimnissen nur ein vermögenswertes Interesse als Geheimhaltungsinteresse anerkennen will. Er weist allerdings darauf hin, dass es kaum vorstellbar sei, dass die Aktiengesellschaft in ihrem wirtschaftlichen Aufgabenbereich einen immateriellen Schaden erleidet, durch den ihr nicht mindestens gleichzeitig ein Vermögensnachteil entsteht.

[99] Vgl. schon BGHZ 64, 325. Vgl. auch *Lutter/Krieger*, Rechte und Pflichten, Rn. 281 sowie *Lutter*, Information und Vertraulichkeit, Rn. 517.

[100] Dazu *Lutter*, Information und Vertraulichkeit, S. 307 ff.

[101] Vgl. *Hopt* in GroßKomm. AktG, § 93 Rn. 231; *Säcker*, NJW 1986, 810. Auf der anderen Seite sind die Vorstandsmitglieder den Aufsichtsratsmitgliedern „zu unbedingter Offenheit" verpflichtet. Eine Pflichtverletzung hier stellt ebenfalls einen Grund dar, der zur Entziehung des Vertrauens und zur Abberufung aus dem Vorstandsamt berechtigt, BGHZ 20, 239, 246.

[102] Vgl. *Hopt* in GroßKomm. AktG, § 93 Rn. 231.

[103] *Lutter/Krieger*, Rechte und Pflichten, Rn. 282; vgl. auch *Säcker*, NJW 1986, 809 ff.

[104] Vgl. OLG Hamburg, AG 1990, 218; OLG Zweibrücken, AG 1991, 70; LG Frankfurt a. M., NJW 1987, 505.

fung einsetzen. Das würde als Zeichen einer künftig neuen „Politik" verstanden und die dringend erforderliche Neuausrichtung ermöglichen.

10. Mitarbeiter

402   Aufsichtsräte brauchen Mitarbeiter nicht anders wie Ärzte und Anwälte; und diese sind nur von Nutzen, wenn sie über vertrauliche Dinge informiert sind. Die Weitergabe vertraulicher Informationen an sie ist also keine Verletzung von §§ 93, 116 AktG.[105] Aber:
(1) Das betreffende Aufsichtsratsmitglied ist verpflichtet, den oder die Mitarbeiter auf ihre Pflicht zur Vertraulichkeit hinzuweisen und diesen Hinweis regelmäßig zu wiederholen, schriftlich zu dokumentieren und möglichst zu überprüfen.
(2) Vor allem aber trägt das betreffende Aufsichtsratsmitglied das volle finanzielle Risiko der Gesellschaft gegenüber dann, wenn der Mitarbeiter die Vertraulichkeit verletzt und der Gesellschaft daraus ein Schaden entsteht.[106] Das Risiko liegt also beim betreffenden Aufsichtsratsmitglied!

3.6 In mitbestimmten Aufsichtsräten sollten die Vertreter der Aktionäre und der Arbeitnehmer die Sitzungen des Aufsichtsrats jeweils gesondert, gegebenenfalls mit Mitgliedern des Vorstands, vorbereiten.
Der Aufsichtsrat sollte bei Bedarf ohne den Vorstand tagen.

VII. Vorbereitung der Sitzungen des Aufsichtsrats

1. Getrennte Vorbesprechungen

403   Eine wesentliche Kritik an der Corporate Governance-Praxis in Deutschland lautet, dass in deutschen Aufsichtsräten letztlich keine intensive Auseinandersetzung mit den anstehenden Führungsfragen stattfindet.[107] Aufsichtsratssitzungen werden vielmehr häufig als formale Veranstaltungen wahrgenommen, auf denen Entscheidungen bloß noch „abgenickt" werden, die im Vorfeld der Sitzungen faktisch bereits beschlossen worden sind. Diese Kritik wird insbesondere auch von ausländischen Kapitalmarktteilnehmern und Managern (als potenziellen Aufsichtsratsmitgliedern) vorgetragen. Wenngleich der Vorwurf mangelnder Diskussionsbereitschaft im Aufsichtsrat gelegentlich etwas überzogen sein dürfte, gibt es doch Anzeichen dafür, dass die Offenheit der Sachdiskussionen im Aufsichtsrat der Tendenz nach hinter derjenigen etwa in angelsächsisch geprägten Boards zurückbleibt.

404   Die unterentwickelte Diskussionskultur in deutschen Überwachungsorganen ist auf eine Reihe von Ursachen zurückzuführen, zu denen auch und insbesondere die unternehmerische Mitbestimmung gezählt wird.[108] Da mitbestimmten Aufsichtsräten auch Vertreter der Arbeitnehmer angehören, halten die Repräsentanten der Anteilseigner-Seite eventuelle Kritik an der Unternehmensleitung des Vorstands eher zurück, um

---

[105] *Lutter/Krieger,* DB 1995, 257 sowie *dies.,* Rechte und Pflichten, Rn. 269; *Hüffer,* AktG, § 116 Rn. 6; *Mertens* in Kölner Kommentar, § 93 Rn. 78 und § 116 Rn. 53. Entsprechendes gilt für Vorstandsmitglieder, vgl. *Hopt,* GroßKomm. AktG, § 93 Rn. 203. Eine solche Weitergabe ist im Interesse der Gesellschaft erforderlich, um nachteilige Folgen zu vermeiden, da das Wissen auch nur eines Organmitglieds bereits als Wissen der Gesellschaft zu werten ist, vgl. *v. Stebut* Geheimnisschutz, S. 90 f., 110.
[106] *Lutter/Krieger,* Rechte und Pflichten, Rn. 269.
[107] S. Nachweise in Fn. 109 (S. 125).
[108] S. näher Rn. 388 m. N.

nicht dessen Ansehen vor den Augen seiner Mitarbeiter zu beschädigen.[109] Vor diesem Hintergrund regt der Kodex getrennte Vorbesprechungen an, auf denen die Vertreter der Aktionäre und der Arbeitnehmer jeweils „unter sich" sind und – gegebenenfalls zusammen mit Vorstandsmitgliedern – die eigentliche Sitzung des Aufsichtsrats vorbereiten. Auf diese Weise sollen namentlich die Aktionärsvertreter die Gelegenheit erhalten, das Vorstandshandeln offener zu diskutieren und – falls nötig – auch zu kritisieren.

Getrennte Vorgespräche der Anteilseigner- und der Arbeitnehmervertreter finden in (aktien- wie mitbestimmungs-)rechtlichen Vorschriften keine Erwähnung und wurden auch von der Baums-Kommission nicht weiter thematisiert. Es gab zum Zeitpunkt der Kodexformulierung auch noch keine systematischen empirischen Studien darüber, inwieweit solche Vorbesprechungen in der Praxis üblich waren. Auf Basis der vorliegenden Informationen konnte allerdings immerhin davon ausgegangen werden, dass die Vertreter der Arbeitnehmer – zumindest bei paritätisch mitbestimmten Gesellschaften – im Regelfall vor den Aufsichtsratssitzungen zusammenkamen und meist auch Mitglieder des Vorstands (im Normalfall den Arbeitsdirektor) zu ihren Vorbesprechungen einluden.[110] Hingegen schienen regelmäßige Vorgespräche der Anteilseigner-Seite eher selten zu sein.[111] Nach den vorliegenden Befunden des Kodex Report 2007, der im Auftrag der Regierungskommission die Umsetzung der Bestimmungen des DCGK auf breiter empirischer Grundlage untersucht hat,[112] wird die Anregung getrennter Vorbesprechungen zum Erhebungszeitpunkt Anfang 2007 von der überwiegenden Zahl der antwortenden Unternehmen (88,9 % im DAX, 66,7 % im TecDAX, 64,0 % im MDAX, 50,0 % im SDAX, 40,5 % im Prime Standard sowie 61,4 % im General Standard) befolgt.

Die (mutmaßliche) Disparität zwischen den bisherigen Vorbesprechungsgepflogenheiten der Vertreter der Arbeitnehmer und der Anteilseigner war Anlass für die Kodexkommission, getrennte Vorgespräche *beider* Seiten vorzuschlagen. Dieser Vorschlag ist allerdings bewusst als „bloße" Anregung[113] formuliert, da die Etablierung solcher getrennter „Fraktionssitzungen" aus Sicht einer Verbesserung der Diskussionskultur im Aufsichtsrat durchaus ambivalent ist. Auf der einen Seite gibt es gute Gründe für die Annahme, dass die Auseinandersetzung mit den Tagesordnungspunkten der vorzubereitenden Aufsichtsratssitzung innerhalb der Vorbesprechungen intensiviert und offener wird. Andererseits kann durch die dort bereits getroffenen Vor-Festlegungen die Spaltung des Aufsichtsrats in eine Anteilseigner- und eine Arbeitnehmer-Seite geradezu zementiert und so – durch das „Denken in Bänken" – der sachgerechte Austausch von Argumenten behindert werden.[114] Das Ziel, die Diskussionskultur im Auf-

---

[109] So eine gängige Argumentationsfigur, vgl. z. B. *Scheffler*, ZGR 1993, 72; *Lutter*, AG 1994, 176 f.; *Hoffmann-Becking* in FS Havermann, 1995, 241; *Lambsdorff* in Feddersen/Hommelhoff/Schneider, Corporate Governance, 1996, 226 f.
[110] Vgl. *Hoffmann/Preu*, Aufsichtsrat, Rn. 142 und 143; *Scheffler*, ZGR 1993, 72. Allgemein zu Vorbesprechungen auch *Bleicher*, ZfbF 1988, 933; *Bernhardt*, ZfB 1994, 1347; *Bernhardt*, ZHR 1995, 312; *Schmitz* in Feddersen/Hommelhoff/Schneider, Corporate Governance, 1996, 238; *Hoffmann-Becking* in Hoffmann-Becking, Münch. Hdb. GesR IV, 1999, § 31 Rn. 31; *Semler* in Semler/v. Schenck, AR Hdb., 669; *Theisen* in Hopt, Corporate Governance, 1998, 262; *Theisen* in Dörner/Menold/Pfitzer, Reform, 1999, 207. Der (eventuelle) Vertreter der Leitenden Angestellten wird allerdings häufig nicht zu den Vorbesprechungen der Arbeitnehmer-Seite hinzugezogen, vgl. *Hoffmann/Preu*, Aufsichtsrat, Rn. 142.
[111] Vgl. *Scheffler*, ZGR 1993, 72.
[112] S. *v. Werder/Talaulicar*, DB 2007, 874 und hierzu näher Rn. 1638 ff.
[113] Zur Unterscheidung zwischen Empfehlungen und Anregungen und ihren Implikationen für die Entsprechenserklärung Rn. 43 ff.
[114] Vgl. auch die Kritik an den getrennten Vorbesprechungen bei *Bernhardt*, ZfB 1994, 1347; *Hoffmann/Preu*, Aufsichtsrat, Rn. 142.

sichtsrat selbst zu verbessern, wird dann regelrecht konterkariert. Die Anregung des Kodex, getrennte Vorbesprechungen vorzusehen, ist daher streng genommen nur als Hilfslösung und für den Fall gedacht, dass in einer Gesellschaft bisher lediglich die Vertreter der Arbeitnehmer, nicht aber die Aktionärsrepräsentanten zu solchen Treffen zusammenkommen. Solche Vorgespräche können ferner nur, aber auch immerhin dann zu einer Förderung der Diskussionskultur beitragen, wenn es gelingt, mit ihrer Hilfe die Erörterungen im Aufsichtsrat zu fundieren und vorzustrukturieren. Die Vorbesprechungen wirken dann gewissermaßen analog zu entscheidungsvorbereitenden Ausschüssen, die im Gesamtorgan eine Diskussion der kritischen Kernpunkte auf verbesserter Informationsgrundlage erlauben. Im Übrigen würde es aber durchaus auch der Intention des Kodex entsprechen, wenn in einer Gesellschaft beide Seiten ganz auf getrennte Vorbesprechungen verzichten und ohne falsche Scheu die offene Diskussion im Aufsichtsrat selbst pflegen, um im Unternehmensinteresse mit Sachargumenten um die jeweils beste Entscheidung zu ringen.

2. Beschränkung auf mitbestimmte Aufsichtsräte

407 Die Anregung, getrennte Vorbesprechungen der Vertreter von Anteilseignern und Aktionären zu etablieren, gilt nur für mitbestimmte Aufsichtsräte. Hierzu zählen sowohl paritätisch besetzte Überwachungsorgane als auch Aufsichtsräte, die nach DrittelbG drittelparitätisch zusammengesetzt sind.[115] Da Kritik am Vorstand auch dann schon als schädlich für dessen Autorität empfunden werden kann, wenn nur ein Drittel der Aufsichtsratsmitglieder die Mitarbeiter repräsentieren, liegt es nahe, paritätisch und drittelparitätisch mitbestimmte Aufsichtsräte insoweit grundsätzlich gleich zu behandeln.

3. Teilnahme von Vorstandsmitgliedern

408 Der Kodex erwähnt die Möglichkeit, dass an den Vorbesprechungen auch Mitglieder des Vorstands teilnehmen, lässt in dieser Frage aber keine deutliche Präferenz erkennen. Die Praxis kennt sowohl Vorgespräche mit als auch solche ohne Vorstandsmitglieder.[116] Dabei sind im ersten Fall aber zumeist nicht alle Mitglieder des Vorstands zugegen, sondern nur ausgewählte Vorstandsmitglieder wie namentlich der Vorsitzende oder Sprecher des Vorstands sowie diejenigen Vorstandsmitglieder, aus deren Ressorts besonders wichtige Fragen in der Aufsichtsratssitzung verhandelt werden sollen.[117] Die Entscheidung, ob und welche Mitglieder des Vorstands zur Teilnahme an den Vorbesprechungen eingeladen werden, obliegt daher letztlich den Aufsichtsratsmitgliedern der Aktionärs- bzw. Arbeitnehmer-Seite. Ein Teilnahmerecht der Vorstandsmitglieder besteht ebenso wenig[118] wie eine Teilnahmepflicht.[119] Vorstandsmitglieder werden aber im Normalfall gut beraten sein, einer Einladung zu den Vorgesprächen Folge zu leisten und dort im gewünschten Umfang als Gesprächspartner aktiv zu sein.

409 In Hinblick auf die Teilnahme Dritter, die weder dem Vorstand noch dem Aufsichtsrat angehören, liegt eine restriktive Handhabung (im Sinne von § 109 Abs. 1 AktG)

---

[115] Zu den Mitbestimmungsvoraussetzungen näher Rn. 105 ff.

[116] Vgl. *Vogel*, Aktienrecht, 182 f., 260 ff.; *Ulmer/Habersack* in Ulmer/Habersack/Henssler, Mitbestimmungsrecht, § 25 Rn. 18; *Kittner/Köstler/Zachert*, Aufsichtsratspraxis, Rn. 308; *Semler* in Semler/v. Schenck, AR Hdb., 669.

[117] Vgl. *Fitting/Wlotzke/Wißmann*, MitbestG, § 25 Rn. 18; *Kittner/Köstler/Zachert*, Aufsichtsratspraxis, Rn. 306; *Theisen* in Dörner/Menold/Pfitzer, Reform, 1999, 207 f.

[118] Vgl. *Ulmer/Habersack* in Ulmer/Habersack/Henssler, Mitbestimmungsrecht, § 25 Rn. 18; *Hoffmann/Preu*, Aufsichtsrat, Rn. 143.

[119] Vgl. *Mertens*, Kölner Kommentar, § 109 Rn. 11; *Hoffmann/Preu*, Aufsichtsrat, Rn. 144.

nahe, da die Vorbesprechungen in direktem Zusammenhang mit der Aufsichtstätigkeit stehen. Dritte sollten daher nicht beliebig, sondern (nur) als Sachverständige und Auskunftspersonen zur Beratung über einzelne Gegenstände hinzugezogen werden.

4. Aufsichtsratssitzungen ohne Vorstand

Die Anregung an den Aufsichtsrat, bei Bedarf ohne den Vorstand zu tagen (Ziffer 3.6 Abs. 2), soll ebenfalls die Offenheit der Diskussion im Überwachungsorgan fördern. Sie nimmt Bezug auf das bekannte psychologische Phänomen, dass Kritik an (den Maßnahmen von) Personen weniger unbefangen geäußert wird, wenn die betreffenden Personen zugegen sind. Dieses Verhaltensmuster lässt sich auf zahlreiche Ursachen zurückführen, wobei im Managementkontext beispielsweise Loyalitätserwägungen ebenso eine wichtige Rolle spielen können wie die Befürchtung, durch kritische Äußerungen persönliche Nachteile (z. B. Verlust des Aufsichtsrats-Mandats) zu erleiden.[120] Das Diskussionshemmnis der Gegenwart der zu kontrollierenden Personen ist daher tendenziell auch umso größer, je einflussreicher diese Personen sind. Infolgedessen überrascht es nicht, dass sich die Vorbilder der angeregten Klausursitzungen des Aufsichtsrats in den USA finden. Angesichts der außerordentlich starken Stellung vieler CEOs, die häufig zugleich auch Chairman of the Board sind,[121] fällt es den übrigen Boardmitgliedern häufig schwer, die Leitungsmaßnahmen dieser CEOs ernsthaft kritisch zu hinterfragen und gegebenenfalls auch zu beanstanden. Als Konsequenz aus langen und leidvollen (sowie kostspieligen) Erfahrungen mit dieser Spielart des Problems der Kritiktabus („undiscussability"[122]) hat beispielsweise General Motors[123] die Konsequenz gezogen, in seinen eigenen „Corporate Governance Guidelines" regelmäßige Treffen der Outside Directors ohne Mitglieder des Managements (einschließlich CEO) vorzusehen. Diese „Executive Sessions of Independent Directors", die zunehmend auch in anderen US-amerikanischen Corporations abgehalten werden,[124] sollen bei General Motors zwei- bis dreimal im Jahr stattfinden.[125]

5. Modalitäten von Klausursitzungen

Ob, wie häufig und wie lange der Aufsichtsrat ohne den Vorstand tagt, ist weder im Gesetz geregelt noch Gegenstand der Verhandlungen der Baums-Kommission gewesen. Ferner liegen bislang keine detaillierteren Daten darüber vor, wie weit solche Aufsichtsratsklausuren in der Praxis derzeit schon verbreitet sind.[126] Auf der Grundlage des Kodex Reports 2007 lässt sich immerhin aber feststellen, dass die große Mehrheit der antwortenden Gesellschaften (96,6 % im DAX, 100,0 % im TecDAX, 88,5 % im MDAX, 73,3 % im SDAX, 83,0 % im Prime Standard, 82,4 % im General Standard) heute die betreffende Anregung befolgt und somit Klausursitzungen des Aufsichtsrats bei Bedarf abhält.[127] Der Kodex regt an, „bei Bedarf" ohne den Vorstand zu tagen. Er überlässt es damit dem Aufsichtsrat und seinen Mitgliedern, einen eventuellen Bedarf festzustellen. Dabei kann der Aufsichtsrat prinzipiell entscheiden, ob er entweder nur

---

[120] Vgl. auch Rn. 404.
[121] S. Rn. 111 m. N.
[122] *Argyris*, Strategy, hierzu Rn. 389.
[123] S. die aufschlussreiche Analyse von *Lorsch/MacIver*, Pawns, 17 ff.
[124] S. *Lorsch*, ZfbF 1996 Sonderheft 36, 214.
[125] S. Nr. 18 der Corporate Governance Guidelines (im Internet: http://www.gm.com/company/investor_information/corp_gov/guidelines_pg2.html, Stand: 26.6.2006), und hierzu *Lorsch*, ZfbF 1996 Sonderheft 36, 214.
[126] Nach *Schneider*, ZIP 2002, 873, ist es in der Praxis vielfach üblich, dass die Vorstandsmitglieder an den Sitzungen des Aufsichtsrats teilnehmen und nur bei der Behandlung einzelner Tagesordnungspunkte den Sitzungsraum verlassen.
[127] S. *v. Werder/Talaulicar*, DB 2007, 874 und zum Kodex Report näher Rn. 1638 ff.

aus akutem Anlass zu einer Klausur zusammenkommt (aktueller Bedarf) oder aber einen regelmäßigen Bedarf an Sitzungen ohne Vorstand sieht.

412 Werden Klausursitzungen des Aufsichtsrats nur bei aktuellem Bedarf abgehalten, so hat dies den Vorteil, dass der Vorstand im Regelfall den Aufsichtsratsmitgliedern unmittelbar als Diskussionspartner zur Verfügung steht. Ferner kann so vielleicht die vertrauensvolle Zusammenarbeit zwischen Leitungs- und Überwachungsorgan gefördert werden, da der Vorstand zumeist die Verhandlungen im Aufsichtsrat direkt zur Kenntnis nehmen kann und folglich diesbezüglich keine Spekulationen anstellen muss.[128] Allerdings erregen Aufsichtsratsklausuren ungleich größere Aufmerksamkeit, wenn sie nur ad hoc anberaumt werden. Sie können dann leicht als Krisensignal (miss-)verstanden und daher aus Furcht vor der entstehenden Unruhe im Unternehmen nur (zu) sparsam abgehalten werden. Die angestrebte Öffnung der Diskussion im Aufsichtsrat wird dann letztlich nicht erreicht. Es sprechen daher auch gute Gründe dafür, wenn das Überwachungsorgan einen Bedarf regelmäßiger Klausursitzungen sieht und beispielsweise bei ein oder zwei seiner Zusammenkünfte pro Jahr zumindest zeitweise ohne den Vorstand tagt. Die Regelmäßigkeit hebt dann das Außergewöhnliche solcher Klausuren auf und nimmt ihnen den Geruch einer „Palastrevolution". Nicht zuletzt lässt sich im Übrigen auch die Reife der Diskussionskultur zwischen den Führungsorganen u. a. daran bemessen, inwieweit der Vorstand Klausurtreffen des Aufsichtsrats im Unternehmensinteresse als selbstverständlich und daher auch nicht vertrauensstörend empfindet. Schließlich legt auch die Kodexempfehlung an den Aufsichtsrat, die Effizienz seiner Tätigkeit regelmäßig zu überprüfen,[129] periodische Klausuren des Überwachungsorgans nahe, da zumindest die Selbstevaluation eine höchstpersönliche Aufgabe des Aufsichtsrats ist.

413 Bei der Grundsatzentscheidung, ob der Aufsichtsrat nur ad hoc aus aktuellem Anlass oder aber regelmäßig ohne den Vorstand tagen sollte, handelt es sich um eine Frage der Selbstorganisation des Aufsichtsrats. Erforderlich ist daher ein Beschluss des Gesamtorgans, der namentlich vom Aufsichtsratsvorsitzenden, aber auch von jedem anderen Mitglied des Aufsichtsrats initiiert werden kann.[130] Ferner wird es sich im Normalfall anbieten, die getroffene Regelung in die Geschäftsordnung des Aufsichtsrats aufzunehmen, deren Erstellung vom Kodex empfohlen wird.[131] Dabei sollte im Fall regelmäßiger Aufsichtsratsklausuren auch die vorgesehene Häufigkeit der Sitzungen pro Jahr festgehalten werden, bei denen der Aufsichtsrat ganz oder teilweise ohne Vorstand tagt.

414 Entscheidet sich der Aufsichtsrat dafür, nur fallweise bei aktuellem Bedarf ohne den Vorstand zu tagen, obliegt es vornehmlich dem Aufsichtsratsvorsitzenden, einen solchen Anlass festzustellen. Allerdings kann auch jedes andere Aufsichtsratsmitglied – in Analogie zur Sitzungseinberufung als solcher[132] – eine Klausur fordern, wenn es hierfür einen Bedarf sieht und der Vorsitzende untätig ist. Das Verlangen nach einer Sitzung ohne Vorstand ist dann zunächst an den Aufsichtsratsvorsitzenden zu richten.[133]

---

[128] Vgl. auch *Schneider*, ZIP 2002, 875 f.

[129] S. Ziffer 5.6 und hierzu Rn. 1152 ff.

[130] Vgl. allgemein auch *Semler* in MünchKommAktG, § 109 Rn. 33 ff., § 110 Rn. 58 ff.; *Mertens* in Kölner Kommentar, § 109 Rn. 17, § 107 Rn. 36; *Hoffmann-Becking* in Hoffmann-Becking, Münch. Hdb. GesR IV, 1999, § 31 Rn. 42; *Potthoff/Trescher/Theisen*, Aufsichtsratsmitglied, 217 ff.; *Schneider*, ZIP 2002, 876.

[131] S. Ziffer 5.1.3 und hierzu Rn. 955.

[132] S. § 110 Abs. 1 AktG und hierzu *Semler* in MünchKommAktG, § 109 Rn. 32 ff., § 110 Rn. 20, Rn. 38, Rn. 58 ff.; *Mertens* in Kölner Kommentar, § 109 Rn. 10, § 107 Rn. 2, Rn. 4, Rn. 8; *Siebel* in Semler/v. Schenck, AR Hdb., 107; *Hüffer*, AktG, § 109 Rn. 5 u. § 110 Rn. 2, § 110 Rn. 6; *Hoffmann-Becking* in Hoffmann-Becking, Münch. Hdb. GesR IV, 1999, § 31 Rn. 30, Rn. 38 f., Rn. 44; *Schneider*, ZIP 2002, 875 f.

[133] Analog § 110 Abs. 1 Satz 1 AktG, vgl. auch *Semler* in MünchKommAktG, § 110 Rn. 65; *Mertens* in Kölner Kommentar, § 110 Rn. 27; *Hüffer*, AktG, § 110 Rn. 7.

Sofern dieser dem Verlangen nicht entspricht, kann das einzelne Aufsichtsratsmitglied – analog zu dem durch das TransPuG entsprechend geänderten § 110 Abs. 2 AktG.[134] – selbst den Aufsichtsrat zu einer Klausursitzung einberufen.

3.7 Bei einem Übernahmeangebot müssen Vorstand und Aufsichtsrat der Zielgesellschaft eine begründete Stellungnahme zu dem Angebot abgeben, damit die Aktionäre in Kenntnis der Sachlage über das Angebot entscheiden können. Der Vorstand darf nach Bekanntgabe eines Übernahmeangebots keine Handlungen außerhalb des gewöhnlichen Geschäftsverkehrs vornehmen, durch die der Erfolg des Angebots verhindert werden könnte, wenn er dazu nicht von der Hauptversammlung ermächtigt ist oder der Aufsichtsrat dem zugestimmt hat. Bei ihren Entscheidungen sind Vorstand und Aufsichtsrat an das beste Interesse der Aktionäre und des Unternehmens gebunden.
In angezeigten Fällen sollte der Vorstand eine außerordentliche Hauptversammlung einberufen, in der die Aktionäre über das Übernahmeangebot beraten und gegebenenfalls über gesellschaftsrechtliche Maßnahmen beschließen.

VIII. Vorbemerkungen und Hintergrund der Kodexklausel zum Übernahmerecht

1. Die Beratungen zum WpÜG

Parallel zu den Arbeiten der Kodexkommission im Herbst 2001 traten die Beratungen über das neue WpÜG[135] in die entscheidende parlamentarische Phase.

2. Die Neutralitätspflicht des Vorstands

Die Diskussion über die Neutralitätspflicht des Vorstands bei feindlichen Übernahmen stand im Mittelpunkt der Beratungen. Sie waren überaus angeregt und kontrovers. Sich ursprünglich diametral gegenüberstehende Positionen in den Gremien der gewerblichen Wirtschaft und Spitzenverbänden über das Für und Wider sowie den Umfang einer etwaigen Neutralitätspflicht im Falle so genannter feindlicher, das heißt ohne Billigung der Verwaltung der Zielgesellschaft ausgebrachter Übernahmeangebote, mündeten schließlich in Kompromissvorschlägen, die keinen umfassend zufrieden stellten, die aber für alle Beteiligten tragbar zu sein schienen. Umso größer war die Überraschung als buchstäblich in letzter Minute auf Intervention des Finanzausschusses des Deutschen Bundestages in seiner Sitzung vom 14. November 2001.[136] Änderungen in den Gesetzentwurf aufgenommen wurden, die auf der einen Seite Beifall fanden, auf der anderen Seite aber spontan auf Widerspruch stießen.[137] Tage später verabschiedete der Deutsche Bundestag das Wertpapierkauf- und -übernahmegesetz in Dritter Lesung einschließlich der kontroversen Passagen. Es trat am 1. Januar 2002 in Kraft.

3. Gesetzliche Einschränkungen der Neutralitätspflicht des Vorstands

Im schließlich verabschiedeten Gesetzestext betont der Gesetzgeber in § 33 Abs. 1 Satz 1 WpÜG zwar den Grundsatz, „dass der Vorstand der Zielgesellschaft keine Hand-

---

[134] S. Art. 1 Nr. 8a TransPuG.
[135] Gesetz zur Regelung von öffentlichen Angeboten, zum Erwerb von Wertpapieren und von Unternehmensübernahmen – WpÜG – vom 20.12.2001, BGBl. I, S. 3822.
[136] BT-Drucks. 14/7477.
[137] S. in diesem Kapitel Ziffer 7.

lungen vornehmen" darf, „durch die der Erfolg des Angebotes verhindert werden könnte", und etabliert damit grundsätzlich die **Neutralitätspflicht des Vorstands**,[138] neben dem allgemein gültigen, aktienrechtlichen Schädigungsverbot[139] und sonstigen, je nach Fallgestaltung einschlägigen Vorschriften.

418 Unmittelbar anschließend wird dieser **Grundsatz** jedoch wieder bedeutsam durch die Feststellung **eingeschränkt**, dass die Neutralitätspflicht nicht für Handlungen gilt, die „auch ein ordentlicher und gewissenhafter Geschäftsleiter einer Gesellschaft, die nicht von einem Übernahmeangebot betroffen ist, vorgenommen hätte, für die Suche nach einem konkurrierenden Angebot sowie" – und daran entzündete sich die Diskussion im Wesentlichen – „für Handlungen, denen der Aufsichtsrat der Zielgesellschaft zugestimmt hat", § 33 Abs. 1 Satz 2 WpÜG. Zur Rechtfertigung dieser gesetzlichen Ausnahme wird immer wieder das Beispiel bemüht, es müsse dem Vorstand der Zielgesellschaft doch unbenommen bleiben, auch angesichts eines plötzlichen Übernahmeangebotes und unabhängig von diesem eine wesentliche, schon seit langem vorbereitete Akquisition oder Desinvestition oder sonstige grundlegende unternehmerische Maßnahmen durchzuführen. In einem solchen Fall sei es der Verwaltung nicht zuzumuten, die Arbeit an dieser Maßnahme oder Transaktion wegen des Übernahmeangebots einzustellen. Diesen Überlegungen trägt das Gesetz Rechnung.[140]

419 Aktuelle Übernahmesituationen zeigen indes, dass die Wahrscheinlichkeit, dass die Verwaltung einer Zielgesellschaft angesichts eines plötzlichen Übernahmeangebotes unbeirrt an wesentlichen anderen Transaktionen festhält, statt sich auf das des Übernahmeangebot zu konzentrieren, eher gering ist.

4. Abwehrmaßnahmen bei feindlicher Übernahme

420 Man mag mit Fug und Recht der Meinung sein, es gehe nicht an, dass Vorstand und Aufsichtsrat als die Verwalter fremden Vermögens Maßnahmen treffen, die den Kernbereich der Eigentümerinteressen, das Dispositionsrecht über das Eigentum, berühren, ohne diese vorher um ihre Zustimmung gefragt zu haben. An dieser Stelle soll die Problematik nicht weiter vertieft werden. Gestattet sei lediglich der Hinweis, dass die praktische Bedeutung des 2. Satzes von § 33 Abs. 1 WpÜG in der öffentlichen Diskussion wohl deutlich überschätzt wird.

5. Vorratsbeschlüsse und Kapitalmaßnahmen

421 Eine große Zahl der zulässigen Verteidigungsmaßnahmen bedarf nämlich aus aktienrechtlichen Gründen der **Zustimmung der Hauptversammlung**, also gerade der Mitwirkung der Eigentümer.

422 Dies betrifft insbesondere Kapitalmaßnahmen, sei es bei Fassung eines **Vorratsbeschlusses**, sei es beim Beschluss entsprechender Maßnahmen in der konkreten Übernahmesituation. Die (Abwehr-)Handlungen müssen aktienrechtlich grundsätzlich

---

[138] S. Begründung Finanzausschuss, BT-Drucks. 14/7477, s. hierzu auch *Seibel/Süßmann*, WpHG, § 33 Anm. 12 ff. m. w. N.; von der Neutralitätspflicht grundsätzlich zu unterscheiden sind die in letzter Zeit im politischen Raum vermehrt zu verzeichnenden Überlegungen, „deutsche Schlüsselindustrien vor bestimmten ausländischen Kapitalgebern" zu schützen (siehe beispielsweise Neue Übernahmeregeln noch in diesem Jahr, Handelsblatt vom 18. 7. 2007). Staatlicher Protektionismus stellt eine ganz andere Herausforderung für freien Wettbewerb dar als Einschränkungen der Neutralitätspflicht des Vorstands.

[139] BGHZ 21, 354, *Mertens* in Kölner Kommentar, § 93 Rn. 29.

[140] Demgegenüber verlangt der niederländische Corporate Governance Kodex bei einer gesetzlichen Lage, die Abwehrmaßnahmen ebenfalls erlaubt, dass der Vorstand der Gesellschaft im Geschäftsbericht die Abwehrmaßnahmen, die ihm zur Verfügung stehen, beschreibt und mitteilt, in welcher Situation er sie zu benutzen gedenkt, niederländischer Corporate Governance Kodex Sec. III. 4.12.

zulässig und in der Ermächtigung der Art nach bestimmt sein. Die Ermächtigung kann für einen Zeitraum von höchstens 18 Monaten erteilt werden. Der Beschluss der Hauptversammlung bedarf einer Mehrheit von mindestens drei Viertel des bei der Beschlussfassung vertretenen Grundkapitals, wenn die Satzung keine größere Kapitalmehrheit oder weitere Erfordernisse bestimmt, § 33 Abs. 2 WpÜG.

Man mag zur **Sinnhaftigkeit von Vorratsbeschlüssen** geteilter Ansicht sein. Man mag auch darüber diskutieren, wie konkret die Ermächtigung im Beschluss beschrieben sein muss, um nicht erfolgreich angefochten werden zu können. Das Gesetz spricht davon, dass die Maßnahmen „der Art nach" bestimmt zu sein haben. Das kann im konkreten Fall durchaus zu Schwierigkeiten führen. Hier bleibt die konkrete Ausgestaltung dieses unbestimmten Rechtsbegriffes durch die Rechtsprechung abzuwarten. Wie dem auch sei, die Aktionäre als Eigentümer des Unternehmens wurden jedenfalls mit der Angelegenheit befasst und mussten einem solchen Beschluss mit qualifizierter Mehrheit zustimmen. Dann können sie auch nicht überrascht sein, wenn später von der Ermächtigung Gebrauch gemacht wird.

Aus Sicht der Praxis mag man sich sehr wohl die Frage stellen, welches Unternehmen überhaupt bereit ist, einen derartigen, zumindest der Art nach beschriebenen Abwehrbeschluss der Hauptversammlung vorzulegen und sich so öffentlich als Übernahmekandidat zu empfehlen und diesen Beschlussvorschlag angesichts der beschränkten Geltungsdauer von 18 Monaten auch noch praktisch in jeder Hauptversammlung wieder zur Abstimmung zu stellen.

Keinen der „Art nach konkretisierten" Abwehrbeschluss zu fassen, sondern unter Verweis auf die Siemens/Nold-Entscheidung des BGH[141] **allgemein genehmigtes Kapital** in Höhe von bis zu 50 % des Grundkapitals mit der Überlegung schaffen zu lassen, es als Instrument zur Abwehr einer feindlichen Übernahme vorzuhalten, ohne sich jedoch konkret bei der Vorlage an die Hauptversammlung auf eine Übernahmesituation zu beziehen, ist mit erheblichen **rechtlichen Risiken** behaftet. Regelmäßig dürften die Voraussetzungen, die der BGH in der vorgenannten Entscheidung aufgestellt hat, nicht vorliegen. Die Maßnahme, zu deren Durchführung der Vorstand ermächtigt werden soll, muss allgemein umschrieben und der Hauptversammlung in dieser Form bekannt gegeben werden. Sie muss ferner im Interesse der Gesellschaft liegen.[142] Die Hauptversammlung kann dann anhand der ihr bekannt gemachten Tatsachen prüfen, ob ein Bezugsrechtsausschluss im Gesellschaftsinteresse gerechtfertigt ist und ob der Vorstand hierzu ermächtigt werden soll. Hierauf aufsetzend folgt, dass bestehende genehmigte Kapitalien nur im Rahmen der der Hauptversammlung vorgelegten Zweckbestimmung, nicht aber allgemein in Übernahmesituationen ausgenutzt werden dürfen. Hinzu kommt, dass das Gesetz für Eingriffe in den Aktionärskreis im Rahmen einer Übernahmesituation einen Ermächtigungsbeschluss nach § 33 Abs. 2 WpÜG vorschreibt, in dem die zulässigen Maßnahmen zumindest „der Art nach" beschrieben zu sein haben. Daher spricht systematisch viel dafür, die Ausnutzung von Ermächtigungsbeschlüssen durch den Vorstand in Übernahmesituationen nur dann zuzulassen, wenn der Ermächtigungsbeschluss den Anforderungen des § 33 Abs. 2 WpÜG genügt.[143]

6. Sonstige Abwehrmaßnahmen (Poison Pills)

§ 33 Abs. 1 WpÜG gibt Vorstand und Aufsichtsrat also keine carte blanche. Eine Reihe der aus den USA bekannten Verteidigungsmaßnahmen, die so genannten „Poison Pills", sind in Deutschland nach geltendem Aktienrecht ohnehin nicht zulässig. Daran hat das WpÜG nichts geändert. Dies gilt insbesondere für „Golden Para-

---

[141] BGHZ 136, 133 = NJW 1997, 2815.
[142] BGHZ 136, 133, 139 = NJW 1997, 2815 ff.
[143] *Krause*, AG 2002, 133 ff.

chutes", mit denen sich Vorstand und Aufsichtsrat in Übernahmesituationen selbst Sonderkonditionen einräumen.[144] Die Suche nach einem „White Knight" ist hingegen zulässig. Ihre Zulässigkeit wird auch nicht ernsthaft bestritten. Sie liegt regelmäßig im Interesse der Gesellschaft. Offen bleibt, soweit ersichtlich, die so genannte „Pac-Man-Defense", das heißt der Gegenangriff auf die übernehmende Gesellschaft.[145]

7. Die Reaktion auf die Einschränkung der Neutralitätspflicht des Vorstands

427   Die rechtspolitische Entscheidung des Gesetzgebers, generell Abwehrmaßnahmen des Vorstands mit Zustimmung des Aufsichtsrats und ohne Beschluss der Hauptversammlung zuzulassen, stieß insbesondere in Kreisen der Aktionäre und Investoren, aber auch der Wissenschaft[146] auf heftige Kritik, die sich in einer Reihe von Presseveröffentlichungen entlud. Überwiegend ausländische Investoren und Fonds nahmen die von der Kodexkommission am 18. Dezember 2001 eröffnete Möglichkeit, zum Entwurf des Kodex Stellung zu nehmen, wahr. Generell wurde betont, dass das Übernahmeangebot sich an die Aktionäre als Eigentümer des Unternehmens richte, so dass die Entscheidung über Verteidigungsmaßnahmen auch ausschließlich in die Zuständigkeit der Aktionäre falle. Die Kodexkommission wurde aufgefordert, das Letztentscheidungsrecht der Aktionäre als Best Practice im Kodex festzuschreiben.

428   Andere Stellungnahmen hingegen begrüßten die gesetzliche Regelung als sachgerecht und wiesen darauf hin, dass Vorstand und Aufsichtsrat als Sachwalter der Aktionäre ohnehin an das Unternehmensinteresse, das ja auch das Interesse der Aktionäre einschließe, gebunden seien und daher nur sachgerecht entschieden.

429   Die Bedeutung der Klausel in der Praxis scheint eher gering zu sein. Keines der seit Inkrafttreten des WpÜG ausgebrachten Erwerbs- und Übernahmeangebote[147] hat soweit erkennbar zu einer Übernahmeschlacht geführt, in der die umstrittenen Regelungen zur Abwehrmaßnahmen des Vorstands Anwendung hätten finden können.

8. Die Auswirkungen des WpÜG auf den Kodex

430   Das Spektrum der Forderungen und Anregungen an die Kommission reichte von der Aufforderung, die gesetzgeberischen Maßnahmen durch eine Kodexempfehlung zu korrigieren, bis zu dem Wunsch, die Kommission möge im Kodex die gesetzliche Regelung ausdrücklich gutheißen. Das brachte die Kommission in eine insgesamt schwierige Lage. Sie ist nicht der Gesetzgeber und muss ihre Best Practice Empfehlungen auf der Basis der bestehenden Gesetzeslage aussprechen.[148] Im Zeitpunkt der Verabschiedung des Kodex war das WpÜG erst seit kurzem in Kraft getreten. Best Practice Erfahrungen lagen noch nicht vor.

431   Der Kodex wendet sich auch und spezifisch an die Investoren und sonstige Teilnehmer am Kapitalmarkt. Er versucht, deren Rechte deutlich zu machen. Den Disput zur Neutralitätspflicht schweigend zu übergehen, kam daher nicht in Frage. Genauso wenig konnte aber für oder gegen eine der sich gegenüberstehenden Meinungen Stellung bezogen werden.

---

[144] Beim Aufsichtsrat muss ohnehin die Hauptversammlung zustimmen.

[145] Zum Vergleich der Abwehrmöglichkeiten im deutschen und im US-amerikanischen Recht, s. *Schäfer/Eichner*, NZG 2003, 150 ff.; *Gordon*, AG 2003, 670 ff.

[146] So *Baums*, Wünsche an den Gesetzgeber und die Marktakteure für eine zukunftsgerichtete Corporate Governance, Vortrag anlässlich der 1. Deutsche Corporate Governance Konferenz, Berlin, 2./3. 7. 2002.

[147] S. Veröffentlichte Entscheidungen des Bundesaufsichtsamtes für Finanzdienstleistungen, www.bafin.de/datenbanken/wpueg, Stand August 2006.

[148] S. Auftrag der Kodexkommission.

Vor diesem Hintergrund sind die Kodexregelungen zu Unternehmensübernahmen **432**
in Ziffer 3.7 entstanden und zu verstehen.

IX. Die Entwicklung in Europa (Übernahmerichtlinie)[149]

Parallel vollzog sich die europäische Entwicklung zum Übernahmerecht.[150] Die **433**
13. Gesellschaftsrechtliche Richtlinie – der erste Entwurf datiert vom 19. Januar 1989 –
hat über die Jahre hinweg ein wechselvolles Schicksal erlebt, bis sie am 30. April 2004
endgültig verabschiedet wurde.

Nach langen Diskussionen lag im Frühsommer des Jahres 2001 ein abgestimmter **434**
Entwurf vor. Am 6. Juni 2001 hatten sich der Rat und das Europäische Parlament nach
Billigung durch den Vermittlungsausschuss nach Art. 251 Abs. 4 EU auf den gemeinsamen Entwurf einer Richtlinie betreffend Übernahmeangebote geeinigt. Dieser Entwurf scheiterte am 4. Juli 2001 im Europäischen Parlament,[151] nachdem Deutschland,
das den Entwurf bisher unterstützt hatte, überraschend seine Position änderte. Angesichts des Fortbestands aktienrechtlicher Sonderrechte wie Golden Shares, Mehrfachstimmrechten (insbesondere in Skandinavien) und Stimmrechtsbeschränkungen in
anderen europäischen Ländern befürchtete Deutschland, dass die in Art. 9 des Richtlinienentwurfs (noch) enthaltene „strenge" Neutralitätspflicht der Verwaltung[152] und
die Pflicht zur Einberufung einer Hauptversammlung deutsche Unternehmen benachteilige, weil das deutsche Recht entsprechende Sonderrechte nicht mehr vorsieht.
Deutschland verlangte europaweit gleichwertige Ausgangsbedingungen für Übernahmeangebote (das so genannte „Level Playing Field").[153] Bis zur Herstellung eines
solchen sollten deutsche Unternehmen durch das Wertpapiererwerbs- und Übernahmegesetz, das sich zu jener Zeit noch im Entwurfsstadium befand, und dort insbesondere durch dessen § 33 „geschützt" werden.

X. Hochrangige Expertengruppe

Am 4. September 2001 setzte die Europäische Kommission eine hochrangige **435**
Gruppe von Experten auf dem Gebiet des Gesellschaftsrechts ein, deren Aufgabe war
es, die Kommission bei der Ausarbeitung eines neuen Vorschlags für eine Übernahmerichtlinie zu unterstützen und bei der Festlegung neuer Prioritäten für eine allgemeine
Weiterentwicklung des Gesellschaftsrechts[154] mitzuwirken. Unter Berücksichtigung
der Positionen des Rates und des Europäischen Parlamentes in den letzten Phasen der

---

[149] Richtlinie 2004/25 EG, ABl. EG Nr. L 142 vom 30. 4. 2004.
[150] Zur Geschichte der Übernahmerichtlinie und ihren Auswirkungen, s. *Wiesner*, ZIP 2004, 343 ff.
[151] In der Abstimmung stimmten 273 Mitglieder für und 273 Mitglieder gegen den Entwurf.
[152] Art. 9 des Richtlinien-Entwurfs lautet: Pflichten des Leitungs- und des Verwaltungsorgans der Zielgesellschaft (1) die Mitgliedstaaten sorgen dafür, dass Vorschriften in Kraft sind, nach denen Folgendes gewährleistet ist:
a) Während der nachstehenden Frist muss das Leitungs- oder das Verwaltungsorgan der Zielgesellschaft die entsprechende vorherige Genehmigung der Hauptversammlung der Aktionäre einholen, bevor es mit Ausnahme der Suche nach konkurrierenden Angeboten **jedwede Handlungen vornimmt, durch die das Angebot vereitelt werden könnte;** dies gilt insbesondere von der Ausgabe von Gesellschaftsanteilen durch die der Bieter auf Dauer an der Erlangung der Kontrolle über die Zielgesellschaft gehindert werden könnte ..." (Hervorhebung durch Verfasser).
[153] S. *Wiesner*, ZIP 2004, 343, 345.
[154] S. Pressemitteilung der Europäischen Kommission vom 4. 9. 2001.

Verhandlung über den gescheiterten Vorschlag für eine Übernahmerichtlinie sollte sich diese Expertengruppe mit den folgenden Themen befassen:
- der Gewährleistung der Gleichbehandlung der Aktionäre in allen EU-Mitgliedstaaten (so genanntes „Level Playing Field"),
- der Definition des „angemessenen Preises", der Kleinaktionären zu zahlen ist, und
- dem Recht der Mehrheitsaktionäre, die Anteile von Kleinaktionären zu erwerben (der so genannte „Squeeze-out").

XI. Die so genannte Durchbruchsregelung

436   Am 10. Januar 2002 legte die hochrangige Expertengruppe ihre Vorschläge vor.[155] Darin wurde bezüglich des insbesondere von Deutschland angemahnten Level Playing Fields die gemeinschaftsweite Geltung zweier Prinzipien vorgeschlagen:
- Aufrechterhaltung des Letztentscheidungsrechts der Aktionäre bei Neutralitätsgebot für die Verwaltung und
- Proportionalität zwischen Übernahme des wirtschaftlichen Risikos und der Möglichkeit zur Einflussnahme auf die Gesellschaft.

437   Letzteres sollte durch die Aussetzung von gesetzlichen oder satzungsmäßigen Sonderstimmrechten oder Stimmrechtsbeschränkungen in Übernahmesituationen erreicht werden (die so genannte „Durchbruchsregelung").

438   Die Vorschläge trafen insbesondere in den skandinavischen Ländern, aber auch in Frankreich und Italien auf erheblichen Widerstand.

439   Der am 2. Oktober 2002 veröffentlichte überarbeitete Entwurf der EU-Kommission für eine **Übernahmerichtlinie**[156] enthält in Art. 9 zwar nach wie vor eine **Neutralitätspflicht** der Verwaltung. Ein neu eingefügter Art. 11 nimmt die von der Hochrangigen Expertengruppe vorgeschlagene Durchbruchsregelung allerdings nur teilweise auf (die so genannte Mini-Durchbruchsregel). Satzungsmäßige und vertragliche Genehmigungsvorbehalte und Stimmrechtsbeschränkungen werden im Übernahmefall für unwirksam erklärt. Ausdrücklich **unangetastet** sollen **Mehrfachstimmrechte** bleiben, weil es nicht bewiesen sei, dass ihre Existenz Übernahmeangebote unmöglich mache.[157]

440   Gegen diesen aus ihrer Sicht unausgewogenen Vorschlag hatte sich die Deutsche Wirtschaft am 27. Juni 2002 an die EU-Kommission gewandt. Auf Intervention des Präsidenten der EU-Kommission, der dem deutschen Wunsch, das Thema aus dem Bundestagswahlkampf 2002 zu halten, positiv gegenüberstand, wurde die Veröffentlichung des Entwurfs der Übernahmerichtlinie, die ursprünglich für Juli 2002 geplant war, auf Anfang Oktober 2002 verschoben.

---

[155] Bericht der hochrangigen Gruppe von Experten auf dem Gebiet des Gesellschaftsrechtes über die Abwicklung von Übernahmeangeboten vom 10. 1. 2002.

[156] Der vollständige Text des Richtlinienvorschlags ist abrufbar unter: www.europa.eu.int/comm/internal_market/eu/company/company/news/2002-10-comm-takeovers.eu.pdf.

[157] So schon Communication du 27. 5. 2002 de la Commission Relative à la Proposition de Directive du Parlament Européen et du Conseil en matière de droit des sociétés concernant les offres publiques d'aquisition: Ces dispositions visent des mesures qui peuvent aboutir à une protection injustifiée des dirigeants („management entrenchment"), elles **ne visent pas** les titres à droits de vôte multiples ou à droits de vôte doubles. En effet, la Commission est d'avis que les titres à droits de vote multiples s'intègrent dans un système de financement des sociétés utile et qu'il n'est pas prouvé que leur existence rend les offres publiques d'aquisition impossibles. Il en va de même des titres à droits de vôte doubles, qui contribuent à une certaine stabilité de l'actionnariat. Néanmoins, s'il s'avère par la suite que ces titres sont utilisés principalement comme mécanismes de défense contre les offres publiques d'aquisition, la clause de révision prévue à l'article 18 permettra à la Commission de revenir sur çe point. (Hervorhebungen vom Verfasser)

Die Kritik der deutschen Öffentlichkeit an dem Entwurf war weiterhin vehement. **441** Das Fehlen eines Level Playing Fields in Europa, aber auch das Fehlen einer entsprechenden WTO-gerechten Reziprozitätsregel im Verhältnis zu den USA wurden zu Recht kritisiert.[158]

Die Kritik an der fehlenden Waffengleichheit angesichts der vorgesehenen Öffnung **442** der europäischen Märkte fand politische Unterstützung.[159] Zudem kam eine im Auftrag des Europäischen Parlaments erstellte Studie[160] zu dem Ergebnis, die Durchbruchsregel müsse **sämtliche** Übernahmehindernisse erfassen. Die Diskussion möglicher politisch akzeptabler Lösungen für die Übernahmerichtlinie zog sich bis zum Ende des Jahres 2003 hin. Erst am 23. November 2003 stimmten der Rat für Wettbewerbsfähigkeit[161] und am 22. Dezember 2003 das Europäische Parlament der schließlich gefundenen, den ursprünglichen Kommissionsvorschlag stark verwässernden[162] **Kompromisslösung** zu.

Diese sieht in dem hier interessierenden Kontext von Neutralitätspflicht und Durch- **443** bruchsregel Folgendes vor: **Art. 9 Abs. 2 und 3** der Richtlinie statuieren zunächst die **Neutralitätspflicht** des Vorstandes der Zielgesellschaft des Inhaltes, dass Maßnahmen, die das Angebot zu vereiteln geeignet sind, der vorherigen Zustimmung der Hauptversammlung bedürfen. Vorratsbeschlüsse, wie sie das WpÜG vorsieht, sind unzulässig.

Art. 10 der Richtlinie legt den börsennotierten Gesellschaften umfassende **Trans-** **444** **parenzpflichten** auf. So soll der Lagebericht über Strukturen und etwaige Übernahmehindernisse bei der Gesellschaft informieren. Offen zu legen sind beispielsweise Beschränkungen der Übertragbarkeit der Wertpapiere, statutarischer wie schuldrechtlicher Art, Stimmrechtsbeschränkungen, besondere Kontrollrechte und Arbeitnehmerbeteiligungen, bedeutende direkte und indirekte (aus so genannten Pyramidenstrukturen resultierende) Beteiligungen an der Gesellschaft, Vereinbarungen für den Fall des Kontrollwechsels einschl. Vereinbarungen über den so genannten „golden parachute" (= Abfindungszahlungen an Organmitglieder bei Ausscheiden anlässlich eines Kontrollwechsels).

Art. 11 der Richtlinie schließlich enthält die **Durchbruchsregel**, die bestimmte **445** Übernahmehindernisse während der Annahmefrist für das Übernahmeangebot für unwirksam erklärt. Hierbei handelt es sich um statuarische Übertragungs- und Stimmrechtsbeschränkungen (z. B. Vinkulierung von Aktien, Höchststimmrechte) sowie schuldrechtliche Beschränkungen, die allerdings nur durchbrochen werden, wenn der zugrunde liegende Vertrag zeitlich nach Annahme der Richtlinie geschlossen wird. Stimmrechtslose Vorzugsaktien und „golden shares" werden nicht erfasst, Mehrfachstimmrechte ruhen.[163] Aufgrund der vorangegangenen jahrelangen Diskussion war klar geworden, dass auf der Ebene der Gemeinschaft ein politischer Konsens zur Frage, welche nationalen Übernahmehindernisse von der Durchbruchsregel erfasst werden sollten, nicht zu erzielen war. Daher konnte Art. 11 in der beschriebenen Fassung nur akkordiert werden, weil den Mitgliedstaaten weitgehende Flexibilität eingeräumt wurde. Voraussetzung für die Einigung über Art. 11 war folglich die Zu-

---

[158] S. hierzu Handelsblatt vom 27. 6. 2002 „Schröder punktet gegen Bolkestein"; Süddeutsche Zeitung vom 4.10.2002 „Harsche Kritik an der Übernahmerichtlinie"; Der Spiegel vom 7.10. 2002 „Schröders Schrecken"; FAZ vom 4.10. 2002, „Die EU braucht einen Übernahmekodex".

[159] S. Die Welt vom 3. 11. 2003 „Zustimmung zu Kompromiss zu EU Übernahmeregeln wächst"; Handelsblatt vom 10. 9. 2003 „Bewegung bei der Übernahmerichtlinie."

[160] *Dauner-Lieb/Lamandini*, BB 2003, 265 ff.; der neue Vorschlag für eine Richtlinie auf dem Gebiet des Gesellschaftsrechts betreffend Übernahmeangebote und die Erreichung von gleichen Ausgangsbedingungen vom 9. 12. 2002 (www.euro-parl.eu.int/comparl/juri/studies/Study).

[161] Rats-Dokument 15476/03.

[162] *Hopt*, Globalisierung und Corporate Governance, 97.

[163] Mit Ausnahme der französischen „Treue"-Doppelstimmrechte.

stimmung, dass die Mitgliedstaaten letztendlich über die Zulässigkeit von Abwehrmaßnahmen selbst entscheiden.

446 Dieses Selbstentscheidungsrecht der Mitgliedstaaten, das so genannte **Optionsmodell** findet sich in **Art. 11a** der Richtlinie und stellt den Mitgliedstaaten frei, Art. 9 Abs. 2 und 3 und/oder Art. 11 nicht in ihr nationales Recht umzusetzen. In den Mitgliedstaaten, die von diesem Recht Gebrauch machen, können diejenigen **Unternehmen** jedoch, die sich als kapitalmarktorientiert empfinden und von dem Instrumentarium, das ihnen das nationale Recht zur Abwehr von Übernahmen zur Verfügung stellt, nicht Gebrauch machen wollen, einen entsprechenden Verzicht erklären. Der Verzicht bedarf der Zustimmung der Hauptversammlung der Gesellschaft mit satzungsändernder Mehrheit. Eine Rückkehr in die eher konservative Gruppe der „abwehrfreudigen" Unternehmen durch Rücknahme des Verzichtes ist möglich.[164] Ebenso kann das nationale Recht einen Vorratsbeschluss der Hauptversammlung zulassen, der es kapitalmarktorientierten Unternehmen gestattet, sich gegen Unternehmen, die für sich Abwehrmaßnahmen nach nationalem Recht in Anspruch nehmen, unbeschadet des ausgesprochenen Verzichts zu verteidigen.[165]

447 Die **Übernahmerichtlinie** 2004/25/EG wurde am 30. April 2004 **verabschiedet** und am gleichen Tag im Amtsblatt veröffentlicht.[166] Sie war binnen einer Frist von zwei Jahren in das nationale Recht umzusetzen. Die Umsetzung ins deutsche Recht erfolgte mit dem Übernahmerichtlinienumsetzungsgesetz vom 8. Juli 2006,[167] das teilweise am 14. Juli 2006 und teilweise am 1. Januar 2007[168] in Kraft trat. Der deutsche Gesetzgeber hat – wie eine Vielzahl anderer Mitgliedstaaten[169] – von der in Art. 12, Abs. 1 und 2 der Übernahmerichtlinie eingeräumten Option Gebrauch gemacht, Art. 9 und 11 nicht allgemein verbindlich umzusetzen. Gesellschaften mit Sitz in Deutschlandhaben haben also die Möglichkeit, sich individuell für die Anwendung der Art. 9 und 11 zu entscheiden (das so genannte **opt-in** auf Ebene der Gesellschaften). Einer deutschen Zielgesellschaft bleiben also wegen dieses so genannten „opt-out" des deutschen Gesetzgebers die bisher erlaubten Abwehrmittel grundsätzlich erhalten. Die Umsetzung der Art. 9, 11 und des Art. 12 der Übernahmerichtlinie erfolgte in den §§ 33a bis 33c WpÜG. Die Satzung einer Zielgesellschaft kann vorsehen, dass die Bestimmungen des § 33a Abs. 2 WpÜG (strenge Neutralitätspflicht oder so genanntes **europäisches Verhinderungsverbot**) Anwendung finden. Mangels einer entsprechenden Satzungsregelung bleibt es aber bei der bisherigen Regelung des § 33 WpÜG. § 33b WpÜG, die so genannte **europäische Durchbrechungsregel**, ermöglicht es den Gesellschaften durch entsprechende Satzungsbestimmungen Übertragungsbeschränkungen, satzungsmäßige oder vertragliche Stimmrechtsbeschränkungen, sowie Mehrstimmrechte während der Annahmefrist eines Übernahmeangebotes bzw. bis zur ersten Hauptversammlung für wirkungslos zu erklären, wenn der Bieter über 75 oder mehr Prozent des stimmberechtigten Kapitals der Zielgesellschaft verfügt. In § 33c WpÜG wird der Hauptversammlung einer Zielgesellschaft, die per Satzung für das europäische Verhinderungsverbot (§ 33a WpÜG) optiert hat, die Möglichkeit eingeräumt von der eigentlich gewollten Neutralitätsverpflichtung Abstand zu nehmen,

---

[164] Art. 11a Abs. 2 Satz 1.
[165] Art. 11a Abs. 3.
[166] Richtlinie 2004/25 EG, ABl. EG Nr. L 142 vom 30. 4. 2004.
[167] Gesetz zur Umsetzung der Richtlinie 2004/25/EG, BGBl. I 2006, S. 1426 ff.; s. hierzu *Seibt/Heiser*, AG 2006, 301 ff., *Merkt/Binder*, BB 2006, 1258 ff.
[168] Betreffend Art. 1 Nr. 10 a Nr. 11, 13 und 21.
[169] S. *Hopt*, EuZW 2007: ein Zwischenbericht der EU-Kommission zur Umsetzung der 13. RL zeige, dass „der erhoffte Ruck zu mehr Markt für Unternehmenskontrolle ausgeblieben (ist). Viele Mitgliedstaaten gehen bei der Umsetzung protektionistisch vor und vermeiden das Neutralitätsgebot für Vorstände und erst recht die Durchbruchslösung." So auch BörsenZ. vom 7. 2. 2007, Warmlaufen für die Hauptversammlungssaison.

wenn der Bieter oder ein ihn beherrschendes Unternehmen selbst dem europäischen Verhinderungsverbot nach § 33a WpÜG nicht unterliegt. Dadurch sollen einheitliche Ausgangsbedingungen (level-playing-field) zwischen den Gesellschaften hergestellt werden, die ansonsten unterschiedlichen Regelungen unterliegen.

XII. Die Kodexregelungen zum Übernahmerecht[170] im Einzelnen

1. Stellungnahme der Verwaltung zum Übernahmeangebot

In **Absatz 1** werden die Pflichten des Vorstands und Aufsichtsrats der Zielgesellschaft, nach § 27 WpÜG eine begründete Stellungnahme zum Angebot abzugeben, kursorisch beschrieben. An dieser Stelle, wie auch im folgenden Satz 2, gibt der Kodex, wie der Vorsitzende der Kommission, Dr. Cromme, in seinem Vorwort vom 26. Februar 2002 zum Kodex ausführte,[171] dem Ziel leichter Verständlichkeit den Vorrang vor juristischer Präzision. Der Kodex erhebt nicht den Anspruch, die geltenden Gesetze umfassend und in allen relevanten Facetten darzustellen. **448**

2. Grenzen der Befugnisse des Vorstands

Mit diesem Verständnis ist auch **Absatz 2** des Abschnitts zu lesen. Absatz 2 beschreibt die so genannte Neutralitätspflicht des Vorstands aus § 33 WpÜG. Dabei haben die Verfasser des Kodex nicht übersehen, dass § 33 Abs.1 WpÜG Ausnahmen zum Neutralitätsgrundsatz vorsieht, die in Absatz 2 der Kodexregelung nicht ausdrücklich aufgezählt sind. Dies gilt insoweit, als Absatz 2 die Einholung eines konkurrierenden Angebotes nicht ausdrücklich als zulässig erwähnt. Wie vorstehend dargestellt, ist dies selbstverständlich möglich und wird auch vom Kodex und im internationalen Umfeld nicht anders gesehen. **449**

Absatz 2 umschreibt ferner die gesetzliche Regelung, dass der Vorstand alle Handlungen vornehmen darf, „die auch ein ordentlicher und gewissenhafter Geschäftsleiter einer Gesellschaft, die nicht von einem Übernahmeangebot betroffen ist, vorgenommen hätte", schlagwortartig „als Handlungen außerhalb des gewöhnlichen Geschäftsverkehrs". Insoweit verkürzt der Kodex die gesetzliche Regelung, ohne sie etwa einschränken zu wollen. Wie oben bereits dargestellt wurde, kann der Kodex keine Abweichungen vom zwingenden Recht gestatten.[172] **450**

Die Formulierung in **Absatz 2 Satz 2** und die Bezugnahme auf das „beste Interesse der Aktionäre und des Unternehmens" weist pointiert auf die Verpflichtung von Vorstand und Aufsichtsrat hin, auch die Interessen der Aktionäre angemessen zu berücksichtigen. Dass eine derartige Pflicht besteht, ist, soweit ersichtlich, nicht bestritten. **451**

In der 11. Plenarsitzung vom 12. Juni 2006 hat die Kodexkommission keine Anpassung des gesetzesbeschreibenden Teils des Abschnittes 3.7 an die durch das Übernahmerichtlinienumsetzungsgesetz geänderter Rechtslage beschlossen. Zum Zeitpunkt der Plenarsitzung befand sich das Gesetz noch in der parlamentarischen Beratung.[173] Die Kommission hat sich dieser Aufgabe auch in der folgenden Plenarsitzung unter den Eindruck offensichtlich fehlender Inanspruchnahme der Opt-in-Möglichkeiten auf der Ebene der Gesellschaften nicht unterzogen. Auch bis zur Plenarsitzung der Kodexkommission am 14. Juni 2007 war kein Trend (= best practice) zur Verankerung **452**

---

[170] Nach Inkrafttreten des Übernahmerichtlinienumsetzungsgesetzes vom 8.7.2006 (BGBl. I, S. 1426 ff.).
[171] www.corporate-governance-code.de.
[172] S. Rn. 20; hierauf weist auch die Stellungnahme des Handelsrechtsausschusses des Deutschen Anwaltvereins Nr. 7/2002 hin, s. www.anwaltverein.de.
[173] S. Fn. 447.

3. Außerordentliche Hauptversammlung in angezeigten Fällen

453   In **Absatz 3** wird die Anregung ausgesprochen, in „angezeigten Fällen" eine außerordentliche Hauptversammlung einzuberufen, damit die Aktionäre das Übernahmeangebot mit der Verwaltung beraten und ggf. auch gesellschaftsrechtliche Maßnahmen beschließen können.[174] Diese Anregung des Kodex geht über die gesetzlichen Regelungen hinaus. Der Kodex selbst beschreibt nicht näher, was nun ein „angezeigter Fall" ist. Hier kommt der Kompromisscharakter der Regelung deutlich zum Ausdruck. Bei der Übergabe des Kodex an die Bundesministerin für Justiz am 26. Februar 2001 hat der Vorsitzende der Kommission „angezeigte Fälle" so beschrieben: „Die Hauptversammlung sollte auch angerufen werden, wenn es gesetzlich nicht notwendig ist – auch hier kommt allen Beobachtern des Kapitalmarktes eine besondere Rolle zu." Damit ist im Wesentlichen gesagt, dass die Verwaltung bei Vorliegen eines Übernahmeangebotes auch dann die Hauptversammlung befragen sollte, wenn eine gesetzliche Verpflichtung zur Einberufung der Hauptversammlung, beispielsweise weil ein Beschluss über Kapitalmaßnahmen ansteht, nicht besteht.

454   Das WpÜG schließt die Einberufung der Hauptversammlung in derartigen Fällen nicht aus. Der Kodex empfiehlt andererseits auch nicht ausdrücklich, dass die Hauptversammlung in allen Fällen einberufen werden soll. Er überlässt es vielmehr der Entscheidung der Verwaltung, im Einzelfall festzustellen, ob ein angezeigter Fall vorliegt. Dabei kann es eine Rolle spielen, ob überhaupt noch ausreichend Zeit für die Einberufung einer Hauptversammlung verbleibt oder ob bereits eine Ermächtigung durch die Hauptversammlung zu Verteidigungsmaßnahmen vorliegt, die lediglich umgesetzt werden müssen. Der Vorstand der Gesellschaft steht hier in einer besonderen Pflicht. Er hat unter Abwägung aller Interessen und dabei unter besonderer Berücksichtigung der Interessen der Aktionäre, an die sich ja das Angebot richtet, zu entscheiden.

3.8   Vorstand und Aufsichtsrat beachten die Regeln ordnungsgemäßer Unternehmensführung.

XIII. Bindung an die Regeln der ordnungsgemäßen Unternehmensführung

1. Bedeutung der Regeln

455   Mit der Bindung von Vorstand und Aufsichtsrat an die Regeln ordnungsgemäßer Unternehmensführung will der Kodex eine professionelle Erfüllung der Leitungs- und Überwachungsaufgaben generell sicherstellen. Er macht durch den Verweis auf diese Regeln deutlich, dass seine Standards guter Corporate Governance nicht abschließender Natur sind. Die Kodexbestimmungen bilden vielmehr nur – aber auch immerhin – einen Katalog besonders akzentuierter Leitlinien für die Unternehmens-

---

[174] So auch ausdrücklich der Norby Committee's Report on Corporate Governance in Denmark, 20, Nr. 4: „In the event of attempted takeovers it is recommended that the shareholders are given the opportunity to decide if they wish to surrender their shares in the company on the conditions offered. Therefore without the acceptance of the AGM, or on its own, the board should refrain from countering a takeover bid by reaching decisions which in reality prevent the shareholders from deciding on the takeover bid."

führung, deren Beachtung erst im Verein mit den (übrigen) allgemein anerkannten Leitungs- und Überwachungsprinzipien insgesamt eine Unternehmensführung nach dem jeweiligen „Stand der Technik" ergibt. Zugleich kann der Kodex durch die Erwähnung der Regeln ordnungsgemäßer Unternehmensführung zur Wahrung der gebotenen Kürze darauf verzichten, selbstverständlich (auch) geltende Anforderungen an die Leitung und Überwachung zu normieren, die ohnehin – gewissermaßen als Ausdruck des ‚gesunden Managementverstandes' – Beachtung finden sollen.

2. Konkrete Grundsätze ordnungsmäßiger Unternehmensleitung (GoU) und -überwachung (GoÜ)

Regeln zur Unternehmensführung werden als Grundsätze ordnungsmäßiger Unternehmensleitung (GoU) und Unternehmensüberwachung (GoÜ) in der Betriebswirtschaftslehre seit langem diskutiert[175] und inzwischen näher konkretisiert.[176] Sie stoßen – wie eine erste empirische Studie belegt – im Prinzip auf eine positive Resonanz der Praxis[177] und werden auch in der Literatur zunehmend diskutiert.[178] Wenngleich sich bisher noch kein allgemein akzeptierter abschließender Bestand an (geschriebenen[179]) GoU und GoÜ herausgebildet hat, zeigen die vorliegenden Grundsatzentwürfe aber doch schon deutlich den Charakter solcher Prinzipien und die Richtung ihrer Weiterentwicklung auf.[180] Dabei finden sich eine Reihe der bisher formulierten Grundsätze auch als explizite Standards guter Unternehmensführung im Kodex wieder. Bei den Grundsätzen ordnungsmäßiger Unternehmensleitung (GoU) gilt dies beispielsweise für die drei allgemeinen Anforderungen der rechtlichen Zulässigkeit, der ökonomischen Zweckmäßigkeit und der sozial-ethischen Zuträglichkeit aller Vorstandshandlungen.[181] Diese Prinzipien spiegeln sich in Ziffer 4.1.3 (rechtliche Zulässigkeit),[182] in der Verpflichtung des Vorstands zur Steigerung des nachhaltigen

---

[175] Vgl. erstmals *Potthoff*, ZfhF 1956, 411; *ders.*, ZfhF 1961, 566 f. Zum Überblick *Theisen/v. Werder* in Schreyögg/v. Werder, Handwörterbuch, 2004, 369 ff.

[176] S. für die GoU z. B. *v. Werder*, ZfbF 1996, Sonderheft 36, 27 ff.; *ders.* in Albach, Konzernmanagement, 145 ff., und für die GoÜ etwa *Theisen*, Überwachung; *ders.*, ZfbF 1996, Sonderheft 36, 75 ff.; *ders.*, AG 1995, 193 ff.; *Scheffler*, AG 1995, 207 ff.; Arbeitskreis „Externe und interne Überwachung der Unternehmung" der Schmalenbach-Gesellschaft – Deutsche Gesellschaft für Betriebswirtschaft e. V., DB 1995, 1 ff.

[177] S. die Ergebnisse der Befragung zu den GoU bei *v. Werder* et al., DB 1998, 1193.

[178] Vgl. z. B. *Busse v. Colbe/Lutter*, Wirtschaftsprüfung 1977, 65; *Huppertz*, DB 1981, 152; *Knolmayer* in FS Loitlsberger, 1981, 375; *Schedlbauer*, DBW 1981, 550; *Schneider* in FS Werner, 1984, 796; *Bartl* et al., GmbH-Recht, § 43 Rn. 14; *Theisen*, Überwachung, 326 f.; *Kallmeyer*, ZGR 1993, 107; *Ludewig* in FS Moxter, 1994, 305; *Lutter*, ZHR 1995, 291; *Hommelhoff/Schwab*, ZfbF 1996 Sonderheft 36; *Thümmel*, DB 1997, 263; *Heerman*, ZIP 1998, 763; *Peltzer*, Dritte Max Hachenburg Gedächtnisvorlesung, 55; *Bernhardt/Witt*, ZfB 1999, 827; *Hopt* in Hopt/Wiedemann, § 93 Rn. 88; *Wiesner* in Hoffmann-Becking, Münch. Hdb. GesR IV, 1999, § 25 Rn. 6; *Lutter/Hommelhoff*, GmbHG, § 43 Rn. 8; *Schneider* in Scholz, Kommentar zum GmbH-Gesetz, § 43 Rn. 70 ff.; *Potthoff/Trescher/Theisen*, Aufsichtsratsmitglied, 126; *Hüffer*, AktG, § 111 Rn. 1, auch § 76 Rn. 15 a – 15 c; *Pfitzer/Oser*, DCGK, 83 f.; *Witt* in Hommelhoff/Hopt/v. Werder, Handbuch CG, 258 f.; *Borges*, ZGR 2003, S. 15 ff. Vgl. auch die 10 „goldenen Regeln" für den GmbH-Geschäftsführer von *Lutter* in Gesellschaftsrechtliche Vereinigung, Gesellschaftsrecht, 1999, 90 ff.

[179] Mit den in Ziffer 3.8 Satz 1 angesprochenen Regeln ordnungsgemäßer Unternehmensführung können auch ungeschriebene Grundsätze gemeint sein, da und soweit sie im Einzelfall von einer hierzu befugten Instanz (etwa einem Gericht) als solche (an-)erkannt werden.

[180] Vgl. in diesem Zusammenhang auch das bei *v. Werder*, ZfbF 1996, Sonderheft 36, 1 ff. entwickelte einheitliche Grundraster für GoU und GoÜ.

[181] S. zu den GoU mit der Einteilung in Allgemeine und Besondere Grundsätze im Einzelnen *v. Werder*, ZfbF 1996, Sonderheft 36, 27 ff.

[182] „Der Vorstand hat für die Einhaltung der gesetzlichen Bestimmungen zu sorgen und wirkt auf deren Beachtung durch die Konzernunternehmen hin." S. zu Ziffer 4.1.3 Rn. 615 ff.

Unternehmenswerts (ökonomische Zweckmäßigkeit)[183] und seiner Bindung an das Unternehmensinteresse (soziale Zuträglichkeit)[184] wider. Aus dem Kreis der Besonderen GoU haben beispielsweise die Aufgabengrundsätze, nach denen der Vorstand die Strategien des Unternehmens festzulegen[185] und für die Einrichtung funktionsfähiger Kontrollsysteme Sorge zu tragen hat,[186] die Organisationsgrundsätze des mehrköpfigen,[187] kollegial[188] und arbeitsteilig[189] handelnden Vorstands sowie die Personalgrundsätze der adäquaten Qualifikation der Vorstandsmitglieder[190] und ihrer (auch faktischen) Auswahl durch den Aufsichtsrat[191] in Kodexregeln ihre mehr oder weniger weitgehende Entsprechung. Parallelen zu bestimmten Governancestandards des Kodex ergeben sich auch hinsichtlich der Grundsätze ordnungsmäßiger Überwachung (GoÜ).[192] Exemplarisch seien die Grundsätze der Unabhängigkeit der Aufsichtsratsmitglieder,[193] ihre Sachverständigkeit[194] und Verschwiegenheit[195] sowie die Vergütung[196] und Koordination[197] der Aufsichtsratstätigkeit genannt.

3.8 Verletzen sie die Sorgfalt eines ordentlichen und gewissenhaften Geschäftsleiters bzw. Aufsichtsratsmitglieds schuldhaft, so haften sie der Gesellschaft gegenüber auf Schadensersatz.

XIV. Folgen von Pflichtverletzungen

1. Überblick

457 Der Kodex referiert hier in verkürzter Form das Gesetz, das dazu in § 93 Abs. 1 Satz 1 und Abs. 2 Satz 1 AktG sowie in § 116 AktG formuliert:
„Die Vorstandsmitglieder haben bei ihrer Geschäftsführung die Sorgfalt eines ordentlichen und gewissenhaften Geschäftsleiters anzuwenden."
„Vorstandsmitglieder, die ihre Pflichten verletzen, sind der Gesellschaft zum Ersatz des daraus entstehenden Schadens als Gesamtschuldner verpflichtet."
„Für die Sorgfaltspflicht und Verantwortlichkeit der Aufsichtsratsmitglieder gilt § 93 ... sinngemäß."
Der Kodex erweitert diese Pflichten von Vorstand und Aufsichtsrat allenfalls geringfügig (dazu Rn. 458 ff.), will und kann sie aber auch nicht verkürzen.
Der Kodex referiert jetzt aber auch die mit dem UMAG von 2005 neu in das Gesetz aufgenommene sog. Business Judgment Rule (dazu unten sub 5).

---

[183] S. Ziffer 4.1.1 und hierzu Rn. 601 ff.
[184] S. Ziffer 4.1.1 (hierzu Rn. 601 ff.) sowie auch die Präambel (zu Einzelheiten Rn. 94 ff.).
[185] Vgl. Ziffer 4.1.2 und hierzu Rn. 611 ff.
[186] Vgl. speziell für die Risikokontrolle Ziffer 4.1.4 und hierzu Rn. 637 ff.
[187] Vgl. Ziffer 4.2.1 Satz 1 und hierzu Rn. 662 ff.
[188] Vgl. die Präambel und hierzu Rn. 95 ff.
[189] Vgl. Ziffer 4.2.1 Satz 2 und hierzu Rn. 662 ff.
[190] Vgl. Ziffer 4.2.2, die (für Vergütungszwecke) auf die Leistung der einzelnen Vorstandsmitglieder abstellt, s. hierzu Rn. 695 ff.
[191] Vgl. Ziffer 5.1.2 Satz 1 und 2 (hierzu Rn. 932 ff.).
[192] S. zu den im Folgenden angesprochenen GoÜ *Theisen*, Überwachung, 1 ff.; *ders.*, ZfbF 1996, Sonderheft 36, 75 ff.
[193] Vgl. Ziffer 5.4.2 Satz 1 und hierzu Rn. 1014 ff.
[194] Vgl. Ziffer 5.4.1 und hierzu Rn. 1014 ff.
[195] Vgl. Ziffer 3.5 Abs. 1 Satz 2 und Abs. 2 (hierzu Rn. 387 ff.).
[196] Vgl. Ziffer 5.4.7 und hierzu Rn. 1077 ff.
[197] Vgl. Ziffer 5.2 Abs. 1 und hierzu Rn. 960 ff.

2. Vorstandspflichten

a) Besondere gesetzliche Pflichten des Vorstands

Eine große Zahl von Pflichten des Vorstands ergibt sich unmittelbar aus dem Gesetz. **458**

aa) Das AktG erwähnt davon einige in § 93 Abs. 3 AktG, nämlich **459**
(1) das Verbot der offenen, aber auch verdeckten Einlagenrückgewähr (§ 57 AktG); dieses Verbot umfasst jede Leistung an den Aktionär als solchen außerhalb einer förmlich beschlossenen Dividende. Verboten ist daher auch die Zahlung von Zinsen auf die Einlage. Zu den verbotenen verdeckten Leistungen gehört die unentgeltliche Gestellung von Personal, der Abschluss von Scheinverträgen, unentgeltliche Bauleistungen etc. Hierzu gehört aber auch der offene oder verdeckte Erwerb eigener Aktien vom Aktionär außerhalb der in § 71 AktG ausdrücklich erlaubten Fälle.
(2) die Zahlung von Vergütungen an Aufsichtsratsmitglieder jenseits der in der Satzung oder in einem Hauptversammlungs-Beschluss festgelegten Beträge. Unter dieses Verbot fallen vor allem Zahlungen auf sog. Beraterverträge, die entweder per se unzulässig sind[198] oder nicht korrekt vom gesamten Aufsichtsrat gebilligt wurden, § 114 AktG.
(3) die Pflicht zur laufenden Beobachtung der finanziellen Lage der Gesellschaft verbunden mit der Pflicht, bei Verlust der Hälfte des Grundkapitals die Hauptversammlung einzuberufen (§ 92 Abs. 1 AktG), und der Pflicht zum Insolvenzantrag bei Zahlungsunfähigkeit oder Überschuldung (§ 92 Abs. 2 AktG).
(4) die Pflicht zum Risikomanagement nach § 91 Abs. 2 AktG sowie
(5) die Pflicht zur korrekten und vollständigen Buchführung nach § 91 Abs. 1 AktG.

bb) Darüber hinaus gibt es unzählige gesetzliche Pflichten des Vorstands aus Vorschriften des Umweltrechts, des Steuerrechts, des Arbeits- und Arbeitsschutzrechts, des Kapitalmarktrechts (WpHG, BörsG) etc., die hier nicht weiter aufgeführt werden können.[199] **460**

cc) Nichtbeachtung und Verletzung der Gesetze sind per se Pflichtverletzungen. **461**

b) Besondere Pflichten aus der Satzung

Zu den Organpflichten der Vorstandsmitglieder gehört auch die Einhaltung der Satzung der Gesellschaft. Deren Nichtbeachtung ist Pflichtverletzung. Wird etwa ein Rechtsgeschäft ohne die laut Satzung erforderliche Zustimmung des Aufsichtsrats vorgenommen, so ist dieses nach außen hin gültig. Entsteht der Gesellschaft daraus ein Schaden, haften die Vorstandsmitglieder. **462**

c) Besondere Pflichten aus der Geschäftsordnung

Das Gleiche gilt für eine vom Aufsichtsrat für den Vorstand erlassene Geschäftsordnung; sie konkretisiert die Pflichten des Vorstands, ihre Nichtbeachtung ist organschaftliche Pflichtverletzung. **463**

Legt die Geschäftsordnung fest, dass der Vorstand die **Empfehlungen des Kodex zu beachten habe**, so ist auch dies damit eine konkrete Organpflicht, der Kodex wird **464**

---

[198] Das sind Verträge mit Aufsichtsratsmitgliedern, deren Gegenstand identisch ist mit ihrer gesetzlich festgelegten Pflicht und Aufgabe als Aufsichtsratsmitglied, vgl. BGHZ 114, 127 = NJW-RR 1991, 1252 und dazu *Lutter/Kremer*, ZGR 1992, 87 ff. sowie BGHZ 126, 340, 345 = NJW 1994, 2484 und BGH, BB 2006, 1610 = DStR 2006, 1610 ff.; *Kropff* in Semler/v. Schenck, AR Hdb., § 8 Rn. 112; *Lutter/Krieger*, Rechte und Pflichten, Rn. 734 m. w. N.
[199] Vgl. dazu *U. H. Schneider*, DB 1993, 1909 ff.

damit zum Pflichtenstandard des Vorstands, seine Nichtbeachtung wird Pflichtverletzung.

d) Besondere Pflichten aus dem Anstellungsvertrag

465 Auch im Anstellungsvertrag kann der Aufsichtsrat die Organpflichten der einzelnen Vorstandsmitglieder konkretisieren.[200] Eine Nichtbeachtung der dort festgelegten Regeln ist Pflichtverletzung im Sinne von § 93 AktG.

e) Pflicht zur Verschwiegenheit

466 Das Gesetz erwähnt in § 93 Abs. 1 Satz 2 AktG ausdrücklich die Pflicht jedes Vorstandsmitglieds zum Schutz von Geheimnissen der Gesellschaft und zur Wahrung vertraulicher Angaben. Dabei sind **Geheimnisse** (relativ) unbekannte Tatsachen (inkl. Meinungsäußerungen!) im Herrschaftsbereich der Gesellschaft, deren Bekanntwerden für die Gesellschaft schädlich oder nachteilig wäre, so dass sie ein Interesse an der Geheimhaltung hat.[201] Geheimnis ist objektiv zu verstehen, auf Erklärungen von wem auch immer kommt es nicht an. Ist die Tatsache bekannt oder kann sie aus öffentlich zugänglichen Quellen ohne besonderen Aufwand ermittelt werden, liegt kein Geheimnis (mehr) vor. Der Vorstand als Organ kann, wenn kein Interesse der Gesellschaft (mehr) besteht, die Tatsache bekannt machen oder in anderer Form auf die Geheimhaltung verzichten.

467 **Vertrauliche Angaben** sind ebenfalls **objektiv** zu verstehen; da sie nicht Geheimnis sind, kann es sich auch nicht um eine unbekannte Tatsache handeln; entscheidend ist hier das objektive Interesse der Gesellschaft daran, dass die Tatsache vertraulich behandelt wird. Das gilt insbesondere dort, wo die Gesellschaft etwa einem Dritten Vertraulichkeit zugesagt hat.[202]

468 Das Gebot der Verschwiegenheit **gilt nicht** gegenüber anderen Vorstandsmitgliedern und gegenüber dem Aufsichtsrat und seinen Mitgliedern. Es gilt auch nicht gegenüber sorgfältig ausgewählten Mitarbeitern, die ggf. ausdrücklich auf das Gebot der Verschwiegenheit hingewiesen worden sind, sowie nicht gegenüber außenstehenden Beratern, die ihrerseits zur Berufsverschwiegenheit verpflichtet sind (Rechtsanwälte, Steuerberater, Wirtschaftsprüfer).

f) Allgemeine Sorgfalts- und Treuepflichten

469 Der Vorstand verwaltet das in der Gesellschaft investierte Vermögen der Aktionäre, ist also zu besonderer Treue und Redlichkeit nach den Regeln eines Treuhänders verpflichtet.[203] Im Einzelnen bedeutet das:

aa) Organisationspflicht

470 Der Vorstand kann und soll nicht alles im Unternehmen selbst machen, sondern soll, darf und muss Aufgaben delegieren. Das aber muss klar und überschaubar geschehen und muss vor allem zu kontinuierlicher Rückmeldung an ihn führen. Denn die Delegation erfolgt nicht à fonds perdu, sondern führt zur **Kontrollpflicht** des Vor-

---

[200] Näher *Hopt* in GroßKomm. AktG, § 93 Rn. 225; *Mertens* in Kölner Kommentar, § 93 Rn. 86, je m. allen N.
[201] Einzelheiten bei *Lutter*, Information und Vertraulichkeit, Rn. 408 ff. und oben Rn. 391 a.
[202] Vgl. *Lutter*, Information und Vertraulichkeit, Rn. 451 ff. sowie oben Rn. 392; *Hefermehl/Spindler* in MünchKommAktG, § 93 Rn. 49; *Hüffer*, AktG, § 93 Rn. 7; *Hopt* in GroßKomm. AktG, § 93 Rn. 196.
[203] BGHZ 129, 30, 34 = NJW 1995, 1290; OLG Düsseldorf, AG 1997, 231, 235; OLG Hamm, AG 1995, 512, 514; h. M.

stands: Er bleibt verantwortlich und muss dafür sorgen, dass er laufend informiert wird und Fehlentwicklungen frühzeitig erkennen kann.

Die Betriebswirtschaftslehre stellt Organisationsmodelle in reicher Zahl zur Verfügung, auf die zurückgegriffen werden kann.

bb) Finanzierung

Geld ist das Blut der Wirtschaft und des Unternehmens; ohne Finanzmittel ist die Gesellschaft lebensunfähig, muss als illiquide in die Insolvenz. Daher ist es eine der Hauptpflichten des Vorstands, für die Liquidität, die jederzeitige Zahlungsfähigkeit der Gesellschaft zu sorgen. Das setzt eine Finanz- und Liquiditätsplanung[204] voraus und die rechtzeitige Einleitung etwa erforderlicher Maßnahmen (Kapitalerhöhung, Veräußerung nicht erforderlicher Vermögensteile der Gesellschaft, Beschaffung von Kreditlinien).

cc) Organschaftliche Treuepflicht, Interessenkonflikte (Kodex 4.3)

Der Vorstand ist zu besonderer Treue verpflichtet. Bei allen Interessenkonflikten hat das Interesse der Gesellschaft Vorrang.[205] Im Übrigen unterliegt er dem strikten Wettbewerbsverbot des § 88 AktG, dem Verbot, Geschäftschancen der Gesellschaft für sich auszunutzen,[206] und dem Gebot, alle Geschäfte der Gesellschaft mit sich selbst oder nahe stehenden Personen oder Unternehmen at arm's length vorzunehmen.[207]

g) Unternehmerische Entscheidungen und unternehmerisches Ermessen des Vorstands (business judgment rule)

Die unternehmerische Leitung und Führung der Gesellschaft und des Konzerns können und sollen nicht durch gesetzliche oder sonstige Regeln vorgeprägt werden. Hier sollen sich unternehmerische Begabung und Können der Mitglieder des Vorstands frei und ohne persönliches Risiko entfalten können. Fehlentscheidungen des Vorstands in diesem Bereich sind daher **keine Pflichtverletzung**, sondern Risiko der Gesellschaft und ihrer Aktionäre. Die Pflicht des Vorstands in diesem Zusammenhang konzentriert sich daher auf die **Pflicht zu sorgfältiger Vorbereitung** solcher Entscheidungen und auf die **Pflicht zur Vermeidung übergroßer Risiken**.[208]

Sorgfältige Vorbereitung bedeutet: Sammlung aller verfügbaren Informationen, ggf. Testläufe unter Mitwirkung außenstehender Sachverständiger, sorgfältige Abwägung der Vor- und Nachteile unter Berücksichtigung der Risiken. Bei wesentlichen Entscheidungen empfiehlt sich eine Dokumentation.

Vermeidung übergroßer Risiken: Die Gesellschaft soll nicht wegen nur einer unternehmerischen Fehlentscheidung untergehen. Daher ist bei wichtigen Entscheidungen auch die schlechteste Entwicklung (worst case) zu bedenken und möglichst zu quantifizieren. Ergibt das im Falle des Eintritts eine Bestandsgefährdung der Gesellschaft, **muss** von der Maßnahme abgesehen werden: die Gesellschaft darf nicht an einer Fehlentscheidung untergehen (Beispiel: Metallgesellschaft). Diese seit jeher im deutschen Recht geltende Regel, wonach der Aktionär und nicht etwa das Management das un-

---

[204] Dazu bereits *Lutter* in FS Albach, 1991, S. 345 ff. = AG 1991, 249 ff.; vgl. heute § 90 Abs. 1 Nr. 1 AktG, wo seit dem KonTraG die Finanzplanung ausdrücklich erwähnt ist.
[205] BGH, NJW 1990, 1629 (Schaffgotsch); *Hopt* in GroßKomm. AktG, § 93 Rn. 148 und *ders.*, ZGR 1993, 534, 541; h. M.
[206] OLG Frankfurt, GmbHR 1998, 376, 378; *Mertens* in Kölner Kommentar, § 93 Rn. 67; *Hopt* in GroßKomm. AktG, § 93 Rn. 166 ff.; h. M.
[207] *Hopt* in GroßKomm. AktG, § 93 Rn. 159 ff.; h. M.
[208] BGHZ 135, 244, 250 = NJW 1997, 1926 (ARAG); *Mertens* in Kölner Kommentar, § 93 Rn. 48 ff.; *Hefermehl/Spindler* in MünchKommAktG, § 93 Rn. 24 ff.; *Hopt* in GroßKomm. AktG, § 93 Rn. 80 ff.; *Hüffer*, AktG, § 93 Rn. 13 a; *Lutter*, GmbHR 2000, 301, 305; h. M. Zum Ganzen *Oltmanns*, Geschäftsleiterhaftung.

ternehmerische Risiko trägt, ist mit dem UMAG[209] in das Aktiengesetz aufgenommen worden (§ 93 Abs. 1 Satz 2 AktG). Näher dazu unten sub Ziff. 5 (Rn. 497a ff.). Die Vorschrift reduziert das Haftungsrisiko von Vorstand und Aufsichtsrat stark.[210]

3. Aufsichtsratspflichten

477 Die Pflichten des Aufsichtsrats und seiner Mitglieder bestimmen sich nach den ihnen zugewiesenen Kompetenzen:

a) Pflicht zur Bestellung und Abberufung des Vorstands, § 84 AktG (Kodex 5.1.2)

478 Diese besonders wichtige Aufgabe des Aufsichtsrats setzt Sorgfalt und Planung voraus.[211] Der Aufsichtsrat darf auch durch unvorhergesehene Entwicklungen (Ausscheiden eines Vorstandsmitglieds) möglichst nicht überrascht werden.

479 Bei der Auswahl der Vorstandsmitglieder muss der Aufsichtsrat auch allen nachteiligen Hinweisen aus früheren Tätigkeiten genau nachgehen.[212]

b) Pflicht zum Abschluss des Anstellungsvertrages mit dem Vorstand und zur Durchsetzung von Ansprüchen der Gesellschaft gegen den Vorstand

480 Der Aufsichtsrat schließt den Anstellungsvertrag mit den Mitgliedern des Vorstands und hat dabei mit Sorgfalt die Interessen der Gesellschaft zu wahren. Das gilt nicht zuletzt bei Festlegung der Bezüge; § 87 AktG ist zu beachten, Fehlentwicklungen sind sorgfältig zu vermeiden,[213] Übersichten (Kienbaum) zu beachten, ggf. sachverständiger Rat einzuholen.[214] Der Aufsichtsrat hat aber auch die Ansprüche der Gesellschaft gegen Vorstandsmitglieder insbesondere aus § 93 Abs. 2 AktG durchzusetzen.[215] Verletzt er diese Pflicht, so haftet er selbst auf den betreffenden Schaden. Das gilt insbes. auch, wenn er den Anspruch gegen den Vorstand verjähren lässt (fünf Jahre seit Entstehung, § 93 Abs. 6 AktG).

c) Pflicht zur Überwachung des Vorstands, § 111 Abs. 1 AktG

481 Die Überwachungspflicht ist die umfangreichste Pflicht des Aufsichtsrats und bedarf großer Sorgfalt und Überlegung, wobei dem Aufsichtsrat folgende Mittel zur Verfügung stehen:
(1) die regelmäßigen Berichte des Vorstands nach § 90 AktG;
(2) die von ihm oder einzelnen seiner Mitglieder verlangten Zusatzberichte des Vorstands nach § 90 Abs. 3 AktG;
(3) der Bericht des Abschlussprüfers und des Konzernabschlussprüfers, § 170 Abs. 3 AktG;
(4) die direkte Einsicht in die Unterlagen der Gesellschaft durch einzelne Aufsichtsratsmitglieder oder durch vom Aufsichtsrat beauftragte Dritte.

482 Diese Überwachungspflicht betrifft die **Legalität** des Vorstandshandelns (s. Rn. 914), die **Ordnungsmäßigkeit** (s. Rn. 915) und die **Wirtschaftlichkeit**.

---

[209] Gesetz zur Unternehmensintegrität und Modernisierung des Anfechtungsrechts, BGBl. I 2005, S. 2802; in Kraft getreten zum 1. 11. 2005.
[210] *Hopt* in GroßKomm. AktG, § 93 Rn. 81; *Fleischer*, ZIP 2004, 685 ff.; *M. Roth*, BB 2004, 1066, 1068; vgl. näher nur *Brömmelmeyer*, WM 2005, 2065 ff.; *Fleischer* in Fleischer, Hdb. VorstandsR, § 7 Rn. 52 ff.; *Schäfer*, ZIP 2005, 1253.
[211] Dazu näher *Lutter/Krieger*, Rechte und Pflichten, Rn. 331 ff.; *Fonk* in Semler/v. Schenck, AR Hdb., § 9 Rn. 1 ff. m. w. N.
[212] RG, JW 1931, 3340 ff.; JW 1935, 2043; *Peltzer* in FS Semler, 1993, S. 261, 271.
[213] Vgl. *Peltzer* in FS Lutter, 2000, S. 571 ff.; *Thüsing*, ZGR 2003, 457 ff.
[214] Vgl. *Fonk* in Semler/v. Schenck, AR Hdb., § 9 Rn. 78 ff.
[215] BGHZ 135, 244 ff. = NJW 1997, 1926 (ARAG).

Die vielfältigen Einzelheiten können hier nicht erörtert werden;[216] vgl. aber auch noch Rn. 913 ff. **483**

d) Pflicht zur Beratung mit dem Vorstand (insbesondere über Planung und Strategie)[217]

S. dazu den Kodex Ziffer 3.2 und Ziffer 5.1.1 sowie Rn. 921 ff. **484**

e) Pflicht zur Mitentscheidung mit dem Vorstand

Vgl. dazu §§ 111 Abs. 4 Satz 2 und 172 AktG sowie den Kodex Ziffer 3.3 mit Rn. 369 ff. **485**

In den Fällen zustimmungspflichtiger Geschäfte und beim Jahresabschluss/Konzernabschluss müssen Vorstand und Aufsichtsrat zusammenwirken (nicht anders als bei der Kodex-Erklärung nach § 161 AktG; dazu Rn. 1515 ff.). Die Initiative liegt beim Vorstand, er hat dem Aufsichtsrat die betreffende Maßnahme zu unterbreiten und zu begründen. Der Aufsichtsrat ist dann verpflichtet, die eigene Entscheidung zügig vorzubereiten und zu treffen. Unangemessene Verzögerung der Entscheidung ist pflichtwidrig! **486**

f) Pflicht zur Verschwiegenheit (§§ 93 Abs. 1 Satz 2 und 116 AktG sowie Kodex 3.5)

aa) Zunächst ist hier von Bedeutung, dass das TransPuG von 2002 den Wortlaut von § 116 AktG, der zuvor nur auf § 93 AktG verwiesen hatte, um die Formulierung „Die Aufsichtsratsmitglieder sind insbesondere zur Verschwiegenheit über erhaltene vertrauliche Berichte und vertrauliche Beratungen verpflichtet." erweitert hat. **487**

Das bedeutet zunächst einmal nur eine Betonung der Verschwiegenheitspflicht; kein Aufsichtsratsmitglied soll sich in Zukunft mehr auf Unwissenheit berufen können.[218] Darüber hinaus schafft die Vorschrift jetzt eine Vermutung, dass die vom Vorstand als vertraulich gekennzeichneten Informationen auch tatsächlich vertraulich sind und als vertraulich behandelt werden müssen. **488**

bb) Im Übrigen gelten zunächst die gleichen Regeln wie beim Vorstand (s. Rn. 390 ff.). **Zusätzlich** ist hier von Bedeutung: **489**
(1) **Alle Personalfragen** unterliegen zum Schutze des Betroffenen strengster Vertraulichkeit.[219]
(2) Das gilt auch für **alle Äußerungen** von Aufsichtsratsmitgliedern **in Beratungen**:[220] Anders ist die auch vom Kodex Ziffer 3.5 verlangte offene Diskussion nicht möglich!
(3) Und Gleiches gilt schließlich für das **Abstimmungsverhalten der anderen Aufsichtsratsmitglieder**.[221]

Aufsichtsratsmitglieder sind auch nicht berechtigt, Informationen aus dem Aufsichtsrat an andere Gremien wie eine Delegiertenversammlung, Betriebsversammlung oder den Betriebsrat/Konzernbetriebsrat weiterzugeben.

---

[216] Vgl. dazu LG Bielefeld, WM 1999, 2457 ff.; eingehend *Lutter/Krieger*, Rechte und Pflichten, Rn. 72 ff.; *Mertens* in Kölner Kommentar, § 111 Rn. 11 ff.; *Semler* in MünchKommAktG, § 111 Rn. 87 ff.; *Hopt/Roth* in GroßKomm. AktG, § 111 Rn. 150 ff.; *v. Schenck* in Semler/v. Schenck, AR Hdb., § 7 Rn. 1 ff., insbesondere Rn. 270 ff.

[217] Vgl. auch BGHZ 114, 127 = NJW-RR 1991, 1252; *Lutter/Kremer*, ZGR 1992, 87; *Lutter/Krieger*, Rechte und Pflichten, Rn. 94 ff.

[218] Vgl. die eingehende Begründung dazu im RegE des TransPuG, BT-Drucks. 14/8769, S. 18.

[219] BGHZ 64, 325, 332; *Lutter*, Information und Vertraulichkeit, Rn. 495 ff.; *Marsch-Barner* in Semler/v. Schenck, AR Hdb., § 12 Rn. 28.

[220] *Lutter/Krieger*, Rechte und Pflichten, Rn. 260; *Lutter*, Information und Vertraulichkeit, Rn. 495 ff.; *Marsch-Barner* in Semler/v. Schenck, AR Hdb., § 12 Rn. 24 ff.

[221] *Lutter/Krieger*, Rechte und Pflichten, Rn. 260; *Lutter*, Information und Vertraulichkeit, Rn. 495 ff.; *Marsch-Barner* in Semler/v. Schenck, AR Hdb., § 12 Rn. 24.

490 cc) Von besonderer Bedeutung ist die vertrauliche Behandlung aller unternehmerischer Vorhaben und Entscheidungen, von der Planung über die Produktentwicklung bis zur Expansion oder Rationalisierung. Hier neigen Aufsichtsratsmitglieder oft dazu, ihre im Aufsichtsrat selbst nicht mehrheitsfähige Politik mit entsprechenden Informationen an die Medien über geplante Entscheidungen und die Haltung anderer Aufsichtsratsmitglieder auf die Straße zu tragen.
All das ist pflichtwidrig!

491 dd) Nach der insoweit missglückten „Bayer"-Entscheidung des BGH[222] muss jedes Aufsichtsratsmitglied **selbst darüber entscheiden**, ob ein Geheimnis vorliegt oder eine vertrauliche Angabe. Ehe das einzelne Aufsichtsratsmitglied dabei zu einer Entscheidung kommt, muss es sich aber mindestens mit dem Aufsichtsratsvorsitzenden darüber beraten.[223] Darüber hinaus macht die **Kennzeichnung** von Unterlagen durch den Vorstand **als vertraulich** diese zwar noch nicht zum Geheimnis oder zur vertraulichen Angabe im Sinne des Gesetzes; doch hat diese Kennzeichnung eine **hohe Vermutung** der objektiven Richtigkeit und darf daher nicht einfach beiseite gelegt werden: Ein Bruch der Vertraulichkeit darüber ist im Zweifel pflichtwidrig und kann dann auch nicht entschuldigt werden!

g) Allgemeine Sorgfalts- und Treuepflicht

492 Aufsichtsratsmitglieder stehen in einem privaten Amtsverhältnis zur Gesellschaft, nicht aber – anders als der Vorstand – in einem Vertragsverhältnis.[224] Das aber ändert nichts an ihrer besonderen Treuepflicht gegenüber der Gesellschaft und ihrer im Gesetz ausdrücklich betonten Sorgfaltspflicht. Das bedeutet im Einzelnen:

493 (1) Jedes Aufsichtsratsmitglied ist nicht nur selbst zu sorgfältiger Vorbereitung auf die Entscheidungen im Aufsichtsrat verpflichtet, es ist auch verpflichtet, für die sorgfältige Vorbereitung der Entscheidung im Gremium selbst zu sorgen, wenn das durch den Aufsichtsratsvorsitzenden nicht geleistet wird. Bei unternehmerischen und strategischen Entscheidungen ist auf eine **Folgenabschätzung** zu achten nach dem Muster: günstigstes Ergebnis – schlechtestes Ergebnis – wahrscheinlichstes Ergebnis.

494 (2) Aufsichtsratsmitglieder können besonders leicht in Interessenkonflikte kommen, sei es mit eigenen wirtschaftlichen Interessen, sei es mit Interessen anderer Unternehmen, in denen sie tätig sind. Dabei gilt, wie beim Vorstand, als oberster Grundsatz: die Interessen **dieser Gesellschaft** haben Vorrang.[225] Das Gesetz selbst enthält dazu keine Regeln, wie solche Konflikte zu handhaben sind, wohl aber der Kodex (Ziffer 5.5 und dazu Rn. 1091 ff.). Die dort angesprochenen Muster korrekten Verhaltens sind nicht nur Vorschläge, sondern entsprechen im Zweifel der **rechtlichen Pflicht** jedes Aufsichtsratsmitglieds.

4. Kodex-Verstöße

495 Solche Verstöße sind in zweierlei Richtung möglich: Entweder richtet sich der Verstoß gegen eine im Kodex nur referierte Vorschrift des Gesetzes; dann gelten die §§ 93, 116 AktG ohne jede Besonderheit und es handelt sich um eine Pflichtwidrigkeit.

496 Oder aber der Verstoß richtet sich gegen eine Empfehlung. Auch dann ist zu unterscheiden:
(1) Wurde der Kodex akzeptiert, so entsteht bis zur Abgabe einer korrigierten Erklärung eine Bindungswirkung der Organmitglieder, vergleichbar einem Teil der Geschäftsordnung, der die Pflicht des Organs Vorstand oder Aufsichtsrat sowie seiner

---

[222] BGHZ 64, 325 = NJW 1975, 1412.
[223] *Lutter*, Information und Vertraulichkeit, Rn. 550; *Lutter/Krieger*, Rechte und Pflichten, Rn. 281.
[224] *Lutter/Krieger*, Rechte und Pflichten, Rn. 27.
[225] BGH, NJW 1990, 1629 (Schaffgotsch).

Mitglieder in dieser Gesellschaft konkretisiert. Verstöße sind dann Pflichtverletzungen.[226]

(2) Wurde der Kodex nicht akzeptiert, ist zu prüfen, ob die fragliche Empfehlung nicht sowieso schon dem allgemeinen Sorgfaltsmaßstab des § 93 AktG entspricht. Das könnte z. B. für die im Kodex empfohlene Handhabung der Interessenkonflikte (Ziffer 4.3.4 und 5.5.2/3) zutreffen. Im Übrigen steht die Rechtsprechung offenbar einer ausstrahlenden Wirkung der Kodexempfehlungen auf Generalklauseln aufgeschlossen gegenüber: Der Deutsche Corporate Governance Kodex wirke durch seine Anerkennung durch den Gesetzgeber in § 161 AktG auf aktienrechtliche Vorschriften zurück.[227]

5. Die Business Judgment Rule im Einzelnen (vgl. Rn. 474 ff.)

Ziff. 3.8 Satz 3:

3.8 Bei unternehmerischen Entscheidungen liegt keine Pflichtverletzung vor, wenn das Mitglied von Vorstand oder Aufsichtsrat vernünftigerweise annehmen durfte, auf der Grundlage angemessener Information zum Wohle der Gesellschaft zu handeln (Business Judgment Rule).

Der Kodex referiert den unten (Rn.497c) wiedergegebenen Gesetzestext mit weitgehend übereinstimmenden Worten. Inhaltliche Änderungen gegenüber dem Gesetz sind weder gewollt noch möglich.

a) Schon seit den Zeiten des *Reichsgerichts* und übernommen vom *BGH* in der Entscheidung ARAG vom 21. April 1997[228] ist anerkannt, dass Vorstandsmitglieder nicht das allgemeine unternehmerische Risiko aus Fehlentscheidungen und Fehlentwicklungen tragen. Erweist sich eine unternehmerische Entscheidung als verfehlt – und davon gibt es Legion: von BMW/Rover über Daimler/Fokker und Daimler/Chrysler bis zur einstigen Metallgesellschaft – so trägt das Risiko daraus doch nicht der Vorstand, sondern die Gesellschaft und der Aktionär. Denn Fehlschläge gehören zum unternehmerischen Handeln, stets richtige Entscheidungen kann es da nicht geben. Der unternehmerische Fehlschlag als solcher ist also **keine** zur Haftung des Vorstands führende **Pflichtwidrigkeit,** sondern mangelnde Fortune.

b) Dieser Rechtsgedanke ist mit der Ergänzung des § 93 Abs. 1 durch einen neuen Satz 2 mit dem UMAG von 2005 in das Gesetz aufgenommen worden mit folgendem Wortlaut:
„Eine Pflichtverletzung liegt nicht vor, wenn das Vorstandsmitglied bei einer unternehmerischen Entscheidung vernünftigerweise annehmen durfte, auf der Grundlage angemessener Information zum Wohle der Gesellschaft zu handeln."

c) Dieses Privileg des Vorstands zu folgenlosen Fehlentscheidungen hat aber bestimmte Voraussetzungen. Denn wenn schon die Gesellschaft und der Aktionär das Risiko unternehmerischer Fehlentscheidungen des Vorstands tragen, dann muss dieses Risiko wenigstens möglichst klein gehalten werden. Daher hat die Anwendbarkeit des Rechtssatzes der Business Judgment Rule nach § 93 Abs. 1 Satz 2 AktG bestimmte Voraussetzungen,[229] nämlich:

---

[226] Näher Rn. 1622.
[227] OLG Schleswig, NZG 2003, 176, 179 (Mobilcom); vgl. auch im Anschluss BGHZ 158, 122, 127 = NJW 2004, 1109 (Mobilcom): danach waren die Empfehlungen des Kodex ein Aspekt unter mehreren zur Auslegung von § 71 Abs. 1 Nr. 8 Satz 5 bzw. § 192 Abs. 2 Nr. 3 AktG; ähnlich LG München I, BB 2004, 958 (HypoVereinsbank) zur Zulässigkeit des Wechsels vom Vorstand in den Aufsichtsrat. Vgl. zur Diskussion auch *Kirschbaum*, Entsprechenserklärungen, S. 75 m. w. N.
[228] BGHZ 135, 244.
[229] Vgl. *Lutter*, Die Business Judgment Rule und ihre praktische Anwendung, ZIP 2007, 841.

497e (1) Es muss sich um eine **unternehmerische Entscheidung** handeln. Das aber liegt nur vor, wenn der Vorstand in seiner Entscheidung **frei** ist, so oder auch anders handeln zu können. Ist er durch Gesetz oder Satzung gebunden, so ist der Vorstand nicht frei, hat keine Alternative; dann liegt auch keine unternehmerische Entscheidung vor.

Auf Größe und Bedeutung der Entscheidung kommt es nicht an. Der Kauf eines PKW für die Gesellschaft ist eine unternehmerische Entscheidung, der Abschluss eines Kartellvertrages hingegen nicht, weil das vom Gesetz schlicht verboten ist.

497f (2) Der Vorstand muss **vernünftigerweise annehmen können, mit seiner Entscheidung zum Wohl der Gesellschaft zu handeln**. Gibt er einem Unbekannten einen ungesicherten Kredit über eine halbe Million Euro,[230] so kann das nicht im Interesse der Gesellschaft liegen. Von solchen Extremfällen abgesehen, wird man das Vorliegen dieser Voraussetzung im Zweifel annehmen können.

497g (3) Der Vorstand muss **frei von Interessenkonflikten** handeln. Das steht zwar so weder im Gesetz noch im Kodex-Text, ist aber unbestritten.[231] Geht es also um Verträge der Gesellschaft mit einem Unternehmen, an dem das Vorstandsmitglied oder ein naher Angehöriger maßgeblich beteiligt ist, so kann nicht angenommen werden, dass der Vorstand zum alleinigen Wohl der Gesellschaft handelt.

497h (4) Das gleiche gilt, wenn die Entscheidung zu **übergroßen Risiken**[232] für die Gesellschaft führt, der Vorstand also mit seiner Entscheidung alles auf eine Karte setzt und die Insolvenz der Gesellschaft riskiert.

497i (5) Mit Abstand wichtigste Voraussetzung aber ist, dass der Vorstand auf der Basis **angemessener Information** handelt. Dabei ist klar, dass der Kauf von Schreibpapier nur zwei oder drei Angebote voraussetzt, während der Kauf eines Unternehmens die ganze Liste von due diligence über Markt-Untersuchung und sachgerechter Bewertung bis zu Qualitätsprüfung der Produkte voraussetzt. Die Eckpunkte sind hier also klar, die breite Mitte aber ist grau. Was hier im konkreten Einzelfall „angemessen" ist, lässt sich am ehesten mit Hilfe betriebswirtschaftlicher Regeln ordnungsgemäßer Unternehmensführung ermitteln. Dazu siehe unten Ziff. 11 (Rn. 507a ff.).

497j c) Liegen die fünf Voraussetzungen der Business Judgment Rule vor, so ist das Handeln des Vorstands **nicht pflichtwidrig**. Damit entfällt bereits die erste Voraussetzung der Haftungsnorm des § 93 Abs. 2 AktG. Ein Schadensersatzanspruch der Gesellschaft gegen das betreffende Vorstandsmitglied besteht nicht.

497k d) Liegen die Voraussetzungen der Business Judgment Rule nicht vor, so hat das Gericht zu prüfen, ob der Vorstand die oben erörterten allgemeinen Regeln seiner Sorgfaltspflicht doch gewahrt hat, also etwa trotz des Interessenkonflikts at arm's length gehandelt hat.[233]

497l e) Die gleichen Regeln gelten auch für die **Mitglieder des Aufsichtsrats**[234] dort, wo dieser unternehmerische Entscheidungen fällt, etwa bei der Bestellung von Vorstandsmitgliedern oder der Zustimmung zu einer unternehmerischen Entscheidung des Vorstands.

497m **Die Business Judgment Rule im Haftungsprozess**
Nach § 93 Abs. 2 Satz 3 AktG hat das betreffende Vorstands- oder Aufsichtsratmitglied darzutun und *zu beweisen*, dass es **nicht pflichtwidrig gehandelt hat**. Genau

---

[230] Vgl. dazu den Sachverhalt von BGH ZIP 2005, 981.
[231] Vgl. nur *Fleischer*, Handbuch des Vorstandsrechts, 2006, § 7 Rn. 57 m. w. Nachw.; so auch der Gesetzgeber in der Begründung zum RegE UMAG, BR-Drucks. 3/05 S. 20 f.; ebenso bereits der BGH in der ARAG-Entscheidung BGHZ 135, 244, 253.
[232] So ebenfalls der BGH in der ARAG-Entscheidung BGHZ 135, 244, 253.
[233] Vgl. OLG Oldenburg, BB 2007, 66 sowie *Lutter*, ZIP 2007, 845 f.
[234] BGHZ 135, 244, 253 – ARAG; Großkomm. AktG/*Hopt/Roth*, § 116 Rn. 66 ff.; MünchKomm/*Semler*, § 116 AktG, Rn. 288 ff.; *Hüffer*, NZG 2007, 47, 48.

das ist das Ergebnis der Business Judgment Rule. Daher muss das betreffende Organmitglied im Prozess seinerseits die fünf Voraussetzungen der Business Judgment Rule dartun und beweisen,[235] also
− unternehmerische Entscheidung
− Handeln zum Wohl der Gesellschaft
− kein Interessenkonflikt
− sorgfältige Vorbereitung aufgrund angemessener Information
− keine übergroßen Risiken.

Hieraus wird deutlich, wie wichtig die sorgfältige Dokumentation der Information und Vorbereitung ist und wie wichtig ihre Aufbewahrung mindestens bis zum Ablauf der 5-jährigen Verjährungsfrist.[236]

6. Schaden

Aus der Verletzung von Pflichten von Mitgliedern des Vorstands und Aufsichtsrats muss der Gesellschaft ein **materieller Schaden** erwachsen sein. Das ist etwa der Fall, wenn der Vorstand ein Geschäft ohne die Zustimmung des Aufsichtsrats tätigt und sich dieses später als nachteilig erweist. Oder der Vorstand verletzt das Gesetz und die Gesellschaft muss deswegen Dritten Schadensersatz leisten bzw. ein Bußgeld zahlen: der Vorstand ist ersatzpflichtig. **498**

Der Aufsichtsrat schädigt die Gesellschaft, wenn er Verdachtsmomenten rechtswidrigen oder pflichtwidrigen Verhaltens von Vorstandsmitgliedern nicht nachgeht[237] oder Schadensersatzansprüche der Gesellschaft gegen Vorstandsmitglieder nicht durchsetzt.[238] **499**

7. Kausalität

Zwischen Pflichtverletzung und Schaden muss Kausalität gegeben sein; in den soeben aufgeführten Fällen (Rn. 498/499) ist das fraglos gegeben.[239] **500**

8. Verschulden

Umfasst hier Vorsatz und jede Form von Fahrlässigkeit inkl. leichter Fahrlässigkeit. **501**

a) Jedes Vorstands- oder Aufsichtsratsmitglied haftet nach seinem eigenen persönlichen Verschulden

Hat also der Vorstand oder der Aufsichtsrat einen pflichtwidrigen Beschluss gefasst, hat aber das betreffende einzelne Mitglied widersprochen und den Widerspruch zu Protokoll nehmen lassen, so ist es entschuldigt.[240] **502**

b) Ressortfragen, Delegation

Mit der Zuteilung eines bestimmten Ressorts an ein bestimmtes Vorstandsmitglied verdichten sich seine Pflichten (z. B. Finanzvorstand, Vorstand für Forschung und Entwicklung[241]), während andere Vorstandsmitglieder ihn nur noch in diesem Bereich **zu** **503**

---

[235] *Lutter*, ZIP 2007, 841, 846; allg. zur Beweislast BGHZ 152, 280, 283; BGH ZIP 2007, 322; *Goette*, ZGR 1995, 648, 671 ff.
[236] Das gilt auch und erst recht mit Blick auf den strafrechtlichen Vorwurf der Untreue − vgl. *Keul*, DB 2007, 728, 730.
[237] LG Bielefeld, WM 1999, 2457, 2464 f.
[238] BGHZ 135, 244 = NJW 1997, 1926 (ARAG).
[239] Zu weiteren Einzelfällen vgl. *Hopt* in GroßKomm. AktG, § 93 Rn. 266 ff.
[240] In gravierenden Fällen muss man allerdings das betreffende Mitglied für verpflichtet ansehen, auf Feststellung der Unwirksamkeit dieses Beschlusses zu klagen.
[241] Vgl. die berühmte Lederspray-Entscheidung BGHSt. 37, 106 = NJW 1990, 2560.

überwachen haben, bei entsprechender Pflichtverletzung des Ressortleiters also selbst nicht pflichtwidrig gehandelt haben oder – bei korrekter Überwachung – jedenfalls entschuldigt sind.

504 Das Gleiche gilt für Aufsichtsratsmitglieder: Sind die Fragen der Vorstandsverträge einem Ausschuss zugewiesen und begeht dieser in diesem Zusammenhang eine Pflichtverletzung, so sind die Nicht-Ausschussmitglieder nur haftbar, wenn sie die Tätigkeit des Ausschusses nicht überwacht haben, sich also nicht mindestens haben berichten lassen.[242]

9. Prozess

a) Verfahren gegen Vorstandsmitglieder

505 Im Verfahren gegen Vorstandsmitglieder wird die Gesellschaft vom Aufsichtsrat vertreten (§ 112 AktG), im Verfahren gegen Aufsichtsratsmitglieder vom Vorstand (§ 78 AktG). Zuständig ist je nach Höhe des Schadens das Amtsgericht/Landgericht am Sitz der Gesellschaft (nicht also die Arbeitsgerichte!), aber auch Amtsgericht/Landgericht am Wohnsitz des betreffenden Organmitglieds.

b) Beweislast

506 Darzulegen und zu beweisen hat die Gesellschaft das fragliche Handeln/Unterlassen des Organmitglieds, die Kausalität und den Schaden; das Organmitglied seinerseits muss dartun, dass die fragliche Handlung/Unterlassung nicht pflichtwidrig und nicht schuldhaft war.[243]

Im Übrigen vgl. Rn. 497 m.

10. Vergleich, Verzicht

507 Ist erst drei Jahre nach Entstehung des Anspruchs möglich und nur mit Zustimmung der Hauptversammlung, wenn nicht 10 % der Aktionäre widersprechen, §§ 93 Abs. 4 und 116 AktG.

11. Die angemessene Information des Vorstands bei unternehmerischen Entscheidungen

507a In der Betriebswirtschaftslehre hat die Auseinandersetzung mit den Problemen und Anforderungen komplexer Managemententscheidungen eine lange Tradition. Folgerichtig verweist die Gesetzesbegründung zum UMAG im Zusammenhang mit der Business Judgement Rule auch explizit darauf, dass die Frage der Angemessenheit der Informationsgrundlage einer Vorstandsentscheidung „unter Berücksichtigung anerkannter betriebswirtschaftlicher Verhaltensmaßstäbe" zu beantworten ist.[244] Der Stand der betriebswirtschaftlichen Forschung erlaubt bislang zwar keine bis ins Einzelne konkretisierten Vorgaben für die „richtige" Vorbereitung unternehmerischer, also komplexer und auf die Zukunft gerichteter Maßnahmen des Managements. Immerhin sind aber insoweit bereits erste Grundsätze ordnungsmäßiger Unternehmensleitung formuliert worden, die den Spielraum der vertretbaren Vorbereitungsintensität nach unten und oben eingrenzen und damit eine Orientierung bei der Beschreibung der nach der Business Judgement Rule erforderlichen Informationsbasis vermitteln können.[245] Es handelt sich hierbei um die drei Grundsätze der Rationalität, der Detailbegründung und der Ausgewogenheit von Managemententscheidungen. Diese Grund-

---

[242] Vgl. den Kodex Ziffer 5.3.1 letzter Satz mit dazu Rn. 985.
[243] Vgl. *Hüffer*, AktG, § 93 Rn. 16 und *Goette*, ZGR 1995, 648 ff.
[244] Begr. RegE UMAG, BT-Drucks. 15/5092, S. 24.
[245] Vgl. zum Folgenden eingehender *Grundei/v. Werder*, AG 2005, 825.

sätze stoßen nach den Ergebnissen einer explorativen empirischen Studie in der Praxis auf beachtliche Zustimmung und können daher den folgenden Ausführungen zugrunde gelegt werden.[246]

Unternehmerische Entscheidungen sind durch ein hohes Maß an Ungewissheit charakterisiert, da die zugrunde liegenden Problemzusammenhänge nicht vollständig bekannt sind und bekannt sein können und die Konsequenzen der getroffenen Entscheidungen erst in der Zukunft eintreten. In welcher Weise solche unternehmerischen bzw. unstrukturierten Managemententscheidungen getroffen werden sollten, ist in der Betriebswirtschaftslehre umstritten.[247] Der Ansatz des *intendiert-rationalen Managements* anerkennt durchaus die komplexitätsbedingten prinzipiellen Schranken der Beherrschung unstrukturierter Managementprobleme. Er ist aber gleichwohl der Maxime verpflichtet, unstrukturierte Managementaufgaben auf der Grundlage einer objektiven, also interpersonell nachvollziehbaren Problemanalyse im Rahmen des Möglichen („intendiert") rational anzugehen. Der *intuitive Managementansatz* als Gegenprogramm hingegen lässt auch Entscheidungen nach „Bauchgefühl" zu, die nicht analytisch vorbereitet, sondern holistisch, rasch, mit großem Zutrauen und letztlich ohne die Möglichkeit ihrer Erklärung gegenüber Dritten gefasst werden.

In Übereinstimmung mit der vorherrschenden Auffassung in der Betriebswirtschaftslehre wie auch den rechtlichen Anforderungen an Vorstandsentscheidungen sieht der *Rationalitätsgrundsatz* vor, dass komplexe Managemententscheidungen durch eine (Intuitionen zumindest flankierende) systematische Nutzung des zugänglichen Wissens über die zugrunde liegenden Probleme vorbereitet bzw. fundiert werden und sich damit gegenüber legitimierten Dritten auch nachvollziehbar kommentieren lassen. Vorstandsentscheidungen können danach nur dann unter dem Schutz der Business Judgement Rule stehen, wenn sie nicht ausschließlich auf Intuition beruhen, sondern diesem Rationalgrundsatz genügen. Offen ist damit allerdings noch, in welchem Umfang der Stand des zugänglichen Wissens ausgeschöpft werden muss. Erste Antworten auf diese Frage geben der Detailbegründungs- und der Ausgewogenheitsgrundsatz.

Der Grundsatz der Detailbegründung nimmt Bezug auf das Konzept der Argumentationsrationalität einer (Management-)Entscheidung.[248] Da die Intensität und Güte einer Entscheidungsvorbereitung im Normalfall nicht direkt beobachtet werden können, stellt dieses Konzept auf die kognitive Qualität der Argumente ab, die – auf der Basis der jeweiligen Entscheidungsvorbereitung – zur Begründung der betreffenden Maßnahme ins Feld geführt werden können. Dabei werden vier Stufen der Argumentationsrationalität unterschieden. *Unbegründete Entscheidungen* bestehen lediglich aus der Behauptung, dass eine bestimmte Maßnahme positiv zu beurteilen ist (Beispiel: Der Vorstand empfiehlt die Akquisition eines Unternehmens, ohne hierfür nähere Gründe zu nennen). Im Fall *globalbegründeter Entscheidungen* werden die Maßnahmenempfehlungen durch Aussagen über ihre positiven Konsequenzen untermauert, die globalen Konsequenzaussagen selbst allerdings nicht gestützt (Beispiel: Begründung der Akquisition mit Synergieeffekten, ohne diese Effekte näher zu begründen). *Detailbegründete Entscheidungen* liegen vor, wenn die globalen Konsequenzaussagen nicht nur artikuliert, sondern ihrerseits (mehr oder weniger breit und tiefgehend) begründet werden. Sofern die Begründungen der globalen Konsequenzaussagen das zugängliche

---

[246] In der genannten Befragung von 38 Top-Managern deutscher Großunternehmen wurden der Rationalitätsgrundsatz und der Ausgewogenheitsgrundsatz von allen teilnehmenden Vorstandsmitgliedern als Ausdruck einer sorgfältigen Unternehmensführung anerkannt, der Detailbegründungsgrundsatz von 97,4% dieser Personen. Siehe näher *v. Werder et al.*, DB 1998, 1196.

[247] Siehe hierzu und zum Folgenden *v. Werder*, DB 1995, 2177; *ders.* ZfbF 1996 Sonderheft 36, 27; jeweils m. w. N.

[248] *v. Werder*, Unternehmungsführung.

problemrelevante Wissen vollständig abdecken, ist die Rationalitätsstufe *qualifiziert-begründeter Entscheidungen* erreicht.

507e Da unbegründete, rein intuitive Entscheidungen schon durch den Rationalgrundsatz ausgeschlossen werden und qualifizierte Begründungen aus Zeit- und Kostengründen kaum realistisch sind,[249] plädiert der *Grundsatz der Detailbegründung* für eine mittlere Anforderung, die anspruchsvoll, aber auch praktisch einlösbar ist. Nach dem Detailbegründungsgrundsatz sind Vorstandsentscheidungen nur dann hinreichend sorgfältig vorbereitet, wenn die (globalen Konsequenz-)Aussagen über die Maßnahmenwirkungen ihrerseits argumentativ untermauert werden. Dieser Grundsatz trägt dem Umstand Rechnung, dass es in unstrukturierten Problemsituationen aufgrund der unternehmensindividuellen Einflussfaktoren keine Patentrezepte der Problemlösung gibt und die gleichen Managementmaßnahmen daher in verschiedenen Unternehmen ganz unterschiedliche Auswirkungen haben können. Infolgedessen können manageriale Maßnahmenbegründungen überhaupt nur dann ausreichend überzeugen, wenn sie bestimmte (globale) Konsequenzen nicht nur pauschal postulieren, sondern ihren mutmaßlichen Eintritt unter den spezifischen Bedingungen des jeweiligen Unternehmens auch einsichtig machen.

507f Der Detailbegründungsgrundsatz lässt einen erheblichen Spielraum, wie breit und tiefgehend die Begründungen globaler Konsequenzaussagen ausfallen sollten. Eine Antwort auf diese Frage ist beim heutigen betriebswirtschaftlichen Forschungsstand nur bedingt möglich. Mit dem *Grundsatz der Ausgewogenheit* kann allerdings zumindest eine spezifische Anforderung an Detailbegründungen formuliert werden, die bereits als allgemein akzeptabel gelten darf. Der Ausgewogenheitsgrundsatz erkennt Detailbegründungen nur dann als ordnungsmäßig an, wenn sie die Konsequenzaussagen nicht einseitig zugunsten der empfohlenen Maßnahme untermauern, sondern ihre Stärken *und* Schwächen vorurteilsfrei-ausgeglichen darlegen. Anders gewendet müssen somit neben den Chancen auch die Risiken der fraglichen Aktivität – wenn möglich im Vergleich zu einer realistischen materiellen Handlungsalternative – deutlich gemacht werden, damit von einer ausreichend sorgfältigen Entscheidungsvorbereitung gesprochen werden kann. Der Ausgewogenheitsgrundsatz lässt somit Risiken unternehmerischer Entscheidungen selbstredend zu, zielt aber darauf ab, dass es sich lediglich um *kalkulierte* Risiken handelt.[250]

3.8 Schließt die Gesellschaft für Vorstand und Aufsichtsrat eine D&O-Versicherung ab, so soll ein angemessener Selbstbehalt vereinbart werden.

XV. Die D&O-Versicherung

508 **Absatz 2** verlangt für den Fall, dass eine D&O-Versicherung[251] abgeschlossen wird, die Vereinbarung eines angemessenen Selbstbehalts. Eine Empfehlung zum Abschluss einer solchen Versicherung gibt der Kodex nicht.

1. Ein aus den USA übernommener Versicherungstyp

509 Die D&O-Versicherung ist ein seit vielen Jahren in den USA bewährtes Instrument, mit dem die Gesellschaften die persönliche Haftung der Boardmitglieder und „Offi-

---

[249] Zu Letzterem näher *v. Werder*, ZfB 1997, 901, sowie aus juristischer Sicht auch *Fleischer* in FS Wiedmann 2002, 841; ferner *Ulmer*, DB 2004, 860.
[250] In diesem Sinne auch *Hauschka*, ZRP 2004, 65.
[251] Directors & Officers Liability Insurance.

cers" angemessen begrenzen. Diese Personengruppe haftet bekanntermaßen den Aktionären der Gesellschaft und geschädigten oder sich zumindest geschädigt fühlenden Dritten[252] in ungleich größerem Ausmaß unmittelbar, als es das deutsche Recht vorsieht.

Der Klagetradition in den USA folgend, werden einzelne Boardmitglieder/Officers häufig in astronomischer Höhe in Anspruch genommen und durch die Verursachung aufwendiger, in der Regel nicht erstattungsfähiger Anwaltskosten im gerichtlichen Vorverfahren[253] in einen materiellrechtlich nicht gerechtfertigten Vergleich gedrängt. Zwar sehen die Federal Rules of Civil Procedure in Rule 11 vor, dass der ungerechtfertigt in Anspruch genommene Beklagte Kostenerstattung zugesprochen bekommen kann. Die Grenzen hierfür sind aber eng gezogen und werden, amerikanischer Prozesstradition entsprechend, von den Gerichten restriktiv ausgelegt. Dies gilt insbesondere nach der Überarbeitung der Vorschrift in 1993, deren Ziel erklärter maßen war, Sanktionen wegen ungerechtfertigter Inanspruchnahme der Gerichte zu erschweren.[254]

Um die geschilderten Risiken persönlicher Inanspruchnahme so zu begrenzen, dass die Boardmitglieder/Officers bereit bleiben, unternehmerisch notwendige Risiken einzugehen, wurden schon frühzeitig entsprechende Versicherungsdeckungen auf dem amerikanischen Markt angeboten. Rechtsgrundlage ist in der Regel eine ausdrückliche gesetzliche Ermächtigung, wie sie beispielsweise Section 145 G des Delaware Company Law beinhaltet, der bestimmt: „A corporation shall have power to pertain and maintain insurance on behalf of any person who is or was a director, officer, employee or agent of the corporation, ... against any liability asserted against him and incurred by him in any such capacity, ..."

2. Die D&O-Versicherung in Deutschland

Auf dem deutschen Markt haben D&O-Versicherungen keine lange Tradition.[255] Die Haftungslage der Mitglieder des Vorstands und des Aufsichtsrats unterscheidet sich auch grundlegend von der der Board Mitglieder in den USA. Inzwischen gehören D&O-Versicherungen hingegen schon fast zur Regelausstattung von Vorständen und Aufsichtsräten deutscher börsennotierter Gesellschaften. Häufig umfasst der Versicherungsschutz nicht nur Organmitglieder, sondern schließt leitende Angestellte und solche, die besonders risikoreiche Tätigkeiten ausüben, ein. Die Versicherer haben sich einer entsprechenden Nachfrage, die auch aus der steigenden internationalen Betätigung deutscher Gesellschaften auf dem prozessträchtigen US-Markt und der Notierung deutscher Unternehmen an amerikanischen Börsen resultierten, nicht versagt.

Die Baums-Kommission[256] sah zu Recht keine Notwendigkeit, der Frage der rechtlichen Zulässigkeit von D&O-Versicherungen in Deutschland vertieft nachzugehen oder gar eine eigene gesetzliche Regelung hierfür vorzuschlagen. Die Baums-Kommission hat lediglich empfohlen, „durch entsprechende Änderungen der §§ 289, 314 HGB vorzusehen, dass im Anhang bzw. Konzernanhang der Betrag der für eine D&O-Versicherung für die Vorstands- und Aufsichtsratsmitglieder gezahlten Versicherungsprämien sowie die Höhe des jeweiligen Selbstbehalts der Organmitglieder anzugeben ist".[257]

---

[252] Auch im Rahmen so genannter Class Actions, s. Rule 23 FRCP = Federal Rules of Civil Procedure for the United States District Courts (Title 28 U. S. C. A.).
[253] Der so genannten „Pretrial Discovery", s. Rule 26 FRCP.
[254] S. FRCP, Rule 11, 1993 Amendments: „... The revision broadens the scope of this obligation (d. h. keine ungerechtfertigten Klagen zu erheben) but places greater constraints on the imposition of sanctions and should reduce the number of motions for sanctions to the court."
[255] D&O-Versicherungen gibt es in Deutschland seit 1995, *Kietke*, BB 2003, 537 ff.
[256] *Baums*, Bericht, Rn. 75.
[257] *Baums*, Bericht, Rn. 75.

3. Gegenstand der D&O-Versicherung

514 Die D&O-Versicherung gewährt den versicherten Personen, zu denen typischerweise stets Organe der Gesellschaft, aber auch leitende Angestellte, Organe von Tochtergesellschaften u. a. zählen, Versicherungsschutz für den Fall, dass sie aufgrund gesetzlicher Haftpflichtbestimmungen für einen Vermögensschaden in Anspruch genommen werden.[258] Während D&O-Versicherungen in den USA den rechtskräftig festgestellten Schaden des Klägers (sowie die häufig hohen Kosten der Rechtsverteidigung) ersetzen, ist für die deutschen D&O-Versicherungen typisch, dass sie neben Deckungsschutz gegenüber Ansprüchen aus Außenhaftung[259] auch Schutz gegen **Ansprüche aus Innenhaftung** gewähren. Diese Erweiterung des Deckungsschutzes verbunden mit dem häufig zu beobachtenden ausdrücklichen oder stillschweigenden Verzicht des Versicherers auf rechtskräftige Feststellung des Schadens birgt die Gefahr, dass Versicherungsnehmer (= die Gesellschaft) und die versicherte Person (= Organ der Gesellschaft) einen Versicherungsfall eher großzügig annehmen, weil sich die Möglichkeit bietet, unternehmerische Risiken auf einen Versicherer abzuwälzen. Dafür, dass dies bisweilen geschieht, spricht, dass vermehrt Ansprüche aus Innenhaftung angemeldet werden.[260] Da verwundert es nicht, dass die Prämien für die D&O kräftig anziehen und die Versicherer versuchen, zusätzliche Deckungsausschlüsse zu vereinbaren.[261] Zwischenzeitlich scheint sich der Trend umzukehren, weil ständig neue Versicherer auf den lukrativen deutschen Markt drängen, möglicherweise aber auch, weil die Versicherer dem Haftungsprozess auf Seiten des (versicherten) Schädigers beitreten und so einem eventuellen kollusiven Verhalten zwischen Schädiger und Geschädigter Gesellschaft Grenzen setzen.[262] im ersten Halbjahr 2006 sollen die Prämien für D&O Versicherungen um bis zu 40 % gesunken sein.[263] Erfahrungsgemäß sind indes Kampfpreise, mit denen der Markteintritt erreicht werden soll, nicht von langer Dauer; eine gewisse Normalisierung der Prämienhöhe dürfte in absehbarer Zeit eintreten.

515 Rechtlich gesehen ist die D&O-Police als Haftpflichtversicherung so strukturiert, dass versicherte Person das betreffende Organmitglied und Versicherungsnehmer die Gesellschaft ist. Die D&O-Versicherung stellt sich somit formal als Versicherung für fremde Rechnung nach §§ 74 ff. VVG dar.[264] Die beschriebene rechtstechnische Gestaltung darf aber nicht darüber hinwegtäuschen, dass die Gesellschaften, wie sich insbesondere aus der häufigen Erweiterung der Police über den Kreis der Organmitglieder hinaus ergibt, Versicherungsdeckung zum **eigenen Schutz** und aus der berechtigten Sorge vor den Grenzen der Solvenz der potenziellen Schuldner und nicht etwa im Interesse und für Rechnung der Versicherungsnehmer eindecken.[265]

---

[258] Vgl. Ziffer 1.1 AVB-AVG = Allgemeine Versicherungsbedingungen für die Vermögensschadenshaftpflichtversicherung von Aufsichtsräten, Vorständen und Geschäftsführern; s. auch *Kiethe*, BB 2003, 537 ff.; *Koch*, GmbHR 2004, 18 ff. Insoweit ergänzt die D&O die Betriebshaftpflichtversicherung der Gesellschaft, die ja das Haftpflichtrisiko des gesetzlichen Vertreters vor Inanspruchnahme für Sach- und Personenschäden, nicht aber für reine Vermögensschäden, deckt, S. 1 Ziffer 3 AHB = Allgemeine Haftpflichtbedingungen.

[259] Dies schließt den Gesamtschuldnerausgleich nach § 426 BGB, d. h. Regressanspruch der Gesellschaft, die nach § 31 BGB für ihre Organe haftet, ein.

[260] *Koch*, GmbHR 2004, 18 ff., 19; BörsenZ vom 5. 10. 2005 „Vorstände sind mit hohen Haftungsrisiken konfrontiert".

[261] FT vom 2. 2. 2004 „Preise für Managerhaftpflicht ziehen an".

[262] S. *Peltzer*, Festschrift für Priester, S. 573, 590.

[263] S. FTD vom 11. 5. 2006 „Manager sind leichter zu versichern", FTD vom 23. 8. 2006 „Managerversicherung wird billiger".

[264] So auch *Säcker*, VersR 2005, 10 ff. m. w. N. zum Diskussionsstand, s. auch OLG München, DB 2005, 1675 ff.

[265] *Dreher/Görner*, ZIP 2003, 2321, 2323; *Säcker*, a. a. O.; a. A. *Koch*, GmbHR 2004, 18, 22; *Seibt*, AG 2002, 249, 258.

4. D&O: Versicherung im Unternehmensinteresse

Die vorstehende Ansicht legt auch der Kodex seiner Empfehlung in Abschn. 3.8 zugrunde. Denn aus der Formulierung des Kodex, dass die Gesellschaft „für" Vorstand und Aufsichtsrat eine D&O-Versicherung abschließen kann, folgt nicht der Schluss, die Kodexkommission begreife die D&O-Versicherung als eine im alleinigen oder überwiegenden Interesse der betroffenen Verwaltungsmitglieder abgeschlossene Versicherung.[266] Dann könnte in der Tat, wovon ein Teil der juristischen Literatur ausgeht,[267] die von der Gesellschaft für Vorstands- und Aufsichtsratsmitglieder gezahlte Versicherungsprämie als Vergütungsbestandteil angesehen werden, der, soweit die Aufsichtsratsmitglieder betroffen sind, zu seiner Wirksamkeit entweder in der Satzung festgesetzt werden muss[268] oder von der Hauptversammlung zu bewilligen ist.[269]

Überzeugender scheint indes die Ansicht, dass die D&O-Versicherung eine **von der Gesellschaft im Gesellschaftsinteresse** und ggf. unter Berücksichtigung der der Gesellschaft gegenüber Vorstand und Aufsichtsrat obliegenden Fürsorgepflichten abgeschlossene Versicherung ist, die die Gesellschaft wirtschaftlich gegen Risiken aus einem Fehlverhalten ihrer Verwaltungsmitglieder absichert. Auch in deutschen Gesellschaften können Haftungsrisiken heute leicht Größenordnungen erreichen, die die finanziellen Möglichkeiten der Mitglieder von Vorstand und Aufsichtsrat übersteigen. Die besseren Gründe sprechen mithin dafür, dass sich die Gesellschaft durch die D&O-Versicherung primär im eigenen Interesse gegen einen potenziellen Haftungs- oder Regressausfall absichert. So kommt Mertens[270] zu dem überzeugenden Ergebnis, dass „einer Aktiengesellschaft der Abschluss eines D&O-Versicherungsvertrages ohne Zustimmung der Hauptversammlung auch dann möglich ist, wenn Aufsichtsratsmitglieder zu den versicherten Personen gehörten. Es handelt sich um eine, der Verwaltung zustehende Geschäftsführungsentscheidung, die unternehmerische Interessen verfolgt und sich, soweit sie die Verwaltungsmitglieder begünstigt, im Rahmen dienstlicher Fürsorge hält. Daher ist es der Verwaltung erlaubt, sie nicht als Vergütung im Sinne vom § 113 AktG zu behandeln, der einer Beschlussfassung der Hauptversammlung bedürfte."

5. Prämien für D&O-Versicherung sind nicht einkommensteuerpflichtig

Dieser Ansicht hat sich auch die Finanzverwaltung angeschlossen. Mit Erlass vom 24. Januar 2002[271] hat das Finanzministerium Niedersachsen im Einvernehmen mit dem Bundesministerium der Finanzen[272] die Auffassung vertreten, dass Beiträge, die das Unternehmen für D&O-Versicherungen zahlt, bei den Versicherten grundsätzlich nicht einkommensteuerpflichtig sind. Bei derartigen Versicherungen sei von einem überwiegenden eigenbetrieblichen Interesse des Arbeitgebers auszugehen, so dass die Beiträge nicht zum Arbeitslohn der versicherten Arbeitnehmer gehören. Der Erlass sagt ausdrücklich, dass Einkommen von Vorständen und auch von Aufsichtsratsmitgliedern steuerlich entsprechend zu behandeln sind.[273]

---

[266] Ähnlich wie oben für die USA unter der Geltung des Delaware Company Law dargestellt.
[267] *Kästner*, AG 2000, 113 ff., *Seibt*, AG 2002, 249, 258 m. w. N.
[268] Das ist wegen der Versicherungsprämien eigenen Volatilität regelmäßig nicht zweckmäßig.
[269] § 113 Abs. 1 AktG.
[270] S. AG 2000, 447, 452.
[271] S-2332-161-35/S-2245-21-31 2.
[272] Schreiben des BMF IV C5-S2332-8/02 vom 24. 2. 2002.
[273] DB 2002, 399 f., zu den Einzelheiten s. *Schüppen/Sanna*, ZIP 2002, 550, 552; a. A. wohl die OFD Münster, die den von der D&O-Versicherung gewährten Schutz als im Interesse des versicherten Organs einschätzt und mithin die Prämien für die Versicherung als steuerpflichtiges Arbeitseinkommen ansieht. KurzInfo Ertragsteuern Nr. 046/2001 vom 9. 8. 2001.

6. Der Selbstbehalt in der D&O-Versicherung

519 D&O-Versicherungen sehen anders als noch vor einigen Jahren[274] in Deutschland heute in der Regel keinen oder nur einen Selbstbehalt in vernachlässigbarer Größenordnung vor. Eine derartige Ausgestaltung der Police wird häufig mit dem über Organmitglieder hinaus erweiterten Kreis der Versicherten[275] sowie damit begründet, dass ein Selbstbehalt sich nicht prämienmindernd auswirke oder von ihm keine verhaltenssteuernde Funktion ausgehe. Eine D&O-Deckung ohne Selbstbehalt stellt bei entsprechender Gestaltung[276] die in den Versicherungsschutz einbezogenen Mitglieder von Vorstand und Aufsichtsrat von einer Haftung für unternehmerische Fehlleistungen frei.

520 Der Kodex hat die Empfehlung der Baums-Kommission[277] insoweit aufgegriffen, als er für den Fall, dass eine Gesellschaft eine D&O-Versicherung für Vorstand und Aufsichtsrat abschließt, empfiehlt, einen **angemessenen Selbstbehalt** zu vereinbaren.

521 Ohne sich im Einzelnen mit der Frage auseinanderzusetzen, ob eine derartig generelle Haftungsfreistellung angesichts der Regelungen des § 93 Abs. 4 (116) AktG rechtlich bedenkenfrei ist,[278] empfiehlt der Kodex die Vereinbarung eines angemessenen Selbstbehaltes. Dies gründet auf der Überlegung, dass ein „richtig gewählter" Selbstbehalt durchaus eine „verhaltenssteuernde Funktion" habe.[279]

522 Ganz überwiegend findet sich ein Selbstbehalt in der Versicherungspolice wieder. Dies mag darin begründet sein, dass die Unternehmen eine prämienmindernde Wirkung des Selbstbehalt unterstellen (was nicht zwingend notwendig ist) oder aber darin, dass der Selbstbehalt bereits von der Versicherung in ihr Bedingungswerk aufgenommen wird. Der Kodex setzt indes nicht voraus, dass ein Selbstbehalt in dem Verhältnis zur Versicherung verankert ist. Es reicht aus Sicht des Kodex vielmehr aus, wenn die Gesellschaft im Verhältnis zu ihrem D&O-Versicherer zwar auf einen Selbstbehalt verzichtet, diesen aber individuell mit den Mitgliedern des Vorstands und des Aufsichtsrats vereinbart.[280] Man muss allerdings gewahr sein, dass eine derartige Gestaltung, bereits dann zu einer Einschränkung der Entsprechenserklärung nach § 161 AktG führt, wenn auch nur ein Organmitglied sich einer entsprechenden Individualvereinbarung entzieht.

7. Die Höhe des Selbstbehaltes

523 Welcher Selbstbehalt im Einzelnen angemessen ist, muss die Gesellschaft unter Berücksichtigung aller Umstände des Einzelfalls entscheiden.[281] Erfahrungswerte sind bisher nicht verlässlich bekannt geworden. Es scheint indes, dass der Selbstbehalt für Vorstandsmitglieder einen Betrag zwischen 100 000 und 250 000 € aufweisen sollte,

---

[274] S. *Messmer*, Versicherungswirtschaft 2002, Heft 18.
[275] So die Deutsche Bank, BörsenZ vom 31.10.2003 „Bei Manager Haftpflicht bleibt Deutsche Bank stur".
[276] *Kiethe*, BB 2003, 537 ff., 542.
[277] *Baums*, Bericht, Rn. 75.
[278] Zustimmend *Schüppen/Sanna*, ZIP 2002, 550, 553; mit abweichender Begründung zustimmend *Peltzer*, Festschrift für Priester, S. 573, 590; a. A. *Kort*, DStR 2006, 799; *Klemens*, ZHR 171 (2007) 119 ff., der überzeugend darauf hinweist, dass ein fehlender Selbstbehalt wie eine vom Gesetz verbotene vollständige Haftungsfreistellung des betroffenen Organmitglieds wirkt.
[279] *Baums*, Bericht, Rn. 75.
[280] Das kann beispielsweise dann sinnvoll sein, wenn auch Mitarbeiter versichert werden, für sie aber kein Selbstbehalt vorgesehen werden soll.
[281] Zum angemessenen Selbstbehalt s. allgemein *Dreher/Görner*, ZIP 2003, 2321 ff. m. vielen N.

wenn durch ihn eine „verhaltenssteuernde Funktion" ereicht werden soll. Eine Reihe von Unternehmen verzichtet auf eine feste monetäre Grenze und orientiert den Selbstbehalt an dem Betrag eines (= 100 %) Jahresfestgehaltes oder eines Bruchteiles davon (z. B. 50 % oder 25 %) (für Vorstandsmitglieder) bzw. einer Jahresfixvergütung, oder eines Bruchteiles davon (für Aufsichtsratsmitglieder). Es sind keine Unternehmen bekannt geworden, die die Höhe des Selbstbehaltes an individuelle Bezüge der Organmitglieder knüpfen.

Grundsätzlich sind beim Selbstbehalt auch die Mitglieder des Aufsichtsrats gleich zu behandeln. Dies kann bei **Arbeitnehmervertretern** in mitbestimmten Aufsichtsräten dann zu Unzuträglichkeiten führen, wenn die Aufsichtsratsmitglieder ihre Vergütung an gewerkschaftliche oder gewerkschaftsnahe Organisationen abführen (müssen). Für diese Frage eine Lösung zu finden, obliegt nicht dem Kodex. Hier sind die relevanten Arbeitnehmergruppierungen gefragt, die dem Vernehmen nach bereits Lösungen anbieten, so dass dieses Problem sich erledigt zu haben scheint. 524

Erwägenswert erscheint die Überlegung, den Selbstbehalt nicht nur auf das jeweilige Schadensereignis zu beziehen, sondern ihn auch summenmäßig zu maximieren. Beispielsweise könnte daran gedacht werden, den Selbstbehalt nicht mehr als einmal jährlich in Anspruch nehmen zu dürfen. 525

8. Reaktion auf die Kodexempfehlung

Eine Reihe von Unternehmen hat, wie sich schon aus den Entsprechenserklärungen für 2003 ergibt, entschieden, keinen Selbstbehalt akzeptieren zu wollen.[282] Dahinter mag die Überlegung stehen, dass ein Selbstbehalt nicht dazu geeignet sei, die Qualität der Tätigkeit von Vorständen oder Aufsichtsräten spürbar positiv zu beeinflussen, sondern vielmehr davon auszugehen sei, dass die Kodexregelung lediglich zu einer sinnlosen, generellen Verteuerung führe. Die Organmitglieder seien nämlich regelmäßig bestrebt, den Selbstbehalt eigenständig zu versichern.[283] Der aus dem Abschluss individueller Policen resultierende Aufwand werde den Organmitgliedern direkt oder indirekt erstattet. Die Folge sei mithin eine entsprechende Verteuerung der Aufsichtsratsvergütungen. 526

Ob die Vereinbarung eines Selbstbehalts nun die Qualität der Tätigkeit der Organmitglieder wirklich positiv beeinflusst, ob die tatsächlich vereinbarten Beträge in der Tat ausreichen werden und welche überwiegende Praxis sich überhaupt herausbildet, wird die Kommission bei ihrer jährlichen Überprüfung des Kodex vor dem Hintergrund nationaler und internationaler Entwicklungen festzustellen haben. Die Erhebungen des Berlin Center of Corporate Governance haben gezeigt, dass auch in den Jahren 2005 und 2006 die Kodexempfehlung zur Vereinbarung eines angemessenen Selbstbehaltes weiterhin zu den Kodexempfehlungen gehört, die von den Unternehmen am wenigsten akzeptiert werden.[284] 526a

---

[282] Es sind dies: Adidas Salomon AG, Bayer AG, E.ON AG, Bayerische Hypo Vereinsbank AG, DaimlerChrysler AG, Deutsche Bank AG, SAP AG, Siemens AG, Nachweise nach *Dreher/Görner*, ZIP 2003, 2321 Fn. 4.

[283] Derzeit scheint die Versicherungswirtschaft zwar noch keine entsprechende Deckung anzubieten. Die Erfahrung zeigt jedoch, dass entsprechende Nachfrage auf der Zeitachse zur Bereitstellung einer Deckung führt.

[284] Hierzu gehören ferner die Empfehlungen zur individualisierten Veröffentlichung der Vorstandsbezüge (die zwischenzeitlich eine gesetzliche Regelung im VorstOG gefunden hat, s. 4.2.3) sowie bei kleineren Unternehmen die Empfehlungen zur Bildung von Aufsichtsratsausschüssen; wegen der Einzelheiten s. die Erhebungen des Berlin Center of Corporate Governance, www.bcg.tu-berlin.de, *v. Werder/Talaulicar*, Kodex Report 2006, DB 2006, 849; 2007, 869.

3.9 Die Gewährung von Krediten des Unternehmens an Mitglieder des Vorstands und des Aufsichtsrats sowie ihre Anfragen bedarf der Zustimmung des Aufsichtsrats.

XVI. Gewährung von Krediten

527 Die Kodexbestimmung enthält eine kurze Beschreibung des Kerngedankens der gesetzlichen Regelungen in §§ 89, 115 AktG.[285] Ziel dieser Regelungen ist zum einen die Verhinderung von missbräuchlichen Kreditvergaben. Es soll gewährleistet werden, dass die Kreditgewährung im Gesellschaftsinteresse und zu wirtschaftlich akzeptablen Konditionen erfolgt. Dies ist insbesondere bei Kreditvergabe an Aufsichtsratsmitglieder erforderlich, um eine unangemessene Beeinflussung einzelner Aufsichtsratsmitglieder durch den Vorstand im Wege einer großzügigen Kreditvergabe zu verhindern.[286] Zum anderen beabsichtigt der Gesetzgeber, durch das Erfordernis der Beschlussfassung im Aufsichtsrat die Transparenz von Kreditvergaben herzustellen.[287] Der vollständige Verzicht auf Kredite an Organmitglieder wird von institutionellen Anlegern in der Regel positiv bewertet.[288]

1. Kredite des Unternehmens

528 Angesichts der Zielsetzung der §§ 89, 115 AktG, Missbräuchen durch Transparenz vorzubeugen, darf der Begriff des Kredits nicht zu eng verstanden werden. Auch wirtschaftlich vergleichbare Geschäfte werden erfasst.[289]

529 Kredite des Unternehmens meint nach der Terminologie des Kodex Kredite, die die Gesellschaft oder ihre Konzernunternehmen[290] an Vorstands- und Aufsichtsratsmitglieder der Gesellschaft vergeben. Mit dieser Interpretation der gesetzlichen Regeln geht der Kodex über den Wortlaut des § 89 AktG hinaus und befürwortet in Anlehnung an § 115 Abs. 1 Satz 2 AktG ein konzerndimensionales Verständnis bei der Bestimmung des kreditgebenden Unternehmens auch bei der Kreditvergabe an Vorstandsmitglieder. Eine abweichende Praxis ist nach § 161 AktG nicht erläuterungspflichtig.

2. Kreditgewährung an Vorstandsmitglieder

530 Die Kreditvergabe an Vorstandsmitglieder erfolgt **durch** den Aufsichtsrat, der hierüber durch Beschluss entscheidet. Demgegenüber werden Kredite an Ehegatten, Lebenspartner oder minderjährige Kinder von Vorstandsmitgliedern durch den Vorstand mit vorheriger Zustimmung des Aufsichtsrats vergeben.[291] Innerhalb des Aufsichtsrats ist in der Regel der Personalausschuss zuständig.

531 Kredite unter einem Monatsgehalt (berechnet nach $1/12$ der dem Vorstand brutto vor Steuern und Versicherungen zustehenden Jahresbezüge)[292] sind nicht zustimmungspflichtig (§ 89 Abs. 1 Satz 5 AktG).

---

[285] Zu den Einzelheiten der sehr detaillierten gesetzlichen Regelungen siehe insbesondere die Kommentierungen von *Mertens* in Kölner Kommentar, §§ 89, 115 AktG; *Hüffer*, AktG, §§ 89, 115.
[286] *Hüffer*, AktG, § 115 Rn. 1; *Kropff*, AktG, S. 160.
[287] *Hüffer*, AktG, § 89 Rn. 1.
[288] *Strenger* in Handbuch Corporate Governance, 697, 707.
[289] *Hüffer*, AktG, § 89 Rn. 2.
[290] S. Präambel.
[291] § 89 Abs. 2 AktG.
[292] *Hüffer*, AktG, § 89 Rn. 3.

3. Kreditgewährung an Aufsichtsratsmitglieder

Kredite an Aufsichtsratsmitglieder werden durch den Vorstand mit vorheriger Zustimmung des Aufsichtsrats gewährt. Die Entscheidung über die Zustimmung kann auf einen Ausschuss übertragen werden. Die Regeln über die Zustimmung gelten auch für Kredite an Ehegatten, Lebenspartner oder minderjährige Kinder von Aufsichtsratsmitgliedern.[293] Im Gegensatz zur Kreditvergabe an Vorstandsmitglieder sind auch „Kleinkredite" an Aufsichtsratsmitglieder grundsätzlich zustimmungspflichtig. Das Fehlen der Freigrenze dürfte für die Praxis bedeutungslos sein, da „Kleinkredite" an Aufsichtsratsmitglieder nur schwer vorstellbar sind.

4. Zustimmung des Aufsichtsrats

Der Kodex fasst die verschiedenen Fälle der Aufsichtsratsbefassung unter dem Oberbegriff „Zustimmung des Aufsichtsrats" zusammen. Bei juristisch technischer Sichtweise ist das nicht ganz zutreffend, da nach § 112 AktG die Kreditvergabe an Vorstandsmitglieder **durch** den Aufsichtsrat erfolgt und nicht nur mit seiner Zustimmung. Die komprimierende Kodexformulierung hat aber den Vorteil, einerseits leicht verständlich zu sein und andererseits den wesentlichen Kern, nämlich die Aufsichtsratsbefassung, hervorzuheben. Hier zeigt sich erneut, dass der Kodex in seinen Formulierungen dem Ziel der leichten Verständlichkeit den Vorrang vor der juristischen Präzision einräumt.[294]

3.10 Vorstand und Aufsichtsrat sollen jährlich im Geschäftsbericht über die Corporate Governance des Unternehmens berichten (Corporate Governance Bericht). Hierzu gehört auch die Erläuterung eventueller Abweichungen von den Empfehlungen dieses Kodex. Dabei kann auch zu den Kodexanregungen Stellung genommen werden. Die Gesellschaft soll nicht mehr aktuelle Entsprechenserklärungen zum Kodex fünf Jahre lang auf ihrer Internetseite zugänglich halten.

XVII. Bericht über Corporate Governance

1. Corporate Governance-Publizität

Erst mit dem TransPuG sind (punktuelle) gesetzliche Vorschriften eingeführt worden, die eine Veröffentlichung von Informationen speziell zu den Corporate Governance-Modalitäten einer Gesellschaft verlangen. Hierbei handelt es sich zum einen um die Pflicht zur Entsprechenserklärung nach § 161 AktG.[295] Ferner zählen hierzu die Verpflichtung aufgrund der Nr. 16 des § 285 HGB, im Anhang des Jahresabschlusses anzugeben, dass die nach § 161 AktG vorgeschriebene Erklärung abgegeben und den Aktionären zugänglich gemacht worden ist. Analoge Angaben sind bei Konzernen gemäß § 314 Abs. 1 Nr. 8 HGB im Konzernanhang für jedes in den Konzernabschluss einbezogene börsennotierte Unternehmen zu machen. Die Entsprechenserklärung und die Angaben im (Konzern-)Anhang sind gemäß § 325 HGB zum Handelsregister einzureichen und bekannt zu machen.[296]

---

[293] § 115 Abs. 2 AktG.
[294] So schon das Kodexvorwort des Kommissionsvorsitzenden.
[295] S. hierzu Rn. 46 ff.
[296] S. näher Rn. 1575 ff. sowie auch *Seibt*, AG 2002, 257; Begr. RegE zu Art. 2 Nr. 15 a TransPuG.

535 Der Kodex greift den Gedanken der Corporate Governance-Publizität auf, geht mit seinen Bestimmungen in Ziffer 3.10 aber in Hinblick auf den Ort und Inhalt der Darlegungen über die gesetzlichen Regelungen zur Entsprechenserklärung hinaus. Ziffer 3.10 ist im Zuge der verschiedenen Kodexrevisionen mehrfach ergänzt worden. In ihrer Sitzung am 21. Mai 2003 hat die Kodexkommission in Erweiterung der generellen Berichtsempfehlung des Abschnitts 3.10 eine zusätzliche Anregung des Inhaltes beschlossen, dass auch zu den Kodexanregungen Stellung genommen werden kann. In der Kommissionssitzung am 2. Juni 2005 wurde zum einen die Bezeichnung „Corporate Governance Bericht" für die betreffenden Ausführungen zur Corporate Governance des Unternehmens eingeführt. Zum anderen wurde die neue Empfehlung beschlossen, nicht mehr aktuelle Entsprechenserklärungen zum Kodex fünf Jahre lang auf der Internetseite der Gesellschaft zugänglich zu halten.

536 Mit den Bestimmungen zur Governancepublizität unterstreicht die Kodexkommission die Wichtigkeit, die sie guter und umfassender Kommunikation der Unternehmen über ihre Corporate Governance zumisst, einer Kommunikation, die weit über die Regeln bloßen Financial Reportings hinausgeht und die Unternehmen als Möglichkeit verstehen sollen, ihre Führungsphilosophie und -instrumente den Teilnehmern am Kapitalmarkt umfassend darzustellen.[297] Sie sieht sich damit in Übereinstimmung mit der Entwicklung in der EU und vielen ihrer Mitgliedstaaten. In ihrem auf dem Bericht der so genannten „Winter-Gruppe"[298] aufbauenden Aktionsplan „Modernisierung des Gesellschaftsrechts und Verbesserung der Corporate Governance" in der Europäischen Union vom 21. Mai 2003[299] sieht die EU-Kommission eine Empfehlung an die Mitgliedstaaten vor, in ihren Gesellschaftsrechten eine Pflicht zu verankern, „im Jahresabschluss" über die Corporate Governance zu berichten.[300] Diese Empfehlung hat inzwischen Niederschlag gefunden in der Richtlinie 2006/46/EG des Europäischen Parlaments und des Rates vom 14. Juni 2006, die (u. a.) zur Aufnahme einer „Erklärung zur Unternehmensführung" mit detaillierten Angaben zur Corporate Governance in den Lagebericht verpflichtet.[301] Diese Richtlinie muss von den Mitgliedstaaten der EU bis zum 5. September 2008 umgesetzt werden. Regelungen zum Corporate Governance Bericht finden sich ferner in verschiedenen europäischen Kodizes[302] bzw. Gesetzen.[303]

2. Corporate Governance Bericht im Geschäftsbericht

537 In prinzipieller Übereinstimmung mit einer diesbezüglichen Anregung der Baums-Kommission[304] spricht der Kodex die Empfehlung aus, dass Vorstand und Aufsichtsrat auch im Geschäftsbericht über die Corporate Governance des Unternehmens berichten.

---

[297] S. auch *Will*, BörsenZ vom 2. 12. 2003 „Gute Corporate Governance bedarf der Kommunikation".

[298] Bericht der hochrangigen Gruppe von Experten auf dem Gesellschaftsrecht vom 4. 11. 2002.

[299] KOM (2003) 284.

[300] Aktionsplan (KOM 2003, 284) S. 15.

[301] S. Art. 1 Nr. 7 der Richtlinie 2006/46/EG.

[302] S. Financial Reporting Council, Combined Code, Schedule C, Disclosure of Corporate Governance Arrangements; Österreichischer Arbeitskreis für Corporate Governance, Austrian Code, Transparenz der Corporate Governance.

[303] S. z. B. das spanische Gesetz Nr. 26/2003 vom 17. Juli 2003 zur Transparenz börsennotierter Aktiengesellschaften. So sind börsennotierte Aktiengesellschaften verpflichtet, einen detaillierten Bericht zu veröffentlichen, der Informationen zur Eigentümerstruktur, zur Struktur und inneren Ordnung der Verwaltung, zu Geschäften mit wesentlichen Aktionären, zur Risikokontrolle und inneren Ordnung der Hauptversammlung enthalten muss. Wegen Einzelheiten s. *Wagner*, RIW 2004, 258 ff.

[304] S. *Baums*, Bericht, Rn. 10.

Wenngleich das Gesetz einen „Geschäftsbericht" im technischen Sinne seit der Novellierung des HGB durch das BiRiLiG im Jahre 1985 nicht mehr kennt,[305] stellt dieser nach wie vor für die weitaus meisten Gesellschaften das übliche Basisinstrument für die Kommunikation mit den Aktionären und anderen Stakeholdern dar.[306] Es liegt daher nahe, den Geschäftsbericht – sofern er erstellt wird – auch zu nutzen, um über die Corporate Governance des Unternehmens zu informieren. Dabei erscheint es schon angesichts der Bedeutung des Themas zweckmäßig, in Form eines „Corporate Governance Berichts" ein gesondertes Kapitel im Geschäftsbericht den Governancefragen zu widmen.[307] Nach den Ergebnissen der Erhebung zum Kodex Report 2007 werden in Zukunft durchschnittlich 96,7 % der Unternehmen die Empfehlung umsetzen (bei den DAX-Unternehmen 100 %). Wie eine Durchsicht der Geschäftsberichte der DAX 30-Gesellschaften zeigt, findet sich der Corporate Governance Bericht häufig direkt vor oder nach dem Bericht des Aufsichtsrats.

Gesellschaften, die Geschäftsberichte veröffentlichen, können durchaus auch zusätzlich noch einen gesonderten – und dann vermutlich umfangreicheren – Bericht zur Corporate Governance herausgeben.[308] Der Berichtsempfehlung des Kodex in Ziffer 3.10 liegt allerdings die Intention zugrunde, den interessierten Kreisen schon mit dem zentralen Kommunikationsinstrument des Geschäftsberichts Informationen zur Corporate Governance an die Hand zu geben. Infolgedessen ist es auch im Fall eines eigenständigen, physisch getrennten Berichts zur Corporate Governance empfehlenswert, im Geschäftsbericht die Kerninformationen zur Governancesituation des Unternehmens zu vermitteln.

Gesellschaften, die (ausnahmsweise) keine Geschäftsberichte erstellen, können der Kodexempfehlung zur Governancepublizität nach Ziffer 3.10 nicht (vollständig) Folge leisten. Sie können allerdings Darlegungen zur Corporate Governance z. B. entweder in der gleichen Weise veröffentlichen wie ihren Jahresabschluss und Lagebericht oder aber in Form einer eigenständigen Governancedarstellung. Sofern sie eine solche Publikationsmöglichkeit wählen, können sie im Rahmen der Entsprechenserklärung nach § 161 AktG lediglich ausführen, dass sie zwar nicht im Geschäftsbericht, aber an anderer (ausreichend bezeichneter) Stelle über ihre Corporate Governance berichten. Anderenfalls haben sie darzutun, dass sie über die (gesetzlich vorgeschriebene) Entsprechenserklärung hinaus keine weiteren governancebezogenen Informationen veröffentlichen. Das Gleiche gilt im Übrigen naturgemäß auch für Gesellschaften, die zwar einen Geschäftsbericht haben, aber jenseits der Entsprechenserklärung ebenfalls auf weitere Darstellungen ihrer Corporate Governance verzichten.

3. Jährlicher Bericht

Vorstand und Aufsichtsrat sollen jährlich über die Corporate Governance berichten. Sofern der Corporate Governance Bericht (wie vom Kodex empfohlen) Bestandteil des Geschäftsberichts ist, wird der Veröffentlichungszeitpunkt durch dessen Erscheinungstermin bestimmt. Ansonsten liegt es nahe, den Corporate Governance Bericht zur gleichen Zeit wie den Jahresabschluss zu publizieren, wenn nicht gute Gründe für einen abweichenden Zeitpunkt sprechen.

Der Berichtszeitraum des Corporate Governance Bericht deckt sich mit dem Zeitraum, auf den sich die Entsprechenserklärung bezieht, und umfasst zum einen das zu-

---

[305] Vgl. auch *Hütten*, Geschäftsbericht, 6.
[306] In diesem Sinne auch *Hütten*, Geschäftsbericht, 8.
[307] Vgl. auch die Überlegungen der Baums-Kommission, die sich gegen eine Integration der Ausführungen zur Corporate Governance in den Lagebericht bzw. Konzernlagebericht ausspricht (*Baums*, Bericht, Rn. 10).
[308] Vgl. auch in diesem Zusammenhang die sog. Hauskodizes und hierzu Rn. 1558.

rückliegende (im oder vor dem Berichtsjahr endende) Geschäftsjahr.[309] Zum anderen soll auch zukunftsbezogen berichtet werden, indem dargelegt wird, ob und welche eventuellen Änderungen der bisherigen Governancegepflogenheiten in (überschaubarer) Zukunft beabsichtigt sind.[310]

4. Konzerndimensionalität

542 Vorstand und Aufsichtsrat sollen über die Corporate Governance des Unternehmens berichten. Im Unterschied zum Gegenstand der Entsprechenserklärung nach § 161 AktG erstreckt sich der Corporate Governance Bericht inhaltlich somit zum einen nicht nur auf den Umgang mit den Empfehlungen und Anregungen des Kodex. Berichtet werden soll vielmehr über die Governancesituation insgesamt und damit auch über Aspekte, die von den Kodexbestimmungen nicht angesprochen werden, für die Einschätzung der Leitungs- und Überwachungsmodalitäten aber ebenfalls relevant sind. So gehen beispielsweise auch die Corporate Governance Berichte der DAX 30-Gesellschaften in den Geschäftsberichten 2006 in allen Fällen über reine Ausführungen zur Entsprechenserklärung hinaus. Welche Fragen im Einzelnen adressiert werden, liegt im – sorgfältig auszuübenden – Ermessen der Verwaltungsorgane.[311] Zu denken ist beispielsweise an Formulierungen des eigenen, auf die spezifischen Gegebenheiten des Unternehmens zugeschnittenen Grundverständnisses der Corporate Governance oder – nach der von der Kodexkommission am 21. Mai 2003 beschlossene Erweiterung des Kodex – auch an Informationen über die Haltung zu den Vorschlägen, die der Kodex nicht als Empfehlungen, sondern lediglich als Anregungen unterbreitet.[312] Die Corporate Governance Berichte in den Geschäftsberichten 2006 der DAX 30-Gesellschaften umfassen im Durchschnitt fünf Seiten. Die große Spannweite zwischen einer Seite und 20 Seiten zeigt allerdings, dass sich insoweit noch keine festen Standards etabliert haben.

543 Der Corporate Governance Bericht soll sich zum anderen nicht nur auf den Bereich der Gesellschaft beziehen, sondern auf das Unternehmen. Für den Konzernfall spricht der Kodex somit die Empfehlung aus, neben den Führungsmodalitäten der betreffenden Gesellschaft auch die Corporate Governance ihrer Konzerngesellschaften darzulegen. Die konzerndimensionale Berichtsempfehlung richtet sich jeweils an den Vorstand und Aufsichtsrat einer beteiligten börsennotierten Gesellschaft und wirkt lediglich „nach unten" in dem Sinne, dass die beteiligten Gesellschaften über ihre Beteiligungsgesellschaften, nicht aber auch umgekehrt die Beteiligungsgesellschaften über die Corporate Governance ihrer herrschenden Gesellschaft berichten sollen. Sofern in einem mehrstufigen Konzern börsennotierte Gesellschaften auf mehreren Stufen angesiedelt und an Konzernunternehmen beteiligt sind, können u. U. neben dem Konzern-Governancebericht der (börsennotierten) Muttergesellschaft auch Teilkonzern-Governanceberichte börsennotierter Gesellschaften auf Zwischenstufen erforderlich sein.

544 Welche Informationen in (Teil-)Konzernberichten zur Corporate Governance veröffentlicht werden sollen, ist im Prinzip wiederum der sorgfältigen Entscheidung von Vorstand und Aufsichtsrat der betreffenden Gesellschaft zu überlassen. In Betracht kommen z. B. Auflistungen der börsennotierten Gesellschaften im (Teil-)Konzern, Angaben darüber, inwieweit diese Gesellschaften den Kodexempfehlungen jeweils

---

[309] Vgl. für die Entsprechenserklärung auch *Krieger*, Corporate Governance, 24; *Seibt*, AG 2002, 251; *Seibert*, BB 2002, 583; Begr. RegE zu Art. 1 Nr. 16 TransPuG sowie Rn. 1582.
[310] Vgl. *Seibt*, AG 2002, 251; *Seibert*, BB 2002, 583; *Pfitzer/Oser/Wader*, DB 2002, 1121.
[311] Vgl. zum Vorschlag einer Mustergliederung für den Corporate Governance Bericht *Strieder*, DCGK, 217.
[312] Der Bericht über die Behandlung der Anregungen gehört ebenso wenig wie die Erläuterungen von Kodexabweichungen in die Entsprechenserklärung nach § 161 AktG. Der richtige Platz für beides ist vielmehr der Corporate Governance Bericht, s. Rn. 545.

folgen, und weitere – gegebenenfalls aggregierte – governancerelevante Kenngrößen, welche die Gesellschaft auch für ihren eigenen Bereich offenlegt.

5. Erläuterung von Abweichungen

Nach Ziffer 3.10 Satz 2 soll der Corporate Governance Bericht auch die Erläuterung eventueller Abweichungen von den Empfehlungen des Kodex beinhalten. **545**

Mit der Erläuterung ist nicht nur die Benennung der Kodexempfehlungen gemeint, von denen die Gesellschaft und u. U. ihre Konzernunternehmen abweichen, sowie die zum Verständnis eventuell erforderliche Beschreibung der eigenen Handlungsweise. Anders als nach § 161 AktG für die Entsprechenserklärung gesetzlich eingefordert,[313] aber in Übereinstimmung mit der Auffassung der Regierungskommission Corporate Governance[314] sowie im Interesse des Unternehmens sollen die Abweichungen vielmehr auch begründet werden.[315] Da im Prinzip jede börsennotierte Gesellschaft ein Interesse daran hat, den Kapitalmarkt wie auch die anderen Bezugsgruppen von der Vernünftigkeit einer Abweichung zu überzeugen,[316] können solche Begründungen als Ausdruck guter Corporate Governance angesehen werden. Die Kodexregeln zur Governancepublizität schließen daher die Empfehlung ein, durch entsprechende Argumente plausibel zu machen, dass die eventuellen Abweichungen aufgrund der besonderen Gegebenheiten der betreffenden Gesellschaft sinnvoll sind. Die Empfehlung wird nach der Erhebung zum Kodex Report 2007 zukünftig von 96,2 % aller Unternehmen (und 96,4 % der DAX-Gesellschaften) befolgt. **546**

Wie ausführlich Abweichungsbegründungen ausfallen sollen, lässt sich gegenwärtig (noch) nicht allgemein gültig konkretisieren. Vielmehr müssen Vorstand und Aufsichtsrat im Einzelfall entscheiden, welche Breite und Tiefe der Argumentation (vermutlich) erforderlich ist, um die Adressaten des Governanceberichts (hinreichend) vom Sinn der Abweichungen zu überzeugen.[317] Dabei wird allerdings regelmäßig in Rechnung zu stellen sein, dass Abweichungsbegründungen der Tendenz nach umso stichhaltiger sind, je fundierter individuelle Besonderheiten der Gesellschaft (und nicht bloß allgemein gehaltene Argumente[318]) ins Feld geführt werden. Nach einer überschlägigen Durchsicht der Geschäftsberichte 2006 fallen die Abweichungsbegründungen bislang eher kurz aus. Bemerkenswert ist auch, dass oft die gleichen (unternehmensunabhängigen) Argumente vorgetragen werden. Dies gilt namentlich für die Begründungen zum Verzicht auf die Beratung im Aufsichtsratsplenum über die Struktur des Vergütungssystems für den Vorstand, die meist auf zwei Aspekte (Präsidialausschuss entscheidet; Personalausschuss entscheidet) gestützt werden sowie für die Begründung des Verzichts auf einen Selbstbehalt bei Abschluss einer D&O-Versicherung (Selbstbehalt im Ausland unüblich; Differenzierung zwischen Organmitgliedern und sonstigen Führungskräften erscheint nicht sachgerecht). Offen bleibt damit, warum diese Argumente im Fall der betreffenden Gesellschaften triftig sind, nicht aber bei den Unternehmen, welche die Veröffentlichungsempfehlung befolgen. **547**

---

[313] S. *Seibert*, BB 2002, 583; *Nowak/Rott/Mahr*, ZGR 2005, 255.
[314] S. *Baums*, Bericht, 21 und Rn. 10.
[315] S. jetzt auch den durch die Richtlinie 2006/46/EG vom 14. 6. 2006 neu eingefügten Art. 46a Abs. (1) b) der Richtlinie 78/660 EWG.
[316] Vgl. auch Begr. RegE zu Art. 1 Nr. 16 TransPuG sowie *Seibert*, BB 2002, 583; *Seibt*, AG 2002, 252.
[317] Vgl. allgemein zur Beurteilung der Fundierung einer Begründung managerialer Maßnahmen (u. a.) anhand der Argumentationsbreite und -tiefe *v. Werder*, Unternehmungsführung, insbesondere 361 ff.; *ders.*, ZfB 1997, 905 ff.
[318] Beispiel: „Wir weichen von der Kodexempfehlung X ab, weil sie für unser Haus unzweckmäßig ist."

6. Stellungnahme zu den Kodexanregungen

548 Mit der am 21. Mai 2003 eingefügten Kodexanregung, dass im Corporate Governance Bericht auch zu den Anregungen des Kodex Stellung genommen werden kann, geht die Kommission über die Erklärungspflicht nach § 161 AktG bewusst, aber auch behutsam hinaus. Einerseits möchte sie die Unternehmen ermuntern, auch ihren Umgang mit den weiterführenden Kodexbestimmungen transparent zu machen, die nicht der gesetzlichen Erklärungspflicht unterliegen. Auf der anderen Seite belässt es die Kodexkommission insoweit bei einer Anregung, da anderenfalls die durch die Erklärungsnotwendigkeit markierte Trennlinie zwischen den Soll-Regelungen (Empfehlungen) und den Sollte-Bestimmungen (Anregungen) im Kodex verwässert würde. Im Übrigen erhofft sich die Kodexkommission von dieser Kodexanregung nicht nur eine größere Transparenz und tiefere Einsicht in die Corporate Governance-Praxis der Unternehmen. Sie kann aus der Behandlung von Anregungen durch die Unternehmen auch Schlüsse zur Entwicklung der Corporate Governance ziehen und erkennen, ob und wenn ja welche Anregungen sich zu einer Kodexempfehlung entwickeln können.

549 Die Anregung in Ziffer 3.10 Satz 3, über die Empfehlungen hinaus auch zu den Kodexanregungen Stellung zu nehmen, wird nach den Befunden des Kodex Report 2007 bislang – außer im DAX und im TecDAX – nur von einer Minderheit der Unternehmen (71,4 % im DAX, 61,5 % im TecDAX, 38,5 % im MDAX, 30,0 % im SDAX, 30,9 % im Prime Standard und 28,1 % im General Standard) aufgegriffen.[319] Allerdings wird in allen Börsensegmenten eine überdurchschnittliche Zunahme der Akzeptanz dieser Anregung angekündigt. Danach werden zukünftig im DAX 82,1 %, im TecDAX 61,5 %, im MDAX 46,2 %, im SDAX 40,0 %, im Prime Standard 41,8 % und im General Standard 29,8 % der Unternehmen der Anregung entsprechen.[320]

7. Bericht von Vorstand und Aufsichtsrat

550 Über die Corporate Governance des Unternehmens sollen Vorstand und Aufsichtsrat berichten. Der Kodex lässt mit dieser Formulierung dem Unternehmen weitgehende Freiheit in der Gestaltung der empfohlenen Berichterstattung. Vorstand und Aufsichtsrat können danach grundsätzlich gemeinsam oder getrennt berichten. Unabhängig von der Rechtsfrage, ob und mit welcher Kompetenzverteilung das Leitungs- und das Überwachungsorgan zusammen die Entsprechenserklärung nach § 161 AktG abgeben (müssen),[321] liegt es allerdings eher nahe, dass der Corporate Governance Bericht im Sinne der Ziffer 3.10 von Vorstand und Aufsichtsrat gemeinsam erstattet wird. Diese Interpretation wird schon durch die Platzierung der Berichtsempfehlung im (dritten) Kodexabschnitt zur „Zusammenarbeit von Vorstand und Aufsichtsrat" gestützt. Zudem dokumentiert ein gemeinsamer Bericht nach außen, dass beide Organe das Thema Corporate Governance zu ihrer Sache machen und sich miteinander über die Governancegepflogenheiten im Unternehmen verständigen. Nicht zuletzt bietet ein gemeinschaftlicher Corporate Governance Bericht auch eine jährlich wiederkehrende Gelegenheit, die Strukturen und Prozesse der Unternehmensführung zu reflektieren und gegebenenfalls durch Anpassung an veränderte Bedingungen kontinuierlich zu verbessern.[322] Im Kreis der DAX 30-Gesellschaften beispielsweise entwickelt sich der (erkennbar) gemeinsame Bericht von Vorstand und Aufsichtsrat denn auch zunehmend zum Standard.

---

[319] S. v. Werder/Talaulicar, DB 2007, 874.
[320] S. v. Werder/Talaulicar, DB 2007, 874.
[321] S. hierzu Rn. 1515 ff. m. N.
[322] In diesem Sinne auch die Begr. RegE zu Art. 1 Nr. 16 TransPuG.

Die gemeinsame Erstattung des Corporate Governance Berichts schließt nicht aus, dass Vorstand und Aufsichtsrat über organspezifische Governancefragen, die sie jeweils nur allein betreffen, auch oder ausschließlich in ihren eigenen Berichtsteilen im Geschäftsbericht informieren. Ausgeschlossen ist ferner naturgemäß nicht, dass die Vorbereitung des gemeinsamen Governanceberichts arbeitsteilig oder unter Federführung eines der beiden Organe erfolgt. Vielmehr ist es durchaus mit der Kodexintention vereinbar, wenn beispielsweise jedes Organ einen Teil der Vorformulierung übernimmt, oder aber etwa der Vorstand (mit seinem Stab) einen ersten Entwurf des Berichts erstellt. Entscheidend ist, dass beide Organe den Bericht gemeinsam erörtern, verabschieden und nach außen (mit-)tragen. **551**

8. Vorhalten nicht mehr aktueller Entsprechenserklärungen

Auf ihrer Sitzung am 2. Juni 2005 hat die Kommission in Ziffer 3.10 einen neuen Satz 4 mit der Empfehlung angefügt, nicht mehr aktuelle Entsprechenserklärungen zum Kodex fünf Jahre lang auf der Internetseite der Gesellschaft zugänglich zu halten. Rechtlich war zwischenzeitlich umstritten, ob das gesetzliche Gebot zur Entsprechenserklärung nach § 161 AktG eine Aufbewahrungspflicht für alte Erklärungen beinhaltet.[323] Die Kodexkommission geht mit ihrer Ergänzung erkennbar von einer mangelnden gesetzlichen Verpflichtung aus und empfiehlt die Aufbewahrung nicht mehr aktueller Entsprechenserklärungen daher als Standard guter Corporate Governance. Nach den Befunden des Kodex Report 2007 werden zukünftig über 92% der befragten Unternehmen (und 100% der DAX-Gesellschaften) dieser Regelung folgen.[324] Die Empfehlung hat sich somit bereits als Best Practice etabliert. **552**

Die Empfehlung, auch alte Entsprechenserklärungen noch für einen gewissen Zeitraum zugänglich zu halten, zielt auf eine weitere Stärkung der Transparenz der Corporate Governance der betreffenden Gesellschaften. Sie versetzt die Anteilseigner in die Lage, das Maß an Kontinuität der Governancegepflogenheiten im Zeitablauf vergleichsweise einfach analysieren zu können. Zugleich ist die Umsetzung dieser Empfehlung letztlich mit keinem nennenswerten Aufwand für die Unternehmen verbunden.[325] **553**

Der Kodex setzt mit seiner Empfehlung insofern eine Mindestfrist, als jede nicht mehr aktuelle Entsprechenserklärung jeweils fünf Jahre lang zugänglich zu halten ist. Unternehmen können die Befolgung dieser Kodexbestimmung somit nur dann uneingeschränkt erklären, wenn sie diese Mindestfristen für jede Erklärung einhalten. Sie sind aber durchaus frei, die Aufbewahrung über die Frist von fünf Jahren auszudehnen. Diese „Übererfüllung" ist schon deshalb unschädlich für die uneingeschränkte Entsprechung, da sie die Transparenz im Einklang mit der Kodexintention noch weiter fördert.[326] **554**

---

[323] Verneinend z. B. *Marsch-Barner* in Marsch-Barner/Schäfer, Handbuch, § 2 Rn. 61; *Lutter* in Kölner Kommentar, § 161 Rn. 62. Bejahend z. B. *Hirte*, TransPuG, 16. Vgl. noch *Kirschbaum*, DB 2005, 1474.
[324] S. zum Kodex Report 2007 *v. Werder/Talaulicar*, DB 2007, 874 ff.
[325] Vgl. auch *Vetter*, BB 2005, 1694.
[326] S. allgemein zur Übererfüllung des Kodex auch Rn. 1559.

4. Vorstand

Kommentierung

Übersicht

	Rn.
I. Leitung des Unternehmens (Kodex 4.1.1)	601
1. Unternehmensleitlinien, Compliance Programme	602
2. Das Unternehmensinteresse	605
3. Die Steigerung des nachhaltigen Unternehmenswertes	608
II. Entwicklung der strategischen Ausrichtung (Kodex 4.1.2)	611
1. Strategische Entscheidungen als Vorstandsaufgabe	611
2. Inhalt strategischer Entscheidungen	612
III. Einhaltung gesetzlicher Bestimmungen (Kodex 4.1.3)	615
1. Grenzen der Einwirkung im Konzern	616
2. Keine Detaillierung der Vorstandspflichten durch den Kodex	617
3. Keine Kodexempfehlung zur Einrichtung von Compliance Programmen	618
4. Die Federal Sentencing Guidelines und Stock Exchange Listing Standards als Motivation für Compliance Programme in den USA	619
5. Der Trend zu Compliance Programmen in Deutschland	622
6. Haftungszurechnung aus Organisationsverschulden als Motivation für Compliance Programme in Deutschland	625
7. Detaillierungsgrad von Compliance Systemen	628
8. Insbesondere Kartellrichtlinien	630
9. Für Compliance Programme ungeeignete Normen	635
IV. Risikomanagement und Risikocontrolling (Kodex 4.1.4)	637
1. Risikocontrolling	641
2. Die Entwicklung in Europa	650
3. Der Umgang mit unternehmerischen Risiken, Risikomanagement	652
4. Die Struktur eines Risikomanagementsystems	657
5. Risikomanagement im Konzern	658
V. Zusammensetzung, Geschäftsordnung (Kodex 4.2.1)	662
1. Der Gesamtvorstand	662
2. Der Alleinvorstand	663
3. Der Arbeitsdirektor	667
4. Der Vorstandsvorsitzende	669
5. Abgrenzung des Sprechers zum Vorsitzenden des Vorstands	672
6. Keine Kodexempfehlung zu den Aufgaben des Vorstandsvorsitzenden	674
7. Vorstandsvorsitzender und CEO	675
8. Geschäftsordnung für den Vorstand	682
9. Inhalt der Geschäftsordnung	686
VI. Vergütung (Kodex 4.2.2)	695
1. Vorbemerkung	695
2. Transparenz der Vergütungsstruktur im Aufsichtsrat	703
3. Die gesetzlichen Grundsätze der Vorstandsvergütung	706
a) Berücksichtigung von Konzernbezügen	707
b) Angemessenheit der Vergütung	708
c) Leistungsbeurteilung des Vorstands	711
d) Zeitpunkt der Leistungsbeurteilung	712
e) Durchführung der Leistungsbeurteilung	713
f) Beurteilungsgerechtigkeit	714
g) Zielvereinbarungen	716
h) Variables und Festgehalt	718
i) Keine Einschränkung der Entsprechenserklärung	719
VII. Zusammensetzung der Vergütung (Kodex 4.2.3)	720

	Rn.
1. Gesamtvergütung der Vorstände im VorstOG und im Kodex (4.2.3 Abs. 1)	720
2. Grundsätze der Vorstandsvergütung (4.2.3 Abs. 2)	722
3. Struktur der variablen Vergütung (4.2.3 Abs. 2 Satz 2)	725
4. Einmalige Vergütungskomponenten	727
5. Jährlich wiederkehrende Komponenten	729
6. Angemessenheit der Vergütungsanteile	731
7. Vergütungskomponenten mit langfristiger Anreizwirkung (4.2.3 Abs. 3)	732
8. Aktienoptionen und Wertzuwachsrechte	733
9. Die Ausgestaltung der Komponenten mit langfristiger Anreizwirkung und Risikocharakter	734
10. Vorher festgelegte Vergleichsparameter	737
11. Anspruchsvolle, relevante Vergleichsparameter	743
12. Die Wertentwicklung der Aktie als Erfolgsziel	745
13. Entwicklung in den USA	747
14. Langsame Abkehr von Aktienoptionen	751
15. Die Position des Kodex	752
16. Kein Repricing	753
17. Angemessenheit der Vorteile aus einem Aktienoptionsprogramm	754
18. Vereinbarte Begrenzungsmöglichkeiten der variablen Vergütung (CAP)	755
19. Vereinbarte Begrenzung bei Abfindungen (Anregung)	763a
20. Sonderregelunn bei Change of Control (Anregung)	763e
21. Die erweiterten Transparenzregeln	764
VIII. Offenlegung der Vergütung (Kodex 4.2.4 und 4.2.5)	767
1. Die gesetzliche Pflicht zur individualisierten Offenlegung der Vorstandsbezüge	767
2. Konkurrenz der gesetzlichen Offenlegungsregelungen mit höherwertigem Recht oder individualvertraglichen Pflichten	778
3. Die Art und Weise der Offenlegung	782
3.1. Der Vergütungsbericht (4.2.5 Abs. 1)	783
3.2. Die Darstellung von Aktienoptionsplänen (4.2.5 Abs. 2 S. 1)	787
3.3. Die Behandlung von Versorgungszusagen (4.2.5 Abs. 2 S. 2)	790
3.4. Die Behandlung von Zusagen bei Beendigung der Vorstandstätigkeit und von Nebenleistungen (4.2.5 Abs. 3)	795
IX. Umfassendes Wettbewerbsverbot (Kodex 4.3.1)	797
1. Wettbewerbsverbot	797
2. Dauer des Wettbewerbsverbots	799
3. Nachvertragliche Wettbewerbsverbote	801
X. Vermeidung von Korruption (Kodex 4.3.2)	803
1. Korruptionsrichtlinie	807
2. Passive Bestechung	809
3. Aktive Bestechung	813
XI. Verpflichtung auf das Unternehmensinteresse (Kodex 4.3.3)	819
XII. Interessenkonflikte (Kodex 4.3.4)	821
1. Offenlegung von Interessenkonflikten	821
2. Inzidentverpflichtung der Vorstandsmitglieder, Einschränkung der Entsprechenserklärung	823
3. Präventivwirkung der Offenlegung	825
4. Transparenz statt detaillierter Regelung	827
5. Geschäfte mit dem Unternehmen	828
6. Branchenübliche Standards	829
7. Geschäfte mit Konzernunternehmen	830
8. Nahestehende Personen und persönlich nahestehende Unternehmungen	831
9. Nahestehende Personen und Unternehmungen	832
10. Befassen des Aufsichtsrats bei wesentlichen Geschäften	836
XIII. Nebentätigkeiten (Kodex 4.3.5)	838

4. Vorstand
4.1 Aufgaben und Zuständigkeiten
4.1.1 Der Vorstand leitet das Unternehmen in eigener Verantwortung. Er ist dabei an das Unternehmensinteresse gebunden und der Steigerung des nachhaltigen Unternehmenswertes verpflichtet.

I. Leitung des Unternehmens

601   Der Kodex gibt in **Satz 1** die gesetzliche Regelung der §§ 76, 93 AktG wieder. Mit dem Hinweis darauf, dass der Vorstand das Unternehmen in eigener Verantwortung leitet, stellt der Kodex sowohl unmissverständlich heraus, dass der Vorstand das unternehmerische Führungszentrum der Gesellschaft ist, als auch, dass er die Leitungsmacht über den Konzern ausübt. Der Kodex enthält sich bei der Wiedergabe der gesetzlichen Regelung der §§ 76, 93 AktG weiterer Konkretisierungen oder gar besonderer Empfehlungen und überlässt ganz im Sinne der propagierten Flexibilität der einzelnen Gesellschaft die Ausfüllung im Detail.[1] Der Kodex verweist insoweit lediglich – an anderer Stelle (in Ziffer 3.8 Satz 1) – auf die Regeln ordnungsgemäßer Unternehmensführung, an die der Vorstand hierbei gebunden ist, und zitiert die gesetzliche Regelung der Business Judgement Rule (§ 93 Abs. 1 Satz 2 AktG). Man mag diese Zurückhaltung des Kodex bedauern oder aus dem Vergleich mit den eher umfangreichen Empfehlungen zur Tätigkeit[2] des Aufsichtsrats den Schluss ziehen, der Kodex vernachlässige in grober Weise, dass für die Lösung von Problemen in Unternehmen der Vorstand zuständig ist; er verschiebe so unzulässig die Gewichtung zwischen Vorstand und Aufsichtsrat.[3] Fakt ist indes, dass der Kodex kurz und prägnant die herausgehobene Funktion des Vorstands beschreibt. Einen, den Verzicht auf Kürze und Prägnanz aufwiegenden Mehrwert einer ausführlicheren Beschreibung von Verantwortlichkeiten und Aufgaben des Vorstandes im Kodex zu erkennen, sah die Kodexkommission augenscheinlich bisher nicht, zumal der Schwerpunkt der allgemeinen Corporate Governance Diskussion der letzten Jahre bei Aufsichtsratsfragen lag. Dementsprechend betrafen die wesentlichen Änderungen und Ergänzungen des Empfehlungsteils des Kodex auch den Abschnitt 5 (Aufsichtsrat). Nicht nur, um eine Übergewichtung von Aufsichtsratsfragen im Kodex zu vermeiden und eine der Unternehmenswirklichkeit eher entsprechende Gewichtung von Empfehlungen zu Vorstand und Aufsichtsrat zu erreichen, sondern insbesondere durch das öffentliche Interesse, das spektakuläre Vorfälle in der Vergangenheit erregten, hat die Kodexkommission in ihrer Sitzung vom 14. Juni 2007 sich besonders des Themas „Compliance" angenommen sowie ihre Empfehlung zur Ausgestaltung der Geschäftsordnung für den Vorstand (Ziff. 4.2.1 Satz 2) konkretisiert.

1. Unternehmensleitlinien, Compliance Programme

602   Im Kodex fehlten bisher Hinweise darauf, dass der Vorstand geschäftspolitische Grundsätze und Unternehmensleitlinien aufstellen müsse. Dies war noch in der von der Kommission zur Stellungnahme in das Internet gestellten Entwurfsfassung vom 13. Dezember 2001[4] der Fall und wird (versehentlich?) von der „Score Card for Ger-

---
[1] S. zu Ziffer 3.8.
[2] So dezidiert *Semler*, ZGR 2004, 631, 668.
[3] Diskussionsbeitrag anlässlich einer Vortragsveranstaltung am 7.11.2003 vor dem DAI, Frankfurt/Main.
[4] S. Rn. 26.

man Corporate Governance"[5] der DVFA unter missverständlicher Bezugnahme auf den Deutschen Corporate Governance Kodex Ziffer 4.2.1. gefordert.[6] Heute spricht der Kodex in Ziff 4.1.3 indes von „unternehmensinternen Richtlinien".[7]

Das Fehlen einer entsprechenden ausdrücklichen Kodexempfehlung darf nicht so verstanden werden, dass die Aufstellung **geschäftspolitischer Grundsätze** oder besonderer **Unternehmensleitlinien**, insbesondere die Erstellung konkreter Verhaltensrichtlinien oder so genannter **Compliance-Programmen** nicht zu den Aufgaben des Vorstands gehöre. Nun ist unverkennbar, dass auch in Deutschland über die auf gesetzlicher Anordnung beruhenden Verpflichtungen zur Einrichtung **bestimmter** Compliance Programme[8] hinaus infolge spektakulärer Ereignisse gerade in der jüngeren Vergangenheit, deren Aufdeckung neben einer Verschärfung der Gesetze auch auf eine härtere Gangart der Verfolgungsbehörden zurückgeführt werden kann, und unterstützt durch die rechtliche Literatur und insbesondere die Beratungspraxis ein verstärkter Trend zur Einrichtung von Compliance Programmen auftritt.[9] Compliance Programme sind angesichts der bestehenden Regelungsdichte in Deutschland zwar weder erforderlich noch grundsätzlich generell anzuraten, können sich aber aus einer Reihe von weiter unten dargestellten Gründen[10] – insbesondere bei Unternehmen mit US-Bezug – empfehlen. – Im Hinblick auf das Ziel des Kodex, zur Flexibilisierung und Selbstregulierung der deutschen Unternehmensverfassung beizutragen,[11] erscheint indes eine ausdrückliche Kodexempfehlung an den Vorstand, geschäftspolitische Grundsätze und Unternehmensleitlinien (so genannte „mission statements") zu erlassen, nicht zwingend. Kein Vorstand ist jedoch gehindert, auch ohne ausdrückliche Kodexempfehlung derartige Grundsätze und Leitlinien zu formulieren, einzurichten und nachzuhalten, wenn er dies als im Interesse seines Unternehmens liegend ansieht.

In **Satz 2** werden zwei Aspekte des Vorstandshandelns besonders hervorgehoben, nämlich die Bindung des Vorstands an das Unternehmensinteresse und seine Verpflichtung zur Steigerung des nachhaltigen Unternehmenswertes. Diese Hervorhebungen folgen aus der im Vorwort[12] herausgestellten Zielsetzung des Kodex, internationalen und nationalen Anlegern die Grundprinzipien der Leitung deutscher börsennotierter Aktiengesellschaften näher zu bringen.

2. Das Unternehmensinteresse

Wie schon in Absatz 1 der Präambel betont, verpflichtet der Kodex den Vorstand auf die Wahrung des Unternehmensinteresses und nicht lediglich des Aktionärsinteresses. Der Kodex hat sich durch die Bezugnahme auf das Unternehmensinteresse der in Deutschland wohl herrschenden Meinung angeschlossen, die neben den Eigentums- und Gewinnmaximierungsinteressen der Aktionäre auch die Interessen der Mitarbeiter, der Kunden, der Gläubiger und ganz allgemein der Öffentlichkeit (Stakeholders) einer Berücksichtigung empfiehlt.[13] Dies gilt jedenfalls insoweit, als die Stakeholder-

---

[5] Version 2.0/März 2002.
[6] S. Scorecard IV.I, ebenso Rn. 1613 ff.
[7] S. Rn. 615 ff.
[8] S. z. B. § 25 a KWG für Kreditinstitute, § 33 WpHG betreffend Wertpapierdienstleistungsunternehmen. Eine wichtige Rolle spielen ggf. auch die Anforderungen ausländischen Kapitalmarktrechts; zu den Einzelheiten s. Abschnitt 4.1.3 Rn. 617 ff., 624.
[9] S. Ziffer 4.1.3.
[10] S. Ziff. 4.1.3.
[11] S. Präambel Abs. 5.
[12] S. Präambel Abs. 1.
[13] S. auch *Goette* in FS 50 Jahre BGH, 123 ff.; *Berrar*, S. 27 f.; *Hüffer*, AktG, § 76 Rn. 12; *v. Werder*, ZGR 1998, 69, 74 f.; *Kuhner*, ZGR 2004, 244 ff.; s. auch Entschließung des Rates (sic der Europäischen Union) vom 6. 2. 2003 zur sozialen Verantwortung von Unternehmen, ABl. EG Nr. C 39/

interessen nicht bereits durch das geltende Konzernrecht (Kunden, Gläubiger) oder Arbeitsrecht ausreichend geschützt sind. Die Berücksichtigung eines von der Gesellschaft abstrahierten nach Inhalt und Herkunft nicht näher definierten Unternehmensinteresses[14] lässt sich dem Kodex indes nicht entnehmen.

606 Demgegenüber beruht die lediglich auf die Interessen des Aktionärs ausgerichtete Betrachtungsweise auf der Überlegung, dass das Unternehmen im Eigentum der Aktionäre steht und die Verwaltung daher nur den Eigentümern gegenüber Rechenschaft schuldig und nur ihren Interessen verpflichtet sei.[15]

607 Wenn beide Meinungen abstrakt gesehen auch als Gegensätze erscheinen, so wurden und werden sowohl der Shareholder- wie der Stakeholderansatz regelmäßig nicht uneingeschränkt, sondern durchaus differenziert und abgestuft vertreten.[16] Die Bindung des Vorstands an das Unternehmensinteresse kann im Einzelfall so weit gehen, dass einzelne Vorstandsmitglieder, weil es das Unternehmensinteresse gebietet, ihr Amt zur Verfügung stellen. Es sind Fälle, z. B. rechtskräftige Verurteilung wegen eines Verbrechens oder Vergehens, denkbar, in denen Ereignisse im beruflichen oder privaten Umfeld eines Vorstandsmitglieds sein Verbleiben im Amt nach sorgsamer Abwägung aller Umstände des Einzelfalles als nicht mehr im Unternehmensinteresse liegend erscheinen lassen. In der Regel dürfte es sich dabei um Konstellationen handeln, die zum Widerruf der Bestellung des Vorstandsmitglieds nach § 84 Abs. 3 AktG berechtigen. Diese extremen Konstellation zum Anlass für eine Kodexempfehlung zu nehmen, dass bereits bei Anklageerhebung das betroffene Vorstandsmitglied sein Amt ruhen lassen und bei rechtkräftiger Verurteilung definitiv niederlegen soll, erscheint nicht angemessen. Die gesetzlichen Regelungen reichen vollends aus.

3. Die Steigerung des nachhaltigen Unternehmenswertes

608 Der Hinweis auf die Verpflichtung des Vorstands zur Steigerung des nachhaltigen Unternehmenswertes ist an sich eine Selbstverständlichkeit. Dem Vorstand als dem Wahrer fremden Vermögens obliegt es natürlich, den Wert des ihm anvertrauten Unternehmens zu steigern. Erwähnenswert ist in diesem Zusammenhang lediglich, dass der Kodex auf die Steigerung des **nachhaltigen Unternehmenswertes** abstellt und somit inzident dem Fetisch eines sich in kurzfristigen Aktienausschlägen manifestierenden Shareholder-Value-Ansatzes eine Absage erteilt.

609 Wohin eine auf kurzfristige Erfolgsziele fokussierte Sichtweise führen kann, die dem Vorstand verwehrt, den Blick primär auf langfristige Erfolgsziele zu richten und diese gezielt zu verfolgen, sondern von ihm fortlaufend neue Erfolgsmeldungen erwartet, die den Aktienkurs des Unternehmens nach oben treiben sollen, konnte man während des Booms und der Euphorie am Neuen Markt und ihrem abrupten Ende im Herbst 2001 allzu gut beobachten.

610 In die gleiche Richtung zielen auch die Vorschläge, die der damalige Vorsitzende der US-Börsenaufsichtsbehörde (SEC) Harvey Pitt dem Vernehmen nach bereits im Früh-

---

3; Bericht an den Rechtsausschuss des Europäischen Parlaments vom 26.6.2006 zu Entwicklungen und Aussichten im Hinblick auf das Gesellschaftsrecht (2006/2051 (INI)), Recital F: „whereas a statutorily regulated system of employee participation on the level of undertakings, …, should be seen as forming an integral part of European Corporate Governance which makes a contribution to achieving the objectives of the Lisbon Strategy"; differenzierter *Semler*, ZGR 2004, 631, 342 ff.

[14] Hinweis bei *Mertens* in Kölner Kommentar, 2. Aufl., § 76 Anm. 20.

[15] Diese Ansicht war lange Zeit in den USA vorherrschend, s. *M. Roe*, The Shareholder Wealth Maximization Norm and Industrial Organizations: „Shareholder Wealth maximization is usually accepted as the appromate goal in American Business Circles" zitiert nach *Baums/Scott*, Taking Shareholder Protection Seriously, 2.

[16] Zu Einzelheiten s. Anm. zu Ziffer 3.1; dies trifft mittlerweile auch auf die USA zu, s. *Baums/Scott*, 2003, 3.

jahr 2002 in einem Vortrag an der Northwestern Law School in Chicago zur Reformierung der Unternehmensführung von Aktiengesellschaften machte. Unter dem Eindruck des Enron-Zusammenbruchs erklärte Pitt, Aktienoptionen seien insbesondere dann mit Risiken verbunden, wenn sie an kurzfristige Erfolge gekoppelt seien. Dies verleite zur Überbetonung kurzfristiger Kursgewinne auf Kosten einer langfristig angelegten Unternehmenspolitik. Daher solle ein stetiges und lang anhaltendes Wachstum zur zwingenden Voraussetzung für die Ausübung von Aktienoptionsrechten gemacht werden.[17]

4.1.2 Der Vorstand entwickelt die strategische Ausrichtung des Unternehmens, stimmt sie mit dem Aufsichtsrat ab und sorgt für ihre Umsetzung.

II. Entwicklung der strategischen Ausrichtung

1. Strategische Entscheidungen als Vorstandsaufgabe

Der Vorstand bildet das Führungszentrum der AG.[18] Es ist daher seine vornehmste Aufgabe, die unternehmerischen Initiativen der Gesellschaft zu entwickeln und die Grundrichtung ihrer wirtschaftlichen Aktivitäten vorzuzeichnen. Dabei ist der Vorstand bei seinen Richtungsentscheidungen einerseits an die Vorgaben der Satzung zum Unternehmensgegenstand (§ 23 Abs. 3 Nr. 2 AktG) und die übergeordnete Maxime der Verfolgung des Unternehmensinteresses[19] gebunden. Ferner hat der Vorstand – wie der Kodex an dieser Stelle sowie auch schon in Ziffer 3.2 hervorhebt – aus Gründen von Checks and Balances seine diesbezüglichen Vorhaben mit dem Aufsichtsrat abzustimmen.[20] Auf der anderen Seite muss der Vorstand die Richtungsentscheidungen keineswegs ausschließlich persönlich initiieren und ausarbeiten. Vielmehr kann er (und muss er in großen Unternehmen) durchaus auch strategische Ideen der Führungskräfte nachgelagerter Hierarchieebenen aufnehmen und auf Stäbe zur detaillierten Vorbereitung der Grundlagenbeschlüsse zurückgreifen. Entscheidend ist aber, dass der Vorstand selbst das Geschehen im Unternehmen inhaltlich prägt – und daher letztlich auch verantwortet.

2. Inhalt strategischer Entscheidungen

Zu den grundlegenden Richtungsentscheidungen des Vorstands zählt zunächst die Präzisierung der Unternehmensziele im Rahmen (eventueller[21]) einschlägiger Satzungsbestimmungen.[22] Zu denken ist vor allem an die Formulierung konkreter Rendite- und Wachstumsziele, indem z. B. eine bestimmte Mindestverzinsung des

---

[17] Ähnliche Überlegungen stellte das Europäische Parlament an, als es bei der Diskussion über den Vorschlag für eine Transparenzrichtlinie die Verpflichtung zur Erstellung von Quartalsberichten mit der Begründung ablehnte, sie verleite die Verwaltung zur Fokussierung auf kurzfristige Ertragsgesichtspunkte, statt sich auf eine langfristige strategische Ausrichtung zu stützen (Entwurf der Stellungnahme des Wirtschafts- und Finanzausschusses).
[18] S. Rn. 601.
[19] S. Rn. 352, Rn. 351 ff. zu Ziffer 3.1 und Rn. 601 ff. zu Ziffer 4.1.1.
[20] S. zu dieser Abstimmung im Einzelnen Rn. 360 ff.
[21] Im Unterschied zum Gegenstand des Unternehmens müssen die Unternehmensziele in der Satzung nicht näher fixiert werden, vgl. *Pentz* in MünchKommAktG, § 23 Rn. 70; *Henn*, Handbuch, § 5 Rn. 152; *Kraft* in Kölner Kommentar, § 23 Rn. 43; *Wiesner* in Hoffmann-Becking, Münch. Hdb. GesR IV, 1999, § 9 Rn. 10 ff.
[22] Vgl. zur Charakterisierung der Richtungsentscheidungen des Vorstands eingehender *v. Werder*, ZfbF 1996 Sonderheft 36, 44 ff. m. N.

eingesetzten (Gesamt- oder Eigen-)Kapitals bzw. die Erreichung einer bestimmten Marktposition als Zielsetzung vorgegeben werden. Daneben umfassen die Richtungsentscheidungen die im Kodex explizit angesprochenen Beschlüsse zur strategischen Ausrichtung des Unternehmens. Strategische Entscheidungen legen die prinzipiellen Wege fest, auf denen die Unternehmensziele erreicht werden sollen. Sie schreiben die groben Maßnahmekategorien vor, aus denen im „operativen Tagesgeschäft" die zielbezogenen Detailhandlungen abzuleiten sind. Gegenstand strategischer Entscheidungen können zahlreiche und zum Teil einzelfallabhängige Aspekte der Unternehmensaktivitäten sein. Insgesamt lassen sich jedoch mit der Geschäftsfeld- und der Geostrategie eines Unternehmens sowie seinen Wettbewerbs- und Funktionalstrategien grob vier Strategiekomplexe auseinanderhalten, die heute für (Groß-)Unternehmen regelmäßig Relevanz besitzen.[23] Die *Geschäftsfeldstrategie* eines Unternehmens bezieht sich auf die sog. „Produkt-Markt-Kombinationen". Sie legt fest, auf welchen Geschäftsfeldern, die jeweils durch die Art der angebotenen Problemlösung und des anvisierten Käufersegments definiert werden, das Unternehmen tätig sein möchte. Die geschäftsfeldstrategischen Basisalternativen lauten dabei vor allem „Diversifikation" oder „Konzentration auf Kerngeschäfte".[24] Die *Geostrategie* eines Unternehmens determiniert mit den Standorten und der räumlichen Reichweite der Unternehmensaktivitäten seine geographische Konfiguration. Hier geht es somit um die – heute insbesondere mit Stichworten wie „Internationalisierung" oder „Globalisierung" verbundene – Entscheidung, welche der geschäftsfeldstrategisch vorgezeichneten (z. B. Produktions- und Absatz-)Aufgaben in welchen Regionen bzw. an welchen Lokationen anzusiedeln sind. Die *Wettbewerbsstrategien* heben die besonderen Stärken hervor, mit denen sich das Unternehmen auf den jeweiligen Geschäftsfeldern gegenüber den Mitbewerbern profilieren möchte. Solche Wettbewerbsvorteile können etwa in einer relativ günstigen Kostensituation oder in der ausgeprägten Kundennähe der Unternehmensleistungen gesehen werden.[25] Im Gegensatz zu der Geschäftsfeld- und der Geostrategie beziehen sich Wettbewerbsstrategien jeweils auf einzelne Geschäftsfelder. Sie stellen daher nicht wie jene *Gesamtunternehmensstrategien* dar, sondern *Spartenstrategien*. *Funktionalstrategien* schließlich legen die Grundlinien der operativen Entscheidungen entlang der wesentlichen Teilfunktionen eines Unternehmens wie Produktion, Personalwirtschaft etc. fest. Ein Beispiel bildet die personalstrategische Entscheidung, Führungskräfte primär aus dem eigenen Mitarbeiterstamm des Unternehmens zu rekrutieren.

613 Aus dem Kreis dieser vier Strategiekomplexe sind die Entscheidungen über die Geschäftsfelder und die geographische Konfiguration – als Gesamtunternehmensstrategien – im Prinzip stets auf der obersten Führungsebene zu fällen.[26] Der Vorstand muss daher als „strategische Ausrichtung des Unternehmens" im Sinne von Ziffer 4.1.2 zumindest die Geschäftsfeld- und die Geostrategie mit dem Aufsichtsrat abstimmen. Da sich die Abstimmung auf die strategische Ausrichtung „des Unternehmens" bezieht, sind dabei im Einzelnen unter Konzernbedingungen die eigenen geschäftsfeld- und geostrategischen Entscheidungen des Vorstands der (Mutter-)Gesellschaft gemeint, die sich auf die Aktivitäten dieser Gesellschaft und ihrer Konzernunternehmen beziehen und aus Sicht des Gesamtunternehmens bzw. Konzerns von (strategischem) Gewicht sind. Soweit im Rahmen solcher Grundsatzentscheidungen z. B.

---

[23] Vgl. auch die Strategieeinteilungen bei *Macharzina*, Unternehmensführung, 257 ff.; *Bea/Haas*, Management, 166 ff.; *Welge/Al-Laham*, Management, 326 ff.

[24] S. eingehender zur Bestimmung der Geschäftsfeldstrategie *Frese/Mensching/v. Werder*, Unternehmungsführung, 115 ff.; *Ansoff/McDonnell*, Management, 49 ff.; *Hinterhuber*, Unternehmungsführung, 113 ff.

[25] Vgl. zu möglichen Inhalten wettbewerbsstrategischer Entscheidungen und ihrer Entwicklung näher *Porter*, Wettbewerbsstrategie; *Welge/Al-Laham*, Management, 379 ff.

[26] Vgl. z. B. auch *Kreikebaum*, Unternehmensplanung, 191 f.; *Daft*, Management, 247; *Bea/Haas*, Management, 61 f.

Tochtervorstände weitere Detaillierungen der Geschäftsfeld- und der Geostrategie vornehmen (dürfen), sind diese Folgeentscheidungen naturgemäß nicht Gegenstand der Abstimmung.

Während die Geschäftsfeld- und die Geostrategie eines Unternehmens wenigstens in ihren Grundzügen nicht-delegierbare Aufgaben des Vorstands markieren, hängt es in hohem Maße von den individuellen Merkmalen eines Unternehmens wie namentlich seiner Größe und dem Diversifikationsgrad seines Geschäftsfeldportfolios ab, ob Wettbewerbs- und/oder Funktionalstrategien Sache des Top-Managements sind oder auf tiefere Hierarchieebenen übertragen werden können.[27] Infolgedessen kann nur nach den (Delegations-)Umständen des Einzelfalls beurteilt werden, ob der Vorstand die diesbezüglichen Entscheidungen selber trifft und dann mit dem Aufsichtsrat abzustimmen hat.

4.1.3 Der Vorstand hat für die Einhaltung der gesetzlichen Bestimmungen und der unternehmensinternen Richtlinien zu sorgen und wirkt auf deren Beachtung durch die Konzernunternehmen hin (Compliance).

III. Einhaltung gesetzlicher Bestimmungen

Diese Kodexregelung beschreibt die gesetzliche Lage. Der Hinweis, dass der Vorstand für die Einhaltung der gesetzlichen Bestimmungen Sorge zu tragen habe, stellt an sich eine Selbstverständlichkeit dar. Das trifft auch nach der in der Plenarsitzung vom 14. Juni 2007 vorgenommenen Erweiterung der Klausel um die ausdrückliche Bezugnahme auf „unternehmensinterne Richtlinien" zu. Auch insoweit ist es selbstverständliche Pflicht des Vorstands, für die Einhaltung der Richtlinien, die er selbst erlassen hat, Sorge zu tragen.

1. Grenzen der Einwirkung im Konzern

Die Einschränkung im **zweiten Halbsatz**, dass der Vorstand auf die Beachtung der gesetzlichen Bestimmungen durch die Konzernunternehmen lediglich hinwirke,[28] trägt den rechtlichen **Schranken der Konzernleitungsmacht** der Obergesellschaft im faktischen Konzern Rechnung. Der Vorstand einer Konzernobergesellschaft darf sich nicht darauf beschränken, die Beachtung der gesetzlichen Bestimmungen durch die Konzernunternehmen anzuregen oder einzufordern. Er hat vielmehr darüber hinaus unter Ausnutzung der ihm im konkreten Fall zustehenden Konzernleitungsbefugnisse auf die Beachtung der gesetzlichen Bestimmungen hinzuwirken. Insoweit ist eine gewisse Konzernleitungspflicht heute wohl anzuerkennen. Ihre Grenzen sind indes nicht klar gezeichnet. Eine generelle, umfassende Pflicht der Konzernobergesellschaft zur aktiven Ausübung der Leitungsmacht dürfte auch heute noch abzulehnen sein. Sie wird auch vom Kodex nicht gefordert. Von den Umständen des Einzelfalls, und dabei insbesondere von dem jeweiligen Konzernorganisationsmodell abhängig, wird ein Vorstand sich auch darauf beschränken können, sich lediglich Einwirkungsbefugnisse vorzubehalten (fleet in being[29]). Dabei können die Vorstandspflichten im Vertragskonzern aber auch im faktischen GmbH-Konzern durchaus weiter reichen als im faktischen AG-Konzern. Eine auch nur inzidente Pflicht des Vorstands, zur Erfül-

---

[27] Vgl. auch *Rühli*, Unternehmungsführung, 110 ff.; *Kreikebaum*, Unternehmensplanung, 193 f.; *Link* in Hahn/Taylor, Unternehmungsplanung, 811 f.; *Bea/Haas*, Management, 60 f.
[28] D. h. für den Erfolg seiner Bemühungen nicht unbedingt einzustehen hat.
[29] So auch *Semler*, ZGR 2004, 631, 656.

2. Keine Detaillierung der Vorstandspflichten durch den Kodex

617 Wie oben (s. Ziffer 4.1.1) dargestellt, beschreibt der Kodex die Vorstandspflichten nicht en détail. Auch in dieser Ziffer 4.1.3 beschränkt er sich darauf, allgemein die Einhaltung der gesetzlichen Bestimmungen sowie der unternehmensinternen Richtlinien einzufordern. Der Kodex gibt keine konkreten Empfehlungen, ja nicht einmal Anregungen. Damit bleibt der Kodex seiner Zielsetzung treu, das deutsche Corporate Governance System für den Anleger transparent und nachvollziehbar zu machen, ohne der Unternehmensführung durch eine auch nur beispielhafte Aufzählung die erforderliche und wünschenswerte Flexibilität zu nehmen. Der Kodex erliegt weder der Versuchung, bestimmte gesetzliche Gebote und Verbote wie z. B. das Bestechungsverbot oder das Kartellverbot durch Erwähnung im Kodex besonders hervorzuheben und damit gleichzeitig andere nicht im Kodex genannte gesetzliche Gebote oder Verbote wie die Umweltgesetze oder die Betriebssicherheitsverordnung als „weniger wichtig" darzustellen, noch der Versuchung, bestimmte Verfahrensweisen, Verhaltensweisen oder Managementtechniken zur Sicherstellung der Einhaltung der relevanten Bestimmungen zur Best Practice Empfehlung zu deklarieren. Er lässt den Unternehmen die Freiheit, die Wege zu finden und die Systeme einzurichten, die das jeweilige Unternehmen als für sich richtig und zweckmäßig zur Erreichung der gesetzlichen Vorgabe ansieht.

3. Keine Kodexempfehlung zur Einrichtung von Compliance Programmen

618 Insbesondere empfiehlt der Kodex weder allgemein noch etwa für spezifische Bereiche die Einrichtung von Compliance Systemen. Die Bezugnahme auf unternehmensinterne Richtlinien ist ausweislich der Formulierung des Kodex Teil der Gesetzesbeschreibung und stellt für sich keine eigenständige Empfehlung dar. Gesetzlich ist – von spezialgesetzlichen Regeln beispielsweise für Kreditinstitute einmal abgesehen – keine Gesellschaft zu Erlass von unternehmensinternen Richtlinien verpflichtet.[32] Das gilt auch für die USA, das „Mutterland" unternehmensinterner Richtlinien („Policies"). Deren Erlass ist zwar gesetzlich nicht vorgeschrieben, im Wesentlichen aber durch die Federal Sentencing Guidelines motiviert.[33]

4. Die Federal Sentencing Guidelines und Stock Exchange Listing Standards als Motivation für Compliance Programme in den USA

619 Bei Ordnungsstrafen infolge von Gesetzesverstößen, die gegen die Gesellschaft oder einzelne ihrer Direktoren unter den Gesichtspunkten des Eigenverschuldens oder der Zurechnung aus Organisationsverschulden verhängt werden, legen diese öffentlich-rechtlichen Verwaltungsanweisungen (Guidelines) einzelne Tatbestands- und Verschuldenskriterien in Form von Multiplikatoren für die Bemessung der zu verhängen-

---

[30] Z. B. Vertragskonzern.
[31] Vorschläge zur detaillierten Berücksichtigung von Konzernbeziehungen macht *Schneider*, Konzern-Corporate Governance, a. a. O.
[32] A. A. *Schneider*, Konzern-Corporate Governance, 343. Schneider übersieht dabei, dass Abschnitt 4.1.3 des Kodex lediglich gesetzesbeschreibend ist und keine Empfehlung enthält (s. Rn. 667). Dass nach deutschem Recht die Einsetzung einer konzernweiten Complianceordnung zwingend vorgeschrieben ist, wird soweit ersichtlich auch in der Literatur nicht vertreten.
[33] United States Sentencing Commission, Guidelines Manual, § 3 E 1.1.

den (Ordnungs-)Strafe fest. Hierunter finden sich auch konkret angegebene und rechtlich erstreitbare Rabatte.

Zeigt das Unternehmen durch die Einführung und Überwachung von Richtlinien (Policies) zur Einhaltung der geltenden Gesetze,[34] dass es sich bemüht, die Gesetze einzuhalten und dafür auch einen gewissen bürokratischen Aufwand betreibt, wirkt dies schuld- und damit strafmindernd. So erlaubt USSG § 8 C. 2.5 (f) im Kapitel „Sentencing of Organizations" den durch die Guidelines vorgegebenen Multiplikator der „Basisgeldstrafe" um drei Punkte zu verringern, wenn die Gesellschaft/das Unternehmen ein wirksames Programm zur Verhinderung und Aufklärung von Gesetzesverstößen aufzuweisen hat.[35]   620

Amerikanische Unternehmen sind daher gerne bereit, einen entsprechenden Verwaltungsaufwand in Kauf zu nehmen. Es entspricht der auf dem Common Law gründenden US-amerikanischen Rechtstradition, behördliche oder private Verfahrensanweisungen (Policies) zu erlassen, die akribisch das Ziel verfolgen, möglichst alle denkbaren Fälle und Eventualitäten möglichst eindeutig und konkret zu beschreiben, zu regeln und zu kontrollieren. Hinzu kommt, dass in den USA börsennotierte Unternehmen nach den Corporate Governance Listing Standards der New York Stock Exchange und der NASDAQ in Ausführung der Sec. 406 des Sarbanes-Oxley Actes im Jahresbericht und den Vierteljahresberichten veröffentlichen müssen, ob sie einen **Ethikkodex** für bestimmte Vorstandsmitglieder und leitende Angestellte im Finanzbereich (principal officers) eingeführt haben. Ab 4. Mai 2004 sind alle an der NASDAQ gelisteten Unternehmen sogar **verpflichtet**, einen Ethikkodex zu implementieren.   621

5. Der Trend zu Compliance Programmen in Deutschland

Die fortschreitende Globalisierung unternehmerischer Tätigkeit und der Wettbewerb um das zu attraktiven Konditionen in den USA scheinbar im Überfluss verfügbare Kapital haben zu der im Grundsatz nachvollziehbaren Erwartung amerikanischer Geldgeber und Investoren geführt, ausländische Gesellschaften und die kooperierenden Finanzinstitute hätten sich gefälligst nach US-Standards und -Erwartungen zu richten, wenn sie wollen, dass ihnen entsprechende Finanzmittel als Eigen- oder Fremdkapital zur Verfügung gestellt werden.   622

Hinzu kommt, dass global, d. h. in einer Vielzahl von Jurisdiktionen, tätige Unternehmen zu Recht einheitliche, global gültige und allgemein überzeugende Verfahrens- und Verhaltensweisen anstreben. Da ist es nur natürlich, dass die Gesellschaft sich an den Anforderungen der strengsten, die umfassendsten Anforderungen stellenden Rechtsordnung ausrichtet. Dies gilt in besonderem Maße, wenn das schließlich ausgewählte Recht traditionell – wie das US-amerikanische Recht – einen ausgeprägt extraterritorialen Ansatz wählt.   623

Vorstehendes gepaart mit der Tatsache, dass in den letzten Jahren den Unternehmen auch in Deutschland eine kaum noch nachzuhaltende Vielzahl gesetzlicher Gebote und Verbote auferlegt wurde,[36] hat zur Folge, dass auch außerhalb der so genannten regulierten Sektoren,[37] die durch die in Ziffer 4.1.1 dargestellten spezialgesetzlichen Regelungen zur Einrichtung umfänglicher Compliance Systeme verpflichtet sind, in zunehmenden Maße Compliance Systeme und Funktionen in den Gesellschaften ent-   624

---

[34] Insbesondere der Kartellgesetze, der Außenwirtschaftsgesetze und der Bürgerrechtsgesetze.
[35] „If the offense occurred despite an effective program to prevent and detect violations of law: subtract 3 points."
[36] Z. B. in den Regeln des Kapitalmarktrechts, des Außenwirtschaftsrechts, des Geldwäscherechts, des Umweltrechts, des Sozialversicherungsrechts, des Arbeitsschutzrechts, des Datenschutzrechts, des Wettbewerbsrechts und des Steuerrechts.
[37] Z. B. Banken, Versicherungen.

stehen. Der unverkennbare Trend zur Einrichtung von Compliance Systemen wird durch spektakuläre Vorfälle der jüngsten Vergangenheit und das außerordentliche Medienecho hierauf noch gefördert. Der Druck der Medien aber insbesondere die Tatsache, dass die Rechtsfolgen der Gebote und Verbote allein in Deutschland bereits äußerst vielfältig sind und teilweise in ihren Auswirkungen dramatische, für die Unternehmen existenzbedrohende Konsequenzen haben können,[38] dass unterschiedliche Pflichtenordnungen existieren, die mit der allgemeinen Pflichtenordnung des Aktienrechts nicht mehr harmonieren,[39] und dass diese Gemengelage bei international tätigen Unternehmen durch die Anwendbarkeit mehrerer, durchaus unterschiedlicher Rechtsordnungen potenziert wird, veranlasst die Unternehmen zunehmend, Compliance Systeme einzurichten. Die Unternehmen sind allerdings gut beraten, keine Compliance Systeme von der Stange zu erwerben. Sie sollten sich vielmehr vor Einführung über Umfang und Detaillierungsgrad und die administrativen und arbeitsrechtlichen Folgen der jeweiligen Systeme ausreichend informieren. Mit Augenmaß praktizierte Compliance dient in erster Linie der Prävention von schädigenden Ereignissen und somit der Reduzierung von Haftungsrisiken für die Unternehmen.[40] Manche Autoren sehen in Compliance zwar einen unverzichtbaren Beitrag zur Schadensprävention, setzen bei Einrichtung und Ausgestaltung des letztlich zu implementierenden Compliance Systems allerdings ebenfalls auf Augenmaß und die Eigenheiten des betroffenen Unternehmens.[41] Die Einrichtung von auf den Einzelfall abgestellten Compliance Systemen kann sich insbesondere unter dem Gesichtspunkt des § 93 Abs. 1 AktG empfehlen und wird bei entsprechender Risikolage des Unternehmens bisweilen sogar erforderlich sein. Dies gilt umso mehr angesichts einer in der jüngsten Vergangenheit zu beobachtenden deutlichen Erhöhung der Bußgeld-/Strafrahmen und der ständigen Ausweitung der Zulassung von Ersatzklagen Dritter (die teilweise dem erklärten Ziel der Privatisierung der Durchsetzung öffentlicher Rechtsnormen dienen soll[42]), die in Folge einer Pflichtverletzung Schaden erlitten.[43]

6. Haftungszurechnung aus Organisationsverschulden als Motivation für Compliance Programme in Deutschland

625 Auch außerhalb der regulierten Sektoren sind Vorstände mithin gut beraten, ihre Gesellschaft bzw. ihren Konzern so zu organisieren, dass Gesetzesverstöße minimiert werden. Dies legen insbesondere die Zurechnungsnormen des § 9 sowie des § 130 OWiG nahe,[44] deren rechtliche Brisanz insbesondere im internationalen Bereich noch weitgehend unterschätzt wird.[45] Abhängig von den Spezifika der jeweiligen Unternehmen können also maßvolle Richtlinien und Compliance Systeme dazu beitragen, teils drastische Haftungsfolgen aus Organisationsverschulden auf ein erträgliches Maß zu beschränken.

626 Insbesondere in einer tief gestaffelten oder sehr differenzierten Organisation lassen sich Gesetzesverstöße trotz Bemühens nicht mit Sicherheit vermeiden, zumal die An-

---

[38] Man denke nur an die beständig steigende Höhe von Bußgeldern z. B. in Kartellverfahren.
[39] Als Beispiel sei nur der zwingend alleinverantwortliche Ausfuhrbeauftragte nach dem AWG im Verhältnis zur Gesamtverantwortung des Vorstands nach § 77 AktG genannt.
[40] *Rodewald/Unger*, BB 2006 113, 117; *Jatzkowski*, Juve Juni 2006, 13 ff.
[41] *Bürkle*, BB 2005, 565, 570.
[42] *Micklitz/Stadler*, Verbandsklagerecht, 39, a. A. *Säcker*, Verbandsklage, 102.
[43] S. *Fleischer*, AG 2003, 291 ff., a. A. OLG Karlsruhe, WuW/E DE-R 1229 ff. m. Anm. *Beninca*, WuW 2004, 604 ff.; zur zukünftigen Entwicklung s. auch *Wagner*, Gutachten A zum DJT 2006, 106 ff.; Grünbuch der EU-Kommission vom 19. 12. 2005, Schadensersatzklagen wegen Verletzung des EU-Wettbewerbsrechts, KOM (2005) 672 endgültig.
[44] S. hierzu allgemein *Wirtz*, WuW 2001, 342 ff.
[45] S. *Schneider*, ZIP 2003, 645, 648.

forderungen, die die Rechtsprechung an die Ausgestaltung der Aufsichtsmaßnahmen stellt, hoch, ja bisweilen so hoch sind, dass ihnen die Praxis kaum gerecht werden kann.[46] Gesellschaftsbezogene Egoismen oder die schlichte Unkenntnis oder Unterschätzung der Auswirkungen vermeintlicher Kavaliersdelikte auf den Ruf des Gesamtunternehmens kommen hinzu.

Angemessene auf die Bedürfnisse des Unternehmens zugeschnittene Richtlinien oder Compliance Systeme können dazu führen, trotz gelegentlich nicht vermeidbarer Gesetzesverstöße, die Feststellung eines Organisationsverschuldens der betroffenen Organe auszuschließen oder jedenfalls den Schuldvorwurf so einzuschränken, dass die Höhe des zu verhängenden Bußgeldes erträglich wird. Es obliegt dem Vorstand der Gesellschaft, Compliance Systeme einzurichten und nachzuhalten, die angesichts der konkreten Situation der Gesellschaft angemessen sind. Compliance Systeme können, müssen aber nicht, in selbständigen organisatorische Funktionen angesiedelt werden. Sie sind Teil des Risikomanagements in Unternehmen[47] und es ist anzuraten, die Compliance Funktion in das Risikomanagementsystem der Gesellschaft zu integrieren.[48]

7. Detaillierungsgrad von Compliance Systemen

Detaillierungsgrad und Ausprägung derartiger Richtlinien und Compliance Systeme sind außerordentlich unterschiedlich und unternehmensspezifisch.[49] Unternehmensbezogene Informations- und Trainingsprogramme, die in regelmäßigen Abständen wiederholt werden, scheinen sich in den letzten Jahren weitgehend ebenso durchgesetzt zu haben, wie das so genannte Compliance Audit,[50] die Überprüfung der Wirksamkeit eines bestehenden Compliance Systems, das häufig im Rahmen der Risikokontrollsysteme des Unternehmens durchgeführt wird und in diese integriert ist. Vermehrt diskutiert wird in jüngster Zeit – möglicherweise auch unter dem Eindruck der Verpflichtungen aus Sec. 806 Sarbanes Oxley Act – ob es sich empfiehlt oder sogar geboten ist, so genannte Whistle Blower-Systeme einzurichten oder jedenfalls zu ermöglichen. Derartige Systeme sollen Hinweise aus dem Unternehmen über Fehlverhalten von Vorgesetzten oder Repräsentanten vorgeordneter Delegationsebenen ermöglichen oder erleichtern.[51] Die Argumente für und gegen das Ermöglichen von Whistle Blowing[52] sind vielschichtig und sollen hier nicht vertieft werden. Festzuhalten bleibt, dass sich jedenfalls insoweit bisher keine best practice herausgebildet hat, die eine zusätzliche Kodexempfehlung nahelegte.[53] Keine best practice lässt sich auch bei Inhalt und Ausgestaltung von Compliance Systemen feststellen. Unterschiede finden sich bereits bei der organisatorischen Anbindung des Compliance Beauftragten, bei seinen Befugnissen und seinem Aufgabengebiet.[54] Auch wenn Berater manchmal Anderes propagieren: es gibt keine one-size-fits-all-Gestaltung von Compliance Systemen. Einigkeit besteht nur insoweit als der pure Erlass von Compliance Richtlinien und die bloß stichprobenweise Überprüfung ihrer Beachtung wohl nicht ausreichen. Vielmehr hat der Vorstand unter Berücksichtigung der Situation seines Unternehmens und der Anforderungen der Rechtsprechung die für das Unternehmen und seine spezi-

---

[46] Z. B. neben der Auswahl geeigneter Mitarbeiter (KG, WuW/E OLG 1449, 1457) regelmäßige Schulungsveranstaltungen (KG, WuW/E OLG 2330, 2332) und sich wiederholende schriftliche Belehrungen (KG WuW/E OLG 3399/3403) u. v. m.; s. auch BayObLG, NJW 2002, 766.
[47] Siehe hierzu: *Berg*, AG 2007, 271 ff.
[48] Hierzu s. Abschnitt IV, Risikomanagement und Risikocontrolling.
[49] *Bürkle*, BB 2005, 565.
[50] S. *Rodewald/Unger*, BB 2006, 113, 116.
[51] S. hierzu *Weber-Rey*, AG 2006, 406 ff.
[52] S. hierzu *Weber-Rey*, AG 2006, 406 ff.; *Reiter*, RIW 2005, 168 ff.
[53] Haftungsrisiko Corporate Governance, 14.
[54] Zur Vielschichtigkeit der Systeme s. auch *Jatzkowski*, Juve Rechtsmarkt 7/2006, 19.

fische Risikolage angemessene Compliance Struktur zu finden und zu implementieren.[55]

629 Auch der Aufsichtsrat der Gesellschaft – genauer: der Prüfungsausschuss – ist gefordert. Nach der neugefassten 8. gesellschaftlichen Richtlinie der EU – die Prüferrichtlinie –[56] gehört es zu den Aufgaben des Prüfungsausschusses als Teil seiner Befassung mit dem Risikomanagementsystem des Unternehmens auch das vom Vorstand eingerichtete Compliance Programm daraufhin zu beurteilen, ob es den rechtlichen Anforderungen und der Risikolage der Gesellschaft genügt. Mit Einzelheiten der Ausgestaltung des Programms oder gar einzelnen Verstößen braucht sich der Prüfungsausschuss in der Regel nicht zu befassen. Bei Vorliegen gravierender Verstöße muss der Prüfungsausschuss seine Tätigkeit intensivieren und konkrete Berichterstattung durch den Vorstand verlangen. Situationsbedingt kann der Prüfungsausschuss in die Pflicht kommen, selbst unmittelbar tätig zu werden.

8. Insbesondere Kartellrichtlinien

630 Ein ähnliches Bild zeigen die Kartellrichtlinien, insbesondere bei global tätigen Unternehmen. Die besondere Schwierigkeit bei der Erstellung von Kartellrichtlinien, die heute selbst auf mittelständische Unternehmen zutreffend grenzüberschreitende Fälle erfassen müssen, ist, spezifisch genug zu formulieren, um dem Adressaten den Verbotstatbestand verständlich darzustellen, und gleichzeitig generell genug zu bleiben, damit die Tatbestände der Normen aller jeweils anwendbaren Rechtsordnungen abgedeckt werden. Die Kartellrechte der Staaten oder Staatengemeinschaften sind zwar ähnlich, in Voraussetzung und Rechtsfolge jedoch durchaus unterschiedlich.

631 Früher noch bestehende Unterschiede zwischen deutschem und europäischem Kartellrecht[57] sind zwar mit Inkrafttreten der 7. GWB Novelle vom 15. Juli 2005[58] weitestgehend beseitigt. Der deutsche Gesetzgeber hat die Bestimmungen des deutschen Rechts zu Wettbewerbsbeschränkungen mit Art. 81 EG unabhängig davon harmonisiert, ob ein zwischenstaatlicher Sachverhalt (Beeinträchtigung des Handels zwischen den Mitgliedstaaten) vorliegt.

632 Aufgrund des Auswirkungsprinzips[59] werden kartellrechtlich vorwerfbare Verhaltensweisen jedoch nicht nur von der Rechtsordnung desjenigen Staates erfasst und geahndet, in dem die Handlungen vorgenommen werden, sondern auch von dem Recht des Staates, in dem sie sich auswirken oder auswirken können. Das Auswirkungsprinzip hat seit dem bekannten Alcoa-Fall des US Supreme Court[60] weltweit Geltung erlangt.

633 Kartellrichtlinien, die grenzüberschreitende Sachverhalte regeln, werden daher üblicherweise in zwei Abschnitte aufgeteilt, nämlich das weltweit geltende, generelle **„Policy Statement"**, das etwa den Inhalt hat, dass die ABC AG sich dem fairen Wettbewerb stellt und von ihren Mitarbeitern auf allen Unternehmensebenen die Beachtung der geltenden Wettbewerbsgesetze, und dabei insbesondere der Kartellgesetze, erwartet. Üblich ist auch ein Hinweis auf die erheblichen Vermögens- und Imageschä-

---

[55] So auch *Bürkle*, BB 2005, 565, 570.
[56] Richtlinie 2006/43/EG des Europäischen Parlaments und des Rates vom 17. 5. 2006 über Abschlussprüfungen von Jahresabschlüssen und konsolidierten Abschlüssen, ABl. EG Nr. L 157/87.
[57] Auf die in der Vorauflage hingewiesen wurde.
[58] BGBl. I, S. 2114.
[59] Vgl. § 130 Abs. 2 GWB.
[60] United States v. Aluminium Co. of America, 148 F. 2 d 416 (2 d Cir. 1945). Seinerzeit war eine unmittelbare Berufung gegen die Entscheidung des District Court zum US Supreme Court möglich. Da sich eine Mehrheit der Richter des Supreme Court für befangen erklärte, wurde die Berufung an den Court of Appeals for the 2d Circuit verwiesen. Richter Learned Hand begründete die Entscheidung. Neuerdings: Kruman v. Christies, 284 F. 3 d 384 (2d Cir. 2002); US Supreme Court, Hoffmann-La Roche Ltd. v. Empagran S.A., No 03/724 vom 14. 6. 2004.

den, die in dem Unternehmen aufgrund der hohen Publizität von Kartellverfahren entstehen können. Die Mitarbeiter werden ferner auf die persönliche Verantwortung in straf- und ordnungsrechtlicher Hinsicht hingewiesen.

Sodann wird in einem zweiten Teil in besonderen **Merkblättern** detailliert über kartellrechtlich unzulässige Verhaltensweisen informiert. Diese Merkblätter sind **rechtsordnungsbezogen**.[61] Die Merkblätter können zwischen zehn und vierzig oder mehr Seiten umfassen. Einige Unternehmen, insbesondere soweit sie in den USA tätig werden und so genannte „Efficient Compliance Programs" im Sinne der USSG § 8[62] einführen müssen (bzw. wollen), richten darüber hinaus für die Mitarbeiter kostenlose Hotlines zu qualifizierten Anwaltsbüros ein, die es den Mitarbeitern gestatten, im Zweifelsfall – gegebenenfalls auch anonym – Rechtsrat bei einem auf das Kartellrecht spezialisierten Anwalt einzuholen.[63]

9. Für Compliance Programme ungeeignete Normen

Die Unternehmen sind gut beraten, mittels Compliance Programmen nur die Beachtung der Gesetze einzufordern, deren Nichtbeachtung den Vorwurf einer Aufsichtsverletzung bzw. eines Organisationsverschuldens des Vorstands überhaupt begründen kann. So kann beispielsweise ein Unternehmen im Rahmen eines Compliance Programmes die Beachtung der **insiderrechtlichen Vorschriften des WpHG** insoweit sicherstellen, als es den Zugang zu Insidertatsachen auf den Kreis derjenigen Mitarbeiter beschränkt, die von der Tatsache beruflich Kenntnis haben müssen. Darüber hinaus kann und sollte es seine Mitarbeiter, die mit Insidertatsachen in Kontakt kommen können, regelmäßig auf die Existenz dieser gesetzlichen Regelung, ihren Inhalt und Umfang hinweisen. Es kann ferner Empfehlungen für den Handel in Aktien des Unternehmens wie z. B. den Verzicht auf kurzfristige Kauf- und Verkaufsaktionen geben oder gar empfehlen, sich des Handels in Aktien der Gesellschaften ganz zu enthalten. Eine **Verpflichtung**, für die Einhaltung der gesetzlichen Regelungen durch ihre Mitarbeiter zu sorgen, kann das Unternehmen indes **nicht** eingehen. Das Insiderrecht erfasst auch Sachverhalte außerhalb der Unternehmenssphäre und wendet sich an das einzelne Rechtssubjekt. Es entzieht sich daher einer unternehmensinternen organisatorischen Regelung.

Die Unterschiedlichkeit der Unternehmen und unternehmerischen Tätigkeiten lässt die Erarbeitung einer auch nur auf eine repräsentative Zahl von Unternehmen zutreffenden allgemeinen Regelung nicht zu. Der Kodex war gut beraten, sich hier auf einen Programmsatz zu beschränken.

4.1.4 Der Vorstand sorgt für ein angemessenes Risikomanagement und Risikocontrolling im Unternehmen.

IV. Risikomanagement und Risikocontrolling

Nach den in der Präambel genannten Ordnungskriterien[64] spricht der Kodex in diesem Abschnitt keine Empfehlung oder Anregung aus, sondern stellt die Gesetzeslage dar.

---

[61] Beispielsweise betreffen sie deutsches und/oder europäisches Kartellrecht, US-Kartellrecht oder sonstige ausländische Rechtsordnungen, in denen das Unternehmen schwerpunktmäßig tätig ist.
[62] S. Rn. 619 ff.
[63] Hier zeigen sich gewisse Überschneidungen mit den Whistle blower Systemen nach SOX.
[64] „Soll" = Empfehlung, „Sollte" = Anregung, Verwendung des Indikativ = Darstellung der Gesetzeslage, Einzelheiten s. Präambel.

638 Obwohl der Kodex die aktienrechtliche Terminologie nicht übernimmt,[65] sondern Begriffe verwendet, die dem deutschen Wirtschaftsrecht fremd sind, bezieht er sich doch erkennbar auf § 91 Abs. 2 AktG, der bestimmt, dass der Vorstand geeignete Maßnahmen zu treffen und insbesondere ein Überwachungssystem einzurichten hat, damit den Fortbestand der Gesellschaft gefährdende Entwicklungen früh erkannt werden.[66]

639 Dabei hat der Kodex im Sinne der von ihm propagierten Flexibilität auch an dieser Stelle darauf verzichtet, über die beabsichtigte, schlagwortartige Gesetzesbeschreibung hinaus konkrete, die Unternehmen einengende Empfehlungen auszusprechen. Zweifellos lässt sich der Wortlaut von Ziffer 4.1.4 optimieren und näher an die vom Gesetz verwandte Terminologie heranführen. Bisher sah die Kodexkommission trotz Hinweisen aus der Öffentlichkeit keine Veranlassung, sich dieser eher dem Bereich „House-Keeping" zuzuordnenden Aufgabe zuzuwenden.[67] Mit gutem Grund wurden Vorschläge für Empfehlungen, die den Gesellschaften **konkrete organisatorische Vorgaben** geben wollten, wie beispielsweise eine Empfehlung, bestimmte Kontrollfunktionen wie die interne Revision einzurichten und/oder vorstandsunmittelbar zu verankern,[68] nicht berücksichtigt. So sinnvoll wie diese Vorschläge im Einzelnen sein können,[69] so sehr sollte die Kodexkommission darauf bedacht sein, nicht in die Organisationshoheit des Vorstands einzugreifen. Die Kodexkommission hat aus guten Gründen, die bisher nicht in Frage gestellt wurden, auf zu große Konkretisierungen verzichtet und einen principles based Ansatz gewählt.[70]

640 Die Formulierung des Abschnittes trägt, wie im Folgenden zu zeigen sein wird, der gesetzlichen Regelung angemessen Rechnung.

1. Risikocontrolling

641 Das als Teil der Risikofrüherkennung einzurichtende Überwachungssystem umschreibt der Kodex mit dem Wort „Risikocontrolling".[71]

642 Die aus der Verwendung des Wortes „Unternehmen" statt „Gesellschaft" resultierende **konzerndimensionale Betrachtungsweise** geht nur scheinbar über die gesetzliche Regelung hinaus. § 91 Abs. 2 AktG spricht in der Tat nur von der Gesellschaft. Es liegt indes auf der Hand, dass wesentliche Risiken im Beteiligungsbesitz der Gesellschaft ebenfalls zu einer Gefährdung für den Fortbestand der Gesellschaft führen können. Dieser Erwägung trägt auch der Gesetzgeber Rechnung.[72] Ferner hat der

---

[65] S. *Preußner*, NZG 2004, 303, 304.

[66] S. hierzu statt aller *Lück*, 51 ff.

[67] In der Pressemitteilung über die von der Kodexkommission am gleichen Tag beschlossene Kodexanpassung hat der Kommissionsvorsitzende für das kommende Jahr allerdings eine Reihe von dem Bereich House Keeping zuzuordnenden Vereinfachungen des Kodex angekündigt, ohne indes hier auf Einzelheiten einzugehen.

[68] Eine Zuordnung der Internen Revision zum Aufsichtsrat oder zum Prüfungsausschuss, bzw. ein unmittelbares Zugriffsrecht des Aufsichtsrats/Prüfungsausschusses auf die Interne Revision, wie es der Sarbanes Oxley Act bezüglich des Audit Committee vorsieht, ist aus Gründen der aktienrechtlichen Kompetenzverteilung nicht zulässig.

[69] Für kleinere börsennotierte Gesellschaften bieten sich u. U. aus Kostengründen andere Strukturen in Personalunion an.

[70] So auch die 2005 überarbeiteten englischen „Turnbull Guidance on Internal Control", s.: „Review of the Turnbull Guidance on Internal Control, Proposal for Updating the Guidance", der Turnbull Review Group vom 16.6.2005, www.frc.org.uk/corporate/internalcontrol.cfm; anders der rules based Ansatz der SEC Rules nach Sec. 404 Sarbanes Oxley Act und des PCAOB (Public Company Accounting Oversight Board) Auditing Standard No 2 der USA.

[71] Auch der niederländische Corporate Governance Kodex empfiehlt die Einrichtung eines Risikocontrolling, Sec. I. 1.3: „The Company shall have a good internal risk management and control system."

[72] S. § 289 Abs. 2 Nr. 2 HGB und für den Konzern § 315 Abs. 2 Nr. 2 HGB.

Abschlussprüfer gemäß § 321 Abs. 1 Satz 3 HGB darzustellen, „ob bei der Durchführung der Prüfung ... Tatsachen festgestellt worden sind, die den Bestand des geprüften Unternehmens oder des **Konzerns** gefährden oder seine Entwicklung wesentlich beeinträchtigen können oder ...".

643 Die mit dem Transparenz- und Publizitätsgesetz eingetretene Änderung gerade dieses § 321 Abs. 1 Satz 3 HGB behandelt nur einen anderen Aspekt der Vorschrift; die konzerndimensionale Betrachtungsweise behält sie unverändert bei.[73]

644 Über den reinen Wortlaut des Gesetzes hinauszugehen scheint der Kodex insoweit, als er das Kriterium der „den Fortbestand der Gesellschaft gefährdenden" Risiken nicht ausdrücklich aufgreift, sondern den Maßstab der Angemessenheit einführt.

645 Ein Vorstand, der ein geeignetes Überwachungssystem zur Früherkennung von den Fortbestand der Gesellschaft gefährdenden Entwicklungen eingeführt hat, kommt seinen Verpflichtungen nach § 91 Abs. 2 AktG nach.

646 Mit der Früherkennung eines bestandsgefährdenden Risikos kann und sollte es allerdings nicht sein Bewenden haben, weil einzeln betrachtet nicht bestandsgefährdende Risiken durch Kumulation sehr wohl bestandsgefährdende Dimensionen annehmen können. Auch wenn sich die Vorschrift des § 91 Abs. 2 AktG damit begnügt, den Vorstand zu verpflichten, ein Früherkennungssystem für bestandsgefährdende Risiken einzurichten, muss der Vorstand sich auch angemessen mit sonstigen, nicht den Grad der Bestandsgefährdung erreichenden Risiken beschäftigen, hat sie rechtzeitig zu erkennen und einzuschätzen. Dies folgt aus den allgemeinen Geschäftsführungspflichten in der Ausprägung, die ihnen § 93 AktG gibt.[74]

647 Auch zu diesem Punkt lohnt ein Blick auf die Rechtslage in den USA, wie sie sich nach Inkrafttreten des Sarbanes Oxley Acts darstellt. Zwar findet dieses Gesetz unmittelbar nur auf die gut 20 deutschen Unternehmen Anwendung, die an einer US-amerikanischen Wertpapierbörse zugelassen sind; die mittelbare Ausstrahlung US-amerikanischer Gesetze auf die deutschen Unternehmen sollte hingegen nicht unterschätzt werden. Dies gilt umso mehr, als die Unternehmen, denen der Sarbanes Oxley Act unmittelbare Pflichten auferlegt, ein nachvollziehbares Bestreben aufweisen, diese Pflichten als „best practice" anderen Unternehmen schmackhaft zu machen.

648 Sec. 404 Sarbanes Oxley Act[75] schreibt als Teil des Geschäftsberichts einen „Internal Control Report" vor, der Ausführungen über die Empfehlung eines Risikokontrollsystems und seine Umsetzung und Wirksamkeit macht. Dieser Bericht wird vom Abschlussprüfer geprüft und bestätigt.[76] Die hierzu erlassenen Ausführungsvorschriften einschließlich des Auditing Standard No 2 des Public Companies Accounting Over-

---

[73] S. insbesondere § 321 HGB: RegE S. 71 f.
[74] Vgl. LG Berlin, AG 2002, 682; *Preußner/Zimmermann*, AG 2002, 657 ff.; FTD vom 5. 7. 2005 „Gericht bestätigt fristlose Entlassung eines Vorstands" (der es versäumt hatte, ein ausreichendes Risikofrüherkennungssystem zu installieren).
[75] H.R. 3763–45; Sec. 404. Management Assessment of International Controls.
(a) Rules Required. – The Commission shall prescribe rules requiring each annual report required by section 13 (a) or 15 (d) of the Securities Exchange Act of 1934 (15 U.S.C. 78 m or 78 o (d)) to contain an internal control report, which shall –
(1) state the responsibility of management for establishing and maintaining an adequate internal control structure and procedures for financial reporting; and
(2) contain an assessment, as of the end of the most recent fiscal year of the issuer, of the effectiveness of the internal control structure and procedures of the issuer for financial reporting.
(b) Internal Control Evaluation and Reporting. – With respect to the internal control assessment required by subsection (a), each registered public accounting firm that prepares or issues the audit report for the issuer shall attest to, and report on, the assessment made by the management of the issuer. An attestation made under this subsection shall be made in accordance with standards for attestation engagements issued or adopted by the Board. Any such attestation shall not be the subject of a separate engagement.
[76] Sec. 404 b.

sight Board (PCAOB) sind außerordentlich detailliert und legen den Unternehmen umfassende Dokumentationspflichten auf, die dann vom Abschlussprüfer geprüft werden.[77]

649 Die Kosten, die auf die Unternehmen für die Einrichtung und Aufrechterhaltung eines der Anforderungen der Sec. 404 Sarbanes Oxley Acts und der auf dieser Basis erlassenen Ausführungsvorschriften entsprechenden Risikokontrollsystems zukommen, sind enorm. Für Großunternehmen belaufen sich die Schätzungen auf Beträge von mehreren 10 Mio. US $ bis zu 100 Mio. US $.[78] Ob der Nutzen eines derart komplizierten und aufwendigen Systems die Kosten rechtfertigt, ist derzeit schwer abschätzbar. Amerikanische wie ausländische Emittenten haben sich vehement gegen den Detaillierungsgrad der Regelungen und die als ausufernd empfundene Bürokratisierung gewandt. Die SEG und der PCAOB haben auf die Kritik an den Ausführungsrichtlinien reagiert und am 23. Mai 2007 eine Vereinfachung der Ausführungsrichtlinien zu See 404 des Sarbanes Oxley Acts beschlossen. Die Richtlinien selbst werden zwar nicht geändert; die SEG wird jedoch Leitlinien zur Auslegung der Richtlinien („interpretive guidance") erlassen, die die Handhabung der Richtlinien erleichtern sollen. Außerdem wird der vielfach kritisierte Auditing Standard No 2 des PCAOB durch einen neuen Auditing Standard No 5 ersetzt.[79]

2. Die Entwicklung in Europa

650 Die Regelungen des von großem Medienecho begleiteten Sarbanes Oxley Act sind nicht ohne Auswirkungen auf die Diskussion in Europa geblieben. Ernstzunehmende Befürchtungen wurden laut, „mittelfristig, müsse davon ausgegangen werden, dass es auch auf europäischer Ebene eine Sec. 404 entsprechende Regelung geben wird."[80] Dazu ist es indes, nicht zuletzt wohl auch aufgrund der Regelungszurückhaltung, die sich die DG Binnenmarkt unter dem neuen Kommissar McCreevy auferlegt,[81] nicht gekommen. Die am 7. September 2006 in Kraft getretene 8., so genannte Prüfer-Richtlinie,[82] schreibt zwar in ihrem Art. 32, Abs. 2 vor, dass alle Abschlussprüfer und Prüfungsgesellschaften der öffentlichen Aufsicht unterliegen. Das ist aber in keiner Weise mit dem US-amerikanischen PCAOB und den dort erlassenen Vorschriften vergleichbar. Eine vergleichbare Zurückhaltung legt sich auch die am 14. Juni 2006[83] verabschiedete Richtlinie 2006/46/EG zur Änderung der 4. und 7. Gesellschaftsrechtlichen Richtlinien auf, die in Art. 46a (1) c) betreffend den jährlichen Corporate Governance Bericht lediglich „eine Beschreibung der wichtigsten Merkmale des internen Kontroll- und Risikomanagementsystems der Gesellschaft im Hinblick auf den Rechnungslegungsprozess" verlangt.

651 Im März 2005 stellte die Fédération des Experts Comptables Européens (FEE) ein Diskussionspapier mit dem Titel „Risk Management and Internal Control in the EU", vor. Anhand von 15 Fragen wurde versucht, die Meinung des Berufsstandes und ein-

---

[77] S. hierzu Arbeitskreis Schmalenbach.-Gesellschaft, BB 2004, 2399 ff.

[78] HSCB schätzt die der Bank entstehenden Kosten auf ca. 100 Mio. US$, General Electric Corp spricht von 30 Mio. US$, die Deutsche Bank von „nahezu 10 Mio. US$". Diese Zahlen beinhalten nur die Aufwendungen für die Einrichtung des Systems. Die laufenden Kosten werden mit mindestens 10 % der Installationskosten pro Jahr angegeben; Altana beziffert die Zusatzaufwendungen 45 Mio. Euro jährlich, „Doppelte Kontrolle", Capital vom 7. 7. 2005.

[79] Siehe: www.sec.gov/news/press/2007/2007-101.htm.

[80] Arbeitskreis Schmalenbach-Gesellschaft, BB 2004, 2399, 2407.

[81] S. Rn. 147; *McCreevy* in Corporate Governance, 25, 76.

[82] Richtlinie 2006/43/EG des Europäischen Parlaments und des Rates vom 17. 5. 2006 über Abschlussprüfungen von Jahresabschlüssen und konsolidierten Abschlüssen, ABl. EG Nr. L 157/87.

[83] S. oben Abschnitt 3.10.

schlägiger Organisationen zur zukünftigen Entwicklung des Risikomanagement und der internen Kontrollen in Europa zu erfragen. Wenn auch nicht ausdrücklich erwähnt, schwangen die Regelungen der Sec. 404 SOX und die bisherigen Erfahrungen mit den Ausführungsbestimmungen der SEC und des PCAOB im Hintergrund mit. Am 4. Mai 2006 stellte die FEE die Ergebnisse des Diskussionspapiers in einer Presseerklärung vor.[84] „The respondents to FEE's original Discussion Paper generally concluded that while Europe should learn from the American experience of the Sarbanes Oxley Act, it is not desirable to introduce a European equivalent of Section 404 of the Sarbanes Oxley Act. FEE's consultation process also led to a majority conclusion that any further regulation should take an evolutionary approach." Das European Corporate Governance Forum unterstütze mit einer Erklärung vom Juni 2006[85] diese Position und erklärte unter ausdrücklicher Bezugnahme auf die Prinzipien, die die EU-Kommission zur Vereinfachung des Gemeinschaftsrecht (so genannte „Better Regulation") beschlossen hatte,[86] „specifically, the Forum considers that there should be an adequate balance between the benefits of any additional requirements and the cost and other burdens for the companies. Therefore, the Forum while confirming that companies' boards are responsible for monitoring the effectiveness of internal control systems considers that there is **no need**[87] to introduce a legal obligation for boards to certify the effectiveness of internal controls at EU level."

3. Der Umgang mit unternehmerischen Risiken, Risikomanagement

Einmal erkannte Risiken, seien sie bestandsgefährdender Natur oder nicht, muss der Vorstand einschätzen und bewerten sowie die Maßnahmen ergreifen, die unter angemessener Würdigung der mit dem Risiko verbundenen Chancen im Interesse des Unternehmens geboten sind. Dies versteht der Kodex unter „angemessenem Risikomanagement".

Vorstehendem entspricht auch die Unternehmenspraxis, die sich seit Inkrafttreten des KonTraG am 27. April 1998[88] entwickelt hat.[89]

Die Unternehmen begreifen die Pflicht aus § 91 Abs. 2 AktG regelmäßig als einen von mehreren Bausteinen zur Einrichtung eines über das reine Risiko-Früherkennungssystem für bestandsgefährdende Risiken hinausgehenden, übergreifenden Systems, das es gestattet, unternehmerische Chancen bei gleichzeitiger angemessener Begrenzung der damit notwendigerweise verbundenen Risiken wahrzunehmen.

So beschreiben die „Grundsätze für das Risikomanagement" eines global tätigen deutschen Unternehmens die Aufgaben des Risikomanagements wie folgt: „Der Konzern versteht sich als Global Player mit Anspruch auf weltweite Technologie-, Kosten- und Vertriebsführerschaft. Ziel des Konzerns ist es, Chancen der internationalen Märkte optimal zu nutzen. Dazu gehört auch ein wirksames Risikomanagement. Dessen Aufgabe ist es, Risikobewusstsein zu erzeugen, Risiken frühzeitig zu erkennen und zu bewerten, Risiken an die relevanten Entscheidungsträger im Konzern zu kommunizieren, Risiken durch geeignete Maßnahmen zu steuern. Systematisches Risiko-

---

[84] Press Release (PR75) der FEE vom 4. 5. 2006.
[85] Statement of the European Corporate Governance Forum on Risk Management and Internal Control, ec.europa/internal.market/company/ecgforum/index.
[86] Communication of the Commission of 25 October 2005 to the European Parliament, the Council, the European Economic and Social Committee and the Committee of the Regions: „implementing the community Lisbon program: a strategy for the simplification of the regulatory environment", CCOM (2005) 535 final ec.european.eu/enterprise/regulation/better.regulation/simplification.htm, Ziffer 6.
[87] Hervorhebung durch den Verfasser.
[88] BGBl. I 1998, S. 786 ff.
[89] Statt aller *Lück*, Der Umgang mit unternehmerischen Risiken, FAZ vom 4. 2. 2002.

management gestattet dem Konzern, die Chancen wahrzunehmen, Strukturen und Risikopositionen zu optimieren und unter Berücksichtigung künftiger Erfordernisse weiterzuentwickeln.

655 Zugleich werden hierdurch die gesetzlichen Aufgaben aufgrund des Gesetzes zur Kontrolle und Transparenz im Unternehmen vom 27. April 1998 (KonTraG) erfüllt."

656 Risikomanagement ist mithin kein punktueller, beispielsweise einmal jährlich vollzogener, sondern ein permanenter in das Controllingsystem und das Wertmanagement des Unternehmens und die Vorstandsberichterstattung eingebundener, laufender Prozess.[90] Nur der zeitnahe Umgang mit Risiken verspricht Erfolg.

4. Die Struktur eines Risikomanagementsystems

657 Ein ordnungsgemäßes Risikomanagement kann sich in der folgenden Sequenz vollziehen:

a) Identifikation der Risiken

Ziel der Risikoidentifikation ist die strukturierte und vollständige Erfassung der wesentlichen Risiken. Dabei werden alle Arten von Risiken berücksichtigt. Hierzu zählen auch diejenigen Risiken, die sich im Rechnungswesen der Gesellschaft/des Unternehmens noch nicht niedergeschlagen haben.[91] Zeitlich ist die Risikoidentifikation nicht auf das jeweilige Geschäftsjahr beschränkt. Sie orientiert sich regelmäßig am Planungshorizont der jeweiligen Geschäftsprozesse.

b) Risikoanalyse

Die Risikoanalyse dient der Bewertung der identifizierten Risiken, um den Handlungsbedarf für die Risikosteuerung abzuleiten. – Für die Bewertung der Risiken sind sowohl die mögliche Schadenshöhe als auch die Eintrittswahrscheinlichkeit zu berücksichtigen. Die Risikoanalyse erfolgt durch die der jeweiligen betroffenen Ebene übergeordnete Delegationsebene. Die Summe der bewerteten Risiken stellt das Risikoportofolio der Gesellschaft/des Unternehmens dar.

c) Risikosteuerung

Erkannte und bewertete Risiken sollten idealerweise anhand vorgegebener, allgemeiner Kriterien (= **Risikostrategie** des Unternehmens) unter Berücksichtigung der regelmäßig mit dem Risiko verbundenen unternehmerischen Chancen behandelt werden. Die angemessene Risikostrategie ist höchst unternehmensspezifisch. Das gesamte Risikoumfeld, die Wettbewerbssituation und die wirtschaftliche Lage des Unternehmens sind dabei entscheidende Parameter.

d) Risikoüberwachung

Die Risikoüberwachung betrifft im Wesentlichen die Kontrolle der Wirksamkeit der Risiko-Steuerungsmaßnahmen im Unternehmen sowie die Erfassung und Beurteilung der Risikoveränderungen im Zeitablauf. Angestrebt wird damit die Erkenntnis, ob die tatsächliche Risikoposition des Unternehmens der angestrebten und im Rahmen der Planung akzeptierten Risikosituation auch entspricht.

---

[90] S. hierzu *Middelmann*, DBW 64 (2004), 101 ff.
[91] Z. B. Länderrisiken, Personalrisiken, Risiken im Auftragsbestand, insbesondere Risiken aus wirtschaftskriminellen Handlungen, die einen erheblichen Umfang annehmen können und nur schwer aufdeckbar sind, weil häufig Mitarbeiter und bisweilen sogar das Management des Unternehmens gemeinsam oder kollusiv mit Dritten beteiligt sind; s. den Leitfaden von FAZ, BDI und Ernst & Young, „Wirtschaftskriminalität, Risiko und Vorbeugung" von August 2003.

e) Risikokommunikation

Festgelegte Kommunikationsstränge tragen dazu bei, wesentliche Risikoinformationen den relevanten Entscheidungsträgern frühzeitig zugänglich zu machen. Dabei sollten so weit als möglich bestehende Berichtslinien genutzt werden.

5. Risikomanagement im Konzern

Die jeweiligen Verantwortlichkeiten für das Risikomanagement werden aus der Konzernstruktur abgeleitet. Je tiefer gestaffelt eine Unternehmensgruppe ist, desto differenzierter ist notwendigerweise das Risikomanagement-System.

Grundsätzlich werden unabhängig von der Anzahl der betroffenen Delegationsebenen die folgenden Prinzipien beachtet:

- Das **Vorgehen** im Unternehmen sollte **einheitlich** sein, um die Vergleichbarkeit der Risiken und ihrer Bewertung sicherzustellen. Hierzu dienen konzerneinheitliche Vorgaben.
- Die **Informationen zu Risiken**, einschließlich der im Rahmen einer Risikoinventur erhobenen Daten und erhaltenen Informationen, können auf der jeweils höheren Ebene **verdichtet** werden. Als Mittel hierfür dienen den Unternehmen vorgegebene Risikoschwellenwerte. Sie gestatten es, die Risiken, die angesichts der Größe eines betroffenen Konzernunternehmens für dieses Unternehmen als bedeutsam erscheinen, aber im Gesamtbild des Konzerns oder der Gruppe vernachlässigbar sind, auf der jeweils relevanten Ebene zu belassen und zu behandeln. Damit wird der Risikogewichtung und der Risikodarstellung auf den verschiedenen Konzernebenen angemessen Rechnung getragen.
- Die **Verantwortlichkeit** für die **Identifikation der Risiken** liegt bei der jeweils betroffenen operativen Einheit. Die Analyse und Bewertung der identifizierten Risiken ist Aufgabe der vorgeordneten Einheit.
- Die **Risikosteuerung** erfolgt anhand allgemeiner Kriterien. Dabei befassen sich die jeweiligen Ebenen, auf denen die Aggregation und damit Elimination von Einzelrisiken erfolgt, mit der Steuerung und letztendlich Begrenzung des betreffenden Risikos.
- Die **Risikoüberwachung** ist Angelegenheit der Obergesellschaft. Sie besitzt den Überblick, die Wirksamkeit der Risikosteuerungsmaßnahmen im Gesamtunternehmen zu erfassen und zu beurteilen. Sie kann gegebenenfalls Änderungen im Risikomanagementsystem und bei der Risikosteuerung vornehmen und anordnen.

Bei tief gestaffelten und heterogenen Konzernen/Gruppen sind auch hier mehr als eine Ebene, die sich mit der Risikoüberwachung befasst, denkbar. Risikoüberwachung muss immer realitätsnah sein. Sehr heterogene Unternehmensgruppen weisen in den verschiedenen Sparten auch stark heterogene aber dennoch spartentypische Risikokategorien auf, denen auch unterschiedlich begegnet werden kann/muss. Andererseits tritt bei solch heterogenen Unternehmensgruppen systemimmanent ein Risikoausgleich auf.

Schließlich führt die Befassung aller Delegationsebenen im Konzern mit der Identifizierung, Analyse, Steuerung und Überwachung von Risiken dazu, dass konzernweit eine angemessene Sensibilität für Risiken geweckt wird, mithin ein breites Risikobewusstsein entsteht. Dies allein ist schon geeignet, die Risikoposition des Unternehmens deutlich zu verbessern.

4.2 Zusammensetzung und Vergütung

4.2.1 Der Vorstand soll aus mehreren Personen bestehen und einen Vorsitzenden oder Sprecher haben. Eine Geschäftsordnung soll die Arbeit des Vorstands, insbesondere die Ressortzuständigkeiten einzelner Vorstandsmitglieder, die dem Gesamtvorstand vorbehaltenen Angelegenheiten sowie die erforderliche Beschlussmehrheit bei Vorstandsbeschlüssen (Einstimmigkeit oder Mehrheitsbeschluss) regeln.

V. Zusammensetzung, Geschäftsordnung

1. Der Gesamtvorstand

662 Die Empfehlung in **Satz 1** gründet der Kodex auf der Überzeugung, dass, unabhängig von der Größe und Komplexität der Gesellschaft, der Vorstand mindestens aus zwei Mitgliedern, die nach dem gesetzlichen Leitbild[92] gemeinschaftlich zur Geschäftsführung befugt sind, bestehen soll. Der Kodex fordert das Vieraugenprinzip als Best Practice ein. Der Kodex empfiehlt insoweit eine Regelung, die über die gesetzliche Vorschrift des § 76 Abs. 2 AktG hinausgeht. Nach § 76 Abs. 2 AktG ist ein mehrköpfiger Vorstand nur dann zu bestellen, wenn die Gesellschaft ein Grundkapital von mehr als 3 Mio. Euro hat und die Satzung nicht ausdrücklich die Bestellung eines Einzelvorstands zulässt.[93]

2. Der Alleinvorstand

663 Börsennotierte Aktiengesellschaften, an die der Kodex sich ja richtet, dürften in aller Regel einen mehrköpfigen Vorstand aufweisen. Ausnahmen finden sich gelegentlich bei jungen börsennotierten Gesellschaften. Sie verfügen bisweilen nur über einen einzigen Vorstand. Häufig ist dies der Gründer des Unternehmens oder der Inhaber der Geschäftsidee oder des technischen Wissens, der sich zur Realisierung seiner unternehmerischen Ideen das notwendige Kapital über die Börse besorgt.

664 Während der Boomjahre am Neuen Markt konnte man sehr gut beobachten, dass Gestaltungen, in denen Investoren jungen Unternehmern mit vielversprechenden Geschäftsideen aber ohne oder mit nur geringer geschäftlicher Erfahrung bedeutende Summen Geld anvertrauten, sich nicht zuletzt als deshalb besonders risikoreich erwiesen, weil der „Gründer"-Vorstand nicht in ein internes **System** von **Checks and Balances** eingebunden war. Die Berufung zumindest eines zweiten oder weiterer Vorstände mit geschäftlicher Erfahrung hätte sich sicherlich empfohlen und die Anleger vor massiven Verlusten und die Öffentlichkeit vor Überraschungen bewahrt.

665 Der Kodex schließt die Berufung eines Einzelvorstands nicht aus. Er verlangt in einem solchen Fall aber, dass die Gesellschaft die Abweichung erklärt[94] und die Gründe für die Abweichung offenlegt.[95]

666 Auch hier setzt der Kodex erkennbar auf seinen Grundgedanken, dass Transparenz bei der Unternehmensführung und -überwachung die Gefahren von übermäßiger Risikobereitschaft und Missbrauch mindert. Wer offenen Auges in eine Gesellschaft mit Alleinvorstand investiert, hat Risiken, die der Alleingeschäftsführung innewohnen, in Kauf genommen (volenti non fit iniuria).

---

[92] § 77 Abs. 1 AktG.
[93] § 23 Abs. 3 Nr. 6 AktG.
[94] § 161 AktG.
[95] S. Ziffer 3.10.

3. Der Arbeitsdirektor

Keine Aussagen macht der Kodex zu Bestellung und Funktion des Arbeitsdirektors. Sofern ein solcher nach den gesetzlichen Regelungen[96] zu bestellen ist, besteht für den Kodex keine Flexibilität. Die Regelungen zur Unternehmensmitbestimmung nach dem Mitbestimmungsgesetz 1976, dem Montanmitbestimmungsgesetz und dem Mitbestimmungsergänzungsgesetz sind nach weitaus überwiegender Ansicht zwingenden Rechtes[97] und erschließen sich nur in eingeschränktem Umfang privaten Vereinbarungen bzw. Empfehlungen und dann auch nur insoweit, als sie über den gesetzlichen Standard hinausgehen.[98] 667

Auch insoweit bleibt der Kodex im Rahmen des von der Bundesministerin der Justiz vorgegebenen Auftrages, auf der geltenden Gesetzeslage aufzusetzen. 668

4. Der Vorstandsvorsitzende

Mit der Empfehlung, dass der mehrköpfige Vorstand einen Vorsitzenden oder Sprecher haben soll, entscheidet sich der Kodex bewusst für eine Regelung, die die überwiegende Zahl der börsennotierten deutschen Aktiengesellschaften bereits seit langem anwendet. Dabei hat der Kodex nicht etwa primär die Verhältnisse großer Publikumsgesellschaften vor Augen,[99] sondern das sich auch in kleineren Aktiengesellschaften manifestierende Phänomen, dass sich in einem kollegialen Gremium regelmäßig eine Führungspersönlichkeit herausbildet. 669

Angesichts der unterschiedlichen Traditionen deutscher Aktiengesellschaften eröffnet der Kodex den Gesellschaften bewusst die Wahl, ob sie einen „Vorstandsvorsitzenden" oder einen „Sprecher des Vorstands" haben sollen. 670

Das AktG kennt ausdrücklich nur die Rechtsfigur des **Vorstandsvorsitzenden**, der vom Aufsichtsrat durch Beschluss ernannt wird.[100] Der Vorstandsvorsitzende repräsentiert den Vorstand als Kollegialorgan, leitet dessen Sitzungen und koordiniert die Vorstandsarbeit. 671

5. Abgrenzung des Sprechers zum Vorsitzenden des Vorstands

Die Ernennung des **Vorstandssprechers** hingegen liegt in der Geschäftsordnungskompetenz des Vorstands nach § 77 Abs. 2 AktG. Der Vorstand kann sie dann in Anspruch nehmen, wenn der Aufsichtsrat keinen Vorstandsvorsitzenden ernennt. Die Vorstandsmitglieder können sich aus ihrer Mitte einen Sprecher geben. Seine Rechtsstellung ist gesetzlich nicht umschrieben. 672

Ein Vorstand, der sich einen Sprecher wählt, ist daher gut beraten, sich nicht auf die Ernennung des Sprechers zu beschränken, sondern sollte dessen **Funktionen und Befugnisse** in einer Geschäftsordnung oder an anderer Stelle schriftlich oder auf andere, eindeutig nachvollziehbare Weise **festlegen**. Dabei ist darauf zu achten, dass dem Sprecher nicht Funktionen und Befugnisse in einem Umfang eingeräumt werden, die denen des vom Aufsichtsrat ernannten Vorstandsvorsitzenden entsprechen. Dann läge ein unzulässiger Eingriff in die Kompetenzen des Aufsichtsrats vor.[101] 673

---

[96] §§ 6 ff. MitbestG, §§ 3 ff. MontanMitbestG, §§ 1 ff. MitbestErgG.
[97] Statt aller *Hommelhoff*, ZHR 148 (1984), 118 ff.
[98] *Hanau*, ZGR 2002, 75 ff.
[99] So etwa die Vermutung des Handelsrechtsausschusses des Deutschen Anwaltvereins in seiner Stellungnahme 07/02 vom Januar 2002, www.anwaltverein.de.
[100] § 84 Abs. 2 AktG.
[101] S. *Hüffer*, AktG, § 84 Rn. 21, 22.

6. Keine Kodexempfehlung zu den Aufgaben des Vorstandsvorsitzenden

674 Anders als beim Aufsichtsrat[102] enthält sich der Kodex ausdrücklicher Empfehlungen zu Aufgaben und Funktionen des Vorsitzenden bzw. des Sprechers des Vorstands. Der Kodex will erkennbar nicht in bei den einzelnen Gesellschaften etablierte und gut funktionierende Verfahren und Regelungen eingreifen. Den Gesellschaften soll vielmehr die Flexibilität einschließlich der Möglichkeit, im Rahmen der gesetzlichen Regelung auch andere innovative Wege zu gehen, erhalten bleiben. Dieser Verzicht auf ausdrückliche Regelungen überlässt es der betroffenen Gesellschaft, durch individuell angepasste Regelungen[103] oder aber der Person des Vorstandsvorsitzenden selbst, durch die faktische Kraft seiner Persönlichkeit und Argumente, die Position und die konkreten Funktionen des Vorstandsvorsitzenden so zu entwickeln und zu gestalten, wie es das wohlverstandene Interesse der Gesellschaft nahelegt.

7. Vorstandsvorsitzender und CEO

675 In der **Praxis** einiger deutscher börsennotierter Unternehmen führt Vorstehendes bei grundsätzlicher Beibehaltung des gesetzlich vorgeschriebenen Kollegialitätsprinzips[104] und trotz fehlender Weisungsbefugnis des Vorstandsvorsitzenden gegenüber seinen Vorstandskollegen heute dazu, dass die Position des Vorstandsvorsitzenden der eines président-directeur général, der im französischen Kapitalgesellschaftsrecht alle Geschäftsführungs- (aber auch Aufsichtskompetenzen) auf sich vereinigt,[105] bzw. der des Chief Executive Officers amerikanischer Prägung schon recht nahe kommt.[106] Hierauf ist vorstehend[107] bei der Diskussion über die de-facto-Konvergenz des dualen (deutschen) Führungssystems und des monistischen (angloamerikanischen) Führungssystems hingewiesen worden.[108]

676 Ein guter **Vorstandsvorsitzender** ist, ähnlich einem CEO, die treibende Kraft im Unternehmen.[109] Er hat die Visionen und er gibt die Anstöße für die erfolgreiche Entwicklung des Unternehmens in der Zukunft. Dass er sich dabei mit seinen Vorstandskollegen abstimmt und deren Meinung und Zustimmung einholt, ist bei weitem nicht nur ein Ausfluss seiner aktienrechtlichen Pflicht,[110] sondern liegt im allseitigen Interesse. Insoweit erscheint die Diskussion, ob der Chief Executive Officer in Deutschland längst überfällig ist[111] oder man die Institution des CEO in Deutschland überhaupt nicht brauche,[112] eher theoretisch. Zu Recht weist Baums darauf hin, „dass das deutsche Aktiengesetz auch so genug Spielraum lässt, um ein Unternehmen nach modernen Prinzipien zu führen". Für einen starken **CEO** in einem amerikanischen Unternehmen ist es andererseits ebenfalls selbstverständlich, sich der Unterstützung der übrigen Boardmitglieder zu versichern und nicht isoliert oder ggf. gar gegen den Willen des Board of Directors zu regieren.

677 Vergleichbares trifft im Übrigen auf den im Rechtssinn mit deutlich weniger Befugnissen ausgestatteten **Sprecher des Vorstands** zu. Man rufe sich nur die Herren Abs oder Herrhausen in Erinnerung, um zu erkennen, dass es von der Stärke der Per-

---

[102] S. Ziffer 5.3.
[103] Beispielsweise in Geschäftsordnungen für den Vorstand.
[104] Gesamtgeschäftsführung, § 77 AktG.
[105] Mémento Pratique *Francis Lefebvre*, Droit des Affaires, Sociétés Commerciales, 2000, Rn. 8726 f.
[106] Ohne ihm allerdings Aufsichtsfunktionen oder Weisungsrechte einzuräumen.
[107] S. Präambel Abs. 7.
[108] S. Rn. 19 ff.
[109] Dr. *G. Cromme* in Die Welt vom 18. 1. 2002.
[110] § 77 AktG.
[111] So *R. Berger*, FAZ vom 17. 1. 2002.
[112] So *Baums*, Die Welt vom 18. 1. 2002.

sönlichkeit abhängt, ob der Vorstandsvorsitzende/-sprecher einem Chief Executive Officer ähnelt. Die Notwendigkeit für eine grundlegende Änderung des Aktienrechts ist hier nicht zu erkennen.[113]

Beispiele für eine stärkere Ausrichtung der Aufgaben und Arbeitsweise des gemeinschaftlich handelnden Vorstands[114] auf den Vorstandsvorsitzenden finden sich bei global agierenden Unternehmen, die bei grundsätzlicher Beibehaltung der deutschen Führungsstruktur und Gesetzesrahmens versuchen, auf diese Weise internationalen Corporate Governance Anforderungen Rechnung zu tragen.[115] Unternehmen wie die Deutsche Bank AG oder DaimlerChrysler straffen ihre Vorstandsstruktur und gewähren dem Vorstandsvorsitzenden[116] Funktionen, die ihn auch nach außen erkennbar über die Vorstandskollegen hinausheben.[117] 678

Nach dem geltenden Organisationskonzept der Deutschen Bank AG besteht der aktienrechtliche Vorstand der Bank nur noch aus vier Mitgliedern, nämlich den Vorstandsmitgliedern für Finanzen, Personal und Datenverarbeitung sowie dem Vorstandssprecher selbst. Das operative Geschäft, das acht Geschäftsfelder umfasst, ist einem Group Executive Committee unter der Leitung des Vorstandssprechers anvertraut, der damit praktisch die Stellung eines Chief Executive Officers einnimmt, weil er das gesamte operative Geschäft der Bank führt.[118] Allerdings scheinen die Vorstandskollegen de facto in die Entscheidungen ebenfalls eingebunden zu sein. 679

Die aktienrechtliche Verantwortung liegt weiterhin beim Gesamtvorstand. Inwieweit die dargestellte weitgehende Ressortaufteilung die Verantwortlichkeit der anderen Vorstandsmitglieder einschränkt, kann an dieser Stelle nicht vertieft untersucht werden. Es bleibt abzuwarten, ob die Gesellschaft von der am 14.6.2007 beschlossenen konkretisierenden Empfehlung des Kodex (Ziff. 4.2.1 Satz 2) Gebrauch macht und klarstellende Regelungen in die Geschäftsordnung für den Vorstand aufnimmt. 680

Kritischer zu sehen ist in diesem Zusammenhang im Hinblick auf die auch vom Kodex betonten Aufgaben des Aufsichtsrats, die über eine Beschränkung auf reine Überwachung deutlich hinausgehen, das von einem anderen global tätigen deutschen Unternehmen praktizierte, institutionalisierte Beratungsgremium aus hochrangigen Persönlichkeiten mit globaler/internationaler Erfahrung und dessen **Zuordnung zum Vorsitzenden des Vorstands.** Man darf allerdings nicht übersehen, dass – bei angemessener Besetzung des Gremiums – auf diese Weise die Unzulänglichkeiten eines infolge zwingenden Gesetzesrechtes auf Arbeitnehmerseite rein deutsch besetzten mitbestimmten Aufsichtsrats gemildert werden können. 681

8. Geschäftsordnung für den Vorstand

In **Satz 2** empfiehlt der Kodex den Erlass einer **Geschäftsordnung für den mehrköpfigen Vorstand.** Bereits in seiner ursprünglichen Fassung hatte der Kodex empfohlen, die Geschäftsordnung solle die Zusammenarbeit im Vorstand regeln und die Geschäftsverteilung transparent machen. Gerade in diversifizierten, global agierenden 682

---

[113] Allerdings ist der deutsche Gesetzgeber durch die Verordnung Nr. 2157/2001/EG über das Statut der Europäischen Aktiengesellschaft (SE) ohnehin verpflichtet, neben dem dualistischen System mit Vorstand und Aufsichtsrat auch das monistische Board-System zuzulassen, damit das entsprechende Wahlrecht einer SE gemäß Art. 38 der Verordnung auch ausgeübt werden kann. Allerdings hat soweit ersichtlich bisher nur eine nicht mitbestimmte – börsennotierte SE das Boardsystem gewählt.
[114] § 77 AktG.
[115] BörsenZ vom 17.1.2002.
[116] Auch wenn er bei der Deutschen Bank weiterhin als Sprecher bezeichnet wird.
[117] Handelsblatt vom 1.2.2002. – Zur grundsätzlichen Zulässigkeit solcher rechtsforminkongruenter Gestaltungen s. *Götz*, ZGR 2003, 1ff.
[118] Rechtlich bleibt der Vorstand der Gesellschaft bei dieser Organisationskonstellation stets befugt, Beschlüsse des Group Executive Committes ohne weiteres abzuändern.

Unternehmen tritt das Spannungsverhältnis zwischen aktienrechtlicher Gesamtverantwortung des Vorstands – die der Kodex nicht antasten will – und Ressortverteilung, der gerade im Ausland besondere Bedeutung zugemessen wird, deutlich zutage. Hier müssen die Unternehmen angemessene Gestaltungen finden: bestimmte Aufgaben können nach geltendem Recht und sollten zweckmäßigerweise auch nur nur von dem Gesamtorgan wahrgenommen werden; andere werden am besten in Ressortverantwortung gelöst. Welcher Weg im konkreten Fall auch beschritten wird: wichtig ist, dass keine Entscheidungsblockade institutionell angelegt ist, sondern der Vorstand jederzeit handlungsfähig bleibt.

Dieses Ziel im Blick hat die Kodexkommission in ihrer Plenarsitzung vom 14. Juni 2007 die ursprüngliche Empfehlung der Ziff. 4.2.1 Satz 2 dahingehend konkretisiert, dass die Geschäftsordnung für den Vorstand insbesondere die Ressortzuständigkeiten der einzelnen Vorstandsmitglieder, die dem Vorstand als Gesamtgremium vorbehaltenen Angelegenheiten sowie die erforderlichen Beschlussmehrheiten für Vorstandsbeschlüsse regelt. Dabei lässt der Kodex offen, ob zweckmäßigerweise Einstimmigkeit erforderlich ist oder Mehrheitsbeschlüsse ausreichen.

Auch hier trägt die Kodexkommission einem der Grundanliegen des Kodex, nämlich der Herstellung von Transparenz, erneut Rechnung. Die Gesellschaften legen bereits heute ihre Geschäftsordnungen den Anlegern offen. Spätestens mit der Umsetzung der Änderungsrichtlinie zur 4. und 7. gesellschaftsrechtlichen Richtlinie der Europäischen Union in deutschem Recht entsteht eine entsprechende Rechtspflicht.[119]

683 Eine Empfehlung, welches Organ die Geschäftsordnung zu erlassen hat – in Frage kommen der Aufsichtsrat, dem die primäre Erlasskompetenz zusteht, oder aber der Vorstand selbst[120] –, spricht der Kodex aus den gleichen Gründen nicht aus, die vorstehend bei der Diskussion der Frage Vorsitzender bzw. Sprecher des Vorstands dargestellt wurden.

684 Geschäftsordnungen für den Vorstand dürften schon heute bei der Mehrzahl der großen deutschen Publikumsgesellschaften bestehen.

685 Die Kodexempfehlungen betreffen aber auch die kleineren und mittleren, insbesondere die noch jungen, börsennotierten Aktiengesellschaften. Gerade diese Kategorie von Gesellschaften verfügt in der Regel noch nicht oder nur eingeschränkt über eingespielte bewährte Verfahren der Zusammenarbeit, der gegenseitigen Information und der Abgrenzung von Verantwortlichkeiten. Geschäftsordnungen, die entsprechende Grundsätze festlegen, können besonders hilfreich sein und sind weit mehr als purer Formalismus. Sie geben den Mitgliedern des Vorstands eine Richtschnur für das tägliche Geschäft, erleichtern die Zusammenarbeit und leiten sie in vorhersehbare Bahnen. Damit tragen sie zur **Minimierung der Risiken** unternehmerischen Handelns bei.

9. Inhalt der Geschäftsordnung

686 Geschäftsordnungen sollten grundsätzlich auf die **konkreten Gegebenheiten** und Bedürfnisse der betroffenen Gesellschaften abgestellt werden. Dennoch hat sich eine **typisierte Struktur** herausgebildet:

687 Typischerweise wird zunächst die rechtliche Basis für das Vorstandshandeln (Gesetz, Satzung und Geschäftsordnung) und die Hierarchie der Normen beschrieben.

688 Durch die ausdrückliche Empfehlung, die Geschäftsordnung solle auch die Verteilung der Aufgaben im Vorstand regeln, legt der Kodex nicht nur die rein praktische Aufteilung von Geschäften unter den verschiedenen Vorstandsmitgliedern nahe, sondern empfiehlt gleichzeitig, das gesetzliche Modell der durchgängigen **Gesamtgeschäftsführung** durch eine flexiblere **Einzelgeschäftsführung** mit oder ohne

---

[119] Siehe Art. 46a, 1c) der Richtlinie 2006/46/EG des Europäischen Parlaments und des Rates vom 14. Juni 2006.
[120] § 77 Abs. 2 Satz 1 AktG.

funktionsbezogene, spartenbezogene, lokale, regionale oder auch sachliche Beschränkung aufzulockern. Sachliche Beschränkungen können namentlich Wertgrenzen oder wesentliche Geschäftsvorfälle sein, bei deren Vorliegen die Geschäftsordnung die Behandlung der Angelegenheit dem Gesamtvorstand zuweist.[121]

Dann folgen Ausführungen zur **Gesamtverantwortung des Vorstands**, zu Sequenz, Ablauf und Formalien der **Vorstandssitzungen** und der **Vorstandsbeschlussfassung** sowie zum **Zusammenwirken** mit und zur **Information des Aufsichtsrats**.

Zustimmungspflichtige Geschäfte für den Vorstand, die der Aufsichtsrat beschlossen hat,[122] sollten zweckmäßigerweise in die Geschäftsordnung für den Vorstand aufgenommen werden. Selbst wenn die Satzung zustimmungspflichtige Geschäftsvorfälle (– ausnahmsweise –) festlegt, kann es sich empfehlen, sie in der Geschäftsordnung für den Vorstand zu wiederholen. Auf diese Weise finden sich die zustimmungspflichtigen Geschäftsvorfälle in dem Dokument wieder, das auch im Übrigen die Zusammenarbeit im Vorstand und mit dem Aufsichtsrat regelt.[123]

Ist ein Vorsitzender des Vorstands bestellt, empfiehlt sich eine Konkretisierung seiner Aufgaben und Befugnisse in der Geschäftsordnung für den Vorstand.

Bei Konzernobergesellschaften fanden sich in der Geschäftsordnung für den Vorstand bisweilen auch Regelungen, die vorschrieben, dass der Vorstand den Aufsichtsrat auch über den Gang der Geschäfte bei Konzernunternehmen, insbesondere soweit es sich um Geschäftsvorfälle und Investitionen von wesentlicher Bedeutung oder grundsätzliche geschäftliche Angelegenheiten handelt, zu unterrichten habe. Eine derartige Regelung ist nach dem durch das Transparenz- und Publizitätsgesetz neu eingefügten § 90 Abs. 1 Satz 2 nicht mehr erforderlich. Zur Klarstellung ist sie nach wie vor zu empfehlen.

Vereinzelt finden sich in Geschäftsordnungen weitere Verfahrensregelungen, wie beispielsweise Aussagen zur Abstimmung von Urlaub, Dienstreisen der Vorstandsmitglieder etc.

Das **Muster einer typisierten Geschäftsordnung für den Vorstand** ist im Anhang S. 348 ff. abgedruckt. Es versteht sich von selbst, dass es an die konkreten Verhältnisse in der betroffenen Gesellschaft anzupassen ist.

4.2.2 Das Aufsichtsratsplenum soll auf Vorschlag des Gremiums, das die Vorstandsverträge behandelt, über die Struktur des Vergütungssystems für den Vorstand beraten und soll sie regelmäßig überprüfen.
Die Vergütung der Vorstandsmitglieder wird vom Aufsichtsrat unter Einbeziehung von etwaigen Konzernbezügen in angemessener Höhe auf der Grundlage einer Leistungsbeurteilung festgelegt. Kriterien für die Angemessenheit der Vergütung bilden insbesondere die Aufgaben des jeweiligen Vorstandsmitglieds, seine persönliche Leistung, die Leistung des Vorstands sowie die wirtschaftliche Lage, der Erfolg und die Zukunftsaussichten des Unternehmens unter Berücksichtigung seines Vergleichsumfelds.

VI. Vergütung

1. Vorbemerkung

Die Vergütung der Vorstände blieb das beherrschende Thema der Corporate Governance Diskussion in den vergangenen Jahren. Die Diskussion war und ist nicht auf Deutschland begrenzt. Noch im Jahr 2002 hat „Business Week" die Gier, das indivi-

---

[121] § 77 Abs. 1 Satz 2 AktG.
[122] § 111 Abs. 4 S. 2 AktG.
[123] Einzelheiten s. Kommentierung zu Ziffer 3.3.

duelle Streben nach Macht, Einfluss und Geld als die stärkste Antriebsfeder amerikanischer Manager bezeichnet und in diesem Zusammenhang den Chairman von Tyco, Kozlowsky, als herausragenden Manager gefeiert. Hiervon ist heute nicht mehr die Rede, wie eine Reihe spektakulärer Prozesse in den USA gegen ehemals bewunderte Top Manager bezeugen. Beispiele exzessiver Vergütung[124] brachte ausländischen[125] wie auch deutschen Managern den Vorwurf der Raffgier ein,[126] Vorwürfe, die beständig wieder aufleben.[127] Die Sensibilität des Themas für die Öffentlichkeit zeigt sich aber vor allem daran, dass auch ohne Bezug auf extreme Beispiele wie die vorgenannten in der deutschen Wirtschaftspresse regelmäßig wenn auch mit unterschiedlichen Schwerpunkten[128] und überwiegend kritisch über Managergehälter und deren Entwicklung berichtet wird.[129]

696 Da verwundert es nicht, dass sich die Politik des Themas annahm. Bereits in ihrem so genannten **10-Punkte-Programm**[130] hatte die Bundesregierung unter dem Stichwort „Corporate Governance" weitere gegebenenfalls gesetzgeberische Maßnahmen in Bezug auf die Vergütung der Organe angekündigt. Die EU-Kommission wurde in ihrem **Aktionsplan „Gesellschaftsrecht"**[131] noch konkreter[132] und nannte[133] in Übereinstimmung mit der von ihr berufenen hochrangigen Expertengruppe von Gesell-

---

[124] In diesem Zusammenhang wird die Zuteilung von Optionsrechten im Wert von mehreren hundert Millionen US$ genannt; auch bei dem ENRON-Zusammenbruch spielten hohe Optionszuteilungen eine Rolle; die Verantwortlichen sind inzwischen zu hohen Freiheitsstrafen verurteilt.

[125] Zu denken ist hierbei an die Affäre um den ehemaligen Präsidenten der NYSE, Grasso, dessen Bezüge 140 Mio. US$ betragen haben sollen und der zum Rücktritt gezwungen wurde, oder an den Chairman von Glaxo Smith Kline Garnier, dem die Hauptversammlung eine Verdoppelung seiner Bezüge bei fehlendem geschäftlichen Erfolg versagte (das Votum der Hauptversammlung hat zwar keine rechtliche Bindungswirkung, offensichtlich aber Einfluss).

[126] Berliner Zeitung vom 17. 5. 2003 „BDI rügt Raffgier von Managern".

[127] So auch Altbundeskanzler *Schmidt* in seiner Ansprache zum 90. Geburtstag von Berthold Beitz am 26. 9. 2003: „In den 90er Jahren haben private Habgier und Rücksichtslosigkeit, Machtgier und auch Größenwahn einen allzu großen Einfluss auf das Verhalten mancher Manager ausgeübt, nicht nur in den USA, sondern auch bei uns"; s. auch Berliner Zeitung vom 24. 3. 2004 zu Bundestagspräsident Thierse über Vorstandsgehälter „Durchsetzung eines brutalen Egoismus"; Euro am Sonntag vom 4. 4. 2004 „Gehälterstreit, Bosse am Pranger".

[128] Unternehmen deckeln Managerprämien, BörsZ vom 21. 2. 2007.

[129] S. beispielhaft WAZ vom 20. 5. 2003 „Hohe Managergehälter lösen viel Unmut aus"; FTD vom 30. 9. 2003 „Was die Chefs verdienen: Dollarmillionäre außerhalb der USA"; Handelsblatt vom 10. 3. 2004 „Vorstandsbezüge sind noch ein heikles Thema"; FAZ vom 26. 7. 2004 „Managerbezüge weiter in der Kritik"; FAZ-Sonntagszeitung vom 25. 7. 2004 „Verdienen Manager was sie verdienen?"; FAZ vom 11. 8. 2004 „FDP will Vorstandsbezüge begrenzen"; FAZ vom 3. 9. 2004 „Vorstandsgehälter steigen um 11 %"; Euro am Sonntag vom 28. 11. 2004 „Was Manager verdienen"; Euro am Sonntag vom 20. 3. 2005 „Was DAX-Manager kassierten"; FAZ vom 26. 3. 2005 „Vorstandsgehälter sind deutlich gestiegen"; Stern vom 24. 3. 2005 „Das verdienen deutsche Firmenbosse"; FTD vom 1. 4. 2005 „Chefgehälter bleiben intransparent"; Handelsblatt vom 5. 4. 2005 „Managergehälter eilen Gewinnen voraus"; WAZ vom 22. 1. 2006 „Vorstandsgehälter in den USA erreichen nie gekannte Höhen".

[130] Maßnahmenkatalog der Bundesregierung zur Stärkung der Unternehmensintegrität und des Anlegerschutzes vom 25. 2. 2003.

[131] Mitteilung der Kommission an den Rat und das Europäische Parlament, Modernisierung des Gesellschaftsrechts und Verbesserung der Corporate Governance in der Europäischen Union im Aktionsplan, vom 21. 5. 2003, KOM (2003) 284.

[132] Aktionsplan S. 8 „Die Aktionäre sind Eigentümer der Gesellschaften, nicht die Unternehmensleitung. Dessen ungeachtet wurden deren Rechte viel zu oft durch schäbiges, gieriges und zuweilen betrügerisches Verhalten der Gesellschaften mit Füßen getreten. Ein neuer Sinn für Verhältnismäßigkeit und Fairness tut not.".

[133] Aktionsplan S. 19.

schaftsrechtsexperten, der so genannten Winter-Gruppe,[134] vier Grundvoraussetzungen der Direktorenvergütung: Offenlegung der Vergütungsstrategie im Jahresabschluss,[135] detaillierte Offenlegung der Entgelte der einzelnen Direktoren im Jahresabschluss,[136] Vorabgenehmigung von Aktienbezugsrechten und bezugsrechtsplänen, an denen die Direktoren teilnehmen durch die Aktionärsversammlung,[137] sowie den angemessenen Ausweis der dem Unternehmen dadurch entstehenden Kosten im Jahresabschluss.[138]

Deutsche Vorstandsvergütungen lagen nach einer Studie der deutschen Schutzvereinigung für Wertpapierbesitz – DSW – vom Dezember 2003,[139] im internationalen Vergleich durchaus nicht in der Spitzengruppe, sondern eher im Mittelfeld, vergleichbar mit Frankreich und den Niederlanden. Zu differenzierteren Aussagen kommt eine Studie der Hay Group aus dem Frühherbst 2003.[140] Die Studie bestätigt die Ergebnisse der DSW-Studie darin, dass die Vergütungslevel in den wesentlichen europäischen Ländern zwar variieren, sich indes überlappen. Sie stellt fest, dass in Großbritannien zwar die höchsten Grundgehälter gezahlt werden, die höchsten Shortterm-incentives (Boni) und die höchsten Cash-Bezüge (= Grundgehalt und Bonus) aber in der Bundesrepublik und dass diese sogar über dem Mittel der in den USA gezahlten Werte liegen. Auf die mit der Gewährung von Vergütungsanteilen mit langfristiger Anreizwirkung verbundene Incentive-Funktion wird also für deutsche Vorstände im Vergleich zu US-Managern weniger Wert gelegt. Die Folgestudie der Hay Group aus dem Jahre 2004 bestätigte die vorstehende Analyse der Vergütungsstruktur stellt dabei aber fest, dass deutsche Managerbezüge nunmehr selbst die Bezüge englischer Manager[141] hinter sich gelassen und nunmehr die Vergütungsspitze in Europa erreicht haben.

So war bereits zur Zeit der ersten Plenarsitzung der Kodexkommission nach der Veröffentlichung des Kodex[142] absehbar, dass ein Schwerpunkt der Kommissionsarbeit in der näheren Zukunft auf der Konkretisierung der Regeln zur Organvergütung liegen würde. Von einer Anpassung der Vergütungsempfehlungen des Kodex in jener Sitzung nahm die Kodexkommission Abstand, weil die Hauptversammlungssaison unmittelbar bevorstand und sie den Unternehmen Gelegenheit bieten wollte, sich auf allfällige Kodexänderungen einzustellen. Im Übrigen wünschte die Kommission bei der Aktualität des Themas eine intensive Vor- und Aufbereitung der anstehenden Fragen in Arbeitsgruppen. Wie oben dargestellt,[143] fasste die Kodexkommission nach intensiver Vorbereitung in ihrer Sitzung vom 21. Mai 2003 eine Reihe von **Beschlüssen zur Anpassung des Kodex**, die überwiegend den Abschnitt „Vergütung" betreffen.

Die am 21. Mai 2003 beschlossenen Änderungen **in 4.2.2 Abs. 1** zielten im Wesentlichen darauf ab, im Bereich Vorstandsvergütung für mehr **Transparenz** zu sorgen.[144]

---

[134] S. den „Report of the High Level Group of Company Law Experts on a modern regulatory framework for Company Law in Europe", Brussels, 4 November 2002.
[135] S. hierzu Rn. 761.
[136] S. hierzu Rn. 775 ff.
[137] Bei Aktienoptionsplänen in Deutschland bereits geltendes Recht.
[138] S. § 258 HGB.
[139] S. Auslage auf der Pressekonferenz der DSW vom 15. 12. 2003 in Berlin – „DSW-Studie zur Vorstandsvergütung".
[140] S. *Abel*, Hay Group GmbH: Vergütung von Vorständen in Deutschland, eine Analyse der aktuellen Praxis.
[141] Handelsblatt vom 26. 11. 2004 „Wenn nur der Erfolg zählt – Hay Gehaltsstudie: Deutsche Vorstände verdienen deutlich mehr als EU-Kollegen – ausgerechnet durch kurzfristige Boni".
[142] Plenarsitzung vom 7. 11. 2002.
[143] S. Rn. 150.
[144] S. Pressemitteilung der Kodexkommission vom 21. 5. 2003: „Die auch in der Öffentlichkeit rege diskutierten Fragen einer angemessenen und transparenten Vorstandsvergütung standen im Mittelpunkt der Kommissionsberatungen."

Dabei setzte der Kodex auf Transparenz in unterschiedlicher Abstufung.[145] Herr des Verfahrens bleibt der Vergütungsausschuss oder **Personalausschuss**,[146] der die Struktur der Vorstandsvergütung ebenso festlegt wie die individuelle Vergütung der einzelnen Vorstandsmitglieder. Im **Gesamtaufsichtsrat** soll sodann volle Transparenz über das Vergütungs**system** herrschen (Ziffer 4.2.2). Sodann folgte die nachvollziehbare **Erläuterung** des Vergütungssystems im **Geschäftsbericht** (Ziffer 4.2.3 Abs. 3) und auf der **Internetseite** der Gesellschaft (Ziffer 4.2.3 Abs. 3) sowie in dem **Vergütungsbericht** des Aufsichtsratsvorsitzenden auf der Hauptversammlung (Ziffer 4.2.3 Abs. 4).

700 Wie vorstehend[147] dargelegt, beschäftigte die vom Kodex empfohlene individualisierte Offenlegung der Vorstandsbezüge sowohl die Öffentlichkeit als auch die Politik. Die nur schleppende Akzeptanz der Kodexempfehlung zur individualisierten Offenlegung der Vorstandsbezüge ließ den Ruf nach dem Gesetzgeber immer lauter werden;[148] Diverse Gesetzesvorschläge folgten. Auf dem am 11. März 2005 der Öffentlichkeit in seinen Grundzügen präsentierten Entwurf eines Vorstandsvergütungsoffenlegungsgesetzes[149] folgte am 18. Mai 2005 ein entsprechender Regierungsentwurf,[150] in dem die wesentlichen Grundzüge des schließlich verabschiedeten Vorstandsvergütungsoffenlegungsgesetzes bereits enthalten waren. Insbesondere sah der Regierungsentwurf bereits die Möglichkeit vor, dass die Hauptversammlung mit 75%iger Mehrheit Dispens von der Veröffentlichungspflicht beschließen kann.[151] Der Regierungsentwurf wurde am 3. Juni im Deutschen Bundestag kontrovers beraten[152] und an die Ausschüsse überwiesen. Die zweite und dritte Lesung des Gesetzes fanden am 17. Juni 2005 statt, der Bundesrat stimmte dem Gesetzesbeschluss am 1. Juli 2005[153] zu. Das Gesetz wurde am 10. August 2005 im Bundesgesetzblatt veröffentlicht[154] und trat am 11. August 2005 in Kraft. Zum Zeitpunkt der Plenarsitzung der Kodexkommission am 2. Juni 2005 hatte der Gesetzesentwurf die 2. und 3. Lesung im Deutschen Bundestag noch nicht passiert, Änderungen des Gesetzesentwurfs waren noch möglich. Auch eingedenk der Erfahrung die die Kodexkommission mit den Transparenzregeln in Abschnitt 6.6 gesammelt hatte[155] verzichtete man auf eine – eventuell vorschnelle – Anpassung der gesetzesbeschreibenden Passagen des Abschnitts 4.2 des Kodex, zumal das Gesetz ohnehin erstmals auf die Jahres- und Konzernabschlüsse für das **nach** dem 31. Dezember 2005 beginnende Geschäftsjahr Anwendung finden sollte.[156]

701 In der Plenarsitzung der Kodexkommission am 12. Juni 2006 erfolgte dann die nachstehend erläuterte Anpassung des Kodex an die Regelungen des Vorstandsver-

---

[145] Dies hatte schon ein Positionspapier der DSW vom Oktober 2002 gefordert: „Mehr Corporate-Governance durch erhöhte Transparenz bei der Vorstandsvergütung und durch mehr Unabhängigkeit im Aufsichtsrat".

[146] Wegen der unterschiedlichen Bezeichnung dieses Ausschusses in den Unternehmen (manchmal wird er auch als Präsidium tituliert), umschreibt ihn der Kodex als „das Gremium, das die Vorstandsverträge behandelt".

[147] S. Rn. 150 ff.

[148] S. Rn. 151.

[149] Erklärungen der Bundesministerin der Justiz Zypries auf der Pressekonferenz am 11. 3. 2005.

[150] Presseerklärung des BMJ vom 18. 5. 2005.

[151] „Extrawurst für Porsche", Nr. vom 17. 5. 2005.

[152] BT, 15. Wahlperiode, 179. Sitzung Sitzungsprotokolle S. 16932–16943.

[153] BR-Drucks. 451/05.

[154] BGBl. I 2005, S. 2267.

[155] Die ursprüngliche Formulierung des Kodexabschnitts 6.6 beruhte auf dem im Zeitpunkt der Kodexveröffentlichung bekannten Entwurf des 4. Finanzmarktförderungsgesetzes, der nachfolgend abgeändert wurde und die erste Kodexanpassung in der Sitzung vom 7. 11. 2002 zur Folge hatte.

[156] Art. 2 VorstOG, BGBl. I 2005, S. 2268.

gütungsoffenlegungsgesetzes (**VorstOG**).[157] Über diese Anpassung des gesetzesbeschreibenden Teils des Kodex hinaus beschloss die Kommission **drei zusätzliche Empfehlungen**: In Abschnitt 4.2.5 S. 1 empfiehlt der Kodex seitdem die Erstellung eines Vergütungsberichtes **als Teil** des Corporate Governance Berichts.[158] In Abschnitt 4.2.5 Abs. 2 S. 2 wird empfohlen, die jährliche Zuführung zu Pensionsrückstellungen oder Pensionsfonds individualisiert anzugeben; Abschnitt 4.2.5 Abs. 3 S. 3 empfiehlt schließlich Angaben zur Art der von der Gesellschaft erbrachten Nebenleistungen.

Die Anpassung des gesetzesbeschreibenden Teils des Kodex an das VorstOG bedingte auch eine Anpassung der Systematik des Kodex an die Systematik des VorstOG.[159] Abschnitt 4.2.3 konzentriert sich nunmehr auf die **Zusammensetzung** der Vorstandsvergütung und die einzelnen Vergütungsbestandteile; Abschnitt 4.2.4 beschreibt die (gesetzliche) Pflicht zur **individualisierten Offenlegung** und Abschnitt 4.2.5 enthält Empfehlungen zur **Art und Weise** der Offenlegung.

In der Plenarsitzung vom 14. Juni 2007 schließlich beschloss die Kodexkommission als neue Absätze 4 und 5 von Ziffer 4.23 die nachstehend dargestellten Anregungen zum sogenannten „Abfindungs-Cap", die Abfindungsleistungen an ausscheidende Vorstände von der Restlaufzeit der Vorstandsverträge abkoppelt und der Höhe nach begrenzt.[160]

2. Transparenz der Vergütungsstruktur im Aufsichtsrat

Die am 21. Mai 2003 neu in den Kodex aufgenommene und in der Plenarsitzung vom 12. Juni 2006 nicht geänderte **Empfehlung**, über deren Beachtung sich die Unternehmen nach § 161 AktG zu erklären haben, sieht vor, dass der Gesamtaufsichtsrat auf eine Vorlage des Personalausschusses hin die **Struktur** des Vergütungssystems für den Vorstand **berät** und regelmäßig überprüft. Die **Struktur** des Vergütungssystems soll die Maßstäbe darstellen, die der Personalausschuss bei der Festlegung der individuellen Vergütung der Vorstandsmitglieder anlegt. Hierzu gehören Aussagen zu der Aufteilung der Gesamtvergütung in die einzelnen Vergütungsbestandteile monetärer und nicht monetärer Art,[161] in Festvergütung und unterschiedliche variable Vergütungsbestandteile, so dass deren Gewichtung zueinander und die damit beabsichtigte oder daraus folgende Inzentivierung der Vorstandsmitglieder unter den konkreten Verhältnissen und Bedingungen der Gesellschaft erkennbar werden. Dargestellt werden sollten beispielsweise das grundsätzliche – angemessene[162] – Verhältnis der einzelnen Vergütungsbestandteile untereinander, die Grundsätze für die Bonusvergabe[163] und die langfristigen Vergütungsanteile, sowie deren Abhängigkeit von Zielvereinbarungen oder von der Erreichung bestimmter Kennzahlen oder -relationen. Insbesondere zählen hierzu die **Auswahl** von Vergütungsbestandteilen mit langfristiger Anreizwirkung und Risikocharakter und die **Festlegung** deren grundlegender Parameter:[164] Im Rahmen der Vergütungsstruktur darzustellen sind auch die Grundsätze und Vor-

---

[157] Hierzu gehört auch die Anpassung des Kodex an die Systematik des Gesetzes, s. Rn. 702.
[158] S. hierzu Rn. 782 ff.
[159] Dem auch die nachstehenden Erläuterungen folgen.
[160] S. Rn. 763 a ff.
[161] S. hierzu unter Erläuterungen zu Abschnitt 4.2.3.
[162] S. Ziffer 4.2.3 Abs. 2 letzter Satz.
[163] Unter Berücksichtigung der von der Rechtsprechung aufgestellten Grundsätze, vgl. BGH, NJW 2006, 522 (Mannesmann); *Hoffmann-Becking*, NZG 2006, 127 ff.; *Lutter*, ZIP 2006, 733 ff.
[164] Zur Auswahl gehört beispielsweise die Frage ob überhaupt ein Optionsprogramm im Sinne des § 192 AktG aufgelegt werden soll oder ob Wertzuwachsrechte oder eigene Aktien mit mehrjähriger Veräußerungssperre begeben werden sollen.

aussetzungen der Alterversorgung (als Bestandteil der Grundvergütung),[165] sowie Grundsätze für Sondervergütungen bei Eintritt (golden handshake) oder Austritt (golden parachute).

704 Der Kodex empfiehlt, dass das vom Vergütungsausschuss erarbeitete Vergütungssystem für den Vorstand **im Aufsichtsratsplenum beraten** wird. Ganz bewusst empfiehlt der Kodex **keinen Beschluss** des Aufsichtsratsplenums. Die Kompetenz für die Erarbeitung und auch die Änderung des Vergütungssystems soll ebenso wie die Beschlusskompetenz darüber bei dem Personalausschuss[166] verbleiben. Es ist indes mehr als eine Geste gegenüber dem Aufsichtsratsplenum, wenn der Personalausschuss das Vergütungssystem dem Aufsichtsratsplenum **vor** der eigenen Beschlussfassung zur Beratung zuleitet. Entsprechend enthält die Aufsichtsratsvorlage keine Beschlussempfehlung. Im Übrigen hat der Aufsichtsrat, wenn er mit dem vom Personalausschuss vorgestellten Vergütungssystem nicht einverstanden ist, stets Gelegenheit, dem Personalausschuss ein anderes Vergütungssystem im Wege der Beschlussfassung vorzugeben.

705 Schließlich empfiehlt der Kodex dem Aufsichtsratsplenum, das Vergütungssystem für den Vorstand **regelmäßig** zu überprüfen. Eine best practice-Regelung zu diesem Punkt hat sich nicht erkennbar herausgebildet. Fest steht, dass die Kodexkommission nicht von einer jährlichen Überprüfung ausgeht. Dies wäre purer Formalismus. Nicht ausreichend ist hingegen eine Überprüfung auf reiner „need-to-act"-Basis, also nur dann, wenn ein konkreter Anlass besteht. Die Empfehlung möchte schon einen sanften Druck auf den Personalausschuss dahingehend ausüben, sich jedenfalls regelmäßig mit der außerordentlich wichtigen Frage der Angemessenheit und Sinnhaftigkeit des Vergütungssystems der Gesellschaft befassen.

3. Die gesetzlichen Grundsätze der Vorstandsvergütung

706 Im folgenden Absatz **(4.2.2 Abs. 2)** beschreibt der Kodex die gesetzlichen Grundsätze zur Vergütung der Vorstände.[167] Dabei geht es ihm wiederum nicht darum, die gesetzliche Regelung umfassend wiederzugeben. Vielmehr stellt der Kodex auch hier, seiner Zielsetzung treu, darauf ab, den Bereich der Vergütung der Vorstände für den Anleger transparent zu gestalten. Er erreicht dies dadurch, dass er einige, seinen Autoren besonders wichtige Kriterien der gesetzlichen Regelung der Vorstandsvergütung gesondert herausstellt, ohne dabei eine Empfehlung im eigentlichen Sinn auszusprechen.

a) Berücksichtigung von Konzernbezügen

707 Satz 1 stellt klar, dass bei **Mehrfachmandaten**, wie sie in **Konzernen** häufig anzutreffen sind und bisweilen als Führungsinstrument genutzt werden, eine isolierte Betrachtung der von den jeweiligen Gesellschaften gezahlten Vergütungen nicht ausreicht.[168] Es kommt zur Beurteilung auf die **Gesamtvergütung** des Vorstandsmit-

---

[165] Dass Versorgungszusagen Teil der Vorstandsvergütung sind, hatte der Kodex vorausgesetzt (s. Rn. 700 der Vorauflage). Nunmehr enthält das Gesetz eine ausdrückliche Regelung (§ 285 Satz 1 Nr. 9 a Satz 6 HGB in der Fassung des VorstOG). Eine ausdrückliche Kodexempfehlung dieses Inhalts, wie sie bisweilen vorgeschlagen wurde (*Kramarsch*, ZHR 169 [2005], 112, 117), erübrigt sich mithin.

[166] Das setzt selbstverständlich voraus, dass der Aufsichtsrat dem Personalausschuss, wie es in der weitaus größten Zahl der börsennotierten Gesellschaften der Fall ist, zunächst die Beschlusskompetenz für Vergütungsfragen und die Erarbeitung des Vergütungssystems übertragen hat. In diese, in deutschen Unternehmen **übliche Gestaltung** will der Kodex nicht eingreifen.

[167] § 87 AktG; hierzu auch *Hoffmann-Becking*, ZHR 169 (2005), 155 ff.

[168] § 314 Abs. 1 Nr. 6 a HGB in der Fassung des VorstOG trifft hierzu jetzt eine ausdrückliche Regelung: „a) die für die Wahrnehmung ihrer Aufgaben im Mutterunternehmen **und** den Tochterunternehmen ... gewährten Gesamtbezüge ..." (Hervorhebung vom Verfasser).

gliedes an. Ansonsten könnte eine im Einzelfall unangemessene Gesamtvergütung nicht ohne weiteres erkennbar sein. Mithin sind bei der Entscheidung über die Angemessenheit der Gesamtvergütung etwaige Konzernbezüge zu berücksichtigen.

b) Angemessenheit der Vergütung

In **Satz 2** nennt der Kodex **Kriterien für die Angemessenheit** der Vorstandsvergütung.[169] Dabei hebt der Kodex ganz allgemein auf die **Aufgaben** des Vorstandsmitglieds und seine Leistung ab, das heißt die Erfüllung der Aufgaben. Man sollte meinen, dass der Verweis auf die **Leistung** der Vorstandsmitglieder als Kriterium für die Angemessenheit seiner Vergütung aus sich heraus überzeugt und in einer freiheitlichen, wettbewerbsorientierten (Leistungs-)Gesellschaft, in der zu leben wir für uns in Anspruch nehmen, keiner weiteren Rechtfertigung bedarf,[170] selbst wenn die einschlägige gesetzliche Regel des § 87 Abs. 1 AktG die Leistung des Vorstandsmitglieds nicht ausdrücklich aufführt, sondern lediglich auf dessen Aufgaben verweist und die Lage der Gesellschaft nennt.[171] Die überwiegende Zahl der Unternehmen[172] sieht und handhabt dies offensichtlich so und stellt bei Incentive-Programmen und Bonusregelungen auf die Leistung des Vorstandsmitglieds ab. Lediglich das Grundgehalt des Vorstandsmitglieds ist aufgrund seiner Zweckbestimmung[173] nicht unmittelbar leistungsbezogen. Vergütung ohne Leistung als Maxime für die Entlohnung von Vorstandsmitglieder, die Treuhänder fremden Vermögens sind, ist nur schwer vorstellbar.[174]

708

Die Bedeutung der Leistung des Vorstandsmitglieds als ein Vergütungsparameter hat die Kodexkommission veranlasst, in Satz 2 Klarstellungen des Inhalts vorzunehmen, dass sowohl die Leistung des einzelnen Vorstandsmitglieds als auch die Leistung des Gesamtgremiums berücksichtigt werden soll. Zu berücksichtigen sind gleichermaßen die wirtschaftliche Lage des Unternehmens, dessen geschäftlicher Erfolg und die Zukunftsaussichten unter Berücksichtigung seines Vergleichsumfelds. Was unter Vergleichsumfeld zu verstehen ist, hängt von den Gegebenheiten im konkreten Fall ab. Vergleichsumfeld kann sich abhängig vom Schauplatz der Tätigkeit der Gesellschaft national oder international definieren; auch die Sicht der Investoren kann einbezogen werden.

709

Das Gesetz spricht auch an dieser Stelle nur von der Lage der Gesellschaft. Die vom Kodex vorgenommene Spezifizierung und insbesondere Ausrichtung auf Zukunftsaussichten stellen indes keine über das Gesetz hinausgehende Empfehlung dar, sondern konkretisieren die gesetzliche Regelung. Die wirtschaftliche Lage wird man ohne

710

---

[169] Hierzu statt vieler *Lutter*, ZIP 2006, 733 ff.; *Kort*, NJW 2005, 333 ff.
[170] S. *Lutter*, ZIP 2003, 737, 739.
[171] A. A. *Sünner* (m. N.) auf einer Seminarveranstaltung des Deutschen Aktieninstitutes am 16.10.2003 „Compliance Management in der Praxis". *Sünner* stellt ausschließlich auf die Aufgaben des Vorstandsmitglieds ab und schlägt bei Schlecht- oder Mindererfüllung die Abberufung des Vorstandsmitglieds – unter Fortzahlung seiner Bezüge? – vor. Zu Boni und Vergütungsbestandteilen mit langfristiger Anreizwirkung äußert sich *Sünner* nicht. Es bleibt offen, ob diese überhaupt nicht gezahlt werden sollen (dürfen) oder sich ausschließlich an der Leistung des **Gesamt**gremiums „Vorstand" orientieren sollen. Letzteres dürfte zu einer Leistungsnivellierung führen, die nicht gewollt sein kann.
[172] *Seibt*, FTD vom 2.9.2003 „Crommes Knigge". Aus der juristischen Literaur s. statt vieler *Lutter*, ZIP 2003, 737 ff.; wohl auch *Hefermehl/Spindler* in MünchKommAktG, § 87 Rn. 12 f.; *Hoffmann-Becking*, ZHR 169 (2005), 155, 158.
[173] Es dient bekanntermaßen der Absicherung der Grundversorgung des Vorstandsmitglieds; s. auch *Semler* in Festsymposium Kropff, 69.
[174] So auch Bundespräsident *H. Köhler* am 30.11.2005 vor dem Wirtschaftsforum der Kreissparkasse Tuttlingen: „Keine Frage: Exzellente Leistungen sollen exzellent bezahlt werden. Ansonsten geht der Ansporn verloren. Es gibt keine schematische Formel für die angemessene Festlegung von Gehältern."

einen Blick auf den aktuellen Erfolg und die Zukunftsaussichten des Unternehmens, also der Gesellschaft und ihrer Beteiligungen, kaum bestimmen können.[175] Die Einbeziehung des Vergleichsumfeldes, d. h. der Blick auf die für vergleichbare Positionen von anderen Unternehmen gezahlte Vergütung,[176] trägt zur Objektivierung der Vorstandsvergütung im Wettbewerb bei.

c) Leistungsbeurteilung des Vorstands

711   Welcher Art die Leistungsbeurteilungen zu sein haben und welche Kriterien hierbei anzulegen sind, sagt der Kodex nicht.[177] Er erklärt sich insbesondere nicht zu der Frage, wie denn beim Erstabschluss eines Vorstandsvertrages die Leistung des betreffenden Vorstandsmitglieds zu beurteilen ist. Erfolgt die Besetzung von innerhalb der Gesellschaft, kann auf die Leistungen des Vorstandsmitglieds in seiner ehemaligen Position Bezug genommen werden, ohne dass dies natürlich ein Garant für seine Leistung als Vorstand sein kann. Bei einer Besetzung von außen müssen im Zweifel der Eindruck der Leistungsfähigkeit und -bereitschaft des Vorstandsmitglieds sowie eventuelle Erfolge in vergleichbaren bisherigen Positionen genügen.

d) Zeitpunkt der Leistungsbeurteilung

712   Die Leistungsbeurteilung hat **jährlich** im Zusammenhang mit dem Jahresabschluss zu erfolgen; denn jährlich wird auch der Erfolg oder Misserfolg des Unternehmens und seiner Führung im Rechenwerk der Gesellschaft erkennbar; jährlich werden zumindest Boni oder sonstige kurzfristige variable Vergütungsbestandteile festgesetzt.[178]

e) Durchführung der Leistungsbeurteilung

713   Durchgeführt wird die Leistungsbeurteilung in der Regel von den Mitgliedern des Personalausschusses, die auch die ursprüngliche Vorstandsvergütung festsetzen. Um die Entscheidungsfindung bei der Leistungsbeurteilung zu fördern, kann es hilfreich sein, den Personalausschuss eher mit drei Mitgliedern als paritätisch zu besetzen. Aber auch paritätisch besetzte Personalausschüsse haben sich als effizient und leistungsfähig erwiesen.

f) Beurteilungsgerechtigkeit

714   Der eigentliche **Evaluierungsvorgang** dürfte wohl zu den **schwierigsten Aufgaben** der damit befassten Aufsichtsratsmitglieder gehören. Ihnen obliegt es, eine der tragenden Ideen der Marktwirtschaft, dass nämlich jeder seiner Leistung entsprechend bezahlt werde, in die Tat umzusetzen. Eine vollständig leistungsgerechte Entlohnung dürfte indes kaum zu erreichen sein. Selbst Unternehmen, die einen eigenen Vergütungsausschuss eingerichtet haben, verzichten bei der Vorstandsentlohnung regelmäßig auf die Festlegung konkreter, vorbestimmter Vergütungskriterien. Es ist leicht einsichtig, dass Kriterien wie „value added" oder „EBITDA", obwohl sie mathematisch errechenbar sind, nicht gleichzeitig ein auf alle Situationen zutreffendes, verlässliches Kriterium für die individuelle Leistung des Vorstandsmitglieds abgeben.

---

[175] *Peltzer*, German Code of Corporate Governance, 35, 50.
[176] So auch *Kort*, NJW 2005, 333, 336; *Fonk*, NZG 2005, 248, 249; *Schoppen*, Leistung messen statt ermessen, FAZ vom 24. 4. 2006.
[177] Der britische Combined Code on Corporate Governance von Juli 2003 sieht ebenfalls eine Leistungsbeurteilung der Vorstandsmitglieder vor, siedelt diese aber bei der Effizienzprüfung des Board an, Sec. A.6: „The board should undertake a formal and rigorous annual evaluation of its own performance and that of its committees and **individual directors**."
[178] Das trifft in den Fällen nicht zu, wo die jährliche variable Vergütung anhand vorab festgelegter Kriterien berechnet werden kann und wegen der Bezugnahme auf erreichte Kennziffern nur die Leistung des Gesamtvorstands berücksichtigt wird.

Die von der EU eingesetzte Gruppe hochrangiger Gesellschaftsrechtler empfahl in ihrem am 4. November 2002 veröffentlichten Abschlussbericht[179] unter Ziffer III.11, dass die Vergütungsgrundsätze der Vorstände in Zukunft im Jahresabschluss der Gesellschaft offengelegt werden sollen. Die EU Kommission hat im Aktionsplan „Gesellschaftsrecht"[180] diese Überlegungen aufgenommen und hat auf der Grundlage der Ergebnisse eines Konsultationsverfahrens[181] detaillierte Grundsätze zur von den Unternehmen zu veröffentlichenden Vergütungsstruktur aufgestellt.[182] Sie enthalten einen klaren Hinweis auf den gewollten Leistungsbezug und gleichzeitig darauf, dass letztlich die Transparenz des Vergütungssystems und auch die der individuellen Vergütung als entscheidend angesehen wird. 715

g) Zielvereinbarungen

Zielvereinbarungen werden **jährlich** getroffen und können somit die **Spezifika des Unternehmens** in seinem konkreten Umfeld sowie die Anforderung an die **Aufgabe** des jeweiligen Vorstandsmitglieds berücksichtigen. Die heutzutage regelmäßig anzutreffende primäre Verantwortlichkeit für das dem jeweiligen Vorstandsmitglied durch den Geschäftsverteilungsplan zugewiesene Ressort legt jährliche Zielvereinbarungen mit den Mitgliedern des Vorstands eher nahe.[183] Soweit erkennbar sind sie heute aber noch nicht die Regel.[184] Vielmehr finden sich eher Systeme, die Gesamtziele für bestimmte Geschäftsbereiche oder sonstige organisatorische Einheiten durchgängig durch die Gesellschaft bzw. den Geschäftsbereich oder die organisatorische Einheit definieren. An der Erreichung dieser Ziele wird dann auf die Leistung des betroffenen Vorstands bzw. des Gesamtgremiums geschlossen. 716

Abgeschlossen wird die Zielvereinbarung von dem Personalausschuss des Aufsichtsrats. Auch hier kommt dem Vorsitzenden des Aufsichtsrats, der regelmäßig auch der Vorsitzende des Personalausschusses ist, eine besondere Rolle und Verantwortung zu. 717

h) Variables und Festgehalt

Ausdrückliche Hinweise und Empfehlungen, welchen Teil der Vorstandsvergütung die Leistungsbeurteilung beeinflussen können soll, gibt der Kodex nicht. Es liegt auf der Hand, dass die Leistungsbeurteilung nicht das Festgehalt des Vorstands, sondern den variablen Teil betrifft. Das Festgehalt sollte so bemessen sein, dass es dem betreffenden Vorstand eine Grundabsicherung zur Verfügung stellt, die in jedem Fall gezahlt wird.[185] 718

i) Keine Einschränkung der Entsprechenserklärung

Soweit der Kodex in Ziffer 4.2.2 keine Empfehlung im eigentlichen Sinne ausspricht, beschreibt er die gesetzliche Lage mit der genannten Zielsetzung und setzt die beschriebenen Schwerpunkte. In der Systematik des Kodex führt dies dazu, dass die Nichtanwendung oder das Ignorieren der somit bloß deskriptiven Regelung des Ab- 719

---

[179] S. Rn. 696.
[180] Empfehlung der Kommission zur Einführung einer angemessenen Regelung für die Vergütung von Mitgliedern der Unternehmensleitung börsennotierter Gesellschaften vom 14.12.2004 (2004/913/EG), ABl. EG Nr. L 385/55.
[181] Nachricht der Kommission vom 23.2.2004 (IP/04/252) „Kommission führt Konsultationsverfahren zu Direktorengehältern durch"; Konsultationspapier abrufbar unter http://europa.eu.int/comm/internalmarket/company/directors-remun/index.de.
[182] Empfehlung der Kommission zur Direktorenvergütung (s. Fn. 172), 3. Erwägungsgrund; Abschnitt III, 5
[183] HBV koppelt Vorstandsgehälter an Einzelleistung, FTD vom 18.3.2005.
[184] *Schoppen*, Leistung messen statt ermessen, FAZ vom 24.4.2006.
[185] S. auch *Semler* in Festsymposium Kropff, 64.

schnittes nicht zu einer Einschränkung der Entsprechenserklärung nach § 161 AktG führt und auch keine Erläuterung nach Ziffer 3.10 des Kodex erforderlich macht. Dies mag man bedauern, weil die Kodexkommission augenscheinlich gerade auf die sich repetierende Leistungsbeurteilung des Vorstandsmitglieds Wert legt. Die Regierungskommission Deutscher Corporate Governance Kodex, die den Kodex einmal jährlich vor dem Hintergrund nationaler und internationaler Entwicklungen überprüft und bei Bedarf anpasst, konnte sich bisher nicht entschließen, insoweit eine förmliche Kodexempfehlung auszusprechen.

> 4.2.3 Die Gesamtvergütung der Vorstandsmitglieder umfasst die monetären Vergütungsteile, die Versorgungszusagen, die sonstigen Zusagen, insbesondere für den Fall der Beendigung der Tätigkeit, Nebenleistungen jeder Art und Leistungen von Dritten, die im Hinblick auf die Vorstandstätigkeit zugesagt oder im Geschäftsjahr gewährt wurden.
> Die monetären Vergütungsteile sollen fixe und variable Bestandteile umfassen. Die variablen Vergütungsteile sollten einmalige sowie jährlich wiederkehrende, an den geschäftlichen Erfolg gebundene Komponenten und auch Komponenten mit langfristiger Anreizwirkung und Risikocharakter enthalten. Sämtliche Vergütungsbestandteile müssen für sich und insgesamt angemessen sein.
> Als variable Vergütungskomponenten mit langfristiger Anreizwirkung und Risikocharakter dienen insbesondere Aktien der Gesellschaft mit mehrjähriger Veräußerungssperre, Aktienoptionen oder vergleichbare Gestaltungen (z.B. Phantom Stocks). Aktienoptionen und vergleichbare Gestaltungen sollen auf anspruchsvolle, relevante Vergleichparameter bezogen sein. Eine nachträgliche Änderung der Erfolgsziele oder der Vergleichparameter soll ausgeschlossen sein. Für außerordentliche, nicht vorhergesehene Entwicklungen soll der Aufsichtsrat eine Begrenzungsmöglichkeit (Cap) vereinbaren.
> Bei Abschluss von Vorstandsverträgen sollte darauf geachtet werden, dass Zahlungen an ein Vorstandsmitglied bei vorzeitiger Beendigung der Vorstandstätigkeit ohne wichtigen Grund einschließlich Nebenleistungen den Wert von zwei Jahresvergütungen nicht überschreiten (Abfindungs-Cap) und nicht mehr als die Restlaufzeit des Anstellungsvertrages vergüten. Für die Berechnung des Abfindungs-Caps sollte auf die Gesamtvergütung des abgelaufenen Geschäftsjahres und gegebenenfalls auch auf die voraussichtliche Gesamtvergütung für das laufende Geschäftsjahr abgestellt werden.
> Eine Zusage für Leistungen aus Anlass der vorzeitigen Beendigung der Vorstandstätigkeit infolge eines Kontrollwechsels (Change of Control) sollte 150% des Abfindungs-Caps nicht übersteigen.
> Der Vorsitzende des Aufsichtsrats soll die Hauptversammlung über die Grundzüge des Vergütungssystems und deren Veränderung informieren.

VII. Zusammensetzung der Vergütung

1. Gesamtvergütung der Vorstände im VorstOG und im Kodex (4.2.3 Abs. 1)

720   Im **ersten Absatz** des Abschnitts 4.2.3 in der in der Plenarsitzung der Kodexkommission vom 12. Juni 2006 beschlossenen und seitdem nicht geänderten Fassung beschreibt der Kodex die Bestandteile, die entsprechend § 285 Satz 1 Nr. 9 a HGB (bzw.

§ 314 Abs. 1 Nr. 6 a HGB)[186] die Gesamtvergütung der Vorstandsmitglieder ausmachen können. Dabei spricht der Kodex abweichend vom Gesetzestext, aber in Übereinstimmung mit seiner bisherigen Diktion, von der **Gesamtvergütung** der Vorstände. Unter diesem Begriff sind die geschäftsjahrbezogenen Gesamt**bezüge** im Sinn der – durch das VorstOG nicht geänderten – Sätze 1 bis 3 des § 285 Satz 1 Nr. 9 a HGB zu verstehen und zusätzlich die Versorgungszusagen (für deren Offenlegung der Kodex eine gesonderte Regelung empfiehlt)[187] und die sonstigen Zusagen, insbesondere solche für den Fall der Beendigung der Tätigkeit. Dazu gehören neben den Versorgungszusagen auch die für den Fall des Ausscheidens eines Vorstandsmitglieds vereinbarten Abfindungen.[188] Die Umwandlung von laufenden Bezügen in Versorgungszusagen („deferred compensation") fällt wegen Satz 2 von § 285 Satz 1 Nr. 9 a HGB wie in der Vergangenheit[189] unter den (vom Gesetz verwandten) Begriff der Gesamtbezüge. In Folge der neu in den Kodex aufgenommenen Empfehlung, bei Versorgungszusagen jährlich die Zuführung zu den Pensionsrückstellungen oder Pensionsfonds anzugeben,[190] stellt der Kodex insoweit einen Gleichklang bei der Behandlung von Ruhegeldzusagen im eigentlichen Sinne mit der deferred compensation her, der bei früherer Rechtslage nicht existierte und der durch das VorstOG nicht zweifelsfrei erreicht wurde[191]

Unter den monetären Vergütungsteilen versteht der Kodex die Gesamtbezüge im Sinn des § 285 Satz 1 Nr. 9 a HGB wobei er Nebenleistungen, die zwar unter die genannte Vorschrift fallen wegen ihrer sensiblen Behandlung durch die Öffentlichkeit[192] ausdrücklich zusätzlich erwähnt und einer eigenen Empfehlung für wert erachtet.[193] Hier, wie bei der Beschreibung der Gesamtvergütung der Vorstandsmitglieder insgesamt nimmt der Kodex angesichts seiner (zweiten) Aufgabe, das deutsche Corporate Governance System auch für den ausländischen Investor transparent und nachvollziehbar zu machen, wiederum für sich in Anspruch, dem Ziel leichterer Verständlichkeit den Vorrang vor juristischer Präzision einzuräumen.[194]

2. Grundsätze der Vorstandsvergütung (4.2.3 Abs. 2)

Satz 1 dieses Abschnitts sieht vor, dass die monetären Vergütungsteile der Vorstandsmitglieder **fixe** und **variable Bestandteile** umfassen sollen. Damit empfiehlt der

---

[186] In der Fassung des VorstOG.
[187] S. Rn. 790 ff.
[188] Vorausgesetzt, sie sind im Vorfeld vereinbart. Einer anderen Beurteilung unterliegen ggf. anlässlich des Ausscheidens eines Vorstandsmitglieds gewährte Abfindungen oder Prämien (s. Rn. 727 ff.); siehe hierzu auch die in der Plenarsitzung vom 14. 6. 2007 verabschiedeten Anregungen zum sog. „Abfindungs-Cap", s. Rn. 763 a ff.
[189] *Lange* in MünchKommHGB, § 285 Rn. 161.
[190] Abschnitt 4.2.5 Satz 2 des Kodex; wegen der Einzelheiten s. dort.
[191] Zwar scheint der Gesetzgeber mit der Regelung in Satz 6 des Buchstaben a von § 285 Satz 1 Nr. 9 HGB auch Ruhegeldzusagen erfassen zu wollen: „der (Rechts)ausschuss stimmt der ... Aussage zu, dass die Angabepflicht für alle Leistungen gilt, die dem Vorstandsmitglied sowohl für den Fall der regulären als auch der vorzeitigen Beendigung der Tätigkeit zugesagt sind" (Beschlussempfehlung und Bericht des BT-Rechtsausschusses, BT-Drucks. 15/5860 S. 18). Anzugeben sind aber nur die Basisdaten der Zusage, „nicht aber der versicherungsmathematische Barwert" (s. eben da) Letzteres ist nachvollziehbar und sachgerecht (anders *Baums*, ZIP 2004, 1877, 1878). Man mag indes daran zweifeln, ob die Beschränkung auf die „Basisdaten der Zusage" ausreicht, um die angestrebte Transparenz zu erreichen.
[192] Man denke nur an von der Gesellschaft bezahlte Gartenpflege, Fahrerdienste für Privatfahrten und dergleichen mehr.
[193] Abschnitt 4.2.5 Abs. 3 S. 2; s. dort.
[194] S. Rn. 42.

723 Kodex eine Vergütungsstruktur, wie sie in der überwiegenden Zahl der börsennotierten Aktiengesellschaften, wenn nicht gar in allen Gesellschaften, praktiziert wird.

Durch die Verknüpfung der fixen und variablen Vergütungsbestandteile in Abs. 2 mit der Gesamtvergütung in Abs. 1 von Abschnitt 4.2.3 sagt der Kodex aber nicht nur etwas Selbstverständliches aus. Zum einen bringt er klar zum Ausdruck, dass auch die Vergütungteile mit langfristiger Anreizwirkung Teil der Gesamtvergütung sind, also nicht etwa als so genanntes „Sahnehäubchen" on top kommen, sondern bei der Entscheidung über die Angemessenheit der Vergütung zu berücksichtigen sind. Zum anderen erteilt er gleichzeitig einer ausschließlich erfolgsabhängigen Vergütung des Vorstands eine Absage. Auf diese Weise soll sichergestellt werden, dass dem einzelnen Vorstandsmitglied eine vom tatsächlich eintretenden Erfolg des Unternehmens unabhängige **Grundvergütung** (= Grundabsicherung) zukommt. Sie soll es ihm gestatten, seine Amtsführung ohne unangemessene Abhängigkeit von lediglich kurzfristigen Erfolgszielen an dem recht verstandenen Interesse des Unternehmens und den Pflichten eines ordentlichen und gewissenhaften Geschäftsleiters auszurichten.

724 Andererseits soll die Vergütung der Vorstände auch variable Bestandteile aufweisen, die als **erfolgsbezogenes Vergütungselement** die grundsätzliche Interessengleichheit zwischen Unternehmensführung und Aktionären absichern. Dies ist heute allgemeine Meinung.[195] So bezeichnet beispielsweise die Financial Times Deutschland in einem Beitrag vom 5. März 2002 eine „signifikant erfolgsabhängige Bezahlung des Management" als „zentrales Qualitätsmerkmal" guter Corporate Governance.[196]

3. Struktur der variablen Vergütung (4.2.3 Abs. 2 Satz 2)

725 Die Kodexanregung, von der nach der Systematik des Kodex auch ohne Erklärung im Sinne des § 161 AktG abgewichen werden kann (Anregung, nicht Empfehlung), konkretisiert die variablen Vergütungs**teile**[197] als einmalige sowie jährlich wiederkehrende Komponenten und untergliedert diese nochmals in solche, die an den geschäftlichen Erfolg gebunden sind, und solche mit langfristiger Anreizwirkung und – seit den Beschlüssen vom 21. Mai 2003 – mit Risikocharakter. Damit soll zum Ausdruck gebracht werden, dass die Komponenten mit langfristiger Anreizwirkung so strukturiert werden sollen, dass sie sich nicht nur „nach oben", also zum Vorteil des jeweiligen Vorstandsmitglieds entwickeln können, sondern dass bei entsprechender negativer Entwicklung des Unternehmens auch reale Verluste an Einkommen eintreten können. Das VorstOG nimmt in § 285 Satz 1 Nr. 9 a Satz 5 HGB diese Gliederung des Kodex grundsätzlich auf, indem es im Rahmen der von ihm geforderten individualisierten Offenlegung der Vorstandsbezüge vorschreibt, diese aufgeteilt nach erfolgsunabhängigen und erfolgsbezogenen Komponenten sowie Komponenten mit langfristiger Anreizwirkung gesondert auszuweisen. Es fällt auf, dass das Gesetz nicht ausdrücklich – wohl aber implizit[198] – von nachträglich zahlbaren, weil an den geschäftlichen Erfolg[199] geknüpften Vergütungskomponenten spricht; ferner ist bemerkenswert, dass

---

[195] Bisweilen wird zwar vorgeschlagen, die Vorstandsgehälter an einen Multiplikator der Arbeitnehmergehälter zu binden und ein Abweichen nach oben von der Hauptversammlung sanktionieren zu lassen, s. *Adams*, FTD vom 30.9.2003 „Die Gier zügeln". Zwischenzeitliche Stimmen, die eine gesetzliche Begrenzung der Vorstandsgehälter fordern, s. FAZ vom 22.7.2004 „Managergehälter geraten in den Blick des Gesetzgebers", haben sich nicht durchsetzen können.

[196] Die überwiegende Zahl der börsennotierten Aktiengesellschaften beschränkt die vorstehend beschriebenen Vergütungsgrundsätze nicht auf Organmitglieder, sondern erstreckt sie auch auf ihre leitenden Angestellten. Die Gesellschaften, die die Vergütung ihrer leitenden Mitarbeiter ausschließlich an den Erfolg der Vorstandsmitglieder knüpfen, dürften die Ausnahme darstellen.

[197] Der Hinweis auf variable Vergütungs**teile** ist eine lediglich verbale Klarstellung im Kodextext aus der Sitzung vom 21.5.2003.

[198] S. Rn. 723.

[199] Der ja nur nachträglich gemessen werden kann.

das Gesetz bei der Bezugnahme auf Komponenten mit langfristiger Anreizwirkung auf die im Kodex enthaltene zweite, die Anreizwirkung ergänzende Komponente, den **„Risikocharakter"** der Inzentivierung verzichtet.

Soweit einmalige, an den geschäftlichen Erfolg gebundene Komponenten (= **Boni**) betroffen sind, lässt sich aus der Formulierung des VorstOG, das der Gesetzgeber ja in Kenntnis der Diskussion um Vorstandsmitgliedern gewährte Boni im Zusammenhang mit der Übernahme der Mannesmann AG[200] erließ, jedenfalls **nicht** entnehmen, dass nachträglich zahlbare Boni vom Gesetz missbilligt werden. Es wäre ein Leichtes gewesen, im Gesetz einen entsprechenden klarstellenden Hinweis zu platzieren. – Dass das Gesetz die der „langfristigen Anreizwirkung" vom Kodex gegenübergestellte Komponente „Risikocharakter" nicht übernimmt, kann eigentlich nur so verstanden werden, dass dem Ziel der Offenlegungsvorschrift des § 285 HGB entsprechend auch (und vielleicht gerade) solche Komponenten mit langfristiger Anreizwirkung offengelegt werden sollen, die **keinen** Risikocharakter beinhalten.

4. Einmalige Vergütungskomponenten

Im Rahmen der variablen Vergütung sind einmalige Vergütungskomponenten an einen bestimmten, besonderen Geschäftserfolg eines Vorstandsmitglieds, wie beispielsweise eine bestimmte Akquisition oder Desinvestition oder das Erreichen vorab festgelegter Kennzahlen, geknüpft. Sie sind im Unternehmensalltag heute noch eher die Ausnahme jedenfalls soweit sie als Zielvorgabe **vorab** und nicht nachträglich festgelegt sind. Sie haben aber zweifelsfrei eine hohe Anreizwirkung, vor allem, wenn man mit dem Blick über den Atlantik unterstellt, dass materieller Anreiz zu besonderen beruflichen Leistungen antreibt, die ansonsten nicht erreichbar wären. Aber auch als bloß nachträgliche Belohnung für einen besonderen Erfolg motivieren derartige Boni ohne Zweifel erheblich.

Schon vor der Entscheidung des LG Düsseldorf vom 27. Juli 2004[201] bestanden keine ernsthaften Zweifel daran, dass Aufsichtsräte nicht befugt sind, Vorständen nachträgliche, freiwillige (rechtsgrundlose) Bonuszahlungen zu gewähren. Genau so wenig war zweifelhaft, dass im Einzelfall überobligationsmäßiges Handeln eines Vorstandsmitglieds dem Grunde nach die Zahlung von nachträglichen Anerkennungsprämien rechtfertigt.[202] Dies war und ist generell akzeptierte Praxis.[203] Die mit der Übernahme der Mannesmann AG und der in diesem Zusammenhang an Vorstandsmitglieder gewährten Zahlung von Anerkennungsprämien in außerordentlicher Höhe verbundene Öffentlichkeitswirkung haben die juristische Diskussion über Anerkennungsprämien belebt. Die vorgenannten Entscheidungen des LG Düsseldorf und des BGH sind dabei überwiegend kritisch bewertet worden.[204] Die Frage, die bisweilen durch die Diskussion über die Angemessenheit der Höhe der im Fall Mannesmann gezahlten Prämien überlagert wird,[205] ob nämlich nachträglich Anerkennungsprämien **dem Grunde nach** zulässig sind, lässt sich mit der herrschenden Meinung[206] dahin gehend beantworten, dass das Gesetz jedenfalls nach Streichung des § 86 Abs. 2 AktG keine abschließende Vorgabe zu Struktur und Komponenten der Vorstandsvergütung

---

[200] Wenn auch zeitlich vor der Entscheidung des BGH, NJW 2006, 522.
[201] NZG 2004, 1057.
[202] Damit ist noch keine Aussage zu der **Höhe** der konkreten Zahlung verbunden.
[203] Statt aller *Hoffmann-Becking*, ZHR 169 (2005), 155, 160, 162.
[204] S. *Hoffmann-Becking*, ZHR 169 (2005), 155 ff.; *ders.*, NZG 2006, 127 ff.; *Peltzer*, ZIP 2006, 205 ff.; fanden (jedenfalls das Urteil des LG Düsseldorf) aber auch starke Zustimmung: *Martens*, ZHR 169 (2005), 124 ff.
[205] *Peltzer*, ZIP 2006, 205, 208.
[206] *Baums*, Anerkennungsprämien, insbesondere 9 f., 19; *Hoffmann-Becking*, NZG 2006, 127, 128; *Peltzer*, ZIP 2006, 205, 208 u. v. a.

macht und somit auch die Gewährung von Anerkennungsprämien nicht prinzipiell ausgeschlossen hat. Auch derartige Prämien können vom Aufsichtsrat im Rahmen pflichtgemäßen Ermessens und insbesondere dann gewährt werden, wenn damit eine Leistung des Vorstands vergütet werden soll, die über die im Anstellungsvertrag zugrunde gelegte Leistung hinausgeht und die mithin mit der vertraglich vorgesehenen Vergütung nicht oder nicht angemessen vergütet ist.[207] Die Meinung, dass „die zwischen der Gesellschaft und den Vorständen vereinbarte Entgeltsregelung alle Leistungen innerhalb der jeweiligen Amtsperiode abdeckt" und dass „für Sonderzahlungen in Form einer Anerkennungsprämie oder über die summierten Vertragsentgelte hinausgehenden Abfindungsprämie ..." kein Rechtsgrund [bestehe][208] wird soweit ersichtlich anderweitig nicht vertreten und trägt dem allgemeinen Grundsatz der Angemessenheit von Leistung und Gegenleistung auch nicht ausreichend Rechnung. Es sind sehr wohl außerordentliche Fälle denkbar, in denen die vereinbarte Vorstandsvergütung offensichtlich nicht die Einzelleistung eines Vorstands angemessen kompensierte. Für die **Praxis** der Gestaltung von Vorstandsverträgen führt die Entscheidung des BGH vom 21. Dezember 2005 nicht zuletzt wegen der (auch) erheblichen strafrechtlichen Auswirkungen dazu, dass Vorstandsverträge in der Zukunft jedenfalls ausdrücklich die Zahlung nachträglicher Anerkennungsprämien (appreciation awards) als zulässig und möglich vorsehen sollten. Dann braucht der Aufsichtsrat bei der Gewährung derartiger Prämien (nur) noch das unverändert geltende Angemessenheitsgebot des § 87 AktG berücksichtigen.

5. Jährlich wiederkehrende Komponenten

729 Anstellungsvertraglich vorgesehene jährlich wiederkehrende, an den geschäftlichen Erfolg gebundene Vergütungskomponenten sind in börsennotierten Aktiengesellschaften **seit langem üblich.** Der Kodex verzichtet auf eine konkrete Beschreibung dessen, was er im Einzelnen als jährlich wiederkehrende, an den geschäftlichen Erfolg gebundene Komponente ansieht. Er überlässt auch insoweit den Unternehmen **volle Gestaltungsfreiheit** und möchte sie noch nicht einmal durch eine auch nur beispielhafte Beschreibung präjudizieren.

730 Anders als noch im Entwurf des Kodex vom 13. Dezember 2001, dessen Formulierung auf den **„Unternehmenserfolg"** abstellte, bezieht sich der Kodex in Satz 2 auf den **„geschäftlichen" Erfolg.** Damit trägt der Kodex der in vielen deutschen Unternehmen anzutreffenden Regelung Rechnung, die im Hinblick auf die anzustrebende **Leistungsgerechtigkeit der Vergütung** die jährlich wiederkehrenden Vergütungskomponenten nicht nur an den Erfolg des gesamten Unternehmens binden, sondern auch den Erfolg des von dem jeweiligen Vorstandsmitglied zu verantwortenden Geschäftsbereichs berücksichtigen.[209]

6. Angemessenheit der Vergütungsanteile

731 Der letzte Satz des zweiten Absatzes von Ziffer 4.2.3 beschreibt, wie sich aus der vom Kodex gewählten Diktion[210] ergibt, die Gesetzeslage und konkretisiert das Angemessenheitskriterium des Art. 87 AktG insoweit, als er in die Prüfung der Angemessenheit ausdrücklich nicht nur die Angemessenheit der einzelnen Bestandteile der Gesamtvergütung einbezieht, sondern expressis verbis auch das Verhältnis der Vergütungsbestandteile untereinander. Letztere ist besonders bedeutsam, da wie oben dargestellt auch die Vergütungskomponente mit langfristiger Anreizwirkung und Risi-

---

[207] *Baums,* Anerkennungsprämien, 19.
[208] So *Martens,* ZHR 169 (2005), 124, 139.
[209] S. auch *Binz/Sorg,* BB 2002, 1273, 1274.
[210] S. Präambel.

kocharakter Vergütungsbestandteil ist. Hier weist der Kodex konkret auf eine der gesetzlichen Regelung bereits innewohnende Schranke für Optionsprogramme und ähnliche Gestaltungen hin.

7. Vergütungskomponenten mit langfristiger Anreizwirkung (4.2.3 Abs. 3)

Bei den Vergütungskomponenten mit langfristiger Anreizwirkung und Risikocharakter wird der Kodex in **4.2.3 Abs. 3** hingegen wesentlich konkreter. Er nennt nunmehr neben **Aktienoptionen und vergleichbaren Gestaltungen** wie zum Beispiel Phantom Stocks oder Wertzuwachsrechten ausdrücklich als eine weitere und, wie sich aus der prominenten Stellung in Ziffer 4.2.3 Abs. 3 ergibt, wichtige Gestaltungsform **Aktien der Gesellschaft mit mehrjähriger Veräußerungssperre**. Die Vorstellung ist, dass die Mitglieder des Vorstands einen Teil ihrer Vergütung in Aktien der Gesellschaft, die sich die Gesellschaft nach § 71 Abs. 1 Nr. 8 AktG besorgen kann, ausgezahlt erhalten. Der Ausgabekurs sollte nahe beim Tageskurs zum Zeitpunkt der Vergabe der Aktie liegen. Durch die Veräußerungssperre werden die Vorstandsmitglieder unmittelbar an die Entwicklung des Aktienkurses gebunden (Risikocharakter). Die angestrebte Interessengleichheit mit den Aktionären ist hergestellt. Seiner Zielsetzung, zur Flexibilisierung der deutschen Unternehmensverfassung beizutragen, getreu, verzichtet der Kodex aber auf weitere konkretisierende Vorgaben und lässt den Unternehmen wiederum Gestaltungsfreiheit.[211]

8. Aktienoptionen und Wertzuwachsrechte

Neben **Aktienoptionen**[212] nennt der Kodex gleichberechtigt vergleichbare Gestaltungen wie zum Beispiel die Einräumung von Wertzuwachsrechten. Derartige **Wertzuwachsrechte**[213] verkörpern den an den Eintritt eines bestimmten Ereignisses zu einer bestimmten Zeit geknüpften Anspruch des/der Begünstigten auf Zahlung einer konkret bestimmten oder unmittelbar berechenbaren Geldsumme gegen die Gesellschaft. Wertzuwachsrechte können im Einzelnen so ausgestaltet werden, dass sie echten Aktienoptionen wirtschaftlich nahe kommen. Den Begünstigten steht es frei, die aus den Wertzuwachsrechten erhaltenen Mittel zum Erwerb von Aktien der Gesellschaft zu verwenden. Eine **Verwässerung** des tatsächlichen Wertes der einzelnen Aktie, wie sie bei echten **Aktienoptionen** und Ausnützung des dafür geschaffenen bedingten Kapitals nach § 192 AktG eintritt, ist bei Wertzuwachsrechten ausgeschlossen. Aktienoptionen, die aus vom Unternehmen erworbenen eigenen Aktien[214] begeben werden, führen ebenfalls nicht zu einer Verwässerung.

9. Die Ausgestaltung der Komponenten mit langfristiger Anreizwirkung und Risikocharakter

Der Kodex enthält sich konkreter Empfehlungen zur Ausgestaltung der Komponenten mit langfristiger Anreizwirkung und Risikocharakter. Durch die Verwendung des Begriffs der „Komponente mit langfristiger Anreizwirkung und Risikocharakter" geht der Kodex aber erkennbar davon aus, dass die vom Unternehmen schließlich gewählte Vergütungskomponente unabhängig von ihrer konkreten Ausgestaltung im

---

[211] Diese Zurückhaltung des Kodex ist im Lichte der Entwicklungen in den USA (ENRON), aber auch in Deutschland (Telecom) hinterfragt worden, s. statt aller: *Baums*, ZHR 166 (2002), 375, 381.
[212] Einen Überblick über deutsche Aktienoptionspläne gibt *Klahold*, S. 273 ff.
[213] Zusammen mit Cash-Plänen machen sie heute bereits 41 % der praktizierten Anreizmodelle aus; so eine Studie von PWC, s. FTD vom 24. 3. 2006; so schon FAZ vom 4. 7. 2005 „Alternative zu Aktienoptionen".
[214] § 71 Abs. 1 Nr. 8 AktG.

Einzelfall jedenfalls eine langfristige Anreizwirkung auszuüben **geeignet sein muss**.²¹⁵ Sie darf mit anderen Worten **nicht so gestaltet sein**, dass die variable Komponente auch **ohne ein entsprechendes Engagement** des begünstigten Vorstandsmitglieds **fällig wird**, mithin eine Anreizwirkung von ihr überhaupt nicht ausgeht.

735   Wie eine derartige Vergütungskomponente konkret auszusehen hat, sagt der Kodex nicht.

736   Auch die Baums-Kommission²¹⁶ kommt zu dem Ergebnis, „dass sich ein allgemeines, für alle Fälle geltendes und richtiges Erfolgsziel inhaltlich nicht normieren lässt, ohne den Unternehmen Handlungsspielraum zu nehmen". Sie weist die diesbezügliche Präzisierung des Erfolgsziels, für dessen gesetzliche Beibehaltung²¹⁷ sie sich zu Recht ausdrücklich ausspricht, dem Deutschen Corporate Governance Kodex und der Rechtsprechung zu. Für die Verfasser des Kodex galten hingegen vergleichbare Erwägungen. Konkrete Erfolgsziele lassen sich eben nicht allgemein formulieren. Sie könnten der Vielfalt der Gestaltungen des unternehmerischen Lebens nicht hinreichend gerecht werden.

10. Vorher festgelegte Vergleichsparameter

737   Während der Kodex in seiner ursprünglichen Fassung empfahl, dass die Vergütungskomponenten mit langfristiger Anreizwirkung auf vorher festgelegte Vergleichsparameter bezogen sein sollten und beispielhaft zwei solcher Vergleichsparameter nannte, empfiehlt die Kodexfassung vom 21. Mai 2003 den Bezug auf **anspruchsvolle, relevante** Vergleichsparameter.

738   Der Verzicht auf den ausdrücklichen Hinweis, dass die Vergleichsparameter „vorher festgelegt" sein müssen, ist rein sprachlich bedingt und bedeutet keine Änderung zur bisherigen Kodexfassung. Der Hinweis im Kodex, dass die relevanten Gestaltungen auf Vergleichsparameter **bezogen** sein sollen, bedeutet grammatikalisch, dass die Vergleichsparameter bei **Festlegung** ihrer Gestaltung bereits vorhanden sein müssen.

739   In seiner ursprünglichen Fassung nannte der Kodex als Vergütungskomponente mit langfristiger Anreizwirkung beispielhaft Aktienoptionen und Phantom Stocks. Satz 2 des Absatzes bezieht sich nunmehr nur noch auf Aktienoptionen und vergleichbare Gestaltungen. Die vom Kodex im vorangegangenen Satz neu eingeführte Vergütungskomponente „Aktien der Gesellschaft mit Veräußerungssperre" braucht nicht auf Vergleichsparameter jedweder Art zu rekurrieren. Jede Änderung des Aktienkurses wirkt unmittelbar.

740   Als Vergütungskomponenten mit langfristiger Anreizwirkung und Risikocharakter kommen sowohl **relative Vergleichsparameter**, wie beispielsweise die Wertentwicklung von Aktienindizes, als auch **absolute Erfolgsziele**²¹⁸ wie das Erreichen bestimmter Kursziele in Frage.

741   **Relative** Vergleichparameter werden von Aktionären eher kritisch gesehen, weil bei fallenden Kursen, die die Aktionäre unmittelbar betreffen, die Bezüge des Vorstands dennoch steigen können. Das tritt beispielsweise dann auf, wenn der Börsenkurs der Gesellschaft im Verhältnis zu vergleichbaren Unternehmen oder zum relevanten Index weniger stark gefallen ist.²¹⁹ Es steht außer Zweifel, dass derartige Gestaltungen eine überzeugende Kommunikation an den Kapitalmarkt erfordern.

---

[215] Zur Komponente „Risikocharakter" s. Rn. 743.
[216] *Baums*, Bericht, Rn. 42.
[217] § 193 Abs. 2 Nr. 4 AktG.
[218] Hierzu können auch vorher bestimmte Kennzahlen, die aus dem Rechenwerk der Gesellschaft abgeleitet sind, gehören. Von unmittelbar arbeitnehmerbezogenen Erfolgszielen, wie der Entwicklung der Zahl der Arbeits- oder Ausbildungsplätze, ist bisher mit Ausnahme einer Anfrage des wiss. Dienstes des Deutschen Bundestages nichts bekannt geworden.
[219] So auch OLG Koblenz, ZIP 2002, 1845 ff.

Das Erreichen eines **absoluten** Kursziels hatte schon der Gesetzgeber des KonTraG 742
ausdrücklich berücksichtigt. In den Beschlussempfehlungen des Rechtsausschusses des
Deutschen Bundestages zum KonTraG ist klargestellt, dass auch die Orientierung an
einem bestimmten zukünftigen Kursniveau der Aktie ein zulässiges Erfolgsziel im
Rahmen der Beschlussfassung über ein bedingtes Kapital nach § 193 Abs. 2 Nr. 4 AktG
sein kann, das zur Gewährung von Aktienoptionen nach § 192 Abs. 2 Nr. 3 AktG geschaffen wird.[220]

11. Anspruchsvolle, relevante Vergleichsparameter

Seit der Fassung vom 21. Mai 2003 empfiehlt der Kodex, die Vergütungskomponen- 743
ten mit langfristiger Anreizwirkung und Risikocharakter auf anspruchsvolle, relevante Vergleichsparameter zu beziehen. Dass nur **anspruchsvolle** Vergleichsparameter
der Intention des Kodex genügen, mit der Hingabe von Vergütungskomponenten mit
langfristiger Anreizwirkung auch eine Anreizwirkung überhaupt zu erzielen, liegt auf
der Hand. Das folgt letztlich auch aus dem Angemessenheitsgebot des § 87 AktG. **Relevante** Vergleichsparameter sind solche, die jedenfalls auch einen Risikocharakter
aufweisen und somit klar zu erkennen geben, dass der Begünstigte auch „im Risiko"
steht. Der Kodex versucht auf diese Weise das gegen Aktienoptionen traditioneller Prägung erhobene Argument zu entkräften, Vorstände könnten allenfalls ihre Optionen
verlieren, aber kein eigenes Geld, während die Aktionäre an einem Wertverfall der
Aktie dauerhaft mit eigenem Vermögen teilnähmen. Insoweit besteht in der Tat eine
gewisse sprachliche Duplizierung zu dem vom Kodex ausdrücklich hervorgehobenen
„Risikocharakter".

Global tätige Unternehmen, die ihr Rechnungswesen nach amerikanischen Rech- 744
nungslegungsgrundsätzen führen, bevorzugten bisher absolute Vergleichsparameter,
weil sie es gestatteten, Aktienoptionspläne erfolgsneutral zu bilanzieren.[221] Heute ist
dies indes nicht mehr zulässig. Auch in den USA, wo die Verwässerung der Beteiligung der Aktionäre durch Ausgabe neuer – nennwertloser – Aktien bzw. Optionen
im Wesentlichen unbestritten war, haben die Vorfälle der Vergangenheit dazu geführt,
dass Aktienoptionspläne ergebniswirksam zu bilanzieren sind.[222] Für Unternehmen,
die nach IAS Rechnung legen,[223] ist der International Financial Reporting Standard
Nr. 2 einschlägig,[224] der eine ergebniswirksame Behandlung im Jahresabschluss vorschreibt. Hierauf aufbauend empfiehlt die EU-Kommission bereits in ihrer Anfang
Oktober 2004 verabschiedeten Empfehlung zur Vergütung von „Direktoren",[225] dass
die Unternehmen die jährlichen Kosten von Aktienbeteiligungsplänen, Aktienoptionsplänen oder sonstigen aktienbezogenen Incentive-Regelungen in ihrem Jahresabschluss gemäß IFRS 2 offenlegen.[226]

12. Die Wertentwicklung der Aktie als Erfolgsziel

Der Kodex präzisiert die Erfolgsziele nicht näher. Insbesondere schließt er die **Wert-** 745
entwicklung der Aktie als Vergleichsparameter nicht ausdrücklich aus. Damit bleibt

---

[220] BT-Drucks. 13/1038, S. 26.
[221] Zur Behandlung langfristiger Anreizkomponenten im Jahresabschluss, s. im Übrigen
Binz/Sorg, BB 2002, 1273, 1275.
[222] S. Rn. 745.
[223] Alle Unternehmen, die als Wertpapieremittenten an einem organisierten Kapitalmarkt auftreten, sind nunmehr verpflichtet, ihren Konzernabschluss nach den IFRS (= International
Financial Reporting Standards) aufzustellen; s. Bilanzrechtsreformgesetz vom 4. 12. 2004, BGBl.
I, S. 3166.
[224] IFRS 2 Share Based Payment, February 2004.
[225] Entwurf vom 20. 4. 2004, Markt/CLEG/09/2004-DE.
[226] S. Anlage 8 „Rechnungslegung".

er in gewisser Weise hinter den Vorstellungen der Baums-Kommission zurück, die die Befürchtung hegte, zu wenig anspruchsvolle Kursziele oder aus äußeren von der Verwaltung der Gesellschaft nicht beeinflussbaren Gründen auftretende Kurssteigerungen könnten zu nicht gerechtfertigten **„Windfall Profits"** führen, die es zu vermeiden gelte. Dass dies in der Unternehmenswirklichkeit in Deutschland in der Tat vorkommt, belegte eine Studie von Union Investment, der Fondsgesellschaft der Volksbankengruppe, die am 26. August 2002 vorgestellt wurde.[227] Der Kodex hat diesen Bedenken in gewisser Weise durch die Qualifikationen der Erfolgsziele als „anspruchsvoll" Rechnung getragen.

746 Ähnliche Befürchtungen wurden auch in den USA, die bisher für besonders liberale und großzügige Aktienoptionsprogramme bekannt waren und die noch im Mai 2002 das beste Corporate Governance System der Welt für sich in Anspruch nahmen, geäußert.[228] Mit Blick auf den Enron Zusammenbruch hat der damalige Vorsitzende der amerikanischen Börsenaufsichtsbehörde, Harvey Pitt, dem Vernehmen nach bereits im Frühjahr 2002 in einem Vortrag an der Northwestern Law School in Chicago auf die Unzulänglichkeiten hingewiesen, die sich ergeben, wenn Führungskräfte aus ihren Optionsrechten Gewinne einfahren, während die Aktionäre gleichzeitig den Verlust ihrer gesamten Kapitalbeteiligung hinnehmen müssen. Zum Schutz vor derartigen Entwicklungen schlug Pitt unter anderem vor, Aktiengesellschaften sollten verpflichtet werden, die Ausgabe von Aktienoptionen oder vergleichbaren Formen von Arbeitsentgelten an Führungskräfte von der Zustimmung der Hauptversammlung abhängig zu machen.[229] Des Weiteren sollte die grundsätzliche Entscheidung zur Ausgabe von Optionsrechten sowie deren nähere Ausgestaltung einem von dem Board of Directors unabhängigen Entscheidungsgremium übertragen werden. Ein vergleichbarer Vorschlag findet sich im Aktionsplan der Europäischen Kommission.[230]

13. Entwicklung in den USA

747 Die Anregungen wurden von den beiden großen amerikanischen Börsen, der New York Stock Exchange (NYSE) und der NASDAQ, unmittelbar aufgenommen. Am 28. Mai 2002 veröffentlichte die NASDAQ strengere Corporate Governance Regeln für ihre 4000 gelisteten Gesellschaften, die u. a. vorsehen, dass Stock-Option-Pläne für Vorstands- und Boardmitglieder von den Aktionären genehmigt werden müssen.[231]

748 Die NYSE veröffentlichte ihrerseits am 6. Juni 2002 den Entwurf strengerer Corporate Governance Regeln für die dort gelisteten Unternehmen. Diese Regeln sehen unter anderem einen Beschluss der Aktionäre für alle eigenkapitalbasierten Vergütungssysteme vor.[232] Annähernd zeitgleich, nämlich am 30. Juli 2002 trat in den USA der Sarbanes-Oxley-Act in Kraft,[233] dessen erklärtes Ziel es ist, das Anlegervertrauen in amerikanische Gesellschaften durch eine Reihe von Maßnahmen (Beschränkung von Transaktionen mit Board-Mitgliedern, zwingendes Audit Committee, Stärkung der Unabhängigkeit der Abschlussprüfer, Erweiterung der öffentlichen Berichtspflichten und erhöhte persönliche Haftung der zuständigen Vorstandsmitglieder und leitenden

---

[227] S. Rheinische Post vom 27. 8. 2002.
[228] S. statt vieler: Die Vertrauenskrise, Capital vom 11. 7. 2002.
[229] Eine Entwicklung, die bereits in Großbritannien (s. Combined Code vom Juli 2003, Schedule A.3) und den Niederlanden (Niederländischer Corporate Governance Kodex I.2.27) vollzogen wurde. In ihrer Empfehlung zur Direktorenvergütung, a.a.O., sieht die EU-Kommission ebenfalls die Befassung der Hauptversammlung vor, Abschnitt IV, Art. 6.2.
[230] Aktionsplan vom 21. 5. 2003, a. a. O.
[231] S. PWC International Accounting Newsletter, Juni 2002, 15.
[232] Shareholders vote on all equity-based compensation plans, s. PWC International Accounting Newsletter, Juni 2002, 16 f.
[233] http://financialservices.house.gor/media/pdf/H3763CR_HSE.pdf.

Angestellten für Bilanzen und Jahresabschlüsse[234]) wiederzugewinnen, und der unmittelbaren Einfluss auf die Corporate Governance Diskussion in den USA ausübte.

Die Diskussion in den USA geht weiter. Vorschläge reichten von der zwingenden Berücksichtigung der Option in der Erfolgsrechnung der Unternehmen bis zu einem generellen Verbot von Aktienoptionen.[235] Ein US Accounting Standard, der vorschreibt Aktienoptionen in der Erfolgsrechnung des Unternehmens zu berücksichtigen, ist zwischenzeitlich in Kraft getreten.[236]

Auch institutionelle Investoren haben sich zu diesem Thema zu Wort gemeldet. Die im International Corporate Governance Network zusammengeschlossenen Pensionsfonds, die nach eigenen Angaben 10 000 Mrd. US$ verwalten, schlagen vor, Aktienoptionen nur noch in kleinen Volumina auszugeben und nachträgliche Änderungen der Optionsprogramme von der Zustimmung der Hauptversammlung abhängig zu machen.[237]

14. Langsame Abkehr von Aktienoptionen

Die in der Vergangenheit zu beobachtende Euphorie bezüglich Aktienoptionsprogrammen ist zwischenzeitlich und angesichts der Vielzahl auch in Deutschland zutage getretener Unzulänglichkeiten bei der tatsächlichen Handhabung derartiger Programme[238] einer realistischen Betrachtung gewichen.[239] Auch amerikanische Unternehmen, die bislang großzügig mit der Zuteilung von Optionen umgingen, überdenken ihre Optionspläne. Microsoft hat sich angabegemäß vollständig von Aktienoptionen gelöst und gibt stattdessen den Begünstigten eigene Aktien mit einer Halteverpflichtung.[240] Eine vergleichbare Entwicklung lässt sich in Deutschland beobachten. So will Siemens seinen Managern künftig keine Optionen mehr zuteilen[241] und DaimlerChrysler orientiert seinen variablen Vergütungsanteil an Erfolgskennzahlen wie „Return on Net Assets" und „Return on Sales".[242] Immer mehr Unternehmen gehen augenscheinlich dazu über, ihre Optionspläne anzupassen,[243] oder haben ihre Optionspläne um eine finanzielle Beteiligung der Begünstigten erweitert.[244] Optionsprogramme haben nicht zuletzt durch die ab 2005 zwingende bilanzielle Behandlung als Aufwand an Attraktivität verloren.[245] Dennoch wird soweit ersichtlich die generelle Sinnhaftigkeit von angemessenen strukturierten Optionsprogrammen nur vereinzelt angezweifelt.[246]

---

[234] *Donald* S. 12 ff., 53; allgemein instruktiv *Kamann/Simpkins*, RIW 2003, 183 ff.
[235] Aktienoptionen sind in der USA unter Beschuss, Handelsblatt vom 20.6.2002.
[236] Ankündigung im Wall Street Journal Europe vom 12.10.2004 „Companies overhaul Executive Compensation".
[237] S. FTD vom 24.6.2002; FAZ vom 25.6.2002.
[238] Schon die Baums-Kommission hatte entsprechende Bedenken geäußert.
[239] Allgemein, insbesondere zu den Formen von Optionsplänen und den Ursachen von Qualitätsmängeln, *Winter*, Handbuch Corporate Governance, 335 ff.; speziell zu Rechtsfragen bei Betriebsübergang *Schnitker/Grau*, BB 2002, 2497 ff.; so auch eine Studie PWC „Trends in Times of Uncertainly 2005 Global Equity Incentives Survey", zitiert von FAZ vom 4.7.2005 „Alternative zu Aktienoptionen".
[240] S. FAZ vom 27.2.2004 „In Amerika sind Optionen in Verruf geraten".
[241] Die Welt vom 10.6.2003 „Siemens will Manager künftig nicht mehr mit Aktienoptionen bezahlen".
[242] WamS vom 4.4.2004 „Schremps Kraftakt"; WamS vom 4.4.2004 „DaimlerChrysler, Bezahlung der Manager nach Leistung".
[243] Handelsblatt vom 27.1.2004 „Vernünftiges Feilen", FAZ vom 4.7.2005.
[244] FAZ vom 12.7.2003 „Wir haben das Aktienoptionsmodell weiter entwickelt".
[245] FTD vom 23.5.2003 „Aktienoptionen verlieren bald an Bedeutung".
[246] *Adams*, FTD vom 30.9.2003 „Die Gier zügeln".

15. Die Position des Kodex

752 Die Verfasser des Kodex **teilen die Bedenken**, die die Baums-Kommission im Zusammenhang mit ungerechtfertigten **Windfall Profits** aus Aktien-Optionen äußerte[247] und die wie vorstehend dargestellt in Deutschland und auch in den USA zu einem Umdenken geführt haben. Trotz der Ankündigung der EU-Kommission sind derzeit keine konkreten Anzeichen erkennbar, dass der Weg über eine Befassung der Hauptversammlung bald europarechtlich vorgeschrieben werden wird.[248] Soweit zur Durchführung des Optionsplans genehmigtes Kapital geschaffen werden oder die Gesellschaft ermächtigt werden muss, eigene Aktien zu erwerben, ist nach geltendem Aktienrecht die Hauptversammlung ohnehin zu befassen. Eine darüber hinausgehende Befassung der Hauptversammlung (= Kompetenzerweiterung) ist sorgsam abzuwägen. Der Kodex hat insoweit Berichtspflichten empfohlen, um mehr Transparenz herzustellen.[249]

16. Kein Repricing

753 Eine nachträgliche Änderung der Erfolgsziele oder der Vergleichsparameter empfiehlt der Kodex allerdings auszuschließen **(Satz 3)**. Die Zufügung der „Vergleichsparameter" hat rein klarstellende Gründe. Eine Abweichung von dieser Kodexempfehlung macht eine entsprechende Erklärung nach § 161 AktG und ggf. eine Erläuterung nach Ziffer 3.10 des Kodex erforderlich. Insoweit beantwortet der Kodex die von der Baums-Kommission[250] ausgesprochene Prüfungsempfehlung positiv. Auch der niederländische Corporate Governance Code sieht eine entsprechende Regelung vor.[251]

17. Angemessenheit der Vorteile aus einem Aktienoptionsprogramm

754 In seiner ursprünglichen Version enthielt der Kodex in Satz 6 den Hinweis, dass **Vorteile** aus einem Aktienoptionsprogramm **angemessen sein** müssen. Dieser gesonderte auf Optionsprogramme bezogene Hinweis ist in der Version vom 21. Mai 2003 entfallen. Er ist ersetzt durch das allgemeine, umfassende Angemessenheitsgebot der Ziffer 4.2.3 Abs. 1 (jetzt Abs. 2) letzter Satz. Auch insoweit gibt der Kodex lediglich die gesetzliche Regelung des § 87 AktG wieder.[252] Er nimmt auch entsprechende Erwägungen der Baums-Kommission[253] auf.

18. Vereinbarte Begrenzungsmöglichkeiten der variablen Vergütung (CAP)

755 In seiner ursprünglichen Version verzichtete der Kodex auf eine allgemeine oder gar spezifische Aussage zur quantitativen Begrenzung (dem so genannten „CAP") der dem einzelnen Vorstandsmitglied zufließenden Gewinne aus erfolgsabhängigen Vergütungsbestandteilen. In grundsätzlicher Übereinstimmung mit den Erwägungen der Baums-Kommission[254] ging der Kodex davon aus, dass das gesetzliche Erfordernis der Angemessenheit der Gesamtvergütung[255] auch ohne ausdrückliche gesetzliche Kon-

---

[247] *Baums*, Bericht, Rn. 42 ff.
[248] S. Aktionsplan der EU vom 21. 5. 2003.
[249] S. Rn. 20.
[250] Hier statt aller *Hüffer*, AktG, § 87 Rn. 2 a.
[251] Niederländischer Corporate Governance Kodex Sec. I.2.7.
[252] *Baums*, Bericht, Rn. 46.
[253] *Baums*, Bericht, Rn. 42 ff.
[254] *Baums*, Bericht, Rn. 44.
[255] § 87 Abs. 1 AktG.

kretisierung²⁵⁶ schon immer eine angemessene **Begrenzung der Zuflüsse** aus erfolgsabhängigen Vergütungsbestandteilen erforderlich machte und dass sich aus dem Zusammenhang der Regelung im Kodex ergab, dass sich diese Empfehlung nicht nur auf Aktienoptionspläne, sondern **auch auf vergleichbare Gestaltungen** bezog.

Infolge der Ereignisse im Sommer 2002 entstand in den USA wie in Deutschland eine öffentliche Diskussion darüber, wie offensichtliche Diskrepanzen zwischen der Wertentwicklung der Aktie der Gesellschaft und den Vorteilen, die Vorständen aus Aktienoptionen erwachsen, vermieden und der angestrebte Gleichklang der Interessen der Verwaltung mit denen der Aktionäre (wieder-)hergestellt werden kann.

In der öffentlichen Diskussion ließ sich die bisherige Lösung der Kodexkommission, ungerechtfertigte (Windfall) Profits nicht durch notwendigerweise lückenhafte oder über Gebühr einengende, konkrete Einzelregelungen zu vermeiden, sondern vielmehr durch die Empfehlung, die **konkrete Ausgestaltung des Aktienoptionsplans** oder eines vergleichbaren Vergütungssystems in geeigneter Form **bekannt zu machen**, nicht mehr glaubwürdig vermitteln.²⁵⁷ Die Verfasser des Kodex hatten in diesem kritischen Bereich darauf vertraut, dass die durch die Veröffentlichung des Aktienoptionsplans oder eines vergleichbaren Vergütungssystems geschaffene **Transparenz** eine Gestaltung und damit auch Ergebnisse verhindert, wie sie nicht nur der Baums-Kommission als nicht wünschenswert vorschwebten, ohne die Unternehmen in der Ausgestaltung der konkreten Pläne über Gebühr einzuengen. Der Vorsitzende der Regierungskommission „Corporate Governance", Professor T. Baums, sprach sich dezidiert für eine „Nachbesserung", d. h. eine Konkretisierung dieser Kodexempfehlung aus.²⁵⁸ Das 10-Punkte-Programm der Bundesregierung wies ebenfalls auf die Möglichkeit von Höchstgrenzen („Caps") hin.²⁵⁹ Nach diesen Hinweisen sah sich die Kodexkommission in ihrem Bestreben nach klaren, allgemein verständlichen Empfehlungen veranlasst, von der alleinigen Abstützung des – unstreitigen – Ziels (= Begrenzung des Zuflusses aus Aktienoptionen) auf das Kriterium der Angemessenheit (§ 87 AktG) und der Bekanntmachung der konkreten Ausgestaltung des Optionsplans (= Transparenz) abzurücken und eine Empfehlung zur Begrenzung des Zuflusses aus Aktienoptionen in den Kodex aufzunehmen **(Ziffer 4.2.3 Abs. 3 letzter Satz)**.

Die Formulierung, auf die sich die Kodexkommission schließlich einigte, reflektiert zunächst die gemeinsame Überzeugung, dass eine absolute Höchstgrenze, die ihren Ausdruck in einem festen Eurobetrag findet, das Problem nicht angemessen löst.²⁶⁰ Ebenso wenig erschien eine mathematisch nachvollziehbare Formel, die als Maßstab für die Festlegung einer Höchstgrenze dienen konnte,²⁶¹ dem Anspruch der Kodexkommission gerecht zu werden, den Gesellschaften die notwendige Freiheit zu belassen und ihre Flexibilität nicht über Gebühr einzuschränken.

Die schließlich gefundene Bezugnahme auf **außerordentliche, nicht vorhergesehene** Entwicklungen nimmt erkennbar Anleihe bei den Voraussetzungen, die das bürgerliche Recht für den Wegfall der Geschäftsgrundlage aufstellt (§ 313 BGB): Wenn wesentliche Vorstellungen, die zur Grundlage des Vertrages geworden sind, sich als falsch herausstellen und die Parteien den Vertrag nicht oder nur mit anderem Inhalt geschlossen hätten, kann eine Anpassung des Vertrages verlangt werden [soweit einem

---

²⁵⁶ *Baums*, Bericht, Rn. 44.
²⁵⁷ Näheres s. Erläuterungen Rn. 760 ff.
²⁵⁸ *Baums*, ZHR 166 (2002), 375, 380 f.
²⁵⁹ 10-Punkte-Papier vom 25. 2. 2003, Abschnitt 3 „Weiterentwicklung des Deutschen Corporate Governance Kodex, insbesondere zur Transparenz von aktienbasierten oder anreizorientierten Vergütungen (,Aktienoptionen') der Vorstände".
²⁶⁰ Anders sieht das der britische Combined Code, der im Schedule A.I. formuliert: „Upper-limits should be set and disclosed."
²⁶¹ So der niederländische Kodex in Abschnitt I.2.9, der festlegt: „The economic value of the variable remuneration components shall not exceed 50 percent of the total remuneration."

Vertragsteil unter Berücksichtigung aller Umstände des Einzelfalls, ..., das Festhalten am unveränderten Vertrag nicht zugemutet werden kann].[262] Zu denken ist beispielsweise an Fälle, wo die Kurse der Aktie der Gesellschaft ohne eigenständiges Zutun des begünstigten Vorstandsmitglieds einen bei Zuteilung der Option als möglich und angemessen erachteten Kurswert deutlich übersteigen, weil z. B. eine allgemeine Börsenhausse einsetzte oder ein feindliches Übernahmeangebot auf die Gesellschaft ausgebracht wurde.[263] Für diese und ähnliche Fälle der Störung des ursprünglich als angemessen angesehenen Vergütungsbestandteils mit langfristiger Anreizwirkung soll der Aufsichtsrat eine Begrenzungsmöglichkeit vereinbaren.

760 Die Kodexempfehlung verzichtet somit auf die für die unmittelbare Anwendung von § 313 BGB erforderliche (weitere) Voraussetzung der Unzumutbarkeit des Festhaltens am Vertrag für eine Partei und setzt damit die Voraussetzungen, die eine Anwendbarkeit der Kodexempfehlungen ermöglichen sollen, im Vergleich zu den gesetzlichen Vorraussetzungen herab.

761 Der Aufsichtsrat muss die Begrenzungsmöglichkeit **vereinbaren**. Dies geschieht zweckmäßigerweise in den Anstellungsverträgen für die Vorstandsmitglieder. Dabei ist eine eher generelle Formulierung aus den oben genannten Gründen einer spezifischen Formulierung vorzuziehen. Auf die Begrenzungspflicht kann verzichtet werden, wenn das Optionsprogramm so ausgestattet ist, dass es konkrete Begrenzungen zulässt.

762 Da die Optionen den Vorstandsmitgliedern zugeteilt werden und diese nach einer Wartefrist und bei Erreichen bestimmter Ausübungsvoraussetzungen die Optionen **ohne** weitere Einschaltung der Gesellschaft oder des Aufsichtsrats gegen Zahlung des Optionsbetrages ausüben können, kann jedwede Begrenzungsmöglichkeit nicht „dinglich" wirken. Der Aufsichtsrat kann die Vorstandsmitglieder jedoch schuldrechtlich verpflichten, bei „aus dem Ruder" laufenden Optionen einen solchen Anteil von Optionen verfallen zu lassen als erforderlich ist, die Angemessenheit der Vergütung wiederherzustellen.

763 Die Empfehlung an den Aufsichtsrat, eine Begrenzungs**möglichkeit** zu vereinbaren, führt zu der Frage nach der Durchsetzungsqualität zu treffender Vereinbarungen. Reicht es aus, dass der Aufsichtsrat nur eine **Möglichkeit** zur Begrenzung, also eine **Sprechklausel** vereinbart, die dem betroffenen Vorstandsmitglied die Option lässt, sich auf eine bestehende Zuteilung von Optionsrechten zu berufen, oder muss sich der Aufsichtsrat vertraglich vorbehalten – gegebenenfalls nach Verhandlungen mit dem betroffenen Vorstandsmitglied – einseitig eine Begrenzung durchsetzen zu können. Für Letzteres spricht der Wortlaut der Empfehlung, der dem Aufsichtsrat auferlegt, eine Möglichkeit zur Begrenzung zu vereinbaren. Dies geht deutlich über eine reine Sprechklausel hinaus. Für die Praxis stellt sich die Frage indes nicht wirklich. Es ist schwer vorstellbar, dass sich ein Vorstandsmitglied – insbesondere wenn es mit Wiederbestellung rechnet – sich einem berechtigten Begrenzungswunsch des Aufsichtsrats widersetzt.

19. Vereinbarte Begrenzung bei Abfindungen (Anregung)

763a Zahlenmäßig eher wenige, dafür aber spektakuläre Fälle haben immer wieder die öffentliche Diskussion um Abfindungszahlungen an vorzeitig ausscheidende Vorstandsmitglieder beschäftigt und die Frage nach deren Angemessenheit gestellt. Es lässt sich nicht leugnen, dass gerade die Fälle einen Beigeschmack hinterließen, in denen sich eine Gesellschaft kurzfristig nach einer – bisweilen sogar vorfristig erfolgten – Verlängerung des Anstellungsvertrages eines Vorstandsmitglieds von gerade diesem Vorstandsmitglied trennte und unter Hinweis auf vertragliche Pflichten dem ausscheidenden Vorstandsmitglied den Gesamtwert des aufgelösten Anstellungsvertrages auszahlte. Darüber hinausgehende Bonuszahlungen für besondere Leistungen – beispiels-

---

[262] Wegen der Einzelheiten s. statt aller *Roth* in MünchKommBGB, § 313 Rn. 20 ff.
[263] S. hierzu auch *Brauer*, NZG 2004, 502, 506.

weise im Rahmen einer Übernahme – sind ohnehin bereits aktienrechtlich sensibel.[264] Hierzu soll an dieser Stelle nicht gesondert Stellung genommen werden. In weniger eklatanten Fällen kann sich ebenfalls die Frage nach der Angemessenheit der Abfindungszahlung stellen; warum sollte beispielsweise einem wegen unterschiedlicher strategischer Vorstellungen vorzeitig ausscheidenden Vorstandsmitglied eine vertragliche Restlaufzeit seines Anstellungsvertrages von mehreren Jahren vergütet werden, wenn er alsbald eine neue angemessene Position in einem anderen Unternehmen übernimmt?

Gerade die so unterschiedlichen, denkbaren Fallkonstellationen – eine Standardsituation, die man den Überlegungen zugrunde legen könnte, gibt es nicht – haben in der Vergangenheit dazu geführt, eher indirekte Lösungen des Problems zu propagieren, nämlich beispielsweise eine Verkürzung der Regelbestelldauer der Vorstandsmitglieder auf drei Jahre. Dies ließ sich unter Hinweis auf „internationale Üblichkeiten" viel leichter vertreten als der Vorschlag einer ausdrücklichen Begrenzung der Abfindungszahlungen.

Die Kodexkommission hat diese Fragen sehr intensiv und teilweise auch kontrovers diskutiert.[265] Am Ende hat die Kodexkommission – ihrer bisherigen Tradition folgend – im Konventverfahren eine Regelung (**4.2.3. Abs. 4**) verabschiedet, die auch die Kommissionsmitglieder tragen konnten, die aus grundsätzlichen Erwägungen einer Kodexregelung skeptisch gegenüberstanden, weil sie in jedweder Regelung einen den Aufsichtsrat einengenden Eingriff in die Freiheit der vertraglichen Gestaltung befürchteten. **763b**

Durch die mit der verabschiedeten Anregung erreichte Abkopplung der Abfindungszahlungen von der Vertragslaufzeit glaubt die Kommission eine Regelung gefunden zu haben, die dem einzelnen Vorstandsmitglied ebenso wie dem Unternehmen gerecht wird. Mit zwei Jahresvergütungen dürfte das ausscheidende Vorstandsmitglied einerseits angemessen abgesichert sein und andererseits wird die langfristige Entwicklung der Gesellschaft nicht tangiert. Denn mit der beschlossenen Anregung wird grundsätzlich an der „normalen" Vertragslaufzeit von fünf Jahren festgehalten; eine Verkürzung auf drei Jahre erschien allgemein nicht wünschenswert. Gesellschaft wie Vorstand erhalten so eine sichere Planungszeit von fünf Jahren, in der die Zukunft der Gesellschaft gemeinsam geplant und die Planungen umgesetzt werden können, ehe sich erneut die Frage einer Verlängerung des Anstellungsvertrages im – regelmäßig mitbestimmten – Aufsichtsrat stellt.

Von der von der Kodexkommission verabschiedeten **Anregung** kann nach der Systematik des Kodex ohne Hinweis abgewichen werden. **Materiell** schlägt die Anregung vor, dass der Aufsichtsrat bei Abschluss von Vorstandsverträgen, mithin sowohl bei einem **Neuabschluss** als auch bei einer **Verlängerung**, in den Vertrag eine Vereinbarung des Inhalts aufnimmt, dass bei einer vorzeitigen Beendigung der Vorstandstätigkeit, ohne dass ein wichtiger Grund hierfür vorliegt, Abfindungszahlungen der **Höhe nach begrenzt** sind. Das ist das sogenannte **Abfindungs-Cap**. **763c**

Die Anregung enthält eine **zweifache Begrenzung** für Abfindungszahlungen. Zum einen, sollten die Zahlungen einschließlich Nebenleistungen den Wert von **zwei Jahresvergütungen** nicht überschreiten; zum anderen sollte jedenfalls nicht mehr als die **Restlaufzeit** des Vertrages vergütet werden. **763d**

Die Vereinbarung sollte schließlich vorsehen, dass zur Berechnung des Abfindungs-Caps primär auf die – der Gesellschaft wie dem Vorstandsmitglied bekannte – Gesamtvergütung des abgelaufenen Geschäftsjahres abgestellt wird. Diese Regelung trägt der Objektivierung der Abfindungshöhe und damit einer Entkrampfung der

---

[264] S. Rn. 727 ff.
[265] So die Ausführungen des Vorsitzenden der Kodexkommission auf der 6. Konferenz Deutscher Corporate Governance Kodex in Berlin am 6. 7. 2007.

letztlich doch stattfindenden Abfindungsverhandlungen mit dem ausscheidenden Vorstandsmitglied in einer regelmäßig ohnehin nicht einfachen Situation Rechnung. Die gleiche Überlegung liegt auch dem alternativ möglichen Rückgriff auf die „voraussichtliche Gesamtvergütung für das laufende Geschäftsjahr" zugrunde. Mit dieser Regelung sollen die Parteien Situationen Rechnung tragen können, in denen ein Abstellen auf die besonders hohe oder besonders niedrige Gesamtvergütung des abgelaufenen Geschäftsjahres nicht angemessen wäre.

Bedeutsam ist schließlich der ausdrückliche Hinweis dieser Kodexanregung auf die gesetzliche Lage, dass nämlich bei Auflösung des Anstellungsvertrages aus **wichtigem Grund** überhaupt **keine Abfindung** gezahlt zu werden braucht und regelmäßig auch nicht gezahlt werden darf. Das Echo der Presse auf die vorgenannte Anregung war stark und weit überwiegend positiv, wobei auffällt, dass die Berichterstattung die Kodexanregung häufig aber unzutreffend als Kodexempfehlung (zu der nach § 161 AktG Stellung zu nehmen wäre) darstellt.[266]

20. Sonderregelung bei Change of Control (Anregung)

763e Mit der Anregung in **Absatz 5 der Ziffer 4.2.3** anerkennt die Kodexkommission dass die Anregung des vorstehenden Absatzes 4 zu Unzuträglichkeiten führen kann, wenn der Anstellungsvertrag mit einem Vorstandsmitglied wegen eines Kontrollwechsels aufgelöst wird. Dies ist ohne weiteres einsichtig, wenn die Initiative zur Auflösung des Vorstandsvertrages **nicht** von dem betroffenen Vorstandsmitglied, sondern vom neuen Mehrheitsaktionär ausgeht. Es sind aber auch Fälle denkbar, in denen dem betroffenen Vorstandsmitglied ein Verbleib im Vorstand unter veränderter Kontrolle nicht oder nur schwer zuzumuten ist und er deshalb die Beendigung seines Anstellungsvertrages von sich aus anstrebt.

21. Die erweiterten Transparenzregeln

764 Schließlich empfiehlt der Kodex in **4.2.3 Abs. 6**, dass der Vorsitzende des Aufsichtsrats die **Hauptversammlung** über die Grundzüge des Vergütungssystems und dessen Veränderung informiert.

765 Der Kodex hat darauf verzichtet, eine regelmäßige, etwa jährliche Information der Hauptversammlung zu empfehlen. Ihm ist nicht daran gelegen, die Hauptversammlung mit weiteren, unnötigen Formalien zu belasten. Sinn der Empfehlung ist vielmehr zum einen, die Wichtigkeit des Themas für die Gesellschaft und ihre Aktionäre zu betonen, und zum anderen sicherzustellen, dass die Aktionäre nicht ausschließlich auf die Veröffentlichungen auf der Internetseite der Gesellschaft angewiesen sind.

766 Sind Veränderungen des Vergütungssystems der Gesellschaft beschlossen, soll der Vorsitzende des Aufsichtsrats den Aktionären hierüber berichten. Auf diese Weise wird sichergestellt, dass den Aktionären die Kenntnisse zur Verfügung stehen, die sie zur Beurteilung der Angemessenheit der Vorstandsvergütung – und zwar auch der nach 4.2.4 individualisiert veröffentlichten – benötigen.

---

[266] So z. B. Obergrenze für Abfindungen, Handelsblatt v. 15.6.2007; Kodex deckelt Vorstandsabfindung FTD v. 15.6.2007; Obergrenze für Abfindungen NRZ v. 15.6.2007; Cromme Kommission will Abfindungen begrenzen, Rhein. Post v. 15.6.2007; Kodex-Kommission will Abfindungen begrenzen, Börs.Z. v. 15.6.2007; Abfindungen für Vorstände sollen begrenzt werden, FAZ v. 15.6.2007 u.v.m.

4.2.4 Die Gesamtvergütung jedes Vorstandsmitglieds wird, aufgeteilt nach erfolgsunabhängigen, erfolgsbezogenen und Komponenten mit langfristiger Anreizwirkung, unter Namensnennung offengelegt, soweit nicht die Hauptversammlung mit Dreiviertel-Mehrheit anderweitig beschlossen hat.

VIII. Offenlegung der Vergütung

1. Die gesetzliche Pflicht zur individualisierten Offenlegung der Vorstandsbezüge

Schon die Anregung in **Satz 2** von Abschnitt 4.2.4 der ursprünglichen Fassung des Kodex,[267] von der ohne Erklärung nach § 161 AktG abgewichen werden konnte, dass nämlich die einzelnen Bestandteile der Vorstandsvergütung individualisiert, das heißt für jedes einzelne Vorstandsmitglied gesondert, ausgewiesen werden sollten, stellte diejenige **Anregung** dar, die im Zusammenhang mit der Veröffentlichung des Kodex wohl zum größten und umstrittensten Echo in der Öffentlichkeit geführt hat. Dabei reichte das Spektrum der Beiträge in der Presse von einem eher populistischen Ansatz, dass man sich nicht nur „die Segnungen ausländischer Kapitalmärkte holen könne und die entsprechenden Pflichten nicht" bis zur Auseinandersetzung mit Vor- und Nachteilen einer Veröffentlichung, wie zum Beispiel, dass in den USA und in Großbritannien die Vorstandsgehälter langsam aber sicher in „unermessliche Höhen" stiegen, seit sie dort veröffentlicht wurden.[268] Gerade weil die Einkommen bekannt werden, könnten Manager mit Verweis auf „die Konkurrenz und ihre eigene Unverzichtbarkeit ihre Forderungen immer höher schrauben".[269]

Die **Reaktion der Unternehmen** auf die Kodexanregung war eher verhalten. Nur eine Minderheit erklärte sich spontan bereit, der Anregung folgen zu wollen.[270] Bei einem großen Teil der so genannten Schwergewichte aus dem deutschen Aktienindex, die sich zu diesem Thema äußerten, war die „individuelle Offenlegung der Vorstandsbezüge derzeit jedoch kein Thema".[271] Allerdings war schon damals nicht zu verkennen, dass sich mit fortschreitender Zeit immer mehr Gesellschaften – unter ihnen auch Dax-Schwergewichte – einer individualisierten Offenlegung der Vorstandsgehälter zuwenden.[272] Dies geschah indes nicht so umfassend und so überzeugend, dass eine gesetzliche (zwangsweise Regelung) zu vermeiden gewesen war obgleich die Bundesministerin der Justiz lange daran festhielt der freiwilligen Selbstverpflichtung dem Vorrang vor gesetzlichem Zwang einzuräumen.[273]

Zunächst hatte der Verfasser der Erwartung Ausdruck verliehen, dass der Trend zur freiwilligen individualisierten Offenlegung sich verstärken werde, nachdem die von der EU eingesetzte Gruppe Hochrangiger Gesellschaftsrechtler nach Umfragen in den

---

[267] Fassung vom 26. 2. 2002.
[268] Eine Tatsache, die sich in der Bundesrepublik in den letzten Jahren auch ohne die gesetzliche Pflicht zur Veröffentlichung von Vorstandsbezügen ebenfalls abzeichnete. Dies legt die Vermutung nahe, dass andere Gründe als die gerade Offenlegung der Bezüge für die Gehaltsentwicklung ursächlich sind.
[269] Z. B. Süddeutsche Zeitung vom 1. 2. 2002.
[270] Der Spiegel vom 4. 3. 2002 (Projekt „Gläserne Taschen"), BörsenZ vom 3. 3. 2002, FTD vom 23. 5. 2002.
[271] FTD vom 4. 2. 2002, Handelsblatt vom 4. 3. 2002 (Vorstandschefs lehnen Blick in die Geldbörse ab).
[272] So auch RWE, Westfälische Rundschau vom 27. 6. 2002.
[273] Zur Genesis der Entscheidung, die schließlich in die Verabschiedung des VorstG mündete, s. Rn. 771ff.

4.2.4   770, 771   Deutscher Corporate Governance Kodex

Mitgliedstaaten, deren Ergebnisse ein beeindruckendes Votum für die individualisierte Veröffentlichung ergab, in ihrem Bericht vom 4. November 2002 die individualisierte Veröffentlichung der Vorstands- und Aufsichtsratsvergütungen im Geschäftsbericht der Gesellschaft empfahl.[274] Unmittelbare Auswirkungen dieser Empfehlung waren indes nicht zu verzeichnen. Es dauerte noch gut zwei Jahre bis mehr als zwei Drittel der DAX 30-Unternehmen sich bereit erklärten Vorstandsbezüge individualisiert zu veröffentlichen.[275]

770   Das Thema blieb bis zur Verabschiedung des VorstOG im Juni 2005 aktuell und wurde in der Presse streitig diskutiert.[276] Dass die individualisierte Veröffentlichung von Managergehältern in unserem Nachbarland Frankreich gesetzlich vorgeschrieben ist und der dortige Geschäftsbericht entsprechende Angaben zu enthalten hat,[277] ist von der Öffentlichkeit ebenso wenig registriert worden wie die Tatsache, dass die individualisierte Veröffentlichung nicht nur im 20 F-Bericht in den USA vorgeschrieben ist, sondern auch in Australien, Kanada, den Niederlanden, Südafrika und in der Schweiz.[278] Ein weltweiter Trend zur Veröffentlichung von Vorstandsgehältern ist unverkennbar. Insbesondere sollen auch Abfindungszahlungen in die Offenlegung einbezogen[279] und sollen weitere Transparenzregeln geschaffen werden.[280]

771   Vor dem Hintergrund, dass das 10-Punkte-Papier der Bundesregierung vom 25. Februar 2003 als eine Maßnahme der Verbesserung der Corporate Governance ebenfalls die individualisierte Veröffentlichung der Vorstandsgehälter vorsah, beschloss die Kodexkommission in ihrer Sitzung vom 21. Mai 2003 nach eingehender, zum Teil

---

[274] Item III. 11. des „Report of the High Level Group of Company Law Experts on a Modern Regulatory Framework for Company Law in Europe" (der so genannte „Winter"-Report), Brussels, 4.11.2002.

[275] S. auch Die Welt vom 1.4.2006 „Mehr Durchblick für Aktionäre"; Handelsblatt vom 1.2.2006 „Daimler Vorstand legt Gehälter offen"; Tagesspiegel vom 22.4.2006 „Fast alle DAX-Vorstände weisen Gehälter einzeln aus".

[276] S. beispielhaft: Frankfurter Rundschau vom 31.12.2002 „Beim eigenen Gehalt bleiben viele deutsche Spitzenmanager zugeknöpft"; FAZ vom 2.1.2003 „Wieviel Millionen verdient der Chef?"; FTD vom 24.4.2003 „Zypries will gläserne Vorstandsbezüge"; FAZ vom 12.5.2003 „Die Veröffentlichung der Managergehälter wird gängige Praxis"; Handelsblatt vom 12.5.2003 „Der Druck auf die Cromme Kommission wächst", „Vorständen wird bald schärfer aufs Gehaltskonto geschaut"; FTD vom 23.5.2003 „Widerstand im DAX gegen gläsernen Vorstand"; Focus vom 4.10.2004 „Ein Schuss Neid und eine Prise Hysterie, Warum Gehälter von Managern Privatsache sind"; FAZ vom 11.3.2005 „Manager sollen Gehälter offen legen"; FT vom 11.3.2005 „Berlin set to force salary disclosure"; Die Welt vom 12.3.2005 „BDI warnt vor steigenden Gehältern"; BörsenZ vom 12.3.2005 „Offenlegung dient Anlegern"; Berliner MorgenZ vom 12.3.2005 „Gläserne Manager?"; Rhein. Post vom 14.3.2005 „Streit um die Manager Gehälter"; Wirtschaftswoche vom 24.3.2005 „Purer Populismus"; WAZ vom 19.3.2005 „Offenlegung ist völlig neben der Spur"; BörsenZ vom 19.3.2005 „Für das Recht auf informationelle Selbstbestimmung"; Handelsblatt vom 16.3.2005 „Münchner Rück gegen Offenlegung der Gehälter"; ZRP 2005, 3 „Offenlegung von Organvergütungen"; BörsenZ vom 8.6.2005 „Managerbezüge auf der Tagesordnung"; WAZ vom 30.6.2005 „Gesetz bricht Schweigen der Manager"; *Baums*, ZHR 169 (2005), 299 ff. „Zur Offenlegung von Vorstandsbezügen".

[277] Art. 225-102-1 Code de Commerce (Loi no. 2001-420, 15 mai 2001, Art. 116:I): Le rapport visé à l'article L 225-102 (= Geschäftsbericht) rend compte de la rémunération totale et des avantages de toute nature versés, durant l'exercice, à chaque mandataire social.
Il indique également le montant des rémunérations et des avantages de toute nature que chacun de ces mandataires a reçu durant l'exercice de la part des sociétés contrôlées au sens de l'article L 233-16.

[278] Global Counsel Handbook 2003, www.practicallaw.com/global.

[279] Handelblatt vom 25.4.2005 „Paris geht mit Gesetz gegen Abfindungen vor".

[280] BörsenZ vom 18.1.2006 „SEC winkt Publizitätsverschärfung durch"; Handelblatt vom 4.1.2006 „Mehr Durchblick".

kontroverser Diskussion[281] aller Vor- und Nachteile einvernehmlich,[282] die ursprüngliche Anregung zur individualisierten Veröffentlichung der Vorstandsgehälter in **Ziffer 4.2.4 Satz 2** in eine erklärungspflichtige **Empfehlung** hochzustufen.

Zeitgleich, ebenfalls am 21. Mai 2003 veröffentlichte die EU-Kommission ihren Aktionsplan Gesellschaftsrecht und Corporate Governance,[283] in dem ebenfalls die individualisierte Veröffentlichung der Vorstandsgehälter gefordert[284] und angekündigt wird, dass sich die Kommission den Erlass einer entsprechenden Richtlinie vorbehalte, wenn die Mitgliedstaaten keine geeignete Maßnahme zur Individualisierung von Vorstandsvergütungen treffen. Der angekündigten Pflicht zur Offenlegung der individuellen Gehälter haben unter vielen anderen auch der Handelsrechtsausschuss des Deutschen Anwaltsvereins und der Deutsche Gewerkschaftsbund zugestimmt.[285]

Man sollte meinen, dass die vorstehend dargestellte Entwicklung auf der Ebene der Gesetzgeber und bei neuen Kodizes[286] die Diskussion abschwächte. Das war indes nicht der Fall. Die Diskussion setzt sich vielmehr wie oben dargestellt[287] bis in die heutige Zeit fort.

Trotz eindringlicher Appelle der Bundesministerin der Justiz auf der 3. Deutschen Corporate Governance Kodex Konferenz in Berlin am 24. Juni 2004,[288] des Bundesministers für Wirtschaft und Arbeit Clement[289] und des Binnenmarktkommissars Frits Bolkestein auf der gleichen Konferenz folgten die Unternehmen der Kodexempfehlung nur zögerlich.[290] Initiiert durch Äußerungen des Frankfurter Rechtswissenschaftlers Prof. T. Baums, der ein „Schweigekartell der DAX-Vorstände" mit dem Ziel, diese Kodexempfehlung zu unterlaufen, zu erkennen glaubte,[291] ging in der Öffentlichkeit die Diskussion über die Veröffentlichung von Vorstandsgehältern weiter und kulminierte[292] in der Forderung nach einer gesetzlichen Offenlegungspflicht. Während Bayern eine Gesetzesinitiative ankündigte, wenn die Unternehmen nicht „bis Herbst 2004" die Vorstandsgehälter offenlegten,[293] und Prof. Baums einen eigenen Gesetzesentwurf zur Offenlegung vorlegte, der überraschenderweise allerdings

---

[281] Nr. 3 „Die Angabe der Einzelvergütung der Organmitglieder im Anhang könnte verpflichtend formuliert werden".
[282] S. Pressemitteilung der Kodexkommission vom 21. 5. 2003.
[283] Aktionsplan, a. a. O.
[284] S. Aktionsplan S. 19 „Entgelt für Direktoren": ... dass für eine angemessene Regelung vier Grundvoraussetzungen erfüllt sein müssen, nämlich Offenlegung der Vergütungsstrategie im Jahresabschluss, **detaillierte Offenlegung der Entgelte der einzelnen Direktoren im Jahresabschluss.**
[285] S. Stellungnahme des Deutschen Anwaltsvereins durch den Handelsrechtsausschuss von August 2003/Stellungnahme Nr. 51/03, 9; s. auch Stellungnahme des DGB zum Aktionsplan vom 28. 8. 2003, 11.
[286] Auch der niederländische Kodex sieht eine individualisierte Veröffentlichung der Vorstandsgehälter vor „Disclosure of Remuneration, Principle" : „... The notes to the annual accounts shall contain complete and detailed information on the amount and structure of the remuneration of the individual members of the Management Board."
[287] S. Fn. 770.
[288] S. z. B. Die Welt vom 25. 6. 2005 „Regierung will den gläsernen Vorstand erzwingen"; BörsenZ vom 25. 6. 2004 „Kritik an Geheimniskrämerei bei Vergütungen".
[289] DPA vom 23. 6. 2004 „Clement mahnt angemessene Managergehälter an. Mehr Offenheit ist nötiger". –
[290] FTD vom 25. 6. 2004 „DAX-Firmen streiten mit EU um Aufsichtsräte".
[291] FAZ vom 2. 8. 2004 „DAX-Vorstände schließen Schweigepakt", Die Welt vom 3. 8. 2004 „Ex-Regierungsberater sieht Mißbrauch des Cromme-Kodex".
[292] S. statt vieler FTD vom 25. 8. 2004 „Parteien streiten über Gesetz zur Gehaltsoffenlegung".
[293] Handelsblatt vom 3. 8. 2004 „Stoiber stellt Ultimatum".

nur die individualisierte Offenlegung der Bezüge des Vorstandsvorsitzenden vorsieht,[294] bekräftigte die Bundesministerin der Justiz ihr Vertrauen in die Wirkung des Kodex.[295]

775 Mit Inkrafttreten des VorstOG sind börsennotierte Aktiengesellschaften und wohl auch börsennotierte KGaAs[296] verpflichtet, die Gesamtbezüge ihrer Vorstandsmitglieder individualisiert zu veröffentlichen (§ 285 Satz 1 Nr. 9 a Satz 5 HGB bzw. § 314 Abs. 1 Nr. 6 a Satz 5 HGB). Der Kodex konnte sich in soweit auf die gesetzliche Regelung beziehen und hat dies auch getan, ohne eine zusätzliche Empfehlung auszusprechen. Im letzten Halbsatz von 4.2.4 bezieht sich der Kodex auf die gesetzliche Regelung des § 286 Abs. 5 HGB, bzw. § 314 Abs. 2 Satz 2 HGB, die bestimmen, dass die individualisierte Offenlegung unterbleiben kann, wenn dies die Hauptversammlung der Gesellschaft mit einer Mehrheit, die mindestens drei Viertel des bei der Beschlussfassung vertretenen Kapitals umfasst, beschlossen hat. Volenti non fit iniuria. Der Beschluss kann für höchstens fünf Jahre gefasst werden. Danach ist wiederum eine Befassung der Hauptversammlung erforderlich.

776 Mit Inkrafttreten der gesetzlichen Verpflichtung zur individualisierten Offenlegung sind die Argumente, die in der Diskussion eine Rolle spielten, wie z. B. eine angebliche Verletzung des § 286 HGB, eine Verletzung vertraglicher Geheimhaltungspflichten oder gar eine Verletzung des grundrechtlich geschützten Persönlichkeitsrecht des veröffentlichungsunwilligen Vorstandsmitglied aber auch allgemeine ordnungspolitische Argumente weitgehend in den Hintergrund getreten: Die Meinung, die eine individualisierte Veröffentlichung **ablehnt**, führte die Besorgnis an, eine Veröffentlichung führe zur Nivellierung der Gehälter auf höchstem Niveau,[297] sei für die Beurteilung der Unternehmensführung nicht erforderlich oder hilfreich[298] oder schüre lediglich die Neiddiskussion in unserem Land.[299] Die Gegenmeinung, die die individualisierte Veröffentlichung der Vorstandsbezüge unterstützt,[300] sieht in der Veröffentlichung der Bezüge einen zentralen Punkt der Corporate Governance, weil es indikativ für offene

---

[294] BörsenZ vom 18. 9. 2004 „Baums prescht bei Managergehältern vor: Gesetzentwurf für mehr Transparenz".

[295] S. BörsenZ vom 7. 10. 2004 „Zypries bleibt bei ihrem Zeitplan für Managerbezüge".

[296] Das VorstOG verwendet überraschenderweise nicht die Diktion des § 3 Abs. 2 AktG, mit der der Kodex den Anwendungsbereich seiner Empfehlungen umschreibt. Da indes der zweite Abschnitt des Dritten Buches „Handelsbücher" des HGB ausdrücklich auch auf Kommanditgesellschaften auf Aktien im Sinne der §§ 278 ff. AktG Anwendung findet und sachliche Gründe, warum Vorstandsmitglieder **börsennotierter KGaAs** von einer Veröffentlichungspflicht ausgenommen sein sollten, nicht ersichtlich sind, ist wohl davon auszugehen, dass der Gesetzgeber mit der Bezugnahme auf börsennotierte „Aktiengesellschaften" in § 285 Satz 1 Nr. 9 a Satz 5 HGB auch Vorstände börsennotierter KGaAs erfassen wollte. Diese Meinung wird durch die Gesetzesbegründung unterstützt, wo es ausdrücklich zu Art. I Änderung des HGB, zu Nr. 1: § 285 Nr. 9 a HGB, S. 8 heißt: „Schließlich ist die Beschränkung der Pflicht zur Individualangabe auf börsennotierte Aktiengesellschaften ausreichend und auch hier nur sinnvoll. Die Legaldefinition des Begriffs Börsennotierung findet sich in § 3 Abs. 2 AktG. Bei sonstigen am geregelten Markt tätigen Unternehmen, die nur Fremdkapital durch Ausgabe von Schuldverschreibungen oder Genussscheinen aufnehmen, ist das Informationsbedürfnis der Investoren geringer, da sie nicht – wie Aktionäre – eine Eigentümerstellung innehaben. Für geschlossene Gesellschaften wäre eine gesetzliche Verpflichtung zur individuellen Offenlegung nur schwer zu rechtfertigen. Der Kreis der Anteilseigner ist hier nicht anonym, die Gesellschafter haben andere Mechanismen, um die Vergütungstätigkeit eines Aufsichtsrats zu kontrollieren.

[297] S. Interview mit H. J. Schrempp, Stuttgarter Nachrichten vom 10. 5. 2003; BörsenZ vom 11. 3. 2004 „Eon fürchtet Nivellierung von Vergütungsdifferenzen".

[298] Handelsblatt vom 7. 4. 2003 „Moral muss vorhanden sein".

[299] BörsenZ vom 25. 3. 2004 „Die neidischen Ehefrauen"; Focus vom 5. 4. 2004: „Managerbezüge, die Euro-Elite".

[300] S. statt vieler Handelsblatt vom 25. 6. 2004 „Vorstände sollen ihre Bezüge künftig einzeln ausweisen".

und transparente Unternehmensführung sei. Nur bei Offenlegung der Bezüge könne überhaupt abgeschätzt werden, ob das Prinzip des 4.2.2, die **leistungsbezogene Vergütung** in der Praxis auch umgesetzt wird.[301]

In seinem Gewicht nicht zu unterschätzen ist ferner das Argument, dass die Veröffentlichungspflicht allein bereits **generalpräventiv** wirkt. Der Vorsitzende der Kodexkommission hatte in anderem Zusammensetzung einmal darauf hingewiesen, dass man „das, was man nicht guten Gewissens der Öffentlichkeit sagen könne, am besten auch gar nicht erst tue".

2. Konkurrenz der gesetzlichen Offenlegungsregelungen mit höherwertigem Recht oder individualvertraglichen Pflichten

Verletzung § 286 Abs. 4 HGB?

Der Gesetzgeber hat die von den Gegnern einer Veröffentlichungspflicht ins Feld geführte Inbezugnahme auf § 286 Abs. 4 HGB gesehen, bewertet und im Rahmen des VorstOG klargestellt, dass die von der Vorschrift bisher allgemein eröffnete Möglichkeit, auf eine Veröffentlichung der Vorstandsbezüge zu verzichten, nunmehr nur noch **nicht** börsennotierten Aktiengesellschaften offen steht (§ 286 Abs. 4 HGB in der Fassung des VorstOG).

Verletzung ausdrücklicher oder implizierter Vertraulichkeitsgebote oder des Persönlichkeitsrechts?

Es kann angesichts der in Deutschland üblichen fünfjährigen Laufzeit von Vorstandsverträgen wohl immer noch nicht davon ausgegangen werden, dass die Mehrzahl der Vorstandsverträge eine Offenlegung der Gehälter ausdrücklich gestattet. Eine individualisierte Offenlegung der Vergütung war bei Abschluss der Verträge auch nicht vorhersehbar, ja eher unüblich. Viele Vorstandsverträge sehen sogar ausdrücklich eine Verpflichtung vor, über die Bezüge Stillschweigen zu bewahren. Auch bei den Verträgen, die keine ausdrückliche Verpflichtung enthalten, die Bezüge vertraulich zu behandeln, kann davon ausgegangen werden, dass Vertraulichkeit seinerzeit stillschweigend vertraglich vereinbart wurde. Das VorstOG ist zwingendes Recht, von dem durch Parteivereinbarung nicht abgewichen werden kann; ein Verzicht auf die Veröffentlichung bedarf der Zustimmung der Hauptversammlung der Gesellschaft und ist selbst dann zeitlich begrenzt, § 286 Abs. 5 HGB. Daher ist unabhängig vom konkreten Inhalt der Verträge eine **Publizierung** der einzelnen Vorstandsbezüge auch **ohne Zustimmung** des betroffenen Vorstandsmitglieds zulässig und geboten.

Um Unklarheiten zu vermeiden, sind die Unternehmen gut beraten, ihre Vorstandsverträge entsprechend anzupassen, bzw. bei Neuverträgen gleich auf die Pflicht zur individualisierten Veröffentlichung hinzuweisen.

Die These, die Offenlegung der individuellen Bezüge führe zu einer Verletzung des Rechts des einzelnen Vorstandsmitglieds auf informationelle Selbstbestimmung (so genannte Verletzung des **Persönlichkeitsrechts**[302]) wurde in der Vorauflage zurückgewiesen, weil der Kodex gerade die Möglichkeit eröffnet, seinen Empfehlungen nicht zu folgen und das jeweilige Vorstandsmitglied durch die Kodexempfehlung eben **nicht** gezwungen wird, die Zustimmung zur individualisierten Veröffentlichung seiner Bezüge zu erteilen. Dieses Argument greift seit Erlass des VorstOG nicht mehr.

---

[301] Soweit ersichtlich haben die Unternehmen ihre Entsprechenserklärung hinsichtlich **dieser** Empfehlung (= Leistungsbezug) nicht eingeschränkt. Da sind die Gründe schwer nachzuvollziehen, die es gebieten, dass dem Aktionär die Schlüssigkeitsprüfung der Einhaltung dieser Empfehlung verwehrt wird.

[302] S. beispielhaft *Zippelius* in Dolzer/Vogel/Grashof, BK, Art. 1 Rn. 48ff., 79.

Der Gesetzgeber hat sich aber im Zuge der Beratungen des VorstOG mit der verfassungsrechtlichen Problematik ausdrücklich[303] mit folgendem Ergebnis befasst: „Die Einführung einer gesetzlichen Pflicht zur individualisierten Veröffentlichung von Vorstandsvergütungen verstößt nicht gegen das Recht auf informationelle Selbstbestimmung der einzelnen Vorstandsmitglieder. Das Recht auf informationelle Selbstbestimmung (Art. 2 Abs. 1 i.V. m. Art. 1 Abs. 1 GG ist nach der Rechtsprechung des Bundesverfassungsgerichts nicht schrankenlos gewährleistet. Vielmehr muss der Einzelne Einschränkungen dieses Rechtes hinnehmen, wenn sie auf einer gesetzlichen Grundlage beruhen und dem Prinzip der Verhältnismäßigkeit genügen. Das ist hier der Fall …".[304] Ob diese Erwägungen des Gesetzgebers schlussendlich einer verfassungsrechtlichen Überprüfung standhalten, wird von mancher Seite bezweifelt,[305] weil die Eignung der Offenlegung als Mittel zum angestrebten Zweck ganz allgemein und die Verhältnismäßigkeit des angewandten Mittels bezweifelt werden. Bis zu einer Aufhebungsentscheidung des BverfG sollte indes von der Wirksamkeit des VorstOG und der dort statuierten Pflichten ausgegangen werden.

> **4.2.5** Die Offenlegung soll in einem Vergütungsbericht erfolgen, der als Teil des Corporate Governance Berichts auch das Vergütungssystem für die Vorstandsmitglieder in allgemein verständlicher Form erläutert.
> Die Darstellung der konkreten Ausgestaltung eines Aktienoptionsplans oder vergleichbarer Gestaltungen für Komponenten mit langfristiger Anreizwirkung und Risikocharakter soll deren Wert umfassen. Bei Versorgungszusagen soll jährlich die Zuführung zu den Pensionsrückstellungen oder Pensionsfonds angegeben werden.
> Der wesentliche Inhalt von Zusagen für den Fall der Beendigung der Tätigkeit als Vorstandsmitglied ist anzugeben, wenn die Zusagen in ihrer rechtlichen Ausgestaltung von den den Arbeitnehmern erteilten Zusagen nicht unerheblich abweichen. Der Vergütungsbericht soll auch Angaben zur Art der von der Gesellschaft erbrachten Nebenleistungen enthalten.

3. Die Art und Weise der Offenlegung

782 Nach Darstellung der gesetzlichen Pflicht zur individualisierten Veröffentlichung der Vorstandsbezüge in Abschnitt 4.2.4, behandelt der Kodex, seinem neuen an die Gliederung des VorstOG angelehnten Aufbau folgend, in Abschnitt **4.2.5** nunmehr das **Wie** der Veröffentlichung.

3.1 Der Vergütungsbericht (4.2.5 Abs. 1)

783 Als **Ort** der Offenlegung der Vorstandsvergütung empfiehlt der Kodex im ersten Absatz von Abschnitt 4.2.5 den **Vergütungsbericht**, der als Teil des Corporate Governance Berichts[306] das Vergütungssystem für die Vorstandsmitglieder in allgemein verständlicher Form erläutert. Mit dieser Kodexempfehlung, deren Nichtbeachtung eine Einschränkung der Entsprechenserklärung nach § 161 AktG zur Folge hat, setzt sich der Kodex in Widerspruch zu den Offenlegungsvorschriften des VorstOG. Dort ist die Offenlegung Teil des Anhangs zum Jahresabschluss, folglich ebenda vorzunehmen

---

[303] Beschlussempfehlung und Bericht des BT-Rechtsausschusses vom 29. 6. 2005, BT-Drucks. 15/5860, S. 170.
[304] Beschlussempfehlung und Bericht des BT-Rechtsausschusses vom 29. 6. 2005, BT-Drucks. 15/5860, S. 170.
[305] *Augsberg*, ZRP 2005, 105 ff.; verhaltener *Thüsing*, ZIP 2005, 1389, 1396.
[306] S. Abschnitt 3.10 Satz 1 des Kodex.

Vorstand – Zusammensetzung und Vergütung 784–786 4.2.5

oder aber im ebenfalls prüfungspflichtigen Lagebericht.[307] Der Kodex hingegen empfiehlt, den Vergütungsbericht als eigenständigen Bestandteil in den nicht prüfungspflichtigen Geschäftsbericht aufzunehmen. Es ist davon auszugehen, dass die Kodexkommission, als sie diese Empfehlung aussprach, sich bewusst war, dass insoweit ein Widerspruch zu der gesetzlichen Regelung entsteht. Es liegt nahe zu vermuten, dass die Kodexkommission deshalb die Positionierung des Vergütungsberichts im Corporate Governance Bericht (statt Anhang oder Lagebericht) vorzog, weil auf diese Weise die Corporate Governance der Gesellschaft den Teilnehmern des Kapitalmarktes (Aktionären und Investoren) gesamtheitlich und nicht zersplittert dargestellt werden kann. Hierfür spricht auch die vom Kodex im zweiten Halbsatz empfohlene Erläuterung des Vergütungssystems der Gesellschaft in allgemein verständlicher Form.[308] Bei den vorstehend geschilderten Erwägungen der Kodexkommission mitgespielt haben sicherlich auch die Erwägungen, dass viele (DAX 30-)Gesellschaften heute bereits den Vergütungsbericht im Sinn der angestrebten transparenten Darstellung ihrer Corporate Governance im Geschäftsbericht positionieren und Doppelungen zu Anhang und Lagebericht in Kauf nehmen oder dort hierauf ausdrücklich verweisen.

Die Zulässigkeit einer solchen Verweisung ist nicht unstrittig. Bedeutende Prüfungsgesellschaften vertreten die (formal richtige) Position, eine gesetzliche Entscheidung könne nicht einfach aus Praktikabilitätsgesichtspunkten unterlaufen werden. Es scheint, dass die **Praxis** bisher überwiegend die vom Kodex empfohlene Handhabung hingenommen hat. Dabei mag die Überlegung mitgespielt haben, dass das Gesetz selbst Regelungen trifft, die eine Duplizierung der Offenlegung in Anhang **und** Lagebericht vermeidet[309] und damit zum Ausdruck bringt, dass es dem Gesetzgeber an der Tatsache der Veröffentlichung mehr gelegen ist als an deren Platzierung.[310] Ob der Kodex diese Regelung und den offenen Widerspruch zu den Regelungen der VorstOG wird beibehalten wollen und ob die von einigen Gesellschaften zur Vermeidung von Doppelungen praktizierten Verweisungslösungen sich langfristig werden durchsetzen können, bleibt abzuwarten. Der von DRSC kürzlich veröffentlichte Entwurf eines Rechnungslegungsstandards zur Berichterstattung über die Vergütung der Organmitglieder (E-DRS 22) läßt wegen der unterschiedlichen Veröffentlichungspflichten den Verweis vom Anhang auf den Corporate Governance Bericht als Teil des Geschäftsberichts nicht zu.[311] **784**

Unberührt von der Positionierung der Offenlegung bleibt, gerade wegen der Vorschrift der Aufnahme der offenzulegenden Vergütungsteile in Anhang oder Lagebericht, die **Prüfungspflicht** der Angaben, insoweit besteht kein Widerspruch mit den Kodexregeln. **785**

In der Gestaltung und Gliederung und Inhalt des Vergütungsberichtes sind die Unternehmen im Wesentlichen frei. Der Kodex empfiehlt dabei,[312] das Vergütungssystem in allgemein verständlicher Form zu erläutern. Dass der Kodex, vordergründig von der bisherigen Rechgelung abweichend, empfiehlt, das Vergütungssystem[313] für die **786**

---

[307] § 289 Abs. 2 b Nr. 5 HGB bzw. § 315 Abs. 2 Nr. 4 HGB.
[308] In der Vorfassung war der Kodex insoweit weniger spezifisch, als er die Darstellung der Grundzüge des Vergütungssystems ganz allgemein „im Geschäftsbericht" empfahl (Abschnitt 4.2.3 Abs. 3). Der Kodex verzichtet nunmehr auch auf die ausdrückliche Veröffentlichungsempfehlung „auf der Internetseite" der Gesellschaft. Der Grund hierfür dürfte in der Erkenntnis liegen, dass nunmehr (fast) jede Gesellschaft über eine Internetseite verfügt und dort ihren Geschäftsbericht ohnehin einstellt.
[309] § 289 Abs. 2 a Nr. 5 Satz 2 HGB; § 315 Abs. 2 Nr. 4 S. 2 HGB.
[310] Da das HGB den „Geschäftsbericht" im rechtlichen Sinn nicht mehr vorsieht, war eine der Kodexempfehlung näher kommende gesetzliche Regelung nicht möglich.
[311] Im Einzelnen s. *Nennke*, BB 2007, 1267 ff.
[312] 4.2.5 Abs. 1 zweiter Halbsatz.
[313] Und nicht mehr (nur) die **Grundzüge** des Vergütungssystems.

Vorstandsmitglieder in allgemein verständlicher Form zu erläutern, ist wohl nur sprachlich begründet, soll aber keine materielle Verschärfung im Verhältnis zu den bisherigen Empfehlungen enthalten. Mithin soll der Bericht die Grundzüge des Vergütungssystems jedenfalls insoweit darstellen als dies für das generelle Verständnis des Vergütungssystems erforderlich ist. Dabei muss erkennbar werden, dass das Vergütungs**system** der Gesellschaft gewährleistet, dass die offenzulegende Vergütung der Vorstandsmitglieder den Anforderungen des Gesetzes (§ 87 AktG) und den Empfehlungen des Kodex (4.2.3 Abs. 2 und 3) entspricht. Der Schwerpunkt der Darstellung des Vergütungssystems liegt mithin im systematischen, strukturellen Bereich und liefert die Grundlage für Verständnis und Beurteilung der Angemessenheit der in einzelnen offengelegten Komponenten der Vorstandsvergütung.

3.2 Die Darstellung von Aktienoptionsplänen (4.2.5 Abs. 2 S. 1)

787 In die gleiche Richtung zielen auch die nachfolgenden Empfehlungen des Kodex zur Darstellung von Aktienoptionsplänen und vergleichbaren Gestaltungen mit langfristiger Anreizwirkung (Abschnitt 4.2.5 Abs. 2). Inhaltlich im Wesentlichen unverändert waren diese Empfehlungen bereits in der vorangegangenen Version des Kodex enthalten. Abgesehen von der durch die neue Gliederung des Kodex bedingten Positionierung der Empfehlung (**Abschnitt 4.2.5 Abs. 2 Satz 1**; bisher Abschnitt 4.2.3 Abs. 3) ergeben sich keine relevanten Änderungen. Lediglich zur Frage der Wertangaben von aktienbasierten Vergütungen und zur Behandlung von Wertveränderungen trifft das Gesetz selbst nunmehr im Vergleich zum Kodex konkretere Regelungen,[314] die die allgemeiner formulierte Kodexempfehlung überlagern.

788 Mithin darf die Verwaltung sich bei der Darstellung der konkreten Ausgestaltung eines Aktienoptionsplans nicht darauf beschränken, lediglich die Angaben zu wiederholen, die in einem Beschluss nach § 193 Abs. 2 Nr. 4 AktG im Rahmen der Schaffung des entsprechenden bedingten Kapitals oder bei der Ermächtigung zum Rückerwerb eigener Aktien[315] für diesen Zweck veröffentlicht werden müssen, bzw. für vergleichbare Vergütungsgestaltungen lediglich entsprechend limitierte Angaben zu machen. Das Verständnis zur Wirkungsweise von Transparenz, das den Kodex durchzieht und eines seiner Grundprinzipien darstellt,[316] gebietet die **Offenlegung** aller Umstände, die für eine sinnvolle Beurteilung des entsprechenden Aktienoptionsplans/Vergütungssystems erforderlich sind. Dazu gehören jedenfalls die **Ausübungsbedingungen** und Angaben zu **Wert** und **Wertveränderungen** sowie die **Bandbreite des Wertes der Optionen.** Eine förmliche Empfehlung zu letzteren Angaben hält der Kodex auch jetzt noch für entbehrlich. Es soll nicht der Eindruck erweckt werden, durch Offenlegung lediglich der vorgenannten Kriterien werde in allen Fällen ausnahmslos den Anforderungen des Kodex genügt. Der Kodex vertraut vielmehr darauf, dass die Unternehmen in wohlverstandenem Eigeninteresse ihren Aktionären und Stakeholdern **alle relevanten Informationen** zur Beurteilung der **Anreizstruktur** und **finanziellen Auswirkungen** erfolgsbezogener Entlohnungsmodelle geben werden. Unternehmen, die in diesem Bereich zu zurückhaltend sind, schüren nur Zweifel an der Angemessenheit ihrer langfristigen Anreizsysteme.

789 Den Anforderungen des Kodex an Transparenz entsprechen Bekanntmachungen eines Aktienoptionsplans dann, wenn sie der durchschnittliche Adressat auch ohne Hinzuziehung besonderen Sachverstands verstehen und beurteilen kann.[317]

---

[314] § 285 Satz 1 Nr. 9 a Satz 4 HGB; § 314 Abs. 1 Nr. 6 a Satz 4 HGB.
[315] § 71 Abs. 1 Nr. 8 AktG.
[316] S. hierzu Rn. 20; s. auch *Baums*, Bericht, Rn. 45.
[317] Vgl. die so genannte „plain English rule" bei Börsenzulassungsprospekten in den USA, SEC handbook Item 2, final rules Item 5, s. www.sec.gov/cgi-bin/txt-srch-sec?text=Plain+English; s. auch Sarbanes-Oxley Act of 2002, Sec. 409 (H.R. 3763-47).

3.3 Die Behandlung von Versorgungszusagen (4.2.5 Abs. 2 S. 2)

In **Absatz 2 Satz 2** von Abschnitt 4.2.5 spricht der Kodex nunmehr eine **neue** Empfehlung aus: „Bei Versorgungszusagen soll zusätzlich die Zuführung zu den Pensionsrückstellungen oder Pensionsfonds angegeben werden".

Formal handelt es sich hierbei nicht um eine Frage des „Wie" bzw. „Wo" ein Vergütungsbestandteil ausgewiesen werden soll, sondern um eine Konkretisierung des „was" als Vergütungsbestandteil anzusehen ist. Systematisch korrekt wäre diese Empfehlung also in Abschnitt 4.2.4 zu platzieren gewesen. An jener Stelle hätte die Empfehlung aber eine optische Gewichtung erhalten, die trotz der Bedeutung, die der Empfehlung materiell zukommt,[318] unangemessen gewesen wäre. Schließlich nennt der Kodex in Abschnitt 4.2.4 kein sonstiges Vergütungsbestandteil.

Materiell trifft der Kodex mit der genannten Empfehlung eine wesentliche, die Transparenz und Vergleichbarkeit von Vorstandsbezügen fördernde Weichenstellung, die die Beurteilung von deren Angemessenheit erleichtert.

Verlässliche Angaben zur Höhe des Versorgungsanspruchs bei Eintritt des Versorgungsfalls sind kaum möglich. Im Detail weisen die Versorgungszusagen, die die Gesellschaften ihren Vorständen gewähren, eine enorme Vielfalt auf. Teils gibt es monetäre Festzusagen, die bestimmte Vergütungsklassen mit Festbeträgen ausweisen[319] und deren Höhe „nur" noch von der Dauer der Betriebszugehörigkeit und dem tatsächlichen Ausscheidensalter abhängt, teils gibt es strikt leistungsbezogene Zusagen, bei denen die Höhe der tatsächlichen Pensionszahlung von der jährlich festzustellenden Performance des betroffenen Vorstandsmitglieds bis zur Pensionierung abhängt. Zieht man darüber hinaus noch die sonstigen Konditionen, wie Wartefristen, Anrechnung von anderem relevanten Einkommen etc. in Betracht, wird schnell klare, wie schwer es ist, Transparenz auf **vergleichbarer Basis** zu schaffen.

Alternativ kann in Betracht kommen, statt des prognostizierten Zahlungsbetrages auf den **Aufwand der Gesellschaft** für die Ruhegeldzusage der jeweiligen Vorstandsmitglieder im jeweiligen Geschäftsjahr, d. h. also auf die Zuführung zu den Pensionsrückstellungen oder zu den Pensionsfonds abzustellen. Auch eine Offenlegung dieser Beträge führt nicht zu ohne weiteres vergleichbaren Zahlen, weil die persönlichen Verhältnisse der Vorstandsmitglieder, die stark variieren, bei der Bildung der Rückstellungen zu berücksichtigen sind. Dennoch erschien das Abstellen auf die jährliche Zuführung zu Pensionsrückstellungen/Pensionsfonds die **sachgerechtere** Lösung zu bieten, weil sie die jährliche, auf Ruhegeldzusagen beruhende Belastung der Gesellschaft verdeutlicht.[320]

3.4 Die Behandlung von Zusagen bei Beendigung der Vorstandstätigkeit und von Nebenleistungen (4.2.5 Abs. 3)

Absatz 3 Satz 1 von Abschnitt 4.2.5 des Kodex übernimmt nahezu wörtlich den Gesetzestext von § 285 Satz 1 Nr. 9 a Sätze 6 und 7 HGB.[321] Darzustellen ist der wesentliche Inhalt von Versorgungszusagen und sonstiger Leistungen, die dem Vorstandsmitglied für den Fall der Beendigung seiner Tätigkeit zugesagt sind, sofern diese Zusagen, was die Regel sein dürfte, von den den Arbeitnehmern erteilten Zusagen nicht unerheblich abweichen.

Im **letzten Satz** von Abschnitt 4.2.5 empfiehlt der Kodex (mit der Folge der Pflicht zur Einschränkung der Entsprechenserklärung nach § 161 AktG) in den Vergütungsbericht auch **Angaben zur Art** der von der Gesellschaft erbrachten Nebenleistungen aufzunehmen. Schon nach bisherigem Recht waren in die Gesamtbezüge der Vor-

---

[318] S. Rn. 786.
[319] Wie beispielsweise die Leistungsordnung des Essener Verbandes.
[320] So auch *Strieder*, DB 2005, 957, 959.
[321] Bzw. § 314 Abs. 1 Nr. 6 a Satz 6 und 7 HGB.

standsmitglieder auch die Nebenleistungen, d.h. insbesondere die Sachbezüge, Aufwandsentschädigungen, Versicherungsentgelte und Provisionen, einzubeziehen.[322] Zu Recht verlangt das VortOG in Satz 5, der die Pflicht zur individualisierter Offenlegung statuiert, nur die Aufteilung der offenzulegenden Bezüge in erfolgsunabhängige, erfolgsbezogene und Komponenten mit langfristiger Anreizwirkung. Die individualisierte Offenlegung der Nebenleistungen erschien der Kodexkommission wohl nicht sachgerecht und angemessen. Zur Beurteilung der Angemessenheit der Vergütungsstruktur hingegen boten sich Ausführungen in Vergütungsbericht zu Art der Nebenleistungen an.

4.3 Interessenkonflikte

4.3.1 Vorstandsmitglieder unterliegen während ihrer Tätigkeit für das Unternehmen einem umfassenden Wettbewerbsverbot.

IX. Umfassendes Wettbewerbsverbot

1. Wettbewerbsverbot

797 Der Kodex gibt stark konzentriert die gesetzliche Regelung des § 88 AktG wieder. Die Mitglieder des Vorstands dürfen weder ein Handelsgewerbe betreiben, noch in den Bereichen, in denen das Unternehmen tätig ist, Geschäfte auf eigene oder fremde Rechnung machen. Sie dürfen auch nicht Mitglied des Vorstands oder Geschäftsführer oder persönlich haftender Gesellschafter einer anderen Handelsgesellschaft sein.

798 Das den Vorstandsmitgliedern obliegende Wettbewerbsverbot bezeichnet der Kodex als „umfassend". Hieraus und aus der Ausrichtung der Klausel auf die Tätigkeit des Vorstands für das Unternehmen folgt, dass der Kodex hinsichtlich des Umfangs des den Vorstandsmitgliedern obliegenden Wettbewerbsverbots nicht auf den Tätigkeitsbereich der Gesellschaft, sondern auf das Gesamtproduktspektrum des Konzerns abstellt. Auch insoweit entspricht die Kodexregelung geltendem Recht. Nach § 88 Abs. 1 AktG, erste Alternative, dürfen Vorstandsmitglieder neben ihrer Tätigkeit für die Gesellschaft kein Handelsgewerbe betreiben. Ihnen sind aber auch einzelne Geschäfte, die für sich gesehen noch nicht das Kriterium der Dauerhaftigkeit der Betätigung als Handelsgewerbe erreichen, untersagt, sofern sie den „Geschäftszweig der Gesellschaft" berühren. Dass bei Vorstandsmitgliedern von Konzernobergesellschaften auf das Produktspektrum des Konzerns und nicht etwa nur auf die Tätigkeit einer gegebenenfalls nur konzernleitend tätigen Holding abzustellen ist, ist heute nahezu unbestritten.[323]

2. Dauer des Wettbewerbsverbots

799 Das den Vorstandsmitgliedern obliegende Wettbewerbsverbot gilt für die Dauer der Bestellung als Vorstandsmitglied. Unabhängig von im Einzelnen in der aktienrechtlichen Literatur streitigen Abgrenzungsfragen, z. B. bei Widerruf der Bestellung ohne Beendigung des Anstellungsvertrages oder bei Amtsniederlegung,[324] wirkt das Wettbewerbsverbot grundsätzlich **nicht nachvertraglich**. Auch insoweit beschränkt sich der Kodex auf die Wiedergabe des geltenden Rechts.

---

[322] § 285 Satz 1 Nr. 9 a Satz 1 HGB; § 314 Abs. 1 Nr. 6 a Satz 1 HGB.
[323] S. *Mertens* in Kölner Kommentar, § 88 Rn. 9; selbst wenn man der engeren Auffassung folgte, dass § 88 AktG ausschließlich auf die Tätigkeit der Gesellschaft (und nicht die eines Konzernunternehmens) abstellt (so noch Kölner Kommentar in der Vorauflage), stellt die Kodexregelung geltendes Recht dar. Die entsprechende Verpflichtung zur wettbewerblichen Zurückhaltung wird dann aus § 93 AktG hergeleitet.
[324] S. statt aller *Hüffer*, AktG, § 88 Rn. 2.

In Übereinstimmung mit den Überlegungen der Baums-Kommission[325] hat auch 800
die Kodexkommission davon abgesehen, im Kodex den Abschluss nachvertraglicher
Wettbewerbsverbote mit den Mitgliedern des Vorstands zu empfehlen. Den Unternehmen steht es im Einzelfall selbstverständlich frei, bereits in den Anstellungsverträgen
für Vorstandsmitglieder, oder aber während der Verhandlungen über die finanziellen
Folgen einer Beendigung der Vorstandstätigkeit maßgeschneiderte nachvertragliche
Wettbewerbsverbote zu vereinbaren, sofern dies im Interesse des Unternehmens liegt.

3. Nachvertragliche Wettbewerbsverbote

Werden nachvertragliche Wettbewerbsverbote vereinbart, dürfte dies regelmäßig im 801
Zusammenhang mit den Verhandlungen über die Konditionen des Ausscheidens erfolgen. Nur in den Fällen, in denen der vorgesehene Tätigkeitsbereich des Vorstandsmitglieds bereits von vornherein eine besondere Sensibilität aufweist, wie beispielsweise
bei Vorstandsmitgliedern für den Bereich Forschung und Entwicklung oder Verfahrenstechnik in stark innovativ ausgerichteten Unternehmen, finden sich nachvertragliche Wettbewerbsverbote bereits im Anstellungsvertrag.

Das gesetzliche Verbot des § 88 Abs. 1 gilt nicht, wenn der Aufsichtsrat in die je- 802
weilige Tätigkeit des Vorstandsmitglieds eingewilligt hat. Der Kodex nimmt diese Regelung nicht ausdrücklich auf. Aus ihrem Fehlen darf allerdings nicht geschlossen
werden, dass der Kodex etwa eine stringentere Haltung empfehle, als sie das Gesetz
vorschreibt. Dafür wäre nach der Systematik des Kodex eine entsprechende Empfehlung, wie beispielsweise „der Aufsichtsrat soll in die jeweiligen Tätigkeiten des Vorstands nur einwilligen, wenn . . .", erforderlich.

**4.3.2 Vorstandsmitglieder und Mitarbeiter dürfen im Zusammenhang mit ihrer Tätigkeit weder für sich noch für andere Personen von Dritten Zuwendungen oder
sonstige Vorteile fordern oder annehmen oder Dritten ungerechtfertigte Vorteile gewähren.**

X. Vermeidung von Korruption

Der Kodex weist in diesem Abschnitt in klaren Worten auf das bestehende Verbot 803
aktiver und passiver Bestechung hin. Er bezieht – streng genommen systemwidrig –
in diese Regelung neben den Vorstandsmitgliedern auch die Mitarbeiter des Unternehmens ein. Damit bringt er zum Ausdruck, dass die **redliche Führung der Geschäfte
des Unternehmens auf allen Ebenen** von eminenter Bedeutung für das Ansehen
und die Entwicklung des Unternehmens ist. Der Erfolg des Unternehmens beruht auf
der überzeugenden Qualität seiner Lieferungen und Leistungen im fairen Wettbewerb.
Das Vertrauen von Kunden und Lieferanten darf durch unfaire Praktiken und Korruption nicht gefährdet werden.

Der Kodex bekennt sich inzident auch zu den Empfehlungen der OECD zur Be- 804
kämpfung der internationalen Korruption vom 23. Mai 1997, ohne sie ausdrücklich zu
nennen oder sich gar auf ein bestimmtes Korruptionseindämmungsprogramm (wie es
beispielsweise von Transparency International propagiert wird) im Rahmen der weltweit zunehmenden Bestrebungen um einen fairen Austausch von Gütern und Leistungen im Wettbewerb festzulegen.

Die Erscheinungsformen korrupter und allgemein wirtschaftskrimineller Handlun- 805
gen sind vielfältig,[326] die ökonomischen Anreize verlockend und bisweilen infolge des

---
[325] *Baums*, Bericht, Rn. 48.
[326] Wirtschaftskriminalität, 8 ff.

nicht beeinflussbaren Verhaltens des Wettbewerbs kaum einfach negierbar. Trotz erheblicher Verschärfung der strafrechtlichen Sanktionen in der jüngeren Vergangenheit[327] lässt sich noch nicht feststellen, dass Korruption im Geschäftsverkehr umfassend eingedämmt wurde. Das angestrebte Ziel – umfassende Integrität im Geschäftsverkehr – ist unbestritten, die Wege dorthin sind jedoch steinig. Die Vorschläge reichen von der Einrichtung branchenbezogener Kodizes[328] über die Forderung, im Deutschen Corporate Governance Kodex ein konkretes Konzept der Korruptionsvermeidung ausdrücklich zu empfehlen,[329] und der Einführung einer eigenen Unternehmensstrafbarkeit in Anlehnung an die Rechtslage nach dem US-amerikanischen Foreign Corrupt Practices Act.[330] mit der Möglichkeit der Anordnung des Verfalls nach § 73 StGB.[331] Ganz im Sinne der von ihm propagierten Flexibilität überlässt es der Kodex den Unternehmen, den angemessenen Weg zur Erreichung des vorgegebenen Ziel selbst zu bestimmen.

806 Ebenso hat der Kodex darauf verzichtet, die Einhaltung der gesetzlichen Regelungen zur Korruptionsverhinderung oder -eindämmung ausdrücklich zu nennen. Darin liegt nicht etwa eine Geringschätzung der Bedeutung gerade dieser Gesetze. Vielmehr sollte der Gefahr vorgebeugt werden, durch ausdrückliche Nennung konkreter gesetzlicher Regelungen im Kodex andere, nicht genannte Gesetze, herabzusetzen.

1. Korruptionsrichtlinie

807 Der Kodex überlässt es den Unternehmen, sich ihren Bedürfnissen entsprechend aufzustellen und mehr oder weniger detaillierte Anweisungen zu treffen. Im Hinblick auf die Zurechnungsvorschrift des § 130 OWiG ist es, worauf schon vorstehend hingewiesen wurde,[332] zweckmäßig und geboten, entsprechende Richtlinien zu erlassen. Der Detaillierungsgrad der Richtlinie ist unternehmensspezifisch geprägt.

808 Materiell unterscheidet der Kodex zwischen passiver Bestechung/Vorteilsnahme[333] und aktiver Bestechung/Vorteilsgewährung.[334]

2. Passive Bestechung

809 Die Grenzen der rechtswidrigen **Vorteilsnahme** sind in der Praxis durchaus nicht immer eindeutig und klar zu bestimmen. Man wird davon ausgehen müssen, dass das **Einfordern** von persönlichen Vorteilen oder von Vorteilen für nahestehende Personen grundsätzlich rechtswidrig ist, ohne dass es auf die Wesentlichkeit oder den Wert des Vorteils ankommt.

810 Anderes gilt allerdings für die einfache **Vorteilsnahme.** Lokale Gepflogenheiten können im gewissen Rahmen berücksichtigt werden. Die Einladung zum Abendessen nach einem anstrengenden Verhandlungstag kann kaum ausgeschlagen werden; die

---

[327] OECD Konvention über die Bekämpfung der Bestechung ausländischer Amtsträger vom 17.12.1997, Gesetz zum Protokoll vom 27.9.1996 zum Übereinkommen über den Schutz der finanziellen Interessen der Europäischen Gemeinschaften (EU-BeStG) vom 10.9.1998, BGBl. II, S. 2340, in der Fassung vom 22.8.2002 (BGBl. I, S. 3387); Gesetz zu dem Übereinkommen vom 17.12.1997 über die Bekämpfung der Bestechung ausländischer Amtsträger im internationalen Geschäftsverkehr (IntBestG) vom 10.9.1998 (BGBl. II, S. 3227).

[328] Die Welt vom 22.2.2005 „Eine Branche kämpft gegen die Korruption, Immobilienwirtschaft leitet Selbstreinigungsprozess ein – neuer Corporate Governance Kodex".

[329] Transparency International – Deutsches Chapter o.V., Vorschlag zur Fortschreibung des Deutschen Corporate Governance Kodex, www.transparency.de.

[330] *Bachmann*, ZRP 2005, 109, 112 ff

[331] BGH, NJW 2002, 3339, 3340.

[332] S. Anm. zu Ziffer 4.1.3.

[333] = das Verbot, im Zusammenhang mit der Tätigkeit für sich oder Dritte Zuwendungen oder sonstige Vorteile zu fordern oder anzunehmen.

[334] = das Verbot, Dritten ungerechtfertigte Vorteile zu gewähren.

Einladung zu gesellschaftlichen Veranstaltungen (mit Begleitung) schon eher, jedenfalls aber dann, wenn der Einladende selbst nicht teilnimmt und es dem Eingeladenen überlässt, wann und mit wem er der Einladung folgen will.

Bisweilen finden sich, vorwiegend im angelsächsischen Raum, firmenspezifische Regelungen, die insoweit **klare Wertgrenzen** einziehen. Sie haben sich in Europa **nicht durchgesetzt**, weil sie die Unterschiedlichkeit der Lebenssachverhalte nicht angemessen berücksichtigen. Sind die Wertgrenzen sehr niedrig, mag dies in dem einen Land angemessen sein, beinhaltet aber notwendigerweise die Gefahr unnötiger Kollision mit lokalen Gepflogenheiten in einem anderen Land. Der jeweilige Geschäftspartner wird die Ablehnung lokalüblicher Vorteile bestenfalls als Marotte ansehen, kann sie aber auch als persönlichen Affront mit negativen Auswirkungen auf die Geschäftsbeziehung verstehen.[335] **811**

Sind die Wertgrenzen kommod hoch gesetzt, verfehlen sie andererseits ihr eigentliches Ziel. **812**

3. Aktive Bestechung

Im Bereich der aktiven **Bestechung/Vorteilsgewährung** haben in den vergangenen Jahren Gesetzesänderungen zu einer erheblichen **Ausweitung** des Geltungsbereichs des deutschen Strafrechts auch für Auslandstaten geführt. **813**

Unter den Begriff Vorteilsgewährung fallen Sach- und Geldleistungen unabhängig von deren Höhe und Umfang. Regelmäßig ist es auch unbeachtlich, ob die Zuwendung unmittelbar an die Person, deren Handeln beeinflusst werden soll, oder an eine ihr nahe stehende oder in ihrem Einflussbereich stehende natürliche oder juristische Person erfolgt. **814**

Unterschiedliche Rechtsfolgen treten ein, wenn es sich bei den Adressaten der Zuwendung um eine **Privatperson** oder einen **Amtsträger** handelt. Die Qualifizierung als Amtsträger erfolgt funktional, ist also abhängig von der Art der tatsächlich wahrgenommenen Aufgabe. So können zum Beispiel auch leitende Angestellte privatrechtlich organisierter Unternehmen, die sich in unmittelbarem oder mittelbarem Staatsbesitz befinden, Amtsträger sein. **815**

So ist heute strafbar **816**
– das Anbieten, Versprechen oder Gewähren eines Vorteils gegenüber einem **deutschen** Amtsträger für die Vornahme einer **pflichtgemäßen Diensthandlung**;[336]
– das Anbieten, Versprechen oder Gewähren eines Vorteils gegenüber einem Amtsträger für die Vornahme einer **pflichtwidrigen Diensthandlung**, vorausgesetzt
– der **Adressat ist ein deutscher Amtsträger** oder
– Amtsträger eines EU-Mitgliedstaates oder Amtsträger der EU und der Täter oder der Adressat der Zuwendung ist Deutscher[337] oder
– **ausländischer Amtsträger** und die Diensthandlung wird oder soll im Zusammenhang mit dem internationalen geschäftlichen Verkehr vorgenommen werden und der Täter ist Deutscher;[338]

---

[335] Dementsprechend formuliert der Verhaltenskodex der BASF Gruppe (Stand Januar 2005) unter der Rubrik Umgang mit Geschäftspartnern und Vertretern staatlicher Stellen: „Von den vorgenannten Beschränkungen (sic Vorteilsgewährung) sind allgemeinen Geschäftsgeflogenheiten entsprechende Gelegenheitsgeschenke, Bewirtungen oder sonstige Zuwendungen von geringem Wert ausgenommen, bei denen eine Beeinflussung der geschäftlichen oder behördlichen Entscheidung von vornherein ausgeschlossen ist."

[336] Vorteilsgewährung, § 333 StGB.

[337] EU-BestG (Gesetz vom 10.9.1998 zum Protokoll vom 27.9.1996 zum Übereinkommen über den Schutz der finanziellen Interessen der Europäischen Gemeinschaften, BGBl. II S. 2340).

[338] Bestechung, § 334 StGB, eingefügt durch das IntBestG (Gesetz vom 10.10.1998 zu dem Übereinkommen über die Bekämpfung der Bestechung ausländischer Amtsträger im internationalen Geschäftsverkehr, BGBl. II S. 2327).

– das Anbieten, Versprechen oder Gewähren eines Vorteils gegenüber einem Mitarbeiter oder Beauftragten[339] von **privaten Unternehmen**, um hierdurch eine unlautere Bevorzugung im geschäftlichen Verkehr zu erlangen.[340]

817   Einige Stimmen[341] vertreten die Ansicht, dass der Tatbestand der letzten Vorschrift nur erfüllt ist, wenn deutsche Mitbewerber wettbewerbswidrig benachteiligt werden. Eine bedeutsame Meinung[342] geht hingegen davon aus, dass die Norm nicht nur den deutschen Wettbewerb, sondern auch die Interessen von Mitbewerbern aus der EU, möglicherweise auch aus dem Nicht-EU-Ausland, schützt. Es ist ja auch kaum einzusehen, dass in einem zusammenwachsenden Europa die Lauterkeit des Wettbewerbs nur dann geschützt werden soll, wenn deutsche Mitwettbewerber benachteiligt werden. Diese Ansicht wird gestützt durch Art. 2 Abs. 2 der Gemeinsamen Maßnahme des Europäischen Rates vom 22. Dezember 1998,[343] der die Angestelltenbestechung als Straftat zumindest für das Gebiet des Gemeinsamen Marktes ansieht und an die Gesetzgeber der Mitgliederstaaten eine entsprechende Empfehlung ausspricht. Zur Umsetzung dieser Empfehlung ist am 30. August 2002 das Gesetz zur Ausführung des Zweiten Protokolls vom 19. Juni 1997 zum Übereinkommen über den Schutz der finanziellen Interessen der Europäischen Gemeinschaften, der Gemeinsamen Maßnahme betreffend die Bestechung im Privaten Sektor vom 22. Dezember 1998 in Kraft getreten,[344] mit dem in § 299 StGB – klarstellend – folgender Absatz angefügt worden ist: „(3) Die Absätze 1 und 2 gelten auch für Handlungen im ausländischen Wettbewerb."[345] Damit ist klargestellt, dass der Schutzbereich des § 299 StGB (jetzt) den **weltweiten Wettbewerb** umfasst.

818   Häufig übersehen wird, dass bei Zuwendungen im geschäftlichen Verkehr auch eine Strafbarkeit wegen eines **allgemeinen Vermögensdeliktes**, wie beispielsweise Betrug, Untreue, Unterschlagung, in Betracht kommen kann. So kann beispielsweise eine Angestelltenbestechung nach § 299 Abs. 2 StGB zugleich einen Betrug gegenüber und zulasten des Vertragspartners darstellen, wenn der dem Angestellten gewährte Betrag in die Preiskalkulation des Täters eingeflossen ist.

4.3.3 Die Vorstandsmitglieder sind dem Unternehmensinteresse verpflichtet. Kein Mitglied des Vorstands darf bei seinen Entscheidungen persönliche Interessen verfolgen und Geschäftschancen, die dem Unternehmen zustehen, für sich nutzen.

XI. Verpflichtung auf das Unternehmensinteresse

819   Die Verpflichtung der Vorstandsmitglieder auf das Unternehmensinteresse ist oben zu Ziffer 4.1.1 im Zusammenhang mit der Darstellung der Geschäftsführungsbefugnisse des Vorstands nach § 76 AktG erläutert worden.

820   Das Gesetz räumt dem Vorstand umfassende Geschäftsführungsbefugnisse ein. Es erwartet daher von ihm, dass er seine Befugnisse als Wahrer fremden Vermögens im Interesse des Unternehmens und damit insbesondere auch im Vermögensinteresse der das Risikokapital zur Verfügung stellenden Aktionäre[346] ausübt. Dazu gehört not-

---

[339] Einschließlich Organen, nicht aber dem Betriebsinhaber.
[340] Angestelltenbestechung, § 299 Abs. 2 StGB.
[341] *Weidemann*, DStZ 2002, 329.
[342] *Walter*, wistra 2001, 321; *Heine* in Schönke/Schröder, StGB, § 299 Rn. 2.
[343] ABl. EG Nr. L 358/2 DE vom 31. 12. 1998.
[344] BGBl. I, S. 3387 ff.
[345] Art. 1.3 c des vorgenannten Gesetzes.
[346] S. Präambel Abs. 2, grundlegend *Hopt*, ZGR 2004, 1 ff.

wendigerweise, dass der Vorstand persönliche Interessen aus seinen Entscheidungen heraushält und Geschäftschancen, die dem Unternehmen zustehen, diesem in vollen Umfang belässt. Ein Kompromiss im Sinne der neuerdings so beliebten, für jedermann „gleichermaßen vorteilhaften Geschäfte"[347] erscheint hier nicht denkbar. Dies ist auch deshalb unzulässig, weil es zu einem „Double-dipping", das heißt zu doppelter Vergünstigung führte. Schließlich steht den Mitgliedern des Vorstands eine erfolgsabhängige Vergütung zu.[348] Damit lässt sich eine Gestaltung, bei der das betreffende Vorstandsmitglied bereits im Vorfeld Vorteile aus Geschäftschancen des Unternehmens zieht, schlicht nicht vereinbaren.

4.3.4 Jedes Vorstandsmitglied soll Interessenkonflikte dem Aufsichtsrat gegenüber unverzüglich offen legen und die anderen Vorstandsmitglieder hierüber informieren. Alle Geschäfte zwischen dem Unternehmen einerseits und den Vorstandsmitgliedern sowie ihnen nahe stehenden Personen oder ihnen persönlich nahestehenden Unternehmungen andererseits haben branchenüblichen Standards zu entsprechen. Wesentliche Geschäfte sollen der Zustimmung des Aufsichtsrats bedürfen.

XII. Interessenkonflikte

1. Offenlegung von Interessenkonflikten

In **Satz 1** der Empfehlungen dieses Kodexabschnittes tritt einer der Grundgedanken zu Tage, der den gesamten Kodex wie ein roter Faden durchzieht: „Das Schaffen von **Transparenz**".

Die Verfasser des Kodex sind davon überzeugt, dass es keiner Sanktionen, die der Kodex ohnehin nicht überzeugend würde aussprechen können, bedarf, um Interessenkonflikten wirksam vorzubeugen.[349] Aus Sicht des Kodex reicht es aus, dass die einzelnen Vorstandsmitglieder sich verpflichten, etwaige **Interessenkonflikte** dem Aufsichtsrat[350] und den übrigen Mitgliedern des Vorstands gegenüber **offenzulegen**.

2. Inzidentverpflichtung der Vorstandsmitglieder, Einschränkung der Entsprechenserklärung

Eine entsprechende Verpflichtung zur Offenlegung geht jedes Mitglied des Vorstands zumindest inzident mit seiner Zustimmung zur Abgabe der Entsprechenserklärung nach § 161 AktG ein, die jährlich zu wiederholen ist. Wenn Vorstand und Aufsichtsrat, wie es die Regel sein dürfte, einstimmig erklären, dass den Verhaltensempfehlungen des Kodex entsprochen wird, dann schließt dies auch die Erklärung eines jeden einzelnen Vorstandsmitglieds ein, sich an die Regelungen dieser Ziffer 4.3.4 halten zu wollen. Glaubt ein Vorstandsmitglied, eine entsprechende Erklärung nicht abgeben zu können, muss es bei der Beschlussfassung des Vorstands über die Akzeptanz des Kodex einen entsprechenden Vorbehalt machen. Dann ist es an diese Empfehlung des Kodex nicht gebunden, denn kein Vorstandsmitglied kann durch Mehrheitsbeschluss des Vorstands verpflichtet werden, eine Kodexempfehlung, die sich an ihn persönlich richtet, zu akzeptieren, wenn dies nicht arbeitsvertraglich geregelt oder korporativ umgesetzt ist. Der entsprechende Vorbehalt eines einzelnen Vorstandsmitglieds schlägt

---

[347] Die so genannte „win-win-situation".
[348] S. Ziffer 4.2.3.
[349] So aber fordernd *Ehrhard/Nowak*, AG 2002, 336, 345.
[350] Nicht etwa nur dessen Vorsitzendem.

aber auf die Entsprechenserklärung nach § 161 AktG durch und begründet eine Erläuterungspflicht nach Ziffer 3.10 des Kodex.[351]

824 Es liegt auf der Hand, dass es äußerst unwahrscheinlich ist, dass ein Vorstandsmitglied sich generell der Offenlegung von Interessenkonflikten gegenüber dem Aufsichtsrat versagt. Welche überzeugende Begründung stünde ihm denn dafür zur Verfügung?

3. Präventivwirkung der Offenlegung

825 Die Tatsache, dass Interessenkonflikte offenzulegen sind und diese Offenlegung den Vorstandskollegen und den Mitgliedern des Aufsichtsrats bekannt wird und gegebenenfalls sogar Eingang in den Bericht des Aufsichtsrats an die Hauptversammlung über Interessenkonflikte findet,[352] dürfte für sich allein ausreichen, um das Entstehen gravierender Interessenkonflikte zu verhindern.

826 Insoweit konnte der Kodex sich auch auf die Verpflichtung zur Offenlegung von tatsächlichen Interessenkonflikten beschränken und auf eine entsprechende Verpflichtung bezüglich potenzieller Interessenkonflikte verzichten. Die Vorstandsmitglieder werden sorgsam darauf achten, dass auch nicht der Eindruck eines Interessenkonfliktes entsteht.

4. Transparenz statt detaillierter Regelung

827 Angesichts der Empfehlung in Satz 1, Interessenkonflikte dem Aufsichtsrat gegenüber unverzüglich offenzulegen, verzichtet der Kodex, der weiteren Anregung der Baums-Kommission[353] zu folgen und detaillierte Regeln zu formulieren, die dafür Sorge tragen sollen, dass Beeinträchtigungen der Gesellschaft durch Eigengeschäfte von Organmitgliedern mit der Gesellschaft effektiv unterbunden werden. Der Kodex vertraut auf die Wirkung von Transparenz und geht insoweit über die Empfehlungen der Baums-Kommission hinaus.[354]

5. Geschäfte mit dem Unternehmen

828 Satz 2 präzisiert wegen der Gefahr von Interessenkonflikten und der Verletzung allgemeiner gesellschaftsrechtlicher Treuepflichten die Regelung, dass alle Geschäfte zwischen dem Unternehmen einerseits und den Vorstandsmitgliedern sowie ihnen nahestehenden Personen oder ihnen persönlich nahe stehenden Unternehmungen andererseits branchenüblichen Standards zu entsprechen haben.

6. Branchenübliche Standards

829 Geschäfte der Vorstandsmitglieder mit dem Unternehmen sollen **branchenüblichen Standards, nicht** aber **Standards wie unter unbeteiligten Dritten** entsprechen. Damit will der Kodex etablierte Vorzugsbedingungen, die das Unternehmen seinen Organen und Mitarbeitern beispielsweise beim Erwerb von eigenen Produkten, wie beispielsweise bei Dienstwagen etc., einräumt, auch weiterhin möglich sein lassen.

---

[351] So offensichtlich auch *Krieger*, Interne Voraussetzung der Kodex-Anerkennung, Vortrag, Kölner Tage zur Corporate Governance, 19. 4. 2002.
[352] S. Ziffer 5.5.3.
[353] *Baums*, Bericht, Rn. 264.
[354] *Baums*, Bericht, Rn. 264.

7. Geschäfte mit Konzernunternehmen

In seine Betrachtung zieht der Kodex nicht nur Geschäfte mit der Gesellschaft, sondern, wie sich aus der Verwendung des Wortes „Unternehmen" ergibt, auch mit Konzernunternehmen ein. Auch insoweit befindet sich der Kodex in Übereinstimmung mit den gesetzlichen Regelungen.

8. Nahestehende Personen und persönlich nahestehende Unternehmungen

Der Kodex beschränkt die Verpflichtung zur Einhaltung branchenüblicher Standards nicht auf Geschäfte des Vorstandsmitglieds mit der Gesellschaft und ihren Konzernunternehmen, sondern erstreckt sie auch auf solche Verträge, die die Gesellschaft oder ihre Konzernunternehmen mit dem Vorstandsmitglied **nahestehenden Personen**, beispielsweise seiner Ehefrau oder seinen Kindern, abschließt, und auf Geschäfte, die das Unternehmen mit dem Vorstandsmitglied **persönlich nahestehenden Unternehmungen** eingeht. Mit der ausdrücklichen Erwähnung von Unternehmungen, die dem betroffenen Vorstandsmitglied persönlich nahestehen, sollen Fälle wie die eines ehemaligen Vorstandsvorsitzenden der Mannesmann AG in Zukunft vermieden werden. Hätte es den Kodex seinerzeit schon gegeben und wären mithin die geschäftlichen Beziehungen mit der Mannesmann AG offengelegt worden, wäre es vermutlich nie zu einem Fall, der die Öffentlichkeit derart befasste und das betroffene Vorstandsmitglied derart belastete, gekommen.

9. Nahestehende Personen und Unternehmungen

Eine nähere Beschreibung dessen, was nahestehende Personen oder dem Vorstandsmitglied persönlich nahestehende Unternehmungen sind, gibt der Kodex nicht. Er belässt es vielmehr bei der allgemeinen Verpflichtung zur Offenlegung auch solcher Geschäfte, die das Vorstandsmitglied nicht selbst abgeschlossen hat, und beantwortet insoweit die Prüfungsempfehlungen der Baums-Kommission[355] abschlägig.

Zur Klärung der Frage ist daher auf die allgemeinen Regeln zu rekurrieren. „Nahestehend" sind demnach Personen oder Unternehmungen dann, wenn der berechtigte Eindruck entsteht, dass das betroffene Vorstandsmitglied auf diese Personen und Unternehmungen unmittelbar Einfluss nehmen kann.

Den Begriff „nahestehende Unternehmungen" hat der Kodex bewusst gewählt. Der ansonsten naheliegende Begriff „Unternehmen" ist von der eigenen Diktion des Kodex selbst bereits besetzt.[356]

Wie sich aus Ziffer 7.1.5 des Kodex ergibt, entspricht der Begriff **„nahestehende Personen"**, wie er in dieser Ziffer verwandt wird, **nicht** dem Begriffsinhalt der Publizitätsvorschriften zu **„Related Party Transactions"** im Sinne der SFAS 57[357] bzw. der IAS 24.[358] Um mögliche Missverständnisse insbesondere US-amerikanischer Investoren beim Lesen dieser Passage des Kodex vorzubeugen, verwendet die englische Übersetzung des Kodex in diesem Zusammenhang auch nicht den Begriff „Related Parties", sondern „persons they are close to".

---

[355] *Baums*, Bericht, Rn. 69.
[356] S. Präambel Abs. 10.
[357] Statement of Financial Accounting Standards No. 57, Related Party Disclosures, veröffentlicht vom Financial Accounting Standards Board, www.fasb.org.
[358] International Accounting Standards, Chapter 24, Related Party Disclosures.

10. Befassen des Aufsichtsrats bei wesentlichen Geschäften

836   Satz 3 der Ziffer empfiehlt, wesentliche Geschäfte der Zustimmung des Aufsichtsrats zu unterwerfen. Satz 2 umfasst wie oben dargestellt nicht nur Eigengeschäfte des Vorstandsmitglieds mit der Gesellschaft. Bei diesen Geschäften vertritt der Aufsichtsrat die Gesellschaft ohnehin nach § 112 AktG unmittelbar. Die Empfehlung des Satzes 3 bezieht sich daher nur auf Geschäfte zwischen den Vorstandsmitgliedern und Konzernunternehmen sowie Geschäfte mit Personen oder Unternehmungen, die dem Vorstandsmitglied persönlich nahestehen. Was unter wesentlichen Geschäften zu verstehen ist, definiert der Kodex nicht. Angesichts der Verschiedenheiten und Größenunterschiede der Gesellschaften, an die sich der Kodex wendet, wäre dies auch kaum möglich. Jedenfalls verbietet sich eine allgemeine monetäre Wertgrenze.

837   Die Unternehmen sind vielmehr aufgerufen, eigene auf die konkreten Verhältnisse des betroffenen Unternehmens abgestellte Definitionen und Abgrenzungen zu finden. Dabei ist zu berücksichtigen, welchen Eindruck ein bestimmtes Geschäft oder Kategorie von Geschäften in der Öffentlichkeit erzeugt. Die Unternehmen sind gut beraten, wenn sie den Begriff der „Wesentlichkeit" von Geschäften eher extensiv handhaben.

4.3.5 Vorstandsmitglieder sollen Nebentätigkeiten, insbesondere Aufsichtsratsmandate außerhalb des Unternehmens, nur mit Zustimmung des Aufsichtsrats übernehmen.

XIII. Nebentätigkeiten

838   Nach der gesetzlichen Regelung können Vorstandsmitglieder Nebentätigkeiten, die nicht unter das Verbot des § 88 AktG fallen, auch ohne Zustimmung des Aufsichtsrats oder Mitteilung an die Gesellschaft ausüben. Um der Gesellschaft möglichst die volle Arbeitskraft des Vorstandsmitglieds zur Verfügung zu stellen und um auch nur dem Eindruck eines Interessenkonfliktes im Vorfeld entgegenzuwirken, empfiehlt der Kodex den Mitgliedern des Vorstands, **auch zulässige Nebentätigkeiten nur mit Zustimmung** des Aufsichtsrats zu übernehmen. Mit dieser Empfehlung übernimmt der Kodex eine Regelung, die in der überwiegenden Zahl der Anstellungsverträge der Vorstandsmitglieder börsennotierter deutscher Aktiengesellschaften enthalten ist. Diese Verträge sehen insbesondere auch die – vorherige – Zustimmung des Aufsichtsrats bei der Übernahme von Aufsichtsratsmandaten außerhalb des Unternehmens vor. Konzerninterne Aufsichtsratsmandate bedürfen nicht der Zustimmung des Aufsichtsrats der Gesellschaft.

839   Der Kodex dürfte auch dahingehend auszulegen sein, dass er die Pflicht zur Zustimmung des Aufsichtsrats **nicht** nur auf **Aufsichtsratsmandate** im Sinne des Aktienrechts verstanden wissen will, sondern auch die Mandate einer Zustimmung des Aufsichtsrats unterwirft, die Aufsichtsratsmandaten im Sinne des Aktienrechts vergleichbar sind. Das betrifft im Wesentlichen Mandate als Non-Executive-Director im Verwaltungsrat ausländischer Gesellschaften.

5. Aufsichtsrat

Kommentierung

Übersicht

	Rn.
I. Vorbemerkung (Kodex 5)	900
II. Aufgaben des Aufsichtsrats (Kodex 5.1.1)	910
1. Überblick	910
2. Überwachung	911
3. Die zu überwachenden Personen	912
4. Gegenstände der Überwachung	913
a) Überwachung	913
b) Rechtmäßigkeit	914
c) Ordnungsmäßigkeit	915
d) Wirtschaftlichkeit	916
e) Zweckmäßigkeit	917
5. Maßstab der Überwachung	918
6. Eingriffsmittel der Überwachung	919
7. Beratung	921
a) Überblick	921
b) Beratung im Überwachungsbereich	922
c) Beratung in anderen Bereichen	925
8. Überwachung und Beratung im Konzern	926
a) Konzernleitung durch die Obergesellschaft	926
b) Überwachungspflicht	927
c) Rechtmäßiges Verhalten	928
9. Einbindung des Aufsichtsrats in Entscheidungen des Vorstands von grundlegender Bedeutung	929
a) Pflichtbetonung	929
b) Pflicht zur Beratung mit dem Aufsichtsrat	931
III. Zuständigkeit für Vorstandsangelegenheiten (Kodex 5.1.2)	932
1. Personalkompetenz des Gesamtaufsichtsrats	933
2. Nachfolgeplanung	940
3. Befassung eines Ausschusses mit Vorstandspersonalien	941
4. Erstbestellungen	947
5. Vorzeitige Wiederbestellungen	950
6. Altersgrenze für Vorstandsmitglieder	951
IV. Geschäftsordnung (Kodex 5.1.3)	955
V. Der Aufsichtsratsvorsitzende (Kodex 5.2)	960
1. Bestellung	961
2. Aufgaben	964
3. Wahrnehmung der Belange des Aufsichtsrats nach außen	966
4. Vorsitz im Personalausschuss	967
5. Kein Vorsitz im Prüfungsausschuss	968
6. Meinungsaustausch mit dem Vorstand	970
VI. Bildung fachlich qualifizierter Ausschüsse (Kodex 5.3.1)	975
1. Größe des Aufsichtsrats und Ausschussbildung	976
2. Berücksichtigung spezifischer Gegebenheiten	979
3. Anzahl der Ausschüsse	980
4. Besetzung der Ausschüsse	982
5. Größe der Ausschüsse	983
6. Berichterstattung über die Ausschussarbeit	985
VII. Prüfungsausschuss (Kodex 5.3.2)	986
1. Zielsetzung	987
2. Abgrenzung zum „Audit Committee"	991
3. Aufgaben	992

	Rn.
4. Besetzung	995
5. Fachliche Qualifikation der Ausschussmitglieder	1002
6. Fachliche Qualifikation des Ausschussvorsitzenden	1005
VIII. Nominierungsausschuss	1005a
1. Aufgaben	1005a
2. Ausschussbildung und Besetzung	1005b
IX. Weitere Ausschüsse (Kodex 5.3.4)	1006
X. Aufgaben der Ausschüsse (Kodex 5.3.5)	1009
XI. Fachliche Qualifikation von Aufsichtsratsmitgliedern (Kodex 5.4.1)	1014
1. Gesetzliche (Mindest-)Regeln zur fachlichen Qualifikation	1015
2. Erforderliche Kenntnisse, Fähigkeiten und fachliche Erfahrungen	1017
3. Hinreichende Unabhängigkeit	1018
4. Berücksichtigung der internationalen Tätigkeit	1021
5. Vermeidung von Interessenkonflikten	1022
6. Altersgrenze	1023
7. Wahlvorschlag	1026
XII. Unabhängigkeit des Aufsichtsrats (Kodex 5.4.2)	1029
1. Bedeutung der Unabhängigkeit	1030
2. Vorstellungen der EU-Kommission zur Unabhängigkeit	1031
3. Gesetzliche Unabhängigkeitsregeln	1034
4. Unabhängigkeitsregeln des Kodex	1035
5. Unabhängigkeitsdefinition des Kodex	1037
6. Ausreichende Anzahl unabhängiger Aufsichtsratsmitglieder	1041
7. Nicht mehr als zwei ehemalige Vorstandsmitglieder	1042
8. Mandate bei Wettbewerbsunternehmen	1046
9. Organfunktionen und Beratungsaufgaben	1050
10. Wettbewerber des Unternehmens	1051
11. Wesentlichkeit	1052
XIII. Wahlen zum Aufsichtsrat (Kodex 5.4.3)	1053
XIV. Wechsel vom Vorstand in den Aufsichtsrat (Kodex 5.4.4)	1061
XV. Zeitliches Engagement (Kodex 5.4.5)	1067
1. Der erforderliche Zeitaufwand	1068
2. Unterschiede zur gesetzlichen Regelung	1070
3. Konzernexterne börsennotierte Gesellschaften	1073
XVI. Gestaltung der Bestellperioden (Kodex 5.4.6)	1074
XVII. Vergütung (Kodex 5.4.7)	1077
1. Vergütungskompetenz der Hauptversammlung	1078
2. Höhe der Aufsichtsratsvergütung	1083
3. Anknüpfungspunkte für die Vergütung	1084
4. Feste und erfolgsorientierte Bestandteile	1092
5. Insbesondere: Auf den langfristigen Unternehmenserfolg bezogene Komponente	1095
6. Individualisierte Offenlegung	1102
7. Steuerliche Behandlung	1108
XVIII. Teilnahme an Aufsichtsratssitzungen (Kodex 5.4.8)	1109
XIX. Unternehmensinteresse (Kodex 5.5.1)	1112
1. Interessenkonflikte	1114
2. Inhaltliche Bestimmung des Unternehmensinteresses	1116
3. Geltungsbereich	1117
4. Vorrang vor persönlichen Interessen	1119
5. Geschäftschancen	1121
XX. Offenlegung von Interessenkonflikten (Kodex 5.5.2)	1122
1. Offenlegungspflichtige Interessenkonflikte	1126
2. Behandlung offen gelegter Konflikte im Aufsichtsrat	1129
3. Umsetzung der Kodexempfehlung	1132

	Rn.
XXI. Information über Interessenkonflikte (Kodex 5.5.3)	1135
1. Hauptversammlungsbericht	1137
2. Ausscheiden aus dem Aufsichtsrat	1141
XXII. Beraterverträge (Kodex 5.5.4)	1143
1. Zustimmungsfähige Verträge	1144
2. Offenlegung und Zustimmungserteilung	1146
3. Aufsichtsratmitglied als Vertragspartner	1150
4. Beraterverträge mit Tochtergesellschaften	1150a
5. Zurückhaltende Handhabung	1151
XXIII. Selbstevaluation (Kodex 5.6)	1152
1. Empfehlung zur Evaluation	1152
2. Kernfragen und Ablauf von Aufsichtsratsbeurteilungen	1154

5. Aufsichtsrat

I. Vorbemerkung

In der Praxis hat sich die Rolle des Aufsichtsrats in den letzten Jahren merklich verändert. Stand früher eher die Überwachung abgeschlossener Sachverhalte im Vordergrund, geht es heute zunehmend um die aktive Beratung und Begleitung des Vorstands sowie um Mitentscheidungen des Aufsichtsrats bei wesentlichen Fragen der Unternehmensleitung.[1] Diese Entwicklung dürfte sich auch in Zukunft weiter fortsetzen.[2] Sie ist ein wesentlicher Aspekt für das Verständnis deutscher Corporate Governance, den die Kodexkommission sehr nachdrücklich aufgenommen hat: **Im Zentrum des Kodex steht der Aufsichtsrat**. 900

Der Kodex beschreibt die Aufgaben des Aufsichtsrats nicht mehr unter dem traditionellen Blickwinkel der Prüfung des Vorstandshandelns nach Rechtmäßigkeit, Ordnungsmäßigkeit und Wirtschaftlichkeit getroffener Maßnahmen, sondern betont ganz in Übereinstimmung mit dem Transparenz- und Publizitätsgesetz die zu einer effizienten Unternehmenskontrolle und -überwachung erforderliche Kooperation zwischen Vorstand und Aufsichtsrat. Der Kodex verdeutlicht, dass der Aufsichtsrat an den Planungen und an den strategischen und unternehmenspolitischen Entscheidungen der Gesellschaft mitwirkt. Dieser Zielsetzung widmet der Kodex sogar einen gesonderten Abschnitt „Zusammenwirken von Vorstand und Aufsichtsrat" und platziert ihn noch vor der Beschreibung der Einzelaufgaben von Vorstand und Aufsichtsrat. 901

Empfehlungen und Anregungen zur Verbesserung der Überwachungs- und Beratungstätigkeit des Aufsichtsrats finden sich also nicht nur im fünften Kodex-Abschnitt, der ausschließlich dem Aufsichtsrat gewidmet ist. Auch die übrigen Abschnitte behandeln unter den verschiedensten Blickwinkeln auch den Aufsichtsrat. Den Schwerpunkt bilden dabei die bereits genannte Ziffer 3 „Zusammenwirkung von Vorstand und Aufsichtsrat" und Ziffer 7.2 mit der „Abschlussprüfung". 902

Die **32 Empfehlungen und 8 Anregungen im fünften Abschnitt** befassen sich mit den Aufgaben und Zuständigkeiten des Aufsichtsrats und seines Vorsitzenden, mit der Bildung von Ausschüssen, aber auch mit den Anforderungen an die Wahlvorschläge zur Bestellung von neuen Aufsichtsratsmitgliedern, mit der Aufsichtsratsvergütung, der Unabhängigkeit und der Wahl von Aufsichtsratsmitgliedern sowie – nicht 903

---

[1] S. hierzu die Kommentierung zu Ziffer 5.1.1 sowie *Lutter/Krieger*, Rechte und Pflichten, Rn. 57.
[2] *Cromme* in Cromme, Corporate Governance Report 2002, 17, 26.

zuletzt – mit Verhaltensempfehlungen beim Auftreten von Interessenkonflikten bei einzelnen Aufsichtsratsmitgliedern.

904   Die **Größe und Zusammensetzung** des Aufsichtsrats sind weitgehend gesetzlich vorgegeben und eröffnen der Praxis nur geringe Gestaltungsspielräume.

905   Der **aktienrechtliche** Aufsichtsrat besteht aus mindestens 3 Mitgliedern (§ 95 Abs. 1 AktG). Höchstgrenzen für die Zahl der Aufsichtsratsmitglieder sind in Abhängigkeit von der Höhe des Grundkapitals in den Stufen 9, 15 und 21 Aufsichtsratsmitglieder festgelegt.

906   Aktiengesellschaften mit mindestens 500, aber weniger als 2000 Arbeitnehmern im Inland haben nach dem Drittelbeteiligungsgesetz einen Aufsichtsrat zu bilden, der zu $^2/_3$ aus Anteilseignervertretern und zu $^1/_3$ aus Arbeitnehmervertretern besteht. Die in § 95 Abs. 1 AktG festgelegten Höchstgrenzen für die Zahl der Aufsichtsratsmitglieder gilt auch hier.

907   Für Gesellschaften mit in der Regel mehr als 2000 Arbeitnehmern schreibt § 7 **MitbestG 1976** eine gleiche Zahl von Anteilseigner- und Arbeitnehmervertretern vor. Je nach Zahl der beschäftigten Arbeitnehmer ist eine (Mindest-)Größe des Aufsichtsrats von 12, 16 oder 20 Mitgliedern vorgeschrieben. Durch diese Größenvorgaben soll sichergestellt werden, dass auf Seiten der Arbeitnehmer eine ausgewogene Repräsentation von unterschiedlichen Gruppen (im Unternehmen tätige Arbeitnehmer, leitende Angestellte, Gewerkschaften) gewährleistet werden kann.[3]

908   Weitere Besonderheiten gelten bei **montan-mitbestimmten** Gesellschaften, die – mit Ausnahme der Salzgitter AG – nicht börsennotiert sind. Hier schreibt das Gesetz eine je gleiche Zahl von Vertretern der Anteilseigner und der Arbeitnehmer bzw. ihnen nahe stehenden Personen sowie einen „neutralen Mann" vor, der – je nach Anzahl der im Unternehmen tätigen Arbeitnehmer – als 11., 15. oder 21. Mitglied dem Aufsichtsrat angehört.

909   Die vorstehend wiedergegebenen gesetzlichen Vorgaben zur Größe und Zusammensetzung des Aufsichtsrats sind für eine effektive Arbeit dieses Gremiums nicht gerade förderlich.[4] Hier Abhilfe zu schaffen, gehört zu den zentralen **Wünschen an den Gesetzgeber**, die immer wieder geäußert werden.[5] Ziel dieser Vorschläge ist es nicht in erster Linie, die Mitbestimmung abzuschaffen, sondern auf ein größeres Maß an Flexibilität insbesondere bei der Größe der Aufsichtsräte hinzuwirken. Wesentliche Impulse können aus den ersten Erfahrungen mit mitbestimmten europäischen Aktiengesellschaften in Deutschland resultieren. Die von der Bundesregierung im Juli 2005 eingesetzte Kommission zur Modernisierung der deutschen Mitbestimmung unter Führung von Professor Biedenkopf hat sich nicht auf Reformvorschläge an den Gesetzgeber verständigen können. Der Abschlussbericht mit Erläuterungen der unterschiedlichen Auffassungen ist am 20. Dezember 2006 veröffentlicht worden.

5.1   Aufgaben und Zuständigkeiten

5.1.1   Aufgabe des Aufsichtsrats ist es, den Vorstand bei der Leitung des Unternehmens regelmäßig zu beraten und zu überwachen. Er ist in Entscheidungen von grundlegender Bedeutung für das Unternehmen einzubinden.

---

[3] Vgl. *Oetker* in GroßKomm. AktG, § 7 MitbestG Rn. 4.
[4] S. etwa *Hommelhoff*, ZGR 2001, 238, 251 m. w. N.; *Schiessl*, AG 2002, 593, 595 f.; *Pfitzer/Oser/Orth*, DCGK, 151 f.
[5] *Baums* in Cromme, Corporate Governance Report 2003, 58 ff.; weitergehend die zwölf Thesen des Berliner Netzwerkes Corporate Governance, AG 2004, 200 f.

II. Aufgaben des Aufsichtsrats

1. Überblick

Satz 1 schließt an die Aussagen über das Zusammenwirken von Vorstand und Aufsichtsrat an (Ziffer 3.1 und 3.2 sowie Rn. 351 ff.), Satz 2 verweist der Sache nach auf Ziffer 3.3 (Rn. 369 ff.). 910

2. Überwachung

Neben der Bestellung und Abberufung der Mitglieder des Vorstands[6] ist die Überwachung des Vorstands bei der Leitung der Gesellschaft[7] zentrale Aufgabe des Aufsichtsrats, § 111 Abs. 1 AktG. Dieser Aufgabe verdankt der Aufsichtsrat seine Entstehung im 19. Jahrhundert, als deutlich wurde, dass die Aktionäre in ihrem Organ Generalversammlung zu einer solchen Überwachung nicht in der Lage waren.[8] 911

3. Die zu überwachenden Personen

Das Gesetz sagt in § 111 Abs. 1 AktG: „Der Aufsichtsrat hat die Geschäftsführung zu überwachen." Damit verweist das Gesetz mittelbar auf die §§ 76, 77 AktG, mithin auf die Geschäftsführung des **Vorstands: nur er** ist zu überwachen, nicht hingegen Mitarbeiter auf nachgeordneten Hierarchie-Stufen.[9] Die Überwachung der nachgeordneten Hierarchiestufen gehört zu den Organisationsaufgaben des Vorstands. **Diese Aufgabe** zu überwachen, ist allerdings Pflicht des Aufsichtsrats.[10] 912

4. Gegenstände der Überwachung

a) Überwachung

Überwachung ist ein sehr allgemeines Wort und tendiert zu dem Missverständnis, der Aufsichtsrat habe den Vorstand bei allem und jedem, was dieser tut, zu überwachen. Ein solches Missverständnis würde zu einer völligen Überforderung des Aufsichtsrats führen. Es besteht daher Einigkeit, dass sich die Überwachung auf die wesentlichen Aspekte der Leitung der Gesellschaft zu konzentrieren hat,[11] wobei die Gegenstände der Information des Aufsichtsrats in § 90 AktG Hinweise auf die wesentlichen Aspekte geben. Im Übrigen bezieht sich die Überwachung auf **vier zentrale Aspekte**,[12] nämlich 913
– Rechtmäßigkeit,
– Ordnungsmäßigkeit,

---

[6] S. Ziffer 5.1.2 und Rn. 932 ff.
[7] § 76 AktG und Ziffer 4.1.1 sowie Rn. 601 ff.
[8] Zunächst wurde in den Satzungen der Gesellschaften ein Aktionärsausschuss gebildet und ihm u. a. die Überwachung des Vorstands zugewiesen. Der Gesetzgeber hat diesen Gedanken aufgenommen und ihn als Aufsichtsrat in einem Pflichtorgan festgelegt. Vgl. Art. 225 a Abs. 1 HGB in der Fassung von 1870. Im Übrigen vgl. *Schubert/Hommelhoff*, 100 Jahre modernes Aktienrecht, 1985, S. 93 ff., 224 ff.
[9] *Mertens* in Kölner Kommentar, § 111 Rn. 21; *Lutter/Krieger*, Rechte und Pflichten, Rn. 68 ff.; *Semler*, Leitung, Rn. 115 ff.; a. A. aber zu Unrecht jetzt *Hüffer*, AktG, § 111 Rn. 3.
[10] Zutreffend BGHZ 75, 120, 133; vgl. im Übrigen Rn. 481 ff.
[11] *Lutter*, Information und Vertraulichkeit, Rn. 113 ff.; *Lutter/Krieger*, Rechte und Pflichten, Rn. 65 und 66; *Hoffmann-Becking*, Münch. Hdb. GesR IV, § 29 Rn. 23; *v. Schenck* in Semler/v. Schenck, AR Hdb., § 1 Rn. 75 ff.
[12] So schon *Semler*, Leitung, Rn. 68 ff. Heute h. M., vgl. BGHZ 114, 127, 129; *Lutter/Krieger*, Rechte und Pflichten, Rn. 71 m. N. in Fn. 4.

- Wirtschaftlichkeit und
- Zweckmäßigkeit

der Leitung der Gesellschaft und des Konzerns.

b) Rechtmäßigkeit

914 Der Aufsichtsrat ist mitverantwortlich für die Einhaltung von Gesetz und Recht bei der Führung der Gesellschaft und des Konzerns. Er hat für die Einhaltung des Aktiengesetzes und der Satzung der Gesellschaft durch den Vorstand zu sorgen, aber auch auf die Einhaltung anderer, gerade für Unternehmen relevanter Normen (Kartellrecht, Wettbewerbsrecht, Steuerrecht, Umweltrecht, Vergaberecht etc.) zu achten und allen Hinweisen über die Verletzung solcher Regeln nachzugehen.[13] Das gilt auch in dem Sinne, dass der Vorstand unter dem Aspekt seiner eigenen Überwachungspflicht gegenüber den Mitarbeitern zu befragen ist, wenn sich relevante Rechtsverstöße durch Mitarbeiter abzeichnen.[14]

c) Ordnungsmäßigkeit

915 Ordnungsmäßigkeit betrifft die angemessene Organisation des Unternehmens der Gesellschaft und des Konzerns einschließlich der vom Vorstand zu verantwortenden Unternehmensplanung.[15]

d) Wirtschaftlichkeit

916 Wirtschaftlichkeit meint die Sicherung der Überlebensfähigkeit der Gesellschaft und mithin ihrer Ertragskraft. Der Aufsichtsrat ist also mitverantwortlich für Entscheidungen des Vorstands, die gerade diesen Aspekt zentral betreffen:[16] Von Verlusten kann kein Unternehmen auf Dauer leben.

e) Zweckmäßigkeit

917 Zweckmäßigkeit ist weitgehend in Ordnungsmäßigkeit und Wirtschaftlichkeit bereits enthalten und lenkt noch einmal den Blick auf Organisation[17] und Finanzierung.[18]

5. Maßstab der Überwachung

918 Rechtsverletzungen ist stets und mit Nachdruck entgegenzuwirken. Im Übrigen steht dem Vorstand bei der Leitung der Gesellschaft und des Konzerns ein **unternehmerisches Ermessen** zu, das auch vom Aufsichtsrat zu beachten ist.[19] Hier kann er – unverbindlich! – raten, aber nicht mit eigenen Maßnahmen eingreifen.[20] Nur wo dieses Ermessen überschritten ist,[21] muss der Aufsichtsrat wie bei einer Gesetzes- oder Satzungsverletzung eingreifen.

---

[13] Näher dazu *Lutter/Krieger*, Rechte und Pflichten, Rn. 72 und 73 und *Semler*, Leitung, Rn. 186 ff. sowie LG Bielefeld, WM 1999, 2457 ff.

[14] Vor allem: Wettbewerbsverstöße und Bestechungen in jeder Form. Gerade Letztere werden in aller Regel durch Mitarbeiter unterhalb des Vorstands begangen.

[15] Näher dazu *Lutter/Krieger*, Rechte und Pflichten, Rn. 74 ff. sowie *Semler*, Leitung, Rn. 184 und 185.

[16] Etwa den Erwerb der UMTS-Lizenzen oder des defizitären US-Unternehmens Voicestream durch die Telekom AG.

[17] War die Ausgliederung des Kundengeschäfts in die Deutsche Bank 24 und die Rücknahme dieser Maßnahme nach nur vier Jahren wirklich zweckmäßig?

[18] Ist die Fremdfinanzierung insgesamt nicht zu kurzfristig angelegt oder gar insgesamt überzogen?

[19] *Semler*, Leitung, Rn. 70 ff.

[20] Dazu Rn. 919 f.

[21] Dazu BGHZ 135, 244 = NJW 1997, 1926 (ARAG).

6. Eingriffsmittel der Überwachung

Der Aufsichtsrat verfügt über eine ganze Reihe von Mitteln, auf festgestellte Mängel der Geschäftsführung zu reagieren, nämlich vor allem:
- Stellungnahmen
- förmliche Beanstandungen gegenüber dem Vorstand
- Erlass, Änderung oder Verschärfung der Geschäftsordnung für den Vorstand
- Erweiterung von Zustimmungsvorbehalten nach § 111 Abs. 4 Satz 2 AktG
- Änderung der Ressortverteilung
- Einschränkung der Geschäftsführungsbefugnis einzelner Vorstandsmitglieder
- Abberufung von Vorstandsmitgliedern

919

Diese Eingriffsmittel stehen von Rechts wegen in keiner Rangordnung. So kann sich der Aufsichtsrat bei einer schwerwiegenden Rechtsverletzung eines Vorstandsmitglieds sofort zu dessen Abberufung aus wichtigem Grund nach § 84 Abs. 3 AktG (und zur Kündigung des Anstellungsvertrages aus wichtigem Grund) als dem stärksten Mittel entscheiden. In der Regel wird sich aber ein gestuftes Verfahren empfehlen, das von der Stellungnahme über die förmliche Beanstandung, die Festlegung einer neuen oder ergänzten Geschäftsordnung für den Vorstand bis zur Festsetzung neuer Zustimmungsvorbehalte, der Einschränkung der Geschäftsführungsbefugnis oder eben der Abberufung reicht. Auf jeden Fall muss der Aufsichtsrat aber für die Beseitigung der festgestellten Mängel sorgen, darf sich also mit allgemeinen Versprechungen oder gar dem Schweigen des Vorstands nicht zufrieden geben.[22] Eine **Abmahnung** ist nicht erforderlich, aber als zusätzliches Eingriffsmittel zulässig und möglich.

920

7. Beratung

a) Überblick

Schon im Zuge der Aktienrechtsreform von 1965,[23] dann verstärkt durch Stellungnahmen in der Literatur[24] war die „begleitende Kontrolle" des Vorstands durch den Aufsichtsrat durch Beratung mit dem Vorstand über wesentliche Aspekte der Unternehmensführung entwickelt worden, spielte in der Praxis aber eine nur sehr eingeschränkte Rolle. Erst die Arbeiten der Literatur zur Notwendigkeit einer Jahresplanung und einer Mittelfrist-Planung und deren Abstimmung mit dem Aufsichtsrat[25] einerseits sowie Urteile des **BGH**[26] andererseits haben zum Durchbruch im Gesetz,[27] aber auch zunehmend in der Praxis geführt. Das wird sich mit den heute vom Gesetz vorgeschriebenen[28] und vom Kodex empfohlenen Zustimmungsvorbehalten des Aufsichtsrats[29] verstärken. Der Aufsichtsrat rückt damit näher an den Vorstand und dessen unternehmerische und strategische Führung der Gesellschaft und des Konzerns heran: Der Aufsichtsrat wird in den Worten des zuständigen Referenten im BMJ „mächtiger",[30] in unserer Vorstellung mitverantwortlich für das unternehmerische Geschehen

921

---

[22] Näher zum Procedere *Semler*, Leitungg, Rn. 195 ff. und *Lutter/Krieger*, Rechte und Pflichten, Rn. 100 ff. m. w. N.
[23] Vgl. *Kropff*, AktG, 1965, S. 96, 116 und *Geßler* in Geßler/Hefermehl/Eckardt/Kropff, AktG, § 111 Rn. 36.
[24] Vor allem *Lutter*, Information und Vertraulichkeit, 2. Aufl., S. 13 aE und *Semler*, Überwachungsaufgabe, S. 93 ff. sowie *ders.*, Leitung, Rn. 249 ff.
[25] Dazu der Kodex Ziffer 3.2 und 4.1.2.
[26] BGHZ 114, 127 und BGHZ 126, 340 und dazu *Lutter/Krieger*, Rechte und Pflichten, Rn. 94 ff.
[27] Vgl. nur die heutige Formulierung von § 90 Abs. 1 Nr. 1 AktG.
[28] Das TransPuG hat § 111 Abs. 4 Satz 2 AktG von „kann" in „hat" geändert.
[29] S. Ziffer 3.3.
[30] Vgl. *Seibert*, AG 2002, 419.

in der Gesellschaft und im Konzern, wird „Mitunternehmer".[31] Allerdings: ihm steht **kein Initiativrecht** zu, das ist allein Befugnis des Vorstands (§ 76 AktG).

b) Beratung im Überwachungsbereich

922 Der Aufsichtsrat hat die unternehmerische Leitung der Gesellschaft zu überwachen. Diese manifestiert sich in unternehmenspolitischen Entscheidungen wie dem Erwerb anderer Unternehmen, Aufnahme neuer unternehmerischer Tätigkeiten (typisch: Telefon durch Mannesmann) oder der Veräußerung einer Sparte. All das unterliegt der Überwachung durch den Aufsichtsrat und ist mit ihm beratend zu erörtern. Beratung bedeutet hier aber auch, dass der Aufsichtsrat ausdrücklich Stellung beziehen muss. Es geht nicht nur um eine unverbindliche Erörterung, sondern um eine klare Position des Aufsichtsrats.[32] Liegt hier ein Zustimmungsvorbehalt vor, so kann der Aufsichtsrat seine (ablehnende) Meinung durchsetzen; anderenfalls ist der Vorstand nicht gehalten, den Vorstellungen des Aufsichtsrats zu folgen.

923 Das Gleiche gilt für so genannte strategische Entscheidungen wie etwa Investitionen im Ausland oder Kooperationen mit anderen Unternehmen.

924 Das Gleiche gilt aber auch für die gesamte Unternehmensplanung,[33] die heute durch § 90 Abs. 1 Nr. 1 AktG der förmlichen Beratung mit dem Aufsichtsrat vom Gesetz zugewiesen ist.

c) Beratung in anderen Bereichen

925 Der Vorstand kann und soll sich auch in allen anderen ihm wichtig erscheinenden Fragen mit dem Aufsichtsrat oder einem seiner Ausschüsse beraten: Der Aufsichtsrat ist der institutionelle Ratgeber und Gesprächspartner des Vorstands.[34] Aber in diesem Bereich hat der Aufsichtsrat keine förmlichen Zuständigkeiten, ist Ratgeber wie jeder Dritte auch.[35]

8. Überwachung und Beratung im Konzern

a) Konzernleitung durch die Obergesellschaft

926 Bis zum kürzlich verabschiedeten TransPuG und dessen (erneute) Änderung des § 90 Abs. 1 AktG durch Einfügung eines neuen Satzes 2[36] war vom Konzern und der Überwachung seiner Führung durch den Aufsichtsrat nicht die Rede. Dennoch hatten die Arbeiten der Literatur in den letzten 20 Jahren zu der Erkenntnis geführt, dass die Konzernleitung durch die Obergesellschaft Teil ihrer eigenen Leitung durch ihren Vorstand ist[37] und daher auch der Überwachung durch den Aufsichtsrat der Obergesellschaft unterliegt.[38] Das wird heute nicht nur durch § 90 Abs. 1 Satz 2 AktG

---

[31] Dazu *Lutter* in FS Albach, 2001, S. 225. Ähnlich BGHZ 135, 244, 254 = NJW 1997, 1926 (ARAG) mit der Bemerkung, dass das Gesetz dem Aufsichtsrat „unternehmerische Aufgaben überträgt". Vgl. auch *Paefgen*, Rechtsbindung, 11 ff., 13 f.

[32] Zutreffend *Semler*, Leitung, Rn. 249, 261 ff.

[33] Dazu *Lutter/Krieger*, Rechte und Pflichten, Rn. 94 ff. und 198 ff. sowie *Lutter* in FS Albach, 1991, S. 345 ff. = AG 1991, 249.

[34] So *Lutter/Krieger*, Rechte und Pflichten, Rn. 94; vgl. auch BGHZ 114, 127, 130 und *Boujong*, AG 1995, 203, 205.

[35] Zutreffend *Semler*, Leitung, Rn. 265 ff.

[36] Dieser neue Satz 2 von § 90 Abs. 1 AktG lautet: „Ist die Gesellschaft Mutterunternehmen (§ 92 Abs. 1, 2 des Handelsgesetzbuchs), so hat der Bericht auch auf Tochterunternehmen und auf Gemeinschaftsunternehmen (§ 310 Abs. 1 des Handelsgesetzbuchs) einzugehen."

[37] Vgl. dazu nur *Hommelhoff*, Die Konzernleitungspflicht, 1982.

[38] Vgl. *Semler*, Überwachungsaufgabe, S. 103 ff. und *ders.*, Leitung, Rn. 381 ff. sowie *Lutter*, Information und Vertraulichkeit, 1. Aufl. 1979, S. 34 ff. sowie 2. Aufl. 1984, S. 40 ff. und 3. Aufl. 2006, Rn. 156 ff.; *Lutter/Krieger*, Rechte und Pflichten, Rn. 131 ff. m. allen N.

b) Überwachungspflicht

Diese Überwachungspflicht des Aufsichtsrats bezieht sich auf die Leitung des Konzerns durch den Vorstand der Obergesellschaft, nicht auf die Führung der Tochtergesellschaften selbst und deren Organe.[39] Im Übrigen gelten die gleichen Grundsätze zur Beratung mit dem Vorstand und dessen Überwachung, wie sie soeben zur Gesellschaft selbst dargestellt wurden.[40]

c) Rechtmäßiges Verhalten

Ausdrücklich sei auf die Empfehlung des Kodex in Ziffer 4.1.3 verwiesen,[41] wo die Pflicht des Vorstands betont wird, seinerseits für ein rechtmäßiges Verhalten auch der Konzerngesellschaften und deren Leitung zu sorgen.

9. Einbindung des Aufsichtsrats in Entscheidungen des Vorstands von grundlegender Bedeutung

a) Pflichtbetonung

Satz 2 dieser Kodex-Bestimmung enthält gegenüber den obigen Ausführungen nichts relevant Neues, sondern betont die Pflicht des Vorstands zur Beratung mit dem Aufsichtsrat vor der Entscheidung über solche Maßnahmen und deren Durchführung auch dann, wenn insoweit kein Zustimmungsvorbehalt besteht.

Im Übrigen korrespondiert die Aussage mit 3.2 über die Abstimmung zwischen Vorstand und Aufsichtsrat bei strategischen Entscheidungen sowie mit 3.3 über die Festlegung von Zustimmungsvorbehalten. Darauf und die Erläuterungen dazu sei verwiesen.

b) Pflicht zur Beratung mit dem Aufsichtsrat

Will der Vorstand entgegen Kodex 5.1.1 Satz 1 und entgegen seiner Pflicht zur Beratung mit dem Aufsichtsrat an diesem vorbei grundlegende Entscheidungen unternehmenspolitischer oder strategischer Art treffen, kann der Aufsichtsrat diese durch einen Ad-hoc-Zustimmungsvorbehalt[42] stoppen und so den Vorstand zur Beratung mit sich zwingen. Zu einem solchen Vorgehen ist der Aufsichtsrat im Zweifel sogar **verpflichtet**.[43]

5.1.2 Der Aufsichtsrat bestellt und entlässt die Mitglieder des Vorstands. Er soll gemeinsam mit dem Vorstand für eine langfristige Nachfolgeplanung sorgen. Der Aufsichtsrat kann die Vorbereitung der Bestellung von Vorstandsmitgliedern einem Ausschuss übertragen, der auch die Bedingungen des Anstellungsvertrages einschließlich der Vergütung festlegt.
Bei Erstbestellungen sollte die maximal mögliche Bestelldauer von fünf Jahren nicht die Regel sein. Eine Wiederbestellung vor Ablauf eines Jahres vor dem Ende der Bestelldauer bei gleichzeitiger Aufhebung der laufenden Bestellung soll nur bei Vorliegen besonderer Umstände erfolgen. Eine Altersgrenze für Vorstandsmitglieder soll festgelegt werden.

---

[39] *Lutter/Krieger*, Rechte und Pflichten, Rn. 134.
[40] *Lutter/Krieger*, Rechte und Pflichten, Rn. 131 ff.
[41] S. Rn. 615 ff.
[42] BGHZ 124, 111, 127.
[43] BGHZ 124, 111, 127.

III. Zuständigkeit für Vorstandsangelegenheiten

932 Die **Personalentscheidungen** zur Besetzung von Vorstandspositionen gehören zu den wesentlichsten Aufgaben eines jeden Aufsichtsrats.[44] Fehler, die dem Aufsichtsrat bei diesen Personalentscheidungen unterlaufen, kann er im Rahmen seiner Überwachungstätigkeit auch mit noch so großer Sorgfalt nicht mehr ausgleichen. Der Kodex enthält zu diesem Themenkreis neben einer zusammenfassenden Darstellung der gesetzlichen Regelungen in § 84 Abs. 1 und 3 AktG insgesamt **drei Empfehlungen**, die die Einrichtung einer langfristigen Nachfolgeplanung zur Besetzung von Vorstandspositionen, die zurückhaltende Handhabung von vorzeitigen Wiederbestellungen und die Festlegung einer Altersgrenze für Vorstandsmitglieder betreffen. Darüber hinaus enthält der Kodex **zwei Anregungen**. Mit den Vorstandspersonalien sollte sich ein Ausschuss befassen und bei Erstbestellungen von Vorständen sollte nicht stets eine fünfjährige Bestellperiode vorgesehen werden. Damit wird einer vielfach geübten Praxis[45] bei den Unternehmen entgegentreten.

1. Personalkompetenz des Gesamtaufsichtsrats

933 **Abs. 1 Satz 1** beschreibt die ausschließlich beim Aufsichtsrat liegende Kompetenz zur Bestellung und „Entlassung" von Vorstandsmitgliedern.[46] Die Entscheidungsbefugnis in diesen Angelegenheiten kann wegen ihrer besonderen Bedeutung nicht auf einen **Ausschuss** übertragen werden. Sie ist im Plenum zu entscheiden.[47]

934 Die Entscheidung steht in der Alleinkompetenz des Aufsichtsrats. Mitspracherechte des Vorstands bei einer Neubesetzung oder gar des (Groß-)Aktionärs bestehen nicht und können auch nicht rechtsverbindlich vereinbart werden. Je nach Lage des Einzelfalls kann sich aber eine Konsultation dieses Personenkreises vor wesentlichen Personalentscheidungen anbieten.[48]

935 Durch die **Bestellung** wird dem Vorstandsmitglied seine körperschaftsrechtliche Funktion als Organ der Gesellschaft, die damit verbundene Geschäftsführungsbefugnis (einschließlich Ressortzuweisung) und die Vertretungsmacht erteilt.[49] Die Bestellung bedarf der Beschlussfassung im Aufsichtsrat, der Mitteilung der Beschlussfassung an den zu bestellenden Kandidaten und der Annahme der Bestellung durch den Kandidaten.[50] Nach der gesetzlichen Regelung dürfen Vorstände für eine Amtsperiode bis zu fünf Jahren bestellt werden.[51] Die fünfjährige Bestellperiode ist in der Praxis der Regelfall, auch wenn es in letzter Zeit Aufweichungstendenzen gibt. Gemessen an den angelsächsischen Gepflogenheiten sind fünf Jahre ein sehr langer Bestellzeitraum, der gerade bei Erstbestellungen das Risiko in sich birgt, bei fehlender Bewährung im Rahmen einer Ausscheidungsvereinbarung einen hohen Betrag für die Abgeltung der Restlaufzeit des Anstellungsvertrages zahlen zu müssen.[52]

936 Die Bestellung der Vorstandsmitglieder bedarf in mitbestimmten Gesellschaften nach § 31 Abs. 2 MitbestG einer $^2/_3$-Mehrheit im Aufsichtsrat. Kommt die Mehrheit

---

[44] Statt aller *Fonk* in Semler/v. Schenck, AR Hdb., § 9 Rn. 1.
[45] Vgl. *Baums*, Bericht, Rn. 40.
[46] Die gerichtliche Bestellung von Vorstandsmitgliedern nach § 85 AktG betrifft einen Sonderfall, der nur sehr selten praktische Bedeutung erlangt.
[47] S. § 107 Abs. 3 Satz 2 AktG; etwas anderes gilt für den Abschluss und die Aufhebung der Anstellungsverträge von Vorstandsmitgliedern.
[48] Vgl. *Lutter/Krieger*, Rechte und Pflichten, Rn. 336.
[49] *Mertens* in Kölner Kommentar, § 84 Rn. 3 ff.
[50] Näher *Mertens* in Kölner Kommentar, § 84 Rn. 3.
[51] S. § 84 Abs. 1 Satz 1 AktG.
[52] S. *Baums*, Bericht, Rn. 40.

nicht zustande, hat der so genannte Vermittlungsausschuss des Aufsichtsrats[53] einen Kompromissvorschlag zu unterbreiten. In dem darauf folgenden Wahlgang im Aufsichtsrat ist für die Bestellung der Vorstandsmitglieder die einfache Mehrheit ausreichend. Bei Stimmengleichheit hat der Aufsichtsratsvorsitzende bei einer erneuten Abstimmung die entscheidende zweite Stimme.[54]

Von der Bestellung ist der Abschluss des Anstellungsvertrages mit dem Vorstand deutlich zu trennen. Der **Anstellungsvertrag** regelt die schuldrechtlichen Beziehungen, zu denen das Vorstandsmitglied für die Gesellschaft tätig wird (z. B. Gehalt, Pension, Urlaub usw.).[55]

Die Zuständigkeit des Aufsichtsrats zur **Entlassung** von Vorstandsmitgliedern bezieht sich auf jede Form der Beendigung des Mandats, zu der die Mitwirkung des Aufsichtsrats erforderlich ist. Hierzu gehört die Abberufung von Vorstandsmitgliedern, die nach § 84 Abs. 3 Satz 1 AktG nur aus wichtigem Grund möglich ist, und der Abschluss von Verträgen zur Aufhebung der Bestellung und des Anstellungsvertrags eines Vorstandsmitgliedes.

Bei der (einseitigen) Amtsniederlegung eines Vorstandsmitgliedes ist der Aufsichtsrat – in der Regel vertreten durch den Aufsichtsratsvorsitzenden – der Adressat der Niederlegungserklärung.[56] Der Aufsichtsrat ist zur Entlassung eines Vorstands verpflichtet, wenn sich herausstellt, dass dieser seiner Aufgabe nicht gewachsen ist. Für die Abberufung von Vorstandsmitgliedern in mitbestimmten Gesellschaften kommen die gleichen Regeln zur Anwendung wie bei der Bestellung der Vorstandsmitglieder in mitbestimmungsfreien Gesellschaften.

2. Nachfolgeplanung

In unmittelbarem Zusammenhang mit der Befugnis des Aufsichtsrats zur (Neu-) Bestellung von Vorstandsmitgliedern steht die Nachfolgeplanung. Hierzu enthält der Kodex in **Abs. 1 Satz 2** die Empfehlung, für eine **langfristige** Nachfolgeplanung Sorge zu tragen. Schon nach der bestehenden Gesetzeslage wird man aus § 84 Abs. 1 AktG die Pflicht des Aufsichtsrats ableiten können, für eine sachgerechte interne Führungskräfteentwicklung durch den Vorstand im Hinblick auf einen späteren Bedarf an neuen Vorstandsmitgliedern im Unternehmen Vorkehrungen zu treffen.[57] Der Kodex geht mit seiner Empfehlung über diese gesetzliche Pflicht hinaus und fordert, dass Aufsichtsrat und Vorstand die Nachfolgeplanung als **gemeinsame Aufgabe** ansehen, ohne dass dadurch die Hoheit des Aufsichtsrats bei der Bestellung und Wiederbestellung von Vorstandsmitgliedern in Frage gestellt wird. Durch eine effiziente Nachfolgeplanung kann gewährleistet werden, dass Personalentscheidungen auf einer fundierten Grundlage erfolgen können.[58] Die Nachfolgeplanung soll **langfristig** erfolgen, um dem Aufsichtsrat ein sicheres Bild von den in Betracht kommenden (internen) Kandidaten zu ermöglichen. Soweit ein Ausschuss für Personalangelegenheiten besteht, sollte wegen der Vertraulichkeit der Personalien die Nachfolgeplanung dort behandelt werden. Der Aufsichtsratsvorsitzende berichtet über die Nachfolgeplanung regelmäßig dem Gesamtaufsichtsrat.[59]

---

53 § 27 Abs. 3 MitbestG.
54 S. § 31 Abs. 2 bis 4 MitbestG.
55 Umfassend *Mertens* in Kölner Kommentar, § 84 Rn. 33 ff.
56 S. hierzu *Hüffer*, AktG, § 84 Rn. 36.
57 Vgl. *Semler* in Semler/v. Schenck, AR Hdb., § 1 Rn. 48.
58 *v. Werder*, DB 2002, 801, 806.
59 S. Ziffer 5.3.1 Satz 3.

3. Befassung eines Ausschusses mit Vorstandspersonalien

941 **Abs. 1 Satz 3** enthält die Anregung („kann"), die Vorstandspersonalien in einem Ausschuss des Aufsichtsrats zu behandeln. Hinsichtlich der Bestellung der Vorstandsmitglieder darf der Ausschuss nur vorbereitende Maßnahmen treffen,[60] während die Konditionen der Anstellung (oder der Vertragsaufhebung) im Personalausschuss abschließend festgelegt werden können. Die Anregung betrifft die Zuständigkeitsverteilung zwischen Aufsichtsratsplenum und Ausschuss bei Personalangelegenheiten. Schon die Vertraulichkeit von Vorstandspersonalien, deren Einhaltung vielfach schon von den Kandidaten selbst als Vorbedingung für ernste Gespräche verlangt wird, spricht deutlich für die Einrichtung des Personalausschusses. In der Praxis sind diese Ausschüsse gerade bei großen Unternehmen weit verbreitet.

942 Nach den Vorstellungen der EU-Kommission aus ihrem Aktionsplan vom 21. Mai 2003[61] sollte sich der Aufsichtsratsausschuss, der sich mit der Bestellung von Vorstandsmitgliedern befasst, mehrheitlich aus Vorstandsmitgliedern (was nach deutschem Recht nicht zulässig ist) oder alternativ mehrheitlich aus unabhängigen Aufsichtsratsmitgliedern[62] zusammensetzen. Die von der Kommission verabschiedete Empfehlung zur Bildung von Ausschüssen des Verwaltungs-/Aufsichtsrats[63] sieht in ihrem Anhang I unter Ziffer 2.1.2. jedenfalls noch vor, dass das Vorstandsvorsitzende Mitglied des Personalausschusses sein kann.[64] Im dualen Führungssystem deutscher Aktiengesellschaften können Vorstandsmitglieder keine Mitgliedschaft in Aufsichtsratsausschüssen innehaben, ein Gastrecht kann ihnen aber eingeräumt werden. Die Mitwirkung ehemaliger Vorstandsmitglieder und jetziger Aufsichtsratsmitglieder im Personalausschuss scheint aber wegen der besonderen Kenntnisse dieses Personenkreises über das Unternehmen eher positiv zu sein. Auch die Mitwirkung von Arbeitnehmervertretern im Personalausschuss entspricht weit verbreiteter Übung. Eine Empfehlung der EU-Kommission, den Personalausschuss mehrheitlich mit unabhängigen Aufsichtsratsmitgliedern zu besetzen, wäre vor diesem Hintergrund eher kritisch zu sehen, es sei denn, die Arbeitnehmervertreter werden generell als unabhängig behandelt.[65]

943 Soweit der Personalausschuss Vorschläge zu einer Bestellung oder auch Wiederbestellung macht, kann er sich auf einen einzigen Vorschlag an den Gesamtaufsichtsrat als Ergebnis seiner Vorauswahl begrenzen. Das ist aktienrechtlich nicht zu beanstanden.[66]

944 Bei einer Beschlussfassung über die Anstellungsverträge muss der Personalausschuss nicht über den vollständigen Wortlaut des Anstellungsvertrages beschließen, ausreichend ist vielmehr, dass alle wesentlichen Konditionen des Vertrages vom Personalausschuss festgelegt werden. Mit dem Abschluss des Vertrages kann dann der Aufsichtsratsvorsitzende beauftragt und bevollmächtigt werden. Dabei ist aber darauf zu achten, dass der Gesamtaufsichtsrat bei seiner Entscheidung über die Bestellung des Vorstands nicht durch einen bereits abgeschlossenen Anstellungsvertrag mit dem betreffenden Kandidaten präjudiziert wird.

---

[60] Vgl. § 107 Abs. 3 AktG und dazu *Mertens* in Kölner Kommentar, § 107 Rn. 89 ff.
[61] S. dazu Rn. 1029 ff.
[62] S. zur erforderlichen Unabhängigkeit.
[63] Empfehlung der Kommission vom 15. Februar 2005 zu den Aufgaben von nicht geschäftsführenden Direktoren/Aufsichtsratsmitgliedern börsennotierter Gesellschaften sowie zu den Ausschüssen des Verwaltungs-/Aufsichtsrats, ABl. EU Nr. 52/51 vom 25. 2. 2005.
[64] http://www.europa.eu.int/comm/internal_market/company/docs/independence/draft_recommendation.en.pdf. und www.europa.eu.int/comm/internal_market/company/independence/index.
[65] S. dazu Rn. 1031 ff.
[66] Zweifel bei *Lutter/Krieger*, Rechte und Pflichten, Rn. 337.

Bei der Festlegung der Konditionen des Anstellungsvertrages sollte bedacht werden, dass durch den Anstellungsvertrag auch die **Empfehlungen und Anregungen des Kodex**, soweit sie die Vorstandsmitglieder individuell betreffen, umgesetzt werden können. Dies gilt z. B. für die Zustimmung des Aufsichtsrats für Nebentätigkeiten des Vorstands (Ziffer 4.3.5) oder für die Offenlegung von Interessenkonflikten (Ziffer 4.3.4).[67] 945

Hinsichtlich der Gestaltung der Vorstandsvergütung enthält der Kodex eine Reihe von Empfehlungen, die in die Verhandlung mit einfließen sollten.[68] 946

4. Erstbestellungen

Die Kodexkommission sah keinen Anlass, bei Erstbestellungen den Aufsichtsräten zu empfehlen, die Kandidaten nur für einen verkürzten Zeitraum (z. B. drei Jahre) zu bestellen. 947

Vielfach wird ein qualifizierter Kandidat die Übernahme der Vorstandsposition von einer fünfjährigen Amtsperiode abhängig machen. Das gilt insbesondere in den Fällen, in denen er bereits zuvor bei einem anderen Unternehmen mit einer fünfjährigen Amtsperiode als Vorstand bestellt worden war. Auch bei interner Besetzung von Vorstandspositionen ist vielfach eine fünfjährige Amtsperiode zu beobachten, da das Unternehmen bei internen Besetzungen bereits die Möglichkeit hatte, sich ein Bild von den Fähigkeiten des Kandidaten zu machen. Eine verkürzte erste Amtsperiode wird dann vielfach nicht erforderlich sein. Die Praxis in den Unternehmen ist demzufolge auch sehr unterschiedlich. 948

Die Kommission beschränkt sich vor diesem Hintergrund in **Abs. 2 Satz 1** auf die Anregung, bei Erstbestellungen nicht stets eine fünfjährige Amtsperiode vorzusehen. 949

5. Vorzeitige Wiederbestellungen

Die Kodexempfehlung in **Abs. 2 Satz 2** zielt auf eine Praxis ab, die – in Übereinstimmung mit der bestehenden Gesetzeslage[69] – eine Verlängerung der Bestellperiode über fünf Jahre hinaus praktisch dadurch erreicht, dass während einer laufenden Amtsperiode die Bestellung einvernehmlich aufgehoben und sodann durch den Aufsichtsrat eine erneute gegebenenfalls fünfjährige Bestellung ausgesprochen wird. Vor dem Hintergrund des § 84 Abs. 1 Satz 3 AktG empfiehlt der Kodex, diese Möglichkeit nur in Ausnahmefällen zu nutzen. Als Beispiele für Ausnahmefälle kommen in Betracht: Ein Vorstandsmitglied wird während seiner laufenden Bestellperiode zum Vorsitzenden des Vorstands bestellt; ein Vorstandsmitglied erhält von dritter Seite ein Angebot und wünscht bei seinen „Bleibeverhandlungen" die Auffüllung seiner Amtszeit auf fünf Jahre.[70] 950

6. Altersgrenze für Vorstandsmitglieder

In **Abs. 2 Satz 3** enthält der Kodex die Empfehlung, eine generelle Altersgrenze für Vorstandsmitglieder festzulegen. Damit soll den erheblichen Belastungen, die aus einer Vorstandstätigkeit erwachsen können, Rechnung getragen werden. Die Festlegung einer Altersgrenze unterhalb der allgemeinen Pensionsgrenze von 65 Jahren dient dieser Zielsetzung. In der Praxis sind Altersgrenzen von 60, 62 und 63 Jahren anzutreffen. Zur Umsetzung der Empfehlung ist der Aufsichtsrat, in der Regel der Personalaus- 951

---

[67] Näher zur Umsetzung der an einzelne Organmitglieder gerichteten Kodexempfehlungen Rn. 1596 ff.
[68] S. Ziffer 4.2.3.
[69] So die h. M.; vgl. etwa *Lutter/Krieger*, Rechte und Pflichten, Rn. 358; a. A. *Götz*, AG 2002, 305 ff.; *Peltzer* in FS Priester, 573, 590 f.
[70] Kritisch zu der Kodexempfehlung, weil angeblich dem Gesetzeszweck nicht entsprochen wurde, *Pfitzer/Oser/Orth*, DCGK, 157.

schuss, aufgerufen, der nach eigenem Ermessen über die Festlegung der Altersgrenze und die Ausgestaltung der Altersgrenze entscheidet.

952 In der Praxis mag es vorkommen, dass eine vom Unternehmen selbst gesetzte Altersgrenze für Vorstandsmitglieder einmal nicht eingehalten wird. Hat das Unternehmen seine Altersgrenze zuvor nicht entsprechend modifiziert, stellt sich die Frage, ob die einmalige Verletzung der Altersgrenze automatisch zu einer Einschränkung der Entsprechenserklärung nach § 161 AktG führt. Das dürfte wohl zu verneinen sein. Wird durch den Verstoß die bestehende Altersgrenze nicht generell in Frage gestellt, weil z. B. nur in einem Fall dagegen verstoßen wird, dürfte die Kodexempfehlung zur Festlegung einer Altersgrenze eingehalten sein.

953 Die Kodexempfehlung zur Festlegung einer Altersgrenze wird von rund 93% der DAX-Gesellschaften umgesetzt.[71] Diejenigen Gesellschaften, die noch zögern, eine Altersgrenze für Vorstandsmitglieder einzuführen, befürchten z. B. eine unangemessene Einschränkung ihrer Möglichkeiten bei der Auswahl geeigneter Kandidaten. Andere sind der Auffassung, dass das Alter von Vorstandsmitgliedern in keinem Zusammenhang mit deren Kompetenz und individuellen Leistungsfähigkeit stehe.[72] Diesen Argumenten kann – soweit erforderlich – durch eine geeignete Gestaltung der Altersgrenze Rechnung getragen werden. Der generelle Verzicht auf die Altersgrenze sollte jedenfalls nicht die Konsequenz sein.

954 Die Festlegung einer Altergrenze für Vorstände verstößt auch nicht gegen das Allgemeine Gleichbehandlungsgesetz (AGG). Die Altersgrenze für Vorstände dient insbesondere der Sicherstellung der Leistungsfähigkeit und ist daher durch ein legitimes Ziel gerechtfertigt. In der konkreten Ausgestaltung der Altersgrenze ist dann darauf zu achten, dass die Regelung angemessen und erforderlich ist.[73] Diese Voraussetzungen liegen jedenfalls bei einer Altersgrenze, die dem allgemeinen Renteneintrittsalter entspricht, vor. Aber auch darunterliegende Altersgrenzen müssen nach ihrer legitimen Zielsetzung zulässig sein. Vor diesem Hintergrund ist eine Altersgrenze von 60 Jahren für Vorstände gerechtfertigt, aber auch darunter liegende Altersgrenzen erscheinen möglich.[74]

5.1.3 Der Aufsichtsrat soll sich eine Geschäftsordnung geben.

IV. Geschäftsordnung

955 Nach den gesetzlichen Regeln hat der Aufsichtsrat die Möglichkeit, seine innere Organisation durch eine von ihm beschlossene Geschäftsordnung innerhalb der Grenzen von Gesetz und Satzung selbst zu gestalten.[75] Eine Satzungsermächtigung ist für den Erlass der Geschäftsordnung durch den Aufsichtsrat nicht erforderlich.[76] Vor diesem Hintergrund empfiehlt der Kodex, von der gesetzlich eingeräumten Möglichkeit Gebrauch zu machen und die innere Organisation des Aufsichtsrats und insbesondere die Entscheidungsabläufe durch eine Geschäftsordnung transparent zu machen. Eine Reihe von Satzungen börsennotierter Gesellschaften sieht schon heute vor, dass sich der Aufsichtsrat eine Geschäftsordnung gibt.[77]

---

[71] Vgl. *v. Werder/Talaulicar*, DB 2007, 869, 871.
[72] S. *Towers Perrin*, Corporate Governance Studie 2004, S. 7.
[73] Vgl. §§ 10, 6 Abs. 3 AGG und dazu *Lutter*, BB 2007, 725, 729 f.
[74] *Lutter*, BB 2007, 725, 730 plädiert für eine Untergrenze von 58 Jahren.
[75] Vgl. BGHZ 64, 325, 238 und *Hopt/Roth* in GroßKomm.AktG, § 107 Rn. 496.
[76] *Siebel* in Semler/v. Schenck, AR Hdb., § 3 Rn. 60.
[77] S. z. B. § 12 Abs. 1 der Satzung der ThyssenKrupp AG unter http://www.thyssenkrupp. de./de/investor/hauptversammlung/satzg.pdf sowie § 13 Abs. 6 der Satzung der Siemens AG.

Für die Beschlussfassung über den Erlass, die Änderung oder die Aufhebung der Geschäftsordnung gelten die allgemeinen Regeln zur Beschlussfassung im Aufsichtsrat, so dass im Regelfall die Geschäftsordnung mit einfacher Mehrheit verabschiedet werden kann.[78]   956

Zentraler Gegenstand einer Geschäftsordnung ist die **Einrichtung der Ausschüsse** und ihre präzise Aufgabenbeschreibung. Nur so können Ausschüsse in der Praxis erfolgreich arbeiten.[79] Auch für einzelne Ausschüsse kann eine Geschäftsordnung erlassen werden.   957

Weitere Regelungsgegenstände für die Geschäftsordnung sind die Einberufung von Aufsichtsratssitzungen, die Regeln zur Beschlussfassung im Aufsichtsrat, die Sitzungsleitung, die Protokollführung sowie die Ermächtigung des Aufsichtsratsvorsitzenden, die zur Durchführung der Beschlüsse des Aufsichtsrats erforderlichen Willenserklärungen abzugeben und für den Aufsichtsrat entgegenzunehmen.[80] Denkbar ist auch, in der Geschäftsordnung Richtlinien zur Auslagenerstattung für Aufsichtsratsmitglieder oder zur Wahrung der Vertraulichkeit im Aufsichtsrat zu beschließen.   958

Die Geschäftsordnung ist darüber hinaus ein geeignetes Mittel, eine Reihe von **Empfehlungen und Anregungen des Kodex**, die den Aufsichtsrat betreffen, umzusetzen. Als Beispiel seien hier die Einrichtung des Prüfungsausschusses (Ziffer 5.3.2), die Zuweisung von weiteren Sachthemen an Ausschüsse (Ziffer 5.3.3), das Verfahren zur Offenlegung von Interessenkonflikten der Aufsichtsratsmitglieder (Ziffer 5.5.2), die nähere Ausgestaltung der Effizienzprüfung (Ziffer 5.6) genannt.[81]   959

5.2 Aufgaben und Befugnisse des Aufsichtsratsvorsitzenden

Der Aufsichtsratsvorsitzende koordiniert die Arbeit im Aufsichtsrat, leitet dessen Sitzungen und nimmt die Belange des Aufsichtsrats nach außen wahr.

Der Aufsichtsratsvorsitzende soll zugleich Vorsitzender der Ausschüsse sein, die die Vorstandsverträge behandeln und die Aufsichtsratssitzungen vorbereiten. Den Vorsitz im Prüfungsausschuss (Audit Committee) sollte er nicht innehaben.

Der Aufsichtsratsvorsitzende soll mit dem Vorstand, insbesondere mit dem Vorsitzenden bzw. Sprecher des Vorstands, regelmäßig Kontakt halten und mit ihm die Strategie, die Geschäftsentwicklung und das Risikomanagement des Unternehmens beraten. Der Aufsichtsratsvorsitzende wird über wichtige Ereignisse, die für die Beurteilung der Lage und Entwicklung sowie für die Leitung des Unternehmens von wesentlicher Bedeutung sind, unverzüglich durch den Vorsitzenden bzw. Sprecher des Vorstands informiert. Der Aufsichtsratsvorsitzende soll sodann den Aufsichtsrat unterrichten und erforderlichenfalls eine außerordentliche Aufsichtsratssitzung einberufen.

V. Der Aufsichtsratsvorsitzende

Die Aufgaben und Befugnisse des Aufsichtsratsvorsitzenden sind im Aktiengesetz nicht zusammenhängend, sondern über eine Reihe von Vorschriften verstreut und   960

---

[78] Vgl. *Lutter/Krieger*, Rechte und Pflichten, Rn. 533.
[79] So auch *Lutter*, ZGR 2001, 224, 229; der aber meint, die Aufgabenstellung für die einzelnen Ausschüsse sollten in der Satzung geregelt werden.
[80] S. z. B. das Muster bei *Hoffmann-Becking*, Becksches Formularbuch, Format X.17 und aus der Praxis die Geschäftsordnung für den Aufsichtsrat der ThyssenKrupp AG, http://www.thyssenkrupp.com/documents/goar.
[81] Eingehend zur Umsetzung der Kodexempfehlungen und Anregungen unter Rn. 1515 ff.

eher rudimentär geregelt.[82] Daher ist es unter dem Gesichtspunkt der Transparenz besonders wichtig, die Funktionen des Aufsichtsratsvorsitzenden, so wie sie sich in der Praxis herausgebildet haben, den Anlegern und Investoren zu verdeutlichen. Der Kodex widmet dem Aufsichtsratsvorsitzenden und seinen Aufgaben sogar einen eigenen Abschnitt und unterstreicht damit die herausragende Bedeutung, die dem Aufsichtsratsvorsitzenden in der Praxis zukommt.[83]

1. Bestellung

961   Der Aufsichtsratsvorsitzende wird aus der Mitte des Aufsichtsrats gewählt. Erforderlich ist ein Aufsichtsratsbeschluss, der der einfachen Mehrheit der abgegebenen Stimmen bedarf.[84] Auch das zur Wahl vorgeschlagene Aufsichtsratsmitglied ist stimmberechtigt.[85] Die Bestellung wird mit der Annahme der Wahl durch das gewählte Aufsichtsratsmitglied wirksam. Soll der bisherige Vorstandsvorsitzende oder ein ehemaliges Vorstandsmitglied zum Aufsichtsratsvorsitzenden gewählt werden, sind insbesondere die Empfehlungen der Kodexziffer 5.4.4 zur Unabhängigkeit zu beachten.

962   Der Wechsel des Vorstandsvorsitzenden in den Aufsichtsratsvorsitz sollte daran gemessen werden, ob dadurch eine erhöhte Effizienz in der Aufsichtsratsarbeit erreicht werden kann. Der Vorstandsvorsitzende und der Aufsichtratsvorsitzende haben ganz unterschiedliche Aufgaben im Rahmen der Unternehmensführung. Ein erfolgreicher Wechsel des bisherigen Vorstandsvorsitzenden in die Funktion des Aufsichtsratsvorsitzenden setzt daher voraus, dass der Funktionswechsel auch tatsächlich gelebt wird, der bisherige Vorstandsvorsitzende seine Vorstandstätigkeit also nicht im Gewande des Aufsichtsratsvorsitzenden fortführt. Gelangt der Aufsichtsrat zu der Einschätzung, dass der Kandidat den Funktionswechsel gut vollziehen kann, wozu es in Deutschland eine Reihe von Beispielen gibt, dürfte seine Bestellung zum Aufsichtsratsvorsitz zu einer verbesserten Effizienz der Aufsichtratsarbeit beitragen. Vor diesem Hintergrund verbieten sich schematische Lösungen. Der Einzelfall ist entscheidend.[86]

963   Die Bestellperiode als Vorsitzender des Aufsichtsrats entspricht in der Regel der Amtszeit als Aufsichtsratsmitglied. Im Einzelfall können aber auch andere Gestaltungen gewählt werden (z. B. Rücktritt von der Funktion des Vorsitzenden und Verbleib im Aufsichtsrat als einfaches Aufsichtsratsmitglied).

2. Aufgaben

964   Als zentrale Aufgaben des Aufsichtsratsvorsitzenden werden in **Abs. 1** die Koordination der Aufsichtsratsarbeit und die Sitzungsleitung hervorgehoben. Auf diesen beiden Funktionen liegt in der Praxis der Schwerpunkt seiner Tätigkeit. Darüber hinaus hat er auch noch weitere Aufgaben und Zuständigkeiten.

965   Der Aufsichtsratsvorsitzende koordiniert die Arbeit der Aufsichtsratsausschüsse, repräsentiert den Aufsichtsrat z. B. in der Hauptversammlung gegenüber den Aktionären und vertritt die Gesellschaft bei bestimmten Handelsregisteranmeldungen im Zusammenhang mit Kapitalerhöhungen.[87] Der Aufsichtsratsvorsitzende empfängt die

---

[82] Übersicht bei *Lutter/Krieger*, Rechte und Pflichten, Rn. 553 ff., *Schlitt*, DB 2005, 2007, 2008 f.

[83] *Claussen/Bröcker*, DB 2002, 1199, 1203; zur Bedeutung des Aufsichtsratsvorsitzenden auch *Semler* in Semler/v. Schenck, AR Hdb., § 4 Rn. 1 ff.

[84] Zu den Besonderheiten bei Gesellschaften, die dem MitbestG 1976 unterfallen, s. *Lutter/Krieger*, Rechte und Pflichten, Rn. 545 ff.

[85] *Semler* in Semler/v. Schenck, AR Hdb., § 4 Rn. 18.

[86] S. die Kommentierung zu Ziffer 5.4.2.

[87] Zur rechtsgeschäftlichen Vertretung s. *Lutter/Krieger*, Rechte und Pflichten, Rn. 559; zu den Aufgaben des Aufsichtsratsvorsitzenden näher *Dörner* in FS Röhricht, 809, 811 ff.; *Schlitt*, DB 2005, 2007, 2009 ff.

Berichte des Vorstands an den Aufsichtsrat und hat für die Verteilung der Informationen an die Mitglieder des Aufsichtsrats Sorge zu tragen. Er beruft die Sitzungen des Aufsichtsrats ein und legt die Tagesordnungen fest. Er sorgt dafür, dass die Sitzungsunterlagen den Mitgliedern des Aufsichtsrats rechtzeitig vor der Sitzung zugehen.[88] Er leitet die Sitzungen und legt das Abstimmungsverfahren fest.[89]

3. Wahrnehmung der Belange des Aufsichtsrats nach außen

Mit dieser von der Regierungskommission am 2. Juni 2005 beschlossenen Ergänzung des Kodex wird klargestellt, dass die Kommunikation von Aufsichtsratsthemen durch den Aufsichtsratsvorsitzenden und nicht durch einzelne Aufsichtsratsmitglieder zu erfolgen hat. Auch wenn es in vielen angelsächsisch geprägten Ländern üblich geworden ist, dass Investoren non executive directors oder Aufsichtsratsmitglieder häufig als Ansprechpartner suchen und unmittelbar befragen, gehört das doch nicht zu guter Corporate-Governance-Praxis in Deutschland und spiegelt auch nicht die Kompetenzverteilung des Aktienrechts wider. Darüber hinaus reflektiert die Ergänzung die gewachsene Bedeutung des Aufsichtsratsvorsitzenden in der Hauptversammlung. Hier ist es inzwischen gelebte Praxis, dass der Aufsichtsratsvorsitzende zu den von den Aktionären und Investoren gestellten Fragen an den Aufsichtsrat Stellung nimmt und nicht der Vorstand. Auch diese Praxis bestärkt die Kommission durch die Ergänzung der Kodexziffer 5.2.

4. Vorsitz im Personalausschuss

In **Abs. 2 Satz 1** empfiehlt der Kodex, dass der Aufsichtsratsvorsitzende zugleich Vorsitzender des „Personalausschusses" ist. Gemeint ist damit derjenige Ausschuss, der sich thematisch mit den Vorstandsangelegenheiten befasst, unabhängig davon, ob der Ausschuss noch weitere Aufgaben übertragen bekommen hat und welche konkrete Bezeichnung für den Ausschuss gewählt worden ist. Dem Personalausschuss kommt in der Praxis eine ganz wesentliche Rolle bei der Auswahl von neuen Vorstandsmitgliedern zu.[90] Die Mitglieder des Personalausschusses sprechen persönlich mit den einzelnen Kandidaten und der Personalausschuss handelt die Konditionen des Anstellungsvertrages aus. Daher ist es mehr als nur sinnvoll, wenn diese Vorstandspersonalien unter Führung des Aufsichtsratsvorsitzenden behandelt werden. Eine entsprechende gesetzliche Vorschrift besteht nicht. Daher ist die Kodexempfehlung geboten.

5. Kein Vorsitz im Prüfungsausschuss

Abs. 2 Satz 2 enthält die Anregung, dass der Aufsichtsratsvorsitzende nicht auch den Vorsitz im Prüfungsausschuss übernimmt. Das beruht auf dem Gedanken, die Unabhängigkeit der Mitglieder des Prüfungsausschusses bei der Prüfung des Jahresabschlusses zu stärken, da vom Aufsichtsratsvorsitzenden vermutet wird, dass er dem Vorstand am nächsten steht. Auch Gründe der Arbeitsbelastung können für die Kodexempfehlung sprechen.[91] Der Aufsichtsratsvorsitzende kann aber (einfaches) Mitglied des Prüfungsausschusses sein. Auch den stellvertretenden Vorsitz im Prüfungsausschuss kann der Aufsichtsratsvorsitzende in Übereinstimmung mit dem Kodex übernehmen.

---

[88] Vgl. insbesondere den durch das TransPuG neu gefassten § 90 Abs. 4 AktG.
[89] Vgl. § 108 AktG, insbesondere die Möglichkeit, gemäß § 108 Abs. 4 AktG auf Anordnung des Aufsichtsratsvorsitzenden im Einzelfall eine schriftliche Beschlussfassung durchzuführen.
[90] Zur Nachfolgeplanung s. Rn. 941 ff.
[91] A. A. *Dörner* in FS Röhricht, 809, 814, der die Auffassung vertritt, für den Aufsichtsratsvorsitzenden sei es überwachungsnotwendig, den Prüfungsausschuss zu leiten; dagegen z. B. *Hopt/Roth* in GroßKomm.AktG, § 107 Rn. 457.

969 Im Einzelfall können aber auch gute Gründe dafür sprechen, dass der Aufsichtsratsvorsitzende den Vorsitz im Prüfungsausschuss übernimmt, z. B. wenn er im Aufsichtsrat über die besten Kenntnisse über das Unternehmen und über die größte Fachkompetenz verfügt. Bei einer Übernahme des Vorsitzes im Prüfungsausschuss durch einen Aufsichtsratsvorsitzenden, der zuvor Mitglied des Vorstandes war, sollte ferner berücksichtigt werden, dass die Prüfung keinen Zeitraum betreffen sollte, in dem er selbst noch Vorstandsmitglied war oder sich noch von ihm als Vorstandsmitglied initiierte Entscheidungen realisieren.

6. Meinungsaustausch mit dem Vorstand

970 In **Abs. 3** wird die Funktion des Aufsichtsratsvorsitzenden als **Bindeglied zwischen Vorstand und Aufsichtsrat** beschrieben.

971 In **Satz 1** empfiehlt der Kodex den regelmäßigen (z. B. wöchentlichen) Meinungsaustausch zwischen dem Aufsichtsratsvorsitzenden und dem Vorstandsvorsitzenden/Sprecher zu allen wesentlichen Themen. Die Empfehlung geht über die gesetzlichen Regeln hinaus, da nach § 90 Abs. 1 Satz 2 AktG eine unmittelbare Berichterstattung an den Aufsichtsratsvorsitzenden nur aus wichtigen Anlässen vorgesehen ist.[92] Der Meinungsaustausch dient der Intensivierung der Zusammenarbeit von Vorstand und Aufsichtsrat[93] und ist an keine Form gebunden. Der Meinungsaustausch kann telefonisch, persönlich oder in jeder anderen Kommunikationsform (z. B. E-Mail) stattfinden. Dieser Meinungsaustausch ersetzt nicht die Beratung des Vorstands durch den Aufsichtsrat,[94] sondern tritt ergänzend hinzu.

972 Die Gestaltung des vom Kodex empfohlenen Meinungsaustauschs wird nicht vorgeschrieben. In der Praxis sind ganz unterschiedliche Formen anzutreffen. Hierzu gehört z. B. ein wöchentliches Telefonat/Zusammentreffen des Vorstandsvorsitzenden mit dem Aufsichtsratsvorsitzenden zu aktuellen Themen der Vorstandsarbeit. Dem Aufsichtsratsvorsitzenden können auch das Protokoll der jeweils letzten Vorstandssitzung sowie wesentliche Vorstandsunterlagen (Entscheidungsvorschläge, Vorstandsinformationen, externe gutachterliche Stellungnahmen etc.) zu Informationszwecken übermittelt werden. In einer Reihe von Unternehmen nimmt der Aufsichtsratsvorsitzende von Zeit zu Zeit an Vorstandssitzungen teil. Anzutreffen sind auch besondere Strategiesitzungen des Vorstands mit dem Aufsichtsratsvorsitzenden, die je nach Bedarf auch einen ganzen Tag andauern können. Die Gestaltung des Meinungsaustauschs hängt vielfach von den Persönlichkeiten des Vorstandsvorsitzenden und des Aufsichtsratsvorsitzenden ab, so dass allgemein gültige Patentlösungen nicht anzutreffen sind. Auch der Kontakt des Aufsichtsratsvorsitzenden zu den übrigen Vorstandsmitgliedern muss gewährleistet sein, z. B. über die gelegentliche Teilnahme an Vorstandssitzungen.

973 **Satz 2** fasst die in § 90 AktG vorgesehenen **Berichte des Vorstands** an den Aufsichtsrat zusammen. Die gesetzliche Berichtspflicht betrifft die beabsichtigte Geschäftspolitik und alle grundsätzlichen Fragen der künftigen Geschäftsführung, die Rentabilität der Gesellschaft, insbesondere des Eigenkapitals, den Gang der Geschäfte, insbesondere den Umsatz und die Lage der Gesellschaft und Geschäfte, die für die Rentabilität oder Liquidität der Gesellschaft von erheblicher Bedeutung sein können. Die Berichte sind dem Aufsichtsrat zu erstatten. Es ist allgemein anerkannt, dass der Vorstand seine schriftlichen Berichte dem Aufsichtsratsvorsitzenden zuleiten darf, der dann für die Weiterleitung der Informationen an die Mitglieder des Aufsichtsrats Sorge trägt.[95] Der Kodex verdeutlicht damit, dass es nicht ausreicht, die Aufsichtsratsmitglie-

---

[92] S. *Hopt/Roth* in GroßKomm.AktG, § 107 Rn. 459 zu den Berichten aus wichtigem Anlass näher *Hüffer*, AktG, § 90 Rn. 8.
[93] Hierzu schon Abschnitt 3 des Kodex.
[94] S. hierzu Ziffer 5.5.1.
[95] S. *Semler* in Semler/v. Schenck, AR Hdb., § 4 Rn. 46.

der nur vom Eingang (und nicht über den Inhalt) der Berichte beim Aufsichtsratsvorsitzenden zu informieren.

Darauf aufbauend empfiehlt **Satz 3** die (umfassende) Unterrichtung des Aufsichtsrats durch dessen Vorsitzenden unabhängig von der Form der bei ihm eingehenden Berichte (mündlich, schriftlich, E-Mail etc.) und appelliert an den Aufsichtsratsvorsitzenden, von seinem Ermessen zur **Einberufung von Aufsichtsratssitzungen**[96] nicht zu zurückhaltend Gebrauch zu machen. Der Kodex fordert von den Aufsichtsratsmitgliedern eine stärkere Einbindung in das Unternehmensgeschehen.[97] Das bedeutet auch, dass außerordentliche Aufsichtsratssitzungen nicht nur in wirklichen „Notfällen" stattfinden sollen. 974

5.3 Bildung von Ausschüssen

5.3.1 Der Aufsichtsrat soll abhängig von den spezifischen Gegebenheiten des Unternehmens und der Anzahl seiner Mitglieder fachlich qualifizierte Ausschüsse bilden. Diese dienen der Steigerung der Effizienz der Aufsichtsratsarbeit und der Behandlung komplexer Sachverhalte. Die jeweiligen Ausschussvorsitzenden berichten regelmäßig an den Aufsichtsrat über die Arbeit der Ausschüsse.

VI. Bildung fachlich qualifizierter Ausschüsse

Zur Förderung effizienter Aufsichtsratstätigkeit in größeren Aufsichtsräten empfiehlt der Kodex eine intensive Ausschussarbeit. Damit greift der Kodex nicht unzulässigerweise in die Organisationsautonomie des Aufsichtsrats ein,[98] sondern überlässt es dem Aufsichtsrat, sich im Rahmen der Entsprechenserklärung nach § 161 AktG für oder gegen die Kodexempfehlung zu entscheiden. 975

1. Größe des Aufsichtsrats und Ausschussbildung

Die Einsetzung von Ausschüssen kann sich schon aufgrund der Größe des Aufsichtsrats anbieten. Bei mitbestimmten Gesellschaften nehmen an einer Aufsichtsratssitzung häufig bis zu 30 Personen teil, nämlich die Aufsichtsratsmitglieder und sämtliche Vorstandsmitglieder. In einem so großen Kreis ist eine effiziente Diskussion und ein intensiver Meinungsaustausch sehr schwierig.[99] 976

Vor diesem Hintergrund dient die Einsetzung von Ausschüssen auch der Überwindung von strukturellen Mängeln im dualen Führungssystem deutscher Aktiengesellschaften im Vergleich zu dem international verbreiteten monistischen Führungssystem mit dem „Board of Directors" englischer Gesellschaften oder dem „Conseil d'administration" französischer Unternehmen. Die Mitglieder dieser Führungsorgane befassen sich zum Teil intensiver als ein deutscher Aufsichtsrat mit dem Unternehmensgeschehen und tauschen sich über wesentliche Angelegenheiten der Gesellschaft eingehender aus. Diese Unterschiede in der Praxis zu überwinden und die Aufsichtsratsmitglieder zeitgerechter, engagierter und kompetenter in das Unternehmensgeschehen einzubinden, ist Aufgabe der Ausschussarbeit. Sachthemen sollen in kleiner Gruppe unter fachlich dafür qualifizierten Aufsichtsratsmitgliedern behandelt werden. Die Empfehlung des Kodex geht also dahin, die eigentliche Arbeit des Aufsichtsrats vermehrt in Aus- 977

---

[96] S. dazu etwa *Semler* in Semler/v. Schenck, AR Hdb., § 4 Rn. 54.
[97] S. dazu Rn. 911 ff.
[98] So aber *Pfitzer/Oser/Orth*, DCGK, 168 f.; dagegen *Hopt/Roth* in GroßKomm.AktG, § 107 Rn. 480.
[99] S. *Cromme*, Kreditwesen 2002, 502, 504; *Lutter*, ZGR 2001, 224, 229.

schüssen zu leisten und dem Plenum des Aufsichtsrats eine mehr kontrollierende Funktion zuzuweisen. Daher betont der Kodex in Satz 3 auch die Berichtspflicht der Ausschussvorsitzenden an den Gesamtaufsichtsrat.

978 Die Abhängigkeit der Ausschussbildung von der Größe des Aufsichtsrats verdeutlicht, dass nicht jeder Aufsichtsrat zur effizienten Erledigung seiner Aufgaben Ausschüsse bilden muss. In einem mit 3 oder 6 Personen besetzten Aufsichtsrat kann auch im Plenum ein reger Meinungsaustausch stattfinden, so dass die Bildung von Ausschüssen nicht als Best Practice empfohlen werden kann. Eine Einschränkung der Entsprechenserklärung nach § 161 AktG ist nicht erforderlich.

2. Berücksichtigung spezifischer Gegebenheiten

979 Neben der Größe des Aufsichtsrats können auch die spezifischen Gegebenheiten des Unternehmens die Einsetzung von Ausschüssen empfehlenswert machen. Werden z. B. komplexe Produkte hergestellt und vertrieben, die einer schnellen Fortentwicklung unterliegen, oder verfügt das Unternehmen über eine sehr komplexe Finanzstruktur, kann das Aufsichtsratsplenum überfordert sein, denn es gilt in diesen Fällen die Finanz- und Produktpolitik der dafür zuständigen Vorstandsmitglieder zu begleiten. Der dazu erforderliche hohe sachliche und zeitliche Aufwand kann in der Regel nur von Einzelnen aufgebracht werden,[100] so dass die Einsetzung eines oder mehrerer Ausschüsse (Investitionsausschuss, Finanzausschuss) angeraten ist. Demgegenüber scheint der Vorschlag, jedes Vorstandsressort in einen eigenen Ausschuss abzubilden,[101] etwas überzogen zu sein.

3. Anzahl der Ausschüsse

980 Der Kodex gibt keine Empfehlung, eine bestimmte Anzahl von Ausschüssen zu bilden. Hierbei kommt es allein auf die individuelle Situation der einzelnen Aufsichtsräte an.

981 Bei mitbestimmten Gesellschaften kann sich – neben dem gesetzlichen Ausschuss nach § 27 Abs. 3 MitbestG – die Bildung folgender Ausschüsse anbieten:
– ein Präsidium zur Vorbereitung von Aufsichtsratssitzungen und zur Entscheidung in Eilfällen,
– ein Personalausschuss für die Behandlung der Vorstandsangelegenheiten einschließlich der langfristigen Nachfolgeplanung,
– ein Prüfungsausschuss gemäß Ziffer 5.3.2,
– ein Ausschuss für Strategie, Finanzen und Investitionen,[102]
– ein Nominierungsausschuss für die Suche nach neuen Aufsichtsratsmitgliedern.

4. Besetzung der Ausschüsse

982 Die Besetzung der Ausschüsse soll unter Berücksichtigung der spezifischen fachlichen Qualifikation der einzelnen Aufsichtsratsmitglieder erfolgen. Der Kodex empfiehlt nicht die paritätische Besetzung für Ausschüsse mitbestimmter Aufsichtsräte, schließt sie aber auch nicht aus.

5. Größe der Ausschüsse

983 Bei der Größe der Ausschüsse müssen die Grundsätze der Arbeitsökonomie beachtet werden. Ausschüsse mit mehr als 8 Personen dürften daher eher selten sein.

---

[100] S. hierzu *Lutter*, ZGR 2001, 224, 229.
[101] AKEIÜ, DB 2006, 1625, 1627 f.
[102] S. etwa die Empfehlungen von *Lutter*, ZGR 2001, 224, 229.

Die Größe der Ausschüsse, ihre personelle Besetzung sowie die Zusammenarbeit zwischen Ausschuss und Plenum sind Erfolgsfaktoren für eine effiziente Aufsichtsratsarbeit. Daher sind diese Themen besonders geeignet, im Rahmen der **Effizienzprüfung** nach Ziffer 5.6 kritisch untersucht zu werden.

6. Berichterstattung über die Ausschussarbeit

Satz 3 weist auf die gesetzliche Pflicht des Ausschussvorsitzenden hin, im Gesamtaufsichtsrat über die Arbeit des Ausschusses zu berichten (§ 107 Abs. 3 AktG). Der Ausschussvorsitzende kann den Bericht nach seiner Wahl mündlich oder schriftlich erstatten. Der Bericht muss den Aufsichtsratsmitgliedern weder in Textform noch rechtzeitig vor einer Aufsichtsratssitzung zugänglich gemacht werden. Die entsprechende Regelung in § 90 Abs. 5 AktG gilt nur für die Vorstandsberichte nach § 90 AktG und nicht für die Berichte aus den Ausschusssitzungen nach § 107 Abs. 3 AktG. Der Bericht kann kurz gefasst und auf das Wesentliche konzentriert werden. Bericht wird in der Regel über die im Ausschuss behandelten Themen (Tagesordnungspunkte) sowie über die erzielten Ergebnisse. Eine Wiedergabe der in der Diskussion vorgebrachten Argumente ist nicht erforderlich. Im Einzelfall kann es sich anbieten, die Ergebnisse einer Ausschusssitzung auch in den Vorgesprächen gemäß Ziffer 3.6 Abs. 1 zu behandeln.

5.3.2 Der Aufsichtsrat soll einen Prüfungsausschuss (Audit Committee) einrichten, der sich insbesondere mit Fragen der Rechnungslegung, des Risikomanagements und der Compliance, der erforderlichen Unabhängigkeit des Abschlussprüfers, der Erteilung des Prüfungsauftrags an den Abschlussprüfer, der Bestimmung von Prüfungsschwerpunkten und der Honorarvereinbarung befasst. Der Vorsitzende des Prüfungsausschusses soll über besondere Kenntnisse und Erfahrungen in der Anwendung von Rechnungslegungsgrundsätzen und internen Kontrollverfahren verfügen. Er sollte kein ehemaliges Vorstandsmitglied der Gesellschaft sein.

VII. Prüfungsausschuss

Der Kodex empfiehlt zur Steigerung der Arbeitseffizienz des Aufsichtsrats einen fachlich qualifizierten Ausschuss zu bilden, der sich insbesondere mit der Rechnungslegung der Gesellschaft und der Abschlussprüfung befasst.[103] Darüber hinaus stärkt die Einrichtung eines Prüfungsausschusses das Vertrauen der Investoren und der Öffentlichkeit in die Rechnungslegung der Unternehmen. Auch die EU-Kommission hat in ihrer Empfehlung vom 15. Februar 2005[104] die Bildung von Prüfungsausschüssen vorgeschlagen. Daran anknüpfend sieht nunmehr Art. 41 der so genannten EU-Abschlussprüferrichtlinie[105] die verbindliche Einrichtung von Prüfungsausschüssen in den Aufsichtsräten vor. Die EU-Richtlinie sieht z. B. vor, dass der Prüfungsausschuss auch die Wirksamkeit des internen Kontrollsystems, gegebenenfalls des internen Revisionssystems und Risikomanagementsystems des Unternehmens überwacht. Darüber hinaus wird u. a. festgelegt, dass mindestens ein Mitglied des Prüfungsausschusses unabhängig und über Sachverstand in Rechnungslegung und/oder Abschlussprüfung

---

[103] Ausführlich zu den Prüfungsausschüssen und ihren Aufgaben *Pfitzer/Oser/Orth*, DCGK, 169 ff.
[104] Empfehlung zu den Aufgaben von nicht geschäftsführenden Direktoren/Aufsichtsratsmitgliedern börsennotierter Gesellschaften sowie zu den Ausschüssen des Verwaltungs-/Aufsichtsrats vom 15. 2. 2005, ABl. EG Nr. L 52/51.
[105] Richtlinie 2006/43/EG, ABl. EG Nr. L 157 vom 9. 6. 2006 und dazu näher Rn. 1347.

verfügen muss. Die Richtlinie muss bis zum 26. Juni 2008 in nationales Recht umgesetzt sein. Die Rolle des Kodex in diesem Zusammenhang wird von der Kommission zu diskutieren sein.

1. Zielsetzung

987 Der Prüfungsausschuss soll das **Aufsichtsratsplenum** im Rahmen der Abschlussprüfung **entlasten**, da diese Aufgabe nach § 171 AktG umfangreich ist und zeitnah erledigt werden muss.[106] Das gilt umso mehr, als der Kodex in Ziffer 7.1.2 empfiehlt, den Konzernabschluss binnen 90 Tagen nach Geschäftsjahresende öffentlich zugänglich zu machen (fast close). Durch die beschleunigte Prüfung des Konzernabschlusses soll aber kein Qualitätsverlust in der Jahresabschlussprüfung durch den Aufsichtsrat eintreten. Dem kann durch Bildung eines Prüfungsausschusses entgegengewirkt werden. Der Ausschuss hat die Möglichkeit, intensiv, kontinuierlich und zeitnah Fragen der Rechnungslegung der Gesellschaft zu behandeln.[107]

988 Nach den aktienrechtlichen Regeln kann die Prüfung von Jahresabschluss und Konzernabschluss sowie der Lageberichte nicht auf einen Ausschuss zur Erledigung anstelle des Plenums übertragen werden (§ 107 Abs. 3 Satz 2 AktG). Hierzu ist zwingend der Gesamtaufsichtsrat zuständig. Der Prüfungsausschuss wird insoweit vorbereitend tätig. Zu den vorbereitenden Tätigkeiten gehört die Erarbeitung von Beschlussempfehlungen für den Gesamtaufsichtsrat. An den Sitzungen des Prüfungsausschusses sollten der Vorstandsvorsitzende und der Finanzvorstand als Auskunftspersonen teilnehmen.[108] Über die Ergebnisse der Arbeit des Prüfungsausschusses berichtet der Vorsitzende an den Gesamtaufsichtsrat.[109] Die Berichterstattung erfolgt in der Regel mündlich im Rahmen der nächsten Plenarsitzung des Aufsichtsrats.

989 Die Empfehlung zur Bildung eines Prüfungsausschusses gilt nicht uneingeschränkt für alle börsennotierten Gesellschaften, sondern nur in Abhängigkeit von den spezifischen Gegebenheiten des jeweiligen Unternehmens und der Anzahl der Aufsichtsratsmitglieder.[110] Bei **kleinen Aufsichtsräten** mit drei bis sechs Mitgliedern entspricht die Einrichtung eines Prüfungsausschusses nicht den Best Practice Standards.[111] Der Verzicht auf den Prüfungsausschuss bedarf in diesen Fällen nicht der Erklärung nach § 161 AktG.

990 Die Kodexempfehlung zur Bildung eines Prüfungsausschusses wird derzeit von 100% der DAX-Gesellschaften beachtet. Bezieht man die **Umsetzungsquote** auf alle börsennotierten Gesellschaften, beträgt sie immerhin noch rund 62,8 %.[112] Die verbleibenden, mit der Umsetzung der Kodexempfehlung zur Bildung des Prüfungsausschusses noch zögernden Gesellschaften sind z. B. der Auffassung, dass Fragen der Rechnungslegung und des Risikomanagements sowie die Erteilung des Prüfungsauftrags wesentliche Aufgaben des Plenums seien und dass ein qualitativer und produktiver Meinungsaustausch über Rechnungslegungsthemen auch im Plenum gewährleistet sei.[113] In diesem Zusammenhang kann nicht oft genug betont werden, dass sich Einrichtung von Prüfungsausschüssen in größeren Aufsichtsräten unter Effizienzgesichtspunkten sehr bewährt hat. Für diejenigen Gesellschaften, die in allen Rech-

---

[106] Erste Erfahrungen aus der Praxis unterstreichen die positive Wirkung von Prüfungsausschüssen, s. *Baumann*, FAZ vom 3. 8. 2002.

[107] S. *Baums*, Bericht, Rn. 313, dort auch zu etwaigen Nachteilen der Bildung eines Prüfungsausschusses für die Aufsichtsratsarbeit.

[108] Zur Teilnahme des Abschlussprüfers s. Rn. 1371.

[109] S. Ziffer 5.3.1 Satz 3 und *Baums*, Bericht, Rn. 315.

[110] S. Ziffer 5.3.1, die auch im Rahmen der Ziffer 5.3.2 zur Anwendung kommt.

[111] Ebenso z. B. *Austmann* in Henze/Hoffmann-Becking, Gesellschaftsrecht 2003, 407, 430; zweifelnd *Hopt/Roth* in GroßKomm.AktG, § 107, Rn. 485.

[112] *v. Werder/Talaulicar*, DB 2007, 869, 871.

[113] Vgl. *Towers Perrin*, Corporate Governance Report 2004, S. 7.

nungslegungsfragen die größere Verantwortung beim Plenum des Aufsichtsrats belassen wollen, mag die Einrichtung eines Prüfungsausschusses mit ausschließlich vorbereitenden Aufgabenstellungen[114] eine angemessene Lösung sein.

2. Abgrenzung zum „Audit Committee"

Der Prüfungsausschuss darf nicht mit dem „Audit Committee" angloamerikanischer Prägung verwechselt werden.[115] In diesen Ländern sind die Funktionen von Vorstand und Aufsichtsrat bei der Unternehmensführung in einem einheitlichen Leitungsorgan (Board of Directors) zusammengefasst.[116] Das Audit Committee ist ein ständiger Ausschuss des Board of Directors. Die Aufgaben des Audit Committees sind systembedingt weiter gefasst als die eines Prüfungsausschusses deutscher Prägung, weil es im Board of Directors die strikte Trennung von Geschäftsführung und Überwachung nicht gibt. So können z. B. die Mitglieder des Audit Committees die interne Revision unmittelbar ansprechen oder auf Controllingsysteme und Risikofrüherkennungsinstrumente unmittelbar zugreifen. Beim dualen Führungssystem der deutschen Aktiengesellschaft werden Jahresabschluss und Konzernabschluss vom Vorstand aufgestellt und vom Aufsichtsrat geprüft. Die Entwicklung effizienter Controlling- und Revisionsfunktionen im Unternehmen ist spezifische Geschäftsführungsaufgabe, die dem Vorstand zugewiesen ist. Diese gesetzlich vorgegebene Aufgabenteilung spiegelt sich dann in dem deutlich eingegrenzteren Aufgabenbereich eines Prüfungsausschusses nach Ziffer 5.3.2 des Kodex wider. Dem Text der Empfehlung lässt sich nicht entnehmen, dass die Kommission die Ausweitung der Funktion des Prüfungsausschusses zu einem Audit Committee nach angloamerikanischem Vorbild empfiehlt. Mit dem Klammerzusatz („audit committee") wird lediglich dem auch in Deutschland verbreiteten Sprachgebrauch Rechnung getragen.

3. Aufgaben

Zu den Aufgaben des Prüfungsausschusses gehören die in Ziffer 5.3.2 Satz 1 aufgeführten Themen.[117] Ein Prüfungsausschuss, zu dessen Aufgabengebiet dieser Themenkatalog gehört, erfüllt bereits die Anforderungen des Kodex. **Fragen der Rechnungslegung** (Jahresabschluss, Konzernabschluss, Lageberichte) und des Risikomanagements, also des Risikoüberwachungssystems nach § 91 Abs. 2 AktG, sind Kernaufgaben eines jeden Prüfungsausschusses.[118] Hinzu kommt die Prüfung der erforderlichen Unabhängigkeit des Abschlussprüfers.[119] Der Abschlussprüfer erhält seinen Prüfungsauftrag direkt vom Aufsichtsrat (§ 111 Abs. 2 Satz 3 AktG). Gegenstand des Prüfungsauftrags ist auch die Bestimmung von (weiteren) Prüfungsschwerpunkten durch den Aufsichtsrat (z. B. Risikofrüherkennungssystem, Einsatz von Derivaten etc.).

Die im Kodex beispielhaft aufgeführten Aufgaben des Prüfungsausschusses sind durch die Kommission[120] um das Thema Compliance erweitert worden. Soweit Compliance Themen in die Zuständigkeit des Aufsichtsrats fallen,[121] soll die Zuständigkeit beim Prüfungsausschuss liegen. Dies bietet sich aufgrund der Sachnähe zum Thema

---

[114] S. Ziffer 5.3.5.
[115] S. dazu *Baums*, Bericht, Rn. 312.
[116] S. dazu Präambel Rn. 93.
[117] Zu den Aufgaben des Prüfungsausschusses ist der von *Pohle/v. Werder* entwickelte Leitfaden „Best Practice" von Bilanzprüfungsausschüssen in DB 2005, 237 sehr instruktiv.
[118] Zu den Aufgaben des Prüfungsausschusses in der Praxis ausführlich *Baumann* in Cromme, Corporate Governance Report 2004.
[119] Zur Unabhängigkeit des Abschlussprüfers s. Rn. 1340 ff.
[120] Beschluss der Plenarsitzung am 14. 6. 2007.
[121] S. hierzu die Kommentierung zu Ziff. 3.4 Abs. 2.

Risikomanagement an und entspricht der Praxis vieler großer börsennotierter Gesellschaften. Aufgabe des Prüfungsausschusses ist es in diesem Zusammenhang, sich das vom Vorstand eingeführte Compliance Programm vorstellen zu lassen und zu beurteilen, ob es den rechtlichen Anforderungen und der Risikolage der Gesellschaft genügt.[122] Eine Befassung mit Einzelheiten des Compliance Programms oder mit bestimmten Compliance Vorfällen wird in der Regel nicht erforderlich sein. Allerdings muss der Prüfungsausschuss bei Vorliegen gravierender Verstöße oder Verdachtsmomente seine Überwachungstätigkeit intensivieren und sich vom Vorstand berichten lassen, welche Maßnahmen bereits ergriffen oder geplant sind. Gegebenenfalls kann der Prüfungsausschuss auch eigene Ermittlungsmaßnahmen ergreifen.[123]

993 Dem Aufsichtsrat steht es nach dem Kodex frei, dem Prüfungsausschuss **weitere Rechnungslegungsthemen** zur Behandlung zuzuweisen. Hier ist z. B. an die Auswahl der Wirtschaftprüfungsgesellschaft zu denken, die der Aufsichtsrat der Hauptversammlung zur Wahl als Abschlussprüfer vorschlägt. Hierzu kann der Prüfungsausschuss Empfehlungen an den Gesamtaufsichtsrat erarbeiten.[124] Eine enge Einbindung in die Auswahl des Abschlussprüfers erleichtert es dem Prüfungsausschuss, seine Aufgabe, insbesondere die Unabhängigkeit des Abschlussprüfers, zu erfüllen.[125] Denkbar ist auch, dass die Mitglieder des Prüfungsausschusses noch vor der endgültigen Fertigstellung des Prüfungsberichts den Berichtsentwurf und Entwürfe des Jahres- und Konzernabschlusses sowie der Lageberichte erhalten.[126] Eine entsprechende Empfehlung oder Anregung enthält der Kodex allerdings nicht.

994 Die Aufgaben und Zuständigkeiten des Prüfungsausschusses können in einer besonderen **Geschäftsordnung für den Prüfungssauschuss** festgelegt werden, die in der Regel der Gesamtaufsichtsrats erlässt. Von dieser Möglichkeit wird bei größeren Unternehmen zunehmend Gebrauch gemacht.[127]

4. Besetzung

995 Zur Besetzung des Prüfungsausschusses enthält der Kodex in Satz 2 die Anregung, kein ehemaliges Vorstandsmitglied der Gesellschaft solle den **Vorsitz** im Prüfungsausschuss übernehmen. Weitere Anforderungen an die Unabhängigkeit des Vorsitzenden stellt der Kodex nicht.[128] Die Anregung dient der Stärkung der Unabhängigkeit des Prüfungsausschusses gegenüber dem Vorstand. Andererseits können auch gewichtige sachliche Gründe dafür sprechen, ein ehemaliges Vorstandsmitglied, z. B. den bisherigen Finanzvorstand, mit der Leitung des Prüfungsausschusses zu beauftragen, da er in der Regel über die größte Sachkenntnis verfügt und auch mit den Interna des Unternehmens vertraut ist. Grundsätzliche Bedenken gegen eine Bestellung ergeben sich allenfalls dann, wenn ein Zeitraum Gegenstand der Prüfung ist, in dem das ehemalige Vorstandsmitglied selbst noch Mitglied des Vorstands war (Identität von Prüfendem und Geprüftem). Vor diesem Hintergrund erscheint es eher fraglich, ob die bisherige Anregung des Satz 2 zu einer „Empfehlung" hochgestuft werden kann.[129] Auch der

---

[122] S. dazu *Cromme* in Cromme, Corporate Governance Report 2007 (erscheint demnächst).
[123] S. *Cromme* in Cromme, Corporate Governance Report 2007 (erscheint demnächst).
[124] Vgl. *Baums*, Bericht, Rn. 316.
[125] In diesem Sinne auch *Baetge/Lutter*, Abschlussprüfung und Corporate Governance, 3.
[126] Näher *Baums*, Bericht, Rn. 318.
[127] *Baumann* in Cromme, Corporate Governance Report 2004.
[128] Hier kann es zu Konflikten mit der so genannten EU-Abschlussprüferrichtlinie (2006/43/EG) vom 9. 6. 2006 kommen, nach deren Art. 41 Abs. 1 mindestens ein Mitglied des Prüfungsausschusses unabhängig sein und über Sachverstand in Rechnungslegung und/oder Abschlussprüfung verfügen muss.
[129] A. A. *Baetge/Lutter*, Abschlussprüfung und Corporate Governance, 5, die eine Heraufstufung der Anregung zu einer Empfehlung vorgeschlagen haben, damit gewährleistet sei, dass an der Unabhängigkeit des Vorsitzenden nicht die geringsten Zweifel bestehen können.

Aufsichtsratsvorsitzende sollte nach den Vorstellungen des Kodex nicht den Vorsitz in Prüfungsausschuss innehaben.[130] Ihre sachliche Rechtfertigung findet diese Anregung insbesondere in der außerordentlichen Arbeitsbelastung des Aufsichtsratsvorsitzenden, die mit einer Kombination der Aufgaben Aufsichtsratsvorsitz und Vorsitz im Prüfungsausschuss verbunden wäre.

Im Einzelfall können aber auch gute Gründe dafür sprechen, den Aufsichtsratsvorsitzenden auch mit dem Vorsitz im Prüfungsausschuss zu betrauen, insbesondere dann, wenn es sich um kleinere Aufsichtsräte handelt. **996**

Die Größe der Prüfungsausschüsse variiert in der Praxis. Ausschüsse mit drei bis sechs Personen überwiegen.[131] Auch die Berücksichtigung von Arbeitnehmervertretern wird unterschiedlich gehandhabt. Bei einer Erhebung aus dem Jahre 2004 gaben 60 % der DAX-Unternehmen an, ihr Prüfungsausschuss sei paritätisch mit Arbeitnehmervertretern besetzt.[132] **997**

Der Kodex enthält keine Empfehlung oder Anregung, bei mitbestimmten Gesellschaften den Prüfungsausschuss paritätisch aus Anteilseigner- und Arbeitnehmervertretern zu besetzen. Bei ausreichender fachlicher Qualifikation kommen auch Arbeitnehmervertreter, insbesondere der Vertreter der leitenden Angestellten zur Wahl in den Prüfungsausschuss in Betracht. Allerdings wird angesichts der gestiegenen Kompetenzanforderungen an die Mitglieder des Prüfungsausschusses eine Besetzung nur mit Anteilseignervertretern in vielen Fällen allein sachgemäß sein. **998**

An den Sitzungen des Prüfungsausschusses nehmen in der Regel der Vorstandsvorsitzende und der Finanzvorstand teil. Bei großen Gesellschaften tagt der Prüfungsausschuss vier bis fünf Mal im Jahr. Die durchschnittliche Sitzungsdauer beträgt etwa drei Stunden. **999**

Für die in den USA insbesondere an der New York Stock Exchange notierten deutschen Unternehmen werden besondere Anforderungen an die fachliche Qualifikation und an die Unabhängigkeit des Prüfungsausschusses gestellt.[133] **1000**

In der EU-Empfehlung zu den Aufgaben nicht geschäftsführender Direktoren/Aufsichtsratsmitglieder sowie zu den Ausschüssen des Verwaltungs-/Aufsichtsrats erlassen. In dieser Empfehlung wird die Aufgabe und die Arbeitsweise des Prüfungsausschusses angesprochen und eine Besetzung des Prüfungsausschusses mit mehrheitlich unabhängigen Aufsichtsratsmitgliedern angeregt.[134] **1001**

5. Fachliche Qualifikation der Ausschussmitglieder

Die **gesetzlichen Regeln** enthalten keine ausdrücklichen Anforderungen an die fachliche Qualifikation für die Mitgliedschaft im Prüfungsausschuss.[135] In Anlehnung an die Rechtsprechung[136] wird man aber sagen können, dass zumindest diejenigen Mindestkenntnisse und -fähigkeiten vorhanden sein müssen, um die Aufgaben, die der Aufsichtsrat dem Prüfungsausschuss zugewiesen hat, auch ohne fremde Hilfe ver- **1002**

---

[130] S. Ziffer 5.2 Abs. 2 Satz 2.
[131] *Peemöller/Warncke*, DB 2005, 401, *Pohle/v. Werder*, DB 2005, 237, 238; vier bis fünf Mitglieder werden empfohlen; s. auch *Lutter* ZGR 2001, 224, 229.
[132] *Peemöller/Warncke*, DB 2005, 401, 402.
[133] Dazu *Schäfer*, ZGR 2004, 416, 418 ff.; *Altmeppen*, ZGR 2004, 390, 393 ff., zusammenfassende Darstellung des Sarbanes Oxley Act bei *Peltzer*, Deutsche Corporate Governance, Rn. 413 ff., zu den daraus resultierenden Ausstrahlungswirkungen auf „nur" in Deutschland notierte Unternehmen *Baumann*s in Cromme, Corporate Governance Report 2004.
[134] S. Anhang I Ausschüsse des Verwaltungs-/Aufsichtsrats unter Ziffer 4.1.
[135] *Baumann* in Cromme, Corporate Governance Report 2004; s. *Pohle/v. Werder*, DB 2005, 237, 238; Beispiel für eine Geschäftsordnung für den Prüfungsausschuss: http://www.thyssenkrupp.com/documents/GOAR_audit_d.pdf.
[136] Vgl. BGHZ 85, 293, 295 f.

stehen und sachgerecht beurteilen zu können.[137] Ob es ausreicht, dass ein Aufsichtsratsmitglied diese Mindestkenntnisse im Einzelfall im Rahmen der Ausschussarbeit kurzfristig erwirbt,[138] oder ob es erforderlich ist, dass diese Kenntnisse bei jedem Ausschussmitglied von Anfang an vorhanden sind, kann davon abhängen, ob im Übrigen ein oder mehrere besonders sachkundige Ausschussmitglieder vorhanden sind. Denn wie schon der gesamte Aufsichtsrat, so muss auch der Prüfungsausschuss seine Aufgabe als „Team" erfüllen.

1003 Die Beurteilung der fachlichen Qualifikationen der (potenziellen) Ausschussmitglieder ist Aufgabe des (Gesamt)Aufsichtsrats, der aus seiner Mitte die Mitglieder des Prüfungsausschusses wählt. Achtet er nicht in ausreichendem Maße auf die fachliche Qualifikation der Ausschussmitglieder, können daraus Schadensersatzverpflichtungen aller Mitglieder des Aufsichtsrats entstehen (§§ 116, 93 AktG, „Auswahlverschulden"). Ein Aufsichtsratsmitglied, das die Wahl in den Prüfungsausschuss ohne die erforderliche fachliche Qualifikation annimmt, setzt sich unter dem Gesichtspunkt des „Übernahmeverschuldens" einem zusätzlichen Haftungsrisiko aus. Angesichts der gestiegenen Bedeutung des Prüfungsausschusses für die Aufsichtsratsarbeit ist bei der Besetzung des Prüfungsausschusses besondere Sorgfalt geboten.

1004 Der Kodex geht über die gesetzlichen Mindestanforderungen hinaus, indem er in Ziffer 5.3.1 die Bildung „fachlich qualifizierter Ausschüsse" empfiehlt, zu denen nicht zuletzt der Prüfungsausschuss gehört. Der Prüfungsausschuss sollte sich idealtypischerweise aus einer kleinen Zahl besonders fähiger und erfahrener Kenner der (internationalen) Rechnungslegungsregeln und der Rechnungslegungspraxis und möglichst auch der einschlägigen Branche zusammensetzen. Die Praxis hat zudem gezeigt, dass gerade bei großen Unternehmen die Mitglieder des Prüfungsausschusses in der Lage sein müssen, sich kurzfristig durch eine große Zahl von in Zahlen ausgedrückten Lebenssachverhalten zu arbeiten, sie zu verstehen und die angemessenen Schlüsse daraus zu ziehen.[139] Hierfür dürften die Mindestanforderungen an die fachliche Qualifikation kaum ausreichend sein.

6. Fachliche Qualifikation des Ausschussvorsitzenden

1005 In Anbetracht der zentralen Bedeutung des Prüfungsausschusses für die Prüfung des Jahresabschlusses und der Zwischenberichte betont der Kodex mit einer Anregung die besonderen Anforderungen an die fachliche Qualifikation des Ausschussvorsitzenden. Er muss aufgrund seiner Kenntnisse und Qualifikationen in der Lage sein sämtliche dem Prüfungsausschuss zugewiesenen Aufgaben „in Augenhöhe" mit dem Finanzvorstand und dem Abschlussprüfer behandeln zu können.[140] Als Anhaltspunkte für das Vorliegen der besonderen fachlichen Qualifikation können die Anforderungen des Sarbanes Oxley Act an den so genannten „financial expert",[141] eine nicht nur vorübergehende Tätigkeit als Finanzvorstand, als Leiter des Rechnungswesens, der Revision oder als Wirtschaftsprüfer sowie die Erfüllung der Qualifikation des „Rechnungs-

---

[137] So wohl auch *Altmeppen*, ZGR 2004, 390, 409.
[138] Zweifelnd *Altmeppen*, ZGR 2004, 390, 398.
[139] S. *Baumann* in Cromme, Corporate Governance Report 2004.
[140] *Vetter*, BB 2005, 1689 f. Ähnlich *Altmeppen*, ZGR 2004, 390, 410, der eine gesetzliche Verpflichtung bei börsennotierten Gesellschaften zur Wahl eines „financial expert" im Sinne des Sarbanes Oxley Act in den Prüfungsausschuss annimmt.
[141] Sec. 407, wonach fünf Voraussetzungen erfüllt sein müssen: Das Verständnis der Buchhaltungsgrundsätze und Unternehmensabschlüsse, die Fähigkeit die Anwendung dieser Grundsätze mit der Erstellung, Prüfung, Analyse oder Beurteilung von Unternehmensabschlüssen, die den Abschlüssen des betreffenden Unternehmens vergleichbar sind, das Verständnis des unternehmensinternen Finanzcontrollings sowie das Verständnis der Aufgaben und Funktionen eines Audit Committees; näher *Baumann* in Cromme, Corporate Governance Report 2004 und *Cromme* in Cromme, Corporate Governance Report 2005, 23, 29.

legers" im Sinne von § 342 HGB,[142] herangezogen werden.[143] Auch der langjährige Vorsitze oder die langjährige Mitgliedschaft in Prüfungsausschüssen anderer Unternehmen kann die Qualifikationserfordernisse des Kodex erfüllen. Die Beurteilung der fachlichen Qualifikation des Ausschussvorsitzenden gehört zu den Aufgaben des Aufsichtsrats. Die genannten Anhaltspunkte können ihm dabei eine Hilfestellung geben.

5.3.3 Der Aufsichtsrat soll einen Nominierungsausschuss bilden, der ausschließlich mit Vertretern der Anteilseigner besetzt ist und dem Aufsichtsrat für dessen Wahlvorschläge an die Hauptversammlung geeignete Kandidaten vorschlägt.

VIII. Nominierungsausschuss

Die Kodexempfehlung zur Bildung eines Nominierungsausschusses ist durch Beschluss der Regierungskommission vom 14. Juni 2007 neu in den Kodex aufgenommen worden. Nach Bekanntmachung der neuen Kodexempfehlung im elektronischen Bundesanzeiger am 20. Juli 2007 haben sich alle nachfolgenden Entsprechenserklärungen nach § 161 AktG auch auf die Einhaltung dieser neuen Kodexempfehlung zu beziehen.[144]

1. Aufgaben

Aufgabe des Nominierungsausschusses ist, die Beschlussfassung des Aufsichtsrats zu den Wahlvorschlägen für Anteilseignervertreter[145] vorzubereiten. Durch die Einrichtung des Ausschusses soll gewährleistet werden, dass der Aufsichtsrat seine Aufgabe zur Auswahl neuer Aufsichtsratsmitglieder qualifiziert erfüllen kann und dass die Transparenz des Entscheidungsprozesses im Aufsichtsrat zunimmt. Die Auswahl neuer Vorstandsmitglieder ist dem Ausschuss nicht zugewiesen.[146] Die Einrichtung eines Nominierungsausschusses entspricht internationaler Praxis und wird auch von der EU-Kommission empfohlen.[147] Die Bildung von Nominierungsausschüssen entspricht allerdings nicht der aktuellen Praxis der meisten deutschen börsennotierten Unternehmen.

Zu den Aufgaben des Nominierungsausschusses gehört es insbesondere, ein klares Anforderungsprofil für die Anteilseignervertreter im Aufsichtsrat unter Berücksichtigung der spezifischen Situation des Unternehmens zu erarbeiten und dieses Anforderungsprofil bei Veränderungen in der Unternehmensstruktur zu überprüfen und ggfs. anzupassen. Anhand dieses Qualifikationsprofils kann der Ausschuss systematisch nach geeigneten Kandidaten suchen oder – im Falle einer anstehenden Wiederbestellung eines Aufsichtsratsmitglieds – die Qualifikation des zur Wiederwahl anstehenden Aufsichtsratsmitglieds überprüfen.

Zu den Aufgaben des Nominierungsausschusses gehört es auch, kontinuierlich und gezielt das nationale und internationale Umfeld darauf hin zu beobachten, welche Per-

---

[142] Dazu *Altmeppen*, ZGR 2004, 390, 412.
[143] *Pfister/Oser/Orth*, DCGK, 174.
[144] S. Rn. 1581.
[145] S. § 124 Abs. 3.5.1 AktG.
[146] Dazu Kodex Ziffer 5.1.2 Abs. 1 S. 3 und näher bei Rn. 9.4.1 ff.
[147] Empfehlung der EU-Kommission vom 15. 2. 2005 zu den Aufgaben von nicht geschäftsführenden Direktoren/Aufsichtsratsmitgliedern/börsennotierter Gesellschaften sowie zu den Ausschüssen des Verwaltungs-/Aufsichtsrats, Abschnitt II, Ziff. 5.,6.1 und Anhang I 2, veröffentlicht im Amtsblatt der Europäischen Union, L 52/51 vom 25. 2. 2005.

sönlichkeiten als Anteilseignervertreter überhaupt zur Verfügung stehen.[148] Im Rahmen seiner Aufgabenwahrnehmung kann sich der Nominierungsausschuss auch der Hilfe externer Experten (Personalberatungsunternehmen) bedienen, die von ihm beauftragt werden. Der Kodex lässt offen, ob der Nominierungsausschuss dem Aufsichtsrat nur einen Vorschlag zur Besetzung einer vakanten Anteilseignerposition unterbreitet[149] oder ob auch personelle Alternativen vorgestellt werden sollen, so dass dem Aufsichtsrat für seinen Wahlvorschlag an die Hauptversammlung eine echte Auswahl unter mehreren Kandidaten ermöglicht wird.

2. Ausschussbildung und Besetzung

1005c   Damit der Nominierungsausschuss seine Aufgaben erfüllen kann, muss es sich um einen echten Ausschuss des Aufsichtsrats handeln.[150] Die Einrichtung einer informellen Arbeitsgruppe, bestehend z. B. aus dem Aufsichtsratsvorsitzenden, ausgewählten Anteilseignervertretern und dem Vorstandsvorsitzenden, reicht zur Erfüllung der Kodexempfehlung nicht aus. Der Nominierungsausschuss wird durch Beschluss des Aufsichtsrats gebildet und mit seiner Aufgabenbeschreibung in der Geschäftsordnung des Aufsichtsrats verankert. Bei mitbestimmten Gesellschaften entscheidet der Gesamtaufsichtsrat (Anteilseigner- und Arbeitnehmervertreter) über die Bildung des Ausschusses.

1005d   Der Kodex empfiehlt eine Besetzung des Nominierungsausschusses ausschließlich mit Anteilseignervertretern, da diese auch in mitbestimmten Gesellschaften alleine über den Wahlvorschlag an die Hauptversammlung entscheiden.[151] Eine Besetzung des Ausschusses nur oder mehrheitlich mit unabhängigen Aufsichtsratsmitgliedern wird vom Kodex nicht gefordert.[152] Auch die Anzahl der Mitglieder des Nominierungsausschusses wird vom Kodex nicht vorgegeben. Idealerweise könnte der Ausschuss drei bis vier Mitglieder haben,[153] es ist aber auch möglich, in angezeigten Fällen die gesamte Anteilseignerbank in einen Nominierungsausschuss zu wählen.

Die Besetzungsentscheidung trifft der Aufsichtsrat, wobei in mitbestimmten Aufsichtsräten analog § 124 Abs. 3 AktG nur die Anteilseignervertreter stimmberechtigt sind.

Die Ausschusstätigkeit soll vergütet werden.[154] Sofern keine regelmäßigen Sitzungen des Nominierungsausschusses erforderlich sind, kann sich die Vergütung auch auf Sitzungsgeld beschränken.

5.3.4 Der Aufsichtsrat kann weitere Sachthemen zur Behandlung in einen oder mehrere Ausschüsse verweisen. Hierzu gehören u. a. die Strategie des Unternehmens, die Vergütung der Vorstandsmitglieder, Investitionen und Finanzierungen.

IX. Weitere Ausschüsse

1006   Der Kodex enthält in **Satz 1** die Anregung, neben den Themen, die einem Personalausschuss[155] oder dem Prüfungsausschuss[156] zugewiesen sind, weitere Themen in Aus-

---

[148] v. Werder/Wieczorek, DB 2007, 297, 302 und 303.
[149] Dafür etwa v. Werder/Wieczorek, DB 2007, 297, 303.
[150] § 107 Abs. 3 AktG.
[151] S. § 124 Abs. 3 Satz 4 AktG.
[152] Es gelten die allgemeinen in Kodex Ziffer 5.4.1 niedergelegten Grundsätze.
[153] S. v. Werder/Wieczorek, DB 2007, 297, 303.
[154] S. Kodex Ziffer 5.4.7 Abs. 1.
[155] S. Ziffer 5.1.2.
[156] S. Ziffer 5.3.2.

schüssen zu behandeln. Das bedeutet nicht notwendigerweise, dass weitere Ausschüsse gebildet werden müssen. Vorstellbar ist auch, in Abhängigkeit von den spezifischen Gegebenheiten des Unternehmens und der Anzahl der Aufsichtsratsmitglieder, die Aufgabengebiete bestehender Ausschüsse zu erweitern.

Satz 2 enthält Vorschläge zu weiteren Themengebieten, die in vorbereitenden oder beschließenden Ausschüssen des Aufsichtsrats behandelt werden können. Die Aushandlung der **Vergütung der Vorstandsmitglieder** gehört traditionell zu den Aufgaben des mit Personalangelegenheiten befassten Ausschusses, soweit sich nicht das Plenum die Behandlung auch der Vergütungsfrage vorbehalten hat. In der Praxis ist zu beobachten, dass eine ganze Reihe von Unternehmen die Aufgabenstellung für den Prüfungsausschuss um die Themen **Investitionen** und **Finanzierungen** erweitert. 1007

Das Thema **Strategie des Unternehmens** sollte nicht im Prüfungsausschuss behandelt werden, um dem Aufsichtsratsvorsitzenden bei dieser zentralen Aufgabe die Leitung des Ausschusses mit dem Themengebiet Strategie zu ermöglichen.[157] 1008

5.3.5 Der Aufsichtsrat kann vorsehen, dass Ausschüsse die Sitzungen des Aufsichtsrats vorbereiten und darüber hinaus auch anstelle des Aufsichtsrats entscheiden.

X. Aufgaben der Ausschüsse

Mit dieser Kodexbestimmung werden die beiden grundsätzlich bestehenden Optionen für die Aufgabenstellung eines Ausschusses beschrieben: Der Ausschuss kann entweder Entscheidungen des Gesamtaufsichtsrats vorbereiten oder Angelegenheiten des Aufsichtsrats anstelle des Plenums abschließend behandeln. Nach der Zielsetzung des Kodex war eine genaue Wiedergabe der juristischen Grenzen der Delegation von Entscheidungsbefugnissen nicht erforderlich. 1009

Das Aktiengesetz bestimmt in § 107 Abs. 3 Satz 2 AktG, dass bestimmte enumerativ aufgeführte **Entscheidungen des Aufsichtsrats** nicht an einen Ausschuss übertragen werden können. Dies betrifft die Wahl des Aufsichtsratsvorsitzenden und der Stellvertreter, die Bestellung und Abberufung von Vorstandsmitgliedern sowie den Erlass einer Geschäftsordnung für den Vorstand. 1010

Darüber hinaus können nach allgemeiner Auffassung Maßnahmen der Selbstorganisation des Aufsichtsrats nicht zur abschließenden Behandlung auf einen Ausschuss übertragen werden.[158] Zu diesen Maßnahmen gehören die Abberufung des Aufsichtsratsvorsitzenden aus dieser Funktion, die Beschlussfassung über eine Geschäftsordnung des Aufsichtsrats[159] und die Bildung von Ausschüssen. 1011

Die vorstehend beschriebenen Grenzen für eine Delegation von Entscheidungsbefugnissen auf einen Ausschuss lassen aber nicht den Schluss zu, wesentliche Entscheidungen des Aufsichtsrats müssten stets dem Plenum vorbehalten bleiben. Nach der Empfehlung des Kodex in Ziffer 5.3.1 ist auch bei der Delegation von Entscheidungsbefugnissen der Grundsatz zu beachten, dass die Steigerung der Effizienz der Aufsichtsratstätigkeit der entscheidende Maßstab ist. 1012

Entscheidungsvorbereitende Aufgaben können je nach Zweckmäßigkeit an Ausschüsse übertragen werden. Macht der Aufsichtsrat von dieser Möglichkeit Gebrauch, ist auf einen ausreichenden Informationsfluss zwischen Ausschuss und Plenum 1013

---

[157] Zustimmend *Pfitzer/Oser/Orth*, DCGK, 176.
[158] S. *Lutter/Krieger*, Rechte und Pflichten, Rn. 623.
[159] S. Ziffer 5.1.3.

zu achten.[160] Denn nur so kann der Aufsichtsrat – nach Entscheidungsvorbereitung durch den Ausschuss – eine verantwortliche Entscheidung treffen.[161]

5.4 Zusammensetzung und Vergütung

5.4.1 Bei Vorschlägen zur Wahl von Aufsichtsratsmitgliedern soll darauf geachtet werden, dass dem Aufsichtsrat jederzeit Mitglieder angehören, die über die zur ordnungsgemäßen Wahrnehmung der Aufgaben erforderlichen Kenntnisse, Fähigkeiten und fachlichen Erfahrungen verfügen. Dabei sollen die internationale Tätigkeit des Unternehmens, potenzielle Interessenkonflikte und eine festzulegende Altersgrenze für Aufsichtsratsmitglieder berücksichtigt werden.

XI. Fachliche Qualifikation von Aufsichtsratsmitgliedern

1014 In dieser Kodexbestimmung greift die Kommission mit zwei Empfehlungen das Thema der fachlichen Qualifikation von Aufsichtsratsmitgliedern auf. Der Kodex macht deutlich, dass eine ausgewogene, an den Bedürfnissen des individuellen Unternehmens orientierte Besetzung des Aufsichtsrats für eine effektive Überwachung und Beratung des Vorstands unabdingbar ist.[162] Er betont damit den Gedanken, dass nicht nur der Vorstand, sondern auch der Aufsichtsrat als ein Team zu begrüßen ist, in dem es auf eine gute Mischung unterschiedlicher Denkrichtungen, Erfahrungen und fachlicher Kenntnisse ankommt. Die Kodexempfehlungen werden von den börsennotierten Gesellschaften sehr weitgehend umgesetzt, wobei die Umsetzungsquote von Satz 2 im DAX noch sehr hoch (rund 93 %), im Durchschnitt aller börsennotierten Gesellschaften aber „lediglich" 68 % erreicht.[163]

1. Gesetzliche (Mindest-)Regeln zur fachlichen Qualifikation

1015 Die persönlichen und fachlichen Voraussetzungen für die Übernahme eines Aufsichtsratsmandates sind im Aktiengesetz sehr zurückhaltend geregelt. Danach kann im Prinzip jedermann, der voll geschäftsfähig ist, Mitglied eines Aufsichtsrats sein.[164] Damit scheint das Aktiengesetz auf den ersten Blick keine besonderen fachlichen Qualifikationen für die Übernahme eines Aufsichtsratsmandats zu verlangen. Gewisse Mindestanforderungen an die fachliche Qualifikation ergeben sich daraus, dass jedes Aufsichtsratsmitglied mit der Übernahme des Mandats erklärt, dass es an der Überwachungsaufgabe des Aufsichtsrats sachgerecht mitwirken kann. Daher steht jedes Aufsichtsratsmitglied dafür ein, dass es die für das Unternehmen maßgeblichen wirtschaftlichen Zusammenhänge und die in der Regel anfallenden Geschäftsvorfälle auch ohne fremde Hilfe verstehen und analysieren kann.[165] Bei seinen Wahlvorschlägen an die Hauptversammlung hat der Aufsichtrat nicht nur zu prüfen, ob bei den vorgesehenen Kandidaten die Mindestqualifikation für die Übernahme von Aufsichtsratsmandaten erfüllt ist, er ist darüber hinaus auch verpflichtet, bei der Auswahl der Kandidaten die besonderen Anforderungen an die Aufsichtsratsarbeit in dem individuellen Unter-

---

[160] Hierzu schon Ziffer 5.3.1.
[161] Vgl. auch *Lutter/Krieger*, Rechte und Pflichten, Rn. 628.
[162] Vgl. *Lutter/Krieger*, Rechte und Pflichten, Rn. 23.
[163] *v. Werder/Talaulicar*, DB 2007, 869, 871.
[164] § 100 Abs. 1 Satz 1 AktG: Mitglied des Aufsichtsrats kann nur eine natürliche, unbeschränkt geschäftsfähige und nicht betreute Person sein.
[165] S. BGHZ 85, 293, 295 f.; *Mertens* in Kölner Kommentar, § 116 Rn. 7; *Wirth*, ZGR 2005, 327, 332 ff.

nehmen zu berücksichtigen.[166] Aus dem Wahlvorschlag muss sich eine Zusammensetzung des Aufsichtsrats bzw. der Anteilseignerseite bei mitbestimmten Aufsichtsräten ergeben, die insgesamt gewährleistet, dass alle für den individuellen Aufsichtsrat erforderlichen Kompetenzen im Aufsichtsrat vertreten sind.[167] Wird diese Pflicht verletzt, können daraus Schadensersatzpflichten der Aufsichtsratsmitglieder entstehen.[168]

Der Kodex unterstützt die Aufsichtsräte bei der Erfüllung ihrer vorgenannten Pflichten, indem er als Kriterien für die Auswahl von Aufsichtsratsmitgliedern die erforderlichen Kenntnisse, Fähigkeiten und fachlichen Erfahrungen sowie die hinreichende Unabhängigkeit nennt und als weitere Kriterien bei der Auswahl von Aufsichtsratsmitgliedern die internationale Tätigkeit des Unternehmens, potenzielle Interessenkonflikte und eine Altersgrenze empfiehlt. Ein schriftlich ausformuliertes und vom Aufsichtsrat verabschiedetes Anforderungsprofil für Aufsichtsräte oder für eine einzelne Position im Aufsichtsrat (z. B. Aufsichtsratsvorsitzender) verlangt der Kodex jedoch nicht.[169] **1016**

2. Erforderliche Kenntnisse, Fähigkeiten und fachliche Erfahrungen

Die Betonung der fachlichen Qualifikation ist aus mehreren Gründen sinnvoll. Zum einen bedarf es einer Absage an eine in der Praxis anzutreffende Besetzungspolitik, die Auswahl von Aufsichtsratsmitgliedern an der Pflege von Geschäftsbeziehungen zu orientieren.[170] Zum anderen: Gemessen an der zunehmenden Internationalisierung und Globalisierung der Unternehmenstätigkeit und an dem vom Kodex geforderten größeren Engagement der Aufsichtsratsmitglieder sind die gesetzlichen Mindestanforderungen praktisch unzureichend, um eine effiziente Kontrolle und Begleitung des Vorstands sicherzustellen. **1017**

3. Hinreichende Unabhängigkeit

Durch das Postulat der hinreichenden Unabhängigkeit wird verlangt, dass die Aufsichtsratsmitglieder keine zu große Nähe zum Vorstand und zum übrigen Management der Gesellschaft haben dürfen. Das betrifft in erster Linie die **finanzielle Unabhängigkeit** des Aufsichtsratsmitglieds von der Gesellschaft, deren Vorstand er überwachen soll. Das der Kodexempfehlung zugrunde liegende Leitbild der „Independence of Boardmembers" entstammt dem angloamerikanischen Recht und soll Risiken aus der einheitlichen Struktur des Führungsgremiums Board of Directors für eine effiziente Überwachung des Managements entgegenwirken. Wenn Unternehmensführung und -kontrolle in einem Verwaltungsorgan konzentriert sind, muss darauf geachtet werden, dass eine ausreichend hohe Zahl an Boardmitgliedern **nicht** mit Aufgaben der Unternehmensführung betraut ist. Vor diesem Hintergrund hat die SEC gerade für börsennotierte US-amerikanische Gesellschaften strenge Regeln zur „independence" erlassen.[171] **1018**

Diese Regeln können auf die deutsche Aktiengesellschaft nur begrenzt übertragen werden, da hier schon die Aufgabenteilung zwischen unternehmensleitendem Vorstand und überwachendem und beratendem Aufsichtsrat ein System der „Checks and Balances" geschaffen hat, das sich bewährt hat.[172] Darüber hinaus ist zu berücksich- **1019**

---

[166] S. *Semler* in Semler/v. Schenck, AR Hdb., § 1 Rn. 29; teilweise weitergehend *Lutter*, ZIP 2003, 417 ff.; zurückhaltender *Sünner*, ZIP 2003, 834 ff.
[167] So insbesondere *Lutter*, ZIP 2003, 417, 418; a. A. etwa *Sünner*, ZIP 2003, 834 ff.
[168] *Lutter*, ZIP 2003, 417, 419, *Wirth*, ZGR 2005, 327, 332 ff.
[169] Hierzu kritisch AKEIÜ, DB 2006, 1625, 1627.
[170] S. *Ulmer*, NJW 1980, 1607; *Schiessl*, AG 2002, 593, 597 f.
[171] S. etwa *Merkt/Göthel*, US-amerikanisches Gesellschaftsrecht, Rn. 73 ff. und *Schiessl*, AG 2002, 593, 598.
[172] *Cromme* in Cromme, Corporate Governance Report 2002, 17, 22; *ders.* in *Cromme*, Corporate Governance Report 2006, 28, 29 f.

1020 tigen, dass deutsche Gesellschaften, die dem Mitbestimmungsgesetz unterliegen, ihre Aufsichtsräte zu 50% mit Arbeitnehmervertretern besetzen, die nicht im Sinne der US-amerikanischen Regeln als unabhängig gelten.

1020 Vor diesem Hintergrund empfiehlt der Kodex, über die Wahlvorschläge des Aufsichtsrats für eine ausreichende Anzahl „hinreichend" unabhängiger Aufsichtsratsmitglieder zu sorgen.[173]

4. Berücksichtigung der internationalen Tätigkeit

1021 Die internationale Tätigkeit des Unternehmens kann bei der Auswahl von Aufsichtsratsmitgliedern dadurch berücksichtigt werden, dass entweder erfahrene ausländische Manager[174] oder deutsche Kandidaten mit einer ausreichenden internationalen Erfahrung der Hauptversammlung zur Wahl vorgeschlagen werden.

5. Vermeidung von Interessenkonflikten

1022 Interessenkonflikte bei Aufsichtsratsmitgliedern stehen einer unabhängigen effizienten Beratung und Überwachung des Vorstands entgegen. Das ist allgemein anerkannt. Daher fordert der Kodex die Offenlegung solcher Interessenkonflikte und verlangt schon bei der Auswahl der Aufsichtsratsmitglieder die Einschätzung, ob und ggf. mit welcher Intensität mit dem Auftreten von Interessenkonflikten während der Amtsperiode zu rechnen ist. Gegebenenfalls sollte ein Kandidat, bei dem Interessenkonflikte wahrscheinlich sind, gar nicht erst zur Wahl vorgeschlagen werden.

6. Altersgrenze

1023 Darüber hinaus empfiehlt der Kodex eine Altersgrenze für Aufsichtsratsmitglieder, er schlägt aber selbst keine Altersgrenze vor. Damit eröffnet der Kodex den einzelnen Unternehmen die Möglichkeit zu individuellen Lösungen. Durch die Festlegung der Altersgrenze soll den gewachsenen Anforderungen an die Ausübung eines Aufsichtsratsmandats Rechnung getragen werden. Die konkrete Festlegung der Altersgrenze kann durch (einfachen) Beschluss des Aufsichtsrats erfolgen oder durch Bestimmung in der **Geschäftsordnung für den Aufsichtsrat**. Auch eine Festlegung der Altersgrenze in der Satzung ist denkbar. In diesem Fall ist es aber schwierig, im Einzelfall von der Altersgrenze abzuweichen, da hierzu ein so genannter satzungsdurchbrechender Beschluss erforderlich wäre.[175]

1024 In der Praxis haben sich personenbezogene **Altersgrenzen zwischen 70 und 75 Jahren** herausgebildet.[176] Die Umsetzung der Altersgrenze ist auf zwei Wegen möglich. Zum einen kann die Festlegung erfolgen, dass „zur Wahl als Mitglied des Aufsichtsrats der Gesellschaft nur Personen vorgeschlagen werden sollen, die z. B. das 68. Lebensjahr noch nicht vollendet haben". Vorstellbar ist aber auch, für das betreffende Aufsichtsratsmitglied die Wahlperiode so zu verkürzen, dass es mit Erreichen der Altersgrenze aus dem Aufsichtsrat ausscheidet. Dies hat jedoch den Nachteil, dass der Nachfolger keine ganze Amtsperiode mehr zur Verfügung hat.

1025 Aber auch weitere Gestaltungen, die eine größere Flexibilität ermöglichen, sind denkbar. So könnte z. B. eine Regelung getroffen werden, nach der eine bestimmte Altersgrenze nur „in der Regel" oder „grundsätzlich" gelten soll. Dies eröffnet die Möglichkeit, im Einzelfall auch einmal eine ältere Person zum Aufsichtsratsmitglied zu bestellen, ohne die vom Kodex empfohlene Regelung der Altersgrenze grundsätz-

---

[173] S. hierzu und näher zur Frage der Unabhängigkeit unter Ziffer 5.4.2.
[174] Inzwischen ist rund jedes fünfte Aufsichtsratsmitglied in einem deutschen Großunternehmen Ausländer – so *Schoppen*, FAZ vom 30. 6. 2003.
[175] S. dazu *Semler* in Hoffmann-Becking, Münch. Hdb. GesR IV, § 39 Rn. 58.
[176] S. hierzu die Übersicht von *Sommer*, Handelsblatt vom 20. 3. 2006.

lich in Frage zu stellen und ohne die Entsprechenserklärung nach § 161 AktG insoweit einschränken zu müssen. Vorstellbar ist auch, keine auf das individuelle Aufsichtsratsmitglied bezogene Altersgrenze festzulegen, sondern an einen bestimmten Altersdurchschnitt im Gesamtaufsichtsrat anzuknüpfen. Dies erhöht die Flexibilität der Gesellschaft und ermöglicht es, je nach den individuellen Bedürfnissen der Gesellschaft, eine geeignete Mischung zwischen jüngeren und älteren Aufsichtsratsmitgliedern zu finden. Eine Differenzierung zwischen Anteilseigner- und Arbeitnehmervertreter dürfte in diesem Zusammenhang jedoch wegen des Gleichbehandlungsgrundsatzes unzulässig sein. Die Festlegung einer Altersgrenze für Aufsichtsräte verstößt auch nicht gegen das AGG,[177] jedoch sollte die Altersgrenze für Aufsichtsratsmitglieder deutlich höher als die für Vorstände sein.

7. Wahlvorschlag

Der Aufsichtsrat entscheidet über die Wahlvorschläge durch **Beschluss**. Die Übertragung der Beschlussfassung und Entscheidung an einen Ausschuss ist zulässig.[178] Besteht der Aufsichtsrat auch aus Vertretern der Arbeitnehmer, so ist nur die Stimmenmehrheit der Aufsichtsratsmitglieder der Aktionäre maßgeblich.[179] **1026**

Der Wahlvorschlag wird nach § 124 Abs. 3 AktG mit der Tagesordnung für die Hauptversammlung bekannt gemacht. **1027**

Obwohl die Kodexempfehlungen ihrem Wortlaut nach nur Wahlvorschläge des Aufsichtsrats zur Neuwahl von Aufsichtsratsmitgliedern erfassen, durften sie sinngemäß auch für Bestellungsvorschläge im Rahmen eines Antrags auf gerichtliche Bestellung eines Aufsichtsratsmitglieds nach § 104 AktG gelten. Auch in diesen Fällen muss darauf geachtet werden, dass die von Ziffer 5.4.1 geforderten fachlichen Qualifikationen von Aufsichtsratsmitgliedern einschließlich der Altersgrenze eingehalten werden. **1028**

> **5.4.2** Um eine unabhängige Beratung und Überwachung des Vorstands durch den Aufsichtsrat zu ermöglichen, soll dem Aufsichtsrat eine nach seiner Einschätzung ausreichende Anzahl unabhängiger Mitglieder angehören. Ein Aufsichtsratsmitglied ist als unabhängig anzusehen, wenn es in keiner geschäftlichen oder persönlichen Beziehung zu der Gesellschaft oder deren Vorstand steht, die einen Interessenkonflikt begründet. Dem Aufsichtsrat sollen nicht mehr als zwei ehemalige Mitglieder des Vorstands angehören. Aufsichtsratsmitglieder sollen keine Organfunktionen oder Beratungsaufgaben bei wesentlichen Wettbewerbern des Unternehmens ausüben.

XII. Unabhängigkeit des Aufsichtsrats

Der Kodex spricht in mehreren Regelungen das Thema der Unabhängigkeit der Aufsichtsratsmitglieder an. In Ziffer 5.4.1 wird die Empfehlung ausgesprochen, der Aufsichtsrat solle bei seinen Wahlvorschlägen an die Hauptversammlung zu Neuwahlen von Aufsichtsratsmitgliedern darauf achten, dass dem Aufsichtsrat jederzeit Mitglieder angehören, die über eine hinreichende Unabhängigkeit verfügen. Ergänzend hierzu wird in Ziffer 5.4.2 empfohlen, dass dem Aufsichtsrat eine ausreichende Anzahl unabhängiger Mitglieder angehören sollen, wobei der Kodex die Unabhängigkeit **1029**

---

[177] S. hierzu Rn. 954 und *Lutter*, BB 2007, 725, 730.
[178] *Hüffer*, AktG, § 124 Rn. 13.
[179] S. § 124 Abs. 3 Satz 4 AktG und *Hüffer*, AktG, § 124 Rn. 17.

selbst definiert. Zum Unabhängigkeitsthema gehört auch, dass nicht mehr als zwei ehemalige Mitglieder des Vorstands dem Aufsichtsrat angehören sollen und dass Aufsichtsratsmitglieder keine Organfunktionen oder Beratungsaufgaben bei wesentlichen Wettbewerbern des Unternehmens ausüben sollen. Durch diese Empfehlungen wird die Basis dafür geschaffen, dass der Aufsichtsrat weitgehend unabhängig und frei von Interessenkonflikten aus anderweitiger beruflicher Tätigkeit seiner Mitglieder arbeiten kann.

1. Bedeutung der Unabhängigkeit

1030   Die Forderung nach Unabhängigkeit der Aufsichtsratsmitglieder (nicht geschäftsführende Verwaltungsratsmitglieder) stammt aus dem angelsächsischen Raum und soll primär Risiken aus der einheitlichen Struktur des Führungsgremiums Verwaltungsrat (Board of Directors) vorbeugen. Wenn die geschäftsführenden oder überwachenden Unternehmensfunktionen in einem Führungsorgan zusammengefasst sind, muss besonders darauf geachtet werden, dass keine Interessenkonflikte bei den einzelnen Verwaltungsratsmitgliedern auftreten, die einer Ausrichtung ihrer Entscheidungen ausschließlich am Wohl des Unternehmens entgegenstehen können („geistige Unabhängigkeit"). Daraus resultiert dann die Forderung nach Unabhängigkeit der für die Überwachungsaufgaben zuständigen nicht geschäftsführenden Verwaltungsratsmitglieder von ihren geschäftsführenden Kollegen und vom übrigen Management der Gesellschaft. Auch das persönliche Nichtbetroffensein vom wirtschaftlichen Wohlergehen der Gesellschaft ist nach angelsächsischem Verständnis zwingende Voraussetzung für die Unabhängigkeit.[180]

2. Vorstellungen der EU-Kommission zur Unabhängigkeit

1031   Die EU-Kommission hat in ihrem Aktionsplan vom 21. Mai 2003[181] u. a. eine Empfehlung zur Gewährleistung von Mindeststandards der Unabhängigkeit von nicht geschäftsführenden Direktoren oder Aufsichtsratsmitgliedern angekündigt, die auf der Grundlage des Prinzips „Comply or Explain" durch die nationalen Corporate Governance Kodizes umgesetzt werden sollen.[182] Dabei geht der Aktionsplan davon aus, dass die Mehrheit der nicht geschäftsführenden Direktoren oder Aufsichtsratsmitglieder die Unabhängigkeitskriterien erfüllt.

1032   In Konkretisierung ihrer Vorstellungen aus dem Aktionsplan hat die EU-Kommission eine Empfehlung zu den Aufgaben der nicht geschäftsführenden Direktoren/Aufsichtsratsmitglieder sowie zu den Ausschüssen des Verwaltungs-/Aufsichtsrats vom 15. Februar 2005 beschlossen.[183] In Vorbereitung der Empfehlung hatte die EU-Kommission am 25. April 2004 ein Diskussionspapier den Mitgliedstaaten übersandt und nach kurzer Konsultation der Betroffenen Anfang August 2004 den Entwurf einer „Empfehlung zur Stärkung der Rolle von nicht geschäftsführenden Direktoren und Mitgliedern des Aufsichtsrats" veröffentlicht.[184] Die Empfehlung vom 15. Februar 2005 geht in ihrer Ziffer 4 davon aus, dass dem Aufsichtsrat eine „ausreichende" Zahl unabhängiger Mitglieder angehören sollte. Dadurch soll sichergestellt werden, dass Interessenkonflikte in Vorstand und Aufsichtsrat ordnungsgemäß behandelt werden. Die

---

[180] S. zum Ganzen: *Baums*, Bericht, Rn. 55.
[181] Modernisierung des Gesellschaftsrechts und Verbesserung der Corporate Governance in der Europäischen Union – Aktionsplan – vom 21. 5. 2003, http://www.europa.eu.int/comm/internal_market/company/docs.
[182] S. Aktionsplan unter Ziffer 3.1.3.
[183] http://www.europa.eu.int/comm/internal_market/company/docs/independence, ABl. EU vom 25. 2. 2005, Nr. L 52/51.
[184] http://www.europa.eu.int/comm/internal_market/company/docs/independence/draft_recommendation_en.pdf.

Empfehlung verlangt nicht mehr ausdrücklich, dass die Mehrheit der Aufsichtsratsmitglieder unabhängig sein soll. Nach wie vor sollen aber die Mehrheit der Mitglieder des für Vergütungsfragen zuständigen Ausschusses und des Prüfungsausschusses unabhängig sein.[185] Was unter Unabhängigkeit zu verstehen ist, sollte grundsätzlich der Aufsichtsrat selbst festlegen. Die Empfehlung legt aber eine Reihe von sehr detaillierten Regelbeispielen fest, die die Unabhängigkeit eines Aufsichtsratsmitglieds näher beschreiben.[186] Zusammengefasst handelt es sich um folgende Kriterien:[187]

− Die betreffende Person darf kein geschäftsführendes Verwaltungsrats- bzw. Vorstandsmitglied der Gesellschaft oder einer verbundenen Gesellschaft sein, und sie darf in den fünf vorausgegangenen Jahren kein solches Amt ausgeübt haben.
− Die betreffende Person darf kein Angestellter der Gesellschaft oder einer verbundenen Gesellschaft sein und darf sich in den drei vorausgegangenen Jahren nicht in einem solchen Anstellungsverhältnis befunden haben (Ausnahme: Arbeitnehmervertreter im Aufsichtsrat).
− Die betreffende Person darf keine zusätzliche Vergütung von der Gesellschaft oder einer verbundenen Gesellschaft erhalten oder erhalten haben mit Ausnahme einer Vergütung für die Tätigkeit als Aufsichtsratsmitglied.
− Die betreffende Person darf keinesfalls ein kontrollierender Aktionär sein oder einen solchen vertreten.
− Die betreffende Person darf zu der Gesellschaft oder einer verbundenen Gesellschaft kein Geschäftsverhältnis in bedeutendem Umfang unterhalten oder im letzten Jahr unterhalten haben.
− Die betreffende Person darf in den letzten drei Jahren kein Partner oder Angestellter des externen Abschlussprüfers der Gesellschaft oder einer verbundenen Gesellschaft gewesen sein.
− Die betreffende Person darf kein Vorstandsmitglied in einer anderen Gesellschaft sein, in der ein Vorstandsmitglied der Gesellschaft ein Mitglied des Aufsichtsrats ist; sie darf keine anderen bedeutsamen Verbindungen zu Vorstandsmitgliedern der Gesellschaft durch die Beteiligung in anderen Gesellschaften oder Organisationen unterhalten.
− Die betreffende Person darf nicht mehr als drei Amtsperioden (längstens 12 Jahre) ein Mandat im Aufsichtsrat ausgeübt haben.
− Die betreffende Person darf kein enger Familienangehöriger eines Vorstandsmitglieds oder von Personen sein, die sich in einer oben beschriebenen Position befinden.

Diese Vielzahl von Einzelregelungen, die bereits im Diskussionspapier vom 20./21. April 2004 vorgezeichnet war, ist nicht unproblematisch. Es fehlt jeder Nachweis, dass in den aufgeführten Fällen den betroffenen Aufsichtsratsmitgliedern tatsächlich die erforderliche „geistige Unabhängigkeit" fehlt. Darüber hinaus ist kritisch anzumerken, dass die EU-Kriterien einerseits den nationalen Kodexkommissionen kaum noch Spielräume bei der Regelung von Unabhängigkeitsfragen lässt und andererseits im deutlichen Widerspruch zu der in Deutschland weit verbreiteten Praxis der Führung von börsennotierten Konzernunternehmen über deren Aufsichtsrat stehen.[188]

3. Gesetzliche Unabhängigkeitsregeln

Das geschriebene Gesetzesrecht hat die Unabhängigkeit der Aufsichtsratsmitglieder nur in wenigen Bestimmungen angesprochen: Die Aufsichtsratsmitglieder können nicht gleichzeitig Mitglieder des Vorstands, Prokuristen oder Handlungsbevollmäch-

---

[185] Ziffer 3.1.2 und 4.1 des Anhang I der Empfehlung.
[186] Ziffer 13.2 i. V. m. Anhang II der Empfehlung.
[187] Ziffer 1 (a)–(i) des Anhang II der Empfehlung.
[188] Näher zu dieser Kritik *Cromme* in Cromme, Corporate Governance Report 2004, unter III. Rechtliches Umfeld des Kodex; *Peltzer*, NZG 2004, 509, 511.

tigte der Gesellschaft sein.[189] Ihnen ist auch die Übernahme einer Position als gesetzlicher Vertreter eines von der Gesellschaft abhängigen Unternehmens untersagt.[190] Dieses Verbot wird ergänzt durch das Verbot der so genannten Überkreuzverflechtung. Wer Mitglied des Aufsichtsrats der Gesellschaft ist, kann nicht gleichzeitig gesetzlicher Vertreter einer anderen Kapitalgesellschaft sein, in deren Aufsichtsrat ein Vorstandsmitglied der Gesellschaft bestellt ist. Darin kommt der Gedanke zum Ausdruck, dass derjenige, der überwachen und kontrollieren soll, nicht selbst in einer anderen Gesellschaft der Überwachung und Kontrolle durch den Kontrollierten unterliegen soll.[191] Hinzu kommt, dass die Aufsichtsratsmitglieder in ihrer Amtsführung keinen Anweisungen der sie wählenden Aktionäre unterliegen. Das Aktiengesetz eröffnet zudem die Möglichkeit, in der Satzung der Gesellschaft weitere persönliche Voraussetzungen für die Aufsichtsratsmitgliedschaft von Anteilseignervertretern (nicht Arbeitnehmervertreter) festzulegen.[192] Hierzu können auch Unabhängigkeitskriterien gehören. Die Praxis macht von dieser Möglichkeit aber nur sehr zurückhaltend Gebrauch.

4. Unabhängigkeitsregeln des Kodex

1035 Die Regelungen des Kodex zur Gewährleistung der hinreichenden Unabhängigkeit der Aufsichtsratsmitglieder gehen über die gesetzlichen Unabhängigkeitsregeln hinaus. Bei Vorschlägen zur Wahl von Aufsichtsratsmitgliedern soll darauf geachtet werden, dass die Aufsichtsratsmitglieder hinreichend unabhängig sind. Ferner sollen potenzielle Interessenkonflikte bei der Auswahl der Aufsichtsratsmitglieder berücksichtigt werden (Ziffer 5.4.1). Dem Aufsichtsrat sollen nicht mehr als zwei ehemalige Mitglieder des Vorstands angehören und Aufsichtsratsmitglieder sollen keine Organfunktionen oder Beratungsaufgaben bei wesentlichen Wettbewerbern des Unternehmens ausüben (Ziffer 5.4.2). Jedes Aufsichtsratsmitglied soll Interessenkonflikte, insbesondere solche, die aufgrund einer Beratung oder Organfunktion bei Kunden, Lieferanten, Kreditgebern oder sonstigen Geschäftspartnern entstehen können, dem Aufsichtsrat gegenüber offen legen (Ziffer 5.5.2). Der Aufsichtsrat soll in seinem Bericht an die Hauptversammlung über aufgetretene Interessenkonflikte und deren Behandlung informieren. Wesentliche und nicht nur vorübergehende Interessenkonflikte in der Person eines Aufsichtsratsmitglieds sollen zur Beendigung des Mandats führen (Ziffer 5.5.3).

1036 Damit enthält der Kodex ein ausgewogenes System zur Gewährleistung der Unabhängigkeit von Aufsichtsratsmitgliedern, das materielle Unabhängigkeitsregeln mit Regeln zur Transparenz von Interessenkonflikten verbindet und auf diese Weise präventiv Unabhängigkeitskonflikten vorbeugt.

5. Unabhängigkeitsdefinition des Kodex

1037 Der Kodex hat bewusst darauf verzichtet, eine vollständige Liste mit detaillierten Unabhängigkeitskriterien festzulegen. Die Kommission hat vielmehr in **Satz 2** eine allgemeine Unabhängigkeitsdefinition formuliert: „Eine Aufsichtsratsmitglied ist als unabhängig anzusehen, wenn es in keiner geschäftlichen oder persönlichen Beziehung zu der Gesellschaft oder deren Vorstand steht, die einen Interessenkonflikt begründet." Dabei hat erkennbar die Unabhängigkeitsdefinition aus der Empfehlung der Kommission vom 15. Februar 2005 zu den Aufgaben von nicht geschäftsführenden Direktoren/ Aufsichtsratsmitgliedern börsennotierter Gesellschaften sowie zu den Ausschüssen des Verwaltungs-/Aufsichtsrats Modell gestanden. Die Empfehlung definiert ähnlich,

---

[189] S. § 105 Abs. 1 AktG; dazu *Hüffer*, AktG, § 105 Rn. 1.
[190] S. § 100 Abs. 2 Nr. 2 AktG.
[191] S. hierzu Begründung RegE AktG 1965 zu § 100 AktG bei *Kropff*, AktG, S. 136.
[192] S. § 100 Abs. 4 AktG und dazu *Hüffer*, AktG, § 100, Rn. 9 f.

aber mit erkennbaren Unterschieden: „Ein Mitglied der Unternehmensleitung gilt als unabhängig, wenn es in keiner geschäftlichen, familiären oder sonstigen Beziehung zu der Gesellschaft, ihrem Mehrheitsaktionär oder deren Geschäftsführung steht, die einen Interessenkonflikt begründet, der sein Urteilsvermögen beeinflussen könnte."

Zunächst fällt auf, dass nach der EU-Definition die Beziehungen zum Mehrheitsaktionär der Gesellschaft unabhängigkeitsgefährdend sind, während diese Bezugnahme in der Kodexdefinition fehlt. Vor dem Hintergrund der deutschen dualen Unternehmensverfassung, des in Deutschland sehr stark ausgeprägten konzernrechtlichen Minderheitenschutz und einer traditionell wichtigen Rolle, die Großaktionäre in deutschen Aktiengesellschaften einnehmen, wäre eine Einstufung des Vertreters eines wesentlichen Aktionärs im Aufsichtsrat als „nicht unabhängig" kaum angemessen.[193] Die Vertreter von Großaktionären stehen nicht per se in geschäftlicher Beziehung zum Unternehmen oder dessen Vorstand. Hinzu kommt, dass die Aufsichtsratsmitglieder der Anteilseignerseite in ihrer Amtsführung von Gesetzes wegen weisungsgebunden sind, so dass schon aus diesem Grunde eine gewisse Unabhängigkeit von den sie wählenden Aktionären gegeben ist.

Auch in einem weiteren Punkt ist eine Abweichung im Wortlaut der Definition der Unabhängigkeit erkennbar. Die EU stellt darauf ab, ob die Beziehungen des Aufsichtsratsmitglieds zum Vorstand oder zur Gesellschaft „einen Interessenkonflikt begründen, der sein Urteilsvermögen beeinflussen könnte", während der Kodex die Unabhängigkeit dann entfallen lässt, wenn ein „Interessenkonflikt begründet" ist. Nach dem Kodex lässt jeder (relevante) Interessenkonflikt die Unabhängigkeit entfallen, wobei der Interessenkonflikt tatsächlich vorliegen muss und es nicht ausreicht, dass er vorliegen „könnte".

Ein intensiv diskutiertes Thema im Rahmen der Unabhängigkeit ist die Behandlung der Arbeitnehmervertreter im Aufsichtsrat. Diesen hat die EU-Kommission Deutschland eine besondere Regelung gewidmet: Nach den in Anhang 2 der EU-Empfehlung aufgeführten Unabhängigkeitsprofilen sind Arbeitnehmer einer Gesellschaft zwar grundsätzlich nicht unabhängig, aber die durch besondere Kündigungsschutzregelungen abgesicherten Arbeitnehmer eines deutschen mitbestimmten Aufsichtsrats gelten insoweit als unabhängige Aufsichtsratsmitglieder. Dies ist eine reine Fiktion, ist aber als „deutsche Lösung" auch bei dem Verständnis der Unabhängigkeitsdefinition des Kodex relevant. Auch die Arbeitnehmervertreter und nicht nur die Anteilseignervertreter müssen sich einer Unabhängigkeit unterziehen.[194] Sollten sie aus anderen Gründen als der reinen Anstellungstatsache einen Interessenkonflikt zu der Gesellschaft oder deren Vorstand begründen, sind sie als „nicht unabhängige" Mitglieder des Aufsichtsrats zu beurteilen.

6. Ausreichende Anzahl unabhängiger Aufsichtsratsmitglieder

Der Kodex empfiehlt keine bestimmte Anzahl von unabhängigen Mitgliedern des Aufsichtsrats, sondern überlässt es in **Satz 1** und ganz in Übereinstimmung mit der EU-Empfehlung[195] der Einschätzung des Aufsichtsrats, welche Zahl an unabhängigen Aufsichtsratsmitgliedern er für erforderlich hält. Dabei steht dem Aufsichtsrat ein breiter Beurteilungsspielraum zur Berücksichtigung der spezifischen Gegebenheiten des Unternehmens zur Verfügung, ohne dass die Formulierung von generellen Unabhängigkeitskriterien für die Gesellschaft erforderlich ist.[196] Auch eine hinter der Mehrheit zurückbleibende Zahl an unabhängigen Aufsichtsratsmitgliedern kann im Sinne des

---

[193] S. *Cromme* in Cromme, Corporate Governance Report 2006, 28, 33, *Lieder*, NZG 2005, 569, 571.
[194] A. A. beispielsweise *Hüffer*, ZIP 2006, 637, 640.
[195] Dazu Fn. 181.
[196] Zutreffend *Fischer*, BB 2006, 337, 339, dagegen *Spindler*, ZIP 2005, 2033, 2040.

Kodex ausreichend sein. Bei der Festlegung der ausreichenden Anzahl wird der Aufsichtsrat zu berücksichtigen haben, dass die Arbeitnehmervertreter zwar in Übereinstimmung mit der EU-Empfehlung als „unabhängig" behandelt werden, unter Corporate-Governance-Gesichtspunkten ihre Unabhängigkeit im materiellen Sinne durchaus zweifelhaft ist.[197] Vor diesem Hintergrund wird man in einem paritätisch mit Arbeitnehmervertretern besetzten Aufsichtsrat kaum sagen können, dass es ausreichend im Sinne des Kodex sei, wenn 50 % der Aufsichtsratsmitglieder unabhängig sind. Bei einer von einem Mehrheitsaktionär beherrschten Gesellschaft dürfte es erforderlich sein, zumindest einen unabhängigen Vertreter der Aktionärsminderheit im Aufsichtsrat zu haben.[198] Über die ausreichende Anzahl von unabhängigen Aufsichtsratsmitgliedern befindet das Aufsichtsratsplenum. Eine ausdrückliche Beschlussfassung zur Festlegung der ausreichenden Anzahl ist nicht erforderlich. Eine Behandlung des Themas im Rahmen der Effizienzprüfung des Aufsichtsrats[199] kann sich anbieten. Jedenfalls bei der Behandlung der Wahlvorschläge für die Aufsichtsratswahlen der Hauptversammlung im Aufsichtsrat muss sich der Aufsichtsrat über die ausreichende Anzahl unabhängiger Aufsichtsratsmitglieder Gedanken machen oder besser gemacht haben.[200] Im Corporate-Governance-Bericht ist über die ausreichende Anzahl von unabhängigen Aufsichtsratsmitgliedern zu berichten.

7. Nicht mehr als zwei ehemalige Vorstandsmitglieder

1042   Aufgrund der vorstehend beschriebenen Gesetzeslage empfiehlt der Kodex im Interesse einer unabhängigen Beratung und Überwachung, dass dem Aufsichtsrat nicht mehr als zwei ehemalige Vorstandsmitglieder angehören sollen.

1043   Der Kodex empfiehlt kein generelles Verbot des Übergangs vom Vorstand in den Aufsichtsrat einer Gesellschaft und regt ein Verbot auch nicht an. Hierzu besteht auch kein Anlass. Ehemalige Vorstandsmitglieder und insbesondere ehemalige Vorstandsvorsitzende verfügen über eine genaue Kenntnis des Unternehmens, die die Qualität der Aufsichtsratsarbeit fördert.[201] Im Einzelfall kann die Bestellung eines ehemaligen Vorstandsmitgliedes problematisch sein, insbesondere dann, wenn die strategische Ausrichtung des Unternehmens geändert werden muss, die das ehemalige Vorstandsmitglied mitgetragen oder sogar selbst entwickelt hat.[202] Dieses Problem wird dann noch verstärkt, wenn das ehemalige Vorstandsmitglied zum Aufsichtsratsvorsitzenden gewählt werden soll.[203]

1044   In zeitlicher Hinsicht dürfte die Einschätzung schwierig sein, wann ein Konfliktpotenzial bei einem Aufsichtsratsmitglied aus seiner vormaligen Tätigkeit als Vorstandsmitglied völlig ausgeschlossen werden kann. Vor diesem Hintergrund verzichtet der Kodex auf jede Festlegung einer Frist, nach deren Ablauf ein ehemaliger Vorstand wie ein neutraler Externer behandelt werden kann. Jeder, der einmal Vorstand der Gesellschaft oder einer Vorgängergesellschaft[204] war, wird als ehemaliges Vorstandsmitglied von den Restriktionen dieser Kodexempfehlung erfasst.

---

[197] S. dazu *Cromme* in Cromme, Corporate Governance Report 2005, 23, 27; *Hüffer*, ZIP 2006, 637, 639.

[198] Vgl. *Hüffer*, ZIP 2006, 637, 641 – hinreichende Repräsentanz der Interessen der Minderheitsaktionäre; *Vetter*, BB 2005, 1689, 1691.

[199] Dazu unter Ziffer 5.6.

[200] S. *Fischer*, BB 2006, 337, 339.

[201] Vgl. dazu *Claussen/Bröcker*, AG 2000, 481, 490; *Schiessl*, AG 2002, 593, 598.

[202] Zu diesem Interessenkonflikt *Peltzer*, Leitfaden, Rn. 282, der die Zulassung von zwei ehemaligen Vorstandsmitgliedern schon als großzügig ansieht.

[203] Näheres unter Rn. 961 ff.

[204] Z. B. dann, wenn die Gesellschaft durch Verschmelzung oder Umwandlung anderer Gesellschaften entstanden ist.

In der Praxis ist die Bestellung von ehemaligen Vorstandsmitgliedern in den Aufsichtsrat durchaus verbreitet. Rund 40 % der DAX-Gesellschaften haben ein ehemaliges Vorstandsmitglied im Aufsichtsrat, rund 30 % sogar zwei ehemalige Vorstandsmitglieder.[205]

8. Mandate bei Wettbewerbsunternehmen

Die Kodexregelung enthält in ihrem zweiten Satz die Empfehlung, kein Aufsichtsratsmitglied möge eine Organfunktion oder Beratungsaufgabe bei wesentlichen Wettbewerbern des Unternehmens ausüben.

Das **Aktiengesetz** enthält keine Regelung, nach der die Mitgliedschaft im Aufsichtsrat eines konkurrierenden Unternehmens der Bestellung in den Aufsichtsrat entgegensteht.[206] Dennoch dürfte unbestritten sein, dass eine offene Diskussion im Aufsichtsrat kaum stattfinden wird, wenn „ein Mann von der Konkurrenz" daran beteiligt ist. Die Modellpolitik der C-Klasse oder E-Klasse bei DaimlerChrysler wird sich nur schwerlich erörtern lassen, wenn ein „Mann von BMW" dabeisitzt.[207]

In Anlehnung an den Berliner Kodex hat die **Baums-Kommission** den Vorschlag unterbreitet, im Kodex vorzusehen, dass Aufsichtsratsmitglieder keine Mandate in anderen Unternehmen wahrnehmen dürfen, die zur Gesellschaft im Wettbewerb stehen.[208]

Mit der Empfehlung in Ziffer 5.4.2 greift der Kodex diesen Vorschlag auf und empfiehlt eine differenzierte Lösung, die in der Praxis handhabbar sein sollte.

9. Organfunktionen und Beratungsaufgaben

Unter dem Begriff der Organfunktion fasst der Kodex Vorstands- und Aufsichtsratsmandate bei Wettbewerbern zusammen. In anderen Rechtsformen kommt es auf die Mitgliedschaft in Geschäftsführungsorganen an bzw. in gesetzlich vorgeschriebenen Aufsichtsgremien. Unter Beratungsaufgaben werden z. B. Beratungsverträge, aber auch (freiwillige) Beiratsmitgliedschaften erfasst, soweit sich die Beratungs- oder Beratertätigkeit auf Fragen der Unternehmensprüfung oder Überwachung bezieht.

10. Wettbewerber des Unternehmens

Wettbewerber ist nur derjenige, der dem Unternehmen auf seinen Märkten tatsächlich Wettbewerb macht. Potenzieller Wettbewerb ist nach der Zielsetzung des Kodex nicht ausreichend.[209] Durch das Abstellen auf „Wettbewerber des Unternehmens" macht der Kodex deutlich, dass es auf eine Konzernbetrachtung ankommt. Dies macht gerade bei diversifizierten Konglomeraten die Bestimmung der (wesentlichen) Wettbewerber schwierig. Nicht jeder Wettbewerber einer einzelnen Business Unit, eines einzelnen Segments oder einer einzelnen Sparte ist daher gleich (wesentlicher) Wettbewerber des Gesamtkonzerns.[210]

11. Wesentlichkeit

Bei der Bestimmung der Wesentlichkeit des Wettbewerbers ist Augenmaß geboten.[211] Bei einer zu engen Betrachtung könnte die Suche der Gesellschaft nach fachlich

---

[205] So das Ergebnis der Studie von *Spencer Stuart*, Board INDEX 2002/03.
[206] H. M., s. etwa OLG Schleswig, ZIP 2004, 1143, 1144; *Mertens* in Kölner Kommentar, § 100 Rn. 11 m. w. N.; a. A. z. B. *Lutter/Krieger*, Rechte und Pflichten, Rn. 20 ff.
[207] Beispiel nach *Lutter/Krieger*, Rechte und Pflichten, Rn. 21.
[208] *Baums*, Bericht, Rn. 54.
[209] Ebenso *Pfitzer/Oser/Orth*, DCGK, 183.
[210] Ähnlich *Peltzer*, Leitfaden, Rn. 284.
[211] Zutreffend *Schiessl*, AG 2002, 593, 598; *Hopt/Roth* in GroßKomm.AktG, § 107 Rn. 181 stellen deshalb darauf ab, ob die Unternehmen in den Kerngeschäftsfeldern konkurrieren.

qualifizierten Aufsichtsratsmitgliedern[212] deutlich erschwert werden. Wird durch den Wettbewerb eines Unternehmens ca. $^1/_3$ oder $^1/_4$ des Konzernumsatzes betroffen, wird man von einem wesentlichen Wettbewerber sprechen müssen, so dass die Restriktion von Ziffer 5.4.2 eingreift.

5.4.3 Wahlen zum Aufsichtsrat sollen als Einzelwahl durchgeführt werden. Ein Antrag auf gerichtliche Bestellung eines Aufsichtsratsmitglieds soll bis zur nächsten Hauptversammlung befristet sein. Kandidatenvorschläge für den Aufsichtsratsvorsitz sollen den Aktionären bekannt gegeben werden.

XIII. Wahlen zum Aufsichtsrat

1053   Die Kodexziffer wurde von der Regierungskommission am 2. Juni 2005 neu beschlossen, Sie enthält drei Empfehlungen im Zusammenhang mit der Wahl von Anteilseignervertretern in den Aufsichtsrat. Die Empfehlungen zielen insbesondere darauf ab, die Transparenz der Aufsichtsratswahl für die Aktionäre zu verbessern.[213] Alle drei Empfehlungen werden von deutlich mehr als 80 % aller börsennotierten Gesellschaften befolgt. Im DAX ist die Akzeptanzquote noch höher: Die Empfehlung in Satz 1 wird von rund 93 % und die Empfehlungen in Satz 2 und 3 von rund 93 % bzw. 100 % der Unternehmen eingehalten.[214]

1054   Die Empfehlung in Satz 1, Wahlen zum Aufsichtsrat als Einzelwahlen durchzuführen, wendet sich gegen die in der Vergangenheit weit verbreitete Praxis, Aufsichtsratswahlen der Anteilseignervertreter als so genannte Listen- oder Blockwahlen durchzuführen.[215]

1055   Die Empfehlung steht in sachlichem Zusammenhang mit der Empfehlung in Satz 3, wonach Kandidatenvorschläge für den Aufsichtsratsvorsitz den Aktionären bekannt gegeben werden sollen. Wird jemand zur Wahl in den Aufsichtsrat vorgeschlagen und besteht bereits eine abgestimmte Absicht des Aufsichtsrats, ihn anschließend zum Aufsichtsratsvorsitzenden zu wählen, so soll das den Aktionären im Zusammenhang mit dem Wahlvorschlag des Aufsichtsrats an die Hauptversammlung bekannt gegeben werden. So können die Aktionäre ihre Meinung zur Person des Aufsichtsratsvorsitzenden im Rahmen der Einzelwahl zum Ausdruck bringen. Darüber hinaus berücksichtigt die Empfehlung in Satz 1 eine entsprechend geänderte Hauptversammlungspraxis, die maßgeblich von einer Entwicklung in der jüngeren Rechtsprechung[216] beeinflusst wurde.

1056   Die Durchführung der Einzelwahlen führt im Regelfall auch nicht zu einer spürbaren Verlängerung der Hauptversammlung, da die Stimmkarten zur Einzelwahl als Sammelstimmkarten und zusammen mit anderen in einem Abstimmungsgang eingesammelt und von der EDV zügig ausgewertet werden können.[217]

1057   Um eine uneingeschränkte zukunftsgerichtete Entsprechenserklärung abgeben zu können, ist es ausreichend, wenn der Aufsichtsratsvorsitzende als Versammlungsleiter der Hauptversammlung erklärt, Aufsichtsratswahlen als Einzelwahlen durchführen zu wollen.[218]

---

[212] S. Ziffer 5.4.1.
[213] So zutreffend *Vetter*, BB 2005, 1689, 1691.
[214] *v. Werder/Talaulicar*, DB 2007, 869, 871.
[215] Dazu etwa *Ek*, Praxisleitfaden HV, Rn. 710 ff.
[216] LG München I, DB 2004, 1090 – Wahlen zum Aufsichtsrat sind zwingend als Einzelwahlen durchzuführen –; dagegen zu Recht *Ek*, Praxisleitfaden HV, Rn. 713 m. w. N.
[217] A. A. wohl *Strieder*, DCGK, 119; *Pfitzer/Oser/Orth*, DCGK, 184.
[218] Zutreffend *Fischer*, BB 2006, 337, 340.

Der Kodex enthält in **Satz 2** die weitere Empfehlung, dass Anträge nach § 104 AktG zu gerichtlichen Bestellungen von Aufsichtsratsmitgliedern (der Anteilseigner) bis zur nächsten Hauptversammlung befristet sein sollen. Die Empfehlung richtet sich in erster Linie an den Vorstand, aber auch an die antragsberechtigten Aufsichtsratsmitglieder. Scheidet während einer laufenden Amtsperiode ein Aufsichtsratsmitglied aus, kann die Vakanz durch die gerichtliche Bestellung eines neuen Aufsichtsratsmitglieds geschlossen werden. Die Gerichte haben in der Praxis dann das neue Aufsichtsratsmitglied für einen Zeitraum bis zur Behebung des „Mangels" bestellt, also bis zur Neuwahl des Aufsichtsratsmitglieds durch die Hauptversammlung. Die Neuwahl könnte dann auch nach Ablauf der restlichen Amtszeit des ausgeschiedenen Aufsichtsratsmitglieds erfolgen und nicht schon in der nächsten ordentlichen Hauptversammlung der Gesellschaft.[219] Zur Stärkung der Legitimation der Anteilseignervertreter im Aufsichtsrat und zur besseren Durchsetzung des Aktionärsrechts auf Wahl der Anteilseignervertreter sieht die Kodexempfehlung dann die Befristung des Antrags auf gerichtliche Bestellung vor.

1058

Die Kodex-Empfehlung in **Satz 3**, den Aktionären die Kandidatenvorschläge für den Aufsichtsratsvorsitz bekannt zu geben, dienen dazu, das Vertrauensverhältnis zwischen Unternehmen und Aktionären durch eine erhöhte Transparenz zu stärken.[220]

1059

Die Kodexempfehlung wird erfüllt, wenn in der Hauptversammlung ein bestehender Kandidatenvorschlag für den Aufsichtsratsvorsitz bekannt gegeben wird. Es ist nicht erforderlich, den designierten Aufsichtsratsvorsitzenden bereits mit Bekanntmachung der Einberufung der Hauptversammlung zu veröffentlichen. Es kommt darauf an, dass die Aktionäre im Rahmen der Abstimmung zur Wahl von neuen Aufsichtsratsmitgliedern von einem designierten Aufsichtsratsvorsitzenden wissen und daher in der Lage sind, bei der Wahl ihre Auffassung zur Eignung der Person als Aufsichtsratsvorsitzenden mit zum Ausdruck zu bringen.

Das bedeutet aber nicht, dass in den Fällen, in denen der Aufsichtsratsvorsitzende ausnahmsweise nicht in zeitlichem Zusammenhang mit den Aufsichtsratswahlen durch die Hauptversammlung gewählt werden soll, eine außerordentliche Hauptversammlung einzuberufen wäre. Die Wahl des Aufsichtsratsvorsitzenden ist allein Angelegenheit des Aufsichtsrats. Lediglich dann, wenn Neuwahlen zum Aufsichtsrat durch die Hauptversammlung anstehen und sich der Aufsichtsrat auf einen neuen Aufsichtsratsvorsitzenden festgelegt hat, soll das den Aktionären bekannt gegeben werden. Daher beinhaltet die Empfehlung auch keinen Eingriff in die gesetzliche Kompetenzverteilung zwischen Aufsichtsrat und Hauptversammlung und auch keine Verletzung des Beratungsgeheimnisses im Aufsichtsrat.[221]

1060

5.4.4 Der Wechsel des bisherigen Vorstandsvorsitzenden in den Aufsichtsratsvorsitz oder den Vorsitz eines Aufsichtsratsausschusses soll nicht die Regel sein. Eine entsprechende Absicht soll in der Hauptversammlung besonders begründet werden.

XIV. Wechsel vom Vorstand in den Aufsichtsrat

Die von der Regierungskommission am 2. Juni 2005 neu beschlossene Kodexregelung beinhaltet zwei Empfehlungen, die sich mit dem Thema Wechsel aus dem Vorstand in den Aufsichtsratsvorsitz befassen. Die beiden Empfehlungen werden in der

1061

---

[219] S. hierzu *Vetter*, BB 2005, 1689, 1692; *Hüffer*, AktG, § 104 Rn. 12 f.
[220] S. dazu schon Rn. 1053.
[221] Entsprechende Bedenken von *Hoffmann-Becking*, ZHR 2006, 2, 4 f.; dagegen *Cromme* in Cromme, Corporate Governance Report 2006, 28, 33 f.

Praxis bereits weitgehend umgesetzt. Die Empfehlung in Satz 1 wird von rund 79 % der DAX-Unternehmen und von rund 85 % aller börsennotierten Unternehmen befolgt, die Empfehlung in Satz 2 von rund 96 % bzw. 85 % der Unternehmen.[222]

1062 Mit der Kodexregelung greift die Kommission ein in der Öffentlichkeit sehr kontrovers diskutiertes Thema auf.[223] Ob sich der Wechsel eines ehemaligen Vorstandsmitglieds und insbesondere des Vorstandsvorsitzenden in den Aufsichtsratsvorsitz anbietet oder nicht, hängt in aller Regel vom Einzelfall ab. Der Aufsichtsrat hat die Chancen und Risiken gegeneinander abzuwägen. Ein Aufsichtsratsvorsitzender, der zuvor z. B. die Funktion des Vorstandsvorsitzenden ausgeübt hat, kennt das zu kontrollierende Unternehmen genau und verfügt über umfassende Erfahrungen im Umgang mit den Entscheidungsträgern. Er bringt spezifische Brachenkenntnisse und Kenntnisse des Wettbewerbsumfeldes mit, die die Aufsichtsratsarbeit erleichtern. Diesen positiven Aspekten steht insbesondere die Gefahr gegenüber, dass durch den Wechsel aus den Vorstand in den Aufsichtsratsvorsitz unternehmerische (Fehl-) Entscheidungen perpetuiert werden und sich der Aufsichtsratsvorsitzende aufgrund seiner bisher ausgeübten Funktion zu stark in die Geschäftsführung des Unternehmens einmischt. Daher lässt sich keine Regel aufstellen, nach der der bisherige Vorstandsvorsitzende oder ein Vorstandsmitglied grundsätzlich nicht für den Aufsichtsratsvorsitz geeignet ist. Auf der anderen Seite gilt aber auch, dass der Wechsel aus dem Vorstand in den Aufsichtsratsvorsitz in der Praxis nicht zu einem Automatismus werden darf, in dem die letztlich erforderliche Einzelfallentscheidung durch den Aufsichtsrat nicht mehr getroffen wird.[224] Betrachtet man die börsennotierten Unternehmen der Segmente DAX 30, M-DAX und Tec-DAX zusammen, erhärtet sich der Eindruck, dass es in der Praxis diesen Automatismus schon heute nicht gibt. Darauf weist eine interne Analyse des Deutschen Aktieninstituts hin, nach der über einen Zeitraum von fünf Jahren in 100 betrachteten Unternehmen lediglich 20% der Aufsichtsratsvorsitzenden aus dem Vorstand der Gesellschaft gekommen sind.[225]

1063 Auf Ebene der EU gibt es eine entsprechende Diskussion über den Wechsel des CEO in die Position des Chairman of the Board. Die EU-Empfehlung[226] zur Unabhängigkeit der Aufsichtsratsmitglieder spricht sich nicht generell gegen den Wechsel vom Vorstandsvorsitz in den Aufsichtsratsvorsitz aus, sondern bezeichnet den Wechsel als „eine Option", deren Umsetzung aber von „Informationen über die getroffenen Schutzvorkehrungen" begleitet sein soll.[227]

1064 Unter Berücksichtigung all dieser Aspekte hat die Regierungskommission dann die beiden Empfehlungen in Ziffer 5.4.4 aufgestellt und sich damit gegen den vielfach kritisierten Automatismus des Wechsels ausgesprochen und für den Fall, dass doch einmal ein Mitglied des Vorstands oder der Vorstandsvorsitzende in den Aufsichtsratsvorsitz wechseln soll, eine Offenlegung der dafür maßgeblichen Gründe gegenüber der Hauptversammlung verlangt. Damit hat sich die Kommission auch klar gegen die viel diskutierte cooling-off-Periode vor einem Wechsel ausgesprochen. Durch die cooling-off-Periode soll die Fähigkeit des neuen Aufsichtsratsvorsitzenden zur objektiven Wahrnehmung seiner Aufsichtsfunktionen gestärkt werden.[228] Cooling-off-Perioden von drei bis vier Jahren werden diskutiert.[229] Ein cooling off würde aber praktisch be-

---

[222] *v. Werder/Talaulicar*, DB 2007, 869, 871.
[223] S. dazu etwa *Cromme* in Cromme, Corporate Governance Report 2005, 23, 27 f.; *Dörner* in FS Röhricht, 809, 814 f.; *Wirth*, ZGR 2005, 327, 339 ff.; *Rode*, BB 2006, 341 ff.
[224] S. *Cromme* in Cromme, Corporate Governance Report 2005, 23, 28.
[225] S. *Cromme* in Cromme, Corporate Governance Report 2007 (erscheint demnächst).
[226] S. Rn. 1032.
[227] S. Textziffer 3.2 der Empfehlung vom 15. 2. 2005.
[228] S. EU-Empfelung vom 15. 2. 2005 Textziffer 3.2.
[229] Vgl. auch *Vetter*, BB 2005, 1689, 1693, der eine cooling-off-Periode von zwei bis drei Jahren für zweckmäßig erachtet, sowie *Rode*, BB 2006, 341, 343, der eine Karenzzeit von ein bis fünf Jahren befürwortet.

deuten, dass ehemalige Vorstandsmitglieder aufgrund der Altersgrenze für den Aufsichtsrat nicht mehr oder nur noch für kurze Zeit für das Amt des Aufsichtsratsvorsitzenden in Betracht kommen und sie ihre Kenntnisse und Erfahrungen nur noch sehr begrenzt für die Aufsichtsratsarbeit einsetzen ließen.

Um die Kodexempfehlung in die Praxis umzusetzen ist es erforderlich, dass sich der Aufsichtsrat mit der Frage Wechsel aus dem Vorstand in den Aufsichtsratsvorsitz oder den Vorsitz eines Ausschusses befasst und dabei zu dem Ergebnis kommt, dass aus seiner Sicht der Wechsel nicht die Regel sein soll. Diese Diskussion kann im Rahmen der Effizienzprüfung oder im Rahmen der Behandlung der jährlichen Entsprechenserklärung erfolgen.[230] **1065**

Die nach **Satz 2** empfohlene Begründung eines Wechsels vom Vorstand in den Aufsichtsratsvorsitz ist vom Aufsichtsratsplenum zu beschießen und den Aktionären bei anstehenden Neuwahlen zum Aufsichtsrat bekannt zu geben, sofern sich der Aufsichtsrat bereits auf den Wechsel verständigt hat. Ergibt sich während einer laufenden Amtsperiode des Aufsichtsrats, dass ein ehemaliges Vorstandsmitglied, das bisher einfaches Mitglied im Aufsichtsrat war, zum Aufsichtsratsvorsitzenden neu gewählt werden soll, folgt aus Satz 2 nicht die Empfehlung, eine außerordentliche Hauptversammlung der Gesellschaft einzuberufen, vielmehr ist es ausreichend, wenn die nächste turnusmäßig anstehende Hauptversammlung über die Gründe für die Wahl unterrichtet wird. **1066**

5.4.5 Jedes Aufsichtsratsmitglied achtet darauf, dass ihm für die Wahrnehmung seiner Mandate genügend Zeit zur Verfügung steht. Wer dem Vorstand einer börsennotierten Gesellschaft angehört, soll insgesamt nicht mehr als fünf Aufsichtsratsmandate in konzernexternen börsennotierten Gesellschaften wahrnehmen.

XV. Zeitliches Engagement

Der Kodex verdeutlicht in Satz 1 die bestehende Gesetzeslage. Aus der allgemeinen Sorgfaltspflicht der Aufsichtsratsmitglieder gemäß § 116 AktG folgt selbstverständlich auch die Verpflichtung, das zur sachgemäßen Aufsichtsratsarbeit erforderliche **zeitliche Engagement** aufzubringen. **1067**

1. Der erforderliche Zeitaufwand

Bei der Einschätzung des Zeitbedarfs für ein Aufsichtsratsmandat muss berücksichtigt werden, dass der Gesetzgeber die Wahrnehmung des Mandats nicht als hauptberufliche Tätigkeit angesehen hat.[231] Dies lässt sich insbesondere aus § 100 Abs. 2 AktG entnehmen, der die gleichzeitige Ausübung von bis zu 15[232] Mandaten als (noch) zulässig ansieht. Sowohl der Kodex als auch das TransPuG fordern eine verstärkte Aufsichtsratsarbeit. Daher werden sich die Aufsichtsratsmitglieder deutlich intensiver mit dem Unternehmensgeschehen befassen und untereinander diskutieren müssen, als das in der Vergangenheit vielfach geschehen ist. Der Kodex weist in Ziffer 5.4.5 auf den Aspekt der gestiegenen zeitlichen Inanspruchnahme deutlich hin. Auch das schafft die vom Kodex immer wieder geforderte Transparenz. **1068**

Unter dem Gesichtspunkt der zeitlichen Inkompatibilität betont der Kodex in **Satz 2**, dass Vorstände von börsennotierten Gesellschaften nicht mehr als **5 Aufsichtsrats-** **1069**

---

[230] Zur Zuständigkeitsverteilung zwischen Plenum und ggf. einem Ausschuss bei der Umsetzung der Kodexempfehlung s. *Fischer*, BB 2006, 337, 340.
[231] S. *Mertens* in Kölner Kommentar, § 116 Rn. 18.
[232] Unter Einbeziehung von fünf Konzernmandaten – § 100 Abs. 2 Satz 2 AktG.

mandate in externen börsennotierten Gesellschaften wahrnehmen sollen. Die Zukunft wird zeigen, ob diese Höchstgrenze ausreicht oder noch eine weitere Reduzierung der Mandate von der Kommission empfohlen wird.[233] In der Praxis dürfte die Wahrnehmung aller 5 Aufsichtsratsmandate durch ein aktives Vorstandsmitglied eher ein Ausnahmefall sein.

2. Unterschiede zur gesetzlichen Regelung

1070　Die Kodexempfehlung weicht unter mehreren Gesichtspunkten von der gesetzlichen Regelung zur Höchstzahl der Aufsichtsratsmandate in § 100 Abs. 2 AktG ab.

1071　Die gesetzliche Höchstgrenze von bis zu 15 Mandaten betrifft alle Aufsichtsratsmitglieder, die Höchstgrenze von 5 Aufsichtsratsmandaten nur Aufsichtsratsmitglieder, die zeitgleich **Vorstände börsennotierter Gesellschaften** sind. Der Kodex will damit sicherstellen, dass gerade diesem Personenkreis sowohl eine sachgerechte Aufsichtsratsarbeit als die Konzentration auf hauptberufliche Tätigkeit, nämlich die Unternehmensleitung einer börsennotierten Gesellschaft, möglich bleibt. Wirtschaftsexperten, die keine Vorstandstätigkeit ausüben („Berufsaufsichtsräte"), sind von der Kodexempfehlung nicht betroffen.

1072　Bei der Berechnung der 5 Aufsichtsratsmandate zählen nach dem Kodex **Vorsitzmandate** nicht doppelt.[234] Auch dieser Aspekt sollte von der Kommission nochmals überdacht werden, da in der Praxis das Vorsitzmandat deutlich mehr Engagement erfordert als die normale Aufsichtsratsmitgliedschaft. Dies spiegelt sich in aller Regel auch in der Vergütung des Aufsichtsratsvorsitzenden wider.

3. Konzernexterne börsennotierte Gesellschaften

1073　Der Kodex regelt nur die Begrenzung von Aufsichtsratsmandaten in konzernexternen börsennotierten Gesellschaften, da hier nach allgemeiner praktischer Erfahrung ein hoher Zeitbedarf mit der Wahrnehmung des Mandats verbunden ist. In diesem Zusammenhang stellt sich die Frage, ob auch Mandate in ausländischen börsennotierten Gesellschaften in die Berechnung eingehen. Gerade die Aufsichtsrats- oder Boardmandate in ausländischen börsennotierten Gesellschaften sind erfahrungsgemäß mit einem hohen Zeitaufwand verbunden. Die Zielsetzung der Kodexempfehlung gebietet es deshalb, diese Mandate mit zu berücksichtigen. Der Wortlaut der Empfehlung ist nicht so eindeutig, da der Kodex üblicherweise durch die Verwendung des Begriffs „börsennotierte Gesellschaft" nur Gesellschaften im Sinne von § 3 Abs. 2 AktG meint. Die an den Wortlaut angelehnte Auslegung würde aber zu kurz greifen.

5.4.6 Durch die Wahl bzw. Neuwahl von Aufsichtsratsmitgliedern zu unterschiedlichen Terminen und für unterschiedliche Amtsperioden kann Veränderungserfordernissen Rechnung getragen werden.

XVI. Gestaltung der Bestellperioden

1074　Der Kodex weist die Gesellschaften mit einer Anregung darauf hin, dass eine Gestaltung der Bestellperioden auf der Anteilseignerseite sinnvoll sein kann, nach der zu einem bestimmten Stichtag jeweils ein Teil der Anteilseignervertreter durch die Hauptversammlung neu gewählt würde. Endet die Amtsperiode aller Anteilseig-

---

[233] S. dazu z. B. AKEIÜ, DB 2006, 1625, 1626 – nicht mehr als drei externe Aufsichtsratsmandate für aktive Top-Manager.
[234] Anders die gesetzliche Regelung in § 100 Abs. 2 Satz 3 AktG.

nervertreter zur gleichen Zeit und werden diese nicht wiederbestellt, können sich im Einzelfall Probleme aus der fehlenden Kontinuität auf der Anteilseignerseite ergeben. Daher haben sich in der Praxis börsennotierte Unternehmen dazu entschlossen, von dieser in Ziffer 5.4.6 beschriebenen Gestaltung Gebrauch zu machen.[235]

Die Kodexanregung hat die so genannten „Staggered Boards" in den USA zum Vorbild. Dort werden Staggered Boards insbesondere als ein geeignetes Mittel zur Vorbeugung gegen feindliche Übernahmeversuche angesehen, da dem Übernehmer die vollständige Neubesetzung des Board of Directors der Zielgesellschaft so deutlich erschwert, wenn nicht sogar unmöglich gemacht wird.

Durch die Beleuchtung dieser Gestaltungsmöglichkeit zur Bestimmung der Wahlperiode der Anteilseigner im Aufsichtsrat trägt der Kodex zu mehr Transparenz und Information der Öffentlichkeit bei. Dabei hat die Kommission erkennbar davon abgesehen, eine entsprechende Best-Practice-Empfehlung auszusprechen. Vor dem Hintergrund, dass mit der Wahl bzw. Neuwahl zu unterschiedlichen Terminen und unterschiedlichen Amtsperioden sowohl Vor- als auch Nachteile verbunden sind, dürfte die Kodexanregung dahin zu verstehen sein, dass die in Ziffer 5.4.6 beschriebene Möglichkeit bei der Planung von Aufsichtsratswahlen mitbedacht werden sollte.

5.4.7 **Die Vergütung der Aufsichtsratsmitglieder wird durch Beschluss der Hauptversammlung oder in der Satzung festgelegt. Sie trägt der Verantwortung und dem Tätigkeitsumfang der Aufsichtsratsmitglieder sowie der wirtschaftlichen Lage und dem Erfolg des Unternehmens Rechnung. Dabei sollen der Vorsitz und der stellvertretende Vorsitz im Aufsichtsrat sowie der Vorsitz und die Mitgliedschaft in den Ausschüssen berücksichtigt werden.**
Die Mitglieder des Aufsichtsrats sollen neben einer festen eine erfolgsorientierte Vergütung erhalten. Die erfolgsorientierte Vergütung sollte auch auf den langfristigen Unternehmenserfolg bezogene Bestandteile enthalten.
Die Vergütung der Aufsichtsratsmitglieder soll im Corporate Governance Bericht individualisiert, aufgegliedert nach Bestandteilen ausgewiesen werden. Auch die vom Unternehmen an die Mitglieder des Aufsichtsrats gezahlten Vergütungen oder gewährten Vorteile für persönlich erbrachte Leistungen, insbesondere Beratungs- und Vermittlungsleistungen, sollen individualisiert im Corporate Governance Bericht gesondert angegeben werden.

XVII. Vergütung

Die Kodexbestimmung beschreibt die gesetzlich vorgegebene Zuständigkeit zur Festlegung der Aufsichtsratsvergütung (Abs. 1 Satz 1), zeigt den rechtlichen Rahmen für die Festlegung der Vergütung auf (Abs. 1 Satz 2) und gibt ergänzend Empfehlungen und Anregungen zur Struktur der Aufsichtsratsvergütung (Abs. 1 Satz 3 und Abs. 2). Der Kodex rundet seine Vorschläge durch eine Empfehlung zur individualisierten Veröffentlichung der Aufsichtsratsvergütung und durch eine Empfehlung zur individualisierten Offenlegung der Einkünfte eines jeden Aufsichtsratsmitglieds aus Beratungs- und Vermittlungsaufträgen mit der Gesellschaft ab (Abs. 3).

1. Vergütungskompetenz der Hauptversammlung

Die Festlegung der Aufsichtsratsvergütung fällt in die ausschließliche **Zuständigkeit der Hauptversammlung** und damit der Aktionäre. Die Aktionäre entscheiden entweder durch Beschluss oder durch eine Vergütungsregelung in der Satzung.

---

[235] So z. B. Deutsche Bank AG.

Gesetzgeberisches Motiv für die Zuweisung der Vergütungskompetenz an die Hauptversammlung war folgende Überlegung: Der Vorstand soll die Vergütung des Aufsichtsrats nicht festlegen dürfen, damit er nicht über die Vergütung seines Überwachungsorgans entscheidet. Der Aufsichtsrat soll sich auch nicht selbst eine Vergütung gewähren können, damit jede Form von Selbstbedienung der Aufsichtsratsmitglieder verhindert wird.[236]

1079 **Vergütung** bezeichnet die Gegenleistung für die Aufsichtsratstätigkeit. Sie wird in der Regel in Geld erbracht, aber auch ergänzende Sachleistungen sind vorstellbar wie z. B. die Überlassung eines Dienstwagens nebst Fahrer. Darf das **Fahrzeug** und ggf. der Fahrer auch zu privaten Zwecken genutzt werden, handelt es sich um eine Vergütung, die von den Aktionären festgesetzt werden muss.[237]

1080 Nicht zur Vergütung gehört der Anspruch des Aktionärs auf Erstattung seiner (angemessenen) **Auslagen**. Hier wird es sich in der Regel um bare Auslagen für die An- und Abreise zu den Aufsichtsrats- oder Ausschusssitzungen handeln. Was im Einzelnen angemessen ist, lässt sich nicht generalisierend feststellen. Hier sind auch die Gepflogenheiten des einzelnen Unternehmens zu berücksichtigen.[238] Angemessene Aufwandspauschalen sind auch ohne ausdrückliche Hauptversammlungsermächtigung zulässig. Die Erstattung von Kosten einer externen Beratungshilfe (Rechtsanwalt, Wirtschaftsprüfer) ist demgegenüber sehr zurückhaltend zu beurteilen.[239]

1081 Die Bereitstellung einer **D&O-Versicherung** für Aufsichtsratsmitglieder ist nach der im Vordringen befindlichen Auffassung kein Vergütungsbestandteil, sondern eine Maßnahme im Interesse der Gesellschaft selbst, damit für eventuelle Haftungsansprüche gegen ein Aufsichtsratsmitglied ein ausreichendes Haftungssubstrat vorhanden ist.[240] Überwiegend wird daher auf eine Satzungsregelung bezüglich der D&O-Versicherung verzichtet. Eine ganze Reihe von Gesellschaften erwähnen in ihrer Satzung aber, dass die Mitglieder des Aufsichtsrats in eine Vermögenshaftpflichtversicherung einbezogen werden.[241] Andere Gesellschaften regeln die D&O-Versicherung ausführlicher, ohne aber zu den Einzelheiten der Police Stellung zu nehmen.[242] In allen Fällen handelt es sich um vorsorglich getroffene Regelungen.

1082 Die **Verwendung der Vergütung** steht dem einzelnen Aufsichtsratsmitglied von Gesetzes wegen frei. So dürfte es rechtlich nicht zu beanstanden sein, wenn Arbeitnehmervertreter im Aufsichtsrat einen großen Teil ihrer Vergütung an die Hans-Böckler-Stiftung oder ähnliche DGB-Organisationen abführen oder Teile der Vergütung für eine Haftpflichtversicherung verwandt werden, die den Selbstbehalt des einzelnen Aufsichtsratsmitglieds bei einer D&O-Versicherung abdeckt. Aber auch hier sollte man über Grenzen nachdenken. Mit der Zielsetzung des Kodex dürfte es kaum zu vereinbaren sein, wenn der (weit) überwiegende Teil der Vergütung abgeführt wird, so dass die erhöhte Vergütung kaum noch einen Anreiz zu intensiver Aufsichtsratsarbeit bewirken kann.

---

[236] S. *Hüffer*, AktG, § 113 Rn. 1.
[237] Vgl. *Semler* in Semler/v. Schenck, AR Hdb., § 10 Rn. 39.
[238] Hierzu *Lutter/Krieger*, Rechte und Pflichten, Rn. 716.
[239] Vgl. *Hoffmann-Becking* in Hoffmann-Becking, Münch. Hdb. GesR IV, § 33 Rn. 5.
[240] Vgl. *Baums*, Bericht, Rn. 75, *Mertens*, AG 2000, 447 ff.; *Schüppen/Sanna*, ZIP 2002, 550, 552 f. sowie *Hensler* in Henze/Hoffmann-Becking, Gesellschaftsrecht 2001, S. 131, 144 f.; *Hüffer*, AktG, § 113 Rn. 2; *Lutter/Krieger*, Rechte und Pflichten, Rn. 868 ff., AKEIÜ, DB 2006, 1625, 1629.
[241] S. z. B. die Regelung in der BASF-AG-Satzung.
[242] S. etwa § 16 Abs. 2 der Satzung [WEB.DE]: „Zu Gunsten der Mitglieder des Aufsichtsrats kann eine Vermögensschaden-Haftpflichtversicherung zu Absicherung typischer mit der Aufsichtsratstätigkeit verbundener Haftungsrisiken und etwa entstehender Schadensfälle zu marktkonformen und angemessenen Bedingungen mit einer jährlichen Gesamtprämie von bis zu 30 000,– inklusive abgeschlossen werden, wobei die Versicherungsprämien von der Gesellschaft übernommen werden."

2. Höhe der Aufsichtsratsvergütung

Bei der Bemessung der Höhe der Aufsichtsratsvergütung hat die Hauptversammlung ein weites **Ermessen**. Das Aktiengesetz enthält nur einen sehr zaghaften Versuch, nachprüfbare Kriterien für die Aufsichtsratsvergütung aufzustellen. So soll die Aufsichtsratsvergütung in einem angemessenen Verhältnis zu den Aufgaben der Aufsichtsratsmitglieder und zur Lage der Gesellschaft stehen.[243] Hier trägt der Kodex zur Klärung bei, indem er die gesetzliche Angemessenheitsregelung dahin gehend erläutert und präzisiert, dass die Vergütung der Verantwortung und dem Tätigkeitsumfang der Aufsichtsratsmitglieder sowie der wirtschaftlichen Lage und dem Erfolg des Unternehmens Rechnung trägt. In der Literatur wird vielfach darauf hingewiesen, dass die Aufsichtsräte deutscher Unternehmen von dem ihnen zustehenden Ermessensspielraum nur sehr zurückhaltend Gebrauch machen und die Aufsichtsratsvergütung eher niedrig ansetzen.[244] Auch hier dürften Auswirkungen der Mitbestimmung zum Tragen kommen. 1083

3. Anknüpfungspunkte für die Vergütung

Bei der Festlegung der Vergütung ist der Grundsatz der Gleichbehandlung aller Aufsichtsratsmitglieder strikt zu beachten: Differenzierungen in der Vergütungshöhe sind nur möglich, soweit sie sachlich gerechtfertigt sind. Hier ist insbesondere an die Übernahme von besonderen Ämtern oder Funktionen im Aufsichtsrat zu denken, die mit einer vermehrten Arbeitsbelastung und Verantwortlichkeit verbunden sind. Hierzu zählen der Aufsichtsratsvorsitz, der stellvertretende Aufsichtsratsvorsitz, der Vorsitz in einem Ausschuss und die Ausschussmitgliedschaft als solche.[245] Die gesetzlichen Vorschriften ermöglichen eine differenzierte Vergütung, verlangen sie aber nicht. Daher geht der Kodex mit seiner Empfehlung, bei der Vergütungsstruktur für den Aufsichtsrat die vier genannten Funktionen gesondert zu vergüten, über die gesetzlichen Vorschriften hinaus und schafft damit einen Anreiz für alle Aufsichtsratsmitglieder, sich mit einem größeren Engagement an der Aufsichtsratsarbeit zu beteiligen, insbesondere durch Mitgliedschaft in einem Ausschuss. 1084

In der Praxis wird in der Regel erhöhte Vergütung für den **Aufsichtsratsvorsitzenden** gezahlt. Für ihn ist vielfach das Doppelte der einem einfachen Aufsichtsratsmitglied zustehenden Vergütung (Fixum + erfolgsbezogene Komponente) vorgesehen. Verbreitet wird auch das Dreifache der Vergütung für ein einfaches Aufsichtsratsmitglied gezahlt.[246] Aber auch eine vierfache Vergütung wird gefordert.[247] Noch weitergehend wird erwogen, den Aufsichtsratsvorsitzenden wie ein Vorstandsmitglied zu bezahlen.[248] Dadurch wird deutlich, dass die Belastungen des Aufsichtsratsvorsitzenden in der Praxis sehr unterschiedlich sein können. 1085

Auch die herausgehobene Vergütung des **stellvertretenden Aufsichtsratsvorsitzenden** ist zulässig und in der Praxis gerade bei mitbestimmten Gesellschaften verbreitet.[249] Sind mehrere stellvertretende Aufsichtsratsvorsitzende bestellt, erhalten alle 1086

---

[243] So § 113 Abs. 1 Satz 3 AktG.
[244] S. *Hoffmann-Becking* in Hoffmann-Becking, Münch. Hdb. GesR IV, § 33 Rn. 16; *Schiessl*, AG 2002, 593, 597.
[245] Vgl. etwa *Lutter/Krieger*, Rechte und Pflichten, Rn. 713.
[246] S. etwa *Semler* in Semler/v. Schenck, AR Hdb., § 39 Rn. 49; Beispiele aus den DAX-Gesellschaften sind Bayer, BMW und ThyssenKrupp.
[247] S. etwa *Mertens* in Kölner Kommentar, § 113 Rn. 12.
[248] S. *Mertens* in Kölner Kommentar, § 113 Rn. 12.
[249] S. etwa die Regelungen bei Siemens, BASF, ThyssenKrupp und Deutsche Telekom; demgegenüber hat die Allianz in ihrer Hauptversammlung 2002 die gesonderte Vergütung der Funktion des stellvertretenden Aufsichtsratsvorsitzenden abgeschafft.

1087 Die Mehrheit aller börsennotierten Gesellschaften und mehr als 90 % aller DAX-Gesellschaften sehen heute in Übereinstimmung mit dem Kodex eine gesonderte Vergütung der **Ausschussmitgliedschaft** vor. Auch hier sind differenzierte Lösungen anzutreffen, wie z. B. nur die Mitgliedschaft in einem bestimmten Ausschuss zu vergüten (z. B. Präsidium), weil gerade mit der Mitgliedschaft in diesem Ausschuss eine deutlich erhöhte Arbeitsbelastung verbunden ist. Denkbar ist auch, die Ausschussarbeit generell mit einer erhöhten Vergütung zu honorieren, einzelne Ausschüsse aber auszunehmen.[250]

1088 Die vom Kodex empfohlene gesonderte Vergütung des **Ausschussvorsitzenden** hat sich inzwischen in der Praxis durchgesetzt.[251] Da der Kodex sich für eine deutlich stärkere Ausschussarbeit in den Aufsichtsräten ausspricht,[252] werden auch die Aufgaben und die Arbeitsbelastung eines Ausschussvorsitzenden deutlich steigen. Vor diesem Hintergrund rechtfertigt sich die Empfehlung einer höheren Vergütung für diese Position als best practice.

1089 Auch zur Vergütungshöhe finden sich ganz unterschiedliche Gestaltungen. Sofern die Mitgliedschaft in einem Ausschuss vergütet wird, beläuft sich die Vergütung dann vielfach auf das 1,5fache der Vergütung für ein einfaches Ausschussmitglied.[253] Es finden sich in der Praxis aber auch geringere Multiplikatoren.[254] Vorstellbar ist auch, die Ausschussmitglieder (nur) bei der (erfolgsabhängigen) Tantiemezahlung zu berücksichtigen.[255] Durch diese Gestaltung wird die auch vom Kodex gewünschte Erfolgsorientierung der Aufsichtsratsvergütung gefördert.

1090 Ist ein Aufsichtsratsmitglied in mehreren Ausschüssen tätig, stellt sich die Frage, ob die Mitgliedschaft in jedem einzelnen Ausschuss gesondert vergütet wird oder ob z. B. bei personenidentischer Besetzung von mehreren Ausschüssen die gesonderte Vergütung für die Ausschussmitgliedschaft nur insgesamt einmal anfällt. In der Praxis sind beide Modelle anzutreffen und selbstverständlich rechtlich zulässig.

1091 Vom Kodex nicht empfohlen, aber in der Praxis nach wie vor weit verbreitet ist das **Sitzungsgeld**. Durch diesen Vergütungsbestandteil soll ein Anreiz für alle Aufsichtsratsmitglieder gesetzt werden, an den Sitzungen des Aufsichtsrats und seiner Ausschüsse teilzunehmen. Beträge in der Bandbreite von 125 Euro bis 1000 Euro sind anzutreffen. Werden Beschlüsse im schriftlichen Verfahren gefasst, wird kein Sitzungsgeld fällig. Ob die Teilnahme an Telefon- bzw. Videokonferenzen mit einem Sitzungsgeld zu vergüten ist, hängt von der jeweiligen Satzungsbestimmung von dem Vergütungsbeschluss der Hauptversammlung ab.[256]

4. Feste und erfolgsorientierte Bestandteile

1092 Der Kodex empfiehlt in Abs. 2 eine **Aufsichtsratsvergütung**, in der neben einer festen Vergütung auch erfolgsorientierte Vergütungselemente enthalten sind. Die er-

---

[250] Z. B. Ausschuss nach § 27 Abs. 3 MitbestG, da dieser Ausschuss in der Praxis nur sehr selten tätig wird; hier wäre aber an ein Sitzungsgeld zu denken; vgl. dazu auch *Austmann* in Henze/Hoffmann-Becking, Gesellschaftsrecht 2003, 407, 411.
[251] S. *v. Werder/Talaulicar*, DB 2007, 869, 871.
[252] Ziffer 5.3.1 bis 5.3.3.
[253] Vgl. die Regelungen bei Allianz und Siemens.
[254] Z. B. das 1,25fache oder 1,3fache der Vergütung für ein einfaches Aufsichtsratsmitglied.
[255] Z. B. jedes Ausschussmitglied erhält die doppelte Tantieme eines einfachen Aufsichtsratsmitglieds.
[256] *Marsch-Barner* in FS Röhricht, 401, 415.

folgsorientierte Vergütung sollte auch langfristige Komponenten enthalten. Diese Vergütungsstruktur ist jüngst vom BGH nochmals als zulässig bestätigt worden.[257]

Nahezu jede Vergütungsregelung für Aufsichtsräte enthält zumindest als Bestandteil eine jährlich zahlbare **feste Vergütung**, die sich in einer Spannbreite von 2500 Euro bis zu 30 000 Euro bewegt, in Einzelfällen aber auch bis zu 60 000 Euro[258] betragen kann. Das Fixum sollte nicht zu niedrig bemessen werden, um auch in wirtschaftlich schwierigen Zeiten eine angemessene Aufsichtsratsvergütung sicherzustellen, die den Arbeitsaufwand und die Verantwortung des Aufsichtsrats berücksichtigt. Ein Anteil von 50% des Fixums an der Gesamtvergütung für ein (einfaches) Aufsichtsratsmitglied dürfte diesem Gedanken Rechnung tragen.[259]

Erfolgsorientierte Vergütungsbestandteile sind in der Praxis meist an die ausgezahlte Dividende geknüpft. Je Prozent der zur Ausschüttung gelangten Dividende wird ein bestimmter Betrag als Tantieme der Aufsichtsratsmitglieder angesetzt, z. B. „2500 Euro für jeden von der Hauptversammlung beschlossenen Gewinnanteil von 0,03 Euro je Stammaktie, der über einen Gewinnanteil von 0,15 Euro je Stammaktie hinaus an die Aktionäre ausgeschüttet wird"[260] oder „1000 Euro je 1 % Dividende, die über 4 % des Grundkapitals hinaus für das abgelaufene Geschäftsjahr an die Aktionäre ausgeschüttet wird".[261] Diese Gestaltungen erfüllen die Empfehlung des Kodex, sind aber nicht ideal.[262] Daher werden in letzter Zeit zunehmend performanceorientierte Tantiememodelle vorgeschlagen z. B.: „Der Aufsichtsrat erhält 1000 Euro je 0,1 Prozentpunkt Kapitalrendite (ROCE), die die Kapitalkosten (WACC) übersteigt. Es gelten die im jeweiligen Geschäftsbericht ausgewiesenen Werte."[263] Bei der Bemessung der Aufsichtsratsvergütung sollten erfolgsorientierte Komponenten insgesamt gegenüber dem Fixum nicht übergewichtet werden.[264]

5. Insbesondere: Auf den langfristigen Unternehmenserfolg bezogene Komponente

In Abs. 2 Satz 2 gibt der Kodex zusätzlich die Anregung, bei der Festsetzung der erfolgsorientierten Vergütung auch auf den **langfristigen Unternehmenserfolg** bezogene Bestandteile zu berücksichtigen. Damit soll neben dem Vorstand auch der Aufsichtsrat langfristig erfolgsbezogen motiviert werden.

Diese Anregung mag man **rechtspolitisch** mit dem Argument angreifen, durch eine solche Vergütungskomponente würde der Aufsichtsrat verleitet, sich in die Unternehmensführung des Vorstands stärker einzumischen als vom Gesetz vorgesehen.[265] Diese Bedenken werden von der Kodexkommission nicht geteilt, da der Kodex sehr nachdrücklich für ein intensives Zusammenwirken von Vorstand und Aufsichtsrat plä-

---

[257] BGH, DB 2004, 696, 697, DSW/Mobilcom; dies wird wohl von dem AKEIÜ, DB 2006, 1625, 1628, missverstanden, weil er sich mit Blick auf die BGH-Rechtsprechung generell gegen eine erfolgsorientierte Aufsichtsratsvergütung ausspricht, kritisch zu einer erfolgsorientierten Aufsichtsratsvergütung auch *Peltzer* in FS Priester, 573, 574 ff.
[258] S. § 14 Abs. 1 der Satzung Schering AG.
[259] Vgl. Deutsches Aktieninstitut/Towers Perrin, Empfehlungen zur Aufsichtsratsvergütung, 2003, 30.
[260] § 18 Abs. 1 der Satzung VW AG.
[261] § 14 Abs. 1 b der Satzung ThyssenKrupp AG.
[262] *Marsch-Barner* in FS Röhricht, 401, 415 f.
[263] Deutsches Aktieninstitut/Towers Perrin, Empfehlungen zur Aufsichtsratsvergütung, 2003, 33.
[264] Vgl. Deutsches Aktieninstitut/Towers Perrin, Empfehlungen zur Aufsichtsratsvergütung, 2003, 30 ff.; zur dividendenorientierten Vergütung und anderen erfolgsorientierten Vergütungen *Gehling*, ZIP 2005, 549.
[265] S. etwa die Überlegungen des DAV, ZIP 1997, 163, 173.

diert und damit auch beim Aufsichtsrat unternehmerisches Denken und Handeln im Interesse der Gesellschaft verlangt.[266]

1097 Der Kodex lässt bewusst offen, durch welche **konkreten Instrumente** ein an den langfristigen Unternehmenserfolg geknüpftes Vergütungssystem eingerichtet werden kann. Er empfiehlt insbesondere keine Aktienoptionsprogramme für Aufsichtsratsmitglieder.[267]

1098 Im Zusammenhang mit der Gestaltung der langfristigen Erfolgskomponenten für Aufsichtsratsmitglieder hat die Entscheidung des Bundesgerichtshofs vom 16. Februar 2004[268] zur Unzulässigkeit von Aktienoptionsprogrammen für Aufsichtsratsmitglieder zu erheblichen Rechtsunsicherheiten geführt. Der Leitsatz der Entscheidung ist noch wenig spektakulär und entspricht der schon bisher vorherrschenden Rechtsauffassung: Aktienoptionsprogramme zugunsten von Aufsichtsratsmitgliedern sind bei Unterlegung mit zurückgehaltenen eigenen Aktien der Gesellschaft ebenso unzulässig wie bei Unterlegung mit bedingtem Kapital gemäß § 192 Abs. 2 Nr. 3 AktG.

1099 In den Entscheidungsgründen hat der Bundesgerichtshof darüber hinaus recht klar zu erkennen gegeben, dass er auch Gestaltungen von Aktienoptionsprogrammen zugunsten von Aufsichtsratsmitgliedern über die Begebung von Wandel- oder Optionsanleihen nach § 221 AktG mit Blick auf die Gesetzesberatungen im Rahmen des KonTraG für rechtlich nicht zulässig hält.[269] Eine entsprechende Klarstellung sollte durch den Gesetzgeber erfolgen.

1100 Größere Schwierigkeiten bereitet ein weiteres obiter dictum des Bundesgerichtshofs aus der genannten Entscheidung. Danach soll die Angleichung der Vergütungsinteressen von Vorstand und Aufsichtsrat mit Ausrichtung auf Aktienoptionen und damit auf den Aktienkurs die Kontrollfunktion des Aufsichtsrats beeinträchtigen.[270] Damit stellt sich die Frage, ob und unter welchen Voraussetzungen nach der Auffassung des Bundesgerichtshofs börsenbezogene Vergütungskomponenten für den Aufsichtsrat, bei denen es sich **nicht** um Aktienoptionen handelt, wie etwa Vergütungsaktien mit einer mehrjährigen Veräußerungssperre oder Phantom-Stocks, noch rechtlich zulässig sind. Die Überlegungen des Bundesgerichtshofs im Rahmen der Entscheidungsgründe können so verstanden werden, dass im Grunde jedwede an den Börsenerfolg geknüpfte – bedingte – Vergütung von Aufsichtsratsmitgliedern in Aktien oder in vergleichbaren Gestaltungen (z. B. Phantom Stocks) wegen der Aussagen des Gesetzgebers im Zusammenhang mit dem KonTraG als unzulässig aussehen. Ob dies zutrifft, wird die weitere Diskussion in den Fachkreisen[271] und ggf. die Fortentwicklung der Rechtsprechung zeigen müssen. M. E. sollte die Rechtsprechung des Bundesgerichtshofs aber nicht auf unbedingt ausgegebene Vergütungsaktien ausgeweitet werden. Nach der bisherigen Rechtslage ist völlig unzweifelhaft, dass Aufsichtsratsmitglieder Aktien der Gesellschaft erwerben und im eigenen Vermögen halten dürfen. Die gesetzlichen Regelungen in § 136 Abs. 1 AktG und § 15 a WpHG zeigen, dass die Möglichkeit des Aktienbesitzes für Aufsichtsräte als selbstverständlich erachtet wird. Das darf auch nicht überraschen, da der Aufsichtsrat – historisch betrachtet – als Aktionärsausschuss entstanden ist. Vor diesem Hintergrund scheint es nicht sinnvoll zu sein, jedwede Form der börsenkursbezogenen Vergütung für den Aufsichtsrat von vornherein nicht mehr in Betracht zu ziehen.[272] Sie haben den Vorteil, die Vergütungsinteressen des Aufsichtsrats mit den Vermögensinteressen der Aktionäre unmittelbar zu

---

[266] In diesem Sinne auch *Lutter/Krieger*, Rechte und Pflichten, Rn. 721.
[267] Zu den Risiken entsprechender Gestaltungen s. *Peltzer*, NZG 2004, 509, 511.
[268] DB 2004, 696 ff. (DSW/Mobilcom).
[269] S. BGH, DB 2004, 696, 698.
[270] BGH, DB 2004, 696, 697; dazu *Habersack*, ZGR 2004, 721 ff.
[271] S. hierzu *Marsch-Barner* in FS Röhricht, 401, 416 ff.
[272] Ebenso *Vetter*, AG 2004, 234, 238.

Aufsichtsrat – Zusammensetzung und Vergütung   1101–1104 5.4.7

verbinden. Modelle einer nicht nur kurzfristig erfolgsorientierten Aufsichtsratsvergütung, bei denen ein Aufsichtratsmitglied im Rahmen seiner Vergütung einen Cash-Betrag erhält und damit ohne jeden Kursabschlag Aktien der Gesellschaft kauft und über einen längeren Zeitraum hält, sollten auch auf Basis der neuen BGH-Rechtsprechung zulässig sein.[273]

Als weitere Möglichkeit zur Gestaltung der langfristigen Erfolgskomponente **1101** kommt eine in Geld zu zahlende Vergütung in Abhängigkeit von der Entwicklung bestimmter Unternehmenskennzahlen in Betracht. Diese Vergütungsformen werden durch die neue Rechtsprechung des Bundesgerichtshofs nicht berührt. Voraussetzung für die Auszahlung der Erfolgsvergütung könnte z. B. das Erreichen eines bestimmten EBT im Durchschnitt mehrerer Jahre sein. Hierzu folgendes Formulierungsbeispiel: „Jedes Aufsichtsratsmitglied erhält eine auf den langfristigen Unternehmenserfolg bezogene jährliche Vergütung in Höhe von 4000 Euro für jede 200 Mio. Euro Ergebnis vor Steuern und Anteilen anderer Gesellschafter im Konzernabschluss der Gesellschaft („EBT"), das im Durchschnitt der letzten vier Geschäftsjahre ein EBT von 1000 Mio. Euro übersteigt."[274]

6. Individualisierte Offenlegung

Weiter gibt der Kodex nach den Änderungen vom 21. Mai 2003 die Empfehlung **1102** (zuvor die Anregung), die Vergütung der Aufsichtsratsmitglieder individualisiert und aufgegliedert nach Bestandteilen im Konzernabschluss auszuweisen. Nach den Regeln des Handelsgesetzbuchs sind im Anhang nur die Gesamtbezüge der Mitglieder des Aufsichtsrats anzugeben.[275] Dennoch sind die Aufsichtsratsvergütungen schon heute weitestgehend transparent, da sie durch die Hauptversammlung festgelegt werden. Die individualisierte Offenlegung führt aber zu einer gewissen Vereinfachung für die Anleger, die nicht mehr selbst nachzurechnen brauchen. Nicht offenlegungspflichtig sind die Bezüge der Arbeitnehmervertreter aus ihrem Arbeitsvertrag oder aus einer Betriebsratstätigkeit, da sie nicht Bestandteile der Aufsichtsratsvergütung sind und auch in keinem Zusammenhang mit einer Beratungs- oder Vermittlungstätigkeit stehen.

Die Kodexempfehlung wird von 100 % der DAX-Gesellschaften umgesetzt; im **1103** Durchschnitt aller börsennotierten Gesellschaften liegt die Umsetzungsquote bei rund 66 %.[276] Die angegebene Begründung für die zurückhaltende Umsetzungspraxis deckt sich weitgehend mit den Argumenten, die auch gegen die individuelle Offenlegung der Vorstandsbezüge aufgeführt worden sind. Wegen einer möglichen Nivellierung bestehender Differenzen in der individuellen Aufsichtsratsvergütung werden Bedenken geäußert, die Notwendigkeit zur Überprüfung der Angemessenheit der Aufsichtsratsvergütung wird nicht gesehen und eine Beeinträchtigung der Persönlichkeitsrechte der einzelnen Aufsichtsratsmitglieder durch die individuelle Offenlegung wird befürchtet.[277]

Neu und wegweisend ist die Empfehlung des Kodex, auch die sonstigen Vergütun- **1104** gen, die Aufsichtsratsmitglieder z. B. aus Beratungs- und Vermittlungsverträgen von dem Unternehmen beziehen, als solche gekennzeichnet im Konzernabschluss offenzulegen.

---

[273] Ebenso *Marsch-Barner* in FS Röhricht, 409, 418.
[274] Die Anknüpfung an das Konzernergebnis oder an ein Ergebnis mehrerer Jahre dürfte mit § 113 Abs. 3 AktG übereinstimmen, auch wenn insoweit noch gewisse Unsicherheiten bestehen, s. *Krieger* in FS Röhricht, 349, 366; nachdrücklich *Gehling*, ZIP 2005, 549, 555 ff.
[275] S. § 285 Nr. 9 HGB.
[276] S. *v. Werder/Talaulicar*, DB 2007, 869, 871.
[277] *Towers Perrin*, Corporate Governance Report 2004, 8; vgl. weiter die entsprechenden Ausführungen im Bericht des Aufsichtsrats der Südzucker AG für das Geschäftsjahr 2003/04.

1105 Mit der Bezugnahme auf Vergütungen, die **vom Unternehmen** gezahlt worden sind, macht der Kodex deutlich, dass es auf eine konzernweite Betrachtung ankommt. Offen zu legen sind damit sämtliche Vergütungen, die ein Aufsichtsratsmitglied von der Gesellschaft und von Konzernunternehmen, z. B. wegen eines bestehenden weiteren Aufsichtsratsmandats, erhalten hat.

1106 Die Einkünfte aus Beratungs- und Vermittlungsverträgen mit der Gesellschaft und mit Konzernunternehmen sind offen zu legen. Eine Spezifikation der einzelnen Beratungsleistungen ist aber nicht erforderlich.[278] Da gerade Beraterverträge mit Aufsichtsratsmitgliedern zuweilen missbräuchlich eingesetzt werden, kommt der Offenlegung ganz erhebliche präventive Wirkung zu.[279]

1107 Die Umsetzungsquote der Empfehlung erreicht im DAX annähernd 97 %, im Durchschnitt aller börsennotierten Gesellschaften sind es immerhin noch rund 66 %.[280]

7. Steuerliche Behandlung

1108 Steuerlich unterliegt die Aufsichtsratsvergütung auch heute noch einer Sonderregelung: Nach § 10 Abs. 4 des Körperschaftsteuergesetzes können nur die Hälfte der an Aufsichtsratsmitglieder gezahlten Vergütungen bei der Ermittlung des steuerpflichtigen Einkommens der Gesellschaft abgezogen werden. Das beruht auf der deutlich überholten Vorstellung, der (Großaktionär) würde Familienangehörige zum Zwecke der Versorgung in einen Aufsichtsrat bestellen. Diese Vorschrift sollte schnellstens abgeschafft werden.[281]

5.4.8 Falls ein Mitglied des Aufsichtsrats in einem Geschäftsjahr an weniger als der Hälfte der Sitzungen des Aufsichtsrats teilgenommen hat, soll dies im Bericht des Aufsichtsrats vermerkt werden.

XVIII. Teilnahme an Aufsichtsratssitzungen

1109 Mit dieser Empfehlung schlägt der Kodex eine vorwiegend präventiv wirkende Maßnahme vor, um die Aufsichtsratsmitglieder zur Teilnahme an den Aufsichtsratssitzungen anzuhalten. Die Empfehlung betrifft die Aufsichtsratssitzungen, nicht die Ausschusssitzungen. Die Teilnahme kann physisch oder über eine Telefon- oder Videokonferenz erfolgen.[282]

1110 Der Kodex und das TransPuG haben die Bedeutung des Aufsichtsrats im Rahmen der Unternehmensführung deutlich gestärkt.

1111 Der Aufsichtsrat kann der gewachsenen Bedeutung seiner Tätigkeit nur gerecht werden, wenn die Aufsichtsratsmitglieder an den Sitzungen des Aufsichtsrats auch tatsächlich teilnehmen. Denn hier findet der wesentliche Informationsaustausch zwischen Vorstand und Aufsichtsrat sowie zwischen dem Aufsichtsratsplenum und den einzelnen Ausschüssen statt. Dies erklärt, dass es für die Aktionäre und für die Anleger von großem Interesse ist, ob die Aufsichtsratsmitglieder an den einzelnen Aufsichtsratssitzungen tatsächlich teilnehmen. Der Kodex empfiehlt deshalb eine entsprechende Offenlegung im Bericht des Aufsichtsrats nach § 172 AktG, falls ein Mitglied des Auf-

---

[278] S. *Vetter*, AG 2005, 173, 174.
[279] Zu den Beraterverträgen mit Aufsichtsratsmitgliedern s. insbesondere Kodex Nr. 5.5.4 und *Lutter/Krieger*, Rechte und Pflichten, Rn. 733 ff. und *Lutter/Kremer*, ZGR 1992, 87 ff.
[280] S. *v. Werder/Talaulicar*, DB 2006, 849, 851.
[281] So auch *Baums*, Bericht, Rn. 65 und *Hüffer*, AktG, § 113 Rn. 7.
[282] S. den durch das Transparenz- und Publizitätsgesetz geänderten § 110 Abs. 3 AktG i. V. m. § 108 Abs. 4 AktG.

sichtsrats an weniger als der Hälfte der (Plenar-)Sitzungen teilgenommen hat. Damit greift der Kodex auch einen Vorschlag der Frankfurter Grundsatzkommission auf.[283] Auch die Baums-Kommission hatte empfohlen, über eine solche Maßnahme nachzudenken.[284]

5.5 Interessenkonflikte

5.5.1 Jedes Mitglied des Aufsichtsrats ist dem Unternehmensinteresse verpflichtet. Es darf bei seinen Entscheidungen weder persönliche Interessen verfolgen noch Geschäftschancen, die dem Unternehmen zustehen, für sich nutzen.

XIX. Unternehmensinteresse

Mit Übernahme des Aufsichtsratsmandats ist jedes Aufsichtsratsmitglied verpflichtet, das Unternehmensinteresse zu wahren.[285] Auf diese Gesetzeslage weist der Kodex in **Satz 1** hin. Rechtsgrundlage ist die mit dem Aufsichtsratsamt unabdingbar verbundene **Treuepflicht** des Aufsichtsratsmitglieds zu der Gesellschaft, deren Geschäftstätigkeit es sorgfältig und gewissenhaft nach § 111 AktG zu überwachen hat.[286] Dies ist ein wichtiger Hinweis gerade auch für ausländische Anleger, denn er macht deutlich, dass sowohl der Vorstand als auch sämtliche Mitglieder des Aufsichtsrats an das Unternehmensinteresse gebunden sind. Im angelsächsischen Boardsystem ist das ganz selbstverständlich, im Rahmen der dualen Unternehmensverfassung und gerade bei mitbestimmten Gesellschaften bedarf es eines entsprechenden Hinweises.

Die Bindung an das Unternehmensinteresse wird dann in **Satz 2** konkretisiert und die Themen Kollision zwischen Unternehmensinteresse und persönlichem Interesse des Aufsichtsrats sowie die Ausnutzung von sich bietenden Geschäftschancen als wichtige Problemfelder angesprochen.

1. Interessenkonflikte

Das Aktiengesetz hat das Amt des Aufsichtsratsmitgliedes als **Nebenamt** ausgestaltet[287] und geht deshalb davon aus, dass das Aufsichtsratsmitglied noch einen Hauptberuf (z. B. Mitglied des Vorstands einer anderen Gesellschaft, Mitglied einer Rechtsanwaltssozietät; bei Arbeitnehmervertretern z. B. Betriebsschlosser oder Gewerkschaftssekretär) ausübt oder noch weitere Aufsichtsratsmandate innehat. In der Person des Aufsichtsratsmitgliedes kann es dann aus den unterschiedlichen Funktionen und beruflichen Tätigkeiten heraus zu **widerstreitenden Interessen** kommen. So ist z. B. das Aufsichtsratsmitglied A, das zugleich mit seinem mittelständischen Unternehmen Zulieferer der Gesellschaft B ist, typischerweise nicht nur am Wohlergehen der Gesellschaft B interessiert. Solche Konflikte treten auch bei Arbeitnehmervertretern im Aufsichtsrat auf, von denen ihre Wählerschaft die Wahrnehmung von spezifischen Arbeitnehmerinteressen fordert, anderseits das Aktiengesetz sie verpflichtet, bei der Überwachung des Vorstands das Unternehmensganze zu sehen und dessen Interessen zu wahren.

---

[283] S. *Frankfurter Grundsätze*, Kapitel III 1 b.
[284] *Baums*, Bericht, Rn. 56.
[285] Vgl. *Mertens* in Kölner Kommentar, § 116 Rn. 22 ff.; *Fleck* in FS Heinsius, 87, 90; zu den Interessenkonflikten näher *Roth/Wörle*, ZGR 2004, 565, 611 ff.
[286] Näher zur Treuepflicht des Aufsichtsratsmitglieds bei *Mertens* in Kölner Kommentar, § 116 Rn. 22 ff.
[287] S. §§ 85 Abs. 1, 88, 103, 105 AktG.

1115 Kommt es dann zwischen diesen verschiedenen Funktionen, die ein Aufsichtsratsmitglied wahrnimmt, zum **konkreten Konflikt**, so verlangt das Gesetz strikte Loyalität gegenüber den Interessen des Unternehmens. Die Berufung auf eine Interessenkollision kann Aufsichtsratsmitglieder nicht von der Wahrnehmung dieser Pflicht befreien.[288]

2. Inhaltliche Bestimmung des Unternehmensinteresses

1116 Deutlich schwieriger und praktisch auch noch nicht gelöst ist die Frage, wie das Unternehmensinteresse konkret bestimmt werden kann. Nur bei hinreichender Konkretisierung ist das Unternehmensinteresse geeignet, eine konkrete Handlungsmaxime für die einzelnen Aufsichtsratsmitglieder zu sein. Hier ist viel Fingerspitzengefühl erforderlich.[289] Wesentlich ist in diesem Zusammenhang die Abgrenzung des Unternehmensinteresses vom reinen Gesellschafts- bzw. Aktionärsinteresse. Durch die Wahl des Begriffs Unternehmensinteresse im Kodex wird deutlich, dass es nicht nur allein auf „Shareholder-Interessen" ankommt, sondern dass alle „Stakeholder-Interessen" bei der Wahrnehmung der Aufgaben des Aufsichtsrats angemessen zu berücksichtigen sind.[290]

3. Geltungsbereich

1117 Der Vorrang des Unternehmensinteresses als Entscheidungskriterium betrifft in erster Linie die **Wahrnehmung der Überwachungsaufgabe**, umfasst aber auch sämtliche Entscheidungen über die Bestellung der Vorstandsmitglieder sowie die Unterbreitung von Beschlussvorschlägen an die Hauptversammlung.

1118 Auch außerhalb der Wahrnehmung der Organfunktionen ist das Unternehmensinteresse (eingeschränkt) zu beachten. So trifft das Aufsichtsratsmitglied eine besondere Rücksichtnahmepflicht gegenüber der Gesellschaft,[291] so dass sich z. B. ein Arbeitnehmervertreter im Aufsichtsrat nicht an einem rechtswidrigen Streik im Unternehmen beteiligen darf.[292]

4. Vorrang vor persönlichen Interessen

1119 In **Satz 2** betont der Kodex, dass Aufsichtsratsentscheidungen nicht an den persönlichen Interessen von Aufsichtsratsmitgliedern ausgerichtet werden dürfen. Steht z. B. eine Entscheidung über eine Umstrukturierung im Konzern an, so darf das Aufsichtsratsmitglied seine Entscheidung nicht danach richten, ob es in der neuen Struktur ein oder mehrere weitere Aufsichtsratsmandate erhalten wird.

1120 Das Gebot darf aber auch nicht überdehnt werden. Jedes Aufsichtsratsmitglied ist bei seinem Handeln außerhalb der Wahrnehmung von Aufsichtsratsfunktionen nicht auf die strikte Beachtung des Unternehmensinteresses verpflichtet. So kann jedes Aufsichtsratsmitglied, das flüssige Mittel benötigt, selbstverständlich seine Aktien der Gesellschaft verkaufen, auch wenn dies der Gesellschaft selbst ungelegen kommen sollte.[293] Das Aufsichtsratsmitglied ist nach wie vor berechtigt, Beratungs- und Kreditverträge mit der Gesellschaft abzuschließen, die auch aus der eigenen Sicht günstig und vorteilhaft sind, solange die entsprechenden Verträge dem Aufsichtsrat präsentiert

---

[288] S. BGH, NJW 1980, 1629, 1630; *Mertens* in Kölner Kommentar, § 116 Rn. 23 m. w. N. – den gleichen Gedanken betont BGHZ 36, 296, 306 für entsandte Mitglieder einer Gemeinde. Angehörige eines Gesellschaftsorgans haben den Belangen der Gesellschaft den Vorzug vor denen des Entsendungsberechtigten zu geben und die Interessen der Gesellschaft wahrzunehmen.
[289] Vgl. *Ulmer*, NJW 1980, 1603.
[290] S. dazu Ziffer 4.1.1 Satz 2 und Rn. 605 ff.
[291] S. *Mertens* in Kölner Kommentar, § 116 Rn. 24.
[292] S. *Lutter/Krieger*, Rechte und Pflichten, Rn. 778 m. w. Beispielen.
[293] S. *Mertens* in Kölner Kommentar, § 116 Rn. 29 m. w. N.; in diesen Fällen ist der Aktienverkauf aber offenzulegen: s. Ziffer 6.6 und § 15 a WpHG.

5. Geschäftschancen

In **Satz 2** betont der Kodex ebenfalls, dass ein Aufsichtsratsmitglied, dem Geschäftschancen im Rahmen seiner Tätigkeit als Aufsichtsratsmitglied bekannt werden und die die Gesellschaft für sich nutzen kann oder könnte, die Geschäftschancen nicht privat für sich selbst ausnutzen darf. Das ist ganz selbstverständlich. Andererseits ist ein Aufsichtsratsmitglied nicht gehindert, Geschäftsmöglichkeiten, von denen es private Kenntnis erlangt hat, nicht zu nutzen, nur weil die Gesellschaft möglicherweise ebenfalls an einem solchen Geschäft interessiert ist. Hier ist der Gedanke maßgebend, dass das Aufsichtsratsmitglied lediglich eine nebenamtliche Tätigkeit ausübt.[296]

> 5.5.2 Jedes Aufsichtsratsmitglied soll Interessenkonflikte, insbesondere solche, die aufgrund einer Beratung oder Organfunktion bei Kunden, Lieferanten, Kreditgebern oder sonstigen Geschäftspartnern entstehen können, dem Aufsichtsrat gegenüber offenlegen.

XX. Offenlegung von Interessenkonflikten

Bei der Behandlung von Interessenkonflikten setzt der Kodex primär auf die Herstellung von **Transparenz** durch Offenlegung des (konkreten) Interessenkonflikts im Rahmen des betroffenen Organs Aufsichtsrat. Die Offenlegungsempfehlung gilt für einzelfallbezogene Interessenkonflikte wie auch für dauerhafte („institutionelle") Interessenkonflikte, die die Kodexempfehlung ausdrücklich anspricht. Durch die Offenlegung des Konflikts kann dieser bei der Willensbildung im Aufsichtsrat berücksichtigt werden. Ob sich weitergehende Maßnahmen empfehlen, wie z. B. Nichtteilnahme des betreffenden Aufsichtsratsmitglieds an der Beratung und/oder Abstimmung, muss im Einzelfall festgelegt werden.

Nicht zu unterschätzen ist auch die präventive Wirkung einer Offenlegung, die in vielen Fällen schon die Entstehung eines (institutionellen) Interessenkonflikts verhindern wird. Auch die Baums-Kommission hatte vorgeschlagen, Regeln zur Offenlegung von Interessenkonflikten im Corporate Governance Kodex zumindest zu prüfen.[297]

Mit dem Konzept der Offenlegung von Interessenkonflikten knüpft der Kodex an bestehende gesetzliche Regelungen an.

Seit dem KonTraG verlangt das Aktiengesetz bei Aufsichtsratswahlen börsennotierter Gesellschaften die vorherige Offenlegung der Aufsichtsratsmandate in (Pflicht-) Aufsichtsräten sowie die Mitgliedschaften in vergleichbaren in- und ausländischen Kontrollgremien[298] der zur Wahl anstehenden Kandidaten. Auch der ausgeübte Beruf ist bekannt zu geben. Die Offenlegung der Aufsichtsrats- und vergleichbaren Mandate erfolgt nicht nur gegenüber dem Wahlorgan Hauptversammlung, sondern jährlich aktualisiert im Anhang des Konzernabschlusses einer jeden börsennotierten Gesellschaft.[299] Ziel dieser

---

[294] Vgl. §§ 114, 115 AktG und Ziffer 5.5.4.
[295] S. dazu *Fleck* in FS Heinsius, 1991, 89, 90 ff.
[296] Vgl. *Fleck* in FS Heinsius, 1991, 89, 92; bei Vorstandsmitgliedern ist die Bindung an das Unternehmensinteresse deutlich stärker.
[297] S. *Baums*, Bericht, Rn. 69.
[298] S. § 124 Abs. 3 Satz 3, § 125 Abs. 1 Satz 3 AktG.
[299] S. §§ 285 Nr. 10, 340a Abs. 4 Nr. 1 HGB.

Offenlegungsmaßnahmen ist es, Aktionären und Anlegern eine Einschätzung zur individuellen Belastungssituation der Aufsichtsratsmitglieder (Anteilseigner- und Arbeitnehmervertreter) und zu möglichen Interessenkonflikten im Aufsichtsrat zu geben.[300] Damit reagierte der Gesetzgeber unter anderem auf die **Besetzungspolitik** vieler Aktiengesellschaften, die weniger auf die Gewinnung von möglichst effektiv und sachkundig arbeitenden Aufsichtsratsmitgliedern abzielte als vielmehr auf die Gewinnung von **Geschäftspartnern** aus Banken-, Lieferanten- und unter Umständen sogar aus Wettbewerbskreisen.[301] Gesetzliche Regeln zur Behandlung von offengelegten Interessenkonflikten sind heute nur rudimentär vorhanden.[302]

1. Offenlegungspflichtige Interessenkonflikte

1126 Offenzulegen ist jeder kurzfristige einzelfallbezogene, aber auch jeder dauerhaft wirkende Interessenkonflikt eines Aufsichtsratsmitglieds, soweit er nicht bereits nach den gesetzlichen Vorschriften (z. B. § 285 Nr. 10 HGB) offengelegt oder bereits im Aufsichtsrat bekannt ist. Ist dem Aufsichtsrat z. B. bekannt, dass ein Aufsichtsratsmitglied gleichzeitig Vorstand der Hausbank der Gesellschaft ist, und steht eine (weitere) Kreditaufnahme bei der Hausbank an, so besteht keine Verpflichtung des betreffenden Aufsichtsratsmitglieds, nochmals darauf hinzuweisen, dass er im Vorstand der Hausbank ist. Das wäre ein purer Formalismus.

1127 Der Interessenkonflikt ist spätestens dann offenzulegen, wenn er Auswirkungen auf die Beratungen des Aufsichtsrats hat. Dies muss einzelfallbezogen festgestellt werden. Dasselbe gilt für den Umfang der Offenlegung. Der Aufsichtsrat muss aufgrund des offen gelegten Sachverhalts in der Lage sein, den Kern des Konfliktes nachvollziehen zu können.

1128 Vor diesem Hintergrund empfiehlt es sich für ein offenlegungspflichtiges Aufsichtsratsmitglied, die Einzelheiten über Zeitpunkt und Umfang der Offenlegung mit dem Aufsichtsratsvorsitzenden abzustimmen.

2. Behandlung offengelegter Konflikte im Aufsichtsrat

1129 Der Interessenkonflikt ist nach dem Wortlaut des Kodex gegenüber dem Gesamtaufsichtsrat offenzulegen. Ansprechpartner ist der Aufsichtsratsvorsitzende, der den Gesamtaufsichtsrat informiert.

1130 Aus praktischen Gesichtspunkten kann es sich empfehlen, dass der Aufsichtsrat einen **Ausschuss** damit beauftragt, die Behandlung eines Interessenkonfliktes im Aufsichtsrat vorzubereiten, insbesondere den Interessenkonflikt zu analysieren und Empfehlungen zu seiner Behandlung abzugeben.

1131 Aufgabe des **Aufsichtsratsvorsitzenden** ist es dann, auf Basis des offengelegten Sachverhalts zu prüfen, welche Maßnahmen erforderlich sind, insbesondere ob ein Stimmverbot nach allgemeinen Rechtsgrundsätzen[303] eingreift oder ob das Aufsichtsratsmitglied von Rechts wegen in seinen Mitwirkungsmöglichkeiten im Aufsichtsrat je nach Art des Interessenkonfliktes beschränkt ist. Diese Verpflichtung des Aufsichtsratsvorsitzenden folgt aus seiner Verantwortung als Sitzungsleiter. In vielen Fällen wird es ausreichen, wenn sich das betreffende Aufsichtsratsmitglied bei der Abstimmung zu dem betreffenden Tagesordnungspunkt enthält. Dies ist aber insbesondere bei mitbestimmten Aufsichtsräten kein Patentrezept. Würde sich z. B. ein Anteilseignervertreter der Stimme enthalten, könnte die Arbeitnehmerbank mit ihrer Mehrheit die Beschlussfassung bestimmen, ohne dass der Aufsichtsratsvorsitzende sein Zweit-

---

[300] S. hierzu Begr. RegE zu § 124 AktG und § 285 Nr. 10 HGB, BT-Drucks. 13/9712.
[301] Vgl. dazu *Lutter*, Information und Vertraulichkeit im Aufsichtsrat, 124; *Ulmer*, NJW 1980, 1603, 1604.
[302] S. dazu unter Ziffer 5.5.3 Rn. 1116 ff.
[303] *Lutter/Krieger*, Rechte und Pflichten, Rn. 769 ff.

stimmrecht ausüben könnte. Daher kann es sich im Einzelfall empfehlen, dass sich z. B. bei einer Stimmenthaltung wegen Interessenkonflikts eines Anteilseignervertreters auch ein Arbeitnehmervertreter der Stimme enthält. Gerade zur Vorbereitung solcher Lösungen bietet sich die Diskussion in einem Ausschuss an.

3. Umsetzung der Kodexempfehlung

Die Empfehlung, Interessenkonflikte offen zu legen, richtet sich individuell an jedes **1132** Aufsichtsratsmitglied, nicht an das Organ Aufsichtsrat. Erforderlich ist daher eine **individuelle Einverständniserklärung** jedes Aufsichtsratsmitglieds als Basis für die Entsprechenserklärung nach § 161 AktG.[304] Die Einverständniserklärung ist an den Aufsichtsratsvorsitzenden zu richten und bedarf keiner bestimmten Form. Sie kann mündlich oder schriftlich abgegeben werden. In der Erklärung sollte zum Ausdruck gebracht werden, wie lange sich das Aufsichtsratsmitglied an die Erklärung gebunden hält. Zeitliche Begrenzungen der Zustimmungserklärung oder ein Widerrufsvorbehalt sind denkbar.

Eine individuelle Einverständniserklärung ergibt sich aber auch im Wege der Auslegung, wenn ein Aufsichtsratsmitglied der Beschlussfassung im Aufsichtsrat, die Kodexempfehlungen insgesamt zu akzeptieren oder der Kodexempfehlung über die Offenlegung der Interessenkonflikte folgen zu wollen, zugestimmt hat. **1133**

Eine Regelung in der **Geschäftsordnung**, die gegebenenfalls mit Mehrheit beschlossen werden kann, reicht zur Umsetzung der Kodexempfehlung allein nicht aus. Gegenstand der Geschäftsordnung sind organisatorische Fragen der Zusammenarbeit im Aufsichtsrat, keine inhaltlichen Regeln. **1134**

5.5.3 Der Aufsichtsrat soll in seinem Bericht an die Hauptversammlung über aufgetretene Interessenkonflikte und deren Behandlung informieren. Wesentliche und nicht nur vorübergehende Interessenkonflikte in der Person eines Aufsichtsratsmitglieds sollen zur Beendigung des Mandats führen.

XXI. Information über Interessenkonflikte

Nach der Kodexempfehlung zur Offenlegung von Interessenkonflikten (Ziffer **1135** 5.5.2) soll jedes Aufsichtsratsmitglied die ihn betreffenden Interessenkonflikte dem Aufsichtsrat gegenüber offen legen. Der Aufsichtsrat wird dann im Einzelfall beraten, wie mit dem Konflikt umgegangen wird. Die vorliegende Kodexempfehlung ergänzt in **Satz 1** die Offenlegung im Aufsichtsrat um die Offenlegung des Konflikts **und** seiner Behandlung gegenüber der Hauptversammlung.

Satz 2 enthält eine Empfehlung zu den Rechtsfolgen eines nicht auflösbaren Interessenkonfliktes. Ein andauernder Interessenkonflikt ist für den Aufsichtsrat nicht hinnehmbar und soll deshalb durch Ausscheiden des betreffenden Aufsichtsratsmitglieds aufgelöst werden. **1136**

1. Hauptversammlungsbericht

Die Berichterstattung erfasst Interessenkonflikte sowohl auf der Anteilseigner- als **1137** auch auf der Arbeitnehmerseite. Der Kodex lässt die Intensität der Berichterstattung offen. Eine zusammenfassende Berichterstattung, die sich auf die wesentlichen Kernpunkte begrenzt, ist zulässig.[305]

---

[304] S. dazu Rn. 1517.
[305] Formulierungsbeispiel bei *Peltzer*, Deutsche Corporate Governance, 180.

1138 Ziel der Berichterstattung ist, die Schaffung einer Informationsgrundlage für die Entlastung des Aufsichtsrats nach § 119 Abs. 1 Nr. 3 AktG zu verbessern. Hinsichtlich der Vertreter der Aktionäre im Aufsichtsrat hat die Kodexempfehlung auch zum Ziel, den Aktionären bei den nächstfolgenden Wahlen zum Aufsichtsrat einen Überblick über im Aufsichtsrat aufgetretene Konflikte zu geben, die gegebenenfalls bei den Wahlentscheidungen zu berücksichtigen sind.

1139 Nicht ganz klar ist, welche Form der Kodex für den von ihm vorgeschlagenen Hauptversammlungsbericht über aufgetretene Interessenkonflikte vorsieht. Eine rein mündliche Berichterstattung in der Hauptversammlung dürfte den Kodexanforderungen nicht genügen. Dagegen spricht zum einen der Wortlaut, der erkennbar auf die schriftliche Berichterstattung nach § 171 Abs. 2 AktG Bezug nimmt, und auch die Zielsetzung des Berichts, die eine Vorabinformation der Aktionäre vor der Hauptversammlung erforderlich macht.

1140 Der Inhalt des Berichts ist – entsprechend den Regeln zu § 171 Abs. 2 AktG – vom Aufsichtsrat zu beschließen.

2. Ausscheiden aus dem Aufsichtsrat

1141 Der Kodex empfiehlt, dass bei wesentlichen und dauerhaften Interessenkonflikten in der Person eines Aufsichtsratsmitgliedes dessen Aufsichtsratsmandat beendet werden soll. Der Kodex enthält weder eine Empfehlung zur Art und Weise der Beendigung des Mandats (Amtsniederlegung oder Abberufung aus wichtigem Grund), noch eine Empfehlung zum geeigneten Zeitpunkt der Mandatsbeendigung. Bei wesentlichen und kurzfristig nicht auflösbaren Interessenkonflikten liegt es aber im Interesse der Gesellschaft und des betroffenen Aufsichtsratsmitglieds, möglichst zeitnah ein Ausscheiden aus dem Aufsichtsrat herbeizuführen.

1142 Die **gesetzliche Konfliktlösung**, die der Kodexempfehlung zugrunde liegt, ist differenziert ausgestaltet. Die Treuepflicht der einzelnen Aufsichtsratsmitglieder verpflichtet diese, ihre Mitwirkung im Aufsichtsrat unter Berücksichtigung des konkreten Interessenkonfliktes zu beschränken.[306] Hier ist zum Beispiel an ein Ruhen des Mandates für die Dauer des Konfliktes, an die Nichtteilnahme an der Beratung zu Tagesordnungspunkten, die von dem Interessenkonflikt betroffen sind, oder auch nur an eine Stimmenthaltung bei der Beschlussfassung zu denken. In gravierenden Fällen kann auch die Verpflichtung zur Amtsniederlegung bestehen. Kommt das Aufsichtsratsmitglied dem nicht nach, besteht ein wichtiger Grund zur gerichtlichen Abberufung. Dies sind **Einzelfallentscheidungen**, so dass der Grad der Dezision groß sein dürfte. Das führt zu Rechtsunsicherheiten. Auch insofern kann die vorliegende Kodexempfehlung, dass (nur) bei wesentlichen und nicht nur vorübergehenden Interessenkonflikten eine Mandatsbeendigung erfolgen soll, hilfreich sein.

5.5.4 Berater- und sonstige Dienstleistungs- und Werkverträge eines Aufsichtsratsmitglieds mit der Gesellschaft bedürfen der Zustimmung des Aufsichtsrats.

XXII. Beraterverträge

1143 Die Kodexbestimmung verdeutlicht, dass der Gesellschaft der Abschluss von **Beraterverträgen** mit einzelnen Aufsichtsratsmitgliedern durchaus erlaubt ist, diese Verträge aber dem Aufsichtsrat offen gelegt und von ihm gebilligt werden müssen. Damit fasst der Kodex die Regelung des § 114 AktG zur Zustimmungspflicht von Dienst-

---

[306] S. zum Ganzen *Lutter/Krieger*, Rechte und Pflichten, Rn. 769 ff. und zur Abberufung aus wichtigem Grund Rn. 800 ff., sowie *Hopt*, ZGR 2004, 1, 31 ff.

und Werkverträgen zusammen, eine Empfehlung oder Anregung wird nicht ausgesprochen.

1. Zustimmungsfähige Verträge

Zustimmungsfähig sind Verträge über Dienst- bzw. Werkleistungen, die nicht bereits in den **Aufgabenbereich des Aufsichtsrats** fallen und daher durch die Aufsichtsratsvergütung nicht bezahlt sind. Die organschaftliche Beratungspflicht des Aufsichtsrats als Bestandteil der Überwachungsaufgabe[307] erfasst aber nur die wesentlichen Vorgänge im Unternehmen, die grundsätzliche Bedeutung haben.[308] Dienst- und Werkverträge, die auch nur teilweise Aufsichtsratsaufgaben zum Gegenstand haben, sind wegen Umgehung der Vergütungskompetenz der Hauptversammlung nichtig und damit nach § 114 AktG nicht zustimmungsfähig.[309]

Daraus folgt: Zustimmungsfähig sind allein Verträge über Fragen eines **besonderen Fachgebiets**, insbesondere abgrenzbare Aufgabenstellungen auf wirtschaftlichem, technischem oder juristischem Gebiet.[310] Die Verträge müssen sich auf Fragen spezieller Art beziehen. Sie können z. B. Themen des Tagesgeschäfts, seiner Vorbereitung und Umsetzung, Gegenstand eines zustimmungsfähigen Vertrages mit einem Aufsichtsratsmitglied sein. Hierzu gehören z. B. Vorschläge zur Auswahl eines neuen Abteilungsleiters in einem der zentralen Unternehmensbereiche oder die Vorbereitung einer speziellen Emission (Finanzanleihen, Börsengänge, IPOs), die allgemeine oder spezielle Steuerberatung, technische Vorbereitung und Abwicklung eines Unternehmenskaufes.[311] Diesen Grundsätzen wird nicht genügt, wenn sich das Aufsichtsratsmitglied ganz generell dazu verpflichtet, die Gesellschaft in betriebswirtschaftlichen und steuerrechtlichen Fragen zu beraten.[312]

2. Offenlegung und Zustimmungserteilung

Der Aufsichtsrat muss sich davon überzeugen können, dass der Vertrag keine verdeckten Sonderzuwendungen an das Aufsichtsratsmitglied enthält.[313] Daher müssen für die Aufsichtsratsentscheidung die speziellen Einzelfragen, in denen das Aufsichtsratsmitglied den Vorstand beraten soll, sowie das von der Gesellschaft zu entrichtende Entgelt so konkret bezeichnet werden, dass sich der Aufsichtsrat ein eigenständiges Urteil über die Art der Leistung, ihren Umfang sowie die Höhe und Angemessenheit der Vergütung bilden kann.[314] Daher ist jedenfalls der **wesentliche Inhalt des Vertrages** dem Aufsichtsrat vor der Beschlussfassung offen zu legen.[315] Hierzu gehören die konkrete Tätigkeit des Aufsichtsratsmitglieds und die dafür vereinbarte Vergütung.[316] Die **Zustimmung** des Aufsichtsrats kann vor oder nach Abschluss des Vertrages erteilt werden.[317]

---

[307] S. dazu die Ausführungen unter Ziffer 5.1.1.
[308] BGHZ 114, 127, 132; 126, 340, 346; *Lutter/Kremer*, ZGR 1992, 87, 95 ff.; *Lutter/Krieger*, Rechte und Pflichten, Rn. 735; *Vetter*, AG 2005, 173, 175 f. und Ziffer 5.1.1.
[309] BGH, ZIP 2006, 1529, 1531; *Hoffmann-Becking* in Hoffmann-Becking, Münch. Hdb. GesR IV, § 33 Rn. 26.
[310] Vgl. BGHZ, 126, 340, 344 und *Lutter/Kremer*, ZGR 1992, 87, 93 ff.; *Hoffmann-Becking* in Hoffmann-Becking, Münch. Hdb. GesR IV, § 33 Rn. 27.
[311] *Lutter/Krieger*, Rechte und Pflichten, Rn. 735.
[312] BGH, ZIP 2006, 1529, 1531.
[313] BGHZ 126, 340, 344.
[314] So BGHZ 126, 340, 344 f.
[315] *Hüffer*, AktG, § 114 Rn. 6; *Hoffmann-Becking* in Hoffmann-Becking, Münch. Hdb. GesR IV, § 33 Rn. 30; *Lutter/Krieger*, Rechte und Pflichten, Rn. 737.
[316] *Lutter/Drygalu* in FS Ulmer, 381, 396 f.
[317] *Lutter/Drygala* in FS Ulmer, 381, 396 f.; zu den Kriterien, die bei der Abwägung des Aufsichtsrats zu berücksichtigen sind, s. *Lutter/Krieger*, Rechte und Pflichten, Rn. 737.

1147	Bei der Abstimmung darf das betreffende Aufsichtsratsmitglied wegen Interessenkollision („Richter in eigener Sache") nicht mitstimmen (**Stimmverbot**).[318] Das betreffende Aufsichtsratsmitglied sollte auch an der Beratung zu diesem Tagesordnungspunkt nicht teilnehmen.
1148	Zustimmungen zu Verträgen mit Aufsichtsratsmitgliedern können einem **Ausschuss** übertragen werden.[319] Eine entsprechende Regelung in der Geschäftsordnung des Aufsichtsrats ist empfehlenswert.
1149	Verträge, die ohne die erforderliche Zustimmung des Aufsichtsrats abgeschlossen werden, sind **nichtig**.[320] Bereits gezahlte Vergütungen sind zurückzufordern.

3. Aufsichtsratsmitglied als Vertragspartner

1150	Normziel des § 114 AktG ist es, eine unsachliche Beeinflussung von Aufsichtsratsmitgliedern durch Sonderleistung des Vorstands zu verhindern.[321] Daher bedürfen nicht nur Verträge der Gesellschaft mit einem Aufsichtsratsmitglied sondern auch Verträge mit Gesellschaften, an denen das Aufsichtsratsmitglied als Gesellschafter, gesetzlicher Vertreter oder Aufsichtsratsmitglied beteiligt ist, der Zustimmung des Aufsichtsrats. Eine beherrschende Beteiligung ist nicht notwendig,[322] sondern es ist nach der Rechtsprechung ausreichend, wenn dem Aufsichtsratsmitglied über seine Beteiligung mittelbare Leistungen der Gesellschaft zufließen und diese nicht – abstrakt betrachtet – geringfügig sind oder im Vergleich zu der Aufsichtsratsvergütung einen zu vernachlässigenden Umfang haben.[323] Die Grundsätze des § 114 AktG kommen auch dann zur Anwendung, wenn ein Mitglied des Aufsichtsrats gleichzeitig Partner einer Rechtsanwaltssozietät ist und die Gesellschaft mit der Sozietät einen Beratungsvertrag abschließt.[324]

4. Beraterverträge mit Tochtergesellschaften

1150a	Der Kodex behandelt Verträge, die das Aufsichtsratsmitglied mit der Gesellschaft abschließt. Der Kodex lässt offen, ob das Aufsichtsratsmitglied ohne Zustimmung des Aufsichtsrats entsprechende Verträge mit Tochtergesellschaften abschließen darf. Diese Frage ist in der Literatur umstritten[325] und wurde wohl deshalb vom Kodex (bewusst) nicht behandelt.

5. Zurückhaltende Handhabung

1151	Beim Abschluss von Beratungs- und sonstigen Dienstleistungs- und Werkverträgen mit Aufsichtsratsmitgliedern empfiehlt sich in der Praxis eine restriktive Handhabung. Die Unabhängigkeit eines Aufsichtsratsmitglieds kann durch die Höhe der von der Gesellschaft aus diesen Verträgen bezogenen im Verhältnis zu seinen Gesamteinkünften gefährdet werden.[326]

---

[318] *Mertens* in Kölner Kommentar, § 114 Rn. 12; *Lutter/Krieger*, Rechte und Pflichten, Rn. 739.
[319] *Hüffer*, AktG, § 114 Rn. 6.
[320] S. § 134 AktG und dazu *Hoffmann-Becking* in Hoffmann-Becking, Münch. Hdb. GesR IV, 1999, § 33 Rn. 6.
[321] BGH, ZIP 2007, 22, 23 *Lutter/Krieger*, Rechte und Pflichten, Rn. 749.
[322] S. BGH, ZIP 2007, 22.
[323] BGH, ZIP 2007, 22.
[324] S. etwa OLG Hamburg, AG 2007, 404, 405.
[325] Vgl. die Übersicht bei *Lutter/Krieger*, Rechte und Pflichten, Rn. 746; OLG Hamburg, AG 2007, 404, 408.
[326] Zutreffend *Peltzer*, Deutsche Corporate Governance, Rn. 308.

5.6 Effizienzprüfung
Der Aufsichtsrat soll regelmäßig die Effizienz seiner Tätigkeit überprüfen.

XXIII. Selbstevaluation

1. Empfehlung zur Evaluation

Der Kodex hat mit der Effizienzprüfung eine neuartige Aufgabe für das Überwachungsorgan formuliert, die bislang nicht gesetzlich vorgesehen ist und auch nicht aufgrund faktischer Übung auf der regelmäßigen Agenda deutscher Aufsichtsräte stand. Die Idee einer Selbstevaluierung des Aufsichtsrats hat ihr Vorbild in der „Board Performance Evaluation", die in den USA mittlerweile bei zahlreichen namhaften Gesellschaften zum Standard ihrer Governance-Praxis gehört.[327] Das Thema ist auch von der Regierungskommission Corporate Governance verhandelt worden, deren Abschlussbericht hierzu u. a. ausführt:

„Das Thema ‚Selbstevaluierung der Arbeit des Board' ist eines der zentralen Themen der internationalen Corporate Governance-Debatte. Nach Auffassung der Regierungskommission ist es Angelegenheit und Aufgabe jedes Aufsichtsrats selbst, einen solchen Selbstevaluierungsprozess anzustoßen und in Gang zu halten.

Ein Code of Best Practice könnte insoweit Anregungen vorsehen. So heißt es denn auch in Ziffer 2.6 des Berliner Kodex: ‚Der Aufsichtsrat unterzieht seine Tätigkeit in regelmäßigen Abständen einer systematischen Evaluation, um sie kontinuierlich zu verbessern.'

Es sollte der einzurichtenden Kommission zur Entwicklung eines Corporate Governance-Kodex überlassen bleiben zu prüfen, ob sie Empfehlungen zur Selbstevaluierung des Aufsichtsrats in den Code of Best Practice aufnimmt."[328]

Der Kodex gibt nicht nur eine (für die Entsprechenserklärung nach § 161 AktG unerhebliche) Anregung, sondern spricht die Empfehlung aus, dass der Aufsichtsrat regelmäßig die Effizienz seiner Tätigkeit überprüfen soll. Er trifft allerdings keine weiteren Festlegungen in Hinblick auf die Art, den Ablauf und die Häufigkeit der Evaluation. Denkbar sind daher zunächst ganz unterschiedliche Formen der Effizienzprüfung, die vor allem auch die Intensität und Ernsthaftigkeit der Auseinandersetzung des Überwachungsorgans mit der Qualität seiner Aufsicht variieren können.[329] So kann die Bewertung der Überwachungseffizienz eher informal oder – z. B. durch schriftliche Befragung der einzelnen Aufsichtsratsmitglieder – formalisierter angelegt, als reine Selbstevaluation ohne Mitwirkung Dritter oder unter Einschaltung eines Moderators durchgeführt und zu unterschiedlichen Zeitpunkten sowie für verschiedene Zeiträume vollzogen werden. Wenngleich in der Praxis bislang ein weites Spektrum an Evaluationsformen beobachtet werden kann,[330] lassen sich inzwischen doch zumindest die wesentlichen Gestaltungsfragen von Aufsichtsratsbeurteilungen systematisieren.

---

[327] Vgl. z. B. *Lorsch*, Harvard Business Review 1995, Heft 1, 116; *Berenbeim*, Corporate Governance – An International Review 1996, 46; *Lorsch*, ZfbF 1996, Sonderheft 36, 214 f.; *Neubauer*, Corporate Governance – An International Review 1997, 160; *Conger/Lawler/Finegold*, Harvard Business Review 1998, Heft 1, 136 ff.; *Conger/Lawler/Finegold*, Boards, 103 ff.
[328] *Baums*, Bericht, Rn. 62.
[329] Vgl. auch *Peltzer*, Leitfaden, Rn. 323.
[330] Vgl. auch *Pfitzer/Höreth* in Pfitzer/Oser/Orth (Hrsg.), Handbuch, 198 f. Die Empfehlung zur Selbstevaluation des Aufsichtsrats wird von den vom Kodex adressierten Unternehmen heute immerhin schon weitgehend akzeptiert (vgl. *v. Werder/Talaulicar*, DB 2007, 871 (Tab. 3)).

2. Kernfragen und Ablauf von Aufsichtsratsbeurteilungen

1154 Die Performancebeurteilung des Board of Directors ist in den USA schon seit längerem ein Thema.[331] Ungeachtet dessen haben sich allerdings auch für den Board noch keine allgemein akzeptierten Evaluationsstandards herausgebildet.[332] Im Kern beruhen die diskutierten Optionen vielmehr auf den Erfahrungen ausgewählter Unternehmen sowie präskriptiven Gestaltungsempfehlungen der angloamerikanischen Literatur.[333] So sieht beispielsweise Nr. 22 der sehr bekannt gewordenen „Corporate Governance Guidelines" von General Motors folgende Regelung vor:[334] „The Board must perform a self-evaluation on an annual basis. The Directors and Corporate Governance Committee is responsible to report annually to the Board an assessment of the Board's performance. The Committee usually reviews the evaluation structure prior to the October meeting when the full Board conducts its evaluation during the executive session. The assessment will include a review of the Board's overall effectiveness and the areas in which the Board or management believes the Board can make an impact on the Corporation. The purpose of the evaluation is to increase the effectiveness of the Board, not to focus on the performance of individual Board members. The Directors and Corporate Governance Committee will also utilize the results of this evaluation process in determining the characteristics and assessing critical skills required of prospective candidates for election to the Board and making recommendations to the Board with respect to assignments of Board members to various committees." Bemerkenswert erscheint im Übrigen, dass sich diese Guideline im Vergleich zu früheren Versionen verändert hat und nun detaillierter ausgearbeitet wurde.[335] Es handelt sich dabei um einen interessanten Beleg dafür, dass sich die Evaluationspraxis auch in den USA nach wie vor weiterentwickelt.

1155 In dieser unternehmensspezifischen Regelung spiegeln sich mehrere Aspekte von Leistungsbewertungen (des Board of Directors) wider, die bei der Selbstevaluation des Aufsichtsrats zu beachten sind. Hierzu zählt zunächst die Klärung von drei grundlegenden Fragen der Evaluation. Erstens können Selbstevaluationen mit der Gewährleistung der **Compliance** und der Sicherung der **Performance** zwei generelle Ziele verfolgen.[336] Durch Complianceprüfungen soll sichergestellt werden, dass existierende (gesetzliche und untergesetzliche) Aufsichtsratsbestimmungen beachtet werden. Performanceprüfungen sollen hingegen die Aufsichtsratsaktivitäten und -modalitäten auf ihre Erfolgswirkungen hin beurteilen. Zweitens sind die Evaluationsträger festzulegen. Bei der Empfehlung, der Aufsichtsrat solle regelmäßig die Effizienz seiner Tätigkeit

---

[331] Vgl. z. B. *Blair*, Harvard Business Review 1950, Heft 1; *Mueller*, Harvard Business Review 1979, Heft 3; *Demb/Neubauer*, Board, 161 ff.; *Lorsch*, Harvard Business Review 1995, Heft 1, 116 f.; *Conger/Lawler/Finegold*, Harvard Business Review 1998, Heft 1; *O'Neil/Thomas* in Hamel et al., Flexibility, 1998; *Bernhardt*, FAZ vom 24. 7. 2000, 27.

[332] So zeigt sich in empirischen Erhebungen in den USA auch meist nur eine verhaltene Akzeptanz von Board-Evaluationen (vgl. m. N. *Bernhardt/Witt* in Hommelhoff/Hopt/v. Werder, Handbuch CG, 324 f.; *Seibt*, DB 2003, 2107).

[333] S. zum Ganzen *Berenbeim*, Corporate Governance – An International Review 1996, 46; *Lorsch*, ZfbF 1996, Sonderheft 36, 214 f.; *Neubauer*, Corporate Governance – An International Review 1997; *Conger/Lawler/Finegold*, Harvard Business Review 1998, Heft 1; *Bernhardt*, FAZ vom 24. 7. 2000, 27; *Ward*, Boards, 1 ff.; *Conger/Lawler/Finegold*, Boards, 103 ff.; *Bernhardt/Witt* in Hommelhoff/Hopt/v. Werder, Handbuch CG; *Seibt*, DB 2003, 2107.

[334] http://www.gm.com/company/investor_information/corp_gov/guidelines_pg2.html#21, Stand: 28. 4. 2007.

[335] S. den Abdruck der seinerzeitigen Guideline Nr. 15 in der Erstauflage dieses Kommentars (*v. Werder* in Ringleb et al., Kodex-Kommentar, 2003, Rn. 818) und den Abdruck der damaligen Guideline Nr. 20 in der zweiten Auflage dieses Kommentars (*v. Werder* in Ringleb et al., Kodex-Kommentar, 2005, Rn. 1133).

[336] Vgl. *v. Werder/Grundei* in Hommelhoff/Hopt/v. Werder, Handbuch CG, 680.

überprüfen, handelt es sich zwar insoweit zunächst um eine Form der Selbstevaluation. Im Einzelnen beinhaltet dies jedoch noch einen gewissen Gestaltungsspielraum. Wesentliche Entscheidungen über das gesamte Verfahren der Prüfung sind dem Gesamtgremium vorzubehalten.[337] Prinzipiell können jedoch einzelne Aufsichtsratsmitglieder bzw. ein Ausschuss oder auch der Aufsichtsratsvorsitzende insbesondere im Rahmen der Vorbereitung und der Durchführung der Evaluation eine herausgehobene Rolle übernehmen. Ferner können auch externe Moderatoren herangezogen werden.

Werden einzelne Aufsichtsratsmitglieder einer Leistungsbewertung unterzogen, so schließt sich die Frage an, ob die Bewertung der individuellen Board-Mitglieder lediglich in Form einer Selbstevaluation jedes Mitglieds (Self Appraisal) oder (auch) durch die anderen Board-Mitglieder (Peer Review) erfolgen soll. Als dritte Grundfrage ist der Zeitpunkt der Evaluation festzulegen. Da die Entsprechenserklärung nach § 161 AktG von Vorstand und Aufsichtsrat jährlich abzugeben ist, bietet es sich an, die Tätigkeit des Überwachungsorgans ebenfalls einmal pro Jahr[338] – und zeitnah zur Vorbereitung der Entsprechenserklärung – zu evaluieren.

Ein vollständiger Evaluationsprozess lässt sich in vier Phasen gliedern.[339] Zu Beginn ist der Gegenstand der Evaluation zu spezifizieren. Eine Beurteilung von Compliance und Performance der Aufsichtsratstätigkeit stellt ein komplexes Unterfangen dar und wird mitunter für zu aufwendig gehalten werden, um sie jedes Jahr in vollem Umfang durchführen zu können.[340] Es erscheint deshalb nahe liegend, zumindest nicht zu jedem Zeitpunkt „vollständige" Beurteilungen durchzuführen, sondern jeweils gewisse inhaltliche Schwerpunkte zu setzen.[341] Neben regelmäßig zu prüfenden Modalitäten, die vor allem organisatorische Aspekte wie z. B. die Größe, die personelle Zusammensetzung und die Tagungshäufigkeit des Aufsichtsrats und seiner Ausschüsse oder auch die Qualität der organinternen Diskussionskultur betreffen, können danach fallweise bestimmte Aspekte der Aufsichtsratstätigkeit vertieft behandelt werden. Besonders wichtig erscheint bei der „Objektwahl" die Frage zu sein, ob lediglich der Aufsichtsrat insgesamt[342] – wie offenbar im oben genannten Beispiel von General Motors – oder (auch) die einzelnen Mitglieder des Aufsichtsrats[343] einer Beurteilung unterzogen werden. Trotz der Einwände, die gegen eine Bewertung einzelner Mitglieder vorgebracht werden, scheint die (wenigstens gelegentliche und gegebenenfalls vertrauliche) Einschätzung von individueller Eignung und Motivation zur Gewährleistung einer effizienten Aufsichtsratstätigkeit unabdingbar.[344] Neben dem Aufsichtsrat bzw. den Aufsichtsratsmitgliedern kommen ferner auch die Ausschüsse des Aufsichtsrats für eine Effizienzprüfung in Betracht.

Im zweiten Schritt sind die Bewertungskriterien festzulegen, die als Prüfmaßstäbe an die Gegenstände der Evaluation anzulegen sind.[345] Mit Blick auf die beiden Zielsetzungen sind Kriterien der Compliance- und der Performanceprüfung zu unterscheiden. Da der Zweck der Complianceprüfung darin besteht, den Grad der Einhaltung von (mehr oder weniger verbindlichen) Regeln der Aufsichtsratstätigkeit zu kontrol-

---

337 Vgl. *Seibt*, DB 2003, 2111 f.
338 S. hierzu auch nochmals das konkrete Beispiel von General Motors in Rn. 1154.
339 Vgl. zum Folgenden m. w. N. *v. Werder/Grundei* in Hommelhoff/Hopt/v. Werder, Handbuch CG, 683 ff.; *Grundei/v. Werder* in Schreyögg/v. Werder, Handwörterbuch, 2004.
340 So für umfassende Board-Evaluationen *Demb/Neubauer*, Board, 181.
341 Vgl. auch *Conger/Lawler/Finegold*, Harvard Business Review 1998, Heft 1, 139.
342 Beispiel: Der Aufsichtsrat tagte im Geschäftsjahr vier Mal.
343 Beispiel: Aufsichtsratsmitglied X nahm nur an zwei der vier Sitzungen teil und leistete keine Diskussionsbeiträge.
344 Vgl. *Bernhardt/Witt* in Hommelhoff/Hopt/v. Werder, Handbuch CG, 327; *Seibt*, DB 2003, 2109.
345 Vgl. auch *Bernhardt* in Albach, Konzernmanagement, 326; *Potthoff/Trescher/Theisen*, Aufsichtsratsmitglied, Rn. 2048.

lieren, ergeben sich die relevanten Kriterien aus dem Gesetz und dem Kodex selbst. Zusätzlich existieren (untergesetzliche) Leitlinien guter Unternehmensführung, die insbesondere dazu beitragen, zentrale gesetzliche Bestimmungen weiter zu konkretisieren. Es handelt sich dabei um Regeln ordnungsgemäßer Unternehmensführung, die vergleichsweise bewährte betriebswirtschaftliche Erkenntnisse in Form von Grundsätzen ordnungsmäßiger Unternehmensleitung (GoU) bzw. Überwachung (GoÜ) kondensieren.[346] Die GoÜ können somit ebenfalls zur Beurteilung der Aufsichtsratstätigkeit herangezogen werden. Nicht selten wird die konkrete Prüfung der einzelnen (gesetzlichen und untergesetzlichen) Kriterien eine weitergehende Operationalisierung erforderlich machen. So bedarf etwa die Beantwortung der Fragen, ob der Aufsichtsrat seiner Überwachungsaufgabe ausreichend nachgekommen ist und ob die Aufsichtsratsmitglieder hinreichend unabhängig sind, in concreto präziser Indikatoren für Überwachungseffizienz bzw. Unabhängigkeit.

1159 Performancemaßstäbe dienen einem anderen Evaluationszweck. Sie kommen im Grunde überhaupt nur dann sinnvoll zur Anwendung, wenn die jeweiligen Regelungen dem Unternehmen einen Gestaltungsspielraum belassen. In diesen Fällen sollte die Ausformung der Aufsichtsratsmodalitäten im Einzelfall an Erkenntnissen über Erfolgswirkungen alternativer Gestaltungsformen gemessen werden. Da die Performancewirkungen von Governancemodalitäten nicht einfach zu bestimmen sind,[347] können auch „Benchmarks" vergleichbarer Unternehmen wichtige Anhaltspunkte für die effiziente Gestaltung der Aufsichtsratsarbeit bieten.

1160 Gegenstand des dritten Schrittes ist die Erhebung des Istzustands. Die Evaluationsträger können hierfür prinzipiell schriftliche Befragungen oder Interviews durchführen, wobei Checklisten[348] eine wichtige Hilfestellung bieten können. So kann beispielsweise der Aufsichtsratsvorsitzende Einzelgespräche mit (den) Mitgliedern des Aufsichtsrats führen, während externe Moderatoren eine Fragebogenerhebung vornehmen und anonymisiert auswerten. Ergänzend ist daran zu denken, auch „Beobachtungen" durchzuführen, da und soweit sich bestimmte Aspekte wie etwa die Offenheit der Diskussion vermutlich nur auf diesem Wege zuverlässig erfassen lassen.[349]

1161 Den Abschluss des Bewertungsprozesses bildet die Auswertung der Einsichten in die Leistungsfähigkeit des Aufsichtsrats. Insbesondere wenn sich Compliance- bzw. Performancedefizite zeigen, erscheint es besonders wichtig, hieraus auch Konsequenzen abzuleiten. Zu diesem Zweck sollten die Beurteilungsergebnisse zum einen jeweils mit den betreffenden Aufsichtsratsmitgliedern erörtert werden. Hierfür bieten sich Einzelgespräche mit den Aufsichtsratsvorsitzenden an. Beziehen sich die Resultate auf den Aufsichtsrat insgesamt, so sollten sie auch im gesamten Gremium diskutiert werden. Zum anderen empfiehlt es sich, aus den erkannten Defiziten Anforderungsprofile für die künftige Gestaltung der Aufsichtsratstätigkeit zu entwickeln. In Anlehnung an die zitierte Richtlinie von General Motors könnten etwa konkrete Kriterien für die Auffüllung von Vakanzen im Überwachungsorgan formuliert werden. Da es sich dabei letztlich um (neue) Soll-Maßstäbe für die Arbeit des Aufsichtsrats handelt, ist deren Umsetzung wiederum zum Gegenstand nachfolgender Evaluationen zu machen. Somit entsteht ein systematisches und kontinuierlich fortgesetztes Evaluationsprogramm.

---

[346] S. dazu auch m. N. Ziffer 3.8 des Kodex (Rn. 455 ff.).
[347] Vgl. zu dieser Problematik näher *v. Werder* in Hommelhoff/Hopt/v. Werder, Handbuch CG, 20 f.
[348] S. Anhang S. 375; *Seibt*, DB 2003, 2111; *Orth/Wader* in Pfitzer/Oser/Orth (Hrsg), Handbuch, 513 ff.; AKEIÜ, DB 2006, 1633 ff.
[349] Vgl. auch *Coulson-Thomas*, Directors, 153.

6. Transparenz

Kommentierung

Übersicht

	Rn.
I. Veröffentlichung von Insiderinformationen (Kodex 6.1)	1201
1. Transparenz – Grundüberzeugung des Kodex	1201
2. Ad-hoc-Publizität	1204
3. Die Gesetzesbeschreibung des Kodex im Licht des AnSVG	1206
4. Unverzügliche Veröffentlichung	1216
II. Bekanntmachungspflichten (Kodex 6.2)	1217
III. Gleichbehandlung der Aktionäre (Kodex 6.3)	1220
1. Gleichmäßige Information des Kapitalmarkts	1220
2. Gleichbehandlung der Aktionäre	1221
3. Fair Disclosure	1223
4. Sämtliche neuen Tatsachen	1224
5. Finanzanalysten und andere Adressaten	1226
6. Unverzüglich zur Verfügung stellen	1227
IV. Kommunikationsmedien (Kodex 6.4)	1228
V. Informationelle Gleichbehandlung auf internationaler Ebene (Kodex 6.5)	1232
VI. Mitteilung des Kaufs oder Verkaufs von Aktien der Gesellschaft (Kodex 6.6)	1235
1. Die gesetzliche Entwicklung	1235
a) Die Ausnahme von der Mitteilungspflicht	1240
b) Die de-minimis-Regelung des § 15a Abs. 1 Satz 5 WpHG	1241
2. Zusätzliche Veröffentlichung	1242
a) Angabe von Einzelbesitz	1242
b) Zurechnung von Drittbesitz	1244
c) Angabe von Gesamtbesitz von Vorstand bzw. Aufsichtsrat	1245
3. Die Behandlung von Directors' Dealings im Corporate Governance Bericht	1246
4. Der Detaillierungsgrad der Anhangangaben	1247
VII. „Finanzkalender" (Kodex 6.7)	1249
VIII. Internetseite (Kodex 6.8)	1252
1. Internetpublizität von Unternehmensinformationen	1252
2. Gliederung der Internetseiten	1255
3. Veröffentlichung in englischer Sprache	1257
4. Relevanz in der Praxis	1258

6. Transparenz

6.1 Der Vorstand wird Insiderinformationen, die die Gesellschaft unmittelbar betreffen, unverzüglich veröffentlichen, soweit er nicht im Einzelfall von der Veröffentlichungspflicht befreit ist.

I. Veröffentlichung von Insiderinformationen

1. Transparenz – Grundüberzeugung des Kodex

Transparenz ist einer der Grundgedanken, der sich wie ein roter Faden durch den gesamten Kodex zieht und der schon in Abs. 1 Satz 2 der Präambel prominent herausgestellt wird. Dort heißt es: „Der Kodex soll das deutsche Corporate-Governance-System **transparent** und nachvollziehbar machen."[1] **1201**

---

[1] S. hierzu Präambel Abs. 1 S. 2.

1202 Diesem Gedanken hat die Kommission so entscheidende Bedeutung zugemessen, dass sie ihm einen gesonderten Abschnitt im Kodex widmete. Dabei hat sich die Kommission von der Überzeugung leiten lassen, dass Transparenz – das heißt die Sichtbarmachung unternehmerischen Handelns für den Aktionär, Stakeholder oder die interessierte Öffentlichkeit – ein entscheidendes Kriterium für die Bewertung und Akzeptanz des Unternehmens ist. Aus der Sichtbarmachung unternehmerischen Handelns resultiert unmittelbar die Verpflichtung und Notwendigkeit, unternehmerisches Handeln dem vorgenannten Adressatenkreis gegenüber auch zu begründen. In kurzen Worten lässt sich die Überzeugung der Kommission dahin gehend zusammenfassen, dass das, was man nicht mit guten Gründen der Öffentlichkeit mitteilen kann, man am besten auch gar nicht tun sollte.

1203 Zu Beginn des mit Transparenz überschriebenen Kodexabschnittes geben die Ziffern 6.1, 6.2 und 6.3 Satz 1 in prägnanter Weise, aber notwendigerweise auch leicht vergröbernd das geltende Recht wieder. Seit der ersten Veröffentlichung des Kodex in 2002 eingetretene Änderungen des WpHG[2] haben eine Anpassung des gesetzesbeschreibenden Wortlauts des Kodex erforderlich gemacht. Die Kommission hat wiederum zum leichteren Verständnis, insbesondere für ausländische Investoren, diese Vergröberungen in Kauf genommen.[3]

2. Ad-hoc-Publizität

1204 Die Kodexregelung zu **Ziffer 6.1** entspricht § 15 Abs. 1 WpHG, der Kernvorschrift **kapitalmarktrechtlicher Ad-hoc-Publizität**,[4] die die althergebrachte Regelpublizität in Form der jährlichen handelsrechtlichen Rechnungslegung und der obligatorischen aktienrechtlichen Halbjahresberichterstattung durch Ad-hoc-Berichte ergänzt.

1205 Die Ad-hoc-Publizität soll die Regelpublizität ergänzen, aber nicht – auch nicht partiell – verdrängen. Dies hat zur Folge, dass sich die Ad-hoc-Publizität nicht auf solche Informationen beziehen kann, über die bereits im Rahmen des laufenden Jahresabschlusses und Lageberichtes bzw. in der Regelzwischenberichterstattung zu berichten ist. Insbesondere besteht insoweit **kein Wahlrecht** etwa dergestalt, dass das Unternehmen unter Gesichtspunkten der Öffentlichkeitsarbeit oder Zweckmäßigkeit zwischen den beiden Möglichkeiten wählen könnte.

3. Die Gesetzesbeschreibung des Kodex im Licht des AnSVG

1206 Nach Ziffer 6.1 hat der Vorstand **Insiderinformationen**, die die Gesellschaft **unmittelbar** betreffen, **unverzüglich zu veröffentlichen**.

1207 **Insiderinformationen** im Sinne des § 13 Abs. 1 WpHG sind konkrete Informationen[5] über nicht öffentlich bekannte Umstände, die geeignet sind, im Falle ihres öffentlich Bekanntwerdens den Börsen- oder Marktpreis der Insiderpapiere erheblich zu beeinflussen. Während **Tatsachen** konkrete, vergangene oder gegenwärtige Geschehnisse oder Zustände sind, die sinnlich wahrnehmbar in die Wirklichkeit getreten und damit dem prozessualen Beweis zugängig sind, schließt der Begriff „Insiderinformationen" nunmehr überprüfbare Werturteile und Prognosen ein.[6] Die Folgen des

---

[2] Im Wesentlichen infolge des Erlasses des AnSVG vom 28.10.2004 (BGBl. I, S. 2630).
[3] S. hierzu das Vorwort des Vorsitzenden der Regierungskommission vom 26.2.2002: „Auch dort, wo der Kodex geltendes Recht beschreibt, gibt er dem Ziel leichter Verständlichkeit den Vorrang vor juristischer Präzision. Er erhebt nicht den Anspruch die geltenden Gesetze umfassend und in allen relevanten Facetten darzustellen."
[4] S. hierzu *Assmann/Schneider*, WpHG, § 15 mit umfänglichen Literaturnachweisen.
[5] Nicht mehr „Tatsachen" wie noch in § 13 Abs. 1 WpHG in der Fassung vom 21.6.2002 (BGBl. I, S. 2010).
[6] *Dreyling*, Der Konzern 2005, 1, 2.

gesetzlichen Wechsels der Terminologie von „Tatsachen" zu „Informationen" sind für die Praxis indes handhabbar, weil im Grunde genommen die herrschende Meinung in Rechtsprechung und Lehre, die sich unter dem WpHG vor Inkrafttreten des AnSVG gebildet hatte, gesetzlich festgeschrieben wurde.[7] Auch nach altem Recht wurden Prognosen und überprüfbare Werturteile häufig bereits als „Tatsache" im insiderrechtlichen Sinn gewertet.[8]

Die Information darf nicht öffentlich bekannt sein. Unter Öffentlichkeit ist in diesem Zusammenhang die so genannte Bereichsöffentlichkeit zu verstehen. Das sind die Teilnehmer am Kapitalmarkt, deren Interessen das WpHG schützen will.

Unter früherem Recht (§ 15 Abs. 1 WpHG a. F.) musste die Tatsache geeignet gewesen sein, wegen der „Auswirkungen auf die Vermögens- und Finanzlage oder den allgemeinen Geschäftsverlauf" den Börsenpreis der zugelassenen Wertpapiere erheblich zu beeinflussen. Nach § 13 Abs. 1 WpHG in der Fassung des AnSVG liegt eine Insiderinformation überhaupt nur dann vor, „wenn sie geeignet ist, im Fall ihres öffentlichen Bekanntwerdens den Börsen- oder Marktpreis der Insiderpapiere erheblich zu beeinflussen". Die Eignung zur Kursbeeinflussung ist mithin dem Begriff „Insiderinformation" immanentes Tatbestandsmerkmal. Insoweit stellt das Gesetz nunmehr einen Gleichklang zu § 15 WpHG her, der sich schlicht auf „Insiderinformationen" bezieht und auf das Merkmal des Kursbeeinflussungspotentials verzichtet.[9] Nach § 13 Abs. 1 Satz 2 WpHG ist eine Information dann geeignet, den Börsen- oder Marktpreis zu beeinflussen, „wenn ein verständiger Anleger die Information bei seiner Anlageentscheidung berücksichtigen würde". Die Insiderinformation muss die Gesellschaft **unmittelbar** betreffen. § 15 Abs. 1 Satz 2 WpHG stellt ausdrücklich klar, „dass eine Insiderinformation den Emittenten (insbesondere) dann unmittelbar betrifft, wenn sie sich auf Umstände bezieht, die in seinem Tätigkeitsbereich eingetreten sind". Hierunter sind, wie nach altem Recht, auch Umstände zu verstehen, die bei **Konzernunternehmen** eingetreten sind.[10]

In Abschnitt 6.1 beschreibt der Kodex lediglich das geltende Recht. Er stellt daher zu Recht und in Übereinstimmung mit § 15 WpHG auf den Emittenten, d. h. die Gesellschaft, ab. Wie vorstehend dargestellt, erfasst das Gesetz auch Umstände im Bereich der Konzernunternehmen. Der in der Systematik des Kodex[11] verwandte Begriff „Unternehmen" (statt „Gesellschaft") bezieht sich ausdrücklich nur auf Regelungen **des Kodex**, nicht aber auf die Beschreibung des Gesetzes.

Unter früherem Recht traten in der Praxis regelmäßig Schwierigkeiten bei der Feststellung des genauen Zeitpunktes auf, wann in einer Reihe aufeinander folgender tatsächlicher Entwicklungsschritte das Stadium (Tatsache) erreicht ist, bei dem von relevanten Auswirkungen auf die Vermögens- und Finanzlage etc. auszugehen ist. Häufig treten kursrelevante Tatsachen eher nicht überraschend ein, sondern weisen einen sich gegebenenfalls über mehrere Monate hinwegziehenden **Entwicklungsvorlauf** auf. So beginnt beispielsweise eine wesentliche Akquisition (sei sie „freundlich", das heißt im Einvernehmen mit der Verwaltung des Zielunternehmens verhandelt, oder „feindlich", also gegen den Willen der Verwaltung des Zielunternehmens in Angriff genommen) in der Regel mit einer Projektidee.

Es folgen Machbarkeitsstudien[12] und Umsetzungskonzepte, deren Erarbeitung sich über Wochen hinziehen kann, bevor überhaupt eine Vorlage an den Vorstand der übernahmewilligen Gesellschaft erarbeitet wird. Bei „freundlichen" M&A-Vorgängen

---

[7] So auch *Koch*, DB 2005, 267, 268.
[8] *Assmann/Schneider*, WpHG, § 13 Rn. 33 aff.
[9] So auch *Simon*, Der Konzern 2005, 13 ff.; *Koch*, DB 2005, 267, 271.
[10] *Assmann/Schneider*, WpHG, § 15 Rn. 44; differenzierter *Simon*, Der Konzern 2005, 13, 16.
[11] S. Präambel.
[12] Investment Opportunity- und/oder Feasibility-Studien.

schließen sich erste Kontaktaufnahmen und Sondierungen an, finden die so genannten **Due-Diligence-Prüfungen** statt und beginnen **Vertragsverhandlungen**. Vor Abschluss des Vertrages ist die Zustimmung des Vorstands und gegebenenfalls des Aufsichtsrats der übernehmenden Gesellschaft zum endgültigen Vertragsabschluss einzuholen.

1213 All diese vorgenannten Entwicklungsschritte waren schon nach altem Recht bei wichtigen/wesentlichen Projekten zweifelsfrei Insidertatsachen im Sinne des § 13 WpHG. Nach überwiegender Meinung[13] waren sie jeweils **für sich gesehen keine Tatsache**, die eine Ad-hoc-Mitteilung erforderlich machten. Wann insbesondere bei **mehrstufigen Entscheidungsvorgängen** der Zeitpunkt erreicht war, zu dem eine publizitätspflichtige Tatsache, die eine Ad-hoc-Mitteilung auslöst, vorlag, war vom Unternehmen unter Abwägung der Umstände des Einzelfalles zu bestimmen. Wesentliches Kriterium für eine publizitätspflichtige Tatsache war, dass der betreffende Sachverhalt schon eine **ausreichende Realisierungswahrscheinlichkeit** erreicht haben musste, um den Börsenkurs wegen seiner „Auswirkungen auf die Vermögens- oder Finanzlage oder auf den allgemeinen Geschäftsverlauf" erheblich beeinflussen zu können.[14]

1214 Ausreichende Realisierungswahrscheinlichkeit wurde bei gestuften Entscheidungsvorgängen nicht erst zweifelsfrei mit Vorliegen der letzten Zustimmung beispielsweise durch den Aufsichtsrat angenommen. Dies bildete zwar die gesellschaftsrechtliche Lage korrekt ab, würde aber dem **Schutzzweck der Ad-hoc-Publizität**, nämlich der möglichst **umgehenden Beseitigung von Informationsasymmetrien**, nicht ausreichend Rechnung tragen. Das Spannungsverhältnis zwischen Gesellschaftsrecht und Kapitalmarktrecht wurde regelmäßig dadurch gelöst, dass eine publizitätspflichtige Tatsache bereits bei **Vorliegen** des entsprechenden **Vorstandsbeschlusses** (und trotz ausstehender Aufsichtsratszustimmung) in den Fällen angenommen wurde, in denen eine **ausreichende Wahrscheinlichkeit** dafür sprach, dass der **Aufsichtsrat seine Zustimmung erteilen werde**. Die vom Gesetzgeber des AnSVG aufgegebene Trennung von Insiderinformation (nach § 13 WpHG a. F.) und „veröffentlichungspflichtiger Ad-hoc-Tatsache" (nach § 15 WpHG a. F.) führt dazu, dass prinzipiell sämtliche Informationen der Veröffentlichungspflicht nach § 15 WpHG unterliegen und das Gesetz somit eine **erhebliche Erweiterung** der Pflicht zu Ad-hoc-Publizität statuiert.[15] Der Gesetzgeber hat gesehen, dass diese Erweiterung zu erheblichen Unzuträglichkeiten bei den betroffenen Gesellschaften führten. In § 15 Abs. 3 WpHG hat er den Emittenten von der Pflicht zur Veröffentlichung nach Abs. 1 solange befreit, wie es der Schutz seiner berechtigten Interessen erfordert, keine Irreführung der Öffentlichkeit zu befürchten ist und der Emittent die Vertraulichkeit der Insiderinformation gewährleisten kann. Während nach altem Recht nur die BaFin eine Befreiung von der Pflicht zur Ad-hoc-Publizität erteilen konnte, falls die Veröffentlichung den berechtigten Interessen des Emittenten zu schaden geeignet war, kann – und muss – die Gesellschaft nunmehr nach § 15 Abs. 3 WpHG **selbst** feststellen, ob berechtigte Interessen an einer Zurückhaltung der Veröffentlichung bestehen. Die im Zusammenhang mit dem AnSVG erlassene WpAIV[16] beschreibt in ihrem § 6 nicht abschließend zwei Sachverhalte, die als berechtigte Interessen für eine verzögerte Veröffentlichung nach § 15 Abs. 3 Satz 1 WpHG angesehen werden können. Die Interessen der Gesellschaft an Geheimhaltung überwiegen regelmäßig dann die Interessen des Kapitalmarktes an der

---

[13] *Assmann/Schneider*, WpHG, § 15 Rn. 46.
[14] *Assmann/Schneider*, WpHG, § 15 Rn. 50 a.
[15] S. *Koch*, DB 2005, 267, 271.
[16] Verordnung zur Konkretisierung von Anzeige-, Mitteilungs- und Veröffentlichungspflichten sowie der Pflicht zur Führung von Insiderverzeichnissen nach dem WpHG (Wertpapierhandelsanzeige- und Insiderverzeichnisverordnung – WpAIV).

Veröffentlichung, 1. wenn laufende Verhandlungen durch die Veröffentlichung gefährdet würden oder 2. wenn Entscheidungen der Geschäftsführung oder von der Geschäftsführung abgeschlossene Verträge noch der Zustimmung eines weiteren Organs (gestufte Vorgänge) bedürfen.

Es soll an dieser Stelle nicht weiter auf die Einzelheiten der geänderten Gesetzeslage eingegangen werden, zumal für die bisherige Geltungszeit des AnlSVG keine Ereignisse bekannt geworden sind, die unter dem Gesichtspunkt der Corporate Governance, d. h. der transparenten und eigenverantwortlichen Unternehmensführung zu erwähnen gewesen wären. Auch unter der neuen gesetzlichen Regelung empfiehlt es sich jedenfalls, den zeitlichen Abstand zwischen der Vorstandsentscheidung und der relevanten Aufsichtsratszustimmung möglichst klein zu halten. Auf diese Weise wird auch vermieden, dass die Aufsichtsratsmitglieder von einer wesentlichen Transaktion bereits aus Informationen in der Bereichsöffentlichkeit erfahren.

4. Unverzügliche Veröffentlichung

Eine ad-hoc-pflichtige Tatsache muss auch nach neuem Recht unverzüglich veröffentlicht und den in § 15 Abs. 4 WpHG genannten Stellen mitgeteilt werden. Dabei stellt die Wertpapieraufsicht strenge Anforderungen an die unverzügliche Mitteilung. Grundsätzlich wird bereits auf den **Zeitpunkt des Eintritts der kursbeeinflussenden Tatsache** abgestellt, wobei der Gesellschaft natürlich die Zeit verbleiben muss zu prüfen, ob in der Tat eine ad-hoc-publizitätspflichtige Tatsache überhaupt vorliegt. Kommt die Gesellschaft zu einer positiven Einschätzung, muss sie allerdings sofort handeln. Insbesondere kommt es für die Beurteilung der Unverzüglichkeit **nicht auf Börsenhandelszeiten** an. Angesichts des festzustellenden Publizitätsverhaltens börsenzugelassener Gesellschaften, wonach im Jahre 2001 ca. 60 % aller über ein elektronisches Verbreitungssystem verbreiteten Ad-hoc-Meldungen vor Börseneröffnung veröffentlicht wurden, weist die Börsenaufsicht darauf hin, dass die **gesetzliche Verpflichtung** zur unverzüglichen Mitteilung und Veröffentlichung **unabhängig von Börsenhandelszeiten** existiert. Dass dies Kursaussetzungen mit der Folge beispielsweise des Erlöschens aller offenen Wertpapieraufträge in der betreffenden Aktie zur Folge haben kann, wird in Kauf genommen. Dem WpHG lässt sich eine abweichende Wertung des Gesetzgebers nicht entnehmen.

> **6.2** Sobald der Gesellschaft bekannt wird, dass jemand durch Erwerb, Veräußerung oder auf sonstige Weise 3, 5, 10, 15, 20, 25, 30, 50 oder 75 % der Stimmrechte an der Gesellschaft erreicht, über- oder unterschreitet, wird dies vom Vorstand unverzüglich veröffentlicht.

II. Bekanntmachungspflichten

Dieser Abschnitt fasst die Bekanntmachungspflichten der Gesellschaft aus § 26 WpHG prägnant zusammen. Dabei wiederholt der Kodex nicht alle Einzelheiten der detaillierten Vorschrift, die in Umsetzung insbesondere der Art. 10 und 11 der EG-Transparenz-Richtlinie[17] entstanden ist. Er greift den Fall auf, dass die Gesellschaft Mitteilungen nach § 21 WpHG erhält.

§ 21 WpHG[18] verpflichtet jeden, der durch Erwerb, Veräußerung oder auf sonstige Weise 3 %, 5 %, 10 %, 15 %, 25 %, 30 %, 50 % oder 75 % der Stimmrechte einer bör-

---

[17] Transparenz-Richtlinie vom 12. 12. 1988, ABl. EG Nr. L 348 vom 17. 12. 1988.
[18] In der Fassung der TUG vom 5. 1. 2007 (BGBl. I S. 10).

sennotierten Gesellschaft erreicht, überschreitet oder unterschreitet, dies der Gesellschaft und dem Bundesaufsichtsamt unverzüglich unter Nennung der genannten Schwellen und weiterer Angaben schriftlich mitzuteilen. Hier setzt der Kodex auf und bestätigt die Pflicht des Vorstands der Gesellschaft, diese Mitteilungen unverzüglich zu veröffentlichen. Inhalt und Form der Veröffentlichungen richten sich nach § 26 WpHG.

6.3 Die Gesellschaft wird die Aktionäre bei Informationen gleich behandeln. Sie soll ihnen unverzüglich sämtliche neuen Tatsachen, die Finanzanalysten und vergleichbaren Adressaten mitgeteilt worden sind, zur Verfügung stellen.

III. Gleichbehandlung der Aktionäre

1. Gleichmäßige Information des Kapitalmarkts

1219   Die Vermeidung ungerechtfertigter Informationsasymmetrien zwischen den Teilnehmern des Kapitalmarkts bildet ein zentrales Element fairer Transparenz, die ihrerseits einen tragenden Eckpfeiler guter Corporate Governance markiert.[19] Dieser Grundgedanke findet seinen Niederschlag bereits in gesetzlichen Vorschriften wie z. B. § 15 WpHG (Ad-hoc-Publizität).[20] Speziell für die Gruppe der Aktionäre lässt sich ferner aus dem allgemeinen Gleichbehandlungsgebot des § 53 a AktG auch die Verpflichtung der Verwaltung ableiten, eine gleichmäßige Informationsversorgung der Anteilseigner zu gewährleisten.[21] Aufgrund der Wichtigkeit der Governanceaufgabe, Informationsvorsprüngen einzelner Marktteilnehmer keinen Vorschub zu leisten, und in Übereinstimmung mit entsprechenden Vorschlägen der Regierungskommission Corporate Governance[22] enthält der Kodex aber gleichwohl eine Reihe von Bestimmungen, die den Grundsatz der informationellen Gleichbehandlung unterstreichen und konkretisieren. Im Einzelnen adressiert der Kodex explizit drei unterschiedliche Konstellationen mit potenziell asymmetrischer Informationsversorgung. Hierbei handelt es sich um mögliche Informationsgefälle zwischen verschiedenen Aktionären (Ziffer 6.3 Satz 1),[23] zwischen der Gruppe der Aktionäre einerseits und Finanzanalysten und vergleichbaren Akteuren des Kapitalmarkts auf der anderen Seite (Ziffer 6.3 Satz 2)[24] sowie zwischen inländischen und ausländischen Marktteilnehmern (Ziffer 6.5).[25] Ferner beinhaltet der Kodex Regelungen zur rechtzeitigen Information aller interessierten Kreise über die wesentlichen Informationstermine (Ziffer 6.7)[26] und zur Nutzung geeigneter Kommunikationsmedien, welche – wie namentlich das Internet – die Gleichmäßigkeit der Informationsversorgung fördern (Ziffer 6.4[27] und Ziffer 6.8[28]).

---

[19] Zur Bedeutung der Transparenz im Rahmen der Corporate Governance eingehend Rn. 1201 ff.
[20] S. auch die Erläuterungen zu Ziffer 6.1.
[21] Vgl. auch *Baums*, Bericht, Rn. 143.
[22] S. *Baums*, Bericht, Rn. 143.
[23] S. Rn. 1221.
[24] S. Rn. 1226.
[25] S. Rn. 1232 ff.
[26] S. Rn. 1249 f.
[27] S. Rn. 1228 ff.
[28] S. Rn. 1252 ff.

2. Gleichbehandlung der Aktionäre

Das in Ziffer 6.3 Satz 1 enthaltene Gebot zur informationellen Gleichbehandlung der Aktionäre ergibt sich – wie bereits ausgeführt wurde[29] – im Grunde schon aus der gesetzlichen Vorschrift des § 53 a AktG, Aktionäre unter gleichen Voraussetzungen gleich zu behandeln. Die Gleichbehandlung bei den Informationen bedeutet konkret vor allem, dass jeder Anteilseigner unabhängig vom Umfang seines Aktienbesitzes wie auch von anderen, in seiner Person liegenden Gründen die gleichen Informationen von der Gesellschaft erhält oder zumindest erhalten kann. Dementsprechend dürfen namentlich auch Großaktionäre – allein mit Blick auf die Höhe ihrer Beteiligung und ihre hiermit einhergehende Bedeutung für die Gesellschaft – bei der Informationsversorgung nicht gegenüber Kleinaktionären privilegiert werden. Das Gebot zur informationellen Gleichbehandlung schließt allerdings nicht aus, dass bestimmte Anteilseigner aus legitimen anderen Gründen einen vergleichsweise größeren Zugang zu Informationen über die Gesellschaft haben und/oder de facto besser informiert sind. Zu denken ist auf der einen Seite an den Groß- bzw. Mehrheitsaktionär, der zugleich dem Aufsichtsrat angehört und (nur) aus diesem Grund an der erweiterten Informationsbasis des Überwachungsorgans partizipiert. Auf der anderen Seite steht der informationsaktive Anleger, der das Informationsangebot der Gesellschaft tatsächlich nutzt und daher über fundiertere Einblicke in das Gesellschaftsgeschehen verfügt als der Kleinaktionär, der – etwa infolge „rationaler Apathie"[30] – die ihm offen stehenden Informationsquellen nicht ausschöpft.

3. Fair Disclosure

Neben der Bevorzugung einzelner Aktionäre kann auch die exklusive Unterrichtung von Finanzanalysten und vergleichbaren Adressaten zu problematischen Informationsasymmetrien führen. Diese Gefahr ist schon deshalb besonders virulent, weil die Information dieser Kapitalmarktakteure (z. B. auf Analystenkonferenzen oder in Hintergrundgesprächen) häufig in kleinem Kreis stattfindet und ihr Urteil maßgeblichen Einfluss auf die Zukunft der Gesellschaft (Börsenkursentwicklung, Finanzierungsmöglichkeiten etc.) hat. Die Versuchung für das Management ist daher groß, dem nicht selten offensiven Auskunftsbegehren der Analysten zu sehr nachzugeben und Interna mitzuteilen, die nicht publiziert werden und daher für den ‚normalen' Aktionär unzugänglich sind. Der Kodex spricht daher in Satz 2 der Ziffer 6.3 die Empfehlung aus, sämtliche neuen Tatsachen, die Finanzanalysten und vergleichbaren Adressaten mitgeteilt worden sind, den Aktionären unverzüglich zur Verfügung zu stellen. Er liegt damit ganz auf der Linie der Regulation Fair Disclosure (FD), welche die SEC (gegen erheblichen Widerstand) im Oktober 2000 erlassen hat. Die Rule 100 der Regulation FD regelt im Kern, dass alle wesentlichen und bisher unveröffentlichten Informationen, die (professionellen) Kapitalmarktteilnehmern von der Gesellschaft oder einer in ihrem Auftrag handelnden Person zur Verfügung gestellt werden, zeitgleich einer breiten Öffentlichkeit bekannt gemacht werden müssen. Im Fall einer nicht-intendierten Bekanntgabe hat die Veröffentlichung unverzüglich, d. h. innerhalb einer Frist von 24 Stunden nach Bekanntwerden der unbeabsichtigten Informationsweitergabe bzw. zum Handelsbeginn des nächsten Tages an der NYSE, zu erfolgen. Die Möglichkeit zur Korrektur innerhalb der 24-Stunden-Frist hat die SEC in die Regula-

---

[29] S. Rn. 1220.
[30] Zur „rationalen Apathie" des Kleinaktionärs, der seine Informations- und Entscheidungsrechte als Anleger angesichts seines marginalen Einflusses und der sonst anfallenden Transaktionskosten nicht wahrnimmt, *Hill/Snell*, Academy of Management Journal 1989, 28; *Roe*, Yale Law Journal 1993, 1942; *Gedajlovic/Shapiro*, Strategic Management Journal 1998, 535; *Salzberger*, ZfB 1999 Ergänzungsheft 3, 88; *Schmidt*, Governance, 182.

tion FD aufgenommen, da sie eine Selective Disclosure als ungewollten Managementfehler anerkennt. Keine Anwendung findet die 24-Stunden-Regelung hingegen, wenn die Person oder Gesellschaft die selektive Informationsweitergabe bei ausreichender Sorgfalt hätte verhindern können.[31]

1222 Die Fair Disclosure-Empfehlung des Kodex wird in allen Börsensegmenten von der ganz überwiegenden Mehrzahl der Gesellschaften befolgt.[32]

4. Sämtliche neuen Tatsachen

1223 Die Kodexempfehlung zur Fair Disclosure bezieht sich nicht auf sämtliche Informationen, die Finanzanalysten und vergleichbaren Adressaten mitgeteilt worden sind, sondern nur auf solche, die „Tatsachen" und zugleich „neu" sind. Der Tatsachenbegriff in Ziffer 6.3 Satz 2 ist damit auch enger als derjenige der Insiderinformation.[33] Entsprechend der zu § 15 WpHG vor Inkrafttreten des AnSVG entwickelten Interpretation bezeichnen Tatsachen konkrete Geschehnisse oder Zustände in der Vergangenheit und Gegenwart, die bereits realisiert, sinnlich wahrnehmbar und – z. B. durch entsprechende Dokumente – belegbar sind.[34] Hingegen stellen Ereignisse, deren Folgezustände noch nicht feststehen, keine publizitätspflichtigen Tatsachen im Sinne dieser Empfehlung dar. Dazu zählen etwa Planungen, Konzepte, Strategien und vorbereitende Maßnahmen.[35] Auch Meinungen, Ansichten, Werturteile, Vermutungen, Gerüchte und Rechtsauffassungen werden nicht vom Tatsachenbegriff erfasst.[36] Der Kodex verzichtet somit – u. a. aus Praktikabilitätsgründen – darauf, Aktionäre einerseits und Finanzanalysten etc. auf der anderen Seite informationell völlig gleichzustellen. Er beschränkt die Gleichbehandlung vielmehr auf die Tatsachen als Kern der Information.

1224 Die Kodexempfehlung erstreckt sich auf „sämtliche" neuen Tatsachen und sieht folglich insoweit keine weiteren Einschränkungen vor, die etwa auf die Wesentlichkeit einer Tatsache abstellen. Erfasst werden jedoch nur (sämtliche) Tatsachen, welche die betreffende Gesellschaft mitgeteilt hat. Diese Informationen können sich entweder auf die jeweilige Gesellschaft selbst oder ihre Konzernunternehmen beziehen. Hingegen liegen Tatsachen, die (nicht börsennotierte) Konzernunternehmen der Gesellschaft eigenständig Finanzanalysten etc. bekannt geben, außerhalb des Empfehlungsgegenstands. Tatsachen sind neu, wenn sie den Teilnehmern des Kapitalmarkts bislang nicht bekannt gegeben worden sind.[37]

5. Finanzanalysten und andere Adressaten

1225 Die Tatsachen sollen – ungeachtet anderer einschlägiger Regelungen – im vorliegenden Kontext den Aktionären deshalb zur Verfügung gestellt werden, weil sie Finanzanalysten und anderen Adressaten mitgeteilt worden sind. Unter den Begriff der Finanzanalysten lassen sich alle Personen fassen, die Finanzanalysen im Sinne der Definition des Kodex der Deutschen Vereinigung für Finanzanalyse und Asset Management (DVFA) durchführen, d. h. „eine Dienstleistung zur systematischen/methodischen Aufbereitung von Informationen von Unternehmen, Branchen und Märkten

---

[31] S. SEC, Final Rule, 7 ff. und SEC, Proposed Rule, 6 ff. sowie hierzu *Kisters/Hoffmann*, BFuP 2001, 27 ff.
[32] S. *v. Werder/Talaulicar*, DB 2007, 871 (Tab. 3) und näher zum Kodex Report Rn. 1638 ff.
[33] So auch *Assmann* in Assmann/Schneider, WpHG, 4. Aufl. § 13 Rn. 4. A. A. *Göhner/Zipfel* in Pfitzer/Oser/Orth (Hrsg.), Handbuch, S. 234.
[34] Vgl. zum Tatsachenbegriff auch Rn. 1207 zu Ziffer 6.1.
[35] Vgl. *Kümpel* in Assmann/Schneider, WpHG, 1. Aufl. § 15 Rn. 44 ff.; *Assmann*, AG 1997, 51.
[36] Vgl. auch *Claussen*, DB 1994, 30; *Kümpel*, WpHG, 53 ff. u. 102; *Assmann* in Assmann/Schneider, WpHG, 1. Aufl. § 13 Rn. 33 ff.; *Assmann*, AG 1997, 50 f.; *Wölk*, AG 1997, 77; *Assmann* in Assmann/Schneider, WpHG, 4. Aufl. § 13 Rn. 13 f.
[37] Vgl. hierzu auch *Hopt*, ZHR 1995, 153.

zum Zwecke der Vorbereitung bzw. als Grundlage von Anlageentscheidungen".[38] Zu den Adressaten der Unternehmenskommunikation, die im Sinne der Kodexempfehlung zur Fair Disclosure mit den Finanzanalysten vergleichbar sind, zählen beispielsweise Fondsmanager, Wirtschaftsjournalisten, Ratingagenturen und andere Personen bzw. Institutionen, die von der Gesellschaft nicht (wie z. B. die Finanzbehörden) aufgrund öffentlich-rechtlicher Pflichten, sondern zur Pflege ihrer (vor allem Kapital-) Marktbeziehungen mit Informationen versorgt werden.

6. Unverzüglich zur Verfügung stellen

Die neuen Tatsachen sollen den Aktionären „unverzüglich", d. h. ohne schuldhaftes Zögern,[39] zur Verfügung gestellt werden. Sie sind danach regelmäßig unmittelbar nach der Information der Finanzanalysten etc. zu veröffentlichen, da Prüfungen der Publizitätspflicht wie z. B. bei den Ad-hoc-Mitteilungen[40] grundsätzlich entfallen. Diese Anforderung bedeutet praktisch, dass zwischen der (Vorab-)Unterrichtung der Analysten und der Veröffentlichung im Prinzip allenfalls wenige Stunden liegen sollen.[41] Dabei ist ein Kommunikationsmedium zu wählen, das eine rasche Verbreitung der Mitteilungen an die Aktionäre unterstützt. Zu denken ist daher insbesondere daran, die neuen Tatsachen den Anteilseignern auf der Investor-Relations-Seite des Internetauftritts der Gesellschaft zur Verfügung zu stellen.[42] In Betracht kommt aber beispielsweise auch die Live-Übertragung von (wichtigen) Analysten- und Pressekonferenzen im Internet, soweit der Aufwand wirtschaftlich vertretbar ist.[43]

1226

6.4 Zur zeitnahen und gleichmäßigen Information der Aktionäre und Anleger soll die Gesellschaft geeignete Kommunikationsmedien, wie etwa das Internet, nutzen.

IV. Kommunikationsmedien

Wie eine Reihe von Gesetzgebungsverfahren der jüngeren Vergangenheit[44] räumt auch der Kodex den modernen Kommunikationsmedien – mit mehreren Bestimmungen[45] – einen großen Stellenwert ein.[46] Die neuen Medien wie namentlich das Internet kommen in hohem Maße der Anforderung guter Corporate Governance entgegen,

1227

---

[38] S. DVFA, Kodex, 4.
[39] Vgl. BaFin, Emittentenleitfaden, IV.6.3.
[40] S. näher Rn. 1204.
[41] Vgl. in diesem Zusammenhang auch nochmals die Regulation FD der SEC (s. Rn. 1226), die im Grundsatz eine zeitgleiche Veröffentlichung fordert und nur bei unbeabsichtigter selektiver Informationsweitergabe eine 24-Stunden-Frist für eine nachträgliche Veröffentlichung einräumt.
[42] Vgl. eingehender Rn. 1252 ff.
[43] Vgl. auch die diesbezügliche Empfehlung in Abschn. VI.1.5. des Berliner Kodexentwurfs (s. German Code of Corporate Governance (GCCG) im Internet unter http://www.ecgi.org/codes/documents/gccg_d.pdf; Stand: 17. 4. 2007).
[44] S. z. B. Art. 1 Nr. 1 NaStraG; Art. 2 Nr. 9 Viertes Finanzmarktförderungsgesetz; Art. 1 Nr. 11 TransPuG.
[45] S. ferner auch Ziffer 6.8 (hierzu Rn. 1252 ff.) und Ziffer 2.3.1, Ziffer 2.3.4 sowie Ziffer 3.10.
[46] Vgl. *Claussen*, AG 2001, 163; *Fleischhauer*, ZIP 2001, 1134; *Habersack*, ZHR 2001, 174; *Riegger*, ZHR 2001, 206; *v. Rucketeschell*, BB 2002 Heft 27, 1; *Spindler*, ZGR 2000, 421; *Spindler/Hüther*, RIW 2000, 329; *Zetzsche*, ZIP 2001, 682; vgl. zur Nutzung elektronischer Kommunikationsmedien auch den Vorschlag der EU-Kommission für eine Richtlinie über Rechte von Aktionären börsennotierter Gesellschaften, hierzu *Noack*, NZG 2006, 325.

die Anteilseigner und anderen Bezugsgruppen möglichst rasch und gleichmäßig sowie ohne prohibitiv hohe Kosten zu informieren. Infolgedessen liegt es auf der Hand, die Nutzung dieser Medien nachdrücklich zu empfehlen. Diese Empfehlung wird in der Praxis auch weitgehend umgesetzt.[47]

1228 Der Kodex schränkt die Empfehlung allerdings nicht auf das Internet ein, sondern spricht allgemeiner von „geeignete(n) Kommunikationsmedien". Neben dem Internet kommen daher grundsätzlich auch andere elektronische Formen der Unternehmenskommunikation (z. B. telefonische Informations-Hotline, Faxabruf, Anleger-Community mit Newsgroups und Chat-Rooms, E-Mail-Service, WAP-Service und News Channel[48]) oder aber auch konventionelle Medien in Betracht. Voraussetzung ist allerdings, dass sie wie das Internet geeignet sind, die Aktionäre und Anleger zeitnah und gleichmäßig zu informieren.

1229 Die Kodexempfehlung stellt explizit auf die Information „der Aktionäre und Anleger" ab. Infolgedessen ist es denkbar – wenn auch wohl bislang noch kaum geübte Praxis –, den Zugang zu den entsprechenden Internetseiten durch Passworte zu begrenzen, die nur den aktuellen Aktionären und (anderen) Anlegern der Gesellschaft wie Inhabern von Anleihen und Derivaten mitgeteilt werden. Schon in Anbetracht der bei Publikumsgesellschaften kaum kontrollierbaren Gefahr der Weitergabe der Passworte und nicht zuletzt auch im (Transparenz-)Interesse der Gesellschaft wird eine solche restriktive Internet-Informationspolitik aber nur selten empfehlenswert sein.

1230 Die Kodexempfehlung dient der „zeitnahen" Information. Dies bedeutet, dass die Gesellschaft die Mitteilungen zwar nicht unbedingt unverzüglich,[49] aber doch ohne großen zeitlichen Abstand zu den betreffenden Ereignissen ins Internet stellen soll.

6.5 Informationen, die die Gesellschaft im Ausland aufgrund der jeweiligen kapitalmarktrechtlichen Vorschriften veröffentlicht, sollen auch im Inland unverzüglich bekannt gegeben werden.

V. Informationelle Gleichbehandlung auf internationaler Ebene

1231 Mit dieser Empfehlung, die in der Praxis hohe Zustimmung findet,[50] dehnt der Kodex den (Fair Disclosure-)Gedanken der informationellen Gleichbehandlung der Kapitalmarktteilnehmer[51] auf die internationale Ebene aus, indem auch ein Informationsgefälle zwischen In- und Ausland wenn nicht ausgeschlossen, so doch immerhin eingedämmt werden soll. Die Empfehlung ergänzt sowohl die geltenden gesetzlichen Vorschriften als auch die einschlägigen Vorschläge der Baums-Kommission. Sie erstreckt sich auf der einen Seite nicht nur – wie die Empfehlung zur Gleichbehandlung von Aktionären und Finanzanalysten in Ziffer 6.3 Satz 2 – auf „Tatsachen", sondern weitergehend auf „Informationen", so dass z. B. auch Wertungen und Prognosen ge-

---

[47] Vgl. v. Werder/Talaulicar, DB 2007, 871 (Tab. 3).
[48] SAP beispielsweise bietet unter http://www.sap.de folgende Informationskanäle an: SAP-Community, E-Mail-Newsletter, SMS-Benachrichtigung (Mobiltelefon), Bestellservice und Gewinn-Kalkulator (Stand: 24. 4. 2007).
[49] So wie beispielsweise für die speziellen Informationsaufgaben in Ziffer 6.1, 6.2, 6.3, 6.5 und 6.6 empfohlen.
[50] So weist der Kodex Report 2007 aus, dass die Empfehlung im Durchschnitt von 96,7 % der Unternehmen befolgt wird und daher nicht „neuralgisch" ist (vgl. v. Werder/Talaulicar, DB 2007, 871 (Tab. 3)).
[51] S. hierzu näher Rn. 1222.

meint sind.[52] Andererseits beschränkt sich die Publizitätsempfehlung auf diejenigen Informationen, die im Ausland aufgrund der dort geltenden kapitalmarktrechtlichen Vorschriften veröffentlicht werden. Im exemplarischen Fall der USA handelt es sich hierbei z. B. um die Regulation FD. Nach Rule 100 dieser Regulation müssen alle wesentlichen und bisher unveröffentlichten Informationen, die (professionellen) Kapitalmarktteilnehmern von der Gesellschaft oder einer in ihrem Auftrag handelnden Person zur Verfügung gestellt werden, zeitgleich einer breiten Öffentlichkeit bekannt gemacht werden.[53] Eine weitere Einschränkung des Gegenstandsbereichs der Empfehlung resultiert daraus, dass nur die von der Gesellschaft selbst, nicht aber auch die von ihren eventuellen (ausländischen) Konzernunternehmen publizierten Informationen im Inland veröffentlicht werden sollen.

Die betreffenden Informationen sollen im Inland unverzüglich nach ihrer ausländischen Veröffentlichung bekannt gegeben werden. Eine unverzügliche Bekanntgabe liegt vor, wenn sie unmittelbar nach der Veröffentlichung im Ausland erfolgt und sich allenfalls durch die unabdingbare Übermittlungs- und Bearbeitungszeit sowie eventuelle Zeitverschiebungen verzögert. Dabei gelten für die Form der Bekanntgabe die allgemeinen Prinzipien.[54] In Betracht kommt daher auch insoweit wiederum insbesondere eine Bekanntgabe durch Veröffentlichung der Informationen auf den Internetseiten der Gesellschaft, die den Investor Relations gewidmet sind. **1232**

Bei Informationen, die im Ausland nicht in deutscher oder englischer Sprache veröffentlicht worden sind, bietet es sich an, sie im Inland in Deutsch[55] oder – entsprechend der allgemeinen Anregung in Ziffer 6.8 Satz 3 des Kodex[56] – (eventuell auch) in Englisch zu veröffentlichen. **1233**

6.6 Über die gesetzliche Pflicht zur unverzüglichen Mitteilung und Veröffentlichung von Geschäften in Aktien der Gesellschaft hinaus, soll der Besitz von Aktien der Gesellschaft oder sich darauf beziehender Finanzinstrumente von Vorstands- und Aufsichtsratsmitgliedern angegeben werden, wenn er direkt oder indirekt größer als 1% der von der Gesellschaft ausgegebenen Aktien ist. Übersteigt der Gesamtbesitz aller Vorstands- und Aufsichtsratsmitglieder 1% der von derGesellschaft ausgegebenen Aktien, soll der Gesamtbesitz getrennt nach Vorstand und Aufsichtsrat angegeben werden.
Die vorgenannten Angaben sollen im Corporate Governance Bericht enthalten sein.

VI. Mitteilung des Kaufs oder Verkaufs von Aktien der Gesellschaft

1. Die gesetzliche Entwicklung

Im Zeitpunkt der Übergabe des Deutschen Corporate Governance Kodex an die Bundesministerin der Justiz am 26. Februar 2002 war das 4. Finanzmarktförderungsgesetz noch nicht in Kraft getreten. Es lag lediglich ein **Regierungsentwurf** vom 14. November 2001[57] vor. Dieser Entwurf sah in Art. 2, Abschnitt 3 Nr. 9 die Einfügung **1234**

---

[52] S. zum Unterschied zwischen Tatsachen und Informationen Rn. 1224 m. N.
[53] S. hierzu auch Rn. 1220 ff. zu Ziffer 6.3 m. N.
[54] S. eingehender Rn. 1252 ff.
[55] Vgl. allgemein auch *Stubenrath/Löbig*, DB 2002, 1339.
[56] S. Rn. 1257.
[57] Bundesministerium der Finanzen, Entwurf eines Gesetzes zur weiteren Fortentwicklung des Finanzplatzes Deutschland, Regierungsentwurf, Stand 14. 11. 2001.

eines neuen § 15a „Veröffentlichung und Mitteilung von Geschäften" in das WpHG vor. Der Gesetzesvorschlag behandelte die aus den USA bekannte Problematik der so genannten **„Directors' Dealings"**, das heißt Erwerb und Veräußerung von Wertpapieren der Gesellschaft durch ihre Organe.

1235 Im Zeitpunkt der Veröffentlichung des Kodex konnte noch nicht abgesehen werden, wann und mit welchem Inhalt das 4. Finanzmarktförderungsgesetz in Kraft treten werde. Die Kommission war anderseits mit einem Blick auf die US-amerikanische Praxis von der Zweckmäßigkeit einer Regelung der Directors' Dealings im Deutschen Corporate Governance Kodex überzeugt.[58] Sie hatte sich daher entschlossen, eine Regelung als Empfehlung in den Kodex aufzunehmen, die letztlich aber mit dem Gesetzestext nicht übereinstimmte. Das 4. Finanzmarktförderungsgesetz ist am 1. Juli 2002 in Kraft getreten.[59] Der einschlägige § 15a Abs. 1 WpHG lautete wie folgt:

„(1) Wer als Mitglied des Geschäftsführungs- oder Aufsichtsorgans ... eines Emittenten, dessen Wertpapiere zum Handel an einer inländischen Börse zugelassen sind, oder eines Mutterunternehmens des Emittenten

1. Aktien des Emittenten oder andere Wertpapiere, bei denen den Gläubigern ein Umtauschrecht auf Aktien des Emittenten eingeräumt wird, oder ein sonstiges Recht zum Erwerb oder der Veräußerung von Aktien des Emittenten,
2. ein Recht, das nicht unter Nr. 1 fällt, und dessen Preis unmittelbar vom Börsenpreis des Emittenten abhängt,

erwirbt oder veräußert, hat dem Emittenten und der Bundesanstalt den Erwerb oder die Veräußerung unverzüglich schriftlich gemäß Abs. 2 mitzuteilen. Die Verpflichtung nach Abs. 1 gilt auch für Ehepartner, eingetragene Lebenspartner und Verwandte ersten Grades der nach Satz 1 Verpflichteten.

Eine Mitteilungspflicht nach Satz 1 besteht nicht, wenn der Erwerb auf arbeitsvertraglicher Grundlage oder als Vergütungsbestandteil erfolgt. Eine Mitteilungspflicht besteht auch nicht für Geschäfte, deren Wert bezogen auf die Gesamtzahl der vom Meldepflichtigen innerhalb von dreißig Tagen getätigten Geschäfte 25 000 Euro nicht übersteigt."

1236 Mit Inkrafttreten des AnSVG am 30. Oktober 2004 wurden die gesetzlichen Regelungen zu Directors' Dealings in § 15a WpHG neu gefasst und deutlich erweitert. Nunmehr haben auch „Personen, die bei einem Emittenten von Aktien Führungsaufgaben wahrnehmen, eigene Geschäfte mit Aktien des Emittenten oder sich darauf beziehenden Finanzinstrumenten, insbesondere Derivaten, dem Emittenten und der Bundesanstalt innerhalb von fünf Werktagen mitzuteilen. Die Verpflichtung nach Satz 1 obliegt auch Personen, die mit einer solchen Person in einer engen Beziehung stehen. Die Verpflichtung nach Satz 1 gilt nur bei Emittenten solcher Aktien, die
1. an einer inländischen Börse zum Handel zugelassen sind oder
2. in einem anderem Mitgliedstaat der Europäischen Union oder einem anderen Vertragstaat des Abkommens über den Europäischen Wirtschaftsraum zum Handel an einem organisierten Markt zugelassen sind. (...)"

Die in der Plenarsitzung der Kodexkommission vom 2. Juni 2005 neu gefasste Formulierung des Kodex in Abschnitt 6.6 trug der neuen Gesetzeslage Rechnung: Die Mitteilungspflicht betrifft alle Personen, die bei einem Emittenten von Aktien Führungsaufgaben wahrnehmen. Satz 3 von § 15a WpHG schränkt den Begriff „Emittent von Aktien" insoweit ein, als er ausdrücklich bestimmt, dass nur Emittenten solcher Aktien verpflichtet sein sollen, die an einer inländischen Börse zugelassen sind, oder in

---

[58] Die Berücksichtigung von Directors' Dealings im inzwischen (nach Inkrafttreten des 4. Finanzmarktförderungsgesetzes) aufgehobenen Abschnitt 7.2 des Regelwerks des Neuen Marktes reichte der Kommission seinerzeit nicht aus.
[59] BGBl. I 2002, S. 2010ff.

einem anderen Mitgliedstaat der EU oder einem anderen Vertragstaat des EWR zum Handel an einem organisierten Markt zugelassen sind.[60]

Der **Kreis** der Meldepflichtigen wurde insbesondere auf alle Personen, die bei dem Emittenten „Führungsaufgaben" wahrnehmen, erweitert.[61]

Das Gesetz definiert in § 15 a Abs. 2 WpHG den Begriff der „Person mit Führungsaufgaben" als persönlich haftende Gesellschafter oder Mitglieder eines Leitungs-, Verwaltungs- oder Aufsichtsorgans des Emittenten sowie – und das ist neu – sonstige Personen, die **regelmäßig** Zugang zu Insiderinformationen haben und zu wesentlichen unternehmerischen Entscheidungen ermächtigt sind. Zu letzteren Personenkreis wird die Ansicht vertreten, die gesetzliche, auf der Umsetzung der europäischen Marktmissbrauchsrichtlinie beruhende, Formulierung führe für die deutsche AG zu keiner Erweiterung, da nach geltendem Aktienrecht „nur Mitglieder des Vorstands und Aufsichtsrats Führungsaufgaben wahrnehmen".[62] Diese Ansicht erscheint zu eng. Sie wird von der wohl überwiegenden Meinung abgelehnt,[63] die angesichts des doch recht klaren Wortlauts des Gesetzes auch die Personen in die Mitteilungspflicht einbezieht, die zwar nicht Organ sind, aber regelmäßig Zugang zu Insiderinformationen haben **und** zu wesentlichen unternehmerischen Entscheidungen ermächtigt sind. Zu diesen Kreis dürften beispielsweise auch die Mitglieder des Executive Committee der Deutschen Bank gehören, die bekanntlich nicht sämtlich dem Vorstand dieser Gesellschaft angehören. Wer sonst noch zu diesem Kreis zu zählen ist, ist an den Umständen des Einzelfalls zu klären. Generalbevollmächtigte sind in der Regel einzubeziehen; Prokura allein reicht wohl nicht aus.[64]

Vom Gesetz in die Mitteilungspflicht einbezogen werden ferner die Personen, die zu einem Mitglied der vorstehend genannten Gruppe von Personen mit Führungsaufgaben „in enger Beziehung stehen" (§ 15 a Abs. 1 Satz 2 WpHG). Auch hier liefert das Gesetz eine Definition (§ 15 a Abs. 3 WpHG), die den Kreis der ursprünglich bereits in die Mitteilungspflicht einbezogenen Ehepartner, eingetragenen Lebenspartner und Verwandte ersten Grades zum einen auf **unterhaltsberechtigte** Kinder einschränkt und zum anderen auf alle anderen Verwandten, die mit der Person mit Führungsaufgaben seit mindestens einem Jahr im selben Haushalt leben, erweitert. Bedeutsam ist ferner der Einbezug von in § 15 a Abs. 3 Satz 2 und 3 WpHG beschriebenen juristischen Personen, der Umgehungen der Meldepflicht zu verhindern bezweckt.[65]

a) Die Ausnahme von der Mitteilungspflicht

Die im bisherigen Recht enthaltenen Ausnahmen von der Mitteilungspflicht in Abs. 1 Satz 3 des § 15 a WpHG a. F., **nach der der Erwerb von Wertpapieren auf arbeitsvertraglicher Grundlage** oder als Vergütungsbestandteil nicht mitzuteilen waren, hat das geltende Recht **nicht** übernommen.[66] Folglich dürften auch die **Zuteilung** von Optionen an Vorstandsmitglieder und nicht nur – wie bisher – deren **Ausübung** mitteilungspflichtig sein. Da das Gesetz umfassend **Geschäfte** in Aktien als mitteilungspflichtig bezeichnet, besteht wohl für das reine **Verfallenlassen** von Optionen nach wie vor keine Mitteilungspflicht, obwohl gerade hiervon eine Indikatorwirkung ausgeht und Sinn und Zweck der Vorschrift darin liegt, Vorgänge mitteilungspflichtig zu machen, denen eine Indikatorwirkung zukommt. Insofern ist die Vorschrift nach wie vor nicht vollkommen gestaltet.

---

[60] Anders als im alten Recht reicht die Zulassung von Schuldverschreibungen oder Genussscheinen **nicht** mehr aus, s. *Koch*, DB 2005, 267, 271.
[61] § 15 a Abs. 1 Satz 1 WpHG.
[62] *Koch*, BB 2005, 267, 273.
[63] S. statt aller *Dreyling*, Der Konzern 2005, 1, 3; *Erkens*, Der Konzern 2005, 29, 32 m. w. N.
[64] *Dreyling*, Der Konzern 2005, 1, 3.
[65] *Dreyling*, Der Konzern 2005, 1, 3.
[66] *Erkens*, Der Konzern 2005, 29, 35.

b) Die de-minimis-Regelung des § 15 a Abs. 1 Satz 5 WpHG

1240 Die **im alten Recht** bestehende **Ausnahme** von der Mitteilungspflicht für Geschäfte, das heißt Erwerbe und Veräußerungen, deren Wert bezogen auf die Gesamtzahl der von dem jeweiligen Organmitglied innerhalb von dreißig Tagen getätigten Geschäfte 25000 Euro nicht überschreitet, hat der Gesetzgeber drastisch eingeschränkt. Von der Mitteilungspflicht ausgenommen sind nur noch Geschäfte, deren Wert insgesamt einen Betrag von **5000 Euro im Kalenderjahr** nicht erreicht, wobei die Geschäfte der Personen mit Führungsaufgaben und die Geschäfte der mit ihnen in einer engen Beziehung stehenden Person (im Sinne des § 15 a Abs. 3 WpHG) **zusammenzurechnen** sind. Der allein aus der einerseits somit erforderlich gewordenen Kommunikation der relevanten Personengruppen resultierende Verwaltungsaufwand dürfte angesichts der andererseits überaus geringen Wertgrenze dazu führen, dass zweckmäßigerweise jedes Geschäft in Aktien oder darauf bezogenen Finanzinstrumente gemeldet wird. Die gesetzliche de-minimis-Regelung hat wohl nur noch Placebocharakter.

1241 § 15 a WpHG wurde durch das TUG[67] wenn auch nur in Absatz 4 und 5 wiederum geändert. Weitere Verfeinerungen und Änderungen sind nicht ausgeschlossen. Die gesetzesbeschreibende Regelung des Kodex in Ziff. 6.6 Abs. 1 war angesichts der Zielsetzung des Kodex, das deutsche System der Corporate Covernance allgemein verständlich und kurzgefasst darzustellen, ohnehin unverhältnismäßig detailliert. Die Gründe, die die Kodexkommission ursprünglich veranlassten, eine detaillierte Beschreibung der Regelung von Directors' Dealings in den Kodex aufzunehmen,[68] existieren 5 Jahre nach der gesetzlichen Regelung in § 15 a WpHG nicht mehr. Der ausländische Investor setzt heute zu Recht voraus, dass das deutsche Recht Directors' Dealings angemessen regelt. Aus diesen Gründen hat die Kodexkommission in ihrer Sitzung vom 14. 6. 2007 die vorliegende Kodexänderung beschlossen. Der Kodex beschränkt sich nunmehr auf den schlichten Hinweis, dass es gesetzliche Verpflichtungen zur Mitteilung und Veröffentlichung von Geschäften in Aktien der Gesellschaft gibt.

2. Zusätzliche Veröffentlichung

a) Angabe von Einzelbesitz

1242 Der jetzige Absatz 1 von Ziffer 6.6 betrifft den Beteiligungsbesitz der einzelnen Verwaltungsmitglieder und soll Transparenz darüber schaffen, ob und gegebenenfalls welchen Einfluss Verwaltungsmitglieder durch Beteiligungsbesitz auf die Gesellschaft ausüben können. Mithin muss die relevante Beteiligung an der Gesellschaft unmittelbar bestehen oder durch eine Mehrheitsbeteiligung oder die Mehrheit der Stimmrechte vermittelt werden. Der Besitz an relevanten Wertpapieren[69] ist für einzelne Vorstands- und Aufsichtsratsmitglieder nur dann anzugeben, wenn er direkt oder indirekt größer als 1 % aller von der Gesellschaft ausgegebenen Aktien ist. Diese Schwelle wird bei Unternehmen, die im **DAX 30** oder im **DAX 100** gelistet sind, nur selten erreicht werden.

1243 Bei jungen Gesellschaften, insbesondere bei gelisteten so genannten „Start-ups", dürfte ein Überschreiten der relevanten 1 %-Schwelle häufiger anzutreffen sein. Die Gründerunternehmer finden sich regelmäßig im Vorstand und später im Aufsichtsrat der Gesellschaft wieder. Für die Teilnehmer am Kapitalmarkt ist es in einer solchen Konstellation besonders interessant zu erfahren, in welchem Umfang die wesentlichen üblicherweise in der Geschäftsführung oder im Aufsichtsrat noch engagierten Eigen-

---

[67] TUG vom 5. 1. 2007, BGBl. I, S. 10.
[68] S.o. Rn. 1235 f.
[69] S. Erläuterungen zu Abs. 1.

tümer an der Gesellschaft beteiligt sind und wie sich ihr Portfolio im abgelaufenen Geschäftsjahr entwickelt hat.

b) Zurechnung von Drittbesitz

Die Bezugnahme auf einen **indirekten Besitz** von Wertpapieren ist – wie oben dargelegt – dahin gehend auszulegen, dass dem Organmitglied auch diejenigen Aktien zugerechnet werden, die der Ehepartner, ein eingetragener Lebenspartner oder Verwandte ersten Grades sowie dem Organmitglied nahestehende Unternehmungen[70] gehören oder diesen über eine Mehrheitsbeteiligung oder Mehrheit der Stimmrechte vermittelt werden. Eine namentliche Aufführung der Personen, deren Aktien dem betroffenen Verwaltungsmitglied zugerechnet werden, wird vom Kodex nicht empfohlen oder auch nur angeregt.

c) Angabe von Gesamtbesitz von Vorstand bzw. Aufsichtsrat

Erreicht der relevante Wertpapierbesitz der einzelnen Vorstands- und Aufsichtsratsmitglieder nicht die vorgenannte Schwelle von 1 % aller Aktien der Gesellschaft, dann soll der **Gesamtbesitz** aller Vorstands- und Aufsichtsratsmitglieder lediglich **nach Gruppen getrennt** angeben werden, wenn der Gesamtbesitz seinerseits 1 % der von der Gesellschaft ausgegebenen Aktien übersteigt. Die Motivation dieser Empfehlung erschließt sich relativ leicht. Für Anleger und Stakeholder ist es schon interessant zu wissen, wie viel Wertpapiere der Gesellschaft bei den Mitgliedern des Aufsichtsrats oder denen des Vorstands liegen. Dass insoweit eine Zusammenfassung und keine individualisierte Angabe empfohlen wird, folgt aus der Anforderung des Gesetzes, Angaben zu machen, die ein den tatsächlichen Verhältnissen entsprechendes Bild geben, ohne durch einen im Einzelfall nicht gerechtfertigten besonderen Detaillierungsgrad irreführend zu wirken. Eine individualisierte Veröffentlichung würde keinen wesentlichen zusätzlichen Erkenntniswert haben.

3. Die Behandlung von Directors' Dealings im Corporate Governance Bericht

In **Abs. 3** beschränkt sich der Kodex nunmehr auf die Empfehlung, „die vorgenannten Angaben" im Corporate Governance Bericht zu machen. Diese Empfehlung ist dahin gehend zu verstehen, dass Directors' Dealings nicht mehr im **Corporate Governance Bericht** aufgeführt zu werden brauchen, sondern sich die Angaben auf den relevanten Besitz von Aktien oder anderen Finanzinstrumenten von Verwaltungsmitgliedern beschränken. Die Veröffentlichung von Directors' Dealings ist in WpHG gesetzlich geregelt.

6.7 Im Rahmen der laufenden Öffentlichkeitsarbeit sollen die Termine der wesentlichen wiederkehrenden Veröffentlichungen (u. a. Geschäftsbericht, Zwischenfinanzberichte) und der Termin der Hauptversammlung in einem „Finanzkalender" mit ausreichendem Zeitvorlauf publiziert werden.

VII. „Finanzkalender"

Eine faire Transparenz als integraler Bestandteil guter Corporate Governance erfordert auch eine rechtzeitige, gleichmäßige und umfassende Information über die Informationsquellen, die den interessierten Kreisen zur Verfügung stehen. Der Kodex empfiehlt daher in Ziffer 6.7, die auf der Sitzung der Regierungskommission am 14. Juni

---

[70] Ziffer 4.3.4.

2007 nur sprachlich leicht verändert und an das Transparenzrichtlinie-Umsetzungsgesetz (TUG) angepasst wurde, die Publikation eines „Finanzkalenders", der die Termine der wesentlichen wiederkehrenden Veröffentlichungen und der Hauptversammlung enthält. Solche Finanzkalender werden heute von allen DAX 30-Unternehmen publiziert. Und auch in den anderen Börsensegmenten wird diese Empfehlung weitgehend umgesetzt.[71]

1250 Der Finanzkalender soll die Termine der wesentlichen periodischen Veröffentlichungen auflisten, wobei der Kodex als entsprechende Informationsquellen exemplarisch den Geschäftsbericht und Zwischenfinanzberichte hervorhebt. Zu denken ist ferner an (Bilanz-)Pressekonferenzen, Analystenkonferenzen, Roadshows, Dividenden-Stichtag, Datum der Dividendenzahlung, Aktionärsbriefe und SEC-Dokumente. So weisen z. B. die Allianz, die Deutsche Bank, DaimlerChrysler und Siemens in ihren Finanzkalendern jeweils (u. a.) die Termine von Hauptversammlung, Analystenkonferenzen und Roadshows, der Veröffentlichung von Zwischenberichten und Jahreszahlen sowie der dazugehörigen Pressekonferenzen aus.[72] Der Finanzkalender soll „mit ausreichendem Zeitvorlauf" publiziert werden, damit die Anleger und anderen Bezugsgruppen der Gesellschaft ihr Informationsverhalten auf die Veröffentlichungszeitpunkte einrichten können. In der Praxis wird bislang meist im Finanzkalender zumindest der Termin für die nächste Hauptversammlung veröffentlicht. Teilweise werden nur Finanztermine des laufenden Jahres ausgewiesen, überwiegend jedoch auch des folgenden Jahres, aber selten darüber hinaus. Im Übrigen lassen sich – wie eine überschlägige Durchsicht zeigt – bisher kaum einheitliche Muster in Hinblick auf den Zeitvorlauf der Veröffentlichung von Finanzkalendern und ihrem Informationsumfang feststellen.

1251 Für die Form der Veröffentlichung des Finanzkalenders trifft der Kodex in Ziffer 6.7 keine weiteren Festlegungen. Er empfiehlt den Gesellschaften allerdings in Ziffer 6.4[73] und Ziffer 6.8 Satz 1[74] generell, Informationen auch über das Internet zugänglich zu machen. Infolgedessen kann es als Ausdruck guter Corporate Governance angesehen werden, auch den Finanzkalender (unter Umständen zusätzlich zur Wahl anderer geeigneter Kommunikationsmedien) ins Internet einzustellen.

6.8 Von der Gesellschaft veröffentlichte Informationen über das Unternehmen sollen auch über die Internetseite der Gesellschaft zugänglich sein. Die Internetseite soll übersichtlich gegliedert sein. Veröffentlichungen sollten auch in englischer Sprache erfolgen.

VIII. Internetseite

1. Internetpublizität von Unternehmensinformationen

1252 Die Internetpublizität bildet ein zentrales Element moderner Transparenz der Unternehmensführung.[75] Der Kodex spricht daher in Ziffer 6.8 – ergänzend zu anderen

---

[71] Vgl. v. Werder/Talaulicar, DB 2007, 871 (Tab. 3).
[72] Siehe http://www.allianz.com/de/allianz_gruppe/investor_relations/finanzkalender/page1.html (für Allianz; Stand: 24. 4. 2007), http://www.deutsche-bank.de/ir//ir.financial.calendar/ir.events/ (für Deutsche Bank; Stand: 24. 4. 2007), http://www.daimlerchrysler.com/dccom/0-5-7176-49-58552-1-0-0-0-0-0-8-7164-0-0-0-0-0-0.html (für DaimlerChrysler; Stand: 24. 4. 2007) und http://www.siemens.com/index.jsp?sdc.p=cfi1305835l0mo1305835ps4uz1& (für Siemens; Stand: 24. 4. 2007).
[73] S. hierzu Rn. 1228 ff.
[74] S. hierzu Rn. 1252 ff.
[75] S. Rn. 1228 ff. zu Ziffer 6.4.

Kodexbestimmungen[76] – hierzu drei Empfehlungen und eine Anregung aus. Zum einen sollen Informationen, welche die Gesellschaft über das Unternehmen veröffentlicht hat, auch über die Internetseite der Gesellschaft zugänglich sein. Wenngleich der Wortlaut des Kodex auch eine andere Interpretation zulässt, dient es der Transparenz, wenn nicht nur ausgewählte, sondern im Grunde alle (wichtigen) veröffentlichten Informationen auch in das Internet eingestellt werden.[77]

Die Empfehlung bezieht sich auf (alle) Informationen, welche die Gesellschaft „über das Unternehmen" veröffentlicht hat. Die Internetempfehlung in Satz 1 von Ziffer 6.8 ist somit konzerndimensional angelegt,[78] so dass Informationen über die Gesellschaft und ihre eventuellen Konzernunternehmen gemeint sind. Voraussetzung ist allerdings, dass diese Informationen von der (börsennotierten) Gesellschaft selbst veröffentlicht worden sind. Für Veröffentlichungen von Konzernunternehmen gilt die Internetempfehlung hingegen nur, wenn diese ihrerseits börsennotiert sind.

Informationen sind „über die Internetseite" (Webpage) zugänglich, wenn die betreffenden Seiten von der Startseite der Gesellschaft (Homepage) aus durch eine (möglichst direkte) Verknüpfung (Link) aufgerufen werden können. Dabei sollte der Aufruf ununterbrochen, ohne Einschränkungen (z. B. Passwörter, IP-Nummern-Begrenzungen) und zu lange Ladezeiten, mit allen Standardbrowsern und evtl. mit (kostenlos) verfügbaren Zusatzprogrammen möglich sein. Fraglich ist, über welchen Zeitraum Informationen auf den Internetseiten vorgehalten werden sollen. Bei der Beantwortung dieser Frage wird man sich u. a. daran orientieren können, wie lange die zugrunde liegenden Veröffentlichungen (Geschäftsberichte, Ad-hoc-Mitteilungen etc.), die (auch) ins Internet eingestellt werden, für ihre Adressaten vorrätig sind. Der empfehlenswerte Zeitraum der Zugänglichkeit kann danach erheblich variieren. Auf der einen Seite sind beispielsweise Handelsregistereintragungen bis zu ihrer Löschung einsehbar, so dass es sich anbietet, solche Informationen (bis zur Löschung) auch im Internet permanent zugänglich zu machen. Andererseits hat eine Gesellschaft ihre Pflicht zur Ad-hoc-Publizität nach der neuen Wertpapierhandelsanzeige und Insiderverzeichnisverordnung (WpAIV) erfüllt, wenn sie die mitzuteilende Insiderinformation über ein weit verbreitetes elektronisch betriebenes Informationsverbreitungssystem veröffentlicht hat.[79] Verfügt der Emittent über eine Website, so hat er die Insiderinformation zusätzlich auf dieser Website zu veröffentlichen und „nur" mindestens einen Monat zugänglich zu halten.[80] Ad-hoc-Mitteilungen können daher vergleichsweise schnell wieder von der Internetseite der Gesellschaft genommen werden. Im Übrigen ist es Sache der Gesellschaft zu entscheiden, welche Informationen sie als noch aktuell ansieht und daher im Internet zugänglich macht.

2. Gliederung der Internetseiten

In Anbetracht der Fülle an Informationen, welche die Gesellschaft im Internet (über einen mehr oder weniger langen Zeitraum) zugänglich machen soll, überzeugt die ausdrückliche Empfehlung des Kodex in Satz 2 von Ziffer 6.8, die Internetseite übersichtlich zu gliedern. Die Internetseite kann dabei (und wird im Regelfall) mehrere Seiten (Webpages) umfassen, die insgesamt übersichtlich zu gestalten sind.

Das Design ihres Internetauftritts obliegt im Detail den Entscheidungen der einzelnen Gesellschaft. Nachdem das Internet seit gut sieben Jahren von den Unternehmen

---

[76] S. vor allem Ziffer 6.4 sowie auch Ziffer 2.3.1, Ziffer 2.3.4 und Ziffer 3.10.
[77] Vgl. näher *Stubenrath/Löbig*, DB 2002, 1337 f.
[78] Vgl. zur Verwendung des Terminus „Unternehmen" im Kodex allgemein Rn. 126.
[79] S. § 5 Abs. 1 Nr. 1 WpAIV und hierzu *Assmann* in Assmann/Schneider, WpHG, 4. Aufl., § 15 Rn. 277.
[80] S. § 5 Abs. 1 Nr. 2 WpAIV und hierzu *Assmann* in Assmann/Schneider, WpHG, 4. Aufl., § 15 Rn. 278.

immer intensiver als Kommunikationsmedium genutzt wird, lassen sich allerdings schon erste Gestaltungstrends erkennen, die Anhaltspunkte für eine übersichtliche Gliederung der Internetseiten liefern können. Nach einer überschlägigen Durchsicht der Internetauftritte führender DAX-Unternehmen ist es heute z. B. eine verbreitete Übung, bereits auf der Homepage einen direkten Link zur Internetseite „Investor Relations" vorzusehen. Ferner werden die Investor-Relations-Seiten häufig in Rubriken für Aktie/Kurs/Basisinformationen, Unternehmensinformationen/(Finanz-)Kennzahlen, Finanzkalender/Termine, Berichte/Publikationen, IR-Mitteilungen/Nachrichten, Service und Kontakt unterteilt.

3. Veröffentlichung in englischer Sprache

1257   Nach Satz 3 der Ziffer 6.8 des Kodex sollten Veröffentlichungen auch in englischer Sprache erfolgen. Diese Kodexbestimmung ist mit Blick auf den gerade für kleinere und mittlere börsennotierte Gesellschaften nicht unbeträchtlichen Übersetzungsaufwand als Anregung formuliert, von der ohne Erklärung im Sinne von § 161 AktG abgewichen werden kann. Sie dient – komplementär zu der Empfehlung in Ziffer 6.5, bestimmte im Ausland veröffentlichte Informationen auch im Inland bekannt zu geben[81] – dazu, ein Informationsgefälle zwischen In- und Ausland abzubauen. Wenngleich nicht explizit hervorgehoben, erstreckt sich die Anregung schon wegen ihrer Platzierung in der „Internet-Textziffer" 6.8 und angesichts der anderweitigen Zugangsbarrieren ausländischer Adressaten auf Veröffentlichungen im Internet. Ferner legt bereits der bloße Anregungscharakter der Kodexbestimmung den Gesellschaften die Option nahe, nicht sämtliche, sondern nur ausgewählte, wesentliche Veröffentlichungen auch in englischer Sprache zugänglich zu machen.

4. Relevanz in der Praxis

1258   Die Kodexregelungen in Ziffer 6.8 werden in der Praxis weitgehend umgesetzt. Die beiden Empfehlungen (Internetpublizität, Satz 1; Gliederung der Internetseiten, Satz 2) werden in allen Börsensegmenten von mindestens 90 % der Gesellschaften befolgt.[82] Die Anregung zur Veröffentlichung in englischer Sprache (Satz 3) wird von allen Gesellschaften des DAX, des TecDAX und des MDAX befolgt. Im SDAX liegt die Befolgungsquote immerhin bei 93,3 %, im Prime Standard bei 96,4 %, während die Akzeptanz dieser Bestimmung im General Standard mit 57,1 % deutlich niedriger ausfällt.[83]

---

[81] S. hierzu Rn. 1232 ff.
[82] S. *v. Werder/Talaulicar*, DB 2007, 871 (Tab. 3), und zum Kodex Report näher Rn. 1638 ff.
[83] Vgl. *v. Werder/Talaulicar*, DB 2007, 874 (Tab. 7).

7. Rechnungslegung und Abschlussprüfung

Kommentierung

Übersicht	Rn.
I. Unternehmenspublizität (Kodex 7.1.1)	1301
1. Konzernabschluss/Einzelabschluss	1301
2. Halbjahres- und Quartalsfinanzberichte, Zwischenmitteilungen	1302
3. Anwendung international anerkannter Rechnungslegungsgrundsätze	1308
4. Der Einzelabschluss	1310
II. Aufstellung und Prüfung des Konzernabschlusses (Kodex 7.1.2)	1311
1. Enforcement	1312
2. Fast Close	1314
3. Veröffentlichung von Konzernabschluss und Zwischenberichten	1318
4. Behandlung des Lageberichts	1319
III. Aktienoptionsprogramme (Kodex 7.1.3)	1320
IV. Liste bedeutsamer Beteiligungen, handelsrechtliches Anteilsverzeichnis (Kodex 7.1.4)	1322
1. Satz 1	1322
2. Handelsbestand	1326
3. Umfang der Angaben	1327
V. Nahestehende Personen (Kodex 7.1.5)	1330
VI. Vorbemerkungen zur Abschlussprüfung (Kodex 7.2)	1338
1. Zur Unabhängigkeit des Abschlussprüfers	1340
2. Gesetzgeberische Maßnahmen in Deutschland und Europa	1344
3. Die Kodexempfehlungen zur Abschlussprüfung	1348
VII. Sicherung der Unabhängigkeit des Abschlussprüfers (Kodex 7.2.1)	1349
1. Die gesetzlichen Unabhängigkeitsregeln	1351
2. Unabhängigkeitserklärung	1356
3. Informationsvereinbarung	1361
VIII. Prüfungsauftrag und Honorarvereinbarung (Kodex 7.2.2)	1364
IX. Offenlegungsvereinbarung/Redepflicht (Kodex 7.2.3)	1367
X. Teilnahmepflicht (Kodex 7.2.4)	1371

7. Rechnungslegung und Abschlussprüfung

7.1 Rechnungslegung

7.1.1 Anteilseigner und Dritte werden vor allem durch den Konzernabschluss informiert. Während des Geschäftsjahres werden sie zusätzlich durch den Halbjahresfinanzbericht sowie im ersten und zweiten Halbjahr durch Zwischenmitteilungen oder Quartalsfinanzberichte unterrichtet. Der Konzernabschluss und der verkürzte Konzernabschluss des Halbjahresfinanzberichts und des Quartalsfinanzberichts werden unter Beachtung der einschlägigen internationalen Rechnungslegungsgrundsätze aufgestellt.

I. Unternehmenspublizität

1. Konzernabschluss/Einzelabschluss

1301 In **Satz 1** erwähnt der Kodex eine der beiden Grundfunktionen handelsrechtlicher Rechnungslegung, nämlich die **Unternehmenspublizität**[1] gegenüber Beteiligten (darunter insbesondere den Aktionären) und Kapitalmarkt. Er stellt fest, dass sowohl die Anteilseigner der Gesellschaft als auch Dritte, das heißt Außenstehende wie Gläubiger, Abnehmer oder Lieferanten durch den Konzernabschluss informiert werden. Damit weisen die Verfasser des Kodex dem **Konzernabschluss** eine **besondere Informationsfunktion** zu, ohne indes dem Einzelabschluss eigenständigen Informationswert abzusprechen („vor allem"). Dies entspricht heute überwiegender Handhabung in der Unternehmenspraxis. Analysten ebenso wie Anleger stützen sich vorwiegend auf den Konzernabschluss. Der Bericht des Vorstandsvorsitzenden in der Hauptversammlung der Gesellschaft bezieht sich auf den Konzernabschluss und Fragen der Aktionäre zum Einzelabschluss sind die Ausnahme.

2. Halbjahres- und Quartalsfinanzberichte, Zwischenmitteilungen

1302 Die ursprünglich in **Satz 2** enthaltene **Empfehlung,** die Anteilseigner und Dritte während des Geschäftsjahres durch **Zwischenberichte** zu unterrichten, konnte nach Inkrafttreten des TUG[2] entfallen. Die Anzahl der Zwischenberichte, die die Gesellschaft jährlich zu erstellen hat, schreibt nunmehr das Gesetz vor. Satz 2 beschreibt also lediglich die gesetzliche Lage.

1303 Nach § 37 w WpHG hat der Emittent zugelassener Aktien für die ersten sechs Monate eines jeden Geschäftsjahres einen **Halbjahresfinanzbericht** zu erstellen und diesen spätestens nach zwei Monaten im Unternehmensregister zu veröffentlichen. Der Emittent hat ferner bekannt zu machen, ab wann und unter welcher Internet-Adresse der Bericht zusätzlich zu seiner Verfügbarkeit im Unternehmensregister öffentlich zugänglich ist.

1304 Der Halbjahresfinanzbericht muss einen verkürzten Abschluss (also jeweils eine verkürzte Bilanz, verkürzte Gewinn- und Verlustrechnung und Anhang), sowie einen Zwischenlagebericht, der die wichtigsten Ereignisse des Berichtzeitraumes im Unternehmen und ihre Auswirkungen auf den verkürzten Abschluss darstellt, sowie die Versicherung der gesetzlichen Vertreter der Gesellschaft enthalten, dass Zwischenabschluss und Zwischenlagebericht nach bestem Wissen ein den tatsächlichen Verhältnissen entsprechendes Bild vermitteln.[3] Der verkürzte Abschluss und Zwischenlagebericht können einer prüferischen Durchsicht durch einen Abschlussprüfer unterzogen werden. Es ist davon auszugehen, dass das auch in aller Regel – jedenfalls bei den in einem Aktienindex gelisteten Gesellschaften – geschehen wird.

1305 Zusätzlich zum Halbjahresfinanzbericht haben die Unternehmen in einem Zeitraum zwischen zehn Wochen nach Beginn und sechs Wochen vor Ende der ersten und zweiten Hälfte des Geschäftsjahres jeweils eine keiner prüferischen Durchsicht unterzogene **Zwischenmitteilung der Geschäftsführung** bzw. nach ihrer Wahl einen **Quartalsfinanzbericht,** der dann jedoch den Vorgaben des § 37 w Abs. 2 Nr. 1 und 2, Abs. 3 und 4 WpHG entsprechen muss, zu veröffentlichen. Die gesetzliche Regelung hat somit die ursprüngliche **Empfehlung** des Kodex, Anteilseigner und Dritte im

---

[1] Die andere Grundfunktion, die Gewinnverteilungsfunktion, ist weiterhin dem Einzelabschluss vorbehalten (§ 174 Abs. 1 Satz 1 AktG); s. auch S. 3 dieser Ziffer.
[2] §§ 37 n und 37 x WpHG.
[3] §§ 264 Abs. 2 Satz 3 bzw. 289 Abs. 1 Satz 5 HGB.

Sinne fortlaufender Unternehmenspublizität durch Zwischenmitteilungen zu unterrichten, **obsolet** gemacht.

Das TUG hat insoweit die Richtlinie des Europäischen Parlaments und des Rates „zur Harmonisierung der Transparenzanforderungen im Bezug auf Informationen über Emittenten, deren Wertpapiere zum Handel auf einem geregelten Markt zugelassen sind, und zur Änderung der Richtlinie 2001/34/EG"[4] im Wesentlichen vorgabengetreu umgesetzt. 1306

Anders als noch nach dem Kommissionsvorschlag vom 26. März 2003 (Art. 6) ist **nicht** mehr vorgesehen, dass börsennotierte Gesellschaften inhaltlich an IAS 34 orientierte Quartalsberichte veröffentlichen müssen. Das Gesetz schreibt vielmehr „Zwischenmitteilungen der Geschäftsführung" vor und optional die Erstellung von Quartalsfinanzberichten.[5] 1307

3. Anwendung international anerkannter Rechnungslegungsgrundsätze

In **Satz 3** empfahl der Kodex bisher, den Konzernabschluss und die Zwischenberichte unter Beachtung international anerkannter Rechnungslegungsgrundsätze aufzustellen.[6] Unter international anerkannten Rechnungslegungsgrundsätzen wurden allgemein die International Accounting Standards (IAS) und die United States Generally Accepted Accounting Principles (US-GAAP) verstanden.[7] 1308

Das Bilanzrechtsverfassungsgesetz[8] **verpflichtet** börsennotierte Gesellschaften nunmehr, den Konzernabschluss nach **den** International Accounting Standards (IAS) aufzustellen, die nach Art. 2, 3 und 6 der Verordnung Nr. 1606/2002/EG des Europäischen Parlaments und des Rates übernommen wurden.[9] Die ursprüngliche Kodexempfehlung in Satz 3 ist daher entfallen. Die Kodexregelung beschreibt nunmehr die Gesetzeslage. Die Aufnahme des Halbjahresfinanzberichts und – wenn von der Option des § 37 x Abs. 3 WpHG Gebrauch gemacht wird – des Quartalsfinanzberichts hat nur deklatorischen Charakter. 1309

Selbstverständlich steht es den Gesellschaften, die das so wollen,[10] frei, auch zusätzlich nach US-GAAP zu bilanzieren. Insoweit war eine Anpassung des Kodexwortlautes als Folge der Änderung der gesetzlichen Regeln durch das Bilanzrechtsreformgesetz nicht zwingend.

4. Der Einzelabschluss

Satz 4 dieser Ziffer schließlich beschrieb den Einzelabschluss, der nach HGB aufgestellt wird und auch die Grundlage für die Besteuerung des Unternehmens bildet. Diese Kodexregelung hatte lediglich **klarstellenden Charakter** und sollte darauf hinweisen, dass der Kodex trotz der Bedeutung, die er dem nach internationalen Rechnungslegungsgrundsätzen aufgestellten Konzernabschluss zumisst, den gesetzlichen Einzelabschluss nach Handelsgesetzbuch nicht übersieht. In ihrer Sitzung vom 16. Juni 2007 beschloss die Kodexkommission im Vorgriff auf die vom Vorsitzenden 1310

---

[4] Richtlinie 2004/109/EG – Transparenzrichtlinie – des Europäischen Parlamentes und des Rates.

[5] S.o. Rn. 1305.

[6] Ein Vergleich der betreffenden Rechnungslegungsstandards (HGB, IAS und US-GAAP) findet sich im Monatsbericht der Deutschen Bundesbank für Juni 2002, 854 (Jahrgang, Nr. 6), der in Anhang 2 III. abgedruckt ist.

[7] *Baumbach/Hopt*, HGB, § 292a Anm. 5; *Staub*, HGB, § 292a Anm. 22.

[8] Gesetz zur Einführung internationaler Rechnungslegungsstandards und zur Sicherung der Qualität der Abschlussprüfung, Bilanzrechtsverfassungsgesetz (Bilanzrechtsreformgesetz) vom 4.12.2004, BGBl. I, S. 3166ff.

[9] S. § 315a HGB.

[10] Möglicherweise, weil sie an einer US-Börse gelistet sind.

der Kodexkommission für das kommende Jahr angekündigten Entschlackung des Kodex durch Streichung obsoleter Regelungen, bereits jetzt Satz 4 der Ziffer 7.1.1 ersatzlos enfallen zu lassen.

> **7.1.2** Der Konzernabschluss wird vom Vorstand aufgestellt und vom Abschlussprüfer sowie vom Aufsichtsrat geprüft. Zusätzlich sind die Prüfstelle für Rechnungslegung bzw. die Bundesanstalt für Finanzdienstleistungsaufsicht befugt, die Übereinstimmung des Konzernabschlusses mit den maßgeblichen Rechnungslegungsvorschriften zu überprüfen (Enforcement). Der Konzernbeschluss soll binnen 90 Tagen nach Geschäftsjahresende, die Zwischenberichte sollen binnen 45 Tagen nach Ende des Berichtszeitraums, öffentlich zugänglich sein.

II. Aufstellung und Prüfung des Konzernabschlusses

1311 Satz 1 beschreibt die gesetzliche Lage, wie sie sich aus § 171 Abs. 1 AktG ergibt. Der Vorstand stellt den Konzernabschluss auf, legt ihn unverzüglich nach Aufstellung dem Aufsichtsrat vor, dem eine eigene Prüfungspflicht obliegt.

1. Enforcement

1312 In **Satz 2** weist der Kodex seit Juni 2006 gesetzesbeschreibend darauf hin, dass die vom Bundesministerium der Justiz im Einvernehmen mit dem Bundesministerium der Finanzen gemäß § 342 b HGB durch Vertrag anerkannte Deutsche Prüfstelle für Rechnungslegung in Berlin (DPR) und die gemäß §§ 37 n ff. WpHG zuständige Bundesanstalt für Finanzdienstleistungsaufsicht befugt sind, die Übereinstimmung des Konzernabschlusses (auf dessen Behandlung sich der Kodex beschränkt)[11] mit den maßgeblichen Rechnungslegungsvorschriften zu überprüfen (**Enforcement**). Dieser Hinweis erschien der Kodexkommission angesichts des erklärten Ziels des Kodex „das Deutsche Corporate Governance System transparent und nachvollziehbar zu machen sowie das Vertrauen der internationalen und nationalen Anleger .... in die Leitung und Überwachung deutscher börsennotierter Gesellschaften zu fördern"[12] notwendig.

1313 Das System des Enforcement wurde im deutschen Recht durch das Bilanzkontrollgesetz neben das bereits seit dem Jahr 2000 geltende Peer Review[13] etabliert. Grundsätzlich ist dabei ein zweistufiges Verfahren zur Prüfung möglicher Verstöße gegen Rechnungslegungsvorschriften vorgesehen. Gemäß § 342 b Abs. 2 HGB prüft zunächst die DPR die Übereinstimmung des zuletzt festgestellten Jahresabschlusses und Lageberichtes auf Übereinstimmung mit den anwendbaren Rechnungslegungsvorschriften, wenn konkrete Anhaltspunkte für einen Verstoß gegen Rechnungslegungsvorschriften vorliegen oder die Bundesanstalt für Finanzdienstleistungsaufsicht dies verlangt. Die DPR kann auch ohne besonderen Anlass, also **stichprobenartig**, prüfen.

§§ 37 n ff. WpHG räumen der Bundesanstalt für Finanzdienstleistungsaufsicht vergleichbare Prüfungsrechte ein. Auch die BaFin kann eine Prüfung der Rechnungslegung anordnen, wenn konkrete Anhaltspunkte für einen Verstoß gegen Rechnungslegungsvorschriften vorliegen, es sei denn, dass ein öffentliches Interesse an der Klärung offensichtlich nicht besteht (§ 37 o WpHG). **Stichprobenartige Prüfungen** finden nur auf Veranlassung der DPR statt (§ 37 p WpHG). Im Übrigen stehen der BaFin die Befugnisse zur Anordnung einer Prüfung erst zu, wenn die Prüfstelle ihr

---

[11] S.o. Rn 1301.
[12] S. Präambel Abs. 1.
[13] S. §§ 57 ff. WPO.

2. Fast Close

Entsprechend der Empfehlung in **Satz 3** soll der Konzernabschluss binnen 90 Tagen nach Geschäftsjahresende, die Zwischenberichte bzw. Quartalsfinanzberichte binnen 45 Tagen nach Ende des jeweiligen Berichtszeitraumes, der sich nach § 37x Abs. 1 Satz 1 WpHG bemisst, öffentlich zugänglich sein.[15] Damit kam der Kodex einer entsprechenden Empfehlung der Baums-Kommission[16] nach, die nunmehr in abgewandelter Form Eingang in das Gesetz gefunden hat.

Die Frist von 90 Tagen nach Geschäftsjahresende erscheint für den Jahresabschluss, wenn auch nicht komfortabel, so doch erreichbar. In den USA wird diese Frist regelmäßig eingehalten. Bei dem Vergleich zu der entsprechenden Praxis in den USA ist allerdings zu beachten, dass in Deutschland innerhalb dieser Frist auch die Prüfung durch den Abschlussprüfer abgeschlossen ist und die Befassung und Prüfung durch den Aufsichtsrat zu erfolgen hat. Dies führt in der Regel zu erheblichem Zeitdruck. Aus diesem Grund wurde die Empfehlung der Baums-Kommission zur Erstellung von Vorableseexemplaren von Jahresabschluss, Lagebericht und Geschäftsbericht[17] von der Kommission nicht berücksichtigt.

Die Empfehlung, die Zwischenmitteilungen der Geschäftsführung, die quantitativ sowie qualitativ geringeren Anforderungen unterliegen als Halbjahresfinanzberichte, binnen 45 Tagen nach Ende des Berichtszeitraumes zu veröffentlichen, sollte problemlos einzuhalten sein. Bei Quartalsfinanzberichten kann die Frist als kurz angesehen werden.

Fällt der Ablauf der 90 bzw. 45 Tagesfrist auf einen gesetzlichen Feiertag oder ein Wochenende, verlängert sich die Frist (§ 193 BGB) auf den folgenden Werktag.

3. Veröffentlichung von Konzernabschluss und Zwischenberichten

Hilfreich ist, dass Konzernabschluss und Zwischenberichte innerhalb der genannten Fristen lediglich öffentlich zugänglich gemacht werden sollen. Sie müssen mithin nicht in Druckform, sondern in der Terminologie des TransPuG[18] in Textform vorliegen. Die Baums-Kommission[19] hat insoweit zwar keine eigene Empfehlung ausgesprochen, aber deutlich erkennen lassen, dass aus ihrer Sicht dem Informationsinteresse der Aktionäre und sonstigen Betroffenen nicht dadurch Rechnung getragen wird, dass die Berichte auf der Website der Gesellschaft veröffentlicht werden. Aus Sicht der Baums-Kommission sollte eine zentrale Stelle benannt werden, bei der die entsprechenden Berichte abrufbar sein sollen. Erwähnt wird in diesem Zusammenhang das ab dem 1. Januar 2007 existierende deutsche Unternehmensregister[20] oder die Website der

---

[14] § 37 p Abs. 1 S. 2 WpHG, s. hierzu insgesamt Claussen DB 2007, 1421 ff.
[15] Für gesetzliche branchenspezifische Sonderregelungen, wie sie beispielsweise für Versicherungsunternehmen in § 341i Abs. 3 HGB zu finden sind, sieht der Kodex keine ausdrückliche Ausnahmeregelung vor. Hier können die Unternehmen, wenn sie von der gesetzlichen Ausnahmeregulung Gebrauch machen wollen, ihre Entsprechenserklärung mit guten Gründen entsprechend einschränken. Damit wird dem von Kodex und der gesetzlichen Entsprechenserklärung verfolgten Gebot der Transparenz entsprochen.
[16] *Baums*, Bericht, Rn. 276.
[17] *Baums*, Bericht, Rn. 318; s. Rn. 30.
[18] S. RegE S. 33.
[19] *Baums*, Bericht, Rn. 271.
[20] Gesetz über elektronische Handelsregister sowie das Unternehmensregister – EHUG – vom 10. 11. 2006 (BGBl. I, S. 2553).

jeweiligen Börse, an der die Wertpapiere der Gesellschaft gelistet sind, bzw. auch die Website des Bundesaufsichtsamtes für den Wertpapierhandel,[21] heute Bundesanstalt für Finanzdienstleistungsaufsicht Das WpHG hat sich für eine Veröffentlichung im Unternehmensregister entschieden und sieht zusätzlich eine Bekanntmachung der Gesellschaft des Inhalts vor, ab welchem Zeitpunkt und welcher Internetadresse die Abschlussunterlagen zusätzlich öffentlich verfügbar sind.

4. Behandlung des Lageberichts

1319   Nach dem Wortlaut der Empfehlung bezieht sich die Veröffentlichungspflicht lediglich auf den Konzernabschluss im Sinne des § 297 HGB sowie auf die Zwischenberichte. Dementsprechend müsste bei wörtlicher Auslegung der Konzernlagebericht nach § 315 HGB nicht innerhalb der genannten Frist vorgelegt werden. Die hier möglicherweise entstehende Inkonsistenz ist sicherlich nicht beabsichtigt. Man wird im Rahmen teleologischer Auslegung davon ausgehen müssen, dass, wie es auch allgemeine Praxis sein wird, nicht nur der Konzernabschluss, sondern auch der Lagebericht innerhalb der 90 Tagefrist öffentlich zugänglich sein wird.

> 7.1.3 Der Corporate Governance Bericht soll konkrete Angaben über Aktienoptionsprogramme und ähnliche wertpapierorientierte Anreizsysteme der Gesellschaft enthalten.›

III. Aktienoptionsprogramme

1320   Dem Bestreben des Kodex nach Transparenz folgend werden in dieser Sektion die Kodexempfehlungen aus den Ziffern 4.2.3, 4.2.4 (die Vorstandsvergütung betreffend) und 5.4.7 (die erfolgsorientierte Vergütung für den Aufsichtsrat mit langfristigem Anreizbestandteil betreffend) aufgenommen. Der Kodex empfiehlt seine Entscheidung in Abschnitt 4.2.5 über den **Ort** der Veröffentlichung folgend im Corporate Governance Bericht **konkrete Angaben zu Aktienoptionsprogrammen und ähnlichen wertpapierorientierten Anreizsystemen der Gesellschaft** zu machen. Abweichend von den vorgenannten Empfehlungen zu Vorstand und Aufsichtsrat beschränkt sich die Kodexempfehlung in dieser Sektion nicht auf Programme der Organmitglieder, sondern erfasst sämtliche Aktienoptionsprogramme usw. der Gesellschaft, auch soweit sie **Mitarbeiter** begünstigen.

1321   Angesichts der Diskussion, die, angestoßen durch exzessive Optionspläne insbesondere in den USA, aber auch in Deutschland, in den letzten Monaten verstärkt geführt wird, erscheint es besonders wichtig und Ausdruck verantwortlicher Corporate Governance, wenn die Gesellschaften insoweit besonderen Wert auf Transparenz für ihre Aktionäre und die Beobachter und Teilnehmer des Kapitalmarktes legen.

> **7.1.4** Die Gesellschaft soll eine Liste von Drittunternehmen veröffentlichen, an denen sie eine Beteiligung von für das Unternehmen nicht untergeordneter Bedeutung hält. Handelsbestände von Kredit- und Finanzdienstleistungsinstituten, aus denen keine Stimmrechte ausgeübt werden, bleiben hierbei unberücksichtigt. Es sollen angegeben werden: Name und Sitz der Gesellschaft, Höhe des Anteils, Höhe des Eigenkapitals und Ergebnis des letzten Geschäftsjahres.

---

[21] *Baums*, Bericht, Rn. 271.

IV. Liste bedeutsamer Beteiligungen, handelsrechtliches Anteilsverzeichnis

1. Satz 1

Die Empfehlung in **Satz 1**, dass die Gesellschaft eine Liste von Drittunternehmen veröffentlicht, an denen sie eine Beteiligung von für den Konzern nicht untergeordnete Bedeutung hält, ist bewusst weit gefasst. Sie entspricht **nicht** der **Auflistung des Beteiligungsbesitzes** der Gesellschaft im Sinne des § 313 Abs. 2 Nr. 4 HGB, noch darf sie damit verwechselt werden. Die vorgenannte Vorschrift des Handelsgesetzbuches stellt nämlich auf feste Beteiligungsquoten (20 % Kapitalanteil bzw. 5 % an großen Kapitalgesellschaften, die von börsennotierten Kapitalgesellschaften gehalten werden) ab. Auf die „Bedeutung", das heißt das wirtschaftliche Gewicht, das Beteiligungen unabhängig von der Beteiligungsquote für das Unternehmen (den Konzern) spielen, kommt es beim Anteilsverzeichnis nach HGB nicht an.

Der Kodex wollte aber gerade keine, das nach HGB aufzustellende Anteilsverzeichnis (das übrigens nicht veröffentlicht zu werden braucht, § 325 Abs. 3 HGB für den Konzernabschluss)[22] ergänzenden Empfehlungen aussprechen. Die Anforderungen des Handelsrechts sind in diesem Bereich ausreichend umfassend. Aus Vorstehendem folgt auch, dass die **Beteiligungen,** die die Gesellschaft **konsolidiert,** nicht unter die Empfehlung nach dieser Sektion fallen. Ihrer Bedeutung wird bereits durch die Konsolidierung Rechnung getragen. Für eine gesonderte Darstellung besteht – von im Ermessen der Gesellschaft stehenden Ausnahmefällen abgesehen – kein Bedürfnis.

Dem Kodex liegt vielmehr daran, dass Anleger und Kapitalmarkt über **Beteiligungen** des Unternehmens informiert werden, die für das Unternehmen **wirtschaftlich bedeutsam** (= von nicht untergeordneter Bedeutung) sind. Dabei wäre denkbar gewesen, eine feste Beteiligungsschwelle, beispielsweise von 5 % oder 10 % zu nehmen. Dies wäre allerdings nicht allen Fallgestaltungen, die der Kodex als relevant ansah, gerecht geworden. So kann eine 0,5- oder 1 %ige Beteiligung, die ein am Neuen Markt gelistetes Unternehmen an einem M-DAX oder DAX-Unternehmen hält, für diese Gesellschaft von erheblicher und ganz und gar nicht untergeordneter Bedeutung sein, während eine 5-, 10- oder 20 %ige Beteiligung eines DAX-Unternehmens an einer ausländischen Vertriebsgesellschaft durchaus vernachlässigbar sein kann.

Die Abgrenzung, was denn nun im konkreten Fall tatsächlich von „**nicht untergeordneter**" Bedeutung ist, mag schwierig sein. Sie ist unter Berücksichtigung aller Umstände und des Zieles des Kodex, den Anlegern wesentliche, für die Beurteilung des Unternehmens erforderliche bzw. hilfreiche Daten zur Verfügung zu stellen, zu treffen. Auch an dieser Stelle entscheidet sich der Kodex für unbestimmte, ausfüllungsbedürftige Rechtsbegriffe statt fester, allerdings unflexibler Kriterien. Er trägt damit seinem zweiten Grundprinzip, dem der Flexibilität, bewusst Rechnung. Den Unternehmen soll die Möglichkeit gegeben werden, eigenverantwortlich eine dem Einzelfall gerecht werdende Entscheidung zu treffen.

2. Handelsbestand

Aus gleichem Grund rechtfertigt sich die in **Satz 2** enthaltene Ausnahme, Handelsbestände von Kredit- und Finanzdienstleistungsinstituten nicht zu berücksichtigen.

---

[22] Es reicht aus, wenn es zum Handelsregister eingereicht wird. U. a. weil es sich bei diesen Anteilsverzeichnissen um sehr umfängliche Listen handelt, machen praktisch alle großen Konzerne von dieser gesetzlichen Regelung Gebrauch.

3. Umfang der Angaben

1327 § 313 Abs. 2 HGB für den Konzernabschluss bzw. § 285 Nr. 11 HGB für den Einzelabschluss legen fest, welche Angaben gemacht werden müssen.

Angabepflichten	Einzelabschluss § 285 Nr. 11 HGB	Konzernabschluss § 313 Abs. 2 Beteiligungsunternehmen		
		konsolidiert	at equity	nicht konsolidiert
Name und Sitz des Beteiligungsunternehmens	ja	ja	ja	ja
Beteiligungsquote	ja	ja	ja	ja
Höhe des Eigenkapitals	ja	nein	nein	ja
Jahresergebnis	ja	nein	nein	ja

1328 Die vorstehenden Angaben sind aus den Jahresabschlüssen nach Landesrecht der Beteiligungsgesellschaften abzuleiten. Das führt dazu, dass als **Ergebniszahl** der Jahresüberschuss **nach Steuern,** bzw. soweit ein Gewinnabführungsvertrag besteht, **nach Ergebnisübernahme** durch die Obergesellschaft ausgewiesen wird. Üblicherweise weist der Geschäftsbericht in solchen Fällen auf das Bestehen eines Gewinnabführungsvertrages hin. Die einzelnen Ergebnisangaben stellen, da sie nach Landesrecht ermittelt werden, **nicht** den **Beitrag** der Gesellschaften zum **Konzernergebnis** dar.

1329 Für die von der Kodexempfehlung erfassten Beteiligungen „von nicht untergeordneter Bedeutung" empfiehlt der Kodex, entsprechende Angaben zu machen: Name und Sitz der Gesellschaft, Höhe des Anteils, Höhe des Eigenkapitals und Ergebnis des letzten Geschäftsjahres. Wie bei den Angaben im handelsrechtlichen Anteilsverzeichnis sind die Angaben auf der Basis des Einzelabschlusses der Beteiligung zu machen. Dem Informationsinteresse des Aktionärs wird so ausreichend Rechnung getragen.

> **7.1.5** Im Konzernabschluss sollen Beziehungen zu Aktionären erläutert werden, die im Sinne der anwendbaren Rechnungslegungsvorschriften als nahe stehende Personen zu qualifizieren sind.

V. Nahestehende Personen

1330 Anders als in Ziffer 4.3.4 (Interessenkonflikte Vorstand), wo der Kodex bewusst von „dem Vorstandsmitglied nahestehenden Personen und Unternehmungen"[23] spricht, nimmt die Kodexempfehlung in dieser Ziffer Beziehungen der Gesellschaft zu Aktionären in Bezug, die im Sinne der **anwendbaren Rechnungslegungsvorschriften** als **nahe stehende Personen** zu qualifizieren sind.

1331 Als anwendbare Rechnungslegungsvorschriften im Sinne dieses Abschnittes sind, wie oben unter 7.1.1 dargelegt, die entsprechenden Regelungen der International Accounting Standards (IAS) zu verstehen.

---

[23] S. dort Rn. 833 ff.

In diesen Rechnungslegungsstandards finden sich ausdrückliche Regelungen zu 1332
den so genannten **„Related Party Disclosures"**, das heißt „Angaben zu nahestehenden Personen".[24] Einschlägig für IAS sind die IAS 24 „Related Party Disclosures".[25]

Unter **nahestehenden** Personen sind Personen (einschließlich juristischer Personen) zu verstehen, die die Gesellschaft allein oder gemeinsam mit einem anderen kontrollieren oder von ihr kontrolliert werden oder die auf andere Weise einen „maßgeblichen Einfluss" (Significant Influence) auf die Gesellschaft ausüben können. 1333

Von gesellschaftsrechtlich begründeten Kapitalbeziehungen einmal abgesehen, fallen unter den Begriff der nahestehenden Personen auch die Mitglieder der Gesellschaftsorgane. 1334

Dass **Mitglieder des Vorstands** – auch einzeln – einen wesentlichen Einfluss auf die Gesellschaft ausüben können, liegt auf der Hand. 1335

In der Unternehmenspraxis scheinen aber auch die einzelnen **Mitglieder des Aufsichtsrats** als nahestehende Personen angesehen zu werden. Inwieweit man jedem Einzelnen von ihnen mit Fug und Recht einen „maßgeblichen Einfluss" auf die Gesellschaft zumessen kann, hängt nicht zuletzt von der Größe des Aufsichtsrats ab. Bei einem nach MitBestG mitbestimmten Unternehmen z. B. mag man mit Recht bezweifeln, ob das einzelne Aufsichtsratsmitglied einen „maßgeblichen Einfluss" ausübt. Die Frage ist, soweit ersichtlich, weder judiziert, noch hat sich die juristische Literatur hiermit vertieft auseinander gesetzt. Es erscheint vielmehr so, dass in der Praxis vieler Unternehmen das einzelne Aufsichtsratsmitglied schlicht als nahestehende Person behandelt wird. Auf diese Weise sind sowohl Unternehmen wie die Abschlussprüfer auf der sicheren Seite. 1336

Im Sinne der vom Kodex angestrebten Transparenz ist hiergegen sicherlich nichts einzuwenden. Allerdings sollte bei der Berichterstattung im Konzernabschluss insoweit Augenmaß angewandt werden, als hier nach Prüfung der entsprechenden Vorgänge keine detaillierten Ausführungen zu „Fehlanzeigen" angebracht erscheinen. 1337

7.2 Abschlussprüfung

VI. Vorbemerkungen zur Abschlussprüfung

Ein wesentlicher Kritikpunkt an deutscher Corporate Governance aus internationaler Sicht war lange Zeit die (angeblich) eingeschränkte Unabhängigkeit des Abschlussprüfers.[26] Die deutschen Regelungen zur Abschlussprüfung sollten nicht ausreichen, um die Unabhängigkeit des Abschlussprüfers und eine neutrale Prüfung sicherzustellen.[27] 1338

Gesetzgeberische Maßnahmen in Deutschland und Europa aus jüngster Zeit, ergänzt um fünf Empfehlungen der Kodexkommission zur Abschlussprüfung, haben dazu beigetragen, die international vorgebrachten Kritikpunkte wesentlich zu entschärfen. 1339

---

[24] S. hierzu auch den Deutschen Rechnungslegungsstandard Nr. 11 des Deutschen Rechnungslegungs Standards Comittee e.V., BAnz. 54 Nr. 67 a vom 10. 4. 2002.
[25] International Accounting Standard IAS 24 veröffentlicht von International Accounting Standards Board, 2002.
[26] S. etwa den Hinweis bei *Cromme*, Kreditwesen 2002, 502, 503.
[27] *Semler* in MünchKommAktG, § 161 Rn. 512.

1. Zur Unabhängigkeit des Abschlussprüfers

1340 Die unabhängige Abschlussprüfung ist ein wesentliches Element für einen funktionierenden Finanzmarkt. Die Investitionsbereitschaft der Anleger hängt ganz entscheidend von ihrem Vertrauen in die zuverlässige Rechnungslegung der Unternehmen ab. Dies haben nicht zuletzt die Fälle Enron, Worldcom, Parmalat und andere gezeigt.[28]

1341 Die damit verbundene Diskussion führte in den USA zum Sarbanes-Oxley Act vom 30. Juli 2002.[29] Zu dessen Umsetzungsmaßnahmen gehört u. a. die SEC-Rule zur Unabhängigkeit der Abschlussprüfer aus Januar 2003.[30] Von diesen Regelungen sind insbesondere deutsche Wirtschaftsprüfungsgesellschaften betroffen, die in den USA börsennotierte deutsche Gesellschaften prüfen.

1342 Gefahren für die Unabhängigkeit als Abschlussprüfer ergeben sich aus dem umfassenden Dienstleistungsangebot vieler Wirtschaftsprüfungsgesellschaften.[31] Wirtschaftsprüfungsgesellschaften unterstützen die Gesellschaften heute auch bei Bewertungen, Umstrukturierungen, M&A-Transaktionen, Outsourcing Projekten und bei der Vorbereitung von Börsengängen. Hinzu kommt die allgemeine Steuer- und Unternehmensberatung. Nimmt das Unternehmen diese Beratungsleistungen ab, kann eine finanzielle Abhängigkeit der Wirtschaftsprüfungsgesellschaft von dem Unternehmen begründet oder vertieft werden. Weitere Gefahren kommen hinzu:[32] Enge Beratungsbeziehungen können die Gefahr begründen, dass der Abschlussprüfer wegen des gewonnen Vertrauensverhältnisses zum Vorstand bei der Abschlussprüfung „weniger genau hinsieht" und dass er eine Art „Selbstprüfung" durchführen muss, wenn sich seine Beraterempfehlungen im später prüfenden Abschluss widerspiegeln.

1343 International hat sich die Einsicht durchgesetzt, dass eine effiziente Kontrolle durch den Abschlussprüfer dessen hinreichende Distanz zu dem zu prüfenden Unternehmen voraussetzt.[33]

2. Gesetzgeberische Maßnahmen in Deutschland und Europa

1344 Bereits die Baums-Kommission hatte in ihrem Abschlussbericht 2001 eine verstärkte Regulierung der Unabhängigkeit der Wirtschaftsprüfer gefordert, um das Vertrauen in die Verlässlichkeit der Abschlussprüfung zu stärken. Die Bundesregierung hat die Vorschläge dann in ihr 10-Punkte-Programm zur Stärkung der Unternehmensintegrität und des Anlegerschutzes vom 25. Februar 2003 aufgenommen. Mit dem Gesetz zur Einführung internationaler Rechnungslegungsstandards und Sicherung der Qualität der Abschlussprüfung (**Bilanzrechtsreformgesetz**) vom 4. Dezember 2004[34] sind die gesetzlichen Unabhängigkeitsregeln deutlich verschärft worden.[35] Anliegen des Gesetzes ist insbesondere, diejenigen Tätigkeiten einzugrenzen und zu präzisieren, die eine Wirtschaftsprüfungsgesellschaft neben der Abschlussprüfung für ein geprüftes Unternehmen erbringen darf. Für börsennotierte Gesellschaften gelten nochmals verschärfte Regeln, die in den neu geschaffenen Bestimmungen des § 319a HGB zusammengefasst sind.

---

[28] S. dazu *Schwarz/Holland*, ZIP 2002, 1661 ff.
[29] Public Law No. 107-204 (30 July 2002); eine kurze Zusammenfassung des Sarbanes-Oxley Act findet sich z. B. bei *Peltzer*, Leitfaden, Rn. 413 ff.
[30] SEC, Release, No. 33-8138. Final Rule: Strengthening the Commission's Requirements Regarding Auditor Independence vom 28.1.2003.
[31] S. *Hommelhoff/Mattheus*, Handbuch Corporate Governance, 652 f.
[32] S. *Marx*, ZGR 2002, 292, 295.
[33] *Grundmann/Mülbert*, ZGR 2001, 218, 222.
[34] BGBl. I 2004, S. 3166 ff.
[35] S. hierzu insbesondere den Katalog des § 319 Abs. 3 HGB.

Das Bilanzrechtsreformgesetz wird ergänzt durch das Gesetz zur Kontrolle von **1345** Unternehmensabschlüssen (**Bilanzkontrollgesetz**) vom 15. Dezember 2004,[36] das die externe Prüfung der Jahres- und Konzernabschlüsse (einschließlich der Lageberichte) von börsennotierten Unternehmen auf Verstöße gegen Rechnungslegungsvorschriften in Ergänzung der gesetzlichen Jahresabschlussprüfung neu geschaffen hat (Enforcement). Zwischenabschlüsse (Quartalsabschlüsse) sind nicht in das Enforcementverfahren einbezogen.[37] Die Durchsetzung fehlerfreier Rechnungslegung soll durch die Deutsche Prüfstelle für Rechnungslegung und die Bundesanstalt für Finanzdienstleistungsaufsicht gewährleistet werden. Die Prüfungen erfolgen bei Verdacht, z. B. Hinweise von Aktionären, Gläubigern oder aus der Presse, und auch ohne besonderen Anlass durch Stichproben.[38] Bei der Ausgestaltung des Enforcement-Verfahrens setzt der Gesetzgeber grundsätzlich auf die Selbstregulierungskraft der Unternehmen. Die Prüfungen sollen in erster Linie durch die private Prüfstelle vorgenommen werden. Die **Deutsche Prüfstelle für Rechnungslegung** DPR e.V. (DPR) wurde zu diesem Zweck im Mai 2005 unter Federführung des Bundesverbands der Deutschen Industrie gegründet.[39] Jährlich will die DPR etwa 150 Unternehmen kontrollieren. In der Regel befasst sich die DPR mit dem zuletzt gebilligten Konzernabschluss und Konzernlagebericht. Die DPR hat im Juli 2005 ihre Arbeit aufgenommen und hat ausweislich ihre Tätigkeitsberichte[40] in 2005 bereits 50 Prüfungen vorgenommen, davon 43 Stichproben-Prüfungen.[41] Die Unternehmen sind nicht verpflichtet, mit der DPR zusammenzuarbeiten. Verweigern sie allerdings die Mitwirkung, geht das Verfahren in die Zuständigkeit der **Bundesanstalt für Finanzdienstleistungsaufsicht** (BaFin) über, die die Prüfung mit hoheitlichen Mitteln und – falls erforderlich – auch zwangsweise durchsetzen kann.[42] Wird im Rahmen des Enforcementverfahrens ein Rechnungslegungsfehler festgestellt, ist dieser grundsätzlich vom Unternehmen zu veröffentlichen. Diese Sanktion darf nicht unterschätzt werden, denn Fehler bei der Rechnungslegung können die Reputation des Unternehmens schaden und sich negativ auf den Aktienkurs auswirken.

Das **Bilanzrechtsreformgesetz** und das Bilanzkontrollgesetz werden durch das **1346** **Abschlussprüferaufsichtsgesetz**[43] ergänzt, das u. a. ein Qualitätssicherungssystem für Abschlussprüfer vorsieht.

Auf europäischer Ebene wird die Unabhängigkeit des Abschlussprüfers in Nachfolge **1347** des Parmalat-Skandals im Aktionsplan der EU-Kommission zur Stärkung der Abschlussprüfung vom Mai 2003[44] aufgegriffen. Darauf basierend ist die 8. gesellschaftsrechtliche Richtlinie über die Abschlussprüfung (**„Abschlussprüferrichtlinie"**)

---

[36] BGBl. I 2004, S. 3408 ff.

[37] Möglicherweise wird sich das kurzfristig ändern. Der Regierungsentwurf eines Gesetzes zu Umsetzung der EU-Transparenz-Richtlinie (TUG) vom 28. 6. 2006 sieht eine Ausweitung des Enforcement-Verfahrens auf Halbjahresberichte vor.

[38] Einen instruktiven Überblick über das neue Enforcementverfahren geben *Gelhausen/Hönsch*, AG 2005, 511.

[39] Näher *Gelhausen/Hönsch*, AG 2005, 511; zur Bedeutung des Enforcements *Claussen*, DB 2007, 1421 ff.

[40] Tätigkeitsbericht für den Zeitraum 1. Juli bis 31. Dezember 2005, www.frep.info/jahresberichte_pruefstelle.php.

[41] S. hierzu auch die Grundsätze der DPR für die stichprobenartige Prüfung gemäß § 342b Abs. 2 Satz 3 Nr. 3 HGB.

[42] S. §§ 37 n ff. WpHG.

[43] Gesetz zur Fortentwicklung der Berufsaufsicht über Abschlussprüfer in der Wirtschaftsprüferordnung (Abschlussprüferaufsichtsgesetz-APAG) vom 27.12.2004, BGBl. I, S. 3846 ff.

[44] Mitteilung der EU-Kommission vom 21. 5. 2003 zur „Stärkung der Abschlussprüfung in der EU", KOM (2003) 286 endg.

novelliert und die Neufassung am 9. Juni 2006 verabschiedet worden.⁴⁵ Mit der neu gefassten Richtlinie liegen jetzt EU-Vorgaben für sämtliche die Qualität der Abschlussprüfung bestimmenden Bereiche vor. Die Regelungsgegenstände reichen von den Zulassungsvoraussetzungen als Abschlussprüfer über die prüferische Unabhängigkeit, die zu beachtenden Prüfungsstandards, die externe Qualitätskontrolle der Abschlussprüfer bis hin zu Sondervorschriften für börsennotierte Gesellschaften. – Aus der Umsetzung der neuen Abschlussprüferrichtlinie werden keine wesentlichen Änderungen im deutschen Recht erwartet, da das Bilanzrechtsreformgesetz bereits den Entwurf der neuen Richtlinie berücksichtigen konnte.

3. Die Kodexempfehlungen zur Abschlussprüfung

1348 Der Kodex stärkt mit fünf Empfehlungen die unabhängige Abschlussprüfung. Insbesondere durch die Empfehlungen, vor Auswahl des Abschlussprüfers die Offenlegung der beruflichen, finanziellen oder sonstigen Beziehungen zu vereinbaren, trägt der Kodex zu einer effizienten Abschlussprüfung auch aus Sicht der internationalen Anleger bei. Die fünf Empfehlungen des Kodex zur Abschlussprüfung werden sehr weitgehend befolgt.⁴⁶ Besondere Schwierigkeiten bei der Umsetzung der Kodexempfehlungen in der Praxis sind nicht bekannt geworden.

> **7.2.1** Vor Unterbreitung des Wahlvorschlags soll der Aufsichtsrat bzw. der Prüfungsausschuss eine Erklärung des vorgesehenen Prüfers einholen, ob und ggf. welche geschäftlichen, finanziellen, persönlichen oder sonstigen Beziehungen zwischen dem Prüfer und seinen Organen und Prüfungsleitern einerseits und dem Unternehmen und seinen Organmitgliedern andererseits bestehen, die Zweifel an seiner Unabhängigkeit begründen können. Die Erklärung soll sich auch darauf erstrecken, in welchem Umfang im vorausgegangenen Geschäftsjahr andere Leistungen für das Unternehmen, insbesondere auf dem Beratungssektor, erbracht wurden bzw. für das folgende Jahr vertraglich vereinbart sind.
>
> Der Aufsichtsrat soll mit dem Abschlussprüfer vereinbaren, dass der Vorsitzende des Aufsichtsrats bzw. des Prüfungsausschusses über während der Prüfung auftretende mögliche Ausschluss- oder Befangenheitsgründe unverzüglich unterrichtet wird, soweit diese nicht unverzüglich beseitigt werden.

VII. Sicherung der Unabhängigkeit des Abschlussprüfers

1349 Die durch das Bilanzrechtsreformgesetz novellierten gesetzlichen Bestimmungen enthalten umfangreiche Regeln zur Sicherung der Unabhängigkeit des Abschlussprüfers. §§ 319, 319a HGB sehen **einzelfallbezogene Ausschlussgründe** vor, die einer Wirtschaftsprüfungsgesellschaft die Tätigkeit als Abschlussprüfer verbieten.⁴⁷ Ein ge-

---

⁴⁵ ABl. EG Nr. L 157/87 vom 9.6.2006, Richtlinie 2006/43/EG des Europäischen Parlaments und des Rates vom 17.5.2006 über Abschlussprüfungen von Jahresabschlüssen und konsolidierten Abschlüssen, zur Änderung der Richtlinien 78/660/EWG und 83/349 EWG des Rates und zur Aufhebung der Richtlinie 84/253/EWG des Rates.

⁴⁶ S. *v. Werder/Talaulicar/Kolat*, DB 2003, 1857, 1862; in der aktuellen Studie Kodex Report 2006 werden die Empfehlungen zur Abschlussprüfung als nicht „neuralgisch" eingestuft, d. h. mindestens 90 % der börsennotierten Gesellschaften setzen die Empfehlung um – s. *v. Werder/Talaulicar*, DB 2007, 869, 873.

⁴⁷ Dazu etwa *Marx*, ZGR 2002, 292 ff.

nerelles Beratungsverbot wird aber nicht ausgesprochen.[48] Auch der Kodex verzichtet auf ein generelles Beratungsverbot[49] und belässt es bei der Empfehlung zu einer Unabhängigkeitserklärung des Abschlussprüfers in Abs. 1 und zu einer Informationsvereinbarung nach Abs. 2. In Übereinstimmung mit den Überlegungen der Baums-Kommission verzichtet der Kodex auch auf eine Empfehlung oder Anregung, in Anlehnung an den Rechtsgedanken des § 114 Abs. 1 AktG Nichtprüfungsleistungen des Abschlussprüfers von der vorherigen Zustimmung des Aufsichtsrats (Prüfungsausschuss) abhängig zu machen.[50]

Um die Qualität der Abschlussprüfung zu verbessern, sieht der neu gefasste § 319 Abs. 1 HGB vor, dass Abschlussprüfer nur sein darf, wer über eine wirksame Bescheinigung über die Teilnahme an der externen Qualitätskontrolle gemäß § 57a WPO verfügt.

1. Die gesetzlichen Unabhängigkeitsregeln

Nach den durch das Bilanzrechtsreformgesetz neu gefassten §§ 319 und 319a HGB[51] ist der Bereich der Befangenheitsgründe des Abschlussprüfers ausgeweitet worden. Wirtschaftsprüfungsgesellschaften sind insbesondere dann von der Abschlussprüfung ausgeschlossen, wenn **geschäftliche, finanzielle oder persönliche** Beziehungen bestehen, die die Besorgnis einer Befangenheit begründen (§ 319 Abs. 2 HGB), wenn der Wirtschaftsprüfer gesetzlicher Vertreter, Aufsichtsratsmitglied oder Arbeitnehmer des zu prüfenden oder eines damit verbundenen Unternehmens ist (§ 319 Abs. 3 Nr. 2 HGB). Auch die Mitwirkung bei der Buchführung, Aufstellung des Jahresabschlusses oder bei Durchführung der internen Revision des zu prüfenden Unternehmens stehen der Bestellung als Abschlussprüfer entgegen. Gleiches gilt, wenn der Wirtschaftsprüfer Unternehmensleitungs- oder Finanzdienstleistungen erbracht hat oder Bewertungsleistungen, die sich auf den zu prüfenden Jahresabschluss nicht nur unwesentlich ausgewirkt haben. – Nach dem neuen § 319a HGB sind Abschlussprüfer bei der Prüfung von börsennotierten Unternehmen insbesondere dann ausgeschlossen, wenn sie in den letzten fünf Jahren jeweils mehr als 15 % ihrer Gesamteinnahmen von dem zu prüfenden oder damit verbundenen Unternehmen bezogen haben (§ 319a Abs. 1 Nr. 1 HGB), gestaltende Rechts- oder Steuerberatungsleistungen für das zu prüfende Unternehmen erbracht haben, die sich unmittelbar auf den Jahresabschluss auswirken (§ 319a Abs. 1 Nr. 2 HGB).

Weitere Regeln zur Sicherung der Unabhängigkeit eines innerhalb der beauftragten Wirtschaftsprüfungsgesellschaft verantwortlichen Wirtschaftsprüfers treten hinzu. Wenn ein Wirtschaftsprüfer sieben Mal den Bestätigungsvermerk unterzeichnet hat, entsteht die Verpflichtung zur **internen Rotation** bei der Bearbeitung des Abschlussprüfermandats, es sei denn, seit der letzten Unterzeichnung sind mindestens drei Jahre vergangen (§ 319a Abs. 1 Nr. 4 HGB).

Auch beim Prüfungsvorgang selbst ist der Abschlussprüfer zur **Unabhängigkeit** verpflichtet. § 323 Abs. 1 Satz 1 HGB spricht insoweit von einer „unparteiischen" Prü-

---

[48] *Hommelhoff*, ZGR 1997, 550, 551 f.; vgl. auch *Baums*, Bericht, Rn. 304; und *Baetge/Lutter*, Abschlussprüfung und Corporate Governance, 9, die auch rechtspolitisch ein generelles Verbot von Prüfung und gleichzeitiger Beratung ablehnen.

[49] Unterstützend *Dörner* in FS Röhricht, 809, 821 f., in der Unternehmenspraxis sind aber Gesellschaften dazu übergegangen, ihren Abschlussprüfer konzernweit nicht als Berater in Rechts- oder Steuerfragen oder für die interne Revision einzusetzen, vgl. *Baumbach*, FAZ vom 3.8.2002.

[50] *Baums*, Bericht, Rn. 305, vgl. auch *Hellwig*, ZIP 1999, 2117, 2125 ff., in der Praxis sind insbesondere bei DAX-Gesellschaften entsprechende Zustimmungspflichten dennoch anzutreffen; s. *Baumann* in Cromme, Corporate Governance Report 2004.

[51] Dazu *Pfitzer/Oser/Orth*, DCGK, 278 f.

fung und macht damit deutlich, dass sich der Abschlussprüfer von den Vorstellungen einzelner Personen, Personengruppen oder Gesellschaftsorganen bei seinen Prüfungshandlungen lösen muss. Sein eigenes Urteil ist maßgebend.[52]

1354 Die vorstehend beschriebenen Regeln zeigen, dass die materiellen gesetzlichen Unabhängigkeitsstandards für den Abschlussprüfer, insbesondere nach dem Bilanzrechtsreformgesetz einen insgesamt betrachtet guten Standard erreicht haben.

1355 Vor diesem Hintergrund enthält der Kodex in Abs. 1 die Empfehlung zur Abgabe einer Unabhängigkeitserklärung der vorgesehenen Wirtschaftsprüfungsgesellschaft und zum Abschluss einer die gesetzlichen Regeln ergänzenden Informationsvereinbarung, die sicherstellt, dass dem Aufsichtsrat alle auch nur potenziell die Unabhängigkeit des Abschlussprüfers gefährdenden Umstände bekannt werden und die vom Aufsichtsrat im Rahmen seines pflichtgemäßen Ermessens bei seinem Wahlvorschlag an die Hauptversammlung berücksichtigt werden. Der Kodex sieht nicht vor, dass Unabhängigkeitserklärung oder Informationsvereinbarung von der Gesellschaft (z. B. auf ihrer Homepage) veröffentlicht werden.

2. Unabhängigkeitserklärung

1356 Nach § 124 Abs. 3 Satz 1 AktG unterbreitet der Aufsichtsrat der Hauptversammlung einen Vorschlag zur Beschlussfassung über die Wahl des Abschlussprüfers.[53] Der Kodex empfiehlt dem Aufsichtsrat, vor seiner Beschlussfassung über den Wahlvorschlag von dem in Betracht kommenden Abschlussprüfer eine Unabhängigkeitserklärung einzuholen, die sich auf die in Abs. 1 aufgeführten Umstände bezieht und die für eine umfassende Transparenz potenziell unabhängigkeitsgefährdender Tatsachen sorgen soll. Insoweit geht der Kodex über die gesetzlichen Regeln hinaus. Die Unabhängigkeitserklärung bezieht sich nur auf die zur Wahl stehende WP-Gesellschaft, nicht auf andere WP-Gesellschaften, die z. B. andere in den Konzernabschluss einbezogene Tochtergesellschaften prüfen.[54]

1357 Die Unabhängigkeitserklärung[55] ist in textlicher Form von der Wirtschaftsprüfungsgesellschaft an den Aufsichtsrat zu Händen des Aufsichtsratsvorsitzenden zu richten. Ist ein Prüfungsausschuss eingerichtet, ist grundsätzlich der Ausschuss Empfänger der Unabhängigkeitserklärung.

1358 Der Aufsichtsrat sollte darauf achten, dass die Erklärungen des Wirtschaftsprüfers auch tatsächlich aussagekräftig ist.[56] Die Unabhängigkeitserklärung erstreckt sich aus Sicht des vorgesehenen Abschlussprüfers auf seine geschäftlichen, finanziellen, persönlichen und sonstigen Beziehungen zur prüfungspflichtigen Gesellschaft und ihren Organen.[57] Diese Kriterien basieren im Wesentlichen auf den gesetzlichen Anknüpfungspunkten bei den Ausschlussgründen (§ 319 Abs. 2 und 3 HGB). Die Erklärung zu den **geschäftlichen Beziehungen** erfordert z. B. Angaben zu bestehenden Anstellungsverhältnissen, freie Mitarbeit, Aufsichtsrats- und Beiratsmandate bei der zu prüfenden Gesellschaft und ihrer Konzernunternehmen. Das Kriterium der **persönlichen Beziehungen** kennzeichnet insbesondere verwandtschaftliche Beziehungen

---

[52] S. auch die entsprechende berufsrechtliche Regelung in § 43 WPO.

[53] Eine Sonderregelung gilt für Versicherungsunternehmen, bei denen der Aufsichtsrat den Abschlussprüfer bestimmt – § 341k Abs. 2 HGB; die Kodexempfehlung dürfte in diesen Fällen analog auf den Bestellungsbeschluss anzuwenden sein.

[54] A. A. *Pfitzer/Oser/Orth*, DCGK, 282 f.

[55] Formulierungsvorschläge für die Unabhängigkeitserklärung finden sich bei *Pfitzer/Oser/Orth*, DCGK, 290 f.; zur Umsetzung der Kodexempfehlung auch *Gelhausen/Hönsch*, AG 2002, 529, 532 ff.

[56] So auch *Gelhausen/Hönsch*, AG 2002, 529, 530.

[57] *Gelhausen/Hönsch* fordern darüber hinaus, dass in der Unabhängigkeitserklärung auch auf die Beziehungen einzugehen ist, die zu den mit dem Abschlussprüfer verbundenen Unternehmen bestehen, AG 2002, 529, 530.

zu einem Organmitglied des zu prüfenden Unternehmens. Mit dem Kriterium der **finanziellen Beziehungen** werden insbesondere Beteiligungen an der zu prüfenden Gesellschaft und ihren Tochtergesellschaften erfasst, die die Wirtschaftsprüfungsgesellschaft selbst, ihre Organe (Vorstand/Geschäftsführer, Aufsichtsrat) und Prüfungsleiter persönlich halten. Das Kriterium der **sonstigen Beziehungen** erfasst generalklauselartig sonstige wesentliche Umstände, die die Unabhängigkeit des Abschlussprüfers beeinträchtigen können. Hierzu könnten z. B. Fallkonstellationen gehören, in denen die Wirtschaftsprüfungsgesellschaft in großem Umfang Angestellte des zu prüfenden Unternehmens mit deren Ehepartnern zu Veranstaltungen an interessanten Orten mit Flug und Hotel einlädt. Nicht erklärungspflichtig sind unwesentliche geschäftliche, finanzielle, persönliche oder sonstige Beziehungen, da sie keinen Zweifel an der Unabhängigkeit des vorgesehenen Abschlussprüfers begründen können. Maßgeblich ist der Erkenntnisstand zum Zeitpunkt der Abgabe der Unabhängigkeitserklärung. Beziehungen, die sich zu diesem Zeitpunkt nicht mehr auswirken, sind nicht erklärungspflichtig.

Die nach Abs. 1 Satz 2 erforderlichen Angaben zu **erhaltenen und vereinbarten Honoraren** erfordern die Offenlegung sowohl der absoluten Zahlen als auch des Verhältnisses von Beratungs- zu Prüfungsleistungen im erklärungspflichtigen Zeitraum.

Die Erklärung nach Abs. 1 Satz 1 erfasst Vorgänge des laufenden Geschäftsjahres, während Satz 2 Vorgänge des vorausgegangenen Geschäftsjahres und des nachfolgenden Geschäftsjahre betrifft.

3. Informationsvereinbarung

In Abs. 2 wird dem Aufsichtsrat empfohlen, mit dem in Betracht kommenden Abschlussprüfer eine Informationsvereinbarung abzuschließen, die die unverzügliche Unterrichtung des Aufsichtsrats über alle potenziellen Ausschluss- oder Befangenheitsgründe unterrichtet, die während der Prüfung auftreten und nicht **unverzüglich** beseitigt werden.[58] Durch die Kodexänderung vom 21. Mai 2003 ist klargestellt worden, dass der Abschlussprüfer von einer Ad-hoc-Offenlegung nur dann absehen kann, wenn ein zu beanstandender Punkt ganz kurzfristig („unverzüglich") beseitigt wird. Dadurch soll zum einen verhindert werden, dass der Aufsichtsrat über Ausschluss- oder Befangenheitsgründe unterrichtet werden muss, die schon nicht mehr relevant sind, wenn der Aufsichtsrat (oder der Prüfungsausschuss) sie behandeln kann. Zum anderen soll aber auch deutlich gemacht werden, dass eine Offenlegung durch den Abschlussprüfer nur dann verzichtbar ist, wenn die möglichen Ausschluss- oder Befangenheitsgründe wirklich sehr kurzfristig beseitigt sind.

Die Informationsvereinbarung wird zwischen der Gesellschaft, vertreten durch den Aufsichtsrat, und dem vorgesehenen Abschlussprüfer getroffen. Auf Seiten des Aufsichtsrats bedarf es der Beschlussfassung im Plenum, soweit der Abschluss dieser Vereinbarung nicht ausdrücklich dem Prüfungsausschuss übertragen ist. Tatsachen, die der Abschlussprüfer aufgrund der Informationsvereinbarung mitteilt, sind grundsätzlich dem Prüfungsausschuss (zu Händen des Vorsitzenden) in Textform zu übermitteln.

Ergänzend, obwohl vom Kodex nicht gefordert, kann es sich empfehlen, dass der Abschlussprüfer quartalsweise über die bei ihm eingerichteten internen Verfahren zur Gewährleistung seiner Unabhängigkeit an den Prüfungsausschuss an den Aufsichtsrat (oder den Prüfungsausschuss) berichtet.[59] Auch dies kann zum Gegenstand der Informationsvereinbarung gemacht werden.

---

[58] Kritisch dazu *Peltzer*, Deutsche Corporate Governance, Rn. 363.
[59] S. den Hinweis bei *Schäfer*, ZGR 2004, 416, 426.

7.2.2 Der Aufsichtsrat erteilt dem Abschlussprüfer den Prüfungsauftrag und trifft mit ihm die Honorarvereinbarung.

VIII. Prüfungsauftrag und Honorarvereinbarung

1364 Der Kodex gibt die gesetzliche Regelung in § 111 Abs. 2 Satz 3 AktG wieder und unterstreicht damit, dass nach den deutschen Corporate Governance Regeln der Prüfungsauftrag durch den Aufsichtsrat und nicht durch den Vorstand erteilt wird.[60] Einen entsprechenden klarstellenden Hinweis im Kodex hatte bereits die Baums-Kommission empfohlen.[61] Über die Erteilung des Prüfungsauftrags beschließt der Aufsichtsrat oder der Prüfungsausschuss, falls ihm die Entscheidungskompetenz zugewiesen ist.[62] Gegenstand der Beschlussfassung sind zumindest die wesentlichen Inhalte des Prüfungsauftrags einschließlich der Honorarvereinbarung. Der Aufsichtsratsvorsitzende kann auf dieser Grundlage den formellen Prüfungsauftrag als Vertreter des Aufsichtsrats dem Abschlussprüfer erteilen. Prüfungsauftrag und Honorarvereinbarung werden regelmäßig vor einer ordentlichen Hauptversammlung und unter der aufschiebenden Bedingung, dass die Hauptversammlung dem Vorschlag des Aufsichtsrats zur Prüferbestellung folgt, erteilt bzw. abgeschlossen.

1365 Inhalt des Prüfungsauftrags sind die gesetzlich vorgeschriebenen Prüfungen des Jahresabschlusses und des Konzernabschlusses sowie der Lageberichte. Im Prüfungsauftrag werden insbesondere die aus Sicht des Aufsichtsrats erforderlichen Prüfungsschwerpunkte[63] festgelegt und die Vergütung des Abschlussprüfers geregelt. Im Einzelnen kann es angezeigt sein, zur Gewährleistung der Prüfungsqualität im Prüfungsauftrag das bei der Durchführung der Prüfung beabsichtigte Vorgehen, die Zusammensetzung des Prüfungsteams und das geplante Stundenvolumen zu behandeln.[64] Die Honorarvereinbarung ist mangels einer anwendbaren Gebührenordnung und wegen der sehr unterschiedlichen Stundensätze der einzelnen Wirtschaftsprüfungsgesellschaften erforderlich.[65] Sie sollte die Festlegung der abrechenbaren Stundensätze und das Gesamthonorar für die Prüfung enthalten.[66] Besteht bei der Gesellschaft kein Prüfungsausschuss, liegt es beim Gesamtaufsichtsrat, die entsprechende Vereinbarung mit dem Abschlussprüfer zu treffen.

1366 Mit Blick auf die Regeln zum fast-close[67] empfiehlt es sich auch, bereits im Prüfungsauftrag den Abgabetermin für den Prüfungsbericht festzulegen.

---

[60] Die Aufgabenzuweisung an den Aufsichtsrat erfolgte durch das KonTraG.
[61] *Baums*, Bericht, Rn. 299.
[62] Streitig, vgl. die Übersicht bei *Lutter/Krieger*, Rechte und Pflichten, Rn. 174 und *Hüffer*, AktG, § 111 Rn. 12 c; *Hoffmann-Becking* in Hoffmann-Becking, Münchener Hdb. GesR IV, § 44 Rn. 5; kritisch zur Delegationsmöglichkeit *Hommelhoff*, BB 1998, 2567, 2570.
[63] S. Rn. 692 sowie *Lutter/Krieger*, Rechte und Pflichten, Rn. 173; daneben kann der Abschlussprüfer selbstverständlich auch eigene Prüfungsschwerpunkte setzen.
[64] S. *Baetge/Lutter*, Abschlussprüfung und Corporate Governance, 4.
[65] S. *Hüffer*, AktG, § 111 Rn. 12 d.
[66] S. *Baetge/Lutter*, Abschlussprüfung und Corporate Governance, 4, die ihre entsprechenden Überlegungen zur Klarstellung als ergänzende Empfehlung zu Ziffer 7.2.2 des Kodex formulieren.
[67] S. Ziffer 7.1.2.

7.2.3 Der Aufsichtsrat soll vereinbaren, dass der Abschlussprüfer über alle für die Aufgaben des Aufsichtsrats wesentlichen Feststellungen und Vorkommnisse unverzüglich berichtet, die sich bei der Durchführung der Abschlussprüfung ergeben.

Der Aufsichtsrat soll vereinbaren, dass der Abschlussprüfer ihn informiert bzw. im Prüfungsbericht vermerkt, wenn er bei Durchführung der Abschlussprüfung Tatsachen feststellt, die eine Unrichtigkeit der von Vorstand und Aufsichtsrat abgegebenen Erklärung zum Kodex ergeben.

IX. Offenlegungsvereinbarung/Redepflicht

Der Kodex gibt zwei Empfehlungen zur verbesserten Information des Aufsichtsrats über wesentliche Erkenntnisse des Abschlussprüfers aus seiner Prüfungstätigkeit. Der Abschlussprüfer soll mit der Gesellschaft, vertreten durch den Aufsichtsrat, eine **Offenlegungsvereinbarung** abschließen und so die gesetzliche Redepflicht gegenüber dem Aufsichtsrat deutlich erweitern. Damit unterstreicht der Kodex die Funktion des Abschlussprüfers als unverzichtbarer Gehilfe des Aufsichtsrats.

Die gesetzliche **Redepflicht** des Abschlussprüfers gegenüber dem Aufsichtsrat nach § 321 Abs. 1 Satz 3 HGB[68] verlangt deutliche Hinweise im Prüfungsbericht, falls im Rahmen der Abschlussprüfung Tatsachen festgestellt worden sind, die den Bestand der geprüften Gesellschaft oder des Konzerns gefährden oder seine Entwicklung wesentlich beeinträchtigen können oder schwerwiegende Verstöße der gesetzlichen Vertreter oder von Arbeitnehmern gegen Gesetz, Gesellschaftsvertrag oder die Satzung erkennen lassen. Über die gesetzliche Redepflicht geht der Kodex in **Abs. 1** deutlich hinaus, da er eine unverzügliche Berichterstattung an den Aufsichtsrat bei Vorliegen relevanter Erkenntnisse verlangt. Diese Berichterstattung kann mündlich, schriftlich oder in sonstiger Weise erfolgen. Weiter wird der Umfang der berichtspflichtigen Tatsachen deutlich erweitert, da der Abschlussprüfer den Aufsichtsrat über alle für seine Überwachungs- und Prüfungsaufgaben wesentlichen Tatsachen berichten muss. Hier wird eine enge Abstimmung zwischen Aufsichtsrat und Abschlussprüfer erforderlich, um die generalklauselartige Formulierung in Abs. 1 für die Praxis zu konkretisieren. Das ist ein ganz wesentlicher Schritt zu einer verbesserten Informationsversorgung des Aufsichtsrats. Nach den gesetzlichen Regeln sind nur besonders gravierende Umstände wie bestandsgefährdende Tatsachen offenlegungspflichtig.

Durch die Empfehlung in **Abs. 2** reagiert der Kodex auf die vom Gesetzgeber des TransPuG eingeführte begrenzte Prüfung der gesetzlichen Entsprechenserklärung nach § 161 AktG. Danach gehört es nicht zu den gesetzlichen Prüfungspflichten des Abschlussprüfers, die Entsprechenserklärung von Vorstand und Aufsichtsrat nach § 161 AktG auf ihre Richtigkeit hin zu überprüfen.[69] Nur wenn die Anhangsangabe nach § 285 Abs. 1 Nr. 16 HGB, dass die Entsprechenserklärung nach § 161 AktG abgegeben und den Aktionären zugänglich gemacht worden ist, fehlt oder falsch ist, weil keine Entsprechenserklärung abgegeben oder die Entsprechenserklärung nicht den Aktionären zugänglich gemacht worden ist, kann das Testat insoweit eingeschränkt werden.[70] Damit lassen sich aus der gesetzlichen Abschlussprüfung für den Aufsichtsrat nur wenige Erkenntnisse zur praktizierten Corporate Governance im Unternehmen gewinnen. Daher ist es nur konsequent, wenn der Kodex empfiehlt, die Informa-

---

[68] Durch Art. 2 Nr. 14 a des TransPuG neu gefasst.
[69] Näher Vorbem. Rn. 48 f.
[70] S. § 322 Abs. 4 HGB.

tionspflichten des Abschlussprüfers zu erweitern und auf alle bei der Durchführung der gesetzlichen Abschlussprüfung festgestellten Tatsachen, die eine Unrichtigkeit der Entsprechenserklärung ergeben, ausweitet. Eine gezielte Prüfung der Geschäftsführung eines Unternehmens auf ihre Übereinstimmung mit den Kodex-Empfehlungen und der Entsprechenserklärung sieht der Kodex jedoch nicht vor. Die Kodex-Empfehlung begrenzt sich auf die Offenlegung von Tatsachen, die im Rahmen der gesetzlichen Abschlussprüfung festgestellt worden sind.

1370 Die Empfehlungen von Abs. 1 und Abs. 2 werden durch eine gesonderte Offenlegungsvereinbarung zwischen der Gesellschaft, vertreten durch den Aufsichtsrat, und dem Abschlussprüfer umgesetzt. Der Abschluss dieser Vereinbarung bedarf der Beschlussfassung im Aufsichtsrat. Unter praktischen Gesichtspunkten kann es sich empfehlen, die Offenlegungsvereinbarung in den Prüfungsauftrag aufzunehmen. Zur Erfüllung der Kodexempfehlung reicht es aus, wenn die Offenlegungsvereinbarung den Wortlaut von Ziffer 7.2.3 wiedergibt.[71] Darüber hinaus kann es sich empfehlen, den Empfänger der Informationen zu konkretisieren, also den Aufsichtsratsvorsitzenden als Empfangsbevollmächtigten für den Aufsichtsrat zu vereinbaren.

7.2.4 Der Abschlussprüfer nimmt an den Beratungen des Aufsichtsrats über den Jahres- und Konzernabschluss teil und berichtet über die wesentlichen Ergebnisse seiner Prüfung.

X. Teilnahmepflicht

1371 Der Kodex gibt die gesetzliche Regelung des § 171 Abs. 1 Satz 2 AktG in etwas verkürzter Form wieder. Er betont damit, dass der Abschlussprüfer durch seine genaue Kenntnis der Buchführung der Gesellschaft eine zentrale Informationsquelle für den Aufsichtsrat nicht zuletzt für seine eigene Prüfung von Jahres- und Konzernabschluss der Gesellschaft ist.[72]

1372 Es besteht eine **Teilnahmepflicht** des Abschlussprüfers bei den Beratungen des Gesamtaufsichtsrats und gegebenenfalls bei den vorbereitenden Sitzungen des Prüfungsausschusses zu den Tagesordnungspunkten, die den Jahres- und Konzernabschluss betreffen. Je nach Einzelfall kann der Aufsichtsrat die Teilnahmepflicht des Abschlussprüfers auch auf die Bilanzsitzung des Gesamtaufsichtsrats oder des Prüfungsausschusses begrenzen.[73] Finden mehrere vorbereitende Ausschusssitzungen statt, besteht von Rechts wegen keine Verpflichtung des Abschlussprüfers, an jeder Sitzung teilzunehmen.[74] Die Teilnahme sollte aber die Regel sein.

1373 Die Teilnahmepflicht erstreckt sich auf den beim Abschlussprüfer (Wirtschaftsprüfungsgesellschaft) intern verantwortliche Prüfungsleiter, da nur so eine effiziente und vollständige Unterrichtung des Aufsichtsrats gewährleistet werden kann.[75]

1374 Die **Berichtspflicht** des Abschlussprüfers gegenüber dem Aufsichtsrat wird in der Regel mündlich in der Sitzung erfüllt. Basis der Berichterstattung ist der den Aufsichtsratsmitgliedern vorliegende (schriftliche) Prüfungsbericht des Abschlussprüfers. Die Ergebnisse der Abschlussprüfung werden erläutert und der Prüfungsbericht ggf. mündlich ergänzt. Nachfragen aus dem Kreis der Aufsichtsrats- bzw. Prüfungsausschussmitglieder sind gewissenhaft zu beantworten.

---

[71] Bei *Pfitzer/Oser/Orth*, DCGK, 299f.
[72] *Brönner* in GroßKomm. AktG, § 171 Rn. 19.
[73] S. *Hüffer*, AktG, § 171 Rn. 11a.
[74] *Hüffer*, AktG, § 171 Rn. 11a.
[75] *Kropff* in MünchKommAktG, § 171 Rn. 104.

3. Teil. Die Umsetzung des Kodex in der Praxis

Übersicht Rn.

I. Grundsätzliches zur Umsetzung des Kodex 1501
   1. Das Inkrafttreten des Kodex 1501
   2. Die Einbindung des Kodex in das System des § 161 AktG 1503
   3. Die Entsprechenserklärung 1504
   4. Die Bezugsbasis der Entsprechenserklärung 1506
   5. Das Inkrafttreten von Kodexänderungen 1508
   6. Anpassung der Entsprechenserklärung bei Kodexabweichungen,
      keine unterjährige Anpassung bei Kodexänderungen 1509
   7. Die Erklärungsverpflichteten 1512
II. Beschlussfassung in Vorstand und Aufsichtsrat über die Abgabe der
    Entsprechenserklärung 1515
   1. Überblick 1515
   2. Unabhängigkeit der Organe voneinander 1516
   3. Erklärung des jeweiligen Organs und seiner Mitglieder 1517
   4. Vorbereitung der Entscheidung des Vorstands 1519
      a) Überblick 1519
      b) Retrospektiver Teil der Erklärung 1522
      c) Zukunftsorientierte Selbstverpflichtung 1524
   5. Entscheidungsablauf 1527
      a) Rangordnung 1527
      b) Vorlage an den Aufsichtsrat 1528
      c) Negativerklärung 1529
   6. Entscheidung des Vorstands 1532
   7. Entscheidungsvorbereitung im Aufsichtsrat 1534
   8. Entscheidung im Aufsichtsrat 1536
   9. Gemeinsame Beschlussfassung von Vorstand und Aufsichtsrat 1540
III. Verankerung der Kodexempfehlungen in der Satzung, in der Geschäfts-
    ordnung für den Vorstand, Anpassung der Dienstverträge? 1542
   1. Grundsätzliches 1542
   2. Geschäftsordnung für den Vorstand 1544
   3. Anpassung 1548
   4. Satzung/Hauptversammlung 1550
   5. Verstöße 1551
IV. Die Entsprechenserklärung im Einzelnen 1552
   1. Arten der Entsprechenserklärung 1552
   2. Die uneingeschränkte Positivklärung 1553
   3. Die eingeschränkte Positivklärung 1555
   4. Hauskodizes 1558
   5. Die Negativerklärung 1560
   6. Keine Begründungspflicht 1561
   7. Inhalt der Entsprechenserklärung 1563
   8. Änderung der Erklärung; interne und externe Bindung 1571
      a) Retrospektiver Teil 1571
      b) Zukunftsgerichteter Teil 1572
   9. Veröffentlichung der Entsprechenserklärung 1575
   10. Zeitpunkt der Abgabe und zeitliche Reichweite der Entsprechens-
      erklärung 1578
   11. Kalenderjahr oder Geschäftsjahr? 1582
   12. Zuständigkeit für die Veröffentlichung 1587
   13. Sachliche Voraussetzungen für die Abgabe der Entsprechenserklärungen 1589
      a) Die vergangenheitsbezogene Erklärung 1589
      b) Die zukunftsgerichtete Erklärung 1590

	Rn.
14. Angaben im Anhang	1594
V. Empfehlungen an einzelne Organmitglieder	1596
1. Namensnennung?	1598
2. Corporate-Governance-Beauftragte?	1602
3. Behandlung der Entsprechenserklärung im Jahresabschluss	1607
4. Entsprechenserklärung und Wertpapieranalyse	1613
VI. Haftungsfragen und Haftungsrisiken im Zusammenhang mit dem Kodex	1615
1. Überblick	1615
2. Interne und externe Haftung – Überblick	1616
a) Eigene Ansprüche der Gesellschaft	1617
b) Ansprüche Dritter	1619
3. Interne Haftung aus der Verletzung der Erklärungspflicht aus § 161 AktG	1620
4. Interne Haftung aus Kodex-Verstößen	1622
5. Interne Haftung aus falschen Entsprechenserklärungen	1626
a) Sachlich unrichtige Erklärung	1626
b) Die zukunftsgerichtete Erklärung	1627
6. Externe Haftung der Organmitglieder aus falscher Kodex-Erklärung	1632
VII. Resonanz des Kodex in der Praxis	1638
1. Überblick	1638
2. Akzeptanz der Empfehlungen	1639
3. Akzeptanz der Anregungen	1642
4. Ausblick	1645

I. Grundsätzliches zur Umsetzung des Kodex

1. Das Inkrafttreten des Kodex

1501 Der Kodex wurde anlässlich der Plenarsitzung der Kodexkommission am 26. Februar 2002 der Bundesministerin der Justiz übergeben und zeitnah auf den Websites der Kommission und der des BMJ veröffentlicht. Am 30. August 2003 wurde er im amtlichen Teil des e-Bundesanzeigers bekannt gemacht. Er war von einer vom BMJ eingesetzten Kommission von Privatleuten erarbeitet worden, der keine inhaltlichen Vorgaben gemacht waren. Ihm kommt, wie oben[1] dargestellt, keine Normqualität zu. Auf ein **formales Inkrafttreten** konnte mithin **verzichtet** werden. Der Kodex ist **seit dem 26. Februar 2002** in der Welt. Ab diesem Zeitpunkt war es den Unternehmen möglich, von seinem Inhalt Kenntnis zu nehmen, sich mit seinen Vorschlägen auseinander zu setzen und sich darauf einzustellen. Best Practice wird gelebt und tritt nicht etwa erst mit einem angemessenen zeitlichen Abstand nach ihrer schriftlichen Veröffentlichung in Kraft.

1502 Aus diesem Grund hatte die Kodexkommission auch davon Abstand genommen, den Kodex zu einem bestimmten Tag „in Kraft treten" zu lassen oder seine Wirksamkeit etwa an das Inkrafttreten des § 61 AktG zu knüpfen.

2. Die Einbindung des Kodex in das System des § 161 AktG

1503 Die gesetzliche Einbindung des Kodex in die Entsprechenserklärung nach § 161 AktG gibt diesem ein besonderes Gewicht im Vergleich zu sonstigen (Haus)Kodices. Seine Bedeutung erschöpft sich darin indes nicht, wie die große Akzeptanz, die der Kodex in der Praxis findet, zeigt.[2] Auch nicht börsennotierten Gesellschaften, auf die § 161 AktG nicht anwendbar ist, wird die Beachtung des Kodex empfohlen.[3]

---

[1] S. Rn. 51 ff.
[2] S. Kodex Report 2004 v. Werder/Talaulicar, DB 2007, 869 ff.
[3] S. Präambel Abs. 8.

3. Die Entsprechenserklärung

§ 161 AktG trat am 26. Juli 2002 in Kraft.[4] Vorstand und Aufsichtsrat der börsennotierten Gesellschaften stehen seit diesem Zeitpunkt in der Pflicht, jährlich zu erklären, dass „den vom BMJ im amtlichen Teil des elektronischen Bundesanzeigers bekannt gemachten **Empfehlungen**[5] der Regierungskommission Deutscher Corporate Governance Kodex entsprochen wurde und wird oder welche Empfehlungen nicht angewendet wurden oder werden". Das ist die so genannte **Entsprechenserklärung**. Hiervon in Inhalt und Rechtsfolge deutlich zu unterscheiden ist die Kodexempfehlung in Ziffer 3.10, der so genannte Corporate Governance Bericht von Vorstand und Aufsichtsrat.[6]   1504

Die Entsprechenserklärung war **erstmals** im Kalenderjahr **2002** abzugeben, sie konnte sich in jenem Jahr darauf beschränken, dass den Empfehlungen der Regierungskommission Deutscher Corporate Governance Kodex entsprochen wird bzw. welche Empfehlungen nicht angewandt werden.[7] Eine Erklärung für die Vergangenheit (dass den Empfehlungen der Kodexkommission entsprochen **wurde**) war für das Kalenderjahr 2002 nicht gefordert.   1505

4. Die Bezugsbasis der Entsprechenserklärung

Die Entsprechenserklärung bezieht sich nur auf die **Empfehlungen des Kodex.** Nach der Diktion des Kodex selbst[8] sind dies die 67 Verhaltensempfehlungen,[9] die der Kodex durch die Verwendung des Wortes „soll" kennzeichnet. Die zwingenden Vorschriften des Aktienrechts sind ohnehin zu beachten. Von den Anregungen des Kodex[10] kann auch ohne Einschränkung der Entsprechenserklärung abgewichen werden.   1506

Die Entsprechenserklärung bezieht sich nur auf diejenigen Empfehlungen der Kodexkommission, die vom BMJ in der in § 161 AktG beschriebenen Weise **bekannt gemacht** wurden.[11] Zum einen wird damit die Rechtskontrolle der Kodexempfehlun-   1507

---

[4] Das TransPuG vom 19.7.2002 wurde am 25.7.2002 verkündet (BGBl. I S. 2681 ff.).

[5] § 161 AktG verhält sich **nicht** zu den Anregungen des Kodex. Über ihre Beachtung oder Nichtbeachtung braucht und sollte in der Entsprechenserklärung **nicht** Stellung genommen werden. Dies wird sich mit Umsetzung der Richtlinie 2006/46/EG vom 14.6.2006 in deutsches Recht ändern, s. Vorbem. Rn. 20 Fn. 48. Seit der Plenar-Sitzung der Kodexkommission vom 21.5.2003 regt der Kodex in Ziffer 10.3 Satz 3 allerdings an, im **Corporate Governance Bericht** auch zu den Kodexanregungen Stellung zu nehmen.

[6] S. hierzu Erläuterungen zu Ziffer 3.10.

[7] So der durch das TransPuG neu gefasste § 15 EGAktG.

[8] Präambel Abs. 6.

[9] Einschließlich der in der Plenarsitzung vom 21.5.2003 beschlossenen Empfehlungen; s. im Einzelnen Anlage 1.

[10] Hierfür verwendet der Kodex Begriffe wie „sollte" oder „kann", Präambel Abs. 6.

[11] Das BMJ hat bisher sämtliche von der Kodexkommission beschlossenen Kodexänderungen und -anpassungen ohne Änderung im e-Bundesanzeiger veröffentlicht. Der **elektronische Bundesanzeiger** wurde durch **seine** bloße Erwähnung im Gesetz ins Leben gerufen (so der ebenfalls durch das TransPuG neu gefasste § 15 EGAktG). Eines normativen Umsetzungsaktes bedurfte es für diesen im Tatsächlichen liegenden Vorgang nicht, da es sich bei dem „elektronischen Bundesanzeiger" lediglich um eine Präsentationsform des im Übrigen in seiner rechtlichen Basis und Funktion unveränderten Bundesanzeigers handelt (s. *Seibert*, NZG 2002, 608, 611). Dieser Teil des elektronischen Bundesanzeigers stand ab 30.8.2002 zur Verfügung (s. www.ebundesanzeiger.de). Art. 1 Nr. 1 i.V.m. Art. 5 TransPuG, der für den elektronischen Bundesanzeiger im Übrigen auf ein gesondertes Inkrafttreten am 1.1.2003 abstellte, steht dem nicht entgegen. Die zeitliche Spreizung für den Start des elektronischen Bundesanzeigers in Art. 1 Nr. 1 TransPuG bezieht sich erkennbar nur auf die in § 25 AktG angesprochenen Fallgestaltungen.

gen sichergestellt.[12] Zum anderen wird mit der Veröffentlichung im e-Bundesanzeiger klargestellt, ab welchem Zeitpunkt welche der Empfehlungen gelten.

5. Das Inkrafttreten von Kodexänderungen

1508   Die Kodexkommission hat auf die Festlegung eines Datums des Inkrafttretens von Änderungen und Anpassungen verzichtet. Um beschlossenen Kodexänderungen Wirkung nach außen zu verleihen, leitet die Kommission die Änderungen jeweils unverzüglich an das BMJ zur Rechtmäßigkeitsprüfung und Bekanntmachung weiter. Mit Veröffentlichung im elektronischen Bundesanzeiger wird die jeweilige Kodexversion diejenige, auf die sich § 161 AktG bezieht. Daher hat die Kodexkommission stets darauf geachtet, ihre Plenarsitzungen so zu terminieren,[13] dass unter Berücksichtigung der Fristen, die das BMJ benötigt,[14] um Kodexrevisionen auf ihre Rechtmäßigkeit zu überprüfen und im e-Bundesanzeiger bekannt zu machen, den Unternehmen ausreichend Zeit verbleibt, sich auf die revidierten oder zusätzlichen Kodexempfehlungen einzustellen. Das ist dann der Fall, wenn allfällige Entscheidungen von Vorstand und/oder Aufsichtsrat im Rahmen **turnusmäßiger** Sitzungen und Beschlussfassungen eingeholt werden können. Für den Fall, dass die Hauptversammlung befasst werden muss, sollte dies in der **ordentlichen Hauptversammlung** der Gesellschaft möglich sein.

6. Anpassung der Entsprechenserklärung bei Kodexabweichungen, keine unterjährige Anpassung bei Kodexänderungen

1509   Unstreitig besteht auch unterjährig eine Verpflichtung zur Anpassung der Entsprechenserklärung, wenn deren Inhalt infolge **Abweichung durch die Gesellschaft** unrichtig wird.

1510   Vor diesem Hintergrund stellte sich die Frage, ob eine entsprechende Pflicht auch besteht, wenn sich das Verhalten der Gesellschaft zwar nicht ändert, wohl aber der **Kodex.** Zu dieser für die Praxis so wichtigen Frage hat sich das BMJ[15] im Jahre 2003 erläuternd wie folgt geäußert:

„Erst wenn die neue Kodexfassung im Bundesanzeiger bekannt gemacht ist, knüpft sich an diese geänderte Fassung die Rechtsfolge des § 161 AktG, das heißt die Pflicht von Vorstand und Aufsichtsrat börsennotierter Gesellschaften zur Abgabe einer Entsprechenserklärung. Die Erklärung ist nach dem Gesetz jährlich abzugeben.

Gesellschaften, die ihre Erklärung nach § 161 AktG im Jahr 2003 erst **nach** der Änderungsbekanntmachung abgeben, müssen die neue Fassung beachten. Bei Gesellschaften, die ihre Erklärung für 2003 bereits **vor** der Änderungsbekanntmachung abgeben, gilt Folgendes:

Die Erklärung nach § 161 AktG ist eine Stichtagserklärung. Sie wird abgegeben zu der im Zeitpunkt der Abgabe geltenden Fassung des Kodex und dann dauerhaft zugänglich gemacht. Sie enthält in der Regel keine dynamische Verweisung auf den Kodex in jeder künftigen Form.

Die Erklärung nach § 161 AktG muss nur einmal jährlich abgegeben werden. Wird der Kodex im Laufe des Jahres geändert, folgt aus § 161 AktG keine Rechtspflicht zu einer weiteren Abgabe der Erklärung während dieses Jahres. Die neue Fassung ist also erst bei der nächsten Jahreserklärung zu berücksichtigen.

Allerdings sollten die Unternehmen prüfen, ob ihre nach § 161 AktG dauerhaft (im Internet) zugänglich zu machende Erklärung nicht unter Umständen für den Kapitalmarkt irreführend sein kann. Das kann der Fall sein, wenn die Entsprechenserklärung den Kodex ohne Angabe eines Datums seiner Fassung erwähnt, so dass nicht sofort erkennbar ist, auf welche Kodexfassung sich die Entsprechenserklärung bezieht. Es dürfte dann angeraten sein, einen klärenden Hinweis in die bestehender Entsprechenserklärung aufzunehmen."

---

[12] Weil das BMJ keine Bekanntmachung ohne Rechtmäßigkeitskontrolle vornimmt, s. *Seibert*, NZG 2002, 608, 611, s. Vorbem. Rn. 37.
[13] Nämlich am 21. 5. 2003 bzw. 8. 6. 2004, 2. 6. 2005, 12. 6. 2006 und 14. 6. 2007.
[14] Auszugehen ist von mehreren Wochen.
[15] Presseerklärung des BMJ Nr. 49/03 vom 10. 6. 2003.

Mit dieser Auslegung trägt das BMJ der Tatsache Rechnung, dass sich aus § 161 AktG keine Verpflichtung der Gesellschaften ableiten lässt, zu erklären, den Kodex in seiner jeweils geltenden Fassung beachten zu wollen, sondern lediglich die Erklärung, sich an die im Zeitpunkt der Abgabe der Entsprechenserklärung geltende Fassung des Kodex halten oder nicht halten zu wollen.[16] Daran ändert auch die zukünftige gesetzliche Erklärungspflicht[17] bei Kodexabweichungen nichts. Diese Auslegung führt zu sachgerechten Ergebnissen, weil sie den Gesellschaften die Möglichkeit eröffnet, die Entscheidung, ob Kodexänderungen umgesetzt werden sollen, selbständig zu treffen und die Öffentlichkeit davon in Kenntnis zu setzen. Wie vom BMJ angeregt, sollte daher in der Entsprechenserklärung die Kodexversion, auf die sich die Erklärung bezieht, angegeben werden.

Forderte man auch im Fall von Kodexänderungen unverzügliche unterjährige Anpassungen der Entsprechenserklärungen, hätte dies zur Folge, dass die Gesellschaften, selbst wenn sie einer Kodexänderung zu folgen beabsichtigten, ihre Entsprechenserklärungen zunächst so lange einschränken müssten, bis die entsprechende Umsetzung (z. B. durch Gremienbeschluss) erfolgt ist. Die Entsprechenserklärung und ihre Einschränkung brauchten derzeit nicht begründet zu werden.[18] Eine so veranlasste Einschränkung der Entsprechenserklärung diente mithin nicht der gewünschten Transparenz, sondern führte eher zu Unübersichtlichkeit.

7. Die Erklärungsverpflichteten

Nach § 161 AktG obliegt die Pflicht zur Abgabe der Entsprechenserklärung **Vorstand und Aufsichtsrat** der börsennotierten Gesellschaft. Diese sehr weit gefasste Formulierung erfasst sowohl die persönliche Erklärung der Mitglieder von Vorstand und Aufsichtsrat in den Fällen, in denen der Kodex das **einzelne Organmitglied** anspricht,[19] als auch die organschaftlichen Erklärungen von Vorstand und Aufsichtsrat, die diese nach entsprechender Beschlussfassung, auf die nachstehend unter II eingegangen wird, abgeben.[20]

Die Verpflichtung obliegt Vorstand und Aufsichtsrat der **börsennotierten** Gesellschaft. Damit nimmt § 161 AktG Bezug auf die Legaldefinition des § 3 Abs. 2 AktG. Er beschränkt mithin die Erklärungspflicht auf Vorstand und Aufsichtsrat solcher Gesellschaften, deren Aktien an einem Markt zugelassen sind, der von staatlich anerkannten Stellen geregelt und überwacht wird, regelmäßig stattfindet und für das Publikum mittelbar oder unmittelbar zugänglich ist. Dies sind der amtliche Markt (§§ 30 ff. BörsG), der geregelte Markt (§§ 49 ff. BörsG) und Märkte, die durch die jeweiligen Börsenordnungen einbezogen sind, nicht aber der Freiverkehr nach § 57 BörsG. Mit der börsennotierten Gesellschaft verbundene Gesellschaften, seien es GmbHs oder nichtbörsennotierte Aktiengesellschaften, brauchen und sollten keine eigenständige Entsprechenserklärung abgeben.

---

[16] So im Ergebnis auch *Ihrig/Wagner*, BB 2003, 1625 ff.
[17] Nach Umsetzung der Richtlinie 2006/46/EG vom 14. 6. 2006 in deutsches Recht.
[18] S. Rn. 1510. Um klar und transparent zu bleiben, **sollte** ihr Wortlaut auch keine Begründung beinhalten. Hierfür steht der Corporate Governance Bericht nach 3.10 zur Verfügung. Von der konkreten Umsetzung der Erklärungspflicht („explain") in das deutsche Recht wird abhängen, ob auch in Zukunft die Begründung einer Abweichung im Corporate Governance Bericht gegeben werden kann oder ob sich die Praxis auf umfängliche und schwer verständliche Entsprechenserklärungen wird einstellen müssen. S. Rn. 1561 ff., insbesondere 1568.
[19] S. beispielsweise Ziffer 4.3.4 oder 5.5.2.
[20] S. *Semler* in MünchKommAktG, § 161 Rn. 66 ff., 73; a. A. *Seibt*, AG 2002, 249, 252, *Krieger*, Interne Voraussetzungen der Kodexanerkennung, Vortrag, Kölner Tage zur Corporate Governance, 19. 4. 2002.

1514 Die Stellung der Vorschrift im Aktiengesetz zeigt, dass die Verpflichtung zur Abgabe der Entsprechenserklärung nur Vorstand und Aufsichtsrat einer **deutschen** Aktiengesellschaft oder KGaA trifft, nicht aber die Organe einer an einer deutschen Wertpapierbörse zugelassenen ausländischen Kapitalgesellschaft.[21] Man mag dies bedauern und wie Claussen darauf hinweisen,[22] dass die Vorschrift des § 161 AktG besser in das Börsengesetz hätte aufgenommen werden sollen. Tatsache ist aber, dass § 161 AktG eine Vorschrift des Aktienrechtes ist und sich somit nur an die Organe einer Gesellschaft wendet, auf die die Vorschriften des Aktiengesetzes Anwendung finden. Der Kodex ist schließlich auch primär gesellschafts(aktien-)rechtlich und nicht kapitalmarktrechtlich orientiert. Die Darstellung Deutscher Corporate Governance und des geltenden Aktienrechtes im Kodex würde keinen Sinn machen, wollte man den Kodex auch auf die an einer deutschen Wertpapierbörse zugelassenen ausländischen Gesellschaften anwenden.[23]

II. Beschlussfassung in Vorstand und Aufsichtsrat über die Abgabe der Entsprechenserklärung

1. Überblick

1515 Das Gesetz sagt in § 161 AktG „Vorstand und Aufsichtsrat erklären...", es sagt nichts über „erklären gemeinsam". Es handelt sich also um den gar nicht so seltenen Fall eines **Zusammenwirkens** der beiden Organe, die dabei autonom sind und autonom handeln und entscheiden. Die Situation ist vergleichbar mit der Feststellung des Jahresabschlusses durch Vorstand und Aufsichtsrat: Die Zustimmung beider Organe ist erforderlich, aber jedes Organ beschließt darüber selbständig. Denn es handelt sich um Erklärungen der Organe, nicht der Gesellschaft.[24] Die Rechtswirkung aber tritt nur ein, wenn beide Organe je für sich positiv votieren. Das bedeutet hier: Die Entsprechenserklärung nach § 161 AktG kann positiv nur abgegeben werden, wenn beide Organe positiv votiert haben. Anderenfalls ist die Ablehnung des Kodex zu veröffentlichen.[25]

2. Unabhängigkeit der Organe voneinander

1516 Vorstand und Aufsichtsrat entscheiden autonom. Das heißt auch, dass kein Organ seine Meinung zum Kodex gegen die Meinung des anderen Organs durchsetzen kann. Das gilt allemal für den Vorstand, der keinerlei Weisungsrecht gegenüber dem Aufsichtsrat hat. Aber auch der Aufsichtsrat hat kein Weisungsrecht gegenüber dem Vorstand und kann daher allenfalls über die Ablösung der Mitglieder des Vorstands nachdenken, wenn er deren Entscheidung zum Kodex als unvertretbar ansieht und darin einen wichtigen Grund zu ihrer Abberufung zu erkennen glaubt, § 84 Abs. 3 AktG. Das alles erscheint eher theoretisch, zeigt aber, dass Vorstand und Aufsichtsrat bei aller Autonomie ihrer Entscheidungsfindung doch einem erheblichen Druck zum Konsens unterliegen.

---

[21] A. A. *Claussen*, DB 2002, 1199, 1204.
[22] *Claussen* DB 2002, 1199, 1204.
[23] Einen anderen Weg geht offensichtlich der US-amerikanische Sarbanes Oxley Act, der die bisher geübte gegenseitige Anerkennung der Gleichwertigkeit der Governance Systeme des jeweils ausländischen Emittenten aufkündigt und den ausländischen Emittenten grundsätzlich dem nationalen (= US) Recht unterwirft. Dies gilt trotz einiger, ausländischen Emittenten eingeräumter Zugeständnisse.
[24] *Peltzer*, NZG 2002, 593, 595; *ders.*, Leitfaden, Rn. 24; a. A. *Semler* in MünchKommAktG, § 161 Rn. 68 ff.
[25] Näher dazu Rn. 1531.

3. Erklärung des jeweiligen Organs und seiner Mitglieder

Die Empfehlungen richten sich zum Teil an das Organ Vorstand, zum Teil an das **1517** Organ Aufsichtsrat, zum Teil aber auch an einzelne Organmitglieder, so etwa Ziffer 4.3.4 und 5.5.2 zu den persönlichen Interessenkonflikten.[26] Die Erklärungen sind daher zunächst einmal je so zu verstehen, dass die das eigene Organ betreffenden Empfehlungen bestätigt bzw. abgelehnt werden: jedes Organ verantwortet die Erklärung im Hinblick auf die es selbst betreffenden Empfehlungen.[27]

Darüber hinaus kann die Erklärung des Organs nur abgegeben werden, wenn alle **1518** Organmitglieder den sie persönlich betreffenden Empfehlungen zugestimmt haben, und zwar auch die bei der Beschlussfassung abwesenden.[28]

4. Vorbereitung der Entscheidung des Vorstands

a) Überblick

Das intern zuständige Mitglied des Vorstands – Finanzvorstand, ggf. Vorstandsvor- **1519** sitzender – hat die Entscheidung des Gesamtvorstands in doppelter Weise vorzubereiten:

In seiner Vorlage an den Gesamtvorstand hat es die empfohlene Entscheidung deut- **1520** lich zu machen und kurz zu begründen: ob die Entsprechenserklärung abgegeben werden soll, was das im Einzelnen bedeutet und welche rechtlichen Folgen damit verbunden sind; der Gesamtvorstand muss in Kenntnis gerade dieser Folgen entscheiden können.

Wird die Ablehnung des Kodex ganz oder teilweise empfohlen, so ist wegen der **1521** großen Außenwirkung einer solchen Entscheidung eine besonders eingehende Begründung des Vorschlags erforderlich.

b) Retrospektiver Teil der Erklärung

Die ganz oder teilweise positive Erklärung selbst hat zunächst einmal eine **retro-** **1522** **spektive Wissenserklärung** zum Inhalt: man habe die Empfehlungen des Kodex befolgt. Diese Erklärung muss naturgemäß **richtig sein.**[29] Das für die Vorlage verantwortliche Vorstandsmitglied hat also eine Pflicht zur Überprüfung, ob den Empfehlungen tatsächlich entsprochen worden ist. Nur wenn eine solche Überprüfung **verantwortlich** geschehen ist, kann dem Gesamtvorstand die Entsprechenserklärung zugemutet werden.

Diese retrospektive Erklärung musste in der im Jahre 2002 erstmals erforderlichen **1523** Entsprechenserklärung nach § 15 EGAktG **nicht** abgegeben werden, vielmehr erstmals in der nächsten Jahreserklärung, die im Jahre 2003 anstand.

c) Zukunftsorientierte Selbstverpflichtung

Darüber hinaus hat die Erklärung einen in die Zukunft gerichteten Teil mit dem In- **1524** halt: Wir werden den Kodex-Empfehlungen entsprechen bzw. nicht entsprechen. Hier sind naturgemäß keine Nachforschungen erforderlich, dafür umso mehr der Hinweis

---

[26] Zu einer Übersicht der Empfehlungen und den jeweiligen Zuständigkeiten vgl. *Lutter* in Kölner Kommentar, § 161 Rn. 35; *Semler* in MünchKommAktG, § 161 Rn. 530; auch *Fischer zu Cramburg* in Heidel, AktR, DCGK.

[27] *Lutter/Krieger*, Rechte und Pflichten, Rn. 493; *Ulmer*, ZHR 166 (2002), 150, 173 f.; *Seibt*, AG 2002, 249, 253; *ders.*, AG 2003, 465, 470; ausführlich *Lutter* in FS Huber, S. 871 ff.; *ders.* in Kölner Kommentar, 3. Aufl., § 161 Rn. 22 ff.

[28] *Hüffer*, AktG, § 161 Rn. 11; *Semler* in MünchKommAktG, § 161 Rn. 88.

[29] Zu diesem für die Erklärung insgesamt wichtigen Aspekt *Kirschbaum*, Entsprechenserklärungen, S. 207 ff.; *ders.* in Heidel, AktR, § 161 AktG Rn. 45; *Lutter* in Kölner Kommentar, § 161 Rn. 36; *Semler* in MünchKommAktG, § 161 Rn. 151.

an die Vorstandskollegen über die rechtliche Bedeutung dieser **zukunftsorientierten** (wenn auch widerruflichen!) **Selbstverpflichtung** als Organ und Einzelmitglied. Diese Zukunftsorientierung der Erklärung wird mit Hinweis auf den Wortlaut von § 161 AktG („... und entsprochen wird") gelegentlich abgelehnt.[30] Dem Schutzzweck des Kodex als Instrument zur Information des Kapitalmarkts wird jedoch nur die gegenteilige Auslegung gerecht. Nur wenn der Markt darauf vertrauen darf, dass die Gesellschaft auch eine Aussage über ihre Zukunft – also dem möglichen Zeitpunkt seiner Investition – trifft, verfügt er über eine verbesserte Entscheidungsgrundlage.[31] Nicht zulässig ist die in die Praxis hin und wieder anzutreffende Einschränkung der Zukunftsorientierung mit einem „Disclaimer", also einem Hinweis, dass die Erklärung „bis auf weiteres" Gültigkeit habe, vorbehaltlich etwaiger Veränderungen, die eine Neuausrichtung der Corporate Governance erforderten.[32] Denn die Zukunftsausrichtung der Erklärung ist ausdrücklich gesetzlich angeordnet und das darf nicht auf diesem Wege umgangen werden.[33]

1525 Mit diesem Aspekt verwandt ist die ebenfalls umstrittene Frage, ob die Gesellschaft eine Pflicht zur unterjährigen Korrektur der Entsprechenserklärung treffen kann.[34]

1526 Diese zukunftsorientierte Erklärung musste erstmals **in 2002** (und längstens bis zum 31. Dezember 2002) abgegeben werden.

5. Entscheidungsablauf

a) Rangordnung

1527 Das Gesetz schreibt an keiner Stelle eine Rangordnung vor, welches Organ zuerst zu entscheiden habe. Tatsächlich aber ist die Entscheidung aufs Engste verbunden mit dem Auftreten der Gesellschaft am Kapitalmarkt. Dieser Aspekt aber gehört zunächst einmal zu den Aufgaben und Zuständigkeiten des Vorstands. Daher ist es nahe liegend – wenn auch, wie gesagt, nicht notwendig –, wenn sich zunächst einmal der Vorstand mit der Frage der Entsprechenserklärung befasst und seine Entscheidung dazu fällt. Denn die Entscheidung ist kapitalmarktrelevant, mithin relevant für die Führung und Finanzierung der Gesellschaft und des Unternehmens; die aber ist nach § 76 AktG in erster Linie Aufgabe des Vorstands.

b) Vorlage an den Aufsichtsrat

1528 Ähnlich wie bei der Feststellung des Jahresabschlusses und des Konzernabschlusses legt der Vorstand seine Entscheidung zur Entsprechenserklärung dann dem Aufsichtsrat vor und regt dessen eigene Entscheidung dazu an. Ist auch sie positiv, kann damit die Erklärung von Vorstand und Aufsichtsrat veröffentlicht werden.

c) Negativerklärung

1529 Dieser soeben skizzierte Ablauf ist eher ungewöhnlich; denn die Erklärung nach § 161 AktG ist Vorstand und Aufsichtsrat allenfalls vordergründig zu isolierter Behandlung gegeben, in Wirklichkeit aber zu gemeinsamer, wenn auch autonomer Entschei-

---

[30] *Kollmann*, WM 2003, Sonderbeilage Nr. 1, 7; *Schüppen*, ZIP 2002, 1269, 1273; *Seibt*, AG 2002, 249, 254; *ders.*, AG 2003, 465, 467; eine Selbstverpflichtung wird abgelehnt durch *Hucke/Ammann*, Corporate Governance Kodex, 2003, S. 135.

[31] Im Ergebnis heute h. M.: LG Schweinfurt, WPg 2004, 339 m. Anm. *Seibert*; *Hüffer*, AktG, § 161 Rn. 20; *Kirschbaum*, Entsprechenserklärungen, S. 216 ff.; *Krieger* in FS Ulmer, 2003, S. 365 f.; *Lutter* in Kölner Kommentar, § 161 Rn. 36; *ders.* in FS Druey, 2002, 463, 467; *ders.*, ZHR 166 (2002), 523, 532 f.; *Peltzer*, NZG 2002, 593, 594; *Semler* in Semler/v. Schenck, AR Hdb., § 1 Rn. 85; *Semler/Wagner*, NZG 2003, 553, 554. Vgl. auch Rn. 1590 ff.

[32] Dafür etwa *Schüppen* in Hirte, TransPuG, S. 58; *Semler* in MünchKommAktG, § 161 Rn. 236.

[33] *Kirschbaum*, Entsprechenserklärungen, S. 220 f.; s. auch Rn. 1586.

[34] Dazu Rn. 1627 ff.

dung anvertraut.[35] Das bedeutet: Der Vorstand wird, wie hier gesagt, zunächst seine Entscheidung finden. Er wird diese dann dem Aufsichtsrat mit einer Begründung vorlegen und sie in der betreffenden Sitzung des Aufsichtsrats noch einmal mündlich erläutern.

Sollte der Aufsichtsrat, der – erneut wie beim Jahresabschluss – autonom zu entscheiden hat, der Auffassung des Vorstands folgen, ergeben sich keine weiteren Fragen. Will er jedoch vom Votum des Vorstands – oder vom Kodex – abweichen, so muss das im Sinne der Sorgfaltspflichten nach §§ 93, 116 AktG in einen eingehenden Beratungsprozess münden, in dem stets zu prüfen sein wird, ob die Ablehnung tatsächlich im Unternehmensinteresse – denn das ist auch hier die entscheidende Leitlinie – angezeigt ist.[36] Können sich Vorstand und Aufsichtsrat trotz eingehender Beratung nicht auf eine einheitliche Erklärung einigen, stellt sich die Frage, wie dies im Außenverhältnis zu handhaben ist. Ein Teil des Schrifttums fordert die Veröffentlichung getrennter Erklärungen, aus denen die Divergenz der Beschlüsse hervorgeht.[37] Dagegen sehen andere Vorstand und Aufsichtsrat in einem Einigungszwang, da aus der getrennten Beschlussfassung im Innenverhältnis nur *eine* Erklärung hervorgehe und nur diese nach außen zu veröffentlichen sei.[38]

Aus dem Wortlaut von § 161 AktG wird sich eine Pflicht zur Abgabe nur einer Erklärung nur bedingt entnehmen lassen. Dennoch sind aus der Sicht des Kapitalmarkts divergierende Entsprechenserklärungen wenig hilfreich, da diesem keinerlei Instrument zur Verfügung steht, die eine oder die andere Erklärung auf ihre Plausibilität zu überprüfen. Uneinheitliche Erklärungen, so muss man behaupten, sind im Ergebnis so aussagekräftig wie keine Erklärung. In der Praxis schließlich ist kaum zu erwarten, dass eine Gesellschaft den „unternehmenspolitischen Offenbarungseid"[39] leisten würde und zwei divergierende Erklärungen veröffentlicht. Der Dissens zwischen Vorstand und Aufsichtsrat sollte also im Interesse des Unternehmens wenn irgend möglich vermieden werden und nur nach eingehender und wiederholter Beratung festgestellt werden. Aus diesem Grund ist im Zweifel eine **negative Entsprechenserklärung** zu veröffentlichen, da die Gesellschaft so ihren Pflichten aus § 161 AktG am ehesten nachkommt.

6. Entscheidung des Vorstands

Der Vorstand entscheidet nach den Regeln des § 77 AktG (einstimmig), es sei denn, die Satzung oder Geschäftsordnung habe eine andere Mehrheit festgelegt.[40] Aber auch, wo das der Fall ist, gilt es zu bedenken: Bestimmte Empfehlungen des Kodex wenden sich an die einzelnen Organmitglieder und können nicht mit Mehrheit gegen das einzelne Mitglied beschlossen werden.[41] Soweit hier – z. B. für die Behandlung

---

[35] *Lutter/Krieger*, Rechte und Pflichten, Rn. 491; *Seibt*, AG 2002, 252 f.; *Peltzer*, NZG 2002, 593, 595; *Schüppen*, ZIP 2002, 1269, 1271.

[36] Vgl. auch *Krieger* in FS Ulmer, 2003, S. 365, 373 ff.; *Kirschbaum*, Entsprechenserklärungen, S. 183 ff. und 207 ff.; *Lutter* in Kölner Kommentar, § 161 Rn. 44.; *ders.* in FS Huber, S. 871, 875 ff.

[37] *Claussen/Bröcker*, DB 2002, 1199, 1204; *Hüffer*, AktG, § 161 Rn. 19; *Hucke/Ammann*, Der Deutsche Corporate Governance Kodex, 2003, S. 134 f.; *Pfitzer/Oser/Wader*, DB 2002, 1120, 1121; *Orth/Wader* in Pfitzer/Oser, Hdb., S. 269, 271; *Semler/Wagner*, NZG 2003, 553, 555; differenzierend *Krieger* in FS Ulmer, 2003, S. 365, 368 ff.; vgl. auch *Potthoff/Trescher/Theissen*, Das Aufsichtsratsmitglied, 6. Aufl. 2003, Rn. 1864: Danach ist eine gemeinsame Erklärung generell nur dann zulässig, wenn alle Empfehlungen des Kodex befolgt werden; das ist sicher so nicht zutreffend.

[38] *Seibt*, AG 2002, 249, 253; ähnlich *Schüppen*, ZIP 2002, 1269, 1271, der zwar als Ultima Ratio die Veröffentlichung divergierender Erklärungen zulässt, dies aber nichtsdestotrotz als einen Verstoß gegen § 161 AktG wertet.

[39] *Krieger* in FS Ulmer, 2003, S. 365, 370.

[40] *Hüffer*, AktG, § 77 Rn. 6 und 9; *Mertens* in Kölner Kommentar, § 77 Rn. 27; *Hefermehl/Spindler* in MünchKommAktG, § 77 Rn. 5.

[41] *Lutter/Krieger*, Rechte und Pflichten, Rn. 495; vgl. auch *Hüffer*, AktG, § 161 Rn. 12; *Peltzer*, NZG 2002, 593, 598.

individueller Interessenkonflikte – keine Festlegung im Anstellungsvertrag der einzelnen Vorstandsmitglieder enthalten ist,[42] bedarf es der individuellen Zustimmung jedes Vorstandsmitglieds (und dessen Protokollierung!). Sie liegt implizit in der einmütigen Entscheidung, muss anderenfalls, also im Falle einer Mehrheitsentscheidung oder Abwesenheit einzelner Vorstandsmitglieder, individuell erklärt werden („ich werde die individuellen Empfehlungen des Kodex beachten").

1533 Unklar ist bisher, ob der Aufsichtsrat die Entscheidung des Vorstands an einen **Zustimmungsvorbehalt** im Sinne von § 111 AktG knüpfen kann. Das wird überwiegend und zu Recht abgelehnt, da es sich um eine per Gesetz zugewiesene Einzelaufgabe des Vorstands handele.[43]

7. Entscheidungsvorbereitung im Aufsichtsrat

1534 Der Vorstand hat seinen Beschluss dem Aufsichtsrat zu Händen seines Vorsitzenden zuzuleiten. Dieser legt ihn zusammen mit seiner eigenen Empfehlung für die Entscheidung des Aufsichtsrats diesem vor; für dessen Begründung gilt Gleiches wie beim Vorstand, insbesondere hinsichtlich der notwendigen Überprüfungen der Richtigkeit der retrospektiven Erklärung und hinsichtlich einer Erläuterung der Pflichten jedes einzelnen Mitglieds bei positiver Entsprechenserklärung für die Zukunft. Diese Hinweise sind für die juristisch weniger erfahrenen Mitglieder des Aufsichtsrats von besonderer Bedeutung.[44]

1535 Lautet die Empfehlung des Aufsichtsratsvorsitzenden auf Ablehnung der Entsprechenserklärung, so steigt seine Begründungspflicht, und das naturgemäß in besonderem Maße, wenn er von der Entscheidung des Vorstands abweichen will.

8. Entscheidung im Aufsichtsrat

1536 Der Aufsichtsrat entscheidet im Plenum; Vorbereitung dieser Entscheidung in einem Ausschuss ist möglich, Delegation zur Entscheidung an den Ausschuss hingegen nicht;[45] das ergibt sich aus Wortlaut und Zweck von § 161 AktG.

1537 Der Aufsichtsrat entscheidet mit Mehrheit nach den allgemeinen Regeln. Aber auch hier gilt wie beim Vorstand: Der **retrospektive Teil** der Erklärung („haben eingehalten") setzt Information und eine gewisse Kontrolle voraus – ob die Empfehlungen tatsächlich auch eingehalten worden sind –, der **zukunftsgerichtete Teil** („und werden einhalten") verlangt Einsicht in die rechtliche Bedeutung dieser „Absichtserklärung".[46]

1538 Und wie beim Vorstand gilt auch hier: Eine größere Zahl von Empfehlungen wendet sich an die einzelnen Aufsichtsratsmitglieder, etwa an den Aufsichtsratsvorsitzenden oder das einzelne Mitglied, etwa bei der Behandlung von Interessenkonflikten. Diese Teile des Kodex werden nur mit individueller Zustimmung jedes Aufsichtsratsmitglieds wirksam. Diese liegt bei einstimmiger Entscheidung und Anwesenheit aller Aufsichtsratsmitglieder vor; fehlen einzelne Mitglieder, so können und müssen sie nachträglich zustimmen, soll die Entsprechenserklärung auch für sie insoweit wirksam sein. Das Gleiche gilt, wenn die Entscheidung mit Mehrheit gefasst wurde. Der Auf-

---

[42] Dazu *Lutter*, ZHR 166 (2002), 523, 536f.; *Ulmer*, ZHR 166 (2002), 150, 173; *Seibt*, AG 2002, 249, 259.
[43] *Hüffer*, AktG, § 161 Rn. 12; *Krieger* in FS Ulmer, 2003, S. 365, 375; *Kirschbaum*, Entsprechenserklärungen, S. 214; *Lutter* in Kölner Kommentar, § 161 Rn. 45; *Ulmer*, ZHR 166 (2002), 150, 174; a. A. *Semler* in MünchKommAktG, § 161 Rn. 91.
[44] Vgl. nochmals *Lutter* in FS Druey, 2002, S. 463, 467.
[45] H. M.: *Hüffer*, AktG, § 161 Rn. 13; *Krieger* in FS Ulmer, 2003, S. 365, 376; *Lutter/Krieger*, Rechte und Pflichten, Rn. 497; *Lutter* in Kölner Kommentar, § 161 Rn. 20; *Kirschbaum*, Entsprechenserklärungen, S. 172; *Seibt*, AG 2002, 249, 253; *Semler* in MünchKommAktG, § 161 Rn. 93.
[46] Dazu Rn. 1615 ff. sowie *Lutter* in FS Druey, 2002, S. 463 ff.; *ders.*, ZHR 166 (2002), 523, 532f.

sichtsratsvorsitzende stellt insofern eine Besonderheit dar, da er sich im Zweifel dem Willen des Plenums auch hinsichtlich der an ihn gerichteten Empfehlungen wird unterwerfen müssen. Dies entspricht seiner allgemeinen Verantwortung gegenüber Plenumsentscheidungen.[47]

Das alles muss erneut sorgfältig dokumentiert und protokolliert werden. Es genügt, wenn der Aufsichtsratsvorsitzende den einmütig gefassten Beschluss unterzeichnet.[48]

9. Gemeinsame Beschlussfassung von Vorstand und Aufsichtsrat

Der bisher aufgezeigte Ablauf entspricht hergebrachtem Verfahren, etwa beim Zusammenwirken von Vorstand und Aufsichtsrat an der Feststellung von Jahresabschluss und Konzernabschluss. Nichts aber steht entgegen, wenn Vorstand und Aufsichtsrat im Sinne von Ziffer 3.1 und 3.2 des Kodex zu einer **gemeinsamen Sitzung** mit dem Ziel eines **gemeinsamen Beschlusses** zusammenkommen,[49] um auf diese Weise gemeinsam zu beraten. Fällt die Entscheidung ohne Gegenstimmen, so kann das auch so protokolliert werden:

„Vorstand und Aufsichtsrat haben gemeinsam und einmütig beschlossen: Dem im elektronischen Bundesanzeiger veröffentlichten Deutschen Corporate Governance-Kodex in seiner Fassung vom ... wurde entsprochen und wird entsprochen."

Bleiben die Ansichten kontrovers, so muss das Beschlussergebnis je von Vorstand und Aufsichtsrat im Protokoll festgehalten werden.[50]

III. Verankerung der Kodexempfehlungen in der Satzung, in der Geschäftsordnung für den Vorstand, Anpassung der Dienstverträge?

1. Grundsätzliches

Ob Kodexempfehlungen oder Kodexanregungen in dem Regelwerk der Gesellschaft verankert werden sollen, kann die Gesellschaft frei entscheiden.[51] Der Kodex setzt eine Übernahme seiner Regelungen in das gesellschaftliche Regelwerk weder voraus, noch empfiehlt er sie oder regt sie an. Mit einer Verankerung im gesellschaftlichen Regelwerk bringt die Gesellschaft zum Ausdruck, dass sie den betreffenden Kodexempfehlungen für ihre Corporate Governance besondere Bedeutung zumisst und sie **langfristig** als Teil ihrer Corporate-Governance-Gepflogenheiten ansehen möchte.

Gerade in Letzterem liegt aber auch der Grund, aus dem Gesellschaften trotz anerkannter Bedeutung bestimmter Kodexempfehlungen für ihre eigene Corporate Governance von einer Verankerung im gesellschaftlichen Regelwerk Abstand nehmen. Der Kodex ist nicht statisch. Er wird in der Regel einmal jährlich vor dem Hintergrund nationaler und internationaler Entwicklungen überprüft und bei Bedarf angepasst. Kodexänderungen bedingten jeweils die entsprechende Anpassung an das gesell-

---

[47] *Krieger* in FS Ulmer, 2003, S. 365, 375; *Kirschbaum*, Entsprechenserklärungen, S. 181 f.; allgemein *Mertens* in Kölner Kommentar, § 107 Rn. 33 ff.; *Lutter/Krieger*, Rechte und Pflichten, Rn. 553 ff.; *Semler* in MünchKommAktG, § 107 Rn. 143 ff.
[48] *Hüffer*, AktG, § 161 Rn. 22; *Krieger* in FS Ulmer, 2003, S. 365, 376; differenzierend *Semler* in MünchKommAktG, § 161 Rn. 126; a. A. *Seibt*, AG 2002, 249, 253: alle Aufsichtsratsmitglieder.
[49] *Lutter/Krieger*, Rechte und Pflichten, Rn. 491; *Peltzer*, NZG 2002, 593, 595; *Hüffer*, AktG, § 161 Rn. 11; ähnlich Begründung des RegE zum TransPuG, BT-Drucks. 14/8769, S. 11.
[50] Zu divergierenden Beschlüssen s. Rn. 1531; zu Beschlussmängeln eingehend *Semler* in MünchKommAktG, § 161 Rn. 175 ff.
[51] S. statt aller: *Semler* in MünchKommAktG, § 161 Rn. 100.

schaftlichen Regelwerk. Abhängig vom Ort der Verankerung (Geschäftsordnung oder gar – wo rechtlich zulässig – Satzung) kann sich dies arbeits- und zeitaufwendig gestalten. Zu berücksichtigen ist ferner, dass jedenfalls ein Beschluss des Aufsichtsrats erforderlich ist, der bei paritätisch zusammengesetzten Aufsichtsräten nicht immer problemlos zu erzielen ist.

2. Geschäftsordnung für den Vorstand

1544   Macht der Aufsichtsrat indes von der Ermächtigung des § 77 Abs. 2 AktG Gebrauch, kann er in einer Geschäftsordnung für den Vorstand die Beachtung der Empfehlungen des Kodex für den Vorstand verbindlich festlegen, die der Regelung durch eine Geschäftsordnung zugänglich sind, weil sie sich an den Vorstand als Gremium wenden und nicht an das einzelne Vorstandsmitglied ad personam.

1545   Ob der Aufsichtsrat diesen **Weg** im Einzelnen **wählt,** muss er unter Abwägung aller Umstände entscheiden. Dabei wird er berücksichtigen, dass die Festschreibung und damit die Wiederholung aller oder wesentlicher Teile der Kodexempfehlungen in einer Geschäftsordnung für den Vorstand als Formalismus erscheinen kann, der, wenn keine wörtliche Übernahme der Kodexempfehlungen erfolgt, zusätzlich ungewollten Interpretationsspielraum eröffnet.

1546   Zu berücksichtigen ist ferner, dass innerjährig auftretende Situationen, in denen der Vorstand von den Empfehlungen des Kodex im Interesse der Gesellschaft abweichen möchte oder gar gehalten ist abzuweichen, weil es das Unternehmensinteresse, dem der Vorstand primär verpflichtet ist, gebietet,[52] nicht immer unproblematisch handzuhaben sind, wenn der Vorstand durch den Aufsichtsrat auf die Beachtung der Kodexempfehlung geschäftsordnungsmäßig verpflichtet wurde.

1547   Mit Zustimmung des Aufsichtsrates ist selbstverständlich eine Abweichung von der betreffenden Kodexempfehlung möglich. Hierzu ist aber zunächst eine Beschlussfassung des Aufsichtsrats bzw. in Eilfällen des Aufsichtsratspräsidiums erforderlich. Ob hierfür immer ausreichend Zeit zur Verfügung steht, mag im Einzelfall fraglich sein.

3. Anpassung

1548   Der Aufsichtsrat kann auf eine **formalisierte Verpflichtung** des Vorstands auf den Kodex auch ganz **verzichten** und es – wie es dem Gesetzgeber vorschwebt[53] – bei einer zumindest einmal im Jahr stattfindenden Befassung mit und Beschlussfassung über die Behandlung der Empfehlungen des Kodex, in Vorbereitung auf die Entsprechenserklärung nach § 161 AktG, belassen. Die aktive ständige Befassung und Auseinandersetzung der Gesellschaftsorgane mit den Empfehlungen des Kodex entspricht den Vorstellungen der Kodexkommission und des Gesetzgebers[54] eher als das geschäftsordnungsmäßige Verpflichtetwerden auf die Empfehlungen des Kodex.

1549   Durch entsprechende Gestaltung oder Novellierung der **Dienstverträge** kann der Aufsichtsrat die einzelnen Vorstandsmitglieder auf die Beachtung von Kodexempfehlungen und/oder Anregungen (z. B. die Veröffentlichung individualisierter Vorstandsvergütungen oder das Verhalten bei Interessenkonflikten) verbindlich verpflichten.[55]

4. Satzung/Hauptversammlung

1550   Geeignete Kodexempfehlungen können auch in die Satzung der Gesellschaft aufgenommen werden. Wenn auch eine Aufnahme der Empfehlungen als Ganzes zu unspe-

---

[52] So beispielsweise explizit die BASF in den Erläuterungen zur (ersten) Entsprechenserklärung (2002), s. BörsenZ vom 24. 12. 2002 „BASF distanziert zum Verhaltenskodex."
[53] S. RegE S. 50.
[54] RegE S. 50.
[55] S. *Lutter,* ZHR 166 (2002), 523 ff., 536.

zifisch erscheint, kann dies beispielsweise hinsichtlich der Zusammensetzung des Vorstands (Ziffer 4.2.1) oder der persönlichen Voraussetzungen von Aufsichtsratsmitgliedern (Ziffer 5.4.1 ff.) sinnvoll sein.[56] Die Zuständigkeit zur Verankerung liegt gemäß § 119 Abs. 1 Nr. 5 AktG bei der Hauptversammlung.

Nicht zulässig ist jedoch, dass die Hauptversammlung die Organe unmittelbar auf Einhaltung einzelner Kodexempfehlungen verpflichtet.[57]

5. Verstöße

Verstöße gegen § 161 AktG – z. B. die fehlerhafte oder unterlassene Abgabe der Entsprechenserklärung – können aber Auswirkungen auf die **Entlastung** von Vorstand und Aufsichtsrat haben und damit einen **Anfechtungsgrund** darstellen.[58] In der Tat wird man bei gravierenden Verstößen wegen der Tragweite der Entsprechenserklärung eine Anfechtungsmöglichkeit bezüglich der dennoch beschlossenen Entlastung annehmen müssen.[59]

IV. Die Entsprechenserklärung im Einzelnen

1. Arten der Entsprechenserklärung

Nach § 161 AktG sind inhaltlich unterschiedliche Entsprechenserklärungen möglich. Vorstand und Aufsichtsrat können mitteilen, dass den Kodexempfehlungen entsprochen wurde (und wird), aber auch welche Empfehlungen nicht angewendet wurden (oder werden).

2. Die uneingeschränkte Positiverklärung

Die aus Sicht der Kodexkommission anstrebenswerte Erklärung ist die **uneingeschränkte Erklärung** von Vorstand und Aufsichtsrat des Inhalts, dass den Empfehlungen der Regierungskommission Deutscher Corporate Governance Kodex entsprochen wurde und wird. Diese Erklärung kann nur dann abgegeben werden, wenn in dem Zeitraum, auf den sich die Erklärung bezieht, die Verhaltensempfehlungen des Kodex im Unternehmen allgemein eingehalten wurden und es im Berichtszeitraum keine ins Gewicht fallende Abweichungen gab[60] und auch keine Abweichungen beabsichtigt sind.

Aus dem Gesetzestext lässt sich eine **Wesentlichkeitsschwelle** (= „ins Gewicht fallende Abweichungen") nicht unmittelbar entnehmen. § 161 AktG spricht vielmehr davon, dass die, und das heißt bei wörtlicher Auslegung, **alle** Empfehlungen eingehalten wurden und werden. Die erklärte Absicht des Gesetzes ist es, den Aktionären und Teilnehmern am Kapitalmarkt Informationen darüber zur Verfügung zu stellen, ob und wenn ja in welchem Umfang die Gesellschaft die Kodexempfehlungen anwendet oder von ihnen abweicht.[61] Mithin dürfte es ausreichen, an die Positiverklärung die Sicht des durchschnittlichen objektiven Kapitalanlegers anzulegen.[62] Würde man verlangen, dass ausnahmslos jede auch nur unwesentliche Kodexabweichung mit der Folge zu berücksichtigen ist, dass eine Einschränkung der Entsprechenserklärung und eine Erklä-

---

[56] S. näher *Lutter*, ZHR 166 (2002), 523, 538 f.; *Semler* in MünchKommAktG, § 161 Rn. 101 ff.
[57] *Orth/Wader* in Pfitzer/Oser, Hdb., 269, 271.
[58] *Hüffer*, § 161 Rn. 31; *Seibt*, AG 2002, 249, 254.
[59] So auch *Semler* in MünchKommAktG, § 161 Rn. 184 ff.
[60] RegE S. 51, so auch *Semler* in MünchKommAktG, § 161 Rn. 135.
[61] RegE S. 51.
[62] So im Ergebnis auch *Baums*, Bericht, Rn. 17.

rung nach Ziffer 3.10 des Kodex erforderlich werden, könnte der Zweck der Norm leicht in das Gegenteil verkehrt werden.[63]

3. Die eingeschränkte Positiverklärung

1555 Eine **teilweise Ablehnung** der Kodexempfehlungen ist ebenfalls möglich und aus der Sicht der Gesellschaft sowie der Kodexkommission dann angebracht, wenn die besondere Situation der Gesellschaft oder einzelner betroffener Verwaltungsmitglieder eine uneingeschränkte Berücksichtigung der Kodexempfehlungen nicht erlaubt oder wenn die Gesellschaft der betroffenen Kodexempfehlung nicht folgen will.

1556 Die **Kodexempfehlungen,** denen von der Gesellschaft bzw. einzelnen Organen oder Organmitgliedern nicht entsprochen wurde/wird, sind in der Entsprechenserklärung **konkret** anzugeben. Eine Begründung für die Kodexabweichungen wird in der Entsprechenserklärung nicht gefordert und sollte an dieser Stelle auch nicht gegeben werden.[64] Die Entsprechenserklärung sollte kurz und aus sich heraus klar verständlich sein. Die Gründe für die Einschränkung der Entsprechenserklärung kann die Gesellschaft in Übereinstimmung mit Ziffer 3.10 des Kodex im Corporate Governance Bericht geben.[65]

1557 Unter die teilweise Anerkennung der Kodexempfehlungen fallen auch Fälle der so genannten **Hauskodizes.**

4. Hauskodizes

1558 Die Erwägungen des Regierungsentwurfs[66] zum TransPuG, dass die durch § 161 AktG eingeräumte Flexibilität den Gesellschaftern unter anderem auch ermöglichen solle, einen auf die unternehmensindividuellen Verhältnisse zugeschnittenen eigenen „Code of Best Practice" zu entwickeln und dem Kapitalmarkt gegenüber offen zu legen, teilen die Verfasser des Kodex grundsätzlich. Von einer diesbezüglichen Empfehlung des Kodex haben sie allerdings Abstand genommen, weil sie nicht davon ausgehen, dass die Empfehlungen des Kodex die **Untergrenze** guter Corporate Governance mit der Folge bestimmen, dass den Unternehmen anempfohlen wird, sich durch Hauskodizes in einen Wettbewerb um die beste Corporate Governance zu begeben und diesen öffentlich auszutragen. Die Entwicklung der letzten Jahre zeigt allerdings, dass Hauskodizes sich keiner besonderen Popularität erfreuen. Von wenigen Ausnahmen abgesehen, haben die Gesellschaften keinen Gebrauch von der Möglichkeit gemacht, eigene Kodizes aufzustellen.[67]

1559 Soweit Hauskodices die Kodexempfehlungen in toto übernehmen und nur darüber hinausgehende, zusätzliche Empfehlungen aussprechen (**Übererfüllung** des Kodex), ist eine Einschränkung der Entsprechenserklärung nicht erforderlich. Hier kommt vielmehr die uneingeschränkte Entsprechenserklärung (wie vorstehend beschrieben) zur Anwendung.[68]

---

[63] Es bleibt abzuwarten, wie der deutsche Gesetzgeben die aus der Änderung der 4. und 7. Richtlinie der EU (Richtlinie 2006/46/EG vom 14.6.2006) resultierende Begründungspflicht bei Kodexabweichungen umsetzt. Der verabschiedete Richtlinientext sieht ebenfalls kein „Wesentlichkeitsschwelle" vor.

[64] Anders die zukünftige Rechtslage nach Umsetzung der vorgenannten Richtlinie in deutsches Recht.

[65] S. Fn. 18.

[66] RegE S. 51.

[67] Die Deutsche Bank, die schon sehr frühzeitig einen Hauskodex veröffentlichte, hat zwischenzeitlich davon Abstand genommen, diesen fortzuführen.

[68] *Semler* in MünchKommAktG, § 161 Rn. 144; *Seibert*, BB 2002, 581, 583.

5. Die Negativerklärung

§ 161 AktG lässt auch zu, dass Vorstand und Aufsichtsrat der börsennotierten Gesellschaft erklären, den Empfehlungen der Kodexkommission **nicht entsprochen zu haben und/oder auch nicht zu entsprechen.** Eine vollständige Ablehnung der Kodexempfehlungen ist indes die Ausnahme geblieben.[69]

6. Keine Begründungspflicht

Die Gesellschaften brauchen **Abweichungen** von den Empfehlungen des Kodex, seien sie struktureller und genereller Art oder betreffen sie nur einzelne Empfehlungen, in der Entsprechenserklärung **nicht zu begründen.** Es reicht vielmehr aus, dass die Abweichungen in der Entsprechenserklärung benannt werden. Die Benennung kann durch Inbezugnahme der vom Kodex verwandten Nummerierung erfolgen, oder aber auch durch zusätzliche Kurzbezeichnungen der Empfehlung, von der abgewichen werden soll. Letzteres dient der Klarheit und dem leichteren Verständnis der Erklärung. Es fördert die von § 161 AktG angestrebte Qualität der Information des Kapitalmarktes.

Allerdings ist auch der Gesetzgeber davon ausgegangen, dass die Gesellschaften die Gründe für die Einschränkung der Entsprechenserklärung offen legen. Das Gesetz brauche nicht zu etwas zu zwingen, was die Betroffenen schon aus eigenem Interesse tun.[70] Hier setzt der Kodex auf und empfiehlt in Ziffer 3.10 Vorstand und Aufsichtsrat, jährlich auch eventuelle Abweichungen von den Empfehlungen des Kodex im Rahmen ihrer Berichterstattung über die Corporate Governance des Unternehmens zu erläutern. Wegen der Einzelheiten wird auf die Ausführungen zu Ziffer 3.10 verwiesen.

7. Inhalt der Entsprechenserklärung

Mit Ausnahme der ersten Entsprechenserklärung, die noch im Jahr 2002 abgegeben werden musste und die sich auf die Feststellung beschränken konnte, dass den Verhaltensempfehlungen des Kodex entsprochen wird, müssen **alle Entsprechenserklärungen** sowohl einen **vergangenheitsbezogenen** als auch einen **zukunftsbezogenen Teil** aufweisen.[71]

Im **vergangenheitsbezogenen Teil** erklären Vorstand und Aufsichtsrat, dass in der Berichtsperiode (normalerweise im vorangegangenen Geschäftsjahr)[72] den Verhaltensempfehlungen entsprochen wurde bzw. legen dar, wo und in welchem Umfang Abweichungen von den Empfehlungen auftraten. Dabei brauchen, wie oben dargestellt, nur wesentliche Abweichungen berücksichtigt zu werden.

Im **zukunftsbezogenen Teil** findet sich die regelmäßig zeitlich nicht beschränkte Erklärung, dass die Kodexempfehlungen beachtet werden.

§ 161 AktG verlangt lediglich, dass Vorstand und Aufsichtsrat erklären, dass den im amtlichen Teil des elektronischen Bundesanzeigers bekannt gemachten Empfehlungen des Kodex entsprochen wurde und wird oder welche Empfehlungen nicht angewendet wurden. Eine Erläuterung der Gründe für ein Abweichen von Kodexempfehlungen verlangt das Gesetz heute **nicht.**

Der **Regierungsentwurf** zum TransPuG spricht allerdings davon, dass die Entsprechenserklärung bzw. die Darstellung unternehmensindividueller Modifikationen und Abweichungen in einem gesonderten Bericht erfolgen solle, und bezeichnet es[73] als wünschenswert ferner, dass die Entsprechenserklärung bzw. die Darstellung unterneh-

---

[69] So auch *Semler* in MünchKommAktG, § 161 Rn. 138.
[70] RegE S. 52, *Berg/Stöcker*, WM 2002, 1569, 1573.
[71] Allg. M., s. *Semler* in MünchKommAktG, § 161 Rn. 52 ff., insoweit auch LG Schweinfurt, WPg 2004, 330 ff.
[72] S. Rn. 1582 f.
[73] RegE S. 50.

1568 mensindividueller Praxis in den **Geschäftsbericht** aufgenommen werde. Dem ist der Kodex mit seiner Empfehlung in Ziffer 3.10 gefolgt.

1568 Es dient der Transparenz, wenn die Gesellschaften darauf verzichten, zusätzlich zum Corporate Governance Bericht nach Ziffer 3.10 des Kodex auch noch in der Entsprechenserklärung etwaige Abweichungen von Kodexempfehlungen zu erläutern oder auf ihre Absicht zu verweisen, bestimmte Kodexempfehlungen alsbald berücksichtigen zu wollen. Wird eine Verbindung von Erläuterungen und Entsprechenserklärung gewünscht, lässt sich dies leicht dadurch erreichen,[74] dass **im Anschluss** an den ausführlichen Bericht der Gesellschaft über ihre Corporate Governance, in dem sich jede Gelegenheit zur Erläuterung von Kodexabweichungen bietet, – von den Erläuterungen erkennbar abgesetzt – die schlichte Entsprechenserklärung abgedruckt wird.[75]

1569 Erläuterungen zu den Gründen, warum **Kodexanregungen** nicht entsprochen wurden, fordert das Gesetz nicht.[76] Natürlich steht es den Unternehmen frei, sich in ihrem Corporate Governance Bericht (Ziffer 3.10 des Kodex) auch hierzu zu äußern. In dem Text der Entsprechenserklärung sollte jedoch auf derartige Erläuterungen der Transparenz zuliebe verzichtet werden.

1570 Der Kodex ist nicht statisch, sondern unterliegt Anpassungen an die Entwicklung der Corporate Governance. Daher empfiehlt es sich, in der Entsprechenserklärung **ausdrücklich** anzugeben, auf **welche Kodexfassung** sich die Entsprechenserklärung bezieht. Dies ist insbesondere angesichts der vorstehend dargestellten[77] Ausführungen zur Behandlung von **von der Gesellschaft nicht veranlassten Kodexänderungen** bedeutsam.[78]

8. Änderung der Erklärung; interne und externe Bindung

a) Retrospektiver Teil

1571 Der retrospektive Teil der Entsprechenserklärung kann, aus welchen Gründen auch immer, falsch sein. Wird das bemerkt, so muss das natürlich berichtigt werden, da andernfalls die (dauerhafte!) Erklärung ständig Falsches wiederholen würde.[79] Geht es um kleinere Fehler – ein Vorstandsmitglied hält sechs statt nur fünf konzernexterne Aufsichtsrat-Mandate[80] –, so kann der Vorstand das in einem Zusatz zur Erklärung berichtigen, ohne dass die beiden Organe förmlich neu beschließen müssten. Geht es hingegen um gewichtige Aspekte – ein Aufsichtsratsmitglied ist auch Aufsichtsratsmitglied beim Haupt-Wettbewerber der Gesellschaft[81] –, so müssen Vorstand und Aufsichtsrat neu beraten und entscheiden und sich dabei über ihre Politik vergewissern.

b) Zukunftsgerichteter Teil

1572 Der zukunftsgerichtete Teil der Erklärung kann jederzeit auch von nur einem der beiden Organe geändert werden: es gibt keine dauerhafte Außen-Bindung der Organe an diesen Teil der Erklärung.[82] Andererseits sind die Mitglieder der Organe Vorstand und Aufsichtsrat **intern** an ihren Beschluss zum Kodex gebunden und können nicht etwa einzeln und jeder für sich die Bindung abstreifen.[83] Das wäre, im Gegenteil,

---

[74] So z. B. die Siemens AG.
[75] Muster solcher „schlichten" Entsprechenserklärungen finden sich in Anhang 2.
[76] Dies wird sich mit der Umsetzung der Richtlinie 2006/46/EG vom 14.6.2006 ändern; s. Vorbem. Rn. 20 Fn. 48.
[77] S. Rn. 1510 ff.
[78] S. auch *Semler* in MünchKommAktG, § 161 Rn. 63.
[79] So auch *v. Werder/Talaulicar*, Sonderheft 50/03 Zf. Bw F S. 15 ff., 21.
[80] Kodex Ziffer 5.4.3.
[81] Kodex Ziffer 5.4.2.
[82] *Seibert*, BB 2002, 581, 583; *Lutter*, ZHR 166 (2002), 523, 532 ff.
[83] A. A. *Hüffer*, AktG, § 161 Rn. 20, der zu Unrecht keine rechtliche Bindung annimmt: das wäre in diesem besonders wichtigen Teil der Erklärung die Erlaubnis zum Lügen.

pflichtwidrig im Sinne von §§ 93, 116 AktG. Vielmehr muss das bzw. müssen die Organmitglieder je in ihrem Organ förmlich einen **Änderungsbeschluss** beantragen und diesen begründen. Der Vorsitzende hat das jedem Vorsitzenden des anderen Organs mitzuteilen und ihm Gelegenheit zur Stellungnahme vor der Beschlussfassung im eigenen Organ zu geben. Kommt es zum Gegenbeschluss – wobei die gleichen Mehrheiten wie oben erörtert gelten –, so hat der Vorstand das umgehend in gleicher Weise und an gleicher Stelle bekannt zu machen, wo die bisherige Erklärung veröffentlicht ist.[84]

Das alles gilt für den negativen Gegenbeschluss – „wir werden uns an den Kodex bzw. folgende seiner Bestimmungen künftig nicht mehr halten" – ebenso wie für den positiven Gegenbeschluss – „wir werden uns an die Empfehlungen des Kodex künftig halten". Allerdings ist für den positiven Beschluss ein positives Votum **beider Organe** erforderlich. Wegen der erforderlichen Aktualität der Meinungsbildung gilt das auch, wenn ein Organ schon früher positiv votiert hat und nur das andere Organ gegenteilig entschieden hatte.

Hingegen genügt für den negativen Gegenbeschluss schon das negative Votum **eines** der beiden Organe, weil für beide die Freiheit zur Nicht-Befolgung fortbesteht. Die organschaftliche Treupflicht[85] verlangt hier aber eine eingehende und vertrauensvolle Beratung unter den Organen und ihren Mitgliedern, ehe der Gegenbeschluss förmlich ergeht.

9. Veröffentlichung der Entsprechenserklärung

§ 161 Satz 2 AktG verlangt, dass die Erklärung den Aktionären dauerhaft zugänglich zu machen ist. Der Begriff des **Zugänglich-Machen** wurde durch das TransPuG in das Aktienrecht eingeführt.[86] Es ist ein unbestimmter Rechtsbegriff, von dem der Gesetzgeber des TransPuG erwartet, dass er „durch Praxis und Rechtsprechung alsbald ausgefüllt und nach der technischen Entwicklung fortgeschrieben wird".[87] Aus der Intention des Gesetzgebers, das Verfahren durch Rückgriff auf neue technische Möglichkeiten zu vereinfachen und zu beschleunigen, kann geschlossen werden, dass „Zugänglich-Machen" umfassendere Kommunikationsmöglichkeiten der Gesellschaft mit ihren Aktionären eröffnet als das übliche „Mitteilen". Daher genügt die Einreichung der Erklärung zum Handelsregister allein nicht.[88] Von den Informationsadressaten wird erwartet, dass sie sich aktiv um die Information bemühen und nicht mehr darauf vertrauen dürfen, dass ihnen die Information ausschließlich in der ihnen vertrauten Weise, beispielsweise durch Veröffentlichung im Bundesanzeiger[89] oder einem Gesellschaftsblatt, vermittelt wird. Die Veröffentlichung erfolgt vielmehr regelmäßig auf der Website der Gesellschaft und in ihrem Geschäftsbericht.[90] Nicht erforderlich ist eine Veröffentlichung im elektronischen Bundesanzeiger. Von Vorstehendem unberührt bleiben selbstverständlich die förmlichen Bekanntmachungen der Gesellschaft nach § 25 AktG.

Gesetzestechnisch neu ist die Pflicht zum **dauerhaften** Zugänglich-Machen. Dies ist auf der Website der Gesellschaft leicht zu realisieren. Der interessierte Aktionär

---

[84] In diesem Zusammenhang ist auch § 15 WpHG zu beachten und im Zweifel nach diesen Regeln zu publizieren. Vgl. nochmals dazu *Lutter* in FS Druey, 463, 467.
[85] Dazu vgl. *Hüffer*, AktG, § 84 Rn. 9 und § 116 Rn. 4; *Mertens* in Kölner Kommentar, § 93 Rn. 57 ff. und § 116 Rn. 22 ff.; *Hefermehl* in Geßler/Hefermehl/Eckardt/Kropff, AktG, § 76 Rn. 8; *Meyer-Landrut* in GroßKomm. AktG, § 76 Anm. 9 ff.
[86] S. § 126 Abs. 1 AktG n. F., s. RegE S. 47 f.
[87] RegE S. 48.
[88] Ebenso *Schüppen*, ZIP 2002, 1269, 1272; a. A. *Seibt*, AG 2002, 249, 257.
[89] Auch wenn die Erklärung dort regelmäßig zu finden sein wird, vgl. § 325 Abs. 2 HGB.
[90] *Semler* in MünchKommAktG, § 161 Rn. 161, 163 f.

kann jederzeit die Website der Gesellschaft besuchen und findet dort die Entsprechenserklärung in ihrer aktuellen Fassung. Nun ist es durchaus denkbar, dass eine börsennotierte Gesellschaft, insbesondere wenn sie konzerngebunden ist, (noch) über **keine eigene Website** verfügt.

1577   Schon im Hinblick auf die sonstigen Kodexanforderungen, die die Existenz einer Website der Gesellschaft voraussetzen,[91] dürfte es indes legitim sein zu unterstellen, dass die börsennotierte Aktiengesellschaft, die über keine eigene Website verfügt, die absolute Ausnahme darstellen wird.

10. Zeitpunkt der Abgabe und zeitliche Reichweite der Entsprechenserklärung

1578   § 161 AktG schreibt vor, dass die Entsprechenserklärung **„jährlich"** von Vorstand und Aufsichtsrat abzugeben ist. Das bedeutet zunächst, dass Vorstand und Aufsichtsrat die Erklärung **zumindest einmal** pro Jahr abgeben müssen. Damit soll sichergestellt werden, dass sich die Organe jährlich wiederkehrend auch inhaltlich mit Fragen guter Corporate Governance auseinander setzen.[92] Treten **keine** Umstände ein, die eine unterjährige Anpassung der Entsprechenserklärung erforderlich machen,[93] reicht es aus, dass die Erklärung jährlich erneuert wird. Wird die Entsprechenserklärung **unterjährig geändert/angepasst,** erfolgt die **Erneuerung** der so geänderten Entsprechenserklärung im Zeitpunkt der nächsten regelmäßigen Entsprechenserklärung im Zusammenhang mit dem Jahresabschluss (s. u. nachstehend). Nicht auslegen lässt sich die Vorschrift dahin gehend, dass die einmal abgegebene Entsprechenserklärung für ein Jahr unabänderbar sein soll. Ein Auseinanderfallen von vergangenheits- und zukunftsbezogener Erklärung ist nicht zulässig.[94] Zum einen bestünde die Gefahr, dass zwischen beiden Erklärungen eine Lücke entstünde, die nach § 161 AktG nicht zulässig wäre. Außerdem erschweren mehrere Erklärungen die angemessene Information des Kapitalmarkts.

1579   Die Entsprechenserklärung ist auch zukunftsbezogen.[95] Daraus folgt die Pflicht der Gesellschaft, den Kapitalmarkt über eine Änderung der in der Erklärung bekundeten Absicht zu informieren. Der Kapitalmarkt vertraut zu Recht darauf, dass die – dauerhaft zugängliche – Erklärung weiterhin den tatsächlichen Gegebenheiten entspricht. Die Gesellschaft muss also eine **korrigierte Entsprechenserklärung** veröffentlichen wenn und sobald sie von Empfehlungen abrücken will, deren Befolgung sie ursprünglich erklärt hatte.[96] Im umgekehrten Fall wird es allein im Interesse der Gesellschaft ratsam sein, die verbesserte Corporate Governance zu publizieren.

1580   Fraglich ist ferner, ob die Absicht der Gesellschaft oder ihre tatsächliche Praxis für eine etwaige Korrekturpflicht entscheidend ist. Denkbar sind Fälle, in denen die Gesellschaft an ihrer ursprünglichen Absicht festhält, ihre Praxis dieser Absicht aber nicht entspricht. Dann ist auf die tatsächliche Praxis abzustellen.[97] Der Kapitalmarkt beurteilt nicht die Intention der Organmitglieder, sondern die tatsächliche Corporate Governance der Gesellschaft.

---

[91] S. z. B. Ziffer 6.4.
[92] RegE S. 50; *Berg/Stöcker,* WM 2002, 1569, 1572.
[93] Beispielsweise weil die Gesellschaft einer bestimmten Kodexempfehlung nicht mehr entsprechen will, **nicht** aber bei unterjährigen Kodexänderungen, s. Rn. 1509.
[94] A. A. *Semler* in MünchKommAktG, § 161 Rn. 111.
[95] LG Schweinfurt, WPg 2004, 339 m. Anm. *Seibert.*
[96] *Peltzer,* NZG 2002, 593, 595; *Seibert,* BB 2002, 591, 593; *Semler* in MünchKommAktG, § 161 Rn. 117; *Semler/Wagner,* NZG 2003, 553, 556; einschränkend (Veröffentlichung nur im Internet) *Orth/Wader* in Pfitzer/Oser, Hdb., 269, 276; a. A. *Hucke/Ammann,* Der Deutsche Corporate Governance Kodex, 2003, 135; *Schüppen,* ZIP 2002, 1269, 1273; *Seibt,* AG 2003, 465, 467.
[97] A. A. *Semler/Wagner,* NZG 2003, 553, 556.

Die Umsetzung des Kodex in der Praxis

Die Kodexkommission ist eine *standing commission*. Daher wird der Kodex laufend **1581** – in der Regel einmal jährlich – an veränderte Gegebenheiten und bisherige Erfahrungen angepasst. Welche Auswirkungen hat eine solche Anpassung auf die Entsprechenserklärung?

Überwiegend wird angenommen, dass die Gesellschaft in dieser Situation keine Pflicht trifft, ihre ursprüngliche Erklärung aktualisiert zu veröffentlichen.[98] Die Erklärung bezieht sich grundsätzlich auf den zum Zeitpunkt der Veröffentlichung gültigen Kodex; dies entspricht der Erwartung des Kapitalmarkts.[99] Es bleibt beim jährlichen Turnus, soweit die Gesellschaft nicht inhaltlich von ihrer ursprünglichen Absicht abrückt. Richtigerweise wird man dies auch für den vergangenheitsbezogenen Teil der auf eine Änderung folgenden Entsprechenserklärung annehmen: die Gesellschaft bekundet darin, dass sie ihre zuvor geäußerte Absicht, die Empfehlungen des damals gültigen Kodex zu befolgen, im Verlauf des zurückliegenden Jahres eingehalten hat.[100] Sie ist also nicht gezwungen, auf Abweichungen vom „neuen" Kodex einzugehen. Nichtsdestotrotz wäre dies sinnvoll, vgl. Kodex Ziffer 3.10.

Darüber hinaus empfiehlt es sich sehr, in der Entsprechenserklärung selbst auf das Datum der Fassung des Kodex Bezug zu nehmen, also etwa zu formulieren:

„Vorstand und Aufsichtsrat der ... AG haben den Empfehlungen des Deutschen Corporate Governance Kodex in seiner Fassung vom ... entsprochen und entsprechen ihm."

11. Kalenderjahr oder Geschäftsjahr?

Das Gesetz sagt nicht ausdrücklich, ob unter „jährlich" kalenderjährlich oder binnen **1582** Jahresfrist zu verstehen ist. Die Übergangsvorschrift des ebenfalls durch das TransPuG neu gefassten § 15 Satz 1 EGAktG schreibt vor, dass die Entsprechenserklärung erstmals im Kalenderjahr 2002 abzugeben ist. Daraus kann aber wohl **nicht** geschlossen werden, dass der Gesetzgeber unter „jährlich" auch zwingend **„kalenderjährlich"** versteht.[101] Zum einen gibt es keinen überzeugenden Grund, warum die Entsprechenserklärung bei Gesellschaften mit vom Kalenderjahr abweichendem Wirtschaftsjahr unbedingt auf das Kalenderjahr bezogen sein sollte, während beispielsweise die Rechnungslegung und die (begrenzte)[102] Prüfung der Erklärung durch die Abschlussprüfer auf einen anderen Zeitraum ausgelegt sind. Der Abschlussprüfer könnte im Rahmen seiner regulären Prüfungshandlungen, die auf das abgelaufene Geschäftsjahr gerichtet sind, nicht feststellen, ob Vorstand und Aufsichtsrat in der Tat die Entsprechenserklärung abgegeben haben. Sie könnten es ja mit Wirkung für die Vergangenheit auch noch nach Ablauf des Geschäftsjahres tun.

Man wird also davon ausgehen können, dass die Entsprechenserklärung einmal **im** **1583** **Geschäftsjahr** abgegeben werden muss. Zweckmäßigerweise wird dies im zeitlichen Zusammenhang mit dem Jahresabschluss geschehen. Abgesehen vom Einstellen auf die Website können so Vorstand und Aufsichtsrat zeitnah das Forum „Geschäftsbericht" für allfällige Erklärungen und Äußerungen zur Corporate Governance im Unternehmen nutzen.

Problematisch gestaltete sich lediglich die Behandlung im Kalenderjahr 2003. Die **1584** erste – nur zukunftsgerichtete – Entsprechenserklärung musste noch im Kalenderjahr

---

[98] *Hüffer*, AktG, § 161 Rn. 21; *Ihrig/Wagner*, BB 2003, 1625; *Orth/Wader* in Pfitzer/Oser, Hdb., 269, 276f.; *Seibt*, AG 2003, 465, 477; ausführlich *Gelhausen/Hönsch*, AG 2003, 367, 368f., s. auch Rn. 1510.
[99] Es steht der Gesellschaft zweifelsohne frei, die Entsprechenserklärung so zu formulieren, dass sie eine Art dynamische Verweisung enthält („... den Empfehlungen wird in ihrer jeweils gültigen Fassung entsprochen."); vgl. *Gelhausen/Hönsch*, AG 2003, 367, 368f.
[100] *Gelhausen/Hönsch*, AG 2003, 367, 369f.
[101] So aber *Seibert*, BB 2002, 581, 584 und *Kiethe*, AG 2003, 559, 560.
[102] S. Rn. 1607ff.

2002 abgegeben werden (§ 15 Satz 1 EGAktG). Die erste vergangenheitsbezogene Erklärung, wenn sie wie vorstehend im Zusammenhang mit den Jahresabschlussarbeiten abgegeben wird, konnte erst im Kalenderjahr 2004 abgegeben werden. Mithin hätte es im Kalenderjahr 2003 überhaupt keine (vergangenheitsbezogene) Erklärung gegeben, was dem Wortlaut des § 161 AktG widerspricht. Die Gesellschaften konnten das vermeiden (und dennoch in den regulären Turnus kommen), wenn sie im Kalenderjahr 2003, beispielsweise im zeitlichen Zusammenhang mit der Hauptversammlung, eine entsprechende, dann jedoch nur einen Teil des Kalenderjahres 2003 abdeckende vergangenheitsbezogene Erklärung abgegeben hätten.

1585 Wegen der vorstehend dargestellten Übergangsregelung hat sich in der Praxis indes eingebürgert, dass die Unternehmen die Entsprechenserklärung zum Ende des Kalenderjahres, das bei der überwiegenden Zahl der Gesellschaften mit dem Geschäftsjahr übereinstimmt, abgeben. Das ist so lange unschädlich, als die vergangenheitsbezogene Erklärung selbst keine zeitliche Begrenzung wie etwa den Bezug auf das ablaufende Geschäftsjahr aufweist. Dann entsteht in der Tat keine zeitliche Lücke für die Gesellschaft, die keine Entsprechenserklärung abgegeben hat. Dann wird der Intention des Gesetzgebers, eine ununterbrochene Erklärungskette betreffend der Beachtung der Empfehlungen des Kodex zu erreichen, Rechnung getragen.

1586 Die zukunftsgerichtete Erklärung sollte aus vergleichbaren Gründen nicht zeitlich begrenzt sein. Man kann zwar wie das Landgericht Schweinfurt[103] der Meinung sein, wenn das Gesetz schon erlaube, die Empfehlungen des Kodex in toto abzulehnen, müsse es – als Minus – ebenfalls möglich sein, ihre zukünftige Beachtung auch zeitlich zu begrenzen.[104] Eine derartige Begrenzung muss aber, um der Intention des Gesetzgebers gerecht zu werden, auch eindeutig **als Begrenzung erkennbar** sein. Das trifft auf eine Erklärung, die sich nur auf das Geschäftsjahr bezieht, erkennbar nicht zu. Um deren Reichweite beurteilen zu können, muss der an der Erklärungsreichweite Interessierte nämlich sich um Informationen über Beginn und Ende des Geschäftsjahrs der Gesellschaft bemühen und dies in Relation zu Datum und Abgabe der (zukunftsgerichteten) Erklärung setzen. Es ist leicht einsichtig, dass bei einem Geschäftsjahr, das dem Kalenderjahr entspricht, eine zukunftsgerichtete Erklärung, die beispielsweise am 2. Januar abgegeben wurde, einen deutlich anderen Aussagewert hat als die – wörtlich identische – Erklärung vom 15. Dezember. Schließlich muss nach Ablauf der zeitlichen Begrenzung eine neue Entsprechenserklärung abgegeben werden.[105]

12. Zuständigkeit für die Veröffentlichung

1587 Die Veröffentlichung der Entsprechenserklärung ist Sache des Vorstands; das gilt auch für etwaige Berichtigungen oder Änderungen. Der Kodex unterstellt eine Veröffentlichung im Geschäftsbericht,[106] wenn er die Erläuterung eventueller Abweichungen an dieser Stelle empfiehlt. Gemeint ist damit eine Veröffentlichung im Zusammenhang mit dem Jahresabschluss und dem Konzernabschluss.[107]

1588 Obwohl Vorstand und Aufsichtsrat je selbständig entscheiden, kann die Entscheidung von Anfang an als gemeinsame Erklärung konzipiert sein,[108] kann aber auch vom Vorstand bei der Veröffentlichung textlich zusammengefasst werden.[109]

---

[103] LG Schweinfurt, WPg 2003, 330 ff.
[104] So augenscheinlich auch *Semler* in MünchKommAktG, § 161 Rn. 120.
[105] S. Rn. 1593.
[106] Kodex Ziffer 3.10.
[107] *Seibt*, AG 2002, 249, 251; vgl. auch die Stellungnahme des DAV-Handelsrechtsausschusses, NZG 2002, 115, 118.
[108] Vgl. sub Ziffer 8 sowie *Lutter/Krieger*, Rechte und Pflichten, Rn. 491; *Peltzer*, NZG 2002, 593, 595; *Seibt* (Fn. 1512 ff.).
[109] Typische Formulierungen von Entsprechenserklärungen s. Anhang 2.

13. Sachliche Voraussetzungen für die Abgabe der Entsprechenserklärungen

a) Die vergangenheitsbezogene Erklärung

Um die vergangenheitsbezogene Erklärung überhaupt abgeben zu können, müssen Vorstand und Aufsichtsrat sich **vergewissern,** dass in der Berichtsperiode den **Verhaltensempfehlungen** des Kodex im Unternehmen **entsprochen** wurde.[110] Im Hinblick auf das eigene Organverhalten dürfte eine derartige Vergewisserung unproblematisch sein. Vergleichbares trifft auch auf die Empfehlungen zu, die die Hauptversammlung betreffen. Hier stehen Vorstand und Aufsichtsrat in der ersten Reihe der Information.

b) Die zukunftsgerichtete Erklärung

Die zukunftsgerichtete Erklärung beinhaltet die Absicht, auch künftig den Kodexempfehlungen entsprechen zu wollen. Dies ist unproblematisch, soweit das Handeln des erklärenden Organs selbst betroffen ist.

Vorstand und Aufsichtsrat können jedoch keine Erklärungen abgeben, die Empfehlungen betreffen, die sich an andere richten. Erklären Vorstand und Aufsichtsrat dennoch entsprechend den Vorgaben des § 161 AktG, dass den Kodexempfehlungen (in Zukunft) entsprochen wird, so müssen sie sich vorab darüber vergewissert haben, dass derjenige, den sie in ihre Erklärung einschließen, auch die Beachtung der Empfehlung beabsichtigt. Gegebenenfalls haben Vorstand bzw. Aufsichtsrat auf die Beachtung der Empfehlungen durch den Dritten hinzuwirken. So können beispielsweise Empfehlungen, die die Durchführung der Hauptversammlung betreffen, durch entsprechende Beschlussvorschläge von Vorstand und Aufsichtsrat unterstützt werden.

Fraglich ist, ob die Gesellschaft den zukunftsgerichteten Teil der Erklärung **zeitlich befristen** kann. Denkbar sind Situationen, in denen die Erklärung nur für das laufende Geschäftsjahr oder einen anderen, begrenzten Zeitraum abgegeben wird. In einem solchen Fall wurde entschieden, dass die Begrenzung der Erklärung ein Minus zu dem gesetzlich zulässigen Fall der Ablehnung des Kodex darstelle und insofern ebenfalls möglich sei.[111]

Dieser Auslegung ist nicht zu folgen. Durch die zeitliche Begrenzung entsteht mit deren Ablauf ein Vakuum, in dem dem Kapitalmarkt keine Information zur Corporate Governance des Unternehmens vorliegen.[112] Wenn die Gesellschaft zum Ausdruck bringen will, dass sie die Empfehlungen nur bis zu einem bestimmten Tag zu befolgen beabsichtigt, muss sie die Nichtbefolgung für die Zeit danach ebenso erklären. Nur dann wird § 161 AktG Genüge getan.

14. Angaben im Anhang

Nach § 285 Nr. 16 HGB ist im **Anhang zum Jahresabschluss** anzugeben, dass die Entsprechenserklärung nach § 161 AktG abgegeben und den Aktionären zugänglich gemacht worden ist. Entsprechende Angaben sind im Konzernanhang nach § 314 Abs. 1 Nr. 8 HGB zu machen, wobei sich die Angabe auf *jedes* in den Konzernabschluss einbezogene Unternehmen und auch auf nach § 310 HGB anteilsmäßig einbezogene Gemeinschaftsunternehmen beziehen muss.[113]

---

[110] *Orth/Wader* in Pfitzer/Oser, Hdb., 269, 275 sprechen plastisch von einer „Inventur der Corporate Governance".

[111] LG Schweinfurt, WPg 2003, 339 ff.; ähnlich *Semler* in MünchKommAktG, § 161 Rn. 120.

[112] So zu Recht *Seibert*, WPg 2003, 341 f.; ähnlich *Orth/Wader* in Pfitzer/Oser, Hdb., 269, 272.

[113] Vgl. *Hüffer*, AktG, § 161 Rn. 24; *Orth/Wader* in Pfitzer/Oser, Hdb., 269, 277 f.; *Ulmer*, ZHR 166 (2002), 150, 154.

1595 Eine zusammengefasste Erklärung für alle börsennotierten Gesellschaften im Konzern ist denkbar, § 298 Abs. 3 HGB. Auch ein Konzernabschluss nach § 292a HGB ist von dieser Pflicht nicht befreit. Die Entsprechenserklärung gehört ferner zu den im Handelsregister einzureichenden Unterlagen, § 325 Abs. 1 Satz 1 HGB.

V. Empfehlungen an einzelne Organmitglieder

1596 Soweit sich Empfehlungen an einzelne Organmitglieder richten, sind diese sowohl bezüglich der zukunftsbezogenen als auch der vergangenheitsbezogenen Erklärung zu befragen. Dies kann – zweckmäßigerweise schriftlich – im Vorfeld der jeweiligen Vorstands- bzw. Aufsichtsratssitzung geschehen, in der über die Entsprechenserklärung beschlossen werden soll. Zeichnet sich ab, dass eine einstimmige, uneingeschränkte Akzeptanz der Kodexempfehlungen zu erwarten ist, kann ggf. auf eine gesonderte ausdrückliche Befragung verzichtet werden. Der (einstimmige) Beschluss, die Kodexempfehlungen insgesamt zu akzeptieren, beinhaltet auch die Zustimmung des einzelnen Organmitglieds zu den ihn persönlich betreffenden Empfehlungen.

1597 Weigert sich ein Organmitglied, sich zu der Einhaltung einer es persönlich betreffenden Empfehlung zu äußern oder lehnt es diese ausdrücklich ab, so führt dies zu einer entsprechenden **Einschränkung der Erklärung.**

1. Namensnennung?

1598 Es kann fraglich sein, ob das betreffende Organmitglied in der Einschränkung **namentlich genannt** werden muss oder kann.

1599 Eine **Rechtspflicht,** das betreffende Organmitglied namentlich zu nennen, ist **nicht ersichtlich.** Für die Information des Kapitalmarktes, die das in § 161 AktG verkörperte Konzept des „comply or explain" bezweckt, reicht die Tatsache aus, dass die Kodexempfehlungen nicht vollständig akzeptiert werden. Es sind nur schwer berechtigte Gründe denkbar, die dazu zwingen offen zu legen, welches spezifische Organmitglied sich verweigert.

1600 Anders ist unter Umständen die Frage zu beurteilen, ob die Gesellschaft **berechtigt** ist, das sich verweigernde Organmitglied **zu nennen.** Wenn bei einer im Einzelfall jeweils vorzunehmende Abwägung die legitimen Interessen der Gesellschaft an der Veröffentlichung die Interessen des einzelnen Organmitglieds an der Wahrung der Vertraulichkeit der Organbeschlussfassung oder – bei Empfehlungen, die sich an einzelne Organmitglieder wenden – seines Persönlichkeitsrechts überwiegen, ist eine Namensnennung im Einzelfall durchaus denkbar und zulässig.

1601 Umgekehrt wird man einem Organmitglied, das bei einer zulässigen Abstimmung über die Annahme von Kodexempfehlungen **überstimmt wird, nicht** das Recht einräumen dürfen, seine **abweichende Meinung** in der Entsprechenserklärung kundzutun.[114] Das Interesse der Gesellschaft an der Präsentation einer einheitlichen Meinung zu Kodexempfehlungen dürfte regelmäßig vorgehen. Ein schützenswertes Interesse des überstimmten Organmitglieds an der Veröffentlichung einer „dissenting opinion" ist nur in extremen Ausnahmefällen vorstellbar.

2. Corporate-Governance-Beauftragte?

1602 Gelegentlich wird die Meinung vertreten, sowohl Vorstand als auch Aufsichtsrat treffe eine (umfängliche) Dokumentations- und Organisationspflicht, um sicherzustellen, dass die Empfehlungen des Kodex eingehalten werden.[115] Allein zu diesem

---

[114] S. beispielsweise *Seibt*, AG 2002, 249.
[115] *Seibt*, AG 2002, 249, 254.

Zwecke biete es sich schon an, einen Corporate-Governance-Beauftragten zu benennen.

Organisations- und Untersuchungspflichten zur Einhaltung der Empfehlungen des Kodex betreffen in ihrer Mehrzahl die unmittelbare Sphäre von Vorstand und Aufsichtsrat. Den Organmitgliedern fällt es mithin leicht, aus eigener Kenntnis festzustellen, ob den Kodexempfehlungen entsprochen wurde oder nicht. Ferner obliegt es dem Vorstandsvorsitzenden für den Vorstand und die Gesellschaft und dem Aufsichtsratsvorsitzenden für den Aufsichtsrat, das Verhalten der dem betreffenden Organ zugehörigen Personen auch im Hinblick auf ihr Corporate Governance Verhalten zu beobachten. Ein Bedürfnis für eine gesonderte Funktion des Corporate-Governance-Beauftragten ist insoweit nur schwer zu erkennen.

Hinzu kommt, dass es mit **einem** Corporate-Governance-Beauftragten wohl nicht sein Bewenden haben wird. Ein vom Vorstand eingesetzter Corporate-Governance-Beauftragter ist nicht befugt, die Einhaltung der Kodexempfehlungen durch den Aufsichtsrat zu überprüfen. Der Aufsichtsrat müsste einen eigenen Beauftragten oder ein Aufsichtsratsgremium oder einen Ausschuss mit dieser Frage betrauen.

All das lässt die Einsetzung eines **Corporate-Governance-Beauftragten** mit den vorstehend beschriebenen **Überprüfungs- und Dokumentationsaufgaben** weder erforderlich noch zweckmäßig erscheinen.

Von Vorstehendem **zu unterscheiden** ist **der Corporate-Governance-Beauftragte,** der, eventuell sogar im Vorstand angesiedelt, von der Gesellschaft **als Kümmerer und Ansprechpartner im Sinne der Corporate Governance** für Mitarbeiter und Teilnehmer des Kapitalmarktes benannt wird und sich in der Regel schwerpunktmäßig der Weiterentwicklung der Corporate Governance im Unternehmen widmet. Die Installation einer derartigen Funktion kann unter den spezifischen Gegebenheiten der Gesellschaft durchaus sinnvoll sein.

3. Behandlung der Entsprechenserklärung im Jahresabschluss

Ob die gesetzliche Entsprechenserklärung nach § 161 AktG von Vorstand und Aufsichtsrat abgegeben wurde, prüft der Abschlussprüfer der Gesellschaft. Nach § 285 Nr. 16 HGB, ist im Anhang zum Jahresabschluss anzugeben, dass die Entsprechenserklärung nach § 161 AktG abgegeben und den Aktionären zugänglich gemacht worden ist.

Ob die Erklärung richtig ist, das heißt ob in der Tat den Empfehlungen des Deutschen Corporate Governance Kodex gefolgt wurde, ist nicht Gegenstand der Prüfung. Der Abschlussprüfer hat vielmehr im Rahmen seiner Prüfung nur festzustellen, ob es zutrifft, dass Vorstand und Aufsichtsrat die Erklärung, die auch darin bestehen kann, dass der Kodex überhaupt nicht angewandt wird, abgegeben haben.[116] Wenn überhaupt keine Erklärung abgegeben wurde oder wenn sie erkennbar fehlerhaft ist, weil ihr beispielsweise der vergangenheitsbezogene oder der zukunftsbezogene Teil fehlt, ist das Testat nach § 322 Abs. 4 HGB einzuschränken. Vergleichbares gilt, wenn die Entsprechenserklärung lediglich pauschal auf Abweichungen vom Kodex hinweist, ohne sie im Einzelnen zu bezeichnen.[117]

Ob die Entsprechenserklärung **richtig** ist, das heißt, ob in der Tat den Empfehlungen des Deutschen Corporate Governance Kodex gefolgt wurde, ist **nicht** Gegenstand der Prüfung. Der Abschlussprüfer hat vielmehr im Rahmen seiner Prüfung nur festzustellen, ob es zutrifft, dass Vorstand und Aufsichtsrat die Erklärung, die auch darin bestehen kann, dass der Kodex überhaupt nicht angewandt wird, abgegeben haben.[118]

---

[116] So auch RegE S. 63.
[117] S. für Details den IDW-Prüfungsstandard PS 345 „Auswirkungen des Deutschen Corporate Governance Kodex auf die Abschlussprüfung".
[118] So auch RegE S. 63.

1610 Mutterunternehmen im Sinne des § 290 HGB müssen für jedes in den Konzernabschluss einbezogene börsennotierte Unternehmen erklären, dass die Entsprechenserklärung abgegeben und den Aktionären zugänglich gemacht wurde, § 314 Abs. 1 Nr. 8 HGB.

1611 Schließlich ist die Entsprechenserklärung zusammen mit den übrigen Unterlagen zum Handelsregister einzureichen, § 325 Abs. 1 Satz 1 HGB. Eine Prüfung der Richtigkeit der Entsprechenserklärung durch die Abschlussprüfer findet auch insoweit nicht statt. Vereinzelt verlangen Handelsregister, dass die Entsprechenserklärung mit Originalunterschrift aller Vorstandsmitglieder beim Register einzureichen ist. Diese Forderung ist wohl zu weitgehend, da der Abschlussprüfer durch sein Testat bestätigt, dass Vorstand und Aufsichtsrat die Entsprechenserklärung tatsächlich abgegeben haben. Ebenso erscheint es übermäßig formalistisch in entsprechender Anwendung von § 126 BGB die Unterzeichung des vergangenheitsbezogenen Erklärungsteils durch alle Vorstandsmitglieder zu fordern.[119]

1612 Allerdings empfiehlt der Kodex, mit den Abschlussprüfern zu vereinbaren, den Aufsichtsrat zu informieren, wenn er bei Durchführung der Abschlussprüfung Tatsachen feststellt, die eine Unrichtigkeit in der von Vorstand und Aufsichtrat abgegebenen Entsprechenserklärung ergeben. Wegen der Einzelheiten s. Anmerkung zu Ziffer 7.2.3.

4. Entsprechenserklärung und Wertpapieranalyse

1613 Die Entsprechenserklärung folgt aus der gesetzlichen Pflicht nach § 161 AktG. Die Erklärung ist formalisiert und in der Aussage darauf beschränkt festzustellen, dass den Empfehlungen des Kodex entsprochen wurde und wird bzw. in welchem Umfang die Empfehlungen nicht angewandt bzw. befolgt werden. So wichtig diese Information für die Anleger und Teilnehmer am Kapitalmarkt ist, so einsichtig ist es, dass der Informationsgehalt der Entsprechenserklärung **allein** den Analysten und – vermutlich – auch den Anlegern nicht ausreicht. Davon geht der Gesetzgeber selbst aus, der unterstellt, dass die Gesellschaft im Eigeninteresse Abweichungen oder Einschränkungen des Kodex begründet. Der Kodex selbst nimmt den Faden auf und empfiehlt in Ziffer 3.10, Abweichungen von Kodexempfehlungen zu begründen.

1614 Die Gruppe der Analysten hat schnell ein durch die Entsprechenserklärung und die unternehmensindividuelle Darstellung der Corporate Governance allein nicht befriedigtes Informationsbedürfnis ausgemacht und ihrerseits ein fortentwickeltes Instrument zur Verfügung gestellt, das eine vereinheitlichte, schematisierte Evaluierung der Corporate Governance der börsennotierten Aktiengesellschaft ermöglichen soll. Die so genannte DVFA-ScoreCard erhebt den Anspruch, eine praxisnahe Evaluierungsmethode für Analysten und Investoren zu sein,[120] mit der auf einer Skala von 1–100 % **rechnerisch** die **Corporate Governance eines Unternehmens ermittelt werden** kann. Wesentliche Basis für die Corporate Governance ScoreCard sind nach eigenen Angaben der Deutsche Corporate Governance Kodex[121] sowie **weitere** international gültige „Best Practice-Standards". Die vorgegebene Standard-Gewichtung soll sicherstellen, „dass Unternehmen, die alle ‚Soll-Empfehlungen' des Deutschen Corporate Governance Kodex erfüllt haben und ein aktives Corporate Governance Commitment aufweisen, ein Gesamtergebnis von 75 % erzielen. Durch eine vollständige Erfüllung der ‚Sollte-Anregungen' des Kodex **sowie weiterer Standards**[122] ‚guter' Corporate

---

[119] So *Semler* in MünchKommAktG, § 161 Rn. 126.
[120] So ausdrücklich „Scorecard for German Corporate Governance" (März 2002), DVFA-Evaluierungsschema, basierend auf dem „Deutschen Corporate Governance Kodex", S. 2 www.dvfa.de.
[121] A. a. O. S. 1.
[122] Hervorhebung nicht im Original.

Governance kann ein ‚Gesamtscore' von 100 % erreicht werden."[123] Soweit die Score-Card sich allerdings inhaltlich auf den Kodex bezieht, indem sie einzelne Kodexabschnitte ausdrücklich nennt, ist zu berücksichtigen, dass häufig die Kurzbeschreibung der ScoreCard **weiter geht und umfassendere Anforderungen** stellt als die in Bezug genommene Kodexempfehlung.[124] Der hieraus für die Gesellschaften, die die ScoreCard auszufüllen gewillt sind, entstehende Widerspruch zwischen Kodexempfehlungen und Anforderung der ScoreCard kann dadurch aufgelöst werden, dass die Gesellschaft ausdrücklich vermerkt, dass sie die Empfehlung **„im Umfang des Deutschen Corporate Governance Kodex"** entspricht. Dann sollte ihr zumindest ein Score von 75 % sicher sein.

VI. Haftungsfragen und Haftungsrisiken im Zusammenhang mit dem Kodex

Vgl. dazu *Abram*, Ansprüche von Anlegern wegen Verstoßes gegen Publizitätspflichten oder den deutschen Corporate Governance Kodex?, NZG 2003, 307; *Bachmann*, Der „Deutsche Corporate Governance Kodex": Rechtswirkungen und Haftungsrisiken, WM 2002, 2137; *Becker*, Die Haftung für den Deutschen Corporate Governance Kodex, 2005; *Berg/Stöcker*, Anwendungs- und Haftungsfragen zum Deutschen Corporate Governance Kodex, WM 2002, 1569; *Bertrams*, Die Haftung des Aufsichtsrats im Zusammenhang mit dem Deutschen Corporate Governance Kodex, 2004; *Bezler/Dehlinger*, Haftung von Vorstand und Aufsichtsrat in Pfitzer/Oser, Hdb., S. 307 ff.; *Ettinger/Grützediek*, Haftungsrisiken im Zusammenhang mit der Abgabe der Corporate Governance Entsprechenserklärung, AG 2003, 353; *Hopt*, Unternehmensführung, Unternehmenskontrolle, Modernisierung des Aktienrechts – zum Bericht der Regierungskommission Corporate Governance, in Hommelhoff/Lutter/Schmidt/Schön/Ulmer (Hrsg.), Corporate Governance, S. 27, 51 ff.; *Hüffer*, AktG, 7. Aufl. 2006, § 161 Rn. 25 ff.; *Kiethe*, Falsche Erklärung nach § 161 – Haftungsverschärfung für Vorstand und Aufsichtsrat?, NZG 2003, 559; *Körner*, Comply or disclose: Erklärung nach § 161 AktG und Außenhaftung des Vorstands, NZG 2004, 1148; *Lutter*, Kodex guter Unternehmensführung und Vertrauenshaftung, FS Druey, Zürich, 2002, S. 463; *ders.*, Die Erklärung zum Corporate Governance Kodex gemäß § 161 AktG: Pflichtverstöße und Binnenhaftung von Vorstands- und Aufsichtsratsmitgliedern, ZHR 166 (2002), 523; *ders.*, Entwicklung und Fortbildung des Rechts durch Entscheidung: der Bundesgerichtshof und das Aktienrecht, in 50 Jahre Bundesgerichtshof – Festgabe der Wissenschaft, 2000, S. 321; *Peltzer*, Deutsche Corporate Governance – Ein Leitfaden, 2. Aufl. 2004, Rn. 134 ff.; *Radke*, Die Entsprechenserklärung zum Deutschen Corporate Governance Kodex nach § 161 AktG: Grundlagen und Haftungsfragen, 2004; *Seibt*, Deutscher Corporate Governance Kodex und Entsprechenserklärung, AG 2002, 249; *Seibt*, Deutscher Corporate Governance Kodex: Antworten auf Zweifelsfragen in der Praxis, AG 2003, 465; *Semler* in MünchKomm AktG, Band 5/1, 2. Aufl. 2003, § 161 Rn. 187 ff.; *Ulmer*, Aktienrecht im Wandel, AcP 202 (2002), 143; *ders.*, Der Deutsche Corporate Governance Kodex – ein neues Regulierungsinstrument für börsennotierte Aktiengesellschaften, ZHR 166 (2002), 150.

1. Überblick

Der Kodex ist nicht Gesetz, schafft also aus sich heraus keine besonderen Pflichten, die zu einer Haftung der angesprochenen Organmitglieder kraft Gesetzes führen könnten. Dennoch sind mittelbare Wirkungen aus dem System von Kodex und Kodex-Erklärung nicht zu übersehen. Sie beginnen bei der gesetzlichen Pflicht zur Erklärung nach § 161 AktG, gehen weiter zu Fragen nach den Folgen einer falschen Erklärung und enden noch lange nicht, wenn die Empfehlungen des Kodex in der Satzung, in Geschäftsordnungen von Vorstand oder Aufsichtsrat oder in den Anstel-

---

[123] A. a. O. S. 3.
[124] Beispielsweise ScoreCard III. 1, III. 2, III. 4, IV. 1, V. 9, VI. 1 etc.

lungsverträgen der Vorstandsmitglieder integriert und damit in interne Rechtspflichten der Organmitglieder transformiert wurden.[125]

2. Interne und externe Haftung – Überblick

1616 Als Gläubiger eines Schadensersatzanspruches kommen nur die Gesellschaft selbst aus §§ 93, 116 AktG sowie außenstehende Dritte, insbesondere also Investoren/Aktionäre in Betracht.[126]

a) Eigene Ansprüche der Gesellschaft

1617 Macht die Gesellschaft selbst Schadensersatzansprüche geltend, so hat sie
– den Tatbestand der angeblichen Pflichtverletzung,
– den ihr entstandenen Schaden und
– die Kausalität zwischen Pflichtverletzung und Schaden
darzutun und ggf. zu beweisen,[127]

Das auf Ersatz in Anspruch genommene Organmitglied muss, will es die Ersatzpflicht vermeiden, dartun und beweisen, dass die inkriminierte Handlung keine Pflichtverletzung war und es kein Verschulden trifft.[128] Durch die in § 93 Abs. 1 Satz 2 AktG verankerte *Business Judgment-Rule* kann sich das Organmitglied erleichtert entlasten. Dogmatisch handelt es sich bei diesem Ansatz um einen *safe harbour*, einen Tatbestandsausschlussgrund, der den Rückgriff auf eine Haftung nach § 93 AktG zwingend versperrt.[129]

1618 Das Gesetz legt also den Organmitgliedern die Darlegungs- und Beweislast auf für fehlende Pflichtwidrigkeit und fehlendes Verschulden; gibt ihnen andererseits die Chance, sich auf die Business Judgment Rule zu berufen.

b) Ansprüche Dritter

1619 Für Ansprüche Dritter kennt das Gesetz keine besonderen Regeln; darauf ist unten zurückzukommen.

3. Interne Haftung aus der Verletzung der Erklärungspflicht aus § 161 AktG

1620 Das Gesetz verpflichtet Vorstand und Aufsichtsrat, mithin **alle Mitglieder von Vorstand und Aufsichtsrat** jährlich zur Erklärung, ob dem Kodex entsprochen wurde und wird oder nicht. Wird diese Erklärung nicht abgegeben, so kann das der Abschlussprüfer nicht testieren (§ 322 HGB) und dem Registergericht nicht mitgeteilt werden (§ 325 HGB). Das alles kann zu einem erheblichen Schaden der Gesellschaft führen, für den die einzelnen Organmitglieder als Gesamtschuldner der Gesellschaft gegenüber haften, denn die Verletzung der gesetzlichen Pflicht aus § 161 AktG ist zugleich Pflichtverletzung im Sinne von §§ 93, 116 AktG[130] und die führt zu entsprechenden Schadensersatzpflichten.[131]

---

[125] Vgl. dazu Rn. 996 sowie *Lutter*, ZHR 166 (2002), 523, 535 ff.

[126] Vgl. dazu auch *Vetter*, DNotZ 2003, 749, 762 ff. und *Kiethe*, NZG 2003, 559 ff. m. w. N.

[127] *Hüffer*, AktG, § 93 Rn. 16; *Hopt* in GroßKomm. AktG, § 93 Rn. 276 ff.; *Goette*, ZGR 1995, 648 ff.

[128] *Hüffer*, AktG, § 93 Rn. 16; *Goette*, ZGR 1995, 648 ff.; *Hopt* in GroßKomm. AktG, § 93 Rn. 285 ff.; *Mertens* in Kölner Kommentar, § 93 Rn. 102; *Henze*, Aktienrecht, Rn. 462 ff.; h. M.

[129] Vgl. *Fleischer*, ZIP 2004, 685, 689; *Lutter*, ZIP 2007, 841.

[130] *Lutter*, ZHR 166 (2002), 523, 540 ff.; *Peltzer*, Leitfaden, Rn. 398; *Semler* in MünchKomm-AktG, § 161 Rn. 197; *Ulmer*, ZHR 166 (2002), 150, 165; *ders.*, AcP 202 (2002), 143, 171; *Schüppen*, ZIP 2002, 1269, 1272.

[131] Diese Ansprüche der Gesellschaft gegen Organmitglieder müssen je vom anderen Organ für die Gesellschaft auch tatsächlich geltend gemacht werden, vgl. dazu BGHZ 135, 244 = NJW 1997, 1926 (ARAG).

Bemühen sich einzelne Organmitglieder, die erforderlichen Beschlüsse herbeizuführen, scheitern sie damit aber, so sind sie persönlich entschuldigt und haften nicht. 1621

4. Interne Haftung aus Kodex-Verstößen

Der Kodex als solcher schafft keine Organpflichten. Die Empfehlungen des Kodex 1622 können jedoch über die Satzung der Gesellschaft, über Geschäftsordnung und Anstellungsvertrag in interne Pflichten transformiert werden.[132] Geschieht das und verstößt ein Organmitglied dann dagegen, so ist das erneut eine Pflichtverletzung im Sinne der §§ 93, 116 AktG. Erwächst der Gesellschaft ein Schaden daraus – etwa aus nicht offen gelegten Interessenkonflikten von Organmitgliedern –, so haften die betreffenden Organmitglieder als Gesamtschuldner auf Ersatz.[133]

Auch ohne gesellschaftsinterne Transformation kann der Kodex aber mittelbare 1623 Auswirkungen entfalten, indem er zur Konkretisierung der allgemeinen Sorgfaltspflichten aus §§ 93, 116 AktG beiträgt. In dieser Frage werden kontroverse Standpunkte vertreten; sie reichen von der völligen Ablehnung wegen der mangelnden staatlichen Rechtssetzung durch den Kodex[134] bis zur Annahme eines „safe haven" bei Befolgung der Kodexempfehlung.[135] Die Rechtsprechung zeigt sich offenbar grundsätzlich einer ausstrahlenden Wirkung des Kodex gegenüber aufgeschlossen.[136]

Richtigerweise wird man im Einzelfall zu prüfen haben, ob eine Empfehlung zur 1624 Ausfüllung der Blankettnormen der §§ 93, 116 AktG geeignet erscheint.[137] Auch ist durch die Anerkennung des Kodex eine solche mittelbare Wirkung nicht von der Hand zu weisen,[138] teils werden die Empfehlungen als *best practice* ohnehin bereits zu den Sorgfaltspflichten zählen. Eine positive Entsprechenserklärung der Gesellschaft trägt zu einer derartigen Konkretisierungswirkung bei, da die Anerkennung der entsprechenden Empfehlung so zur gelebten Praxis wird.

Damit ist auch nahe liegend, dass Kodexempfehlungen durch Übung als Handels- 1625 brauch im Sinne von § 346 HGB mittelbare Auswirkungen entfalten, aber eben durch die Übung und nicht primär durch den Kodex an sich.[139]

5. Interne Haftung aus falschen Entsprechenserklärungen

a) Sachlich unrichtige Erklärung

Geben Vorstand und Aufsichtsrat die Entsprechenserklärung ab, so hat diese einen 1626 vergangenheitsbezogenen und einen zukunftsbezogenen Teil: „Wir haben entsprochen und entsprechen". Beide Erklärungsteile können falsch sein: Die Gesellschaft hat die

---

[132] Dazu Rn. 1542 ff. und *Lutter*, ZHR 166 (2002), 523, 535 ff. sowie *Berg/Stöcker*, WM 2002, 1569, 1575 ff.
[133] *Semler* in MünchKommAktG, § 161 Rn. 195.
[134] *Hüffer*, AktG, § 161 Rn. 27.
[135] *Schüppen*, ZIP 2002, 1269, 1271; *Seibt*, AG 2002, 249, 251; zu Recht kritisch *Semler* in MünchKommAktG, § 161 Rn. 37.
[136] OLG Schleswig, NZG 2003, 176, 179 (Mobilcom). Vgl. auch BGHZ 158, 122, 127 = NJW 2004, 1109 (Mobilcom): danach waren die Empfehlungen des Kodex ein Aspekt unter mehreren zur Auslegung von § 71 Abs. 1 Nr. 8 Satz 5 bzw. § 192 Abs. 2 Nr. 3 AktG. Vgl. auch LG München I, BB 2004, 958 (HypoVereinsbank) zur Zulässigkeit des Wechsels vom Vorstand in den Aufsichtsrat.
[137] So auch *Doralt* in Semler/v. Schenck, AR Hdb., § 13 Rn. 181 f.; ähnlich *E. Wymeersch*, Enforcement of Corporate Governance Codes, in european corporate governance institute (ecgi), Law Working Paper Nr. 46/2005, verfügbar unter http://ssrn.com/abstract=759264.
[138] In diesem Sinne bereits OLG Schleswig, NZG 2003, 176, 179.
[139] Vgl. *Hüffer* in MünchKommAktG, § 161 Rn. 3; *Kirschbaum*, Entsprechenserklärungen, S. 76 f.; *Lutter* in Kölner Kommentar, § 161 Rn. 81; *Peltzer*, NZG 2002, 10, 11; *Semler* in MünchKommAktG, § 161 Rn. 32.

Aktionäre bei Informationen nicht gleich behandelt (Kodex Ziffer 6.3) und der Aufsichtsrat hat noch immer nicht die Berichtspflichten des Vorstands näher festgelegt (Kodex Ziffer 3.4). Die Erklärungspflicht nach § 161 AktG aber geht naturgemäß nicht auf irgendeine Erklärung, sondern muss selbstverständlich wahr und richtig sein.[140] Vorstand und Aufsichtsrat sind also nach § 161 AktG zu einer richtigen und wahrheitsgetreuen Erklärung verpflichtet; eine sachlich unrichtige Erklärung ist mithin erneut eine Verletzung der gesetzlichen Pflicht jedes beteiligten Organmitglieds zu wahrheitsgemäßer und korrekter Erklärung. Entsteht der Gesellschaft ein Schaden daraus, so haften die betreffenden Organmitglieder erneut als Gesamtschuldner, wobei der Nachweis der Kausalität zwischen falscher Erklärung und Schaden naturgemäß schwierig ist.[141]

b) Die zukunftsgerichtete Erklärung

1627 Die zukunftsgerichtete Erklärung erhält auf diesem Hintergrund in doppelter Weise ein besonderes Gewicht.

1628 **Zum einen** müssen die Organe Vorstand und Aufsichtsrat kontinuierlich ihr Verhalten an den Kodex-Empfehlungen ausrichten; **die Erklärung führt also zu einer laufenden Selbstbindung der Organe und ihrer Mitglieder** und einer Anhebung der allgemeinen Sorgfaltspflichten. Um diesen Anforderungen korrekt nachkommen zu können, kann sich die Bestellung eines **Corporate-Governance-Beauftragten** empfehlen.[142]

1629 **Zum anderen** aber bleiben die Organe Vorstand und Aufsichtsrat in ihrer Entscheidung ebenso kontinuierlich frei, dem Kodex ganz oder teilweise die Gefolgschaft zu versagen – für die Zukunft! Die Selbstbindung besteht also nicht für das ganze Jahr bis zur gesetzlich vorgeschriebenen erneuten Erklärung, sondern kann auch unterjährig „aufgekündigt" werden.[143] Daraus erhellt zugleich: Die Außenerklärung mit dem Inhalt „der Kodex wird befolgt" muss – soll die Bindung an die Erklärung beseitigt werden – in gleicher Weise und gleicher Form als Negativ- oder Änderungserklärung veröffentlicht werden wie die frühere Positiverklärung; bis dahin besteht die Bindung fort.[144]

1630 Das bedeutet: Will die Gesellschaft **künftig** vom Kodex abweichen, so ist ihr das unbenommen; der förmliche Gegenbeschluss eines Organs (Vorstand oder Aufsichtsrat) genügt dafür. Diese Gegenerklärung muss mindestens in gleicher Weise publiziert werden wie die Entsprechenserklärung.[145] Bis zu diesem Moment besteht die Bindung fort; ein **früheres** gegenteiliges Verhalten von Organmitgliedern bleibt dann Pflichtverletzung. Erst nach der Veröffentlichung des Gegenbeschlusses hat sich die Pflichtenlage geändert. Vor diesem Hintergrund erhellt auch, dass die Organe die Einhaltung ihrer eigenen – positiven – Erklärung sicherstellen müssen. Anders: sie müssen fortlaufend gewährleisten, dass die Erklärung der Wahrheit entspricht. Mithin trifft den

---

[140] Ebenso *Ulmer*, ZHR 166 (2002), 150, 165, 172 und *ders.*, AcP 2002, 143, 171; *Lutter* in Kölner Kommentar, § 161 Rn. 56. Zur offenen Frage, ob die Ablehnung des Kodex trotz tatsächlicher Befolgung erklärt werden darf, näher *Kirschbaum*, Entsprechenserklärungen, S. 207 ff.; *ders.*, in Heidel, Aktienrecht, § 161 AktG Rn. 45; *Semler* in MünchKommAktG, § 161 Rn. 134.

[141] *Hüffer*, AktG, § 161 Rn. 25; *Kirschbaum* in Heidel, AktR, § 161 AktG Rn. 81.

[142] Vgl. *Peltzer*, Leitfaden, Rn. 378 ff.; *Hüffer*, AktG, § 161 Rn. 14; *Semler* in MünchKommAktG, § 161 Rn. 156 ff.; kritisch *Hucke/Ammann*, Corporate Governance Kodex, 2003, S. 136; s. auch oben Rn. 1602.

[143] *Lutter* in Kölner Kommentar, § 161 Rn. 76; *Seibert*, BB 2002, 581, 583; *Ihrig/Wagner*, BB 2002, 789, 791.

[144] *Lutter*, ZHR 166 (2002), 523, 533 ff.; *Ihrig/Wagner*, BB 2002, 789, 791; ausführlich zur dogmatischen Herleitung *Kirschbaum*, Entsprechenserklärungen, S. 307 ff.

[145] Dazu *Lutter* in FS Druey, 2002, S. 463, 477; *ders.* in Kölner Kommentar, § 161 Rn. 56 und 76; a. A. *Schüppen*, ZIP 2002, 1269, 1273: „keine Aktualisierungspflicht". Darüber hinaus ist dieser Gegenbeschluss im Zweifel eine kursrelevante Tatsache, die dann schon nach den strengen Regeln des § 15 WpHG veröffentlicht werden muss.

Die Umsetzung des Kodex in der Praxis

von der Erklärung betroffenen Adressaten eine Überwachungspflicht, ob die ihn berührende Empfehlung auch eingehalten wird.¹⁴⁶ Eine wechselseitige Kontrollpflicht der Organe ginge aber zu weit.¹⁴⁷

Und all das gilt dann genauso für die Frage einer etwaigen Haftung. **1631**

6. Externe Haftung der Organmitglieder aus falscher Kodex-Erklärung

Sind die Fragen der internen Schadens-Haftung der Organmitglieder aus unterlassener oder falscher Kodex-Erklärung vergleichsweise einfach und mit den §§ 161, 93, 116 AktG klar geregelt, so gilt das für die etwaige Haftung gegenüber Außenstehenden und hier insbesondere Investoren ganz und gar nicht. Zusätzlich ist zu berücksichtigen, dass sog. Reflexschäden, also Ereignisse, die sowohl beim Aktionär wie bei der Gesellschaft zu einem Schaden führen, nur von der Gesellschaft geltend gemacht werden können.¹⁴⁸ **1632**

Geschriebene Regeln gibt es nicht.¹⁴⁹ **1633**

Andererseits wirbt die Gesellschaft mit der Entsprechenserklärung um Vertrauen in ihre Corporate Governance (Kodex Präambel). Hält sie sich und halten sich ihre Organe und Organmitglieder nicht daran, so ist das ganz offenbar ein Vertrauensbruch.¹⁵⁰ Nun führt nicht jeder Vertrauensbruch zur Haftung. Andererseits handelt es sich ja nicht um irgendeine Erklärung, sondern um eine vom Gesetz verlangte, standardisierte und dauerhaft publizierte Erklärung. Sie ähnelt mithin so genannten nichtförmlichen Prospekterklärungen, mit denen um Investoren im so genannten grauen Kapitalmarkt geworben wird. Für deren Richtigkeit haben die Initiatoren und ihre Helfer nach ständiger Rechtsprechung¹⁵¹ einzustehen. Es fehlt auch nicht an einer typischen Vertriebssituation, weil die Organmitglieder bei Abgabe der Erklärung primär ihre gesetzliche Pflicht aus § 161 AktG erfüllen.¹⁵² Die Rechtsprechung beschränkt den Anwendungsbereich der zivilrechtlichen Prospekthaftung nämlich gerade nicht auf den klassischen Vertriebsprospekt, sondern erstreckt ihn auf sämtliche anlageerhebliche Informationen, die geeignet sind, das Vertrauen der Anleger zu erwecken und ihre Investitionsentscheidung zu beeinflussen.¹⁵³ Dieser Rechtsgedanke lässt sich auf die hier erörterte Konstellation am Kapitalmarkt übertragen mit der Folge, dass die Organmitglieder persönlich – ihr Verschulden unterstellt – auf das **negative Interesse** haften, die Investoren also so zu stellen sind, als hätten sie von der Gesellschaft und ihren Aktien nie etwas gehört.¹⁵⁴ **1634**

---

¹⁴⁶ Näher *Kirschbaum*, Entsprechenserklärungen, S. 323 ff.; *Lutter/Krieger*, Rechte und Pflichten, Rn. 499; *Seibt*, AG 2002, 249, 254.

¹⁴⁷ *Lutter* in Kölner Kommentar, § 161 Rn. 89.

¹⁴⁸ Unstreitig; vgl. *Berg/Stöcker*, WM 2002, 1069, 1078; *Semler* in MünchKommAktG, § 161 Rn. 203.

¹⁴⁹ Das geplante „Kapitalmarktinformationshaftungsgesetz (KapInHaG)" wurde nicht verabschiedet, seine Zukunft ist offen; vgl. *Duve/Basak*, BB 2005, 2645; *Gottschalk*, Der Konzern 2005, 274; sollte eine gesetzliche Haftung eingeführt werden, ist anzunehmen, dass die Entsprechenserklärung unter den dortigen Tatbestand fällt.

¹⁵⁰ Ähnlich *Semler* in MünchKommAktG, § 161 Rn. 49; ausführlich zuletzt *Lutter* in Kölner Kommentar, § 161 Rn. 95 ff.

¹⁵¹ BGHZ 71, 284; 72, 382; 77, 172; 79, 337; 84, 141.

¹⁵² Kritisch in diese Richtung *Ettinger/Grützediek*, AG 2003, 355, 358; *Kort* in FS Raiser, S. 203, 221; *Bertrams*, Haftung, S. 245 ff.

¹⁵³ BGHZ 115, 213, 219; zuletzt *Lutter* in Kölner Kommentar, § 161 Rn. 98.

¹⁵⁴ *Hopt* in Hommelhoff/Lutter/Schmidt/Schön/Ulmer (Hrsg.), Corporate Governance, S. 27, 56; *Ulmer*, ZHR 166 (2002), 150, 169; kritisch *Seibt*, AG 2002, 249, 257 und *Semler* in MünchKommAktG, § 161 Rn. 201 ff.; grundsätzlich ablehnend *Hüffer*, AktG, § 161 Rn. 28 ff.; *Schüppen*, ZIP 2002, 1269, 1273; *Berg/Stöcker*, WM 2002, 1569, 1580; *Bachmann*, WM 2002, 2137, 2140; *Bezler/Dehlinger* in Pfitzer/Oser, Hdb., S. 307, 323.

1635 Beispiel: Ein US-Investment-Fonds investiert nur in Aktien von Gesellschaften mit positiver und vorbehaltloser Entsprechenserklärung ihrer Organe. Auf dieser Basis werden Aktien der A-AG im Börsenwert von 15 Mio. Euro erworben. Der Kurs hält sich über Monate stabil mit leichter Tendenz nach oben. Dann wird bekannt, dass sich die Mitglieder von Vorstand und Aufsichtsrat über Monate hin vielfach nicht an bestimmte Regeln des Kodex gehalten haben. Daraufhin bricht der Kurs der A-Aktien ein.

1636 Der Fonds verlangt von den Organmitgliedern als Gesamtschuldnern Schadensersatz in Höhe des Kursverlusts oder Übernahme der Aktien zum Preis von 15 Mio. Euro.

1637 Die Annahme ist nicht fern liegend, dass der Fonds vor deutschen Gerichten Erfolg haben würde, wenn der Kausalitätsnachweis gelingt.[155]

VII. Resonanz des Kodex in der Praxis

1. Überblick

1638 Die fehlenden Sanktionsmechanismen des Kodex und die bisher in Deutschland gemachten (eher negativen) Erfahrungen mit freiwilligen Selbstverpflichtungen – beispielsweise zum Insiderhandel oder zu Übernahmeangeboten – haben früh die Frage aufgeworfen, ob und inwieweit die vom Kodex erfassten Unternehmen seinen Bestimmungen Folge leisten. Dementsprechend ist im Fachschrifttum bereits eine Reihe empirischer Untersuchungen zur Akzeptanz des Kodex in der Unternehmenspraxis veröffentlicht worden.[156] Die mit Abstand umfangreichsten Erhebungen liegen dabei den jährlichen Kodex Reports des Berlin Center of Corporate Governance (BCCG) zugrunde, die im Auftrag der Regierungskommission erstellt werden und seit 2004 neben sämtlichen Empfehlungen auch alle Anregungen einbeziehen.[157] Die bisher publizierten Reports weisen für die Jahre 2003, 2004, 2005, 2006 und 2007 insgesamt eine beachtlich positive Resonanz des DCGK in der Praxis aus. Bemerkenswert ist nicht zuletzt, dass der Kodex – wie die Betrachtung im Längsschnitt zeigt – maßgeblich zu Veränderungen der Corporate Governance-Gepflogenheiten deutscher Unternehmen beiträgt. Diese Entwicklungen zeigen sich darin, dass die Gesellschaften nicht selten erklären, neue Empfehlungen und Anregungen (erst) in Zukunft befolgen zu wollen. Sie stellen somit ihre bisherigen Corporate Governance-Modalitäten um, indem sie Verfahrensweisen, die sie bislang nicht praktiziert haben, mit Blick auf die Kodexstandards nun einführen. Im Folgenden werden die wesentlichen Befunde des Kodex Reports 2007 dargelegt.

2. Akzeptanz der Empfehlungen

1639 Der Kodex Report 2007 bezieht sich auf die Kodexfassung vom 12. Juni 2006 mit seinen seinerzeit 81 Empfehlungen und 20 Anregungen. Er beruht auf den Angaben von 213 Gesellschaften der 601 an der Frankfurter Wertpapierbörse gelisteten Gesellschaften aus allen Börsensegmenten (DAX, TecDAX, MDAX, SDAX, Prime Standard und General Standard).[158] Zum Erhebungszeitpunkt Anfang 2007 befolgen sieben DAX-, ein MDAX- und ein Unternehmen des General Standard nach dem Modell der

---

[155] Dazu bereits *Lutter*, ZHR 166 (2002), 523, 526.
[156] S. namentlich *Oser/Orth/Wader*, DB 2003; *v. Werder/Talaulicar/Kolat*, DB 2003; *Oser/Orth/Wader*, BB 2004; *v. Werder/Talaulicar/Kolat*, DB 2004; *v. Werder/Talaulicar*, DB 2005; *v. Werder/Talaulicar*, DB 2006; *v. Werder/Talaulicar*, DB 2007.
[157] S. *v. Werder/Talaulicar/Kolat*, DB 2003; *v. Werder/Talaulicar/Kolat*, DB 2004; *v. Werder/Talaulicar*, DB 2005; *v. Werder/Talaulicar*, DB 2006; *v. Werder/Talaulicar*, DB 2007.
[158] Vgl. zu Methodik und Ergebnissen des Kodex Report 2007 im Einzelnen *v. Werder/Talaulicar*, DB 2007, 869 ff.

Die Umsetzung des Kodex in der Praxis

vollständigen Übernahme des Kodex[159] bereits sämtliche 81 Empfehlungen. In Zukunft (d. h. bis Ende 2007) werden jeweils drei weitere DAX- und MDAX- sowie ein SDAX-Unternehmen eine uneingeschränkte Entsprechenserklärung abgeben. Durchschnittlich entsprechen die Unternehmen heute rund 67 der insgesamt 81 Empfehlungen. Aufgrund weiterer Anpassungen ihrer Corporate Governance werden die Gesellschaften in Zukunft (d. h. bis Ende 2007) im Durchschnitt 2,4 weitere Empfehlungen umgesetzt haben, die sie bislang noch nicht befolgen. Die Befolgungsquote steigt damit – über alle Unternehmen betrachtet – auf rund (67,2 von 81 =) 83 % aller Empfehlungen. Wie zu erwarten,[160] hängt die Akzeptanz tendenziell von der Unternehmensgröße ab. So stimmen die DAX-Gesellschaften bereits heute mit durchschnittlich 77,6 (zukünftig 78,8) Empfehlungen überein und erreichen damit eine Quote von rund 96 % (bzw. zukünftig 97 %), während die Unternehmen im General Standard im Durchschnitt mit lediglich 61,1 (zukünftig 64,1) Empfehlungen 75 % (bzw. zukünftig 79 %) aller Soll-Bestimmungen anwenden.

Die Zustimmung zu den einzelnen Empfehlungen (wie auch Anregungen) des DCGK wird im Kodex Report zunächst danach abgestuft, ob die ganz überwiegende Mehrheit der Gesellschaften, konkret mindestens 90 % der Unternehmen, die betreffende Kodexbestimmung anwenden oder nicht. Im zweiten Fall liegen „neuralgische" Empfehlungen (bzw. Anregungen) vor, die von mehr als 10 % der Gesellschaften (heute oder in Zukunft) abgelehnt werden. Die neuralgischen Bestimmungen lassen sich weiter danach unterteilen, ob sie zumindest von der einfachen Mehrheit (über 50 %) der Unternehmen befolgt oder aber mehrheitlich abgelehnt werden.

Nach den Befunden des Kodex Report 2007 erweisen sich – über alle Unternehmen und Börsensegmente betrachtet – heute 38 (47 %) und zukünftig noch 34 (42 %) der 81 Empfehlungen als neuralgisch.[161] Ebenso wie die durchschnittliche Anzahl befolgter Empfehlungen pro Unternehmen variiert auch die Anzahl neuralgischer Kodexempfehlungen mit dem jeweils betrachteten Segment. So werden im General Standard auch zukünftig noch 48 Empfehlungen neuralgisch sein, im DAX hingegen nur noch 4 Empfehlungen.[162] Diese vier neuralgischen Empfehlungen betreffen[163]
– den angemessenen Selbstbehalt bei D&O-Versicherungen für Vorstand und Aufsichtsrat (Ziffer 3.8 Abs. 2; zukünftige Zustimmung im DAX: 85,7 %),
– die Beratung im Aufsichtsratsplenum über die Struktur des Vergütungssystems für den Vorstand (Ziffer 4.2.2 Abs. 1 1. HS; zukünftige Zustimmung im DAX: 86,2 %),
– die Begrenzung der Wechsel des bisherigen Vorstandsvorsitzenden oder eines Vorstandsmitglieds in den Aufsichtsratsvorsitz oder den Vorsitz eines Aufsichtsratsausschusses (Ziffer 5.4.4 Satz 1; zukünftige Zustimmung im DAX: 79,3 %) sowie
– die erfolgsorientierte Vergütung der Aufsichtsratsmitglieder (Ziffer 5.4.7 Abs. 2 Satz 1; zukünftige Zustimmung im DAX: 89,7 %).

Über alle Unternehmen bzw. Börsensegmente gerechnet, erfährt die Empfehlung, einen angemessenen Selbstbehalt zu vereinbaren, sofern die Gesellschaft für Vorstand und Aufsichtsrat eine D&O-Versicherung abschließt, die geringste Zustimmung sämtlicher Soll-Regelungen des Kodex.[164] In Zukunft wird sie jedoch erstmals nicht mehr von der Mehrheit der befragten Gesellschaften abgelehnt.[165] Bis zum Jahresende (d. h.

---

[159] Zu diesem und weiteren Modellen der Entsprechung mit den Kodexempfehlungen oben Rn. 1638 sowie *v. Werder*, DB 2002, 810; *v. Werder/Talaulicar*, ZfbF 2003 Sonderheft 50, 21 f.
[160] S. *v. Werder/Talaulicar*, ZfbF 2003 Sonderheft 50, 27.
[161] S. *v. Werder/Talaulicar*, DB 2007, 870.
[162] S. *v. Werder/Talaulicar*, DB 2007, 870.
[163] S. *v. Werder/Talaulicar*, DB 2007, 871.
[164] S. *v. Werder/Talaulicar*, DB 2007, 871.
[165] S. zu den Befunden der vorangegangenen Befragungen *v. Werder/Talaulicar/Kolat*, DB 2004, 1377 (1379); *v. Werder/Talaulicar*, DB 2005, 841 (844); *v. Werder/Talaulicar*, DB 2006, 849 (851).

Ende 2007) wird die Bestimmung über die Gesamtstichprobe hinweg von der Hälfte der Unternehmen beachtet werden.

3. Akzeptanz der Anregungen

1642   Bei den (Sollte- bzw. Kann-)Anregungen fällt das Akzeptanzniveau im Vergleich zu den Kodexempfehlungen niedriger aus. Dieser Befund ist insoweit wenig überraschend, als die Sollte- bzw. Kann-Bestimmungen nach Auffassung der Kodexkommission zwar ebenfalls Ausdruck guter Unternehmensführung sind, sich in der Praxis aber – anders als die erklärungspflichtigen Soll-Empfehlungen – noch nicht auf breiter Front durchgesetzt haben und daher entsprechende Anstöße zur Weiterentwicklung der Corporate Governance geben sollen. Immerhin gibt es aber zwei DAX-, ein TecDAX-, ein MDAX- und ein Unternehmen des General Standard, die bereits heute allen Anregungen genügen. Wie im Vorjahr[166] gibt es somit insgesamt fünf Unternehmen, welche die Anregungen komplett übernehmen. Bis Ende des Jahres 2007 werden ein weiteres DAX- und zwei TecDAX-Unternehmen den Anregungen ausnahmslos entsprechen.[167]

1643   Im Durchschnitt befolgt ein Unternehmen 12,2 der insgesamt 20 Anregungen.[168] Die Akzeptanz der Anregungen steigt, wie auch bei den Empfehlungen, tendenziell mit der Unternehmensgröße. Die durchschnittliche Anzahl der heute umgesetzten Kodexanregungen variiert von 9,6 im General Standard bis zu 16,7 im DAX. Die korrespondierenden Befolgungsquoten betragen 47,9 % bzw. 83,6 %. Die Unternehmen planen bis zum Jahresende durchschnittlich 0,6 Anregungen zusätzlich aufzugreifen.[169]

1644   Größenabhängige Unterschiede bestehen auch für die Anzahl neuralgischer Kodexanregungen. Über die Gesamtheit der erhobenen Unternehmen sind heute 19 und in Zukunft 18 Anregungen als neuralgisch zu kennzeichnen, da sie von weniger als 90 % der Gesellschaften aufgegriffen werden.[170] Die Anzahl der neuralgischen Anregungen ist insgesamt hoch, jedoch wiederum index- bzw. segmentabhängig unterschiedlich. So sind im General Standard heute alle 20 und zukünfig noch 19 Anregungen neuralgisch. Im DAX wird sich die Anzahl der neuralgischen Anregungen demgegenüber im Laufe des Jahres von 11 auf 8 verringern. Diese betreffen

– die Erreichbarkeit des Stimmrechtsvertreters während der Hauptversammlung (Ziffer 2.3.3 Satz 3 2. HS; zukünftige Zustimmung im DAX: 89,7 %),
– die Übertragung der Hauptversammlung im Internet o. Ä. (Ziffer 2.3.4; zukünftige Zustimmung im DAX: 71,4 %),
– die von Aktionärsvertretern und Arbeitnehmervertretern getrennte Vorbereitung von Sitzungen des Aufsichtsrats in mitbestimmten Aufsichtsräten (Ziffer 3.6 Abs. 1; zukünftige Zustimmung im DAX: 88,9 %),
– die Stellungnahme zu den Kodexanregungen (Ziffer 3.10 Satz 3; zukünftige Zustimmung im DAX: 82,1 %),
– den Verzicht, den Vorsitz des Prüfungsausschusses mit ehemaligen Vorstandsmitgliedern der Gesellschaft zu besetzen (Ziffer 5.3.2 Satz 3; zukünftige Zustimmung im DAX: 89,7 %),
– die Bestimmung des Aufsichtsrats, dass Ausschüsse die Sitzungen vorbereiten und darüber hinaus auch an seiner Stelle entscheiden (Ziffer 5.3.4; zukünftige Zustimmung im DAX: 89,3 %),

---

[166] Vgl. zu den Vorjahreswerten *v. Werder/Talaulicar*, DB 2006, 849.
[167] S. *v. Werder/Talaulicar*, DB 2007, 870.
[168] S. *v. Werder/Talaulicar*, DB 2007, 870.
[169] S. *v. Werder/Talaulicar*, DB 2007, 870.
[170] Hierzu und zum Folgenden im Einzelnen *v. Werder/Talaulicar*, DB 2007, 874.

Die Umsetzung des Kodex in der Praxis **1645 3. Teil**

- die Flexibilisierung der Bestellperioden von Aufsichtsratsmitgliedern (Ziffer 5.4.6; zukünftige Zustimmung im DAX: 44,8 %) sowie
- die auf den langfristigen Unternehmenserfolg bezogenen Vergütungskomponenten für den Aufsichtsrat (Ziffer 5.4.7 Abs. 2 Satz 2; zukünftige Zustimmung im DAX: 64,3 %).

Mehrheitlich abgelehnt wird demnach im DAX lediglich die Anregung zur Flexibilisierung der Bestellperioden des Aufsichtsrats (Ziffer 5.4.6). Über sämtliche Unternehmen hinweg gibt es drei Anregungen, die in Zukunft von weniger als 50 % der Gesellschaften beachtet werden. Hierbei handelt es sich um die Bestimmungen, den Aktionären die Verfolgung der Hauptversammlung über moderne Kommunikationsmedien zu ermöglichen (Ziffer 2.3.4; zukünftige Zustimmung: 28,8 %), im Bericht zur Corporate Governance auch zu den Kodexanregungen Stellung zu nehmen (Ziffer 3.10 Satz 3; zukünftige Zustimmung: 45,5 %) und auf den langfristigen Unternehmenserfolg bezogene Bestandteile der Aufsichtsratsvergütung zu beschließen (Ziffer 5.4.7 Abs. 2 Satz 2; zukünftige Zustimmung: 33,3 %).[171]

4. Ausblick

Die aktuelle Untersuchung zum Kodex Report 2007 belegt, dass der Deutsche Corporate Governance Kodex fünf Jahre nach seiner Verabschiedung weiterhin eine beachtlich positive Resonanz in der Unternehmenspraxis erfährt. Auf mittlere Sicht bleibt zu prüfen, wie mit Regelungen verfahren werden soll, die dauerhaft nicht von einer deutlichen Mehrheit der Unternehmen umgesetzt werden. Sofern es sich dabei um Empfehlungen handelt, die kaum Anwendung finden, da sie aus Sicht der Unternehmen unzweckmäßig sind, wäre ihr Verbleib im Kodex mindestens zu überdenken. Wenn einzelne Empfehlungen hingegen vor allem deshalb abgelehnt werden, weil sie persönlichen (Management-)Interessen zu sehr zuwiderlaufen, müsste ihnen stärker Nachdruck verliehen werden. Dies kann letztlich nur der Gesetzgeber leisten. **1645**

---

[171] S. im Einzelnen *v. Werder/Talaulicar*, DB 2006, 854 f.

Anhang

1. Anzahl und Abgrenzung der Empfehlungen und Anregungen des Kodex

a) Empfehlungen des Kodex

Aktionäre und Hauptversammlung

E1 Der Vorstand soll die vom Gesetz für die Hauptversammlung verlangten Berichte und Unterlagen einschließlich des Geschäftsberichts leicht zugänglich auf der Internet-Seite der Gesellschaft zusammen mit der Tagesordnung veröffentlichen. (Tz. 2.3.1 Satz 3)

E2 Die Gesellschaft soll allen in- und ausländischen Finanzdienstleistern, Aktionären und Aktionärsvereinigungen die Einberufung der Hauptversammlung mitsamt den Einberufungsunterlagen auf elektronischem Wege übermitteln, wenn die Zustimmungserfordernisse erfüllt sind. (Tz. 2.3.2)

E3 Die Gesellschaft soll den Aktionären die persönliche Wahrnehmung ihrer Rechte erleichtern. (Tz. 2.3.3 Satz 1)

E4 Auch bei der Stimmrechtsvertretung soll die Gesellschaft die Aktionäre unterstützen. (Tz. 2.3.3 Satz 2)

E5 Der Vorstand soll für die Bestellung eines Vertreters für die weisungsgebundene Ausübung des Stimmrechts der Aktionäre sorgen. (Tz. 2.3.3 Satz 3 erster Halbsatz)

Zusammenwirken von Vorstand und Aufsichtsrat

E6 Der Aufsichtsrat soll die Informations- und Berichtspflichten des Vorstands näher festlegen. (Tz. 3.4 Abs. 3 Satz 1)

E7 Schließt die Gesellschaft für Vorstand und Aufsichtsrat eine D&O-Versicherung ab, so soll ein angemessener Selbstbehalt vereinbart werden. (Tz. 3.8 Abs. 2)

E8 Vorstand und Aufsichtsrat sollen jährlich im Geschäftsbericht über die Corporate Governance des Unternehmens berichten (Corporate Governance Bericht). (Tz. 3.10 Satz 1)

E9 Zum Corporate Governance Bericht gehört auch die Erläuterung eventueller Abweichungen von den Empfehlungen dieses Kodex. (Tz. 3.10 Satz 2)

E10 Die Gesellschaft soll nicht mehr aktuelle Entsprechenserklärungen zum Kodex fünf Jahre lang auf ihrer Internetseite zugänglich halten. (Tz. 3.10 Satz 4)

Vorstand

E11 Der Vorstand soll aus mehreren Personen bestehen. (Tz. 4.2.1 Satz 1 erster Halbsatz)

E12 Der Vorstand soll einen Vorsitzenden oder Sprecher haben. (Tz. 4.2.1 Satz 1 zweiter Halbsatz)

E13 Eine Geschäftsordnung soll die Arbeit des Vorstands, insbesondere die Ressortzuständigkeiten einzelner Vorstandsmitglieder, die dem Gesamtvorstand vorbehaltenen Angelegenheiten sowie die erforderliche Beschlussmehrheit bei Vorstandsbeschlüssen (Einstimmigkeit oder Mehrheitsbeschluss) regeln. (Tz. 4.2.1 Satz 2)

E14 Das Aufsichtsratsplenum soll auf Vorschlag des Gremiums, das die Vorstandsverträge behandelt, über die Struktur des Vergütungssystems für den Vorstand beraten. (Tz. 4.2.2 Abs. 1 Satz 1 erster Halbsatz)

Anhang   1. Empfehlungen und Anregungen des Kodex

E15 Das Aufsichtsratsplenum soll auf Vorschlag des Gremiums, das die Vorstandsverträge behandelt, die Struktur des Vergütungssystems für den Vorstand regelmäßig überprüfen. (Tz. 4.2.2 Abs. 1 Satz 1 zweiter Halbsatz)
E16 Die monetären Vergütungsteile sollen fixe und variable Bestandteile umfassen. (Tz. 4.2.3 Abs. 2 Satz 1)
E17 Aktienoptionen und vergleichbare Gestaltungen sollen auf anspruchsvolle, relevante Vergleichsparameter bezogen sein. (Tz. 4.2.3 Abs. 3 Satz 2)
E18 Eine nachträgliche Änderung der Erfolgsziele oder der Vergleichsparameter soll ausgeschlossen sein. (Tz. 4.2.3 Abs. 3 Satz 3)
E19 Für außerordentliche, nicht vorhergesehene Entwicklungen soll der Aufsichtsrat eine Begrenzungsmöglichkeit (Cap) vereinbaren. (Tz. 4.2.3 Abs. 3 Satz 4)
E20 Der Vorsitzende des Aufsichtsrats soll die Hauptversammlung über die Grundzüge des Vergütungssystems und deren Veränderung informieren. (Tz. 4.2.3 Abs. 6)
E21 Die Offenlegung der Gesamtvergütung jedes Vorstandsmitglieds soll in einem Vergütungsbericht erfolgen, der als Teil des Corporate Governance Berichts in allgemein verständlicher Form auch das Vergütungssystem für die Vorstandsmitglieder erläutert. (Tz. 4.2.5 Abs. 1)
E22 Die Darstellung der konkreten Ausgestaltung eines Aktienoptionsplans oder vergleichbarer Gestaltungen für Komponenten mit langfristiger Anreizwirkung und Risikocharakter soll deren Wert umfassen. (Tz. 4.2.5 Abs. 2 Satz 1)
E23 Bei Versorgungszusagen soll jährlich die Zuführung zu den Pensionsrückstellungen oder Pensionsfonds angegeben werden. (Tz. 4.2.5 Abs. 2 Satz 2)
E24 Der Vergütungsbericht soll auch Angaben zur Art der von der Gesellschaft erbrachten Nebenleistungen enthalten. (Tz. 4.2.5 Abs. 3 Satz 2)
E25 Jedes Vorstandsmitglied soll Interessenkonflikte dem Aufsichtsrat gegenüber unverzüglich offen legen und die anderen Vorstandsmitglieder hierüber informieren. (Tz. 4.3.4 Satz 1)
E26 Wesentliche Geschäfte zwischen dem Unternehmen einerseits und den Vorstandsmitgliedern sowie ihnen nahestehenden Personen oder ihnen persönlich nahestehenden Unternehmungen anderseits sollen der Zustimmung des Aufsichtsrats bedürfen. (Tz. 4.3.4 Satz 3)
E27 Vorstandsmitglieder sollen Nebentätigkeiten, insbesondere Aufsichtsratsmandate außerhalb des Unternehmens, nur mit Zustimmung des Aufsichtsrats übernehmen. (Tz. 4.3.5)

Aufsichtsrat

E28 Der Aufsichtsrat soll gemeinsam mit dem Vorstand für eine langfristige Nachfolgeplanung sorgen. (Tz. 5.1.2 Abs. 1 Satz 1)
E29 Eine Wiederbestellung eines Vorstandsmitglieds vor Ablauf eines Jahres vor dem Ende der Bestelldauer bei gleichzeitiger Aufhebung der laufenden Bestellung soll nur bei Vorliegen besonderer Umstände erfolgen. (Tz. 5.1.2 Abs. 2 Satz 2)
E30 Eine Altersgrenze für Vorstandsmitglieder soll festgelegt werden. (Tz. 5.1.2 Abs. 2 Satz 3)
E31 Der Aufsichtsrat soll sich eine Geschäftsordnung geben. (Tz. 5.1.3)
E32 Der Aufsichtsratsvorsitzende soll zugleich Vorsitzender der Ausschüsse sein, die die Vorstandsverträge behandeln und die Aufsichtsratssitzungen vorbereiten. (Tz. 5.2 Abs. 2 Satz 1)
E33 Der Aufsichtsratsvorsitzende soll mit dem Vorstand, insbesondere mit dem Vorsitzenden bzw. Sprecher des Vorstands, regelmäßig Kontakt halten und mit ihm die Strategie, die Geschäftsentwicklung und das Risikomanagement des Unternehmens beraten. (Tz. 5.2 Abs. 3 Satz 1)

1. Empfehlungen und Anregungen des Kodex **Anhang**

E34 Der Aufsichtsratsvorsitzende soll nach Information über wichtige Ereignisse durch den Vorstand den Aufsichtsrat unterrichten und erforderlichenfalls eine außerordentliche Aufsichtsratssitzung einberufen. (Tz. 5.2 Abs. 3 Satz 3)

E35 Der Aufsichtsrat soll abhängig von den spezifischen Gegebenheiten des Unternehmens und der Anzahl seiner Mitglieder fachlich qualifizierte Ausschüsse bilden. (Tz. 5.3.1 Satz 1)

E36 Der Aufsichtsrat soll einen Prüfungsausschuss (Audit Committee) einrichten, der sich insbesondere mit Fragen der Rechnungslegung, des Risikomanagements und der Compliance, der erforderlichen Unabhängigkeit des Abschlussprüfers, der Erteilung des Prüfungsauftrags an den Abschlussprüfer, der Bestimmung von Prüfungsschwerpunkten und der Honorarvereinbarung befasst. (Tz. 5.3.2 Satz 1)

E37 Der Vorsitzende des Prüfungsausschusses soll über besondere Kenntnisse und Erfahrungen in der Anwendung von Rechnungslegungsgrundsätzen verfügen. (Tz. 5.3.2 Satz 2 erster Halbsatz)

E38 Der Vorsitzende des Prüfungsausschusses soll über besondere Kenntnisse und Erfahrungen in der Anwendung von internen Kontrollverfahren verfügen. (Tz. 5.3.2 Satz 2 zweiter Halbsatz)

E39 Der Aufsichtsrat soll einen Nominierungsausschuss bilden, der ausschließlich mit Vertretern der Anteilseigner besetzt ist und dem Aufsichtsrat für dessen Wahlvorschläge an die Hauptversammlung geeignete Kandidaten vorschlägt. (Tz. 5.3.3)

E40 Bei Vorschlägen zur Wahl von Aufsichtsratsmitgliedern soll darauf geachtet werden, dass dem Aufsichtsrat jederzeit Mitglieder angehören, die über die zur ordnungsgemäßen Wahrnehmung der Aufgaben erforderlichen Kenntnisse, Fähigkeiten und fachlichen Erfahrungen verfügen. (Tz. 5.4.1 Satz 1)

E41 Bei Vorschlägen zur Wahl von Aufsichtsratsmitgliedern sollen die internationale Tätigkeit des Unternehmens, potenzielle Interessenkonflikte und eine festzulegende Altersgrenze für Aufsichtsratsmitglieder berücksichtigt werden. (Tz. 5.4.1 Satz 2)

E42 Um eine unabhängige Beratung und Überwachung des Vorstands durch den Aufsichtsrat zu ermöglichen, soll dem Aufsichtsrat eine nach seiner Einschätzung ausreichende Anzahl unabhängiger Mitglieder angehören. (Tz. 5.4.2 Satz 1)

E43 Dem Aufsichtsrat sollen nicht mehr als zwei ehemalige Mitglieder des Vorstands angehören. (Tz. 5.4.2 Satz 3)

E44 Aufsichtsratsmitglieder sollen keine Organfunktion oder Beratungsaufgaben bei wesentlichen Wettbewerbern des Unternehmens ausüben. (Tz. 5.4.2 Satz 4)

E45 Wahlen zum Aufsichtsrat sollen als Einzelwahl durchgeführt werden. (Tz. 5.4.3 Satz 1)

E46 Ein Antrag auf gerichtliche Bestellung eines Aufsichtsratsmitglieds soll bis zur nächsten Hauptversammlung befristet sein. (Tz. 5.4.3 Satz 2)

E47 Kandidatenvorschläge für den Aufsichtsratsvorsitz sollen den Aktionären bekannt gegeben werden. (Tz. 5.4.3 Satz 3)

E48 Der Wechsel des bisherigen Vorstandsvorsitzenden oder eines Vorstandsmitglieds in den Aufsichtsratsvorsitz oder den Vorsitz eines Aufsichtsratsausschusses soll nicht die Regel sein. (Tz. 5.4.4 Satz 1)

E49 Eine entsprechende Absicht eines Wechsels des bisherigen Vorstandsvorsitzenden oder eines Vorstandsmitglieds in den Aufsichtsratsvorsitz oder den Vorsitz eines Aufsichtsratsausschusses soll der Hauptversammlung besonders begründet werden. (Tz. 5.4.4 Satz 2)

E50 Wer dem Vorstand einer börsennotierten Gesellschaft angehört, soll insgesamt nicht mehr als fünf Aufsichtsratsmandate in konzernexternen börsennotierten Gesellschaften wahrnehmen. (Tz. 5.4.5 Satz 2)

E51 Bei der Festlegung der Vergütung sollen der Vorsitz und der stellvertretende Vorsitz im Aufsichtsrat berücksichtigt werden. (Tz. 5.4.7 Abs. 1 Satz 3 erster Halbsatz)

Anhang 1. Empfehlungen und Anregungen des Kodex

E52 Bei der Festlegung der Vergütung sollen der Vorsitz und die Mitgliedschaft in den Ausschüssen berücksichtigt werden. (Tz. 5.4.7 Abs. 1 Satz 3 zweiter Halbsatz)

E53 Die Mitglieder des Aufsichtsrats sollen neben einer festen eine erfolgsorientierte Vergütung erhalten. (Tz. 5.4.7 Abs. 2 Satz 1)

E54 Die Vergütung der Aufsichtsratsmitglieder soll im Corporate Governance Bericht individualisiert, aufgegliedert nach Bestandteilen ausgewiesen werden. (Tz. 5.4.7 Abs. 3 Satz 1)

E55 Auch die vom Unternehmen an die Mitglieder des Aufsichtsrats gezahlten Vergütungen oder gewährten Vorteile für persönlich erbrachte Leistungen, insbesondere Beratungs- und Vermittlungsleistungen, sollen individualisiert im Corporate Governance Bericht gesondert angegeben werden. (Tz. 5.4.7 Abs. 3 Satz 2)

E56 Falls ein Mitglied des Aufsichtsrats in einem Geschäftsjahr an weniger als der Hälfte der Sitzungen des Aufsichtsrats teilgenommen hat, soll dies im Bericht des Aufsichtsrats vermerkt werden. (Tz. 5.4.8)

E57 Jedes Aufsichtsratsmitglied soll Interessenkonflikte, insbesondere solche, die auf Grund einer Beratung oder Organfunktion bei Kunden, Lieferanten, Kreditgebern oder sonstigen Geschäftspartnern entstehen können, dem Aufsichtsrat gegenüber offen legen. (Tz. 5.5.2)

E58 Der Aufsichtsrat soll in seinem Bericht an die Hauptversammlung über aufgetretene Interessenkonflikte und deren Behandlung informieren. (Tz. 5.5.3 Satz 1)

E59 Wesentliche und nicht nur vorübergehende Interessenkonflikte in der Person eines Aufsichtsratsmitglieds sollen zur Beendigung des Mandats führen. (Tz. 5.5.3 Satz 2)

E60 Der Aufsichtsrat soll regelmäßig die Effizienz seiner Tätigkeit überprüfen. (Tz. 5.6)

Transparenz

E61 Die Gesellschaft soll ihren Aktionären unverzüglich sämtliche neuen Tatsachen, die Finanzanalysten und vergleichbaren Adressaten mitgeteilt worden sind, zur Verfügung stellen. (Tz. 6.3 Satz 2)

E62 Zur zeitnahen und gleichmäßigen Information der Aktionäre und Anleger soll die Gesellschaft geeignete Kommunikationsmedien, wie etwa das Internet, nutzen. (Tz. 6.4)

E63 Informationen, die die Gesellschaft im Ausland aufgrund der jeweiligen kapitalmarktrechtlichen Vorschriften veröffentlicht, sollen auch im Inland unverzüglich bekannt gegeben werden. (Tz. 6.5)

E64 Über die gesetzliche Pflicht zur unverzüglichen Mitteilung und Veröffentlichung von Geschäften in Aktien der Gesellschaft hinaus, soll der Besitz von Aktien der Gesellschaft oder sich darauf beziehender Finanzinstrumente von Vorstands- und Aufsichtsratsmitgliedern angegeben werden, wenn er direkt oder indirekt größer als 1 % der von der Gesellschaft ausgegebenen Aktien ist. (Tz. 6.6 Abs. 1 Satz 1)

E65 Übersteigt der Gesamtbesitz aller Vorstands- und Aufsichtsratsmitglieder 1 % der von der Gesellschaft ausgegebenen Aktien, soll der Gesamtbesitz getrennt nach Vorstand und Aufsichtsrat angegeben werden. (Tz. 6.6 Abs. 1 Satz 2)

E66 Sämtliche in Abschnitt 6.6 angesprochenen Angaben sollen im Corporate Governance Bericht enthalten sein. (Tz. 6.6 Abs. 2)

E67 Im Rahmen der laufenden Öffentlichkeitsarbeit sollen die Termine der wesentlichen wiederkehrenden Veröffentlichungen (u. a. Geschäftsbericht, Zwischenfinanzberichte) und der Termin der Hauptversammlung in einem „Finanzkalender" mit ausreichendem Zeitvorlauf publiziert werden. (Tz. 6.7)

1. Empfehlungen und Anregungen des Kodex **Anhang**

E68 Von der Gesellschaft veröffentlichte Informationen über das Unternehmen sollen auch über die Internetseite der Gesellschaft zugänglich sein. (Tz. 6.8 Satz 1)
E69 Die Internetseite soll übersichtlich gegliedert sein. (Tz. 6.8 Satz 2)

Rechnungslegung und Transparenz

E70 Der Konzernabschluss soll binnen 90 Tagen nach Geschäftsjahresende öffentlich zugänglich sein. (Tz. 7.1.2 Satz 3 erster Halbsatz)
E71 Die Zwischenberichte sollen binnen 45 Tagen nach Ende des Berichtszeitraums öffentlich zugänglich sein. (Tz. 7.1.2 Satz 3 zweiter Halbsatz)
E72 Der Corporate Governance Bericht soll konkrete Angaben über Aktienoptionsprogramme und ähnliche wertpapierorientierte Anreizsysteme der Gesellschaft enthalten. (Tz. 7.1.3)
E73 Die Gesellschaft soll eine Liste von Drittunternehmen veröffentlichen, an denen sie eine Beteiligung von für das Unternehmen nicht untergeordneter Bedeutung hält. (Tz. 7.1.4 Satz 1)
E74 Es sollen angegeben werden: Name und Sitz der Gesellschaft, Höhe des Anteils, Höhe des Eigenkapitals und Ergebnis des letzten Geschäftsjahres. (Tz. 7.1.4 Satz 3)
E75 Im Konzernabschluss sollen Beziehungen zu Aktionären erläutert werden, die im Sinne der anwendbaren Rechnungslegungsvorschriften als nahestehende Personen zu qualifizieren sind. (Tz. 7.1.5)
E76 Vor Unterbreitung des Wahlvorschlags soll der Aufsichtsrat bzw. der Prüfungsausschuss eine Erklärung des vorgesehenen Prüfers einholen, ob und ggf. welche geschäftlichen, finanziellen, persönlichen oder sonstigen Beziehungen zwischen dem Prüfer und seinen Organen und Prüfungsleitern einerseits und dem Unternehmen und seinen Organmitgliedern andererseits bestehen, die Zweifel an seiner Unabhängigkeit begründen können. (Tz. 7.2.1 Abs. 1 Satz 1)
E77 Die Erklärung soll sich auch darauf erstrecken, in welchem Umfang im vorausgegangenen Geschäftsjahr andere Leistungen für das Unternehmen, insbesondere auf dem Beratungssektor, erbracht wurden bzw. für das folgende Jahr vertraglich vereinbart sind. (Tz. 7.2.1 Abs. 1 Satz 2)
E78 Der Aufsichtsrat soll mit dem Abschlussprüfer vereinbaren, dass der Vorsitzende des Aufsichtsrats bzw. des Prüfungsausschusses über während der Prüfung auftretende mögliche Ausschluss- oder Befangenheitsgründe unverzüglich unterrichtet wird, soweit diese nicht unverzüglich beseitigt werden. (Tz. 7.2.1 Abs. 2)
E79 Der Aufsichtsrat soll vereinbaren, dass der Abschlussprüfer über alle für die Aufgaben des Aufsichtsrats wesentlichen Feststellungen und Vorkommnisse unverzüglich berichtet, die sich bei der Durchführung der Abschlussprüfung ergeben. (Tz. 7.2.3 Abs. 1)
E80 Der Aufsichtsrat soll vereinbaren, dass der Abschlussprüfer ihn informiert bzw. im Prüfungsbericht vermerkt, wenn er bei Durchführung der Abschlussprüfung Tatsachen feststellt, die eine Unrichtigkeit der von Vorstand und Aufsichtsrat abgegebenen Erklärung zum Kodex ergeben. (Tz. 7.2.3 Abs. 2)

b) Anregungen des Kodex

Aktionäre und Hauptversammlung

A1 Der Versammlungsleiter sollte sich davon leiten lassen, dass eine ordentliche Hauptversammlung spätestens nach 4 bis 6 Stunden beendet ist. (Tz. 2.2.4 Satz 2)
A2 Der Stimmrechtsvertreter sollte auch während der Hauptversammlung erreichbar sein. (Tz. 2.3.3 Satz 3 zweiter Halbsatz)
A3 Die Gesellschaft sollte den Aktionären die Verfolgung der Hauptversammlung über moderne Kommunikationsmedien (z. B. Internet) ermöglichen. (Tz. 2.3.4)

Anhang

1. Empfehlungen und Anregungen des Kodex

Zusammenwirken von Vorstand und Aufsichtsrat

A4 In mitbestimmten Aufsichtsräten sollten die Vertreter der Aktionäre und der Arbeitnehmer die Sitzungen des Aufsichtsrats jeweils gesondert, gegebenenfalls mit Mitgliedern des Vorstands, vorbereiten. (Tz. 3.6 Abs. 1)

A5 Der Aufsichtsrat sollte bei Bedarf ohne den Vorstand tagen. (Tz. 3.6 Abs. 2)

A6 In angezeigten Fällen sollte der Vorstand eine außerordentliche Hauptversammlung einberufen, in der die Aktionäre über das Übernahmeangebot beraten und gegebenenfalls über gesellschaftsrechtliche Maßnahmen beschließen. (Tz. 3.7 Abs. 3)

A7 Im Corporate Governance Bericht kann auch zu den Kodexanregungen Stellung genommen werden. (Tz. 3.10 Satz 3)

Vorstand

A8 Die variablen Vergütungsteile sollten einmalige sowie jährlich wiederkehrende Komponenten enthalten. (Tz. 4.2.3 Abs. 2 Satz 2 erster Halbsatz)

A9 Die variablen Vergütungsteile sollten an den geschäftlichen Erfolg gebundene Komponenten enthalten. (Tz. 4.2.3 Abs. 2 Satz 2 zweiter Halbsatz)

A10 Die variablen Vergütungsteile sollten Komponenten mit langfristiger Anreizwirkung enthalten. (Tz. 4.2.3 Abs. 2 Satz 2 dritter Halbsatz)

A11 Die variablen Vergütungsteile sollten Komponenten mit Risikocharakter enthalten. (Tz. 4.2.3 Abs. 2 Satz 2 vierter Halbsatz)

A12 Bei Abschluss von Vorstandsverträgen sollte darauf geachtet werden, dass Zahlungen an ein Vorstandsmitglied bei vorzeitiger Beendigung der Vorstandstätigkeit ohne wichtigen Grund einschließlich Nebenleistungen den Wert von zwei Jahresvergütungen nicht überschreiten (Abfindungs-Cap) und nicht mehr als die Restlaufzeit des Anstellungsvertrages vergüten. (Tz. 4.2.3 Abs. 4 Satz 1)

A13 Für die Berechnung des Abfindungs-Caps sollte auf die Gesamtvergütung des abgelaufenen Geschäftsjahres und gegebenenfalls auch auf die voraussichtliche Gesamtvergütung für das laufende Geschäftsjahr abgestellt werden. (Tz. 4.2.3 Abs. 4 Satz 2)

A14 Eine Zusage für Leistungen aus Anlass der vorzeitigen Beendigung der Vorstandstätigkeit infolge eines Kontrollwechsels (Change of Control) sollte 150 % des Abfindungs-Caps nicht übersteigen. (Tz. 4.2.3 Abs. 5)

Aufsichtsrat

A15 Der Aufsichtsrat kann die Vorbereitung der Bestellung von Vorstandsmitgliedern einem Ausschuss übertragen, der auch die Bedingungen des Anstellungsvertrages einschließlich der Vergütung festlegt. (Tz. 5.1.2 Abs. 1 Satz 2)

A16 Bei Erstbestellungen von Vorstandsmitgliedern sollte die maximal mögliche Bestelldauer von fünf Jahren nicht die Regel sein. (Tz. 5.1.2 Abs. 2 Satz 1)

A17 Den Vorsitz im Prüfungsausschuss (Audit Committee) sollte der Aufsichtsratsvorsitzende nicht innehaben. (Tz. 5.2 Abs. 2 Satz 2)

A18 Der Vorsitzende des Prüfungsausschusses sollte kein ehemaliges Vorstandsmitglied der Gesellschaft sein. (Tz. 5.3.2 Satz 3)

A19 Der Aufsichtsrat kann weitere Sachthemen zur Behandlung in einen oder mehrere Ausschüsse verweisen. Hierzu gehören u. a. die Strategie des Unternehmens, die Vergütung der Vorstandsmitglieder, Investitionen und Finanzierungen. (Tz. 5.3.4)

A20 Der Aufsichtsrat kann vorsehen, dass Ausschüsse die Sitzungen des Aufsichtsrats vorbereiten und darüber hinaus auch anstelle des Aufsichtsrats entscheiden. (Tz. 5.3.5)

1. Empfehlungen und Anregungen des Kodex **Anhang**

A21 Durch die Wahl bzw. Neuwahl von Aufsichtsratsmitgliedern zu unterschiedlichen Terminen und für unterschiedliche Amtsperioden kann Veränderungserfordernissen Rechnung getragen werden. (Tz. 5.4.6)

A22 Die erfolgsorientierte Vergütung sollte auch auf den langfristigen Unternehmenserfolg bezogene Bestandteile enthalten. (Tz. 5.4.7 Abs. 2 Satz 2)

Transparenz

A23 Veröffentlichungen sollten auch in englischer Sprache erfolgen. (Tz. 6.8 Satz 3)

Anhang

2. Muster Entsprechenserklärungen

Allgemeiner Hinweis:

Nachfolgend sind zwei Beispiele für Entsprechenserklärungen nach § 161 AktG aufgeführt. Bei Verwendung der Muster ist aber stets die Situation des individuellen Unternehmens zu berücksichtigen. Nach der gesetzlichen Regelung in § 161 AktG müssen Abweichungen von den Kodexempfehlungen nicht begründet werden. Hierzu empfiehlt der Kodex Erläuterungen im Geschäftsbericht (Ziffer 3.10). Erläuterungen im Rahmen der Entsprechenserklärung sind daher auch in den nachfolgenden Mustererklärungen nicht vorgesehen. Die Umsetzung der Kodexanregungen ist nach § 161 AktG nicht Gegenstand der Entsprechenserklärung. Eine Stellungnahme hierzu sollte in der Entsprechenserklärung unterbleiben.

a) Uneingeschränkte Entsprechenserklärung

**Erklärung des Vorstands und des Aufsichtsrats
der X-AG
zu den Empfehlungen der
„Regierungskommission Deutscher Corporate Governance Kodex"
gemäß § 161 AktG**

Die X-AG entspricht sämtlichen vom Bundesministerium der Justiz im amtlichen Teil des elektronischen Bundesanzeigers bekannt gemachten Empfehlungen der „Regierungskommission Deutscher Corporate Governance Kodex" in der Fassung vom [Datum] und hat ihnen im Zeitraum vom [Datum der letzten Entsprechenserklärung] bis zum [Datum der aktuellen Entsprechenserklärung] entsprochen.

Ort, Datum

Für den Aufsichtsrat   Für den Vorstand

– Aufsichtsratsvorsitzender –   – Vorstandsvorsitzender –

b) Eingeschränkte Entsprechenserklärung

**Erklärung des Vorstands und des Aufsichtsrats
der X-AG
zu den Empfehlungen der
„Regierungskommission Deutscher Corporate Governance Kodex"
gemäß § 161 AktG**

Die X-AG entspricht sämtlichen vom Bundesministerium der Justiz im amtlichen Teil des elektronischen Bundesanzeigers bekannt gemachten Empfehlungen der „Regierungskommission Deutscher Corporate Governance Kodex" in der Fassung vom [Datum] mit folgenden Ausnahmen:

(1) (Ziffer ..... des Kodex) [Beschreibung Kodexempfehlung]
(2) (Ziffer ..... des Kodex) [Beschreibung Kodexempfehlung]

Die Gesellschaft entsprach den Empfehlungen der „Regierungskommission Deutscher Corporate Governance Kodex" in ihrer Fassung vom [Datum] zwischen dem [Datum der letzten Entsprechenserklärung] und dem [Datum der aktuellen Entsprechenserklärung] mit den folgenden Ausnahmen:

2. Muster Entsprechenserklärungen **Anhang**

(1) (Ziffer . . . . . des Kodex) [Beschreibung Kodexempfehlung]
(2) (Ziffer . . . . . des Kodex) [Beschreibung Kodexempfehlung]

Ort, Datum

Für den Aufsichtsrat   Für den Vorstand
– Aufsichtsratsvorsitzender –   – Vorstandsvorsitzender –

3. Muster
Gestraffter Leitfaden für den Versammlungsleiter (Hauptversammlung)

Allgemeiner Hinweis

Der nachfolgend aufgeführte „Sprechtext" für den Leiter der Hauptversammlung soll als Basis für die auch vom Kodex geforderte zügige Abwicklung der Hauptversammlung durch den Versammlungsleiter (Ziffer 2.2.4) dienen. Der Text ist jeweils an die individuelle Situation der betreffenden Gesellschaft anzupassen. Der Mustertext hat eine normale, ordentliche Hauptversammlung mit den üblichen Tagesordnungspunkten vor Augen. Entsprechend der Kodexanregung in Ziffer 2.3.4 geht der Text davon aus, dass die gesamte Hauptversammlung im Internet übertragen wird. In diesem Zusammenhang wird vorgesehen, dass die Hauptversammlung nicht nur den Aktionären zugänglich gemacht, sondern frei im Internet übertragen wird. Hierzu bedarf es einer besonderen Ermächtigung durch die Satzung oder eine Geschäftsordnung für die Hauptversammlung (§ 118 Abs. 3 AktG). Die Übereinstimmung mit Ziffer 2.2.3 des Kodex berücksichtigt der Leitfaden die Einrichtung eines internetgestützten Vollmachts- und Weisungssystems zur Stimmrechtsausübung. Hierzu bedarf es nach § 134 Abs. 3 AktG einer Grundlage in der Satzung.

Der Leitfaden berücksichtigt nicht die Behandlung von Geschäftsordnungsanträgen und weiteren Sonderanträgen der Aktionäre (s. hierzu etwa *Volhard* in Semler/Volhard, HV Hdb., 1048 ff. und *Ek*, Praxisleitfaden HV, 97 ff.).

a) Leitfaden

Begrüßung

Meine sehr geehrten Damen und Herren!

Hiermit eröffne ich die . . . ordentliche Hauptversammlung der X-AG und übernehme satzungsgemäß den Vorsitz.

Im Namen des Aufsichtsrats und des Vorstands heiße ich alle Aktionärinnen und Aktionäre sowie alle Aktionärs- und Pressevertreter herzlich willkommen.

Internetübertragung

Die heutige Hauptversammlung wird auf meine Anordnung als Versammlungsleiter vollständig in Bild und Ton im Internet übertragen. Sie kann von jedermann uneingeschränkt verfolgt werden.

Die Eröffnung der Hauptversammlung, der Bericht des Aufsichtsratsvorsitzenden und die Rede des Vorstandsvorsitzenden stehen als Aufzeichnung später auf der Internetseite der Gesellschaft zur Verfügung.

Die Tagesordnung und die Beschlussvorschläge der Verwaltung liegen Ihnen in vollem Wortlaut gedruckt vor.

Den Ablauf und die Beschlüsse der heutigen dieser Hauptversammlung wird Herr Notar Y beurkunden.

Alle wichtigen Hinweise zum Ablauf der Hauptversammlung finden Sie in unserem Informationsblatt zur Hauptversammlung, das allen Aktionären bei ihrer Anmeldung heute Morgen ausgehändigt wurde. Berücksichtigen Sie insbesondere die Hinweise zum Teilnehmerverzeichnis, zum Abstimmungsverfahren, zum vorzeitigen Verlassen der Hauptversammlung und zur Vollmachtserteilung.

3. Muster Gestraffter Leitfaden für den Versammlungsleiter — **Anhang**

Hinweis für den Versammlungsleiter

Der Wortmeldetisch befindet sich von Ihnen aus gesehen . . .

Wortmeldungen bitte ich frühzeitig am Wortmeldetisch, hier vorn im Saal, abzugeben.

Ich erläutere Ihnen nun den Bericht des Aufsichtsrats.

Erläuterungen des Aufsichtsratsvorsitzenden ggf. mit Erläuterungen der Grundzüge des Vergütungssystems für den Vorstand gem. Ziffer 4.2.3 Abs. 4 des Kodex

Meine Damen und Herren!
Ich erteile jetzt Herrn [Vorstandsvorsitzender] das Wort und bitte ihn um seinen Bericht.

Hinweis für den Versammlungsleiter

Herr [Vorstandsvorsitzender] . . . spricht stehend vom [Rednerpult] aus. Nach der Rede fährt der Versammlungsleiter fort.

Ausführungen des Vorstandsvorsitzenden

Meine Damen und Herren!

Ich spreche sicher auch in Ihrem Namen, wenn ich Herrn [Vorstandsvorsitzenden] für seine umfassende Berichterstattung danke.

Tagesordnung

Meine Damen und Herren!

Die heutige Tagesordnung umfasst insgesamt . . . Punkte, und zwar:

1. Vorlage des festgestellten Jahresabschlusses der X-AG und des Konzernabschlusses zum . . . mit dem Lagebericht der X-AG und des Konzerns für das Geschäftsjahr . . . und dem Bericht des Aufsichtsrats
2. Beschlussfassung über die Verwendung des Bilanzgewinns
3. Beschlussfassung über die Entlastung der Mitglieder des Vorstands
4. Beschlussfassung über die Entlastung der Mitglieder des Aufsichtsrats
5. Wahl des Abschussprüfers

[ggf. weitere Tagesordnungspunkte]

Generaldebatte

Meine Damen und Herren!

Wir kommen nun zur Aussprache über die Tagesordnungspunkte 1 bis 5 in Form der Generaldebatte. Hierzu liegen mir bereits zahlreiche Wortmeldungen vor.

Ich werde die Aktionärsfragen und die Antworten der Verwaltung blockweise abhandeln. Das heißt, nach einer gewissen Anzahl von Rednern wird der Vorstand die Fragen beantworten, bevor ich weitere Redner aufrufe. Bei Aufruf eines Redners werde ich bereits den nächsten Redner ankündigen.

Freiwillige Redezeitbegrenzung

Bei der Gestaltung Ihrer Redebeiträge bitte ich Sie zu beachten, dass wir auch heute wieder eine große Zahl von Wortmeldungen erwarten. Bereits im letzten Jahr hatten wir [rund 20] Wortmeldungen. Bei einer Redezeit von 15 Minuten pro Beitrag benötigen wir schon [5] Stunden, um den Ausführungen der Aktionäre folgen zu können. Hinzu kommen natürlich die Antworten des Vorstands auf die ihm gestellten Fragen.

Anhang 3. Muster Gestraffter Leitfaden für den Versammlungsleiter

Meine Damen und Herren!

Ich halte es für ein Gebot der Fairness, dass Sie es allen Aktionären ermöglichen, noch bei einer hohen Präsenz in der Hauptversammlung ihre Ausführungen und Fragen vorzutragen. Ich wäre Ihnen deshalb dankbar, wenn Sie eine Redezeit von 15 Minuten nicht überschreiten würden, und darf Sie bitten, auch Ihre Fragen innerhalb der Redezeit zu stellen. Die bisherigen Erfahrungen auf anderen Hauptversammlungen haben gezeigt, dass 15 Minuten ausreichen, selbst komplexe Sachverhalte angemessen zu behandeln. Ich möchte aber betonen, dass dies keine generelle Redezeitbeschränkung ist, sondern ein Hinweis im Interesse aller Aktionäre.

Um Ihnen die Kontrolle über die verbleibende Redezeit zu erleichtern, wird zwei Minuten vor Ablauf der 15 Minuten eine rote Lampe am Rednerpult aufblinken. Sie können die dann noch verbleibende Zeit zum Beispiel zur Fragestellung nutzen. Nach Ablauf der 15 Minuten wird die rote Lampe dann ein Dauerlicht abgeben. Sie wissen dann, dass Sie Ihren Beitrag beenden sollten, und jetzt andere Aktionäre darauf warten, zu Wort kommen zu dürfen. Ziel meiner Aufforderung ist es auch, die Hauptversammlung entsprechend dem Deutschen Corporate Governance Kodex zügig abzuwickeln, also spätestens nach 4 bis 6 Stunden zu beenden. Falls zu einem der Tagesordnungspunkte 2 bis 5 Gegenanträge gestellt werden, und ich nichts anderes bekannt gebe, werde ich zuerst über die Vorschläge der Verwaltung abstimmen lassen.

Ich darf nun zunächst Herrn/Frau . . . bitten, von einem der beiden Rednerpulte aus zu sprechen. Danach werde ich Herrn/Frau . . . aufrufen.

Hinweis für den Versammlungsleiter:

Die Wortmeldungen und die anschließende Beantwortung der Fragen erfolgt, je nach Anfall, in mehreren Blöcken.

Hinweis für den Versammlungsleiter

Nach Vorlage des **Teilnehmerverzeichnisses** haben Sie zwischenzeitlich die Möglichkeit, die Präsenz bekannt zu geben

Meine Damen und Herren!

Zwischenzeitlich ist das Teilnehmerverzeichnis fertig gestellt worden. Bei Fertigstellung des Verzeichnisses waren vom Grundkapital der Gesellschaft

. . . . Stückaktien

mit ebenso vielen Stimmen präsent.

Das sind . . . . % des Grundkapitals.

Das Teilnehmerverzeichnis kann über Bildschirme im . . . eingesehen werden.

Fortsetzung der Generaldebatte

Nach Ablauf der Diskussionsrunde und der Beantwortung der Fragen durch den Vorstand:

Meine Damen und Herren!

Weitere Wortmeldungen liegen mir nicht mehr vor. Der Vorstand und auch ich für den Aufsichtsrat haben zu den Fragen im Einzelnen Stellung genommen. Sind alle gestellten Fragen beantwortet?

3. Muster Gestraffter Leitfaden für den Versammlungsleiter **Anhang**

Es erhebt sich Widerspruch:
Bitte kommen Sie zum Rednerpult und wiederholen Sie Ihre Fragen, die nach Ihrer Meinung noch nicht beantwortet worden sind.

Ggf. Beantwortung der Fragen durch den Vorstand. Evtl. auf Verlangen des Aktionärs Aufnahme von Fragen ins notarielle Protokoll. Die Antworten des Vorstands auf diese Fragen sind ebenfalls ins notarielle Protokoll aufzunehmen.

Es erhebt sich kein Widerspruch:
Ich stelle fest, dass alle Fragen beantwortet wurden. Den Rednern danke ich für ihre Beiträge und dem Vorstand für die Beantwortung der Fragen. Ich schließe hiermit die Diskussion und komme zur Beschlussfassung über die Tagesordnungspunkte.

Meine Damen und Herren!
Als Versammlungsleiter obliegt es mit nach [§ . . . . unserer Satzung] Art und Reihenfolge der Abstimmungen festzulegen.

Additionsverfahren
Die Ermittlung der Abstimmungsergebnisse erfolgt nach der Additionsmethode. Hierbei werden nur die Ja- und Nein-Stimmen ausgezählt. Stimmenthaltungen haben keinen Einfluss auf das Ergebnis und werden somit auch nicht gesondert erfasst. Von daher müssen sich all diejenigen Aktionäre und Aktionärsvertreter an den Abstimmungen beteiligen, die zu allen oder auch zu einzelnen Tagesordnungspunkten mit „Ja" oder „Nein" stimmen wollen.

Die Stimmen werden mit einer elektronischen Datenverarbeitungsanlage unter notarieller Aufsicht ausgezählt.

Aktionäre, die die heutige Hauptversammlung im Internet verfolgen und ihre Vollmacht und Weisungen an die von der Gesellschaft benannten Stimmrechtsvertreter noch erteilen bzw. ändern wollen, müssen dies bis spätestens vor Beginn des Einsammelns der Stimmkarten hier im Saal vornehmen. Das Einsammeln der Stimmkarten beginnt mit dem Ertönen eines Gongs. Mit dem Gong wird das internetgestützte Vollmachts- und Weisungssystem geschlossen. Hierauf weise ich ausdrücklich hin.

Über die zur Abstimmung anstehenden Tagesordnungspunkte 2 bis 5 lasse ich in einem Abstimmungsvorgang abstimmen. Ich weise darauf hin, dass die Abgabe der Stimmkarten nur hier im Innenraum des Versammlungssaales möglich ist. Ich bitte darum alle Aktionäre und Aktionärsvertreter, die sich gleich an der Abstimmung beteiligen wollen und sich im Moment außerhalb des Saales befinden, schon jetzt zur Stimmabgabe in den Innenraum des Versammlungssaales zu kommen.

Erläuterungen zum Abstimmungsverfahren
Ich erläutere Ihnen nun das Abstimmungsverfahren.

Für die Abstimmung über die Tagesordnungspunkte 2 bis 5 ist die Sammelstimmkarte 1 – das ist die erste Karte im Stimmkartenblock – zu verwenden. Auf dieser Sammelstimmkarte sind die zur Abstimmung aufgerufenen Punkte 2 bis 5 in Kurzform wiedergegeben. Die bekannt gemachten Beschlussvorschläge der Verwaltung werden gestellt. Neben der Kurzbeschreibung auf der Sammelstimmkarte finden Sie jeweils ein Ja- und ein Nein-Kästchen. Zusätzlich finden Sie auf der Sammelstimmkarte 1 die Zeile „Zustimmung zu den Vorschlägen der Verwaltung bei allen Tagesordnungspunkten" mit einem Kästchen. Dieses Kästchen kreuzen all die Aktionäre und Aktionärsvertreter an, die den Verwaltungsvorschlägen insgesamt zustimmen wollen.

Anhang 3. Muster Gestraffter Leitfaden für den Versammlungsleiter

Aktionäre und Aktionärsvertreter, die nur mit einzelnen Vorschlägen der Verwaltung einverstanden sind, kreuzen die entsprechenden Ja-Kästchen an. Diejenigen, die gegen einzelne oder gegen alle Tagesordnungspunkte stimmen wollen, kreuzen die entsprechenden Nein-Kästchen an.

Wenn Sie zu einem Tagesordnungspunkt sowohl das „Ja-Kästchen" als auch das „Nein-Kästchen" ankreuzen, werden Ihre Stimmen als ungültig gewertet.

Stimmkarten können, wie ich bereits erwähnte, nur hier im Innenraum des Versammlungssaales abgegeben werden. Bei der Abstimmung werden Damen und Herren Einsammelkästchen durch die Reihen reichen, in die Sie Ihre Sammelstimmkarte 1 einwerfen wollen.

Der Beginn und das Ende des Einsammelns werden durch das Ertönen eines Gongs angezeigt.

Zu den Abstimmungen über die Entlastung des Vorstands und des Aufsichtsrats mache ich darauf aufmerksam, dass über die Entlastung von Vorstands- und Aufsichtsratsmitgliedern abgestimmt wird, die im abgelaufenen Geschäftsjahr amtiert haben.

Diejenigen Aktionäre unserer Gesellschaft, die während des vergangenen Geschäftsjahres Mitglied des Vorstands oder des Aufsichtsrats gewesen sind, dürfen ihr Stimmrecht bei der entsprechenden Entlastungsabstimmung nicht ausüben oder ausüben lassen. Sie sind auf diese gesetzliche Vorschrift hingewiesen worden.

Um das Einsammeln der Stimmkarten zu beschleunigen, darf ich Sie bitten, unseren Mitarbeitern beim Weiterreichen der Kästen behilflich zu sein.

Ich bitte nun, mit dem Einsammeln der Sammelstimmkarte 1 zu beginnen. Das internetgestützte Vollmachts- und Weisungssystem wird nunmehr geschlossen.

– **Betätigung des Gongs**
– **Einsammeln der Sammelstimmkarte 1**

Nach Beendigung des Einsammelns:

Darf ich fragen, ob jeder Aktionär Gelegenheit zur Abgabe seiner Stimmen hatte?

Das ist der Fall. Mit dem Gong schließe ich nun den Abstimmungsvorgang.

Betätigung des Gongs

Meine Damen und Herren!

Die soeben eingesammelten Sammelstimmkarten 1 werden nun zusammen mit den schriftlich und elektronisch erteilten Weisungen ausgewertet und die Abstimmungsergebnisse unter notarieller Aufsicht ermittelt. Trotz Einsatz moderner Datenverarbeitung wird dies einige Minuten in Anspruch nehmen. Sobald mir die Abstimmungsergebnisse vorliegen, werde ich Ihnen diese bekannt geben. Bis dahin unterbreche ich die Hauptversammlung.

Unterbrechung der Hauptversammlung

Wenn die Abstimmungsergebnisse vorliegen:

Meine Damen und Herren!

Wir setzen jetzt die Hauptversammlung mit der Bekanntgabe der Abstimmungsergebnisse zu den Tagesordnungspunkten 2 bis 5 fort. Ich darf Ihnen wie Ergebnisse wie folgt bekannt geben:

3. Muster Gestraffter Leitfaden für den Versammlungsleiter

Bei der Abstimmung über Tagesordnungspunkt 2

– Beschlussfassung über die Verwendung des Bilanzgewinns –

wurden insgesamt

.... gültige Stimmen abgegeben.

Hiervon waren

.... Ja-Stimmen und

.... Nein-Stimmen.

Damit wurde die von Vorstand und Aufsichtsrat vorgeschlagene Verwendung des Bilanzgewinns für das Geschäftsjahr ...

mit .... %

der abgegebenen gültigen Stimmen von der Hauptversammlung angenommen.

Die Dividende wird am ... ausgezahlt.

Hinweis für den Versammlungsleiter:

Wenn Aktionäre oder deren Vertreter in der Hauptversammlung Gegenanträge zu TOP 2 gestellt haben, ist wie folgt auszuführen: **„Somit haben sich auch die Gegenanträge zu Tagesordnungspunkt 2 erledigt."**

Anhang   3. Muster Gestraffter Leitfaden für den Versammlungsleiter

Bei der Abstimmung über Tagesordnungspunkt 3

– Beschlussfassung über die Entlastung der Mitglieder des Vorstands –

wurden insgesamt

.... gültige Stimmen abgegeben.

Hiervon waren

.... Ja-Stimmen und

.... Nein-Stimmen.

Damit wurde die von Vorstand und Aufsichtsrat vorgeschlagene Entlastung der Mitglieder des Vorstands für das Geschäftsjahr ...

mit .... %

Hinweis für den Versammlungsleiter:

Wenn Aktionäre oder deren Vertreter in der Hauptversammlung Gegenanträge zu TOP 3 gestellt haben, ist wie folgt auszuführen: **„Somit haben sich auch die Gegenanträge zu Tagesordnungspunkt 3 erledigt."**

3. Muster Gestraffter Leitfaden für den Versammlungsleiter **Anhang**

Bei der Abstimmung über Tagesordnungspunkt 4

– Beschlussfassung über die Entlastung der Mitglieder des Aufsichtsrats –

wurden insgesamt

.... gültige Stimmen abgegeben.

Hiervon waren

.... Ja-Stimmen und

.... Nein-Stimmen.

Damit wurde die von Vorstand und Aufsichtsrat vorgeschlagene Entlastung der Mitglieder des Aufsichtsrats für das Geschäftsjahr ...

mit .... %

der abgegebenen gültigen Stimmen von der Hauptversammlung angenommen.

Hinweis für den Versammlungsleiter:

Wenn Aktionäre oder deren Vertreter in der Hauptversammlung Gegenanträge zu TOP 4 gestellt haben, ist wie folgt auszuführen: **„Somit haben sich auch die Gegenanträge zu Tagesordnungspunkt 4 erledigt."**

Anhang 3. Muster Gestraffter Leitfaden für den Versammlungsleiter

Bei der Abstimmung über Tagesordnungspunkt 5

– Wahl des Abschlussprüfers –

wurden insgesamt

.... gültige Stimmen abgegeben.

Hiervon waren

.... Ja-Stimmen und

.... Nein-Stimmen.

Damit wurde die vom Aufsichtsrat vorgeschlagene [Wirtschaftsprüfungsgesellschaft]

mit .... %

der abgegebenen gültigen Stimmen zum Abschlussprüfer für das Geschäftsjahr ... von der Hauptversammlung gewählt.

Hinweis für den Versammlungsleiter:

Wenn Aktionäre oder deren Vertreter in der Hauptversammlung Gegenanträge zu TOP 5 gestellt haben, ist wie folgt auszuführen: **„Somit haben sich auch die Gegenanträge zu Tagesordnungspunkt 5 erledigt."**

3. Muster Gestraffter Leitfaden für den Versammlungsleiter

Meine sehr geehrten Damen und Herren!

Wir sind nun am Ende unserer heutigen Tagesordnung.

Bevor ich die Hauptversammlung schließe, danke ich allen Teilnehmern für ihr Erscheinen und das in der Aussprache gezeigte Interesse an unserem Unternehmen.

Unsere nächste ordentliche Hauptversammlung findet

statt am . . . .

Ich erkläre hiermit die heutige . . . ordentliche Hauptversammlung der X-AG für geschlossen.

Anhang 4. Muster Themenliste/Fragebogen zur Effizienzprüfung

4. Muster
Themenliste/Fragebogen zur Effizienzprüfung des Aufsichtsrats

Allgemeiner Hinweis

Die nachfolgend aufgeführten Themen und Fragen können als Basis für die Effizienzprüfung des Aufsichtsrats verwandt werden. In jedem Einzelfall ist aber zu prüfen, ob aus der individuellen Situation eines Aufsichtsrats weitere Themen hinzukommen müssen (z. B. Vergütungsfragen für den Aufsichtsrat), einzelne Themengruppen stärker zu vertiefen sind (z. B. internationale Erfahrung der Aufsichtsratsmitglieder) oder ob Themenkomplexe, die z. B. im vorangegangenen Jahr intensiv behandelt worden sind, in der Effizienzprüfung des darauf folgenden Jahres unberücksichtigt bleiben können. Die Themen und Fragen zur Vorbereitung der Effizienzprüfung können im Vorfeld der Aufsichtsratssitzung, in der die Effizienzprüfung durchgeführt werden soll, an die einzelnen Aufsichtsratsmitglieder versandt werden (Fragebogen). Die Rückläufe können dann die Grundlage für die Diskussion im Aufsichtsrat bilden. Wird die Effizienzprüfung durch einen Ausschuss vorbereitet, so können die aufgeführten Themen und Fragen in der Ausschusssitzung behandelt werden, bevor der Gesamtaufsichtsrat mit der Effizienzprüfung befasst wird.

1. Information des Aufsichtsrats

1.1 Erhalten die Aufsichtsratsmitglieder klar strukturierte, verständlich aufbereitete und aussagekräftige Informationen zu den Tagesordnungspunkten der Aufsichtsratssitzungen und im Rahmen von Beschlussfassungen im schriftlichen Verfahren?
Entspricht insbesondere die Gestaltung der Ihnen in Textform vor der Aufsichtsratssitzung zugesandten Berichte in Umfang und Detaillierungsgrad Ihren Vorstellungen?

1.2 Sind insbesondere die Finanzinformationen ausreichend detailliert und werden sie verständlich erläutert? Erhalten die Aufsichtsratsmitglieder ausreichende Informationen zur Finanz- und Ertragslage (Jahresabschluss, Quartalsberichte, Budget) sowie zur Geschäftsentwicklung, zur Strategie und zum Risikomanagement, um die wesentlichen Fragen und Entwicklungstrends zum Unternehmen verstehen und beurteilen zu können?

1.3 Informiert der Vorstand den Aufsichtsrat angemessen und rechtzeitig über Abweichungen des Geschäftsverlaufs von den aufgestellten Plänen und Zielen und werden die Abweichungen hinreichend erläutert?

1.4 Ist die vertrauliche Behandlung der Informationen des Vorstands gewährleistet?

2. Aufsichtsratssitzungen

2.1 Sind Anzahl und Dauer der Aufsichtsratssitzungen angemessen?

2.2 Decken die Tagesordnungspunkte für die einzelnen Aufsichtsratssitzungen die im Aufsichtsrat zu behandelnden Themen ausreichend ab?

2.3 Werden zukunftsgerichtete Themen, insbesondere die strategische Ausrichtung des Konzerns, ausreichend behandelt?

2.4 Sollten Sitzungen des Aufsichtsrats oder seiner Ausschüsse ohne Teilnahme des Vorstandes ausgeweitet werden?

4. Muster Themenliste/Fragebogen zur Effizienzprüfung **Anhang**

2.5 Haben sich die Anteilseigner- beziehungsweise Arbeitnehmervorgespräche vor den einzelnen Aufsichtsratssitzungen bewährt?

2.6 Werden die Aufsichtsratssitzungen so geführt, dass eine offene Diskussion der Tagesordnungspunkte, eine breite Beteiligung der Aufsichtsratsmitglieder und fundierte Entscheidungen erleichtert werden?

3. Aufsichtsratsausschüsse

3.1 Der Aufsichtsrat hat x Ausschüsse gebildet:
– den Ausschuss ....
– den Ausschuss ....
– den Ausschuss ....

Sind Aufgabenstellung und Besetzung der Ausschüsse angemessen?

3.2 Ist die Arbeitsaufteilung zwischen den Ausschüssen und dem Aufsichtsratsplenum zweckmäßig geregelt? Sollten weitere Ausschüsse gebildet werden? Sollten den bestehenden Ausschüssen weitere Aufgaben übertragen werden?

3.3 Ist die Berichterstattung im Plenum über die Ausschussarbeit angemessen detailliert und informativ?

4. Zusammensetzung des Aufsichtsratsrats und Nachfolgeplanung

4.1 Ist der Aufsichtsrat in Bezug auf die technische, wirtschaftliche und finanzielle Kompetenz und internationale Erfahrung der einzelnen Aufsichtsratsmitglieder adäquat besetzt?

4.2 Sind die Aufsichtsratsmitglieder angemessen unabhängig?

4.3 Sollte die Neuwahl von Aufsichtsratsmitgliedern (Anteilseignervertreter) zu unterschiedlichen Terminen oder für unterschiedliche Amtsperioden erfolgen?

4.4 Wird der Aufsichtsrat über zur Wahl vorgesehene neue Aufsichtsratsmitglieder ausreichend informiert, insbesondere über ihre persönliche Qualifikation und Eignung für den vakanten Sitz im Aufsichtsrat der Gesellschaft sowie über die Unternehmen, in denen sie tätig sind, über deren geschäftliche Aktivitäten und über die Aufgaben des zur Wahl anstehenden Aufsichtsratsmitglieds in seinem Unternehmen?

4.5 Wird der Aufsichtsrat (Plenum) über die Nachfolgeplanung für den Vorstand ausreichend durch den Personalausschuss informiert?

5. Interessenkonflikte/Sonstiges

5.1 Ist die Behandlung von Interessenkonflikten der Aufsichtsratsmitglieder [in der Geschäftsordnung für den Aufsichtsrat] angemessen geregelt? Sollte sie gegebenenfalls stärker detailliert werden?

5.2 Weitere Anregungen zur Verbesserung der Aufsichtsratsarbeit

5. Muster
Geschäftsordnung für den Vorstand der ... -Aktiengesellschaft

(erlassen vom Aufsichtsrat am ...)

§ 1 Allgemeines

(1) Der Vorstand führt die Geschäfte der Gesellschaft nach Maßgabe der Gesetze, der Satzung und dieser Geschäftsordnung.

(2) Die Verteilung der Geschäftsbereiche auf die einzelnen Mitglieder des Vorstands ergibt sich aus dem als Anlage beigefügten Geschäftsverteilungsplan, der Bestandteil dieser Geschäftsordnung ist.

§ 2 Gesamtverantwortung und Führung der Geschäftsbereiche

(1) Die Mitglieder des Vorstands tragen gemeinsam die Verantwortung für die Geschäftsführung. Sie arbeiten kollegial zusammen und unterrichten sich gegenseitig laufend über wesentliche Vorgänge in ihrem Geschäftsbereich.

Soweit Maßnahmen mehrere Geschäftsbereiche betreffen, stimmen sich die betroffenen Mitglieder des Vorstands zuvor untereinander ab.

Jedes Mitglied des Vorstands ist verpflichtet, bei schwerwiegenden Bedenken bezüglich einer Angelegenheit eines anderen Geschäftsbereiches eine Beschlussfassung des Vorstands herbeizuführen, wenn die Bedenken nicht durch eine Aussprache mit dem für den Geschäftsbereich zuständigen Mitglied des Vorstands behoben werden können.

(2) Der Vorstand entscheidet durch Beschluss

    a) in allen Angelegenheiten, in denen nach dem Gesetz, der Satzung oder dieser Geschäftsordnung eine Beschlussfassung durch den Vorstand vorgeschrieben ist,

    b) in allen Angelegenheiten, die dem Vorstand durch ein Mitglied zur Beschlussfassung vorgelegt werden,

    c) über grundsätzliche Fragen der Organisation und der Geschäftspolitik der Gesellschaft (und des Konzerns),

    d) über Finanz- und Sachinvestitionen außerhalb der genehmigten Investitionsplanung, soweit der Wert der Investition im Einzelfall den Betrag von € ... übersteigt.

    e) *[Hier können weitere gesellschaftsspezifische Vorgänge aufgenommen werden.]*

(3) Das einzelne Mitglied des Vorstands führt den ihm zugewiesenen Geschäftsbereich im Rahmen der Vorstandsbeschlüsse in eigener Verantwortung.

(4) Jedes Vorstandsmitglied berichtet dem Vorstand rechtzeitig über für den Geschäftsbereich, die Gesellschaft [und/oder den Konzern] wichtige Maßnahmen, Geschäfte, Vorgänge und Entwicklungen in seinem Geschäftsbereich.

§ 3 Vorsitzender des Vorstands

(1) Dem Vorsitzenden des Vorstands obliegt die Koordination der Arbeit der Mitglieder des Vorstands. Er hat darauf hinzuwirken, dass die Geschäftsführung aller Geschäftsbereiche auf die durch die Beschlüsse des Vorstands festgelegten Ziele ausgerichtet wird. Der Vorsitzende des Vorstands kann jederzeit von den Mitgliedern des Vorstands Auskunft über einzelne Angelegenheiten ihrer Geschäftsbereiche verlangen und bestimmen, dass er über bestimmte Arten von Geschäften im Vorhinein unterrichtet wird.

(2) Der Vorsitzende des Vorstands repräsentiert den Vorstand und die Gesellschaft gegenüber der Öffentlichkeit, insbesondere gegenüber Verbänden, Wirtschaftsorganisationen und Publikumsorganen.

(3) Dem Vorsitzenden des Vorstands obliegt die Federführung im Verkehr mit dem Aufsichtsrat und dessen Mitgliedern. Er unterrichtet den Vorsitzenden des Aufsichtsrats regelmäßig über die geschäftliche Entwicklung und das Risikomanagement in der Gesellschaft (im Konzern). Er unterrichtet den Vorsitzenden des Aufsichtsrats unverzüglich über wichtige Ereignisse, die für die Beurteilung der Lage und Entwicklung sowie für die Leitung der Gesellschaft [des Konzerns] von wesentlicher Bedeutung sind.

§ 4 Sitzungen und Beschlüsse

(1) Der Vorstand tritt mindestens [zweimal] im Monat zu Sitzungen zusammen. Jedes Mitglied des Vorstands kann die Einberufung einer Sitzung unter Mitteilung des Beratungsgegenstandes verlangen. Ebenso kann jedes Mitglied des Vorstands verlangen, dass ein Gegenstand in die Tagesordnung einer Vorstandssitzung aufgenommen wird.

(2) Der Vorsitzende des Vorstands und im Falle seiner Verhinderung der stellvertretende Vorsitzende des Vorstands leitet die Sitzungen.

(3) Beschlüsse des Vorstands können auch außerhalb von Sitzungen durch mündliche, fernmündliche, schriftliche, durch Telefax oder unter Verwendung eines anderen gebräuchlichen Kommunikationsmittels übermittelte Stimmabgaben erfolgen, wenn kein Mitglied des Vorstands diesem Verfahren widerspricht. Solche Beschlüsse werden vom Vorsitzenden des Vorstands schriftlich festgestellt und allen Mitgliedern des Vorstands zugeleitet.

(4) Der Vorstand ist beschlussfähig, wenn die Mehrheit seiner Mitglieder anwesend ist.

(5) Kann ein Mitglied des Vorstands an einer Beschlussfassung über einen Gegenstand nicht mitwirken, so ist auf seinen Antrag und in seiner Anwesenheit über diesen Gegenstand in der nächsten Sitzung des Vorstands erneut zu beraten und zu beschließen.

(6) Der Vorstand beschließt mir einfacher Mehrheit der abgegebenen Stimmen; bei schriftlicher Stimmabgabe mit der Mehrheit seiner Mitglieder. Ist ein Vorsitzender des Vorstands ernannt, so gibt seine Stimme bei Stimmengleichheit den Ausschlag. Einem stellvertretenden Vorsitzenden des Vorstands steht dieser Stichentscheid nicht zu.

(7) Kann eine Entscheidung des Vorstands nicht rechtzeitig herbeigeführt werden und ist eine Verzögerung nicht vertretbar, so entscheiden die erreichbaren Mitglieder des Vorstands. Die übrigen Mitglieder des Vorstands sind über die Entscheidung unverzüglich zu unterrichten.

(8) Über alle Beschlussfassungen (über alle Sitzungen) des Vorstands ist eine Niederschrift anzufertigen. Die Niederschrift wird von dem Leiter der Sitzungen unterzeichnet und allen Mitgliedern des Vorstands in Abschrift übermittelt. Die Niederschrift ist genehmigt, wenn kein Mitglied des Vorstands in der nächsten dem Zugang der Niederschrift folgenden Sitzung widerspricht.

§ 5 Zustimmungspflichtige Geschäftsvorfälle

(1) Der Vorstand bedarf der Zustimmung des Aufsichtsrats für die nachstehend aufgeführten Geschäfte der Gesellschaft [und der mit ihr verbundenen Unternehmen]:
Hier sind unternehmensspezifische, zustimmungspflichtige Geschäftsvorfälle aufzunehmen. Dabei ist beispielsweise zu denken an
– *die grundsätzliche Änderung der Organisationsstruktur der Gesellschaft oder des Konzerns,*
– *die jährliche Investitionsplanung,*
– *eine grundsätzliche Änderung der Grundstückspolitik,*

Anhang   5. Muster Geschäftsordnung für den Vorstand

- den Erwerb, die Veräußerung oder Belastung von Grundstücken, grundstücksgleichen Rechten oder Rechten an Grundstücken, soweit der Wert der Maßnahmen im Einzelfall eine bestimmte Wertgrenze übersteigt,
- die Beteiligung an anderen Unternehmen, die Aufgabe solcher Beteiligungen oberhalb einer bestimmten Wertgrenze,
- das Erschließen neuer Geschäftsfelder oder die Einschränkung oder Aufgabe bestehender Geschäftsfelder, die für die Gesellschaft von wesentlicher Bedeutung sind,
- die Übernahme von Bürgschaften, Garantien und ähnlichen Haftungen (außerhalb des üblichen Geschäftsbetriebes),
- die Gewährung von Darlehen oder sonstigen Krediten (außerhalb des üblichen Geschäftsbetriebes).

(2) Die nach vorstehendem Absatz 1 erforderliche Zustimmung des Aufsichtsrats kann auch in Form einer allgemeinen Ermächtigung für einen Kreis der vorbezeichneten Geschäfte erfolgen.

§ 6 (1) Der Vorstand unterrichtet den Aufsichtsrat auch über den Gang der Geschäfte bei Konzernunternehmen, insbesondere soweit es sich um Geschäftsvorfälle Investitionen von wesentlichen Bedeutungen und grundsätzliche, geschäftliche Angelegenheit handelt.
Diese Unterrichtung muss so rechtzeitig erfolgen, dass der Aufsichtsrat Stellung nehmen kann.

(2) Dies gilt sinngemäß auch für sonstige Unternehmen an denen die Gesellschaft beteiligt ist, sofern es sich um Vorgänge handelt, die für die Gesellschaft von erheblicher Tragweite sein können.

§ 7
[Der Vorsitzende der Vorstands stimmt seinen Urlaub und längere Dienstreisen mit dem Vorsitzenden des Aufsichtsrats ab, die übrigen Mitglieder des Vorstands stimmen ihren Urlaub und längere Dienstreisen mit dem Vorsitzenden ab. Der Vorsitzende des Aufsichtsrats ist zu unterrichten. Die Betreuung ihrer Geschäftsbereiche bei Abwesenheit regeln die Mitglieder des Vorstands untereinander.]

Checklisten zum Kodex

Hinweise zur Verwendung der Checklisten

Die folgenden Checklisten sollen die Anwendung des Deutschen Corporate Governance Kodex in der Praxis unterstützen. Sie können zum einen von Vorstand und Aufsichtsrat einer Gesellschaft verwendet werden, um zu prüfen, inwieweit die Governancemodalitäten der Gesellschaft mit dem Deutschen Corporate Governance Kodex übereinstimmen. Zum anderen eignen sich die Checklisten aber auch zur externen Beurteilung der Corporate Governance einer Gesellschaft durch Dritte wie z. B. Finanzanalysten.

Die Fragen in den Checklisten sind so formuliert, dass eine Beantwortung mit „Ja" den Standards des Deutschen Corporate Governance Kodex entspricht. Ferner ist neben der Antwortkategorie „Nein" auch die Spalte „z. T." (= zum Teil) vorgesehen, um – sofern nach dem Frageninhalt sinnvoll – auch eine Abstufung bei der Beurteilung der Corporate Governance-Situation zu ermöglichen. Hervorgehoben sei noch einmal, dass der Kodex (Soll-)Empfehlungen und (Sollte- bzw. Kann-)Anregungen für den Regelfall enthält, die individuelle Besonderheiten der Unternehmen nicht berücksichtigen können. Infolgedessen kann von den Empfehlungen und Anregungen des Kodex bei der Ausformung der Corporate Governance im Einzelfall auch abgewichen werden, wenn hierfür gute Gründe angeführt werden. Kodexregelungen, die gesetzliche Bestimmungen (Muss-Vorschriften) rekapitulieren, sind dagegen stets einzuhalten.

A. Aktionäre und Hauptversammlung

Aktionäre

	Ja	z. T.	Nein	Typ
1 Nehmen die Aktionäre ihre Rechte in der Hauptversammlung wahr?	☐		☐	Muss
2 Üben sie dort ihr Stimmrecht aus?	☐		☐	Muss
3 Gewährt jede Aktie grundsätzlich nur eine Stimme?	☐		☐	Muss
4 Ist sichergestellt, dass				
• Aktien mit Mehrstimmrechten,	☐		☐	Muss
• Aktien mit Vorzugsstimmrechten (Golden Shares),	☐		☐	Muss
• Aktien mit Höchststimmrechten nicht bestehen?	☐		☐	Muss

Hauptversammlung

	Ja	z. T.	Nein	Typ
5 Legt der Vorstand der Hauptversammlung den Jahresabschluss und den Konzernabschluss vor?	☐		☐	Muss
6 Entscheidet die Hauptversammlung über die Gewinnverwendung?	☐		☐	Muss

Checklisten

Hauptversammlung *Fortsetzung*

		Ja	z. T.	Nein	Typ
7	Entscheidet die Hauptversammlung über die Entlastung des Vorstands?	☐		☐	Muss
8	Entscheidet die Hauptversammlung über die Entlastung des Aufsichtsrats?	☐		☐	Muss
9	Wählt die Hauptversammlung die Anteilseignervertreter im Aufsichtsrat?	☐		☐	Muss
10	Wählt die Hauptversammlung den Abschlussprüfer?	☐		☐	Muss
11	Entscheidet die Hauptversammlung über				
	• die Satzung?	☐		☐	Muss
	• den Gegenstand der Gesellschaft?	☐		☐	Muss
	• Satzungsänderungen?	☐		☐	Muss
12	Entscheidet die Hauptversammlung über wesentliche unternehmerische Maßnahmen?	☐		☐	Muss
	Wie insbesondere über				
	• Unternehmensverträge?	☐		☐	Muss
	• Umwandlungen?	☐		☐	Muss
	• Ausgabe von neuen Aktien und von Wandel- und Optionsschuldverschreibungen?	☐		☐	Muss
	• die Ermächtigung zum Erwerb eigener Aktien?	☐		☐	Muss
13	Haben die Aktionäre bei der Ausgabe neuer Aktien grundsätzlich ein ihrem Anteil am Grundkapital entsprechendes Bezugsrecht?	☐		☐	Muss
14	Ist jeder Aktionär berechtigt,				
	• an der Hauptversammlung teilzunehmen?	☐		☐	Muss
	• dort das Wort zu Gegenständen der Tagesordnung zu ergreifen?	☐		☐	Muss
	• dort sachbezogene Fragen zu stellen?	☐		☐	Muss
	• dort Anträge zu stellen?	☐		☐	Muss
15	Sorgt der Versammlungsleiter für eine zügige Abwicklung der Hauptversammlung?	☐		☐	Muss

Einladung zur Hauptversammlung, Stimmrechtsvertreter

		Ja	z. T.	Nein	Typ
16	Lässt sich der Versammlungsleiter bei der Abwicklung der Hauptversammlung davon leiten, dass eine ordentliche Hauptversammlung spätestens nach 4 bis 6 Stunden beendet ist?	☐		☐	Sollte
17	Wird die Hauptversammlung der Aktionäre vom Vorstand mindestens einmal jährlich einberufen?	☐		☐	Muss
18	Wird die Hauptversammlung unter Angabe der Tagesordnung einberufen?	☐		☐	Muss
19	Sind Aktionärsminderheiten berechtigt, die Einberufung einer Hauptversammlung zu verlangen?	☐		☐	Muss
20	Sind Aktionärsminderheiten berechtigt, die Erweiterung der Tagesordnung zu verlangen?	☐		☐	Muss

Einladung zur Hauptversammlung, Stimmrechtsvertreter *Fortsetzung*				
	Ja	z. T.	Nein	Typ
21 Veröffentlicht der Vorstand auf der Internet-Seite der Gesellschaft leicht zugänglich				
• die vom Gesetz für die Hauptversammlung verlangten Berichte und Unterlagen?	☐		☐	Soll
• den Geschäftsbericht?	☐		☐	Soll
• die Tagesordnung?	☐		☐	Soll
22 Übermittelt die Gesellschaft die Einberufung der Hauptversammlung mitsamt den Einberufungsunterlagen				
• allen inländischen Finanzdienstleistern,	☐		☐	Soll
• allen ausländischen Finanzdienstleistern,	☐		☐	Soll
• allen Aktionären und	☐		☐	Soll
• allen Aktionärsvereinigungen, auf elektronischem Wege, wenn die Zustimmungserfordernisse erfüllt sind?	☐		☐	Soll
23 Erleichtert die Gesellschaft den Aktionären die persönliche Wahrnehmung ihrer Rechte?	☐		☐	Soll
24 Unterstützt die Gesellschaft die Aktionäre bei der Stimmrechtsvertretung?	☐		☐	Soll
25 Sorgt der Vorstand für die Bestellung eines Vertreters für die weisungsgebundene Ausübung des Stimmrechts der Aktionäre?	☐		☐	Soll
26 Ist der Stimmrechtsvertreter auch während der Hauptversammlung erreichbar?	☐		☐	Sollte
27 Ermöglicht die Gesellschaft den Aktionären die Verfolgung der Hauptversammlung über moderne Kommunikationsmedien (z. B. Internet)?	☐		☐	Sollte

B. Zusammenwirken von Vorstand und Aufsichtsrat

Zusammenwirken				
	Ja	z. T.	Nein	Typ
1 Arbeiten Vorstand und Aufsichtsrat zum Wohle des Unternehmens eng zusammen?	☐		☐	Muss
2 Stimmt der Vorstand die strategische Ausrichtung des Unternehmens mit dem Aufsichtsrat ab?	☐		☐	Muss
3 Erörtert der Vorstand mit dem Aufsichtsrat in regelmäßigen Abständen den Stand der Strategieumsetzung?	☐		☐	Muss
4 Legen die Satzung oder der Aufsichtsrat für Geschäfte von grundlegender Bedeutung Zustimmungsvorbehalte zugunsten des Aufsichtsrats fest?	☐		☐	Muss

Checklisten

Zusammenwirken *Fortsetzung*	Ja	z. T.	Nein	Typ
5 Gehören hierzu Entscheidungen oder Maßnahmen, die				
• die Vermögenslage,	☐		☐	Muss
• die Finanzlage oder	☐		☐	Muss
• die Ertragslage	☐		☐	Muss
des Unternehmens grundlegend verändern?				
6 Ist die ausreichende Informationsversorgung des Aufsichtsrats gemeinsame Aufgabe von Vorstand und Aufsichtsrat?	☐		☐	Muss
7 Informiert der Vorstand den Aufsichtsrat				
• regelmäßig,	☐		☐	Muss
• zeitnah und	☐		☐	Muss
• umfassend	☐		☐	Muss
über alle für das Unternehmen relevanten Fragen				
• der Planung?	☐		☐	Muss
• der Geschäftsentwicklung?	☐		☐	Muss
• der Risikolage?	☐		☐	Muss
• des Risikomanagements?	☐		☐	Muss
• der Compliance?	☐		☐	Muss
8 Geht er dabei auch auf Abweichungen des Geschäftsverlaufs von den aufgestellten Plänen und Zielen unter Angabe von Gründen ein?	☐		☐	Muss
9 Legt der Aufsichtsrat die Informations- und Berichtspflichten des Vorstands näher fest?	☐		☐	Soll
10 Erfolgt die Berichterstattung des Vorstands an den Aufsichtsrat in der Regel in Textform?	☐		☐	Muss
11 Werden entscheidungsnotwendige Unterlagen, insbesondere				
• der Jahresabschluss,	☐		☐	Muss
• der Konzernabschluss und	☐		☐	Muss
• der Prüfungsbericht,	☐		☐	Muss
den Mitgliedern des Aufsichtsrats möglichst rechtzeitig vor der Sitzung zugeleitet?				
12 Wird zwischen Vorstand und Aufsichtsrat offen diskutiert?	☐		☐	Muss
13 Wird innerhalb des Vorstands offen diskutiert?	☐		☐	Muss
14 Wird innerhalb des Aufsichtsrats offen diskutiert?	☐		☐	Muss
15 Ist sichergestellt, dass bei den Diskussionen die Vertraulichkeit gewahrt bleibt?	☐		☐	Muss
16 Stellen alle Organmitglieder sicher, dass die von ihnen eingeschalteten Mitarbeiter die Verschwiegenheitspflicht in gleicher Weise einhalten?	☐		☐	Muss

Zusammenwirken *Fortsetzung*				
	Ja	**z. T.**	**Nein**	**Typ**
17 Werden in mitbestimmten Aufsichträten				
• die Sitzungen des Aufsichtsrats von den Vertretern der Aktionäre und der Arbeitnehmer jeweils gesondert vorbereitet?	☐		☐	Sollte
• Zu den getrennten Vorbesprechungen Mitglieder des Vorstands hinzugezogen?	☐		☐	Sollte
18 Tagt der Aufsichtsrat bei Bedarf ohne den Vorstand?	☐		☐	Sollte
19 Ist sichergestellt, dass bei einem Übernahmeangebot Vorstand und Aufsichtsrat der Zielgesellschaft eine begründete Stellungnahme zu dem Angebot abgeben, damit die Aktionäre in Kenntnis der Sachlage über das Angebot entscheiden können?	☐		☐	Muss
20 Wird dafür Sorge getragen, dass der Vorstand nach Bekanntgabe eines Übernahmeangebots keine Handlungen außerhalb des gewöhnlichen Geschäftsverkehrs vornimmt, durch die der Erfolg des Angebots verhindert werden könnte, wenn er dazu nicht von der Hauptversammlung ermächtigt ist oder der Aufsichtsrat dem zugestimmt hat?	☐		☐	Muss
21 Ist sichergestellt, dass der Vorstand bei seinen Entscheidungen im Zusammenhang mit Übernahmen an das beste Interesse der Aktionäre und des Unternehmens gebunden ist?	☐		☐	Muss
22 Wird dafür Sorge getragen, dass der Aufsichtsrat bei seinen Entscheidungen im Zusammenhang mit Übernahmen an das beste Interesse der Aktionäre und des Unternehmens gebunden ist?	☐		☐	Muss
23 Beruft der Vorstand in angezeigten Fällen eine außerordentliche Hauptversammlung ein, in der die Aktionäre über das Übernahmeangebot beraten und gegebenenfalls über gesellschaftsrechtliche Maßnahmen beschließen?	☐		☐	Sollte
24 Beachtet der Vorstand die Regeln ordnungsmäßiger Unternehmensführung?	☐		☐	Muss
25 Beachtet der Aufsichtsrat die Regeln ordnungsmäßiger Unternehmensführung?	☐		☐	Muss
26 Ist bei D&O-Versicherungen für Vorstand und Aufsichtsrat ein angemessener Selbstbehalt vereinbart worden?	☐		☐	Soll
27 Bedarf es der Zustimmung des Aufsichtsrats zur Gewährung von Krediten des Unternehmens an Mitglieder des Vorstands und des Aufsichtsrats sowie ihre Angehörigen?	☐		☐	Muss

Checklisten

Zusammenwirken *Fortsetzung*				
	Ja	**z. T.**	**Nein**	**Typ**
28 Berichten Vorstand und Aufsichtsrat jährlich im Geschäftsbericht über die Corporate Governance des Unternehmens (Corporate Governance Bericht)?	☐		☐	Soll
29 Erläutern Vorstand und Aufsichtsrat auch eventuelle Abweichungen von den Empfehlungen des Kodex?	☐		☐	Soll
30 Wird dabei auch zu den Kodexanregungen Stellung genommen?	☐	☐	☐	Kann
31 Ist sichergestellt, dass die Gesellschaft nicht mehr aktuelle Entsprechenserklärungen zum Kodex fünf Jahre lang auf ihrer Internetseite zugänglich hält?	☐	☐	☐	Soll

C. Vorstand

Aufgaben und Zuständigkeiten				
	Ja	**z. T.**	**Nein**	**Typ**
1 Leitet der Vorstand das Unternehmen in eigener Verantwortung?	☐		☐	Muss
2 Ist sichergestellt, dass der Vorstand dabei an das Unternehmensinteresse gebunden und der Steigerung des nachhaltigen Unternehmenswertes verpflichtet ist?	☐		☐	Muss
3 Entwickelt der Vorstand die strategische Ausrichtung des Unternehmens?	☐		☐	Muss
4 Stimmt er diese mit dem Aufsichtsrat ab?	☐		☐	Muss
5 Sorgt der Vorstand für die Umsetzung der strategischen Ausrichtung des Unternehmens?	☐		☐	Muss
6 Sorgt der Vorstand für die Einhaltung der gesetzlichen Bestimmungen?	☐		☐	Muss
7 Sorgt der Vorstand für die Einhaltung der unternehmensinternene Richtlinien?	☐		☐	Muss
8 Wirkt der Vorstand auf die Beachtung der gesetzlichen Bestimmungen und der unternehmensinternen Richtlinien durch die Konzernunternehmen hin?	☐		☐	Muss
9 Sorgt der Vorstand für ein angemessenes Risikomanagement und Risikocontrolling im Unternehmen?	☐		☐	Muss

Zusammensetzung und Vergütung				
	Ja	z. T.	Nein	Typ
10 Besteht der Vorstand aus mehreren Personen?	☐		☐	Soll
11 Hat er dann einen Vorsitzenden oder Sprecher?	☐		☐	Soll
12 Regelt eine Geschäftsordnung				
• die Arbeit des Vorstands?	☐		☐	Soll
• insbesondere die Ressortzuständigkeiten einzelner Vorstandsmitglieder?	☐		☐	Soll
• die dem Gesamtvorstand vorbehaltenen Angelegenheiten?	☐		☐	Soll
• die erforderliche Beschlussmehrheit bei Vorstandsbeschlüssen?	☐		☐	Soll
13 Berät das Aufsichtsratsplenum auf Vorschlag des Gremiums, das die Vorstandsverträge behandelt, über die Struktur des Vergütungssystems für den Vorstand?	☐		☐	Soll
14 Überprüft das Aufsichtsratsplenum regelmäßig die Struktur des Vergütungssystems für den Vorstand?	☐		☐	Soll
15 Wird die Vergütung der Vorstandsmitglieder vom Aufsichtsrat				
• unter Einbeziehung von etwaigen Konzernbezügen	☐		☐	Muss
• in angemessener Höhe	☐		☐	Muss
• auf der Grundlage einer Leistungsbeurteilung festgelegt?	☐		☐	Muss
16 Bilden insbesondere				
• die Aufgaben des jeweiligen Vorstandsmitglieds	☐		☐	Muss
• seine persönliche Leistung	☐		☐	Muss
• die Leistung des Vorstands	☐		☐	Muss
• die wirtschaftliche Lage	☐		☐	Muss
• der Erfolg und die Zukunftsaussichten des Unternehmens unter Berücksichtigung seines Vergleichsumfelds Kriterien für die Angemessenheit der Vergütung?	☐		☐	Muss
17 Umfassen die monetären Vergütungsteile fixe und variable Bestandteile?	☐		☐	Soll
18 Enthalten die variablen Vergütungsteile einmalige sowie jährlich wiederkehrende Komponenten?	☐		☐	Sollte
19 Enthalten die variablen Vergütungsteile an den geschäftlichen Erfolg gebundene Komponenten?	☐		☐	Sollte
20 Enthalten die variablen Vergütungsteile Komponenten mit langfristiger Anreizwirkung?	☐		☐	Sollte
21 Enthalten die variablen Vergütungsteile Komponenten mit Risikocharakter?	☐		☐	Sollte
22 Sind sämtliche Vergütungsbestandteile für sich und insgesamt angemessen?	☐		☐	Muss

Checklisten

Zusammensetzung und Vergütung *Fortsetzung*	Ja	z. T.	Nein	Typ
23 Dienen als variable Vergütungskomponenten mit langfristiger Anreizwirkung und Risikocharakter insbesondere				
• Aktien der Gesellschaft mit mehrjähriger Veräußerungssperre	☐		☐	Soll
• Aktienoptionen	☐		☐	Soll
• oder vergleichbare Gestaltungen (z.B. Phantom Stocks)?	☐		☐	Soll
24 Sind Aktienoptionen und vergleichbare Gestaltungen auf anspruchsvolle, relevante Vergleichsparameter bezogen?	☐		☐	Soll
25 Ist eine nachträgliche Änderung der Erfolgsziele oder der Vergleichsparameter ausgeschlossen?	☐		☐	Soll
26 Vereinbart der Aufsichtsrat für außerordentliche, nicht vorhergesehene Entwicklungen eine Begrenzungsmöglichkeit (Cap)?	☐		☐	Soll
27 Wird beim Abschluss von Vorstandsverträgen darauf geachtet, dass Zahlungen an ein Vorstandsmitglied bei vorzeitiger Beendigung der Vorstandstätigkeit ohne wichtigen Grund einschließlich Nebenleistungen				
• den Wert von zwei Jahresvergütungen nicht überschreiten (Abfindungs-Cap)?	☐		☐	Sollte
• nicht mehr als die Restlaufzeit des Anstellungsvertrages vergüten?	☐		☐	Sollte
28 Wird für die Berechnung des Abfindungs-Caps				
• auf die Gesamtvergütung des abgelaufenen Geschäftsjahres abgestellt?	☐		☐	Sollte
• gegebenenfalls auch auf die voraussichtliche Gesamtvergütung für das laufende Geschäftsjahr abgestellt?	☐		☐	Sollte
29 Ist sichergestellt, dass eine Zusage für Leistungen aus Anlass der vorzeitigen Beendigung der Vorstandstätigkeit infolge eines Kontrollwechsels (Change of Control) 150 % des Abfindungs-Caps nicht übersteigt?	☐		☐	Sollte
30 Informiert der Vorsitzende des Aufsichtsrats die Hauptversammlung über die Grundzüge des Vergütungssystems und deren Veränderung?	☐		☐	Soll
31 Wird die Gesamtvergütung jedes Vorstandsmitglieds aufgeteilt nach				
• erfolgsunabhängigen Komponenten	☐		☐	Muss
• erfolgsbezogenen Komponenten	☐		☐	Muss
• Komponenten mit langfristiger Anreizwirkung	☐		☐	Muss
• unter Namensnennung	☐		☐	Muss
offengelegt, soweit nicht die Hauptversammlung mit Dreiviertelmehrheit anderweitig beschlossen hat?				

Zusammensetzung und Vergütung *Fortsetzung*

		Ja	z.T.	Nein	Typ
32	Erfolgt die Offenlegung in einem Vergütungsbericht, der				
	• Teil des Corporate Governance Berichts ist?	☐		☐	Soll
	• das Vergütungssystem für die Vorstandsmitglieder in allgemein verständlicher Form erläutert?	☐		☐	Soll
33	Umfasst die Darstellung der konkreten Ausgestaltung eines Aktienoptionsplans oder vergleichbarer Gestaltungen für Komponenten mit langfristiger Anreizwirkung und Risikocharakter deren Wert?	☐		☐	Soll
34	Wird bei Versorgungszusagen jährlich die Zuführung zu den Pensionsrückstellungen oder Pensionsfonds angegeben?	☐		☐	Soll
35	Wird der wesentliche Inhalt von Zusagen für den Fall der Beendigung der Tätigkeit als Vorstandsmitglied angegeben, wenn die Zusagen in ihrer rechtlichen Ausgestaltung von den Arbeitnehmern erteilten Zusagen nicht unerheblich abweichen?	☐		☐	Muss
36	Enthält der Vergütungsbericht auch Angaben zur Art der von der Gesellschaft erbrachten Nebenleistungen?	☐		☐	Soll

Interessenkonflikte

		Ja	z.T.	Nein	Typ
37	Unterliegen Vorstandsmitglieder während ihrer Tätigkeit für das Unternehmen einem umfassenden Wettbewerbsverbot?	☐		☐	Muss
38	Wird dafür Sorge getragen, dass Vorstandsmitglieder und Mitarbeiter im Zusammenhang mit ihrer Tätigkeit weder für sich noch für andere Personen von Dritten Zuwendungen oder sonstige Vorteile fordern oder annehmen oder Dritten ungerechtfertigte Vorteile gewähren?	☐		☐	Muss
39	Ist sichergestellt, dass kein Mitglied des Vorstands bei seinen Entscheidungen persönliche Interessen verfolgt und Geschäftschancen, die dem Unternehmen zustehen, für sich nutzt?	☐		☐	Muss
40	Werden Interessenkonflikte des Vorstands				
	• dem Aufsichtsrat gegenüber unverzüglich offen gelegt?	☐		☐	Soll
	• den anderen Vorstandsmitgliedern mitgeteilt?	☐		☐	Soll
41	Entsprechen alle Geschäfte zwischen dem Unternehmen einerseits und den Vorstandsmitgliedern sowie ihnen nahe stehenden Personen oder ihnen persönlich nahe stehenden Unternehmungen andererseits branchenüblichen Standards?	☐		☐	Muss

Checklisten

Interessenkonflikte *Fortsetzung*				
	Ja	z. T.	Nein	Typ
42 Bedürfen wesentliche Geschäfte zwischen dem Unternehmen und den Vorstandsmitgliedern der Zustimmung des Aufsichtsrats?	☐		☐	Soll
43 Übernehmen Vorstandsmitglieder Nebentätigkeiten, insbesondere Aufsichtsratsmandate außerhalb des Unternehmens, nur mit Zustimmung des Aufsichtsrats?	☐		☐	Soll

D. Aufsichtsrat

Aufgaben und Zuständigkeiten				
	Ja	z. T.	Nein	Typ
1 Berät der Aufsichtsrat den Vorstand bei der Leitung des Unternehmens regelmäßig?	☐		☐	Muss
2 Überwacht der Aufsichtsrat den Vorstand bei der Leitung des Unternehmens regelmäßig?	☐		☐	Muss
3 Wird der Aufsichtsrat in Entscheidungen von grundlegender Bedeutung eingebunden?	☐		☐	Muss
4 Bestellt der Aufsichtsrat die Mitglieder des Vorstands?	☐		☐	Muss
5 Entlässt der Aufsichtsrat gegebenenfalls die Mitglieder des Vorstands?	☐		☐	Muss
6 Sorgt der Aufsichtsrat gemeinsam mit dem Vorstand für eine langfristige Nachfolgeplanung?	☐		☐	Soll
7 Hat der Aufsichtsrat einen Ausschuss gebildet, der				
• die Bestellung von Vorstandsmitgliedern vorbereitet?	☐		☐	Kann
• die Bedingungen des Anstellungsvertrages einschließlich der Vergütung festlegt?	☐		☐	Kann
8 Wird dafür Sorge getragen, dass bei Erstbestellungen von Vorstandsmitgliedern die maximal mögliche Bestelldauer von fünf Jahren nicht die Regel ist?	☐		☐	Sollte
9 Erfolgt eine Wiederbestellung vor Ablauf eines Jahres vor dem Ende der Bestelldauer bei gleichzeitiger Aufhebung der laufenden Bestellung nur bei Vorliegen besonderer Umstände?	☐		☐	Soll
10 Gibt es eine Altersgrenze für Vorstandsmitglieder?	☐		☐	Soll
11 Hat sich der Aufsichtsrat eine Geschäftsordnung gegeben?	☐		☐	Soll

Aufgaben und Befugnisse des Aufsichtsratsvorsitzenden				
	Ja	z. T.	Nein	Typ
12 Koordiniert der Aufsichtsratsvorsitzende die Arbeit im Aufsichtsrat?	☐		☐	Muss
13 Leitet er die Aufsichtsratssitzungen?	☐		☐	Muss
14 Nimmt der Aufsichtsratsvorsitzende die Belange des Aufsichtsrats nach außen wahr?	☐		☐	Muss
15 Ist der Aufsichtsratsvorsitzende zugleich Vorsitzender der Ausschüsse, die die Vorstandsverträge behandeln und die Aufsichtsratssitzungen vorbereiten?	☐		☐	Soll
16 Ist sichergestellt, dass der Aufsichtsratsvorsitzende nicht den Vorsitz im Prüfungsausschuss (Audit Committee) innehat?	☐		☐	Sollte
17 Hält der Aufsichtsratsvorsitzende mit dem Vorstand, insbesondere mit dem Vorsitzenden bzw. Sprecher des Vorstands, regelmäßig Kontakt und berät er mit ihm				
• die Strategie?	☐		☐	Soll
• die Geschäftsentwicklung?	☐		☐	Soll
• das Risikomanagement des Unternehmens?	☐		☐	Soll
18 Wird der Aufsichtsratsvorsitzende über wichtige Ereignisse, die für die Beurteilung der Lage und Entwicklung sowie für die Leitung des Unternehmens von wesentlicher Bedeutung sind, unverzüglich durch den Vorsitzenden bzw. Sprecher des Vorstands informiert?	☐		☐	Muss
19 Wird der Aufsichtsratsvorsitzende in diesem Fall				
• den Aufsichtsrat unterrichten?	☐		☐	Soll
• erforderlichenfalls eine außerordentliche Aufsichtsratssitzung einberufen?	☐		☐	Soll

Bildung von Ausschüssen				
	Ja	z. T.	Nein	Typ
20 Bildet der Aufsichtsrat abhängig von den spezifischen Gegebenheiten des Unternehmens und der Anzahl seiner Mitglieder fachlich qualifizierte Ausschüsse, die der Steigerung der Effizienz der Aufsichtsratsarbeit und der Behandlung komplexer Sachverhalte dienen?	☐		☐	Soll
21 Berichten die jeweiligen Ausschussvorsitzenden regelmäßig an den Aufsichtsrat über die Arbeit der Ausschüsse?	☐		☐	Muss
22 Hat der Aufsichtsrat einen Prüfungsausschuss (Audit Committee) eingerichtet, der sich insbesondere mit Fragen				
• der Rechnungslegung	☐		☐	Soll
• des Risikomanagements	☐		☐	Soll
• der Compliance	☐		☐	Soll

Bildung von Ausschüssen *Fortsetzung*

	Ja	z.T.	Nein	Typ
• der erforderlichen Unabhängigkeit des Abschlussprüfers	☐		☐	Soll
• der Erteilung des Prüfungsauftrags an den Abschlussprüfer	☐		☐	Soll
• der Bestimmung von Prüfungsschwerpunkten	☐		☐	Soll
• der Honorarvereinbarung	☐		☐	Soll
befasst?				
23 Ist sichergestellt, dass der Vorsitzende des Prüfungsausschusses über besondere Kenntnisse und Erfahrungen in der Anwendung von				
• Rechnungslegungsgrundsätzen	☐		☐	Soll
• internen Kontrollverfahren	☐		☐	Soll
verfügt?				
24 Ist sichergestellt, dass der Vorsitzende des Prüfungsausschusses kein ehemaliges Vorstandsmitglied der Gesellschaft ist?	☐		☐	Sollte
25 Bildet der Aufsichtsrat einen Nominierungsausschuss, der				
• ausschließlich mit Vertretern der Anteilseigner besetzt ist?	☐		☐	Soll
• dem Aufsichtsrat für dessen Wahlvorschläge an die Hauptversammlung geeignete Kandidaten vorschlägt?	☐		☐	Soll
26 Verweist der Aufsichtsrat weitere Sachthemen zur Behandlung in einen oder mehrere Ausschüsse?	☐		☐	Kann
27 Gehören hierzu				
• die Strategie des Unternehmens?	☐		☐	Kann
• die Vergütung der Vorstandsmitglieder?	☐		☐	Kann
• Investitionen und Finanzierung?	☐		☐	Kann
28 Sieht der Aufsichtsrat vor,				
• dass Ausschüsse die Sitzungen des Aufsichtsrats vorbereiten?	☐		☐	Kann
• dass Ausschüsse darüber hinaus auch anstelle des Aufsichtsrats entscheiden?	☐		☐	Kann

Zusammensetzung und Vergütung

	Ja	z.T.	Nein	Typ
29 Wird bei Vorschlägen zur Wahl von Aufsichtsratsmitgliedern darauf geachtet, dass dem Aufsichtsrat jederzeit Mitglieder angehören, die über die zur ordnungsgemäßen Wahrnehmung der Aufgaben erforderlichen				
• Kenntnisse	☐		☐	Soll
• Fähigkeiten	☐		☐	Soll
• fachlichen Erfahrungen	☐		☐	Soll
verfügen?				

Zusammensetzung und Vergütung *Fortsetzung*	Ja	z.T.	Nein	Typ
30 Berücksichtigt man bei Vorschlägen zur Wahl von Aufsichtsratsmitgliedern				
• die internationale Tätigkeit des Unternehmens?	☐		☐	Soll
• potenzielle Interessenkonflikte?	☐		☐	Soll
• eine festzulegende Altersgrenze für Aufsichtsratsmitglieder?	☐		☐	Soll
31 Wird eine unabhängige Beratung und Überwachung des Vorstands durch den Aufsichtsrat auch dadurch ermöglicht, dass dem Aufsichtsrat eine nach seiner Einschätzung ausreichende Anzahl unabhängiger Mitglieder angehören?	☐		☐	Soll
32 Gehören dem Aufsichtsrat nicht mehr als zwei ehemalige Mitglieder des Vorstands an?	☐		☐	Soll
33 Üben Aufsichtsratsmitglieder				
• keine Organfunktionen bei wesentlichen Wettbewerbern des Unternehmens aus?	☐		☐	Soll
• keine Beratungsaufgaben bei wesentlichen Wettbewerbern des Unternehmens aus?	☐		☐	Soll
34 Werden die Wahlen zum Aufsichtsrat als Einzelwahl durchgeführt?	☐		☐	Soll
35 Ist sichergestellt, dass ein Antrag auf gerichtliche Bestellung eines Aufsichtsratsmitglieds bis zur nächsten Hauptversammlung befristet ist?	☐		☐	Soll
36 Werden Kandidatenvorschläge für den Aufsichtsratsvorsitz den Aktionären bekannt gegeben?	☐		☐	Soll
37 Ist sichergestellt, dass der Wechsel des bisherigen Vorstandsvorsitzenden oder eines Vorstandsmitglieds in den Aufsichtsratsvorsitz oder den Vorsitz eines Aufsichtsratsausschusses nicht die Regel ist?	☐		☐	Soll
38 Wird eine entsprechende Absicht der Hauptversammlung besonders begründet?	☐		☐	Soll
39 Achtet jedes Aufsichtsratsmitglied darauf, dass ihm für die Wahrnehmung seiner Mandate genügend Zeit zur Verfügung steht?	☐		☐	Muss
40 Ist sichergestellt, dass Vorstandsangehörige einer börsennotierten Gesellschaft insgesamt nicht mehr als fünf Aufsichtsratsmandate in konzernexternen börsennotierten Gesellschaften wahrnehmen?	☐		☐	Soll
41 Wird durch die Wahl bzw. Neuwahl von Aufsichtsratsmitgliedern				
• zu unterschiedlichen Terminen und	☐		☐	Kann
• für unterschiedliche Amtsperioden den Veränderungserfordernissen Rechnung getragen?	☐		☐	Kann
42 Wird die Vergütung der Aufsichtsratsmitglieder durch Beschluss der Hauptversammlung bzw. in der Satzung festgelegt?	☐		☐	Muss

Checklisten

Zusammensetzung und Vergütung *Fortsetzung*	Ja	z. T.	Nein	Typ
43 Trägt die Vergütung				
• der Verantwortung der Aufsichtsratsmitglieder	☐		☐	Muss
• dem Tätigkeitsumfang der Aufsichtsratsmitglieder	☐		☐	Muss
• der wirtschaftlichen Lage des Unternehmens	☐		☐	Muss
• dem Erfolg des Unternehmens Rechnung?	☐		☐	Muss
44 Werden bei der Vergütung insbesondere berücksichtigt				
• der Vorsitz im Aufsichtsrat?	☐		☐	Soll
• der stellvertretende Vorsitz im Aufsichtsrat?	☐		☐	Soll
45 Werden weiterhin auch berücksichtigt				
• der Vorsitz in den Ausschüssen?	☐		☐	Soll
• die Mitgliedschaft in den Ausschüssen?	☐		☐	Soll
46 Erhalten die Mitglieder des Aufsichtsrats neben einer festen eine erfolgsorientierte Vergütung?	☐		☐	Soll
47 Enthält die erfolgsorientierte Vergütung auch auf den langfristigen Unternehmenserfolg bezogene Bestandteile?	☐		☐	Sollte
48 Wird die Vergütung der Aufsichtsratsmitglieder im Corporate Governance Bericht				
• individualisiert	☐		☐	Soll
• aufgegliedert nach Bestandteilen ausgewiesen?	☐		☐	Soll
49 Werden auch die vom Unternehmen an die Mitglieder des Aufsichtsrats gezahlten Vergütungen oder gewährten Vorteile für persönlich erbrachte Leistungen, insbesondere Beratungs- und Vermittlungsleistungen, individualisiert im Anhang zum Konzernabschluss gesondert angegeben?	☐		☐	Soll
50 Wird im Bericht des Aufsichtsrats vermerkt, falls ein Mitglied des Aufsichtsrats in einem Geschäftsjahr an weniger als der Hälfte der Sitzungen des Aufsichtsrats teilgenommen hat?	☐		☐	Soll

Interessenkonflikte	Ja	z. T.	Nein	Typ
51 Wird dafür Sorge getragen, dass jedes Mitglied des Aufsichtsrats dem Unternehmensinteresse verpflichtet ist?	☐		☐	Muss
52 Ist sichergestellt, dass jedes Aufsichtsratsmitglied bei seinen Entscheidungen weder persönliche Interessen verfolgt noch Geschäftschancen, die dem Unternehmen zustehen, für sich nutzt?	☐		☐	Muss

Interessenkonflikte *Fortsetzung*

		Ja	z. T.	Nein	Typ
53	Legen Aufsichtsratsmitglieder Interessenkonflikte, insbesondere solche, die aufgrund einer Beratung oder Organfunktion bei Kunden, Lieferanten, Kreditgebern oder sonstigen Geschäftspartnern entstehen können, dem Aufsichtsrat gegenüber offen?	☐		☐	Soll
54	Informiert der Aufsichtsrat in seinem Bericht an die Hauptversammlung über aufgetretene Interessenkonflikte und deren Behandlung?	☐		☐	Soll
55	Führen wesentliche und nicht nur vorübergehende Interessenkonflikte in der Person eines Aufsichtsratsmitglieds zur Beendigung des Mandats?	☐		☐	Soll
56	Wird für Berater- und sonstige Dienstleistungs- und Werkverträge eines Aufsichtsratsmitglieds mit der Gesellschaft eine Zustimmung des Aufsichtsrats eingeholt?	☐		☐	Muss

Effizienzprüfung

		Ja	z. T.	Nein	Typ
57	Überprüft der Aufsichtsrat regelmäßig die Effizienz seiner Tätigkeit?	☐		☐	Soll

E. Transparenz

Transparenz

		Ja	z. T.	Nein	Typ
1	Werden Insiderinformationen, die die Gesellschaft unmittelbar betreffen, unverzüglich vom Vorstand veröffentlicht, soweit er nicht im Einzelfall von der Veröffentlichung befreit ist?	☐		☐	Muss
2	Wird vom Vorstand unverzüglich veröffentlicht, wenn der Gesellschaft bekannt wird, dass jemand durch Erwerb, Veräußerung oder auf sonstige Weise 3 %, 5 %, 10 %, 15 %, 20 %, 25 %, 30 %, 50 % oder 75 % der Stimmrechte an der Gesellschaft erreicht, über- oder unterschreitet?	☐		☐	Muss
3	Behandelt die Gesellschaft alle Aktionäre bei Informationen gleich?	☐		☐	Muss
4	Stellt die Gesellschaft den Aktionären unverzüglich sämtliche neuen Tatsachen, die Finanzanalysten und vergleichbaren Adressaten mitgeteilt worden sind, zur Verfügung?	☐		☐	Soll

Checklisten

Transparenz *Fortsetzung*				
	Ja	z. T.	Nein	Typ
5 Nutzt die Gesellschaft zur Information der Aktionäre und Anleger geeignete Kommunikationsmedien, wie etwa das Internet?	☐		☐	Soll
6 Werden Informationen, die die Gesellschaft im Ausland aufgrund der jeweiligen kapitalmarktrechtlichen Vorschriften veröffentlicht, auch im Inland unverzüglich bekannt gegeben?	☐		☐	Soll
7 Wird über die gesetzliche Pflicht zur unverzüglichen Mitteilung und Veröffentlichung von Geschäften in Aktien der Gesellschaft hinaus der Besitz von Aktien der Gesellschaft oder sich darauf beziehender Finanzinstrumente von Vorstands- und Aufsichtsratsmitgliedern angegeben, wenn er direkt oder indirekt größer als 1 % der von der Gesellschaft ausgegebenen Aktien ist?	☐		☐	Soll
8 Wird der Gesamtbesitz getrennt nach Vorstand und Aufsichtsrat angegeben, wenn der Gesamtbesitz aller Vorstands- und Aufsichtsratsmitglieder 1 % der von der Gesellschaft ausgegebenen Aktien übersteigt?	☐		☐	Soll
9 Sind sämtliche vorgenannten Angaben im Corporate Governance Bericht enthalten?	☐		☐	Soll
10 Werden im Rahmen der laufenden Öffentlichkeitsarbeit die Termine der wesentlichen wiederkehrenden Veröffentlichungen (u. a. Geschäftsbericht, Zwischenfinanzberichte) und der Termin der Hauptversammlung in einem „Finanzkalender" mit ausreichend Zeitvorlauf publiziert?	☐		☐	Soll
11 Sind von der Gesellschaft veröffentlichte Informationen über das Unternehmen auch über die Internetseite der Gesellschaft zugänglich?	☐		☐	Soll
12 Ist die Internetseite übersichtlich gegliedert?	☐		☐	Soll
13 Erfolgen Veröffentlichungen auch in englischer Sprache?	☐		☐	Sollte

F. Rechnungslegung und Abschlussprüfung

Rechnungslegung				
	Ja	z. T.	Nein	Typ
1 Werden Anteilseigner und Dritte vor allem durch den Konzernabschluss informiert?	☐		☐	Muss
2 Werden sie während des Geschäftsjahres zusätzlich durch				
• den Halbjahresfinanzbericht	☐		☐	Muss
• sowie im ersten und zweiten Halbjahr durch Zwischenmitteilungen oder Quartalsfinanzberichte unterrichtet?	☐		☐	Muss

Rechnungslegung *Fortsetzung*				
	Ja	z. T.	Nein	Typ
3 Werden der Konzernabschluss und der verkürzte Konzernabschluss des Halbjahresfinanzberichts und des Quartalsfinanzberichts unter Beachtung der einschlägigen internationalen Rechnungslegungsgrundsätze aufgestellt?	☐		☐	Muss
4 Wird der Konzernabschluss vom Vorstand aufgestellt?	☐		☐	Muss
5 Wird der Konzernabschluss vom Abschlussprüfer geprüft?	☐		☐	Muss
6 Wird der Konzernabschluss vom Aufsichtsrat geprüft?	☐		☐	Muss
7 Ist der Konzernabschluss binnen 90 Tagen nach Geschäftsjahresende öffentlich zugänglich?	☐		☐	Soll
8 Sind die Zwischenberichte binnen 45 Tagen nach Ende des Berichtszeitraums öffentlich zugänglich?	☐		☐	Soll
9 Enthält der Corporate Governance Bericht konkrete Angaben über Aktienoptionsprogramme und ähnliche wertpapierorientierte Anreizsysteme der Gesellschaft?	☐		☐	Soll
10 Veröffentlicht die Gesellschaft eine Liste von Drittunternehmen, an denen sie eine Beteiligung von für das Unternehmen nicht untergeordneter Bedeutung hält? (Handelsbestände von Kredit- und Finanzdienstleistungsinstituten, aus denen keine Stimmrechte ausgeübt werden, bleiben hierbei unberücksichtigt.)	☐		☐	Soll
11 Werden in dieser Liste Angaben				
• zu Name und Sitz der Gesellschaft gemacht?	☐		☐	Soll
• zur Höhe des Anteils gemacht?	☐		☐	Soll
• zur Höhe des Eigenkapitals gemacht?	☐		☐	Soll
• zum Ergebnis des letzten Geschäftsjahres gemacht?	☐		☐	Soll
12 Werden im Konzernabschluss Beziehungen zu Aktionären erläutert, die im Sinne der anwendbaren Rechnungslegungsvorschriften als nahestehende Personen zu qualifizieren sind?	☐		☐	Soll

Abschlussprüfung				
	Ja	z. T.	Nein	Typ
13 Holt der Aufsichtsrat bzw. der Prüfungsausschuss vor Unterbreitung des Wahlvorschlags eine Erklärung des vorgesehenen Prüfers ein, ob und ggf. welche	☐		☐	Soll
• geschäftlichen Beziehungen	☐		☐	Soll
• finanziellen Beziehungen	☐		☐	Soll

Checklisten

Abschlussprüfung *Fortsetzung*				
	Ja	z. T.	Nein	Typ
• persönlichen Beziehungen	☐		☐	Soll
• sonstigen Beziehungen	☐		☐	Soll
zwischen dem Prüfer und seinen Organen und Prüfungsleitern einerseits und dem Unternehmen und seinen Organmitgliedern andererseits bestehen, die Zweifel an seiner Unabhängigkeit begründen können?				
14 Erstreckt sich die Erklärung auch darauf,				
• in welchem Umfang im vorausgegangenen Geschäftsjahr andere Leistungen für das Unternehmen, insbesondere auf dem Beratungssektor, erbracht wurden?	☐		☐	Soll
• in welchem Umfang andere Leistungen für das Unternehmen, insbesondere auf dem Beratungssektor, für das folgende Jahr vertraglich vereinbart sind?	☐		☐	Soll
15 Vereinbart der Aufsichtsrat mit dem Abschlussprüfer, dass der Vorsitzende des Aufsichtsrats bzw. des Prüfungsausschusses über während der Prüfung auftretende mögliche Ausschluss- oder Befangenheitsgründe unverzüglich unterrichtet wird, soweit diese nicht unverzüglich beseitigt werden?	☐		☐	Soll
16 Erteilt der Aufsichtsrat dem Abschlussprüfer den Prüfungsauftrag?	☐		☐	Muss
17 Trifft der Aufsichtsrat mit dem Abschlussprüfer die Honorarvereinbarung?	☐		☐	Muss
18 Vereinbart der Aufsichtsrat, dass der Abschlussprüfer über alle für die Aufgaben des Aufsichtsrats wesentlichen Feststellungen und Vorkommnisse, die sich bei der Durchführung der Abschlussprüfung ergeben, unverzüglich berichtet?	☐		☐	Soll
19 Vereinbart der Aufsichtsrat, dass der Abschlussprüfer ihn informiert bzw. im Prüfungsbericht vermerkt, wenn er bei Durchführung der Abschlussprüfung Tatsachen feststellt, die eine Unrichtigkeit der von Vorstand und Aufsichtsrat abgegebenen Erklärung zum Kodex ergeben?	☐		☐	Soll
20 Nimmt der Abschlussprüfer an den Beratungen des Aufsichtsrats über den Jahres- und Konzernabschluss teil?	☐		☐	Muss
21 Berichtet der Abschlussprüfer dort über die wesentlichen Ergebnisse seiner Prüfung?	☐		☐	Muss

Sachverzeichnis

von Dr. Michael Heuchemer und Carsten Daleman

Aktionäre und Hauptversammlung Abschnitt 2
- Allgemeines 201
- Ausübung der mitgliedschaftlichen Rechte 205 ff.
  - Aktionärsrechte 206 ff.
  - Internet-Hauptversammlung nicht möglich 210
- Hauptversammlung *siehe Hauptversammlung*

Aktionärsrechte
- Rederecht
  - Redezeitbeschränkung 258
- Stimmrecht *siehe Stimmrecht des Aktionärs*

Anhang
- Anzahl und Abgrenzung der Empfehlungen und Anregungen des Kodex 329 ff.
- Muster
  - Entsprechenserklärungen 334 f.
  - Geschäftsordnung für den Vorstand 348 ff.
  - gestraffter Leitfaden für den Versammlungsleiter (Hauptversammlung) 336 ff.
  - Themenliste/Fragebogen zur Effizienzprüfung des Aufsichtsrats 346 f.

Aufsichtsrat 99 ff., Abschnitt 5
- Aufgaben
  - Beratung 921 ff.
    - in anderen Bereichen 925
  - Beratung im Überwachungsbereich 922 ff.
  - Effizienzprüfung 1152 ff.
  - Eingriffsmittel der Überwachung 919 f.
  - Entscheidung von grundlegender Bedeutung 929 ff.
    - Pflicht zur Beratung mit dem Aufsichtsrat 931
    - Pflichtbetonung 929 f.
  - Gegenstände der Überwachung 913 ff.
    - Ordnungsmäßigkeit 915
    - Rechtmäßigkeit 914
    - Überwachung 913
    - Wirtschaftlichkeit 916
    - Zweckmäßigkeit 917
  - Maßstab der Überwachung 918
  - Überblick 910
  - Überwachung 911
  - Überwachung und Beratung im Konzern 926 ff.
    - rechtmäßiges Verhalten 928
    - Überwachungspflicht 927
  - zu überwachende Personen 912
  - Zustimmungsvorbehalte 369 ff.
- Aufsichtsratsvorsitzender 959 ff.
  - Aufgaben 964 f.
  - Bestellung 961 ff.
  - kein Vorsitz im Prüfungsausschuss 968 f.
  - Meinungsaustausch mit dem Vorstand
    - Berichte des Vorstands 973
    - Einberufung von Aufsichtsratssitzungen 974
    - regelmäßiger 970 ff.
  - Vorsitz im Personalausschuss 967 f.
  - Wahrnehmung der Belange des Aufsichtsrats nach außen 966
- Ausschüsse
  - Aufgaben 1009 ff.
- Ausschüsse, weitere 1006 ff.
- Beraterverträge 1143 ff.
  - konzerndimensionale Betrachtung 1150
  - Offenlegung und Zustimmungserteilung 1146 ff.
  - Tochtergesellschaften 1150 a
  - zurückhaltende Handhabung 1151
  - zustimmungsfähige Verträge 1144 f.
- Bestellperioden, Gestaltung 1074 ff.
- Bestellung des Vorstands 99
- Bildung fachlich qualifizierter Ausschüsse 975 ff.
  - Anzahl 980 f.
  - Berichterstattung über die Ausschussarbeit 985
  - Berücksichtigung spezifischer Gegebenheiten 979
  - Besetzung 982
  - Größe 983 f.
  - Größe des Aufsichtsrats und Ausschussbildung 976 ff.
- Evaluationsprogramm 1161
- fachliche Qualifikation der Mitglieder 1014 ff.
  - Altersgrenze 1023 ff.
  - Berücksichtigung der internationalen Tätigkeit 1021
  - erforderliche Kenntnisse, Fähigkeiten und fachliche Erfahrungen 1017
  - gesetzliche (Mindest-)Regeln 1015 f.
  - hinreichende Unabhängigkeit 1018 ff.
  - Vermeidung von Interessenkonflikten 1022
  - Wahlvorschlag 1026 ff.
- Geschäftsordnung 955 ff.
- Informationen über Interessenkonflikte 1135 ff.
  - Ausscheiden aus dem Aufsichtsrat 1141 f.

Sachverzeichnis

Zahlen verweisen auf Randnummern

- Hauptversammlungsbericht 1137 ff.
- Nominierungsausschuss 1005 a
- Offenlegung von Interessenkonflikten 1122 ff.
  - Behandlung offengelegter Konflikte im Aufsichtsrat 1129 ff.
  - offenlegungspflichtige Interessenkonflikte 1126 ff.
  - Umsetzung der Kodexempfehlung 1132 ff.
- Prüfungsausschuss 986 ff.
  - Abgrenzung zum Audit Committee 991
  - Aufgaben 992 ff.
  - Besetzung 995 ff.
  - fachliche Qualifikation der Ausschussmitglieder 1002 ff.
  - fachliche Qualifikation des Ausschussvorsitzenden 1005
  - Zielsetzung 987 ff.
- Selbstevaluation
  - Bound Performance Evaluation 1152 ff.
  - Kernfragen und Ablauf von Aufsichtsratsbeurteilungen 1154 ff.
  - Peer Review 1156
  - Performancebeurteilung des Board of Directory 1154
  - Performanceprüfungen 1155
  - Regeln ordnungsgemäßer Unternehmensführung 455 f., 1158
  - Self Appraisal 1156
  - Überwachung 600, 1158
- Sounding Board 102
- Teilnahme an Sitzungen 1109 ff.
- Überwachung des Vorstands 100 f.
- Unabhängigkeit 1029
  - ausreichende Anzahl unabhängiger Aufsichtsratsmitglieder 1041
  - Bedeutung 1030
  - gesetzliche Unabhängigkeitsregeln 1034
  - Mandate bei Wettbewerbsunternehmen 1046 ff.
  - nicht mehr als zwei ehemalige Vorstandsmitglieder 1042 ff.
  - Organfunktionen und Beratungsaufgaben 1050
  - Regeln des Kodex 1035 f.
  - Unabhängigkeitsdefinition des Kodex 1037 ff.
  - Vorstellungen der EU-Kommission 1031 ff.
  - Wesentlichkeit 1052 ff.
  - Wettbewerber des Unternehmens 1051
- Unternehmensinteresse 1112 ff.
  - Geltungsbereich 1117 f.
  - Geschäftschancen 1121
  - inhaltliche Bestimmung 1116
  - Interessenkonflikte 1114 f.
  - Vorrang vor persönlichen Interessen 1119 f.
- Vergütung 1077
  - Anknüpfungspunkte 1084 ff.
  - auf langfristigen Unternehmenserfolg bezogene Komponente 1095 ff.
  - feste und erfolgsorientierte Bestandteile 1092 ff.
  - Höhe der Aufsichtsratsvergütung 1083
  - individualisierte Offenlegung 1102 ff.
  - steuerliche Behandlung 1108
  - Vergütungskompetenz der Hauptversammlung 1078 ff.
- Vorbemerkung 900 ff.
- Vorsitzender des – 104
- Wahl und Zusammensetzung 105 ff.
  - Mitbestimmungssituationen 107 f.
  - System der Mitbestimmung 105
  - Verpflichtung auf das Unternehmensinteresse 110
  - Wahl der Mitglieder 106
  - Zweitstimmrecht des Aufsichtsratsvorsitzenden 109
- zeitliches Engagement 1067 ff.
  - erforderlicher Zeitaufwand 1068 f.
  - konzernexterne börsennotierte Gesellschaften 1073
  - Unterschiede zur gesetzlichen Regelung 1070 ff.
- Zuständigkeit für Vorstandsangelegenheiten 932 ff.
  - Altersgrenze für Vorstandsmitglieder 951 ff.
  - Befassung eines Ausschusses mit Vorstandspersonalien 941 ff.
  - Erstbestellungen 947 ff.
  - Nachfolgeplanung 940
  - Personalkompetenz des Gesamtaufsichtsrats 933 ff.
    - Anstellungsvertrag 937
    - Bestellung von Vorstandsmitgliedern 935 f.
    - Entlassung von Vorstandsmitgliedern 938
  - vorzeitige Wiederbestellungen 950
- zustimmungspflichtige Geschäfte 103

Change of Control 763 e
Checklisten zum Kodex 351 ff.
Compliance 155 a; 603; 615 ff.
Corporate Governance
- Außensicht 135
- Bericht über *siehe Zusammenwirken von Vorstand u. Aufsichtsrat*
- Dualistisches Modell 92, 111
- Monistisches Modell 93, 111
- Trennungsmodell 111
- Vereinigungsmodell 111

Corporate Governance Kodex
- Adressaten
  - börsennotierte Gesellschaften 128

Sachverzeichnis

- mittelständische Gesellschaften 129 ff.
- nicht börsennotierte Gesellschaften 134 ff.
- Adressaten des Kodex 128 ff.
- Anpassungsfähigkeit des Kodex 86 ff.
- Anregungen 125
- Anregungen und Vorbilder 29
- Begriff 1
- Berliner Initiativkreis 6
- Combined Code 4
- Comply or Explain 121 ff.
- Einbindung in das System des §161 AktG 1503
- Entsprechenserklärung 122, 1504 f.
- Entsprechenserklärung nach §161 AktG 46, *siehe Entsprechenserklärung*
- Entstehungshintergrund
  - Aktualität der Corporate Governance 1
  - Auftrag an die Kodex-Kommission 17 f.
  - Begriff der Corporate Governance 1
  - Einsetzung und Zusammensetzung der Kodexkommission 9 ff.
  - internationale Kodex-Bewegung 3 ff.
  - Vorarbeiten in Deutschland 6 ff.
- German Code of Corporate Governance 6
- Grundprinzipien 19 ff.
- Grundsatzkommission 7
- Grundsatzkommission Corporate Governance 7
- Inkrafttreten 1501 f.
- Inkrafttreten von Kodexänderungen 1508
- Innenansicht 136
- jährliche Überprüfung
  - Änderung der Zusammensetzung der Kommission 139 ff.
  - Aktualisierung des Kodex 145 ff.
  - Austritt aus der Kommission 142 ff.
  - bisherige Kodexanpassungen 148 ff.
  - Einbeziehung der Öffentlichkeit 155 ff.
  - Standing Commission 137 f.
- jährliche Überprüfungen 137 ff.
- Kodex für öffentliche Unternehmen 22 a
- Kodexkommission 7, 8
- Kommunikationsfunktion 83
- konzerndimensionale Kodexregeln 127
- Konzernunternehmen, Begriff 126
- Muss-Vorschriften 119 ff.
- OECD-Richtlinien 4
- Odnungsfunktion 84
- Präambel 81 ff., *siehe Präambel*
- Rechtsnatur und Legitimation der Kommissionsarbeit 41
  - Empfehlungs- und Anregungsteil 43 ff.
  - rechtsbeschreibender Teil 42
- Rechtsqualität 51 ff.
- Regelwerte 4
- Regierungskommission Deutscher Corporate Governance Kodex 7, 8
- Soft Law 5
- Soll-Empfehlungen 119 ff.
- Sollte- bzw. Kann-Anregungen 119
- systematischer Ansatz 19 ff.
- Umsetzung in die Praxis 1501 ff.
- Unternehmensverfassung 1 ff.
- Verabschiedung 34 f.
- Verbindlichkeit der Kodexbestimmungen 119 ff.
- Veröffentlichung 36 ff.
- Veröffentlichung im Internet 123
- Vienot-Bericht 4

D&O-Versicherung *siehe Zusammenwirken von Vorstand u. Aufsichtsrat*

Empfehlungen an einzelne Organmitglieder 1596 f.
- Behandlung der Entsprechenserklärung im Jahresabschluss 1607 ff.
- Corporate-Governance-Beauftragte? 1602 ff.
- Entsprechenserklärung und Wertpapieranalyse 1613 f.
- Namensnennung? 1598 ff.

Entsprechenserklärung
- Anpassung der – bei Kodexabweichungen 1509 ff.
- Beschlussfassung über Abgabe 1515 ff.
  - Entscheidung des Vorstands 1532 f.
  - Entscheidungsablauf 1527 ff.
    - Vorlage an den Aufsichtsrat 1528
  - Entscheidungsvorbereitung im Aufsichtsrat 1534 f.
  - Erklärungen des jeweiligen Organs und seiner Mitglieder 1517 f.
  - gemeinsame Beschlussfassung von Vorstand und Aufsichtsrat 1540 f.
  - Negativerklärung 1529 ff.
  - Überblick 1515
  - Unabhängigkeit der Organe voneinander 1516
  - Vorbereitung der Entscheidung des Vorstands 1519 ff.
    - retrospektiver Teil der Erklärung 1522 f.
    - Überblick 1519 ff.
    - zukunftsorientierte Selbstverpflichtung 1524 ff.
- Erklärungsverpflichtete 1512 ff.
- und Abschlussprüfung 48 f.

Entsprechenserklärung im Einzelnen
- Änderung; interne und externe Bindung 1571 ff.
  - zukunftsgerichteter Teil 1572 ff.
- Angaben im Anhang 1594 f.
- Arten 1552
- eingeschränkte Positiverklärung 1555 ff.
- Hauskodizes 1558 f.
- Inhalt 1563 ff.

411

Sachverzeichnis

Zahlen verweisen auf Randnummern

- Kalenderjahr oder Geschäftsjahr? 1582 ff.
- keine Begründungspflicht 1561 f.
- Negativerklärung 1560
- sachliche Voraussetzungen für die Abgabe 1589 ff.
  - zukunftsgerichtete Erklärung 1590 ff.
- uneingeschränkte Positiverklärung 1553
- Veröffentlichung 1575 ff., 1587 f.
- Zeitpunkt der Abgabe und zeitliche Reichweite 1578 ff.

Europäische Gesellschaft (SE) 89 a, 110 a

Golden shares *siehe Stimmrecht des Aktionärs*

Haftungsfragen und Haftungsrisiken im Zusammenhang mit dem Kodex 1615 ff.
- externe Haftung der Organmitglieder aus falscher Kodex-Erklärung 1632 ff.
- interne Haftung aus der Verletzung der Erklärungspflicht aus § 161 AktG 1620 f.
- interne Haftung aus falschen Entsprechenserklärungen
  - sachlich unrichtige Erklärung 1626
  - zukunftsgerichtete Erklärung 1627 ff.
- interne Haftung aus Kodex-Verstößen 1622 ff.
- interne und externe Haftung 1616
  - Ansprüche Dritter 1619
  - eigene Ansprüche der Gesellschaft 1617 f.
- Überblick 1615

Hauptversammlung 224 ff.
- geeignete Umsetzung der Kodexanregung 331
- aktionärsfreundliches Verhalten 314
- Bezugsrecht 248
  - Ausschluss 250
  - gesetzliches 249
  - Muttergesellschaft/Tochtergesellschaft 251 f.
- Corporate Governance und Hauptversammlungspraxis 230 ff.
- Einberufung 304
  - Finanzdienstleister, Aktionäre und Aktionärsvereinigungen 309 ff.
  - Gesetzeslage 305
  - Mitteilung auf elektronischem Wege 308
  - Umsetzung der Empfehlung 312 f.
  - Verlangen nach elektronischer Übermittlung 307
- Einladung zur -
  - Minderheitenrechte 299
- im Internet 325
  - keine virtuelle Hauptversammlung 332
  - Satzung und Geschäftsordnung 330
  - Teilübertragung 326
  - Vollübertragung 327 ff.
- Internationalisierung der Aktionäre 229
- Rederecht 255
  - gesetzliches 256
  - UMAG 257
- Stimmrecht des Aktionärs *siehe Stimmrecht des Aktionärs*
- Teilnahme-, Rede-, Frage- und Antragsrecht 253 ff.
- Teilnahmerecht 254
- UMAG 229, 238 ff.
- Versammlungsleiter 270 f., *siehe Versammlungsleiter der Hauptversammlung*
  - Beendigung einer ordentlichen HV spätestens nach vier bis sechs Stunden 278
  - Befugnisse 274 f.
  - Bestimmung und Aufgabe 272 f.
  - Herausforderungen in der Praxis 276 f.
  - Maßnahmen des -s 281
    - Abstimmungsverfahren 294
    - allgemeine Redezeitbeschränkung 296 ff.
    - Anfechtungsrisiko 281
    - Anwesenheit der Mitglieder des Vorstands- und des Aufsichtsrats 291
    - Aufzeichnung der Hauptversammlung 292
    - Beginn der Hauptversammlung 287 ff.
    - Blockbildung 285
    - Erläuterung der Formalien 290
    - Ermahnung, Wortentzug 295
    - Leitfaden 286
    - Organisation der Fragenbeantwortung 284
    - Reihenfolge der Redner 282 f.
    - Tagesordnung und Beschlussvorschläge 293
- Willensbildungsorgan der Aktionäre 226 f.
- Zusammenkunft der Aktionäre 228 f.
- Zuständigkeiten 238
  - ordentliche Hauptversammlung 239 ff.
    - Entscheidungszuständigkeiten 245
    - Grundlagenzuständigkeiten 244
    - Grundlegende Geschäftsführungsmaßnahmen 247
    - Neue Möglichkeiten zur Sachausschüttung 246

Kodexabweichungen
- Begründung 50

Kodex-Kommission
- als Standing Commission 39 f.
- Arbeitsweise 23 ff.
- Auftrag 17 f.
- Behandlung der Empfehlung der Baums-Kommission 30 ff.
- systematischer Ansatz 19 ff.

Zahlen verweisen auf Randnummern

Sachverzeichnis

Präambel 91 ff., Abschnitt 1
- Aufsichtsrat 99 ff., *siehe Aufsichtsrat*
- Board of Directors 93
- Board-System 93
- Chairman of the Board 111
- Chief Executive Officer (CEO) 111
- duales Führungssystem 91
- dualistisches Modell 92
- Führungsorganisation 91
- Inhalt und Ziel des Kodex 81 ff.
  - Deregulierung 86
  - Gestaltungsfreiheit 89
  - Kommunikationsfunktion 83
  - Ordnungsfunktion 84, 89
  - Regelungsflexibilität 86
  - Standards guter Unternehmensführung 3, 86
  - Transparenz und Flexibilität 88
  - Unternehmensrecht 81
- Inside Directors 93
- Konzept der Fremdkapitale 92
- monistisches Modell 93
- non-Executive members 111
- Outside Directors 93
- Rechnungslegung 112 ff.
- Rechte der Aktionäre 90
- Systemkonvergenz 111
- Trennungsmodell 111
- Trennungsprinzip 92
- True-and-Fair-View-Prinzip 116 ff.
- Unternehmensführung 92
- Unternehmensführungssysteme
  - dualistisches und monistisches Governance System 111
- Verantwortung des Vorstands 95 ff., *siehe Vorstand*

Rechnungslegung 112 ff.
Rechnungslegung und Abschlussprüfung Abschnitt 7
- Abschlussprüfer, Sicherung der Unabhängigkeit 1349 ff.
  - gesetzliche Unabhängigkeitsregeln 1351 ff.
  - Informationsvereinbarung 1361 ff.
  - Unabhängigkeitserklärung 1356 ff.
- Abschlussprüfung, Vorbemerkungen 1338 ff.
  - gesetzgeberische Maßnahmen in Deutschland und Europa 1344 ff.
  - Kodexempfehlungen 1348
  - Unabhängigkeit des Abschlussprüfers 1340 ff.
- Aktienoptionsprogramme 1320 f.
- Enforcement 1312
- Konzernabschluss, Aufstellung und Prüfung 1311
  - Behandlung des Lageberichts 1319
  - Fast Close 1314 ff.
- Veröffentlichung von Konzernabschluss und Zwischenberichten 1318 f.
- Liste bedeutsamer Beteiligungen
  - Handelsbestand 1326
  - Satz 1 1322 ff.
  - Umfang der Angaben 1327 ff.
- nahe stehende Personen 1330 ff.
- Offenlegungsvereinbarung / Redepflicht 1367 ff.
- Prüfungsauftrag und Honorarvereinbarung 1364 ff.
- Teilnahmepflicht 1371 ff.
- Unternehmenspublizität 1301 ff.
  - Anwendung international anerkannter Rechnungslegungsgrundsätze 1308 f.
  - Einzelabschluss 1310 f.
  - Halbjahres- und Quartalsfinanzberichte, Zwischenmitteilungen 1302 ff.
  - Konzernabschluss / Einzelabschluss 1301

Resonanz des Kodex in der Praxis 1638 ff.
- Akzeptanz der Anregungen 1642 ff.
- Akzeptanz der Empfehlungen 1639 ff.
- Ausblick 1645
- Überblick 1638

Sachverzeichnis 369 ff.
Stimmrecht des Aktionärs 214 ff.
- Aktien mit Mehrstimmrechten 218 ff.
- Aktien mit Vorzugsstimmrechten 222, *siehe golden shares*
- golden shares 222
- Höchststimmrechte 223
- One share one vote 215 f.
- stimmrechtslose Vorzugsaktien 217

Transparenz Abschnitt 6
- Bekanntmachungspflichten 1217
- Finanzkalender 1249 ff.
- Gleichbehandlung der Aktionäre 1219 ff.
  - Fair Disclosure 1221
  - Finanzanalysten und andere Adressaten 1225
  - Gleichbehandlung der Aktionäre 1220
  - gleichmäßige Information des Kapitalmarkts 1222
  - sämtliche neuen Tatsachen 1223 f.
  - unverzüglich zur Verfügung stellen 1226
  - informationelle Gleichbehandlung auf internationaler Ebene 1231 ff.
- Internetseite 1252 ff.
  - Gliederung der Internetseiten 1255 ff.
  - Internetpublizität von Unternehmensinformationen 1252 ff.
  - Relevanz in der Praxis 1258
  - Veröffentlichung in englischer Sprache 1257
- Kommunikationsmedien 1227 ff.

413

Sachverzeichnis

Zahlen verweisen auf Randnummern

- Unternehmenskommunikation 1228
- Mitteilung des Kaufs oder Verkaufs von Aktien der Gesellschaft 1234 ff.
  - Directors' Dealing im Corporate Governance Bericht 1246
  - gesetzliche Entwicklung 1234
    - Ausnahme von der Mitteilungspflicht 1240
    - de-minimis-Regelung des § 15 a Abs. 1 Satz 5 WpHG 1241
  - zusätzliche Veröffentlichung
    - Angabe von Einzelbesitz 1242 f.
    - Angabe von Gesamtbesitz von Vorstand bzw. Aufsichtsrat 1245
    - Zurechnung von Drittbesitz 1244
- Veröffentlichung von Insiderinformationen 1201 ff.
  - Ad-hoc-Publizität 1204 f.
  - Gesetzesbeschreibung des Kodex im Licht der AnsVG 1206 ff.
  - Transparenz als Grundüberzeugung des Kodex 1201 ff.
  - unverzüglich 1216

Verankerung der Kodexempfehlungen 1542 ff.
- Anpassung 1548 f.
- Geschäftsordnung für den Vorstand 1544 ff.
- Grundsätzliches 1542 f.
- Satzung/Hauptversammlung 1550
- Verstöße 1551

Vorstand Abschnitt 4
- Abfindungs-Cap 763 a ff.
- Business Judgement Rule 474 ff., 497 a
- Compliance 155 a, 607, 615 ff.
- direktoriale Leitung 95
- Einhaltung gesetzlicher Bestimmungen 615 ff.
  - Detaillierungsgrad von Compliance-Systemen 628 f.
  - Federal Sentencing Guidelines und Stock Exchange Listing Standards als Motivation für Compliance-Programme in den USA 619 ff.
  - für Compliance-Programme ungeeignete Normen 635 ff.
  - Grenzen der Einwirkung im Konzern 616
  - Haftungszurechnung aus Organisationsverschulden als Motivation für Compliance-Programme in Deutschland 625 ff.
  - Kartellrichtlinien 630 ff.
    - deutsches Kartellrecht 631 f.
    - Policy Statement 633
    - rechtsordnungsbezogene Merkblätter 634
  - keine Detaillierung der Vorstandspflichten durch den Kodex 617
  - keine Kodexempfehlung zur Einrichtung von Compliance-Programmen 618
  - Schranken der Konzernleitungsmacht 616
  - Trend zu Compliance-Programmen in Deutschland 622 ff.
- Entwicklung der strategischen Ausrichtung 611 ff.
  - Inhalt strategischer Entscheidungen 612 ff.
  - Richtungsentscheidungen 611
- Geschäftsordnung
  - für den Vorstand 682 ff.
  - Inhalt 686 ff.
    - Gesamtverantwortung des Vorstands, Sitzungen, Beschlussfassung, Zusammenwirken mit Aufsichtsrat 689
    - Geschäftsführung 688
    - Muster 694
    - zustimmungspflichtige Geschäfte 690
- Grundsatz der Gesamtgeschäftsführung 95
- Grundsätze ordnungsgemäßer Unternehmensleitung 600, 1158
- Interessenkonflikte 821 ff.
  - Befassen des Aufsichtsrats bei wesentlichen Geschäften 836 f.
  - branchenübliche Standards 829
  - Geschäfte mit dem Unternehmen 828
  - Geschäfte mit Konzernunternehmen 830
  - Inzidentverpflichtung, Einschränkung der Entsprechenserklärung 823 f.
  - nahe stehende Personen und persönlich nahe stehende Unternehmungen 831
  - nahe stehende Personen und Unternehmungen 832 ff.
  - Offenlegung 821 f.
  - Präventivwirkung der Offenlegung 825 f.
  - Transparenz statt detaillierter Regelung 827
- Kollegialprinzip 95
- Kompetenzabgrenzung 96
- Leitung des Unternehmens 601 ff.
  - Compliance-Programme 602 ff.
  - nachhaltiger Unternehmenswert, Steigerung 608 ff.
  - Unternehmensinteresse 605 ff.
  - Unternehmensleitlinien, Compliance-Programme 602 ff.
- Leitungsfunktion 94
- Nebentätigkeiten 838
- primus inter pares 98
- Qualifikation der Mitglieder 99
- Risikomanagement und Risikocontrolling 637 ff.
  - Entwicklung in Europa 650 f.
  - Risikocontrolling 641
  - Risikomanagement im Konzern 658
    - einheitliches Vorgehen 659
  - Risikoüberwachung 660 f.

Zahlen verweisen auf Randnummern

Sachverzeichnis

- Struktur eines Risikomanagementsystems 657
- Umgang mit unternehmerischen Risiken, Risikomanagement 652 ff.
- umfassendes Wettbewerbsverbot 797 ff.
  - Dauer 800 f.
  - nachvertragliches 802 f.
- Verantwortung 95 ff.
  - Organisation 95 ff.
- Verantwortung des Vorstandssprechers 97 f.
- Vergütung 695 ff., 767 ff.
  - gesetzliche Grundsätze 706
    - Angemessenheit 708 ff.
    - Berücksichtigung von Konzernbezügen 707
    - Beurteilungsgerechtigkeit 714
    - Durchführung der Leistungsbeurteilung 713
    - keine Einschränkung der Entsprechenserklärung 719
    - Leistungsbeurteilung des Vorstands 711
    - Variables und Festgehalt 718
    - Zeitpunkt der Leistungsbeurteilung 712
    - Zielvereinbarungen 716 f.
  - gesetzliche Pflicht zur individualisierten Offenlegung der Vorstandsbezüge 767 ff.
  - Konkurrenz der gesetzlichen Offenlegungsregulierungen 778 ff.
    - Art der Nebenleistungen 796
    - Aufwand der Gesellschaft 794 ff.
    - Handhabung in der Praxis 784 ff.
    - individualisierte Veröffentlichung 782
    - Offenlegung aller Umstände 788 ff.
    - Vergütungsbericht 783
    - Verletzung 778
    - Verletzung ausdrücklicher oder implizierter Vertraulichkeitsgebote oder des Persönlichkeitsrechts 779 ff.
  - Transparenz der Vergütungsstruktur im Aufsichtsrat 703 ff.
  - Vorbemerkung 695 ff.
  - Zusammensetzung 720 ff.
    - Abfindungs-Cap 763 a ff.
    - Abfindungs-Cap bei Kontrollwechsel 763 e
    - Aktienoptionen und Wertzuwachsrechte 733
    - Angemessenheit der Vergütungsanteile 731
    - Angemessenheit der Vorteile aus einem Aktienoptionsprogramm 754
    - Ausgestaltung der Komponenten mit langfristiger Anreizwirkung und Risikocharakter 734 ff.
    - einmalige Vergütungskomponenten 727 f.
    - Entwicklung in den USA 747 ff.
    - erweiterte Transparenzregeln 764 ff.
    - Gesamtvergütung 720 f.
    - Grundsätze 722 ff.
    - jährlich wiederkehrende Komponenten 729 f.
    - kein Repricing 753
    - langsame Abkehr von Aktienoptionen 751
    - Position des Kodex 752
    - Struktur der variablen Vergütung 725 f.
    - vereinbarte Begrenzungsmöglichkeiten (CAP) 755
    - Vergleichsparameter, anspruchsvolle, relevante 743 f.
    - Vergleichsparameter, vorher festgelegte 737 ff.
    - Vergütungskomponenten mit langfristiger Anreizwirkung 732
    - Wertentwicklung der Aktie als Erfolgsziel 745 f.
- Vermeidung von Korruption 804 ff.
  - aktive Bestechung 813 ff.
  - Korruptionsrichtlinie 807 f.
  - passive Bestechung 809 ff.
- Verpflichtung auf das Unternehmensinteresse 819 f.
- Vorstandssprecher 97 ff.
- Zusammensetzung 662 ff.
  - Abgrenzung des Sprechers zum Vorsitzenden des Vorstands 672 f.
  - Alleinvorstand 663 ff.
  - Arbeitsdirektor 667 f.
  - keine Kodexempfehlung zu den Aufgaben des Vorstandsvorsitzenden 674
  - Vorstandsvorsitzender 669 ff.
  - Vorstandsvorsitzender und CEO 675 ff.
- Zusammensetzung
  - Gesamtvorstand 662

VW-Gesetz 223

Zusammenwirken von Vorstand u. Aufsichtsrat Abschnitt 3
- Abstimmung der strategischen Ausrichtung 360 ff.
  - Abstimmung 364
  - beratende Kontrolle 361 ff.
  - regelmäßige Erörterung 365
  - strategische Ausrichtung 363
  - unabhängige Kontrolle 367 f.
  - unternehmerische Grundentscheidung 366
- Bericht über Corporate Governance 534 ff.
  - Entsprechenserklärung 539
  - Erläuterung von Abweichungen 545 ff.
  - Governancebericht im Geschäftsbericht 537 ff.
  - jährlicher Bericht 540 f.

Sachverzeichnis

Zahlen verweisen auf Randnummern

- – Konzerndimensionalität 542 ff.
- – Stellungnahme zu den Kodexanregungen 548
- – von Vorstand und Aufsichtsrat 550 ff.
- – Vorhalten nicht mehr aktueller Entsprechenserklärungen 552 ff.
- Bindung an Regeln der ordnungsgemäßen Unternehmensführung 455 ff.
  - – konkrete Grundsätze ordnungsgemäßer Unternehmensleitung (GoU) und -überwachung (GoÜ) 456
  - – Leitungs- und Überwachungsaufgaben 455
- Change of Control 763 e
- D&O-Versicherung 508 ff.
  - – Deutschland 512 f.
  - – Gegenstand 514 f.
  - – Prämien nicht einkommenssteuerpflichtig 518
  - – Reaktion auf Kodexempfehlung 526
  - – Selbstbehalt 519 ff.
    - – Höhe 523
  - – USA 509 ff.
  - – Versicherung im Unternehmensinteresse 516 f.
- Diskussion und Vertraulichkeit 387 ff.
  - – Barrieren offener Sachdiskussionen 388
  - – Bedeutung der Diskussionskultur 387
  - – Förderung der Diskussionskultur 389
  - – Groupthink 388
  - – Vertraulichkeitsgebot 389
- Folgen von Pflichtverletzungen 457 ff.
  - – Aufsichtsratspflichten 477 ff.
    - – Abschluss des Anstellungsvertrages mit dem Vorstand 480
    - – allgemeine Sorgfalts- und Treuepflicht 492 ff.
    - – Beratung mit dem Vorstand 484
    - – Bestellung und Abberufung des Vorstands 478 f.
    - – Durchsetzung von Ansprüchen der Gesellschaft gegen den Vorstand 480
    - – Mitentscheidung mit dem Vorstand 485 f.
    - – Überwachung des Vorstands 481 ff.
    - – Verschwiegenheit 487 ff.
  - – Kausalität 500
  - – Kodex-Verstöße 495 ff.
  - – Prozess 505 f.
    - – Beweislast 506
    - – Verfahren gegen Vorstandsmitglieder 505
  - – Schaden 498 f.
  - – Überblick 457
  - – Vergleich, Verzicht 507
  - – Verschulden 501 ff.
    - – Ressortfragen, Delegation 503 f.
    - – Widerspruch gegen pflichtwidrigen Beschluss 502
- – Vorstandspflichten 458 ff.
  - – allgemeine Sorgfalts- und Treuepflichten 469 ff.
  - – aus dem Anstellungsvertrag 465
  - – aus der Geschäftsordnung 463 f.
  - – business judgment rule 474 ff.
  - – Finanzierung 472
  - – gesetzliche 458 ff.
  - – Organisationspflicht 470 f.
  - – organschaftliche Treuepflicht, Interessenkonflikte 473
  - – Pflicht zur Verschwiegenheit 466 ff.
  - – satzungsmäßige 462
  - – unternehmerische Entscheidungen und Ermessen des Vorstands 474 ff.
- Geschäfte von grundlegender Bedeutung 369 ff.
  - – Auswirkungen 375
  - – Begriff 369
  - – Einrichtung der Kataloge 374
  - – Katalog zustimmungsbedürftiger Maßnahmen 372 f.
  - – Regelung durch Satzung oder Beschluss 370 f.
- Gewährung von Krediten 527
  - – Kredite des Unternehmens 528 f.
  - – Kreditgewährung an Aufsichtsratsmitglieder 532
  - – Kreditgewährung an Vorstandsmitglieder 530 f.
  - – Zustimmung des Aufsichtsrats 533
- Informationsversorgung 376 ff.
  - – Information von Dritten 386
  - – Informationsordnung 380
  - – Mindeststandard 376 f.
  - – Mitverantwortlichkeit des Aufsichtsrats 378 f.
  - – Schwerpunktaussagen 381 f.
  - – Textform 383 f.
  - – Vorgaben zur Informationsversorgung 379
  - – Zeitpunkt der Information 385
- Kodexklausel zum Übernahmerecht 415 ff.
  - – Abwehrmaßnahmen bei feindlicher Übernahme 420
  - – Auswirkungen des WpÜG auf den Kodex 430 ff.
  - – Durchbruchsregelung 443 ff.
  - – Entwicklung in Europa (Übernahmerichtlinie) 433 ff.
  - – hochrangige Expertengruppe 442
  - – Neutralitätspflicht des Vorstands 416
    - – gesetzliche Einschränkungen 417 ff.
  - – Poison Pills und andere Abwehrmaßnahmen 426
  - – Reaktion auf Einschränkung der Neutralitätspflicht 427 ff.
  - – Vorratsbeschlüsse und Kapitalmaßnahmen 421 ff.

Zahlen verweisen auf Randnummern **Sachverzeichnis**

- Verschwiegenheitspflicht inkl. eingeschalteter Mitarbeiter 390 ff.
  - Bayer-Entscheidung des BGH 395
  - Folgen von Pflichtverletzungen 397 f.
  - Geheimnis 391 a
  - Mitarbeiter 402
  - persönliche Haftung 399
  - vertrauensbildende Maßnahmen 400 f.
  - Vertraulichkeit 392
  - Vertraulichkeitsrichtlinie 396
  - Vorstand und Aufsichtsrat 393 f.
  - Ziel 390
- Vorbereitung der Sitzungen des Aufsichtsrats 403 ff.
  - Beschränkung auf mitbestimmte Aufsichtsräte 407
  - getrennte Vorbesprechungen 403 ff.
  - Modalitäten von Klausursitzungen 411 f.
  - Selbstorganisation des Aufsichtsrats 413

- Sitzungen ohne Vorstand 410
- Teilnahme von Vorstandsmitgliedern 408 f.
- Wohl des Unternehmens
  - Begriff 352
  - Diskussionskultur 358, 387
  - dualistische Organisationsform 351
  - enge Zusammenarbeit 359
  - Konvergenzthese 351
  - Kooperationsfelder 356 ff.
  - – oberste Maxime des Organhandelns 352
  - organübergreifender Governance Prozess 351
  - Shareholder- und Stakeholder-Ansatz 110, 353 ff.
  - Shareholder Value 354
  - Unternehmensführung der AG 351
  - Unternehmensinteresse 352, 355, 511
  - Zusammenarbeit zum - 351 ff.